CHE GUEVARA

JON LEE ANDERSON

Che Guevara

Uma biografia

Tradução
M. H. C. Côrtes

COMPANHIA DAS LETRAS

Grafia atualizada segundo o Acordo Ortográfico da Língua Portuguesa de 1990, que entrou em vigor no Brasil em 2009.

Título original
Che Guevara: A Revolutionary Life

Capa
Alceu Chiesorin Nunes

Imagem de capa
Dom Slike / Alamy / Fotoarena

Índice remissivo
Maria Claudia Carvalho Mattos

Revisão
Marina Nogueira
Valquíria Della Pozza

Dados Internacionais de Catalogação na Publicação (CIP)
(Câmara Brasileira do Livro, SP, Brasil)

Anderson, Jon Lee
Che Guevara : Uma biografia / Jon Lee Anderson ; tradução M. H. C. Côrtes. — 1ª ed. — São Paulo : Companhia das Letras, 2023.

Título original: Che Guevara: A Revolutionary Life.
ISBN 978-85-359-3545-5

1. Guerrilheiros – América Latina – Biografia 2. Guevara, Ernesto, 1928-1967 I. Título.

23-162277 CDD-920.932242

Índice para catálogo sistemático:
1. Guerrilheiros : Biografia 920.932242

Cibele Maria Dias — Bibliotecária — CRB-8/9427

EDITORA SCHWARCZ S.A.
Rua Bandeira Paulista, 702, cj. 32
04532-002 — São Paulo — SP
Telefone: (11) 3707-3500
www.companhiadasletras.com.br
www.blogdacompanhia.com.br
facebook.com/companhiadasletras
instagram.com/companhiadasletras
twitter.com/cialetras

Para Erica

e em memória de minha mãe,
Barbara Joy Anderson,
1928-1994

Sumário

PARTE DOIS: TORNANDO-SE CHE

PARTE TRÊS: CRIANDO O NOVO HOMEM

CHE GUEVARA

Ernesto "Che" Guevara, 1960.

Introdução à edição revista

Meu interesse por Che Guevara começou no final da década de 1980, enquanto pesquisava um livro sobre guerrilhas modernas. Havia quase uma geração que o pôster do retrato de Che tirado por Alberto Korda — de boina preta e broche de estrela — enfeitava diversas paredes de dormitórios de faculdade. Essa época chegou a um desfecho inesperado, com o fim do movimento de protesto estudantil quando a Guerra do Vietnã terminou. Mas nos sertões insurgentes da Birmânia, de El Salvador, do Saara Ocidental e do Afeganistão, Che resistiu no papel de modelo, e quase como um símbolo místico de veneração. Ele inspirou novas gerações de guerreiros e sonhadores pelos princípios revolucionários que representava: coragem, abnegação, honestidade e devoção à causa.

Havia poucos livros sobre Che ainda sendo impressos. A maioria tinha vinte anos e era formada por hagiografias oficiais cubanas ou demonizações igualmente cansativas, escritas por inimigos ideológicos. A vida de Che tinha mesmo de ser escrita porque muito dela ainda estava encoberta por sigilo, inclusive as circunstâncias misteriosas de suas horas finais na Bolívia, em 1967. Até o paradeiro de seu corpo era desconhecido.

Quem foi esse homem que abriu mão de tudo que estimava para lutar e morrer em um campo de batalha estrangeiro? Aos 36 anos deixou para trás esposa e cinco filhos, um cargo ministerial e uma posição de comandante para iniciar novas revoluções. E em primeiro lugar, o que impeliu um intelectual argentino bem-nascido, com um diploma de médico, a tentar mudar o mundo? Desvendando os mistérios da história de vida de Che, seria possível elucidar alguns dos mais fascinantes episódios da Guerra Fria e pôr em um foco mais nítido um de seus personagens centrais.

Parecia-me que as respostas à maioria das perguntas sobre Che permaneciam em Cuba e, em 1992, fui para Havana, onde estive com sua viúva, Aleida March. Contei-lhe sobre meu plano de escrever uma biografia de seu falecido marido e lhe pedi cooperação e assistência. Ela acabou concordando. Poucos meses depois, me mudei para Havana com minha esposa e três filhos pequenos para uma estada que se esticou por quase três anos. Era um momento desolador para os cubanos. A União Soviética de repente deixara de existir, pondo um abrupto fim aos generosos subsídios financeiros que sustentaram o país nas últimas três décadas. Mas mesmo com a economia do país se desintegrando, Fidel Castro mantinha a bandeira socialista obstinadamente erguida e invocava o exemplo de Che, exigindo coragem revolucionária e sacrifícios dos compatriotas.

O maior desafio para mim foi romper a atmosfera beatífica que cercava a memória de Che. Ele foi praticamente o padroeiro de Cuba, e as lembranças das pessoas que o tinham conhecido foram, com frequência, covardemente elogiosas, ou, de maneira despudorada, politicamente deterministas. Foi só quando passei vários meses perambulando pela Argentina na companhia de amigos de infância de Che, do jovem Che Guevara, que o homem começou a emergir como uma figura real. Finalmente, de volta a Havana, me foi dado o acesso privilegiado a alguns de seus diários, até então inéditos, que ajudaram a explicar a transformação do menino no lendário Che.

Certa manhã, em novembro de 1995, quando estava na Bolívia para entrevistar todo mundo que eu achasse ter alguma coisa a ver com os esforços da guerrilha de Che, fui a Santa Cruz para encontrar Mario Vargas Salinas, um general aposentado em seus cinquenta e poucos anos. Como um jovem oficial do Exército em 1967, Vargas Salinas tornou-se famoso por liderar a emboscada no rio Masicuri, que eliminou a segunda coluna de Che. Tania, sua companheira alemã, e outros oito guerrilheiros foram mortos. O massacre no Masicuri marcou o início do fim para Che. Pouco mais de um mês depois, em 8 de outubro de 1967, encurralado em um vale por um grande número de tropas do Exército, Che foi ferido e levado preso. No dia seguinte, sob ordens do alto-comando militar boliviano e na presença de um agente da CIA, foi morto a tiros. Após o anúncio da morte de Che em batalha, o Exército mostrou seu corpo para o povo por um dia, na cidade vizinha, chamada Vallegrande. As fotografias do cadáver mostravam-no sem camisa, crivado de balas. Estava deitado de costas com a cabeça escorada e os olhos abertos. A semelhança com as imagens de Cristo morto era evidente para todos. Nesta noite, os corpos de Che e de vários camaradas desapareceram. Seus inimigos pretendiam negar-lhe um local de enterro, onde admiradores poderiam prestar homenagens. Mais tarde, um oficial do Exército disse vagamente que o corpo de Che fora jogado de um avião dentro da selva. Outro oficial afirmou que o cadáver fora incinerado.

Mario Vargas Salinas acabou revelando-se um homem excepcionalmente amável e sincero. Acabamos passando mais de três horas conversando em seu jardim murado, em Santa Cruz, e descobri que ele estava disposto a discutir assuntos controversos. A certa altura, reconheceu que seus soldados executaram um dos combatentes feridos de Che. Sua franqueza levou-me a perguntar sobre o corpo, embora não esperasse realmente uma resposta honesta. Fiquei chocado quando respondeu que queria limpar o passado. Ele disse que depois que Che foi morto, as mãos foram amputadas. As impressões digitais foram tiradas para preservar a prova física da identidade do corpo, e as mãos, colocadas em formol e escondidas. Em seguida, um pelotão de sepultamento noturno, do qual Vargas fazia parte, despejou secretamente os corpos de Che e de vários de seus camaradas em uma vala comum. A sepultura foi escavada na pista de pouso de Vallegrande.

Quando escrevi um artigo sobre a confissão de Vargas Salinas para o *New York Times*, o efeito na Bolívia foi dramático e imediato. O presidente Gonzalo Sanchez de Lozada disse ter ouvido que inventei toda a história depois de ter embebedado Vargas Salinas, que, por sua vez, nesse meio-tempo, se escondeu e emitiu uma declaração negando tudo. Em uma conferência de imprensa em La Paz, adverti que tinha uma gravação da entrevista, e sugeriram que o general poderia estar sob algum tipo de coação. Vargas Salinas logo desmentiu suas declarações e assegurou a exatidão de minha história, mas permaneceu escondido. Então, em uma incrível reviravolta, o presidente Sanchez de Lozada anunciou que reverteria décadas de sigilo oficial e ordenou que uma comissão fosse formada para encontrar os corpos.

Durante as semanas seguintes, o espetáculo de ex-guerrilheiros, soldados e especialistas forenses escavando buracos dentro e em torno de Vallegrande abriu muitas feridas antigas e revelou os detalhes mais sórdidos de uma época em que os poderosos militares da Bolívia tinham ido longe, de forma muito literal, com os assassinatos. Dos anos 1960 aos 1980, uma sucessão de ditadores governara o país. Centenas de cidadãos tinham "desaparecido" sob o regime desordenado e muitas vezes brutal. Então, encorajadas pela caça ao corpo de Che Guevara, as pessoas começaram a clamar por justiça e por informações sobre seus entes queridos. Houve também manifestações de raiva de ex-soldados que lutaram contra o grupo de Che, quando jovens recrutas, e que em alguns casos sofreram ferimentos graves e não receberam pensão por invalidez ou qualquer outra. Eles também exigiam seus direitos.

O passado fora agitado. Os chefes militares bolivianos cumpriram a ordem do presidente, mas ficaram furiosos com Vargas Salinas por sua traição. Ele foi levado a Vallegrande em um pequeno avião, e, enquanto passeava ao redor da pista de pouso, flanqueado por dois sisudos generais do Exército, uma parede de repórteres se aproximou. Depois de trinta minutos, declarou que não poderia identificar o local do sepultamento de Che. Fora há "muitos anos". Ele e seus acompanhantes voltaram para o avião e voaram para longe. Dias depois, espalhou-se a notícia de que o Exército colocara Vargas Salinas em prisão domiciliar. Isso aconteceu vários anos antes de termos notícias dele novamente.

Os esforços na busca em Vallegrande inicialmente não deram em nada. Após várias semanas infrutíferas, os generais no comando da missão deixaram claro que queriam parar de procurar e partiram para La Paz a fim de apresentar o caso ao presidente. No entanto, poucas horas depois de partirem, alguns camponeses locais, que até então tiveram um medo enorme de se manifestar, revelaram a localização de uma região de desova, da qual sabiam da existência havia anos. Era um lugar solitário na floresta, a aproximadamente quatro quilômetros da cidade. Não demorou muito para se confirmar o que tinham dito. Lá, em várias covas rasas, estavam os restos de quatro camaradas de Che.

A descoberta de última hora pôs fim à estratégia dos militares de dar a impressão de que estavam dispostos a levar a situação às últimas consequências para desmentir a acusação a que foram submetidos. A busca foi retomada com vigor renovado, mas, em pouco tempo, as pistas esfriaram novamente. Nada aconteceu por outros dezesseis meses, até que, em julho de 1997, o esqueleto de Che foi finalmente descoberto por uma equipe forense de cubanos e argentinos. A conspiração de trinta anos de fraude enfim acabou. O esqueleto estava junto com outros seis, no fundo de um buraco sob a pista de pouso de Vallegrande, como dissera Vargas Salinas. Che estava completamente estendido, ao longo da base do poço, virado para cima, como se um cuidado especial tivesse sido tomado ao colocá-lo ali. Os outros corpos foram jogados desordenadamente em uma pilha bagunçada perto dele. As mãos de Che foram amputadas na altura dos pulsos.

Os restos foram exumados, colocados em caixões e levados para Cuba, onde foram recebidos em uma emocionante cerimônia privada, que incluía Fidel e

Raúl Castro. Após três meses, em 10 de outubro de 1997, no início de uma semana de luto oficial em Cuba, Fidel e Raúl prestaram suas homenagens formalmente. Os caixões de Che e de seus seis camaradas ficaram expostos com toda a pompa no monumento José Martí, um obelisco no centro da Plaza de la Revolución, em Havana. No período de poucos dias, estima-se que 250 mil pessoas esperaram alinhadas por horas na fila para vê-los. Crianças deixavam cartas para Che. Chorando, homens e mulheres recitaram poemas e entoaram canções revolucionárias. Em seguida, os caixões cobertos pela bandeira foram conduzidos lentamente em uma carreata à cidade de Santa Clara, que Che havia conquistado na última e mais decisiva batalha da guerra revolucionária de Cuba, quase quarenta anos antes. Ele e os companheiros foram enterrados em um mausoléu construído para honrar o heroico guerrilheiro.

Revisei essa edição de meu livro no cinquentenário da Revolução Cubana. Parecia um momento adequado para aprimorar e atualizar a biografia de Che e pensar sobre o que ele significa para uma nova geração de leitores. Agora, seus camaradas sobreviventes são homens idosos, e Cuba está chegando ao fim de uma era. Para melhor ou para pior, a revolução é parte do legado de Che, embora ele já o tenha transcendido.

O rosto de Che e seu nome têm sido estampados em pranchas e relógios e em milhões de camisetas. Mas o que exatamente o Che mitificado e mercantilizado representa? É quase certo que, o que quer que signifique a imagem, pouco tem a ver com o próprio Che. O Che Guevara ressuscitado — bonito, com cabelos compridos e olhos brilhantes — é, em muitos aspectos, tão irreal quanto os heróis e vilões virtuais de um video game. O verdadeiro Che Guevara, que tinha apenas 39 anos quando morreu, foi canonizado e demonizado. Por mais que os fatos de sua vida sejam documentados, suspeito que seus paradoxos e seu lugar na cultura popular garantirão que isso seja sempre assim. Mas nenhuma escola de opinião jamais será capaz de reivindicá-lo inteiramente.

PARTE UM

JUVENTUDE AGITADA

1. Uma plantação em Misiones

I

O horóscopo era desconcertante. Se Ernesto "Che" Guevara tivesse nascido em 14 de junho de 1928, como constava em sua certidão de nascimento, então seria do signo de Gêmeos, e sem nada de extraordinário. A astróloga que fazia os cálculos, uma amiga da mãe de Che, repetiu seu trabalho e chegou aos mesmos resultados. O "Che" que aparecia em suas análises era uma personalidade sem brilho, dependente, que levara uma vida que nada teve de especial. Mas isso foi no início dos anos 1960, e Che já era uma das pessoas mais famosas do mundo. Tinha sido capa da revista *Time* e era uma figura em evidência e carismática, renomada por seu espírito independente.

Quando a astróloga, atônita, mostrou à mãe de Che o horóscopo sem graça, ela deu risada. Revelou então um segredo que guardara zelosamente por mais de três décadas. Na verdade, seu filho nascera um mês antes, no dia 14 de maio. Não era de Gêmeos coisa nenhuma, mas um teimoso e decidido taurino. A tapeação fora necessária, explicou, porque estava grávida de três meses quando se casou com o pai de Che. Imediatamente após o casamento, o casal deixou Buenos Aires rumo à longínqua e atrasada selva de Misiones, 2 mil quilômetros acima do rio Paraná, na fronteira norte da Argentina com o Paraguai e com o Brasil. Lá, enquanto seu marido se estabelecia como um plantador de erva-

-mate, ela prosseguiu com a gravidez, longe dos olhares curiosos da sociedade de Buenos Aires. Um médico amigo falsificou a data na certidão de nascimento, avançando-a em um mês para ajudá-los a se proteger do escândalo.

Quando o filho estava com um mês de vida, o casal comunicou às respectivas famílias. Contaram que tentaram chegar a Buenos Aires e que a mãe de Che entrara prematuramente em trabalho de parto. Afinal, um bebê de sete meses não é um acontecimento incomum. Pode ter havido dúvidas, mas a história e a data oficial do nascimento da criança foram calmamente aceitas.

Parece apropriado que um homem que passou a maior parte da vida adulta engajado em atividades clandestinas, e cuja morte envolveu uma conspiração, começasse a vida com um subterfúgio.

II

Em 1927, quando Ernesto Guevara Lynch conheceu Celia de la Serna, ela acabara de se formar no Sacré Coeur, um exclusivo colégio católico para meninas em Buenos Aires. Tinha a aparência expressiva de uma jovem de vinte anos, nariz aquilino, cabelos escuros ondulados e olhos castanhos. Celia era culta, mas sem experiência de vida; devota, mas questionadora. Em outras palavras, estava madura o suficiente para uma aventura romântica.

Celia de la Serna era uma autêntica sangue azul argentina, de imaculada linhagem da nobreza espanhola. Um de seus antepassados fora vice-rei espanhol no Peru colonial; outro, um famoso general argentino. Seu avô paterno, um rico proprietário de terras, e o próprio pai de Celia, um renomado professor de Direito, congressista e embaixador. Tanto ele como sua mulher morreram quando Celia ainda era criança, deixando-a junto com seus seis irmãos e irmãs para serem criados pela tutora, uma tia religiosa. A família conservara suas lucrativas propriedades, e Celia deveria receber uma boa herança quando chegasse à idade de 21 anos.

Ernesto Guevara Lynch tinha 27 anos. Era relativamente alto e atraente, com o queixo e o maxilar pronunciados. Os óculos que usava para astigmatismo davam-lhe um enganoso ar de burocrata, pois na verdade tinha a personalidade sociável e efervescente, o temperamento explosivo e uma enorme imaginação. Era bisneto de um dos homens mais ricos da América do Sul, e entre seus antepassados incluíam-se membros tanto da nobreza espanhola como da irlandesa. No entanto, ao longo dos anos, a família perdera a maior parte da fortuna.

Em meados do século XIX, quando a Argentina era controlada pelo tirânico caudilho Juan Manuel de Rosas, os herdeiros varões dos ricos clãs dos Guevara e dos Lynch fugiram da Argentina para participar da Corrida do Ouro na Califórnia. Quando voltaram do exílio, seus filhos nascidos nos Estados Unidos, Roberto Guevara Castro e Ana Isabel Lynch, casaram-se. Ernesto, que se tornaria o pai de Che, era o sexto dos onze filhos de Roberto e Ana Isabel. A família vivia bem, mas eles já não eram proprietários de terra. Enquanto o marido trabalhava como topógrafo, Ana Isabel criava os filhos em Buenos Aires. Veraneavam em uma casa de campo rústica no quinhão de terra herdado da antiga propriedade da família. A fim de preparar Ernesto para uma vida de trabalho, seu pai o enviara para uma escola pública, dizendo-lhe: "A única aristocracia na qual acredito é a aristocracia do talento".

No entanto, Ernesto ainda pertencia à sociedade argentina por direito de nascença. Cresceu ouvindo as histórias que a mãe contava sobre a vida na fronteira da Califórnia e as histórias tenebrosas do pai sobre ataques indígenas e mortes súbitas no alto dos Andes. O passado ilustre e aventureiro de sua família era um legado muito forte para ser superado. Ele tinha dezenove anos quando o pai morreu e, embora cursasse arquitetura e engenharia na universidade, abandonou os estudos antes de se formar. Queria ter as próprias aventuras e fazer a própria fortuna, e utilizou a modesta herança para buscar esse objetivo.

Antes de conhecer Celia de la Serna, Ernesto investira a maior parte de seu dinheiro, junto com um parente rico, em uma empresa de construção de iates, o Estaleiro San Isidro. Durante algum tempo, trabalhou na empresa como supervisor, mas isso não era suficiente para manter seu interesse. Logo se entusiasmou por um novo projeto: um amigo o convencera de que poderia fazer fortuna plantando erva-mate, o estimulante chá nativo bebido por milhões de argentinos.

A terra era barata na província de Misiones, onde se cultivava a erva. Originalmente ocupada no século XVI por missionários jesuítas e seus convertidos, indígenas guaranis, anexada pela Argentina havia apenas cinquenta anos, a província estava então sendo aberta à colonização. Especuladores de terras, aventureiros de posses e imigrantes europeus pobres chegavam em massa. Ernesto foi ver de perto o que estava acontecendo e também se entusiasmou com a febre da erva-mate. Seu próprio dinheiro estava preso na empresa de construção de iates, mas com a herança de Celia poderiam comprar terra suficiente para uma plantação e, esperava ele, ficariam ricos com o rendoso "ouro verde".

Como era de esperar, a família de Celia opôs-se firmemente ao seu pretendente diletante. Ela ainda não tinha completado 21 anos e, segundo a lei argentina, precisava da aprovação da família para se casar ou receber sua herança. Celia a pediu, mas a resposta foi negativa. Desesperados, pois a essa altura estava grávida, ela e Ernesto encenaram uma fuga para forçar o consentimento da família. Celia refugiou-se na casa de uma irmã mais velha. A demonstração de força funcionou e o casamento foi aprovado, mas Celia ainda precisou ir à Justiça para conseguir a herança. Recebeu uma parcela, incluindo o título de propriedade de uma estância de gado e de cultivo de grãos na província central de Córdoba, e alguns títulos do seu fundo de pensão, o bastante para comprar uma plantação de erva-mate em Misiones.

Em 10 de novembro de 1927, Celia e Ernesto casaram-se em uma cerimônia íntima na casa da irmã dela, Edelmira Moore de la Serna. O jornal *La Prensa*, de Buenos Aires, deu a notícia na sua coluna Día Social. Logo em seguida, partiram da cidade para os ermos de Misiones. "Juntos, decidimos o que fazer de nossas vidas", escreveu Ernesto em um livro de memórias publicado anos depois. "Para trás ficavam as penitências, o pudor e o círculo fechado de parentes e amigos que queriam impedir nosso casamento."

III

Na Argentina de 1927, mudanças políticas e sociais pareciam inevitáveis, porém ainda não haviam acontecido. Charles Darwin, que testemunhara as atrocidades cometidas por Juan Manuel de Rosas contra os povos nativos da Argentina, predissera que "o país ficaria nas mãos de selvagens brancos gaúchos em vez de indígenas de pele cor de cobre. Os primeiros são ligeiramente superiores em instrução, ao mesmo tempo em que são inferiores em todas as virtudes morais". No entanto, mesmo durante esse período de derramamento de sangue, a Argentina gerara seu próprio panteão de heróis dotados de espírito cívico, desde o general José de San Martín, o libertador do país na luta pela independência contra a Espanha, até Domingo Sarmiento, o combativo presidente, educador e jornalista. *Facundo*, o livro de Sarmiento publicado em 1845, fora como um toque de clarim dirigido a seus compatriotas para convocá-los a trilhar o caminho do homem civilizado, em vez de seguir a brutalidade do arquétipo do homem de fronteira argentino, o gaúcho. Mas o próprio Sarmiento exerceu a autoridade de um ditador. O caudilhismo, culto do homem forte, continuaria a ser uma característica da política argentina até o século seguinte, com o governo se alternando entre caudilhos e democratas. Certamente, havia uma dualidade irreconciliável no temperamento argentino. Estavam em um estado de tensão permanente entre selvageria e comportamento civilizado. Sendo passionais, voláteis e racistas, também eram expansivos, brincalhões e hospitaleiros.

No final do século XIX, quando a conquista dos pampas do sul foi finalmente assegurada depois de uma campanha com patrocínio oficial para exterminar a população indígena nativa, vastas extensões de novas terras foram abertas à colonização. Ergueram-se cercas para transformar os pampas em áreas de pastagem e plantio; novas cidades e indústrias brotaram; e ferrovias, portos e estradas foram construídos. Ao se chegar à virada do século, a população da Argentina triplicara, acrescida do influxo de mais de um milhão de imigrantes provenientes de Itália, Espanha, Alemanha, Grã-Bretanha, Rússia e Oriente Médio, que se despejaram sobre a rica terra da oportunidade no Sul. A cidade de Buenos Aires, havia apenas um século uma sombria guarnição colonial no vasto estuário do rio da Prata, conquistara então um aspecto inflamado, sintetizado pela nova cultura sensual do tango. Carlos Gardel, o crooner de olhos escuros, dava voz a um exaltado orgulho nacional.

Navios transportavam carne, grãos e couro da Argentina para a Europa, enquanto outros atracavam trazendo automóveis Studebakers norte-americanos, gramofones e as mais recentes modas de Paris. A cidade se orgulhava do teatro de ópera, da bolsa de valores e da bela universidade, bem como das filas de imponentes edifícios públicos de estilo neoclássico, das mansões particulares, dos parques verdes e bem conservados, com árvores copadas e campos de polo, e também dos amplos bulevares enfeitados com estátuas de heróis e fontes borbulhantes. Bondes elétricos chacoalhavam, zunindo ao longo de ruas pavimentadas, passando por confeitarias e uisquerias elegantes, com letreiros dourados nas janelas de vidro chanfrado. Nos interiores de mármore e espelhos, garçons orgulhosos, de paletó branco e cabelos emplastrados, faziam pose e avançavam.

Mas enquanto os portenhos de Buenos Aires, como se autodenominavam, voltavam os olhos para a Europa por suas referências culturais, grande parte do interior ainda se arrastava no abandono do século XIX. No norte, despóticos caudilhos provincianos controlavam vastas extensões de terras de plantio de algodão e de cana-de-açúcar. Enfermidades como lepra e malária, até mesmo peste bubônica, ainda eram comuns entre seus empregados. Nas províncias andinas, os indígenas conhecidos como *coyas*, que só falavam quíchua e aimará, viviam em extrema pobreza. A justiça por conta própria e a servidão por contrato eram características da vida de grande parte do interior.

Durante décadas, dois partidos estiveram no poder, o Radical e o Conservador. Hipólito Yrigoyen, o radical que foi reeleito presidente em 1928, ano em que nasceu o primeiro filho de Ernesto e Celia, era um excêntrico, uma figura de esfinge que raramente falava ou aparecia em público. Os trabalhadores ainda tinham poucos direitos, e as greves eram frequentemente reprimidas à bala e cassetete. Os criminosos eram transportados em navios para cumprir pena de detenção nas paragens desoladas e frias do sul, na Patagônia. Porém, com a imigração e as mudanças políticas do século xx, feministas, socialistas, anarquistas e, agora, também fascistas começavam a se fazer ouvir. Novas ideias haviam chegado.

IV

Com o dinheiro de Celia, Ernesto comprou duzentos hectares de mata ao longo das margens do rio Paraná. No topo de uma encosta que dava para a água cor de café e para a densa floresta verde de frente para o rio, ergueram uma espaçosa casa de madeira sobre palafitas, com uma cozinha ao ar livre e banheiro externo. Embora estivessem muito longe das comodidades de Buenos Aires, Ernesto estava fascinado. Com olhos ávidos de empreendedor, olhava a selva ao redor e via o futuro.

Talvez ele acreditasse que pudesse restaurar a fortuna da família metendo-se intrepidamente por terras novas e inexploradas. Estivesse ou não conscientemente se espelhando nas experiências de seus avós, fica claro que, para Ernesto, Misiones constituía uma aventura. Para ele, não era apenas outra atrasada província argentina, mas um lugar emocionante, cheio de "animais ferozes, trabalho perigoso, roubos e assassinatos, ciclones na selva, chuvas intermináveis e doenças tropicais". Escreveu que "na misteriosa Misiones [...] tudo atraía e prendia. Atraía como tudo que é perigoso e prendia como tudo que é apaixonante. Lá, nada era familiar, nem o solo, o clima, a vegetação, nem a mata cheia de animais selvagens, e menos ainda seus habitantes. [...] Do momento em que se pisava em suas margens, sentia-se que a segurança da vida de uma pessoa estava no facão ou no revólver".

Sua casa ficava em Puerto Caraguatay. Caraguataí é uma linda flor vermelha na língua guarani. Esse *puerto*, no entanto, não passava de um pequeno cais de madeira. Caraguatay foi alcançado depois de uma jornada de dois dias rio acima, a partir do velho porto de comércio de Posadas. Viajaram no *Ibera*, um vapor vitoriano com rodas de pás, que anteriormente prestara serviços transportando colonos britânicos pelo Nilo. A localidade mais próxima era a pequena comunidade de colonos alemães de Montecarlo, a oito quilômetros de distância. Mas os Guevara descobriram ter um vizinho amigável, Charles Benson, um inglês que era engenheiro de ferrovias aposentado e vivia a poucos minutos de caminhada por dentro da floresta. Benson era um pescador inveterado e construíra, logo acima do rio, um amplo bangalô branco, com um vaso sanitário importado da Inglaterra dentro de casa.

Durante alguns meses, o casal passou momentos agradáveis, se assentando e explorando a área. Pescavam, passeavam de barco e a cavalo com Benson, e iam até Montecarlo em sua charrete puxada por uma mula. Para Gertrudis Kraft, de oito anos, cujos pais tinham uma pequena hospedaria na estrada de Montecarlo, os Guevara pareciam ser, como ela recordou muitos anos depois, "pessoas ricas e elegantes". Sua casa rústica à beira do rio lhe parecia uma mansão.

Porém, o idílio de lua de mel dos Guevara, apesar de intenso, não durou muito. Em poucos meses, a gravidez de Celia já estava bem avançada e era hora de retornar à civilização, onde poderia dar à luz com maior conforto e segurança. O casal desceu o rio. Sua viagem terminou em Rosário, uma importante cidade portuária às margens do rio Paraná, com 300 mil habitantes, onde Celia entrou em trabalho de parto e onde nasceu seu filho, Ernesto Guevara de la Serna. Em sua certidão de nascimento falsificada, expedida pelo cartório de Registro Civil, constam como testemunhas um primo de seu pai que vivia em Rosário e um motorista de táxi brasileiro, obviamente recrutado à última hora. O documento diz que o bebê nasceu às 3h05 de 14 de junho, no "domicílio" dos pais, na calle Entre Ríos, 480.*

Os Guevara ficaram em Rosário enquanto Celia se recuperava do parto do bebê, que chamavam de Ernestito. Alugaram um espaçoso apartamento de três quartos, com dependências de empregada, em um novo edifício residencial de luxo perto do centro da cidade, no endereço que consta da certidão de nascimento. A permanência deles durou mais que o esperado porque o bebê contraiu pneumonia bronquial. A mãe de Ernesto, Ana Isabel Lynch, e sua irmã solteira, Ercilia, foram para lá a fim de ajudá-los.

V

Depois de uma vertiginosa série de visitas às respectivas famílias em Buenos Aires para mostrar o filho recém-nascido, os Guevara retornaram à propriedade em Misiones. Ernesto tentou seriamente fazer a plantação vingar. Contratou um capataz paraguaio, chamado Curtido, para supervisionar o desmatamento da terra e o plantio da primeira safra de erva-mate.

Em Misiones, os lenhadores e proprietários de plantações de erva-mate geralmente contratavam indígenas guaranis, trabalhadores itinerantes chamados

* Ver Notas a partir da página 809.

mensú, que recebiam contratos vinculatórios e adiantamento pelo trabalho a ser realizado. Era uma forma de trabalho escravo. Os *mensues* não recebiam dinheiro, mas títulos que serviam somente para adquirir coisas essenciais a preços exorbitantes nas vendas das plantações. Os salários eram baixos e o sistema praticamente assegurava que jamais conseguissem saldar suas dívidas originais. Nas plantações, capangas vigiavam constantemente os grupos de trabalho para impedir fugas, e mortes violentas à bala e a facão eram frequentes. Os *mensues* que escapavam dos capangas mas caíam nas mãos da polícia eram inevitavelmente devolvidos aos patrões. Ernesto Guevara Lynch estava horrorizado com as histórias que ouvia sobre o destino dos *mensues* e pagou seus trabalhadores em dinheiro, o que fez dele um patrão popular. Muitos anos depois, ainda era lembrado pelos trabalhadores locais como um homem bom.

Enquanto Ernesto trabalhava na plantação, seu filho pequeno aprendia a andar. Para ajudá-lo, Ernesto costumava mandá-lo à cozinha com um bule de erva-mate para entregar ao cozinheiro. Sempre tropeçando no caminho, Ernestito se levantava zangado e seguia em frente. Outra rotina se estabeleceu devido aos insetos perniciosos que infestavam Caraguatay. Todas as noites, quando Ernestito dormia no berço, Ernesto e Curtido se esgueiravam silenciosamente para dentro do quarto. Enquanto Ernesto mantinha o foco de uma lanterna no menino, Curtido usava cuidadosamente a ponta acesa de um cigarro para retirar a cota diária de carrapatos aferrados à carne do bebê.

Em março de 1929, Celia engravidou de novo. Ela contratou Carmen Arias, uma jovem babá, galega de nascimento, para tomar conta de Ernestito, que ainda não completara um ano. Carmen revelou-se um ótimo acréscimo para a família. Viveria com os Guevara até casar-se, oito anos mais tarde, permanecendo amiga deles ao longo da vida. Livre de ter de cuidar da criança, Celia começou a nadar diariamente no rio Paraná. Era uma boa nadadora, mas um dia, quando estava no sexto mês de gravidez, a corrente do rio a pegou. Provavelmente se afogaria se dois dos lenhadores de seu marido, que faziam um desmatamento ali perto, não a vissem, atirando rapidamente uns cipós para puxá-la de volta à margem.

Ernesto Guevara recordava em tom de reprovação muitos desses episódios de quase afogamento de Celia nos primeiros anos de casados. As personalidades muito diferentes já começavam a se chocar. Ela era distante, solitária e aparentemente desprovida de medo, enquanto ele era um homem emocionalmente carente, que gostava de ter pessoas ao seu redor, um preocupado crônico cuja imaginação vívida magnificava os riscos que via à espreita por toda parte. Entretanto, embora os primeiros indícios de sua futura discórdia matrimonial já fossem evidentes, ainda continuaram juntos. Os Guevara faziam excursões em família, como passeios a cavalo pelas trilhas da floresta, com Ernestito cavalgando na frente da sela do pai, e incursões pelo rio a bordo da *Kid*, uma lancha de madeira com uma cabina com quatro beliches que Ernesto construíra no Estaleiro San Isidro. Certa vez, subiram o rio até as famosas cataratas do Iguaçu, onde as fronteiras argentina e brasileira se encontram, e ficaram olhando as nuvens de vapor d'água produzidas pelas cascatas amarronzadas que ribombavam do penhasco da selva virgem.

No final de 1929, a família fez novamente as malas para a longa viagem rio abaixo até Buenos Aires. O campo estava limpo e a plantação de erva-mate acabara de ser semeada, mas Celia estava prestes a dar à luz o segundo filho, e a presença de Ernesto era necessária, com urgência, no Estaleiro San Isidro. Durante sua ausência, os negócios andaram mal e então um dos investidores da empresa se retirara. Planejavam ficar fora apenas alguns meses, mas nunca regressariam como uma família a Puerto Caraguatay.

VI

De volta a Buenos Aires, Ernesto alugou um bangalô no terreno de uma grande residência colonial, propriedade de sua irmã, María Luisa, e do marido no bairro residencial de San Isidro, convenientemente perto da sua empresa de construção de barcos que atravessava dificuldades. Estavam lá havia pouco tempo quando Celia deu à luz, em dezembro, uma menina a quem deram seu próprio nome, Celia. Durante algum tempo, enquanto Ernesto trabalhava no estaleiro, a vida da família girava em torno de passeios ao Iate Clube de San Isidro, perto do local em que os rios Paraná e Uruguai se juntam para formar o estuário do rio da Prata.

A empresa de construção de iates estava à beira da falência, supostamente devido à incompetência do sócio e primo de Ernesto em segundo grau, Germán Frers. Para Frers, que já era rico e campeão de regatas a vela, o estaleiro era um hobby. Seu entusiasmo por criar obras de arte náuticas era tal que despejava dinheiro em mão de obra especializada e em caros materiais importados que, muitas vezes, custavam mais à companhia do que os valores acordados para a venda das embarcações que construía. O investimento de Ernesto corria o sério risco de evaporar. Em seguida, logo após seu regresso, um incêndio destruiu o estaleiro. Barcos, madeira e tinta foram pelos ares, em chamas.

Se o estaleiro estivesse coberto pelo seguro, o incêndio seria apenas um acontecimento fortuito. Porém, Frers se esquecera de pagar a apólice, e Ernesto perdeu sua herança da noite para o dia. Tudo que lhe restava de seu investimento era a lancha, *Kid*. Como compensação parcial, Frers lhe deu o *Alá*, um iate a motor de doze metros. O *Alá* valia alguma coisa, e ainda tinham a plantação em Misiones, que Ernesto deixara nas mãos de um amigo da família para administrar durante sua ausência. Podia ter a esperança de em breve ver os rendimentos anuais de suas safras. Nesse meio-tempo, teriam a renda anual da propriedade de Celia em Córdoba. Além disso, contavam também com muitos parentes e amigos. Não morreriam de fome.

No começo de 1930, Ernesto certamente não parecia muito preocupado com o futuro. Durante alguns meses, levou uma vida divertida, passando os fins de semana em cruzeiros com amigos a bordo do *Alá*, fazendo piqueniques na miríade de ilhas do delta, rio acima. No quente verão argentino, de novembro a março, a família passava os dias na praia do Iate Clube de San Isidro, ou visitava primos e parentes ricos em suas estâncias no campo.

Em um dia de maio de 1930, Celia levou seu filho de dois anos para nadar no iate clube, mas o inverno argentino já começara e estava frio e ventando. Nessa noite, a criança teve uma crise de tosse. O médico diagnosticou bronquite asmática e prescreveu o tratamento normal, mas o ataque durou vários dias. Ernestito desenvolvera uma asma crônica que o afligiria para o resto da vida e mudaria de forma inexorável o rumo da vida de seus pais.

Pouco tempo depois, os ataques recomeçaram e tornaram-se piores. As crises de falta de ar do garoto deixavam seus pais angustiados. Buscaram desesperadamente conselhos médicos e tentaram todos os tratamentos conhecidos. A atmosfera na casa azedou. Ernesto culpava Celia por imprudentemente provocar a doença do filho, mas não era nada justo. Celia era uma pessoa altamente alérgica e também padecia de asma. Era bem provável que seu filho tivesse herdado a mesma propensão. Os irmãos também desenvolveram alergias, embora nenhum sofresse tão seriamente quanto Ernestito. A exposição ao ar e à água frios provavelmente apenas ativara os sintomas.

Qualquer que tenha sido a causa, a asma do garoto eliminava o retorno ao clima de Puerto Caraguatay. Era óbvio também que mesmo San Isidro, tão perto do rio da Prata, era demasiado úmido para ele. Em 1931, os Guevara se mudaram de novo, dessa vez para mais perto do centro de Buenos Aires, para um apartamento alugado no quinto andar de um edifício próximo ao parque de Palermo. Estavam perto de Ana Isabel, mãe de Ernesto, e de sua irmã, Beatriz, que morava com ela. Ambas derramavam afeto sobre o menino doente.

Em maio de 1932, Celia deu à luz pela terceira vez, um outro menino. Chamaram-no Roberto, nome do avô paterno nascido na Califórnia. A pequena Celia, agora com um ano e meio, dava seus primeiros passos, e Ernestito, com quatro anos, aprendia a andar de bicicleta pelos jardins de Palermo.

Para Ernesto Guevara Lynch, a doença do filho mais velho era uma espécie de maldição: "A asma de Ernesto começava a afetar nossas decisões", ele lembrou em seu livro de memórias. "Cada dia impunha novas restrições a nossa liberdade de movimento e cada dia nos encontrávamos mais à mercê dessa maldita enfermidade." Os médicos recomendaram um clima seco para estabilizar a condição do garoto, e os Guevara viajaram para as terras altas da província de Córdoba. Durante vários meses, fizeram viagens de ida e volta entre a capital da província de Córdoba, a segunda cidade mais importante da Argentina, e Buenos Aires, praticamente vivendo em hotéis e em casas alugadas por temporada. Os ataques de Ernestito se atenuavam, depois pioravam novamente, sem qualquer padrão aparente. Impossibilitado de cuidar dos negócios ou iniciar uma nova atividade, o velho Ernesto ficava cada vez mais frustrado. Sentia-se "instável, no ar, incapaz de fazer qualquer coisa".

Os médicos insistiram para que ficassem em Córdoba durante pelo menos quatro meses, a fim de garantir a recuperação de Ernestito. Um amigo da família sugeriu-lhes que experimentassem Alta Gracia, uma estância termal no sopé das serras Chicas, uma pequena cadeia de montanhas perto de Córdoba. Tinha um ótimo clima seco que fazia do lugarejo um retiro popular para quem sofria de tuberculose e outras doenças respiratórias. Pensando em uma curta permanência, a família se mudou para Alta Gracia, sem sequer imaginar que seria seu lar durante os onze anos seguintes.

2. O clima seco de Alta Gracia

I

No começo dos anos 1930, Alta Gracia era uma atrativa e pequena cidade de lazer com alguns milhares de habitantes, rodeada de fazendas e de campos intactos. O ar de montanha era fresco, puro e revigorante. Inicialmente, a família hospedou-se no Hotel de La Gruta, um sanatório administrado por alemães nos arredores da cidade. Seu nome fora tirado de uma capela em uma pequena gruta próxima, construída para a veneração da Virgem de Lourdes. A maioria dos hóspedes sofria de doenças pulmonares.

Para Celia e as crianças, viver em Alta Gracia era como ter férias prolongadas. Ela as levava para caminhadas até pequenos lagos, onde nadavam, ou para passeios de mula, e começou a se relacionar com os moradores do lugar. Seu marido não as acompanhava. À medida que suas reservas encolhiam, a frustração por não conseguir trabalho se transformava em desespero. Sentia-se isolado, confinado pelas colinas ao redor, sofria de insônia e ficava cada vez mais deprimido durante as longas noites em claro no hotel.

A asma do jovem Ernesto melhorou em Alta Gracia, mas ele ainda tinha crises, e a preocupação dos Guevara com sua saúde continuaria a traçar o caminho da família, dominando a vida deles de uma maneira extraordinária. Logo decidiram ficar em Alta Gracia por tempo indefinido. Ali os ataques tornaram-se inter-

Ernesto Guevara de la Serna com os pais, Ernesto Guevara Lynch e Celia Guevara de la Serna, em Alta Gracia, Argentina, em 1935.

mitentes, em lugar da afecção crônica de Buenos Aires. Ernestito era agora um menino de cinco anos, animado e voluntarioso, que se juntava às *barras* — turmas de crianças do lugar — para brincar de guerra de trincheiras, de bandido e mocinho, e descer desenfreado de bicicleta pelas ladeiras da cidade.

Ernesto Guevara Lynch encontrou uma casa desocupada para alugar, na calle Avellaneda, no bairro de Villa Carlos Pellegrini, a apenas cinco minutos a pé do centro de atividades sociais da cidade, que era o opulento Hotel Sierras, uma imitação de um hotel de Calcutá do período do reinado britânico. A nova casa da família se chamava Villa Chichita. Era um chalé de dois andares, de estilo gótico, que o velho Ernesto comparava a um farol. Quase inteiramente rodeado por campos abandonados, tinha vista para as serras de um lado e, do outro, para as planícies amareladas e descampadas na direção de Córdoba.

Em janeiro de 1934, Celia deu à luz uma quarta criança, uma menina a quem deram o nome de Ana María, sua avó paterna. Embora brigasse frequentemente com Celia e Roberto, o jovem Ernesto se mostrava particularmente solícito com a irmã caçula, levando-a para passear quando ainda era bebê e contando-lhe histórias. Quando sua respiração ofegante o deixava fatigado, descansava seu peso no ombro dela.

As fotografias de família mostram que, aos cinco anos, Ernestito era um menino parrudo, de pele pálida e cabelos escuros despenteados. Invariavelmente vestia calças curtas e sandálias com meias e usava diferentes chapéus para proteger-se do sol da montanha. Sua fisionomia era séria e retraída, seu estado de espírito era difícil de capturar com uma câmera. Em fotos tiradas dois anos depois, percebe-se que crescera, mas o rosto continuava pálido e abatido, sem dúvida em consequência dos prolongados acessos de asma.

Quando Ernesto estava com sete anos, os Guevara se mudaram de Villa Chichita para uma casa mais confortável, bem do outro lado da rua. A nova casa, a Villa Nydia, era um chalé de um andar, protegido por um pinheiro alto, com três dormitórios, um estúdio e dependências de empregados. Ficava em um terreno de quase um hectare. Seu senhorio era *El Gaucho* Lozada, o dono da igreja e da casa de missão da cidade. Durante os anos em Alta Gracia, os Guevara viveram em várias casas alugadas por temporada, mas Villa Nydia foi onde ficaram por mais tempo e foi o lugar que mais consideraram como um lar. O aluguel era baixo, apenas setenta pesos por mês, o equivalente a cerca de vinte dólares. No entanto, Ernesto Guevara Lynch, que estava quebrado a maior parte do tempo, frequentemente não conseguia pagá-lo. Estava em uma situação bem difícil. Não podia voltar a Buenos Aires por causa da saúde de Ernestito, mas não fora capaz de encontrar trabalho naquele local. Sua maior esperança de renda era a plantação em Misiones, mas os preços do mercado de erva-mate despencaram e uma seca prolongada afetara profundamente o rendimento da estância de Celia no sul, na província de Córdoba.

Durante os anos que se seguiram, os Guevara continuaram a depender da renda de suas propriedades, mas, afetados tanto pelo clima como pelas condições de mercado que flutuavam, os rendimentos eram incertos e, de modo geral, pequenos. De acordo com a família e os amigos, foi o dinheiro de Celia, provavelmente o que tinha sobrado de seus títulos ao portador, que sustentou a família durante a década de 1930. "Foram tempos realmente duros para nós", Ernesto Guevara Lynch escreveu em seu livro de memórias. "Tão cheios de dificuldades econômicas. As crianças ficavam maiores, Ernesto ainda tinha asma. Gastávamos muito com médicos e remédios. Tínhamos de pagar empregadas domésticas, pois Celia não podia dar conta de tudo sozinha com as crianças. Havia escola, aluguel, roupas, comida, viagens. Eram muitas despesas e pouco dinheiro entrando."

No entanto, pelo menos parte de seus problemas econômicos se devia ao fato de que nem Ernesto nem Celia tinham um sentido prático em relação a dinheiro. Insistiam em manter um estilo de vida que estava muito além de seus meios. Davam jantares, tinham charrete e automóvel, e pagavam três empregadas. Dependendo do dinheiro disponível em sua carteira, a cada verão passavam um tempo em Mar del Plata, o exclusivo balneário no Atlântico, favorito dos argentinos ricos, ou na estância da mãe de Ernesto, em Santa Ana de Irineo Portela.

Os Guevara tornaram-se parte da vida social do Hotel Sierras. Podiam não ter dinheiro, mas pertenciam à classe social certa, e tinham a pose e os sobrenomes corretos. Os Guevara tinham "classe". Foram abençoados com a confiança inata dos que nascem em meio à opulência. As coisas correriam bem no final. Quando algo saía errado, os amigos e a família os salvavam. Carlos "Calica" Ferrer, que gostava de se divertir e era filho de um médico de renome de Alta Gracia, um especialista em pulmão que tratara da asma do jovem Ernesto, lembrou-se de que saiu de férias com os Guevara em um verão. Ernesto Guevara Lynch não levara dinheiro algum consigo e pediu a Calica que lhe emprestasse o dinheiro que *seu* pai lhe dera para as férias.

Demorou algum tempo até que o velho Ernesto pudesse tirar proveito das novas relações sociais em Alta Gracia e obtivesse trabalho remunerado. Em 1941, usando os documentos de arquiteto de seu irmão, Federico, e os seus próprios de "mestre de obras e empreiteiro", conseguiu um contrato para ampliar e melhorar o Campo de Golfe Sierras. Enquanto durou o trabalho, havia dinheiro entrando, porém, além desse empreendimento, não há nenhum registro de que Ernesto tenha trabalhado durante a longa permanência da família em Alta Gracia.

II

Por causa da asma, o jovem Ernesto não ia à escola regularmente até ter quase nove anos. Celia pacientemente lhe deu aulas em casa, ensinando-o a ler e escrever. Esse período, sem dúvida, consolidou o relacionamento especial que se formou entre eles. A simbiose entre mãe e filho adquiriria uma ressonância dramática anos mais tarde, enquanto mantinham seu relacionamento por meio de um rico fluxo de cartas em que abriam suas almas, e que durou até a morte de Celia, em 1965. De fato, ao chegar à idade de cinco anos, Ernesto já começara a revelar uma personalidade que espelhava a da mãe em muitos aspectos. Ambos gostavam de cortejar o perigo, eram naturalmente rebeldes, decididos e teimosos. E desenvolviam fortes laços intuitivos com outras pessoas. Àquela altura, Ernesto já tinha seu genitor "predileto", e também parentes prediletos, como sua tia solteira, Beatriz, e a avó paterna, Ana Isabel. Beatriz, sem filhos, tinha uma afeição especial por Ernesto e o mimava muito, mandando-lhe presentes. Uma das primeiras cartas de Ernesto, na qual diz a sua tia Beatriz que melhorara da asma, data de 1933. Obviamente escrita por um de seus pais, está assinada, com um rabisco trabalhado de uma criança de cinco anos, por "Teté". Esse era o nome carinhoso pelo qual Beatriz chamava Ernesto e fora adotado pela família como seu apelido.

A asma de Ernesto continuava a ser fonte de ansiedade. Desesperados por isolar as causas do seu padecimento, seus pais anotavam suas atividades diárias, monitorando tudo, desde o teor de umidade e o tipo de roupa que usava até o que comia. No caderno de notas de seu pai, o registro de um dos "bons dias" de Ernesto aos dez anos, em novembro de 1938, é o seguinte: "Quarta-feira, 15: Manhã seminublada, atmosfera seca. Ele acordou muito bem. Dormiu com a janela aberta. Não foi à piscina. Come com bom apetite, do mesmo modo que nos dias anteriores. Está muito bem até as cinco da tarde". Trocaram suas roupas de cama, assim como o enchimento dos travesseiros e do colchão, retiraram os carpetes e as cortinas do seu quarto, espanaram as paredes e expulsaram todos os bichos de estimação da casa e do jardim.

Por fim, os Guevara entenderam que não havia um padrão para a asma de Ernesto. O máximo que podiam fazer era encontrar maneiras de contê-la. Vendo que a condição parecia diminuir depois de ele ter nadado, por exemplo, entraram para o clube de natação do Hotel Sierras. Estava permanentemente

A família Guevara na piscina do Hotel Sierras, em Alta Gracia, em 1936. A partir da esquerda: Ernesto, aos oito anos; seu pai segurando sua irmã, Celia; sua mãe com Ana María.

proibido de comer certos alimentos, como peixe, e ficava submetido a dietas rigorosas durante as crises. Demonstrava uma autodisciplina incomumente forte aderindo a essas dietas, mas logo que os ataques cediam, ele se empanturrava, e ficou conhecido por sua capacidade de devorar enormes quantidades de comida de uma só vez.

Muitas vezes incapaz até de andar, e confinado à cama por dias seguidos, Ernesto passava longas horas solitárias lendo livros ou aprendendo a jogar xadrez com o pai. Porém, nos períodos sem asma, ficava compreensivelmente impaciente por testar seus limites físicos. Foi neste âmbito, no terreno físico, que sentiu pela primeira vez a necessidade de competir. Atirou-se aos esportes, jogando futebol, tênis de mesa e golfe. Aprendeu a andar a cavalo, atirava no estande de tiro local, nadava no Hotel Sierras ou nas piscinas naturais formadas pelas águas dos riachos do lugar, caminhava pelas colinas e participava de batalhas com pedras entre as beligerantes *barras*.

Contra a opinião do marido, Celia encorajava essas atividades ao ar livre, insistindo para que deixassem o filho crescer tão normalmente quanto possível. Mas as consequências às vezes eram desastrosas, com Ernesto sendo carregado para casa pelos amigos, prostrado e chiando. No entanto, esses episódios não o impediam de fazer exatamente a mesma coisa de novo, e isso também se tornou uma rotina sobre a qual seu pai perdeu totalmente o controle.

Ernesto Guevara Lynch nunca foi capaz de disciplinar o filho mais velho, Celia nunca tentou. O resultado foi que o garoto ficou cada vez mais levado e desobediente. Para escapar do castigo por alguma travessura, fugia pelos arbustos do campo, voltando apenas quando os temores dos pais por sua segurança superavam a chateação deles. Carlos Figueroa, um amigo cuja família tinha uma casa de veraneio mais abaixo na rua, afirmou que as fugas para o mato eram a maneira de Ernesto escapar das discussões dos pais, que Figueroa recorda como "terríveis".

Não está claro se a perturbação emocional causada por essas discussões contribuíam para provocar os acessos de asma de Ernesto, mas tanto a família como os amigos concordam em achar que Celia e Ernesto Guevara Lynch começaram a ter brigas aos berros com regularidade em Alta Gracia. Tinham um temperamento extremamente explosivo e são numerosas as histórias de desavenças domésticas. Não há dúvida de que seus eternos problemas econômicos eram parte das causas do conflito. Na cabeça do velho Ernesto, sua incapacidade para encontrar trabalho se relacionava diretamente à "imprudência" de Celia e ao incidente de natação em San Isidro, que levou à asma de seu filho e à mudança para Alta Gracia. Mas a verdadeira fonte da discórdia, segundo amigas íntimas de Celia, eram os casos de Ernesto Guevara Lynch com outras mulheres, um comportamento que, em um lugar pequeno como Alta Gracia, deve ter sido impossível ocultar. Como o divórcio ainda não era legal na Argentina, ou talvez por causa das crianças, os Guevara permaneceram juntos.

Os dias de Ernestito correr em liberdade foram finalmente cortados quando as autoridades de ensino de Alta Gracia visitaram seus pais e ordenaram-lhes que o mandassem para a escola. Ele já tinha quase nove anos, e Celia não teve outra opção senão deixá-lo ir. Graças ao que lhe ensinara, já sabia ler e escrever, então foi capaz de pular a primeira série e a "primeira série superior" do sistema de escola primária da Argentina. Em março de 1937, Ernesto entrou na segunda série da Escola San Martín. Era quase um ano mais velho do que seus colegas.

As notas de Ernesto na terceira série do ano letivo de 1938 são resumidas como "satisfatórias" em seu boletim. Recebeu notas altas em história e mostrava uma "melhora constante" em ciências naturais, leitura, redação, geografia, geometria e educação moral e cívica, mas pouco interesse por desenho, educação física, música e dança. Seu comportamento fora classificado como "bom" no conjunto do ano, embora "insuficiente" no terceiro trimestre. Essa mudança coincide

Celia Guevara com os filhos em Alta Gracia, em 1937. A partir da esquerda, sua filha Celia, Roberto, Ernesto e Ana María.

Ernesto e seus amigos da barra (gangue de infância) em Alta Gracia, em 1939 ou 1940. Ernesto é o segundo a partir da direita, de colete. Seu irmão mais novo, Roberto, é o da extremidade direita, e sua irmã, Ana María, é a da extremidade esquerda.

com uma súbita queda na frequência. Depois de faltar apenas cerca de quatro dias nos dois primeiros trimestres, ficou fora da escola por 21 dias durante o terceiro, ausência causada provavelmente por um ataque de asma prolongado.

Elba Rossi de Oviedo Zelaya, que era diretora da escola e sua professora na terceira série, recorda-se dele como "um menino inteligente e travesso, que não se destacava na classe, mas exibia qualidades de liderança no pátio de recreio". Mais tarde, Che disse a sua segunda esposa, Aleida, que Elba Rossi era uma disciplinadora severa e sempre batia nele. Um dia, diante do seu castigo habitual, vingou-se dela colocando um pedaço de tijolo dentro dos shorts. Quando ela lhe deu uma palmada, foi sua mão que doeu.

Ernesto foi um incorrigível exibicionista durante os anos de curso primário. Para compensar sua enfermidade perceptível ou talvez mesmo por uma inclinação pessoal, desenvolveu uma personalidade extremamente competitiva, metendo-se em grandes travessuras que deixavam os adultos perplexos e impressionavam seus colegas. Seus antigos companheiros de classe recordam que ele bebia tinta de uma garrafa, comia giz durante a aula, trepava nas árvores do pátio de recreio, pendurava-se pelas mãos debaixo de uma ponte ferroviária, explorava a galeria de uma mina abandonada e brincava de toureiro com um carneiro irascível. Em uma ocasião, ele e seus companheiros de *barra* saíram por Alta Gracia quebrando as luzes dos postes com suas atiradeiras. Uma outra vez, Ernesto e seu amigo Juan Míguez ajustaram contas com um garoto de uma gangue rival, defecando sobre as teclas de marfim do piano de cauda de seus pais. E houve ainda a ocasião gloriosa em que atirou rojões de festa junina pela janela aberta da casa de um vizinho que dava um jantar formal, dispersando os convidados.

As travessuras de Ernesto deram uma certa notoriedade local aos Guevara, mas eles também se faziam notar de outras maneiras. "Boêmia" é o termo mais usado para descrever sua casa alegre e indisciplinada. Em seu lar, observavam poucas convenções sociais. Os jovens da vizinhança que chegavam na hora do chá ou do jantar eram convidados para ficar e comer, e sempre havia bocas extras para alimentar à mesa de refeições. As crianças Guevara faziam amigos indiscriminadamente. Brincavam com os filhos dos carregadores de tacos de golfe e outras crianças cujos lares ficavam na "baixa" Alta Gracia.

Contudo, era Celia *madre* que dava mais impressão de ser uma pessoa de pensamento independente. A diretora Elba Rossi se lembra de Celia estabelecer um recorde por muitas "estreias" entre as mulheres na comunidade socialmente estratificada. Ela dirigia um carro e usava calças compridas, por exemplo. Outros mencionavam o fato de Celia fumar cigarros como um desafio frontal às normas sociais da época.

Celia se saía bem com esses gestos aparentemente radicais graças a sua posição social e as suas demonstrações de generosidade. Sempre levava seus filhos e os amigos deles à escola e os buscava de volta no carro da família, um pesado conversível Maxwell 1925, com um banco retrátil atrás, que batizaram de La Catramina (A Geringonça). Ela inaugurou a prática de dar a cada aluno na escola uma xícara de leite, custeando-a ela própria, um costume depois adotado pelo conselho escolar local para garantir que as crianças mais pobres tivessem algum tipo de nutrição durante a jornada escolar.

Ao contrário da maioria dos vizinhos, os Guevara tinham opiniões anticlericais. A mãe de Ernesto Guevara Lynch era ateia e lhe dera uma educação mundana. As opiniões de Celia, religiosamente educada, eram menos claras, e, durante toda a vida, ela manteve um gosto pelo lado espiritual. Quando chegaram a Alta Gracia, Celia ia à missa dominical levando os filhos consigo, porém, segundo o marido, fazia isso "pelo espetáculo" mais do que por algum resquício de fé religiosa.

No entanto, apesar de todas as suas opiniões libertárias, os Guevara compartilhavam de uma contradição entre a crença e a prática com muitos outros católicos não praticantes, jamais abandonando por completo os rituais tradicionais que garantiam a aceitação na sociedade conservadora da época. Embora já não fossem à igreja, batizaram seus filhos como católicos. O padrinho de Ernestito era o rico Pedro León Echagüe, por meio de quem Celia e Ernesto Guevara Lynch tinham se conhecido e que convencera Ernesto a buscar fortuna em Misiones.

Porém, quando Ernesto entrou para a escola, Celia tinha parado de ir à missa, e os Guevara pediram que os filhos fossem dispensados das aulas de religião. Roberto lembra-se de jogar futebol depois das aulas com times de meninos formados pelos que acreditavam em Deus e pelos que não acreditavam. Estes últimos perdiam sempre porque eram menos numerosos.

Embora raramente alguém o visse estudando, os colegas de Ernesto em Alta Gracia eram unânimes em reconhecer sua rapidez de raciocínio na classe. Não parecia ter um empenho competitivo por notas, e as suas eram geralmente medíocres. Era um fenômeno que deixava seu pai perplexo. Esse tema foi um refrão constante durante os anos de formação de Ernesto. Parece que seu pai jamais entendeu o que fazia "funcionar" seu filho mais velho, como também nunca compreendeu inteiramente sua mulher, Celia. Para ele, Celia era "imprudente de nascença" e "atraída pelo perigo", e a culpava de ter passado esses traços para o filho mais velho. Ernesto Guevara Lynch, ao mesmo tempo, admitia que era "excessivamente cauteloso", aflito e sempre preocupado com os perigos e riscos da vida. Sob certos aspectos, era o mais maternal do casal, enquanto Celia era cúmplice e confidente do filho.

Todos os amigos de Ernesto Guevara Lynch em Alta Gracia lembravam-se de seus acessos de fúria, especialmente quando se tratava de alguma coisa que considerasse uma afronta a um membro de sua família. Isso foi algo que ele passou para o filho mais velho. Conforme ele próprio escreveu, Ernestito ficava descontrolado de raiva ao sentir que fora repreendido ou castigado injustamente e entrava em frequentes brigas com seus rivais de *barra*. Nunca perdeu esse temperamento, mas quando chegou à universidade, aprendeu a mantê-lo sob controle, geralmente substituindo a ameaça de violência física por uma língua afiada. Partiu para a agressão física em raras ocasiões.

Embora fosse um homem inteligente, sempre houve uma grande distância entre o velho Ernesto e sua mulher e Ernestito, que tinham entre si muito mais afinidade intelectual. Ainda que lesse livros de aventura e de história, e tivesse passado seu amor por essas obras para Ernestito, possuía pouca paciência ou disciplina acadêmica. Celia, por outro lado, era uma leitora ávida de ficção, filosofia e poesia, e foi quem abriu a mente de seu filho para essas áreas.

Os traços da personalidade de Ernesto Guevara, que evoluiriam e amadureceriam nos anos seguintes assumindo proporções lendárias no adulto, já estavam presentes no menino. Seu destemor físico, sua inclinação para liderar os demais, sua teimosia, seu espírito competitivo e sua autodisciplina se manifestavam claramente no jovem "Guevarita" de Alta Gracia.

III

Entre 1932 e 1935, o Paraguai e a Bolívia travaram um conflito sangrento e intermitente pelo controle da área desabitada e árida do *chaco*, compartilhada por ambos. Pelos jornais, Ernesto Guevara Lynch acompanhava com atenção a Guerra do Chaco e, em função do tempo que passara entre paraguaios em Misiones, ficou do lado do Paraguai. Em um certo momento, chegou mesmo a declarar que estava disposto a pegar em armas para ajudar a defender aquele país. Contagiado pelo entusiasmo do pai, o filho mais velho começou a acompanhar a evolução da guerra. O velho Ernesto recordou mais tarde que, não levou muito tempo, o conflito passara a fazer parte das brincadeiras das crianças do lugar, com um grupo representando o papel dos paraguaios e o outro, o papel dos bolivianos.

Mais tarde, Ernesto Guevara Lynch procurou retratar o interesse de seu filho por essa guerra como tendo influído na formação de sua consciência política. Parece improvável, pois o jovem Ernesto tinha apenas sete anos quando a guerra terminou. Mas o Che adulto se lembrava da paixão do pai pelo conflito e, em um tom ao mesmo tempo afetuoso e sarcástico, contava aos amigos argentinos as ameaças bombásticas do pai de se juntar ao combate. Para o filho, isso resumia uma das verdades agridoces sobre seu pai, um homem bem-intencionado que passou a vida inventando novos projetos, mas que raramente conseguiu fazer algo concreto.

A Guerra Civil Espanhola foi provavelmente o primeiro evento político a se impor significativamente na consciência de Ernesto Guevara. De fato, não havia como escapar a seus efeitos. A partir de 1938, conforme a guerra na Espanha pendia a favor dos fascistas de Franco, um número de republicanos espanhóis refugiados começou a chegar em Alta Gracia. Entre eles estavam as quatro crianças González-Aguilar, que vieram com a mãe. O pai, Juan González-Aguilar, chefe naval de saúde da República, permanecera em seu cargo, mas se juntou à família depois da queda de Barcelona, em janeiro de 1939. As crianças das duas famílias tinham mais ou menos as mesmas idades, frequentavam a mesma escola e ficavam juntas fora das aulas de religião. Durante algum tempo, os Guevara compartilharam sua casa com a irmã mais velha de Celia, Carmen, e seus dois filhos, enquanto o pai, o poeta e jornalista comunista Cayetano "Policho" Córdova Iturburu, estava na Espanha cobrindo a guerra para o jornal *Crítica*, de Buenos Aires. Quando as cartas e remessas de Policho chegavam pelo correio, Carmen as lia em voz alta para o clã reunido, tornando o duro impacto da guerra mais real do que poderia fazer qualquer notícia de jornal.

No início dos anos 1930, pouco havia na política interna da Argentina que entusiasmasse os liberais Guevara. O país fora governado por uma sucessão de regimes militares conservadores, em coligações com as facções do tradicional Partido "Liberal", a União Cívica Radical, que se partira e naufragara em uma oposição ineficaz desde a derrubada do presidente Hipólito Yrigoyen, em 1930. A guerra pela República Espanhola, uma postura dramática contra a crescente ameaça do fascismo internacional, era algo capaz de entusiasmar as pessoas.

Ernesto Guevara Lynch ajudou a fundar em Alta Gracia o pequeno Comité de Ayuda a la República, parte de uma rede nacional de solidariedade com a Espanha republicana, e fez amizade com os exilados espanhóis recém-chegados. Admirava particularmente o general Jurado, que derrotara as tropas de Franco e seus aliados fascistas italianos na batalha por Guadalajara, e que agora tinha de se sustentar vendendo apólices de seguro de vida. O general Jurado jantava com os Guevara e os mantinha cativos com histórias de guerra. O jovem Ernesto acompanhava a guerra marcando as posições dos exércitos republicano e fascista com bandeirinhas em um mapa. Segundo sua família, deu o nome de Negrina ao cachorro de estimação, um *schnauzer-pinscher*, porque era preto e em honra ao primeiro-ministro da República, Juan Negrín.

Quando Hitler invadiu a Polônia, em setembro de 1939, e a Segunda Guerra Mundial começou, os habitantes de Alta Gracia começaram a escolher seus lados. Ernesto Guevara Lynch dedicou suas energias à Ação Argentina, um grupo de solidariedade pró-aliados. Alugou da família Lozada um pequeno escritório, construído na parte externa da muralha de pedras da antiga missão jesuíta, com vista para o lago Tajamar. Viajava pela província discursando em comícios e seguindo pistas sobre possíveis "infiltrações nazistas". Ele e seus colegas temiam uma eventual invasão nazista na Argentina e monitoravam atividades suspeitas da enorme comunidade alemã de Córdoba. Ernesto, então com onze anos, se juntou à ala jovem da Ação Argentina. Seu pai lembrou que "todo o tempo livre de que dispunha, fora do lazer e dos estudos, era dedicado a colaborar conosco".

Em Córdoba, um dos principais alvos de preocupação era a colonização alemã no vale Calamuchita, perto de Alta Gracia. No final de 1939, depois de danificar navios de guerra britânicos no Atlântico, o encouraçado alemão *Admiral Graf Spee* foi perseguido até o rio da Prata, onde seu capitão o afundou em águas próximas a Montevidéu. Os oficiais e tripulantes do navio ficaram presos em Córdoba. Ernesto Guevara Lynch recorda que os prisioneiros foram vistos realizando exercícios de treinamento militar com réplicas de rifles feitas de madeira e que caminhões carregados de armas vindos da Bolívia foram descobertos rumando para o vale. Um hotel de propriedade alemã, em uma outra cidade, era suspeito de dar cobertura a uma rede de espiões nazistas e de abrigar um radiotransmissor com o qual se comunicavam diretamente com Berlim.

Alarmados com o que acreditavam serem evidências de uma florescente rede clandestina nazista em Córdoba, Ernesto Guevara Lynch e seus companheiros mandaram um relatório detalhado para o quartel-general da Ação Argentina em Buenos Aires, esperando que fossem tomadas providências imediatas pelo governo pró-aliado do presidente Roberto Ortiz. No entanto, Ortiz estava doente e foi substituído na prática de suas funções por Ramón Castillo, vigorosamente pró-Eixo. Por essa razão, segundo Guevara Lynch, nenhuma medida concreta foi tomada contra a rede nazista.

Durante toda a guerra, a posição ambígua da Argentina — que se manteve oficialmente neutra até a véspera da derrota da Alemanha, em 1945 — devia-se tanto às suas preocupações econômicas como a ponderáveis sentimentos pró-Eixo no seio de suas estruturas políticas e militares. Tradicionalmente dependente da Europa como mercado para suas exportações de carne, grãos e outros produtos agrícolas, a Argentina estava devastada com o bloqueio nos tempos de guerra. Em troca do apoio aos aliados, o governo Ortiz buscou garantias para seus excedentes

Ernesto (sobre o para-choque dianteiro, o terceiro a partir da esquerda) com colegas. O ônibus que os levava de Alta Gracia para o Colégio Nacional Dean Funes, sua escola em Córdoba.

de exportação nos Estados Unidos, que forneceram a maioria dos bens manufaturados para a Argentina. Mas Ortiz foi incapaz de conseguir o que os argentinos consideravam um negócio justo e, durante o regime de Castillo, os ultranacionalistas olhavam para a Alemanha como um novo mercado em potencial para as exportações da Argentina e como um fornecedor militar.

Na versão de Ernesto Guevara Lynch sobre suas atividades em tempos de guerra, havia um inevitável sentimento de Walter Mitty. Ansiava desesperadamente por uma vida de audácia e aventuras, mas estava destinado a passar a maior parte dela à margem dos grandes eventos do seu tempo. Proclamara sua vontade de lutar pelo Paraguai, mas não tinha ido. A Guerra Civil Espanhola e a Segunda Guerra Mundial deram-lhe novas causas por que lutar, e mais tarde adotaria outras, mas, como sempre, ficaria do lado de fora. No fim, não seria lembrado por essas atividades, mas por seu papel como pai de Che Guevara.

IV

O jovem Ernesto Guevara tornava-se adolescente enquanto no exterior a guerra se desenrolava com violência e a política argentina ficava cada vez mais volátil. Embora seu desenvolvimento físico fosse lento, pois continuou baixo para a idade e só teve um estirão depois dos dezesseis anos, era intelectualmente curioso, questionador e com tendência a dar respostas malcriadas aos mais velhos. Seus livros favoritos eram as histórias de aventura de Emilio Salgari, Júlio Verne e Alexandre Dumas.

Em março de 1942, pouco antes de completar catorze anos, Ernesto ingressou no segundo segmento do ensino fundamental, ou *bachillerato*. Como as escolas em Alta Gracia tinham somente o primeiro segmento, ele viajava de ônibus todos os dias para Córdoba, a quarenta quilômetros de distância, para estudar no Colégio Nacional Dean Fuentes, um dos melhores do ensino público. Em uma manhã, alguém tirou uma fotografia de Ernesto sentado no para-choque dianteiro do ônibus. Com um sorriso travesso para a câmera, usando blazer e gravata, mas ainda de calças curtas e meias até o joelho, está rodeado de estudantes mais velhos, todos de paletó, gravata e calças compridas.

Durante as férias de verão no início de 1943, os Guevara mudaram-se para Córdoba. Ernesto Guevara Lynch encontrara um sócio para uma empresa de construção. Como Ernesto tinha de ir de ônibus para a escola e sua irmã, Celia, estava prestes a ingressar em uma escola para meninas em Córdoba, a mudança de Alta Gracia parecia uma escolha prática.

3. O menino de muitos nomes

I

A mudança dos Guevara para Córdoba foi animada por uma breve melhora de sua situação econômica, mas também foi o começo do fim de seus dias como uma família unida. Uma tentativa de reconciliação de Ernesto e Celia resultou no nascimento, em maio de 1943, de Juan Martín, seu quinto e último filho, que ganhou o nome do avô materno. Porém, as tensões entre eles se agravaram, e, quando foram para Buenos Aires, quatro anos depois, o casamento estaria liquidado.

Segundo os amigos da família, como antes, o problema era Ernesto ser um mulherengo inveterado. "O pai tinha a pretensão de ser um playboy", relembrou Tatiana Quiroga, uma amiga dos filhos dos Guevara. "Mas era um playboy desregrado, porque, quando trabalhava e ganhava dinheiro, gastava tudo [...] saindo com 'moças', comprando roupas, besteiras, nada concreto [...], e a família não recebia nada."

O sócio de Ernesto em Córdoba era um arquiteto excêntrico conhecido como Marquês de Arias, porque era muito alto e distante, com um ar aristocrático. O Marquês aparecia com os contratos de construção, geralmente de casas, e Ernesto supervisionava a edificação. "Vivíamos divinamente, e o dinheiro todo ia simplesmente embora. Eles jamais pensaram em termos de investimentos", disse Celia, a irmã mais velha de Che. Porém, antes que o aperto chegasse novamente, Ernesto comprou um chalé de campo nas colinas perto de Córdoba, em Villa Allende, e entrou para o exclusivo Lawn Tennis Club de Córdoba, onde seus filhos nadavam e aprendiam a jogar tênis. Os Guevara instalaram-se em sua nova casa alugada, de dois andares, no número 288 da calle Chile, perto do final da rua, onde ela se encontrava com a avenida Chacabuco, um bulevar ladeado de árvores bojudas e frondosas conhecidas como *palos borrachos* (paineiras). Do outro lado da avenida ficavam as áreas verdes do parque Sarmiento, com seus gramados aparados e bosques, o jardim zoológico municipal, o Lawn Tennis Club e, mais adiante, a Universidade de Córdoba.

A casa dos Guevara na calle Chile tinha a mesma atmosfera livre e aberta de que tanto gostavam seus amigos em Alta Gracia. Dolores Moyano, uma nova amiga pertencente a uma das famílias mais ricas de Córdoba, achava tudo muito exótico. A mobília mal podia ser vista por causa dos livros e revistas empilhados por toda parte, e não havia horários fixos para as refeições, comiam apenas quando alguém sentia fome. As crianças podiam entrar em casa de bicicleta, atravessar a sala de estar e sair no quintal dos fundos.

Dolores logo descobriu que os Guevara cobravam um preço por sua política de portas abertas. Quando percebiam qualquer pomposidade, pedantismo ou pose em um visitante, o provocavam de modo impiedoso. O jovem Ernesto liderava esses ataques e, mais de uma vez, Dolores se viu como seu alvo. Sua mãe era igualmente provocadora e podia ser extremamente teimosa. Seu pai, por outro lado, parecia imensamente simpático. Dolores lembrou-se dele como um homem que transbordava calor e vitalidade. "Falava com uma voz potente e era um pouco distraído", ela escreveu mais tarde. "Ocasionalmente, mandava os filhos fazerem alguma coisa e, quando voltavam, já esquecera o que era."

II

A mudança para Córdoba coincidiu com o início da adolescência do jovem Ernesto. Ele começou a se afirmar cada vez mais, questionando os valores dos pais em constante atrito e desenvolvendo os primeiros lampejos de sua própria visão do mundo.

Em seu primeiro ano no Colégio Nacional Dean Funes, Ernesto fez novos amigos. O mais chegado era Tomás Granado, o caçula dos três filhos de um imigrante espanhol que trabalhava como maquinista. Aos catorze anos, Ernesto ainda era pequeno para a idade, mas agora estava esguio em vez de atarracado. Tomás, maior e mais robusto, usava os cabelos elegantemente penteados para trás, mas Ernesto usava um corte fora de moda que lhe rendeu o apelido de El Pelao (Careca), um dos muitos que teve durante a adolescência.

Em pouco tempo, o irmão mais velho de Tomás, Alberto, também entrou para o grupo. Aluno do primeiro ano de Bioquímica e Farmacologia na Universidade de Córdoba, com vinte anos, Alberto, ou Petiso (Baixinho), mal chegava a 1,52 metro de altura, tinha nariz aquilino, peito armado e pernas tortas e grossas de jogador de futebol. Também possuía bom humor e um gosto por vinho, garotas, literatura e rúgbi. Ele e Ernesto estavam separados pela idade, mas ao longo do tempo a amizade ficou mais forte do que a que existia entre Ernesto e Tomás.

Alberto Granado era o treinador do time local de rúgbi, o Estudiantes, e Ernesto queria de qualquer jeito tentar jogar no time, embora Alberto tivesse dúvidas sobre seu potencial. "A primeira impressão não foi muito favorável", Alberto recorda-se. "Ele não era forte e tinha braços muito finos." Mas decidiu dar uma chance ao garoto e aceitou-o para os treinos. Em pouco tempo, o rapaz ofegante praticava com o Estudiantes duas vezes por semana. Conquistou a reputação de ser um atacante destemido, pois corria impetuosamente para o jogador que estava com a bola, berrando: "Cuidado, aí vai El Furibundo Serna!" (*Furibundo* significa furioso, e Serna era a abreviatura de seu sobrenome materno). O grito de guerra levou Alberto a lhe dar um novo apelido, Fuser, enquanto Alberto tornou-se Mial, de "*mi Alberto*".

Alberto Granado tinha um interesse especial por Ernesto. Ele notou que muitas vezes, enquanto o time esperava para treinar em campo, o garoto ficava sentado no chão, lendo, com as costas apoiadas em um poste de luz. Ernesto já lia Freud, gostava da poesia de Baudelaire e lera Dumas, Verlaine e Mallarmé, em francês, bem como a maioria dos romances de Émile Zola, os clássicos argentinos, como o épico *Facundo,* de Sarmiento, e o mais recente trabalho de William Faulkner e John Steinbeck. Sendo ele mesmo um ávido leitor, Granado não compreendia como um adolescente podia ler tanto. Ernesto explicou que começara lendo para ocupar-se durante as crises de asma, quando seus pais o faziam ficar em casa. Quanto à sua leitura em francês, era resultado da influência de Celia. Ela lhe ensinara durante suas ausências na escola.

Apesar de todos os novos amigos e do apoio que deles recebiam, Alta Gracia continuou sendo querida para os Guevara, e a família frequentemente voltava lá, às vezes alugando chalés durante as férias. Ernesto podia manter suas amizades com Calica Ferrer, Carlos Figueroa e outros membros da sua antiga *barra*. Os González-Aguilar também se mudaram para Córdoba e viviam em uma casa não muito longe da dos Guevara.

A nova casa da família, na calle Chile, acabou por ter algumas desvantagens que não foram percebidas pelo velho Ernesto em seu entusiasmo inicial pela proximidade com o parque Sarmiento e com o Lawn Tennis Club. O bairro Nueva Córdoba, construído em uma colina que começava no centro da cidade, ainda estava em processo de urbanização. Era uma confusão de casas residenciais rodeadas por terrenos baldios. Nesses terrenos e nos leitos secos dos córregos que passavam pela área, pessoas pobres construíram barracos. Uma dessas favelas ficava exatamente em frente à nova casa dos Guevara. Era habitada por personalidades curiosas, entre elas um homem sem pernas que circulava em um carrinho de madeira puxado por um grupo de seis vira-latas, que ele fazia andar estalando um comprido chicote.

Nessa época, Dolores Moyano, que se tornou amiga íntima de Ana María, irmã caçula de Ernesto, era uma presença constante na casa dos Guevara. Moyano lembra que um de seus passatempos era ficarem sentadas no meio-fio do "lado seguro" da rua e assistirem às andanças dos moradores da favela em frente. Havia uma mulher de preto, que amamentava seu bebê debaixo de uma árvore *paraíso* e cuspia catarro por cima de sua cabeça. Outra lembrança era a de um menino raquítico de doze anos, chamado Quico, que não tinha sobrancelhas nem pestanas. Subornavam-no com balas para que lhes mostrasse sua estranha língua branca.

Embora estivessem em condições muito melhores do que as de seus vizinhos pobres, que moravam em barracos de papelão e lata, os Guevara logo constataram que sua casa fora construída sobre alicerces instáveis. Dentro de pouco tempo, começaram a aparecer rachaduras enormes nas paredes e, de sua cama à noite, o velho Ernesto podia ver as estrelas pelas frestas do teto. No entanto, para um construtor, se mostrou extraordinariamente tranquilo quanto a possíveis perigos. No quarto das crianças, onde aparecera outra rachadura, remediou a situação afastando as camas da parede para o caso de ela desabar. "Achávamos a casa confortável e não queríamos nos mudar, então resolvemos ficar quanto pudéssemos."

Os agudos contrastes da vida urbana podem ter sido novos para os Guevara, mas eram cada vez mais comuns na Argentina e em toda a América Latina. Desde o final do século XIX, as mudanças econômicas, a imigração e a industrialização provocaram uma transformação radical nas relações entre a população rural e a urbana, à medida que camponeses pobres começaram a migrar dos campos para as cidades em busca de trabalho e de melhores condições de vida. Muitos deles acabavam nas favelas, ou *villas miserias*, que brotavam em Córdoba e em outras grandes cidades da Argentina. Em um espaço de apenas cinquenta anos, a demografia da Argentina invertera-se completamente, passando de uma população urbana de 37% em 1895 para 63% em 1947. Durante esse mesmo período, a população quadruplicou de 4 milhões para 16 milhões. Apesar dessa transformação social contínua, Córdoba mantinha um plácido ar de província na década de 1940. Rodeada pelo pampa amarelado e interminável, com seus horizontes interrompidos apenas pela cadeia azulada das serras, Córdoba ainda estava praticamente intocada pela industrialização e pelo boom da construção, que foi rapidamente transformando Buenos Aires em uma metrópole moderna.

Como local da primeira universidade do país, fundada pelos jesuítas, e com muitas igrejas antigas e construções coloniais, Córdoba ganhara a reputação de ser um centro de saber, e os cordobeses orgulhavam-se de sua herança cultural. O papel de destaque da cidade em matéria de ensino fora consolidado em 1918, quando alunos e professores da Universidade de Córdoba, afiliados ao Partido Radical, encabeçaram o movimento de Reforma Universitária, que garantiria a autonomia da universidade. O movimento espalhara-se de Córdoba para outras universidades da Argentina e para grande parte da América Latina. Dolores Moyano lembra-se da Córdoba da sua juventude como "uma cidade de livrarias, procissões religiosas, manifestações de estudantes e desfiles militares; uma cidade amena, enfadonha, quase letárgica na superfície, mas fervilhante de tensões".

Essas tensões vieram à tona pouco depois que os Guevara chegaram. No dia 4 de junho de 1943, em Buenos Aires, conspiradores militares se uniram e derrubaram o presidente Castillo, que designara como seu sucessor um homem provinciano, forte e abastado, com ligações com os monopólios empresariais britânicos. As primeiras reações ao golpe foram discretamente positivas, tanto entre os liberais argentinos, que viam com desconfiança o governo pró-Eixo de Castillo, como entre os nacionalistas, que temiam uma invasão crescente dos interesses econômicos estrangeiros.

Em apenas 48 horas, um líder surgira: o general Pedro Ramírez, ministro da Guerra, representando a facção ultranacionalista dos militares. Ele imediatamente adotou medidas para silenciar qualquer oposição interna. Decretando estado de sítio, seu governo adiou as eleições indefinidamente, dissolveu o Congresso, amordaçou a imprensa, interveio nas universidades do país e demitiu os membros do corpo docente que haviam protestado. No final do ano, em uma segunda onda de decretos, todos os partidos políticos foram dissolvidos, foi decretado o ensino religioso obrigatório nas escolas e foram impostos controles ainda mais severos sobre a imprensa. Em Córdoba, professores e estudantes tomaram as ruas em protesto. Seguiram-se prisões e, em novembro de 1943, Alberto Granado e vários outros estudantes foram encarcerados na penitenciária central de

Córdoba, atrás das colunatas do antigo cabildo da cidade, na Plaza San Martín. Lá Granado recebia as visitas de seus irmãos e de Ernesto, que lhe levavam comida e notícias do mundo exterior.

As semanas se arrastaram, sem nenhum sinal de que os estudantes seriam processados ou libertados em breve. Um "comitê de presos" clandestino conclamou os alunos das escolas secundárias de Córdoba a marcharem pelas ruas exigindo que os detidos fossem libertados. Alberto convidou Ernesto, então com quinze anos, a se juntar a eles, mas ele se recusou. Marcharia, ele disse, somente se lhe dessem um revólver. E disse a Alberto que a marcha era um gesto inútil, que pouco adiantaria.

No início de 1944, depois de dois meses de detenção, Alberto Granado foi libertado. Apesar da recusa de Ernesto de participar da manifestação em seu favor, a amizade dos dois permaneceu intacta. À luz de sua tendência para estripulias arriscadas, a falta de disposição de Ernesto para ajudar o amigo é impressionante. Além disso, dados sua extrema juventude e seu aparente desinteresse pela política argentina, sua postura "de princípios" parece duvidosa. Esse comportamento paradoxal de fazer declarações que soavam radicais enquanto exibia uma completa apatia em relação ao ativismo político foi uma constante durante a juventude de Ernesto.

III

Ainda desconhecida da maior parte das pessoas, uma figura-chave por trás das mudanças políticas que ocorriam na Argentina era um obscuro coronel do Exército — de rosto redondo e nariz romano —, Juan Domingo Perón. Seu nome logo seria muito familiar. Ao regressar de um posto na Itália de Mussolini, onde se tornara admirador fervoroso do *Il Duce*, Perón fora, por um breve período, instrutor de tropa na província de Mendoza, antes de servir no quartel-general em Buenos Aires. Ali, atuou como a força motriz por trás de um sombrio destacamento militar autodenominado Grupo de Oficiais Unidos, que desfechara o golpe de junho de 1943.

Durante os três anos seguintes, Perón fez articulações políticas até chegar ao topo. Depois do golpe, tornou-se subsecretário de Guerra, servindo sob o seu mentor, general Edelmiro Farrell. Quando Farrell assumiu a Vice-Presidência, em outubro de 1943, Perón pediu e conseguiu a Presidência do Departamento Nacional do Trabalho. Esta logo se tornou sua base de poder. Em um mês, transformou o que parecia ser uma repartição obscura em um ministério, rebatizado de Departamento de Trabalho e Bem-Estar, e ficou subordinado apenas ao presidente.

Do gabinete de Perón começou a sair uma ampla série de decretos de reforma trabalhista. As medidas visavam a atrair os operários destituídos de direitos, enquanto os grupos organizados de trabalhadores vinculados aos partidos políticos tradicionais eram destruídos. Em pouco tempo, Perón conseguira deixar a força de trabalho do país sob o controle de sua autoridade centralizada. Começava assim o fenômeno que seria conhecido como peronismo. Muito em breve, alteraria radicalmente o panorama político da Argentina.

No final de 1943, com os Estados Unidos na guerra, a Alemanha nazista estava na defensiva em toda a Europa e no norte da África, e Mussolini havia sido deposto na Itália. Suspeitando de que o governo argentino — e Perón em particular — era um representante sutilmente disfarçado do Terceiro Reich na América Latina, os Estados Unidos intensificaram sua pressão para que a Argentina abandonasse sua neutralidade oficial na guerra. Muitos argentinos compartilhavam das suspeitas norte-americanas. Os apelos populistas à "subclasse" social, em uma retórica que cheirava a fascismo, afastaram a classe média argentina, de espírito liberal. A ela se juntou a oligarquia tradicional, que via o status quo em perigo. A maioria das pessoas da classe social dos Guevara tornara-se virulentamente antiperonista, mas sua oposição não impediu que Perón ficasse ainda mais poderoso.

Em março de 1944, Farrell assumiu a Presidência. Perón era ministro da Guerra e, em julho, também assumiu como vice-presidente. No entanto, das três posições de alto nível, ele então declarou, a mais importante ainda era o cargo de secretário do Departamento de Trabalho e Bem-Estar. Toda a Argentina conhecia Perón.

Ernesto Guevara Lynch continuava ativo na Ação Argentina, e ele e Celia também aderiram ao Comitê Pró-De Gaulle de Córdoba, uma rede de solidariedade destinada a ajudar a resistência francesa na França ocupada pelos nazistas. Sem que soubessem, o jovem Ernesto retomara as atividades de caça aos nazistas que o pai deixara inacabada. Com um colega de escola, Osvaldo Bidinost Payer, regressou sorrateiramente à pequena comunidade de montanha de La Cumbre, onde o grupo de seu pai vigiara um hotel suspeito de ser o quartel-general das operações nazistas no interior da Argentina. O velho Ernesto advertira seu filho de não fuçar por ali, alertando-o de que, dos dois investigadores do governo enviados para lá, apenas um regressara, presumindo-se que o outro fora assassinado. Mas os meninos foram assim mesmo. Aproximaram-se do hotel à noite. Por uma janela aberta, recordou Bidinost mais tarde, viram alguns homens ocupados "em volta de uma mesa comprida, com uma porção de caixas de metal e outros objetos". Porém, antes que conseguissem ver mais alguma coisa, foram descobertos. "Eles nos ouviram, alguém saiu com lanternas e dispararam dois tiros contra nós. Fomos embora e nunca mais voltamos."

Apesar dessas escapadas, o engajamento de Ernesto em causas políticas ficou muito aquém de militância ativa durante seus anos escolares. Ele e seus amigos, que incluíam filhos de refugiados republicanos espanhóis, como os González-Aguilar, eram, como seus pais, politicamente "antifascistas" e dados a discutir precocemente sobre o que "realmente aconteceu" na Espanha. No entanto, tinham muito menos ideia dos fatos ou interesse pelos acontecimentos que se desenrolavam na Argentina nessa época. Quando o jovem Ernesto defendia alguma opinião política, geralmente era uma provocação, destinada a chocar seus pais ou colegas. Por exemplo, quando houve rumores de que os militantes peronistas de Córdoba preparavam-se para apedrejar o jóquei-clube local, um símbolo da conservadora oligarquia latifundiária, Ernesto manifestou sua disposição de se juntar a eles. "Não me importaria de jogar eu mesmo umas pedras contra o jóquei-clube", alguns de seus amigos ouviram-no dizer. Supuseram que isso era sinal de sentimentos pró-peronistas, mas era igualmente possível que estivesse apenas agindo como um adolescente violento.

Quando o governo da Argentina finalmente rompeu relações diplomáticas com as potências do Eixo, os pais de Ernesto exultaram. Mas Pepe González-Aguilar, seu amigo mais novo, jamais vira Ernestito com tanta raiva como quando confrontou seus pais comemorando. "Não podia entender como ele, que sempre fora antinazista, não compartilhava da nossa felicidade", comenta. Posteriormente, Pepe deduziu que a raiva de Ernesto se devia ao fato de que a decisão não fora tomada por princípio, mas por causa da pressão dos Estados Unidos, e ele compartilhou do sentimento de vergonha dos nacionalistas argentinos por seu país haver cedido aos norte-americanos. Porém, em setembro de 1944, quando as forças aliadas liberaram Paris, Ernesto juntou-se à multidão que comemorava na Plaza San Martín, em Córdoba, acompanhado por vários de seus amigos de colégio, os bolsos cheios de bilhas de metal para serem jogadas sob os cascos dos cavalos da polícia montada chamada para manter a ordem. (Em reconhecimento por seus esforços pessoais, o velho Ernesto recebeu um certificado assinado pelo próprio Charles de Gaulle agradecendo-lhe o apoio que dera ao povo da França quando houve necessidade. Guevara Lynch guardou o documento pelo resto da vida como um dos bens de que mais se orgulhava.)

Apesar de algumas tentativas anteriores de ver algum indício de ideais socialistas no Ernesto Guevara adolescente, quase todos os seus colegas de colégio em Córdoba lembram-se dele como desinteressado por política. Para seu amigo José María Roque, naquela época Ernesto não tinha um "ideal político definido". "Todos nós adorávamos discutir sobre política, mas nunca vi Guevara se envolver em qualquer sentido." Ernesto também não deixava que seu antifascismo interferisse em suas amizades. Um de seus colegas de classe era Domingo Rigatusso, filho de um imigrante italiano pobre, que trabalhava depois das aulas vendendo balas aos frequentadores do cinema local. Rigatusso apoiava firmemente Mussolini na guerra, como fazia seu pai, e Ernesto referia-se a ele afetuosamente como um *tano fascio*, uma gíria que significa "fascista italiano".

Raúl Melivosky, filho de um professor universitário judeu, recordou-se de haver pertencido, junto com Ernesto, a uma "célula" da Federação Estudantil Socialista (FES) por um curto período em 1943, em uma época em que a militante ala jovem da pró-nazista Aliança Libertadora Nacionalista estava intimidando os estudantes simpatizantes dos aliados. Melivosky, que era um ano mais novo que Ernesto e estava em seu primeiro ano na escola, ouvira falar dele antes de conhecê-lo. Ernesto fora apontado como o único aluno no colégio que se levantara na sala de aula para contestar, por um erro factual, um professor de história notoriamente pró-nazista.

Quando a FES resolvera formar unidades de três homens, como uma medida defensiva contra os estudantes da Aliança Libertadora Nacionalista, Ernesto foi designado para ser o líder do grupo que incluía Melivosky e outro aluno do primeiro ano. "Éramos células apenas no nome", Melivosky relembrou. "Não nos reuníamos e praticamente a única coisa que fazíamos era nos chamarmos de célula." Porém, em uma tarde em que ele e alguns outros alunos foram impedidos de sair do colégio por alguns provocadores da Aliança que brandiam canivetes ornamentados com a insígnia do condor adotada pelo grupo, Ernesto se atirou na multidão, girando sua mochila escolar em torno da cabeça. Para um Melivosky cheio de gratidão, Ernesto parecera "mais do que valente. Era absolutamente destemido".

A única outra ocasião em que sua "célula" foi ativada foi no dia em que, recorrendo a sua autoridade de líder, Ernesto ordenou que Melivosky e um outro menino sob sua tutela "matassem aula" no dia seguinte. Era uma façanha que lhes podia custar a expulsão e Melivosky sabia disso. "Ele não só nos mandou matar aula como também assistir a um filme que era proibido para menores. Tínhamos treze e catorze anos, e o filme era proibido para menores de dezoito, de modo que não seríamos capazes de enganar ninguém. Nenhum de nós era alto ou encorpado. Mas ele ordenou que fôssemos com um chapéu, um cigarro e o dinheiro necessário para as entradas."

Essas foram as primeiras incursões de Ernesto na "política". Vinte anos depois, em uma carta a um editor bajulador que pretendia publicar uma hagiografia a seu respeito, ele escreveu, secamente: "Na minha adolescência, não tinha quaisquer preocupações sociais e não tive qualquer participação nas lutas políticas ou estudantis na Argentina".

IV

Ernesto estava então em plena adolescência e, paralelamente à voracidade por livros, desenvolvera forte curiosidade pelo sexo oposto. Conseguiu satisfazer os dois interesses quando descobriu e leu, na casa de um amigo, a edição completa e altamente erótica de *As Mil e Uma Noites*.

Na Argentina provinciana de meados da década de 1940, os valores prevalecentes em matéria de sexo e casamento ainda eram os da sociedade católica tradicional. As mulheres não tinham direito ao divórcio e as moças "direitas" deviam se manter virgens até o casamento. "Éramos uns anjinhos", comentou Tatiana Quiroga, que saiu com Ernesto e outros amigos em encontros de casais. "Íamos dançar, conversar, tomar café, e tínhamos de estar em casa à meia-noite e meia, ou nossos pais nos matariam. Foi uma época em que mal se podia sair. Como poderíamos nós, as mocinhas, ir sozinhas à casa de alguns rapazes? Nunca! O máximo que fazíamos era escapar das festas e ir tomar um mate."

Em questão de sexo, os rapazes do meio social de Ernesto ou iam aos bordéis ou buscavam suas conquistas entre as moças da classe baixa, onde suas diferenças sociais e econômicas lhes davam vantagem. A primeira experiência sexual era frequentemente com a mucama da família, geralmente uma indígena ou mestiça pobre de uma das províncias do norte da Argentina. Ernesto foi introduzido ao sexo quando tinha catorze ou quinze anos. Rodolfo Ruarte e vários outros jovens o espionaram durante a relação com "La Negra" Cabrera, a criada da casa de Calica Ferrer. Os garotos assistiram pelo buraco da fechadura da porta do quarto. Observaram que, enquanto se portava admiravelmente bem em cima da dócil empregada, periodicamente interrompia o ato de amor para sugar o inalador para asma. O espetáculo logo os fez se contorcer de tanto rir e continuou a ser motivo de piada nos anos seguintes. Ernesto, porém, não se deixou perturbar, e as sessões com La Negra continuaram como um passatempo regular.

Junto com a descoberta do sexo, Ernesto nutria um amor pela poesia e gostava de declamar passagens que memorizara. Com o auxílio da obra *Sonetos y*

Novelas Picarescas, do poeta espanhol do século XVII Francisco de Quevedo, começou a exibir um novo tipo de irreverência. Um dia empregou-o com efeito em uma encabulada Dolores Moyano. Ouvira dizer que ela andava discutindo a poesia dos místicos árabe-espanhóis de forma pedante e, quando contestou o conhecimento dela sobre o tópico, Dolores explicou ingenuamente: "O amante e o místico na poesia de são João têm essa dupla visão. O olho interior e o olho exterior, o amante-místico enxerga de ambas as maneiras [...]". A essa altura, ela recordou, Ernesto a interrompeu e, imitando um sotaque cordobês exagerado, recitou um poema profano sobre uma freira caolha e um santo vesgo.

Esse episódio ressalta o abismo que existia entre os adolescentes dos dois sexos na geração e na classe social de Guevara. As moças, virginais e inocentes, se instruíam na poesia romântica, resguardando-se para o verdadeiro amor e o casamento, enquanto rapazes como Ernesto, explodindo em hormônios, buscavam o mundo real do sexo da melhor maneira que podiam, em poemas libidinosos, bordéis, ou na cama com as mucamas da família.

Durante as férias de verão de 1945 e 1946, Carmen Córdova Iturburu de la Serna, a bela prima de Ernesto, reapareceu. Ela era três anos mais nova que ele, por quem desenvolveu uma atração. O pai de Carmen, o poeta Cayetano Córdova Iturburu, sempre trazia consigo de Buenos Aires uma mala cheia de livros recém-publicados, e ela costumava procurar entre eles os livros de poesia. Era sua paixão, que descobriu compartilhar com Ernesto. Ele recitava para ela versos de *Vinte poemas de amor e uma canção desesperada*, de Pablo Neruda, que conhecera recentemente. "Em pleno desabrochar da adolescência, Ernestito e eu éramos um pouco mais que amigos", ela relembrou anos mais tarde. "Um dia, estávamos brincando no terraço de minha casa e Ernesto me perguntou se eu já era mulher [...]." Seguiu-se um caso de amor entre eles e, mais tarde, quando os Guevara mudaram-se para Buenos Aires, Ernesto e Carmen continuaram a se ver. Ela costumava ficar na casa dos Guevara, Carmen recordou, onde tinha momentos românticos com Ernesto no vão da escada, falando "de literatura [...] e de amor, porque, como costuma acontecer entre primos, nós também tínhamos o nosso idílio. Ernesto era tão bonito!".

De fato, era bonito. Aos dezessete anos, Ernesto transformara-se em um rapaz extremamente atraente, esguio e com ombros largos, cabelos castanho-escuros, olhos castanhos intensos, pele branca e lisa, e uma confiança serena e contida que fascinava as moças. "A verdade é que nós todas éramos um pouco apaixonadas por Ernesto", confessou Miriam Urrutia, outra moça bem-nascida de Córdoba.

Em uma idade em que os rapazes fazem tudo para impressionar as moças, a despreocupação de Ernesto quanto a sua aparência era particularmente atraente. Uma noite, Ernesto apareceu com uma moça de sociedade elegantemente vestida no Cine Opera, onde Rigatusso, seu amigo *fascio*, trabalhava. Ernesto fora trajando, como sempre, uma velha capa de chuva maior do que ele, com os bolsos cheios de comida e uma garrafa térmica com mate. Quando avistou Rigatusso, claramente deixou sua companhia sozinha para bater papo com o amigo "socialmente inferior".

A atitude displicente de Ernesto, seu desprezo pelas formalidades e sua combatividade intelectual eram agora traços visíveis de sua personalidade. Até mesmo seu senso de humor era agressivo, embora frequentemente se manifestasse sob a forma de autodepreciação. Seu amigo Alberto Granado tornou-se bastante familiarizado com a tendência de Ernesto por chocar as pessoas. "Ele tinha vários apelidos", Granado recordou. "Chamavam-no de El Loco Guevara. Adorava fazer-se de rapaz insuportável [...]. Por exemplo, se gabava de raramente tomar banho. Por isso também o chamavam de Chancho (Porco). Costumava dizer: 'Há 25 semanas que não lavo minha camiseta de rúgbi'." Um dia Ernesto parou de usar shorts para ir à escola e chegou vestido com calças compridas. Certamente para evitar a gozação dos meninos mais velhos por ele ter, de repente, "crescido", anunciou que o motivo pelo qual agora usava calças compridas era que seus shorts estavam tão sujos que tivera de jogá-los fora.

Durante seus cinco anos no Colégio Nacional Dean Funes, Ernesto cultivou a imagem de desordeiro incorrigível. Sem dizer uma palavra, acendia seus cigarros antiasma de cheiro forte no meio de uma aula e discutia abertamente com os professores de matemática e de literatura sobre imprecisões que cometeram e que ele detectara. Organizava passeios de fim de semana às montanhas afastadas ou até Alta Gracia, onde se metia em brincadeiras arriscadas que tanto horrorizaram seus pais quando era criança: equilibrar-se "na corda bamba" em canos sobre abismos íngremes, saltar de pedras altas dentro de rios e andar de bicicleta nos trilhos do trem.

Seu comportamento foi devidamente notado pelas autoridades do colégio. No dia 1º de junho de 1945, seu quarto ano no Dean Funes, recebeu "dez advertências (25 significavam expulsão) por ordem do diretor, em razão de atos de indisciplina e de ter entrado e saído do colégio fora do horário sem a permissão correspondente".

Suas notas, de forma geral, eram boas. Continuavam refletindo seu interesse em matérias como matemática, história natural, geografia e história, embora a cada ano mostrasse uma melhora gradual em francês, espanhol, redação e música. A leitura extracurricular era inabalável. Seu amigo Pepe Aguilar notou, assim como Alberto Granado, que as preferências de Ernesto eram ecléticas e muitas vezes avançadas para sua idade. "Lia vorazmente, devorando a biblioteca de seus pais", Aguilar relembrou. "De Freud a Jack London, misturados com Neruda, Horacio Quiroga e Anatole France, até mesmo uma edição resumida de *O capital*, na qual fez observações em letras miúdas." No entanto, Ernesto achou o denso tomo marxista incompreensível. Anos mais tarde, confessou à esposa, em Cuba, que "não entendera coisa alguma" de suas primeiras leituras de Marx e Engels.

V

No ano letivo de 1945, começou a surgir um lado mais sério de Ernesto. Ele fez um curso de filosofia. A matéria cativou seu interesse, como o revelam os conceitos que obteve: "muito bom" e "excelente". Foi também nessa época que começou a escrever seu próprio "dicionário filosófico". O primeiro caderno manuscrito, com 165 páginas, estava organizado em ordem alfabética e cuidadosamente indexado por número de página, tópico e autor. Consistia em biografias resumidas de pensadores notáveis e uma vasta gama de citações de definições, com verbetes abrangendo conceitos como amor, imortalidade, histeria, moralidade sexual, fé, justiça, morte, deus, diabo, fantasia, razão, neurose, narcisismo e moralidade. As citações sobre marxismo foram extraídas do *Minha luta* e continham passagens que revelavam a obsessão de Hitler com uma conspiração judeu-marxista. Para seus esboços de Buda e Aristóteles, utilizou *Uma breve história do mundo*, de H. G. Wells. *A antiga e a nova moralidade sexual*, de Bertrand Russell, foi a fonte sobre amor, patriotismo e moralidade sexual. Mas as teorias de Sigmund Freud obviamente também o fascinavam, e Ernesto citou sua *Teoria geral da memória* a respeito de tudo, desde sonhos e libido até narcisismo e complexo de Édipo. Citou Jack London sobre o brilho da sociedade e Nietzsche sobre a morte. Sobre revisionismo e reformismo, Ernesto extraiu definições de um livro escrito por seu tio, Cayetano Córdova Iturburu.

Esse caderno foi o primeiro de uma série de sete, nos quais trabalhou durante os dez anos seguintes. Acrescentava novos verbetes e substituía alguns antigos à medida que seus estudos se aprofundavam e seus interesses ficavam mais bem definidos. Os cadernos posteriores refletiam sua leitura de textos de Jawaharlal Nehru, bem como sua leitura intensificada sobre marxismo, com citações não apenas de Hitler mas também de Marx, Engels e Lênin.

A escolha de Ernesto por ficção começou a mudar para livros com mais conteúdo social. Na verdade, na opinião de seu amigo Osvaldo Bidinost Payer, para ele "tudo começava com literatura". Por volta dessa época, Osvaldo e Ernesto liam Faulkner, Kafka, Camus e Sartre. Em poesia, Ernesto lia os poetas republicanos espanhóis, García Lorca, Machado e Alberti, e as traduções para o espanhol de Walt Whitman e Robert Frost. Mas seu favorito absoluto continuava sendo Pablo Neruda. Dentre os escritores latino-americanos, também estudara Ciro Alegría, Jorge Icaza, Rubén Darío e Miguel Ángel Asturias. Seus romances e poesias muitas vezes tratavam de temas latino-americanos, incluindo a desigualdade da vida dos indígenas e mestiços marginalizados, ignorados pela literatura da moda e praticamente desconhecidos no grupo social de Ernesto. Bidinost acredita que essa literatura lhe deu uma ideia do tipo de sociedade em que vivia, mas que na realidade não conhecia. "Foi uma espécie de vislumbre inicial daquilo que ele queria vivenciar, e o que estava ao seu redor era, objetivamente, a América Latina, e *não* a Europa ou Wyoming."

Como os amigos de Ernesto em Alta Gracia, Bidinost enfeitiçara-se pela informalidade da casa dos Guevara e pela influência da mãe de Ernesto. A casa parecia abrigar um culto pela criatividade e pelo que ele denominou "a descoberta do mundo pela entrada de serviço". Celia arrebanhava todo tipo de pessoas interessantes, independentemente de sua condição social. Conheceu pintores itinerantes que trabalhavam como engraxates, poetas errantes equatorianos e professores universitários, que às vezes ficavam uma semana ou um mês, dependendo do seu nível de fome. "Era um fascinante jardim zoológico humano", Bidinost lembra.

Enquanto Celia presidia reuniões a qualquer hora do dia, o pai de Ernesto ia e vinha em uma velha motocicleta, que apelidara de La Pedorra (A Peidorreira) devido ao barulho que fazia pelo cano de descarga. Ele e Celia dormiam na mesma casa, mas estavam afastados e levavam vidas cada vez mais separadas.

Outro jovem de Córdoba que se viu preso pela magia dos Guevara foi Roberto "Beto" Ahumada, um amigo de colégio de Roberto, irmão de Ernesto. Ahumada lembrou-se de várias ocasiões em que os membros da família, sem pestanejar, dividiam o que estava preparado para o jantar em porções menores para que ele pudesse se juntar aos demais. "Ninguém se aborrecia em comer um pouco menos porque uma das crianças trouxera amigos. Levavam quem queriam e ninguém se importava", disse ele. Não é de surpreender que, nessa casa divertida, repleta de crianças, hóspedes passageiros e conversas, Ernesto encontrasse dificuldade para ler ou estudar sem ser perturbado; acabou por adquirir o costume de ler por horas a fio dentro do banheiro.

Um dia, um velho companheiro de sua *barra* de infância, Enrique Martín, esbarrou com Ernesto em Alta Gracia. Enrique se surpreendeu ao vê-lo ali, pois era um dia de semana e o ano letivo ainda não terminara. Obrigando Enrique a jurar que manteria o segredo, Ernesto disse que alugara um quartinho de fundos no Hotel Cecil, perto da estação rodoviária, um lugar onde ninguém o conhecia. "Estou aqui para me isolar de todos", dissera ele. Para que exatamente Ernesto queria se isolar, Enrique Martín não perguntou, mas guardou lealmente o segredo do amigo durante muitos anos. Continua-se sem saber se Ernesto queria um lugar para pensar e estudar ou para se encontrar com uma das promíscuas mucamas de Alta Gracia. De qualquer maneira, era evidente que não era mais o mesmo aloprado e extrovertido Loco, Chancho ou Pelao que seus colegas de sala de aula e do campo de rúgbi conheciam, mas um jovem nitidamente reservado.

VI

No início de 1946, Juan Perón sobrevivera a uma breve deposição do cargo por oficiais militares adversários e a um curto exílio na ilha de Martín García, no estuário do rio da Prata. Em seguida, após uma imensa manifestação popular exigindo sua libertação, fez um retorno triunfante para conquistar a Presidência nas eleições gerais.

Perón já não estava sozinho. Meses antes se casara com sua amante, uma atriz de rádio jovem e loura chamada Eva Duarte.

O ano de 1946 foi o último de Ernesto Guevara no ensino médio. Ele comemorou seu 18º aniversário em junho, apenas dez dias depois de Perón tomar posse. Enquanto prosseguia com seus estudos, também tinha uma atividade remunerada pela primeira vez na vida, no laboratório da Dirección Provincial de Vialidad, de Córdoba, uma repartição pública que supervisionava a construção de estradas na província. Seu amigo Tomás Granado trabalhava com ele. Os dois rapazes, bons em matérias como matemática e ciências, já faziam planos para estudar engenharia na universidade no ano seguinte. Conseguiram seus empregos, que proporcionavam uma experiência útil para futuros engenheiros, depois que o pai de Ernesto pedira a um amigo que os admitisse em um curso especial dado para analistas de campo na Vialidad. Foram aprovados com sucesso no curso e passaram a ser "especialistas em solos", examinando a qualidade dos materiais empregados pelas empresas privadas contratadas para construir estradas. No laboratório, onde trabalhava meio período, Ernesto preparava sucos de frutas para todos em um mixer utilizado para a mistura de solos.

Quando se formaram no Dean Funes, Ernesto e Tomás começaram a trabalhar período integral e foram designados para atividades em diferentes partes da província. Ernesto foi enviado para inspecionar os materiais que eram empregados na construção de rodovias em Villa María, a 150 quilômetros ao norte. Seu contrato incluía um salário modesto, o uso de um caminhão da empresa e alojamento grátis.

Em março de 1947, com Ernesto ainda em Villa María, sua família se mudou de volta para Buenos Aires, depois de uma ausência de quinze anos. Não foi um retorno triunfal. O velho Ernesto e Celia resolveram separar-se e estavam novamente em má situação econômica. A empresa de construção do velho Ernesto fracassara e ele fora obrigado a vender a casa de veraneio em Villa Allende. Logo, também teria de vender a plantação em Misiones. Ela produzia pouca renda e, nos últimos dois anos, ele atrasara o pagamento dos impostos territoriais.

Em Buenos Aires, a família se instalou em um apartamento de quinto andar, na esquina da calle Arenales com a calle Uriburu, da mãe do velho Ernesto, Ana Isabel, de 96 anos. No início de maio, Ana Isabel adoeceu, e os Guevara enviaram um telegrama para Ernesto avisando-o sobre seu estado delicado. Em 18 de maio ele escreveu de volta, pedindo-lhes que mandassem outro telegrama com mais detalhes sobre seu estado e dizendo que, se ela piorasse, estava pronto para pedir demissão do trabalho e voltar imediatamente para Buenos Aires.

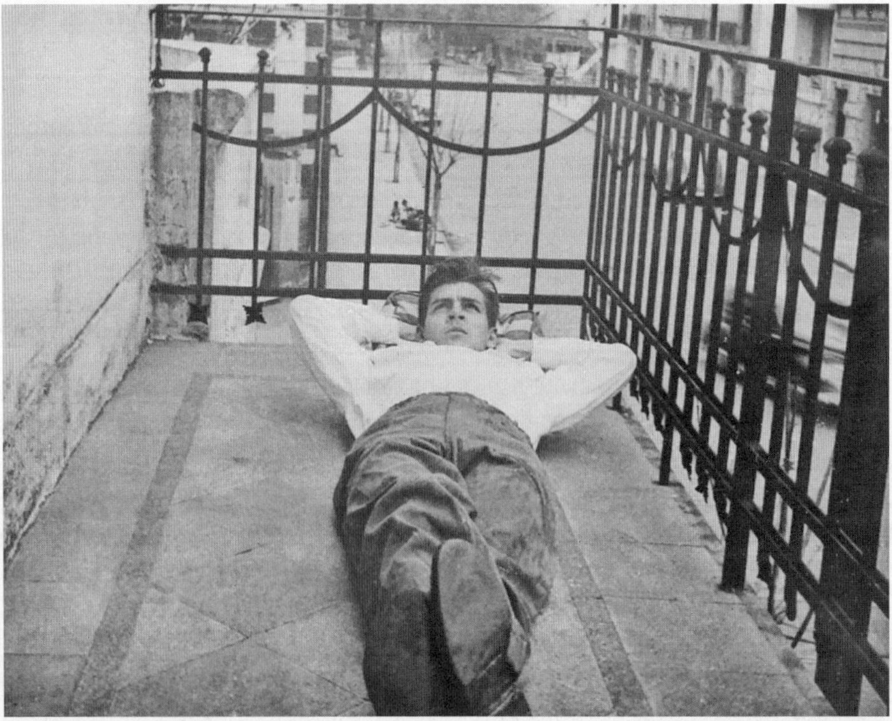

Ernesto na varanda da casa da família na calle Araoz, em Buenos Aires, em 1948 ou 1949.

As más notícias chegaram em poucos dias. A avó de Ernesto sofrera um derrame. Ernesto abandonou o trabalho e correu para Buenos Aires, onde chegou a tempo de assistir ao seu final. Ele ficou com ela por dezessete dias. "Todos nós podíamos ver que seu estado era fatal. Ernesto, desesperado ao ver que a avó não comia, tentava com incrível paciência fazê-la ingerir alimentos. Ele a distraía e não saía do seu lado. Ficou ali até que minha mãe deixasse este mundo", o velho Ernesto escreveu.

Quando sua avó morreu, Ernesto ficou inconsolável. Sua irmã, Celia, nunca vira o sempre controlado irmão mais velho tão abatido. "Ele ficou *muito* triste. Deve ter sido uma das grandes tristezas de sua vida", ela recordou.

4. Por conta própria

I

Imediatamente após a morte da avó, Ernesto informou aos pais que resolvera estudar medicina em vez de engenharia e candidatou-se para a admissão na Faculdade de Medicina da Universidade de Buenos Aires.

O prédio da Faculdade de Medicina é um monolito pré-moderno, monotonamente cinzento, todo de linhas retas e com pequenas janelas retangulares. Aqui e ali, baixos-relevos de bronze, afixados em placas de pedra, representam médicos operando seus pacientes. Um monumento frio à ciência médica, seus quinze andares projetam-se para o céu por cima de um bairro elegante, de sobrados altos do final do século XIX, com telhados abobadados, varandas de ferro batido com muitos ornamentos e janelas francesas. A vista é para uma praça ampla, dominada apenas pela cúpula suave de uma velha capela católica.

O próprio Guevara nunca explicitou as razões por que escolhera a carreira médica, a não ser quando disse, anos mais tarde, que fora motivado por um desejo de ter um "triunfo pessoal": "Sonhei em me tornar um pesquisador famoso [...], trabalhar infatigavelmente para descobrir algo que pudesse ser posto de forma definitiva à disposição da humanidade". Ele já se mostrara competente em ciências, e uma carreira em engenharia seria uma opção fácil, mas não estava apaixonadamente interessado por ela. Na medicina, pelo menos, poderia fazer alguma coisa que valesse a pena. Sua família achava que sua decisão era consequência da frustração com a inabilidade dos médicos em diminuir a agonia de sua avó moribunda. O choque por sua morte, apesar da idade avançada, pode ter contribuído para impulsionar a decisão de Ernesto de mudar sua opção de carreira, mas, como sua escolha de especialização logo revelaria, também estava obcecado em descobrir a cura para a própria doença.

Junto com os estudos, Ernesto teve vários empregos em regime de meio período, mas, de todos eles, o trabalho que realizava na Clínica Pisani, especializada no tratamento de alergias, era o mais absorvente, como também aquele em que ficou mais tempo. Conhecera o dr. Salvador Pisani como um paciente, mas sua inteligência rápida e curiosidade o levaram a um cargo não remunerado de assistente de pesquisa. Para um jovem estudante de medicina, era um privilégio ser envolvido em um novo campo de pesquisa médica. Pisani desenvolvera um método para tratar alergias com vacinas preparadas a partir de substâncias alimentares parcialmente digeridas. Ernesto estava tão satisfeito com os resultados positivos do seu próprio tratamento e com seu trabalho no laboratório que decidiu se especializar em alergias.

A clínica de Pisani se tornou uma espécie de segundo lar para Ernesto. Dr. Pisani, sua irmã Mafalda e a mãe deles moravam juntos ao lado da clínica e logo desenvolveram uma forte afeição por Ernesto. As mulheres davam-lhe uma dieta especial com suco de cenoura, pão de milho e bolo de aveia, e o colocavam na cama quando estava em crise de asma. Ernesto correspondia bem a esses cuidados maternais, e o dr. Pisani começou a considerá-lo um protegido que poderia ir longe algum dia. Para seu pai, no entanto, Ernesto transformou-se em uma figura fugaz, sempre com pressa, sempre sem tempo. "Ativo e diligente, corria de um lugar para o outro para cumprir com suas obrigações", o velho Ernesto escreveu. "Como poderia não estar com pressa? Tinha de trabalhar para se manter, pois eu o ajudava pouco, e também porque ele não queria que eu lhe desse um centavo. Ele tratava das coisas da melhor maneira possível."

A aparência externa de Ernesto de dedicação ao trabalho ocultava um mundo interior em turbulência. Meses antes, ainda em Villa María, revelara sentimentos conflitantes em um poema de versos livres, escrito em quatro páginas de um pequeno bloco de notas. O poema fornece uma rara visão das emoções perturbadas de Ernesto Guevara em um momento crucial de sua vida. Em 17 de janeiro de 1947, ele escreveu:

Eu sei! Eu sei!
Se sair daqui, o rio me engolirá

É o meu destino: Hoje devo morrer!
Mas não, a força de vontade pode superar tudo
Há obstáculos, eu reconheço
Não quero sair.
Se tenho que morrer, será nesta caverna.
As balas, o que podem as balas fazer comigo se
meu destino é morrer afogado. Mas vou
vencer o destino. O destino pode ser
conseguido pela força de vontade.
Morrer, sim, mas crivado de
balas, destroçado pelas baionetas, se não, não. Afogado, não...
uma recordação mais duradoura do que meu nome
É lutar, morrer lutando.

Ernesto não escrevia sobre angústias quanto aos problemas da família ou quanto a que faculdade deveria escolher, mas sobre questões de força interior. As referências a afogamento, "o poço profundo", podem ter sido alusões à asma, que impusera limitações a sua vida e pode ter-se assemelhado a um caminho predeterminado para a morte. Foi uma condição que teve de lutar para superar. Porém, sem a sua própria explicação, é provavelmente melhor aceitar essa parte do texto para o que certamente era: uma explosão melodramática de um rapaz de dezoito anos, confuso e absorto.

Os meses anteriores foram traumáticos para Ernesto. O colapso econômico e conjugal dos pais, a mudança forçada para Buenos Aires e depois a morte de sua adorada avó causaram-lhe uma sensação de que a segurança familiar desmoronara ao seu redor. Como filho mais velho, sentia-se na obrigação de ajudar. Seu futuro foi subitamente hipotecado. Antes mesmo que a notícia sobre a avó o levasse de volta a Buenos Aires, expressara um novo sentimento de dever familiar. Pouco antes de deixar Villa María, escrevera para a mãe: "Diga-me como você resolveu a questão de moradia e se os meninos têm como ir ao colégio".

Agora estavam todos em Buenos Aires, mas, como não tinham dinheiro, encontrar uma casa continuava sendo um problema. Por enquanto, estavam sem saída e, durante o ano seguinte, a família inteira continuou no apartamento de Ana Isabel. Só então o velho Ernesto vendeu a plantação em Misiones e deu a Celia o dinheiro obtido para comprar uma casa. Ela encontrou um lugar feio e velho, na calle Araoz, 2180, com inquilinos idosos nada bem-vindos que ocupavam o andar térreo, mas era bem situado, nos limites dos parques e campos desportivos do bairro de Palermo. Tinham novamente seu próprio lar, mas as coisas eram diferentes. Os filhos mais velhos precisavam conseguir trabalho remunerado. O velho Ernesto ainda vivia com eles, mas agora dormia no sofá da sala de estar.

As alterações na situação da família provocaram uma mudança fundamental no relacionamento entre Ernesto e seu pai. "Brincávamos um com o outro como se fôssemos da mesma idade", o velho Ernesto escreveu. "Ele mexia comigo o tempo todo. Tão logo nos sentávamos à mesa em nossa casa, começava a me provocar com discussões de natureza política. [...] Ernesto, que tinha então vinte anos, me superava nesse terreno e discutíamos constantemente. Quem nos ouvia devia pensar que estávamos brigando. De forma alguma. No fundo havia uma verdadeira camaradagem entre nós."

II

Durante seu primeiro ano de faculdade, Ernesto foi chamado pelo serviço militar da Argentina, mas foi rejeitado por "capacidade física reduzida": sua asma. Ele ficou radiante de alegria, dizendo aos amigos que "agradecia aos seus pulmões de merda por terem feito alguma coisa útil para variar".

Uma das primeiras amizades que Ernesto fez na faculdade foi com uma moça chamada Berta Gilda Infante, filha de um advogado e político de Córdoba, cuja família se mudara recentemente para a capital. Tita, como era conhecida, sentiu-se imediatamente atraída por Ernesto. Ela recordou mais tarde que ele era "um rapaz bonito e desinibido". Uma fotografia um pouco macabra de 1948 mostra Ernesto e Tita, uma das únicas três moças, de pé no meio de um grupo de estudantes de Medicina vestidos de branco, dispostos por trás de um cadáver nu de um homem deitado sobre uma mesa. A cabeça raspada do cadáver pende inerte por cima da borda da mesa e a cavidade torácica está inteiramente aberta. A maioria dos alunos na fotografia está com o olhar sério. Ernesto é o único com um sorriso aberto, mostrando todos os dentes e olhando direto para a câmera.

Ernesto e Tita tinham uma profunda relação platônica. Ela era alguém em quem ele podia confiar e a quem podia fazer confidências em um momento emocionalmente instável de sua vida, e este era um papel que ela tinha prazer em desempenhar. Ambos estavam solitários e ávidos por afeto, vinham de lares desfeitos — o pai de Tita morrera três anos antes — e eram relativamente recém-chegados à metrópole. Encontravam-se todas as quartas-feiras no Museu de Ciências Naturais para aulas sobre o sistema nervoso, dissecando peixes sob a orientação de um velho professor alemão. Sentavam-se em cafés e em suas casas, falando sobre as aulas ou seus problemas pessoais. Trocavam livros e os debatiam, e recitavam um para o outro seus poemas prediletos. Seu relacionamento foi duradouro. Depois que Ernesto deixou a Argentina, os dois mantiveram contato por uma corrente de cartas, rivalizando com a correspondência que ele mantinha com sua mãe e com a tia Beatriz.

Ernesto passava grande parte do tempo no apartamento de sua tia Beatriz, que ficava a vinte quarteirões da nova casa de sua família, na calle Araoz. Beatriz fora como uma mãe para ele, agindo como Celia nunca agira, mandando-lhe livros, presentes e novos remédios para a asma, encorajando-o nos estudos e preocupando-se com ele. Agora lhe fazia comida e ficava tomando conta dele. "Minha irmã não dormia enquanto Ernesto estudava", seu pai escreveu. "Ela sempre tinha seu mate pronto e lhe fazia companhia quando ele parava para descansar. Fazia tudo isso com o maior carinho."

O relacionamento especial de Ernesto com Beatriz foi testemunhado de perto por Mario Saravia, um primo sete anos mais novo. Em 1951, Saravia viera

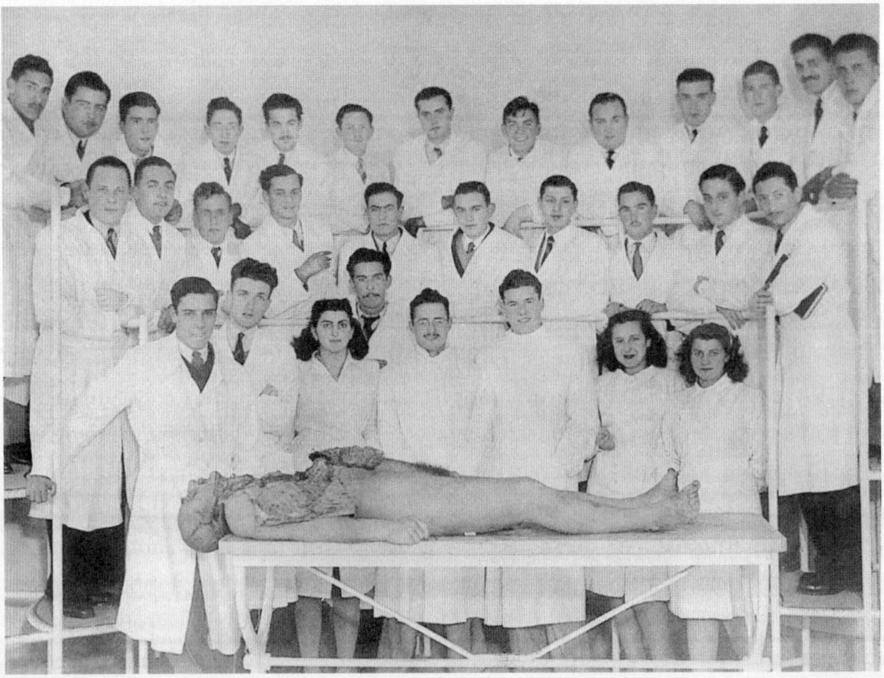

Estudantes da Faculdade de Medicina da Universidade de Buenos Aires, em 1948. Ernesto é o sexto a partir da direita, na parte superior, sorrindo de forma imprópria para a ocasião.

de Bahía Blanca, no sul da Argentina, onde vivia sua família, para frequentar uma escola na capital. Morou com os Guevara durante os dois anos seguintes, dividindo quarto com Ernesto e Roberto. Na condição de outro sobrinho predileto de Beatriz, Saravia muitas vezes ia com Ernesto fazer as refeições na casa dela.

Saravia comentou que Beatriz era tão exigente que usava luvas para mexer em dinheiro. Se apertasse a mão de um estranho, lavava as mãos depois. Cética sobre os "padrões morais" das classes baixas, quando a mucama que cozinhava para ela ia para a cama à noite, Beatriz prendia a maçaneta da porta de serviço com um alicate para que não pudesse ser aberta. Ernesto adorava chocar essa mulher que o amava de forma tão incondicional, embora jamais tenham tido discussões mais severas. Ele a provocava com insinuações sobre suas atividades impróprias. Segundo Saravia, algumas dessas atividades fariam Beatriz "cair morta ali mesmo, com um ataque de coração", pois incluíam seduzir a empregada que a tia tão cuidadosamente trancava no quarto à noite. Em um almoço, entre um prato e outro, do lugar em que estava sentado na sala de jantar, Saravia assistiu, espantado, a Ernesto transar com a mucama sobre a mesa da cozinha, que era visível pela porta aberta, bem atrás das costas da tia, que de nada desconfiou. Quando terminou, Ernesto voltou à sala de jantar e continuou comendo, sem que a tia se desse conta de nada. "Ele era como um galo", comentou Saravia. "Acasalava e depois continuava com suas outras coisas."

III

Não surpreende que Ernesto parecesse a seus colegas de faculdade uma figura esquiva. Dava a impressão de ser um rapaz com muita pressa. E de fato era. Em alguns aspectos, Buenos Aires era apenas uma base para a progressiva expansão de seus horizontes geográficos, como quando excursionava pedindo carona. Inicialmente, nos fins de semana ou feriados, de volta para Córdoba e para a estância de sua falecida avó, em Santa Ana de Irineo Portela, mas gradualmente ampliando seu raio de ação para mais longe e por períodos maiores.

Apesar de todas as mudanças que ocorreram na vida de Ernesto, algumas coisas permaneceram como antes. Ainda sofria de asma e continuava jogando rúgbi e xadrez, um de seus passatempos favoritos. Lia assiduamente e trabalhava nos seus cadernos filosóficos. Também escrevia poesia. Um de seus primeiros poemas que perduraram, rabiscado na contracapa do fundo de seu quinto "caderno filosófico", data dessa época. É uma ode curta e pouco trabalhada, parecendo ser uma evocação de uma sepultura. Tal como a maioria dos outros poemas que escreveu por volta dos vinte e poucos anos, é, ao mesmo tempo, desajeitado e pretensioso:

Lápide inconclusa de um jardim abstrato,
Com sua arquitetura arcaica,
Você ataca a moralidade cúbica do homem.
Horrendas figurinhas tingem seu verso de sangue
e panegíricas fachadas mancham sua fronte de luz,
Caprichos portentosos enxovalham seu nome escuro
Vestindo-a como a todo o resto.

O mundo particular de estudo e reflexão passou a dominar cada vez mais o tempo de Ernesto. Roberto, seu irmão, espantou-se ao descobri-lo lendo de modo sistemático a coleção de vinte volumes da *História contemporânea do mundo moderno*, que pertencia ao pai. Seus cadernos filosóficos estão cheios de referências a esses tomos. Com a mesma maneira metódica, começou a compilar um índice remissivo dos livros que lia. Usando um caderno encapado em tecido preto, com páginas ordenadas em ordem alfabética, escrevia verbetes sobre os autores, suas nacionalidades, os títulos dos livros e os gêneros. A seleção é longa e eclética, incluindo romances populares modernos, clássicos europeus, norte-americanos e argentinos, livros de medicina, poesia, filosofia e biografias. Algumas misturas interessantes estão espalhadas pelo índice, tais como *My Best Chess Games* (Minhas melhores partidas de xadrez), de Alexandr Aleksei, o *Anuário socialista de 1937*, e *The Manufacture and Use of Celluloid, Bakelite etc.* (A fabricação e o uso de celuloide, baquelite etc.), de R. Bunke. Mas os clássicos de aventuras predominavam, especialmente a obra de Júlio Verne. A edição de obras completas de Verne, em três volumes, encadernados em couro, era um dos pertences que mais prezava. Uma década depois, levou esses volumes consigo ao deixar a Argentina para se tornar um comandante revolucionário em Cuba.

Ernesto continuava a ler Freud e Bertrand Russell e demonstrava um crescente interesse em filosofia social. Agora lia tudo, dos antigos gregos até Aldous Huxley. Havia uma grande quantidade de referências cruzadas entre seu índice literário e seus cadernos filosóficos. Sua exploração dos conceitos e origens do pensamento socialista ganhava impulso. Consultava Benito Mussolini sobre fascismo; Ióssif Stálin sobre marxismo; Alfredo Palacios, o exuberante fundador do Partido Socialista Argentino, sobre justiça; Zola para uma definição crítica do cristianismo; e Jack London para uma descrição marxista de classe social. Lera uma biografia francesa de Lênin, *O manifesto comunista*, e alguns de seus discursos, e mergulhara novamente em *O capital*. No seu terceiro caderno, começou a mostrar especial interesse por Karl Marx, enchendo dezenas de páginas com notas biográficas extraídas de *Communism and Christianity* (Comunismo e cristianismo), de R. P. Ducatillon. (A figura de Marx tornou-se um fascínio constante. Em 1965, quando vivia clandestinamente na África, encontrou tempo para esboçar o rascunho de uma biografia de Marx que pretendia escrever.) Também copiou do livro de Ducatillon um perfil de Lênin que o descreve como alguém que "vivia, respirava e dormia" a revolução socialista e sacrificou tudo em sua vida por essa causa. O trecho pressagia em um grau incrível a forma como Che Guevara seria descrito por seus futuros camaradas revolucionários. Porém, apesar de toda a sua curiosidade sobre o socialismo, ainda não demonstrava qualquer inclinação por se afiliar formalmente à esquerda. De fato, durante os anos de universidade, permaneceu à margem da política, observando, ouvindo e, às vezes, debatendo, mas evitando cuidadosamente a participação ativa.

Em 1950, o movimento populista-nacionalista conhecido como peronismo evoluíra. Com Juan Perón como "condutor" e Evita como seu anjo vingador messiânico, o movimento possuía sua própria filosofia social, semiespiritual, oficialmente definida como justicialismo. Seu objetivo era uma "comunidade organizada" vivendo em harmonia. No entanto, tendo essa retórica de nobres sentimentos como pano de fundo, Perón intensificara a repressão contra seus adversários. Os opositores políticos eram silenciados por intimidação ou sentenças de prisão baseadas em leis mais severas sobre desacato a autoridades públicas. Os descamisados, ou massas trabalhadoras, eram conquistados com doações e projetos de obras públicas patrocinados por Evita, que era presidente da Fundação Eva Perón.

A postura internacional dessa nova Argentina era definida por Perón como a "terceira posição", um malabarismo oportunista e propositadamente indefinido entre o Ocidente capitalista e o Oriente comunista. "É uma posição ideológica que está no centro, na esquerda ou na direita, conforme as circunstâncias", disse Perón. "Nós obedecemos às circunstâncias." Seu cinismo era perfeitamente transparente, além disso ficava claro que seu desejo de reinventar a Argentina como um Estado soberano que não se subordinava a nenhuma potência estrangeira poderia gerar uma espécie de respeito relutante. Ernesto o apelidara, ambiguamente, de *el capo*, mas evitava expressar simpatia, quer por Perón quer por seus adversários.

A oposição política de Perón não era atraente. Os partidos tradicionais argentinos demonstravam pouca visão social e revelavam uma lamentável incapacidade de combater o ímpeto de Perón. O Partido Comunista Argentino ainda era uma organização política legal, mas sua base de poder nos sindicatos e na

Central Geral de Trabalhadores (CGT) fora enfraquecida pela habilidade de Perón de atrair a classe trabalhadora. A resposta do partido foi aliar-se ao centrista Partido Radical e a um agrupamento de partidos menores à esquerda do centro, em uma oposição estratégica a Perón. O partido era doutrinário, atolado em rixas teóricas, e faltavam-lhe uma liderança carismática e uma base popular de apoio.

Ernesto conhecia alguns militantes da Federação Juvenil Comunista, a Juventude Comunista, na universidade. Um deles, Ricardo Campos, recordou suas conversas sobre política como "ásperas e difíceis". Disse que convenceu Ernesto a comparecer a uma reunião da "Fede", mas que Ernesto se retirou enquanto a reunião ainda estava em andamento. "Ele tinha ideias muito claras sobre certas coisas", disse Campos. "Sobretudo de uma perspectiva ética. Mais do que um ser político, eu o via naquela época como alguém com uma postura ética." Para o irmão de Tita Infante, Carlos, outro comunista, Ernesto era um "liberal progressista" cujos principais interesses pareciam ser a medicina e a literatura. Discutiam as obras do escritor marxista argentino Aníbal Ponce, mas Ernesto era muito crítico sobre o sectarismo do partido.

A visão que Ernesto tinha do mundo começava a emergir, revelando-se em encontros pessoais. No enterro de um tio, em 1951, ele discutiu com o primo, Juan Martín Moore de la Serna, lançando suas próprias interpretações de Marx e Engels contra a defesa que Moore fazia dos filósofos católicos franceses. Em uma visita a Córdoba, deixou Dolores Moyano mortificada com uma crítica que fez a Jesus Cristo, no estilo de Nietzsche. O conflito coreano gerava fortes discussões entre Ernesto e o pai, com Ernesto se opondo ao papel dos norte-americanos — acusando-os de pretensões imperiais — e seu pai os apoiando. Porém, nenhum dos amigos ou parentes achava que Ernesto era um marxista e, na verdade, nem *ele* mesmo se considerava nessa época. Atribuíam o fato de ele defender rispidamente posições ultrapassadas à sua formação "boêmia" e à sua personalidade iconoclasta, que combinavam com sua maneira descuidada de se vestir e sua tendência cigana de viajar. Muitas dessas pessoas provavelmente supuseram que, com o tempo, acabaria "crescendo e deixando disso".

Havia um paralelo entre a postura intransigente de Ernesto e o ambiente político da Argentina. A maquiavélica manipulação do poder por Perón ilustrava uma fórmula para efetuar as mudanças políticas radicais, *apesar* da poderosa oposição da oligarquia conservadora, do clero católico e de setores das Forças Armadas. Perón era um mestre da política que manipulava as situações para perceber o estado de espírito do povo, quem eram seus verdadeiros amigos e inimigos e quando agir. A lição foi clara: para avançar politicamente em um lugar como a

Argentina era preciso ter uma liderança forte e a disposição de usar a força para atingir os objetivos.

Outro político que figurava na formação da visão de mundo de Ernesto era Jawaharlal Nehru. Em 1946 Ernesto lera o livro de Nehru, *A descoberta da Índia,* com grande interesse, sublinhando e rabiscando comentários sobre trechos que achava que provocavam reflexões, e falava a seus amigos sobre a obra com admiração. Perón e Nehru podem parecer formar um estranho par, mas havia algumas semelhanças entre o esforço de Nehru para "descolonizar" a Índia e o programa de Perón para tornar a Argentina economicamente autossuficiente. Ambos foram líderes fortes e carismáticos que promoveram a rápida industrialização de suas nações predominantemente agrárias como um passo essencial para obter uma completa independência dos países poderosos, principalmente da Grã-Bretanha e dos Estados Unidos, segundo os quais sua situação melhorava ou piorava.

A plataforma de Perón, "justiça social, independência econômica e soberania política" para a Argentina, foi promulgada em uma época em que os interesses estrangeiros, em especial britânicos, e cada vez mais norte-americanos, detinham monopólios significativos dos setores de serviços de utilidade pública do país, nos transportes e setores ferroviários, e forneciam a maior parte dos seus produtos manufaturados. Em seu primeiro ano de governo, Perón engajara-se em um programa ambicioso de expansão industrial baseado na "substituição das importações" e, em 1947, determinou a nacionalização dos serviços de utilidade pública e ferrovias e o pagamento da dívida externa argentina. Esse foi um campo fértil politicamente. Havia uma ampla desconfiança quanto aos interesses do capital estrangeiro devido principalmente às dificuldades econômicas causadas pelas repetidas quedas nos preços das exportações agrícolas argentinas durante a Grande Depressão do final dos anos 1920 e começo dos 1930, e durante as duas guerras mundiais. O infame Pacto Roca-Runciman, de 1933, renovado em 1936, forçara a Argentina a comprar produtos e a dar concessões aos investidores britânicos em troca de a Grã-Bretanha continuar a comprar trigo, lã e carne da Argentina. Os investimentos de capitais estrangeiros tornaram-se símbolo da interferência estrangeira e um ponto de convergência do sentimento nacionalista argentino.

A interferência ianque tornou-se onerosa na campanha para as eleições gerais de 1946, em que Spruille Braden, por pouco tempo embaixador dos Estados Unidos em Buenos Aires e depois secretário de Estado assistente para a América Latina, fez campanha abertamente contra Perón. Este, com sua habilidade característica, virara a intromissão do norte-americano a seu favor, apelando para o sentimento nacionalista com slogans contra, insinuando que a eleição não era entre argentinos, mas entre "Braden e Perón".

Muitos argentinos se ofenderam quando o governo Truman começou a fazer lobby por um "tratado de defesa mútua" hemisférico entre os Estados Unidos e seus vizinhos latino-americanos. No entanto, esse tratado refletindo a recém-anunciada "Doutrina Truman", que delineava a contenção global do comunismo soviético, foi assinado no Rio de Janeiro, em 1948, em meio a discursos que exaltavam o pan-americanismo. Os comunistas latino-americanos condenaram a nova "fraternidade" patrocinada pelos Estados Unidos como uma versão atualizada da velha Doutrina Monroe, afirmando que deu a América Latina aos interesses colonialistas de "Wall Street e dos 'monopólios capitalistas'". De fato, o Tratado do Rio dava a Washington o direito de intervir militarmente nos estados vizinhos "a fim de apoiar os povos livres que estejam resistindo à tentativa de submissão por minorias armadas ou por pressões externas". Ernesto observou a conferência do Rio e escreveu um verbete sobre pan-americanismo em um caderno.

Durante o início dos anos 1950, a mais forte emoção política que Ernesto sentia era uma profunda hostilidade contra os Estados Unidos. "A seus olhos, os males gêmeos da América Latina eram as oligarquias locais e os Estados Unidos", Dolores Moyano recordou. As únicas coisas de que gostava dos Estados Unidos eram seus poetas e romancistas. "Nunca o escutei dizer algo de bom sobre qualquer outra coisa", disse Moyano. "Ele costumava desconcertar tanto os nacionalistas quanto os comunistas por seu antiamericanismo, sem contudo subscrever os pontos de vista de quaisquer deles. Com uma enorme falta de sorte, pois minha mãe era norte-americana, muitas vezes eu defendia os Estados Unidos. Jamais fui capaz de convencê-lo de que a política externa dos Estados Unidos era, na maioria das vezes, a criatura trapalhona nascida da ignorância e do erro, em vez de uma estratégia bem planejada de uma conspiração sinistra. Ele estava convencido de que todas as ações dos Estados Unidos no exterior eram dirigidas por sinistros príncipes do mal."

Na América Latina dos anos pós-guerra, havia uma abundância de evidências para alimentar tais percepções. Ernesto estava se tornando adulto em uma época em que os Estados Unidos se encontravam em seu apogeu imperial, buscando agressivamente seus próprios interesses econômicos e estratégicos na região. Na atmosfera anticomunista da Guerra Fria, o apoio norte-americano a ditaduras militares de direita, como Anastasio Somoza na Nicarágua, Rafael Trujillo na República Dominicana, Manuel Odría no Peru, e Marcos Pérez Jiménez na Venezuela, às custas de nacionalistas declarados ou de regimes de esquerda, era racionalizado em nome da segurança nacional.

Enquanto a expansão soviética na Europa do pós-guerra constituía o foco central de alarme em Washington, no final da década de 1950, a nova Agência Central de Inteligência (CIA) tinha preocupações suficientes com a ameaça hemisférica representada pelo comunismo para elaborar uma avaliação sigilosa intitulada *Capacidades e intenções soviéticas na América Latina*. "Com relação à América Latina", o relatório afirma "deve-se supor que o objetivo da União Soviética seja o de reduzir no maior grau possível o apoio dos Estados Unidos, até que seja possível a sovietização da área e que seus recursos fiquem diretamente disponíveis para aumentar o poderio soviético." A CIA estava particularmente preocupada com o potencial de coordenação entre Moscou e os partidos comunistas pró-soviéticos latino-americanos se uma guerra eclodisse entre as duas superpotências. Assinalava o potencial para exploração comunista dos sentimentos antiamericanos existentes, observando que, na Argentina, já se via que "os comunistas, utilizando-se do isolacionismo argentino, encontraram uma pronta resposta entre os não comunistas para seu incitamento contra o envio de tropas argentinas para a Coreia", enquanto em Cuba, um incidente recente em que soldados norte-americanos urinaram na estátua do herói nacionalista cubano, José Martí, fora "magnificado" pelos comunistas locais, "por esses meios, o apreço popular pelos Estados Unidos tem caído seriamente, ainda que em termos passageiros". A CIA também advertia que os comunistas poderiam explorar "a aversão liberal democrática a governantes ditatoriais" em algumas nações, criando tensões entre esses países e as ditaduras amigas de Washington.

Ernesto estava no quarto ano de medicina quando, citando sua própria versão da ameaça comunista, Perón começou a reprimir a esquerda. Durante o expurgo, um conhecido seu de Córdoba, Fernando Barral, foi detido por "agitação comunista" e mantido em custódia pela polícia por sete meses. Barral era um exilado republicano espanhol cujo pai, um escultor famoso, fora morto defendendo Madri. Na condição de cidadão estrangeiro, seria deportado de volta para a Espanha de Franco, onde um destino incerto o aguardava. Porém, depois que o Partido Comunista Argentino obteve um oferecimento da Hungria de recebê-lo como exilado político, foi permitido que ele fosse para esse país.

Salvo alguns encontros casuais, Barral e Ernesto não tiveram muito contato desde que os Guevara se mudaram para Buenos Aires. Nesse meio-tempo, Barral apaixonara-se pela prima de Ernesto, Carmen Córdova Iturburu. Embora seus sentimentos românticos não fossem correspondidos, Barral e Carmen eram grandes amigos. Talvez Ernesto visse Barral como um rival pela afeição da prima, talvez simplesmente não gostasse de seu "dogmatismo", especulação feita mais tarde pelo próprio Barral. Qualquer que fosse a causa, Ernesto manteve-se impassível durante o tempo em que Barral ficou preso. Nem o visitou na prisão (em uma repetição do comportamento que teve durante a detenção de Alberto Granado) nem participou dos esforços para obter sua libertação.

Um amigo lembrou-se de que Ernesto aconselhara suas empregadas a votar em Perón, porque suas políticas favoreciam a classe social delas. Segundo Mario Saravia, Ernesto se filiou à organização da Juventude Peronista na universidade a fim de utilizar o vasto acervo de sua biblioteca e retirar livros a que, de outra forma, não teria acesso. Em uma outra ocasião, quando planejava uma excursão ambiciosa pela América Latina, Tatiana Quiroga lhe sugeriu, meio de brincadeira, que escrevesse uma carta à generosa mulher de Perón, Evita, pedindo-lhe um jipe. Tatiana ajudou-o a redigir a carta e se lembra de que se divertiram muito escrevendo-a. Nunca receberam uma resposta.

IV

Até o momento em que estava com seus vinte e poucos anos, Ernesto destacava-se socialmente como um atraente excêntrico. Na realidade, desafiava definições e não se importava com o ridículo. A maioria dos rapazes se vestia de modo impecável, com gravatas, blazers, calças bem passadas e sapatos lustrosos, mas ele usava blusões encardidos e desajeitados e sapatos fora de moda que comprava em liquidações.

Ernesto aperfeiçoara essa imagem desleixada. Como Dolores Moyano recordou, seu desleixo era o assunto predileto das conversas entre suas amigas. "É preciso conhecer a mentalidade da oligarquia provinciana para entender o efeito notável que produzia a aparência de Ernesto", ela escreveu. "No começo dos anos 1950, todos os rapazes que conhecíamos dedicavam muito esforço e dinheiro para obter peças da última moda: botas de caubói, calças jeans, camisas italianas, suéteres ingleses e assim por diante. A peça de roupa predileta de Ernesto naquela época era uma camisa de náilon, originalmente branca, mas que estava cinza de tanto uso, que vestia constantemente e chamava de La Semanera, afirmando que a lavava apenas uma vez por semana. Suas calças eram largas, desarrumadas, e me lembro de que, uma vez, estavam presas na cintura com uma cordinha de varal. Com essa aparência, quando Ernesto chegava em uma festa, todas as conversas se interrompiam, embora todos procurassem dar a impressão de não estar ligando para isso. Ernesto, se divertindo enormemente e sabendo perfeitamente a sensação que estava causando, ficava inteiramente dono da situação."

Ele não tinha ouvido algum para música e só aprendeu a dançar quando seus

Ernesto em uma viagem de carona, em 1948.

amigos lhe ensinaram os passos e como acompanhar o ritmo. No começo de cada dança, perguntava se o ritmo era um tango, uma valsa ou um mambo. Então, guiava desajeitadamente sua parceira pelo salão. "Dançar não lhe interessava minimamente", seu amigo Carlos Figueroa lembrou. Ernesto era um incansável sedutor e a única razão pela qual dançava era para chegar perto de sua presa.

Apenas alguns de seus amigos e parentes homens mais chegados tinham conhecimento desses flertes. Mario Saravia lembrou-se da ligação de Ernesto com a empregada da sua família, uma indígena boliviana de trinta e tantos anos chamada Sabina Portugal, com quem Ernesto dormia regularmente. "Era a mulher mais feia que já vi", disse Saravia. "Mas quando ela o convidava, ele ia para o seu quarto."

Ernesto era informal com os pais, chamando-os carinhosamente de *vieja* e *viejo*, mas também se referia a si mesmo em termos depreciativos. O apelido El Chancho (O Porco) era uma fonte especial de prazer pela reação indignada que provocava no pai, socialmente suscetível. Quando o velho Ernesto descobriu que Carlos Figueroa fora o autor do apelido, avançou para cima dele, furioso com o que considerava uma ofensa à honra da família. Apesar do desprazer do pai, ou talvez por causa dele, Ernesto manteve o apelido e, na revista de rúgbi *Tackle*, que fundara e cujos únicos onze números editara, assinava suas matérias como Chang-Cho. (Suas implacáveis análises sobre as partidas eram escritas em um jargão de redator esportivo, em ritmo intenso, salpicadas de anglicismo.)

Enquanto o relacionamento de Ernesto com o pai era conflituoso, ele era afável com a mãe, que foi diagnosticada com câncer de mama em 1946 e submetida a uma mastectomia. A união deles era tão especial que excluía os outros filhos, e vários amigos falavam com certa pena do efeito que isso tinha, sobretudo em Roberto. Fisicamente mais apto e dois anos mais novo que Ernesto, Roberto acabou se destacando no rúgbi, mas dentro da família seus triunfos eram ofuscados pelos do irmão mais velho, que era sempre visto como tendo "vencido" a asma. Roberto levou muitos anos para superar o ressentimento que tinha em relação a Ernesto desde a infância.

Todos na família simplesmente não tomavam conhecimento do fato de que o velho Ernesto e Celia já não dormiam juntos. Ele chegava em casa tarde e, obviamente ignorando o que estivesse acontecendo à sua volta, atirava-se no sofá e caía no sono. Suas outras tantas excentricidades faziam com que isso parecesse natural. Não podia sair de casa sem, intencionalmente, se esquecer de alguma coisa, como suas chaves, para ter por que voltar. Se não o fizesse, significaria "má sorte". Isso tornou-se um ritual obsessivo. Se alguém dissesse "cobra" em volta da mesa de jantar, ele dizia imediatamente "javali", o antídoto para a má sorte que acompanhava a palavra pronunciada.

Enquanto isso, Celia continuava a administrar a casa como se fosse um salão de reuniões intelectuais. A mesa de jantar era seu trono. Ficava sentada durante horas jogando paciência, na qual se viciara — tal como nos cigarros que fumava habitualmente —, mas estava sempre pronta a receber alguma pessoa jovem para conversar ou aconselhar. Quanto aos aspectos práticos do dia a dia, tinha mais em que pensar. No dia de folga da cozinheira, preparava as refeições com o que por acaso houvesse na geladeira, sem nenhuma noção de medidas ou receitas. Os visitantes notavam a falta de móveis, objetos de adorno ou quadros na casa, mas se impressionavam com a grande quantidade de livros, espalhados em estantes, empilhados por toda parte. Havia outras peculiaridades. O forno da cozinha estava em curto-circuito permanente e as paredes davam choques elétricos nos recém-chegados desavisados que se encostassem nelas.

Do mesmo modo que Ernesto encontrara no apartamento de Beatriz ou na biblioteca da universidade o espaço e a tranquilidade de que precisava para estudar, seu pai não tardou em encontrar refúgio em um estúdio alugado nas proximidades. Tinha um novo sócio e juntos montaram uma combinação de agência imobiliária e firma de construção, que denominaram Guevara Lynch y Verbruch. Em pouco tempo conseguiram fazer algumas transações pela cidade, porém, como sempre acontecia com o velho Ernesto, era tudo passageiro.*

Embora seu estúdio tivesse um quarto de dormir, o velho Ernesto o equipara com mesas e cavaletes de desenho de arquiteto, e continuava dormindo no sofá da sala de estar na calle Araoz, ou então no apartamento de sua irmã, Beatriz. Entretanto, com a casa da calle Araoz tão apertada, inevitavelmente o estúdio também se transformou em um espaço adicional de estudo para os jovens Guevara e seus amigos, que iam e vinham quando bem queriam. Ernesto usava o estúdio para estudar para provas, como fazia Roberto, que estava cursando direito. Celia, Ana María e seu namorado, Carlos Lino, que estudavam arquitetura, trabalhavam ali regularmente em seus projetos e, por algum tempo, o estúdio serviu também de escritório de redação da revista de rúgbi *Tackle*, de curta existência.

Para obter dinheiro, que era sempre curto, Ernesto se meteu em uma série de esquemas comerciais que eram tão pouco práticos quanto cheios de imaginação. Esses empreendimentos geralmente envolviam seu velho amigo Carlitos Figueroa, que estava então estudando direito em Buenos Aires e, como ele, sempre buscando dinheiro. Sua primeira investida foi por inspiração de Ernesto. Ele sentiu que o inseticida contra gafanhotos Gamexane daria um bom mata-baratas

* Ernesto Guevara Lynch parecia especialmente amaldiçoado quando se tratava de escolher sócios, pois tão logo seu negócio estava instalado e funcionando, Verbruch sucumbiu a uma depressão profunda e duradoura e o abandonou. Guevara Lynch encontrou outro sócio e a empresa sobreviveu, com altos e baixos, até que, em 1976, o golpe militar de direita o forçou a fugir do país.

para uso doméstico. Depois de testá-lo na vizinhança, resolveu passar à produção industrial. Assim, junto com Figueroa e um paciente da Clínica Pisani, começou a embalar caixas do produto, misturado com talco, na garagem de sua casa. Queria dar ao produto uma marca registrada e pensou em "Al Capone", mas foi avisado de que precisaria da permissão da família Capone para usar o nome. Sua escolha seguinte foi "Atila", de Átila, o Huno, com a ideia de que mataria tudo no seu caminho, mas já havia um produto com esse nome. Afinal, decidiu-se por "Vendaval" e adquiriu uma patente. O pai de Ernesto ofereceu-se para apresentá-lo a investidores em potencial, mas foi rejeitado. Ernesto tinha uma visão cética sobre os parceiros comerciais do pai.

A fábrica Vendaval exalava um cheiro horrível e penetrante. "Um cheiro nauseabundo se espalhou pela casa inteira", seu pai recordou. "Tudo que comíamos tinha gosto de Gamexane, mas Ernesto, impassível, continuou com seu trabalho." Entretanto, o fim chegou logo, quando seus auxiliares e depois o próprio Ernesto começaram a se sentir mal, e o negócio foi abandonado.

O esquema comercial seguinte foi uma ideia brilhante de Carlos Figueroa. Tratava-se de comprar sapatos por preço baixo em um leilão de venda por atacado e depois vendê-los de porta em porta por preços mais altos. Parecia uma boa ideia, porém, depois de arrematarem um lote de sapatos sem tê-los visto antes, descobriram que haviam comprado uma pilha de sapatos estranhos e remendados, e muitos não formavam pares. Quando terminaram de vender os pares, começaram a vender os sapatos que apenas *se pareciam* uns com os outros. Por fim, ficaram com uma porção de sapatos com os quais não formavam pares de forma alguma. Acabaram vendendo um sapato para um deficiente com apenas uma perna que vivia adiante na mesma rua, e isso deu origem à sugestão, feita por parentes e amigos, de que deviam tratar de encontrar o maior número possível de deficientes e vender-lhes o resto. As recordações desse episódio duraram muito, pois, durante algum tempo, Ernesto, sem dúvida se divertindo com os olhares que sua aparência provocava, ficou usando dois dos sapatos encalhados, cada um com uma cor diferente.

Além de suas iniciativas para ganhar dinheiro, Ernesto começou a fazer experimentos médicos em casa. Por um tempo, manteve enjaulados na varanda de seu quarto coelhos e porquinhos-da-índia, que inoculava com agentes cancerígenos. Também fez experiências com amigos, embora com ingredientes não letais. Um dia, Carlos Figueroa se deixou inocular por Ernesto, e, quando a injeção o fez ficar inchado, Ernesto exclamou feliz: "Era essa a reação que eu esperava!", e então deu-lhe outra injeção para aliviar os sintomas.

Um colega de Ernesto da faculdade de medicina recordou que levaram um pé humano para o metrô de Buenos Aires. Conseguiram que os assistentes do laboratório de anatomia o cedessem para que pudessem "praticar" em casa, depois embrulharam-no desajeitadamente em um jornal para a viagem. Ernesto divertiu-se com os olhares aterrorizados dos viajantes.

As grandes travessuras da infância de Ernesto se refletiram em seu comportamento na faculdade de medicina, nas atividades desportivas e em viagens pegando carona. Durante algum tempo, um novo esporte, o voo de planador, que praticava nos fins de semana em um campo de pouso nos arredores de Buenos Aires com seu tio de espírito livre, Jorge de la Serna, realizou o seu desejo de testar o desconhecido.* Mas era nas suas viagens longe de casa que sentia maior liberdade. Carlos Figueroa era seu companheiro em muitos desses passeios na base da carona. Frequentemente voltavam a Córdoba, e uma viagem que normalmente levava dez horas de carro fariam em 72, geralmente nas caçambas dos caminhões. Às vezes, tinham de pagar pela carona descarregando o caminhão.

Ernesto ansiava por estender seus horizontes para ainda mais longe. Em 1º de janeiro de 1950, no final do terceiro ano de medicina, rumou para o interior da Argentina em uma bicicleta equipada com um pequeno motor italiano Cucchiolo. Essa foi a sua primeira viagem realmente sozinho. Antes de partir, fez uma pose para um retrato. A foto o mostra sentado na bicicleta, os pés apoiados no chão e as mãos segurando o guidom como se estivesse na linha de largada de uma corrida. Usava boné, óculos escuros e jaqueta de couro de piloto de bombardeio. Um pneu extra para a bicicleta está pendurado a tiracolo, como se fosse a bandoleira de um pistoleiro. Ele planejou ir para Córdoba e de lá para San Francisco del Chañar, a 150 quilômetros ao norte, onde Alberto Granado trabalhava em um leprosário e, ao mesmo tempo, em uma farmácia.

Partiu de casa no fim da tarde, usando o pequeno motor para sair rapidamente da área urbana, e só então começou a pedalar. Pouco depois, um ciclista emparelhou com ele e seguiram juntos até o amanhecer. Passando por Pilar, uma cidadezinha fora de Buenos Aires que ele estabelecera como sua primeira meta, e que algumas pessoas em casa haviam previsto que marcaria o fim de sua aventura, sentiu "a primeira felicidade de quem triunfa". Estava a caminho.

* Jorge era o irmão mais novo de Celia. Com uma personalidade exuberante, gostava de vagar pelo país como um aventureiro solitário. Era muito querido pela família — e um dos parentes favoritos de Ernesto —, porém era muito louco. Teve de ser internado pelo menos uma vez em um hospital psiquiátrico.

Ernesto partindo sozinho em sua viagem de bicicleta a motor, em 1º de janeiro de 1950. Esta fotografia foi posteriormente utilizada em publicidade pela empresa que lhe vendera o motor.

V

A viagem de Ernesto lhe abriu novos caminhos em relação a duas atividades que se tornariam rituais para o resto da vida: viajar e escrever diários. Pela primeira vez, sentiu-se inspirado a manter um relato da sua vida dia a dia.* Ele tinha 22 anos.

Na segunda noite atingiu Rosário, sua cidade natal, e, na noite seguinte, "41 horas e 17 minutos" depois de ter partido, chegou ao lar da família Granado, em Córdoba. Teve algumas aventuras ao longo do trajeto. Em uma delas, depois de ir agarrado a um carro a 60 km/h, o pneu traseiro estourou e ele acabou em um monte à beira da estrada, despertando um *linyera*, um vagabundo, que estava dormindo onde ele caiu. Começaram a conversar e o vagabundo, em um espírito de camaradagem, lhe preparou um mate, "com açúcar suficiente para adoçar uma solteirona". (Ernesto preferia o mate amargo.)

Ernesto passou vários dias em Córdoba visitando amigos e depois foi acampar com Tomás e Gregorio, irmãos de Alberto, perto de uma cachoeira ao norte da ci-

* Após a morte de Che, esse diário foi descoberto por seu pai, que o transcreveu e incluiu em seu livro de memórias, *Mi hijo el Che*. Segundo ele, exceto por alguns trechos ilegíveis, a versão publicada correspondia integralmente ao original.

dade, onde escalaram pedreiras, mergulharam de grandes alturas em piscinas naturais rasas e quase foram arrastados por uma tromba-d'água. Tomás e Gregorio retornaram para Córdoba, Ernesto seguiu ao encontro de Alberto no leprosário José J. Puente, nos arredores de San Francisco del Chañar. Com Alberto pesquisando sobre as suscetibilidades imunológicas dos leprosos e Ernesto envolvido na pesquisa de alergias na Clínica Pisani, os dois agora tinham mais em comum do que o rúgbi e os livros. Para Granado, o mundo da pesquisa médica "era uma espécie de fio condutor entre nós, no que parecia então ser o nosso futuro".

Muito interessado no trabalho de Alberto, Ernesto o acompanhava em suas rondas. Porém, logo tiveram uma desavença. A propósito do tratamento utilizado por Alberto em uma moça bonita, chamada Yolanda, que ainda não exibia os sintomas da lepra — grandes manchas de carne morta —, exceto nas costas. Granado sabia que, sempre que chegava um novo médico, ela tentava convencê-lo da injustiça de sua internação. "Ernesto não foi exceção a essa regra e, visivelmente impressionado com a beleza da moça e a patética exposição que ela fez de seu caso, veio me ver", Granado lembrou-se. "Logo surgiu uma discussão entre nós dois."

Ernesto sentiu que era preciso mais cuidado ao tomar decisões que levassem à internação e ao isolamento dos doentes. Alberto tentou explicar que o caso da moça era desesperador e altamente contagioso. Provou o que estava dizendo enfiando de repente uma longa agulha de seringa na carne das costas da garota. Ela não sentiu nada e ignorava o que ele estava fazendo. "Olhei triunfante para Ernesto, mas o olhar que ele me lançou desfez meu sorriso", Granado disse. "O futuro Che me ordenou asperamente: 'Míal, deixe-a ir embora!'. E quando a paciente saiu do quarto, vi uma fúria contida estampada no rosto do meu amigo. Até aquele instante nunca o vira assim e tive de aturar uma enxurrada de repreensões. 'Petiso', disse-me ele, 'nunca pensei que fosse perder sua sensibilidade a tal ponto. Você enganou essa mocinha só para exibir seus conhecimentos!'" Por fim, depois de mais explicações de Granado, os dois amigos fizeram as pazes e o incidente foi encerrado, embora jamais esquecido.

Após vários dias no leprosário, Ernesto estava ansioso por prosseguir viagem. A essa altura, resolvera esticar sua jornada ainda mais, "com a pretensiosa intenção" de chegar às remotas e pouco visitadas províncias do norte e do extremo oeste da Argentina. Persuadiu Granado, que tinha uma motocicleta, a acompanhá-lo na primeira parte da viagem.

Os dois amigos partiram, Granado puxava Ernesto atrás da motocicleta com uma corda, que arrebentava com frequência. Depois de uma certa distância, concluíram que era melhor que Ernesto continuasse sozinho. Alberto voltou para San Francisco del Chañar. "Nos abraçamos de modo não muito efusivo, como fazem dois *machitos*, e fiquei olhando enquanto ele desaparecia como um cavaleiro sobre sua moto, dando adeus com a mão", Ernesto escreveu.

Ernesto cruzou sem problemas a "terra tingida de prata" das Salinas Grandes, o Saara argentino, e chegou a Loreto, uma cidadezinha onde a polícia local cedeu-lhe alojamento para passar a noite. Ao descobrirem que era estudante de medicina, insistiram para que ficasse por ali e se tornasse o único médico do lugar. Naquele momento, nada podia estar mais longe do que pretendia e, no dia seguinte, meteu-se de novo na estrada.

Em Santiago del Estero, a capital da província, um correspondente local de um jornal de Tucumán o entrevistou. Ernesto escreveu, exultante: "O primeiro artigo a meu respeito em minha vida". Depois rumou para Tucumán, a próxima cidade ao norte. No caminho, enquanto consertava pela enésima vez um furo no pneu, encontrou outro *linyera* itinerante e começaram a conversar. "Esse homem vinha da colheita do algodão no Chaco e, depois de vagabundear um pouco, pensava em ir para a colheita da uva em San Juan. Descobrindo meu plano de viajar por várias províncias e depois se dando conta de que minha façanha tinha um objetivo puramente recreativo, pôs as mãos na cabeça com um ar de desespero: '*Mama mía*, todo esse esforço para nada?'."

Ernesto não poderia explicar direito a esse errante o que esperava obter de suas viagens, além de repetir que queria "ver" mais do seu próprio país. No entanto, o comentário do homem o fez refletir. Seu diário era, até então, um relato de fatos e descrições inconsequentes, entremeadas de historietas. Começou a examinar a si próprio e a seus sentimentos com maior profundidade. Na região coberta de florestas ao norte de Tucumán, na estrada para Salta, ele parou e desceu da bicicleta para caminhar pela folhagem densa. Experimentou uma espécie de êxtase com a beleza natural do mundo que o rodeava. Escreveu posteriormente: "Percebo que algo que estava crescendo dentro de mim há algum tempo [...] amadureceu: e é o ódio da civilização, a imagem absurda das pessoas se movendo como loucas ao ritmo dessa tremenda barulheira que me parece como a antítese odiosa da paz".

Mais tarde nesse mesmo dia, encontrou um motociclista em uma Harley-Davidson novinha em folha. O homem se ofereceu para rebocá-lo com uma corda, mas, lembrando-se de seus recentes percalços, ele recusou. Ele e o motociclista tomaram um pouco de café juntos, antes de prosseguirem seus caminhos separados. Poucas horas depois, ao chegar à cidade mais próxima, viu um caminhão descarregando a mesma Harley-Davidson e foi informado de que o motociclista estava morto. O incidente e sua própria fuga, próxima ao mesmo destino, provocaram uma nova crise de introspecção: "A morte desse motociclista não tem impacto suficiente para mexer com os nervos das multidões, mas o fato de saber que um homem vai em busca do perigo sem ter sequer a mais remota das intenções heroicas que produzem um feito público, e pode morrer em uma curva da estrada sem testemunhas, faz com que esse aventureiro desconhecido pareça possuído de um vago 'fervor' suicida".

Em Salta, Ernesto apresentou-se no hospital como aluno de medicina e pediu um lugar para dormir. Cederam-lhe o banco de um caminhão, onde "dormiu como um rei" até ser acordado pelo motorista bem cedo na manhã seguinte. Depois de esperar que passasse uma chuva torrencial, seguiu em meio a uma bela paisagem verde de folhagens úmidas gotejando em direção a Jujuy, a cidade mais setentrional da Argentina. Quando chegou, "ansioso para conhecer o valor da hospitalidade da província", fez seu caminho para o hospital local, onde mais uma vez recorreu a suas "credenciais" médicas para conseguir uma cama. Deram-lhe um leito, mas somente depois de ele pagar por isso tirando todos os piolhos da cabeça de um indiozinho choroso.

Foi o ponto mais ao norte a que chegou nessa viagem. Desejara ir até o fim da fronteira inóspita com a Bolívia, porém, como escreveu ao pai, "vários rios transbordantes e um vulcão em atividade estão atrapalhando a viagem nessa área". Além disso, o quarto ano na faculdade de medicina começaria dentro de poucas semanas.

Retornando para Salta, reapareceu no hospital e a equipe lhe perguntou o que tinha visto na viagem. "Na verdade, o que é que *de fato* vejo?", ele refletiu. "Pelo menos não sou alimentado do mesmo modo que os turistas e acho estranho encontrar nos folhetos de turismo de Jujuy, por exemplo, o Altar da Pátria, a catedral onde a bandeira nacional foi abençoada, a joia do púlpito e a pequena Virgem Milagrosa de Río Blanco e Pompeii [...]. Não, não é assim que se chega a conhecer um país ou a encontrar a interpretação da vida. Isso é uma fachada luxuosa, enquanto sua verdadeira alma é refletida nos doentes dos hospitais, nos presos nas delegacias de polícia ou nos transeuntes ansiosos que se encontram, à medida que o rio Grande mostra a turbulência das volumosas camadas que estão sob ele."

Pela primeira vez na vida adulta, Ernesto testemunhara a severa dualidade de seu país. Deixou a transposta cultura europeia, que também era *a dele*, e mergulhou no ignorado e atrasado interior indígena. A injustiça da vida das pessoas marginalizadas socialmente com quem fizera amizade ao longo de sua viagem — leprosos, vagabundos, detentos, pacientes de hospitais — dava provas da "turbulência" submersa da região que ficava "sob" o "rio Grande". Essa referência enigmática ao rio Grande pode ser significativa, pois não era um dos rios que atravessara nessa viagem. Parece se referir ao rio que há muito tempo constitui politicamente uma simbólica linha divisória entre o Norte rico e o Sul pobre, ao longo da fronteira entre os Estados Unidos e o México. Se for assim, esse é o primeiro lampejo de uma ideia que iria obcecá-lo: de que os Estados Unidos, como expressão da exploração neocolonialista, eram, em última análise, os culpados de que se perpetuasse o lamentável estado de coisas que via ao seu redor.

Nas províncias do norte da Argentina, as vastas terras desabitadas davam lugar a umas poucas cidades antigas, ainda administradas por um punhado de famílias latifundiárias com enormes fortunas e privilégios. Ao longo dos séculos, elas e as estruturas coloniais que seus antepassados haviam erigido coexistiram ao lado da maioria indígena "pária" e sem rosto, sobre a qual exerciam sua autoridade. Era a região de homens fortes como o senador por Catamarca, Robustiano Patrón Costas, o despótico dono de engenho de açúcar que, na condição de sucessor escolhido do presidente Castillo, fora impedido de tomar posse pelo golpe militar que Perón apoiara, em 1943. Anos mais tarde, ao justificar esse golpe, Perón acusou Patrón Costas de ser um "explorador" que dirigia seu engenho de açúcar como uma "propriedade feudal", representante de um sistema "inconcebível" que tinha de acabar para que a Argentina assumisse seu lugar na era moderna.

Era dessas áreas que os indígenas argentinos, comumente chamados de *coyas*, e os mestiços *cabecitas negras* fugiam em quantidade cada vez maior, despejando-se nas cidades em busca de trabalho e erguendo favelas como a que havia em frente à casa dos Guevara em Córdoba. Das suas fileiras vinham as empregadas domésticas, como *La Negra* Cabrera e Sabina Portugal, e a mão de obra barata das novas indústrias e dos projetos de obras públicas da Argentina. Eles eram da classe desprezada para a qual apelara Perón quando conclamou a nação a incorporar os descamisados, cuja presença rude e clamor barulhento tanto irritavam as elites brancas nos seus antes exclusivos idílios metropolitanos. Pela primeira vez, essas pessoas não eram empregados ou símbolos para Ernesto. Viajara em meio a eles.

Ernesto retornou a Buenos Aires a tempo para o início do ano letivo. Em suas seis semanas na estrada, viajou por doze províncias argentinas e cobriu quase 4 mil quilômetros. Levou seu pequeno motor de bicicleta à companhia Amerimex, onde o havia comprado, para uma revisão completa. A direção da empresa, maravilhada, lhe propôs fazer um anúncio e, em troca, consertariam o motor de graça. Ele concordou com isto: escrever uma carta relatando sua recente odisseia e elogiando o motor Cucchiolo que o levara, dizendo: "Ele funcionou perfeitamente durante minha longa viagem, e notei apenas que, perto do final, ele perdia compressão, razão pela qual o enviei para ser ajustado".

VI

Naquele ano, o quarto do curso de medicina, Ernesto passou em mais cinco provas rumo ao diploma e continuou seu trabalho na Clínica Pisani. Também continuou seu rúgbi e suas aulas de voo de planador com seu tio Jorge. Mas a ânsia de explorar o mundo fora despertada nele e, depois do êxito do seu *"raid"* argentino, como ele chamava, começou a montar novos planos de viagem. Então, em outubro, logo antes do fim do ano letivo, aconteceu algo inesperado. Pela primeira vez em sua vida, Ernesto se apaixonou.

Carmen, uma das filhas dos González-Aguilar, ia se casar, e todo o clã Guevara viajou para Córdoba a fim de assistir ao casamento. Entre os convidados estava uma menina que Ernesto conheceu quando viveu em Córdoba. Ela era uma criança naquela época, mas agora era uma bela moça de dezesseis anos. María del Carmen "Chichina" Ferreyra pertencia a uma das famílias mais antigas e mais ricas de Córdoba. De pele clara e macia, cabelos escuros e lábios carnudos, ela causou em Ernesto uma impressão que foi "como um raio", segundo Pepe González-Aguilar, que também estava no casamento.

A atração foi mútua. Chichina ficou fascinada pelo "físico obstinado" de Ernesto, como Dolores Moyano mais tarde expressou, e por seu temperamento brincalhão e nada solene. "O desleixo no seu vestir nos fazia rir e era um pouco embaraçoso ao mesmo tempo", Moyano escreveu. "Éramos tão sofisticados que Ernesto parecia uma afronta. Ele aceitava nossas piadas sem se perturbar."

Pelo menos para Ernesto, o romance que se seguiu foi sério. Segundo todos os relatos, embora Chichina fosse muito jovem, não era feita apenas de frivolidade feminina. Era extremamente inteligente e com muita imaginação, e Ernesto, aparentemente, convenceu-se de que ela era a mulher da sua vida. Era quase um romance de conto de fadas. Ele era de uma família de aristocratas empobrecidos. Ela tinha o sangue azul da pequena nobreza argentina, herdeira de um complexo de pedreira de extração e fábrica de cal, naquela época uma das poucas indústrias na região de Córdoba. Os Ferreyra possuíam um imponente château construído por franceses em um centro de terreno ajardinado e cercado no final da avenida Chacabuco, em Córdoba. A avó de Chichina, a matriarca do clã dos Ferreyra, morava lá. Chichina e seus pais viviam em uma outra grande residência perto dali, a apenas dois quarteirões da velha casa dos Guevara. Possuíam ainda uma imensa estância, Malagueño, onde a família veraneava.

A estância, Dolores Moyano escreveu, "incluía dois campos de polo, garanhões árabes e um vilarejo feudal de trabalhadores das pedreiras de cal da família. Todos os domingos a família ia à missa na igreja do vilarejo, ficando em uma alcova separada à direita do altar, com sua própria entrada independente e uma balaustrada privada para receber a comunhão, longe da massa de trabalhadores. Sob muitos aspectos, Malagueño exemplificava tudo que Ernesto desprezava. Contudo, imprevisível como sempre, apaixonara-se perdidamente pela princesa desse pequeno império".*

O que quer que os pais de Chichina pensassem sobre se Ernesto era ou não adequado para sua filha, inicialmente não os levou a rejeitá-lo. A princípio, acharam-no encantadoramente excêntrico e precoce. Pepe González-Aguilar, que acompanhou o namoro, lembra-se de como os Ferreyra se divertiam com a aparência desleixada e com a informalidade de Ernesto, porém notou que quando ele falava de literatura, história ou filosofia, ou quando contava incidentes de suas viagens, todos prestavam atenção.

Os Ferreyra eram, eles mesmos, um grupo curioso. Pepe González-Aguilar descreveu-os como cultos, viajados e sensíveis. Destacavam-se de forma notável naquela provinciana sociedade conservadora que os idolatrava ao mesmo tempo em que os invejava. O pai de Chichina viajara pelo Amazonas em uma jornada que mesmo hoje em dia seria perigosa. Eles haviam participado de corridas de carro quando praticamente não existiam estradas e pilotaram os primeiros aviões sob o olhar atento da avó, que, segundo se contava na família, recomendava a eles que "voassem baixo". Durante a Segunda Guerra Mundial, um dos tios de Chichina morrera em um navio afundado pelos alemães, quando estava indo se juntar às fileiras do general De Gaulle.

A "atmosfera dos Ferreyra" deve ter sido para Ernesto extremamente estimulante e desafiadora. Em pouco tempo, começou a fazer viagens regulares de volta a Córdoba para ver Chichina. Tornou-se um visitante frequente da casa dos Ferreyra na cidade e na Malagueño, juntando-se a Chichina e ao seu grande grupo de amigos que se reunia lá.

Segundo os amigos de Chichina, de todos os seus parentes, o que "mais gostava" de Ernesto era seu tio excêntrico, Martín. Tio Martín era um recluso idoso que vivia na Malagueño, onde criava cavalos árabes. Ele nunca saía das terras da

* Chichina e Dolores Moyano eram primas em primeiro grau, e o pai de Dolores, um arquiteto, conhecia Ernesto Guevara Lynch em função de seu trabalho como construtor. Havia parentesco por casamentos entre a família dos Ferreyra e a ilustre família Roca, cujo filho, Gustavo, era um amigo de Ernesto. Seu pai, um dos fundadores da Reforma Universitária, era outro eminente arquiteto de Córdoba e conhecido de Guevara Lynch. Tatiana Quiroga, amiga de infância tanto dos Ferreyra como dos Guevara, namorava o primo em primeiro grau de Chichina, Jaime (Jimmy) Roca, com quem se casaria mais tarde.

María del Carmen "Chichina" Ferreyra, a garota rica por quem Ernesto se apaixonou, em 1950.

estância. Também destacara-se por ter apoiado firmemente a Alemanha nazista durante a Segunda Guerra Mundial, enquanto o resto do clã apoiava com vigor as forças aliadas. Era um notívago e um excelente pianista clássico, e tocava para Ernesto, Chichina e seus amigos enquanto eles conversavam e dançavam, muitas vezes até o raiar do dia.

Em pouco tempo, Ernesto estava tentando convencer Chichina a casar-se com ele e, em sua lua de mel, viajar pela América do Sul em uma *casa rodante*, um trailer. "Foi então que começaram os conflitos", conta Pepe González-Aguilar. "Chichina tinha apenas dezesseis anos e estava indecisa. Seus pais tampouco viam esse projeto com bons olhos."

Depois que Ernesto fez a proposta, sua presença começou a assumir uma característica subversiva no seio do clã dos Ferreyra. Dolores Moyano recorda que "a oposição da família a ele foi feroz. Em qualquer reunião social, a franqueza, a sinceridade, o tom debochado de suas opiniões tornavam sua presença um perigo. Quando Ernesto ia jantar na casa de minha família, ficávamos esperando que acontecesse o pior, com um misto de temor e prazer".

Tatiana Quiroga retratou Ernesto como uma figura "doentia e meio hippie", que aparecia para se sentar nos jantares formais de família na casa dos Ferreyra "com sua asma e seu inalador permanente [...] e usando sua camisa de náilon suja e horrorosa", enquanto seus anfitriões olhavam em um silêncio estupefato. Na opinião dela, Ernesto sabia muito bem da desaprovação que sua aparência provocava, o que o levava a dizer coisas chocantes "para não se sentir tão diminuído". As tensões chegaram ao máximo em uma noite na Malagueño, durante um jantar em que Dolores Moyano e Pepe González-Aguilar estavam presentes. A conversa voltou-se para Winston Churchill. Os Ferreyra eram supremamente anglófilos e em sua casa o nome de Churchill era invocado com reverência. Dolores recorda que, enquanto cada membro mais velho da família contribuía com sua história favorita a respeito do homem, Ernesto ouviu com um indisfarçável ar de quem estava achando graça. Finalmente, incapaz de se conter, interveio para desmerecer sumariamente a venerada figura como apenas mais um da "cambada dos políticos". Pepe González-Aguilar recorda o momento incômodo: "Horacio, pai de Chichina, disse: 'Não posso aturar isso!', e saiu da mesa. Olhei para Ernesto, pensando comigo mesmo que, se alguém tinha de sair éramos nós, mas ele simplesmente sorriu como uma criança travessa e começou a comer um limão em pedaços, com casca e tudo".

Chichina continuou a ver Ernesto, mas em segredo. Uma vez, quando ela e sua família viajaram para Rosário a fim de ver seu pai jogar uma partida de polo, Chichina combinou com Ernesto de se encontrar com ela lá, escondido em outro carro com amigas dela. Enquanto o pai jogava, os dois se encontraram clandestinamente.

Lola, a mãe muito religiosa de Chichina, estava ciente dos sentimentos da filha e ficara tão assustada ante a perspectiva de ter Ernesto Guevara como seu genro que, segundo Tatiana Quiroga, fez uma promessa para a santa padroeira da Argentina, a Virgem de Catamarca. Se Chichina rompesse o namoro, Lola faria uma peregrinação ao longínquo santuário da Virgem. (Lola acabou de fato fazendo a peregrinação, mas se transformou em uma tal provação, com um enguiço prolongado no deserto quente, apesar de estar em um carro dirigido por motorista, que a viagem em si se tornou a história favorita da família Ferreyra.)

No final do ano letivo, em dezembro de 1950, Ernesto não foi a Córdoba para ficar perto de Chichina, como seria de esperar. Em vez disso, conseguiu uma carteira de enfermeiro no Ministério de Saúde Pública e candidatou-se a um emprego como "médico" na linha de navegação da companhia estatal de petróleo Yacimientos Petrolíferos Fiscales. À primeira vista, a impressão é de que a ânsia de Ernesto por viajar tinha sido mais forte do que os encantos de Chichina, porém o mais provável é que o fato de embarcar dessa forma tenha sido sua maneira de parecer ainda mais "homem" aos olhos dela, talvez em uma tentativa de competir com as ousadas façanhas do seu adorado pai e dos tios.

Ele partiu rumo ao Brasil em 9 de fevereiro de 1951, a bordo do navio-tanque *Anna G*, e passou seis semanas no mar. Dessa data até junho, quando completou sua quarta e última viagem, passou mais tempo no mar do que em terra firme, viajando rumo ao extremo sul até o porto argentino de Comodoro Rivadavia, na Patagônia, e subindo a costa atlântica da América do Sul até a colônia britânica de Trinidad e Tobago, visitando, ao longo do caminho, Curaçao, a Guiana Inglesa, a Venezuela e os portos brasileiros. Chichina nunca estava longe do seu pensamento. Assim que regressava ao porto, telefonava para a irmã, Celia, e perguntava se havia alguma carta dela. Anos mais tarde, Celia recordou: "Ele me pediu que fosse correndo até o cais e fui o mais depressa que pude, como me pedira, e levei as cartas para ele".

Para seus amigos e irmãos, Ernesto alimentava a impressão de que estava levando uma vida romântica, trazendo-lhes na volta pequenas lembranças exóticas dos portos por onde passara e contando-lhes histórias da vida em alto-mar. E ele viveu algumas aventuras. Contou a Carlos Figueroa sobre uma briga que tivera em um porto brasileiro com um marinheiro norte-americano — sua irmã Celia lembrava-se de ter sido com um inglês, em Trinidad —, em um incidente que parecia confirmar sua animosidade inerente contra tudo que fosse anglo-saxão. E disse a Osvaldo Bidinost que realizou uma operação para extração de apêndice em um marinheiro em pleno mar com uma faca de cozinha, porque o único bisturi do navio tinha sido usado em uma briga e fora confiscado como prova.

Porém, a vida de marinheiro não correspondeu às expectativas de Ernesto. Ele estava frustrado pelo fato de os petroleiros nos quais serviu passarem muito pouco tempo nos portos, não lhe permitindo ver muita coisa. Em maio, como começavam as aulas do seu quinto ano na universidade, fez sua última viagem. Quando voltou para Buenos Aires, deu ao seu pai um caderno contendo um ensaio autobiográfico dedicado a ele. Foi intitulado *Angustia* (*Eso es cierto*), e era entremeado de citações, começando com uma de Ibsen: "Educação é a capacidade de confrontar as situações criadas pela vida".

Escrito com um enigmático manto de densas metáforas, *Angustia* é uma exploração introspectiva e existencialista das causas e da natureza da depressão que Ernesto experimentara no mar. A narrativa está montada em torno de uma folga de Ernesto no litoral, em Trinidad, com alguns companheiros de bordo. Foi a primeira tentativa que se conhece de Ernesto de escrever um conto. Embora no prefácio afirmasse que havia superado sua depressão e podia novamente "sorrir com otimismo e respirar o ar ao seu redor", ele exprime uma profunda solidão e parece angustiado quanto ao seu relacionamento com Chichina, recriminando-se e querendo livrar-se das restrições impostas pela sociedade.

"Caio de joelhos, tentando encontrar uma solução, uma verdade, um motivo. Pensar que nasci para amar, que não nasci para ficar sentado permanentemente em frente a uma escrivaninha, me perguntando se o homem é bom, porque sei que o homem é bom, pois fiquei ombro a ombro com ele no campo, na fábrica, no acampamento de madeireiro, no engenho, na cidade. Pensar que ele é fisicamente sadio, que possui um espírito de cooperação, que é jovem e vigoroso como um bode, mas que se vê excluído do panorama: isso é angústia [...]. Fazer um sacrifício estéril que nada produz para erguer uma vida nova: isso é angústia."

VII

No final de junho de 1951, Ernesto estava de volta à faculdade. Tinha então 23 anos e ainda lhe faltavam dois para poder formar-se como médico, mas já não achava estimulante a rotina de aulas e provas. Um mal-estar se havia firmado: não se sentia amado e estava inquieto. Sua ânsia de viajar fora aguçada pela viagem de motocicleta e pelos meses no mar, mas suas esperanças de se casar com Chichina e de ir embora com ela tinham estancado. Com apenas dezessete anos, Chichina ainda era certamente a menina de família. A pesada combinação da oposição irredutível de seus pais e sua própria indecisão juvenil tinha imposto ao seu relacionamento com Ernesto um compasso de espera incômodo e indefinido. Essa situação se agravava pelo fato de estarem distantes.

O auxílio surgiu na forma de Alberto Granado, que recentemente começara a montar planos grandiosos de passar um ano viajando por todo o continente sul-americano. Falara dessa viagem durante anos, mas nada fizera a respeito, e sua família havia muito já descartara "a viagem de Alberto" como uma fantasia inocente. Ele estava com quase trinta anos e se deu conta de que, se não fizesse a viagem naquele momento, nunca mais a faria. Decidiu que precisava de um companheiro. Quem senão Ernesto abandonaria tudo por uma oportunidade de aventura como essa? Quando Alberto lhe perguntou, Ernesto aceitou na hora.

Durante suas férias de outubro, Ernesto viajou até Córdoba para ver Alberto. Como ele evocaria mais tarde com certo lirismo, sentaram-se embaixo do caramanchão de uvas da casa de Alberto, tomando mate com açúcar, e se deixaram levar pela fantasia, pensando sobre onde iriam. "Seguindo pelos caminhos dos sonhos, chegamos a países distantes, navegamos por mares tropicais e visitamos toda a Ásia. De repente [...] surgiu a questão: E que tal se formos à América do Norte? À América do Norte? Como? Com La Poderosa, homem. E foi assim que a viagem ficou decidida, e continuou daí para a frente segundo a mesma linha geral com que fora planejada: a improvisação."

La Poderosa era uma antiga motocicleta Norton de quinhentas cilindradas, com a qual Alberto tentara, sem sucesso, rebocar Ernesto em sua visita a San Francisco del Chañar. Em 4 de janeiro de 1952, eles partiram nela, rumando para o balneário de Miramar, onde Chichina estava passando férias com uma tia e algumas amigas. Ernesto queria se despedir e, sentado na garupa da motocicleta, levava um presente nos braços. Era um filhotinho de cachorro peludo, ao qual dera um nome em inglês: *Come Back*.

5. Fuga para o Norte

I

Miramar, onde Chichina estava hospedada, era a última barreira entre Ernesto e Alberto e a estrada aberta. Ernesto ainda estava apaixonado e atormentado por dúvidas quanto a deixá-la. Estaria fazendo a coisa certa? Será que ela esperaria por ele? Esperava receber a promessa dela e decidira que, se ela aceitasse o cachorrinho Come Back, seria um sinal de que ela queria que ele voltasse.

Alberto estava preocupado, receando que o amigo terminasse a jornada antes mesmo de tê-la começado. Ernesto sabia disso. "Alberto via o perigo e se imaginava sozinho pelas estradas da América, mas não disse nada", ele escreveu em seu diário.* "A luta era entre ela e eu." Sua planejada estada de dois dias "se estendeu como elástico para oito", e Ernesto tentou extrair de Chichina a promessa de que esperaria por ele. De mãos dadas com ela, "no ventre enorme de um Buick", ele pediu a pulseira de ouro que ela usava, como um talismã e uma lembrança para a viagem. Ela recusou.

* *Notas de viaje*, o relato que Ernesto escreveu sobre sua viagem contendo trechos do seu diário, foi transcrito e publicado postumamente por sua viúva, Aleida March. A versão publicada é supostamente autêntica e integral, embora algumas referências sexuais explícitas certamente tenham sido quase censuradas. Foi publicado pela primeira vez em inglês, em 1995, como *The Motorcycle Diaries* (*Diários de motocicleta*).

Por fim, Ernesto resolveu partir. Não recebera nem a lembrança nem a bênção de Chichina, mas ela aceitara Come Back apesar da troça das amigas dizendo que o cachorro era um vira-lata, e não um pastor-alemão de raça pura como afirmara Ernesto. E ela deu-lhe quinze dólares norte-americanos para que comprasse para ela uma echarpe quando chegasse aos Estados Unidos. Não era exatamente uma prova simbólica de afeto e lealdade eternos por parte dela, e deve ter sido com um pressentimento que Ernesto subiu na garupa da Poderosa no dia 14 de janeiro.

II

A estrada estava livre para que começassem sua grande jornada, e os dois ciganos partiram. No entanto, levaram mais quatro semanas para sair da Argentina. Antes de chegarem à metade da travessia do pampa habitado a oeste de Bahía Blanca, Ernesto teve febre e precisou ficar hospitalizado por vários dias. Só então chegaram à pitoresca Região dos Lagos, nas encostas orientais da cordilheira andina, na fronteira com o Chile. Seus parcos recursos financeiros tinham diminuído e eles estavam se tornando exímios sanguessugas, ou *mangueros motorizados* (pedintes motorizados), como os definiu Ernesto ironicamente. Apelavam para a compaixão das famílias de beira de estrada. Competiam um com o outro na arte de pedir para sobrevivência.

Às vezes eram obrigados a armar a barraca, porém, na maioria dos casos, conseguiam encontrar um espaço no chão de garagens, cozinhas, celeiros e, frequentemente, delegacias de polícia, onde compartilhavam das celas e refeições com uma interessante variedade de criminosos. Certa vez, quando estavam no celeiro de uma família austríaca, Ernesto acordou ouvindo um arranhar e uns grunhidos na porta e viu um par de olhos brilhantes olhando para dentro. Tendo sido alertado sobre os ferozes pumas que estavam na região, apontou o Smith & Wesson que seu pai lhe dera e disparou. Porém, não abateu um puma, mas Bobby, o adorado cão alsaciano de seus anfitriões. Ernesto e Alberto realizaram sua fuga seguidos por lamentos e maldições.

Eles caminharam em volta dos lagos, escalaram um pico, ficando assustados quando quase despencaram para a morte, e usaram o revólver para caçar um pato selvagem. Em um determinado lugar, à beira de um lago belíssimo, sonharam regressar ali um dia, para montarem um centro de pesquisas médicas. Na delegacia da estação de esqui de Bariloche, Ernesto abriu uma carta de Chichina informando-lhe que resolvera *não* esperar por ele. Do lado de fora, uma tempestade furiosa. "Li e reli a carta inacreditável. De repente, todos os meus sonhos [...] se desmoronaram [...] comecei a temer por mim, e comecei a escrever uma carta chorosa, mas não conseguia, era inútil tentar." O namoro estava terminado. Evidentemente ela começara a ver outra pessoa.

Alberto sempre se perguntou se lhe cabia alguma responsabilidade pelo rompimento. Diante dos olhos de Chichina e de suas amigas, havia levado uma das mucamas dos Ferreyra — que estava usando um maiô que pertencia à tia de Chichina — para sua barraca na praia, desafiando assim a convenção social que "proibia" intimidade evidente com empregadas. "Chichina não gostou muito disso", relembrou Granado. "E acho que ela se ressentia comigo porque eu era a pessoa que estava levando Ernesto para longe dela."

Enquanto tentava conformar-se com a perda, Ernesto estava determinado a desfrutar o resto da viagem. Escrevendo sobre a travessia dos Andes para o Chile, Ernesto recordou os versos de um poema que começava: "E agora sinto minha grande raiz flutuando nua e livre".

Ao ingressarem no Chile, obtiveram a passagem de uma balsa para atravessar o lago Esmeralda em troca de operar as bombas em uma barcaça de carga que ia a reboque, fazendo água o tempo todo. Alguns médicos chilenos estavam a bordo, e Ernesto e Alberto se apresentaram como "leprólogos". Os ingênuos médicos falaram-lhes sobre a única colônia de leprosos do Chile. Ficava na Ilha de Páscoa, que era também, os médicos chilenos asseguraram-lhes, o lar de legiões de mulheres dóceis e sensuais. Ernesto e Alberto imediatamente resolveram adicionar a colônia de leprosos ao seu ambicioso itinerário e conseguiram uma carta de recomendação para a Sociedade dos Amigos da Ilha de Páscoa, em Valparaíso.

No porto de Valdivia, no Pacífico, fizeram uma visita ao jornal local, o *Correo de Valdivia*, e conseguiram um elogioso perfil de si mesmos, publicado sob a manchete "Dois Dedicados Viajantes Argentinos de Motocicleta Passando por Valdivia". Solenemente transformaram-se em "peritos em lepra" com "pesquisas anteriores em países vizinhos". Eles devem ter oferecido suas opiniões sobre uma vasta gama de tópicos, pois o *Correo* prosseguiu com os elogios por terem, "durante sua estada muito curta em nosso país, penetrado em seus problemas sociais, econômicos e de saúde pública".

Foram entrevistados novamente em Temuco. A manchete do artigo publicado no *El Austral de Temuco*, em 19 de fevereiro de 1952, dizia: "Dois Peritos Argentinos em Leprologia Viajam pela América do Sul de Motocicleta". A fotografia que acompanhava mostrava os dois em poses heroicas. Ernesto está sério e encarando a câmera, com os polegares enfiados com naturalidade no cinto. Ele tem um olhar arrojado. Alberto inclina-se em direção a ele com deferência, usando uma expressão um tanto marota. Ernesto refere-se aos recortes de jornal como "a concretização de nossa audácia".

Um dia depois, La Poderosa sofreu uma queda. A caixa de marchas ficou esmagada e a coluna de direção partiu. Enquanto trabalhavam para consertá-la em uma oficina na parada de trem de Lautaro, tornaram-se imediatamente celebridades. Conseguiram algumas refeições grátis e foram convidados para tomar vinho com seus novos amigos. Ernesto achou o vinho chileno delicioso, de modo que, quando ele e Alberto chegaram a um baile do vilarejo, ele se sentia "capaz de grandes feitos". Depois de terem bebido ainda mais, ele convidou uma mulher casada para dançar e começou a levá-la para o lado de fora, enquanto o marido os observava. Ela resistiu, Ernesto continuou insistindo e ela caiu no chão. Tanto Ernesto como Alberto foram expulsos do salão. Eles deixaram a cidade "fugindo de um lugar que já não era tão hospitaleiro para conosco", mas apenas alguns quilômetros adiante, em uma curva da estrada, o freio traseiro da Poderosa falhou e depois, quando ela pegou velocidade na descida da encosta, o freio dianteiro também falhou. Ernesto deu uma guinada para desviar de um rebanho de vacas que surgira de repente à sua frente e bateram no barranco. Milagrosamente, La Poderosa não foi danificada e, constatando que o freio traseiro estava misteriosamente funcionando de novo, continuaram sua rota.

"Apoiados, como sempre, por nossa carta de recomendação da 'imprensa', fomos hospedados por alguns alemães, que nos trataram de modo muito cordial", escreveu Ernesto. "Durante a noite, tive uma cólica e não sabia como fazê-la parar. Tive vergonha de deixar uma lembrança no penico, então subi na janela e liberei toda a minha dor para a noite e a escuridão. Na manhã seguinte, olhei para fora a fim de constatar o resultado e vi que dois metros abaixo havia uma grande folha de zinco, sobre a qual eles estavam secando pêssegos ao sol. O que fora acrescentado ao espetáculo era impressionante. Saímos correndo dali."

Deixando atrás de si uma trilha de irados anfitriões, os dois rapazes continuaram sua fuga para o Norte, mas sua fiel montaria começou a falhar. Todas as vezes que chegavam a uma encosta, La Poderosa engasgava. Por fim, parou completamente. Um caminhão os despejou, junto com a inválida motocicleta, na cidade seguinte, Los Ángeles. Conseguiram alojamento no quartel do Corpo de Bombeiros local depois de puxarem conversa com as três filhas do comandante. Posteriormente, Ernesto rendeu uma homenagem tímida às moças desinibidas como "expoentes da graça das mulheres chilenas que, feias ou bonitas, têm um certo quê de espontaneidade, de frescor, que cativa imediatamente".

Alberto foi mais explícito: "Depois do jantar, saímos com as moças. Uma vez mais notei a diferença de atitudes, no que se refere à liberdade, entre as mulheres chilenas e as nossas. [...] Retornamos ao quartel de bombeiros cansados e calados, cada um ruminando sua própria experiência. [...] Fuser fez sua cama, muito agitado, não sei se por causa da asma ou da moça".

No dia seguinte, partiram em um caminhão que ia para Santiago, carregando consigo a carcaça da Poderosa como se fosse o corpo de um camarada abatido. A capital chilena não os impressionou muito, e, depois de encontrarem uma garagem onde poderiam deixar a motocicleta, partiram de novo, sem ela. A intenção ainda era chegar à Ilha de Páscoa.

III

Em Valparaíso, acamparam em um bar, o La Gioconda, cujo generoso proprietário alimentou-os e alojou-os de graça. Quando desceram para o porto, foram informados de que o próximo navio para a Ilha de Páscoa só sairia dali a seis meses, mas não perderam as esperanças, pois ainda não tinham apelado para a Sociedade dos Amigos da Ilha de Páscoa. Enquanto isso, deram asas à sua imaginação. "Ilha de Páscoa!", Ernesto escreveu em seu diário. "Lá, ter um namorado branco é uma honra para as mulheres. [...] Lá, que maravilha, as mulheres fazem todo o trabalho. Um homem come, dorme e as mantém contentes." Era uma visão tentadora. "Que importância teria ficar lá durante um ano, quem se importa com trabalho, estudos, família etc."

Depois que usou e abusou do seu suposto "diploma" de médico, pediram a Ernesto que examinasse um dos clientes do La Gioconda, que se tratava de uma empregada idosa, prostrada por uma asma crônica e um coração enfermo. Ele achou o quarto onde ela morava e ali sentiu um odor de "suor concentrado e pés sujos". Ela estava rodeada pela "mal disfarçada irritação" da família, que parecia suportar sua presença com dificuldade. Estava morrendo e Ernesto pouco podia fazer por ela. Depois de dar-lhe a prescrição de uma dieta, o que lhe restava do seu próprio suprimento de comprimidos de Dramamine e alguns outros remédios, foi embora, "seguido pelas palavras de gratidão da velha senhora e pelos olhares indiferentes de seus parentes".

Esse encontro afetou-o profundamente e o levou a pensar sobre a insensibilidade da pobreza. "Ali, nos momentos finais de pessoas cujo horizonte mais distante é sempre o dia seguinte, vê-se a tragédia que envolve a vida do proletariado no mundo inteiro. Naqueles olhos moribundos, há uma apologia submissa e também, frequentemente, um apelo desesperado por consolo que se perde no vazio, como seu corpo logo se perderá na magnitude da miséria que nos rodeia. Não tenho meios para dizer por quanto tempo perdurará esse estado de coisas, baseado em uma concepção absurda de castas, mas já é hora de aqueles que governam dedicarem menos tempo a fazer propaganda da compaixão de seus governos e aplicarem mais dinheiro, muito mais dinheiro, patrocinando obras de cunho social."

Poucos dias mais tarde, depois que a Sociedade dos Amigos da Ilha de Páscoa confirmou que não haveria navios zarpando para lá por muitos meses, Ernesto e Alberto se conformaram, com relutância, com seu itinerário original. Depois de uma ronda infrutífera pelas docas pedindo emprego a bordo de navios, embarcaram clandestinamente no *San Antonio*, um cargueiro que se dirigia ao porto de Antofagasta, no norte do Chile. Metendo-se sorrateiramente a bordo de madrugada, com a cumplicidade de um marinheiro simpático, esconderam-se no compartimento da latrina. Aos primeiros movimentos do navio, Alberto começou a vomitar. O fedor na latrina era terrível, mas ficaram onde estavam até não poderem mais suportar. "Às cinco da tarde, mortos de fome e com a costa fora de vista, nos apresentamos ao capitão."

O capitão revelou-se um bom sujeito e, depois de repreendê-los asperamente diante de seus oficiais de menor hierarquia, mandou que lhes dessem comida e tarefas para fazer como pagamento pela viagem. Ernesto recordou: "Devoramos nossas rações muito contentes, mas quando eu soube que estava encarregado de limpar o famoso compartimento da latrina, a comida subiu-me até a garganta, e quando fui resmungando em voz baixa, seguido pelo olhar irônico de Alberto, que ficara incumbido de descascar as batatas, confesso que fiquei tentado a esquecer tudo que já se escreveu sobre as regras da camaradagem e pedir uma troca de tarefas. Simplesmente não é justo! Ele acrescenta uma boa porção à merda que já está acumulada lá e eu tenho que limpar tudo!".

Depois que terminaram suas tarefas, o capitão tratou-os como convidados de honra e os três jogaram canastra e beberam juntos noite adentro. No dia seguinte, enquanto ia passando o comprido litoral chileno, Alberto mais uma vez trabalhou na cozinha, enquanto Ernesto limpou o convés com querosene, vigiado de perto por um mestre irascível. Nessa noite, depois de outra "cansativa rodada de canastra", os dois amigos ficaram juntos debruçados na amurada do navio, olhando para o mar e para o céu, com as luzes de Antofagasta apenas começando a aparecer ao longe.

Em Antofagasta, fracassaram em uma segunda tentativa de embarcar como clandestinos em um navio que ia mais para o norte quando foram descobertos antes que o navio zarpasse. A culpa foi deles mesmos. Escondidos debaixo de uma lona com uma carga de melões saborosos, estavam devorando as frutas e jogando as cascas descuidadamente no mar. A sempre crescente procissão de cascas de melão flutuantes acabou por atrair a atenção do capitão para o seu esconderijo. "Uma linha comprida de melões, perfeitamente descascados, flutuava em fila indiana sobre o mar tranquilo. O resto foi vergonhoso."

Como a fantasia deles de continuar pelo mar foi bruscamente cortada, eles pegaram carona por terra. O Peru era seu destino seguinte, mas primeiro queriam ver a enorme mina de cobre de Chuquicamata, a maior mina a céu aberto do mundo e a principal fonte de riqueza do Chile. A antipatia de Ernesto já estava acesa. Como um símbolo máximo da dominação estrangeira, "Chuqui" era tema de azedas discussões dentro do Chile. Essa e outras minas de cobre chilenas eram exploradas por monopólios mineiros norte-americanos, como a Anaconda e a Kennecott. A subsidiária chilena da Kennecott era a Companhia Braden Copper, que pertencera à família do procônsul norte-americano Spruille Braden, cuja intromissão na política da Argentina durante a ascensão de Perón ao poder provocara tantas manifestações nacionalistas. Essas empresas obtiveram lucros enormes e a economia chilena era dependente das receitas que recebia delas, que variavam de ano para ano, de acordo com as flutuações do mercado de cobre. Revoltados com os termos dessa parceria desigual, muitos chilenos, especialmente de esquerda, faziam campanha pela nacionalização das minas. Em resposta, os Estados Unidos pressionaram os últimos governos chilenos para dissolver os sindicatos de mineiros e proscrever o Partido Comunista.

Enquanto esperavam por uma carona nas montanhas desérticas, a meio caminho da mina, Ernesto e Alberto encontraram um casal que vagava. Como horas passaram e a noite andina chegou com todo seu frio intenso, o casal enfim falou. Ele era um mineiro que acabara de ser liberado da prisão, onde esteve preso por fazer greve. Teve sorte, disse-lhes. Outros camaradas desapareceram depois de detidos e provavelmente haviam sido mortos. Mas como membro do prescrito Partido Comunista Chileno, era incapaz de conseguir emprego e, por isso, junto com a mulher, que deixara os filhos com um vizinho caridoso, estava indo para uma mina de enxofre no meio das montanhas. Explicou que as condições de trabalho lá eram tão ruins que não se faziam perguntas sobre afiliações políticas.

Ernesto escreveu longamente sobre esse encontro. "À luz de uma única vela que nos iluminava [...] as feições contraídas do trabalhador tinham um ar misterioso e trágico. [...] Os dois, congelados pela noite do deserto, abraçando-se, eram uma representação viva do proletariado de qualquer parte do mundo. Eles não possuíam sequer uma manta miserável para se cobrir, então lhes demos uma das nossas, e Alberto e eu nos cobrimos com a outra da melhor forma possível. Foi uma das vezes em que mais senti frio, porém foi também uma ocasião em que senti um pouco mais de fraternidade por essa, para mim, estranha espécie humana."

Ali estavam, em carne e osso, as vítimas trêmulas da exploração capitalista. Ernesto e Alberto momentaneamente compartilharam suas vidas igualmente com frio e com fome, igualmente cansados e perdidos. Contudo, ele e Alberto viajavam por seu próprio prazer, enquanto aquele casal estava na estrada porque fora perseguido por suas convicções.

Na manhã seguinte, um caminhão que ia para Chuqui aproximou-se. Deixando para trás o casal, com seu futuro incerto, Ernesto e Alberto subiram na traseira. Com a imagem do casal ainda fresca na memória, a visita à mina de cobre de Chuquicamata tornou-se para Ernesto uma experiência inteiramente política. Com desprezo, ele descreveu os administradores norte-americanos da mina como "senhores louros, eficientes e impertinentes", que de má vontade lhes permitiram ver a mina rapidamente, sob a condição de que saíssem o mais depressa possível, porque ela não era uma "atração turística".

O guia designado, um chileno, mesmo sendo "um cão fiel de seus senhores ianques", falou muito mal dos seus chefes enquanto os conduzia na visita. Disse-lhes que uma greve dos mineiros estava se formando. "Gringos imbecis, perdem milhões de pesos por dia com uma greve apenas por negar alguns centavos a mais para o pobre trabalhador."

Ernesto dedicou um capítulo especial de seu diário à mina, detalhando cuidadosamente seu processo de produção e sua importância política para o Chile. Na sua descrição, as montanhas ricas em minério em volta de Chuquicamata também são "o proletariado explorado". "As montanhas mostram seus dorsos cinzentos, envelhecidos prematuramente na luta contra os elementos, com velhas rugas que não correspondem a sua idade geológica. Quantas dessas acompanhantes de sua famosa irmã [Chuquicamata] guardam em seus ventres pesados riquezas semelhantes à dela, enquanto aguardam os braços áridos das pás mecânicas que lhes devoram as entranhas, com seu condimento obrigatório de vidas humanas?"

O Chile estava no meio de uma acirrada campanha presidencial, e a maioria das pessoas da classe trabalhadora parecia apoiar o candidato da direita, o ex-ditador general Carlos Ibañez del Campo, um homem que tinha aspirações de um caudilhismo populista semelhante ao de Perón. Ernesto chamou o quadro político de "confuso", mas se arriscou a alguns palpites sobre o resultado das eleições. Desqualificando o candidato esquerdista, Salvador Allende, por não ter qualquer chance nas urnas devido à proibição legal contra os eleitores comunistas, predisse que Ibañez venceria com uma plataforma nacionalista antiamericana, que incluía a nacionalização das minas e o empreendimento de projetos de obras públicas de grande porte.* Concluiu com uma recomendação e uma advertência presciente para esse "potencialmente rico" país latino-americano. "O maior esforço que o país deve fazer é para derrubar das suas costas os incômodos amigos ianques e essa tarefa é, pelo menos por enquanto, hercúlea, dada a quantidade de dólares investidos e a facilidade com que eles podem exercer uma pressão econômica eficiente no momento em que seus interesses parecerem ameaçados."

De Chuquicamata, Ernesto e Alberto seguiram para o Peru, onde cruzaram a fronteira alguns dias depois. Viajando em carrocerias de caminhões cheios de melancólicos indígenas aimarás, rumaram para o interior, subindo na direção do lago Titicaca, quase 5 mil metros acima do nível do mar. Ernesto exultava à medida que a paisagem se desenrolava e revelava antigos canais incas reluzindo com cascatas d'água cortando as encostas íngremes das montanhas e, mais alto, os picos nevados dos Andes. "Lá estávamos nós, em um vale lendário, detido em sua evolução durante séculos e que ainda está ali hoje em dia para que nós, felizes mortais, possamos vê-lo."

IV

A euforia de Ernesto não durou muito. Quando pararam no vilarejo indígena de Tarata, ele olhou em volta à procura dos efeitos visíveis da conquista espanhola e os encontrou: "Uma raça derrotada, que nos olha passar pelas ruas do lugar. Seus olhares são mansos, quase temerosos, e completamente indiferentes ao mundo exterior. Alguns dão a impressão de que vivem porque é um hábito do qual não podem se livrar".

* Como previra Ernesto, Ibañez foi eleito presidente. Salvador Allende ficou em último lugar. As minas não seriam estatizadas sob o governo Ibañez, que logo teve de implorar ao FMI para cobrir um enorme déficit no balanço de pagamentos. Os duros requisitos anti-inflacionários do FMI causaram agitação generalizada, polarizando ainda mais o país. O preponderante papel norte-americano na economia do Chile continuou até 1970, quando Salvador Allende se tornou o primeiro presidente socialista do hemisfério a ser eleito por voto popular. Uma das primeiras ações de Allende foi estatizar as minas. No entanto, a influência norte-americana no Chile não diminuiu. Em três anos, o governo Allende foi derrubado por um golpe militar apoiado pelos Estados Unidos.

Enquanto perambularam pelos Andes, o contato constante com a "raça derrotada" produziu um impacto em Ernesto. A dura realidade histórica de quatro séculos de dominação branca era demasiado óbvia. Se os povos indígenas de seu próprio país foram quase inteiramente erradicados, devorados no cadinho cultural da Argentina moderna, com seus milhões de imigrantes europeus, aqui, no altiplano do Peru, eles ainda eram uma maioria visível, sua cultura amplamente intacta, mas pateticamente subjugados.

Nos caminhões lotados em que viajavam, que transportavam produtos e carga humana juntos nas mesmas pilhas esquálidas, Ernesto e Alberto eram frequentemente convidados a ir na frente, ao lado do motorista. Eram os cholos, ou índios, com seus ponchos imundos, seus piolhos e o fedor da falta de banho, que sentavam nas expostas traseiras abertas dos caminhões. Apesar de toda a falta de dinheiro e da necessidade de serem pedintes ao longo da rota, Ernesto e Alberto eram privilegiados, e eles sabiam disso. Sendo brancos, formados e argentinos, eram "socialmente superiores" aos que estavam ao seu redor e, como tal, podiam obter favores e concessões além do que podiam imaginar os cidadãos indígenas do Peru.

Para alojamento e refeições ocasionais, colocavam-se à mercê da *Guardia Civil* peruana, a força policial nacional, que tinha postos em todos os lugarejos. Quase nunca eram recusados. Em uma cidade, o chefe de polícia reagiu às suas agruras exclamando: "O quê? Dois médicos argentinos vão dormir sem conforto por falta de dinheiro? Isso não pode ser". E insistiu em pagar para que ficassem em um hotel. Em Juliaca, estavam bebendo em um bar como convidados de um sargento bêbado da *Guardia Civil* quando este, para mostrar sua perícia como atirador, deu um tiro de revólver na parede. Quando a dona do bar, uma indígena, saiu correndo para pedir socorro e voltou com um oficial superior, Ernesto e Alberto confirmaram a versão do seu anfitrião de que não havia sido disparado nenhum tiro. Alberto, eles disseram, tinha soltado um foguete. Depois de serem advertidos, foram liberados. Quando saíram do bar, a mulher gritou, em um protesto inútil: "Esses argentinos, eles pensam que são donos de tudo". Eles eram brancos, ela era indígena. Eles tinham poder, ela não.

Os indígenas peruanos estavam sempre fazendo-lhes perguntas, ansiosos por ouvir mais sobre a terra maravilhosa de Perón, onde os pobres têm os mesmos direitos que os ricos. Como médicos mentindo a pacientes terminais, encontravam-se dizendo aos ouvintes o que eles queriam ouvir.

A espetacular cidade colonial do Cuzco, construída sobre as ruínas da capital inca, com seus templos e fortalezas, inspirou Ernesto a encher seu diário com descrições criteriosas e poéticas da arquitetura e da história do lugar. Ele e Alberto passaram horas no museu e na biblioteca da cidade, a fim de obter uma compreensão mais nítida da misteriosa arqueologia inca e da cultura que a criara.

Em Cuzco, continuaram tendo sorte como exímios pidões. Alberto foi visitar um médico que encontrara uma vez em uma conferência. Este gentilmente pôs um Land Rover com motorista à sua disposição para visitar o Vale dos Incas, e Ernesto conseguiu passagens para uma viagem de trem para Machu Picchu, onde passaram horas andando pelas ruínas de pedra. Depois de participar de um jogo de futebol e mostrar o que Ernesto chamou de suas "competências relativamente estupendas" nesse esporte, foram convidados a ficar pelo gerente da pousada turística local. Entretanto, depois de dois dias e duas noites, pediram-lhes que fossem embora para dar lugar a um ônibus cheio de turistas norte-americanos pagantes.

Na volta para Cuzco, no trem de bitola estreita que fazia inúmeras paradas pelas montanhas, Ernesto viu o vagão imundo de terceira classe, reservado aos passageiros indígenas, e comparou-o aos vagões para transportar gado na Argentina. Obviamente ainda irritado por terem sido obrigados a deixar Machu Picchu, descarregou sua bílis sobre os turistas norte-americanos. "Naturalmente, os turistas que viajam em seus ônibus confortáveis não sabem nada das condições desses índios. [...] A maioria dos norte-americanos voa diretamente de Lima para Cuzco, visita as ruínas e depois volta, sem dar importância alguma a qualquer outra coisa."

A essa altura, ele tinha dificuldade para conter sua antipatia. No seu diário, empenhava-se em fustigar "os correspondentes de um outro mundo, louros, de camisa esporte, com câmera pendurada no pescoço", cuja presença achava irritante e intrusiva. Em um capítulo intitulado "A Terra do Inca", ridicularizou os norte-americanos como "ignorantes da distância moral que os separa dos remanescentes vivos do caído povo [inca], porque somente o espírito semi-indígena do sul-americano é capaz de apreciar essas diferenças sutis".

Ernesto tinha um sentimento fraternal para com as raças indígenas conquistadas, por cujas terras viajou, cujas ruínas visitou, cujos ancestrais os seus próprios antepassados tinham ajudado a passar pelo fio da espada. As duas raças, a indígena e a europeia, inicialmente encontraram-se em um imenso derramamento de sangue, e séculos de intolerância e injustiça ainda as mantinham separadas, mas isso tudo era também o que as juntava. Foi dessa união mundana que nasceu uma nova raça, o mestiço. Como a prole dessa história compartilhada, o mestiço era talvez o mais autêntico latino-americano. Mas juntos, todos eles, descendentes de sangue europeu, mestiços e indígenas, estavam mais próximos uns dos outros do que desses anglo-saxões do Norte, passeando por Cuzco e pelas ruínas de Machu Picchu como se fossem uns "alienígenas". Eles possuíam língua, história e cultura comuns, e enfrentavam problemas comuns.

Como médico pesquisador, Ernesto procurava por uma causa quando via um sintoma. E, tendo encontrado o que achava que era a causa, procurava um antídoto. Desse modo, na cabeça de Ernesto, a velha moribunda em Valparaíso e o casal perseguido na estrada para Chuquicamata eram "exemplos vivos do proletariado do mundo inteiro", que estava na miséria por causa de uma ordem social injusta, e cuja vida não melhoraria até que governos esclarecidos mudassem esse estado de coisas. Sintoma e causa estavam envoltos em um só pacote desagradável. Por trás dos governos locais e perpetuando a injustiça estavam os norte-americanos e seu avassalador poder econômico. No caso do Chile, o antídoto de Ernesto era "derrubar das costas o incômodo amigo norte-americano", mas ele alertava ao mesmo tempo quanto aos perigos e dificuldades da expropriação. Ernesto não tinha a "cura" para esses males, mas estava procurando. Talvez a "chama vermelha que assombra o mundo" fosse a resposta, mas ainda não tinha certeza.

V

Depois de duas semanas nos domínios dos incas, Ernesto e Alberto viajaram para a cidade andina de Abancay, onde pediram e receberam um quarto e refeições grátis no hospital. Em troca, deram algumas palestras sobre lepra e asma e flertaram com as enfermeiras. Ernesto sofreu um ataque de asma, que mal o incomodara desde que tinham saído da Argentina. Dessa vez foi sério, e Alberto teve de injetar-lhe adrenalina três vezes.

Tendo dado tanto valor a serem "peritos em lepra", estavam tentando pôr em prática os preceitos da expertise e garantiram uma carta de recomendação do seu amigo médico em Cuzco para as autoridades do remoto leprosário Huambo. Partiram para Huambo e, no vilarejo de Huancarama, com a colônia de leprosos ainda a vários quilômetros de distância além das montanhas cobertas de matas, e com a asma de Ernesto tão ruim que ele mal conseguia ficar de pé, pediram a um oficial para ajudar na obtenção de cavalos. Um pouco depois, um guia que falava quíchua apareceu diante deles com dois cavalos magricelas.

Após várias horas de viagem, Ernesto e Alberto perceberam que estavam sendo seguidos por uma indígena e uma criança, que vinham a pé. Quando os dois finalmente os alcançaram, explicaram que os cavalos lhes pertenciam. O oficial lhes tomou os cavalos para ajudar os médicos argentinos. Depois de pedir muitas desculpas, Ernesto e Alberto devolveram os animais e continuaram a pé.

O leprosário de Huambo era um conjunto rudimentar de cabanas de sapê, com chão de terra, em uma clareira na selva infestada de mosquitos. Um pequeno mas dedicado grupo de médicos trabalhava com um orçamento minúsculo. Pelo médico encarregado do leprosário souberam que seu fundador, dr. Hugo Pesce, diretor do programa peruano de tratamento da lepra, era também um destacado comunista, e resolveram procurá-lo quando chegassem a Lima.

Foram alojados e alimentados em uma casa próxima, pertencente a um rico fazendeiro, que lhes contou o sistema que adotava para colonizar seu imenso latifúndio de terras selvagens. Ele convidava colonos pobres para que desmatassem uma parte da propriedade e plantassem suas colheitas. Após as primeiras colheitas chegarem, os colonos eram movidos gradualmente para terras mais elevadas e menos acolhedoras. Desse modo, disse o fazendeiro, suas terras eram desmatadas de graça.

Eles passaram um par de dias em Huambo, mas depois de um começo com chuvas torrenciais e um agravamento da asma de Ernesto, decidiram que ele precisava de tratamento hospitalar adequado. O fazendeiro mandou um dos seus empregados, um indígena, para guiá-los na viagem de volta. "Na mentalidade dos ricos da região", Ernesto observou, "era perfeitamente normal que o empregado, embora indo a pé, arcasse com todo o peso e desconforto." Logo que saíram das vistas do fazendeiro, ele e Alberto livraram o indígena de suas malas. A fisionomia do cholo "não revelou nada" sobre o que achava do gesto deles.

Na cidade de Andahuaylas, Ernesto ficou no hospital durante dois dias, até que sua asma cedesse. Dali se transferiram para o quartel da Guardia Civil, a fim de esperar um caminhão que fosse para Lima. Tinham pouco para comer além de batatas, espigas de milho e mandioca. O quartel também funcionava como cadeia local, e eles compartilhavam o fogão dos prisioneiros, a maioria deles não era de criminosos, mas de indígenas que haviam desertado durante os três anos de serviço militar obrigatório. Ernesto e Alberto foram bem tratados no quartel, até o dia em que Alberto se queixou que um dos guardas estava acariciando maliciosamente as mulheres indígenas que traziam comida para seus maridos presos. A atmosfera esfriou bastante, mas, felizmente, um caminhão de gado estava partindo de Andahuaylas, e os dois conseguiram embarcar antes que fossem expulsos.

Durante mais dez dias de desconforto e fome, seguiram uma rota incerta pelos Andes, na direção de Lima. "Nossa viagem continuou da mesma maneira, comendo de vez em quando, sempre que alguma alma caridosa se apiedava de nossa indigência", Ernesto escreveu. Esses foram os dias mais miseráveis de toda a viagem, e suas estratégias para obter acomodação agora beiravam o desespero. Haviam aperfeiçoado uma fórmula para conseguir comer de graça. Primeiro provocariam a curiosidade por falarem com um sotaque argentino exagerado. Isso geralmente quebrava o gelo e dava início à conversa. Em seguida, Ernesto ou Alberto começava a mencionar de leve suas dificuldades, com o olhar perdido no espaço, enquanto o outro comentava a coincidência de que, naquele dia, era o primeiro aniversário de seu ano na estrada. "Alberto, que era muito mais descarado do que eu, soltava um suspiro terrível e dizia, como em uma confidência para mim: 'Que vergonha estarmos nessas condições, pois não podemos comemorá-lo'." Ernesto recordou-se. Nesse ponto, o candidato invariavelmente oferecia-se para pagar-lhes uma rodada de bebidas, sob protestos de Ernesto e Alberto que diziam não poder aceitar isso de forma alguma, pois não tinham como retribuir, até que, finalmente, cediam. A isso se seguia o golpe de misericórdia. "Depois da primeira bebida, eu me recuso categoricamente a aceitar mais bebida alcoólica e Alberto zomba de mim. O pagante fica zangado e insiste. Eu recuso, sem dar explicações. O homem insiste e então, com ar muito encabulado, confesso que na Argentina o costume é beber enquanto *se come*."

VI

No dia 1º de maio, "sem um centavo mas satisfeitos" depois de quatro meses nas estradas, chegaram a Lima, no sopé dos Andes. Fundada por Francisco Pizarro em 1535 e um dia aclamada como a cidade dos vice-reis, Lima ainda era, em 1952, uma cidade bonita, porém socialmente estratificada. Para Ernesto, a cidade representava "um Peru que não saiu do estado feudal da era colonial: ele ainda espera o sangue de uma verdadeira revolução emancipadora".

Depois de passarem uma manhã vagando de um quartel de polícia para outro até finalmente conseguirem algum arroz para comer, foram visitar o leprologista dr. Hugo Pesce. Este os recebeu calorosamente e providenciou para que ficassem alojados no Hospital de Guía, para leprosos. Ali, sua bondosa assistente, Zoraida Boluarte, tomou conta deles. Dentro de pouco tempo, Ernesto e Alberto comiam as refeições e tinham a roupa lavada na casa de Boluarte.

Durante as três semanas seguintes, eles comeram, descansaram, puseram em dia a correspondência e exploraram a cidade. Mais importante, receberam algum dinheiro de suas famílias. Também assistiram a algumas das palestras de Pesce e, frequentemente, eram seus convidados para jantar, depois conversavam por horas sobre tudo, desde lepra e fisiologia até política e filosofia.

Alberto percebeu que crescia uma afinidade especial entre Ernesto e o homem a quem ele chamava com respeito de *el maestro*. Pesce tinha se formado na faculdade de medicina na Itália e, quando voltou para casa, tornou-se discípulo do filósofo marxista peruano José Carlos Mariátegui, cuja pioneira obra, *Sete ensaios de interpretação da realidade peruana*, delineava o potencial revolucionário dos indígenas e camponeses miseráveis da América Latina. Depois da morte de Mariátegui, em 1930, Pesce continuara como membro proeminente do Partido Comunista Peruano, enquanto prosseguia com sua carreira de médico. Além de se tornar conhecido como leprologista, era professor universitário e pesquisador em doenças tropicais, com várias descobertas sobre malária em seus créditos. O presidente Odría o exilara durante um período nos Andes, mas acabou sendo autorizado a regressar a Lima e continuar com seu cargo de professor. Publicara um livro chamado *Latitudes del silencio*, baseado na sua experiência de exílio.

Pesce foi o primeiro homem da medicina que Ernesto conheceu que estava conscientemente dedicando sua vida ao bem comum. Ele deve ter-lhe parecido um Schweitzer peruano ou Gandhi, levando o tipo de vida de princípios que Ernesto esperava levar ele próprio. Apesar de interessado no marxismo-leninismo, Ernesto acreditava ainda ter de adquirir mais conhecimentos antes de se comprometer com uma ideologia em particular. Precisava terminar sua viagem com Alberto, regressar à Argentina, concluir as provas para se diplomar e explorar um pouco mais do mundo.

Pesce parece ter percebido a ansiedade do jovem por encontrar o seu lugar e respondeu dedicando-lhe muito do seu tempo e estimulando-o. Uma década mais tarde, Ernesto reconheceu a influência de Pesce ao mandar-lhe um exemplar do seu primeiro livro, *A guerra de guerrilhas*. Continha a seguinte dedicatória: "Ao dr. Hugo Pesce: que, talvez sem o saber, provocou uma grande mudança na minha atitude em relação à vida e à sociedade, com o mesmo espírito aventureiro de sempre, porém canalizado na direção de objetivos mais harmoniosos com as necessidades da América".

Mas nem todo o período que Ernesto e Alberto passaram em Lima foi ocupado por esclarecimento filosófico. Jogavam futebol com os jovens da área próxima do Hospital de Guía, contavam piadas para os leprosos e se encontravam com os amigos jovens de Boluarte. Em um domingo, foram à tourada. Foi a primeira corrida de touros de Ernesto e ele registrou suas impressões com um estilo lacônico: "Na terceira corrida houve uma certa dose de excitação, quando o touro enganchou espetacularmente o toureiro e atirou-o para o alto, mas foi só isso. A festa acabou com a morte do sexto animal, sem vergonha nem glória. Não vejo arte nisso. Bravura, de certa forma, maestria muito pouca, excitação relativa. Em resumo, tudo depende do que se tem para fazer no domingo".

Nessa ocasião em que a saúde de Ernesto tinha melhorado e dispunham modestamente de fundos, resolveram continuar com a viagem. Tinham abandonado a esperança de chegar aos Estados Unidos, mas planejavam atingir a Venezuela. No entanto, primeiro viajariam para a colônia de leprosos de San Pablo, o maior dos três centros de tratamento do dr. Pesce, localizado na região da Amazônia peruana. Pesce deu-lhes algumas roupas para substituir suas vestimentas encardidas e remendadas. Ernesto herdou do médico um terno tropical branco que era muito pequeno para ele, mas que, mesmo assim, envergou com orgulho. Zoraida Boluarte ofereceu-lhes um pote de geleia e os pacientes e funcionários do hospital fizeram uma coleta e os presentearam com cem soles peruanos, a moeda nacional da época, e um fogareiro portátil Primus.

Uma semana mais tarde, após outra travessia enlameada e cheia de paradas de ônibus pelos Andes, estavam no rio Ucayali, instalados como passageiros de primeira classe no barco fluvial *La Cenepa*. Ele ia para Iquitos, a antiga capital do surto da borracha. Entre os outros passageiros, que penduravam suas redes nas passagens da embarcação, havia seringueiros, comerciantes de madeira, alguns aventureiros, um par de turistas, algumas freiras e uma atraente e jovem prostituta. Os passageiros da terceira classe viajavam em uma balsa rebocada à popa, cheia com um carregamento de porcos e toras.

A viagem levou sete dias, que os dois passaram conversando com passageiros e tripulantes, jogando cartas, lutando contra os mosquitos e olhando para a correnteza parda e a selva que passava. Flertaram com a prostituta, cujo comportamento despudorado escandalizava as freiras e provocava grande confusão entre os homens a bordo. Alberto confessou que, depois de vários dias de viagem, "Fuser e eu não éramos exceção à regra. Sobretudo eu, que tenho um coração muito sensível às belezas tropicais". Apesar de uma recaída de sua asma, Ernesto também se sentia atraído pela perspectiva de uma farra a bordo do barco. Descrevendo seu segundo dia no rio, escreveu: "O dia transcorreu sem novidades, exceto por fazermos amizade com uma garota que parecia realmente devassa e que deve ter pensado que poderíamos ter alguns pesos, a despeito das lágrimas que derramávamos sempre que ela falava de dinheiro".

Não sendo de se deixar abater por conversas de dinheiro, os dois rapazes argentinos encontraram uma saída. "Ela está entusiasmada com nossos relatos das coisas que vimos e das maravilhas ainda por ver", Alberto escreveu. "Ela decidiu tornar-se uma viajante. Como resultado, sem interferir, Fuser e eu estamos tentando dar-lhe as orientações necessárias. É claro que os honorários são pagos adiantados e em espécie." Uns dois dias depois, acrescentou: "O ritmo dos dias prossegue igual. A garota divide seus encantos entre os bons de papo, como nós, e os que pagam bem, como o homem encarregado dos jogos de cartas".

Os encontros sexuais produziram em Ernesto um estado de espírito nostálgico. "Uma carícia descuidada da jovem prostituta, que tinha pena da minha condição física, penetrou como uma lança nas recordações adormecidas da minha vida pré-aventuras", ele escreveu. "Durante a noite, incapaz de dormir por causa dos mosquitos, pensei em Chichina, agora convertida em um sonho distante, um sonho que era muito agradável e cujo final deixa mais mel derretido do que gelo na memória. Mandei-lhe um beijo suave e tranquilo, como o que ela poderia receber de um velho amigo que a conhece e compreende. A memória levou-me de volta a *Malagueño*, ao grande salão de tantas noites compridas, onde ela devia estar naquele momento dizendo algumas das suas estranhas e compostas frases para o seu novo amor."

Ele olhou para o céu da noite cheio de estrelas e se perguntou se valeu a pena perder Chichina por *isso*. Alguma coisa no vazio noturno lhe disse que sim.

Chegando em 1º de junho a Iquitos, que era cercada pela selva e tingida de vermelho pela lama de suas ruas de laterita, Ernesto e Alberto se dirigiram às autoridades regionais do serviço de saúde com as recomendações do dr. Pesce. Enquanto esperavam para tomar um barco que desceria o Amazonas até o leprosário de San Pablo, ficaram alojados no quartel-general da campanha regional contra a febre amarela e faziam suas refeições no Hospital Geral de Iquitos.

A asma de Ernesto o estava debilitando e ele passou os seis dias em que ficaram em Iquitos prostrado, aplicando em si mesmo injeções de adrenalina e escrevendo cartas para casa. Na carta para sua tia Beatriz, referia-se a uma carta anterior sobre a rota que se propunham para atravessar a Amazônia: "A propósito, tenho uma confissão a fazer. O que escrevi sobre caçadores de cabeças etc. [...] era mentira", ele disse. "Infelizmente, parece que o Amazonas é tão seguro quanto o [argentino] Paraná." Pediu que ela mandasse um inalador novo para a asma e ampolas do remédio antiasma Yanal para Bogotá, mas assegurou-lhe que estava bem. Ele sublinhou as palavras: "*Não tenho asma*". Disse apenas que desejava estar preparado para qualquer eventualidade.

Em 6 de junho, Ernesto e Alberto partiram a bordo do navio *El Cisne*, chegando dois dias mais tarde no leprosário San Pablo, que estava localizado nas margens do Amazonas, perto da fronteira selvática do Peru com a Colômbia e o Brasil. O leprosário tinha seiscentos pacientes, que viviam em seu próprio vilarejo, isolados dos administradores do estabelecimento e da equipe médica. Ali, tal como no Hospital de Guía, os dois argentinos impressionaram muito a todos. Acompanharam entusiasticamente os médicos nas suas visitas aos pacientes, jogaram futebol e fizeram amizade com os leprosos. Alberto passava horas olhando pelo microscópio no laboratório, enquanto Ernesto lia poesia, jogava xadrez ou ia pescar. O diabrete que havia nele também se fez presente e, em uma tarde, ele impulsivamente resolveu cruzar a nado o largo Amazonas, levando duas horas nisso e deixando muito nervosos os médicos que assistiam da margem.

Em 14 de junho, 24º aniversário de Ernesto, o pessoal do leprosário ofereceu-lhe uma festa, bem regada a pisco, a bebida nacional do Peru. Ernesto levantou-se para fazer um discurso de agradecimento, que registrou no seu diário sob o título "Dia de São Guevara". Depois de expressar de modo grandiloquente sua profunda gratidão aos anfitriões, concluiu com um sincero solilóquio "latino-americanista": "Nós acreditamos e, depois desta viagem, ainda mais firmemente do que antes, que a divisão da América [Latina] em nacionalidades ilusórias e incertas é completamente fictícia. Constituímos uma única raça mestiça, que, do México ao Estreito de Magalhães, apresenta notáveis similaridades etnográficas. Por isso, em uma tentativa de me livrar do peso de qualquer provincianismo pobre, ergo um brinde pelo Peru e pela América unida".

A festa continuou até as três da madrugada, em uma casa sobre palafitas, em que uma banda tocava valsas peruanas, choros brasileiros, tangos argentinos e o popular mambo cubano. Conforme haviam combinado previamente, Alberto dava um puxão em Ernesto, desprovido de qualquer ouvido musical, todas as vezes que tocavam um tango. Em um dado momento, quando a banda atacou um agitado chorinho que era um dos favoritos de Chichina, Alberto cutucou Ernesto, dizendo: "Você se lembra?". Mas Ernesto, de olho em uma enfermeira do outro lado do salão, achou que a cutucada de Alberto era um sinal de tango, e foi para a pista, dançando com empenho um tango lento e apaixonado enquanto todos ao redor pulavam no ritmo do choro. Alberto estava rindo demais para corrigi-lo.

Quando os dois se sentiram prontos para prosseguir, após uma estada de quinze dias, os pacientes e o pessoal do leprosário construíram para eles uma jangada, que chamaram de *Mambo-Tango*. Receberam de presente roupas, abacaxis, anzóis e duas galinhas vivas. Na noite antes da partida, uma orquestra de leprosos foi de canoa até o cais da área da administração e lhes ofereceu uma serenata. Em uma carta à mãe, Ernesto descreveu a cena: "Na realidade, foi um dos espetáculos mais interessantes que vimos até agora. O cantor era cego e o acordeonista não tinha dedos na mão direita e os substituíra por uns pedaços de madeira presos ao pulso". Os outros músicos eram similarmente deformados e pareciam como "figuras monstruosas" nas luzes das lanternas e tochas refletidas no rio. A serenata foi seguida de discursos de despedida e gritos de "três vivas para os doutores". Alberto agradeceu-lhes com os braços abertos e uma exibição de retórica tão exagerada, escreveu Ernesto, que parecia ser "o sucessor de Perón".

No dia seguinte, Ernesto e Alberto empurraram sua jangada para a correnteza do Amazonas. Sentindo-se um pouco mais como exploradores, guiaram a *Mambo-Tango* rio abaixo e se divertiram com a ideia de percorrer todo o trajeto até a cidade de Manaus, muito mais adiante, no Brasil. De lá, haviam-lhes dito, poderiam chegar à Venezuela pela porta dos fundos, subindo os afluentes do Amazonas. Três dias mais tarde, no entanto, tendo sido arrastados pela correnteza além do diminuto porto colombiano de Leticia e depois de terem perdido seus anzóis e o que sobrara das galinhas, resolveram abandonar as intenções ambiciosas. Depois de convencer um colono que vivia na beira do rio a levá-los rio acima em troca da jangada e das provisões, foram para Leticia, onde um avião fazia duas vezes por mês o percurso até Bogotá, capital da Colômbia.

Novamente pedintes, conseguiram alojamento e comida grátis com a polícia, assim como a promessa de um desconto de 50% no próximo voo. A reputação da Argentina de ter os melhores jogadores de futebol da América Latina foi-lhes muito útil. O time local estava diante de uma série de partidas eliminatórias, e Ernesto e Alberto foram contratados como técnicos. Eles mostraram aos jogadores as mais recentes táticas de Buenos Aires e *foram* capazes de melhorar o desempenho do grupo. Embora não tenha ganho o campeonato, o time chegou em um respeitável segundo lugar e todos ficaram contentes.

Em 2 de julho, acomodados confortavelmente junto a um carregamento de borracha crua, uniformes militares e sacos de correio, decolaram de Leticia em um velho bimotor anfíbio Catalina, que Ernesto comparou a uma coqueteleira. O voo marcou outra estreia eufórica para Alberto, que nunca voara antes, e, na sua excitação, começou a discorrer poeticamente para os demais passageiros sobre sua vasta experiência de voo.

VII

Ernesto e Alberto acharam Bogotá hostil e inquietante. A cidade era uma ilha tensa de lei e ordem mantidas com rigidez, com uma violenta guerra civil se desenrolando pelo país à sua volta. Conseguiram alojamento em um hospital, graças à outra carta do dr. Pesce, e obtiveram permissão para fazer suas refeições na universidade, onde estabeleceram amizade entre os alunos. Mas, como Ernesto escreveu para a mãe: "De todos os países por que passamos, é neste que as garantias individuais são mais reprimidas. A polícia patrulha as ruas com os fuzis pendurados no ombro e a todo momento estão pedindo os documentos das pessoas. É uma calma tensa, que indica que haverá um levante dentro de pouco tempo. A revolta está solta nas planícies e o Exército é impotente para reprimi-la. Os conservadores lutam entre si e não conseguem se pôr de acordo sobre coisa alguma. E a lembrança do 9 de abril de 1948 pesa como chumbo no espírito de todos. Em suma, um clima asfixiante, que os colombianos podem suportar se quiserem, mas nós vamos cair fora logo que pudermos".

Ernesto estava se referindo ao assassinato, em abril de 1948, do popular líder do Partido Liberal Jorge Eliécer Gaitán, que levou ao violento esfacelamento do sistema político colombiano. Suspeitando de que o governo conservador ordenara a morte de Gaitán, seus correligionários foram para as ruas da capital, em três dias de sangrentos distúrbios, que ficaram conhecidos como "El Bogotazo". Os distúrbios ocorreram enquanto na capital realizava-se um encontro de cúpula dos ministros do Exterior do hemisfério que, sob os auspícios dos Estados Unidos, haviam se reunido para assinar a carta da Organização dos Estados Americanos (OEA). Simultaneamente, uma conferência "anti-imperialista" de estudantes latino-americanos fora convocada para protestar contra a cúpula. Líderes estudantis de todas as regiões tinham ido ao evento. Entre eles estava um cubano acadêmico de direito, de 21 anos, chamado Fidel Castro Ruz. Ele pegara em armas no levante que se seguiu ao assassinato de Gaitán, mas escapou de ser preso ao se refugiar na embaixada de Cuba. Regressara a Cuba, ficando cada vez mais atuante na política, e estava então conspirando secretamente para fazer um levante armado contra o recém-instalado regime de Fulgencio Batista.

Na Colômbia, a violência gerada pelo Bogotazo tinha sido um polarizador. O Partido Liberal recusara-se a participar das eleições presidenciais de 1949 e o candidato do Partido Conservador, Laureano Gómez, que era apoiado pelos militares, foi eleito sem qualquer concorrente. Muitos liberais haviam encontrado aliados entre os grupos guerrilheiros comunistas que começavam a se organizar no interior do país. À medida que a anarquia se alastrava, o Exército e grupos de vigilantes camponeses armados chefiados por líderes políticos conservadores agiam em represália, e os massacres passaram a ser comuns. O derramamento de sangue era chamado simplesmente de "La Violencia", um eufemismo para o que se tornara uma praga nacional e, em 1952, ainda não era possível vislumbrar seu término.

Antes que pudessem sair de Bogotá, Ernesto e Alberto tiveram problemas com a polícia. Um dia, a caminho do consulado argentino onde buscariam cartas de casa, foram parados, interrogados e revistados por um desconfiado policial à paisana. O agente confiscou uma faca de Ernesto, uma cópia de prata de um punhal de gaúcho, que seu irmão Roberto lhe dera como presente de despedida. Quando o policial descobriu seu remédio para a asma, Ernesto imprudentemente debochou: "Cuidado, isso é um veneno muito perigoso". Foram prontamente detidos e levados de uma delegacia policial para outra até, finalmente, serem levados perante um juiz e acusados de "terem debochado" das autoridades. O incidente foi superado quando comprovaram suas identificações. Para Ernesto, porém, o assunto não estava encerrado. Era uma questão de honra para ele recuperar sua faca, que o policial que os detivera havia mantido consigo. A faca finalmente voltou para ele, mas ele provocara a irritação dos policiais. Estudantes amigos insistiram para que Ernesto e Alberto saíssem imediatamente da Colômbia. Fizeram até uma coleta de dinheiro para ajudá-los a partir.

Sem remorsos, deixaram Bogotá de ônibus, rumando para a fronteira com a Venezuela. A asma não incomodara Ernesto desde Iquitos, mas, à medida que desciam para as terras baixas tropicais, ela foi voltando. Alberto teve de lhe aplicar tantas injeções de adrenalina que começou a ficar preocupado com o efeito que poderiam ter sobre o coração do amigo.

Em uma parada para reabastecimento a um dia de viagem de Caracas, examinaram suas perspectivas. Ambos estavam entusiasmados com a ideia de prosseguir para a América Central e o México. Por outro lado, não tinham dinheiro para continuar viajando. Chegaram a um acordo. Marcelo, o tio de Ernesto que criava cavalos, tinha um sócio em Caracas. Se ele lhe permitisse viajar no mesmo avião usado para transportar cavalos, Ernesto voltaria para Buenos Aires a fim de terminar seu curso de medicina. Alberto tentaria ficar na Venezuela, trabalhando em um leprosário ou em uma das universidades para as quais tinham cartas de recomendação. Se nenhum desses planos desse certo, tentariam continuar até o México.

No dia seguinte, 17 de julho, chegaram à agitada Caracas, uma cidade rica graças ao surto de petróleo no país e lotada de migrantes. Ernesto raramente estivera com negros. Eram uma raridade na Argentina, mas comuns na costa caribenha da América do Sul. E depois de perambular por um bairro negro de Caracas, ele fez observações que foram bastante estereotipadas e refletidas na arrogância e condescendência dos brancos, especialmente argentinos. "Os negros, esses magníficos representantes da raça africana, que conservaram sua pureza racial por uma falta de afinidade com o tomar banho, veriam sua seara invadida por uma espécie diferente de escravos: os portugueses", ele escreveu. "As duas raças agora compartilham de uma experiência comum, cheia de querelas e discussões. A discriminação e a pobreza os unem em uma batalha diária pela sobrevivência, porém suas atitudes diferentes em relação à vida os separam por completo: o negro é indolente e irresponsável, gasta seu dinheiro em frivolidades e bebida; o europeu vem de uma tradição de trabalho e poupança, que o acompanha até esse canto da América e o impulsiona para ir além, até mesmo independentemente, de suas próprias aspirações individuais."

Eles tinham se instalado em uma pensão decadente, mas depois de estabelecer contato com Margarita Calvento, tia de um amigo de Ernesto, a vida de ambos melhorarou. Ela lhes deu de comer e obteve para eles alojamento em uma hospedaria da Juventude Católica. Dali seguiram para suas respectivas missões: Ernesto saiu à procura do sócio do tio; Alberto, em busca de emprego. Com uma carta de recomendação do dr. Pesce, Alberto recebeu o oferecimento, que aceitou, de um emprego bem pago em um leprosário perto de Caracas. Ernesto conseguiu um lugar no próximo avião que ia transportar cavalos de corrida do tio de Buenos Aires para Miami. Quando o avião parasse em Caracas para reabastecer, Ernesto embarcaria nele e, depois de descarregados os animais em Miami, voaria para casa.

Os últimos dias dos dois amigos juntos em Caracas foram pesados pela tristeza da sua iminente separação. Ambos tentavam esconder seus sentimentos conversando sobre o futuro imediato. Ernesto iria obter seu diploma e tornar a se juntar a Alberto dentro de um ano. Se tudo corresse bem, ele também conseguiria emprego no leprosário e, depois de economizar algum dinheiro, partiriam em novas aventuras juntos.

Em 26 de julho, Ernesto embarcou no avião com sua carga equina e chegou a Miami. Entretanto, ao pousar, o piloto descobriu um defeito no motor. Teriam que ficar ali até ser consertado. Esperando um atraso de alguns dias, Ernesto procurou o primo de Chichina, Jaime "Jimmy" Roca, que estava em Miami concluindo o curso de arquitetura. Roca estava tão quebrado quanto Ernesto, mas fizera um acordo para comer suas refeições a crédito em um restaurante espanhol até conseguir vender seu carro. As refeições de Ernesto foram então adicionadas à sua conta.

Como o conserto do avião de Ernesto foi se arrastando e os dias transformaram-se em semanas, os dois jovens se dedicavam a levar a melhor vida possível sem dinheiro, indo à praia todos os dias e vagando pela cidade. Um simpático garçom argentino do restaurante espanhol dava-lhes comida extra e, em um bar, outro amigo de Roca oferecia-lhes cervejas e batatas fritas de graça. Quando Roca soube que Ernesto ainda estava com os quinze dólares que Chichina lhe dera para comprar-lhe uma echarpe, tentou convencê-lo a gastar o dinheiro. Ernesto recusou. Chichina podia ter terminado com ele, mas estava decidido a manter sua promessa e, apesar dos apelos de Roca, comprou a echarpe para ela.*

* Segundo Pepe González-Aguilar, Ernesto não tentou ver Chichina novamente quando voltou para casa, mas lhe enviou a echarpe.

Por fim, Roca deu um jeito para que Ernesto pudesse ganhar alguns trocados limpando o apartamento de uma comissária de bordo de uma empresa aérea cubana que ele conhecia. Mas foi um desastre, pois Ernesto não tinha a menor ideia de como fazer a limpeza. Depois de uma tentativa, a comissária de bordo disse a Roca que não o mandasse mais. Em vez de limpar o apartamento, disse ela, Ernesto conseguira deixá-lo mais sujo do que antes. Apesar disso, ela tinha gostado de Ernesto e ajudou-o a conseguir um emprego temporário para lavar pratos em um restaurante.

Ernesto estava finalmente nos Estados Unidos, aquele "país ao norte" cuja presença exploradora na América Latina tanto o irritara durante a viagem. O que viu ali evidentemente confirmou suas ideias negativas preconcebidas, pois mais tarde disse a amigos em Buenos Aires que havia testemunhado incidentes de racismo de brancos contra negros e fora interrogado por policiais norte-americanos quanto a suas afiliações políticas. Mas Roca se lembrava apenas de que Ernesto uma vez falara com ele sobre a necessidade de habitações populares para os pobres da América Latina. Eles não conversavam sobre política, disse ele, apenas tentavam se divertir.

6. Não sou o mesmo de antes

Ernesto regressou a uma Argentina que havia mudado em sua ausência. Em 26 de julho de 1952, cinco dias antes de sua chegada a Buenos Aires, Evita Perón sucumbiu ao câncer, aos 33 anos. Seu corpo ficou exposto à visitação durante duas semanas antes do funeral, o que ocasionou uma demonstração pública de luto sem precedentes. Um monumento maior do que a Estátua da Liberdade foi planejado para ela. Juan Domingo Perón, seu marido consternado, continuava desempenhando as obrigações presidenciais, enquanto bajuladores o difamavam e inimigos conspiravam. Tudo continuava igual na política argentina, mas, para os que o cercavam, Perón parecia perdido e menos confiante.

A vida pessoal de Ernesto tinha seu próprio drama. Tinha de passar nas provas de trinta matérias para obter o diploma de médico. Passara em dezesseis antes de partir com Alberto Granado, mas se quisesse o diploma no ano letivo seguinte, precisava passar em outras catorze até maio. Não tinha tempo a perder. A primeira bateria de provas estava marcada para novembro. Ele começou a estudar furiosamente, enfurnando-se atrás de livros no apartamento da tia Beatriz e às vezes no estúdio do pai, na calle Paraguay, indo em casa apenas para uma ou outra refeição. Apesar da pressão, ainda tinha tempo para a clínica de alergia, onde o dr. Pisani estava contente por tê-lo de volta.

Ele começou a fazer um balanço da viagem que fizera com Alberto, expandindo o material no diário. Sabia que a experiência o transformara: "A pessoa que escreveu essas notas morreu ao pisar de novo no solo argentino. Quem as edita e aprimora, eu, já não sou eu. Pelo menos, não sou o mesmo de antes. O perambular pela nossa 'América' me modificou mais do que eu pensava".

Em casa, as coisas eram essencialmente as mesmas. Seu pai continuava a batalhar com o negócio de construção e corretagem de imóveis. Sua mãe, a abelha-rainha distraída da calle Araoz, jogava paciência e cuidava de Juan Martín, agora com nove anos e ainda no curso primário. Roberto terminara o ensino médio e estava fazendo o serviço militar obrigatório, enquanto Celia e Ana María estudavam arquitetura na Universidade de Buenos Aires. O salão de Celia *madre* tinha se ampliado e algumas novas personalidades se agregaram ao clã Guevara. Ana María formou um grupo de estudos com amigos. Entre eles, estavam Fernando Chávez e Carlos Lino, ambos competindo por sua atenção. Naquele tempo, ela namorava Lino, mas acabaria se casando com Chávez. Os Guevara, contentes por Ernesto estar de volta, esperavam que ele estivesse curado da ânsia de viajar e que se acomodasse em Buenos Aires como médico ou pesquisador no campo da alergia.

Em novembro, no meio da primeira bateria de provas, Ernesto caiu seriamente doente, dessa vez não com asma, mas com uma febre contraída por se expor a vísceras humanas infectadas. Pisani comprara uma máquina destinada a moer vísceras para fins de pesquisa, e Ernesto, ansioso por utilizá-la, conseguira na faculdade de medicina alguns restos humanos contaminados e começara a moê-los sem usar um escudo protetor. Pouco depois adoeceu e ficou de cama com febre alta. Seu pai encontrou-o assim. Alarmado, e vendo-o parecer piorar a cada minuto, o velho Ernesto ofereceu-se para chamar o dr. Pisani. Ernesto recusou. Algum tempo se passou, o pai esperando ao lado, vendo-o de perto. "De repente, ele me fez um sinal e, quando me aproximei, disse-me que telefonasse a um hospital para que lhe trouxessem imediatamente um estimulante cardíaco e que chamasse o dr. Pisani", Ernesto Guevara Lynch recordou.

Poucos minutos depois da ligação, chegaram um enfermeiro e Pisani, que tomou conta da situação, ficando sozinho com Ernesto durante várias horas. Quando saiu, disse à família que comprasse determinados medicamentos e ordenou repouso absoluto ao paciente. A família angustiada ficou com ele a noite inteira. Esse foi um dos muitos episódios que enfrentaram ao longo dos anos devido ao que seu pai qualificava de "a imprudência" de Ernesto.

O pai recordou que, "por volta das seis da manhã, Ernesto melhorou e, para nossa grande surpresa, vimos que estava começando a se vestir. Eu não disse nada. Sabia que era muito teimoso, mas afinal, vendo que estava se vestindo para sair, perguntei-lhe: 'O que você vai fazer?'. Respondeu-me: 'Tenho uma prova, os examinadores chegam às oito da manhã'. 'Não seja idiota. Você não está vendo que não pode fazer isso?', eu respondi. Todas as objeções que lhe fiz naquele momento foram em vão. Resolvera fazer sua prova naquele dia e tinha de fazê-la. E foi isso que fez".

Ernesto passou nas três provas em novembro e em outras dez no mês seguinte. Tinha apenas uma prova para fazer em abril para que se diplomasse como médico e pudesse regressar à Venezuela. Nesse período, passou o maior tempo possível em sua pesquisa na Clínica Pisani. Estava achando a atividade excitante, pois não somente podia se dedicar a casos com pacientes de fato afetados por alergias, como também podia tentar isolar as causas de seu próprio problema e encontrar os antídotos no laboratório.

Pisani o encorajava o máximo que podia e começou a lhe dar crédito em algumas descobertas publicadas. Uma delas, publicada na revista científica trimestral *Alergia*, do período de novembro de 1951 a fevereiro de 1952, continha, junto com o do dr. Pisani, o nome de Ernesto e de vários outros como coautores de um trabalho de pesquisa intitulado *Sensibilização de cobaias a pólens por meio de injeções de extrato de laranja*.

Em 11 de abril de 1953, Ernesto fez sua última prova. O pai recordou a ocasião: "Estava no meu estúdio, quando tocou o telefone. Atendi e imediatamente reconheci sua voz, que disse: '*Doutor* Ernesto Guevara de la Serna falando'. Dando ênfase à palavra doutor.

"Minha felicidade foi grande, mas durou pouco", escreveu seu pai. Ernesto não ficaria em Buenos Aires para trabalhar. Ele e o velho amigo Calica Ferrer fariam uma viagem. Planejaram viajar pela Bolívia, para que Ernesto pudesse revisitar as ruínas incas que tinha estudado. Quanto aos planos de longo prazo, Ernesto falou de irem à Índia, enquanto Calica, mais interessado na boa vida, se via em Paris, bem-vestido em coquetéis, com belas mulheres em seus braços. "Segundo me lembro", disse Calica, "nossa meta era chegar à Venezuela, trabalhar um pouco, o mínimo possível, e então ir para a Europa."

A família de Ernesto sabia que não poderia persuadi-lo a ficar. E sabiam que a viagem seria fisicamente severa. "Nem de longe pensava em sua asma ou no seu estado de saúde", disse seu pai. Porém, "não era mais uma criança ou um rapaz, mas o dr. Ernesto Guevara de la Serna, que fazia o que bem entendesse". Quando Ernesto informou ao dr. Pisani que estava partindo, o médico ofereceu-lhe um emprego fixo, um apartamento na clínica e um futuro ao seu lado na pesquisa de alergias. Ernesto recusou. Estava decidido. Não queria "estagnar" como o dr. Pisani.

Em junho, Ernesto recebeu uma cópia do diploma de médico e dias depois celebrou seu 25º aniversário. Ele e Calica tinham apenas de obter os vistos e os fundos suficientes para a viagem. Como recordou Calica: "Primeiro, pedimos a nossas tias. A todas as nossas tias, avós [...], a quem quer que pudéssemos pedir emprestado. E, enquanto isso, Ernesto e eu fazíamos nossas contas. 'Já atacou fulana?' 'Sim, lhe pedi muito.' 'Minha avó vai me dar algum e mamãe também vai me dar dinheiro.'"

Em pouco tempo, tinham reunido o equivalente a trezentos dólares cada um e todos os vistos necessários, exceto para a Venezuela. Com sua economia em pleno boom do petróleo, a Venezuela atraía milhares de estrangeiros em busca de emprego e tornara mais estrita a concessão de vistos. Quando foram ao Consulado da Venezuela, recusaram-lhes os vistos porque não tinham passagens aéreas de volta. Ernesto disse a Calica que não se preocupasse, conseguiriam os vistos em outro país ao longo do trajeto. Nesse meio-tempo, transformou o incidente em uma história engraçada para os amigos. Para Tita Infante disse que tudo fora um simples mal-entendido. O cônsul confundira um de seus ataques de asma, quando suas feições ficavam contorcidas, com um acesso de raiva e ficara com medo por sua segurança pessoal.

Calica fora designado o "economista" da viagem, ou seja, carregaria o dinheiro. A mãe costurou uma guaiaca — uma cartucheira para levar o dinheiro — para ser usada por baixo das roupas, e quando Ernesto a viu, imediatamente apelidou-a de "cinto de castidade". Compraram passagens de segunda classe para a Bolívia no trem que saía no dia 7 de julho, da estação Belgrano. Estavam prontos para partir.

Um grande grupo de parentes e amigos reuniu-se na estação para se despedir. Ernesto usava um uniforme militar, presente de seu irmão Roberto. Levaram muito mais bagagem do que o necessário. Ernesto embalara mais livros do que roupas. Sentaram-se nos bancos de madeira no compartimento de segunda classe, lotado de indígenas e suas trouxas. Os dois jovens perceberam arduamente o contraste entre os humildes companheiros de viagem e seus próprios parentes e amigos bem-vestidos. No último instante, uma avalanche de presentes e pacotinhos de guloseimas caiu em suas mãos: bolos feitos pela mãe de Calica, doces de outra pessoa.

Olhando da plataforma, a mãe de Ernesto, Celia, apertou a mão de Matilde, noiva de Roberto, e disse com ar de desalento: "Meu filho está partindo. Não o verei de novo". O condutor soou o apito e o trem começou a sair da estação. Todos gritavam adeus e acenavam para eles.

À medida que o trem se afastava lentamente, uma figura solitária se separou da multidão para correr ao lado do compartimento em que Ernesto e Calica estavam sentados. Era Celia, acenando com um lenço no ar. Ela não dizia nada, mas as lágrimas rolavam-lhe pelo rosto. Correu ao lado do trem até que a plataforma da estação terminou e ela teve de parar. E logo o trem sumiu.

7. Sem saber para onde fica o Norte

I

Ernesto Guevara, médico e veterano cigano das estradas, partia novamente. "Dessa vez, o nome do companheiro de viagem mudou", escreveu em um novo diário, que intitulou *Outra vez*.* "Agora Alberto se chama Calica, mas a viagem é a mesma: duas vontades dispersas se estendendo pela América, sem saber exatamente o que buscam ou onde fica o Norte."

Pouco tempo depois de o trem de Ernesto ter partido, seu primo Mario Saravia fez uma descoberta surpreendente. Voltando para a casa dos Guevara, onde estava hospedado, Saravia notou que suas três camisas novas de seda tinham sumido. Suspeitando que Ernesto as levara, falou com Celia *madre*. Ela ficou chocada e incrédula, mas quando Saravia escreveu para Ernesto perguntando se as levou, a resposta foi afirmativa. Disse para Saravia não se preocupar, as camisas

* Esse diário, que cobre três anos da vida de Guevara, foi encontrado e transcrito por sua viúva, Aleida March, depois de sua morte. Exceto por alguns trechos, ainda não havia sido publicado quando eu estava em Cuba trabalhando neste livro, porém Aleida March me disponibilizou todo o texto. Aparentemente, a maior parte estava na íntegra, com exceção de alguns trechos sexualmente explícitos que ela admitiu ter eliminado a fim de preservar a "dignidade" da imagem de seu falecido marido. Após a publicação do meu livro, em 1997, o diário foi publicado em espanhol e em inglês. [No Brasil, ele foi publicado em 2003 pela Ediouro. N. E.]

tinham sido bem utilizadas. Ele as vendera e usara o dinheiro para "comer e dormir durante quinze dias". Para se vingar, Saravia escreveu de volta dizendo-lhe, falsamente, que tinha vendido o estimado microscópio que deixara com ele para guardar e usado o dinheiro para sair "de férias".

Depois de três dias parados no poeirento posto de fronteira de La Quiaca, retomaram e seguiram sua jornada de trem pela Bolívia. Porém, por insistência de Calica, agora viajavam em um compartimento de primeira classe, com leito. Dois dias depois, desceram do planalto marrom e gélido para dentro da grande cratera natural onde se encolhe a cidade de La Paz, como se fosse algum tipo de colônia lunar experimental. O cenário era impressionante. Nos limites extremos da cidade, as linhas marcadas da cratera se quebravam em terras áridas, que a erosão transformava em gigantes estalagmites brancas se projetando para fora como punhais. Acima delas, o terreno se erguia em uma ampla encosta de rochas alpinas e gelo glacial para formar o vulcão azul e branco do monte Illimani.

Ernesto ficou maravilhado. "La Paz é a Xangai das Américas", escreveu entusiasticamente no diário. "Uma variada gama de aventureiros de todas as nacionalidades irrompe e floresce nessa cidade mestiça e policromática."

Depois de se instalarem em um hotel imundo, saíram para explorar as ruas íngremes de paralelepípedos, cheias de indígenas com roupas coloridas e grupos de vigilantes armados. Essa era a Bolívia revolucionária, a mais indígena das nações da América Latina e também uma das mais pobres, com um notório passado de exploração. A maioria dos povos indígenas vegetara como virtuais servos durante séculos, enquanto umas poucas famílias poderosas ficavam extremamente ricas pelo controle avaro das minas de estanho, a principal fonte de receita da Bolívia, e de suas produtivas terras cultiváveis. Mas agora essa situação parecia ter sido transformada. O Movimento Nacionalista Revolucionário (MNR) tinha tomado o poder após uma revolta popular um ano antes e, a partir de então, dissolvera o Exército e nacionalizara as minas. Uma lei de reforma agrária duramente debatida devia entrar em vigor dentro de algumas semanas.

A Bolívia continuava tumultuada, com muitas forças políticas ainda em desacordo e ameaçando a estabilidade do regime. No interior, camponeses impacientes forçavam a questão da reforma agrária com a invasão de fazendas particulares, enquanto os mineiros, liderados pela recém-formada federação sindical independente, a Central Obrera Boliviana (COB), marchavam nas ruas em uma demonstração de força para extrair mais concessões do governo. Milícias populares armadas vagavam pelas ruas e havia rumores de contragolpes por parte de elementos descontentes do Exército dissolvido. Uma conspiração já fora debelada em janeiro. Ao mesmo tempo, as alas de direita e de esquerda da coligação do poderoso MNR tinham programas opostos, com os comunistas reivindicando a transferência total do poder para os trabalhadores enquanto a ala de centro-direita, à qual pertencia o presidente Víctor Paz Estenssoro, procurava seguir um caminho intermediário, que isolava tanto os comunistas quanto os oligarcas locais.

Perambulando pela cidade, Ernesto e Calica esbarraram em um jovem argentino que conheceram na viagem de trem. Ele estava visitando o pai, Isaías Nogues, um político proeminente e proprietário de um engenho de açúcar na província de Tucumán, que estava então no exílio por ser um oponente de Perón. Logo descobriram que os Nogues eram conhecidos das famílias de ambos, e ele os convidou para jantar em sua casa, onde conheceram outros membros da comunidade de asilados argentinos de La Paz. Ernesto descreveu seu anfitrião como um fidalgo, um nobre. "Exilado da Argentina, ele é o centro da colônia [de asilados], que lhe vê como líder e amigo. Há algum tempo, suas ideias políticas ficaram ultrapassadas no mundo, mas ele as mantém independentemente do furacão proletário que foi solto em nossa esfera belicosa. Ele estende a mão amiga para qualquer argentino, sem perguntar quem é ou por que veio aqui, e sua augusta serenidade lança sobre nós, míseros mortais, sua eterna proteção patriarcal."

Também conheceram o irmão playboy de Nogues, "Gobo", que estava de visita e tinha acabado de regressar de uma temporada de boa vida na Europa. Com uma intensa vida social, uma carteira aberta e muitos contatos, Gobo afirmou ser amigo do magnata armador grego Aristóteles Onassis. Ele gostou dos jovens viajantes e levou-os para conhecer os bares e restaurantes da cidade. Com ele descobriram o Gallo de Oro, um cabaré cujo dono era argentino e onde políticos, exilados e aventureiros misturavam-se bebendo com a sociedade badalada de La Paz. O lugar logo passou a ser um dos redutos favoritos dos dois. Ali podiam ver uma Bolívia diferente da que fervia nas ruas. Em uma ocasião, quando estava com diarreia, Ernesto foi correndo ao banheiro do Gallo e voltou alguns minutos depois para contar a Calica, em um tom chocado, que acabara de ver dois homens lá dentro cheirando cocaína.

Outro local que frequentavam era o terraço do Hotel La Paz, onde os exilados argentinos costumavam ficar tomando drinques e café enquanto debatiam a política de seu país e a Revolução Boliviana. Era um bom ponto para observar diariamente as passeatas de indígenas a caminho do palácio presidencial, fazendo essa ou aquela reivindicação ao governo. Um dia, observando a multidão na calçada, Calica avistou duas moças bonitas e aventurou-se indo até elas para tentar combinar algo. As moças estavam acompanhadas por um homem mais velho, que era um general venezuelano chamado Ramírez e servia em um "exílio dourado" como adido militar de seu país. Mostrando boa vontade apesar das óbvias intenções de Calica, o general convidou-o a tomar um drinque e em pouco tempo ele obtivera de Ramírez a promessa de conceder a ele e a Ernesto os vistos venezuelanos que lhes haviam sido negados anteriormente.

O general Ramírez não conseguira apenas os vistos para Ernesto e Calica. Ele os convidara para sair. Calica fazia par com uma das moças que conhecera com o general no seu primeiro encontro, e uma noite Ernesto também conheceu uma moça que parecia promissora. "Uma coisa sinuosa e com um bocão cruzou o meu caminho", ele escreveu em seu diário. "Vamos ver." A coisa sinuosa era Marta Pinilla, a rica filha de uma aristocrática família cujas terras se estendiam por quilômetros fora da capital.

Em 22 de julho de 1953, alegre pela melhora de sua situação, Calica escreveu uma carta animada para a mãe. Graças a Nogues, puderam sair do hotel fuleiro e estavam agora sendo bem tratados como hóspedes pagantes na casa de uma família argentina de alto nível. Estavam levando "uma vida social intensa", ele disse. "A melhor gente de La Paz nos chama para almoçar. [...] Todos os argentinos aqui são muito unidos e se portaram muitíssimo bem conosco. O tempo todo são chás, refeições no Sucre e no Hotel La Paz, os dois melhores [...]. Hoje à tarde vamos tomar chá com duas moças ricas e à noite vamos a um baile."

Ernesto queria conhecer melhor a Revolução Boliviana, mas seus contatos sociais lhes davam acesso a uma elite de La Paz que era inimiga natural das mudanças que estavam ocorrendo no país. Calica recordou, por exemplo, que a família abastada de Marta estava na iminência de ter as terras desapropriadas pela lei de reforma agrária, prestes a entrar em vigor. Em uma noite, quando retornavam para casa, vindos do Gallo de Oro, o carro foi parado à ponta de fuzil por uma das onipresentes patrulhas indígenas que perambulavam pela cidade. "Fizeram-nos sair, pediram-nos documentos, e Gobo, um pouco embriagado, disse para um deles: 'Índio, afaste essa espingarda e vá usá-la para caçar perdizes'", Calica recordou.

Calica tendia a repetir as atitudes racistas dos amigos brancos e ricos, mas Ernesto refletia sobre o que estava vendo. "A chamada gente *boa*, as pessoas que têm cultura, estão espantadas com os acontecimentos e condenam a importância atribuída ao indígena e ao cholo, porém me parece que percebo em todos uma centelha de entusiasmo nacionalista por alguns dos atos do governo. Ninguém nega a necessidade de acabar com o estado de coisas simbolizado pelo poder das três hierarquias das minas de estanho, e os jovens acham que isso foi um passo à frente na luta pela maior igualdade das pessoas e das fortunas."

Tinham a intenção de ficar apenas uma semana em La Paz, mas era difícil sair. "Este é um país muito interessante e está passando por um momento particularmente efervescente." Ernesto escreveu ao pai em 22 de julho. "Em 2 de agosto, a reforma agrária entrará em vigor e esperam-se choques e distúrbios em todo o país. Vimos incríveis passeatas de pessoas armadas com Mausers e com 'piripipí' [metralhadoras de mão], que disparam só para criar confusão. Todos os dias podem-se ouvir tiros e há mortos e feridos por armas de fogo."

"O governo demonstra uma incapacidade quase absoluta para conter ou liderar as massas de camponeses e de mineiros, mas elas respondem até certo ponto e não há dúvida de que, caso haja uma revolta armada pela Falange, o partido de oposição, ela estará do lado do MNR. Aqui a vida humana tem pouca importância e é dada e tirada sem qualquer cerimônia. Tudo isso cria uma situação muito interessante para o observador neutro."

Ernesto queria testemunhar o histórico e possivelmente tumultuado acontecimento em 2 de agosto. Enquanto isso, ele e Calica aproveitavam todos os convites de Nogues para jantar. Calica escreveu para a mãe: "Ernesto come como se há uma semana não visse comida. Ele é famoso no grupo". Gobo fazia apostas quanto à quantidade que Ernesto era capaz de comer em apenas uma refeição e prometeu que, caso se encontrassem em Lima, para onde todos iriam a seguir, levaria Ernesto e Calica a um restaurante onde a comida era grátis se os fregueses comessem até uma certa quantidade. Ele declarou que teria grande prazer em "exibir esses dignos exemplares da raça argentina".

Foi em uma dessas noites na casa de Nogues que conheceram o advogado argentino Ricardo Rojo. Alto, robusto, careca e com bigode, Rojo tinha apenas 29 anos, mas já era um experiente veterano político. Antiperonista da opositora União Cívica Radical, escapara recentemente da custódia policial em Buenos Aires, onde fora detido sob suspeita de terrorismo. Refugiou-se na embaixada da Guatemala e voou para o Chile com documentos de viagem emitidos pelo governo esquerdista guatemalteco do presidente Jacobo Arbenz. Seguiu para La Paz e, tal como Ernesto Guevara e todos os outros argentinos que por ali passavam, encontrou o caminho para a casa de Isaías Nogues. Orgulhoso de sua recente façanha, carregava um recorte da revista *Life* com um relato da sua fuga e do voo para o exterior. Da Bolívia planejava ir ao Peru, depois à Guatemala e finalmente para os Estados Unidos.

Na casa de Nogues, Rojo também notou os "selvagens" hábitos alimentares de Guevara e ficou surpreso ao saber que ele era médico, pois falou principalmente sobre arqueologia. "Na primeira vez em que o vi, Guevara não me causou nenhuma impressão em especial", disse mais tarde. "Falava pouco, preferindo escutar a conversa dos outros. Mas depois, de repente, cortava quem estava falando com um sorriso simpático e um comentário afiado." Esse era um traço que compartilhavam. Rojo também tinha um espírito mordaz e uma língua afiada, e gostava de discutir tanto quanto Ernesto. Segundo Rojo, "ficamos amigos, embora a única coisa que realmente tivéssemos em comum naquela época fosse o fato de que ambos éramos recém-saídos da universidade e estávamos apertados de dinheiro. Eu não estava interessado em arqueologia, nem ele em política, pelo menos não com o significado que a política tinha para mim e teria, mais tarde, para ele". Após esse encontro, os dois combinaram encontrar-se de novo. De fato, Rojo passou a ser alguém que entrava e saía da vida de Guevara durante a década seguinte.*

Ernesto queria estar em La Paz no dia 2 de agosto, mas também estava ansioso por ver pessoalmente as condições de vida nas notórias minas bolivianas. Embora isso significasse estar fora da cidade no dia histórico, com a ameaça de uma insurreição contrarrevolucionária, ele e Calica providenciaram uma visita à Bolsa Negra, uma mina de volframita. (Volframita é a maior fonte de tungstênio, tradicionalmente usado na fabricação de munições.) Os engenheiros da mina mostraram-lhes o local onde mineiros grevistas e suas famílias foram metralhados antes da revolução. Agora a mina pertencia ao Estado. Ali, como em Chuquicamata, Ernesto ficou comovido com o que viu: "O silêncio da mina se apodera até mesmo daqueles que, como nós, não conhecem seu idioma", ele escreveu.

Ernesto e Calica passaram a noite na Bolsa Negra e, quando se preparavam para partir de volta a La Paz, viram os caminhões cheios de mineiros regressando da cidade. Os mineiros tinham ido demonstrar seu apoio à lei da reforma agrária e agora disparavam tiros para o alto. Com seus "rostos de pedra e capacetes de plástico vermelho", pareciam ser "guerreiros de outros mundos". Mas souberam que, afinal de contas, o dia transcorrera sem maiores incidentes na capital.

A visita à Bolsa Negra reforçava a crença de Ernesto de que a independência real era impossível enquanto os Estados Unidos controlassem os mercados de exportação. "Hoje essa é a única coisa que mantém a Bolívia seguindo. É um minério que os norte-americanos compram e, por essa razão, o governo mandou que a produção aumentasse." O governo revolucionário da Bolívia já vinha sob forte pressão do governo Eisenhower para proceder cautelosamente com as suas reformas. E havia acatado o conselho — apenas as minas dos três maiores barões do estanho foram confiscadas. A Bolívia continuava dependente dos Estados Unidos, tanto para a venda de seus minerais quanto para a fixação dos preços internacionais.

* Ver Notas.

Desde que Eisenhower tomara posse, os Estados Unidos haviam embarcado em uma política agressiva para conter o "expansionismo comunista soviético" no exterior, e bastava o presidente da Bolívia, Paz Estenssoro, olhar em volta, no verão de 1953, para ver quais dificuldades seu governo poderia encontrar se atraísse a ira de Washington. O governo esquerdista da Guatemala estava sofrendo ataques crescentes de Washington devido à sua própria reforma agrária, que nacionalizara os bens da poderosa United Fruit Company naquele país. A United Fruit queria vingança e já estava mostrando que tinha amigos influentes em altos postos.

Ióssif Stálin morrera em março de 1953, mas a Guerra Fria continuou inabalável. Em uma tentativa de conseguir a paridade em armas estratégicas com os Estados Unidos, a União Soviética estava dando os retoques finais na bomba de hidrogênio, que seria detonada em 12 de agosto. Duas semanas antes, um armistício foi assinado na Coreia, encerrando três anos de derramamento de sangue. A trégua deixou a península dividida e em ruínas. Leste e Oeste se defrontavam então por outra fronteira hostil, acrescentando um novo ponto de tensão a um mundo cada vez mais dividido.

Em Cuba, um país considerado "seguro" por Washington, estavam se desenrolando acontecimentos que em breve teriam um profundo significado na vida de Ernesto. Em 26 de julho, um grupo de jovens rebeldes, na esperança de deflagrar uma rebelião nacional contra o ditador militar Fulgencio Batista, atacou e temporariamente controlou o quartel do Exército de Moncada, na cidade de Santiago. No combate propriamente dito morreram apenas oito rebeldes, enquanto dezenove soldados do governo foram assassinados, mas os rebeldes acabaram sendo derrotados. Apesar das tentativas de Batista para vincular o ataque aos "comunistas", o Partido Comunista de Cuba o denunciou como sendo um golpe burguês e negou qualquer envolvimento. Dos jovens rebeldes capturados, 69 foram imediatamente executados ou torturados até a morte. Os sobreviventes, incluindo o líder da revolta, o estudante Fidel Castro, então com 26 anos, e seu irmão mais novo, Raúl, foram levados em custódia.

II

Na revolucionária La Paz, Ernesto e Calica reuniram-se com o chefe do recém-criado Ministério de Assuntos Camponeses, Ñuflo Chávez, cuja missão era implementar a lei de reforma agrária. Ernesto achou o ministério "um lugar estranho, cheio de índios de diferentes grupos do planalto aguardando a vez de serem recebidos em audiência. Cada grupo estava com suas roupas típicas e era liderado por um caudilho ou doutrinador, que lhes falava em sua própria língua. Quando entravam, os funcionários pulverizavam inseticida sobre eles".

Esse espetáculo deixou Ernesto indignado. Mostrava o abismo cultural que ainda existia entre os líderes da revolução e as pessoas comuns que deveriam representar. Para Calica, a pulverização com inseticida parecia bastante razoável, pois os indígenas "estavam imundos e cobertos de piolho, e os tapetes e as cortinas do ministério tinham de ser protegidos dessa praga". Sempre que viam um indígena na rua com o cabelo coberto de pó branco, ele e Ernesto se entreolhavam e um dizia: "Olhe, esteve com Ñuflo Chávez".

A essa altura, Ernesto e Calica estavam em La Paz havia quase um mês. Tinham gasto metade do capital de que dispunham e estavam de posse dos vistos para a Venezuela. Era hora de retomar a estrada, mas os dois estavam tendo dificuldades em se soltar das raízes. Quando finalmente combinaram partir, Ernesto escreveu: "Cada um de nós tinha sua referência amorosa para deixar para trás. Minha despedida foi mais em um plano intelectual, sem ternura, mas acho que há algo entre nós, ela e eu". Enquanto isso, Calica acreditava estar amando e prometera voltar a La Paz para buscar sua nova namorada assim que se firmasse em Caracas.

Depois de uma breve viagem ao lago Titicaca, Ernesto e Calica chegaram à fronteira peruana. No posto aduaneiro na cidade fronteiriça de Puno, os livros de Ernesto provocaram um incidente. Segundo relatou, "confiscaram dois livros: *Man in the Soviet Union* e uma publicação do Ministério de Assuntos Camponeses que foi descrita como *Red, Red, Red*, em tom de exclamação e condenação". No entanto, depois de uma "saborosa conversa", o chefe de polícia os deixou partir e concordou em enviar os livros de Ernesto para Lima.

Viajaram de Puno para Cuzco. Ernesto estava adorando estar de volta, mas Calica mostrava-se singularmente indiferente. Escreveu para a mãe que, embora Cuzco fosse uma cidade interessante, era também "a mais suja que você possa imaginar", tão imunda que "obrigava a pessoa a tomar banho". Porém, contou-lhe em tom de brincadeira, nos oito dias em que estiveram ali Ernesto "só tomou banho uma vez, e assim mesmo por acordo mútuo e estritamente por motivo de saúde".

Depois de alguns dias, Ernesto começara a se cansar das queixas de Calica sobre sujeira e desconforto. Escrevendo a Celia em 22 de agosto, deu vazão às suas frustrações: "Alberto se atirava no chão para se casar com princesas incas, para reconquistar impérios [perdidos]. Calica xinga a imundície e cada vez que pisa em um dos inúmeros cocôs que cobrem as ruas, em vez de olhar para o céu e para uma catedral emoldurada no espaço, olha para os sapatos sujos. Não sente o cheiro do mistério evocativo de Cuzco, mas, ao contrário, o fedor de ensopado e esterco. É uma questão de temperamento. Resolvemos deixar esta cidade o mais depressa possível em vista do pouco que ele gosta dela".

Quanto ao seu futuro imediato, disse à mãe, estava incerto, pois não sabia "como estavam as coisas" na Venezuela. Quanto ao futuro mais distante, disse que não abandonara sua esperança de ganhar "10 mil dólares" de alguma maneira. Então, "com Alberto, talvez façamos uma nova viagem, mas no sentido norte-sul, e talvez de helicóptero. Depois Europa e, depois disso, a escuridão". Em outras palavras, qualquer coisa era possível.

Depois de um desvio até Machu Picchu, que, embora ainda cheio de turistas norte-americanos, continuava a deixar Ernesto encantado, partiram para a cansativa viagem de três dias de ônibus até Lima. Houve algum alívio cômico quando, em uma das paradas de descanso, ele e Calica desceram a encosta para nadar nas águas frias do rio Abancay. Completamente nu, Ernesto divertiu-se muito pulando dentro d'água e acenando para as passageiras escandalizadas lá em cima na estrada. Chegaram a Lima exaustos, encontraram um hotel e dormiram "como pedras".

Em 4 de setembro, Ernesto escreveu ao pai, queixando-se de que ele estava esperando encontrar "uma tonelada de cartas" de Buenos Aires, mas encontrara apenas uma, a dele. "Estou contente por saber que as dificuldades econômicas não são tantas que seja preciso alguma ajuda urgente de minha parte. Estou feliz por todos vocês [...], mas não se esqueça de me dizer '*si las papas queman*' [se a barra pesar], para que me apresse um pouco." Embora se sentisse sob pressão para conseguir um trabalho remunerado que ajudasse a família, as garantias de seu pai de que as coisas estavam bem deixaram sua consciência em paz por enquanto. Na mesma carta, mandou uma reprimenda sarcástica para a mãe por não lhe ter escrito. Sugeriu que ela tentasse escrever cada vez que se sentasse para jogar paciência, como uma "cura" para seu vício nesse jogo.

Em Lima, Calica finalmente estava no seu habitat. "Gosto muito dela, é moderna, limpa, com todos os confortos, uma grande cidade", escreveu para a mãe em 8 de setembro. Estavam sendo bem tratados, tendo se encontrado com os amigos de Ernesto no leprosário Guía e com o dr. Pesce, que os ajudou a encontrar uma pensão limpa, com água quente, e uma lanchonete da universidade onde podiam fazer suas refeições. Voltaram também a se encontrar com Gobo Nogues. "Gobo nos introduziu à vida social. Já comemos duas vezes no Country

Club, de fato muito bom, caro demais. Naturalmente não nos deixaram pôr a mão no bolso, e estivemos muitas vezes no Gran Hotel Bolívar [o hotel mais caro de Lima]", regozijou-se Calica.

Ernesto, ao contrário, via Lima com o olho crítico do asceta. "Suas igrejas, cheias de magnificência por dentro, não conseguem externamente, opinião minha, exibir a augusta sobriedade dos templos de Cuzco [...]. A catedral [...] parece ter sido construída em um período de transição, quando a fúria guerreira da Espanha entrara em decadência para dar lugar a um amor pelo luxo e pelo conforto." No seu diário, há uma triste menção a uma festa na qual "não podia beber porque estava com asma, mas permitiu a Calica ficar completamente bêbado". Quanto à sua visita ao cinema, para ver um "revolucionário" novo filme em "3-D", não ficou impressionado: "Não parece ser uma revolução em nada e os filmes ainda são os mesmos".

Ernesto viu o dr. Pesce duas vezes e apreciou "uma longa e amena conversa sobre uma vasta gama de assuntos". Posteriormente, ele e Calica foram detidos e interrogados, e seu quarto na hospedaria foi virado de pernas para o ar por detetives peruanos, que aparentemente os confundiram com dois "sequestradores procurados". Embora o equívoco tenha sido esclarecido, Ernesto resolveu evitar novos contatos com Pesce, para o caso de a polícia ainda os estar observando.

Ernesto não estava inteiramente convencido de que o confronto com a polícia fora apenas uma questão de equívoco de identidade. Já havia ocorrido a confusão por causa do livro "Vermelho", confiscado na fronteira, e provavelmente o seu nome e o de Calica estavam no arquivo como indivíduos suspeitos. O ditador do Peru, Manuel Odría, ainda estava no poder e sem dúvida preocupado com a possibilidade de a revolução esquerdista na Bolívia "contaminar seu galinheiro". Como Ernesto expôs a Calica, não havia nenhum ponto que encorajasse as autoridades a estabelecerem vínculos indevidos entre eles e o comunista dr. Pesce. Também desistiu de recuperar os livros confiscados. Insistir na questão apenas complicaria sua estada em Lima.

Em 17 de setembro, Ernesto recebeu uma carta da mãe, informando que havia providenciado para que fossem alojados pelo presidente do Equador quando chegassem àquele país. No dia seguinte, Calica escreveu à sua mãe para dar-lhe a notícia, se gabando eufórico de que ele e Ernesto agora podiam antecipar "um belo panorama em termos de quarto e comida". Também toparam de novo com seu amigo exilado argentino, Ricardo Rojo. Estava a caminho da cidade portuária equatoriana de Guayaquil, onde esperava poder embarcar em um navio rumo ao Panamá em seu caminho para a Guatemala. Rojo deu-lhes o nome de uma pensão em Guayaquil onde poderiam encontrá-lo.

III

Ernesto estava novamente sofrendo de asma quando viajaram de ônibus subindo a costa peruana. Depois de entrar no Equador, em 28 de setembro, e esperar por transporte na cidade fronteiriça de Huaquillas, queixou-se de "perder um dia de viagem, que Calica aproveitou para tomar cerveja". Mais um dia e uma noite de viagem de barco descendo um rio, no Golfo de Guayaquil, e cruzando seu delta pantanoso, os levaram até a cidade tropical de Guayaquil. Foram recebidos no píer por Ricardo Rojo e três amigos, estudantes de direito da Universidade de La Plata, na Argentina, que os levaram para a pensão onde estavam hospedados. Os companheiros de Rojo eram Eduardo "Gualo" García, Oscar "Valdo" Valdovinos e Andro "Petiso" Herrero. Como Rojo, estavam indo dali para a Guatemala e tentando ter um pouco de aventura ao longo do caminho.

A pensão era uma mansão colonial em ruínas, com um cais para canoas sobre as margens lamacentas do rio Guayas, em um bairro decadente chamado Quinta Pareja. Seus aposentos grandes estavam sendo subdivididos em pequenos cubículos feitos com as madeiras dos caixotes de transporte em navios. Ernesto e Calica juntaram-se aos outros quatro em um aposento cavernoso, enquanto as dimensões internas da casa gradualmente se encolhiam à sua volta.

A atarefada dona da pensão era uma mulher de bom coração chamada María Luisa. A vida em seu estabelecimento rústico era como fazer parte de uma família grande e caótica que estava passando por dificuldades. María Luisa administrava a pensão com sua mãe, Agrippina — uma velha megera que passava seus dias se balançando em uma rede no saguão de entrada, fumando cigarros sem parar —, e seu marido, Alexander. A história que corria era de que ele também foi um hóspede, mas suas dívidas ficaram tão altas que fora obrigado a se casar com María Luisa.

No final, não precisaram ir a Quito para ver o presidente Velasco Ibarra. Ele estava visitando Guayaquil, e Ernesto e Calica vestiram-se e foram pôr-se à mercê do seu secretário privado. Em 21 de outubro, Ernesto escreveu à mãe para contar-lhe, ironicamente, como transcorrera sua entrevista. "Ele me disse que eu não poderia ver Velasco Ibarra, que a desastrosa situação econômica pessoal que eu lhe pintara era um dos pontos baixos da vida, acrescentando em um tom filosófico: 'Porque a vida tem altos e baixos, você está em um ponto baixo, tenha ânimo, tenha ânimo'." Ernesto e Calica estavam de volta ao ponto de onde tinham começado, virtualmente quebrados, e seus companheiros encontravam-se na mesma situação. Enquanto isso, suas dívidas com María Luisa cresciam. Reuniram os fundos restantes e instituíram um regime econômico severo, que Ernesto fazia cumprir. Calica podia ter começado a viagem como o portador do "cinto de castidade", mas o tempo que haviam passado nas estradas deixara muito claro quem era o que mais economizava. Ernesto estabeleceu um sistema de "economia absoluta", que ele próprio quebrou apenas ocasionalmente para comprar algumas bananas, que eram praticamente tudo que estavam comendo nessa época.

Em meados de outubro, Ricardo Rojo e Oscar Valdovinos embarcaram para o Panamá em um navio que pertencia à United Fruit Company. Os outros teriam de seguir no próximo navio que tivesse lugar. Por ora, Ernesto e Calica continuaram acampados com Gualo García e Andro Herrero. Enquanto cogitavam sobre seu próximo movimento, apreciando a camaradagem e ainda sem vontade de partir para a Venezuela, Ernesto explorava Guayaquil. Na pensão, jogava xadrez e conversava com seus novos amigos. Estavam todos um pouco saudosos da Argentina e falavam de suas famílias, de seu passado e de suas esperanças para o futuro.

Uma folga para nadar durante a viagem pela América Central, em 1953. Ernesto está sentado à frente. De pé atrás dele estão, à esquerda, Eduardo "Gualo" García e, à direita, Ricardo Rojo.

8. Encontrando o Norte

I

Não havia nada que convencesse Ernesto a prolongar sua estada em Guayaquil. Descartou-a como "uma cidade de mentira, praticamente sem vida própria, que gira em torno do acontecimento diário de navios indo e vindo". Mas ele não partiu. Foi ficando por ali, contando os tostões e compartilhando a pobreza de seus amigos encalhados. Confessou a Andro Herrero que nunca desfrutara antes da experiência de uma camaradagem incondicional, em que todos partilhavam o que tinham sem receios e enfrentavam juntos os problemas comuns. O mais perto que chegara disso tinha sido no rúgbi. Seus companheiros jogadores eram bons "caras", eram ótimos para sair e tomar uns drinques, mas nenhum deles era realmente íntimo e seu relacionamento terminava fora do campo. Seu amigo mais íntimo, disse ele, era Alberto. Calica era um bom rapaz, a quem conhecia desde a infância, mas a verdade era que os dois tinham pouco em comum.

A verdadeira camaradagem, disse a Andro, havia-lhe escapado. Era algo que sempre desejara, mas sentia que faltava em sua própria família, que era fragmentada e invadida por estranhos adotados. Falou muito sobre sua mãe. Ficou óbvio que tinham um relacionamento especial, mas Ernesto deixou escapar que ela se cercara de poetas e tipos literários frívolos, mulheres que "provavelmente eram lésbicas". Alguns anos mais velho do que Ernesto, Andro percebeu que essas observações traduziam sentimentos de carência emocional. Sentiu que ele era um jovem solitário, com grande necessidade de afeto.

"Guevara era um sujeito muito especial", recordou Andro. "Às vezes, parecia inexpressivo, com uma postura que era quase desagradável. Mas era devido à sua asma. O esforço para respirar que o obrigava a se contrair fazia com que ele parecesse *duro*. Depois, ele relaxava e seus olhos sorriam. Os cantos dos olhos se enrugavam."

A gravidade dos ataques de asma de Ernesto fora um choque para seus novos companheiros, que tentaram ajudá-lo o máximo que podiam. "Lembro-me de despertar no meio da noite com Guevara tentando alcançar seu Asmapul [remédio], mas não tinha força. Um de nós teve de pegá-lo para ele", recordou Andro.

Enquanto se deliciava com essa recém-descoberta atmosfera fraternal, Ernesto estava dividido por sentimentos conflitantes sobre o que fazer a seguir. Tinha um caminho que já estava traçado para ele. Antes que partisse de Buenos Aires, Alberto Granado lhe escrevera dizendo que um emprego o aguardava no seu leprosário. Se precisasse de dinheiro para chegar lá, que não se preocupasse, Alberto lhe emprestaria. Ernesto tinha alguns motivos emocionalmente poderosos para ir. Confessou a Andro que queria ganhar dinheiro suficiente para enviar sua mãe a Paris para um tratamento médico. Ele receava que ela ainda tivesse câncer e queria que recebesse o melhor tratamento possível.

Mas então Gualo García lançou-lhe um convite casual para ir com ele e Andro para a Guatemala. Queriam ver de perto uma revolução esquerdista que desafiara o poderio dos Estados Unidos. A luta da Guatemala poderia determinar o futuro da América Latina. Sem hesitar, Ernesto aceitou o convite, abandonando seus planos e jogando pela janela todas as suas promessas.

Porém, uma coisa era resolver ir para a Guatemala, outra era de fato chegar lá. Precisariam de vistos para o Panamá, que também exigia comprovante de passagem de saída. Como estavam quebrados e isso era impossível, teriam de convencer algum simpático capitão de navio a se comprometer por eles junto às autoridades panamenhas, enquanto concordava em levá-los de graça. Era querer muita coisa, e sabiam disso, mas começaram a fazer sistematicamente a ronda das docas. As tentativas iniciais não tiveram êxito e os dias iam se arrastando no tédio de contar tostões.

Ernesto fez amizade com os tripulantes de um pequeno cargueiro argentino que estava fazendo escala. Ele lhe trazia boas recordações de um dos navios em que trabalhara em 1951, e, depois de ter subido a bordo algumas vezes para comer e tomar vinho tinto, voltou à pensão carregado de cigarros norte-americanos e erva-mate. Um diplomata argentino a bordo do navio, que conhecia sua família, deu-lhe notícias inesperadas de casa, informando-lhe "meio sem querer" do recente falecimento de sua tia, Edelmira Moore de la Serna. Com uma franqueza quase cruel, que começava a caracterizar sua correspondência com a família, enviou uma carta de pêsames para seu tio e seus primos. "É muito difícil enviar palavras de esperança em circunstâncias como esta e mais ainda para mim, que, por motivos que emanam de minha posição em relação à vida, não posso sequer insinuar o consolo religioso que tanto ajudou Edelmira nos seus anos derradeiros."

A essa altura, Calica estava impaciente por fazer um movimento e resolveu seguir sozinho até a capital do Equador, Quito, no interior do país. Ernesto esperaria alguns dias e, se a situação não melhorasse, passaria um telegrama para Calica informando que estava a caminho para encontrá-lo. No entanto, alguns dias depois da partida de Calica, o capitão de um pequeno barco, o *Guayos,* atestou para eles a passagem do Panamá em diante e, assim, obtiveram os vistos. Porém, mal Ernesto telegrafou a Calica dizendo-lhe que *não* lhe esperasse, a data de partida do *Guayos* foi adiada "indefinidamente".

Ernesto teve um ataque de asma, agravado pelo remédio que causava náusea e diarreia. Ele e seus amigos tinham uma enorme conta pendente na pensão de María Luisa e, a cada dia, a dívida ficava maior. Debateram a ideia de cair fora sem pagar, mas abandonaram o plano ao perceberem que seria impossível passar pela indômita Agrippina no saguão de entrada. Começaram a vender seus pertences.

Em 22 de outubro, Ernesto escreveu à mãe para anunciar sua "nova posição de 100% aventureiro". Dando a notícia de que estava indo para a Guatemala, contou-lhe que tinha vendido o terno novo que ela lhe dera como presente de despedida. "A pérola dos seus sonhos morreu heroicamente em uma loja de penhor e o mesmo destino tiveram todas as coisas desnecessárias de minha bagagem." Decidira vender até mesmo sua estimada câmera, mas "os resquícios burgueses de minha fome proprietária" retiveram-na quando apareceu um comprador. Alguns dias depois, Ernesto anotou desesperado no diário: "Não resta praticamente nada para vender, de modo que nossa situação é realmente precária: não temos um peso conosco e nossa dívida é de quinhentos [sucres equatorianos], possivelmente mil, esse é o caso".

Foi Andro que surgiu com a solução. Ficaria ali como fiador das dívidas e os outros tentariam mandar-lhe recursos para que então pudesse partir e se juntar a eles. Ernesto argumentou contra esse plano, dizendo que, de todos, ele era o recém-chegado e, se alguém tinha de ficar para trás, era ele próprio. Mas Andro se manteve firme a esse respeito e a questão ficou resolvida quando um amigo dele, um comprador de mantimentos para o elegante Hotel Humboldt, concordou em pagar a maior parte das dívidas se Andro fosse trabalhar para ele.

Depois de novos atrasos, o *Guayos* estava pronto para zarpar. Ernesto trocou sua bolsa de lona de marinheiro por uma mala de Andro, que era maior, para carregar seus livros. Em 31 de outubro, Andro despediu-se de Ernesto e Gualo em um cais abarrotado de cocos. O relato feito por Ernesto dessa despedida foi distante: "O momento das despedidas, como sempre, é frio, sempre abaixo das expectativas de cada um, que se sente naquele instante incapaz de demonstrar sentimentos profundos". Mas Andro se lembra de que o normalmente reservado Ernesto "chorava como uma criança", dizendo-lhe quanto prezava sua amizade. Andro ficou comovido com essa demonstração de sentimento e, emocionado também, virou-se e deixou o cais antes que o *Guayos* zarpasse.

No final, Andro jamais conseguiu se reunir com seus companheiros. Permanecendo por meses no Equador, trabalhou em vários empregos esquisitos, inclusive como "bala humana de canhão" em um circo. Calica chegou a Caracas, contatou Alberto e conseguiu um emprego. Viveu na Venezuela durante quase dez anos antes de voltar para casa. Nem ele nem Andro voltariam a ver Ernesto de novo.

II

Ao navegar rumo ao Norte, para a América Central, Ernesto sabia que estava prestes a entrar em uma região "em que os países não são nações de verdade, mas estâncias particulares" pertencentes aos ditadores. Alguns anos antes, seu poeta predileto, Pablo Neruda, escrevera um poema chamado "The United Fruit Co.", no qual condenou a empresa pela criação de uma massa de subservientes "repúblicas das bananas", governadas por déspotas locais. Neruda chamou isso de "O Reino Tirânico das Moscas". "Trujillo, a mosca, e Tacho, a mosca, e as moscas chamadas Carías, Martínez, Ubico [...] o sangrento domínio das moscas."

De fato, em 1953, com exceção da Guatemala, os atrasados países agrários no istmo centro-americano eram todos "repúblicas das bananas" dominadas pelos Estados Unidos. No estreito braço de terra que unia os continentes norte e sul-americanos, o Panamá mal era um Estado soberano cinquenta anos depois de sua criação por Theodore Roosevelt, para garantir o controle norte-americano sobre o recém-construído Canal do Panamá. Apesar de um crescente sentimento nacionalista, os Estados Unidos detinham a jurisdição sobre a "Zona do Canal", que cortava o país em dois. Tinham suas próprias bases militares e exerciam um papel preponderante na vida política e econômica do Panamá.

A Nicarágua fora governada pelo corrupto general Anastasio "Tacho" Somoza García desde os anos 1930. O regime de Somoza fora garantido por traição. Ele ordenou o assassinato do líder guerrilheiro nacionalista Augusto César Sandino durante conversações para pôr fim a anos de guerra civil e repetidas incursões de fuzileiros navais norte-americanos para "restabelecer a ordem". Profundamente anticomunista, Somoza tinha muitos amigos em Washington e fora por insistência sua que a CIA iniciou sua hostilidade contra a revolução reformista da Guatemala.

O pequenino El Salvador estava firmemente preso nas mãos de uma oligarquia cafeicultora. Uma sucessão de governantes militares administrara o país desde que uma rebelião de camponeses, de inspiração comunista, fora debelada vinte anos antes, ao custo de 30 mil vidas. A maioria camponesa vivia em condições feudais. A vizinha Honduras estava quase sem estradas, subdesenvolvida e com uma população escassa, e seus governantes eram vergonhosamente subservientes à United Fruit Company, que possuía lá imensas plantações e era dona dos portos e ferrovias do país.

A Costa Rica também abrigava a United Fruit, mas desde a sua própria "revolução" reformista, em 1948, liderada por José "Pepe" Figueres, haviam sido obtidos melhores termos comerciais, ao mesmo tempo em que se preservara o relacionamento com Washington. Apresentada como a "Suíça da América Central", a Costa Rica exalava uma atmosfera de tolerância e moderação política.

As vizinhas ilhas caribenhas, com economia baseada em monoculturas e com populações negras pobres, descendentes de escravos africanos, eram uma salada de domínios imperiais administradas por governadores brancos, nomeados por Londres, Paris ou Haia. Essas mesmas potências europeias ainda possuíam colônias no continente, como a pequenina Honduras Britânicas [Belize], na Península de Yucatán, e as remotas Guianas, na parte norte da América do Sul, que ainda estavam nas mãos dos britânicos, holandeses e franceses. Os Estados Unidos juntaram-se a esse grupo imperial com sua virtual anexação de Porto Rico, que foi tomado da Espanha meio século antes. Porto Rico foi transformado no primeiro "Estado associado" aos Estados Unidos em 1952. Apenas o Haiti, a República Dominicana e Cuba eram repúblicas independentes e todas permaneciam debaixo de regimes que eram instáveis, corruptos, ou ambos. O sinistro ególatra general Rafael Trujillo governava e roubava a República Dominicana desde 1930. O Haiti negro, politicamente desequilibrado desde um golpe em 1950, sucumbiria em breve ao terrível regime do dr. François "Papa Doc" Duvalier. Cuba estava sob o controle autônomo do general Fulgencio Batista, que assumira o poder em um golpe militar em 1952.

III

Quando o *Guayos* atracou no Panamá, Ernesto e Gualo foram para uma pensão barata, onde podiam dormir no corredor por um dólar por dia cada um. No consulado argentino, descobriram que Ricardo Rojo e Oscar Valdovinos já tinham partido para a Guatemala, mas lhes deixaram uma carta. Ela continha os nomes de alguns contatos na federação de estudantes da Universidade do Panamá e a surpreendente notícia de que Valdovinos se casara, depois de um namoro-relâmpago, com Luzmila Oller, de 23 anos, filha de um congressista panamenho.

Conheceram Luzmila, que ficara para trás, e souberam que seu súbito casamento com Valdo causara uma "revolução" na família Oller. O pai saíra de casa; a mãe se recusara a receber Valdo. Foi um verdadeiro escândalo, inclusive com acusações dos Oller de que Valdo era um vigarista caçador de dotes. No seu diário, Ernesto criticou Valdo por se mandar para a Guatemala sem ter "dado uma trepada ou, ao que parece, conhecer a noiva mais seriamente". Quanto à nova sra. Valdovinos, era "*muy simpática*, parece de fato inteligente, mas é católica demais para o meu gosto".

Ernesto e Gualo começaram a se virar. O cônsul argentino ajudou-os, como também seus contatos universitários. Rapidamente fizeram amizades entre os estudantes e se juntaram a uma turma interessante de poetas, artistas e ativistas políticos que frequentavam dois cafés, o Iberia e o Coca-Cola. Seus novos amigos os ajudaram a pagar a conta da pensão e encaminharam Ernesto a editores de revistas para ver se ele conseguia publicar alguns artigos de viagens, e para a faculdade de medicina da universidade, onde se providenciou para que fizesse uma palestra sobre alergias.

Ernesto recebeu 25 dólares pelo artigo que escreveu sobre a aventura de jangada com Alberto Granado, publicado no jornal *Panamá América*. Em seu diário, observou que o artigo sobre Machu Picchu estava sendo "objeto de discussão" com os editores da *Siete* devido ao seu acentuado enfoque antiamericano. O artigo "Machu Picchu, Enigma de Piedra en America" foi publicado na *Siete* em 12 de dezembro de 1953. Nele, Ernesto abre fogo contra os saqueadores ianques do patrimônio arqueológico do Peru. Depois de descrever a história do Império Inca e a descoberta de Machu Picchu por Hiram Bingham, escreveu: "Agora vem a parte triste. Todas as ruínas foram desmatadas, perfeitamente estudadas e descritas e [...] inteiramente roubadas de todos os objetos que caíram nas mãos dos pesquisadores, que triunfantemente levaram para seu país mais de duzentos caixotes contendo tesouros arqueológicos [...]. Onde é que se pode admirar ou estudar os tesouros da cidade indígena? A resposta é óbvia: nos museus da América do Norte". Não é de surpreender que ele tivesse dificuldades com os editores: essas eram palavras provocativas. Sua conclusão revelava sua emergente opinião política. "Vamos, portanto, nos contentar em dar à cidade inca seus dois possíveis significados: para o lutador que [...] com uma voz de pedra grita com alcance continental, 'Cidadão da Indo-américa, reconquista o passado!'. Para os outros [...] uma frase válida pode ser encontrada no livro de visitantes do hotel, deixada ali por um inglês com toda a amargura de sua nostalgia imperial: 'Tenho sorte de encontrar um lugar sem um anúncio da Coca-Cola'."

O Panamá deve ter parecido um lugar apropriado para iniciar as hostilidades contra o país que Ernesto passara a encarar como um inimigo mortal. Começou a listar e descrever, no seu diário, as pessoas que encontrava, avaliando-as de acordo com suas qualidades humanas e, cada vez mais, também com sua "solidez" política. Na Universidade do Panamá, mencionou ter conhecido um "dr. Carlos Moreno, que me impressionou como um demagogo inteligente, grande entendido em psicologia das massas, mas não tanto da dialética da história. Ele é muito simpático e cordial, e nos tratou com deferência. Dá a impressão de saber o que está fazendo e para onde está indo, mas não levaria uma revolução além do estritamente necessário para conter as massas".

O conhecimento do dr. Moreno sobre a ideologia marxista e seu valor em potencial como um *revolucionário* eram o que importava para Ernesto. Não se pode deixar de sentir nesses perfis que Ernesto já estava delineando atores de uma revolução que transcendesse as fronteiras nacionais. Era como se os primeiros lampejos do seu futuro programa já estivessem infiltrados em sua consciência.

Enquanto Ernesto afiava sua espada no Panamá, seu pai, em Buenos Aires, estava agitado por causa do seu filho errante. Ficara furioso desde a carta de Ernesto, de Guayaquil, na qual contara que tinha penhorado seu terno. Decidido a que seu filho, *el doctor* Guevara, se vestisse adequadamente, o velho Ernesto resolvera mandar fazer um novo guarda-roupa — com um terno, blazer e gravatas — e enviá-lo ao Panamá. Logo depois de recebê-los, Ernesto escreveu ao pai, dizendo: "Como as roupas argentinas valem pouco, por tudo consegui apenas cem dólares!".

No final de novembro, a situação econômica de Ernesto e Gualo estava ficando novamente desesperadora. Um navio no qual contavam chegar à Guatemala ficara retido. Resolveram continuar por terra, mas de novo se depararam com problemas de visto. Ernesto escreveu no diário: "O cônsul da Costa Rica é um imbecil e não nos quer dar os vistos. [...] A luta fica difícil".

Luzmila estava pronta para partir e juntar-se a Valdo. A situação tinha se apaziguado em sua família e ela esperava por um possível cargo diplomático na embaixada do Panamá na Guatemala. Antes de viajar, foi em socorro de Ernesto e Gualo, emprestando-lhes 45 dólares. Tinham finalmente conseguido os vistos para a Costa Rica e estavam prontos para seguir. Depois de pagarem as dívidas, com apenas cinco dólares nos bolsos, partiram. Mas não chegaram muito longe antes que as coisas começassem a dar errado.

Em algum lugar no meio do norte do Panamá, o caminhão em que viajavam enguiçou e saiu da estrada. Depois de mais dois dias pegando carona em trens rurais e andando, entraram na Costa Rica e chegaram a Golfitos, um bonito porto da United Fruit Company para embarque de bananas no Pacífico, construído para seus "10 mil empregados". Ernesto observou a "divisão da cidade em zonas bem definidas, com guardas que impedem a entrada. É claro, a melhor zona é a dos gringos. Ela se parece um pouco com Miami, mas, naturalmente, sem as pessoas pobres. Os gringos ficam aprisionados atrás das quatro paredes de suas casas e no pequeno grupo social que compõem". Visitou o hospital da companhia e observou em tom crítico: "O hospital é uma casa confortável, onde pode ser prestado atendimento médico correto, mas os benefícios variam de acordo com a categoria da pessoa que trabalha na companhia. Como sempre, pode-se ver o espírito de classe dos gringos".

No dia seguinte, embarcaram a bordo de um navio da United Fruit Company que Ernesto apelidou de "a famosa *Pachuca* (que transporta *pachucos*, vagabundos)". O verdadeiro nome do navio era *Río Grande*, e ele fazia o percurso até o porto de Puntarenas, na Costa Rica. A viagem começou muito bem, mas dentro de poucas horas o mar ficou agitado. "Quase todos os passageiros, inclusive Gualo, começaram a vomitar", Ernesto escreveu. "Fiquei do lado de fora com Socorro, uma negrita que eu tinha arranjado, com dezesseis anos nas costas e mais puta do que uma galinha." Marujo experimentado que era, Ernesto não foi afetado pelo enjoo e passou os dois dias seguintes se esbaldando com a dócil Socorro. Depois que aportaram em Puntarenas, disse adeus a ela e seguiu com Gualo para a capital costa-riquenha de San José, no interior.

Uma minúscula cidade encarapitada em colinas suaves e verdejantes, San José era o novo quartel-general da Legião Caribenha, uma aliança regional pró-democracia, anteriormente baseada em Havana, onde desfrutara do patrocínio do ex-presidente de Cuba, Carlos Prío Socarrás. A Legião Caribenha se mudara para San José após o golpe de Batista. Agora, sob a mão orientadora do presidente Figueres, os líderes políticos exilados das ditaduras da Venezuela, da República Dominicana e da Nicarágua reuniam-se em San José para conspirar e planejar.

Pepe Figueres era uma raridade, um político latino-americano cuja opinião era respeitada em Washington pelos responsáveis por traçar políticas, tanto conservadores como liberais. Conseguira esse feito mantendo-se em uma cautelosa linha de centro no terreno das reformas políticas. Abolira o Exército da Costa Rica, nacionalizara os bancos e ampliara o controle do Estado sobre a economia, mas deixara intocados os interesses estrangeiros. Estimavam-no ainda mais por banir o Partido Comunista da Costa Rica, enquanto negociava junto a Washington para que os Estados Unidos se afastassem de seu tradicional apoio a ditaduras na região e passassem a apoiar as reformas democráticas.

Nessa época, além de Figueres, as principais "alternativas democráticas" da América Latina eram o movimento Aliança Popular Revolucionária Americana (Apra), de Victor Raúl Haya de la Torre, no Peru, e a Ação Democrática, na Venezuela, liderada por Rómulo Betancourt, que tinha presidido com um governo de coalizão liberal até ser derrubado pelos militares em favor de Marcos Pérez Jiménez. As políticas que essas organizações defendiam eram moderadamente "social-democratas", porém, firmemente anticomunistas, promovendo ao mesmo tempo as reformas sociais e os investimentos estrangeiros. O Partido Democrático Revolucionário dominicano, chefiado por um escritor e político mulato, Juan Bosch, era o mais esquerdista dos partidos no exílio, embora também ficasse aquém de uma plataforma abertamente marxista.

Enquanto Haya de la Torre estava em seu quinto ano de asilo político como hóspede da embaixada colombiana em Lima, tanto Bosch como Betancourt estavam na Costa Rica, e Ernesto queria muito ouvir suas ideias sobre reformas políticas e sociais. Estava especialmente interessado em suas posições a respeito dos Estados Unidos, um tópico que se tornara seu elemento de definição da legitimidade política. No entanto, ele e Gualo também precisavam sobreviver, de modo que começaram uma nova série de "pedinchadas" enquanto seguiam sua dupla programação.

Passaram um dia conversando com Juan Bosch e com o líder comunista costa-riquenho, Manuel Mora Valverde. Alguns dias depois, Ernesto finalmente encontrou Rómulo Betancourt. Dos três, o que mais o impressionou foi o comunista Mora Valverde, "um homem tranquilo [...] com uma série de tiques que indicam uma grande inquietação interior". Anotou cuidadosamente a análise de Mora sobre a história recente da Costa Rica e sobre as políticas pró-americanas de Figueres. "Quando Figueres se desiludir de sua crença na compaixão do Departamento de Estado, virá a incógnita: ele lutará ou se submeterá? Aí está o dilema e veremos o que vai acontecer", Ernesto escreveu.

Ernesto descreveu Juan Bosch como "um homem de letras com ideias claras e tendências esquerdistas. Não falamos de literatura, simplesmente de política. Ele descreveu Batista como um gângster cercado de gângsteres". Foi cáustico na avaliação de Rómulo Betancourt: "Ele me dá a impressão de ser um político com algumas ideias sociais firmes na cabeça, mas o resto é esvoaçante e oscilante na direção das melhores vantagens. Em princípio, está do lado dos Estados Unidos. Endossou o Pacto do Rio [Tratado Interamericano de Defesa, de 1948] e se dedicou a falar horrores dos comunistas".

Pouco tempo depois, Ernesto e Gualo começaram a pedir carona para a Nicarágua, que Ernesto chamava de "estância de Tacho [Somoza]". Do outro lado da fronteira, durante uma chuva torrencial, Ricardo Rojo subitamente reapareceu. Estava viajando com dois irmãos argentinos, os Beverragi, que iam no seu próprio carro para a América do Sul. Sentindo-se meio perdido depois de algumas semanas na Guatemala, Rojo tinha vindo com eles só para ver no que dava. Como a estrada para a Costa Rica estava intransitável, seguiram para o litoral, a fim de ver se conseguiam transporte em uma barcaça para o sul, enquanto Ernesto e Gualo viajaram para Manágua, a capital da Nicarágua.

A cidade de Manágua, quente e árida à beira de um lago, despertava pouco interesse em Ernesto, e ele passou seu tempo em "uma peregrinação pelos consulados, com as imbecilidades usuais", à caça de vistos. No consulado hondurenho, Rojo e seus companheiros reapareceram. Não tinham conseguido nenhuma barcaça. Ali mesmo, o grupo resolveu se dividir: Rojo e Walter Beverragi voariam para San José, Ernesto e Gualo iriam para a Guatemala no carro com Domingo Beverragi, que lá o venderia. Nessa noite, tiveram um longo debate sobre a Argentina e sua vida política, e, segundo o registro de Ernesto, chegaram às seguintes conclusões sobre as posições políticas uns dos outros: "Rojo, Gualo e Domingo eram *radicales intransigentes* [uma ala liberal da União Cívica Radical, liderada pelo dr. Arturo Frondizi, o mentor de Rojo]; Walter era um *laborista* [do esquerdista Partido Laborista], e eu sou um *franco-atirador*, pelo menos para El Gordo [Rojo]".

Walter Beverragi ficara preso e fora torturado em 1948 por sua participação em uma conspiração para derrubar Perón. Escapou, mas enquanto estava no exílio nos Estados Unidos sua cidadania foi cassada.* Isso era um lembrete de quão longe chegava Perón para punir seus adversários, e Rojo estava preocupado, pois ele e Valdovinos concederam uma entrevista coletiva para a imprensa na Cidade da Guatemala ventilando suas próprias críticas contra Perón. Ernesto, de forma geral, estava alheio a essa polêmica argentina, mas *se interessou* e ouviu com aten-

* Anos mais tarde, Walter Beverragi tornou-se um proeminente ultranacionalista, sustentando opiniões antissemitas. Em seu livro, *El dogma nacionalista*, atacou a "democracia" e o "liberalismo" como males gêmeos da sociedade moderna e decadente.

ção, de vez em quando lançando um dos comentários ferinos que lhe tinham valido o apelido de "Franco-atirador".

Ernesto foi de carro com Gualo e Domingo Beverragi para a fronteira hondurenha. Tinham vinte dólares, somando o dinheiro dos três. Parando apenas para trocar pneus furados, prosseguiram a viagem por um trecho árido do interior de Honduras, cruzaram a paisagem dominada por vulcões de El Salvador em um dia, e foram em frente para as montanhas verdes da Guatemala. Pagaram as taxas dos postos de fronteira com café, ao saírem de El Salvador, e com uma lanterna, ao entrarem na Guatemala. Na manhã de 24 de dezembro, chegaram à Cidade da Guatemala com três dólares ao todo.

IV

Nos anos 1950, a Cidade da Guatemala era um pequeno lugar provinciano e conservador, um privilegiado enclave urbano de brancos e mestiços, em um país predominantemente rural e indígena de fantástica beleza natural. As montanhas de florestas em volta, com vulcões, lagos e plantações de café, pontilhadas de aldeias de camponeses indígenas, descem na direção das plantações de cana-de-açúcar e fazendas das planícies da costa tropical do Pacífico.

Porém, a imagem de cartão-postal apresentada por sucessivos governos guatemaltecos para os estrangeiros — de nativos com vestimentas coloridas trabalhando felizes em harmônica comunhão com seu habitat — era enganosa. A Guatemala era um lugar onde a conquista espanhola parecia recente apesar da passagem do tempo. Uma minoria de brancos e crioulos governara durante séculos a maioria nativa existente para trabalhar nas vastas plantações particulares da oligarquia ou nas da United Fruit Company.

Essa situação foi uma realidade até que a "revolução" reformista de Juan José Arévalo derrubou a ditadura cruelmente autoritária de Ubico, na década de 1940, e clamou por mudanças democráticas. Arévalo não conseguira implementar todas as reformas que advogou, mas foi substituído por um coronel guatemalteco de tendências esquerdistas, Jacobo Arbenz, que lhes deu prosseguimento. A mais explosiva delas foi o decreto de lei de reforma agrária que Arbenz assinou em 1952, pondo fim ao sistema oligárquico dos latifúndios e nacionalizando as propriedades da United Fruit.

Arbenz ganhou a eterna inimizade da elite conservadora guatemalteca e da United Fruit, que tinha contatos extraordinariamente estreitos com o governo Eisenhower. John Foster Dulles, secretário de Estado, e seu irmão, Allen Dulles, diretor da CIA, tiveram laços com a United Fruit por meio de seu trabalho com a firma de advocacia Sullivan & Cromwell. Essa firma tinha uma cliente, a J. Henry Schroder Banking Corporation, que atuou como assessora financeira da International Railways of Central America (Irca). A maioria das ferrovias da Guatemala era de propriedade da Irca antes de serem vendidas para a United Fruit em uma transação coordenada por John Foster Dulles. Allen Dulles fora diretor do Schroder Bank, que era utilizado pela CIA para lavagem de dinheiro para suas operações clandestinas.

Havia outros relacionamentos confortáveis com a United Fruit. A família do secretário de Estado assistente para assuntos interamericanos, John Moors Cabot, tinha interesses na United Fruit. A secretária pessoal de Eisenhower era esposa do diretor de relações públicas da companhia. Com tais amigos, a United Fruit Company podia fazer sentir o seu peso. Contratou como consultor o obstinado Spruille Braden, o mais importante emissário de Harry Truman para a América Latina. Em março de 1953, Braden pronunciou um discurso inflamado em Dartmouth College, instando o governo dos Estados Unidos a intervir militarmente contra os "comunistas" na Guatemala. Imediatamente depois, em uma indicação de até onde estava disposta a ir, a United Fruit organizou um levante armado na capital da província de Salamá. O envolvimento da companhia na rebelião foi desmascarado nos julgamentos de alguns rebeldes capturados, mas o que ainda *não* se sabia publicamente era que a CIA também estivera envolvida e estava discutindo planos com a United Fruit para derrubar o governo guatemalteco.

Até o final de 1953, as linhas de batalha entre a Guatemala e Washington estavam claramente traçadas. Os vizinhos centro-americanos da Guatemala, principalmente ditadores como Somoza, vociferavam suas preocupações com o efeito de trasbordamento para seus países. Nesse meio-tempo, centenas de esquerdistas latino-americanos chegavam àquele país como asilados políticos ou, como Ernesto, simpatizantes ansiosos por ver de perto a experiência "socialista" da Guatemala. Sua presença acrescentara um elemento inflamável à atmosfera de estufa da Guatemala, enquanto a guerra verbal entre os governos Arbenz e Eisenhower se agravava a cada dia.

Ao chegar à Guatemala, Ernesto parece ter sofrido uma conversão política interior, ou pelo menos estava tentando se convencer disso, embora ela permanecesse quase toda encoberta por sua aparência externa. Não agiria em função de suas novas crenças por enquanto, mas elas ajudam a explicar o que o atraiu à Guatemala. Parte da prova disso está em um enigmático trecho que escrevera em Buenos Aires enquanto compunha seu *Notas de viaje*. Dera-lhe o título apropriado de *Nota al margen*, pois não se encaixava de maneira alguma no resto do seu relato de viagem. Ele descreve uma "revelação".

Ernesto escreveu que estava "em uma aldeia na montanha, sob um céu noturno, frio e estrelado". Uma grande escuridão o rodeava e havia um homem ali com ele, perdido na escuridão, visível apenas pelo branco de seus quatro dentes da frente. "Não sei se foi a personalidade do indivíduo ou a atmosfera que me preparou para receber a revelação, porém, sei que já ouvira os argumentos muitas vezes antes, de diferentes pessoas, e eles nunca me haviam impressionado. Na realidade, nosso orador era um sujeito interessante: quando jovem, tinha fugido de algum país europeu a fim de escapar do cutelo dogmático; conhecia o sabor do medo (uma das experiências que faz com que se dê valor à vida), e posteriormente, depois de rolar de país para país e de compilar milhares de aventuras, tinha vindo descansar os ossos nessa remota região, onde aguardava pacientemente a chegada do grande acontecimento.

"Depois das frases de efeito e dos lugares-comuns com que cada um expõe suas posições, a conversa foi se arrastando e estávamos a ponto de nos separarmos. Então, com o mesmo sorriso juvenil e travesso que sempre o acompanhava, acentuando a disparidade de seus quatro incisivos, ele deixou escapar: 'O futuro pertence ao povo e, pouco a pouco ou de um só golpe, ele vai tomar o poder, aqui e no mundo inteiro. O ruim é que eles têm de se civilizar e isso não pode acontecer antes, mas só depois que tomarem o poder. Eles se tornarão civilizados somente aprendendo às custas de seus próprios erros, que serão graves, e que custarão muitas vidas inocentes. Ou talvez não, talvez não sejam inocentes, porque terão cometido o imenso crime *contra natura*, que significa sua falta de capacidade de se adaptar.

"'Todos eles, todos os que não forem adaptáveis, você e eu, por exemplo, morrerão amaldiçoando o poder que nós, com enorme sacrifício, ajudamos a criar. [...] Na sua forma impessoal, a revolução tomará suas vidas e até mesmo utilizará suas lembranças como um exemplo ou um instrumento de domesticação para os jovens que virão depois. Meu pecado é maior, porque eu, mais sutil e com mais experiência, chame como quiser, morrerei sabendo que meus sacrifícios se devem apenas a uma obstinação que simboliza a civilização podre que está desmoronando.'"

Esse orador misterioso, por dedução um refugiado marxista dos pogroms stalinistas, cujo pecado consciente fora sua "incapacidade de se adaptar" ao novo poder brandido pelas massas não civilizadas, agora voltava sua atenção premonitória para Ernesto.

"'Você morrerá com o punho cerrado e o maxilar tenso, em uma perfeita demonstração de ódio e de luta, porque você não é um símbolo (alguma coisa inanimada, tomada como exemplo), você é um autêntico membro de uma sociedade que está desmoronando. O espírito da colmeia fala por sua boca e se move por suas ações. Você é tão útil quanto eu, mas não sabe a utilidade da ajuda que dá à sociedade que o sacrifica.'"

Devidamente alertado para as consequências do caminho revolucionário, Ernesto reconhece a "revelação" que veio com ele: "Eu vi seus dentes e a expressão travessa com que dera um salto na história, senti o aperto de suas mãos e, como um murmúrio distante, a saudação protocolar do adeus [...]. A despeito de suas palavras, eu agora sabia [...], estarei com o povo, e sei disso porque vejo gravado na noite que eu, o eclético dissecador de doutrinas e psicanalista de dogmas, uivando como um possesso, atacarei de frente as barricadas ou trincheiras, banharei minha arma em sangue e, louco de fúria, cortarei a garganta de qualquer inimigo que me cair nas mãos.

"E vejo, como se um imenso cansaço abatesse minha recente exaltação, a forma como eu morro como um sacrifício à verdadeira revolução do indivíduo, proferindo o exemplar mea-culpa. E sinto minhas narinas dilatadas pelo cheiro acre da pólvora e do sangue, do inimigo morto. Agora meu corpo se contorce, pronto para a luta, e preparo meu ser como se fosse um lugar sagrado, de modo que nele o uivar bestial do proletariado triunfante possa ressoar com novas vibrações e novas esperanças."

Esse trecho revela os impulsos extraordinariamente apaixonados — e melodramáticos — que atuavam em Ernesto Guevara aos 25 anos. Poderosa e violenta, incrivelmente precognitiva da sua própria morte e da exploração póstuma do seu legado por muitos ditos "revolucionários", *Nota al margen* precisa ser vista como um depoimento pessoal decisivo, pois os sentimentos que contém logo surgiriam da penumbra de seus pensamentos submersos para encontrar expressão em suas ações.*

V

Na Cidade da Guatemala, Ernesto e seus companheiros encontraram-se com Valdo e Luzmila e, em seguida, foram procurar uma pensão onde, como disse ele, "pudéssemos nos enfiar e começar a dever dinheiro". Ricardo Rojo chegou e logo apresentou Ernesto a uma mulher, Hilda Gadea, que se tornaria um

* Ver Notas.

importante acréscimo à sua vida. Hilda era uma líder exilada da ala jovem da Apra, do Peru, e estava então trabalhando com o governo Arbenz. Era pequena, roliça, com vinte e muitos anos e tinha feições sino-indígenas. "No nosso primeiro encontro", ela escreveu posteriormente, "Guevara deu-me uma impressão negativa. Parecia superficial demais para ser inteligente, egoísta e convencido".

Apesar do desdém inicial, que ela reconheceu ter sido agravado por sua "desconfiança" inata em relação aos argentinos, que são notórios entre seus vizinhos por esnobismo e arrogância, Hilda logo se apaixonou por Ernesto. Mas, por enquanto, ele estava com a cabeça em outro lugar. Estava ocupado indo ver pessoas a fim de conseguir emprego e não prestou muita atenção em Hilda. Ela é mencionada rapidamente no seu diário como alguém que o apresentara ao professor marxista norte-americano Harold White. "Conheci um gringo estranho, que escreve umas asneiras sobre marxismo e traduz para o espanhol. A intermediária é Hilda Gadea, e Luzmila e eu é que fazemos o trabalho. Até agora cobramos 25 dólares. Dou aulas de espanhol para o gringo." Essa atividade, porém, era só para preencher o tempo. O que Ernesto estava aguardando era uma audiência com o ministro da Saúde Pública da Guatemala; no entanto, todas as suas tentativas de encontrar-se com o homem fracassaram.

"Minha opinião pessoal é de que a Guatemala é interessante, embora, como todas as revoluções, perca algo com a intimidade", Ernesto escreveu para Andro Herrero. A Guatemala "revolucionária" pode não ter correspondido a todas as expectativas de Ernesto, mas, por outro lado, ainda não andara pelo interior, onde fora realizada a reforma agrária. A capital continuava basicamente a mesma. Seu pequeno centro comercial era barulhento, com camelôs e entulhado de letreiros de néon. Os moradores ricos, nos bairros residenciais mais afastados, continuavam vivendo tranquilamente por trás dos muros, à sombra das buganvílias. Contudo, Ernesto conhecia pessoas interessantes no meio da comunidade eclética de exilados políticos latino-americanos que haviam se reunido por lá. Havia apristas peruanos, comunistas nicaraguenses, antiperonistas argentinos, sociais-democratas venezuelanos e antibatistianos cubanos.

Depois de um encontro com uma exilada hondurenha, Helena Leiva de Holst, Ernesto escreveu entusiasmado: "Em alguns aspectos, ela está perto dos comunistas e me deu a impressão de ser muito boa pessoa. De noite mantive um debate com [Nicanor] Mujíca [um aprista peruano exilado] e Hilda, e tive uma pequena aventura com uma professora sórdida. De agora em diante, tentarei escrever no diário todos os dias e tentarei chegar mais perto da realidade política da Guatemala".

Por mais que tentasse conseguir um emprego no Ministério da Saúde da Guatemala, Ernesto não fora ali somente por isso. Estava em uma busca política pessoal e, se sua família antes não tinha se dado conta do fato, suas cartas agora desfaziam quaisquer outras ideias que pudessem ter tido. Em 10 de dezembro, quando ainda estava em San José, enviara uma atualização de sua viagem para a tia Beatriz. Pela primeira vez, suas convicções ideológicas fizeram uma aparição nítida em sua correspondência pessoal. "Minha vida vinha sendo um mar de resoluções encontradas, até que corajosamente abandonei minha bagagem e, de mochila nas costas, saí com o companheiro García pela trilha sinuosa que nos trouxe até aqui. Ao longo do caminho, tive a oportunidade de passar pelos domínios da United Fruit, convencendo-me mais uma vez do quão terríveis são esses polvos capitalistas. Jurei em frente a um retrato do velho e pranteado camarada Stálin que não descansarei até que veja esses polvos capitalistas aniquilados. Na Guatemala, me aperfeiçoarei e farei o que é preciso para ser um autêntico revolucionário."

Depois dessa declaração, que deve ter causado muita perplexidade em Beatriz, Ernesto assinava com abraços, amor e beijos "do seu sobrinho de constituição férrea, de estômago vazio e de fé luminosa no futuro socialista, *Chau, Chancho*".

Em Manágua, Ernesto foi ao consulado argentino para conferir se havia correspondência de casa e encontrou um telegrama "estúpido" do pai, ansioso por notícias suas e se oferecendo para lhe mandar dinheiro caso estivesse precisando. Isso enfurecera Ernesto e, na sua primeira carta da Guatemala, de 28 de dezembro, foi o mais duro possível. "Acho que você agora entende que, mesmo que eu esteja morrendo, não lhe pedirei dinheiro, e se uma carta minha não chegar quando a estiver esperando, você simplesmente terá de ser paciente e esperar. Às vezes não tenho nem selos, mas estou indo perfeitamente bem e sempre dou um jeito de sobreviver. Se em algum momento você ficar preocupado com alguma coisa, pegue o dinheiro que gastaria em um telegrama e vá beber com ele ou alguma coisa assim, mas daqui por diante não responderei a nenhum telegrama desse tipo."

O tom agressivo parece ter sido a maneira que Ernesto encontrou para traçar uma linha defensiva entre ele e sua família. De uma distância segura, em um lugar onde não podia ser detido nem desviado por suas palavras de persuasão, estava dizendo: "Este sou eu, o verdadeiro eu, gostem ou não. Não podem fazer nada a respeito, de modo que o melhor é se acostumarem com a ideia".

Guatemala, 1954. Ernesto está de pé, é o terceiro a partir da direita, ao lado da futura esposa, Hilda Gadea, a segunda a partir da direita. Ricardo Rojo está ao lado dela, de óculos escuros. Gualo García está agachado na frente.

9. “Dias sem vergonha nem glória”

I

Para bem ou para mal, Ernesto elegera a revolução esquerdista da Guatemala como a primeira causa política com que abertamente se identificava. Disse à família que, apesar de seus muitos defeitos e falhas, era o país em que se podia respirar o “ar mais democrático” da América Latina. O cético, o “franco-atirador” analítico, o “eclético dissecador de doutrinas e psicanalista de dogmas” resolvera mergulhar.

Encontrar algo útil para fazer ali era o próximo obstáculo a enfrentar. Ironicamente, jamais o encontraria. Os seis meses que se seguiram tornaram-se uma sucessão frustrante de “dias sem vergonha nem glória, em um refrão que tem a característica de se repetir em um grau alarmante”, ele escreveu. Enquanto isso, porém, estava conhecendo pessoas. Hilda Gadea apresentou-o a alguns contatos do alto escalão do governo, dentre eles o aristocrático ministro da Economia, Alfonso Bauer Paiz, e o secretário do presidente Arbenz, Jaime Díaz Rozzoto. Ernesto os questionava sobre a revolução da Guatemala e, ao mesmo tempo, tentava conseguir uma posição como médico.

Hilda também apresentou Ernesto ao professor Edelberto Torres, um exilado político nicaraguense, estudioso do falecido poeta Rubén Darío. A jovem e bonita filha de Torres, Myrna, acabara de regressar de um ano de estudos de inglês na Califórnia e trabalhava com Hilda no Instituto de Fomento a la Producción, um órgão de financiamento agrícola criado pelo governo Arbenz. O irmão de Myrna, Edelberto Jr., era o secretário-geral da organização da juventude comunista da Guatemala, a Juventude Democrática, e acabara de voltar de uma viagem à China. A casa do amistoso Torres era ponto de encontro de Hilda e outros exilados, e Ernesto e Gualo foram bem recebidos nesse círculo.

No primeiro dia na casa de Torres, Ernesto conheceu alguns entusiasmados e extrovertidos exilados cubanos que estavam na cidade havia vários meses: Antonio "Ñico" López, Armando Arencibia, Antonio "Bigotes" (bigodes) Darío López e Mario Dalmau. Os cubanos destacavam-se na comunidade de exilados porque apenas eles eram veteranos de um levante armado contra uma ditadura. Embora sua tentativa tivesse fracassado, demonstraram determinação e bravura, conquistando ampla admiração e até mesmo publicidade para sua campanha contra Batista. Depois de participarem dos ataques aos quartéis do Exército de Moncada e Bayamo, liderados pelo jovem advogado Fidel Castro Ruz, Ñico e seus camaradas escaparam à captura refugiando-se na embaixada da Guatemala em Havana. Tendo recebido asilo político do governo Arbenz, os moncadistas, como eram chamados, estavam sem fazer nada na Guatemala, como hóspedes do governo até receberem novas ordens de sua organização. Enquanto isso, eram celebridades, convidados obrigatórios nos jantares e piqueniques.

Castro fora recentemente julgado e condenado a quinze anos de prisão em Cuba. Estava cumprindo sua sentença em uma solitária na ilha de Pinos. Porém, apesar das circunstâncias adversas, os cubanos na Guatemala, especialmente Ñico, falavam com convicção apaixonada sobre o futuro de sua luta. "Ñico tinha certeza de que a estada na Guatemala seria curta", escreveu Hilda, "e que logo iria para outro país a fim de se juntar a Fidel e trabalhar pela revolução. Sua fé era tão grande que quem o ouvisse falar era obrigado a acreditar nele."

Ernesto também ficou impressionado e prontamente desenvolveu uma grande estima pelo simpático e extrovertido Ñico. Continuaram a se encontrar socialmente e ficaram amigos. Para ganhar alguns trocados, Ñico e seus camaradas juntaram-se a Ernesto para vender produtos em troca de uma comissão. Ñico foi quem deu a Ernesto o apelido de *El Che argentino*. *Che* é uma palavra em guarani que os argentinos costumam usar em uma locução que se pode traduzir livremente como "Ei, você".

Quando um outro exilado cubano, José Manuel "Che-Che" Vega Suárez, que morava em sua hospedaria, teve fortes dores de estômago, Ñico e Dalmau pediram a ajuda de Ernesto. Este examinou Vega, chamou uma ambulância e acompanhou-o até o hospital, onde foi tratado e melhorou em poucos dias. Depois desse episódio, disse Dalmau, os cubanos encontravam-se com Guevara quase todos os dias, no parque central ou na pensão.

Ernesto não se deu bem com o ministro da Saúde Pública, que o informou que precisaria voltar para a Faculdade de Medicina por um ano para que seu diploma argentino pudesse ser validado na Guatemala. Ele ironizou sobre suas dificuldades econômicas em uma carta para a família, de 15 de janeiro de 1954: "Estou vendendo uma valiosa imagem do Senhor de Esquipulas, um Cristo negro que faz milagres fantásticos [...]. Tenho uma farta lista de episódios dos milagres do Cristo e estou sempre inventando outros para ver se consigo vender". Se a família pensava que ele estava brincando, estavam enganados. Ñico López viera com o que pensava ser uma jogada lucrativa: colocar pequenos retratos do Cristo negro da Guatemala por trás de molduras de vidro e instalar uma lâmpada na base para iluminá-los. Ernesto o ajudou a vendê-los.

Beatriz, tia de Ernesto, mandou-lhe algum dinheiro em uma carta que nunca chegou, e depois enviou outra perguntando se o recebera. Sua resposta a esta segunda carta, de 12 de fevereiro, foi de resignada gozação. Disse a Beatriz que só podia supor que um "democrático funcionário dos correios havia feito uma distribuição justa das riquezas. Não me mande mais qualquer dinheiro, pois você não pode ter esses gastos e aqui eu encontro dólares caídos pelo chão. Tenho de confessar que, no princípio, fiquei com dor na região lombar de tanto me curvar para apanhá-los".

II

Myrna Torres e algumas amigas começaram a ter ideias românticas a respeito de Ernesto e Gualo. Uma noite, ela e Blanca Mendez, filha do diretor das Reservas Petrolíferas da Guatemala, tiraram cara ou coroa para ver qual das duas ficaria com Ernesto. "Blanca ganhou", Myrna escreveu depois. "Ernesto, é claro, nunca soube qualquer coisa sobre isso." Mas logo Myrna se deu conta de que era Hilda, mais velha e sem graça, quem mais atraía Ernesto. "Pouco a pouco, minhas amigas também perceberam que os argentinos, principalmente Ernesto, preferiam conversar com Hilda, porque ela sabia debater sobre política." Em 11 de janeiro, Myrna anotou no seu diário: "Os rapazes argentinos são pessoas muito esquisitas: hoje passaram pela minha sala, a caminho da sala de Hilda, e tudo que disseram foi *'Buenos días'*, e quando passaram de volta, *'Adiós, Myrna'* [...]. Pareceu-me estranho, porque estou tão acostumada à efusividade dos cubanos. Na verdade, eles são bem sociáveis, apenas preferem as conexões políticas".

Hilda lera bastante, tinha orientação política e era generosa com seu tempo, seus contatos e seu dinheiro, e apareceu na vida de Ernesto quando ele estava precisando de todas essas coisas. Posteriormente, Hilda contou que fizera Ernesto conhecer Mao e Walt Whitman, enquanto ele havia ampliado o conhecimento dela sobre Sartre, Freud, Adler e Jung, sobre os quais discordavam. Hilda repudiava o que via como a estreiteza da filosofia existencialista de Sartre e da interpretação sexual da vida de Freud. Com o tempo, disse ela, a adoção desses pontos de vista por Ernesto foi se abrandando à medida que suas interpretações tornavam-se mais e mais marxistas.

A própria filosofia de Hilda tinha algumas influências marxistas, mas permanecia dentro de uma ótica social-democrata. Este era um dos principais pontos de discórdia entre os dois. Ernesto ressaltava que, enquanto Hilda "pensava" como marxista, era membro da Apra, composta principalmente de integrantes da classe média urbana. Em conversas com outros apristas, Ernesto discernira que, no âmago da ideologia da Apra, havia um anticomunismo fundamental. Via o partido e seu líder, Victor Raúl Haya de la Torre, com desdém. Ressentia-se por ele ter abandonado sua plataforma original anti-imperialista, que conclamava para a luta contra os ianques e pela nacionalização do Canal do Panamá. Hilda contra-argumentava que a filosofia orientadora do partido ainda era anti-imperialista e antioligárquica, que qualquer abandono de princípios originais da Apra era puramente tático e que, uma vez chegando ao poder, realizaria uma "verdadeira transformação social".

Ernesto argumentava de volta que, dadas as circunstâncias presentes na América Latina, nenhum partido que participasse de eleições podia continuar sendo revolucionário. Todos os partidos seriam inevitavelmente forçados a se comprometer com a direita e a buscar um entendimento com os Estados Unidos. Para que uma revolução tivesse êxito, não se podia evitar uma confrontação direta com o imperialismo ianque. Ao mesmo tempo, criticava os partidos comunistas que, achava ele, tinham se afastado das "massas trabalhadoras" ao se engajarem em alianças táticas com a direita.

Outros se juntaram nessas discussões. Frequentemente incluíam a exilada hondurenha Helena Leiva de Holst, com quem Ernesto desenvolveu uma íntima afinidade. Ela era politicamente ativa, conhecedora do marxismo e viajara pela União Soviética e pela China. Ricardo Rojo também era envolvido nas discussões, e ele e Ernesto argumentavam incessantemente. "Guevara falava de sua grande simpatia pelas conquistas da revolução na União Soviética, enquanto Rojo e eu frequentemente levantávamos objeções", Hilda escreveu. "Mas eu admirava a Revolução [Soviética], enquanto Rojo a denegria com argumentos superficiais. Uma vez, depois de uma dessas discussões, quando estavam me levando para casa, a discussão recomeçou e logo ficou azeda. O assunto era sempre o mesmo. O único meio, dizia Ernesto, era uma revolução violenta; a luta tinha de ser contra o imperialismo ianque e quaisquer outras soluções [...] eram formas de traição. Rojo sustentava com vigor que o processo eleitoral de fato oferecia uma solução. A discussão ficava mais acirrada com cada argumento apresentado."

Enquanto Ernesto e seus amigos debatiam teoria política, a CIA estava bem adiantada em seus planos para sepultar a curta experiência de revolução social da Guatemala. Em janeiro de 1954, o programa clandestino tinha até um nome em código: Operação Sucesso. Pela região afora, ditadores amigos como Trujillo, Somoza, Pérez Jiménez, e os presidentes de Honduras e El Salvador, países vizinhos, foram incorporados ao planejamento da CIA. Um testa de ferro guatemalteco fora escolhido a dedo para liderar o "Exército de Libertação" contra Arbenz: um ex-coronel do Exército e vendedor de móveis chamado Castillo Armas. Suas forças paramilitares estavam então sendo armadas e treinadas na Nicarágua.

Para melhor coordenar a operação, homens de confiança da CIA substituíram os enviados norte-americanos na Costa Rica, na Nicarágua e em Honduras. John Puerifoy, o novo embaixador exibicionista na Guatemala, assumira o posto apenas dois meses antes. Fora escolhido para o fim específico de coordenar a Operação Sucesso e a transição de poder no país.

No final de janeiro, a campanha clandestina foi desmascarada quando houve um vazamento da correspondência entre Castillo Armas, Trujillo e Somoza, detalhando suas maquinações em aliança com um "governo ao norte". O governo Arbenz imediatamente tornou pública a informação e exigiu uma explicação do "governo do Norte" [os Estados Unidos]. Em 2 de fevereiro, em uma carta ao pai, Ernesto escreveu: "Politicamente, as coisas não estão indo tão bem, porque se suspeita de um golpe a qualquer momento, sob o patrocínio de seu amigo Ike".

O Departamento de Estado negou ter qualquer conhecimento dos complôs que estavam sendo montados e a CIA continuou calmamente com seus preparativos. Agentes circulavam por toda a Guatemala e pelos países vizinhos de modo tão ostensivo que nos dias de hoje pareceria uma brincadeira, mas a CIA pretendia criar um clima de tensão e incerteza a fim de gerar divisões nas Forças Armadas, enfraquecer a determinação de Arbenz ou até, quem sabe, provocar um golpe de Estado.

Nessa atmosfera tumultuada, as costumeiras desconfianças de Ernesto quanto aos norte-americanos se acentuaram. Quando Rojo o apresentou a Robert Alexander, um professor da Universidade de Rutgers que estava coletando material para um livro sobre a revolução guatemalteca, Ernesto perguntou-se em voz alta se Alexander era um agente do FBI. Nem Hilda nem Rojo partilhavam das desconfianças de Ernesto, mas encontraram dificuldade em lhe convencer e tiveram de admitir que ele poderia ter razão.

Ernesto achava que o governo Arbenz era muito complacente. "Achava que era necessário organizar a *defensa popular* [uma milícia armada do povo] e estar preparado para o pior", recorda-se Alfonso Bauer Paiz, o ministro da Economia. É interessante observar que, na esteira de sua própria tentativa de fazer jornalismo com parcialidade, um dos principais alvos do desprezo de Ernesto era a liberdade desenfreada da imprensa da Guatemala. Em uma carta de 5 de janeiro para sua tia Beatriz, ele escreveu: "Este é um país no qual se pode inflar os pulmões e enchê-los de democracia. Há jornais aqui dirigidos pela United Fruit e, se eu fosse Arbenz, os fecharia em cinco minutos, porque são uma vergonha e, no entanto, dizem o que bem entendem e ajudam a criar a atmosfera que a América do Norte deseja, mostrando que isto é um antro de ladrões, comunistas, traidores etc.".

Em uma carta para a família, predizia: "Na [próxima] conferência [da OEA] em Caracas, os ianques montarão suas armadilhas para impor sanções à Guatemala. Não há dúvida de que os governos se curvam diante deles e suas pontas de lança são Pérez Jiménez, Odría, Trujillo, Batista e Somoza. Isto é, entre os governos reacionários, os que são mais fascistas e antipopulares. A Bolívia era um país interessante, mas a Guatemala é muito mais, porque se postou contra o que quer que venha, sem ter uma vírgula de independência econômica e suportando tentativas armadas de toda espécie [...], sem no entanto ir contra a liberdade de expressão".

Com nuvens de tempestade se acumulando ameaçadoramente no horizonte, muitos exilados políticos começaram a deixar a cidade. Dentre eles, a maioria dos venezuelanos e dos camaradas apristas de Hilda. No começo de fevereiro, Oscar Valdovinos e Luzmila foram embora. Valdo estava com saudades de casa e Luzmila arranjara uma função diplomática na Argentina. Em seguida, Ricardo Rojo e Gualo também anunciaram sua intenção de partir. Poucos exilados políticos na Guatemala pareciam dispostos a defender a revolução deste país. Ali estava uma oportunidade para lutar pela liberdade política, como os internacionalistas lutaram para defender a República Espanhola nos anos 1930, e, no entanto, nada estava acontecendo.

Ernesto declarou sua intenção de ficar, viesse o que viesse. "Neste exato momento, a Guatemala é o país mais interessante da América e deve ser defendida com todos os meios possíveis", ele escreveu a Beatriz.

III

Enquanto prosseguia em sua busca por emprego, Ernesto continuou lendo sobre tópicos de medicina que lhe interessavam, de vez em quando tratava de pacientes, e ainda dava uma ajuda no laboratório do dr. Peñalver, um venezuelano especialista em malária. Também começou a trabalhar em um novo projeto que unia seus dois interesses principais: a medicina e a política. "Estou preparando um livro muito pretensioso, que acho que me tomará dois anos de trabalho", escreveu a Beatriz. "Seu título é *O papel do médico na América Latina* e até agora escrevi apenas o esquema geral e os dois primeiros capítulos. Mas acho que, com paciência e método, posso dizer alguma coisa boa."

Depois de trabalhar um pouco no livro, mostrou o que escrevera a Hilda. Segundo ela recordou, "era uma análise da falta de proteção do Estado e da escassez de recursos que a profissão médica tinha de enfrentar, bem como do tremendo problema de saneamento que persistia em nossos países. Pediu-me que o ajudasse a reunir estatísticas de saúde de cada país latino-americano, e prometi que o faria, pois achava o trabalho de grande valia. Além do mais, isso me mostrou que se tratava de um trabalho de uma mente inquieta, sensível aos problemas sociais". O trabalho proposto era um manual para um médico na sociedade revolucionária. Não era uma coincidência Ernesto planejar levar dois anos para finalizar o livro, era o mesmo período de tempo que esperava servir como médico no interior da Guatemala.

Em sua estrutura, Ernesto traçava a história da medicina na América Latina do período colonial aos dias de hoje, a série de problemas clínicos e os fatores geográficos e econômicos que contribuíram para eles. Sua ampla análise para tratamento concluía que somente um programa preventivo de medicina social poderia lidar de forma adequada com os males causados pelo subdesenvolvimento. No esboço para um capítulo chamado "O Médico e o Meio Ambiente", estabelece um cenário futuro em que o médico desempenharia um papel direto para ajudar a trazer uma transformação revolucionária para o socialismo. O médico teria de enfrentar diretamente as autoridades estabelecidas para obter atendimento médico adequado para o povo e acabar com a pilhagem e o lucro. Durante a transição da "neutralidade armada" para a "guerra aberta", o médico deve familiarizar-se intimamente com o povo sob seus cuidados, conhecer suas condições de saúde e ajudar a despertar sua consciência de classe e sua percepção da importância da boa saúde na vida cotidiana. Era dever do *médico revolucionário* lutar contra todas as mazelas — sociais e de outros tipos — que afetavam o povo, os "únicos soberanos" aos quais devia servir.*

* Não tive permissão para ver os rascunhos de Che quando estava trabalhando neste livro, mas a historiadora Maria del Carmen Ariet, que trabalhou em seus arquivos pessoais durante muitos anos, o descreveu em detalhes para mim. Em 2004, um esboço de um capítulo, "El médico y el medio", apareceu em uma antologia, *Latin America, el Despertar de um Continente*, que foi publicada sob o nome de Che.

Naquele momento, a situação interna da Guatemala poderia ser descrita como de "neutralidade armada", enquanto a "guerra aberta" era ameaçada pelo "Exército de Libertação" de Castillo Armas, apoiado pelos Estados Unidos. Ernesto ainda esperava que, quando a crise chegasse, os militantes do Partido Guatemalteco dos Trabalhadores (PGT), que era o Partido Comunista da Guatemala, fossem armados pelo governo para ajudar na sua defesa. Se isso acontecesse e o "povo" conseguisse repelir a invasão, uma revolução socialista na Guatemala seria estabelecida de modo inequívoco.

O trabalho nesse livro levou-o a aprofundar suas leituras de Marx, Lênin, Engels e do peruano José Carlos Mariátegui. Hilda juntou-se a essa maratona de leitura e passaram muitas horas debatendo as obras e os pontos por elas suscitados. Hilda emprestou a Ernesto um exemplar de *Nova China*, de Mao Zedong. "Foi a primeira obra que ele leu sobre a Grande Revolução", ela escreveu. "Depois que lera e conversamos a seu respeito, manifestou uma grande admiração pela longa luta do povo chinês para tomar o poder, com a ajuda da União Soviética. Também compreendeu que o caminho deles para o socialismo era um tanto diferente daquele seguido pelos soviéticos, e que a realidade chinesa estava mais próxima da dos nossos índios e camponeses. Como eu também admirava a Revolução Chinesa, frequentemente falávamos a respeito dela." Ernesto conversou sobre a China com Helena Leiva de Holst e Edelberto Torres, que estiveram lá. Acrescentou-a então à sua lista de países a visitar.

Um tanto ironicamente, tendo em vista sua antipatia e desconfiança em relação aos norte-americanos, uma das figuras-chave na educação política de Ernesto durante esse período foi Harold White. As reservas iniciais de Ernesto quanto a esse homem mais velho haviam se abrandado e pouco tempo depois ele disse a Hilda: "Esse é um gringo bom. Está farto do capitalismo e quer levar uma vida nova". Ele, Hilda e White passavam então muito tempo juntos, apenas os três. Na maioria dos fins de semana organizavam piqueniques no campo. Com o inglês rudimentar de Ernesto e o espanhol pobre de White amenizados pelas frequentes traduções de Hilda, debatiam tudo, desde os acontecimentos em curso "até marxismo, Lênin, Engels, Stálin, Freud, a ciência na União Soviética e os reflexos condicionados de Pavlov".

IV

No final de fevereiro, Gualo García e Ricardo Rojo deixaram a Guatemala. A pessoa mais próxima que lhe restava era Hilda. Os conhecidos em comum já implicavam com eles pelo que viam como um princípio de namoro, mas, na verdade, ainda não havia acontecido nada entre eles.

À parte as afinidades intelectuais e a atração física dela por ele, a paixão de Hilda por Ernesto parece ter sido, ainda que parcialmente, por instintos maternais. Pouco depois de se terem conhecido, Ernesto lhe falara de sua asma. "Dali por diante, sempre senti uma preocupação especial por ele devido à sua condição", ela escreveu. Ernesto, por sua vez, sabendo muito bem o efeito que causava em Hilda, parece ter explorado os sentimentos dela, enquanto tentava evitar comprometer-se com um relacionamento sério.

Alguns dias depois da partida de Gualo e Rojo, ela foi ver Ernesto na pensão em que estava morando. Encontrou-o à sua espera no saguão do andar térreo, em pleno ataque de asma. "Foi a primeira vez que o vi — ou que vi alguém — tendo um ataque agudo de asma, e fiquei chocada com a tremenda dificuldade com que respirava e com o chiado profundo que vinha do seu peito. Ocultei minha preocupação, insistindo para que se deitasse. Ele concordou que seria melhor, mas não conseguia subir a escada e se recusou a aceitar minha ajuda. Disse-me onde ficava seu quarto e pediu-me que fosse lá em cima e lhe trouxesse uma seringa que já estava pronta para ser usada [...]. Fiz como me pedira e fiquei olhando enquanto se aplicava uma injeção de adrenalina.

"Ele descansou um pouco e começou a respirar melhor. Subimos lentamente a escada, chegamos ao seu quarto e ele se deitou. Contou-me que desde os dez anos sabia se aplicar injeções. Foi naquele momento que percebi plenamente o que sua doença significava. Não pude deixar de admirar sua força de caráter e sua autodisciplina. Trouxeram seu jantar — arroz cozido e frutas [...]. Tentando disfarçar quanto ficara comovida com toda aquela situação, conversei sobre tudo e sobre qualquer coisa, o tempo todo pensando que era uma pena que um homem de tanto valor, que podia fazer tanta coisa pela sociedade, tão inteligente e tão generoso, tivesse de padecer de tal enfermidade. Se estivesse em seu lugar, teria me dado um tiro. Resolvi ali mesmo que ficaria ao seu lado sem, é claro, me envolver emocionalmente."

Em suas recordações, Hilda retrata Ernesto como a pessoa que a perseguia, mas ele a descreve em seu diário como a caçadora. No final de fevereiro, ele escreveu: "Não me movi por causa da asma, embora ela pareça ter chegado ao auge com o vômito de ontem à noite [...]. Hilda Gadea continua a se preocupar muito comigo e sempre vem me ver e trazer coisas". A principal concorrente pelas atenções de Ernesto, em fevereiro e março de 1954, era uma enfermeira chamada Julia Mejía. Conseguira uma casa à beira do lago Amatitlán, onde Ernesto podia passar os fins de semana. Também o ajudava na busca por emprego. Dentro de pouco tempo, estavam tendo um caso sem maiores compromissos.

Desconhecendo o namoro secreto de Ernesto, Hilda continuava usando seus contatos para ajudá-lo a encontrar um trabalho. Falou com um homem que trabalhava na sua repartição, Herbert Zeissig, membro da ala jovem do Partido Comunista. Zeissig conseguiu um emprego para Ernesto, mas disse a Hilda que antes ele teria de se filiar ao partido. Ernesto pediu que Hilda dissesse a Zeissig que, quando entrasse para o partido, o faria "só por sua própria iniciativa", e recusou-se, por princípios éticos, a fazer isso para obter um emprego. Essa atitude de princípios fez Hilda admirá-lo ainda mais.

Naquela época, a situação financeira de Ernesto continuava crítica. Ricardo Rojo pagara a metade da sua conta na pensão, que correspondia a Gualo, antes de partirem, mas Ernesto ainda estava seriamente atrasado nos pagamentos, e os ocasionais trabalhos remunerados que encontrava simplesmente não eram suficientes. Em 28 de fevereiro, escreveu aos pais e pediu-lhes o endereço de Ulíses Petit de Murat, um ator amigo de seu pai que fazia filmes no México: "Apenas para a hipótese de eu me mandar para lá". Contou-lhes que, nesse meio-tempo, recebera uma oferta de trabalho em uma fábrica de cartazes, mas não estava inclinado a aceitá-la, pois isso lhe roubaria tempo para procurar emprego na área da saúde. Oferecera seus serviços de médico a uma cooperativa de camponeses e a uma plantação de bananas, mas ambos os empregos haviam lhe escapado das mãos porque não pertencia à "merda" do sindicato guatemalteco dos médicos.

Ernesto soube que sua tia Sara de la Serna, irmã de sua mãe, estava gravemente doente com câncer e, revelando sua preocupação consigo mesmo, escreveu com uma brutalidade quase casual para Celia *madre*: "Não lhe posso oferecer qualquer tipo de consolo, nem mesmo o da minha presença, impossível devido às razões econômicas que você conhece. Apenas um forte abraço e olhe para o futuro, distancie-se um pouco do presente, é meu único conselho. *Chau*".

Em março, Hilda pagou parte de sua conta na pensão, e Julia Mejía conseguiu-lhe uma entrevista para um emprego de médico na selva de Petén, o local do complexo de templos maias de Tikal, que lhe deu um pouco de ânimo. "Estou otimista", escreveu no diário. Petén era precisamente o lugar para onde queria ir. Escreveu para sua mãe e seu pai dizendo que Petén era "um lugar esplêndido, porque foi onde floresceu a civilização maia [...] e porque há mais enfermidades lá do que merda, e se pode aprender de verdade, em grande estilo (caso se queira, é claro!)". No entanto, o emprego estava vinculado à aprovação do sindicato dos médicos, e seu presidente, com quem Ernesto tinha uma audiência, era enigmático. "Um homem que espera conservar o seu emprego, anticomunista, me parece intrigante, mas se mostra disposto a me ajudar", Ernesto escreveu. "Não fui suficientemente prudente, mas tampouco me arrisquei muito."

Quando Hilda soube da possibilidade do emprego em Petén, fez uma cena, aparentemente exigindo algum tipo de compromisso da parte dele quanto ao relacionamento entre os dois. Alguns dias depois, Ernesto escreveu: "Hilda me contou um sonho que teve, do qual eu era o protagonista e que revelava claramente suas ambições sexuais. Embora eu não tivesse sonhado, tive um ataque de asma. Até que ponto a asma é uma fuga é algo que gostaria de saber. O engraçado é que uma autoanálise me leva honestamente — até onde é possível chegar — à conclusão de que não tenho nada de que fugir. E, no entanto [...], Hilda e eu somos escravos do mesmo senhor e ambos o negamos com nossos atos. Talvez eu seja mais consistente, mas no fundo é a mesma coisa".

A hesitação que ele reconhece em sua personalidade se estendia para a arena política. "Quando soube que os cubanos fazem afirmações grandiloquentes com absoluta serenidade, senti-me pequeno", ele escreveu. "Posso fazer um discurso com dez vezes mais objetividade. [...] Posso lê-lo melhor e convencer uma audiência de que estou dizendo algo que está certo, mas não me convenço, e os cubanos sim. Ñico pôs sua alma no microfone e, por essa razão, entusiasmou até um cético como eu. Petén me coloca cara a cara com meu problema de asma e comigo mesmo, e acho que preciso disso. Tenho de triunfar sem ajuda e acho que posso fazê-lo, mas também me parece que o triunfo será mais o trabalho de minhas aptidões naturais, maiores do que o meu subconsciente acredita, do que a fé que tenho nelas." A mera identificação com a revolução da Guatemala não era o bastante e Ernesto sabia disso. Hilda ainda estava filiada à Apra e, no momento crucial, o próprio Ernesto se abstivera de ingressar no Partido Comunista. Por mais que seus motivos estivessem baseados em princípios, o fato era que ele *ainda* estava se contendo, ainda era o cético que ficava de fora, o mesmo "franco-atirador" imparcial de antes.

O Petén era um local de selva úmida que seria sem dúvida terrível para sua saúde, no entanto, também era o cenário certo para que implementasse seu plano de ser um médico revolucionário. Sua asma veio para simbolizar os grilhões malignos da hereditariedade, que ele estava em vias de rejeitar. Desejava formar uma nova identidade, se remodelar como um revolucionário, vencer definitivamente as limitações com que nascera.

Esse esforço de autoanálise ajudara Ernesto a clarear um pouco a sua mente, mas a asma persistia de forma implacável. Alguns dias depois, prostrado na cama da pensão, escreveu que "não aconteceu muita coisa e muita coisa aconteceu". O presidente do sindicato dissera-lhe que o emprego parecia provável. "Hilda declarou seu amor em um formato epistolar e prático. Eu estava muito doente, ou poderia tê-la fodido. Avisei-a de que tudo que podia oferecer era um contato casual, nada definitivo. Ela pareceu muito constrangida. A cartinha que deixou comigo ao sair é muito boa. É uma pena que seja tão feia. Ela tem 27 anos."

A essa altura, Ernesto dizia a todo mundo que iria para Petén, mesmo sabendo que não tinha a mais leve garantia de que realmente iria. "Estou prestes a preparar uma lista das coisas que necessito levar", escreveu ele. "Estou ansioso por ir. Hilda me deixa ainda mais nervoso do que já estou por ficar cada vez mais preso a este país."

A pressão política na Guatemala estava sendo intensificada. Em março, na Décima Conferência Interamericana da Organização dos Estados Americanos (OEA), realizada em Caracas, John Foster Dulles torcera um número suficiente de braços para conseguir uma resolução por maioria, de forma eficaz, justificando a intervenção armada em qualquer estado-membro que fosse "dominado pelo comunismo" e que, nessas condições, constituísse uma "ameaça hemisférica". Apenas o México e a Argentina abstiveram-se. A Guatemala, o alvo da resolução, foi o único Estado a votar contra.

O governo Eisenhower agora ampliava sua vantagem. O treinamento militar de exilados guatemaltecos pela CIA estava bem adiantado em uma das fazendas de Somoza, na Nicarágua. Pilotos mercenários e duas dezenas de aviões foram introduzidos clandestinamente na Nicarágua, em Honduras e na Zona do Canal do Panamá para utilização no ataque que estava por vir. Operadores da guerra psicológica estavam atarefados preparando gravações em fita para transmissões de propaganda e desinformação, imprimindo folhetos para serem lançados nos céus sobre a Guatemala e comprando armas de fabricação soviética para serem plantadas ali no momento adequado, como "prova" do envolvimento soviético com Arbenz.

Myrna Torres voou para o Canadá, onde tinha um noivo. Deixou para trás "um saldo de corações partidos", Ernesto escreveu.* "Mas o pior de tudo é que não sei se vou partir. Sempre a mesma incerteza [...]." Alguns dias depois, sua incerteza era ainda maior, pois o presidente do sindicato pareceu-lhe frio e evasivo quando foi vê-lo sobre o posto em Petén. Consolou-se no diário: "Apenas Julia me responde". Julia à parte, seu humor estava amargo. Referia-se agora ao presidente do sindicato como um *hijo de puta*. Não esperava "nada" de seu pró-

* No ano anterior, quando Myrna foi estudar na Califórnia, ficara noiva de um estudante canadense que conheceu lá. Mas como explicou anos depois, após retornar à Guatemala, se apaixonou pelo ativista guatemalteco Humberto Pineda. O objetivo da viagem ao Canadá era dizer ao canadense que não se casaria com ele. A alusão de Ernesto a "corações partidos" devia-se à ansiedade que Humberto sentiu. O único coração realmente partido, segundo Myrna, foi o de Armando Arencibia, um cubano que se apaixonara por ela.

ximo encontro e queixava-se de que tivera de parar de escrever cartas por causa de todas essas idas e vindas. "O entusiasmo depende da saúde e das circunstâncias. Ambas me faltam. O posto em Petén parece cada vez mais distante. [...] Tudo está dando errado. Não sei que porra fazer. Hilda está me enchendo o saco. Sinto vontade de dar o fora de avião, porra. Talvez para a Venezuela."

Mas não podia ir embora. Não tinha dinheiro. Para fazer algo produtivo com seu tempo, persistia nos estudos de doenças parasitárias no laboratório de Peñalver. Pagou uma parte da sua conta na pensão com algumas joias de Hilda, mas ainda devia o correspondente a vários meses. Então a proprietária forçou-o a prometer que pagaria o valor de um mês dentro de poucos dias, mas, quando o dia do ajuste de contas chegou, ele não pagou coisa alguma. "Penhorei meu relógio, uma corrente de ouro e um anel de pedra preciosa de Hilda, e prometi um anel de ouro, também de Hilda", escreveu ele. O emprego da plantação de bananas, em um lugar chamado Tequisate, era ainda uma possibilidade, mas quando foi para lá teve um ataque de asma no caminho: "uma visão de como serão as coisas".

De casa o avisaram que sua tia Sara morrera. Deixando de lado seus próprios problemas, refletiu sobre seus sentimentos: "Não a amava, mas sua morte me afetou. Era uma pessoa sadia e muito ativa, e a morte de alguém assim parecia muito improvável, mas, mesmo assim, foi uma solução, pois as condições em que a doença a deixaria teriam sido horríveis para ela". Com violenta brevidade, escreveu para a mãe: "Tenha ânimo, o que aconteceu com Sara está acabado, e Paris está à espera".

Chegara abril e o principal obstáculo que restava para conseguir o emprego em Tequisate era obter permissão de residência na Guatemala. Estava ficando fatalista. "Os dias continuam a passar, mas não me importo em absoluto. Talvez um dia desses eu vá ficar na casa de Helena de Holst, talvez não, mas sei que, de uma forma ou de outra, as coisas têm de se acertar, de modo que não vou mais esquentar a cabeça."

Em um fim de semana, quando voltavam do campo, Ernesto, Hilda e Harold White assistiram a uma procissão de Páscoa à luz de velas, com homens encapuzados carregando uma imagem de Cristo, que deu calafrios em Ernesto. "Houve um momento de que não gostei nem um pouco, quando os homens com as lanças passaram e nos lançaram olhares hostis."

Em 9 de abril, a Igreja católica da Guatemala emitiu uma carta pastoral condenando a presença do comunismo no país e conclamando os guatemaltecos a "se erguerem" contra ele. A mensagem não enganou ninguém. O que o público não sabia era que a carta pastoral fora o resultado direto de uma aproximação da CIA junto ao arcebispo guatemalteco Mariano Rossell Arellano. Enquanto os padres liam a carta em voz alta nas igrejas, milhares de folhetos levando a mensagem eram jogados em toda a área rural do país.

Ernesto escreveu uma longa carta para a mãe. Em sua correspondência recente, ela mostrara-se entusiasmada com a perspectiva de se encontrarem em Paris. Ele lhe avisara que essa poderia ser a única oportunidade que teriam de se ver nos dez anos seguintes, período de tempo em que planejava explorar o mundo. Celia havia lhe perguntado evidentemente se ele estava interessado em se tornar antropólogo, dado seu interesse em arqueologia e nas condições dos indígenas da América Latina, mas Ernesto desfez essa ilusão. "Parece um pouco paradoxal transformar no objetivo da minha vida a investigação daquilo que está irremediavelmente morto", ele escreveu. Tinha certeza de duas coisas, contou-lhe: A primeira era que ele atingiria seu "estágio autenticamente criativo por volta dos seus 35 anos" e trabalharia em "física nuclear, genética ou algum campo assim". A segunda era que "a América será o palco de minhas aventuras e com um caráter muito mais importante do que eu imaginara. Realmente acredito que consegui compreendê-la e me sinto [latino-]americano no sentido de que nós temos uma natureza distinta em comparação com quaisquer outros povos do mundo".

Nos últimos dias de abril, Ernesto tomou uma decisão "heroica e inquebrantável". Deixaria a Guatemala dentro de quinze dias, caso seu requerimento de residência não fosse deferido. Informou os donos da pensão sobre esta decisão e começou a arranjar lugares onde deixar seus pertences. "Chegou um quilo de adrenalina, mandado por Alberto da Venezuela, e uma carta em que me pede que vá para lá, ou melhor, me convida a ir. Na verdade, não quero."

Enquanto Ernesto preparava-se para partir, Washington dava o passo seguinte para ativar seu plano de desestabilização. Com grande publicidade intencional, o embaixador Puerifoy fora chamado a Washington para consultas. Furos de imprensa bem colocados indicavam que a finalidade de sua visita era examinar as medidas norte-americanas contra Arbenz em vista da recente resolução de Caracas a respeito do envolvimento comunista no hemisfério. Em 26 de abril, Eisenhower alertou que "os Vermelhos" já controlavam a Guatemala e buscavam agora espalhar seus "tentáculos" sobre El Salvador e outros países vizinhos.

Por volta de 15 de maio, a decisão de Ernesto sobre para onde ir foi tomada quando lhe disseram oficialmente que teria de sair do país para renovar o visto. Pouco antes de partir, escreveu aos irmãos, cujos aniversários estavam próximos. "A América Central é *rechulo* [engraçadinha], como dizem aqui, não se passa um ano sem alguma confusão a favor ou contra alguma coisa [...]. Agora mesmo,

Honduras está em meio a uma greve fantástica, em que quase 25% dos trabalhadores do país estão parados e Foster Dulles, que é o advogado da companhia de frutas por essas bandas, diz que a Guatemala está metida nisso. Há uma estação de rádio clandestina que conclama à revolta, e os jornais de oposição também fazem isso, de modo que não seria de estranhar se, com a ajuda da U. F. [United Fruit], mandassem uma revoluçãozinha para cá só para não perder o hábito [...]. Acho que, se os Estados Unidos não intervierem diretamente (o que ainda não é provável), a Guatemala pode resistir a qualquer tentativa desse tipo, e também está com as costas quentes, pois tem uma porção de gente no México que simpatiza com o movimento."

Apesar do prognóstico otimista de Ernesto, nesse mesmo dia ocorreu um incidente que condenou irrevogavelmente o regime Arbenz. O cargueiro sueco *Alfhem*, que zarpara de um porto polonês um mês antes com um carregamento secreto de armas tchecas, atracou no porto guatemalteco de Puerto Barrios. A CIA, alertada na Polônia sobre a viagem misteriosa e suspeitando do carregamento e de seu destino final, monitorara o navio enquanto cruzava o Atlântico e alterara seu curso várias vezes. Quando o *Alfhem* chegou a Puerto Barrios, Washington rapidamente obteve confirmação da verdadeira natureza da sua carga — mais de duas toneladas de material bélico para o governo Arbenz — e entrou imediatamente em ação.

O *Alfhem* forneceu aos Estados Unidos a prova de que o bloco soviético estava envolvido na Guatemala. Allen Dulles convocou uma reunião da junta executiva de inteligência da CIA e do Conselho de Segurança Nacional e obteve o apoio de ambos para marcar para o mês seguinte a data da invasão da Guatemala. Em 17 de maio, o Departamento de Estado emitiu uma declaração condenando a entrega de armas, e Eisenhower em seguida fez uma advertência pública de que as armas tchecas poderiam permitir a consolidação de uma "ditadura comunista" na América Central.

A Guatemala encontrava-se em uma posição nada invejável. Tendo providenciado para que a transferência fosse secreta e tendo sido apanhado em flagrante, Arbenz dava a impressão de ser um homem que tinha algo a esconder. Nos dias que se seguiram, Eisenhower e o secretário Dulles disseram à imprensa que o carregamento de armas era muito maior do que as necessidades militares da Guatemala e insinuaram que a verdadeira intenção do governo guatemalteco poderia ser invadir seus vizinhos e neles impor o regime comunista e, possivelmente, lançar um ataque contra o Canal do Panamá. Com a máquina de propaganda de Washington a pleno vapor, poucos jornalistas se lembraram de que os Estados Unidos tinham frustrado as tentativas do governo Arbenz de atualizar o equipamento do seu Exército, rejeitando repetidas vezes os apelos diretos por assistência militar norte-americana e bloqueando ações de outros países ocidentais para lhe vender as armas que desejava.

Menos de uma semana depois de o *Alfhem* haver atracado, o secretário Dulles assinou um "tratado de segurança mútua" com Honduras. Ele se seguiu a um tratado análogo firmado com o ditador Somoza, da Nicarágua, apenas algumas semanas antes. Agora Honduras seria defendida pelos Estados Unidos na eventualidade de uma invasão guatemalteca. Para sublinhar esse aspecto, aviões militares de carga da Força Aérea norte-americana voaram para Honduras e para Nicarágua, declaradamente transportando armamentos para sua defesa. Na realidade, esses carregamentos destinavam-se ao "Exército de Libertação" de Castillo Armas, que aguardava suas ordens de marcha a fim de se deslocar para a fronteira da Guatemala.

Em 20 de maio, em uma ação autorizada por Allen Dulles a fim de impedir que as armas do *Alfhem* chegassem à capital da Guatemala, um grupo de sabotadores da CIA colocou explosivos nos trilhos da ferrovia, perto de Puerto Barrios. Os explosivos causaram poucos danos, de modo que os homens da CIA abriram fogo quando o trem militar passou. Um soldado do Exército guatemalteco foi morto e vários ficaram feridos, mas o trem e seu carregamento chegaram ao destino sem outros problemas.

Tendo essa escalada do drama político como pano de fundo, Ernesto saiu da pensão. Ainda devia cerca de três meses de aluguel, mas os donos deixaram-no ir embora em troca de um documento em que se comprometia a pagar o saldo devedor. Ele e Hilda passaram a noite no vilarejo de San Juan Sacatepéquez. Era sua primeira noite juntos, a sós. Alguns dias depois, Ernesto partiu para El Salvador, com vinte dólares emprestados no bolso.

V

Para um declarado partidário da confrontação da Guatemala, ele estava se portando de uma maneira incrivelmente despreocupada, uma vez mais se retirando no momento do clímax. Não poderia ter escolhido um momento pior para visitar os vizinhos da Guatemala. Carregava alguns livros de "literatura questionável", que foram confiscados na fronteira salvadorenha, mas subornou um policial e foi autorizado a ingressar no país. Depois de obter um novo visto guatemalteco na cidade provinciana de Santa Ana, seguiu para a capital, San Salvador. Ali solicitou visto para Honduras, achando que poderia visitar as ruínas maias de Copán, bem como "conferir" o andamento da greve dos trabalhadores. Durante o fim de semana, foi até a costa do Pacífico e acampou na praia, onde fez amizade com alguns rapazes salvadorenhos. Escrevendo mais tarde à mãe, contou-lhe que estavam todos um pouco embriagados e que ele se meteu a fazer um pouco de "propaganda da Guatemala, recitando alguns versos de tom profundamente vermelho. O resultado foi que fomos todos levados a uma delegacia de polícia, mas logo nos deixaram ir embora, depois que um comandante [...] me aconselhou a cantar sobre as rosas ao entardecer e outras belezas em vez daqueles versos. Preferiria fazer um soneto com fumaça [tiros]".

Voltando para San Salvador, descobriu que seu visto para Honduras fora negado. Presumiu que era porque tinha chegado da Guatemala, o que era quase um crime no clima político da época. Como Honduras não era mais uma opção, dirigiu-se para Chalchuapa, na parte ocidental de El Salvador, a fim de ver a pirâmide pré-colombiana de Tazumal, do povo Pipil. Explorou as ruínas, fazendo criteriosas observações no seu diário. Nessa noite, dormiu na beira da estrada, na saída de Santa Ana, e pela manhã pegou carona para atravessar a fronteira com a Guatemala, dirigindo-se para as antigas ruínas indígenas de Quiriguá. No dia seguinte, chegou a Jalapa, depois pegou um trem para a cidade de Progreso, onde uma mulher penalizada deu-lhe 25 centavos. Continuou a pé pela nova estrada, quase concluída, que levava ao então notório porto de Puerto Barrios. Quando chegou às ruínas de Quiriguá, observou semelhanças entre essas construções de pedra e as dos incas, no Peru. Ficou especialmente impressionado com as esculturas de feições asiáticas e achou que uma delas, feita em uma estela, "lembrava Buda", enquanto outra se parecia com Ho Chi Minh.

No dia seguinte, voltou para a estrada, resolvido a ir direto, *a lo macho*, para Puerto Barrios. Gastou o dinheiro que lhe restava com o trem. Era uma jogada, mas deu certo. Logo que chegou, conseguiu um trabalho noturno descarregando tonéis de piche em uma equipe de construção de estradas. "O trabalho é de doze horas corridas, das seis da tarde às seis da manhã e é mesmo de matar, até mesmo para os sujeitos que têm mais treinamento do que eu. Às cinco e meia, somos uns autômatos, ou *bolos*, como aqui chamam os bêbados." Trabalhou uma segunda noite, "com muito menos desejo do que na primeira", mas completou orgulhosamente seu turno, apesar dos "mosquitos, que realmente incomodam, e da falta de luvas".

Na manhã seguinte, tendo recebido de um dos capatazes a promessa de uma passagem de trem de Puerto Barrios para a Cidade da Guatemala, Ernesto descansou em uma cabana abandonada à beira-mar, exultante com sua realização. Foi sua primeira atividade contínua de trabalho físico. "Tornei-me um perfeito *chancho*, coberto da cabeça aos pés de poeira e asfalto, mas estou realmente contente. Recebi a passagem, a velha de onde comi fiado me disse que pagasse um dólar a seu filho na [Cidade da] Guatemala, e provei que sou capaz de suportar o que vier e, se não fosse pela asma, até mais do que isso."

VI

"Paguei o dólar que devia", Ernesto escreveu orgulhosamente depois de regressar à Cidade da Guatemala. Hilda ficou surpresa e contente por vê-lo de volta, pois temera que jamais regressasse. Os receios de invasão aumentavam e mais pessoas estavam deixando o país. Um funcionário do governo, conhecido de Hilda, insistira para que se asilasse, e Harold White já a aconselhara no mesmo sentido.

Sobravam rumores e um dos primeiros que Ernesto ouviu tinha a ver com ele próprio. Soube, por um conhecido paraguaio, que era crença generalizada que ele era um agente peronista. Aparentemente, ele desfez o rumor. Não voltou para a pensão, provavelmente porque não podia saldar sua dívida, mas passou a fazer as refeições na casa de Helena Leiva de Holst e compartilhou um quarto com Ñico López e outro cubano, que cantava tangos. Ele entrava e saía do quarto sorrateiramente, pois era clandestino, e, como havia apenas duas camas de solteiro, eles as juntavam e dormiam os três no sentido transversal. Ñico estava se preparando para partir para o México, por ordem de sua organização, e passava os dias "se cagando de rir e não fazendo praticamente nada".

A despeito de suas expectativas, a vida de Ernesto caiu na mesma rotina de antes. O posto de médico acenava como uma miragem. Disseram-lhe que voltasse para uma entrevista, depois que esperasse e, finalmente, que aguardasse mais uma semana. Havia poucas cartas de casa. Ñico partiu, e Ernesto passou para outro quarto, com um guatemalteco chamado Coca. Helena Leiva de Holst também estava se preparando para ir embora, mas prometeu providenciar que ele fizesse as refeições na casa de uma outra mulher e interceder por ele uma última vez junto ao ministro de Saúde Pública. Para culminar, a asma voltou.

Porém, os dias de tédio de Ernesto estavam prestes a terminar, pois os acontecimentos agora evoluíam com rapidez rumo a um confronto entre os Estados Unidos e a Guatemala. Navios de guerra norte-americanos começaram a inspecionar todos os navios suspeitos no Caribe, e o secretário Dulles estava elaborando, com grande alarde, um documento propondo sanções contra a Guatemala, a ser aprovado na próxima conferência da OEA, prevista para julho. Howard Hunt (que ficaria famoso no caso Watergate), o funcionário da CIA encarregado da propaganda da Operação Sucesso, organizara um Congresso Contra a Intervenção Soviética na América Latina.

Em toda a América Latina, a CIA estava publicando artigos de jornal, exibindo filmes de propaganda e distribuindo folhetos que advertiam sobre a crescente ameaça comunista na Guatemala. Arbenz enviou seu ministro do Exterior para falar com o embaixador Puerifoy, propondo medidas conciliatórias para iniciar negociações com Washington e evitar a invasão. Essa iniciativa não levou a nada.

A campanha de guerra psicológica da CIA estava dando resultado. Em 2 de junho, um golpe contra Arbenz foi desbaratado e algumas prisões foram feitas. No dia seguinte, um grupo de oficiais pediu a Arbenz que demitisse os comunistas de cargos do governo. Arbenz lhes disse que tinha os comunistas sob controle. Muitos oficiais, no entanto, continuaram inquietos, e em 5 de junho um chefe reformado da Força Aérea desertou. Logo, sua voz estava sendo ouvida em mais de uma estação de rádio nas transmissões autodenominadas "A Voz da Libertação". As transmissões nas estações eram dirigidas diretamente por um agente da CIA, David Atlee Phillips. Elas exortavam os guatemaltecos a ajudarem o Exército de Libertação, dando a impressão de que contava com milhares de combatentes. As transmissões também jogavam com os receios dos militares, acusando Arbenz de estar planejando dissolver as Forças Armadas e entregar suas armas aos sindicatos controlados pelos comunistas para formar "milícias camponesas". Em 6 de junho, invocando a ameaça de invasão, Arbenz suspendeu as garantias constitucionais por trinta dias.

Em 14 de junho, Ernesto celebrou seu 26º aniversário. No dia seguinte, o presidente Eisenhower convocou uma reunião de alto escalão para dar os retoques finais na Operação Sucesso. Dois dias depois, mercenários norte-americanos começaram a sobrevoar a Guatemala em missões de bombardeio. Em 18 de junho, à frente de seu insignificante Exército de Libertação, com cerca de quatrocentos combatentes, Castillo Armas cruzou a fronteira hondurenha e entrou na Guatemala. A invasão tinha começado.*

* Ver Notas.

10. Um terrível banho de água fria

I

Ernesto ficou excitado por estar sob fogo pela primeira vez. Em uma carta à mãe, confessou: "Me senti um pouco envergonhado por me divertir tanto, como se fosse um macaco". A "sensação mágica de invulnerabilidade" que teve olhando as pessoas correrem pelas ruas durante os bombardeios aéreos fez com que "lambesse os lábios de prazer". Ernesto ficou impressionado com a violência. "Até mesmo os bombardeios leves têm sua grandiosidade", escreveu. "Assisti a um deles sobre um alvo relativamente perto de onde eu estava e era possível ver o avião ficando maior a cada instante, enquanto das asas saíam línguas de fogo intermitentes, e ouvir o som de suas metralhadoras, e as metralhadoras leves em terra que respondiam ao fogo. Subitamente, ficou como que suspenso no ar, na horizontal, depois deu um mergulho rápido e podia-se sentir a terra estremecer com a bomba."

Alguns dias depois, em um estado de espírito mais sóbrio, Ernesto escreveu no seu diário: "Os últimos acontecimentos pertencem à história. Essa é uma qualidade que acho que aparece pela primeira vez em minhas anotações. Alguns dias atrás, aviões que vinham de Honduras cruzaram a fronteira com a Guatemala e passaram por cima da cidade, metralhando pessoas e alvos militares em plena luz do dia. Inscrevi-me nas brigadas de saúde para colaborar na área médica e nas brigadas da juventude que patrulham a cidade à noite".

Fora imposto um blecaute, e uma das tarefas da patrulha de Ernesto era assegurar que ninguém acendesse qualquer luz, que proporcionaria alvos para bombardeio. Hilda também fez sua parte, anexando seu nome a um comunicado assinado por exilados políticos em apoio à revolução da Guatemala e organizando uma brigada feminina na sua repartição para levar comida aos homens no patrulhamento.

Em 20 de junho, Ernesto mandou uma carta de aniversário para a mãe. "Imagino que você esteja um pouco preocupada comigo", escreveu. "Vou dizer-lhe que, se agora não há nada a temer, o mesmo não pode ser dito quanto ao futuro, embora, pessoalmente, tenho a sensação de ser inviolável (inviolável não é a palavra, mas talvez o subconsciente me tenha traído)."

Disse-lhe ainda que, apesar das provocações dos ataques aéreos e da incursão por terra de Castillo Armas, o governo Arbenz procedera com cautela, deixando que os mercenários penetrassem bastante na Guatemala para evitar quaisquer incidentes de fronteira que permitissem aos Estados Unidos e a Honduras alegar agressão guatemalteca e invocar seu tratado de segurança mútua. Até então, a Guatemala se limitara a um protesto diplomático contra Honduras e à apresentação de seu caso ao Conselho de Segurança das Nações Unidas, solicitando uma audiência especial. "O incidente serviu para unir todos os guatemaltecos em apoio ao seu governo, bem como aqueles que, como eu, foram atraídos para seu país", Ernesto escreveu. Concluiu com uma avaliação que logo se revelaria lamentavelmente errada: "Sem dúvida alguma, o coronel Arbenz é um sujeito de coragem e está pronto para morrer em seu posto, se for necessário".

Inicialmente, as notícias das frentes de batalha foram animadoras. As forças governistas estavam contra-atacando com algum êxito. Castillo Armas conseguira entrar na cidade de Esquipulas, centro de peregrinação do Cristo Negro da Guatemala, porém, nas outras áreas, suas tropas foram detidas no avanço para seus principais objetivos: as cidades de Zacapa e Puerto Barrios. Apesar do pânico inicial que provocaram, os aviões mercenários da CIA até então tinham causado apenas danos relativamente pequenos, frequentemente errando seus alvos. Vários foram atingidos por fogo de terra e postos fora de combate. Um navio hondurenho, o *Siesta de Trujillo*, fora apreendido em Puerto Barrios quando tentava descarregar armas e munições para os invasores. Finalmente, como vítima de um ataque proveniente de fora de suas fronteiras, a Guatemala tinha bons argumentos para solicitar a intervenção das Nações Unidas a seu favor.

No mesmo dia em que Ernesto escreveu para a mãe, 20 de junho, os supervisores norte-americanos da Operação Sucesso ficaram alarmados com a possibilidade de seu Exército de Libertação estar prestes a ser desbaratado. A pedido de Allen Dulles, o presidente Eisenhower autorizou o envio de mais dois caças-bombardeiros para a área. Em 23 de junho, os novos aviões estavam em ação e continuaram na zona durante mais três dias, metralhando e bombardeando alvos importantes em cidades-chave da Guatemala, inclusive a capital.

Simultaneamente, os Estados Unidos empenhavam-se em uma manobra de bloqueio visando frustrar o pedido da Guatemala por uma sessão especial do Conselho de Segurança da ONU a fim de debater a crise. O presidente do Conselho em exercício em junho era o embaixador norte-americano Henry Cabot Lodge, que se desentendeu com o secretário-geral Dag Hammarskjöld em torno da questão. Lodge finalmente concordou em convocar a sessão em 25 de junho, quando os novos bombardeiros já teriam feito sua destruição, permitindo às forças de Castillo Armas se reagruparem e desfecharem novos ataques.

Em 24 de junho, os invasores tomaram a cidadezinha de Chiquimula, e Castillo Armas a proclamou quartel-general de seu "governo provisório." *La Voz de Liberación* divulgava notícias da guerra, dando aos ouvintes a impressão de que as forças do Exército de Libertação eram um rolo compressor militar invencível, alcançando vitórias por todos os lados, enquanto as defesas do governo ruíam.

A confiança de Arbenz e de alguns de seus líderes militares começou a enfraquecer. Nesse meio-tempo, o embaixador Lodge estava ocupado fazendo lobby junto a outros membros do conselho para que votassem contra o pedido da Guatemala de que fosse enviada àquele país uma equipe investigadora da ONU. Pressões especiais foram exercidas sobre a Grã-Bretanha e a França, com Eisenhower e John Foster Dulles pressionando diretamente o primeiro-ministro Winston Churchill, que estava então visitando Washington. Sua mensagem era de que, se Londres e Paris não apoiassem os Estados Unidos em relação à Guatemala, não haveria ajuda norte-americana no Chipre, na Indochina e em Suez. Quando foi realizada a votação no Conselho de Segurança, em 25 de junho, os Estados Unidos conseguiram uma vitória apertada, por 5 a 4, contra uma investigação pela ONU, tendo a França e a Grã-Bretanha se abstido. A Guatemala estava por conta própria.

II

Em 3 de julho, a Operação Sucesso fez jus ao nome. Nesse dia, Castillo Armas, o "Libertador", voou para a Cidade da Guatemala com o embaixador norte-americano Puerifoy ao seu lado. Sua ascensão ao poder, intermediada pelos Estados Unidos, seguiu-se a uma confusa semana de disputas entre os chefes militares guatemaltecos, depois que obrigaram Arbenz a renunciar em 27 de junho.

Alguns dias depois, Ernesto observou que "um terrível banho de água fria caiu sobre o povo guatemalteco". Voltou a escrever para Celia, arrependido da retórica heroica de sua última carta, explicando que a escrevera "cheio de sonhos gloriosos, logo antes de ir para o front, onde nunca chegaria, para morrer se preciso fosse [...].

"Tudo aconteceu como em um sonho maravilhoso, a que a gente se aferra depois de ter despertado. A realidade está batendo em muitas portas e agora pode-se ouvir o som dos tiros, as recompensas para os partidários mais fervorosos do antigo regime. A traição continua a ser o patrimônio do Exército e mais uma vez prova o aforismo que exige a sua liquidação como o verdadeiro princípio da democracia (se o aforismo não existe, eu o crio)." Na cabeça de Ernesto, os outros setores culpados eram a imprensa "reacionária" e a Igreja católica, que contribuíram para a queda de Arbenz, e mentalmente ele as marcou como setores problemáticos que requeriam atenção especial se revoluções socialistas fossem bem-sucedidas em outros lugares no futuro.

Ernesto passou a criticar Arbenz — que imediatamente buscou asilo na embaixada mexicana* — por ter cedido aos militares. Instigados por Puerifoy, exigiram e conseguiram sua renúncia. Ressentiu-se principalmente por sua relutância em "armar o povo" para defender o país. Estava compreensivelmente em um amargo estado de espírito. Nos últimos dias de junho, juntara-se a uma milícia armada organizada pela Juventude Comunista. Um voluntário nicaraguense, Rodolfo Romero, era o "chefe militar" da Brigada Augusto César Sandino, em uma casa na parte norte da Cidade da Guatemala. Ernesto foi aceito na brigada e continuou nela durante vários dias, aguardando ansiosamente sua oportunidade de ir para o front e participar de algum combate, mas o ministro de Saúde Pública apareceu e o transferiu para um hospital a fim de aguardar novas ordens. Nesse ponto, Romero e Ernesto perderam-se de vista. (Iriam se encontrar novamente quatro anos e meio mais tarde, quando Romero, em busca de apoio para uma campanha de guerrilha antissomozista, voou até Havana, a recém-libertada capital de Cuba, a convite do comandante Ernesto "Che" Guevara.) No hospital, Ernesto se ofereceu novamente para ir para o front, porém, como registrou com frustração, "não me deram a menor bola". Ele esperou por outra visita do ministro da Saúde, mas no sábado, 26 de junho, um dia antes da renúncia de Arbenz, perdeu sua última oportunidade, pois o ministro apareceu e partiu enquanto ele estava fora visitando Hilda.

* Em agosto, Castillo Armas finalmente permitiu que Arbenz partisse para o México, mas lhe reservou uma humilhação especial no aeroporto, onde foi vaiado, e, em seguida, na alfândega, obrigado a se despir em público.

Da tensa escalada até a queda de Arbenz, Hilda lembra-se de Ernesto procurando desesperadamente impedir o colapso, tentando levar uma mensagem ao presidente de que devia dar as costas aos seus assessores militares e armar o povo, que assim poderia empreender uma campanha de guerrilha nas montanhas. (Na realidade, dois dias antes de ser derrubado, Arbenz tentara distribuir armas às milícias, como a que se juntara Ernesto, mas o Exército se recusou a fazê-lo.) Então, do seu posto no hospital, Ernesto assistia, com crescente ansiedade e frustração, como uma capitulação após a outra levava à consolidação do triunfo de Castillo Armas e à derrota vergonhosa da "revolução" guatemalteca. A lei marcial foi decretada, o Partido Comunista foi banido e as embaixadas começaram a se encher de gente temerosa que buscava asilo. Ernesto previu sua própria expulsão do hospital, pois era visto como um "Vermelho", e Hilda tomou precauções mudando-se para novos alojamentos.

No dia em que Castillo Armas entrou na cidade, Ernesto observou que "o povo realmente o aplaudiu". O Exército de paramilitares arrogantes carregando submetralhadoras rondava pela cidade, desfrutando da sua condição de "libertadores" do país e procurando briga. Ernesto estava ansioso com os rumores de que Edelberto Torres fora preso por ser comunista e preocupado com o que aconteceria ao pai dele, o estudioso Rubén Darío. (Na realidade, Edelberto Junior estava escondido, mas os receios de Ernesto por seu pai tinham fundamento. O estudioso logo foi detido e preso.) Sua própria situação era precária, e depois de ser expulso "a pontapés" do hospital, como previra que seria, conseguiu refugiar-se na casa de duas salvadorenhas que já tinham se asilado.

Em meio a todo esse tumulto político, ele e Hilda continuavam com seu namoro de gato e rato. Ela mandava-lhe alguns versos que escrevera, nos quais falava "asneiras", como ele dizia. Escreveu no diário: "O que está acontecendo com ela é uma mistura de manobras para me conquistar, imaginação fértil e o sentimento de honra de uma mulher livre afrontada por minha indiferença. Mandei-lhe um poeminha que se refere a animais:

Entregue-se como fazem os passarinhos,
Eu te tomarei como fazem os ursos,
E, talvez, te beijarei lentamente
Para que possa me sentir homem, eu que sou um pombo.

"Dei-lhe um novo ultimato, mas a quantidade deles significa que não têm muito efeito. O que *de fato* a afetou foi que confessei ter trepado com a enfermeira. Ela ainda tem esperanças de se casar comigo."

Em meados de julho, a caça às bruxas pelo novo regime começou para valer. Todos que tinham ligações com o governo Arbenz ou fossem suspeitos de ser comunistas foram ameaçados de prisão. Aqueles que ainda não haviam fugido da Guatemala estavam tentando fazê-lo. Ernesto perdeu seu refúgio quando suas anfitriãs salvadorenhas deram um jeito de sair do país. Sua casa seria fechada e Ernesto tinha de encontrar um novo esconderijo. Helena Leiva de Holst fora presa, mas sua tia o acolheu. Ele passava os dias indo e vindo da embaixada argentina. Segundo Hilda, aproveitou-se do acesso que tinha à embaixada e da confusão na Cidade da Guatemala "para transmitir recados aos que estavam asilados lá, recolher algumas armas, e conseguir asilo para os que estavam em posições difíceis ou que desejavam deixar o país".

Ernesto continuou ileso em suas atividades por mais alguns dias, mas então Hilda foi detida. Antes de ser levada, a polícia a interrogou sobre ele. Esse era um aviso que Ernesto não podia ignorar, e ele também acabou pedindo e obtendo asilo na embaixada argentina. "Meus planos são muito indefinidos", escreveu, "embora o mais provável seja que eu vá para o México [...]. Perto ou longe, não sei por que, estou em um daqueles momentos em que uma leve pressão de um lado qualquer poderia causar uma reviravolta em meu destino."

III

Ernesto juntou-se a um grande grupo de pessoas que já estava instalado no complexo murado da embaixada. Uma vez lá dentro, logo ficou impaciente e começou a se agitar. "Não se pode chamar o asilo de monótono, mas sim de estéril. Não se pode fazer o que quer, por causa de todo mundo que está ali", ele escreveu.

Sua asma piorara. Segundo soube pelos jornais, Hilda fora solta depois de vários dias sob custódia, graças a uma greve de fome que fizera. Ele não compreendia por que ela ainda não o fora ver e se perguntou se era "ignorância sobre onde estou ou não saber que pode me visitar".

Ernesto agora parecia decidido a seguir para um destino específico. A Cidade do México era para onde se estavam dirigindo Arbenz e a maioria dos seus aliados que escaparam de ser presos, bem como muitos dos exilados políticos latino-americanos que estavam na Guatemala. Vários deles se refugiaram na embaixada mexicana e esperavam viajar logo que o novo governo guatemalteco lhes fornecesse os salvo-condutos. Desde que o México tivera a sua própria revolução "anti-imperialista" havia apenas quatro décadas, a capital mexicana, politicamente tolerante e culturalmente dinâmica, tornara-se um santuário para milhares de exilados políticos de esquerda dos quatro cantos do mundo, inclusive um número significativo de judeus europeus e republicanos espanhóis que fugiram do fascismo nos anos 1930 e 1940.

Ernesto considerava a possibilidade de que seu pedido por um visto mexicano pudesse ser negado, mas a perspectiva não parecia preocupá-lo muito. Por enquanto, ficaria onde estava. Para se distrair, começou a registrar suas impressões sobre seus companheiros. O primeiro a despertar seu interesse foi o conhecido líder camponês Carlos Manuel Pellecer. Ernesto o descreveu como "um homem inteligente e, ao que parece, valente. Parece ter uma grande influência sobre os outros asilados, uma influência que não sei se se deve à sua própria personalidade ou ao fato de que é o principal dirigente do partido [...]. Mas tem uns gestos um tanto efeminados e escreveu, em anos passados, um livro de poesia, doença que é muito comum por aqui. Sua formação marxista não tem a solidez de outras figuras que conheci e ele oculta isso por trás de uma certa petulância. A impressão que me dá é a de um indivíduo sincero, mas superexcitado, uma dessas pessoas ambiciosas que podem tropeçar e renunciar violentamente à sua crença, mas, no entanto, são capazes dos maiores sacrifícios em um determinado momento".*

A respeito de seu conhecido cubano, José Manuel "Che-Che" Vega Suárez, escreveu: "Ele é burro como uma pedra e mente como um andaluz. De sua vida pregressa em Cuba não há nada certo, a não ser indícios de que era o que chamam de um *jodedor* [beberrão], em quem a polícia de Batista deu uma boa surra [...]. Seu comportamento antes de se asilar foi covarde. Aqui ele é divertido com seus exageros sem malícia. É um garoto grande, egoísta e mimado, que acredita que todos devem satisfazer os seus caprichos. Come como um porco".

Sofrendo de asma e "profundamente entediado", Ernesto passava os dias em "discussões sem sentido e todas as outras maneiras possíveis de desperdiçar o tempo". Em 2 de agosto, houve uma revolta de cadetes do Exército, que foram humilhados nas mãos do indisciplinado Exército de Libertação de Castillo Armas. A revolta terminou depois que o embaixador Puerifoy mandou dizer que os Estados Unidos esperavam que os militares guatemaltecos se mantivessem firmes no apoio a Castillo Armas. A situação das pessoas que se amontoavam nas embaixadas esperando poder sair do país era muito mais tênue do que elas imaginavam. A CIA, ansiosa por consolidar a vitória sobre o comunismo nesse primeiro conflito importante da Guerra Fria no quintal de Washington, enviara equipes

* A avaliação de Ernesto foi premonitória. Pellecer obteve asilo no México, onde repudiou suas crenças anteriores e escreveu panfletos anticomunistas sob o patrocínio da CIA.

de agentes à Guatemala a fim de reunir e, em alguns casos, plantar provas de natureza pró-soviética no governo Arbenz. Os irmãos Dulles também estavam exigindo que Castillo Armas prendesse os suspeitos de serem comunistas ou simpatizantes que ainda se encontrassem no país.

Castillo Armas era um parceiro voluntário nessa campanha e já executara a primeira de uma série de medidas repressivas para firmar seu poder e, ao mesmo tempo, anular as reformas da revolução. Criou um Comitê Nacional para a Defesa contra o Comunismo e decretou uma Lei Penal Preventiva contra o Comunismo, que impôs a pena de morte para uma vasta gama de crimes, inclusive "sabotagem política". O comitê tinha plenos poderes para deter e prender qualquer um que fosse suspeito de ser comunista. Os cidadãos analfabetos foram proibidos de votar, o que imediatamente cassou o direito da enorme maioria da população guatemalteca. As leis de reforma agrária foram revogadas e todos os partidos políticos, sindicatos de trabalhadores e organizações de camponeses foram proscritos. Os livros considerados subversivos foram confiscados e incinerados. A lista negra incluía romances de Victor Hugo, Dostoiévski e do notável escritor guatemalteco (e futuro ganhador do prêmio Nobel de Literatura) Miguel Ángel Asturias, que foi até mesmo destituído de sua cidadania.*

O secretário Dulles insistiu para que Castillo Armas fosse atrás dos cerca de setecentos asilados nas embaixadas estrangeiras. "Dulles receava que, se fossem autorizados a sair da Guatemala, esses asilados pudessem 'recircular' pelo hemisfério", escreveram os autores de *Bitter Fruit* [Fruta amarga], o relato oficial da derrubada de Arbenz. "Seu temor logo se transformou em uma obsessão [...]. No começo de julho, disse a Puerifoy que instruísse o novo governo a fazer 'acusações criminais' contra os refugiados 'comunistas' como meio de impedi-los de deixar o país." Dulles chegou a ponto de propor um plano em que Castillo Armas concederia os salvo-condutos aos comunistas sob a condição de que fossem enviados diretamente para Moscou. Castillo Armas resistiu, aparentemente percebendo que tal violação das normas internacionais seria ir longe demais, mesmo para ele. No início de agosto, começou a aprovar os salvo-condutos para a maioria dos refugiados nas embaixadas.

Em meados de agosto chegaram os primeiros salvo-condutos, mas a vida de Ernesto não mudou nada. Passava seu tempo jogando xadrez, mandando bilhetes para Hilda e escrevendo os perfis psicopolíticos de seus companheiros. Voltara sua atenção para os guatemaltecos. Roberto Castañeda, um fotógrafo e dan-

* O filho de Asturias tornou-se um grande líder guerrilheiro, sob o codinome Gaspar Ilom, tirado de um personagem indígena de um dos romances de seu pai.

çarino, viajara "pelos países da Cortina de Ferro e é um admirador sincero de tudo isso, mas se recusa a entrar para o partido. Ele carece do conhecimento teórico do marxismo e talvez não fosse um bom militante, pelo que nós poderíamos denominar seus defeitos burgueses. Porém, não há dúvida de que, no momento da ação, ele se portaria à altura [...]. Não tem praticamente nenhum dos maneirismos efeminados de um dançarino". Sobre outro, chamado Arana, escreveu: "Ele é fraco e sem base ideológica, mas é leal ao partido. De inteligência mediana, é capaz de perceber, apesar de tudo, que o único caminho ideal para a classe trabalhadora é o comunismo".

Hilda foi duas vezes à embaixada, então sob guarda severa, mas não a deixaram entrar. A asma de Ernesto continuava a martirizá-lo. Resolveu jejuar durante um dia para ver se com isso conseguiria "purgar" seu metabolismo. Hilda mandou-lhe um frasco de mel e uma carta.

Os dias se arrastavam. Ernesto ajudava na cozinha, mas se queixava de que o esforço era cansativo. A fadiga dos músculos revelava como estava fora de forma. As descrições dos outros habitantes da embaixada ficavam mais cáusticas. Foi especialmente crítico quanto ao grande número de jovens esquerdistas guatemaltecos que também se diziam poetas. Os versos de Marco Antonio Sandoval, um estudante de dezoito anos "entusiástico admirador de si mesmo", estavam "saturados de meditações sobre a morte". Quando o poeta Hugo Blanco fugiu da embaixada saltando por cima do muro, Ernesto escreveu: "Um mau poeta. Não acho nem que seja uma pessoa inteligente. A inclinação que parece acompanhá-los a todos é a compaixão. O sorriso do bom menino acompanha o poeta".

Os salvo-condutos continuavam a pingar e chegaram notícias de que Perón concordara em dar asilo na Argentina aos que estavam na embaixada, juntamente com suas famílias. Para aqueles que respeitava, Ernesto enviou salvo-condutos informais seus, sob a forma de bilhetes, dirigidos a membros de sua família e amigos.

Em uma noite, o líder comunista Víctor Manuel Gutiérrez, que estava foragido, entrou sorrateiramente na embaixada, escalando um muro. Gutiérrez era um dos primeiros nomes em uma lista de procurados de Castillo Armas e o incidente causou tumulto entre o embaixador argentino e funcionários guatemaltecos, mas Gutiérrez recebeu asilo e foi colocado em um quarto com seu camarada Pellecer. Pouco depois, Ernesto ficou confinado na garagem da embaixada, junto com outros doze asilados considerados comunistas que davam trabalho. Ficaram conhecidos como o "Grupo dos Treze". Segundo as anotações pouco precisas de Ernesto, essa medida extrema foi tomada depois que Humberto Pineda, namorado de Myrna Torres, criou uma confusão. Ameaçaram usar a força caso não cooperassem, e ficaram proibidos de falar com os outros asilados. No entanto, durante a primeira noite de detenção do Grupo dos Treze, Humberto Pineda e seu irmão, Luis Arturo, fugiram da embaixada para participar de atividades clandestinas de resistência que estavam sendo planejadas pelo Partido Comunista contra o novo governo. No seu livro de memórias, Hilda disse que eles tomaram essa atitude instigados por Ernesto. No diário, Ernesto simplesmente elogiou os dois por serem "muito machos".

Ernesto concentrou-se então nas descrições de perfil dos homens na garagem. "Ricardo Ramírez", escreveu, "é talvez um dos mais capazes líderes do movimento da Juventude [Comunista]. Seu nível geral de cultura é elevado e sua maneira de encarar os problemas é muito menos dogmática do que a de outros camaradas."*

O mês de agosto estava terminando e a paciência de todos chegava ao fim. O grupo na garagem ficou submetido a um confinamento ainda mais severo depois que Che-Che Vega "armou uma confusão com uma puta que é uma mucama, uma arrumadeira". As tensões se atenuaram um pouco quando 118 dos asilados na embaixada argentina, inclusive Pellecer e Gutiérrez, foram levados em cinco aviões mandados de Buenos Aires. A Ernesto também fora oferecida passagem para casa, mas, resolvido a ir para o México, rejeitou-a. Como o embaixador não podia obrigá-lo a aceitar a repatriação, com relutância permitiu que Ernesto deixasse as instalações da embaixada.

Um amigo de Gualo García viera em um dos voos de evacuação trazendo-lhe 150 dólares mandados por sua família, bem como "dois ternos, quatro quilos de erva-mate e uma montanha de coisinhas idiotas". Escreveu para agradecer-lhes os presentes, mas disse que prosseguiria para o México e não poderia levar as roupas. "Meu lema é pouca bagagem, pernas fortes e estômago de faquir."

IV

Quando Ernesto deixou a embaixada, a primeira coisa que fez foi encontrar com Hilda. Desde que fora posta em liberdade, em 26 de julho, ela vivia em um

* Com apenas 23 anos na época, Ricardo Ramírez se tornaria "Rolando Morán", líder do Exército Guerrilheiro dos Pobres, a mais forte de várias forças guerrilheiras marxistas que emergiram no início dos anos 1960 e que por quase quatro décadas lutou contra sucessivos governos guatemaltecos.

limbo, solitária e assustada, e a embaixada peruana recusara-lhe um passaporte. Estava então aguardando autorização de Lima. Em uma estranha audiência com Castillo Armas, no palácio presidencial, que se realizara por iniciativa dele, Hilda recebera garantias de que não voltaria a ser presa. Desde então, vivia tranquila em um apartamento alugado no centro da cidade, esperando ansiosamente por Ernesto.

Encontraram-se em um restaurante onde ela geralmente fazia as refeições. Hilda escreveu: "Ele surgiu um dia, quando eu estava almoçando. Todos no restaurante fizeram questão de ignorá-lo, exceto minha boa amiga, a proprietária, que o convidou a se sentar e a comer o que quisesse. E quando fomos andando pelas ruas do centro, depois do almoço, todos que nos conheciam olhavam surpresos para nós e ficavam com medo de falar conosco. Nem sequer acenavam com a mão. Sem dúvida achavam que estávamos sendo vigiados pela polícia".

Concluindo que não havia nada de concreto que pudesse ser apresentado contra ele, Ernesto entregou seu passaporte às autoridades da imigração para obter o visto de saída, primeiro passo para conseguir seu visto mexicano. Enquanto aguardava, foi ao lago Atitlán e às montanhas guatemaltecas. Depois de alguns dias, retornou à Cidade da Guatemala, recolheu seu passaporte e finalmente obteve o visto mexicano.

Seu relacionamento com Hilda chegou a um impasse. Ernesto estava pronto para uma nova aventura no México, enquanto Hilda esperava voltar para casa, no Peru. Segundo Hilda, Ernesto não parecia preocupado com a separação e, como um cavalheiro, assegurava-lhe que acabariam se encontrando no México e se casando, enquanto ela antevia com tristeza a perspectiva de perdê-lo para sempre. O ar entre os dois estava carregado. Fizeram juntos uma excursão de despedida ao antigo lugar onde faziam piqueniques em San Juan Sacatepéquez e tiveram o que Ernesto descreveu como "uma profusão de carícias e uma trepada superficial".

Na realidade, o casamento com Hilda estava muito longe dos pensamentos de Ernesto. No mesmo dia de seu último encontro, ele escreveu: "Acho que vou aproveitar o fato de que ela ainda não pode partir para me separar definitivamente. Amanhã vou passar o dia dizendo adeus a todas as pessoas de quem quero me despedir e na manhã de terça-feira começarei a grande aventura rumo ao México".

Em meados de setembro, Ernesto cruzou a fronteira com um jovem estudante guatemalteco, Julio Roberto "El Patojo" (O Garoto) Cáceres, com quem se encontrou na estrada e seguiu para a Cidade do México. (Os dois ficaram amigos próximos e, anos mais tarde, Ernesto escreveu uma história em honra de Cáceres chamada simplesmente de "El Patojo".) Embora tivesse algumas pequenas dúvidas quanto à sua segurança, a viagem transcorreu sem incidentes.*

No final de tudo, os instintos de John Foster Dulles a respeito dos exilados políticos confirmariam-se. Além de Ernesto "Che" Guevara, uma legião de futuros revolucionários escapara-lhe das mãos na Guatemala. No México e em outros lugares, *eles se reagrupariam* e, das cinzas da queda de Arbenz, acabariam ressurgindo, muitas vezes com a ajuda de Guevara, como os guerrilheiros marxistas que atormentariam os políticos norte-americanos durante os quarenta anos seguintes.

* Na realidade, a posição de Ernesto era mais precária do que ele imaginava, pois a CIA já tinha aberto uma ficha sobre ele. Como escreveu Peter Grose, autor de uma simpática biografia de Allen Dulles, diretor da CIA (*Gentleman Spy: The Life of Allen Dulles*, Houghton Mifflin, 1994): "Examinando os arquivos do regime deposto de Arbenz na Guatemala, algumas semanas depois do golpe, David Atlee Phillips se deparou com uma folha solta sobre um médico argentino de 25 anos, que chegou na cidade no mês de janeiro anterior para estudar a assistência médica em meio à revolução social. 'Devemos começar um arquivo sobre este aqui?', seu assistente perguntou. Parecia que o jovem médico tentara organizar uma resistência de última hora com elementos fiéis a Arbenz, depois tinha se asilado na embaixada argentina e acabara indo para o México. 'Acho melhor mantermos um arquivo sobre ele', respondeu Phillips. Ao longo dos anos seguintes, o arquivo de Ernesto Guevara, conhecido como 'Che', se tornou um dos mais volumosos entre os arquivos globais da CIA".

11. Minha vida proletária

I

Nos anos 1950, a Cidade do México estava longe de ser a megalópole abafada pela nuvem de poluição de hoje em dia. Ainda era possível enxergar os picos nevados dos vulcões Popocatépetl e Iztaccíhuatl dominando o horizonte. Afora seu labiríntico centro histórico — a velha cidade colonial espanhola construída sobre as ruínas da capital asteca —, era um lugar sereno, com bairros que pareciam vilarejos e bulevares arborizados. Não era incomum ver homens vestidos como *charros* — os vaqueiros elegantes do México —, passeando a cavalo pelo Paseo de la Reforma nas tardes de domingo. Mas a cidade também era cosmopolita e sofisticada. Manteve algo da efervescência política e artística que atingira seu auge nos anos 1930 e 1940, quando artistas como Diego Rivera, José Clemente Orozco, David Alfaro Siqueiros, Frida Kahlo e Tina Modotti estavam fazendo as obras que os fariam famosos. O influxo de milhares de exilados que fugiam do fascismo na Europa ajudara a desencadear um renascimento cultural. Escritores, artistas e figuras políticas misturavam-se na noite em um bem-sucedido cenário de cabaré que contou com grandes estrelas do bolero mexicano. Uma produtiva indústria cinematográfica criava lendas do cinema como o diretor Emilio "El Indio" Fernández, o ator cômico Cantinflas e os ídolos da tela Dolores Del Río e María Félix. Dos escritores franceses Antonin Artaud e André Breton para os poetas e escritores da geração beat Jack Kerouac e William S. Burroughs, estrangeiros se reuniram para buscar inspiração no México.

Os mundos político e criativo sempre misturados na Cidade do México, que fora o local de alguns assassinatos infames, como o do líder comunista cubano Julio Antonio Mella, em 1929, e de Liev Trótski, em 1940. Modotti era amante de Mella, Kahlo tivera um caso com Trótski. O muralista Siqueiros liderara um ataque com metralhadoras contra a casa de Trótski antes que o agente stalinista Ramón Mercader tivesse o sucesso sinistro com uma picareta de gelo. Desde a pós-revolucionária consolidação do poder do governo do Partido Revolucionário Institucional (PRI),* o México conquistara uma grande popularidade entre os nacionalistas anti-imperialistas latino-americanos, bem como um relutante respeito de Washington. Nos anos 1930, o presidente Lázaro Cárdenas nacionalizara os campos petrolíferos do México e iniciara um amplo programa de reforma agrária. Adotando uma política externa ferozmente independente de Washington, o ambiente mexicano era altamente politizado e cheio de intrigas, onde tanto os Estados Unidos como a União Soviética possuíam embaixadas importantes e operações de inteligência, ao mesmo tempo em que exilados, espiões e andarilhos se misturavam e conspiravam.

Não há um único momento que defina o eclipse da chamada "era romântica" do México, mas poucos eventos serão mais emblemáticos de sua passagem quanto a última aparição pública feita por Frida Kahlo, em 2 de julho de 1954. Nesse dia frio e úmido, a artista, padecendo de pneumonia, deixou o leito para participar de uma manifestação contra a derrubada de Arbenz pela CIA. O marido de Kahlo, Diego Rivera, empurrou sua cadeira de rodas pelas ruas até o comício, realizado em frente ao Palácio de Belas Artes, o panteão da cultura mexicana. Ali, durante quatro longas horas, Kahlo juntou-se aos gritos da multidão de *Gringos asesinos, fuera!*, erguendo suas mãos cobertas de anéis faiscantes. Na mão esquerda segurava um cartaz em que aparecia uma pomba da paz, enquanto mantinha a direita fechada em um gesto de desafio. Ela morreu onze dias mais tarde, em 13 de julho, aos 47 anos.

II

A primeira carta que Ernesto escreveu do México para casa, em 30 de setembro de 1954, foi para a tia Beatriz. "O México, a cidade, ou melhor dizendo, o país

* Após várias mudanças de nome desde a sua criação, em 1929, o partido situacionista do México adotou esse nome em 1946.

das *mordidas* [subornos], me recebeu com toda a indiferença de um grande animal, nem me acariciando nem me mostrando os dentes." Seus planos imediatos eram encontrar trabalho e ganhar dinheiro suficiente para sobreviver, depois viajar pelo México e "pedir um visto para o Titã do Norte [os Estados Unidos]". Se o conseguisse, visitaria a tia Ercilia em Nova York, "senão, iria para Paris".

Calculando que seu dinheiro duraria no máximo por uns dois meses, começou imediatamente a procurar as pessoas que poderiam ajudá-lo. Um deles foi Ulíses Petit de Murat, um amigo de seu pai que agora trabalhava como roteirista. Antes de sair da Guatemala, falara sobre Petit com Hilda, dizendo que poderia haver uma oportunidade para que trabalhasse como extra de filmes no México. Poderia tentar suas "ambições artísticas não realizadas de se tornar um ator". Hilda achou a ideia frívola e lhe suplicou que não desperdiçasse seus talentos. Segundo Hilda, Ernesto ficara um pouco encabulado e procurara defender a ideia, dizendo que tinha apenas pensado nisso como um meio de fazer frente às despesas, mas acabou por concordar com ela e prometeu que não se desviaria do caminho certo.

Agora precisava de trabalho, e Petit de Murat era um dos poucos contatos que Ernesto tinha no México. O encontro transcorreu razoavelmente bem. Ernesto registrou no seu diário: "Ele tem uma filha simpática, mas que vem de uma típica educação burguesa clericaloide". Petit e sua filha, Marta, levaram Ernesto para ver as pirâmides astecas de Teotihuacán, nos arredores da cidade. Usando Marta como modelo, ele experimentou um novo brinquedo que havia comprado com a metade do dinheiro que lhe restava — uma câmera Zeiss de 35 milímetros.

Petit convidou-o a ficar em sua casa e se ofereceu para conseguir-lhe algum tipo de bolsa de estudos, mas Ernesto recusou. Em uma carta para o pai, de 30 de setembro, Ernesto disse, aparentemente sem ironia, que "resolvera manter um certo grau de independência enquanto durarem os pesos que você mandou". Sem dúvida, ele e Petit não se davam bem politicamente. "Batemos de frente sobre os mesmos pontos que você e eu sempre discutimos, sobre liberdade etc., e ele é tão cego quanto você, com o elemento agravante de que é fácil ver que, no fundo, o que aconteceu na Guatemala o deixa feliz."

Seguiram-se vários "dias zero", durante os quais Ernesto explorou a cidade, visitou museus e viu amigos. Localizou Helena Leiva de Holst, que também deixara a Guatemala para se exilar no México. Posteriormente, escreveu no diário que parecia haver "alguma coisa esquisita" entre ela e Hilda, pois se referira a esta de um "modo muito pejorativo". O que quer que Helena lhe tenha dito, deve ter sido convincente, porque ele escreveu no diário: "Acredito que devo cortar de vez essa situação insustentável com Hilda".

De casa, soube que a maioria dos "esquerdistas guatemaltecos" evacuados para a Argentina tinha sido presa. Uma carta para sua mãe estava cheia de recriminações sobre por que sua família não tinha feito mais pelos camaradas que ele recomendara. Em um aparte, revelou a Celia sua frustração pelo que ocorrera na Guatemala e confessou se sentir dividido quanto ao que fazer da vida. À luz dos acontecimentos, declarou-se "completamente convencido de que medidas [políticas] pela metade não podem significar outra coisa senão a antecâmara da traição. O ruim é que, ao mesmo tempo, não tomei a atitude decisiva que devia ter tomado há muito tempo, porque bem no fundo (e na superfície) sou um completo vagabundo e não me sinto disposto a ter minha carreira interrompida por uma disciplina férrea".

Ernesto ainda estava digerindo sua experiência guatemalteca, e nas suas cartas fazia uma espécie de autópsia prolongada. Queria que todos compreendessem o que achava que era a "verdade" sobre o que tinha acontecido lá. Para sua amiga Tita Infante, cuja última carta para ele na Guatemala o fez pensar que revelava uma preocupação que ia além do platônico, escreveu: "Hoje, com a distância, material e espiritual, que me separa da Guatemala, reli sua última carta e ela pareceu estranha. Encontrei nela um calor especial, no seu desespero por não poder fazer nada, que realmente me comoveu". Tal como a República Espanhola, disse ele, a Guatemala fora traída "por dentro e por fora", mas não caíra com a mesma nobreza. O que o deixava mais enojado era a imagem revisionista do governo Arbenz. "Falsidades" estavam sendo publicadas em jornais de todo o continente americano. Para dar um exemplo, disse a ela, "não houve assassinatos nem coisa parecida. *Devia* ter havido uns pelotões de fuzilamento logo no início, o que é diferente. Se esses fuzilamentos tivessem acontecido, o governo teria mantido a possibilidade de reagir".

Ernesto estava convencido de que a intervenção norte-americana na Guatemala fora apenas o primeiro combate do que seria uma confrontação global entre os Estados Unidos e o comunismo, e expôs intempestivamente essa perspectiva bastante terrível em uma carta para sua irmã Celia. Soubera que ela estava noiva de um jovem arquiteto e amigo da família Guevara, Luis Rodríguez Argañaraz. Evidentemente, ela tinha indagado sobre perspectivas de trabalho no México, porque ele escreveu: "Fique aí sem pensar bobagens sobre outros países, porque a tempestade está vindo e, embora não vá ser atômica, será a outra, a da fome, e a Argentina será dos menos afetados porque depende menos do amigo do norte".

Ele repetiu essas previsões sombrias para o pai. Em uma carta que enviou alguns meses depois, anunciou que uma guerra mundial era inevitável. Os riscos tinham aumentado "de forma gigantesca" após o abalo no Kremlin desde a morte de Stálin. "A Argentina é o oásis da América e temos de dar a Perón todo o apoio possível para evitar entrar em uma guerra que promete ser terrível, quer você goste ou não, é assim que são as coisas. Nixon está viajando por todos esses países, aparentemente para estabelecer as cotas em homens e matérias-primas baratas (pagas com maquinário caro e velho) com que cada um dos pobres países da América contribuirá para as novas Coreias."

Ernesto continuava procurando trabalho. Tentou conseguir entrevistas para emprego em hospitais, mas sem muito resultado. Nesse meio-tempo, utilizou a nova câmera para ganhar dinheiro, tirando retratos das pessoas nos parques e praças da cidade. Durante os meses seguintes, teria diversos trabalhos, como vigia noturno, fotógrafo da agência de notícias argentina Agência Latina e alergista e pesquisador no Hospital Geral e no Hospital Pediátrico.

Hilda Gadea retornou a sua vida. Logo depois da partida de Ernesto da Guatemala, fora detida, passara a noite na cadeia e no dia seguinte fora escoltada até a fronteira mexicana. Após alguns dias, mediante suborno, fora passada clandestinamente para o México por seus próprios guardas. Depois de ficar retida por oito dias na cidade fronteiriça de Tapachula, à espera de que lhe fosse concedido asilo político pelo governo mexicano, se dirigiu para a Cidade do México e para Ernesto.

Os pensamentos e os atos de Ernesto desde sua despedida não foram os de um amante preocupado. Ao saber que ela estava encalhada na fronteira, comentou brevemente no diário: "Hilda está no México, em Tapachula, e não se sabe em que condições".

Como de costume, os relatos de Ernesto e de Hilda sobre seu relacionamento intermitente no que se refere ao que aconteceu na Cidade do México não se encaixam. Depois desse primeiro encontro, Ernesto escreveu: "Parece que, com Hilda, chegamos a um status quo, veremos". A versão de Hilda reafirmou sua posição de que as coisas foram mais intensas: "Ernesto tornou a falar da possibilidade de nos casarmos. Disse que devíamos esperar [...]. Tive a sensação de que minha resposta ambígua criara uma certa tensão, porque ele então disse que seríamos apenas amigos. Fiquei um pouco surpresa, pois só estava lhe pedindo para esperar. Mas aceitei sua decisão. Tinha acabado de chegar e já estávamos nós ali brigando". Continuaram a se ver, de vez em quando indo juntos fazer uma refeição ou ao cinema, e Hilda logo se mudou para uma pensão no afluente bairro de Condesa, com uma poetisa venezuelana exilada, Lucila Velásquez, e também começou a procurar por trabalho.

Um acontecimento mais agradável foi o reencontro acidental de Ernesto com os cubanos que conhecera na Guatemala, especialmente seu amigo Ñico López, que um dia apareceu no Hospital Geral, onde Ernesto trabalhava como voluntário. Ñico procurava tratamento para um camarada que sofria de alergias. Segundo contou Hilda, Ernesto e Ñico imediatamente retomaram sua amizade. Ñico estava entusiasmado quanto ao futuro, dizendo confiante a Ernesto que esperava que Fidel Castro, seu irmão mais novo, Raúl, e outros camaradas presos logo fossem postos em liberdade.

Os cubanos exilados seguidores de Fidel Castro estavam chegando aos poucos à Cidade do México, vindo de todo o hemisfério desde o começo de 1954. Estabeleceram uma espécie de quartel-general informal no apartamento de María Antonia González, uma cubana casada com um lutador profissional mexicano chamado Dick Medrano. Em Cuba, onde Fidel Castro transformara-se em uma *cause célèbre*, Batista convocara eleições para legitimar seu regime de fato e houve então uma crescente pressão pública sobre ele para que Castro e outros moncadistas presos fossem anistiados. Ñico disse a Ernesto que, quando Fidel Castro fosse libertado, o México seria a base para o seu grande plano, de organizar e treinar um movimento de insurreição armada que voltaria para Cuba e começaria uma campanha de guerrilhas para derrubar Batista.

Ernesto respondeu a uma carta na qual sua mãe criticara o comportamento dos exilados comunistas guatemaltecos que ele havia enviado à sua casa. "Os comunistas não têm a mesma noção de amizade que a sua, mas entre eles a possuem no mesmo grau, ou maior, que a sua. Vi isso claramente na hecatombe em que a Guatemala se transformou depois da queda, quando todos só pensavam em se salvar. Os comunistas mantiveram intactas sua fé e sua camaradagem e foram o único grupo que continuou trabalhando lá [...]. Acho que são dignos de respeito e que, mais cedo ou mais tarde, entrarei para o partido. Mais que tudo, o que me impede de fazer isso agora é que eu ainda tenho uma ânsia fantástica de viajar pela Europa e não poderia fazê-lo submetido a uma disciplina férrea."

Um mês depois, em dezembro, tornou a escrever para a mãe, aparentemente em resposta à preocupação por sua declaração de pretender, eventualmente, entrar para o Partido Comunista. Ele lhe disse: "Isso que você mais teme é atingido por dois caminhos: de forma positiva, por estar convencido diretamente, ou de forma negativa, depois de uma desilusão com tudo. Cheguei a ele pelo segundo caminho somente para logo ficar convencido de que tenho que seguir o primeiro. A maneira pela qual os gringos tratam a América provocara em mim uma indignação crescente, porém, ao mesmo tempo, estudei a teoria por trás das razões para os seus atos e descobri que era científica. Depois veio a Guatemala".

O que vira na Guatemala dera peso às suas convicções, explicou, e, em algum momento, começara a *acreditar*. "Não lhe posso dizer, nem aproximadamente, em que momento deixei o caminho da razão e adotei algo parecido com a fé, porque o caminho foi muito longo e com muitos passos para trás." Ali estava. Se sua família não tivesse tido suficiente aviso prévio, Ernesto agora declarava e descrevia sua conversão. Ele era um comunista.

III

No momento, Ernesto continuava sendo simplesmente um jovem errante argentino com diploma de médico, lutando por trabalho em um país estrangeiro. Seu relacionamento com Hilda teve seus altos e baixos, mas chegou a um confortável patamar em 1955. Parece que isso se deveu mais ao fato de Ernesto estar novamente precisando de Hilda para, de vez em quando, tomar dinheiro emprestado e, como escreveu no diário, satisfazer "sua necessidade urgente de uma mulher que se disponha a trepar", do que a qualquer conciliação de suas diferenças básicas. A essa altura, ele a conhecia bem o bastante para saber que estava sempre disponível para ambas as coisas.

Em meados de janeiro, ele lhe dera um presente atrasado de Ano-Novo: uma miniatura do clássico argentino *Martín Fierro*, de José Hernández, encadernado em couro verde. Era um dos livros prediletos de Ernesto. Nele escreveu o que para Hilda deve ter parecido uma mensagem enlouquecedoramente ambígua: "Para Hilda, a fim de que, no dia de nossa separação, você guarde uma ideia de minhas ambições por novos horizontes e de meu fatalismo militante. Ernesto, 20-1-55".

Hilda ainda estava desempregada, mas se sustentava com o dinheiro que lhe mandavam de casa e descobrira algumas maneiras de se manter ocupada. Matriculou-se em um curso de dois meses sobre a Revolução Mexicana, na Universidade Autônoma, e debatia com Ernesto o que estava aprendendo. Liam obras relacionadas com o assunto, inclusive *Insurgent Mexico*, de John Reed, e as memórias de Pancho Villa.

A essa altura, havia uma dúzia ou mais de cubanos moncadistas na Cidade do México. Vários estavam instalados em uma casa de cômodos na calle Gutenberg, e Ñico López e Calixto García estavam alojados separadamente no Hotel Galveston, no centro da cidade. Mantinham-se em estreito contato com a coordenadora não oficial do movimento, María Antonia González, em seu apartamento que ficava em um edifício cor-de-rosa, moderno e feio, no número 49 da calle Emparán, também no centro. Desde o encontro casual com Ñico López no hospital, Ernesto mantivera-se em contato intermitente com ele e seus camaradas, gradualmente conhecendo mais dos recém-chegados. Em março, contratou dois deles, Severino "El Guajiro" Rossell e Fernando Margolles, para revelar as fotos que tirou para a Agência Latina cobrindo os segundos Jogos Pan-Americanos. José Ángel Sánchez Pérez, um moncadista que acabara de chegar da Costa Rica, foi morar na pensão de Ernesto na calle Tígres. Uns dois meses antes, Sánchez Pérez participara das lutas na Costa Rica para defender o presidente Figueres de uma invasão apoiada por Somoza.

Pouco antes do início dos jogos, Sánchez Pérez apresentou Ernesto a María Antonia. Segundo Heberto Norman Acosta, pesquisador do Conselho de Estado cubano e genro de um dos expedicionários rebeldes de Castro, que passou quinze anos pesquisando o período de "exílio" anterior à Revolução Cubana, Ernesto foi recebido como amigo de confiança de María Antonia, com base em seus contatos com Ñico López, Calixto García e os outros cubanos. Ele também logo se deu muito bem com o marido de María, o lutador de luta livre "Dick" Medrano.

Enquanto isso, Hilda estava ansiosa por restabelecer o caso com Ernesto, que fora interrompido recentemente, depois de uma discussão. Ela escreveu: "Decidi que, como sentia saudades de Ernesto e queria fazer as pazes, devia tomar a iniciativa". A oportunidade de Hilda surgiu com a chegada de Myrna Torres do Canadá. Myrna decidira casar-se com o namorado, Humberto Pineda, que estava vivendo no México depois de meses foragido na Guatemala. "Aproveitando sua amizade, pedi-lhe que fosse comigo visitar a casa dos cubanos. Sabia que Ernesto estava frequentemente ali, revelando fotografias", recorda-se Hilda. A visita lhe deu a abertura que desejava. Retomaram o caso.

A Agência Latina fechou as portas naquela primavera. A tentativa de Perón de criar uma agência internacional de notícias não deu certo e, com seu fracasso, a principal fonte de renda de Ernesto acabou. Ele calculou que a agência lhe devia 5 mil pesos. "É uma quantia de que realmente preciso", escreveu. "Com ela poderia pagar algumas dívidas, viajar pelo México e depois me mandar." Ernesto ficou esperando ansiosamente pelo dinheiro, mas, por via das dúvidas, ficou com uma das câmeras da agência.

No lado "científico" das coisas, estava começando a progredir um pouco. Rejeitara uma oferta tentadora de ir trabalhar em Nuevo Laredo, no lado mexicano da fronteira com os Estados Unidos, não estando disposto a se comprometer com um contrato de dois anos. Também rejeitou, em uma atitude orgulhosa, o oferecimento de sua tia Beatriz de utilizar seus contatos para obter-lhe um emprego em um laboratório farmacêutico. "Apesar de minha vida errante, minha reiterada informalidade e outros defeitos, tenho convicções profundas e bem definidas. Essas convicções me impedem de aceitar um emprego do tipo que você descreve, porque esses lugares são covis de ladrões da pior espécie, que comercializam a saúde humana, que se supõe deva estar sob minha capacitada custódia [...]. Sou pobre, mas honesto", escreveu para Beatriz. Caso ela tivesse quaisquer dúvidas sobre como estava ele se posicionando, assinou a carta: "Stálin II".

Em abril, Ernesto viajou até León, no estado de Guanajuato, a fim de participar de uma conferência sobre alergias e apresentar um artigo, "Pesquisas Cutâneas com Antígenos de Alimentos Semidigeridos". O artigo teve o que descreveu como uma "recepção discreta", mas positivamente comentada pelo dr. Mario Salazar Mallén, seu chefe no Hospital Geral da Cidade do México, e devia ser publicado na edição seguinte da revista *Alergia*. Posteriormente, Salazar Mallén, a quem Ernesto chamava de "o *capo* da alergia no México", ofereceu-lhe um estágio no Hospital Geral e uma pequena sinecura para realizar novas pesquisas sobre alergia. Em maio, Ernesto começou o trabalho. Recebia um salário minúsculo de 150 pesos por mês, com alojamento, refeições e lavanderia grátis. Pelo menos por enquanto o emprego atendia às suas necessidades. Em uma carta para a mãe, escreveu: "Se não fosse pela caridade dos amigos, teria ido parar no registro policial como morto por inanição". A questão do salário lhe era indiferente: "O dinheiro é um luxo interessante e nada mais".

Hilda se ofereceu para casar-se com ele e sustentá-lo. Ele escreveu no diário: "Respondi que não, devemos continuar como pequenos amantes até que eu me mande daqui, e não sei quando isso será". No entanto, quando, pouco tempo depois, Hilda convidou Ernesto para se mudar para o apartamento que ela dividia com Lucila Velásquez, ele aceitou. As duas haviam se mudado recentemente para um novo local na calle Rhin, e Hilda conseguira um emprego temporário na Comissão Econômica das Nações Unidas para a América Latina e o Caribe. O acordo não apenas resolvia a questão da comida para Ernesto, e oferecia acomodações mais confortáveis do que a cama de hospital que ganhara, como também enriquecia seu círculo de contatos. Hilda conhecia um grande número de pessoas na florescente comunidade de exilados no México, que incluía o proeminente exilado cubano Raúl Roa, editor da revista *Humanismo*, e seu coeditor, o exilado porto-riquenho Juan Juarbe y Juarbe. Outros no grupo eram o jovem advogado peruano Luis de la Puente Uceda,* líder de uma ala da juventude esquerdista da Apra,

* Nessa época, Ernesto e Luis de la Puente Uceda não se encontraram. Uceda já tinha partido para o Peru quando Hilda e Ernesto foram morar juntos. Porém, reuniriam-se poucos anos depois, em Cuba, quando Uceda estava organizando um movimento guerrilheiro peruano.

e Laura Meneses, a esposa peruana de Pedro Albizu Campos, o combatente pela independência de Porto Rico, preso nos Estados Unidos por comandar um ataque ao palácio do governador, em San Juan, em 1950. Ernesto se deu especialmente bem com os porto-riquenhos e começou a visitá-los com Hilda para debater a política latino-americana, principalmente a questão da independência de Porto Rico, uma causa com a qual passara a simpatizar fortemente.

A vida de Ernesto com Hilda se transformou em uma desinteressante, mas nem por isso infeliz, rotina de trabalho, estudos e convívio doméstico. Encontravam-se com amigos, iam de vez em quando ao cinema e faziam jantares em casa. Em muitas noites, Lucila chegou em casa à noite e encontrou os dois profundamente absortos no estudo, em geral de livros de economia. Nessas ocasiões, ela não dizia nada, passava na ponta dos pés para o quarto e ia dormir. Em meados de maio, Ernesto e Hilda consagraram a união com uma escapadela amorosa em um fim de semana para a popular área de retiro de Cuernavaca e começaram a explorar outras localidades de fácil acesso à capital. Como contou à mãe em uma carta enviada em meados de junho, sua vida adquirira "um balanço monótono de estilo domingueiro".

Em Cuba, o ritmo dos acontecimentos começara a acelerar. Em novembro de 1954, concorrendo sem adversários, Fulgencio Batista foi eleito presidente e, em janeiro, o vice-presidente Richard Nixon fez uma visita de congratulações dos Estados Unidos. Em seguida, em abril, durante o fim de semana da Páscoa, o diretor da CIA, Allen Dulles, visitou Havana e se encontrou com Batista. Dulles convenceu Batista a criar um escritório especial de inteligência na polícia para lidar com a invasão comunista no hemisfério. Esse órgão, em grande parte financiado e assessorado pela CIA, era o Buró de Represión a las Actividades Comunistas (Brac). Em pouco tempo, as atividades lhe valeriam uma sinistra reputação.

Ironicamente, nem Dulles nem o chefe da base da CIA em Havana tinham pensado em Fidel Castro quando propuseram a criação do Brac. Em maio, Fidel, o irmão Raúl e outros dezoito moncadistas encarcerados com eles na Isla de Pinos foram postos em liberdade. Batista qualificou essa imprudente anistia como um gesto de boa-fé em homenagem ao Dia das Mães.

IV

Nessa época, Batista não era o pior dos ditadores da América Latina. Rafael Leonidas Trujillo governara a República Dominicana como ditador absoluto desde os anos 1930, graças à eficiência implacável de sua polícia secreta. Trujillo impôs um culto oficial da sua personalidade sem paralelo no hemisfério Ocidental. Sua capital, Santo Domingo, fora rebatizada como Ciudad Trujillo. Eram onipresentes cartazes com os dizeres orwellianos: "Deus está no céu, Trujillo está na terra" e "Vivemos em felicidade, graças a Trujillo".

Comparado com o despotismo exuberante de seu colega dominicano, Batista era um anjinho político. Um oficial mulato do Exército que abandonara a caserna para ser presidente de Cuba, nos anos 1940. Naquela ocasião, conquistou o cargo em eleições consideradas, de forma geral, honestas e governou baseado em uma coalizão com o Partido Socialista Popular, os comunistas. As presidências sem inspiração e contaminadas pela corrupção de Grau San Martín e de Carlos Prío Socarrás seguiram. (Grau fundou o Partido Revolucionário Cubano Autêntico nos anos 1930. Seus seguidores ficaram para sempre conhecidos como *autênticos*.) Com o golpe de 1952, Batista pôs fim à presidência de Prío Socarrás e, embora pudesse ter legitimado seu governo aos olhos de Washington com eleições e se voltando contra seus antigos aliados comunistas, contra os partidos políticos proscritos, os estudantes e a intelligentsia formada pela classe média urbana, ele era um ditador que usurpou o poder e sabotou as esperanças de uma reforma constitucional para trazer as mudanças sociais e uma genuína democracia para Cuba.

Desde o ataque ao quartel de Moncada, Batista mostrou que não tinha dificuldade para superar desafios à sua autoridade por meio da polícia com esquadrões da morte, e a corrupção e o peculato floresciam como nunca. Em meados dos anos 1950, Cuba ganhara a reputação infame de ser "o prostíbulo do Caribe", onde os norte-americanos iam passar fins de semana jogando, bebendo, farreando com as muitas prostitutas de Havana. Um personagem notório chamado Schwartzmann tinha um empedernido cinema onde eram exibidos filmes pornográficos e apresentações de sexo ao vivo, e as quadrilhas do crime organizado norte-americano estavam penetrando na área, abrindo casas noturnas e cassinos.

Os aristocratas cubanos desprezavam Batista, considerando-o como um gângster mestiço. Ele foi posto em seu lugar quando, sendo presidente, solicitou admissão como sócio de um dos clubes mais exclusivos de Havana, somente para brancos, e foi sumariamente rejeitado. Para a nova geração de idealistas nacionalistas de Cuba, representados por Fidel Castro, Batista não passava de um cafetão, que estava vendendo seu país a estrangeiros degenerados. Isso se somava ao ressentimento que já sentiam por questões como a contínua presença naval dos Estados Unidos na baía de Guantánamo, um legado dos vergonhosos dias do início do século xx, quando Washington governara Cuba como um Estado vassalo (depois que vencera a Guerra Hispano-Norte-Americana e expulsara os espanhóis da ilha).

Fidel Castro queria mudar seu país, e o tempo que passou na prisão servira apenas para fortalecer sua determinação. Em 15 de maio, quando saiu pelos portões da Prisão Modelo para a algazarra da mídia, estava em um estado de espírito ingrato e beligerante. Jurou continuar a luta contra o "despotismo" de Batista.

A essa altura, seu movimento tinha um núcleo razoavelmente coeso de pessoas, em sua maioria de classe média, composto de profissionais cubanos interessados em promover mudanças de mentalidade e unidos pelo ódio a Batista. Somente uns poucos moncadistas eram comunistas. A maioria era ativista da ala jovem do Partido Ortodoxo, de oposição. Fidel surgira como seu líder mais carismático no vácuo deixado pelo suicídio, em 1951, do líder do partido, Eduardo Chibás. Castro era um "jovem turco" que mostrara, desde Moncada, não ser apenas alguém que falava bonito. Seus seguidores eram nacionalistas, imbuídos da retórica romântica de José Martí, o apóstolo da independência cubana que, em 1895, foi abatido de cima do cavalo por um tiro durante um ataque impensado contra as tropas coloniais espanholas.

Misturados nesse grupo havia alguns marxistas que, habilmente, não se haviam declarado, tais como Ñico López, Calixto García e o irmão de Fidel, Raúl. A ideologia do próprio Fidel era publicamente anticomunista, embora já estivesse dando mostras de seu astuto oportunismo político, pelo qual se tornaria famoso, ao reunir pessoas úteis de todos os matizes políticos a fim de concretizar seus objetivos. Os ajustes de contas viriam depois. Por enquanto, havia uma árdua batalha a ser travada e ele precisava de toda a ajuda que conseguisse obter. A filosofia real do movimento poderia ser fortalecida com o tempo. O que os mantinha a todos unidos era sua atração por Fidel Castro.

A organização de Castro tinha adquirido um nome — Movimento 26 de Julho —, porém, até então, permanecia um segredo conhecido apenas pelos seguidores mais chegados. Publicamente, Castro negava qualquer intenção de formar seu próprio partido político e se empenhava em reiterar a fidelidade ao Partido Ortodoxo. Na realidade, o plano de Castro era construir sua base de apoio em Cuba antes de ir para o México e preparar a fase seguinte da luta, a campanha de guerrilhas que derrubaria Batista e conduziria seu próprio partido ao poder.

Aproveitando-se da anistia de Batista, Ñico López e Calixto García regressaram a Havana a fim de se encontrarem com o líder e ajudá-lo a coordenar a estratégia. Dois dias antes de partirem do México, em 27 de maio, Ernesto escreveu uma carta intrigante para o pai. Abrindo com uma descrição de sua pesquisa sobre alergia, começou a discorrer sobre seus futuros planos de viagem, deixando escapar, enigmaticamente, que "poderia ir a Cuba". Escreveu que estava envolvido em duas "colaborações" separadas. Uma envolvia pesquisa sobre alergia e a outra, em uma alusão que deve ter deixado o pai perplexo, com um "bom químico" no México, "sobre um problema do qual tenho apenas uma intuição, mas acho que alguma coisa muito importante vai sair disso [...]. Espero obter uma recomendação para os lugares onde a alvorada está amadurecendo, como dizem [...]. Havana, em especial, me atrai como um lugar onde posso encher meu coração com a paisagem, bem misturada de citações de Lênin".

Contudo, quando soube que havia um navio zarpando para a Espanha no começo de julho, estava pronto para abandonar todos os planos e partir. Também lhe disseram que poderia assistir ao próximo Congresso da Juventude Comunista, na China, se pudesse custear parte das despesas da viagem. No entanto, por mais tentador que fosse ver "a terra de Mao", a atração pela Europa era mais forte, "quase uma necessidade biológica", como escreveu para a mãe dias depois.

V

Ansioso por alguma nova excitação, Ernesto se juntou a uma tentativa "improvisada" de escalar o monte Popocatépetl, um dos dois majestosos vulcões que se erguem sobre a Cidade do México. Embora ele e os companheiros tenham alcançado apenas a borda mais baixa da cratera do cume, ele chegou a "perscrutar as entranhas da Mãe Terra".

Ernesto acompanhava as notícias da Argentina com crescente ansiedade. Em 16 de junho, a Marinha argentina fez uma sangrenta tentativa de derrubar Perón. Centenas de civis morreram em um atrapalhado bombardeio aéreo ao palácio presidencial. A tentativa fracassou, mas Perón ficou abalado e uma atmosfera de tensão e incerteza persistiu enquanto seu regime cambaleava à beira do colapso. Ernesto escreveu à mãe pedindo notícias, pois não estava confiando nos relatos publicados no México: "Espero que a coisa não seja tão ruim como a pintam e que não haja nenhum dos nossos envolvido em uma disputa em que não há nada a ganhar". Conhecedor dos fortes sentimentos antiperonistas da família, Ernesto estava preocupado que algum parente, especialmente o irmão, Roberto, que trabalhava na Marinha, pudesse estar em perigo. Passando as suas próprias notícias, Ernesto contou a Celia que agora gastava muito do tempo livre transmitindo a "doutrina de San Carlos", um eufemismo para se referir a Karl Marx, "a um bando de garotos da sexta série" — supostamente menos mundanos que seus amigos exilados.

O clima político em Havana deteriorara-se rapidamente. Desde que fora posto em liberdade, Fidel estivera ocupado recrutando novos membros para a organização e atacando Batista na imprensa. Na noite de 12 de junho, em uma reunião secreta na parte antiga de Havana, o Movimento 26 de Julho foi formalmente fundado, com um diretório nacional de onze membros, encabeçado por Fidel. A violência política cometida pela polícia, pelos estudantes e pelos militantes do partido de Castro começou com uma vingança. Um exilado que tinha regressado à cidade foi assassinado; uma onda de bombas estourou em Havana. Fidel acusou o governo de desencadear a violência, enquanto as autoridades acusaram Raúl de colocar uma das bombas e expediram um mandado de prisão contra ele. Fidel acusou publicamente o governo de estar conspirando para matá-lo e a seu irmão. Em 16 de junho, já tendo proibido que ele falasse pelo rádio, a polícia fechou o principal meio de comunicação que lhe restava, o tabloide diário *La Calle*.

Percebendo que dispunha de pouco tempo para agir, Fidel mandou Raúl fugir para o México e preparar o caminho para sua chegada. Depois de solicitar asilo na embaixada do México em Cuba, e nela passar uma semana escondido, Raúl voou para a Cidade do México no dia 24 de junho. Foi direto para a casa de María Antonia. Entre os que o esperavam estava Ernesto Guevara.

Segundo todos os relatos, os dois se deram bem imediatamente. Em primeiro lugar, tinham afinidade ideológica. Raúl, o irmão de Fidel, cinco anos mais novo, entrou para a ala jovem do Partido Comunista Cubano quando estava na Universidade de Havana, ajudou a editar sua publicação *Saeta* e, em maio de 1953,

Escalando o monte Popocatépetl, no México.

assistiu ao Festival Mundial da Juventude [Comunista], em Bucareste, na Romênia. Não há dúvida de que Raúl já ouvira falar de Ernesto por intermédio de Ñico López, que estivera com ele e com Fidel depois de regressar a Havana.

Pouco depois da chegada de Raúl, Ernesto convidou-o para jantar no apartamento de Hilda e Lucila. Ernesto não mencionou o fato no diário, mas Hilda disse em suas memórias que gostou imediatamente de Raúl. "Apesar de sua mocidade", recordou Hilda, "23 ou 24 anos, e da aparência de ainda menos idade, alourado e sem barba, parecendo um estudante universitário, tinha ideias muito claras sobre como a revolução tinha de ser feita e, mais importante, com que objetivo e para quem."

Raúl falou de sua fé em seu irmão mais velho e de sua crença pessoal, ecoando as opiniões de Ernesto, de que em Cuba e no resto da região o poder não podia ser conquistado por eleições, mas por meio da guerra. Com o apoio popular, podia-se conquistar o poder e então transformar a sociedade do capitalismo para o socialismo. Hilda escreveu: "Ele prometeu trazer Fidel à nossa casa assim que este chegasse ao México. Desde então nos visitava uma vez por semana, e Ernesto o via quase todos os dias".

Um mistério que perdurou pelos anos afora é a questão de *quando* os soviéticos se envolveram com a Revolução Cubana. Embora "envolvimento" talvez seja um termo forte demais para ser usado, os primeiros contatos entre os revolucionários de Fidel Castro e funcionários soviéticos aconteceram na Cidade do México no verão de 1955.

Coincidentemente, um funcionário do Ministério do Exterior soviético, de 27 anos, que Raúl conhecia, também estava na Cidade do México em 1955. Chamava-se Nikolai Leonov. Eles se conheceram dois anos antes, na viagem de um mês de duração que trouxe Raúl de volta do festival da juventude, e ficaram amigos. Viram-se pela última vez quando Raúl desembarcou em Havana. Algumas semanas depois, Raúl participara do ataque contra o quartel de Moncada e fora preso, enquanto Leonov continuara até o México para assumir um posto de pouca importância na embaixada soviética e fazer um curso de espanhol na Universidade Autônoma. Agora, o acaso havia reunido novamente Nikolai Leonov e Raúl Castro.

Segundo Leonov, que se aposentou da KGB em 1992, quando era subchefe do Primeiro Diretório Principal, responsável pelos Estados Unidos e pela América Latina, ele esbarrou em Raúl Castro um dia quando estava na rua fazendo compras. Feliz de revê-lo, Raúl deu a Leonov o endereço da casa de María Antonia e convidou-o a dar uma passada por lá. Proibido de iniciar quaisquer contatos sociais sem conhecimento prévio da embaixada, Leonov violou essa norma e foi até o número 49 da calle Emparán. Lá conheceu Ernesto Guevara.

"Ele estava atuando como médico, tratando de Raúl, que estava com gripe", disse Leonov. "Minha primeira impressão foi a de um homem feliz, um brincalhão. Praticamente tudo que ele estava fazendo para tratar de Raúl era animá-lo, contando-lhe histórias, piadas." Depois das apresentações, Ernesto e Leonov começaram a conversar. Leonov disse que Guevara lhe fez uma infinidade de perguntas sobre a vida soviética e queria que lhe falasse de tudo, desde a literatura soviética até "o conceito do homem soviético: 'Como é que eles pensam? Como é que vivem?'". Leonov se ofereceu para lhe dar alguns livros para ler. Se depois ainda tivesse perguntas a fazer, poderiam conversar um pouco mais. Ernesto pediu *A Man Complete*, sobre um herói da aviação soviética na Segunda Guerra Mundial, dois romances ambientados durante a Guerra Civil Russa de 1918 a 1922 — *Chapaev*, de Dmitri Furmanov, e *Assim foi temperado o aço*, de Nikolai Ostrovsky. Alguns dias depois, Ernesto apareceu na embaixada para pegar os livros e, de acordo com Leonov, tornaram a conversar, "dessa vez, porém, como amigos". Combinaram de se manter em contato e Leonov lhe deu um cartão de visita com o endereço da embaixada. Leonov disse que essa foi a última vez que se viram no México.

12. Deus e sua nova mão direita

I

No verão de 1955, Ernesto escreveu um fato em seu diário: "Um acontecimento político foi ter conhecido Fidel Castro, o revolucionário cubano, um homem jovem, inteligente, muito seguro de si e de uma audácia extraordinária. Acho que há uma simpatia mútua entre nós".

Esse encontro aconteceu poucos dias depois da chegada de Castro ao México, em 7 de julho. Ernesto o conheceu no apartamento de María Antonia. Depois de conversarem durante algum tempo, Ernesto, Fidel e Raúl foram jantar em um restaurante no mesmo quarteirão. Após várias horas, Fidel convidou Ernesto para se juntar ao seu movimento de guerrilha. Ernesto aceitou na mesma hora.

"Che", como os cubanos começaram a chamá-lo, seria seu médico. Era a fase inicial, Fidel estava muito longe de montar todo seu ambicioso esquema, mas era a causa que Ernesto vinha procurando.

II

Ernesto Guevara e Fidel Castro eram naturalmente opostos.

Com 28 anos, Castro, um dos nove filhos de uma família proprietária de terras na província de Mayarí, na parte leste de Cuba, era um animal político por excelência, transbordante de autoconfiança. Seu pai, Ángel Castro, fora um imigrante galego, analfabeto, que chegou a Cuba sem um tostão e conseguiu fazer uma pequena fortuna em terras, açúcar, madeiras e gado. Administrava sua grande *finca*, chamada Manacas, que possuía seu próprio armazém, açougue e padaria. Ele era um patriarca rural que governava os destinos de trezentos trabalhadores e suas famílias.

Fidel era o terceiro filho de Ángel Castro, fruto do seu segundo casamento com Lina Ruz, cozinheira da família. O menino, brilhante e rebelde, recebeu do pai a melhor educação que o dinheiro podia comprar: a escola primária Dolores, dos Maristas, em Santiago; o internato do seleto Colegio Belén, dos Jesuítas, em Havana: e o curso de direito na Universidade de Havana. Altamente competitivo e de temperamento explosivo, Fidel adquiriu a reputação de ser um encrenqueiro, que andava armado, no ambiente volátil do campus da universidade. Antes mes-

Em 15 de maio de 1955, um domingo, Fidel Castro, de terno preto, foi liberado da prisão da Isla de Pinos, em Cuba. Ele passou quase dois anos lá depois de ser condenado por liderar um ataque contra o quartel do Exército de Moncada, em Santiago. Castro tinha recebido uma sentença de quinze anos, mas foi anistiado. Estão com ele, na frente e a partir da esquerda, seu irmão, Raúl, Juan Almeida e Ciro Redondo.

mo do ataque ao quartel de Moncada, a ele foram atribuídos dois tiroteios, um deles contra um policial, mas conseguira evitar ser preso em ambas as ocasiões.

Castro se tornara adulto durante as presidências de Grau San Martín e Prío Socarrás, marcadas por corrupção, banditismo e brutalidade policial. Mergulhou na política estudantil, invocando a retórica purista do herói nacional cubano, José Martí, em suas convocações por um governo limpo, pelos direitos dos estudantes e pela igualdade social. Quando o vociferante senador Eduardo Chibás formou o Partido Ortodoxo, para concorrer à presidência contra Grau San Martín, em 1947, Castro ingressou na ala jovem do novo partido e, dentro de pouco tempo, era visto por muitos como o sucessor de Chibás. O fato de ter amigos no Partido Comunista, e de se aliar a eles no que concernia a determinadas questões, não o impediu de fazer campanha com facções católicas contra os comunistas em eleições estudantis.

Fidel era também profundamente anti-imperialista e se juntou a várias associações estudantis que propunham essas ideias, inclusive promovendo a independência de Porto Rico. Tinha perfeita consciência da situação de Cuba como neocolônia dos Estados Unidos, após a Guerra Hispano-Norte-Americana e a subsequente ocupação militar norte-americana. A suposta independência de Cuba fora obtida às custas da vergonhosa Emenda Platt, de 1901, que concedeu a Washington o direito de intervir na "defesa" de Cuba quando bem quisesse e cedeu a baía de Guantánamo à Marinha de Guerra dos Estados Unidos como uma base naval, em termos que ficavam em aberto. Quando Fidel estava no curso ginasial, a Emenda Platt fora revogada, mas os norte-americanos mantinham a baía de Guantánamo, tinham grandes investimentos na economia cubana baseada no açúcar e desempenhavam um papel proconsular na vida política do país. Em 1949, depois que marinheiros norte-americanos urinaram na estátua de José Martí, no parque central da parte antiga de Havana, Fidel ajudou a organizar um protesto diante da embaixada dos Estados Unidos e foi espancado pela polícia cubana. Em 1951, ele e o irmão, Raúl, opuseram-se abertamente à intenção do governo Prío de enviar tropas cubanas para lutar na "guerra norte-americana" na Coreia.

Fidel Castro sentia uma profunda antipatia pelos "ianques", que haviam transformado a Cuba independente em uma pseudorrepública e permitiam que ali se enraizassem ditaduras venais. Mayarí, sua província natal, era praticamente um estado-vassalo da United Fruit Company, dona de gigantescas extensões de terras e da maioria dos engenhos de açúcar. Os empregados norte-americanos e cubanos privilegiados desfrutavam de uma vida de regalias nas áreas residenciais da companhia, que tinham lojas, hospitais, instalações desportivas e escolas particulares. O pai de Fidel também dependia "da Companhia". Tendo comprado dela grande parte de suas terras, era obrigado a vender sua cana-de-açúcar para os engenhos da United Fruit.

É provável que Fidel tivesse sempre se considerado como o futuro líder de Cuba. Na escola, brigava para ser o líder inconteste dos colegas, quer se tratasse de tirar o primeiro prêmio na competição de poesia no curso primário, de ser o capitão do time de basquete do Colegio Belén ou de ganhar reconhecimento na política estudantil na Universidade de Havana. Com doze anos, enviou uma carta a Franklin Delano Roosevelt, para felicitá-lo por sua terceira posse como presidente e para lhe pedir um dólar. Embora José Martí continuasse sendo sua inspiração da vida inteira, chegou a admirar poderosas figuras históricas como Júlio César, Robespierre e Napoleão. Parecia ter um dom natural para fazer barganhas e artimanhas, o que muito contribui para o êxito na política, e sabia dissimular com habilidade.

Esses traços denotavam uma grande distinção entre ele e o homem que mais tarde seria seu braço direito. Para Ernesto Guevara, a política era um mecanismo para as mudanças sociais e eram elas, e não o poder em si, que o impeliam. Se tinha inseguranças, não eram de natureza social. Não tinha o ar de desafio constante que Castro evidentemente possuía e convertera em uma fonte de força. Sua própria família era de sangue azul, embora falida, e ele crescera com a confiança social e a noção de privilégio que fazem parte da consciência de se ter um legado. Os Guevara podiam ser ovelhas negras no âmbito da sociedade argentina, mas ainda faziam parte *dela*. Por mais que Ernesto procurasse rejeitar sua origem e cortar os laços de família, tudo isso o marcara de forma indelével.

Apesar de Ernesto ter, sem dúvida, um ego forte, não se comparava ao de Fidel. Em grupos grandes, nos quais Ernesto tendia a se colocar para trás, escutar e observar, Castro era compelido a assumir e ser reconhecido como a autoridade sobre qualquer tema que estivesse em debate, de história e política à criação de animais.

Devido à asma, Guevara tinha muita consciência de suas limitações físicas, enquanto o corpulento Castro não identificava nenhuma em seu físico. Castro não era um atleta por natureza, mas sentia que poderia ser o melhor em qualquer coisa desde que se empenhasse, e muitas vezes o fez. Castro tinha o ímpeto de *vencer*. Para Ernesto, já fora uma conquista ser capaz de *jogar* rúgbi e os outros esportes da sua juventude, ser aceito como membro de um time. Ele ansiava por camaradagem, não por liderança.

Mais alto do que a média, com o cabelo untado de brilhantina e um pequeno bigode que não lhe caía bem, Fidel tinha a aparência de bem alimentado, de um homem acostumado a se mimar. E se mimava. Adorava comer e gostava de cozinhar. Quando estava na prisão, escreveu cartas para amigos descrevendo em detalhes e com prazer as refeições que havia preparado. Ernesto, dois anos mais novo, era mais baixo e menos encorpado, com a palidez e os olhos escuros e dramáticos associados a um ator de teatro ou a um poeta. Em muitos aspectos, seus físicos refletiam as diferenças de personalidade: Fidel era inconscientemente autoindulgente; Ernesto, fruto da autodisciplina que lhe impusera a asma.

Apesar das muitas diferenças, Ernesto e Fidel tinham alguns traços em comum. Ambos foram meninos favorecidos de famílias grandes, extremamente mimados, descuidados quanto à aparência pessoal e sexualmente vorazes. Porém, homens para os quais os relacionamentos vinham em segundo lugar em relação aos objetivos pessoais. Estavam imbuídos do machismo latino, acreditando na fraqueza inerente das mulheres, desprezando os homossexuais e admirando os bravos homens de ação. Tinham uma vontade de ferro e um sentido de propósito maior que a vida. E, por último, queriam realizar uma revolução. Na altura em que se conheceram, cada um deles já tinha tentado desempenhar um papel direto em acontecimentos históricos de seu tempo, tendo sido frustrados, e identificavam o mesmo inimigo comum, os Estados Unidos.

Em 1947, ainda na universidade, Fidel juntara-se a um grupo de cubanos e dominicanos que estavam sendo treinados em um ponto isolado de Cuba com a intenção de invadir a República Dominicana e derrubar o general Trujillo. A expedição foi abortada no último momento por tropas cubanas, depois que o presidente Grau San Martín fora alertado por Washington. Em seguida, como delegado, em Bogotá, do congresso de jovens "anti-imperialistas", realizado em 1948 por Perón, Fidel participara do tumulto que ocorreu após o assassinato do líder do Partido Liberal, Eliécer Gaitán. Tentara organizar uma resistência popular contra o governo conservador. Depois vieram o golpe de Batista, o ataque contra o quartel de Moncada e a prisão.

Da prisão, Fidel acompanhou com interesse os acontecimentos na Guatemala e simpatizava com o acossado governo Arbenz na sua luta contra aquele fantasma conhecido, a United Fruit Company. A queda de Arbenz também foi instrutiva: ensinou a Fidel que, para sua revolução em Cuba ter êxito, teria de proceder com cautela e conseguir um forte controle do poder antes de contrariar os interesses norte-americanos. Entretanto, para governar Cuba com as mãos livres, era igualmente óbvio que empresas estrangeiras como a United Fruit teriam de ser nacionalizadas. Fidel sabia que o truque estava em avançar com tato e astúcia.

Era evidente para Ernesto, como para a maioria das pessoas que conheciam Fidel, que ele possuía uma rara personalidade, acentuada pela convicção absoluta de que acabaria vencendo. E se Fidel ainda não estava tão convencido quanto Ernesto de que o socialismo era o caminho certo a seguir, demonstrava simpatia pelos mesmos objetivos. Caberia às pessoas chegadas a ele, incluindo Ernesto Guevara, garantir que a revolução de Fidel Castro seguisse um rumo socialista.

Como Ernesto disse a Hilda pouco depois de encontrar Fidel, "Ñico tinha razão quando nos disse, na Guatemala, que se Cuba tinha produzido alguma coisa boa desde Martí era Fidel Castro. Ele fará a revolução. Estamos inteiramente de acordo [...]. É somente por alguém como ele que eu poderia me entregar por completo". Ele reconheceu que o plano de Fidel de desembarcar um punhado de guerrilheiros nas costas bem defendidas de Cuba era uma "ideia maluca", mas se sentia compelido a apoiá-lo de qualquer maneira.

Em 20 de julho, Ernesto escreveu à tia Beatriz, dizendo-lhe enigmaticamente: "O tempo provocou uma alteração na torrente de projetos em que estou metido e agora [...] posso ter certeza de concluir apenas um, que [...] será exportado para o próximo país que eu visitar, cujo nome ninguém sabe a não ser Deus e sua nova mão direita".

Em homenagem ao seu novo amigo e camarada, Ernesto pediu a Hilda e Lucila que preparassem um jantar para Fidel e que também convidassem Laura de Albizu Campos e Juan Juarbe. Nessa noite, Castro exibiu três dos traços que o fariam famoso: sua tendência a deixar os outros esperando muito por ele, seu tremendo carisma pessoal e sua capacidade de discursar por horas a fio. Lucila se ofendeu com o longo atraso e foi para o quarto, mas Hilda esperou pacientemente e ficou devidamente impressionada. "Ele era jovem, [...] de pele clara, e alto, cerca de um metro e noventa, e forte. Poderia muito bem passar por um atraente turista burguês. Entretanto, quando falou, seus olhos brilharam com paixão e fervor revolucionários, e se podia ver por que ele era capaz de reter a atenção dos ouvintes. Tinha o encanto e a personalidade de um grande líder e, ao mesmo tempo, uma simplicidade e uma naturalidade admiráveis."

Depois do jantar, Hilda superou sua perplexidade e perguntou a Castro por que estava no México se sua luta era em Cuba. "Ele respondeu: 'Excelente pergunta. Vou explicar'." A resposta de Fidel durou quatro horas.

Alguns dias mais tarde, Ernesto contou a Hilda que pretendia se juntar à invasão rebelde de Cuba. Pouco depois, Hilda informou a ele que estava grávida.

III

Em 26 de julho, para comemorar o segundo aniversário do ataque a Moncada, Fidel organizou uma cerimônia completa, com discursos feitos por ele e por outros exilados latino-americanos, no parque de Chapultepec. Depois, se reuniram em uma casa onde Fidel preparou um de seus pratos favoritos: *spaghetti alle vongole*.

Durante o jantar, Ernesto ficou sentado tranquilo, sem falar muito. Notando seu retraimento, Fidel disse em voz alta: "Ei, Che! Você está muito quieto. Isso é porque sua controladora está aqui agora?". Era uma referência a Hilda. Ela escreveu: "Obviamente Fidel sabia que estávamos planejando nos casar, daí a piada. Dei-me conta então de que os dois conversavam muito um com o outro. Eu sabia muito bem que Ernesto, quando se sentia à vontade, era falante, ele adorava debates. Mas quando havia muita gente ao seu redor, ficava retraído".

Hilda interpretou o silêncio de Ernesto como uma meditação sobre a grandiosidade do empreendimento em que estava envolvido, mas isso tem o tom inconfundível da mistificação posterior aos fatos. Parece muito mais provável que ele estivesse ponderando o dilema que enfrentava com ela. Decidira casar-se com ela — afinal de contas, era a conduta honrosa a ter —, porém, como escreveu no diário: "Para um outro sujeito, isso seria transcendental, para mim é um episódio incômodo. Vou ter um filho e, dentro de alguns dias, vou me casar com Hilda. A coisa teve seus momentos dramáticos para ela e pesados para mim. No final, ela consegue o que queria, porém, no meu modo de ver, por pouco tempo, embora ela tenha esperanças de que seja para o resto da vida".

Para um homem que sempre resistira a uma vida doméstica e que acabara de encontrar uma causa para abraçar e um líder para seguir, o casamento não podia ter chegado em pior momento. Mesmo assim, Ernesto foi até o fim e, em 18 de agosto, ele e Hilda se casaram no cartório de registro civil da cidadezinha de Tepotzotlán, nos arredores da capital. Suas testemunhas foram Lucila Velásquez; Jesús Montané Oropesa, um contador público baixinho, com orelhas de abano (e membro do recém-formado diretório nacional do Movimento), que acabara de chegar de Havana para ser tesoureiro de Fidel; e dois colegas de Ernesto do Hospital Geral. Raúl Castro compareceu à cerimônia, mas, cumprindo as ordens de Fidel de não chamar atenção, não assinou o livro de registro. Fidel, desconfiando que seus movimentos estavam sendo monitorados pela polícia secreta de Batista e pelo FBI norte-americano, não compareceu, mas foi à festa que os noivos ofereceram depois, na qual Ernesto preparou um churrasco no melhor estilo argentino.

Ernesto e Hilda se mudaram do apartamento que dividiam com Lucila para o seu próprio, em um edifício de cinco andares na calle Nápoles, em Colonia Juárez. Em seguida, deram a notícia aos pais. Escreveu Hilda: "Meus pais responderam nos repreendendo por não tê-los avisado antes, para que pudessem assistir ao casamento. Também nos enviaram um cheque bancário de quinhentos dólares como presente, pedindo-nos que mandássemos fotos, e minha mãe pediu que nos casássemos na Igreja, dizendo que devíamos informar a data exata para que ela pudesse fazer os devidos anúncios aos nossos amigos no Peru".

Ernesto escreveu de volta aos novos sogros empregando uma mistura de invariável franqueza e leve jocosidade que deve ter espantado as pessoas no lar de classe média dos Gadea. "Queridos Pais: Posso imaginar sua surpresa ao receber nossa notícia-bomba e posso compreender a enxurrada de perguntas que ela deve ter provocado. Vocês, evidentemente, têm toda razão em nos repreender por não os termos avisado do casamento. Achamos que era melhor fazer desse modo, tendo em vista as inúmeras dificuldades com que nos defrontamos, não antevendo que teríamos um filho tão cedo [...]. Estamos muito gratos pelas expressões de afeto que nos dirigiram. Sei que são sinceras, conheço Hilda há tempo suficiente para sentir que conheço sua família. Tentarei o tempo todo mostrar que mereço Hilda. Também estou grato pelo 'pequeno presente': vocês fizeram mais do que era preciso. Não se preocupem conosco. É verdade que não somos ricos, mas Hilda e eu ganhamos o suficiente para manter um lar de forma adequada [...].

"Acho que isto responde adequadamente a sua afetuosa carta, mas devo acrescentar algo sobre nossos planos futuros. Primeiro vamos esperar por 'Don Ernesto' (se não for um menino, teremos um problema). Depois consideraremos umas duas propostas concretas que tenho, uma em Cuba, a outra é uma bolsa na França, dependendo da possibilidade de Hilda se deslocar. Nossa vida errante ainda não terminou e, antes de nos instalarmos definitivamente no Peru, país que admiro de muitas maneiras, ou na Argentina, queremos ver um pouco da Europa e de dois países fascinantes, a Índia e a China. Estou especialmente interessado na Nova China, pois corresponde a meus próprios ideais políticos. Espero que em breve, ou se não em breve algum dia, depois de conhecermos esses e outros países realmente democráticos, Hilda venha a pensar como eu.

"Nossa vida de casados provavelmente não será como a sua. Hilda trabalha oito horas por dia e eu, de modo um tanto irregular, cerca de doze. Estou fazendo pesquisas, o ramo mais duro (e de menor remuneração). Mas combinamos nossas rotinas de modo harmônico e transformamos nosso lar em uma associação livre entre pessoas iguais. (É claro, sra. Gadea, que a cozinha de Hilda é o lado pior da casa, em termos de ordem, limpeza e comida.) [...] Só posso dizer que foi assim que vivi minha vida toda, minha mãe tinha a mesma fraqueza. Então, uma casa bagunçada, uma comida medíocre e uma esposa esperta, se ela for uma companheira de verdade, é tudo que quero na vida.

"Espero ser recebido na família como um irmão que está há muito tempo trilhando o mesmo caminho rumo a um destino igual, ou, pelo menos, que minhas peculiaridades de caráter (que são muitas) não sejam levadas em conta tendo em vista o afeto sem restrições de Hilda por mim, que é o mesmo que sinto por ela. Com um *abraço* para a família, do seu novo filho e irmão, Ernesto."

Para sua própria família, Ernesto minimizou a notícia de seu casamento e paternidade iminente, colocando-as no final de uma carta à mãe, datada de 24 de setembro. A carta tratava sobretudo de sua reação ao golpe de estado militar que tinha finalmente derrubado Perón quatro dias antes. "Confesso, com toda a sinceridade, que a queda de Perón me deixou profundamente amargurado, não por ele, mas pelo que isso significa para toda a América, porque, por mais que você deteste admitir isso, e apesar da renúncia a que fora obrigado recentemente,* ele era o paladino de todos aqueles que consideram que o inimigo está no Norte."

Depois de predizer ainda mais divisões sociais e violência política em sua pátria, passou às suas próprias notícias, escrevendo: "Quem sabe, nesse meio-tempo, o que vai acontecer com seu filho errante. Talvez ele tenha decidido regressar e descansar os ossos na terra natal [...] ou começar um período de luta de verdade [...]. Talvez uma bala dessas tão profusas no Caribe ponha fim à minha existência (isso não é conversa fiada, nem uma possibilidade concreta, é só que de fato há muitas balas perdidas nestas latitudes) [...] ou eu simplesmente vou continuar na minha vida de andanças enquanto for necessário para completar um treinamento sólido e satisfazer os desejos que me reservei dentro do meu programa de vida, antes de me dedicar seriamente à busca do meu ideal. As coisas estão se movendo com tremenda velocidade e ninguém pode saber ou prever onde se estará no ano seguinte e por que razão".

Quase como um pós-escrito, acrescentou: "Não sei se você recebeu a notícia formal do meu casamento e da vinda do herdeiro [...]. Caso não, comunico oficialmente a notícia, para que você possa passá-la às pessoas. Casei-me com Hilda Gadea e vamos ter um filho".

Mais ou menos nessa época, a saúde de María, uma paciente idosa que Ernesto tratara durante o ano anterior, piorou de repente. Apesar de todos os seus esforços, ela morreu, asfixiada pela asma. Ele estava em sua cabeceira quando ela exalou o último suspiro. O fato levou-o a compor um poema no qual despejou toda a sua raiva pelo descaso social que, ele achava, a havia conduzido à morte. Em "Velha María, você vai morrer", ela personifica todas as vidas pobres e desperdiçadas da América Latina. Para Ernesto, ela se tornara a velha mulher de Valparaíso, o casal de fugitivos em Chuquicamata e os indígenas abatidos do Peru.

* Uma referência à recente reaproximação de Perón com interesses financeiros norte-americanos e sua controversa tentativa de fazer passar uma lei permitindo que a Standard Oil fizesse explorações nos campos petrolíferos da Patagônia.

Pobre velha María...
não reze para o deus inclemente que negou esperanças
sua vida inteira
não peça clemência para a morte
sua vida foi horrivelmente coberta de fome,
e termina coberta de asma.
Mas eu lhe quero anunciar,
em uma voz baixa viril de esperanças,
a mais vermelha e viril das vinganças.
Quero jurá-la na exata
dimensão de meus ideais.
Pegue esta mão de homem que parece a de um menino
entre as suas, polidas pelo sabão amarelo,
esfregue os calos duros e os nós puros
na suave vingança de minhas mãos de médico.
Descanse em paz, velha María,
descanse em paz, velha lutadora,
seus netos viverão todos para ver a alvorada.

IV

Até então, o mundo da "vingança vermelha" estava limitado a fervilhar na imaginação de Ernesto. Ele podia canalizar sua indignação em seus escritos, em um ocasional debate político e em suas crescentes esperanças no projeto revolucionário de Fidel Castro.

E esse projeto avançava lentamente. Fidel, que tinha completado 29 anos em agosto, mantinha-se em contato regular, pelos correios, com os membros do movimento que ainda se encontravam em Cuba, e estava ocupado planejando, conspirando, lendo, escrevendo, expedindo ordens e, acima de tudo, falando, sempre falando. Como tinha feito em Cuba, assumia a vida de quem quer que, no México, se mostrasse suscetível aos seus múltiplos encantos e poderes de persuasão. Arzacio Vanegas Arroyo, um homem baixo, com feição indígena, gráfico e lutador profissional ("Kid Vanegas"), amigo de María Antonia e de seu marido, foi recrutado para imprimir 2 mil exemplares do *Manifesto Nº 1 ao Povo Cubano*, de Fidel. Depois, Castro conseguiu que outro amigo contrabandeasse para Cuba uma quantidade desses exemplares, com ordens para que fossem distribuídos junto do túmulo de Eduardo Chibás, no dia 16 de agosto, quarto aniversário da morte de seu mentor. O manifesto revelava a formação do Movimento 26 de Julho como uma organização revolucionária que buscava a restauração da democracia e da justiça em Cuba. Ponto por ponto, delineava o chamado de Fidel por reformas: a eliminação da oligarquia feudal dos terras-tenentes, ou latifundiários, e a distribuição das terras aos camponeses; a nacionalização dos serviços públicos; a redução compulsória dos aluguéis; os ambiciosos programas de habitação, educação, industrialização e eletrificação rural, e assim por diante, abrangendo virtualmente todos os aspectos da vida cubana. Na sua essência, era um chamado para a adoção de medidas radicais para transformar Cuba em uma sociedade moderna e mais humana.

Os planos de Fidel tinham progredido para além da panfletagem, enveredando pela estratégia militar. Resolvera desembarcar sua força invasora em um trecho isolado da costa sudeste de Cuba, onde o solo se ergue para formar a cadeia montanhosa da Sierra Maestra. Fidel lançaria sua campanha de guerrilhas nas montanhas da província de Oriente, que não era apenas sua região natal, mas também onde os patriotas cubanos do século XIX, inclusive José Martí, lançaram suas invasões para combater os espanhóis.

Além do simbolismo, havia uma boa razão estratégica: a serra era bastante próxima de Santiago, a segunda maior cidade de Cuba. Ali Fidel contava com a hábil ajuda de seu coordenador de atividades clandestinas, um estudante de vinte anos chamado Frank País. Depois que os homens de Fidel tivessem desembarcado e se instalado nas montanhas, Santiago proveria um conjunto de recursos, inteligência, armas e recrutas para abastecer a campanha.

Celia Sánchez, filha de um médico dono de uma plantação e recentemente convertida ao movimento, conseguira as cartas náuticas da costa de que Fidel necessitava e as entregara a Pedro Miret, um velho amigo dos tempos de universidade, responsável pela coordenação dos planos de invasão. Miret percorrera pessoalmente a área a fim de escolher os possíveis locais para o desembarque e, em setembro, foi ao México para entregar as cartas a Fidel e debater a estratégia. Enquanto isso, o Movimento estava selecionando os futuros combatentes entre os seus integrantes. Também era tarefa de Miret levar os escolhidos ao México para receber treinamento militar.

Para treinar sua força, Fidel já contatara um homem: o general Alberto Bayo, nascido em Cuba, cego de um olho e militar aventureiro. Bayo fora oficial de carreira do Exército espanhol, combatera na campanha colonial contra o líder guerrilheiro marroquino Abd-El-Krim e, posteriormente, com as forças republicanas contra Franco. Mais tarde assessorou e treinou homens para várias guerras no

Caribe e na América Central e escreveu um livro sobre essas experiências, *Tempestad en el Caribe* [Tempestade no Caribe]. Estava aposentado das atividades militares e trabalhava como conferencista universitário e dirigia uma fábrica de móveis no México. Parecia ser exatamente o homem de que Fidel precisava.

Fidel começou a preparar uma turnê de discursos e coleta de contribuições pelas comunidades de emigrados cubanos da Flórida, Nova York, Filadélfia e Nova Jersey. Para esse esforço contaria com a ajuda do amigo Juan Manuel Márquez, um líder do Partido Ortodoxo com bons contatos nos Estados Unidos. Nesse meio-tempo, manteve um fluxo contínuo de mensagens para os membros de seu diretório nacional, em Cuba, instruindo-os a também coletar fundos e delineando novas regras sobre deveres e obrigações dos membros do Movimento.

A essa altura, seus camaradas cubanos estavam começando a conhecer o homem a quem chamavam de "Che" suficientemente bem para reconhecer suas idiossincrasias. Um dos traços de sua personalidade que irritava muitos deles no início era sua atitude moralista. Quando a nova esposa de Jesús Montané, uma veterana do ataque ao quartel de Moncada, Melba Hernández, chegou de Havana, ele a levou ao Hospital Geral para que conhecesse Che. Guevara deu uma olhada em Melba, que acabara de desembarcar do avião e ainda estava bem-vestida, e disse-lhe rudemente que, com tantas joias, ela não podia ser uma revolucionária, alegando que "os verdadeiros revolucionários se enfeitam por dentro, não na superfície". A primeira impressão que Melba teve de Che foi compreensivelmente negativa, mas quando o conheceu melhor percebeu, como aconteceu com outras pessoas, que, embora ele julgasse as pessoas e fosse até rude, era igualmente exigente consigo mesmo. Enfim, Melba disse que acabou refletindo sobre o comentário de Che e concluiu que ele tinha razão, e daí por diante passou a usar menos joias.

Ernesto continuava com seu condicionamento físico e, na segunda semana de outubro, tornou a escalar o Popocatépetl. Nessa, que foi a terceira tentativa, finalmente atingiu o verdadeiro topo do vulcão, depois de seis horas e meia, colocando ali uma bandeira argentina em homenagem ao "Dia da Bandeira Nacional".

Em uma carta sarcástica para Beatriz, Ernesto brincou sobre o nome que planejava dar ao filho (Vladimiro Ernesto) e sobre a "nova Argentina", que surgira depois da derrubada de Perón. "Agora, as pessoas de categoria podem colocar a ralé popular de volta no seu lugar, os norte-americanos investirão grandes e benéficas quantidades de capital no país, em suma, (será) um paraíso." Com ironia, lamentou a rejeição de seus serviços pelo governo mexicano na esteira do "apropriadamente denominado" furacão Hilda, negando-lhe a oportunidade de ver de perto a catástrofe. "Uma parte da cidade ficou inundada e as pessoas ficaram nas ruas, mas não tem importância porque nenhuma pessoa de categoria mora ali, são todos índios puros." Como era típico dele, terminou implorando que ela lhe mandasse mais erva-mate.

Em meados de novembro, Ernesto e uma Hilda visivelmente mais pesada foram para Chiapas e a península do Yucatán, a fim de ver as ruínas maias. O ponto alto de sua estada de cinco dias em Veracruz foi encontrar um navio argentino no porto, no qual Ernesto conseguiu desencavar alguns quilos de erva-mate. "Pode-se imaginar a alegria de Ernesto", escreveu Hilda. "Mate era, evidentemente, um hábito insuperável para ele. Nunca estava sem o seu equipamento, a bombilha, a boquilha e uma garrafa térmica de 2 litros para a água quente. Estudando, conversando, ele sempre tomava chimarrão. Era a primeira coisa que fazia quando se levantava e a última antes de ir dormir."

Viajando para o sul, para os templos maias de Palenque, no calorão tropical de Chiapas, a asma de Ernesto, que quase desaparecera na elevada altitude da Cidade do México, de repente voltou. Quando Hilda se ofereceu para lhe dar uma injeção, desencadeou o que ela chamou de "a primeira briga" da viagem. "Ele recusou de modo violento. Percebi que não queria se sentir protegido, ser ajudado quando estava doente. Fiquei calada diante de sua rispidez, mas me senti magoada."

Ele ficou fascinado com as pirâmides-templos de Palenque e seus baixos-relevos esculpidos. No diário, escreveu páginas e mais páginas sobre Palenque e as localidades maias de Chichén Itzá e Uxmal, combinando descrições físicas minuciosamente detalhadas das ruínas com histórias das antigas civilizações que ergueram essas edificações. Corria excitado pelas ruínas, puxando uma cansada Hilda atrás de si. "Ernesto queria alegremente subir em todos os templos", escreveu ela. "Desisti na última, a mais alta. Parei na metade da subida, em parte porque estava muito cansada e em parte porque estava preocupada com minha gravidez. Ele continuou insistindo comigo para não me fazer de frouxa e eu o segui."

Por fim, sentindo-se "cansada, impaciente e completamente irritada", Hilda recusou-se a dar mais um passo. Sem se perturbar, Ernesto pediu a alguém que tirasse uma foto deles. Na fotografia, uma Hilda com aparência descuidada está olhando zangada por debaixo da aba de um *sombrero* mexicano. Ao lado, usando uma camisa escura de mangas curtas e um chapéu-panamá, Ernesto parece esguio, jovem e muito concentrado.

Depois de visitar Uxmal, embarcaram de volta para Veracruz em um pequeno cargueiro costeiro, o *Ana Graciela*. Hilda relutou em embarcar, mas Ernesto mexeu com ela dizendo que, pelo menos, "morreriam juntos". A viagem co-

Hilda e Ernesto na lua de mel em Yucatán, 1955.

meçou muito tranquilamente, mas no segundo dia surgiu um vento forte do norte e Ernesto escreveu em um tom divertido que ele lhes "deu um bom baile". A descrição de Hilda foi mais azeda: "Quase todos os passageiros ficaram enjoados. Eu também não me senti muito bem. Mas Ernesto parecia um menino. Usando calção de banho, zanzou pelo convés todo, pulou de um lado para o outro, calculou o jogo do navio para se equilibrar, tirou fotografias e riu do mal-estar dos outros".

A conclusão do que Hilda escreveu é evidente. Ernesto não teve qualquer consideração, foi irresponsável, e ela não gostou nem um pouco. Alegando a necessidade de proteger o bebê em seu ventre, Hilda foi para o beliche e lá ficou durante o resto da viagem, alimentada por um pesaroso Ernesto com xícaras de chá quente com limão. Posteriormente, porém, Hilda romantizou o episódio: "Foram quinze dias de uma viagem inesquecível, com a imensa satisfação de estarmos um na companhia do outro o tempo todo, sozinhos no meio de toda aquela beleza". Ernesto, ao contrário, não mencionou Hilda nem uma só vez no relato escrito que fez da viagem.

Antes do Natal, Fidel regressou ao México. Sua viagem pelos Estados Unidos para angariar fundos e organizar suportes fora um sucesso. Viajou para cima e para baixo pela costa leste durante dois meses, discursando, convencendo e prometendo. Invocou Chibás e Martí e fez promessas grandiloquentes, como: "Em 1956, seremos livres ou seremos mártires". Em troca, foi aplaudido e lhe deram dinheiro suficiente para começar a organizar seu Exército Rebelde. Em várias cidades que visitou foram criadas sucursais do Movimento 26 de Julho e "Clubes Patrióticos". Sua imagem na mídia ficou ainda mais proeminente e, em Cuba, sua intenção amplamente anunciada de lançar uma "revolução" desencadeou uma atmosfera de crescente expectativa. De volta ao México, Fidel estava revigorado, sentia-se ótimo, pronto para a guerra. Na véspera de Natal, preparou um jantar cubano tradicional de porco assado, arroz, feijão e aipim. Che e Hilda estavam lá e Fidel discorreu sobre os planos para o futuro de Cuba com "tanta certeza", disse Hilda, que ela imaginou, por um instante, que a guerra já tinha sido travada e ganha.

V

Segundo as palavras do próprio Fidel Castro, 1956 seria o ano decisivo para sua revolução. Para estar em forma, Ernesto continuava com as escaladas nas montanhas e agora resolvera enfrentar o Iztaccíhuatl, um vulcão menor mas de acesso mais difícil, ao lado do Popocatépetl. Fez várias tentativas frustradas de chegar ao seu topo.

Durante os meses de janeiro e fevereiro, os futuros combatentes de Fidel começaram a chegar à Cidade do México provenientes de Cuba. Cerca de meia dúzia de casas de apoio foram alugadas para alojá-los pela cidade. Em meados de fevereiro, estavam instalados vinte e tantos futuros expedicionários. Estritos códigos de disciplina e sigilo lhes foram impostos quando seu treinamento começou. No começo, o treinamento consistia de maratonas de caminhadas ao redor da cidade. Depois, liderados por Arzacio Vanegas, participaram de excursões de condicionamento e resistência pelas colinas nos arredores da capital. Vanegas os fez subir de costas e de lado, a fim de fortalecer-lhes as pernas e ensinar-lhes a manter o equilíbrio. Em uma dessas excursões, Vanegas encontrou Che ofegante e lutando com o inalador para a asma. Depois de se recuperar, Che pediu-lhe que não comentasse com ninguém, nem mesmo com Fidel, o que tinha visto. Estava claramente preocupado em ser retirado da força por causa do problema e tinha a ilusão de que os camaradas não sabiam dele.

Na academia de ginástica Calle Bucarelli, cujos donos eram amigos seus, Vanegas deu aos homens aulas de ginástica e "defesa pessoal". "Eu era muito severo com eles", disse Vanegas. "Disse-lhes que não eram senhoritas e que tinham que dar duro se queriam fazer a guerra." Ele ensinou a Che e aos demais "como atingir um homem de modo a causar o máximo de dor, chutar-lhe as bolas, agarrá-lo pela roupa e derrubá-lo no chão".

Nas casas de apoio, Alberto Bayo começou a ministrar aulas sobre a teoria da campanha de guerrilhas e, a partir de fevereiro, um seleto grupo, que incluía Che, ia a um campo de tiro, Los Gamitos, para desenvolver suas habilidades. De acordo com um arranjo entre Fidel e o proprietário, o campo ficava fechado em certos dias para que seus homens pudessem atirar em um ambiente de privacidade. Às vezes utilizavam perus vivos para praticarem o tiro em alvos em movimento.

VI

Ernesto e Hilda passaram o Dia dos Namorados se mudando para um apartamento maior, em outro andar do mesmo edifício na calle Nápoles. Nessa noite, Hilda entrou em trabalho de parto e deu à luz no dia seguinte.

Pouco depois, Ernesto anotou: "Passou-se muito tempo e se produziram muitos novos acontecimentos. Anotarei apenas o mais importante: a partir de 15 de fevereiro de 1956, sou pai. Hilda Beatriz é a primogênita [...]. Meus projetos para o futuro são nebulosos, mas espero concluir uns dois programas de pesquisa. Este ano pode ser importante para o meu futuro. Deixei os hospitais. Escreverei com mais detalhes".

Mas nunca o fez. Essas foram as últimas linhas que Ernesto escreveu no diário que começara quase três anos antes, depois de passar nas provas na Faculdade de Medicina e de se meter na estrada com Calica Ferrer. Ele partira com a intenção de se reunir ao amigo Alberto Granado no leprosário, na Venezuela. Em vez disso, seguira uma direção completamente diferente, o caminho da revolução.

13. A chama sagrada dentro de mim

I

Como um marinheiro náufrago que finalmente viu a esperança do salvamento no horizonte, um Ernesto revigorado lançou-se com todas as energias no empreendimento revolucionário cubano. Para manter o peso, eliminou o tradicional bife no café da manhã e adotou um regime que consistia de carne, salada e fruta no jantar. Às tardes, ia direto para a academia de ginástica. Já pensando no dia em que a revolução tivesse triunfado, engajou-se em uma leitura intensiva de obras de Adam Smith, John Maynard Keynes e outros economistas, devorou textos sobre Mao e de autores soviéticos, que tomava emprestado no Instituto Cultural Russo-Mexicano, e assistia discretamente a reuniões do Partido Comunista Mexicano. Na maioria das noites, juntava-se aos cubanos nas casas de apoio para debates sobre a situação em Cuba e em outros países latino-americanos.

Seu conhecimento sobre o marxismo estava amadurecendo. Utilizando seus antigos cadernos filosóficos como base, os condensou em um único volume. Totalizando mais de trezentas páginas datilografadas, esse último caderno reflete a definição dos seus interesses e mostra um entendimento aprofundado das obras de Marx, Engels e Lênin. O último item no índice, sobre o conceito do "eu", é atribuído a Freud: "Ali, onde o amor desperta, morre o eu, déspota sombrio".

Começara a levar uma vida dupla, retraindo-se dos contatos com todas as pessoas que não fossem de sua estrita confiança. Advertia Hilda repetidamente a ter cuidado com os amigos, a fim de não revelar seu envolvimento com Fidel. Por fim, pediu que ela parasse por completo de se encontrar com seus conhecidos apristas peruanos, de quem desconfiava especialmente. Afora os cubanos, ele agora via muito poucas pessoas.

Ernesto passava os momentos livres com o bebê, que o fascinava. Em 25 de fevereiro, quando ela fez dez dias de idade, escrevera à mãe para participar o nascimento. "Vovozinha: Nós dois estamos um pouco mais velhos ou, se você pensar em frutos, um pouco mais maduros. A cria é feia mesmo e não se precisa dar mais do que uma olhada nela para perceber que não é diferente de todas as outras crianças da mesma idade. Ela chora quando está com fome, faz xixi com frequência [...], a luz a incomoda e ela dorme o tempo todo. Mesmo assim, há uma coisa que a diferencia imediatamente de qualquer outro bebê: seu papai se chama Ernesto Guevara."

Enquanto isso, na sua outra identidade — como Che, o aprendiz de guerrilheiro —, tornava-se um ótimo atirador. O instrutor de tiro do grupo, recrutado por Fidel em Miami, treinado no Exército norte-americano e veterano da Guerra da Coreia, era Miguel "El Coreano" Sánchez. Ele resumiu o desempenho de Ernesto no campo de tiro: "Ernesto Guevara assistiu às vinte aulas normais de tiro. Excelente atirador, com aproximadamente 650 balas [disparadas]. Disciplina, habilidade de liderança e resistência física excelentes. Algumas flexões de castigo por pequenos erros na interpretação das ordens e por alguns sorrisos de deboche".*

Che já se destacava do conjunto. A personalidade forte, a intimidade com Fidel e Raúl, e a rápida ascensão a uma posição proeminente dentro do grupo sem dúvida agravaram os ressentimentos de alguns recrutas cubanos para com esse "estrangeiro" em seu meio. A maioria dos cubanos se referia a ele como *El Argentino.* Apenas os que o conheciam melhor o chamavam de Che.

Mais tarde, Fidel recordou "um pequeno incidente desagradável" que aconteceu depois que ele designou Che, "em função de sua seriedade, sua inteligência e seu caráter", como líder de uma das casas de apoio na Cidade do México. "Lá havia uns vinte ou trinta cubanos ao todo", narrou Fidel, "e alguns deles [...] contestaram a liderança de Che porque ele era argentino, não era cubano. Nós, evidentemente, criticamos essa atitude [...], essa ingratidão para com alguém que, embora não tivesse nascido em nossa terra, estava pronto a derramar seu sangue por ela. E me lembro que o incidente me magoou muito. Acho que ele também ficou magoado."

* Ver Notas.

Na realidade, Che não era o único estrangeiro no grupo. Guillén Zelaya, um mexicano de dezenove anos a quem ele conhecera alguns meses antes, em uma reunião de exilados hondurenhos, por intermédio de Helena Leiva de Holst, fugira de casa para se juntar a Fidel e fora aceito. Com o tempo surgiriam outros, inclusive um exilado dominicano e um marinheiro mercante italiano, mas foi então que Fidel deu um basta, explicando que não queria "um mosaico de nacionalidades".

Nas cartas para casa, o predomínio do pensamento revolucionário na vida de Ernesto tornara-se mais manifesto, mesmo quando era irônico. Escrevendo para Celia sobre sua filha recém-nascida, deu uma nova feição ao seu orgulho de pai: "Minha alma comunista se expande de forma exuberante: ela saiu exatamente como Mao Zedong. Até mesmo agora, pode-se notar a área calva no meio da cabeça, os olhos piedosos do chefe e as bochechas protuberantes. Por enquanto ela pesa menos que o líder, cinco quilos, mas com o tempo isso vai ficar igual".

Sua irritação com Hilda, contida durante a gravidez, foi ficando mais óbvia. Retornando em sua correspondência ao tema familiar da Argentina, provocou a mãe a respeito da rendição do novo regime argentino aos interesses empresariais norte-americanos. Depois se desviou por completo para atacar Hilda: "Consola-me pensar que a ajuda dos nossos grandes vizinhos não está limitada apenas a essa região [...]. Agora parece que deram ajuda à Apra e em breve todos voltarão ao Peru e Hilda poderá ir para lá tranquilamente. É uma grande lástima que seu casamento impensado com este escravo fervoroso da peste vermelha lhe roube o prazer de um bom salário como deputada no próximo parlamento".

Ernesto disse a Hilda que a revolução era uma causa pela qual os dois teriam de fazer sacrifícios, o primeiro dos quais seria sua prolongada separação. Embora ela tenha afirmado que sentira, ao mesmo tempo, dor e orgulho ante a ideia de ele ir para a guerra, o mais provável é que Hilda estivesse profundamente infeliz com o rumo dos acontecimentos. No entanto, tendo ela própria assumido um compromisso revolucionário, não tinha bem como retê-lo. Se tentasse, ele usaria isso como prova de que ela estava irremediavelmente presa à filosofia política moderada dos apristas.

O dinheiro começava a pingar, vindo dos que apoiavam Fidel nos Estados Unidos e em Cuba, e ele agora tinha algumas armas e estava adquirindo mais por meio de Antonio del Conde, um traficante de armas mexicano que ele apelidara de *El Cuate* [O Chapa] e enviara aos Estados Unidos em uma viagem para compra de armas, incumbindo-o também de procurar um barco adequado para transportar seu "Exército" para Cuba quando chegasse a hora. Enquanto isso, Fidel estava procurando um lugar fora da Cidade do México onde seus homens pudessem completar o treinamento de campo em maior sigilo.

Era evidente que Fidel estava na esperança de fazer a invasão coincidir com o terceiro aniversário do ataque a Moncada, em 26 de julho. Não só fizera um juramento público de desencadear a revolução em 1956, como acontecimentos recentes mostraram-lhe que, se queria deter os trunfos revolucionários, precisava agir logo. Enfrentava uma séria concorrência de diversos setores. Dentre os seus rivais em potencial estava o antigo presidente, Carlos Prío Socarrás. Depois de inicialmente testar as águas da insurreição ao ajudar o recém-formado Directorio Revolucionario, um grupo estudantil clandestino e militante, em um plano que fracassara para assassinar Batista, Prío aproveitara a anistia geral que libertara Fidel e regressara a Cuba. Tendo renunciado publicamente ao emprego da violência, estava tentando ampliar a base de apoio declarando a intenção de se opor a Batista por meios legais e democráticos.

O outono de 1955 fora fracionado em Cuba, com a agitação cívica combatida com a brutalidade policial e com alguns ataques armados do Directorio contra a polícia. No final do ano, uma larga faixa de grupos de oposição, inclusive o Movimento 26 de Julho, de Fidel, apoiara uma greve dos trabalhadores açucareiros, a que se seguiram mais distúrbios de rua. Embora a atmosfera de rebelião se alastrasse, ainda havia pouca organização ou unidade nos círculos oposicionistas e, por enquanto, Batista detinha a superioridade.

Quando esse equilíbrio se alterasse, Fidel planejava estar na dianteira. Em março de 1956, rompeu publicamente com o Partido Ortodoxo, acusando seus dirigentes de não apoiarem a "vontade revolucionária" de suas bases. Foi um ato de esperteza, pois o deixava livre para prosseguir com a revolução sem fingir lealdade a um partido político que esperava suplantar. Àquela altura, todos nos diversos setores antibatistianos em Cuba tinham de escolher um lado, e Fidel poderia ver com maior nitidez quem eram os amigos e quem eram os inimigos.

Ele estava atento para o perigo de uma traição e já tinha tomado medidas cautelares, criando uma estrutura de células para seus homens no México. Foram separados em grupos, encontravam-se apenas durante as sessões de treinamento e estavam proibidos de perguntar uns pelos outros. Somente Fidel e Bayo sabiam a localização de cada uma das casas de apoio. Por último, Fidel fizera uma lista das punições por transgressões. O Movimento vivia então de acordo com as leis da guerra, e o crime de traição seria punido com a morte.

Fidel tinha boas razões para se preocupar com segurança. Sabia que, se Batista o quisesse assassinado, dispunha de formas e meios para isso, mesmo no México. Não precisou esperar muito para confirmar que era de fato um alvo para assassinato. No início de 1956, o Servicio de Inteligencia Militar (SIM) de Batista denunciara a conspiração de Castro e conduzira uma série de prisões de seus seguidores em Cuba. Pouco depois que o chefe de investigações do SIM chegou ao México, Fidel soube que havia um plano para assassiná-lo. Quando Fidel fez saber que tinha conhecimento do plano, este foi abortado, mas os agentes do governo cubano e os mexicanos pagos por eles continuaram ativos, seguindo seus movimentos e informando a Batista.

O clima político em Cuba continuava a se aquecer. Em abril, a polícia descobriu um complô de oficiais do Exército para depor Batista. Quando um pelotão do Directorio tentou ocupar uma estação de rádio de Havana, um de seus membros foi morto a tiros. Dias depois, emulando o ataque de Castro contra o quartel de Moncada, um grupo de militantes dos autênticos de Prío atacou um quartel do Exército em uma província, visando obrigar seu líder a abandonar sua postura pública de oposição pacífica. Foram massacrados. Posteriormente, o governo desfechou uma repressão maciça contra o partido de Prío e ele tornou a fugir para o exílio em Miami.

No México, o número de cubanos com Fidel aumentara para quarenta. O modo incansável como Ernesto distinguia-se nos exercícios de treinamento ficara nítido para Fidel, que um dia citou o argentino como exemplo para os demais e como reprimenda por seus esforços insuficientes. Em maio, foi solicitado dos recrutas que avaliassem o desempenho de seus camaradas e Ernesto foi unanimemente julgado por seus companheiros como estando qualificado para ocupar uma "posição de liderança ou de chefe de Estado-Maior". Isso foi um importante limiar: Ernesto conquistara o respeito de seus novos pares, como tanto almejava.

II

Ernesto finalmente satisfez seu velho anseio de testar suas habilidades como ator. Bayo e Ciro Redondo, um dos homens-chave de Fidel, encontraram uma fazenda à venda em Chalco, a cerca de 55 quilômetros da cidade. O Rancho San Miguel era imenso. Abrangendo tanto terreno plano como colinas acidentadas, era a área perfeita para o treinamento de guerrilheiros. A casa principal em si não era grande, mas estava cercada por um muro alto de pedra, como se fosse uma fortaleza, inclusive com torres com seteiras para sentinelas nos cantos. Havia apenas um problema: o preço era de quase 250 mil dólares. O proprietário, Erasmo Rivera, tinha uma história pessoal interessante, tendo lutado ao lado de

Pancho Villa em sua juventude, mas ser um veterano revolucionário aparentemente não o tornara imune à ambição.

Nas suas negociações com Rivera, Bayo se dissera representante de um rico coronel salvadorenho, que estava interessado em adquirir uma fazenda grande fora do seu país natal. Rivera engoliu a história, e logo Bayo apresentou-lhe Guevara, que falava com um sotaque estrangeiro, como o coronel. Rivera ou não conseguia distinguir entre os sotaques salvadorenho e argentino ou resolvera não fazer perguntas que pudessem ofender seu cliente rico. De qualquer modo, a tapeação deu resultado. Rivera concordou com um aluguel simbólico de oito dólares por mês, enquanto se faziam os necessários "consertos" na casa principal para adaptá-la às especificações do coronel, depois do que se concluiria a venda. Enquanto isso, os consertos seriam realizados por várias dezenas de "operários salvadorenhos", que seriam levados ali para essa finalidade.

Tão logo a transação foi concretizada, Fidel mandou que Bayo selecionasse um grupo de combatentes para ir para a fazenda. Bayo tinha ótima impressão de Ernesto, mais tarde até o classificou como "o melhor guerrilheiro de todos", e, como reconhecimento pela capacidade de seu aluno argentino, nomeou-o seu "chefe do pessoal". No final de maio, partiram para a fazenda com um primeiro grupo de recrutas. Ernesto despediu-se de Hilda, dizendo-lhe que poderia não voltar. Fidel encontrara uma lancha torpedeira norte-americana, excedente militar, que estava à venda em Delaware, e esperava poder comprá-la e fazê-la vir para o México a tempo de navegar para Cuba em julho. Se tudo desse certo, terminariam o treinamento na fazenda e iriam diretamente de lá para a embarcação, seguindo para Cuba.

O treinamento foi duro. O conjunto murado do Rancho San Miguel era sua sede, mas os homens passavam a maior parte do tempo em saídas a partir de dois acampamentos rudimentares nas colinas próximas, áridas e cobertas de arbustos. A comida e a água eram escassas, e Bayo e Che os levavam em excursões de resistência e marchas noturnas, do entardecer ao amanhecer. Quando não estavam caminhando por entre os arbustos, participavam de combates simulados ou ficavam de sentinela. Essa foi a primeira vez que Che conviveu diariamente com os cubanos. Alguns ainda se ressentiam com a sua presença, considerando-o um estrangeiro intrometido e que agora era o seu *jefe* imediato. No entanto, logo constataram que, se ele era um disciplinador rígido, também participava das marchas e exercícios, além de cumprir com os deveres de médico.

Deve ter sido um choque para os cubanos descobrir que esse médico argentino, instruído e bem-nascido, também era um tanto desleixado, apesar de mesmo com o terno marrom surrado que usava na cidade já o vissem como um sujeito excêntrico. Sua aparência não combinava com a imagem que os cubanos tinham de como um "profissional" deveria se apresentar. Eles podiam ser revolucionários, mas ainda se preocupavam com a imagem e, na América Latina socialmente estratificada dos anos 1950, a norma para qualquer homem de cidade que se desse ao respeito era estar bem-arrumado e formalmente vestido. Agora, no campo, descobriram que Che tampouco gostava de tomar banho. Segundo Hilda, "Ernesto costumava achar graça na mania de limpeza dos cubanos. Quando terminavam as tarefas diárias, todos tomavam banho e mudavam de roupa. 'Tudo bem', dizia ele, 'mas como é que eles vão fazer nas montanhas? Duvido que eles vão poder tomar um banho ou mudar de roupa'".

Um dos rebeldes, o compositor mulato Juan Almeida, escreveu mais tarde sobre a severidade de Che. Ele relatou um episódio em que um dos homens se recusou a andar mais adiante, reclamando das longas marchas, do excesso de disciplina e da falta de comida. Almeida escreveu que o insatisfeito "sentou-se na trilha, em um protesto ostensivo contra a liderança do espanhol [Bayo] e do argentino [Guevara]".

Che mandou que os homens retornassem ao acampamento. A insubordinação era uma séria quebra de disciplina, punida com sentença de morte. Fidel e Raúl foram imediatamente notificados do incidente e seguiram rapidamente da Cidade do México até a fazenda, para realizarem uma corte marcial. Mantendo a tradição da Revolução Cubana de encobrir episódios desagradáveis desse tipo, Almeida omitiu o nome do recruta insubordinado, mas em suas memórias Alberto Bayo recapitulou o julgamento dramático do homem a quem ele identificou como Calixto Morales. No relato de Bayo, os irmãos Castro pediram que fosse aplicada a sentença de morte, comparando Morales a uma "doença contagiosa", que tinha de ser "exterminada" antes que contaminasse os camaradas. Apesar do apelo de Bayo para poupar sua vida, Morales foi condenado à morte, mas Fidel depois o perdoou, e Morales acabou por recuperar as boas graças durante a campanha de guerrilha. A historiadora cubana María del Carmen Ariet diz que, mesmo tendo pedido que Morales fosse submetido a uma corte marcial, Che argumentou contra a execução.

Universo Sánchez, o assistente de Fidel responsável pela contrainteligência naquela ocasião, seria o executor de Morales. Em uma entrevista a Tad Szulc, autor da mais completa biografia de Fidel Castro, Sánchez revelou que outros julgamentos foram realizados e que pelo menos um deles, o de um espião que foi desmascarado no meio do grupo, terminou em execução. Szulc escreveu que "o homem, cuja identidade é desconhecida, foi condenado por uma corte marcial em uma das casas de apoio e executado, por ordem de Universo, por um dos rebeldes. 'Ele foi baleado e enterrado lá, em um campo', disse ele". Moradores das redondezas do Rancho San Miguel ainda falam de três corpos enterrados dentro da área cercada pelos sólidos muros e, se não fosse a confirmação de Universo Sánchez, esses boatos poderiam facilmente ser descartados como folclore. Em Cuba, qualquer menção a esses acontecimentos é tabu e eles permanecem não esclarecidos e oficialmente ignorados.

No começo de junho, o grupo de Almeida regressou para a cidade e um segundo grupo chegou à fazenda para receber treinamento. No dia 14, Che celebrou seu 28º aniversário. Tudo parecia estar progredindo muito bem quando, em 20 de junho, Fidel e dois companheiros foram presos em uma rua do centro da Cidade do México. Em poucos dias, praticamente todos os membros do Movimento que estavam na cidade foram detidos. Casas de apoio foram vasculhadas e documentos e armas escondidas apreendidos. Bayo e Raúl, alertados, esconderam-se. Antes que também fosse presa, Hilda, cujo endereço era usado por Fidel como uma caixa postal secreta, conseguira esconder a correspondência de Fidel e os textos políticos mais inflamados de Ernesto. Ela foi repetidamente interrogada sobre as atividades de Ernesto e de Fidel, passou uma noite presa, com o bebê, e então fora solta.

Fidel e os camaradas foram acusados de planejar o assassinato de Batista, em conluio com comunistas cubanos e mexicanos, e Havana pedira sua extradição. Em 22 de junho, Fidel foi autorizado a divulgar uma refutação pública, cuidadosamente redigida, de suas supostas vinculações comunistas, ressaltando seu relacionamento especial com o falecido líder anticomunista do Partido Ortodoxo, Eduardo Chibás. Enquanto isso, Raúl e outros camaradas, ainda em liberdade, se apressaram em organizar uma equipe para sua defesa legal.

Na fazenda, Che preparou-se para a inevitável busca policial. Depois de mudarem a maioria do armamento para novos esconderijos, ele e doze camaradas estavam à espera quando a polícia chegou, em 24 de junho. Fidel, ansioso por evitar uma confrontação, fora junto a fim de ordenar a Che que se entregasse, junto com seus homens. Che obedeceu e foi levado para se juntar a seus camaradas na prisão do Ministério do Interior, na calle Miguel Schultz.

III

Os retratos de identificação de Ernesto tirados pela polícia mostram um jovem, de olhar decidido, rosto barbeado, mas com os cabelos desalinhados. No retrato de frente, ele está olhando diretamente para a câmera. No de perfil, sua testa proeminente está claramente visível, sua boca está cerrada e sua expressão é pensativa. A ficha de registro abaixo dos retratos fornece seu nome, data e local de nascimento, endereço local e características físicas, bem como a transgressão de que foi oficialmente acusado: permanência além do prazo do visto. Logo abaixo, há uma declaração de uma linha: "Ele diz que é turista".

Em 26 de junho, dois dias depois que esses retratos foram tirados, Ernesto deu seus primeiros depoimentos à polícia. Admitiu apenas o que já sabiam a seu respeito. Explicando as circunstâncias de sua chegada da Guatemala, admitiu ter sido um "simpatizante" de Arbenz e ter servido à sua administração. Uma vez no

Fotografia de Ernesto Guevara feita para a ficha da polícia em 24 de junho de 1956, quando foi preso no México.

México, alguém, de cujo nome não conseguia se lembrar, o havia apresentado a María Antonia González. Mais tarde ele se deu conta de que a casa dela era um ponto de encontro de cubanos "descontentes" com o regime político de seu país. Ele acabara conhecendo seu líder, Fidel Castro Ruz. Quando, cerca de um mês e meio antes, soubera que os cubanos estavam fazendo treinamento para lançar um movimento revolucionário contra Batista, oferecera seus serviços como médico e fora aceito. A pedido de Castro, também servira como seu intermediário para o arrendamento da fazenda em Chalco. Dissimulou os dados sobre a quantidade de homens e de armas na fazenda, dizendo que tinham apenas "dois rifles", que foram usados para prática de tiro ao alvo e caça de pequenos animais, bem como um revólver calibre 38 para "defesa pessoal".

Nesse mesmo dia, o tabloide pró-governista mexicano *Excelsior* publicou a história das detenções na primeira página, com a manchete: "México Desmonta a Revolta contra Cuba e Detém vinte Líderes". No dia seguinte, a história continuava, citando fontes da polícia federal mexicana e revelando: "Mais Apreensões de Conspiradores Cubanos que, pelo que Consta, Tinham Ajuda dos Comunistas".

Segundo as fontes da Dirección Federal de Seguridad (DFS), o principal culpado não era outro senão "o médico argentino Ernesto Guevara Serna [...], o elo principal entre os conspiradores cubanos e certas organizações comunistas de natureza internacional [...]. O doutor Guevara, que também figurou em outros movimentos políticos de natureza internacional na República Dominicana e no Panamá, foi identificado pela DFS como um 'membro ativo do Instituto Cultural Russo-Mexicano'". Na legenda de uma fotografia de um grupo dos rebeldes detidos, ele foi apontado como o homem cujos "íntimos laços com o comunismo levaram a suspeitas de que o movimento contra Fulgencio Batista era copatrocinado por organizações vermelhas".

Enquanto prosseguia a agitação na imprensa, camaradas de Fidel trabalhavam intensamente para libertá-lo. Seu amigo advogado Juan Manuel Márquez voou dos Estados Unidos para o México e contratou dois advogados de defesa. Um juiz simpatizante expediu a ordem de soltura de Fidel em 2 de julho, mas o ministro do Interior a bloqueou. Apesar desse revés, o juiz conseguiu sustar a ordem de deportação. Tentando outros caminhos, consta que Fidel autorizou Universo Sánchez a tentar subornar um alto funcionário do governo, mas a manobra fracassou. Os homens começaram uma greve de fome e, em 9 de julho, 21 dos cubanos foram postos em liberdade e, alguns dias depois, vários outros também foram soltos. Fidel, Che e Calixto García continuaram atrás das grades.

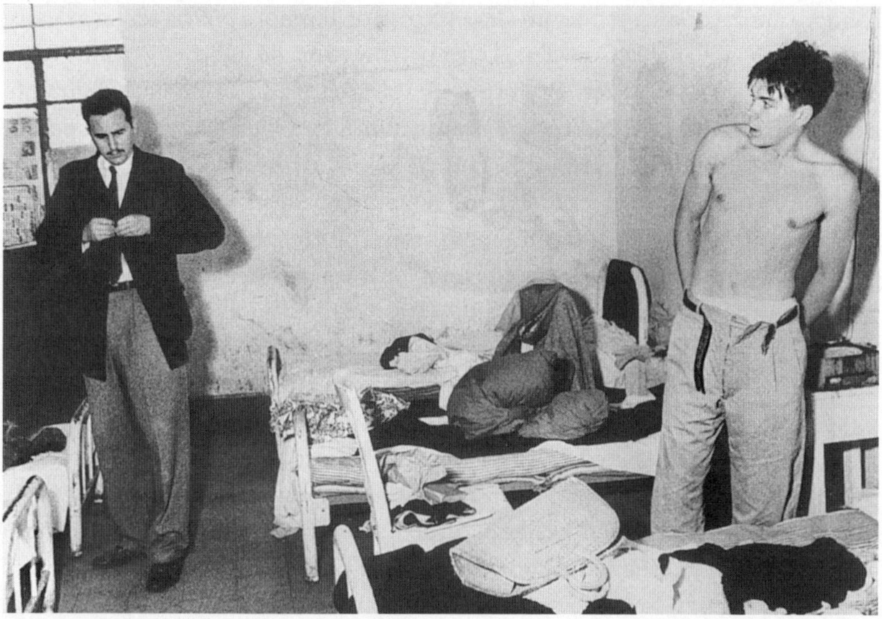

A primeira fotografia conhecida de Che Guevara e Fidel Castro juntos. Eles estavam na prisão no México no verão de 1956.

Che escreveu aos pais em 6 de julho, informando-os de seu problema e por fim abrindo o jogo quanto às suas atividades. "Algum tempo atrás, há bastante tempo agora, um jovem líder cubano me convidou para me juntar ao seu movimento, um movimento armado pela libertação de seu país, e eu, é claro, aceitei." Quanto ao futuro, disse-lhes: "Meu futuro está ligado a essa Revolução Cubana. Eu triunfarei com ela ou morrerei por lá [...]. Se, por alguma razão que não posso prever, não puder mais escrever-lhes, e depois for minha sina perder, considerem essas linhas como uma despedida, não muito eloquente, mas sincera. Durante minha vida procurei a minha verdade em um processo de tentativas e erros, e agora, no caminho certo, e com uma filha que me sobreviverá, fechei o ciclo. Daqui por diante, não consideraria minha morte como uma frustração, mas apenas, como Hikmet [o poeta turco]: 'Levarei para o túmulo apenas a mágoa de uma canção inacabada'".

Apesar de todos os vazamentos da polícia e das manchetes sensacionalistas a respeito de sua conspiração revolucionária, eles ainda estavam detidos oficialmente, apenas sob a acusação de terem violado as leis de imigração do México. Enquanto isso, por trás dos panos, autoridades mexicanas e cubanas discutiam sobre o que deveria ser feito com eles. Ao mesmo tempo, a polícia tentava descobrir mais sobre Ernesto Guevara. Na primeira semana de julho, ele foi interrogado pelo menos duas vezes. De forma inexplicável, falou livremente e durante muito tempo. Esses depoimentos à polícia nunca foram dados a público, porém cópias foram obtidas por Heberto Norman Acosta, o historiador do Conselho de Estado cubano. Um exame desses documentos cuidadosamente guardados revela que Ernesto Guevara admitiu abertamente seu comunismo e proclamou sua crença na necessidade de uma luta revolucionária armada, não apenas em Cuba, mas por toda a América Latina.

Ao longo dos anos, Fidel aludiu ocasionalmente às declarações de Che à polícia mexicana em um tom de afetuosa recriminação, citando-as como um exemplo de como seu falecido camarada era "honesto até a raiz dos cabelos". Na ocasião, porém, Fidel ficou compreensivelmente furioso. Enquanto Che despejava sobre suas convicções marxistas, ali estava *ele*, se apresentando como um reformador patriótico na melhor tradição ocidental nacionalista e *democrática*. Como a única coisa que certamente poderia mobilizar um crescente apoio para o regime de Batista por parte do governo Eisenhower era uma ameaça comunista, qualquer prova de que Fidel ou seus seguidores contemplavam transformar Cuba em um país comunista condenaria sua revolução ao fracasso antes de ter começado. Nesse contexto, as declarações de Che eram extraordinariamente imprudentes, pois proporcionavam aos inimigos de Castro justamente o tipo de munição de que precisavam.

Em uma segunda declaração pública, em 15 de julho, Castro acusou a embaixada norte-americana de pressionar as autoridades mexicanas para frustrar sua libertação. Não está claro onde obteve essa informação, mas estava correta. Os norte-americanos *pediram* aos mexicanos que sustassem sua libertação. Porém, a ação de Washington tinha menos sentimentos de inquietação quanto a Fidel Castro do que quanto a apaziguar Batista, pelos próprios interesses dos Estados Unidos. O dirigente cubano ameaçara boicotar a reunião de cúpula dos presidentes americanos, a ser realizada na Cidade do Panamá em 22 de julho, caso Castro fosse posto em liberdade, e os norte-americanos queriam ter certeza de que todos compareceriam.

Fidel não queria correr nenhum risco e, dessa vez, foi ainda mais longe para se distanciar do comunismo. Disse que as alegações de que ele era comunista eram "absurdas" e ressaltou a aliança que Batista fizera no passado com o Partido Socialista Popular de Cuba. Apontou o capitão Gutiérrez Barrios, da Dirección Federal de Seguridad do México, que ocupava a terceira posição na hierarquia da polícia secreta mexicana, como testemunha de que ele estava isento de quaisquer vínculos com "organizações comunistas".

A menção feita por Fidel a Fernando Gutiérrez Barrios, de 27 anos, era reveladora. Chegara a algum tipo de acordo com Gutiérrez Barrios e, embora nem ele nem Fidel tenham jamais fornecido detalhes sobre seu pacto, a ajuda do mexicano foi obviamente um fator-chave para a eventual libertação de Castro. Ele confirmou, em uma entrevista anos mais tarde, que "simpatizara" com Castro desde o princípio. "Primeiro, porque éramos da mesma geração e, segundo, por seus ideais e sua convicção. Ele sempre foi um líder carismático. E, naquela época, era evidente que não havia alternativas para ele além de triunfar no seu movimento revolucionário ou morrer [...]. Essas razões explicam por que houve entre nós um relacionamento cordial desde o começo [...]. Nunca o considerei um criminoso, mas sim um homem com ideais, que procurava derrubar uma ditadura e cujo crime tinha sido o de violar as leis [de imigração] de meu país." Não havendo muita estima da parte dos nacionalistas mexicanos (cuja própria revolução ocorrera apenas quatro décadas antes) por seus intrometidos vizinhos norte-americanos, é muito provável que uma certa atitude de "agora vocês vão ver" tenha em parte influído para o gesto de Gutiérrez Barrios. De fato, mais tarde, na sua longa carreira de mais de trinta anos como chefe da polícia secreta mexicana, Gutiérrez Barrios concedeu proteção privilegiada a muitos outros exilados revolucionários latino-americanos, inclusive vários que estavam na lista dos procurados por Washington.

No mesmo dia da segunda declaração pública de Fidel, 15 de julho, Ernesto respondeu desafiadoramente a uma carta de recriminações de Celia. A julgar pelo tom dele, ela havia, para começar, questionado seus motivos para se envolver com Fidel Castro, e se perguntava especificamente por que não tinha sido posto em liberdade com os outros depois da greve de fome. Ele respondeu que provavelmente continuaria preso, assim como Calixto, mesmo depois que Fidel fosse solto, pois seus documentos de imigração não estavam em ordem. Mas, assim que fosse libertado, deixaria o México para um país próximo e aguardaria as ordens de Fidel, para estar "pronto quando meus serviços forem necessários".

Escreveu para a mãe: "Não sou Cristo ou um filantropo ou uma velha senhora, sou totalmente o oposto de um Cristo. Luto pelas coisas em que acredito, com todas as armas ao meu dispor, e tento deixar o outro homem *morto* de modo que eu não seja pregado em uma cruz ou em algum outro lugar [...]. O que realmente me aterroriza é a sua falta de compreensão de tudo isso e seus conselhos sobre moderação, egoísmo etc. [...], ou seja, todas as mais execráveis características que um indivíduo pode ter. Não só eu não sou um moderado como tentarei jamais sê-lo, e quando eu perceber que a chama sagrada dentro de mim tenha cedido lugar à uma tímida luz votiva, o mínimo que poderia fazer seria vomitar sobre a minha própria merda. Quanto ao seu apelo para moderar o meu interesse próprio, isto é, um individualismo desenfreado e amedrontador [...], devo lhe dizer que fiz muito para eliminar isso [...].

"Nesses dias de prisão e nos anteriores, de treinamento, identifiquei-me por completo com meus camaradas da causa [...]. A noção do 'eu' desapareceu inteiramente, para dar lugar à noção do 'nós'. Era um ponto da moral comunista e, naturalmente, pode parecer um exagero doutrinário, porém realmente foi (e é) maravilhoso ser capaz de sentir a remoção do 'eu'". Quebrando a severidade, ele brincou: "As manchas [no papel de carta] não são de sangue, mas de molho de tomate [...]". Depois prosseguiu: "É um grande erro de sua parte achar que é pela 'moderação' ou pelo 'interesse próprio moderado' que as grandes invenções ou as obras-primas artísticas foram realizadas. Para todas as grandes tarefas precisa-se de paixão, e para a revolução, a paixão e a audácia são necessárias em grandes doses, coisas que possuímos como um grupo humano".

Ele terminou com um solilóquio sobre a mudança no seu relacionamento pessoal: "Acima de tudo, parece-me que essa dor, a dor de uma mãe que está ficando velha e que quer seu filho vivo, é respeitável, algo que tenho a obrigação de acatar, e que também *quero* acatar. Gostaria de vê-la, não só para consolá-la, mas para me consolar por minhas melancolias esporádicas e inconfessáveis". Assinou a carta com a sua nova identidade: "Seu filho, El Che".

O que Che não contou à mãe é que ele era o principal responsável por sua detenção prolongada. Afinal, importava-se menos com isso do que com o futuro do empreendimento revolucionário cubano, e, naquele momento, o mais importante era que Fidel fosse posto em liberdade a fim de que a luta pudesse prosseguir.

Batista compareceu à reunião no Panamá e, no dia 22 de julho, uma declaração conjunta engajando o hemisfério em um curso pró-ocidental de desenvolvimento político e econômico foi assinada. Enquanto Eisenhower estava de braço dado com ditadores militares, os advogados de Fidel foram ver o ex-presidente do México, Lázaro Cárdenas, o artífice da reforma agrária mexicana. Cárdenas concordou em usar sua influência junto ao presidente Adolfo Ruíz Cortines em favor de Fidel. Deu resultado e Fidel foi finalmente solto em 24 de julho, sob a condição de deixar o país dentro de duas semanas.

Apenas Che e Calixto García continuaram na prisão, pelo motivo oficial de que a situação deles perante a imigração era mais "complicada". No caso de Che, suas afinidades comunistas sem dúvida tiveram muito a ver com isso. García, aparentemente, ficou retido porque permanecera ilegalmente no México pelo período mais longo de todos, desde março de 1954. Enquanto isso, apesar de continuar pesando sobre suas cabeças a ameaça de extradição, Che recusou oferecimentos de seu amigo guatemalteco Alfonso Bauer Paiz e de Ulíses Petit de Murat de "mexer uns pauzinhos" diplomáticos em seu favor. Por acaso, um tio de Che era o embaixador da Argentina em Havana, e Hilda estava insistindo na ideia de recorrer a ele para obter sua libertação. Escreveu ela: "Fidel aprovou a ideia, mas, quando a expusemos a Ernesto, ele respondeu: 'De jeito nenhum! Quero ter o mesmo tratamento que os cubanos'".

Enquanto Che relutava, Fidel estava sob pressão para atuar. O México não era mais um lugar seguro e ele estava vulnerável tanto para a polícia mexicana quanto para os agentes de Batista. Como precaução, dispersou seus homens, enviando a maioria deles para áreas remotas, longe da Cidade do México. Che lhe disse que prosseguisse sem ele, mas Fidel jurou que não o abandonaria. Foi um gesto magnânimo, que Che jamais esqueceu. Mais tarde, escreveu: "Foi preciso desviar tempo e dinheiro preciosos para nos tirar da prisão mexicana. Essa atitude pessoal de Fidel para com as pessoas a quem ele preza é a chave da lealdade fanática que ele inspira".

Por volta dessa época, Ernesto escreveu um poema que intitulou "Ode a Fidel". Mostrou-o a Hilda e disse-lhe que planejava entregá-lo a Castro quando estivesse no mar, a caminho de Cuba. Embora imaturo e empolado, o poema revela a profundidade dos seus sentimentos por Castro:

Vamos, ardoroso profeta da alvorada,
por caminhos longínquos e desconhecidos,
liberar o grande caimão verde que você tanto ama... *
Quando soar o primeiro tiro
e na virginal surpresa toda a selva despertar,
lá, ao seu lado, serenos combatentes
você nos terá.
Quando sua voz proclamar para os quatro ventos
reforma agrária, justiça, pão e liberdade,
lá, ao seu lado, com sotaque idêntico,
você nos terá.
E quando o final da batalha para
a operação de limpeza contra o tirano chegar,
lá, ao seu lado, prontos para a última batalha,

* "Caimão verde" era uma metáfora para a ilha de Cuba, em forma de réptil. Foi inventada pelo poeta comunista cubano Nicolás Guillén.

você nos terá...
E se o nosso caminho for bloqueado pelo ferro,
pedimos uma mortalha de lágrimas cubanas
para cobrir nossos ossos guerrilheiros
no trânsito para a história da América.
Nada mais.

IV

Em meados de agosto de 1956, depois de 57 dias de encarceramento, Che e Calixto García foram libertados, aparentemente graças a um suborno pago por Fidel. Che praticamente insinuou isso a Hilda e mais tarde escreveu que Fidel tinha feito "algumas coisas em nome da amizade que, quase se poderia dizer, comprometeram sua atitude revolucionária".

Como acontecera antes com seus camaradas, Che e Calixto foram soltos sob a condição de que deixassem o México dentro de poucos dias. E, como os outros, também mergulharam na clandestinidade. Antes, Che esteve em casa durante três dias para ordenar suas coisas e ver o bebê. Hilda disse que ele passava horas sentado ao lado do berço de Hildita, recitando poesia em voz alta para ela ou simplesmente olhando-a em silêncio. Depois, ele sumiu de novo.

Por ordem de Fidel, ele e Calixto foram para a área de lazer de Ixtapan de la Sal. Registraram-se em um hotel com nomes falsos. Durante esse período na clandestinidade, que durou três meses, Che voltou discretamente à cidade umas duas vezes, porém era mais frequente Hilda ir vê-lo. A fixação de Che com o marxismo e com a revolução agora dominava a sua vida. Mesmo quando fazia visitas à sua casa, era implacável, quer fazendo pregações a Hilda sobre "disciplina revolucionária", quer mergulhando em livros pesados sobre economia política. Até com o bebê tinha um comportamento ideológico: recitava para Hildita um poema da Guerra Civil Espanhola, de Antonio Machado, em homenagem ao general Lister, e sempre se referia à filha como "minha pequena Mao".

Uma vez Hilda observou quando Ernesto pegou a menina no colo e lhe disse em um tom sério: "Minha querida filhinha, minha pequena Mao, você não sabe como é difícil o mundo em que você vai ter de viver. Quando você crescer, esse continente inteiro, e talvez o mundo inteiro, estará lutando contra o grande inimigo, o imperialismo ianque. Você também vai ter de lutar. Eu posso não estar mais aqui, mas a luta incendiará o continente".

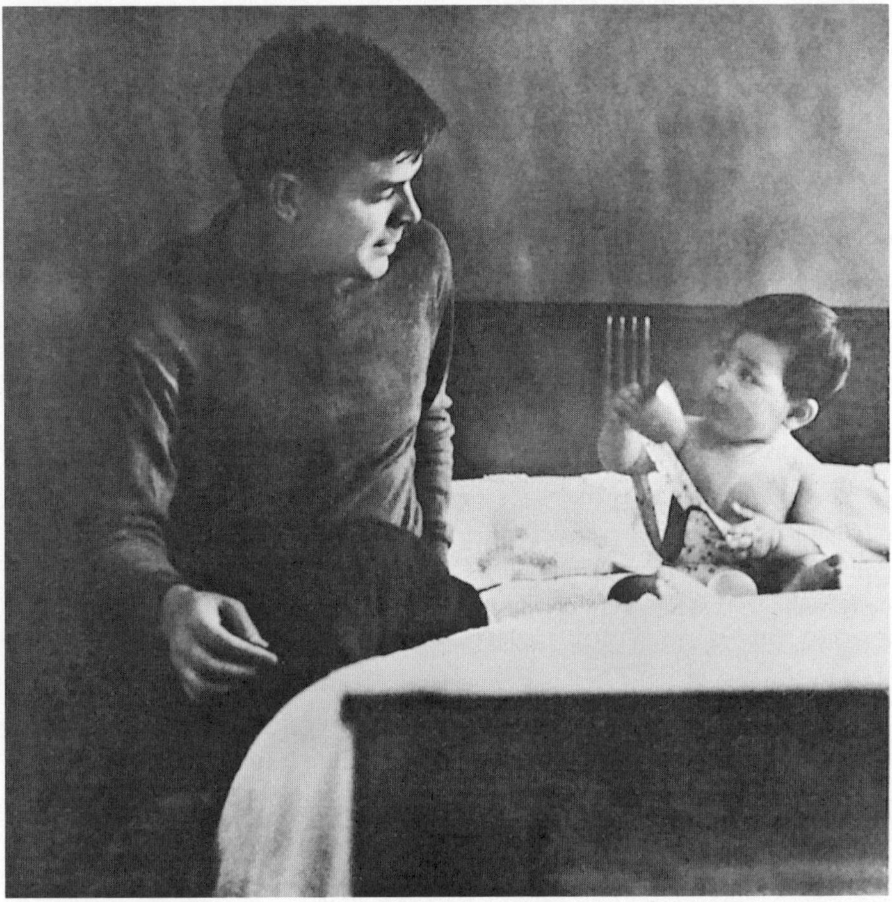

Che e sua primeira filha, Hilda Beatriz. Ele a chamou de "minha pequena Mao".

No começo de setembro, depois de uma recorrência da asma, ele e Calixto mudaram-se de Ixtapan de la Sal para Toluca, onde o clima era mais seco. Foi então que Fidel os chamou para que se juntassem a alguns dos outros expedicionários para uma reunião em Veracruz. Depois, regressaram à capital, onde viveram por vários meses em uma das casas de apoio, a Casa de Cuco, perto do santuário da Virgem de Guadalupe, no subúrbio de Linda Vista, na parte norte da cidade. Fidel tentava desesperadamente organizar tudo para sua partida e foi pedido aos homens que indicassem o parente mais próximo [a ser avisado em caso de morte]. Mais tarde, Che recordou que esse fora um momento significante para ele e seus camaradas, que se deram conta de que poderiam morrer dentro em breve.

Fidel mantivera um ritmo frenético de atividades. Além de ter de deslocar seus homens para evitar a vigilância, tentou reforçar uma aliança política com o cada vez mais competitivo Directorio Revolucionario, cujo líder, José Antonio Echeverría, voou ao México para encontrar-se com ele no final de agosto. Assinaram um documento denominado a Carta de México, na qual estava expresso o compromisso mútuo com a luta contra Batista. Não chegava a ser uma verdadeira parceria, mas os dois grupos concordaram em avisar um ao outro antes de quaisquer ações que fossem empreender e em coordenar seus esforços depois que Castro e seus rebeldes desembarcassem em Cuba.

Algumas semanas depois, quarenta novos recrutas para a guerra chegaram de Cuba e dos Estados Unidos. Com a perda do Rancho San Miguel, tiveram de ser treinados em bases bem distantes, uma em Tamaulipas, logo ao sul da fronteira do México com os Estados Unidos, e a outra em Veracruz. A essa altura, a maior parte da equipe de comando de Fidel juntara-se a ele na Cidade do México, deixando para trás os chefes regionais para que coordenassem as atividades na ilha. Mas seus cofres estavam quase vazios e ele ainda não dispunha de uma embarcação para levar seus homens a Cuba. A esperada compra da lancha torpedeira tinha fracassado, bem como um plano de comprar um antigo hidroavião Catalina.

Em setembro, Fidel fez uma viagem secreta através da fronteira norte-americana, indo ao Texas para se encontrar com seu outrora inimigo, o ex-presidente Carlos Prío Socarrás. Desde que fora deposto, Prío ligara-se a várias conspirações anti-Batista e, segundo as informações mais recentes, planejava uma invasão de Cuba junto com o ditador dominicano, Trujillo. Entretanto, nessa ocasião concordara em financiar Fidel. Talvez pensasse que, ao apoiar Castro, e deixar que o jovem fizesse o trabalho pesado da guerra, voltaria ao poder, ou então simplesmente viu em Fidel um meio útil de desviar a atenção de sua própria campanha contra Batista. Quaisquer que fossem os motivos de Prío, Castro regressou do encontro com pelo menos 50 mil dólares, e com a promessa de mais dinheiro ser entregue depois, segundo os que estiveram envolvidos na organização do encontro. Fidel assumiu um risco político ao aceitar dinheiro do homem a quem ele acusara, de modo violento, de corrupção quando era presidente, mas àquela altura ele não tinha muita escolha.

Segundo Yuri Paporov, o funcionário da KGB que então financiava o Instituto Cultural Russo-Mexicano, o dinheiro que Fidel recebeu não pertencia a Prío, mas à CIA. Ele não especificou as fontes em que se baseava, mas, se fosse verdade, daria credibilidade a informes de que a agência de Inteligência norte-americana tentara, no começo, conquistar Castro, tendo em vista a hipótese de ele ter êxito na sua guerra contra o cada vez mais acossado Batista. De acordo com Tad Szulc, a CIA *de fato* canalizou dinheiro para o Movimento 26 de Julho, no entanto, apenas mais tarde, entre 1957 e 1958, por meio de um agente lotado no escritório do cônsul norte-americano na cidade de Santiago, em Cuba.

Qualquer que fosse a procedência do dinheiro de Fidel, ele continuou a agir como se fosse independente. Pode até ser que tenha feito um pacto com o diabo na pessoa de Prío, mas não há nenhuma prova de que algum dia tenha cumprido com a sua parte do trato, se é que de fato havia compromissos atrelados. Quaisquer fundos que tenha recebido de Prío, ou, sem que ele o soubesse, da CIA, sem dúvida não teve qualquer repercussão negativa na sua busca do poder.

Fidel ainda precisava de uma embarcação. No fim de setembro, encontrou uma: o *Granma*, um iate a motor de doze metros, desgastado. Seu proprietário era Robert Erickson, um expatriado norte-americano que estava disposto a vendê-lo desde que Fidel também comprasse sua casa à beira do rio em Tuxpan, cidade portuária do Golfo. Ele pediu 40 mil dólares por tudo. O iate não estava em condições de navegabilidade, nem era grande o bastante para as suas necessidades, mas Fidel estava desesperado e concordou com os termos de Erickson. Depois de pagar uma parcela a título de sinal, designou vários homens para morar na casa e supervisionar a reforma do *Granma*.

No final de outubro, Che e Calixto mudaram-se para uma casa de apoio localizada mais perto do centro, em Colonia Roma. Che continuava vendo Hilda nos fins de semana, mas a cada vez que ele ia embora, ela sabia que ele poderia não regressar. Essa incerteza e a tensão por sua partida iminente afetaram-lhe os nervos e ela estava a cada dia mais angustiada. Para levantar-lhe o ânimo, Che disse que tentaria levá-la a Acapulco para um passeio de curta duração.

"Comecei a ficar esperançosa quanto à viagem a Acapulco, mesmo que fosse só por um fim de semana", escreveu Hilda. "Então chegaram as notícias [...] de que a polícia tinha invadido a casa de uma cubana em Lomas de Chapultepec, onde Pedro Miret estava hospedado, e que haviam confiscado algumas armas e prendido Miret. No sábado, quando Ernesto chegou, contei-lhe o que ocorrera, e ele reagiu com muita calma, dizendo apenas que as precauções tinham de ser redobradas, pois a polícia poderia estar vigiando. No domingo, de manhã cedo, Guajiro chegou. Vi logo que ele estava nervoso pelo modo como perguntou 'Onde está Che?'. Disse-lhe que Ernesto estava tomando um banho, e ele foi direto para o banheiro. Quando Ernesto saiu, ainda penteando os cabelos, disse-me tranquilamente: 'Parece que a polícia está à caça, de modo que temos de ser cautelosos. Vamos para o interior e eu provavelmente não voltarei no próximo fim de semana. Desculpe, mas teremos que deixar nossa viagem a Acapulco para mais tarde'."

Hilda ficou chateada e perguntou a Ernesto se algo estava prestes a acontecer. "'Não, apenas precauções [...]', respondeu ele, juntando suas coisas e sem me olhar. Quando terminou, como sempre costumava fazer antes de ir embora, foi até o berço e acariciou Hildita, depois se virou, me abraçou e me beijou. Sem saber por que, tremi e apertei-o mais de encontro a mim [...]. Ele partiu naquele fim de semana e não regressou."

A descoberta da casa de apoio onde estava Miret significava que a organização tinha um traidor em seu seio. As suspeitas concentraram-se em Rafael del Pino, um dos mais íntimos amigos e confidentes de Castro. Nos últimos tempos, del Pino ficara incumbido de ajudar El Cuate a obter e a contrabandear armas. Recentemente, porém, desaparecera, e era a única pessoa não localizada que sabia onde Miret estava. (Investigações cubanas subsequentes descobriram evidências de que Del Pino fora um informante do FBI durante vários anos. Só não causou mais danos porque possivelmente sonegava informações para os seus controladores norte-americanos para pressioná-los por mais dinheiro.)

Fidel ordenou que seus homens na Cidade do México se mudassem para outras casas de apoio e determinou que os reparos do *Granma* fossem acelerados. Che e Calixto esconderam-se no pequeno quarto de empregada do apartamento onde Alfonso "Poncho" Bauer Paiz vivia com sua família. Na primeira noite em que passaram lá, correram um grande risco de voltarem a ser presos quando um roubo no apartamento de um vizinho levou a uma busca policial de porta em porta. Alertados de antemão, Che escondeu Calixto (que era negro e por isso chamava a atenção no México) debaixo do colchão da cama em seu quarto. Quando a polícia chegou, saiu para entretê-los. A tática deu certo e a polícia foi embora sem examinar o quarto. Por enquanto, estavam a salvo, mas no dia seguinte Calixto foi para outro esconderijo, deixando Ernesto sozinho na casa de Bauer Paiz. Ele ficaria lá até chegar a hora de partir.

Enquanto isso, Fidel estava enfrentando uma série de obstáculos de última hora. Nas últimas semanas, tanto amigos quanto rivais tentaram convencê-lo a adiar sua invasão. Seu coordenador em Oriente, Frank País, foi vê-lo duas vezes, em agosto e outubro. Ele estava encarregado de desencadear levantes armados por toda a parte oriental de Cuba para coincidir com a chegada do *Granma*, mas argumentou que sua gente ainda não estava preparada para executar um plano de tais proporções. No entanto, Fidel insistiu e País concordou em tentar o que pudesse. Fidel disse-lhe que, logo antes de zarpar do México, mandaria uma mensagem em código contendo dia e hora do desembarque.

Em outubro, o Partido Comunista Cubano [Partido Socialista Popular, PSP] enviou emissários para se encontrarem com Fidel. A mensagem urgente que traziam do partido era a de que as condições não eram propícias para uma luta armada em Cuba, e tentaram obter o consentimento de Fidel para juntar forças em uma campanha gradual de dissensão civil, que levaria a uma insurreição armada, na qual o PSP também tomaria parte. Ele recusou e lhes disse que prosseguiria com seus planos, mas esperava que o partido e seus militantes o apoiassem mesmo assim, fazendo eclodir levantes quando seu Exército chegasse a Cuba.

A essa altura, as relações de Fidel com os comunistas cubanos eram cordiais, ainda que tensas. A despeito de seu repúdio público a quaisquer de tais vínculos, ainda tinha alguns amigos íntimos no PSP e permitira marxistas como Raúl e Che em seu círculo mais estreito. Mantinha discretamente abertas linhas de comunicação com o partido, mas guardava um distanciamento crítico, não só para evitar publicidade negativa como também para não criar compromissos políticos até que estivesse ocupando uma posição de força. Enquanto isso, havia certo mal-estar na embaixada soviética em decorrência da publicidade indesejada sobre os vínculos entre membros do grupo de Castro e o Instituto Cultural Russo-Mexicano. No início de novembro, Nikolai Leonov foi transferido de volta para Moscou, segundo ele como punição, por ter iniciado contato com os revolucionários cubanos sem autorização prévia.

Os comunistas não eram os únicos a tentar um lugar à mesa da insurreição em Cuba. Enquanto Fidel se preparava para partir do México, surgiu um jogo de malabarismo político com o Directorio, que se movia para deter o trunfo revolucionário. Apesar do documento fraternal assinado por José Antonio Echeverría em agosto, o Directorio persistira em levar a cabo ações violentas por conta própria. Pouco depois de um segundo encontro entre Fidel e Echeverría em outubro, pistoleiros do Directorio assassinaram o coronel Manuel Blanco Rico, chefe do Serviço de Inteligência Militar (SIM) de Batista. Incrivelmente, para alguém prestes a lançar uma invasão, Fidel condenou publicamente o assassinato como "injustificado e arbitrário". Sua insinuação para os cidadãos cubanos de oposição era óbvia: ele era o revolucionário responsável, enquanto Echeverría era um canhão desgovernado, um terrorista cujas atividades só podiam produzir mais violência. Dentro de poucos dias, as palavras de Fidel adquiriram uma aura de presságio quando policiais, à caça dos assassinos do coronel, mataram dez jovens infelizes que tentavam se asilar na embaixada do Haiti.

Em 23 de novembro, chegou enfim o momento para o qual Che preparara-se durante tanto tempo. Fidel decidira que estava na hora de irem e ordenara aos rebeldes na Cidade do México, em Veracruz e em Tamaulipas que, no dia seguinte, convergissem para Pozo Rico, uma cidade petroleira ao sul de Tuxpan. Sem aviso prévio, Che fora apanhado pelos cubanos e levado de carro para a costa do Golfo. Nessa noite, 24 de novembro, carregariam o iate e zarpariam.

A ironia de toda essa atividade em busca do sigilo foi que a planejada invasão de Cuba por Fidel Castro já era de conhecimento público. Todo mundo em Cuba sabia que ele ia fazê-la, a única interrogação era exatamente onde e quando planejava desembarcar sua força rebelde. De fato, alguns dias antes, o chefe do Estado-Maior de Batista convocara uma entrevista coletiva de imprensa em Havana a fim de debater e ridicularizar as possibilidades de êxito de Fidel. Ao mesmo tempo, mandou reforçar as patrulhas em terra e no mar ao longo do litoral caribenho da ilha.

Fidel dependia do apoio do Movimento 26 de Julho em Oriente, sob Frank País, e de se manter em segredo até o último minuto a data e o lugar exatos do desembarque do pessoal do *Granma*. Ele estimara que a viagem duraria cinco dias e, assim, logo antes de partir da Cidade do México, despachou uma mensagem em código para País avisando-o de que o *Granma* chegaria em 30 de novembro, a uma praia deserta em Oriente chamada Playa las Coloradas.

Na escuridão da madrugada de 25 de novembro, Che estava entre o bando de homens que embarcaram apressadamente no *Granma*. As últimas horas do Exército Rebelde de Fidel Castro em solo mexicano foram de sustos e confusão. Nem todos tinham chegado, enquanto outros que tinham foram deixados para trás no último instante por falta de espaço. Então, para bem ou para mal, estavam partindo. Atulhado com 88 homens e uma pilha de armas e equipamento, o *Granma* se afastou da margem do rio em Tuxpan e deslizou corrente abaixo, na direção do Golfo do México e de Cuba.

Ernesto deixara uma carta para que fosse remetida à mãe. Nela escrevera que "para evitar pateticismos pré-*mortem*", a carta não seria enviada até que "as batatas estejam realmente no fogo e então você saberá que seu filho, em um ensolarado país americano, estará se condenando por não ter estudado mais sobre cirurgia para poder socorrer um homem ferido [...].

"E agora vem a parte difícil, velha, aquela da qual nunca fugi e sempre gostei. Os céus não ficaram negros, as constelações não saíram de suas órbitas nem houve enchentes ou furacões demasiado insolentes. Os sinais são bons. Eles indicam a vitória. Porém, se estiverem errados, afinal, até os deuses cometem erros, então eu acho que posso dizer como um poeta que você não conhece: 'Eu só levarei para o túmulo / o pesadelo de uma canção inacabada'. Beijo-a novamente, com todo o amor de um adeus que resiste a ser completo. Seu filho".

PARTE DOIS

TORNANDO-SE CHE

Che sentado (à frente), junto com alguns camaradas, na Sierra Maestra, em Cuba, no início de 1957.

14. Um começo desastroso

I

As palavras de Ernesto em sua última e melodramática carta para casa foram tão certas sobre os perigos com que se defrontava quanto erradas sobre suas próprias reações a eles. Quando as batatas realmente "queimaram", sob a forma de uma emboscada do Exército que pegou de surpresa os rebeldes alguns dias depois do desembarque do *Granma*, a última coisa em que Ernesto pensou foi em sua inexperiência em cirurgia de campanha.

No pânico confuso que se seguiu, enquanto alguns homens eram abatidos à bala e outros fugiam em todas as direções, Ernesto teve de tomar uma decisão rápida entre salvar um estojo de primeiros socorros ou uma caixa de munição. Escolheu esta última. Se algum dia houve um momento decisivo na vida de Ernesto, foi este. Ele podia ter um diploma de médico, mas seus verdadeiros instintos eram os de um combatente.

Momentos depois, atingido no pescoço por uma bala que ricocheteara e achando que estava mortalmente ferido, Ernesto entrou em choque. Depois de disparar um tiro na direção das moitas, ficou imóvel e, em um devaneio, pensou qual seria a melhor maneira de morrer. A imagem que lhe veio foi a do conto de Jack London "To Build a Fire" [Para fazer uma fogueira], sobre um homem no Alasca que, não conseguindo acender uma fogueira, se senta encostado em uma árvore para morrer congelado com dignidade.

Ernesto imaginara-se reagindo com tenacidade, ao brado de *victoria o muerte*, porém, com o choque da emboscada e de seu próprio ferimento, momentaneamente perdeu as esperanças. Ao contrário de muitos dos seus camaradas, que ou perderam completamente a coragem ou reagiram como soldados, atirando de volta contra o inimigo enquanto buscavam cobertura, Ernesto ficou recostado, meditando friamente na perspectiva de sua morte iminente.

Se o fato de pegar a munição em vez do estojo de médico na sua primeira experiência de combate revelou algo fundamental sobre Ernesto Guevara, o mesmo aconteceu ao ser ferido: um fatalismo em relação à morte. Durante os dois anos de guerra que se seguiram, esse traço de personalidade tornou-se evidente à medida que ele se transformou em um guerrilheiro com experiência de combate, com nítido gosto pela batalha e notório menosprezo por sua própria segurança. Na guerra, o filho errante de Celia finalmente encontrou sua verdadeira vocação.

II

A viagem do *Granma* pelo revolto Golfo do México e pelo Caribe fora um completo desastre. Em vez dos cinco dias previstos, levou sete. Em seguida, debilitados pelo enjoo, os rebeldes desembarcaram no lugar errado da costa cubana. Sua chegada deveria coincidir com o levante em Santiago, liderado por Frank País, e com um comitê de recepção à sua espera junto do farol de Cabo Cruz com caminhões e cem homens. As duas forças unidas deveriam primeiro atacar a cidadezinha próxima de Niquero, depois a cidade de Manzanillo, antes de escapar para a Sierra Maestra. No entanto, o levante em Santiago eclodira enquanto estavam no mar e qualquer elemento surpresa se perdera irremediavelmente. Batista mandara rapidamente reforços para a província de Oriente e despachara patrulhas navais e aéreas para interceptar o grupo de desembarque de Fidel.

Antes do amanhecer do dia 2 de dezembro, o *Granma* aproximou-se da Playa las Coloradas. Enquanto os homens a bordo esforçavam-se ansiosamente para localizar o farol do Cabo Cruz, o navegador caiu ao mar. Aproveitando apressadamente os últimos minutos preciosos de escuridão, o barco ficou dando voltas até que os gritos do navegador foram escutados e ele foi salvo. Então, seguindo as ordens de Fidel, que mandara o piloto rumar para o ponto mais próximo da costa, o *Granma* encalhou em um banco de areia, transformando mais em um naufrágio do que em um desembarque sua chegada a Cuba. Deixando para trás a maior parte da munição, dos mantimentos e dos medicamentos, os rebeldes foram caminhando por dentro d'água em plena luz do dia, no meio da manhã.

Eles ainda não sabiam, mas tinham sido localizados por uma lancha da guarda-costeira cubana, que por sua vez alertara as Forças Armadas. Além disso, desembarcaram um quilômetro e meio antes do planejado ponto de encontro e, entre eles e a terra firme, havia um mangue. O comitê de recepção, depois de esperar em vão por dois dias, retirara-se na noite anterior. Eles estavam entregues à própria sorte.

Divididos em dois grupos depois de chegar à terra firme, os rebeldes, exaustos, foram tropeçando em meio aos arbustos, livrando-se de mais equipamento enquanto avançavam. Como Che os descreveu mais tarde, estavam "desorientados e andando em círculos, um Exército de sombras, de fantasmas caminhando como se estivessem sendo impelidos por algum obscuro mecanismo psíquico". Os aviões do governo sobrevoavam continuamente a área à sua procura, de vez em quando metralhando a vegetação por via das dúvidas. Passaram-se dois dias antes que os dois grupos se encontrassem e, guiados por um camponês da região, caminharam para o interior, deslocando-se para leste, na direção da Sierra Maestra.

Na madrugada de 5 de dezembro, logo depois da meia-noite, a coluna parou para descansar em um canavial, onde devoraram pedaços de cana, descuidadamente deixando vestígios de sua presença, antes de marchar até o alvorecer para um lugar chamado Alegría de Pío. Seu guia separou-se deles então, deixando uma trilha para informar o destacamento de soldados mais próximos sobre sua presença. Os rebeldes passaram o dia descansando em uma clareira na orla do canavial, na mais completa ignorância do que os aguardava.

Às 4h30 dessa tarde, o Exército atacou. Apanhados de surpresa, os rebeldes entraram em pânico e zanzavam de um lado para o outro enquanto as saraivadas de balas passavam por entre eles. Fidel e seus companheiros mais chegados correram do canavial para dentro da mata, ordenando aos outros que os seguissem. Tentando fazê-lo, alguns dos homens abandonaram seu equipamento e dispararam em fuga. Outros, paralisados de choque e terror, ficaram onde estavam. Foi então que Che tentou salvar a caixa de munição e, quando a pegou, uma rajada de tiros atingiu o homem ao seu lado no peito e a ele no pescoço. No seu diário de campanha, Che registrou o fato de modo crítico: "A bala atingiu primeiro a caixa e jogou-me no chão. Por alguns minutos, perdi as esperanças".*

* O diário particular de Che durante a guerra, "Diario de un combatente", serviu de fonte para seu livro *Pasajes de la Guerra Revolucionaria*, publicado pela primeira vez em Havana, em 1963. Quando eu estava escrevendo este livro, o diário não havia sido publicado, exceto por uns poucos trechos, cuidadosamente censurados, sobre seus três primeiros meses em Cuba. Trabalhei funda-

Rodeado de homens feridos e apavorados gritando para se renderem, e achando que estava morrendo, Che caiu em um devaneio, do qual foi retirado por Juan Almeida, que lhe disse para se levantar e correr. Che, Almeida e outros três homens correram para a floresta, com o som do canavial crepitando em chamas atrás deles.

Che tivera sorte, seu ferimento no pescoço era apenas superficial. Embora alguns de seus camaradas tivessem escapado com vida, durante os dias seguintes as tropas de Batista executaram sumariamente muitos dos homens que capturaram, incluindo os feridos e até mesmo alguns dos que se tinham rendido. Os sobreviventes tentaram desesperadamente buscar refúgio nas montanhas e, de alguma maneira, encontrar-se uns com os outros. Dos 82 homens que chegaram ao litoral a bordo do *Granma*, apenas 22 acabaram por finalmente se reagrupar na serra.*

Che e seus camaradas cambalearam pela mata durante a noite. Ao amanhecer, esconderam-se em uma caverna e fizeram uma promessa solene de lutar até a morte caso fossem cercados. Che escreveu no diário: "Tínhamos uma lata de leite e aproximadamente 1 litro de água. Ouvíamos sons de luta por perto. Os aviões metralhavam. Saíamos de noite, guiando-nos pela Lua e pela estrela do Norte até que elas desaparecessem e [então] dormíamos". Eles sabiam que precisavam continuar indo para leste a fim de chegar à serra, e a "estrela do Norte" foi um achado de Che, mas sua lembrança de astronomia foi menos exata do que ele pensou. Só muito depois se deu conta de que, na realidade, tinham seguido uma estrela diferente e fora por pura sorte que marcharam na direção certa.

Desesperados de sede, os cinco fugitivos caminharam pela mata. Quase não tinham água, e sua única lata de leite fora acidentalmente derramada. Nesse dia, não comeram nada. No dia seguinte, 8 de dezembro, avistaram a costa e localizaram abaixo deles um pequeno lago que parecia conter água doce. Contudo, entre eles e o laguinho havia uma mata densa e encostas quase verticais de cinquenta metros. Antes que conseguissem descobrir um caminho para descer, apa-

---

mentado em um texto original do diário, que me foi mostrado pela viúva de Che, Aleida March. A versão não censurada dos fatos, a partir do próprio Che Guevara, fornece visões cruas e reveladoras de sua vida durante a guerra de guerrilha. Ver a seção Fontes para mais informações.

* O número exato de sobreviventes do *Granma* manteve-se impreciso. Os relatos oficiais sempre citam doze como o número de pessoas que sobreviveram e se reagruparam para formar o núcleo do Exército Rebelde. Esse número, com seu óbvio simbolismo apostólico, foi consagrado pelo jornalista revolucionário cubano e historiador oficial Carlos Franqui, em seu livro *Los Doce*. Como muitos outros adeptos que no início apoiaram Castro, mais tarde Franqui foi para o exílio como seu oponente.

receram aviões sobre suas cabeças e mais uma vez tiveram de se esconder, esperando a passagem das horas do dia com apenas 1 litro d'água para todos. Ao anoitecer, desatinados de fome e de sede, empanturraram-se da única coisa que encontraram, frutos de cactos. Deslocando-se durante a noite, toparam com uma cabana, onde acharam mais três camaradas do *Granma*. Agora eram oito, mas não tinham a menor ideia de quem mais havia sobrevivido. Tudo que sabiam era que havia maior probabilidade de encontrar outros seguindo para leste, em direção à Sierra Maestra.

Os dias que se seguiram foram provas de sobrevivência; o pequeno bando buscava água e alimento, escondendo-se dos aviões e das patrulhas inimigas a pé. Em uma ocasião, de dentro de uma caverna que dava para uma enseada no litoral, observaram um grupo de marinheiros desembarcando em uma praia para se juntar à caçada aos rebeldes perdidos. Nesse dia, impossibilitados de se mover, Che e seus amigos partilharam a água usando as tampas dos oculares de seus binóculos. Posteriormente, ele escreveu: "A situação não era boa. Se fôssemos descobertos, não haveria a menor possibilidade de fuga. Não teríamos alternativa senão lutar ali mesmo, até o fim". Depois que escureceu, continuaram a se deslocar, resolvidos a fugir de um lugar onde se sentiam como "ratos em uma ratoeira".

Em 12 de dezembro, encontraram uma cabana de camponês. Ouviram música e estavam prestes a entrar quando escutaram uma voz lá dentro propor um brinde: "Aos meus companheiros de armas!". Presumindo que a voz era de um soldado, afastaram-se rapidamente. Caminharam pela margem de um córrego até a meia-noite, quando, cambaleando de exaustão, não puderam prosseguir.

Depois de mais um dia escondidos, sem água nem comida, retomaram a marcha, mas os homens estavam com o moral baixo, e alguns, cansados, disseram que não queriam mais continuar. O ânimo mudou tarde da noite, quando chegaram à casa de um fazendeiro e, apesar da desconfiança de Che, bateram na porta e foram recebidos afetuosamente. Seu anfitrião era um pastor adventista do sétimo dia e membro da incipiente rede camponesa do 26 de Julho na região.

Che escreveu no seu diário de campo que "eles nos receberam muito bem e nos deram comida. O pessoal passou mal de tanto comer". Quando se recordou desse episódio mais tarde, no *Pasajes de la Guerra Revolucionaria*, Che reproduziu a experiência com humor ácido: "A casinha que nos serviu de refúgio tornou-se um inferno. Almeida foi o primeiro a ser acometido de diarreia e, de repente, oito intestinos descontentes deram mostras da sua pior ingratidão".

Passaram o dia seguinte recuperando-se de sua gula e recebendo a visita de uma série de adventistas curiosos da comunidade ao redor. O desembarque rebelde era uma grande notícia e, graças a um eficaz "telégrafo do mato", os moradores da área estavam surpreendentemente bem informados sobre o que tinha acontecido. Comunicaram a Che e seus companheiros que dezesseis dos homens do *Granma* estavam mortos, assassinados logo depois de se renderem. Acreditava-se que outros cinco tinham sido capturados e estavam vivos, enquanto um número desconhecido conseguira, como eles, escapar para as montanhas. Ainda não se sabia se Fidel sobrevivera.

Resolveram dispersar-se, ficando em diferentes casas na área. Também tomaram outras precauções, como livrar-se de suas fardas, vestir-se como camponeses e esconder suas armas e munição. Apenas Che e Almeida, que estavam atuando em conjunto como líderes não oficiais do grupo, mantiveram suas pistolas. Doente demais para se locomover, um dos homens foi deixado para trás. Mas, ao partirem, receberam a notícia de que sua presença chegara aos ouvidos do Exército. Apenas algumas horas depois de deixarem a casa em que estavam hospedados, os soldados apareceram, encontraram as armas escondidas e prenderam seu camarada doente. Alguém dera com a língua nos dentes e agora os soldados estavam no seu encalço.

Felizmente, a ajuda chegou depressa. Alertado sobre sua presença, Guillermo García, um elemento-chave da rede de camponeses do 26 de Julho, veio guiá-los para longe do perigo. Por ele souberam que Fidel, ou "Alejandro",* seu nome de guerra, ainda estava vivo. Com dois companheiros, ele fizera contato com os colaboradores do Movimento e enviara García para procurar pelos sobreviventes.

Ainda lhes faltavam vários dias de marcha para chegar ao refúgio de Fidel mais no fundo das montanhas, porém, graças a García, Che e seus camaradas foram sendo ajudados por camponeses amigos ao longo do caminho. Finalmente, ao amanhecer do dia 21 de dezembro, chegaram à *finca* de café onde Fidel os aguardava. Ali souberam que Raúl Castro também sobrevivera, tendo chegado separadamente com quatro companheiros, depois da sua própria penosa odisseia.

Apesar do revés catastrófico de seus planos, Fidel já estava organizando as coisas. Camponeses foram recrutados para ajudar a procurar sobreviventes do *Granma* em fuga, e um mensageiro fora despachado para Santiago e Manzanillo, a fim de buscar o auxílio de Frank País e Celia Sánchez, a mulher que havia montado a rede de camponeses do 26 de Julho na serra. Mesmo assim, as perspectivas eram sombrias. Dos 82 homens que haviam desembarcado do *Granma*, apenas quinze se reagruparam, com somente nove armas ao todo. Quase três semanas se passaram, e a possibilidade de encontrar outros elementos desgarrados diminuía

* O nome completo de Castro é Fidel Alejandro Castro Ruz.

a cada dia. Com a chegada de Che, veio a notícia da captura de Jesús Montané e da morte do amigo de Fidel, Juan Manuel Márquez, e dois mais. A essa altura, Che também sabia que seu amigo Ñico López tinha sido morto. Nos dias subsequentes, mais cinco expedicionários chegariam, inclusive o antigo companheiro de prisão de Che, Calixto García, mas o Exército Rebelde de Fidel era um mero punhado de gente. Teria de contar com os camponeses locais para se recompor.

O reencontro com Fidel não foi um momento feliz para Che e seus companheiros, pois Castro estava furioso com eles por terem perdido suas armas. "Vocês não pagaram pelo erro que cometeram", disse-lhes Fidel. "Porque o preço a ser pago pelo abandono de suas armas nessas circunstâncias é a sua vida. A única esperança de sobrevivência que teriam tido, na eventualidade de um encontro de frente com o Exército, eram suas armas. Abandoná-las foi, ao mesmo tempo, criminoso e burro." Nessa noite, Che teve um ataque de asma, possivelmente causado pelo trauma emocional da desaprovação de Fidel. Muitos anos depois, reconheceu que a "amarga reprimenda" de Fidel ficara "gravada em sua mente durante toda a campanha e perdurara até então".

Sem dúvida Fidel tinha razão, mas sua explosão foi um tanto gratuita, porque, àquela altura, seu correio já regressara de Manzanillo com a promessa de Celia Sánchez de novas armas. De fato, no dia seguinte ao da chegada de Che, chegaram as novas armas, que incluíam algumas carabinas e quatro submetralhadoras. A asma de Che desapareceu, mas a entrega das armas não o animou muito, porque havia um simbolismo importante na maneira como Fidel as distribuiu. Tirando de Che a pistola, um símbolo da sua posição, Fidel deu-a ao líder da rede de camponeses, um homem esperto e forte chamado Crescencio Pérez. Em seu lugar, Che recebeu o que ele chamava amargamente de "um fuzil ruim".

Foi uma aula em primeira mão da magistral capacidade de Fidel de manipular os sentimentos daqueles que o cercavam, concedendo ou retirando favores em um piscar de olhos. Che era extremamente sensível à aprovação de Fidel e ansiava por manter sua posição de membro do seu círculo mais íntimo. Haviam-se passado apenas alguns meses desde que escrevera sua "Ode a Fidel", jurando-lhe lealdade eterna e descrevendo-o como um "ardoroso profeta da alvorada". No dia seguinte, talvez percebendo os sentimentos feridos de Che, Fidel deu-lhe uma oportunidade de se redimir. Decidindo de repente fazer um teste-surpresa da prontidão dos homens para o combate, selecionou Che para passar adiante suas ordens de preparar para a batalha. Che atendeu com entusiasmo. No diário, escreveu: "Fui correndo dar a notícia. O pessoal respondeu bem, com bom espírito combativo".

Nesse dia, chegaram os mensageiros de Celia, vindos de Manzanillo, com mais armas, trezentas balas de fuzil, 45 para a única submetralhadora Thompson que tinham e nove bananas de dinamite. Che ficou exultante quando o outro médico da expedição, Faustino Pérez, que fora enviado para Havana a fim de lá assumir sua função de homem de ponta de Fidel, deu-lhe seu rifle novo em folha, com uma mira telescópica, "uma joia", Che escreveu alegremente no diário.

As coisas estavam bem de novo. A fúria de Fidel se arrefeceu quando ele passou a se dedicar às exigências para organizar a guerra. Mas a repreensão deve ter sido irritante. Fidel podia ter mantido a *sua* própria arma durante a fuga, mas, em primeiro lugar, foram seus erros que os haviam levado à catástrofe, a começar pelo encalhe do *Granma* diante da costa. E, depois da emboscada em Alegría de Pío, não havendo planos de emergência, fora uma questão de *sálvase quien pude*, cada um por si, e o grupo de Che fizera o melhor possível e sobrevivera.

Se Che alimentava algum ressentimento, não se deteve nisso, mas, durante os vários dias que se seguiram, começou a demonstrar no diário uma certa impaciência com o estilo de comando de Fidel. Em 22 de dezembro, Che observou que esse fora "um dia de quase completa inatividade". No dia seguinte, estavam "ainda no mesmo lugar". E, na véspera do Natal, em uma "espera que me parece inútil", permaneceram parados onde estavam, aguardando mais armas e munições. Ele descreveu o dia de Natal com uma fina ironia: "Por fim, depois de um suntuoso banquete de carne de porco, começamos a marcha em direção a Los Negros. A marcha começou muito devagar, derrubando cercas para deixar [nosso] cartão de visitas. Fizemos um exercício para atacar uma casa e, nesse momento, apareceu o dono, Hermes. [Então] perdemos duas horas, entre cafezinhos e conversas. Finalmente, resolvemos voltar para a estrada e avançamos um pouco mais, porém o barulho [que fazíamos] traía nossa presença para qualquer cabana pelo caminho, e havia muitas delas. Chegamos ao nosso destino ao alvorecer".

Che queria ver mais organização, disciplina e ação. Queria que a guerra começasse. Um fato que o animou um pouco durante esse período foi o comentário em um jornal cubano sobre um desprezível personagem da força expedicionária de Fidel, "um comunista argentino, com péssimos antecedentes, expulso de seu país". Escreveu Che: "O sobrenome, é claro: Guevara".

III

No México, como em outros lugares, a notícia do desastre em Alegría de Pío aparecera na primeira página. O correspondente da UPI norte-americana em

Havana aceitara a alegação do governo de Batista de que fora uma vitória total, transmitira-a pelo telégrafo como um furo, e muitos jornais a reproduziram. Junto com Fidel e Raúl Castro, Ernesto Guevara estava relacionado entre os mortos.

Hilda recebeu a notícia na repartição. "Quando cheguei para trabalhar, vi que todos estavam com um ar solene. Havia um silêncio constrangedor e me perguntei o que estava acontecendo. Então me dei conta de que todos estavam me olhando. Uma colega me entregou um jornal e disse: 'Lamentamos muito sobre a notícia'."

Arrasada, Hilda teve permissão para ir para casa. Durante os dias subsequentes, seus amigos a cercaram, entre eles Myrna Torres, Laura de Albizu Campos e o general Bayo. Tentando consolá-la, Bayo recordou-lhe que a informação ainda não fora confirmada e insistiu que ele, pelo menos, não acreditava naquela notícia. Hilda ficou aguardando novidades ansiosamente, mas pouco apareceu na imprensa que confirmasse ou desmentisse as notícias iniciais.

A família Guevara ficou igualmente arrasada. O velho Ernesto, o primeiro a saber, correu para a redação do *La Prensa* para pedir confirmação, mas lhe disseram que a única coisa a fazer era esperar. Celia ligou para a *Associated Press* e recebeu a mesma resposta.

Como o Natal se aproximava, o lar dos Guevara continuou mergulhado em melancolia. Muitos dias se haviam passado e ainda não tinham nenhuma palavra. Então, chegou uma carta com carimbo postal mexicano. Era a que Ernesto deixara com Hilda, para ser expedida depois da sua partida no *Granma*, na qual falava para sua mãe sobre morte e glória. Hilda a enviara e, em uma cronologia incrivelmente perversa, chegava ao seu destino. O pai de Che recordou: "Para nossa família, foi simplesmente horrível. Minha mulher a leu em voz alta para todos nós, sem derramar uma lágrima. Trinquei os dentes e não conseguia entender por que Ernesto se envolvera em uma revolução que não tinha nada a ver com a sua pátria".

Alguns dias depois, o velho Ernesto foi chamado ao Ministério do Exterior da Argentina, onde acabara de chegar um telegrama de seu primo, o embaixador em Havana. Parecia que Ernesto não estava entre os rebeldes mortos e feridos, nem entre os prisioneiros do regime de Batista. Isso foi o bastante para o pai de Che, que correu excitado para casa a fim de dar a notícia. "Nessa tarde, tudo mudou", escreveu ele. "Uma pequena aura de otimismo nos envolveu a todos e minha casa voltou a ser um lugar barulhento e feliz."

O pai de Ernesto telefonou de Buenos Aires para Hilda e lhe deu as notícias, e ela ouviu outros rumores que lhe renovaram a esperança de que Ernesto ainda estivesse vivo. "Vivi em função dessa esperança", recordou ela anos depois. Nessa ocasião, Hilda seguiu em frente com seus planos de ir para casa, no Peru, a fim de passar o Natal com a família, mas enquanto se preparava para partir, ainda estava muito abalada. "Nos últimos dias no México, estava tão nervosa e preocupada com a falta de notícias esclarecendo a situação de Ernesto que não consegui cuidar de nossos pertences. Dei a maioria de nossas coisas ou simplesmente as abandonei."* Em 17 de dezembro, ela e Hilda Beatriz, com dez meses, partiram do México para Lima.

Enquanto ainda esperavam por provas de que Ernesto estava vivo, os Guevara se aferraram à crença na promissora informação da embaixada argentina em Havana. O Natal chegou e passou. Então, por volta das dez da noite de 31 de dezembro, a família se preparava para comemorar o Ano-Novo, quando uma carta aérea foi empurrada por debaixo da porta da frente. Estava endereçada a Celia e tinha o carimbo postal de Manzanillo, Cuba. Dentro, em uma única folha de papel, na caligrafia inconfundível de Ernesto, estava escrita a seguinte mensagem: "Queridos velhos: Estou perfeitamente bem. Gastei duas e me sobram cinco. Ainda estou fazendo o mesmo trabalho, as notícias são esporádicas e continuarão assim, mas tenham fé em que Deus é argentino. Um abraço grande para todos, Teté".

Teté fora seu apelido de quando era criança. Ele deixava saberem que, como um gato, gastara apenas duas de suas sete vidas. A champanhe foi aberta e começaram os brindes. Então, pouco antes de soar a meia-noite, outro envelope foi empurrado por debaixo da porta. Também estava endereçado a Celia. Dentro havia um cartão, com uma rosa vermelha impressa, e um bilhete que dizia: "Feliz Ano-Novo. TT está perfeitamente bem".

"Isso ultrapassou todas as nossas expectativas", recordou o velho Ernesto. "Os sinos do Ano-Novo ecoaram e todas as pessoas que tinham vindo à minha casa começaram a mostrar sua felicidade. Ernesto estava a salvo, pelo menos por enquanto."

IV

A Sierra Maestra é uma cadeia de montanhas que se estende por uns 160 quilômetros ao longo da maior parte da extremidade sudeste de Cuba e tem a

* Presume-se que foi assim que Hilda perdeu muitas das cartas, poemas e outros textos que Ernesto deixara sob seus cuidados.

forma de uma bigorna. Ela se ergue abruptamente da plataforma costeira do Caribe e forma uma inóspita barreira natural entre o litoral e as férteis planícies que se espalham a partir da sua encosta oposta, a cerca de cinquenta quilômetros para o interior. Dominada pela mais alta montanha de Cuba, o Pico Turquino, com 2800 metros de altitude, no final dos anos 1950 também era uma das poucas áreas naturais intocadas da ilha, onde a floresta tropical úmida, inacessível demais para ser abatida, ainda sobrevivia.

Com apenas umas poucas cidadezinhas e vilarejos, a serra tinha uma população esparsa em torno de 60 mil agricultores pobres chamados *guajiros*. Eram camponeses humildes e analfabetos, negros, mulatos e brancos que, com seus chapéus de palha muito gastos, pés descalços retorcidos e um linguajar espanhol ininteligível, de consoantes cortadas e falado muito depressa, se tornaram o alvo das piadas pejorativas da classe média urbana de Cuba. Ser chamado de *guajiro* era o mesmo que ser xingado de caipira burro e retardado. Alguns dos *guajiros* eram donos de suas terras, mas muitos eram grileiros, ou precaristas, que construíam suas choupanas de chão de terra batida, limpavam uma pequena área e ganhavam o sustento como agricultores de subsistência, coletores de mel ou carvoeiros. Para conseguir dinheiro, como o resto dos cubanos das zonas rurais, os *guajiros* desciam para a planície a fim de trabalhar como cortadores de cana durante a safra, ou época de colheita, ou como vaqueiros nas fazendas de gado. Para atender à demanda nas cidades de Cuba, alguns espíritos empreendedores cultivavam marijuana ilegalmente e utilizavam uma série de trilhas de contrabando para escapar da *guardia* e comercializá-la. Umas poucas companhias tinham registros de concessões para extrair madeira das florestas, e havia algumas plantações de café, mas, de forma geral, a serra oferecia poucas oportunidades de trabalho lucrativo, e praticamente não havia escolas, estradas ou qualquer uma das amenidades modernas. As notícias do mundo exterior circulavam por rádios transistores ou, mais comumente, pelo florescente sistema do "telégrafo do mato", conhecido como "Radio Bemba".

A dureza da vida dos *guajiros* da Sierra Maestra contrastava de forma aguda com a dos proprietários de terras e, de resto, com a da maioria das pessoas que viviam nas vilas e cidades de Oriente: Santiago, Manzanillo, Bayamo e Holguín. As melhores terras na serra e na planície abaixo dela eram de propriedade privada, frequentemente de proprietários ausentes que viviam em cidades de Cuba, e eram administradas por capatazes armados, chamados *mayorales*, cujo trabalho era afugentar os persistentes precaristas. Esses homens independentes, às vezes brutais, tinham real autoridade na área e atuavam praticamente como uma segunda força policial, paralelamente às unidades mal treinadas e mal pagas das *guardias rurales*, baseadas em postos e guarnições por toda a região. Por ser longínqua e inóspita, a Sierra Maestra também era um refúgio tradicional de criminosos foragidos da lei e, em lugar de medidas eficazes do governo, as disputas de sangue e os atos de vingança se desenrolavam nas montanhas por meio de facões e revólveres. Explorando a pobreza e o temor dos *guajiros* em relação às autoridades, a *guardia* empregava *chivatos*, ou informantes, para se manter a par dos acontecimentos e para investigar crimes. Na caçada a Fidel e seus homens, nos dias que se seguiram ao desembarque do *Granma*, a rede dos *chivatos* já fora acionada com um êxito devastador.

Como não seria de surpreender, frequentemente havia violência entre os precaristas e os *mayorales*. Segundo o historiador Hugh Thomas, "cada lado tinha os seus líderes conhecidos e bandos de seguidores". Crescencio Pérez trabalhava como motorista de caminhão para o magnata do açúcar, Julio Lobo, mas era também um chefe precarista a quem se atribuía ter matado vários homens e ser o pai de oitenta crianças. Pérez tinha uma imensa família, vários contatos e um número razoável de homens ao seu dispor. Celia Sánchez tinha ido a ele para preparar uma rede de apoio civil dos rebeldes na serra. Não gostando nada das autoridades, Pérez colocara-se à disposição de Fidel, junto com sua família e parentes, tais como seu sobrinho Guillermo García, além de alguns de seus trabalhadores.

Se Fidel tinha quaisquer reservas quanto a trabalhar com um homem desses, não as deixou transparecer. Ao reestruturar seu "Estado-Maior", um dia depois do Natal de 1956, promoveu Crescencio Pérez e um de seus filhos para o novo *Estado Mayor* de cinco elementos, presidido por ele próprio, na qualidade de *comandante*, por seu guarda-costas, Universo Sánchez, e por Che. Seu irmão Raúl e Juan Almeida, que havia demonstrado seu valor ao liderar seus grupos para fora de Alegría de Pío, foram designados líderes de pelotão, comandando cinco homens cada um. Para exploradores avançados, designou Ramiro Valdés, um veterano de Moncada e um dos primeiros adeptos de Fidel, o recém-ressuscitado Calixto Morales, e mais um homem, Armando Rodríguez.

O gesto grandiloquente de Fidel de distribuir postos de oficiais a sete dos seus quinze homens poderia parecer quase cômico, dados o seu recente desastre e o tamanho real de sua força, para não mencionar as perspectivas duvidosas de êxito, mas isso resultou de sua crença ilimitada em si mesmo. Perdera mais de dois terços de seus efetivos e praticamente todo o armamento e suprimentos, mas havia chegado à serra, restabelecera suas linhas de comunicação com o segmento clandestino do 26 de Julho nas cidades e agora tinha Crescencio Pérez ao seu lado para ajudá-lo a se familiarizar com o novo terreno e a reconstruir seu Exército. Colocou seu novo oficial *guajiro* como responsável por todos os recrutas camponeses, com seu sobrinho Guillermo García como seu substituto.

Na realidade, Fidel já estava se comportando como se fosse o comandante em chefe de Cuba. Estabelecera rapidamente uma hierarquia rígida para o Exército que pretendia liderar para chegar ao poder, com ele próprio colocado firmemente no topo. A natureza autocrática que o faria famoso já era visível, enquanto ele despachava mensagens para a planície, exigindo armas e suprimentos do segmento clandestino urbano, que estava sob grande pressão, ao mesmo tempo em que voltava sua atenção para colocar a serra e seus habitantes sob seu domínio.

Apesar de todo o lirismo revolucionário após o triunfo junto aos "nobres camponeses" da Sierra Maestra, nessa etapa inicial, Fidel e seus homens estavam em terreno muito desconhecido. Não conheciam nem compreendiam os corações e as mentes dos habitantes locais, dependendo de Crescencio e seus homens para negociar com eles, muitas vezes com resultados desastrosos. Em muitos dos seus primeiros contatos com os camponeses da região, frequentemente se fazia passar por um oficial do Exército, cautelosamente sentindo quais seriam suas verdadeiras simpatias.

Che, preocupado com o perigo de serem cercados pelo Exército se ficassem muito tempo no mesmo lugar, se irritava com a decisão de Fidel de permanecer. Enquanto esperavam a chegada de alguns voluntários que estavam sendo enviados por Celia Sánchez, escreveu no diário: "Para mim não parece sensato, mas Fidel insiste nisso". Mensageiros iam e vinham de Manzanillo, trazendo granadas de mão, dinamite e munição de metralhadora, além de três livros que Che havia pedido: um de álgebra, um de história básica de Cuba e um de geografia básica de Cuba. Os voluntários não apareciam, mas seis novos recrutas *guajiros* foram chegando, e o Exército Rebelde começava a crescer. O fato de que habitantes locais eram os novos recrutas constituía um triunfo inicial. Finalmente, em 30 de dezembro, Fidel resolveu não esperar mais e adentrar pela cadeia montanhosa, rumo a um novo refúgio.

Os trechos no diário de Che adquiriram um tom mais tranquilo e seguro. No final da véspera do dia de Ano-Novo, um mensageiro chegou com a notícia de que um batalhão do Exército estava se preparando para entrar pela serra atrás deles. Che escreveu: "Passamos o último dia do ano dando instrução aos novos recrutas, lendo um pouco e cuidando dos pequenos afazeres da guerra".

V

O dia de Ano-Novo de 1957 trouxe chuva e novos detalhes dos planos do inimigo. Havia quatrocentos soldados a caminho, entrando pelas montanhas, e todas as guarnições locais foram reforçadas. Os rebeldes, guiados por um *guajiro* local, prosseguiram na sua marcha exaustiva. A noite de 2 de janeiro foi um calvário, registrada por Che como "uma marcha lenta e fatigante, por trilhas enlameadas, com muitos dos homens padecendo de diarreia", mas no dia seguinte, seu diário continha um tom de sombria satisfação: "Recebemos a boa notícia de que Nene Jérez foi ferido gravemente e está morrendo. Nene Jérez foi quem guiou os soldados ao lugar [da emboscada] onde estávamos em Alegría [de Pío]". Em 5 de janeiro, podiam enxergar o Pico Caracas, de 1300 metros de altitude, a primeira de uma série de montanhas cobertas da selva que coroa a espinha dorsal da Sierra Maestra. Che comentou: "As perspectivas são boas, porque daqui a La Plata é tudo íngreme e coberto de mata, ideal para a defesa".

Nove dos voluntários prometidos chegaram a Manzanillo e acamparam no vale Mulato, na encosta do Pico Caracas, onde ficaram aguardando atualizações sobre os movimentos do Exército. Os mensageiros *guajiros* levavam notícias contraditórias: um dizia que não havia soldados nos arredores, enquanto outro trazia a novidade alarmante de que um *chivato* [um informante do Exército] tinha ido avisar sobre a presença deles a uma guarnição próxima. Em 9 de janeiro, resolveram voltar a se mover e, na tarde seguinte, de um novo acampamento da tropa, de onde tinham um bom ponto de observação, viram que a informação sobre o *chivatazo* estava correta: na estrada que vinha da guarnição de Macías, dezoito fuzileiros navais apareceram caminhando, aparentemente sem se dar conta de qualquer perigo. Mas os rebeldes não os atacaram. Estavam esperando por Guillermo García, que regressava de uma última e infrutífera missão de busca de sobreviventes do *Granma,* e de uma entrega de alimentos. Além disso, Fidel queria estar bem preparado antes de engajar-se em combate com o inimigo. Che lamentou a oportunidade perdida, escrevendo no diário: "Teria sido um alvo fácil".

Para conter as declarações do governo de que estavam derrotados e construir a confiança da população civil na sua capacidade de combate, bem como para reforçar seu próprio moral, os rebeldes precisavam provar que eram uma força a ser considerada. Isso significava lançar um ataque, de preferência contra uma guarnição afastada e mal defendida, onde contassem com o elemento surpresa. La Plata, um pequeno posto litorâneo que, segundo informaram, tinha apenas alguns *guardias*, parecia oferecer a oportunidade perfeita para Fidel. Che pensava de modo diferente e escreveu no diário em 10 de janeiro: "O plano de Fidel é fazer uma emboscada e fugir para a selva com comida suficiente para vários dias. Não me parece mal, mas é muito peso [para ser carregado]. Meu plano era estabelecer um acampamento [central], com comida abundante, e [dali] enviar tropas de ataque".

Che também estava preocupado com quantos homens podia contar em situação de combate. "Além da baixa temporária de Ramiro [Valdés, que ferira o joelho em uma queda], há uma ou duas baixas certas entre os *manzanilleros.*" Um já recebera permissão para ir embora depois de ter declarado "suspeitamente", como parecera a Che, que tinha tuberculose, e outros dois mostravam-se "indecisos". Ele também estava preocupado com o perigo que representavam os *chivatos* e no diário prometeu tratar dessa ameaça: "Uma lição deve ser dada".

No dia seguinte, como Che previra, cinco dos *manzanilleros* optaram por abandonar o campo, mas Fidel resolveu ir em frente, pois a presença do grupo na área estava conhecida demais para que pudessem permanecer onde estavam. O primeiro objetivo era matar os três *mayorales* locais, capatazes de fazendas que, como escreveu Che, "eram o terror dos camponeses". Os três trabalhavam para a empresa de açúcar e madeiras Nuñez-Beattie e haviam-se tornado famosos entre os *guajiros* por sua brutalidade. Matá-los seria ganhar popularidade para os rebeldes de Fidel entre a população local.

O incapacitado Ramiro foi deixado na casa de um camponês amigo, com uma pistola para se defender, e o resto dos homens partiu para La Plata. Guillermo García aparecera com alguns novos recrutas camponeses, e o "Exército" Rebelde tinha agora aumentado para 32 homens, mas o armamento ainda era bem escasso, com apenas 23 armas e algumas bananas de dinamite e granadas de mão. Deslocaram-se durante a noite pelo caminho que lhes foi marcado antes por um colaborador, com entalhes de facão nos troncos das árvores, e escoltados por Eutimio Guerra, um conhecido líder precarista local, que se apresentara como guia voluntário junto com um vizinho.

Em 15 de janeiro, os rebeldes chegaram a um ponto de onde se via a foz do rio da Prata, a apenas um quilômetro da guarnição militar. Traziam com eles um refém, um adolescente do lugar, que encontraram coletando mel e que resolveram manter com eles na hipótese de que o jovem se visse tentado a dar o alarme. Utilizando suas miras telescópicas, podiam enxergar o alvo, um quartel inacabado, situado no meio de uma clareira entre a margem do rio e a praia, e observaram um grupo de homens parcialmente fardados, ocupados com tarefas domésticas. Logo adiante estava a casa de um dos *mayorales* que haviam jurado executar. Ao entardecer, uma lancha da guarda-costeira, carregada de soldados, apareceu e, aparentemente, sinalizou para os homens em terra. Sem ter certeza do que isso significava, os rebeldes resolveram permanecer escondidos e retardar o ataque até o dia seguinte.

Na madrugada de 16 de janeiro, colocaram sentinelas para vigiar o quartel. A lancha-patrulha desaparecera e não se viam soldados, o que os deixou inquietos. Entretanto, no meio da tarde, resolveram se aproximar. O grupo inteiro atravessou o vau do rio e assumiu sua posição ao longo do caminho que levava ao posto. Um pouco depois do anoitecer, dois homens e dois meninos apareceram no caminho e os rebeldes os detiveram. Um deles era suspeito de ser um *chivato*. Para extrair informações, ele foi "um pouco apertado", como Che descreveu de forma eufemística em seu diário. O homem contou-lhes que havia dez soldados no posto e que Chicho Osorio, considerado o pior dos três *mayorales* da sua lista de eliminações, estava vindo nessa direção e devia chegar a qualquer momento.

Osorio apareceu, montado em uma mula e acompanhado a pé por um garotinho negro. Os rebeldes resolveram enganá-lo e gritaram: "Alto, é a guarda rural!". Osorio imediatamente berrou de volta: "Mosquito!", a senha dos soldados, e depois seu nome. Os rebeldes avançaram, tomando o revólver de Osorio e uma faca que encontraram com o menino, levando-os depois para onde Fidel estava à espera.

O que aconteceu a seguir se tornou parte do folclore revolucionário cubano. Segundo Che contou depois, no seu relato publicado do episódio, "[Fidel] fez com que ele pensasse estar diante de um coronel da *guardia rural*, que investigava algumas irregularidades. Osorio, que estava bêbado, relacionou então todos os inimigos do regime que, em suas palavras, 'deviam ser castrados'. Ali estava a confirmação de quem era amigo nosso e quem não era". Com cada palavra que dizia, Osorio, que de nada desconfiava, estava cavando cada vez mais funda sua própria sepultura. O "coronel" Fidel perguntou-lhe o que sabia sobre Eutimio Guerra, o guia, e Osorio respondeu que se sabia que Guerra escondera Fidel Castro. Na verdade, Osorio disse que estava procurando por Guerra e que, se o encontrasse, o mataria. Dando ainda mais corda ao *mayoral* bêbado, Fidel comentou que se "Fidel" fosse encontrado, também devia ser morto. Osorio concordou com entusiasmo e acrescentou que Crescencio Pérez também devia morrer. A essa altura com a língua totalmente solta, Osorio passou a se vangloriar dos homens que matara e maltratara; como prova das suas proezas, apontou para os próprios pés. Che descreveu posteriormente: "Ele disse: 'Olhe', mostrando as botas mexicanas que estava usando (e que nós também usávamos), 'tirei essas de um daqueles filhos... [da puta] que nós matamos'. Ali mesmo, sem o saber, Chicho Osorio tinha assinado sua própria sentença de morte".

Então, bêbado demais ou muito ingênuo para acreditar que Fidel era realmente um oficial da *guardia*, e ansioso por cair-lhe nas boas graças, Osorio se ofereceu para guiá-los até o quartel e apontar os pontos fracos no seu esquema defensivo, tendo inclusive se deixado amarrar para passar por um prisioneiro e desempenhar o seu papel na encenação do "inspetor". Enquanto caminhavam para o posto, Osorio explicou onde ficavam as sentinelas e onde dormiam os guardas. Um dos rebeldes foi enviado à frente para conferir e voltou para confirmar que a informação de Osorio estava correta. Finalmente, os rebeldes prepararam-se para o ataque, deixando Osorio para trás, guardado por dois homens. "Tinham ordens para matá-lo no momento em que começassem os tiros", escreveu Che sem rodeios, "algo que cumpriram estritamente."

Eram 2h40 da madrugada. Os rebeldes dispersaram-se em três grupos. Seus alvos eram o alojamento com teto de zinco e a casa rústica ao seu lado, que pertencia ao segundo dos *mayorales* selecionado como alvo. Quando estavam a cerca de quarenta metros de distância, Fidel disparou duas rajadas com sua metralhadora e então todos abriram fogo. Berraram para que os soldados se rendessem, mas eles responderam com tiros. Che e um camarada do *Granma*, Luis Crespo, lançaram suas granadas, mas nenhuma explodiu. Raúl atirou um cartucho aceso de dinamite, mas nada aconteceu tampouco. Fidel mandou atear fogo à casa do capataz. As duas primeiras tentativas foram repelidas pelos tiros, mas na terceira vez Che e Crespo conseguiram; contudo, não foi a casa do capataz e sim um depósito ao lado dela, cheio de cocos, que pegou fogo.

Os soldados que estavam dentro do alojamento, evidentemente com medo de serem queimados vivos, começaram a fugir. Um praticamente esbarrou em Crespo, que lhe deu um tiro no peito. Che atirou em outro homem e, embora estivesse escuro, achou que o tinha atingido. Durante alguns minutos, as balas voavam para todos os lados e então o tiroteio diminuiu. Os soldados que estavam no alojamento se renderam e, ao examinarem a casa do capataz, viram que estava cheia de feridos. A luta estava terminada e Che lançou o saldo no seu diário: "O resultado do combate foi de oito [fuzis] Springfields, uma metralhadora e cerca de mil balas [apreendidas]. Tínhamos gasto aproximadamente quinhentas [balas]. Também [conseguimos] cartucheiras, capacetes, comida enlatada, facas, roupas e até rum".

A *guardia* sofrera um golpe duro e suas instalações estavam tão crivadas de balas que pareciam "uma peneira". Dois soldados estavam mortos e cinco feridos, três destes mortalmente. Outros três foram feitos prisioneiros. Não havia baixas do lado dos rebeldes. Antes de se retirarem, incendiaram as edificações. Che pessoalmente pôs fogo na casa do capataz "miserável" que, junto com o comandante do quartel, um sargento, havia conseguido escapar.

De volta às montanhas, os rebeldes libertaram os prisioneiros e os reféns civis, depois de fazer uma advertência ao que suspeitavam ser um *chivato*. Contra a opinião de Che, Fidel deu-lhes todos os remédios de que dispunham para os soldados libertados poderem tratar dos seus companheiros feridos que haviam ficado na clareira devastada lá embaixo. O entusiasmo dos rebeldes foi brevemente suavizado quando eles se deram conta de que o primeiro dos reféns, o adolescente, fugira durante a confusão, junto com um guia. Pior, tinham levado com eles duas armas, uma espingarda e o revólver que tomaram do falecido Chicho Osorio.

Eram ainda 4h30 da madrugada. Aproveitando o que sobrava da escuridão, deslocaram-se para leste, na direção de Palma Mocha, uma comunidade agrícola que adotara o nome do rio que desaguava no mar a cerca de três quilômetros de distância. Chegaram a tempo de testemunhar o que Che descreveu como "um espetáculo deplorável": famílias fugindo com seus pertences depois de terem sido avisadas de que a Força Aérea ia bombardear a área. "A manobra era óbvia", escreveu Che no diário. "Para expulsar todos os camponeses e depois a companhia [Nuñez-Beattie] tomaria suas terras abandonadas."

Depois de terem visto as consequências de suas ações em primeira mão, os rebeldes moveram-se, buscando um lugar para armar uma emboscada para os soldados que viriam atrás deles. Os homens estavam tensos e cansados quando, em uma parada curta durante a marcha, Fidel ordenou que conferissem a munição. Cada um deveria ter quarenta balas. Quando se constatou que Sergio Acuña, um dos novos recrutas *guajiros*, estava com cem, Fidel lhe mandou entregar a sobra, mas ele se recusou. Fidel ordenou que o prendessem, mas Acuña engatilhou o rifle de modo ameaçador. O incidente foi contornado quando Raúl e Crescencio convenceram Acuña a entregar sua arma e munição, dizendo-lhe que sua indisciplina seria ignorada se fizesse "um pedido formal" de continuar com os rebeldes. Che não gostou dessa solução e escreveu no diário que "Fidel concordou, criando um precedente realmente negativo, que ressurgiria mais tarde, porque a impressão foi de que Acuña tinha conseguido impor a sua vontade".

Os rebeldes marcharam e chegaram à casa de um camponês em uma clareira, cercada por três encostas cobertas de mata e junto de um riacho que Che batizou de Arroyo del Infierno (Riacho do Inferno). O local oferecia tanto água como uma rota de fuga e era perfeito para se armar uma emboscada. Quando chegaram, o dono estava se preparando para se juntar ao êxodo rumo à costa, deixando o lugar para os rebeldes. Durante os dias que se seguiram, eles se organizaram, preparando na mata as posições para a cilada, com uma boa vista da casa e do caminho de terra que levava à clareira.

Os homens estavam nervosos e, em uma manhã, quando inspecionava com Fidel as posições dos combatentes, Che quase foi alvejado quando um dos homens o viu se aproximando ao longe e lhe deu um tiro. Em parte a culpa foi do próprio Che, pois estava usando um quepe da corporação do Exército, que pegara como troféu em La Plata. Mais alarmante ainda foi a reação dos outros rebeldes que, ao ouvirem o disparo, em vez de acorrer para suas posições defensivas, imediatamente correram para dentro do mato. No seu relato publicado posteriormente, Che contou sobre o tiro, mas omitiu qualquer menção à fuga dos homens. Em vez disso, utilizou o episódio como uma parábola para exaltar a condição dos homens na guerra. "Esse incidente foi sintomático do estado de alta tensão que predominava enquanto esperávamos pelo alívio que traria o combate. Em tais ocasiões, mesmo os que têm nervos de aço sentem um certo tremor nos joelhos e cada homem anseia pela chegada daquele momento radiante da batalha."

Tudo ficou calmo durante mais alguns dias. Fidel encomendou provisões a alguns dos camponeses que permaneceram na área. Também indenizou um fazendeiro que apareceu à procura de um porco perdido, abatido por Fidel para servir de comida no primeiro dia em que acamparam. Começaram a chegar boatos de que o Exército estava infligindo represálias contra os camponeses locais pelo ataque a La Plata. Seu novo guia, Eutimio Guerra, voltou para sua casa, levando algumas mensagens de Fidel e com ordens para descobrir o que pudesse sobre os movimentos do Exército. Os rebeldes escutavam ansiosamente o rádio, mas não estavam sendo transmitidas quaisquer notícias sobre as atividades do Exército.

Antes do amanhecer de 22 de janeiro, ouviram tiros à distância e prepararam-se para a batalha, mas a manhã foi-se arrastando e nenhum soldado apareceu. Então, ao meio-dia, uma figura isolada surgiu na clareira. Calixto García, sentado ao lado de Che, foi o primeiro a vê-la. Olharam através de suas miras telescópicas: era um soldado. Enquanto observavam, nove homens ao todo apareceram e se reuniram em volta das cabanas. O tiroteio começou. Como Che registrou no diário de campo, "Fidel abriu fogo e o homem caiu imediatamente, berrando '*Ay, mi madre*!'. Seus dois companheiros [também] caíram imediatamente. De repente, percebi que havia um soldado escondido na segunda casa, a não mais de vinte metros da minha posição. Só podia enxergar seus pés, de modo que disparei na sua direção. Ele caiu no segundo tiro. Luis [Crespo] trouxe-me uma granada que Fidel mandara, porque lhe disseram que havia mais pessoas dentro da casa. Luis me deu cobertura e entrei, mas felizmente não havia mais nada".

Che tomou o fuzil e a cartucheira do soldado que abatera, depois continuou a examinar o corpo. "Tinha uma bala abaixo do coração, com a saída pelo lado direito. Estava morto." Que pudesse afirmar com certeza, era o primeiro homem que matava.

VI

Enquanto Che testava-se em combate, Hilda e a filhinha visitavam a família Guevara na Argentina. No dia de Ano-Novo, o velho Ernesto telefonara-lhe com a notícia da primeira mensagem de seu filho e depois lhe mandara as passagens de avião para Buenos Aires. Em 6 de janeiro, após três semanas em casa com sua própria família, em Lima, voou com o bebê para Buenos Aires a fim de encontrar seus sogros pela primeira vez. Eles a bombardearam com perguntas. Por que o seu Ernesto se metera em perigo por uma causa estrangeira? Quem era, afinal de contas, Fidel Castro? Hilda logo percebeu que Ernesto, ou "Ernestito", como suas tias ainda o chamavam, era o favorito da família. "Devido ao seu profundo afeto por Ernesto", escreveu Hilda, "seus pais tinham dificuldade em se adaptar à ideia de que ele estivesse em perigo. Insistiam na opinião de que seria melhor que ele estivesse na Argentina." Ela fez o melhor que pôde para explicar o que sabia da evolução política de Ernesto, mas estava apenas repetindo as coisas que ele já lhes dissera em suas cartas, e que, obviamente, eram difíceis de serem aceitas por seus pais. Celia era quem mais necessitava ser confortada. "Falei a dona Celia, minha sogra, da profunda ternura que Ernesto sentia por ela. Isso não era um exagero a fim de consolá-la, pois sabia o que ela significava para ele."

Hilda e a criança ficaram durante um mês com os Guevara. Quando regressou a Lima, encontrou uma carta de Ernesto à sua espera. Estava datada de 28 de janeiro de 1957. "*Querida vieja*: Aqui, na selva cubana, vivo e sedento por sangue, estou escrevendo estas linhas inflamadas, inspiradas em Martí. Como se eu fosse realmente um soldado (pelo menos estou sujo e com a roupa rasgada), estou escrevendo esta carta sobre um prato de lata, com uma arma ao lado e algo novo: um charuto na boca." No mesmo tom entusiasmado, de orgulho, ele tagarelou recapitulando tudo que acontecera desde o "agora famoso" desembarque do *Granma*, dando ênfase aos perigos enfrentados e aos obstáculos superados: "Nossas desgraças continuaram. [...] [F]omos surpreendidos no agora também famoso Alegría e dispersados como pombos [...]. Fui ferido no pescoço e só estou vivo ainda graças às minhas vidas de gato [...]. [D]urante alguns dias caminhei através dessas montanhas achando que estava seriamente ferido [...], nos reorganizamos, nos rearmamos e atacamos um quartel de soldados, matando cinco deles [...]. [Eles] mandaram tropas de elite no nosso encalço. Lutamos e dessa vez lhes custou três mortos e dois feridos. [...] Pouco depois, capturamos três guardas e tomamos suas armas.

"Acrescente-se a tudo isso o fato de que não tivemos baixas e que as montanhas são nossas, e você terá uma ideia da desmoralização do inimigo. Escorregamos por entre suas mãos como sabão, justo quando pensavam que tinham nos encurralado. Naturalmente, a luta não está terminada, ainda haverá muitas outras batalhas. Mas até agora as coisas estão indo a nosso favor e será cada vez mais assim."

Assinando a carta "Chancho", mandou um *gran abrazo* para ela, abraços e beijos para a filhinha, e contou que, na sua pressa de partir, deixara para trás os instantâneos que tirara deles na Cidade do México. Será que ela poderia mandá-los? Deu-lhe o endereço de uma "caixa postal" no México de onde as cartas eventualmente seriam encaminhadas para ele.

Hilda não poderia mesmo ter ficado muito satisfeita com essa carta, que reproduziu sem comentários nas suas memórias. Enquanto ela, a esposa e mãe entristecida, não fizera outra coisa senão se preocupar com ele, Ernesto deixara muito claro que estava tendo uma aventura estimulante, desfrutando plenamente da vida de um guerrilheiro, sem se banhar, fumando charutos e "sanguinário". Quando finalmente escrevera, ele não indagara sobre suas possíveis agruras, nem sequer manifestara preocupação com isso.

VII

Durante as três semanas seguintes, os rebeldes vagaram pela Sierra Maestra, colhendo alguns novos voluntários, mas também foram acossados por deserções e *chivatazos*. Em 30 de janeiro, a Força Aérea bombardeou o lugar que haviam escolhido para seu acampamento principal, nas encostas do Pico Caracas. Embora o ataque não tivesse causado baixas, levou os rebeldes a um êxodo em pânico pela mata. Enquanto isso, seus perseguidores, comandados pelo notoriamente brutal major Joaquín Casillas, que se dizia possuir uma coleção particular de orelhas humanas cortadas de vítimas anteriores, enviavam espiões disfarçados de civis para localizá-los. Os soldados deixavam atrás de si uma trilha de cabanas queimadas e camponeses assassinados, acusados de colaborar com os rebeldes.

Che estava então emergindo como um combatente audacioso, destemido mesmo, na campanha de guerrilha. Obviamente ansioso por dar provas de sua capacidade e compensar pelo erro profundamente lastimado de ter perdido seu rifle fugindo de Alegría de Pío, ele sempre se apresentava como voluntário para as tarefas mais perigosas. Durante o bombardeio aéreo ao Pico Caracas, quando todos, até Fidel, fugiram, Che ficou para trás a fim de reunir os desgarrados e recuperar os pertences abandonados, inclusive armas e o boné de *comandante* de Fidel.

Outros traços fortes estavam surgindo. Ele começara a demonstrar uma severidade de promotor com os guerrilheiros recém-chegados, principalmente com os que viessem de centros urbanos, geralmente desconfiando de sua coragem pessoal, de sua firmeza e de sua dedicação à luta. Não menos desconfiado dos camponeses que iam encontrando, muitas vezes os descrevia no diário como "charlatães, de conversa fácil", ou "nervosos". Também estava desenvolvendo um profundo ódio pelos covardes, em uma obsessão que logo se transformaria em uma de suas mais conhecidas, e temidas, características durante a campanha. Desgostava de um membro do grupo em especial, "El Gallego" José Morán, um veterano do *Granma* que ele desconfiava ser covarde e via como um desertor em potencial.

Che procurou oportunidades para aplicar punições como exemplo para os outros. Quando três espiões do Exército foram capturados pelos rebeldes e confessaram suas verdadeiras identidades, Che estava entre os que pediram sua morte. Fidel optou por mostrar misericórdia e os mandou de volta para seus quartéis, com uma advertência e levando uma carta pessoal sua para o comandante deles. Empenhado em ver os guerrilheiros como uma força combatente dura e disciplinada, e preocupado com a tolerância de Fidel para com malandros e insubordinados, Che ficou contente quando Fidel finalmente impôs regras no término do mês de janeiro. Fidel disse aos homens que, dali por diante, três crimes seriam punidos com a morte: "deserção, insubordinação e derrotismo". Quando um desertor, Sergio Acuña, teve um fim sinistro nas mãos de seus captores do Exército, foi torturado, quatro vezes baleado e enforcado, Che qualificou o episódio de "triste, porém educativo".

No final de janeiro, havia indícios de que o pequeno bando de Fidel estava tendo repercussão por Cuba. Chegou notícia de Havana de que Faustino Pérez, o representante de Fidel na capital, coletara 30 mil dólares para os rebeldes, que as células urbanas do 26 de Julho estavam executando atos de sabotagem nas cidades e que fermentava o descontentamento nas fileiras do Exército pela vergonha causada pelos ataques rebeldes. Embora houvesse boatos de que Batista planejava demitir o chefe do Estado-Maior do Exército, ele e seus generais insistiam nas alegações de que os rebeldes tinham sido praticamente exterminados, que estavam em fuga e que não representavam nenhuma ameaça para o Exército. Essa campanha de propaganda provocou grande irritação em Fidel, que pediu a Faustino Pérez para providenciar uma entrevista dele com um jornalista que gozasse de crédito, o qual deveria ir à serra e verificar a existência do grupo para o mundo inteiro. Também queria ter um encontro com seu diretório nacional para coordenar a estratégia e mandou recados a Frank País e Celia Sánchez para que organizassem essa conferência.

No começo de fevereiro, os rebeldes passaram alguns dias descansando, suportando as chuvas torrenciais e os bombardeios diários a esmo, efetuados pela Força Aérea. Nessa relativa pausa, Che começou a dar aulas de francês a Raúl. Elas foram interrompidas quando retomaram seus deslocamentos, e Che estava enfraquecido por uma diarreia e um curto, porém debilitante, ataque de malária. Em uma emboscada armada pelo Exército em uma colina chamada Los Altos de Espinosa, foi morto Julio Zenon Acosta, um *guajiro* negro e analfabeto, a quem Che recentemente começara a ensinar as primeiras letras. Foi a primeira morte em combate sofrida pelos rebeldes desde o desembarque do *Granma*. Mais tarde, Che exaltaria Zenon Acosta, a quem chamou de "meu primeiro aluno", como típico dos "nobres camponeses" que constituíam o coração e a alma da revolução.

À medida que passava o tempo, Che e Fidel começaram a desconfiar que seu guia camponês, Eutimio Guerra, era um traidor. Ele ia e vinha, e suas ausências sempre coincidiam com ataques do Exército. Depois da emboscada em Los Altos de Espinosa, souberam por camponeses bem informados que suas suspeitas estavam certas. Em uma de suas saídas, Guerra fora capturado pelo Exército e prometeram-lhe uma recompensa se traísse Fidel. Tanto o bombardeio aéreo do Pico Caracas como a mais recente emboscada realizaram-se com sua cumplicidade. Porém, mesmo sabendo disso, Guerra sumira, seguido por El Gallego Morán.

Em meados de fevereiro, havia homens doentes e desmoralizados. Fidel resolveu fazer um expurgo, dando-lhes uma "licença de convalescença" para a fazenda de um *guajiro*, sob o cuidado de Crescencio Pérez. Nessa ocasião, mensageiros chegaram com a notícia de que o diretório nacional do 26 de Julho estava a caminho de Oriente e que Herbert Matthews, um destacado jornalista do *New York Times*, também estava chegando para entrevistar Fidel em uma casa de fazenda nas encostas setentrionais da serra. Era para ser uma reunião decisiva.

15. Dias de bombas e de água

I

Che Guevara agora estava em guerra, tentando criar uma revolução. Fizera um salto consciente de fé e entrara em um domínio no qual se podiam tomar vidas por um ideal e os fins *de fato* justificavam os meios. As pessoas não eram mais apenas pessoas. Cada uma representava um lugar dentro de um esquema global das coisas e poderia ser vista, na maioria das vezes, como amiga ou inimiga. Desconfiava de qualquer pessoa que não se definisse, como tinha de ser, pois seu objetivo era ajudar Fidel Castro a tomar o poder e despertava todos os dias com a perspectiva de matar ou morrer.

Tal como sua visão do mundo se expandira ao deixar seu lar, havia se contraído, quando sua busca para decidir em que acreditava se resolvera no marxismo. A realidade era agora uma questão de branco e preto, porém, ao mesmo tempo, acreditava que a fé que escolhera era ilimitada. O que estava fazendo era de um imperativo histórico.

II

No segundo dia de sua caminhada até a fazenda onde se realizaria a reunião do diretório nacional, quando os rebeldes se sentaram para comer um ensopado de cabrito preparado por uma família negra amiga, El Gallego Morán reapareceu de repente. Contou uma história nada convincente para explicar por que sumira: fora em busca de comida e avistara o traidor Eutimio Guerra, mas perdeu-o de vista e então não conseguiu encontrar o caminho de volta para o acampamento. Che comentou no seu diário: "É muito difícil saber a verdade sobre o comportamento do El Gallego, mas para mim trata-se simplesmente de uma deserção frustrada [...]. Aconselhei que ele fosse morto ali mesmo, mas Fidel descartou o assunto".

Seguindo em frente, chegaram a uma venda rural, cujo dono era amigo de Eutimio Guerra. Como ele não estava ali, arrombaram a porta e encontraram "um verdadeiro paraíso de comida enlatada", que passaram a devorar. Depois de deixar uma trilha falsa para seus perseguidores, caminharam durante a noite e, no amanhecer de 16 de fevereiro, chegaram à fazenda do colaborador camponês Epifanio Díaz, onde o encontro seria realizado.

Os membros do diretório nacional começaram a chegar. Frank País e Celia Sánchez estavam lá. Depois vieram Faustino Pérez e Vílma Espín, uma nova ativista do Movimento, proveniente de Santiago, bem como Haydée Santamaría e seu noivo, Armando Hart. Este era o núcleo ativo do grupo dirigente do 26 de Julho, que Fidel compusera no verão de 1955, depois de ter sido solto da prisão na Isla de Pinos.

Com 23 anos, Frank País era o mais moço dos membros do diretório, mas já havia revelado um desempenho impressionante como ativista político na pro-

Fidel e Che, acendendo um charuto, na Sierra Maestra.

víncia de Oriente, onde era vice-presidente da federação estudantil. Desde a criação do Movimento 26 de Julho, ligara-se a Fidel como coordenador das atividades rebeldes em Oriente. Celia Sánchez, com 37 anos, atuara muito na campanha pela libertação dos que ficaram prisioneiros depois do ataque a Moncada e, de sua base em Manzanillo, colaborava com Fidel desde a fundação do Movimento. Fora ela quem recrutara Crescencio Pérez e organizara o comitê de recepção que aguardara a chegada do *Granma*. Tal como Fidel, Faustino Pérez, um médico de 37 anos que, embora com o mesmo sobrenome, não possui parentesco com Crescencio, formara-se pela Universidade de Havana e fora líder estudantil em oposição a Batista depois do golpe de 1952. Aliando-se a Fidel, fora para o México e depois embarcara no *Granma*. O estudante de direito Armando Hart, com 27 anos, era filho de um proeminente juiz, provinha do movimento de jovens do Partido Ortodoxo, juntara-se a Faustino Pérez na organização da oposição estudantil a Batista e ajudara a fundar o Movimento de Fidel. Sua noiva, Haydée Santamaría, de 25 anos, participara do ataque a Moncada e ficara presa durante sete meses; também era fundadora do 26 de Julho e participara do levante de novembro de 1956 em Oriente, liderado por Frank País. Sua família já pagara caro por seu envolvimento com Fidel. O irmão Abel, militante da ala jovem do Ortodoxo, fora vice de Fidel até morrer torturado em Moncada. Seu outro irmão, Aldo, estava preso em consequência de suas atividades no Movimento. A cara mais nova, Vílma Espín, tinha 27 anos, formara-se no MIT [nos Estados Unidos] e era filha de uma família próspera de Santiago; integrava o grupo de estudantes de Frank País que se fundira com o Movimento 26 de Julho e participara do levante de novembro de 1956. Esses jovens, quase todos pertencentes à classe média urbana, estavam encarregados de toda a estrutura nacional do Movimento e eram responsáveis por providenciar tudo, incluindo o recrutamento de novos membros, a obtenção e o encaminhamento clandestino de armas e voluntários para a serra, a disseminação de propaganda, relações com o exterior, sabotagens urbanas e esforços para a formulação de uma plataforma política.

Foi um dia histórico. Fidel encontrou pela primeira vez Celia Sánchez, que logo se tornaria sua confidente mais íntima e amante. Raúl conheceu a mulher que viria a ser sua esposa, Vílma Espín. Para Che, era a primeira vez que via os homens e as mulheres que formavam a espinha dorsal da elite do movimento revolucionário de Fidel.

De forma geral, Che considerava os colegas de Fidel como irremediavelmente condicionados por sua formação de classe média e educação privilegiada a ter noções tímidas sobre o que sua luta devia realizar. Com razão, achava que eles possuíam ideias muito diferentes das suas. Carecendo da sua concepção marxista de transformação social radical, a maioria deles se via lutando para derrubar uma ditadura corrupta e substituí-la por uma democracia ocidental convencional. O primeiro encontro de Che com os líderes urbanos reforçou seus pressentimentos negativos. Escreveu no diário: "Através de conversas isoladas, descobri as evidentes inclinações anticomunistas da maioria deles, sobretudo de Hart". Contudo, no dia seguinte, suas análises modificaram-se um pouco. "Das mulheres, Haydée parece a mais bem orientada politicamente; Vílma, a mais interessante; Celia Sánchez é muito ativa, mas politicamente estrangulada. Armando Hart [é] permeável a ideias novas."*

Durante os dois dias seguintes, uma coisa ficou clara: Fidel queria tornar seu Exército Rebelde a prioridade absoluta do Movimento. O diretório nacional veio com suas próprias ideias sobre qual deveria ser a estratégia do Movimento, mas Fidel lhes disse que todos os seus esforços deviam estar direcionados para sustentar e fortalecer seus guerrilheiros. Contornou a proposta de Faustino de abrir uma segunda frente mais perto de Havana, nas montanhas Escambray, na província de Villa Clara, bem como a argumentação de Frank País para que deixasse a serra a fim de fazer palestras e arrecadar fundos no exterior. No final, os demais ficaram convencidos pelos argumentos de Fidel e concordaram em começar a organizar uma rede de apoio nacional de "resistência cívica". Frank País prometeu enviar-lhe um contingente de novos combatentes de Santiago dentro de duas semanas. A fazenda de Epifanio Díaz, que no futuro serviria de porta secreta de acesso à serra, seria o ponto de encontro.

Che não era membro do diretório nacional e, tendo o cuidado de não ultrapassar sua autoridade nessa etapa inicial, não compareceu a essas reuniões. Porém, sabia de tudo que acontecia nelas e, como revela seu diário, já eram nítidos os primeiros indícios da futura divergência que se desenvolveria entre os combatentes armados da serra e seus equivalentes urbanos do *llano*. Por enquanto, Fidel foi capaz de fazer valer seus argumentos de que a prioridade para a serra era uma questão inegável de sobrevivência. Mas enquanto a campanha se expandia, essa divergência surgiria como uma disputa ideológica entre a esquerda e a direita e como uma luta pelo controle entre os líderes do *llano* e Fidel.

O experiente correspondente do *New York Times*, Herbert Matthews, um jornalista veterano da Guerra Civil Espanhola, da campanha de Mussolini na Abissínia e da Segunda Guerra Mundial, chegou ao local do encontro na manhã de 17 de fevereiro. Che não esteve presente à entrevista de três horas de Matthews com Fidel, mas este lhe contou depois como fora e, no diário, Che anotou

* Ver Notas.

os pontos que lhe pareceram mais importantes: Fidel se queixara da ajuda militar que os Estados Unidos davam a Batista e, quando Matthews lhe perguntou se ele era anti-imperialista, Fidel respondera cautelosamente que o era se isso significava o seu desejo de livrar seu país de seus grilhões econômicos. Isso não queria dizer, apressara-se Fidel em acrescentar, que nutrisse ódio pelos Estados Unidos ou por seu povo. Fidel disse a Che que "o gringo demonstrara simpatia e não fizera perguntas ardilosas".

No entanto, Fidel armara sua própria artimanha, combinando que um combatente irromperia no encontro, coberto de suor, trazendo "uma mensagem da Segunda Coluna". Fidel esperava que Matthews acreditasse que ele possuía um número considerável de combatentes, quando, na realidade, a essa altura seu Exército Rebelde contava com menos de vinte homens armados. Quando terminou a entrevista, Matthews foi levado de carro de volta para Manzanillo, de onde prosseguiria até Santiago, voaria para Havana e lá embarcaria em outro avião para Nova York. Ele sabia que tinha um grande "furo" nas mãos e queria publicá-lo o mais depressa possível.

Che escreveu no diário: "O gringo saiu cedo. E eu estava de guarda quando vieram me dizer para redobrar a vigilância porque Eutimio estava na casa de Epifanio". Juan Almeida chefiara uma patrulha para capturar o traidor, que, sem saber que sua traição fora descoberta, foi aprisionado, desarmado e levado perante Fidel. Então, um salvo-conduto emitido pelo Exército com o nome de Eutimio, que provava sua colaboração com o inimigo, caíra nas mãos dos rebeldes. Fidel mostrou-lhe o passe.

"Eutimio se pôs de joelhos, pedindo que lhe dessem um tiro, para acabar logo com aquilo", escreveu Che. "Fidel tentou enganá-lo, fazendo-o crer que lhe pouparia a vida, mas Eutimio se lembrou da cena com Chicho Osorio e não se deixou iludir. Fidel anunciou então que ele seria executado e Ciro Frías fez um sermão comovido, no tom de um velho amigo. O homem esperou a morte em silêncio e com certa dignidade. Desabou um tremendo temporal e tudo ficou escuro."

O que aconteceu exatamente a seguir permaneceu um segredo de estado cubano, guardado cuidadosamente por décadas. Nenhuma das testemunhas oculares da execução de Eutimio Guerra, o primeiro traidor executado pelos rebeldes cubanos, jamais disse publicamente quem disparou o tiro fatal. É fácil ver por quê. A resposta se encontra no diário pessoal de Che, em uma passagem pouco provável de ser oficialmente publicada.

"Era uma situação desconfortável para as pessoas e para [Eutimio], de modo que acabei com o problema dando-lhe um tiro com uma pistola calibre 32 no lado direito do crânio, com o orifício de saída no [lobo] temporal direito. Ele arquejou um pouco e estava morto. Ao tratar de retirar seus pertences, não consegui soltar o relógio, que estava preso ao cinto por uma corrente e então ele me disse, em uma voz firme, destituída de medo: 'Arranque-a fora, garoto, que diferença faz...'. Assim fiz e seus bens agora me pertenciam. Dormimos mal, molhados, e eu com um pouco de asma."

A narrativa de Che tem tanto de horripilante quanto de reveladora sobre sua personalidade. Seu modo factual de descrever a execução, suas anotações científicas sobre os ferimentos de entrada e saída da bala sugerem um notável distanciamento da violência. Para Che, a decisão de executar Eutimio, ele próprio, fora, em suas palavras, um meio de terminar com uma situação incômoda. Quanto à sua recordação das últimas palavras póstumas de Eutimio, ela é simplesmente inexplicável e empresta uma dimensão surrealista à cena sinistra.

Essa narrativa também contrasta de forma acentuada com o relato do acontecimento feito por Che que foi publicado. Em um artigo intitulado "Morte de um Traidor", em *Pasajes,* apresentou a cena em um estilo literário e a transformou em uma sombria parábola revolucionária a respeito da redenção através do sacrifício. Descrevendo o momento em que Eutimio caiu de joelhos diante de Fidel, escreveu ele: "Naquele instante, ele parecia ter envelhecido e nas suas têmporas havia muitíssimos fios grisalhos que nunca tínhamos notado antes".

Sobre o "sermão" de Ciro, repreendendo Eutimio por ter causado a morte e o sofrimento de muitos de seus amigos comuns e vizinhos, escreveu Che: "Foi um discurso longo e comovente, que Eutimio escutou em silêncio, a cabeça baixa. Perguntamos se havia algo que quisesse pedir e ele disse que sim, que queria que a revolução, isto é, nós, cuidássemos de seus filhos". A revolução manteve a promessa feita a Eutimio, escreveu Che, porém seu nome "já tinha sido esquecido, talvez até por seus filhos", que tinham novos nomes e estavam frequentando escolas públicas cubanas, recebendo o mesmo tratamento que as outras crianças e se preparando para uma vida melhor.

"Entretanto", acrescentou, "um dia eles terão de saber que seu pai foi executado pelo poder revolucionário por traição. Também é justo que se lhes diga como o pai, um camponês que se deixara seduzir pela corrupção e tentara cometer um crime grave, movido pelo desejo de glória e riqueza, mesmo assim, reconhecera seu erro e nem sequer insinuara desejo de clemência, que sabia não merecer. Por último, deveriam saber também que, nos seus últimos minutos, se lembrara dos filhos e pedira que fossem bem tratados."

Che concluiu a parábola com uma descrição do último momento de vida de Eutimio profundamente impregnada de simbolismo religioso. "Nesse exato momento, desabou uma forte tempestade e o céu escureceu. Em meio ao dilúvio, o céu foi cortado por raios e pelo ronco do trovão, e a vida de Eutimio Guerra terminou e até mesmo os camaradas que estavam perto dele não escutaram o tiro."

Esse episódio foi fundamental para o crescimento da mística de Che no meio dos guerrilheiros e camponeses da Sierra Maestra. Adquiriu a reputação de disposição de agir, com sangue-frio, contra os que violassem as normas revolucionárias. Na verdade, segundo fontes cubanas que preferem o anonimato, Che se adiantara para matar Eutimio somente quando ficara claro que ninguém queria tomar essa iniciativa. Supostamente, isso se aplica também a Fidel, que, tendo dado a ordem para a execução de Eutimio sem escolher quem a levaria a cabo, simplesmente se afastou para proteger-se da chuva.

Um dos *guajiros* queria colocar uma cruz de madeira sobre a sepultura de Eutimio, mas Che o proibiu com o argumento de que isso comprometeria a família em cuja propriedade estavam acampados. Em vez disso, foi talhada uma cruz em uma árvore próxima.

Se Che ficou perturbado com a execução de Eutimio, no dia seguinte não havia qualquer sinal disso. No diário, comentando a chegada à fazenda de uma bonita ativista do 26 de Julho, escreveu: "[Ela é uma] grande admiradora do Movimento, que a mim parece querer foder, mais do que qualquer outra coisa".

III

Em 18 de fevereiro, a reunião de cúpula terminara e Fidel passou a manhã escrevendo um manifesto que seria distribuído por seus camaradas urbanos por toda a ilha. O "Apelo ao Povo Cubano" de Fidel estava redigido em uma linguagem combativa, que agradava ao coração de Che e que ele aplaudiu no diário como "verdadeiramente revolucionária".

O manifesto começava com um breve resumo da guerra, em uma retórica devidamente exagerada para a ocasião. Os rebeldes não apenas sobreviveram, ele disse, mas "resistiram bravamente" às armas modernas e às forças numericamente superiores do inimigo durante oitenta dias de lutas, e suas fileiras foram "constantemente reforçadas pelos camponeses da Sierra Maestra".

Fidel concluía com uma "diretriz para o país" com seis pontos, conclamando a intensificar a sabotagem econômica contra a safra de açúcar, os serviços de utilidade pública e de transportes e os sistemas de comunicações, assim como a "execução sumária e imediata dos capangas que torturam e matam os revolucionários, dos políticos governistas, cuja teimosia e inflexibilidade levaram o país a esta situação, e de todos aqueles que se colocam no caminho do êxito do Movimento". Apelou ainda para a organização de uma "resistência cívica", em todo o país, a fim de que se aumentassem os esforços de arrecadação de dinheiro "para cobrir os custos crescentes do Movimento", e propugnou por uma "greve geral revolucionária" para levar a luta contra Batista ao seu apogeu.

Defendendo sua ordem para incendiar os canaviais, Fidel escrevera: "Àqueles que invocam o ganha-pão dos trabalhadores para se oporem a essa medida, perguntamos: Por que não defendem os trabalhadores quando [...] seus salários são sugados, quando são espoliados em suas pensões de aposentadoria, quando lhes pagam com bônus e os matam de fome durante oito meses?* Por quem estamos derramando o nosso sangue se não pelos pobres de Cuba? Que importa um pouco de fome hoje, se podemos ganhar o pão e a liberdade de amanhã?".

O manifesto de Fidel baseava-se em mais do que apenas uma pequena tapeação. Do mesmo modo como enganara Herbert Matthews, fazendo-o crer que ele contava com muito mais homens do que de fato tinha, declarava agora que as fileiras do seu Exército estavam "aumentando de forma sistemática" graças ao "apoio dos camponeses". A essa altura, tal apoio era praticamente fictício. Diferentemente da lealdade de Crescencio, da qual Che ainda duvidava naqueles dias, o apoio dos camponeses até então era muito tênue. O bando rebelde fora quase aniquilado devido à traição de um camponês, Eutimio Guerra, enquanto muitos mais tinham acatado o conselho do Exército e fugiram da serra depois do ataque em La Plata. Embora houvesse algumas notáveis exceções, muitos dos camponeses em quem confiavam estavam cuidando mais dos seus próprios interesses, como contrabandistas com salários ou como fornecedores de comida e outros suprimentos. Sem dúvida, o hábito persistente de Fidel de se fazer passar como oficial da *guardia* perante camponeses desconhecidos mostrava como tinha consciência da natureza precária de seu domínio sobre eles.

Retornando da fazenda de Díaz para as montanhas, Fidel deparou-se com um camponês que fora detido e lhe disse que ele e seus homens eram *guardias rurales*, em busca de informações sobre "os revolucionários". Assustado, o homem negou saber qualquer coisa sobre eles, mas, quando Fidel insistiu, prometeu que, se visse algo suspeito, informaria na guarnição mais próxima. Conforme Che relatou no diário, "Fidel [finalmente] lhe disse que nós éramos revolucionários e que defendíamos a causa do pobre homem, mas como ele havia demonstrado a disposição de ajudar a *guardia*, seria enforcado. A reação do homem, Pedro Pon-

* A maioria dos trabalhadores dos canaviais cubanos era contratada somente para os quatro meses de safra. Sobreviviam durante o *tiempo muerto* vagando pelo país como trabalhadores ambulantes ou trabalhando na colheita de outras culturas, como café e tabaco.

ce, foi extraordinária. Ele se levantou, suando e tremendo. 'Não, isso não pode ser. Venham até minha casa para comer um arroz com galinha.' Depois de uma imprecação de Fidel, queixando-se da falta de ajuda dos camponeses, aceitamos seu oferecimento de comida".

Este episódio foi excluído do relato de Che publicado sobre a guerra, sem dúvida porque mostrava que Fidel, algumas vezes, ia longe demais com sua inclinação pelo disfarce. Contudo, provavelmente Fidel tinha razão em tomar essas precauções. Alguns *guajiros* mostravam-se a seu favor sem serem pressionados, mas para muitos mais os rebeldes constituíam uma presença perturbadora, que trouxera morte e destruição para a Sierra Maestra. O Exército ainda era a força predominante. Controlava as cidades e as estradas, e era capaz de conquistar indivíduos, como fizera com Eutimio Guerra, por meio de uma combinação de incentivos materiais e de terror. Até que Fidel se transformasse na força militar predominante, teria de utilizar tapeação, suborno e terror seletivo para neutralizar traidores ou espiões em potencial.

Era agora voz corrente entre os *guajiros* que quem ajudasse os rebeldes pagaria caro por isso. Os civis estavam em um terrível dilema entre a brutalidade do Exército de um lado e as represálias dos rebeldes contra os informantes de outro. Ao executar Eutimio Guerra, Che adiantara-se para liderar a nova diretriz do Exército Rebelde de "justiça revolucionária sumária".

Isso fora ressaltado por um novo incidente em 18 de fevereiro. Justo quando os membros do diretório estavam se preparando para deixar a fazenda de Díaz, soou por perto um tiro de pistola e todos pegaram suas armas. Mas era um alarme falso, pois, como Che registrou: "Imediatamente ouvimos um berro de 'Não foi nada, não foi nada', e El Gallego Morán apareceu, com um ferimento de uma bala de calibre 45 em uma perna [...] dei-lhe um tratamento de emergência, enchendo-o de penicilina e deixando sua perna esticada em uma tala [...]. Fidel e Raúl acusaram-no de se ferir de propósito. Não tenho certeza de uma coisa nem de outra". Mais uma vez, faltava-lhes uma prova segura das verdadeiras motivações de Morán, porém o momento oportuno em que ocorrera o "acidente", justo um dia depois da execução de Eutimio e logo antes da partida dos últimos visitantes, permitindo-lhe ser evacuado do campo, fazia a coisa parecer suspeita.

Morán sabia que "deserção, insubordinação e derrotismo" eram faltas capitais, e se suspeitava abertamente de que ele queria desertar. Che era seu inimigo especial. Observava-o constantemente e, apenas alguns dias antes, argumentara a favor de sua execução. Morán deve ter pensado que seus dias estavam contados, e provavelmente tinha razão.

Mais tarde, Che escreveu um epitáfio para El Gallego, que desertou para as forças de Batista: "A história posterior de Morán, sua traição e sua morte pelas mãos de revolucionários em Guantánamo, parece demonstrar que dera um tiro em si mesmo intencionalmente". Esta breve conclusão de sua narrativa sobre Morán lembra muitos perfis que fez dos homens que estavam participando da guerra. Ciente de seu papel como arquiteto da nova história oficial de Cuba, Che atribuía a cada indivíduo um significado simbólico como um representante dos valores a serem cultuados ou vilipendiados na "nova" Cuba. Eutimio Guerra era um camponês cuja alma fora corrompida. Seu nome se tornara sinônimo de traição e ele cometeu erros que não deviam jamais ser repetidos. Ao contrário, o *guajiro* Julio Zenon Acosta tornou-se, no seu texto, um mártir revolucionário, um arquétipo exemplar a ser imitado pelos trabalhadores e camponeses. El Gallego Morán foi um desertor e, depois, um traidor, e acabar por pagar o preço supremo por sua traição era um destino que Che endossava para os inimigos da revolução. Inegavelmente, seus inimigos formais eram os soldados do Exército e a polícia secreta, porém um grande perigo era representado pelos inimigos de dentro. Che abraçara a revolução como a encarnação definitiva das lições da história e como o caminho correto para o futuro. Agora, convencido de que estava certo, olhava em volta com os olhos de um inquisidor em busca daqueles que poderiam pôr em perigo a sua sobrevivência.

IV

Quando se deslocaram para as montanhas, tendo resolvido ficar pelos arredores a fim de aguardar a chegada, prevista para 5 de março, dos voluntários que Frank País prometera conseguir, a asma de Che voltou, criando o que mais tarde chamou de "para mim, pessoalmente, os dias mais amargos da guerra". Che sucumbia regularmente a períodos debilitantes de sua doença crônica, levando camaradas fisicamente mais resistentes a se admirarem da sua força de vontade vendo-o se esforçar para acompanhar o ritmo das suas caminhadas de maratona. Porém, muitos tinham de ajudar também a Che, às vezes até carregá-lo, quando a asma o deixava incapacitado. Era irônico que um asmático grave como ele tivesse acabado na Cuba subtropical e úmida, um país com um índice per capita de asmáticos desproporcionalmente elevado, talvez o mais alto de qualquer país do hemisfério Ocidental.

É difícil escapar da sensação de que o profundo desejo de Che de se livrar do seu "eu" e de se tornar parte de um grupo era derivado de um isolamento inerente imposto pela asma. Felizmente para ele, encontrou a fraternidade que procurava. Já não tinha de suportá-la sozinho. De fato, na Sierra Maestra, houve ocasiões em que ficou completamente incapaz, e sua dependência do apoio de seus camaradas tornou-se literalmente uma questão de vida ou morte. Mas ninguém sofria sozinho na comunidade de guerrilha. Um dia era Che que necessitava de ajuda, no dia seguinte seria a vez de outro homem. Muito possivelmente, foi essa sensação de compartilhar, mais do que qualquer outro fator, que fez surgir seu profundo respeito pessoal pela ética da vida de guerrilheiro.

Em 25 de fevereiro, "um dia de águas e bombas", como ele o chamou, Che e seus camaradas foram despertados pelo som de explosões de morteiros e do fogo de fuzis e metralhadoras, que gradualmente chegava mais perto deles. Desconfiando de que o Exército estava varrendo a área, mudaram o local do acampamento depois que escureceu, porém estavam em más condições: a comida praticamente acabara e estavam sobrevivendo apenas com chocolate e leite condensado. Che havia vários dias vinha sentindo os prenúncios de um "ataque de asma perigoso", que o golpeou então com força total, piorando a ponto de impossibilitá-lo de dormir. Em seguida, após um colaborador camponês lhes dar carne de porco, quase todos adoeceram, e Che ficou ainda mais enfraquecido por vomitar durante dois dias. Após uma marcha encharcados pela chuva, sua respiração ofegante tornou-se constante. Estavam em uma zona na qual os camponeses não queriam saber deles, não havia mais comida, e seu último guia desaparecera de repente. Fidel mandou que seus homens se retirassem para as montanhas, mas, a essa altura, Che estava tão fraco que nem podia mais caminhar. Enquanto os outros esperavam, ele se aplicou uma injeção utilizando uma de suas duas últimas ampolas de adrenalina, o que lhe deu força suficiente apenas para se pôr de pé.

Ao chegar à crista de uma colina, os rebeldes viram uma coluna de tropas inimigas subindo para ocupar o topo da serra e aceleraram a subida para chegar lá antes. Quando o primeiro morteiro explodiu, os rebeldes se deram conta de que os soldados os tinham localizado. Como Che reconheceu depois, ele quase fracassou: "Não conseguia acompanhar o ritmo da marcha e estava sempre ficando para trás". Luis Crespo, seu fiel companheiro, estava ao seu lado e ajudou-o, ora carregando-o, ora levando sua mochila. Ele o ameaçava com a coronha do fuzil, xingando-o de "argentino filho de uma puta".

Escaparam dos soldados, mas Che ficou encharcado em outra chuva forte e, quase sem poder respirar, teve de ser carregado na parte final do percurso. Encontraram refúgio em um local apropriadamente chamado Purgatorio, onde Fidel tomou uma decisão. Pagou a um camponês para que fosse rapidamente a

Manzanillo obter remédios para a asma e deixou Che com um acompanhante *guajiro*. Ele e os demais seguiram em frente. O plano era que Che, tão logo estivesse melhor, deveria regressar à fazenda de Díaz para encontrar os novos voluntários rebeldes e depois conduzi-los à serra para se reunirem com Fidel.

O homem escolhido para ficar para trás com Che era chamado de El Maestro (O Professor), um voluntário recente que mentiu, dizendo ser um veterano de Moncada, mas que todos tinham aceitado no grupo mesmo assim. Segundo Che o descreveu depois, era "um homem de reputação duvidosa, mas muito forte". Depois da partida de Fidel, ele e o Professor esconderam-se na selva para aguardar o retorno do camponês com os remédios. Passaram ali dois dias de "esperança e medo". A asma de Che ia e vinha e o impedia de dormir. Podiam ouvir as metralhadoras e os morteiros das tropas do Exército que os procuravam. O mensageiro de Che chegou com um vidro do remédio para asma, mas isso apenas aliviou parcialmente os sintomas e, nessa noite, Che ainda não conseguia andar. No dia 3 de março, ele fez um esforço supremo para se mover, mas gastou cinco horas para subir uma colina que normalmente lhe teria tomado apenas uma hora. Ele escreveu que fora um "dia marcado por uma vitória espiritual e uma derrota física".

Che levou uma semana para chegar à fazenda de Díaz, com cinco dias de atraso. Recebeu pouca ajuda do Professor e ainda menos dos camponeses locais. Um camponês, normalmente amistoso, ficou tão nervoso ao vê-lo que Che escreveu com sarcasmo: "Seu medo era tal que ele seria capaz de quebrar vários 'merdômetros'".

O atraso de Che não importou muito, uma vez que os novos homens ainda não haviam chegado, mas Epifanio Díaz tinha notícias para ele que não eram boas. Alguns dias antes, a coluna de Fidel fora surpreendida por tropas inimigas em um lugar chamado Los Altos de Merino e se dividira em dois grupos. Ainda não se tinha notícia do destino de Fidel.

V

Em uma das muitas ironias que marcariam a Revolução Cubana, os dias de maior desespero para o bando rebelde na Sierra Maestra coincidiram com um dos golpes mais devastadores ao governo Batista. No final de fevereiro, a notícia da entrevista desafiadora de Fidel com Herbert Matthews atingira Cuba como uma bomba. Che comentou eufórico: "A entrevista de Fidel a Matthews ultrapassou todas as expectativas". O ministro da Defesa de Batista denunciou o artigo de Matthews como uma farsa e desafiou-o a apresentar uma foto sua com Fidel, mas isso rapidamente tornou-se apenas um dos erros de relações públicas cometidos pelo governo.

O primeiro de uma série de três artigos foi publicado no *New York Times* em 24 de fevereiro. Batista suspendeu a censura à imprensa no dia seguinte, e o artigo foi imediatamente traduzido e reproduzido pelos jornais, tornando-se objeto de comentários e debates pelo rádio em toda Cuba. A entrevista provava que Fidel ainda estava vivo e bem, apesar das afirmações em contrário feitas pelo governo, e era poderosa em termos de publicidade internacional. Matthews simpatizou com a causa de Fidel. "Fidel Castro, o líder rebelde da juventude cubana", escreveu Matthews, "está vivo e lutando duramente e com êxito na difícil e quase impenetrável vastidão da Sierra Maestra, na extremidade sul da ilha [...]. [M]ilhares de homens e mulheres estão de corpo e alma com Fidel Castro e a nova proposta que acham que ele oferece [...]. Centenas de cidadãos altamente respeitáveis estão ajudando o *Señor* Castro [...] [e] um feroz antiterrorismo do governo [política] levou o povo a ficar ainda mais contra o general Batista [...]. Pelo rumo que as coisas tomam, o general Batista possivelmente não pode ter esperança de reprimir a revolta de Castro."

Matthews retratou uma figura viril e admirável, e fora engambelado pelas mentiras de Fidel quanto ao verdadeiro tamanho de suas forças: "Era um homem e tanto, corpulento, com 1,95 metro, de pele bronzeada, rosto largo e uma barba desgrenhada. Vestia um uniforme militar verde-acinzentado e levava um rifle com mira telescópica, do qual muito se orgulhava. Parece que seus homens têm algo como cinquenta desses rifles; segundo ele, os soldados os temem. 'Podemos acertá-los a mil metros com essas armas', ele disse [...]. Sua personalidade é dominadora. Era fácil ver por que seus homens o adoram, bem como por que ele cativou a imaginação da juventude cubana pela ilha afora. Ali estava um fanático instruído e devotado, um homem de ideais, de coragem e de notáveis qualidades de liderança".

A descrição da política de Fidel por Matthews quase o fez soar como um seguidor de Franklin Delano Roosevelt: "É um movimento revolucionário que se diz socialista. Também é nacionalista, o que de forma geral, na América Latina, quer dizer anti-ianque. O programa é vago e cheio de lugares-comuns, mas equivale a um novo trato para Cuba, radical, democrático e, portanto, anticomunista. O verdadeiro núcleo de sua força está em lutar contra a ditadura militar do presidente Batista [...]. [Castro] tem firmes ideias de liberdade, de democracia, de justiça social, da necessidade de restabelecer a Constituição, de realizar eleições".

A batalha pela imprensa continuou a pleno vapor durante os dias seguintes, acompanhada com satisfação pelos rebeldes através do rádio. Chegou ao auge em

28 de fevereiro, quando o *New York Times* publicou uma fotografia de Matthews junto com Fidel, destroçando de modo espetacular as imprudentes alegações do governo de que o jornalista inventara todo o encontro. Além disso, as declarações do comandante militar da província de Oriente de que "a zona onde a entrevista imaginária teve lugar é fisicamente impenetrável" apenas serviram para reforçar as afirmações de Fidel de que era invencível e não podia ser apanhado.

Contudo, no embalo da entrevista de Fidel, chegaram as más notícias da prisão de Frank País e Armando Hart. Pouco depois, em 13 de março, enquanto Che esperava os novos voluntários rebeldes na fazenda de Díaz, noticiários de rádio começaram a transmitir os primeiros detalhes de um atentado à vida de Batista em Havana. Grupos armados pertencentes ao Directorio Revolucionario, liderado por José Antonio Echeverría, junto com alguns dos autênticos, de Carlos Prío, desfecharam um audacioso ataque, em plena luz do dia, ao palácio presidencial e ocuparam temporariamente a *Radio Reloj* de Havana, que transmitia 24 horas por dia. Mas os ataques fracassaram e, nos tiroteios que se seguiram, morreram pelo menos quarenta pessoas. Dentre os mortos, estavam Echeverría e mais de trinta de seus seguidores, cinco guardas do palácio e um turista norte-americano que teve o azar de estar no lugar errado, na hora errada. O próprio Batista, que, por ironia do destino, lia um livro sobre o assassinato de Lincoln quando começou o ataque, saiu ileso.

Nas suas anotações particulares, Che se referia sistematicamente ao Directorio como *el grupo terrorista*. Fidel e Echeverría podiam até ter assinado um pacto na Cidade do México, mas na realidade os dois líderes eram ferrenhos rivais. A fracassada tentativa de assassinato não deixou margem para dúvida, Echeverría pretendera criar em Havana um fato consumado, deslocando Fidel e seu Movimento na luta pelo poder. Com a morte do líder, o Directorio sofreu um sério golpe, porém, como os fatos demonstrariam, ainda não tinha sido eliminado de cena e continuaria a representar um desafio para a hegemonia de Fidel até o fim. Por enquanto, as células do 26 de Julho em Havana vieram em seu socorro, ajudando a cuidar dos feridos, a esconder seus homens em suas próprias casas de apoio e, de modo oportunista, tomando posse de depósitos de armas do Directorio.

Para Batista, o atentado produziu alguns resultados positivos a curto prazo. A conservadora comunidade de negócios se uniu em torno dele, que saiu do episódio parecendo forte e no controle, um *caudillo* que representava o último baluarte entre a sociedade cubana tradicional e a anarquia. Nos dias que se seguiram, sua polícia fez numerosas prisões e abateu a tiros vários fugitivos sobreviventes do ataque. Assassinaram Pelayo Cuervo Navarro, um proeminente ex-senador e líder em exercício do Partido Ortodoxo, sob suspeita de estar vinculado ao atentado.

Em 17 de março, apesar de alguns percalços, cinquenta recrutas de Santiago e um punhado de armas novas chegaram à fazenda de Díaz. O maior problema para Che era encontrar comida suficiente para alimentar tantos homens e depois deslocá-los pelas montanhas para se juntar a Fidel no ponto de encontro previamente combinado, um local não muito longe de Los Altos de Espinosa. Quando partiram, Che observou que as novas tropas de Santiago padeciam das mesmas deficiências dos homens do *Granma* no princípio: pouca noção de disciplina militar e ainda menos resistência física. Queixavam-se da comida e alguns mal conseguiram chegar ao topo da primeira montanha que subiram. Lá, Che deixou-os descansar durante um dia inteiro para que se recuperassem do que para eles, como ironicamente anotou no diário, "fora a maior realização da revolução até então".

Che mandou buscar alguns *guajiros* para vir ajudá-los e começou a mover-se lentamente com os novos homens para o interior da serra. Depois de oito dias de penosa caminhada, encontraram-se com Fidel e com os outros, que, afinal de contas, sobreviveram à mais recente emboscada. Por enquanto, estavam a salvo. Che cumprira sua missão, e o Exército Rebelde já não se compunha de apenas dezoito homens, mas de setenta.

16. Vacas magras e carne de cavalo

I

Depois de uma semana inteira subindo pela Sierra Maestra com seu Exército de novatos queixosos e mal-humorados, Che juntara-se a Fidel na longínqua comunidade montanhosa de La Derecha e, uma vez mais, foi repreendido. Desta vez, por não ter imposto suficientemente sua "autoridade" a Jorge Sotús, o líder dos novos voluntários. A arrogância do recém-chegado irritara Che e provocara protestos raivosos de muitos de seus homens durante a marcha, mas Che limitara-se a fazer um sermão para Sotús sobre a necessidade de disciplina, obviamente preferindo deixar que Fidel lidasse com ele.

No modo de ver de Fidel, Che não havia assumido o comando e sua contrariedade se refletiu na reorganização de seu Estado-Maior. Distribuiu algumas promoções e dividiu as tropas em três pelotões ampliados, liderados por Raúl, Juan Almeida e Jorge Sotús, enquanto Che foi confirmado em sua humilde posição de médico do Estado-Maior. Che anotou no diário: "Raúl tentou argumentar para que eu fosse também designado comissário político, mas Fidel se opôs".

Esse incidente não foi mencionado nos relatos de Che sobre a campanha, mas revelam não apenas a consideração de Raúl por Che como a acuidade política de Fidel. Batista já o estava acusando de ser comunista, o que Fidel negava enfaticamente, e designar Che, um marxista declarado, seu comissário político seria fazer o jogo de Batista e afastaria muitos dos membros do 26 de Julho, que eram majoritariamente anticomunistas.

Fidel realizou então um conclave com seus oito auxiliares principais, inclusive Che, para decidir sobre os planos imediatos da campanha. Che argumentou que deviam se enfrentar com o Exército a fim de dar aos novos homens seu teste de fogo, mas Fidel e a maioria dos demais preferiram ambientá-los gradualmente. No diário, Che escreveu: "[R]esolveu-se que nos moveríamos pela selva na direção do [Pico] Turquino, tentando evitar o combate".

Em 25 de março, um homem trouxe uma mensagem clandestina que Frank País conseguira mandar de sua cela na prisão, em Santiago. Segundo suas fontes, escrevera País, Crescencio Pérez fizera um acordo com o major Joaquín Casillas para traí-los, fornecendo ao Exército sua localização no momento em que todos os rebeldes estivessem reunidos em um mesmo local e pudessem assim ser totalmente eliminados. No diário, Che pareceu dar crédito às informações de País, pois já tinha motivos para duvidar da lealdade de Crescencio. O líder *guajiro* estava ausente havia algum tempo, incumbido da missão de recrutar combatentes camponeses, e recentemente mandara uma mensagem alegando ter recrutado 140 homens armados. Contudo, voltando da fazenda de Díaz, Che fizera uma parada a fim de vê-lo e encontrara apenas quatro homens com ele, os remanescentes dos combatentes em convalescença, e nenhum novo recruta. Também constatara que Crescencio estava confuso e perturbado pela ordem de Fidel de queimar os canaviais. Esse desacordo sublinhava o abismo no entendimento entre a liderança rebelde e seu principal aliado a respeito da estratégia revolucionária nesse momento crucial. A liderança não podia ter certeza se a divergência se havia ampliado em traição, mas não podiam correr riscos. Fidel convocou seu pequeno grupo de homens de confiança e lhes disse que se deslocariam.

A primeira caminhada do recomposto Exército Rebelde mais pareceu uma comédia pastelão. Quando subiam a primeira montanha grande, um dos mais exóticos dos novos voluntários, um dos três adolescentes norte-americanos desertores da base naval dos Estados Unidos na baía de Guantánamo, desmaiou de exaustão. Na descida, dois homens da equipe de vanguarda perderam-se, logo seguidos por todo o segundo pelotão. O pelotão de Sotús e a unidade da retaguarda também se perderam. Che escreveu que "Fidel ficou furioso. Mas, no final, todos chegamos à casa que havíamos fixado como destino".

Depois de passarem um dia descansando e devorando aipim e bananas-d'água que apanharam no campo de um fazendeiro, fizeram o que Che chamou de "outra subida patética" de Los Altos de Espinosa, a montanha onde ocorrera a emboscada. No local em que estava enterrado Jorge Zenon Acosta, realizaram

Raúl Castro e Che, os dois radicais no Exército Rebelde.

uma pequena cerimônia em sua honra. Che encontrou em um espinheiro perto dali a manta que perdera, um lembrete da sua "veloz retirada estratégica", e jurou a si mesmo que nunca voltaria a perder qualquer parte do seu equipamento dessa maneira. Um dos novos, "um mulato chamado Paulino", foi lotado no Estado--Maior a fim de ajudar a carregar a pesada carga de medicamentos de Che, pois seu esforço para levá-la já começara a lhe provocar asma.

Esse foi o padrão da vida dos rebeldes durante as semanas que se seguiram. Fidel pretendia empregar essa pausa no combate para aumentar seu estoque de mantimentos, de armas e de munição, bem como ampliar sua rede de apoio de camponeses. Antes, porém, tinham que conseguir comida simplesmente para passar de um dia para o outro. Enquanto se deslocavam pela serra, Fidel fez tratos com camponeses para que lhe reservassem uma parte de suas futuras colheitas, porém, as coisas continuavam extremamente apertadas e, com os rebeldes agora totalizando mais de oitenta homens, não podiam continuar chegando em massa à casa de um camponês esperando ser alimentados. A carne tornara-se uma raridade e sua dieta consistia muitas vezes em bananas-d'água, aipim e *malanga*, um tubérculo arroxeado, base da comida dos camponeses cubanos. Para

Fidel, que gostava de uma boa refeição, esse período de vacas magras era especialmente desagradável e o punha de mau humor. Em 8 de abril, Che assistiu a Fidel ter uma explosão depois de sair em uma missão curta e perder a refeição do fim do dia. "Fidel voltou tarde, irritado porque tínhamos comido arroz e porque as coisas não foram como ele esperara."

A falta de comida logo os levaria a realizar ações desesperadas, inclusive algumas que beiravam o puro banditismo. Uma noite, alguns homens foram enviados para saquear um armazém, enquanto mandaram outro grupo dar "um susto" em um suspeito de ser um *chivato*, chamado Popa, e confiscar uma de suas vacas. Quando esse segundo grupo regressou, Che registrou: "Deram um bom golpe e tomaram um cavalo de Popa, mas voltaram com a impressão de que, afinal, ele não é um *chivato*. Não lhe pagaram pelo cavalo, mas lhe prometeram que seria pago caso se portasse bem". O cavalo foi para o caldeirão, mas inicialmente os *guajiros*, indignados por um animal útil ter sido morto para servir de comida, se recusaram a comê-lo. As sobras foram salgadas e transformadas em *tasajo*, uma espécie de charque. Seu preparo levou Fidel a retardar seus planos de deslocar o acampamento. Como Che observou secamente, "o apreço pelo *tasajo* fez Fidel mudar de ideia".

Fora da Sierra Maestra, o clima político tornara-se volátil. Ante a crescente violência política, havia demanda por novas eleições. Alguns políticos pleitearam conversações com os rebeldes, o que indicava estarem os rebeldes sendo levados mais a sério, porém, em seguida, Batista declarou que tais conversações eram desnecessárias, porque "nem há rebeldes". Entretanto, promoveu a coronel o major Barrera Pérez, o "pacificador" do levante de novembro em Santiago, e lhe deu 1500 soldados para limpar a Sierra Maestra.

Fidel recebeu uma mensagem truncada de Crescencio Pérez, na qual o líder *guajiro* reconhecia que não tinha a quantidade de homens anteriormente afirmada, nem estavam armados, mas que agora reunira alguns voluntários e pedia a Fidel que fosse buscá-los, alegando não poder levá-los devido a uma "perna ruim". As anotações de Che são enigmáticas: "Fidel lhe respondeu que todos os oferecimentos sérios seriam aceitos e que ele devia vir mais tarde com os homens armados". Fidel estava sendo cauteloso, evitando qualquer situação que pudesse ser uma armadilha, caso o *guajiro* estivesse fazendo um jogo duplo.

Por necessidade, os rebeldes começaram a fazer um esforço maior para estabelecer um relacionamento com os habitantes da serra. Che começou até a dar consultas médicas ao ar livre. Posteriormente, recordou que "era monótono. Tinha alguns poucos remédios para oferecer, e os casos clínicos na serra eram mais ou menos os mesmos: mulheres desdentadas e prematuramente envelhecidas, crianças com barrigas distendidas, parasitismo, raquitismo, deficiência geral de vitaminas". Culpando o excesso de trabalho e as dietas pobres dos camponeses, Che escreveu: "Começamos a sentir na própria pele a necessidade de uma mudança definitiva na vida dessa gente. A ideia da reforma agrária ficou clara e a união com o povo deixou de ser uma teoria e se converteu em uma parte fundamental de nosso ser". Talvez, sem se dar conta disso de modo consciente, Che transformara-se no médico revolucionário que havia anteriormente sonhado ser.

II

Enquanto os rebeldes se adaptavam à vida na serra, os líderes do Movimento no *llano* trabalhavam ativamente para estabelecer uma linha de comunicações para eles através da rede de apoio clandestina da *Resistencia Cívica*. Frank País recrutara Raúl Chibás, presidente do Partido Ortodoxo e irmão do falecido senador Eduardo Chibás, para chefiar a sucursal de Havana. Felipe Pazos, economista e ex-presidente do Banco Nacional cubano, também havia aderido, seguindo os conselhos de seu filho, Javier Pazos, que ajudara a organizar a entrevista com Herbert Matthews. Em Santiago, a rede era dirigida por um médico muito conhecido, dr. Angel Santos Buch.

No entanto, os esforços de coordenação receberam um duro golpe com as recentes capturas de membros-chave do diretório nacional. Sob suspeita de estarem vinculados ao ataque contra o palácio, Faustino Pérez e o jornalista Carlos Franqui, o responsável clandestino pela propaganda do Movimento 26 de Julho, foram presos. Juntaram-se a Armando Hart na prisão *El Príncipe*, em Havana, enquanto Frank País continuava preso em Santiago. Mantinham-se em contato por meio de cartas clandestinas. Celia Sanchéz, praticamente a única pessoa da cúpula do Movimento que continuava solta, tornara-se o contato principal de Fidel com o mundo exterior. Ele mandava-lhe cartas o tempo todo, ora adulando-a, ora reclamando, pedindo que enviasse mais fundos e suprimentos para seu Exército crescente.

Em 15 de abril, os rebeldes foram mandados de volta para Arroyo del Infierno, onde Che matara um homem pela primeira vez. Um pelotão foi enviado para conseguir comida e obter informações e então souberam que um *chivato*, chamado Filiberto Mora, estava nas redondezas. Fidel ficou inquieto: a notícia sobre o *chivato* coincidira com o sobrevoo de um avião do governo, e ele estava ansioso por deslocar o acampamento novamente. Quando se preparavam para partir, Guillermo García, um dos novos líderes de grupo, apareceu com o alegado informante. García fizera-se passar por um oficial do Exército a fim de enganar o suspeito e fazê-lo vir com ele. Che anotou no diário: "O homem, Filiberto, fora enganado, mas no momento em que viu Fidel se deu conta do que estava acontecendo e começou a pedir desculpas". Apavorado, confessou todos os seus crimes passados, inclusive seu papel de guiar as tropas até a emboscada em Arroyo del Infierno. O que mais os alarmou foi quando souberam que o pessoal de Mora tinha ido informar ao Exército a atual localização dos rebeldes. "O *chivato* foi executado. Dez minutos depois de lhe dar um tiro na cabeça, declarei que ele estava morto", escreveu Che.

Quando estavam levantando acampamento, um mensageiro chegou correndo com uma carta de Celia e quinhentos dólares. Ela dizia a Fidel que em breve chegaria mais dinheiro e, respondendo ao seu pedido de mais jornalistas, prometeu conseguir alguns e levá-los pessoalmente à serra. Chegou também uma carta de Armando Hart, enviada clandestinamente de sua cela na prisão. Che não gostou e desconfiou do que Hart escrevera, pois, como assinalara no diário, "nisso ele se mostra positivamente anticomunista e até insinua certo tipo de trato com a embaixada ianque".*

No final de abril, mais camponeses tinham aderido e o sistema de suprimento dos rebeldes começava a funcionar de modo mais eficaz. Diariamente chegavam homens e mulas com mantimentos. Receberam a notícia de que dois gringos, Robert Taber e Wendell Hoffman, da rede norte-americana CBS, estariam chegando para se encontrar com Fidel, acompanhados por Celia Sánchez e Haydée Santamaría. Os artigos de Herbert Matthews sobre Fidel no *New York Times* e a rebelião em Cuba despertaram grande interesse na imprensa norte-americana. Taber devia fazer uma reportagem para a rádio da CBS e, junto com seu cinegrafista, planejava também preparar um documentário sobre os rebeldes para a televisão. Fidel transferira seu *Estado Mayor* para acima do acampamento rebelde, no topo de uma montanha, tanto para ter maior proteção como, conforme observou Che, "para impressionar os jornalistas".

Os jornalistas ficaram devidamente impressionados e começaram logo a trabalhar, passando o primeiro dia entrevistando os três desertores norte-ameri-

* Essa carta em especial desapareceu do registro oficial da história revolucionária cubana, como também sumiram quaisquer confirmações formais de contatos secretos feitos durante a campanha guerrilheira entre o segmento clandestino do 26 de Julho e o governo norte-americano; porém, tais contatos evidentemente ocorreram. Relatos anteriores especularam que os contatos começaram no verão de 1957. A observação de Che sugere que funcionários do governo norte-americano estavam fazendo propostas para os camaradas de Fidel já em março.

canos, que se haviam tornado famosos nos Estados Unidos. Para sua própria entrevista, Fidel tinha outro golpe espetacular de publicidade em mente: queria subir até a montanha mais alta de Cuba, o Pico Turquino, e dar uma entrevista à imprensa no seu topo. Em 28 de abril, quase todos fizeram a subida até o cimo, 1850 metros de altitude, de acordo com o altímetro que Fidel tinha à mão. Lá, no ponto culminante de Cuba, Fidel concedeu sua entrevista filmada a Taber e Hoffman, e todos dispararam suas armas. Chiando de asma, Che foi o último a chegar, mas se sentiu enormemente satisfeito consigo mesmo por ter conseguido.

Depois de descer do Pico Turquino, Che observou com alívio que a asma começava a sumir. Mesmo assim, Fidel o destacou para a retaguarda, sob o pretexto de ajudar Victor Buehlman, um dos três desertores norte-americanos, que estava fraco, queixando-se de dores de estômago e incapaz de carregar sua mochila. Che o auxiliou a contragosto e reclamou no diário que desconfiava que o jovem norte-americano estava sofrendo mais de "saudades de casa" do que de qualquer outra coisa.

A subida ao Pico Turquino coincidiu com o influxo de um novo tipo de voluntários, que os rebeldes nunca tinham visto antes: jovens atraídos romanticamente para a causa. Um dos que apareceram disse que tentara encontrá-los por dois meses. Dois outros adolescentes, da província central cubana de Camagüey, foram inicialmente descartados por Che como "uma dupla de aventureiros", mas o Exército Rebelde não se podia dar ao luxo de ser muito exigente e os aceitou. Como Che registrou mais tarde, um desses rapazes, Roberto Rodríguez, acabou se tornando uma das "figuras mais simpáticas e mais queridas de nossa guerra revolucionária, o 'Vaquerito' [Vaqueirinho]", cujos feitos lhe valeriam um lugar sagrado no panteão revolucionário dos heróis de Cuba. "Vaquerito não tinha uma ideia política na cabeça e não parecia ser algo além de um garoto sadio e feliz, que via tudo isso como uma aventura maravilhosa. Chegou descalço e Celia lhe emprestou um par de sapatos que estava sobrando, feitos de couro, como os que se usam no México. Era o único par que lhe servia, pois seus pés eram muito pequenos. Com os sapatos novos e um grande chapéu de folhas de palmeira, o Vaquerito parecia um caubói mexicano ou *vaquero*, daí o seu apelido."

Outro novo voluntário era um *guajiro* chamado Julio Guerrero, um dos vizinhos do falecido Eutimio Guerra no vale de El Mulato. Sob a suspeita de que tinha laços com os rebeldes, sua casa fora incendiada pelo Exército. Guerrero revelou que o Exército lhe oferecera uma recompensa para matar Fidel, porém muito mais modesta do que os supostos 10 mil dólares que tinham sido oferecidos a Eutimio, apenas trezentos dólares e uma vaca prenhe.

Assim como os rebeldes não se podiam dar ao luxo de refutar possíveis combatentes cuja convicção política não estivesse comprovada, tampouco podiam ser muito seletivos quanto aos seus aliados civis. Quando um homem do 26 de Julho trouxe a notícia de que as armas salvas do ataque fracassado do Directorio contra o Palácio tinham sido trazidas clandestinamente até Santiago, Fidel solicitou algumas e mandou-o de volta com um guia local que, como Che anotou no diário, conhecia bem toda a serra "graças à sua profissão de distribuidor de marijuana".

Para surpresa de Che, El Gallego Morán reapareceu. Ainda mancando por causa da sua perna ferida, Morán estava completamente tomado de entusiasmo a respeito de um "plano supersecreto" que queria propor. Che ficou desapontado ao saber que Fidel concordara em enviar El Gallego ao México para trazer de volta os membros do Movimento 26 de Julho que foram deixados lá e depois aos Estados Unidos a fim de arrecadar fundos. "Tudo que falei sobre como era perigoso enviar um homem como El Gallego, um desertor confesso, de baixa moral, um charlatão, intrigante e mentiroso ao extremo [...] foi inútil", Che escreveu. "Ele argumenta que é melhor enviar El Gallego para fazer alguma coisa do que deixá-lo ir aos Estados Unidos com ressentimentos."

Chegou a notícia de que outro repórter norte-americano estava a caminho para se encontrar com Fidel. O cinegrafista de Taber já tinha partido, com seu filme despachado clandestinamente em separado, mas Taber ficara, a fim de fazer uma matéria para a revista *Life*. Quando soube do novo repórter, Taber pediu a Fidel que o retardasse até que ele tivesse terminado, para ter certeza da exclusividade. Fidel concordou e ordenou que o outro repórter fosse retido no caminho por vários dias.

O guia *marijuanero* retornou, trazendo suprimentos, dinheiro e a notícia de que fora acertado um ponto de encontro para a chegada das novas armas, situado em uma área a vários dias de marcha a nordeste do Pico Turquino. Enquanto se preparavam para o deslocamento, Che foi levar o recado de Fidel até onde estava acampada a maioria dos rebeldes, mas já estava escuro e ele acabou se perdendo. Passou os três dias seguintes sozinho, ora se escondendo, ora vagando pela mata, até que conseguiu encontrar o caminho de volta para junto de seus camaradas. Quando finalmente chegou ao acampamento de retaguarda dos rebeldes, o novo jornalista, um norte-americano de origem húngara chamado Andrew St. George, que trabalhava por conta própria, ainda estava sendo "detido". "A recepção foi afetuosa por parte de todos", ele escreveu; no entanto, ficou preocupado ao saber que um "tribunal popular" fora realizado no acampamento. "Contaram-me que tinham liquidado um *chivato* chamado Napoles e libertado outros dois indivíduos que não tinham tanta culpa. Os homens estão fazendo o que bem querem."

Os dois grupos de rebeldes se reuniram e foram juntos para o ponto de entrega das armas, mas ninguém apareceu para o encontro e eles se retiraram, inseguros, de volta para as montanhas, onde se encontraram com Crescencio Pérez. Ele chegara finalmente com o bando de voluntários camponeses, um grupo de 24 homens, pobremente armados. Esbarraram com uma patrulha do Exército, atacaram e fugiram em seguida, mas um jovem rebelde fora capturado, levara um tiro e fora morto a golpes de baioneta, sendo seu corpo abandonado na estrada. Com sede de vingança, a maioria dos rebeldes, inclusive Che, pediu que fosse executado um cabo do Exército que tinham acabado de capturar, mas Fidel insistiu em que ele fosse libertado ileso. (Quaisquer dúvidas que ainda pairassem sobre a lealdade de Crescencio foram esquecidas ou resolvidas em sigilo, pois Che nunca mais as mencionou no diário, nem esse episódio, em que ele estava sob suspeita, jamais foi mencionado em qualquer outro relato publicado sobre a campanha.)

Enquanto os rebeldes aguardavam uma palavra sobre a nova data e o local para a entrega das armas, o rádio noticiou que o julgamento, em Santiago, de um grande número de membros do Movimento 26 de Julho, dentre eles sobreviventes do *Granma*, terminara. Como se esperava, foram condenados a penas de prisão, mas com os votos dissidentes do promotor e do presidente do tribunal, Manuel Urrutia, que declarara corajosamente que, devido à "situação anormal" do país, os réus estavam exercendo o seu direito constitucional de pegar em armas. Uma vantagem adicional foi a soltura de Frank País, o que indicou que as autoridades ainda não conheciam sua verdadeira posição no movimento rebelde. A esses acontecimentos positivos, seguiu-se uma rápida visita de dois homens do 26 de Julho, que foram combinar nova entrega de armas e revelaram que agora tinham ainda mais armas para entregar, "um total de cerca de cinquenta ferros", registrou Che alegremente.

Fidel não se animou com a boa notícia. Estava de mau humor e deliberadamente ignorara Andrew St. George, que já tinha passado duas semanas com os rebeldes e estava ansioso por completar seu trabalho. (Dos três rapazes norte-americanos que estavam no acampamento, dois, que resolveram voltar para suas casas, foram com Bob Taber quando este partira.) St. George planejava uma entrevista a ser transmitida pelo rádio e já submetera um questionário, que Che traduzira para o espanhol. Como nenhum dos presentes falava inglês, e tanto ele como St. George falavam francês, Che tornara-se seu acompanhante e intérprete, mas estava achando cada vez mais embaraçoso seu papel de intermediário de

Fidel. "Seu comportamento é realmente grosseiro", Che escreveu no diário. "Durante a sessão de fotografias, ele não saiu da rede, onde estava lendo a *Bohemia*", uma popular revista ilustrada semanal, "com um ar de majestade ofendida e acabou por mandar embora todos os membros do seu Estado-Maior." Fidel manteve o adiamento da entrevista com St. George por motivos que eram difíceis de apoiar, como, por exemplo, a desculpa de que a correnteza do riacho fazia barulho demais. Então, ele finalmente fez a entrevista, mas, no dia seguinte, foi noticiado na rádio que o filme de Taber, *The Story of Cuba's Jungle Fighters* [A história dos combatentes da selva de Cuba], seria exibido pelos Estados Unidos afora, bem como sua entrevista radiofônica com Fidel. St. George deixou o acampamento sem se despedir.

Os rebeldes se defrontaram com uma deserção em massa, que começou quando um dos mais jovens recrutas, um menino de quinze anos, pediu permissão para ir embora por motivo de saúde. Outro homem pediu para ir com ele, depois um rapaz de dezesseis anos e, por fim, outro homem, alegando "fraqueza". Fidel ordenou que os homens mais velhos do grupo fossem detidos, mas deixou os jovens irem embora. Che desaprovou, observando que se os meninos fossem capturados, poderiam revelar onde as armas seriam entregues, mas elas chegaram no dia seguinte e foram recolhidas. Eram três tripés para metralhadora, três metralhadoras Madsen, nove carabinas M-1, dez fuzis de repetição Johnson e 6 mil cartuchos. Che ficou extasiado ao saber que uma das Madsen iria para o *Estado Mayor* e que ele ficaria encarregado dela. "Desse modo", escreveu depois, "fiz minha estreia como combatente em tempo integral, pois até então tinha sido um combatente parte do tempo, e minha responsabilidade principal fora a de médico da tropa. Ingressara em uma nova etapa."

III

Com suas novas armas, os rebeldes estavam prontos para atacar. As "novas" tropas já não eram novas; depois de dois meses de marchas contínuas e de prover o seu próprio sustento na Sierra Maestra, estavam mais fortes e magros. Contudo, ainda não tinham sido testados em combate e estava na hora do seu batismo de fogo. A área em que se encontravam, Pino del Agua, era uma zona de extração de madeira, cheia de serrarias e entrecortada por estradas patrulhadas pelo Exército com frequência. Che estava ansioso por emboscar alguns caminhões de tropas do Exército, mas Fidel disse que tinha um plano melhor: atacar a guarnição militar costeira em El Uvero. Era mais a leste do que já tinham operado e, com sessenta soldados, seria o maior alvo dentre os que haviam atacado até então. O êxito teria um tremendo impacto moral e político.

Fidel podia contar com a ajuda de um velho amigo de infância, Enrique López, que trabalhava perto de El Uvero como gerente de uma serraria que pertencia aos irmãos Babún, cubanos de origem libanesa. Os próprios Babún, fabricantes de cimento, proprietários de estaleiros e de terras, com vastos interesses madeireiros em Oriente, já tinham prestado secretamente sua cooperação aos rebeldes, ajudando a transportar seu mais recente carregamento de armas em um dos barcos da companhia desde Santiago e depois permitindo que suas terras fossem utilizadas para a entrega das armas. Enrique López começara a comprar comida e outros suprimentos para os rebeldes, disfarçando essas compras com as que fazia para seus próprios empregadores.

Enquanto se preparavam para se movimentar, Fidel fez alguns ajustes nas tropas. Che recebeu um novo grupo de quatro jovens para ajudá-lo a carregar e operar sua metralhadora Madsen. Eram dois irmãos, Pepe e Pestan Beatón, um rapaz chamado Oñate, logo apelidado de "Cantinflas", como o ator cômico mexicano, e um menino de quinze anos chamado Joel Iglesias. Tal como o Vaquerito, Joel se tornaria um dos mais dedicados seguidores de Che.*

Na véspera da batalha, Fidel deu a quem quisesse sua última oportunidade de ir embora. Nove homens partiram, ficando 127 para se moverem, penetrando mais ainda nas montanhas. Estavam acampados lá quando ouviram pelo rádio uma notícia assustadora: uma força expedicionária rebelde armada desembarcara na costa norte de Oriente, em Mayarí, e esbarrara com uma patrulha do Exército. Dos 27 que tinham vindo a bordo, constava que cinco foram capturados. Os fidelistas ainda não o sabiam, mas se tratava do *Corynthia*, um barco que zarpara de Miami dias antes, sob o comando de um veterano do Exército norte-americano, Calixto Sánchez, um dos autênticos de Carlos Prío. A expedição, composta de autênticos e alguns homens do Directorio, fora armada e paga por Prío, que evidentemente estava ansioso por colocar em campo uma força sua para competir com Fidel. (As primeiras notícias eram enganosas: 23 dos homens do *Corynthia*, inclusive Sánchez, foram capturados e executados poucos dias depois. Alguns meses mais tarde, um dos três sobreviventes chegou à serra e se juntou às forças de Fidel.)

* Depois da guerra, os irmãos Beatón tornaram-se criminosos, assassinando um comandante revolucionário e pegando em armas contra a revolução, até que foram capturados e executados. Joel Iglesias tornou-se um comandante do Exército e líder da organização Juventude Rebelde. Cantinflas permaneceu no Exército com a patente de tenente.

Nesse meio-tempo, o gerente de serraria, Enrique López, mandara avisar que três *guardias*, vestidos à paisana, estavam xeretando, e Fidel enviou alguns homens para capturá-los. Um dos *guardias* fugiu quando os homens de Fidel chegaram, mas os outros dois, um negro e um branco, foram levados ao acampamento e confessaram ser espiões. "Eles não inspiraram pena, mas repugnância por sua covardia", Che escreveu. Como última ordem antes de os rebeldes partirem para o combate, ambos foram mortos. "A cova foi cavada para os dois guardas *chivatos* e foi dada a ordem de partida", registrou Che no diário. "A retaguarda os executou."

Marcharam durante a noite inteira para chegar a El Uvero. Perto da serraria, encontraram-se com outro adepto, Gilberto Cardero, também empregado da Companhia Babún, que fora enviado à frente para orientar o administrador da serraria a retirar a mulher e os filhos dali, mas a família se recusara a partir a fim de não fazer algo que pudesse levantar suspeitas sobre si mesma. Fidel disse que tomariam precauções para evitar ferir os civis, mas o ataque seria realizado de qualquer maneira, ao alvorecer.

Os rebeldes tomaram suas posições, mas à luz da manhã se deram conta de que a maior parte deles não podia ver a guarnição nitidamente. Embora Che tivesse um campo de visão desimpedido, estava a cerca de quinhentos metros do alvo. No entanto, era tarde demais para fazer alterações e o ataque começou com um tiro dado por Fidel. "As metralhadoras começaram a matraquear", escreveu Che. "A guarnição respondeu ao fogo com muita eficácia, como constatei depois. O pessoal de Almeida avançou pelo campo aberto, impelido por seu exemplo destemido. Podia ver Camilo avançando, com seu boné com a faixa do 26 de Julho. Avancei pela esquerda, com dois auxiliares carregando os pentes de balas e Beatón com a metralhadora curta."

Vários outros homens juntaram-se ao grupo de Che. Estavam agora a uns sessenta metros da posição inimiga e continuaram avançando sob a cobertura das árvores. Chegando a campo aberto, começaram a se arrastar pelo chão, e um homem ao lado de Che, Mario Leal, foi atingido. Depois de fazer-lhe uma respiração boca a boca, Che cobriu o ferimento com a única compressa que conseguiu encontrar, um pedaço de papel, deixou-o aos cuidados do jovem Joel e retomou sua Madsen para disparar contra a guarnição. Momentos depois, outro homem, Manuel Acuña, tombou ferido, atingido no braço e na mão direitos. Então, justo quando os rebeldes estavam tomando coragem para um ataque frontal, a guarnição se rendeu.

Os fidelistas tinham sua vitória, mas a um preço elevado. Perderam seis homens, dentre eles um de seus primeiros guias *guajiros*, Eligio Mendoza. Ele se lançara no combate despreocupadamente, dizendo ter um santo que o protegia, mas em poucos minutos fora abatido a tiros. Julito Díaz, um veterano do *Granma*, também estava morto, atingido na cabeça ao lado de Fidel, pouco depois de a luta ter começado. O estado de Mario Leal, ferido na cabeça, e de outro homem, Silleros, atingido no pulmão, era grave. Havia outros sete feridos, inclusive Juan Almeida, atingido na perna e no ombro direitos. Porém, mataram catorze soldados, feriram mais dezenove e fizeram catorze prisioneiros. Apenas seis tinham escapado. Foi notável que, apesar do intenso tiroteio, nenhum dos civis que estavam na área, entre os quais a família do administrador, foi ferido.

Che ficou assoberbado com a necessidade de tratar dos feridos, tanto soldados como rebeldes. "Meus conhecimentos nunca foram muito amplos", escreveu ele, "a quantidade de feridos era enorme e minha vocação naquele momento não estava centrada no tratamento da saúde." Pediu ao médico da guarnição que o ajudasse, porém ele, apesar de sua idade avançada, alegou ter pouca experiência. "Uma vez mais tive que passar de soldado para médico, o que, na realidade, exigiu pouco mais do que lavar minhas mãos", registrou Che. Ele atendeu a tantos homens quanto pôde. "Meu primeiro paciente foi o camarada Silleros [...]. Seu estado era crítico, mas só pude lhe dar um sedativo e enfaixar seu peito bem apertado, para que pudesse respirar com maior facilidade. Tentamos salvá-lo do único modo que era possível nessa ocasião. Levamos catorze prisioneiros conosco e deixamos nossos dois homens [mais] feridos, Leal e Silleros, com o inimigo, tendo recebido a palavra de honra do médico de que receberiam socorro. Quando disse a Silleros as palavras costumeiras de consolo, ele me respondeu com um sorriso triste que falou mais do que quaisquer palavras, exprimindo sua convicção de que para ele estava tudo acabado." (Na realidade, o Exército cubano tratou os dois rebeldes feridos com decência, mas Silleros morreu antes de chegar ao hospital. Mario Leal, milagrosamente, sobreviveu ao ferimento na cabeça e passou o resto da campanha na prisão da Isla de Pinos.)

Usando caminhões dos Babún, os rebeldes retiraram-se de El Uvero, levando seus mortos e homens com ferimentos mais leves, bem como o máximo de equipamento que conseguiram saquear do quartel. Che recolheu os suprimentos médicos e foi o último a sair. Nessa noite, tratou os feridos e esteve presente ao sepultamento dos seis camaradas mortos, enterrados em uma curva da estrada. Dando-se conta de que logo o Exército estaria vindo à procura deles, combinou-se que Che ficaria para trás com os homens feridos, enquanto a coluna principal empreenderia a fuga. O amigo de Fidel, Enrique López, seria o elemento de ligação de Che, ajudando-o com o transporte e um esconderijo para sete feridos, um guia e Che e seus dois leais auxiliares, Joel e Cantinflas. A fim de ajudar seu tio ferido, Manuel Acuña, também ficou para trás Juan Vitalio "Vilo" Acuña, outro dos veteranos da campanha na serra, cujo destino estaria para sempre ligado ao do próprio Che.

Depois da guerra, Che qualificou a sangrenta ação em El Uvero como um ponto de inflexão para o Exército Rebelde. "Se for considerado que tínhamos cerca de oitenta homens e eles 53, logo, um total de 133 homens, dos quais 38, ou seja, mais de um quarto, foram postos fora de combate em pouco mais de duas horas e meia de luta, pode-se ver que espécie de batalha se travou. Foi um ataque por homens que avançaram a peito aberto contra um inimigo protegido por defesas muito fracas. Ambos os lados demonstraram muita coragem. Para nós, essa foi a vitória que marcou nossa maioridade. Dessa batalha em diante, nosso moral cresceu tremendamente; nossa determinação e nossas esperanças de triunfo também aumentaram."

De fato, El Uvero pegara o governo Batista desprevenido, pois, durante o longo período de inatividade dos rebeldes de Fidel, o ditador e seus oficiais voltaram a repetir suas proclamações de vitória. O coronel Barrera Pérez, que assumira em março o comando das operações contra a guerrilha na serra, ficou pouco tempo na região. Lançara uma campanha "psicológica" para conquistar a simpatia dos camponeses da serra com doações de alimentos e serviços médicos gratuitos e regressara a Havana. Então, recebeu ordens para voltar à área. Ele estabeleceu um novo centro de comando no engenho de açúcar de Estrada Palma, logo ao norte do sopé da serra, e abandonou sua campanha de "almas e corações" em troca de uma nova e dura estratégia antiguerrilha. Seu chefe, o comandante de Oriente, Díaz Tamayo, foi substituído por outro oficial, Pedro Rodríguez Ávila, com ordens do chefe do Estado-Maior das Forças Armadas de Batista, general Francisco Tabernilla, de aniquilar os rebeldes por quaisquer meios que fossem necessários. A nova diretriz exigia a evacuação forçada dos civis das áreas onde estavam os rebeldes, a fim de criar zonas de fogo livre, nas quais a Força Aérea poderia conduzir uma campanha de bombardeio aéreo maciço. A ação em El Uvero mostrara ao Exército que não havia como defender pequenas guarnições em áreas remotas, então elas foram abandonadas, deixando o território aberto para os rebeldes.

Depois da partida de Fidel, Che se viu diante do pesadelo de ter que deslocar os feridos a seu encargo para um lugar seguro ante uma iminente incursão do Exército. Além disso, estava sobrecarregado com as armas apreendidas na guarnição, pois eram muitas para serem levadas pelos seus combatentes. Dependia de Enrique López para sua fuga e, quando este não apareceu com o caminhão que prometera, Che não teve escolha senão esconder temporariamente a maior parte das armas e se deslocar a pé. A maioria dos homens podia caminhar, mas dois deles, um ferido no pulmão e outro com ferimentos infeccionados, foram carregados em macas improvisadas.

Durante os dias que se seguiram, enquanto iam de uma fazenda a outra em busca de comida, descanso e refúgio, Che teve que tomar todas as decisões principais. Juan Almeida era teoricamente o superior de Che em campo, mas não estava em condições de assumir o comando. Uma das maiores dores de cabeça de Che era encontrar homens para carregar os feridos. No terceiro dia de marcha, toparam com alguns soldados desarmados vagando pela mata, os prisioneiros de El Uvero que Fidel pusera em liberdade. Depois de deixar que seguissem seu caminho, Che se felicitou alegremente no diário por ter dado a impressão aos soldados de que os rebeldes "controlavam" o interior, mas também estava preocupado com a possibilidade de que logo passassem a informação sobre a presença de seu grupo na área.

A ajuda veio de alguém que parecia ser uma fonte improvável. David Gómez, o *mayoral* da propriedade de Peladero, que pertencia a um advogado de Havana, ofereceu seus serviços. A primeira impressão de Che não foi boa, mas foi temperada pela situação desesperada de seu grupo. "D. é um indivíduo do velho tipo *auténtico*, católico e racista, com uma lealdade subserviente ao *patrón*, que só acredita em objetivos eleitorais e em tratar para seu senhor de todas as terras obtidas por meios escusos nessa região. Também desconfio que ele participou da tomada de terras de camponeses. Porém, deixando isso de lado, é um bom informante e está disposto a ajudar", Che escreveu.

Na verdade, Gómez já estava ajudando. As vacas que eles comiam eram propriedade de seu patrão e foram abatidas com sua cumplicidade. E Gómez se ofereceu para fazer mais. Como uma prova inicial, Che entregou-lhe uma lista de compras a serem feitas em Santiago e, ansioso por informações do mundo exterior, incluiu um pedido especial dos últimos números da *Bohemia*. O relacionamento de Che com o capataz demonstrava que ele estava ficando cada vez mais parecido com seu *jefe*. Fidel sempre compreendera que uma das chaves do sucesso em uma luta pelo poder estava em fazer alianças táticas de curta duração, mesmo com seus inimigos ideológicos. Agora, como líder de um grupo de homens perseguidos em território estranho, Che viu que tinha necessidades que só Gómez poderia satisfazer; assim, conseguiu tragar sua aversão e ser pragmático.

Na realidade, o tempo que passara em Cuba já lhe mostrara que a revolução não chegaria à vitória mediante uma fraternidade idealizada de almas de espírito elevado. Nas fileiras dos rebeldes, havia um certo número de malandros: antigos vigaristas, assassinos foragidos e delinquentes juvenis. O corrupto Carlos Prío contribuíra para a compra do *Granma*, e a batalha de El Uvero tivera êxito em boa medida graças ao auxílio dos abastados e dissimulados irmãos Babún, que, embora amigos de Batista, provavelmente esperavam proteger seus interesses em Oriente ajudando os rebeldes.

Quando David Gómez regressou de Santiago com os prometidos suprimentos, um Che mais confiante enviou-o a uma nova missão, dessa vez com mensagens para o diretório nacional. A essa altura, três semanas depois da batalha de El Uvero, a maioria dos homens se recuperara dos ferimentos e todos podiam andar. Apareceram treze novos voluntários, embora apenas um com uma arma, uma pistola automática calibre 22. Em 21 de junho, Che fez um levantamento de sua força crescente. "O Exército ascende a: cinco feridos recuperados, cinco sãos que acompanham os feridos, dez homens de Bayamo, dois mais que acabam de se juntar e quatro homens da área, em um total de 26, mas com deficiência de armamento."

Alguns dias mais tarde, depois de começar uma marcha lenta pelas montanhas, Che observou que seu Exército consistia agora em "36 soldados terríveis". No dia seguinte, deu a todos que quisessem ir embora a oportunidade de fazê-lo. Três aceitaram o oferecimento, inclusive um que fora incorporado na véspera. Nos dias que se seguiram, mais homens se juntaram ao grupo e outros o deixaram, quer por deserção quer porque Che os mandara embora. Porém, mesmo "terríveis" como eram na maioria, constituíam o núcleo de uma nova força de guerrilheiros, que crescia espontaneamente sob sua direção. No final de junho, o pequeno Exército de Che estava funcionando de forma autônoma, com seu próprio sistema de mensageiros, informantes, provedores e batedores.

O dia 1º de julho foi ruim para Che do ponto de vista pessoal porque acordou com asma e ficou deitado em sua rede, mas interessante em termos de notícias, pois o rádio transmitiu informações sobre ações rebeldes ocorrendo por toda Cuba. "Em Camagüey, estão patrulhando as ruas", registrou Che no diário. "Em Guantánamo, alguns depósitos de fumo foram incendiados e tentaram fazer o mesmo com os armazéns de açúcar de uma poderosa companhia norte-americana. Em Santiago, mataram dois soldados e feriram um cabo. Nossas baixas foram quatro homens, dentre eles um irmão de Frank País, chamado Josué."

Em 2 de julho, completaram-se sete meses do desembarque do *Granma*. Che passou a data à frente de seus homens cansados, subindo uma grande montanha. Durante esse dia, dois homens desertaram e, à noite, quando armavam o acampamento, outros três pediram permissão para ir embora. A fim de evitar quaisquer outras deserções, Che deu a quem mais quisesse permissão para ir embora. Dois homens aceitaram o oferecimento, mas, naquela tarde, chegaram três novos voluntários, cada um com sua arma. Dois eram ex-sargentos do Exército, vindos de Havana, e Che não confiou neles. Nessa noite, escreveu no diário: "Segundo disseram, são instrutores. Para mim, porém, são uma dupla de comedores de merda que estão querendo se acomodar". Apesar de suas desconfianças, deixou-os ficar.

O próximo a aderir ao grupo de Che foi ninguém mais do que o amigo de Fidel da Companhia Babún, Enrique López, que decidira se juntar pessoalmente à luta armada. Outro homem apareceu dizendo a Che que tinha um "plano fantástico" para atacar um posto de guarda onde contou que havia quarenta soldados sem um oficial comandante. Pediu também dois homens para ir "esfolar um *chivato*". Che o repeliu: "Disse-lhe que parasse de encher o saco [...], que matasse o *chivato* com seus próprios homens e depois o mandasse para nós".

A fim de se encontrar com Fidel, que regressara às suas antigas áreas perto de Palma Mocha e El Infierno, Che estava movendo sua força para oeste, cruzando a serra em direção ao Pico Turquino. Seus mensageiros traziam notícias da presença de uma tropa numerosa no sentido em que estavam indo, de combate pesado perto da base do Exército em Estrada Palma, e uma informação de que Raúl Castro fora ferido, boato que depois se revelou sem fundamento. Mesmo assim, Che resolveu seguir em frente, tomando a rota mais dura por cima das montanhas a fim de evitar o inimigo.

Em 12 de julho, o guia de Che, Sinecio Torres, e outro rebelde, René Cuervo, desertaram levando suas armas. Depois de uma perseguição infrutífera, Che soube de novos detalhes sobre os dois. Revelou-se então que ambos eram *bandoleros*, criminosos foragidos, e provavelmente foram saquear a plantação de marijuana de propriedade de dois recém-chegados a seu grupo, Israel Pardo e Teodoro Bandera. Desconfiando que os *marijuaneros* desertariam em seguida para proteger seus interesses, Che resolveu livrar-se deles e ordenou que saíssem em perseguição aos desertores, não esperando que retornassem. O dia seguinte trouxe um novo problema. Che soube que um pequeno grupo maquinava um plano para uma deserção em massa. O suposto plano era fugir com as armas, roubar e matar um *chivato* que conheciam, depois formar uma quadrilha de bandidos para realizar mais assaltos e roubos. Che falou com vários dos envolvidos na trama, mas cada um deles negou sua participação, culpando um homem chamado El Mexicano. Quando este percebeu que seu plano fora descoberto, foi voluntariamente a Che para professar sua inocência. Che achou suas explicações insatisfatórias, mas, como escreveu, "deixamos passar como se fosse verdade a fim de evitar mais complicações".*

Durante sua caminhada, Che também fez sua estreia como dentista. Empregou o que denominou de "anestesia psicológica", que consistia em xingar os pacientes quando se queixavam demais. Teve êxito com Israel Pardo, mas, ao chegar a vez de Joel Iglesias, não conseguiu fazer uma extração, escrevendo depois que precisaria de um cartucho de dinamite para extrair aquele molar podre. O dente teimoso continuou na boca de Joel, quebrado em vários pontos, até o final da campanha. Embora o próprio Che sofresse de uma dor de dente, prudentemente deixou os seus em paz.

Em 16 de julho, voltaram ao conhecido terreno da encosta ocidental do Pico Turquino e chegaram no dia seguinte ao acampamento de Fidel. Che viu que o Exército Rebelde amadurecera em um mês e meio, somando agora cerca de duzentos homens bem disciplinados e confiantes. Também havia armas novas e, o mais importante de tudo, agora possuíam seu próprio "território liberado".

O reencontro com Fidel perdeu o entusiasmo quando Che soube que ele acabara de firmar um pacto com dois representantes da oposição política burguesa, Raúl Chibás e Felipe Pazos; ambos estavam, naquela ocasião, hospedados no acampamento de Fidel. O pacto, "O Manifesto de Sierra Maestra", estava datado de 12 de julho e já fora enviado para ser publicado na *Bohemia*. O "Pacto da Serra" foi habilmente feito por Fidel em um momento oportuno, calculado, como seu repúdio aos esquemas de Batista para se manter no poder. Um projeto de lei fixando eleições presidenciais em 1º de junho de 1958 fora aprovado. Apesar de Batista haver jurado que não se candidataria, persistia um ceticismo generalizado quanto às suas verdadeiras intenções. A maioria dos observadores desconfiava que ele pretendia manipular as eleições em seu favor ou de um sucessor escolhido a dedo. A iniciativa da eleição foi repudiada pelo Partido Autêntico, de Carlos Prío, e pelo Partido Ortodoxo, de Chibás, mas facções dissidentes de ambos formaram uma coligação de partidos menores e anunciaram sua intenção de concorrer.

* Israel Pardo e Teodoro Bandera regressaram sem encontrar René Cuervo ou Sinecio Torres, porém, mais tarde, Cuervo foi capturado e executado por um pelotão de fuzilamento revolucionário. O destino de Sinecio Torres é desconhecido. Bandera morreu depois, em combate. Pardo sobreviveu e permaneceu no Exército revolucionário depois da guerra, chegando à patente de capitão. El Mexicano atingiu o posto de capitão no Exército Rebelde, mas, quando um dos homens que o havia denunciado foi morto em uma batalha, houve a suspeita de que ele poderia tê-lo matado. Segundo Che, "um traidor da revolução" estava vivendo em Miami em 1962.

Ao se aliar a Chibás e Pazos, dois ortodoxos respeitados, Fidel esperava conseguir um elevado nível moral e firmar uma base mais ampla de apoio entre os cubanos moderados, que não tinham para onde se virar. Escrevendo no diário em 17 de julho, Che mostrou-se circunspecto, mas era evidente que não lhe agradava encontrar Pazos e Chibás exercendo influência sobre Fidel. "Fidel esteve me contando de projetos e realidades. Um texto já foi mandado exigindo a renúncia imediata de Batista. Rejeita uma Junta Militar, propõe um membro das instituições cívicas como candidato de transição, que deveria durar não mais de um ano, e determina que as eleições [deveriam ser] convocadas dentro desse período. Inclui também um programa mínimo, no qual estão delineados os fundamentos da Reforma Agrária." Depois acrescentou: "Fidel não o disse, mas a mim parece que Pazos e Chibás poliram suas declarações em um grande acordo". É claro que a verdade era muito mais complexa. Fidel buscara o apoio de Chibás e Pazos, e se assinou um manifesto menos radical do que seria ideal para refletir suas verdadeiras aspirações, isso só poderia ajudá-lo a curto prazo. Esse pacto, como tantos outros que Fidel assinaria em sua vida, era uma mera aliança tática, a ser quebrada na primeira oportunidade.

Se voltou a pensar sobre o Pacto da Serra nessa ocasião, Che não fez qualquer anotação a respeito no diário. Sua principal preocupação era seu novo comando, que Fidel lhe conferira em 17 de julho, dia em que Che chegou ao acampamento. Fora promovido a capitão e chefiava um grupo de 75 homens. Além daqueles com que chegara, assumiria o comando dos pelotões liderados pelos camaradas do *Granma*, Ramiro Valdés e Ciro Redondo, e outro liderado por Lalo Sardiñas, um comerciante da serra que recentemente se juntara a eles depois de matar um estranho dentro de sua casa. Lalo Sardiñas seria também seu vice. Eles estavam caçando o capitão Angel Sánchez Mosquera e seus homens.

A nova posição de Che representava o selo de aprovação de Fidel. Che batalhara duro para obter o reconhecimento de suas habilidades e o processo o amadurecera. Recebera uma missão difícil para realizar por conta própria, conduzir os homens feridos para lugar seguro, e tivera êxito. Cumprira com seus deveres de médico, devolvendo a saúde aos homens, enquanto conseguira evitar combates e o risco de novas baixas. Contribuíra para a força do Exército Rebelde formando uma nova coluna e, ao mesmo tempo, estabelecera valiosos contatos no meio da população civil. Revelara-se um chefe exigente, duro com indolentes e farsantes, e meticulosamente honesto. Acima de tudo, Che tinha demonstrado que era capaz de ser um líder de homens.

Che pôs-se imediatamente em ação, partindo na manhã seguinte para ocupar uma posição em uma montanha entre dois rios, o Palma Mocha e o La Plata. Calhou de a posição coincidir com o mesmo lugar em que Filiberto Mora, o *chivato* executado, fora enterrado, e ele o batizou de "o cimo de Filiberto". Os três dias seguintes foram gastos na preparação de emboscadas e no envio de batedores para localizar soldados. Na manhã de 22 de julho, um rebelde acidentalmente disparou sua arma e foi levado perante Fidel, que estava em um estado de espírito mais endurecido e intransigente. Ele ordenou sumariamente que o homem fosse fuzilado. "Lalo, Crescencio e eu tivemos que interceder junto a ele para reduzir a punição", escreveu Che, "porque o infeliz não merecia um castigo tão drástico assim."

Nessa mesma manhã, mais tarde, todos os oficiais rebeldes assinaram uma carta que seria enviada para Frank País, expressando suas condolências pela recente morte de seu irmão. Sem aviso prévio, Fidel escolheu essa mesma ocasião para dar a Che outra promoção. Quando chegou sua vez de assinar a carta, Fidel lhe disse que colocasse *comandante* como seu posto. "Assim, da maneira mais informal, quase de passagem, fui promovido a comandante da segunda coluna do Exército guerrilheiro, que posteriormente seria conhecida como a quarta coluna", Che escreveu.* "Minha insígnia, uma pequena estrela, me foi dada por Celia. A outorga foi acompanhada por um presente: um dos relógios de pulso encomendados de Manzanillo." Era uma grande honra. *Comandante* era o posto mais alto do Exército Rebelde. O outro único *comandante* era Fidel.

Posteriormente, Che escreveu: "Há um pouco de vaidade escondida em algum lugar dentro de cada um de nós. Isso me fez sentir como o homem mais orgulhoso da Terra nesse dia". A partir desse momento, para todos, exceto seus amigos mais íntimos, ele era o comandante Che Guevara.

* O comando de Che era chamado de "Quarta Coluna" para confundir o inimigo quanto à verdadeira força das tropas do Exército Rebelde. Os historiadores cubanos frequentemente citam a promoção de Che como prova da grande consideração que Fidel lhe tinha, destacando que ele foi favorecido em detrimento do irmão de Fidel, Raúl, sem dar uma explicação de por que Raúl não recebera tal honra. Porém, a anotação lacônica que Che fez no diário nesse dia fatídico pode esclarecer uma parte da resposta. "Houve várias promoções. Eu [agora] tinha a patente de comandante. O *guajiro* Luis [Crespo] recebeu a patente de tenente, Ciro [Redondo] de capitão, e Raúl Castro, que fora destituído da patente por uma insubordinação de todo o seu pelotão, foi nomeado tenente." Exatamente o que aconteceu entre Raúl e seus homens não consta nos textos de Che publicados mais tarde ou nas histórias oficiais da Revolução Cubana. Atualmente, apesar de uma crescente abertura sobre alguns aspectos da história revolucionária, os historiadores de Cuba provavelmente ainda devem ter grande dificuldade em desencavar esses detalhes.

17. Inimigos de todos os tipos

I

Che recebeu ordens de sair em busca de Sánchez Mosquera, mas logo soube que a presa deixara as montanhas. Enquanto ponderava sobre suas opções, tratou de impor sua autoridade sobre os seus heterogêneos e indisciplinados guerrilheiros. Novatos eram descamisados — como eram chamados os seguidores de Juan Perón, da classe trabalhadora —, que faziam o trabalho duro antes de ganhar reconhecimento como combatentes. Muitos dos homens das tropas foram descamisados. Quase imediatamente, Che se viu atormentado por deserções e reagiu com severidade. Ao enviar dois combatentes atrás de um fugitivo, deu-lhes ordem para "matá-lo se o encontrassem". Ao mesmo tempo, aumentou sua cautela em relação aos recém-chegados depois que recebeu um recado de seu aliado, o supervisor David Gómez, alertando-o sobre planos do Exército de infiltrar *chivatos* assassinos no meio dos rebeldes.

Che decidiu atacar o Exército do outro lado do Pico Turquino, a fim de desviar sua atenção do grupo de Fidel. Quando seus combatentes começaram a se mover naquela direção, um dos homens que Che enviara para encontrar e executar o desertor voltou sozinho, contando que seu companheiro tentara desertar e ele o matara, deixando seu corpo insepulto. "Reuni a tropa na colina em frente ao local onde esse sinistro acontecimento ocorrera", Che escreveu mais tarde. "Expliquei aos nossos guerrilheiros o que veriam e o que isso significava. Expliquei mais uma vez por que a deserção era punida com a morte e por que qualquer um que traísse a revolução tinha de ser condenado. Em silêncio, passamos em fila indiana na frente do corpo do homem que tentara abandonar seu posto. Muitos dos homens nunca tinham visto a morte antes e talvez tenham se emocionado mais pelos sentimentos pessoais em relação ao homem morto, e por uma fraqueza política natural àquela época, do que por qualquer deslealdade para com a revolução. Eram tempos difíceis e utilizamos esse homem como exemplo."

No diário, porém, Che comentou seus receios. "Não estou muito convencido da legalidade dessa morte", ele escreveu, "embora a tenha utilizado como exemplo [...]. O corpo estava deitado de bruços, vendo-se logo que tinha um furo de bala no pulmão esquerdo e que estava com as mãos juntas e os dedos entrelaçados, como se elas tivessem sido amarradas."

Che resolvera atacar a guarnição do Exército em Bueycito, a um dia de caminhada. O ataque se deu na noite de 31 de julho, mas não se desenrolou de acordo com o seu plano. Quando algumas das suas unidades não apareceram a tempo, Che começou o ataque sozinho; caminhou diretamente para o quartel e ficou cara a cara com a sentinela. Apontou sua submetralhadora Thompson e berrou "Alto!", mas a sentinela se moveu e ele apontou para o peito do soldado e puxou o gatilho. Nada aconteceu. Um jovem rebelde que estava com Che tentou então atirar na sentinela, mas seu rifle também não disparou. Nesse ponto, os instintos de sobrevivência de Che falaram mais alto e ele saiu correndo sob uma saraivada de balas. Quando conseguiu fazer funcionar sua metralhadora de mão, a guarnição já se rendera. Os homens de Ramiro Valdés atacaram por trás e prenderam doze soldados dentro do quartel. Seis soldados ficaram feridos, dois mortalmente, e os rebeldes perderam um homem. Depois de saquear a guarnição, puseram-lhe fogo e saíram de Bueycito em caminhões, levando como prisioneiros o sargento encarregado do posto e um *chivato* chamado Orán.

Entraram no vilarejo de Las Minas sob aplausos, e Che se permitiu um pequeno teatro de rua com um comerciante árabe. "Um mouro, *que é um dos nossos*, improvisou um discurso pedindo que libertássemos dois dos prisioneiros. Expliquei-lhe que os levávamos presos a fim de impedir que [o Exército] adotasse represálias contra o povo, mas, se esse era o desejo dos moradores, não tinha mais nada a dizer." Depois de soltar os prisioneiros, os rebeldes seguiram seu caminho, parando apenas para enterrar seu morto no cemitério local.

II

Em Santiago, ações contra o governo foram intensificadas para comemorar o 26 de julho e a polícia também aumentara a repressão. As prisões e os assassinatos de suspeitos de serem rebeldes tornaram-se comuns. Corpos de pessoas torturadas eram encontrados pendurados em árvores ou atirados ao lado das estradas. Frank País, o coordenador do Movimento na província de Oriente, vinha se escondendo em Santiago desde que fora solto da prisão, mudando-se de uma casa de apoio para outra, mas em suas últimas cartas para Fidel expressara dúvidas sobre por quanto tempo mais conseguiria evitar ser descoberto. Em 30 de julho, sua sorte acabou e, em plena luz do dia, ele e um companheiro foram sumariamente executados na rua. País tinha 23 anos.

O assassinato de Frank causou uma grande algazarra, com ruidosas manifestações antigovernistas. Greves se espalharam por toda a ilha e Batista restabeleceu o estado de sítio e a censura à imprensa. Infelizmente para o ditador, os acontecimentos em Santiago coincidiram com uma visita do novo embaixador norte-americano, Earl Smith, que estava em um tour de familiarização.

Em meados de 1957, poucos funcionários no Departamento de Estado mantinham quaisquer ilusões sobre Batista. Seu regime, cada vez mais corrupto e repressivo, tornava-se embaraçoso. De forma geral, a política dos Estados Unidos em relação a Cuba visava a proteger os vultosos interesses econômicos norte-americanos naquele país, e a agitação não era boa para os negócios. A opinião predominante em Washington era de que o melhor método para neutralizar a violência consistia em incentivar Batista a "democratizar" Cuba por meio de eleições, esperando-se que por meio delas um dos partidos tradicionais assumisse o poder. Mas a persistência de Fidel introduzira um fator novo na equação, e o Departamento de Estado, a CIA e o Departamento de Defesa estavam divididos quanto à melhor forma para lidar com ele. O resultado disso era que, durante todo o ano de 1957 e iniciado o de 1958, diversos órgãos do governo norte-americano seguiam suas próprias diretrizes, nem sempre compatíveis, no relacionamento com Cuba.

Earl Smith foi embora com a firme impressão de que o Departamento de Estado queria ver Batista afastado. Logo, estava ativamente, ainda que de forma secreta, apoiando a tentativa de Castro de chegar ao poder. Roy Rubottom, secretário de Estado assistente para a América Latina, e o recém-designado chefe da Divisão do Caribe no Departamento, William Wieland, eram contra Batista, da mesma forma que o especialista em assuntos cubanos da CIA, J. C. King. Quando chegou a Cuba, Smith constatou que os homens da CIA que lá serviam também eram contrários a Batista. Os oficiais da missão militar norte-americana, por outro lado, continuavam a desfrutar de ótimo relacionamento com seus colegas cubanos. O escritório anticomunista da polícia, o Brac, funcionava com apoio norte-americano e, o que era mais controverso, os militares de Batista estavam empregando material bélico norte-americano, cedido a Cuba para fins de "defesa hemisférica", na sua campanha antiguerrilha.

As opiniões estavam divididas a respeito da orientação política de Castro, mas poucos formuladores de política davam crédito às reiteradas denúncias feitas por Batista de que Fidel era comunista. Na sua primeira entrevista coletiva de imprensa, Smith seguira uma linha cautelosa, elogiando os esforços de Cuba na luta comum contra o comunismo, ao mesmo tempo em que dizia não acreditar que Castro fosse pró-comunismo. Mas em Santiago, depois de testemunhar a polícia empregar cassetetes e mangueiras de incêndio contra uma multidão de mulheres que faziam uma manifestação, Smith deplorou publicamente as brutas táticas policiais e, antes de partir, depositou uma coroa de flores no túmulo de País. Esse gesto deu aos cubanos a esperança de uma mudança política em Washington, pois contrastava claramente com as atitudes pró-Batista do antecessor de Smith, Arthur Gardner. O impopular Gardner jamais dissera em público qualquer coisa para criticar os excessos de Batista e, em particular, chegara a ponto de sugerir que o ditador enviasse um assassino à serra para matar Fidel.

Depois das observações de Smith sobre a brutalidade policial em Santiago, o debate sobre Castro começou a esquentar, com funcionários do governo Batista e ultraconservadores norte-americanos acusando Washington de estar amolecendo em relação ao comunismo. Em agosto, o onipresente Spruille Braden, que servira como embaixador dos Estados Unidos durante o primeiro mandato de Batista como presidente eleito durante a Segunda Guerra Mundial, abriu o jogo, denunciando Castro como um "companheiro de viagem" do comunismo.

A CIA já estava de fato mantendo contatos com o movimento de Fidel por meio de seus funcionários baseados em Santiago e em Havana. O primeiro indício de tais contatos está revelado na referência contundente de Che à carta de Armando Hart "sugerindo um acordo com a embaixada ianque", em abril de 1957. A referência seguinte está em uma carta de 5 de julho, de Frank País a Fidel, informando que conseguira obter um visto norte-americano para Lester "El Gordito" Rodríguez, um membro do 26 de Julho que ajudaria a coordenar as coletas de fundos e as compras de armas nos Estados Unidos para os rebeldes. "A muito meritória e valiosa embaixada norte-americana veio a nós e ofereceu qualquer tipo de ajuda em troca de pararmos de furtar armas de sua base [em Guantánamo]",* País escreveu a Fidel. "Prometemos fazer isso em troca de um visto, válido por dois anos, para El Gordito e de que eles o tirassem do país. Hoje cumpriram sua promessa: o cônsul saiu pessoalmente com ele, e seus papéis, cartas e os mapas de que necessitava foram despachados pela mala diplomática. Bom serviço."

Frank tornou a escrever a Fidel, em 11 de julho, para dizer-lhe que "María A. me contou, em tom muito urgente, hoje ao meio-dia, que o vice-cônsul norte-americano queria falar com você, na presença de outro homem, mas ela não sabia quem [...]. Já estou farto de tantas idas e vindas e de conversas com a embaixada, e acho que seria vantajoso para nós cerrar fileiras um pouco mais, sem perder o contato com eles, mas não lhes atribuindo tanta importância como estamos fazendo atualmente. Vejo que eles estão manobrando, mas não consigo ver com clareza quais são seus verdadeiros objetivos".

Em sua biografia de Castro, Tad Szulc escreveu que, entre o outono de 1957 e meados de 1958, a CIA entregou pelo menos 50 mil dólares a diversos agentes do 26 de Julho e apontou Robert Wiecha como o homem que desembolsou esses fundos.

Fidel concordou com o encontro e em uma resposta a Frank, sem data, escreveu: "Não vejo por que deveríamos levantar a mais leve objeção à visita do diplomata norte-americano. Podemos receber aqui qualquer diplomata norte-americano, do mesmo modo que receberíamos qualquer diplomata mexicano ou um diplomata de qualquer país". Prosseguiu então em um tom bombástico, parecendo indicar que esperava ser a carta passada aos norte-americanos. "Se eles desejam ter laços mais estreitos de amizade com a triunfante democracia de Cuba? Magnífico! Isso é um sinal de que reconhecem o desenlace final desta batalha. Se eles propõem uma mediação amistosa? Diremos a eles que nenhuma mediação honrada, nenhuma mediação patriótica, nenhuma mediação é possível nesta batalha."

O encontro entre Fidel e os homens da CIA aparentemente nunca chegou a se realizar. Possivelmente foi postergado devido à morte de País e depois abandonado quando a política da CIA se modificou. Mas os contatos da agência com os dirigentes do diretório nacional do *llano* continuaram por algum tempo e, evidentemente, produziram benefícios sob a forma de fundos e talvez outras modalidades de auxílio para o Movimento. Vale notar que as aberturas da CIA coincidi-

* O Movimento 26 de Julho teve uma operação clandestina florescente entre os funcionários cubanos da base de Guantánamo e vinha furtando armas e munições de seu depósito antes mesmo da expedição do *Granma*. Como a maior parte da correspondência rebelde durante a guerra citada aqui, essa informação vem do *Diary of the Cuban Revolution*, de Carlos Franqui.

ram com os encontros de País com representantes de um grupo de oficiais reformistas da base naval cubana de Cienfuegos, que estavam conspirando para fazer um levante contra Batista. William Williamson, o número dois da base da CIA em Havana, dissera aos conspiradores da Marinha que, se tivessem êxito, podiam contar com o reconhecimento dos Estados Unidos. Em julho, o grupo fizera contato com Faustino Pérez em Havana e com Frank País em Santiago, a fim de propor uma aliança de forças. Depois de ouvi-los, País endossou firmemente o plano e passou-o para Fidel.

Era uma proposta tentadora: os oficiais não estavam planejando um mero golpe militar, mas um levante em larga escala para derrubar Batista, com a ajuda de facções dissidentes dentro da Força Aérea e do Exército, com levantes simultâneos em Cienfuegos, Santiago e Havana. Apesar de sua oposição ostensiva a qualquer espécie de junta militar pós-Batista, que poderia impedir seu próprio acesso ao poder, Fidel não era homem de deixar passar uma oportunidade e tinha pouco a perder apoiando os conspiradores de Cienfuegos. Em primeiro lugar, quem tomaria parte seria o pessoal do movimento no *llano*, não seus homens da serra, o que lhe dava a possibilidade de negar envolvimento se a conspiração fosse descoberta. Em segundo, caso se opusesse ao plano e os conspiradores vencessem, ele os teria afastado e ainda estaria encurralado nas montanhas. Evidentemente, se ele ajudasse, havia o risco de ser deixado para trás, mas poderia então continuar a lutar a partir das montanhas, como prometera no manifesto. No momento, a posição de Fidel era boa: os norte-americanos e, agora, os amotinados militares cubanos estavam vindo a *ele*. Tornara-se um fator de poder e podia se permitir manter-se circunspecto a respeito dos acordos oferecidos, enquanto continuava a travar sua guerra na serra.

Ao mesmo tempo, tinha de enfrentar outros problemas. O assassinato de País ocorrera em um momento de tensões crescentes entre ele e seu próprio diretório nacional no *llano* pelo controle e direção do Movimento 26 de Julho. Desde seu encontro na fazenda de Epifanio Díaz, em fevereiro, País e Faustino Pérez continuaram a fazer lobby junto a Fidel para que permitisse a abertura de uma "segunda frente". Tinham um duplo objetivo: uma segunda frente de guerrilha não só facilitaria as coisas para os rebeldes de Fidel, contribuindo para desviar a atenção do Exército, como também neutralizaria as manobras de Fidel para exercer o completo controle da luta armada. Fidel foi tão inflexível que o Movimento tomou como prioridade o apoio aos *seus* combatentes na serra e, até que suas forças estivessem em segurança, ele argumentou, não se deviam desviar armas para nenhum outro lugar.

Durante o tempo em que estiveram presos juntos, Carlos Franqui, Faustino Pérez e Armando Hart conversaram longamente com representantes encarcerados da maioria dos outros partidos cubanos de oposição. Chegaram à conclusão de que diferenças insuperáveis de ideologia impediam uma aliança de forças do 26 de Julho com o Partido Socialista Popular, o Partido Comunista Cubano, que continuava criticando a estratégia putschista de Fidel para chegar ao poder. Por outro lado, viam autênticas possibilidades de um pacto com o Directorio, embora até então uma aliança efetiva tivesse sido frustrada devido aos receios do Directorio do que percebia como as tendências ao caudilhismo de Fidel. Os próprios dirigentes no *llano* começaram a se irritar com as exigências autocráticas e as queixas intermináveis de Fidel. Suas cartas mostram que ele os considerava mais como seus fornecedores do que como parceiros do mesmo nível em uma luta comum, que envolvia a campanha de guerrilhas tanto rural quanto urbana. Ele parecia não levar em conta a precariedade de sua vida nas cidades, expostos constantemente aos perigos da prisão, da tortura e da execução.

Além de seus esforços por ampliar os laços do Movimento com outros grupos, o pessoal do *llano* supervisionava a campanha de bombas nas áreas urbanas, de sabotagem e de assassinatos, bem como as operações de contraespionagem no seio das Forças Armadas. Também operavam casas de apoio, clínicas clandestinas e redes de contrabando de armas. Agora tinham ainda as obrigações adicionais de implementar a campanha de sabotagem rural e industrial determinada por Fidel no seu "Apelo", de fevereiro, à formação de um grupo nacional de frente dos trabalhadores para competir com o movimento sindical operário controlado por Batista, à organização de uma greve geral e, por último, mas não menos importante, ao programa interminável de suprir Fidel com dinheiro e armas por meio da rede da *Resistencia Cívica*.

A perspectiva de abertura de novas frentes de guerrilhas só parecera viável depois que o Movimento tomou algumas das armas que sobraram do ataque do Directorio contra o palácio presidencial. Algumas delas foram mandadas para Fidel logo antes de El Uvero, mas, com as restantes, Frank País formara um novo grupo rebelde, liderado por um ex-estudante de direito, René Ramos Latour, cujo codinome era "Daniel". O grupo de Daniel baseara-se na pequena mas estratégica cadeia de montanhas chamada Sierra Cristal, a leste da Sierra Maestra, com Santiago de um lado e Guantánamo do outro. Em junho, sua primeira ação contra uma guarnição do Exército fracassara, resultando na perda de muitas armas e vários homens. Frank País resgatara algumas armas e escondera Daniel e vinte de seus homens em casas de apoio em Santiago. País idealizara então um novo e audacioso plano: detonar uma bomba-relógio em um comício pró-Batista realizado pelo gângster político Rolando Masferrer, líder de uma força paramilitar chamada Los Tigres. A bomba não explodiu e, pouco depois, o golpe final nas tentativas de País de se afirmar veio quando seu próprio irmão, Josué, e dois camaradas foram mortos.

Após esses fracassos, País começou a tentar convencer Fidel a ampliar sua capacidade de atração política, estabelecendo vínculos com as principais figuras políticas do país, e inclusive estimulou a visita de Raúl Chibás e Felipe Pazos à serra. Também delineou um plano, junto com Armando Hart, que coincidentemente acabara de escapar de uma prisão, para proceder a uma completa reestruturação do Movimento, colocando o poder de decisão nas mãos de um novo órgão executivo, enquanto seis líderes provinciais formariam o novo diretório nacional. O plano implicava uma grande restrição dos poderes de Fidel, reduzindo-o a ser um desses seis líderes provinciais. "Se você tiver quaisquer sugestões ou tarefas a serem realizadas", País escreveu a Fidel, "é só me dizer. De qualquer modo, quando o rascunho do programa estiver completo, o mandarei para que você o examine e dê sua opinião."

A resposta de Fidel foi dada sob a forma do seu Manifesto da Sierra Maestra, que anulava os esforços de País para reduzir seus poderes. Escrevendo-lhe posteriormente, Fidel habilmente evitou mencionar a proposta de País, dizendo ambiguamente: "Estou muito contente e o felicito por você ter visto com tanta clareza a necessidade de formular planos operativos em uma escala nacional e sistemática. Nós continuaremos lutando aqui quanto for necessário. E terminaremos esta batalha com a morte ou o triunfo da *verdadeira* revolução".

Umas duas semanas depois, Frank País estava morto e Fidel se apressou em preencher esse vácuo. No dia seguinte à sua morte, em 31 de julho, Fidel escreveu a Celia Sánchez expressando sua tristeza e indignação por essa perda e pediu-lhe que assumisse "uma boa parcela do trabalho de Frank". Nesse meio-tempo, propôs Faustino Pérez para substituir País no diretório nacional e insistiu para que o pusesse a par das obrigações que estavam confiadas a País. Nessa questão, porém, o diretório nacional conseguiu uma rara vitória sobre Fidel, escolhendo Daniel — René Ramos Latour —, e não Pérez, como substituto de País.

Por essa época, Fidel começara a recorrer cada vez mais a Celia Sánchez para que seus desejos fossem atendidos. Ele a bombardeava regularmente com cartas, dizendo que ela era indispensável para sua sobrevivência e queixando-se amargamente da falta de apoio do *llano*. Na realidade, desde o seu primeiro encontro em fevereiro, Celia tornara-se a principal confidente de Fidel no *llano*, e agora sua autoridade aumentara ainda mais. Os outros dirigentes do 26 de Julho compreenderam rapidamente a nova situação de Celia e começaram a lidar com ela como o principal intermediário entre eles e Fidel.

Enquanto Daniel procurava dar continuidade à tentativa de País de estabelecer maior controle sobre Fidel e seus rebeldes, destacou Che em especial como alguém que precisava ser contido, queixando-se a Fidel de que Che nem sequer o havia contatado desde que substituíra País e estava causando problemas por tomar suas próprias providências para fins de suprimento com pessoas não autorizadas pelo diretório. A reação de Fidel foi ignorar Daniel e, ao mesmo tempo, mandar cartas cada vez mais azedas para Celia falando sobre como o *llano* "abandonara" a serra.

III

Ao se preparar para outro ataque contra as forças do major Joaquín Casillas, Che teve que lidar com os costumeiros problemas de recrutas inexperientes, desertores e *chivatos*. Um grupo de novos voluntários de Las Minas juntou-se a ele, dentre os quais havia uma moça de dezessete anos, Oniria Gutiérrez. Seguindo a conduta padrão, contudo, Che deixou vários deles irem embora alguns dias depois, quando começaram a dar sinais de *cofard*, a palavra em francês que ele usava para descrever covardia.

David Gómez, o supervisor que colaborava com eles, fora preso, torturado e aparentemente assassinado. O Exército logo ocupou a Peladero, a propriedade onde ele trabalhava, e pressionou um dos trabalhadores para que lhes dissesse tudo que sabia sobre as ligações que os rebeldes tinham na área. Che escreveu no diário: "O resultado foi que mataram dez pessoas, inclusive dois dos muleteiros de David, levaram toda a mercadoria, queimaram todas as casas na área e espancaram severamente vários dos moradores, alguns dos quais vieram a morrer, e outros, como o pai de Israel, tiveram ossos quebrados. Segundo os relatos, havia três *chivatos* e pedi por voluntários para matá-los. Vários se ofereceram, mas escolhi Israel, seu irmão Samuel, Manolito e Rodolfo. Partiram bem cedo, com pequenos cartazes com os dizeres: *Executado por ser um traidor do povo. M-26-7*".

A equipe de execução retornou uma semana depois, tendo localizado e matado um dos *chivatos*. As informações sobre a morte de David acabaram se revelando incorretas; mais tarde, ele foi pessoalmente relatar a Che que, embora tivesse sido preso e brutalmente torturado, não abrira a boca.

No final de agosto, a coluna de Che estava acampada no vale de El Hombrito. Apesar de seus esforços para encontrar o inimigo, seus homens não viam combate desde Bueycito, quase um mês antes. Em 29 de agosto, um camponês alertou-o de que uma grande coluna de soldados inimigos se aproximava e conduziu-o até o local onde acamparam. Che resolveu atacar imediatamente, antes que o inimigo avançasse mais. Nessa noite, posicionou combatentes de ambos os lados de uma trilha que vinha do acampamento dos soldados e pela qual teriam que vir no dia seguinte. Seu plano era deixar passar os primeiros dez ou doze homens, depois emboscar o meio da coluna, dividindo os soldados em dois grupos que poderiam ser facilmente cercados e eliminados.

Ao raiar o dia, os soldados levantaram-se e começaram a subir a colina na sua direção. Che sentiu-se inquieto, ansioso com a batalha iminente e ávido por testar sua nova Browning pela primeira vez. Assim que os soldados se aproximaram, Che começou a contar, mas um deles gritou algo e Che reagiu por reflexo, abrindo fogo e matando o sexto homem da fila. Ao dar o seu segundo tiro, e antes que seus próprios homens reagissem, os primeiros cinco soldados à vista sumiram. Che ordenou às suas unidades que atacassem, mas nisso a coluna inimiga se recobrara da surpresa e abriu fogo com bazucas. Ao mandar que recuassem para uma posição defensiva, soube que Hermes Leyva, primo de Joel Iglesias, fora morto. De seu novo ponto mais protegido, a cerca de um quilômetro de distância, observavam os soldados avançarem, pararem e então, diante dos olhos de todos eles, profanarem o corpo de Leyva ateando-lhe fogo. "Em nossa fúria impotente", recordou Che, "ficamos limitados a dar tiros de longo alcance, a que eles respondiam com bazucas."

Trocaram tiros o dia inteiro. Ao anoitecer, a coluna inimiga retirou-se. Para Che, a ação constituiu "um grande triunfo", apesar de ter perdido um homem valioso e apreendido apenas uma arma inimiga. Com seu punhado de armas, seus homens combateram 140 homens armados com bazucas, detendo seu avanço. Alguns dias depois, porém, Che soube que a mesma companhia assassinara vários camponeses e incendiara suas casas como represália por suspeitarem de sua cumplicidade com as forças rebeldes. Era um lembrete cruel do preço que os civis indefesos pagavam depois dos ataques rebeldes nas áreas onde viviam. Che resolveu que evacuariam os civis antes dos ataques, a fim de impedir novas atrocidades desse tipo.

Depois da batalha, Che tornou a se encontrar com Fidel, que acabara de atacar um acampamento do Exército perto de Las Cuevas, perdendo quatro homens, mas infligindo baixas e obrigando o Exército a recuar. Resolvendo tirar proveito da vantagem, Fidel e Che planejaram um ataque coordenado contra Pino del Agua, onde havia uma pequena guarnição do Exército. Se encontrassem tropas, atacariam; caso contrário, anunciariam sua presença e atrairiam o Exército para as montanhas. A coluna de Fidel seria a isca, enquanto a de Che ficaria de sentinela. Com o plano acertado, as duas colunas se deslocaram na direção da área-alvo.

No entanto, as coisas não iam bem na coluna de Che e várias outras deserções ocorreram; em seguida, um jovem rebelde, desarmado depois de ter se insubordinado contra o tenente comandante do seu grupo, pegou um revólver de outro e se matou com um tiro na cabeça diante dos seus camaradas chocados. Ao ser enterrado, surgiu um desentendimento entre Che e alguns dos homens sobre se ele devia ou não receber honras militares. Che era contra. "Argumentei que cometer suicídio nessas circunstâncias tinha de ser repudiado, independentemente de outras boas qualidades que o homem pudesse ter possuído. Depois de alguns resmungos de insubordinação por parte de alguns dos homens, terminamos fazendo uma cerimônia fúnebre sem prestar honras."

O descontentamento entre seus homens o impeliu a tomar novas medidas severas, e ele designou um jovem rebelde para chefiar uma nova comissão disciplinar. Essa decisão causou irritação entre os combatentes. Enrique Acevedo, que tinha quinze anos e fugira de casa, recentemente juntara-se à coluna com seu irmão mais velho, Rogelio, como um descamisado. Ele recorda-se que a comissão era como uma pequena unidade de polícia do Exército. "Entre outras coisas", Acevedo disse, "ela tinha de assegurar que ninguém falasse em voz alta, não acendesse fogueira antes do pôr do sol, conferir que sempre houvesse baldes d'água junto das fogueiras para a hipótese de surgir algum avião [...], verificar os que estavam de sentinela e impedir que qualquer pessoa mantivesse um diário. Fazia com que todos nós sentíssemos o rigor das novas medidas disciplinares. Tornou-se um pesadelo para todos nós."

O gosto de Che pela disciplina rigorosa era notório entre os rebeldes, e alguns pediram transferência de sua coluna. O jovem Acevedo, que fora autorizado a permanecer apesar da rejeição inicial de Che — *"O que você pensa que isto é, um orfanato, uma creche?"* —, continuou a observar Che com muita cautela. Em seu próprio diário "ilegal", escreveu: "Todos o tratam com grande respeito. Ele é duro, seco e às vezes irônico com alguns dos homens. Suas maneiras são suaves. Quando dá uma ordem, pode-se ver que ele realmente inspira respeito. É obedecido imediatamente".

Alguns dias depois, os irmãos testemunharam um exemplo da justiça sumária de Che. Enrique Acevedo relembrou essa ocasião de forma vívida: "De madrugada, trouxeram um homem grande, com uma farda verde, cabeça raspada como os militares, bigodes grandes: é [René] Cuervo, que anda causando encrencas na zona de San Pablo de Yao e de Vega la Yua. Cometeu abusos sob a bandeira do 26 de Julho [...]. Che o recebe deitado na rede. O prisioneiro lhe estende a mão, mas não encontra resposta. O que dizem não chega aos nossos ouvidos, embora se perceba que o tom é duro. Parece ser um julgamento sumário. No final, [Che] o manda embora com um gesto de desprezo com a mão. Levam-no para uma ravina e o executam com um rifle de calibre 22, tendo que lhe dar três tiros. [Finalmente,] Che salta da rede e berra: Basta!".

Che não se arrependeu de sua decisão de matar Cuervo. "Utilizando o pretexto de lutar pela causa revolucionária e de executar espiões, ele simplesmente vitimizava todo um segmento da população da serra, talvez em cumplicidade com o Exército", ele escreveu. "Tendo em vista sua condição de desertor, o julgamento foi rápido, procedendo-se depois à sua eliminação física. A execução de indivíduos antissociais, que se aproveitam da atual atmosfera na área para cometer crimes, era, infelizmente, comum na Sierra Maestra."

Algumas semanas depois, revelou-se um lado mais piedoso de Che. Após emboscarem caminhões com soldados perto de Pino del Agua, Che se aproximou para examinar os danos. "Na captura do primeiro caminhão, encontramos dois mortos e um soldado ferido, que ainda estava se mexendo como se estivesse lutando enquanto morria", ele escreveu. "Um de nossos combatentes pôs termo à sua vida sem dar-lhe oportunidade de se render, o que ele seria incapaz de fazer, estando apenas semiconsciente. O combatente responsável por esse ato bárbaro vira sua família dizimada pelo Exército de Batista. Repreendi-o energicamente, sem me dar conta de que minhas palavras estavam sendo escutadas por outro soldado ferido, oculto e imóvel sob umas lonas na plataforma do caminhão. Encorajado pelo que eu dissera e pelas desculpas de meu camarada, o soldado inimigo revelou sua presença e implorou que não o matássemos. Estava com uma perna quebrada e ficou no lado da estrada enquanto a batalha prosseguiu em outra área. Todas as vezes que um combatente passava perto dele, berrava: 'Não me mate! Não me mate! Che disse que não é para matar os prisioneiros!'. Quando a batalha terminou, o levamos para a serraria e lhe ministramos primeiros socorros."

IV

Durante a primeira semana de setembro, enquanto caminhavam pelas montanhas, os rebeldes souberam que finalmente ocorrera o levante nacional. Em 5 de setembro, os revoltosos atacaram e tomaram a base naval e o quartel-general de polícia na cidade de Cienfuegos. Um número grande de militantes do 26 de Julho participara junto com os insurgentes da Marinha e com um punhado de homens de outros grupos, inclusive os autênticos, de Prío. As coisas, porém, não aconteceram como planejado. No último momento, os companheiros dos conspiradores em Havana e em Santiago recuaram e o levante em Cienfuegos se deu isoladamente.

Os revoltosos dominaram a cidade nessa manhã, mas, ao chegar a tarde, o governo mandou tanques da grande guarnição de Santa Clara e ordenou o ataque com bombardeiros B-26, de fabricação norte-americana. Os rebeldes cometeram o erro fatal de tentar resistir na cidade, em vez de fugir para as montanhas Escambray, perto dali, e foram massacrados. Os três dirigentes do 26 de Julho envolvidos, Javier Pazos, chefe em exercício do segmento clandestino em Havana, Julio Camacho, chefe de ação na província de Las Villas, e Emilio Aragonés, líder do 26 de Julho em Cienfuegos, conseguiram fugir, mas cerca de trezentos, de um total estimado de quatrocentos homens de várias organizações, foram mortos, muitos deles fuzilados depois de se renderem. A vingança tomada contra os rebeldes foi bárbara. Circularam relatos de homens feridos que foram enterrados vivos, e o chefe da conspiração, o tenente Dionisio San Román, foi capturado e submetido a torturas durante meses, antes de ser executado.

Esta fora a maior e mais sangrenta ação até então empreendida no conflito em Cuba e houve muitas consequências. Fidel foi acusado de traição por Justo Carrillo, um ex-ministro do governo Prío e líder do "Montecristi", seu próprio grupo anti-Batista que estava vinculado a uma das facções militares envolvidas na conspiração. Anteriormente, Carrillo fornecera dinheiro para o Movimento 26 de Julho e contemplara, embora tenha descartado, o convite de Fidel para formar uma aliança na época do Pacto de la Sierra. Agora, Carrillo acusava Fidel de perfídia, por ter, segundo alegava, concordado com a revolta em Cienfuegos, sabendo que ela fracassaria e resultaria na morte de militares que via como seus rivais na luta pelo poder. Mais tarde, respondendo indiretamente a essas acusações, Che escreveu: "O Movimento 26 de Julho, participando como um aliado desarmado, não poderia mudar o rumo dos acontecimentos, mesmo que os seus dirigentes tivessem visto o desfecho com clareza, o que não haviam feito. A lição para o futuro é: aquele que tem a força dita a estratégia".

Mas Batista também enfrentaria repercussões de Cienfuegos. O emprego de equipamento bélico fornecido pelos Estados Unidos para sufocar o levante fora uma violação flagrante dos acordos militares entre os Estados Unidos e Cuba. Os tanques e os bombardeiros B-26 foram fornecidos a Cuba para a defesa hemisférica e não para suprimir levantes internos. Os norte-americanos pediram explicações e, ao não recebê-las, começaram a considerar a suspensão de embarques de armamento para o governo Batista.

Nesse meio-tempo, na Sierra Maestra, Che e Fidel aproximaram-se mais de seu próximo alvo militar. Em 10 de setembro, as duas colunas chegaram a Pino del Agua. Fidel certificou-se de que os habitantes do local sabiam para onde estava se dirigindo, contando que alguém passaria a informação para o Exército, depois se retirou com sua coluna. Nessa noite, Che armou discretamente suas emboscadas ao longo das estradas e trilhas por onde se esperava que viessem as forças inimigas. Se o plano funcionasse, esperavam atingir um comboio motorizado do Exército e capturar vários caminhões. Depois de uma semana de espera em uma floresta que cobria um penhasco com vista para uma das estradas principais, Che finalmente escutou o barulho de motores de caminhão. O inimigo mordera a isca.

Em termos de batalha, essa foi sem dúvida de pequenas proporções. Quando a emboscada começou, dois caminhões cheios de soldados conseguiram escapar, mas os rebeldes capturaram e queimaram os três caminhões restantes e apreenderam algumas armas novas valiosas e munição. Também mataram três soldados e fizeram um prisioneiro, um cabo, que acabou se juntando a eles e se tornando seu cozinheiro. Porém, para grande tristeza do grupo, perderam "Crucito", um poeta *guajiro* que entretinha os combatentes em duelos de repentes poéticos com o outro lírico rebelde, Calixto Morales. Crucito intitulava-se "o rouxinol da Maestra" e apelidara o rival de "o urubu das planícies".

v

Che deslocou seus homens na direção de Peladero, para onde rumava a coluna de Fidel. No trajeto, confiscou uma mula de um comerciante que se acreditava ser pró-Batista e amigo dos grandes latifundiários. "Juan Balansa tinha uma mula, famosa na região por sua resistência, e, como uma espécie de imposto de guerra, nós a tomamos", Che escreveu. A mula se mostrara ágil e firme, e Che a tomou como sua própria montaria e ficou com ela até que foi "recapturada", mais adiante na campanha, pelo oficial que estava se tornando seu inimigo pessoal, o capitão Angel Sánchez Mosquera.

A Sierra Maestra agora fervilhava com homens armados e reinava uma espécie de anarquia, com desertores, grupos independentes de bandidos e mesmo alguns rebeldes que cometiam abusos, utilizando suas armas e a inexistência de controle oficial para roubar, estuprar e assassinar. Enquanto isso, o rígido código de conduta dos rebeldes causava ressentimentos, especialmente na coluna de Che, onde as tensões estavam muito agudas devido ao zelo demonstrado pela recém-nomeada "comissão disciplinar". A situação chegou então a um clímax sangrento.

Uns dois dias depois de sua coluna ter chegado a Peladero, Che foi encontrar Fidel, que estava acampado perto dali. Mal começaram a conversar, Ramiro

Valdés veio interrompê-los. Algo muito grave acontecera. "Lalo Sardiñas, em um ato impulsivo de castigo de um camarada indisciplinado, encostara sua pistola na cabeça do homem como se fosse dar-lhe um tiro", escreveu mais tarde Che. "A arma disparou acidentalmente e o homem foi morto na hora. Havia indícios de motim entre os homens." Che se deparou com um motim em larga escala por causa do ato de Lalo, com muitos homens exigindo um julgamento sumário e a execução. Ele começou a tomar depoimentos. Alguns diziam que Lalo cometera um assassinato premeditado, mas outros garantiam que fora um acidente. Realizou-se um julgamento para decidir o destino de Lalo. Este não só era um oficial, como um combatente capaz e valente, e tanto Che quanto Fidel queriam poupar-lhe a vida, mas os outros combatentes tinham de ser consultados e, depois de ouvir suas declarações, estava evidente que a maioria queria a pena de morte. Che finalmente se pronunciou: "Tentei explicar que a morte do camarada tinha de ser atribuída às condições da luta", recapitulou posteriormente, "ao próprio fato de que estávamos em guerra e que, afinal de contas, a culpa era do ditador Batista. Mas minhas palavras não foram convincentes para um público hostil".

A seguir foi a vez de Fidel. Segundo o relato de Che, ele falou longamente em defesa de Lalo: "Explicou que, no final, esse ato reprovável fora cometido na defesa do conceito da disciplina e que devíamos ter isso em mente". Muitos dos homens ficaram influenciados pelo que Che qualificou de "o enorme poder de persuasão" de Fidel, mas muitos ainda discordavam. Por fim, acertou-se que se faria uma votação para decidir a questão: Lalo seria fuzilado ou rebaixado. A maioria é que decidiria. Che foi registrando os votos em um caderninho. No final, dos 146 combatentes, setenta votaram pela morte e 76 pelo rebaixamento.

A vida de Lalo foi poupada. Ele foi destituído da patente e recebeu ordens para conquistar sua reabilitação lutando como soldado raso. A questão, no entanto, não tinha terminado. Um grupo numeroso de combatentes continuou insatisfeito com essa decisão e, no dia seguinte, jogou as armas no chão e pediu para ir embora. Curiosamente, dentre eles estavam o chefe da comissão disciplinar de Che e vários de seus membros. Como era seu hábito, quando escreveu mais tarde sobre esse incidente, Che fez questão de assinalar que, dentre os que partiram, alguns em seguida traíram a revolução. "Esses homens, que não respeitaram a maioria e abandonaram a luta, posteriormente se colocaram a serviço do inimigo e foi como traidores que voltaram para lutar em nosso solo."

Apesar dos maiores esforços de Che no sentido de atribuir motivações traiçoeiras aos homens que partiram, o incidente deve ser considerado menos como um episódio de cunho ético da revolução do que como uma mostra da personalidade endurecida de Che. A trilha que deixara pela Sierra Maestra estava coberta de corpos de *chivatos*, desertores e delinquentes, homens cuja morte foi ordenada por ele e, em alguns casos, infligida por ele próprio. O código de disciplina que impusera dentro e fora de sua crescente família de combatentes criara uma atmosfera na qual atos de intimidação como o de Lalo podiam ocorrer com facilidade. O líder dá o exemplo, e os comandados de Che estavam simplesmente imitando o seu comportamento à sua própria maneira grosseira.

Depois do motim, Fidel transferiu alguns combatentes para o comando de Che a fim de substituir os que foram embora e designou um substituto para Lalo: Camilo Cienfuegos. O ex-jogador de beisebol, louro, bonitão e extrovertido, tornara-se então o capitão do pelotão de vanguarda de Che. Foi uma boa medida, pois a personalidade descontraída de Camilo ajudava a neutralizar a severidade de Che. Os dois homens tinham um grande respeito mútuo, e Che permitia a Camilo um grau de intimidade como não concedia a ninguém mais. Seus diálogos eram uma troca de gozações, entremeadas de ofensas e provocações amistosas.

A primeira missão de Camilo foi caçar um grupo de "bandidos" que cometia crimes se encobrindo com a bandeira da revolução. Enquanto ele ia em perseguição, Che retornou à área que se transformava no seu próprio quartel-general, o vale de El Hombrito. Desde sua emboscada ali em agosto, o Exército não regressara e Che começou a estabelecer os rudimentos de uma base permanente. Deixara um *guajiro* chamado Aristidio encarregado de uma casa de trânsito no vale para novos voluntários e até construíra um forno para fazer pão. A área era calma, mas assumira-se que Sánchez Mosquera, que estabelecera uma base em Minas de Bueycito, lançaria um ataque nas montanhas dentro em breve. Evidentemente, Aristidio não estava imune ao senso geral de alarme e, na ausência de Che, vendera seu revólver e, imprudentemente, dissera a algumas pessoas que pretendia fazer contato com o Exército antes que ele chegasse. "Esses eram momentos difíceis para a revolução", recapitulou Che. "Na minha capacidade de chefe do setor, conduzi uma investigação muito sumária e Aristidio foi executado."

O adolescente Enrique Acevedo assistiu quando Aristidio foi trazido ao acampamento. "Ao nosso lado passou um prisioneiro descalço, que foi amarrado. É Aristidio. Nada restou de sua pose de chefão. Mais tarde ouviu-se um tiro. Quando chegamos ao local, estavam jogando terra em cima dele. De madrugada, depois de um dia exaustivo, ele [Che] nos explicou que Aristidio fora executado por uso indevido dos fundos e dos recursos da guerrilha."

Mais tarde, Che quase pareceu ter-se arrependido do destino dado a esse homem. "Aristidio era um exemplo típico do camponês que havia se juntado às fileiras da revolução sem possuir qualquer compreensão nítida de seu significado [...]. Hoje em dia podemos nos perguntar se ele era de fato culpado o suficiente para merecer a morte, e se não teria sido possível salvar uma vida que poderia ter sido utilizada pela revolução na sua fase construtiva. A guerra é dura e, em uma época em que o inimigo intensificava sua agressividade, não se podia tolerar nem a suspeita de traição. Teria sido possível poupá-lo meses antes, quando o movimento guerrilheiro era muito mais fraco, ou meses depois, quando estávamos muito mais fortes."

Depois de executar Aristidio, Che se deslocou na direção do Pico Caracas para ajudar Camilo a caçar uma quadrilha armada liderada por "Chino Chang", um bandido cubano de origem chinesa que roubara e matara camponeses na região. Camilo já tinha capturado alguns dos culpados e os mantinha presos enquanto aguardavam seu julgamento por um tribunal revolucionário, pois, pela primeira vez, os rebeldes tinham um advogado de verdade à sua disposição para implementar seu sistema de justiça: Humberto Sorí-Marín, um conhecido advogado e homem do 26 de Julho em Havana. A maioria dos membros da quadrilha foi absolvida, mas Chang e um camponês, que estuprara uma menina, foram condenados à morte. Como de costume, Che assistiu a seus últimos momentos com olhos atentos, observando se demonstravam coragem ou covardia ao enfrentarem a morte. "Primeiro executamos Chino Chang e o camponês estuprador. Foram amarrados a uma árvore na selva. Ambos estavam calmos. O camponês morreu sem venda, os olhos nas armas, e gritando 'Viva a revolução!'. Chang encarou a morte com absoluta serenidade, mas pediu que lhe fosse dada a extrema-unção pelo padre Sardiñas", que se juntara aos rebeldes, mas, naquele momento, não estava no acampamento. "Como não podíamos satisfazer esse seu pedido, Chang disse que queria que se soubesse que pedira um padre, como se essa declaração pública servisse como circunstância atenuante no além."

No caso de três rapazes da quadrilha de Chang, os rebeldes resolveram dar-lhes uma lição fazendo uma execução simulada. Os rapazes passaram pela experiência de serem condenados à morte e, depois de assistir às execuções de Chang e do estuprador, ficaram aguardando as suas. Como explicou Che, "eles estavam muito envolvidos nos abusos de Chang, mas Fidel achou que deveria ser dada mais uma oportunidade. Vendamos os olhos dos três e os submetemos à angústia de um pelotão de fuzilamento simulado. Depois que os disparos foram feitos para o alto, os rapazes se deram conta de que estavam bem vivos. Um deles se atirou sobre mim e, em um gesto espontâneo de alegria e gratidão, me deu um beijo estalado, como se eu fosse seu pai". Segundo Che contou posteriormente, a decisão de lhes poupar a vida acabou sendo proveitosa: os três ficaram no Exército Rebelde, um deles na coluna de Che, e fizeram jus à sua redenção, tornando-se "bons combatentes pela revolução".

O jornalista Andrew St. George reaparecera e estava presente nas execuções, tanto as reais como as simuladas, e tirou fotografias dos eventos à medida que se desenrolavam. Suas fotos e o artigo que as acompanhou foram publicados na revista *Look* e, aparentemente, ele também entregou informações escritas aos serviços de Inteligência norte-americanos. (St. George nunca refutou as alegações de que usara as visitas para obter informação sobre Fidel e seu movimento para o governo norte-americano.)

Alguns dias depois foram apanhados mais criminosos. Dentre eles, estava Dionísio Oliva, um camponês que ajudara a desmascarar Eutimio Guerra. Nos meses que se passaram desde então, ele e seu cunhado roubaram suprimentos destinados aos rebeldes e se transformaram em ladrões de gado. Dionísio também tinha tomado casas particulares e nelas mantinha duas amantes. Com ele foram capturados vários outros, inclusive um rapaz chamado Echeverría. Vários dos irmãos de Echeverría eram rebeldes e um deles até estivera a bordo do *Granma*, mas esse rapaz juntara-se a um grupo armado independente. Mesmo assim, como reconheceu Che, seu caso foi "comovente". Echeverría implorou para que lhe deixassem morrer em combate, não queria envergonhar sua família morrendo na frente de um pelotão de fuzilamento revolucionário, mas a decisão do tribunal foi inflexível. Antes de ser fuzilado, contou Che, Echeverría escreveu uma carta para sua mãe "explicando a justiça do seu castigo e pedindo-lhe que continuasse fiel à revolução".

O último homem a morrer não era outro senão El Maestro, o Professor, o companheiro folgazão de Che durante sua jornada atormentada pela asma para encontrar os novos voluntários de Santiago. Alegando doença, o Professor tinha, depois daquela época, deixado a guerrilha e "se dedicado a uma vida de imoralidades". Seu verdadeiro crime tinha sido se fazer passar por Che, "o médico", e tentar violentar uma menina camponesa que fora a ele como paciente.

Fidel falou mais tarde sobre essas execuções com o jornalista do 26 de Julho, Carlos Franqui. Não foi honesto no seu relato quanto ao número de execuções que autorizara durante a guerra, mas tornou-se absolutamente volúvel quando chegou ao caso do Professor. "Nós colocamos muito poucos diante dos pelotões de fuzilamento, muito poucos mesmo. Durante toda a guerra, não fuzilamos mais do que dez sujeitos em 25 meses", Fidel disse. Mas quanto ao Professor: "Era um orangotango, com uma barba enorme. Era também um palhaço de nascença, capaz de carregar peso como se fosse Hércules, mas era um mau soldado [...]. Que estupidez pretender se passar por Che, naquela área, onde tínhamos passado muito tempo, onde todo mundo conhecia todos nós [...]. E então, com sua nova barba, o Professor estava se fazendo passar por Che: *'Tragam-me mulheres. Vou examinar todas elas!'*. Você já ouviu algo tão desprezível? Nós o fuzilamos".

VI

Depois da onda de execuções, Che e seus homens retornaram a El Hombrito. Era fim de outubro de 1957 e Che queria começar a construir uma infraestrutura "industrial" para sustentar a presença permanente dos guerrilheiros ali. Suas ambições receberam um impulso com a chegada de dois ex-estudantes da Universidade de Havana, que logo foram postos a trabalhar, construindo uma represa para gerar energia hidrelétrica com as águas do rio Hombrito. Sua outra tarefa era ajudar a lançar um jornal da guerrilha, *El Cubano Libre*. No começo de novembro, rodaram o primeiro número em um mimeógrafo antigo, de 1903.

Che voltou a escrever uma série de colunas intituladas "Sin bala en el directo" (Sem bala no gatilho), sob seu antigo pseudônimo, El Francotirador. Em seu primeiro artigo, "O Começo do Fim", abordou a questão da ajuda militar norte-americana a Batista, habilmente vinculando-a aos recentes protestos realizados por protetores dos animais em frente à sede das Nações Unidas, em Nova York, sobre a decisão soviética de enviar uma cadela, Laika, ao espaço, a bordo do Sputnik II. (No mês anterior, os soviéticos lançaram o Sputnik I, o primeiro satélite artificial do mundo a entrar em órbita ao redor da Terra.) "Nossas almas se enchem de compaixão ao pensar no pobre animal que morrerá gloriosamente para o avanço de uma causa que não compreende", Che escreveu. "Mas não soubemos de qualquer sociedade filantrópica norte-americana, desfilando na frente do nobre edifício, pedindo clemência para nossos *guajiros*, e eles morrem em boa quantidade, metralhados pelos aviões P-47 e B-26 [...], ou crivados pelas balas dos competentes M-1 das tropas. Ou será que, dentro do contexto da conveniência política, um cão siberiano vale mais do que mil *guajiros* cubanos?"

Che tinha ideias para uma infraestrutura social adequada para El Hombrito e construiu um hospital rudimentar, com planos para outro. Em pouco tempo, além do forno de pão, havia uma fazenda embrionária para criar porcos e aves, oficinas de sapateiro e seleiro, e seu "arsenal" estava indo a pleno vapor. Começaram a trabalhar na produção de algumas primitivas minas terrestres e de granadas para serem lançadas por fuzis, apelidadas de "Sputnik", em homenagem aos novos satélites soviéticos. Tão logo conseguissem os materiais necessários, o projeto seguinte era produzir morteiros. Para coroar essas realizações, Che encomendou a confecção de uma imensa bandeira com o brasão do 26 de Julho, enfeitada com os dizeres *"Feliz Año 1958!"*, para ser colocada no topo da montanha El Hombrito. Che sentia orgulho de estar estabelecendo "uma autoridade efetiva" na área e, consciente das tropas de saqueadores do capitão Sánchez Mosquera, fez seus homens construírem abrigos antiaéreos e fortificações defensivas ao longo dos caminhos que conduziam ao seu pequeno feudo. Em 24 de novembro, escreveu a Fidel: "Pretendemos nos manter firmes aqui e não entregaremos esse lugar por coisa alguma".

Chegaram notícias de que as tropas de Sánchez Mosquera estavam se deslocando pelo vale adjacente de Mar Verde, queimando casas de camponeses à medida que avançavam. Che enviou Camilo Cienfuegos para emboscar as tropas e o seguiu, pretendendo atacar a coluna inimiga por trás. Che e seus homens mantinham-se nas encostas cobertas de mata das colinas do vale, procurando alcançá-los sem serem vistos. Quando constataram que sua nova mascote, um filhote de cachorro, estava atrás deles, Che mandou o combatente que cuidava do cachorrinho, um homem chamado Félix, fazer o bicho voltar, mas ele continuava trotando fielmente no seu encalço. Chegaram a um arroio, onde pararam para descansar, e o cachorrinho, inexplicavelmente, começou a uivar. Os homens tentaram sossegá-lo com palavras suaves, mas o animal não parava. Che ordenou que o matassem. "Félix me lançou um olhar que não dizia nada", escreveu ele mais tarde. "Muito lentamente, pegou uma corda, enrolou-a em volta do pescoço do animal e começou a apertar. Os pequenos e graciosos movimentos da cauda do cachorro de repente ficaram convulsivos, até que foram gradualmente parando, junto com um gemido contínuo que escapou da sua garganta, apesar do aperto firme. Não sei quanto tempo demorou o fim a chegar, mas para todos nós pareceu uma eternidade. Com um último estremecimento nervoso, o cachorrinho parou de se mexer. Lá ficou ele, esparramado, a cabecinha pousada sobre os gravetos."

O grupo de homens prosseguiu sem dizer uma palavra. O inimigo avançara bem mais adiante deles. Ouvindo disparos à distância, perceberam que Camilo atacara, mas quando Che enviou uns batedores à frente para conferir, eles só encontraram uma cova recém-cavada. Che mandou que fosse aberta e dentro encontraram o corpo de um soldado inimigo. Qualquer que tivesse sido o combate, já terminara, e tanto as tropas inimigas como o grupo de Camilo sumiram. Decepcionado por terem perdido a ação, caminharam de volta pelo vale, chegando à aldeia de Mar Verde depois do cair da noite. Todos os moradores haviam fugido, deixando seus pertences para trás. Os rebeldes cozinharam um porco e um pouco de aipim, e um dos homens começou a cantar, acompanhando-se ao violão.

"Não sei se foi a canção sentimental, a escuridão da noite ou simples exaustão", escreveu Che, "mas o que aconteceu foi que Félix, enquanto comia sentado no chão, deixou cair um osso e um cão doméstico se aproximou humildemente e pegou-o. Félix deu uns tapinhas na sua cabeça, e o cão olhou para ele. Félix olhou de volta e depois ele e eu trocamos um olhar de culpa. De repente, todos ficaram quietos. Um tremor imperceptível passou por nós enquanto o olhar humilde, mas ao mesmo tempo zombeteiro, do cão parecia conter um tom de reprovação. Ali, na nossa presença, embora estivesse nos observando pelos olhos de outro cão, estava o cachorrinho assassinado."

No dia seguinte, ainda estavam em Mar Verde quando os batedores trouxeram a notícia de que as tropas de Sánchez Mosquera estavam acampadas a menos de dois quilômetros de distância. O grupo de Camilo ocupara uma posição perto do inimigo e esperava pela coluna de Che para então atacar. Che moveu rapidamente seus homens para o local. Na alvorada do dia seguinte, 29 de novembro, os rebeldes estavam em posição de tocaia ao longo do rio Turquino, cobrindo todas as possíveis rotas de fuga de Sánchez Mosquera. Che escolheu para si e para sua própria unidade um ponto especialmente vulnerável; se os soldados viessem naquela direção, teriam de atirar neles praticamente à queima-roupa.

Che e mais dois ou três homens estavam escondidos atrás de árvores, quando um pequeno grupo de soldados passou bem na frente deles. Armado apenas com uma pistola Luger, Che disparou nervosamente antes da hora e errou o alvo. Começou o tiroteio e, na confusão, os soldados fugiram por dentro do mato. Ao mesmo tempo, as outras unidades abriram fogo contra a casa da fazenda, onde estava posicionada a maioria dos soldados inimigos. Durante uma pausa no tiroteio, Joel Iglesias foi atingido por seis balas, quando procurava pelos soldados foragidos. Che encontrou-o coberto de sangue, mas ainda vivo. Depois de fazer o menino ser levado para um hospital de campanha em El Hombrito, Che retornou à luta. As tropas de Sánchez Mosquera estavam muito bem entrincheiradas e mantinham um fogo pesado de resposta, tornando extremamente perigosa qualquer tentativa de ataque frontal de sua posição. Quando os reforços do Exército começaram a chegar, Che enviou patrulhas para detê-los, enquanto mantinha Sánchez Mosquera imobilizado com os tiros. Ao tentar se aproximar mais, o amigo de Che e também veterano do *Granma*, Ciro Redondo, foi morto com um tiro na cabeça.

No meio da tarde, o combate terminou. Os reforços inimigos abriram caminho a sua maneira pelas posições de Che, que, enfim, ordenara o recuo de seus homens. Fora um dia sangrento. Além de Ciro, perderam outro homem, que foi capturado e executado. Havia ainda cinco feridos, inclusive Joel. Esperando uma perseguição pelo Exército, apressaram-se em retornar para El Hombrito a fim de se prepararem para o próximo embate.

Depois de alguns dias de preparativos febris de suas defesas, soou o alarme: as tropas de Sánchez Mosquera estavam a caminho. Che evacuara seus combatentes feridos e removera todos os estoques de reserva para sua posição defensiva alternativa em La Mesa. Para conter o avanço inimigo por El Hombrito, ele estava depositando grandes esperanças nas novas minas terrestres produzidas no seu arsenal e colocadas ao longo da estrada de acesso. Porém, quando os soldados vieram, as minas não explodiram, e as unidades avançadas de emboscada de Che tiveram que recuar rapidamente. O inimigo agora tinha um caminho livre até El Hombrito. Sem tempo a perder, Che e seus homens se retiraram do vale, seguindo por uma estrada em direção a uma montanha que eles chamavam de Los Altos de Conrado, por causa de um camponês comunista que morava lá e que os ajudara. Era uma subida íngreme até sua casa abandonada, o ponto que Che considerou o melhor para ficar à espera do inimigo. Acharam um local para uma emboscada por trás de um pedregulho que dominava a vista da estrada. Esperariam ali durante três dias.

Dessa vez, o plano de Che era modesto, mas arriscado. Escondido atrás de uma árvore grande perto da trilha, Camilo Cienfuegos tentaria matar o primeiro soldado que aparecesse, atirando à queima-roupa. Atiradores selecionados dos lados da estrada abririam fogo então, enquanto outros começariam a atirar da frente. Che e uns dois homens estavam situados em uma posição de reserva, a uns vinte metros de distância, mas ele estava apenas parcialmente oculto por trás de uma árvore, e os homens perto dele estavam em posições analogamente expostas. Ordenara para que ninguém tentasse dar uma espiada, saberiam que os soldados tinham chegado quando ouvissem o primeiro tiro. Che, no entanto, violou sua própria ordem e deu uma olhada.

Mais tarde, escreveu: "Naquele momento, podia sentir a tensão antes do combate. Vi o primeiro soldado se aproximar. Ele olhava desconfiado à volta e avançava lentamente [...]. Escondi a cabeça, esperando que a batalha começasse. Ouvi um estalido de fuzil e então o tiroteio se generalizou". A selva se encheu do estrondo do combate enquanto os dois lados disparavam um contra o outro a curta distância. O Exército atirou apressadamente seus morteiros, mas as granadas caíram além de onde estavam os rebeldes, e então Che foi atingido. "De repente, senti uma sensação desagradável, semelhante a uma queimadura ou ao formigamento da dormência. Fui alvejado no pé esquerdo, que não estava protegido pelo tronco da árvore."

Ele ouviu alguns homens se movendo por entre as moitas na sua direção e se deu conta de que estava indefeso. Já esvaziara o pente de balas do rifle e não tivera tempo de recarregá-lo. Sua pistola caíra no chão e estava debaixo do seu corpo, mas não podia se erguer para pegá-la por receio de se expor ao inimigo. Desesperadamente, rolou para o lado e conseguiu agarrar a pistola no exato momento em que viu um de seus homens, o Cantinflas, vindo na sua direção.

Viera dizer-lhe que sua própria arma estava engasgada e que recuaria. Che tomou-lhe a arma, ajustou o pente e despachou o rapaz com um insulto. Em uma demonstração de coragem, Cantinflas deixou a proteção das árvores para atirar no inimigo, apenas para ser atingido por uma bala que lhe penetrou o braço direito e saiu pela omoplata.

Agora, tanto ele como Cantinflas estavam feridos, sem a menor ideia de onde estavam seus camaradas, mas se arrastaram para conseguir ajuda. Cantinflas estava em uma maca, e Che, com a adrenalina ainda correndo, caminhou a primeira etapa da viagem para a casa de um camponês que os apoiava, a cerca de dois quilômetros. Finalmente, quando a dor do ferimento o subjugou, teve que ser colocado em cima de um cavalo.

Em 9 de dezembro, Che mandou uma carta a Fidel pedindo mais armas e desculpando-se por ter se colocado na linha de fogo. Depois de enviar a carta, Che constatou que sua situação não era tão ruim como receara. As tropas inimigas retiraram-se por completo da área. Havia outra boa notícia. O jovem Joel Iglesias fora operado e se recuperaria. No seu novo refúgio, um médico que se juntara aos rebeldes recentemente "operou" Che, usando uma lâmina de barbear para extrair a bala do seu pé, e ele conseguiu caminhar novamente. Contudo, quando retornou a El Hombrito, encontrou uma devastação. "Nosso forno fora meticulosamente destruído. No meio das ruínas fumegantes, só encontramos alguns gatos e um porco. Escaparam da fúria destruidora do Exército invasor apenas para acabar nas nossas bocas." Teriam de começar tudo de novo, mas não em El Hombrito. Enquanto seu primeiro ano de guerra chegava ao fim e iniciava 1958, Che começou a edificar uma nova base, em La Mesa.

VII

Em sua carta de 9 de dezembro a Fidel, Che tratou de um problema que ia muito além de sua situação militar imediata. Tinha a ver com sua divergência cada vez maior com o diretório nacional do 26 de Julho no *llano*. Che jamais gostara das pessoas do *llano*, nem elas, evidentemente, dele, mas, àquela altura, o relacionamento chegara ao ponto de aberta animosidade.

Formalmente, o problema girava em torno das providências para suprimentos. Desde que passara a ser *comandante*, Che ignorara o sucessor de Frank País, Daniel, como o coordenador do Exército Rebelde em Oriente, e fizera tratos em separado com fornecedores. Mas isso era apenas a superfície do problema. Àquela altura, Che era conhecido no diretório nacional como um marxista "radical". Para a crescente preocupação de Armando Hart e Daniel, ambos manifestamente anticomunistas, o comandante argentino chefiava sua própria coluna com autonomia quase total e claramente gozava de influência sobre Fidel, enquanto o relacionamento deles com Castro se debilitara. A recusa de Che de fazer contato com Daniel ou utilizar sua organização em Santiago estava solapando a autoridade do *llano*.

Para resolver a crescente divergência, Daniel e Celia Sánchez deslocaram-se até a Sierra Maestra para ver Fidel em fins de outubro. A visita coincidiu com novos acontecimentos políticos. Armando Hart, como chefe da "organização geral" do 26 de Julho no *llano*, informou sobre ações potencialmente positivas empreendidas pelos partidos de oposição, visando formar um governo revolucionário no exílio, no qual o Movimento 26 de Julho e os autênticos de Prío predominariam. Ao mesmo tempo, escreveu ele a Fidel em outubro, prosseguiam "as relações cordiais com certos círculos diplomáticos", e soubera que pessoas "chegadas à embaixada [dos Estados Unidos]" estiveram falando com o embaixador em nome deles. "Acho que essa é a melhor política", concluía Hart, "já que somos mantidos atualizados sobre tudo o que está acontecendo lá, bem como sobre todos os possíveis planos norte-americanos, e, ao mesmo tempo, o Movimento não se engaja oficialmente."

Na sequência do fracassado levante em Cienfuegos, endossado secretamente pela CIA, os norte-americanos provavelmente tratavam de cobrir todas as apostas, procurando por toda a parte um meio alternativo de fazer com que Batista deixasse o cargo. Uma coligação de base ampla dos grupos políticos aceitáveis de Cuba, inclusive um contido Movimento 26 de Julho, deve ter parecido uma solução ideal. O conflito cubano estava ficando fora de controle, o Exército mostrara-se inteiramente incapaz de desfechar um golpe decisivo contra os rebeldes, e a solução de Batista fora soltar os cães. Os assassinatos de suspeitos de serem rebeldes por sua polícia eram agora rotina, enquanto massacres periódicos de camponeses pelo Exército em Oriente exacerbavam a atmosfera de crescente anarquia. Um coronel do Exército, Alberto del Río Chaviano, notório por seu papel nas torturas e nos assassinatos dos revoltosos de Moncada, fora promovido para assumir a campanha antiguerrilha na Sierra Maestra, e foi estabelecida uma recompensa de 100 mil dólares pela cabeça de Castro.

Os inimigos de Batista também estavam aumentando sua violência. Em outubro e novembro, o Movimento 26 de Julho saiu à cata de espiões e traidores nas cidades, pondo finalmente termo à vida de El Gallego Morán, que causara grande estrago depois de ir trabalhar para o serviço militar de Inteligência de Batista. O brutal comandante do Exército em Holguín, coronel Fermín Cowley, responsável pelo massacre dos homens do *Corynthia* e por numerosas outras mortes, foi assassinado. Os rebeldes também aumentaram a sabotagem econômica, ateando fogo aos canaviais em uma escala muito maior do que anteriormente. Para demonstrar que falava sério, Fidel prometeu incendiar os vastos canaviais de sua própria família em Birán.

Paradoxalmente, apesar do conflito, a economia de Cuba passava por grande impulso, graças aos melhores preços do açúcar e aos crescentes investimentos estrangeiros, em sua maioria provenientes dos Estados Unidos. As empresas norte-americanas produtoras de níquel em Oriente tinham recentemente anunciado planos de expansão e, em Havana, as instalações portuárias estavam sendo ampliadas para atender ao maior comércio marítimo. Os turistas continuavam a inundar Havana, e novos hotéis de luxo eram construídos. A última colheita de açúcar fora a melhor que Cuba já tivera, rendendo centenas de milhões de dólares de receita adicional para o Estado.

Washington, no entanto, em dúvidas quanto à capacidade de Batista de manter as coisas sob controle, continuava a emitir sinais contraditórios para seu governo. Apesar do crescente descontentamento com Batista no Departamento de Estado e na CIA, os militares norte-americanos o apoiavam firmemente. Em uma cerimônia em novembro, o comandante da Força Aérea de Batista, coronel Carlos Tabernilla, fora condecorado com a Legião do Mérito dos Estados Unidos, e o próprio Batista fora saudado como "um grande general e um grande presidente" em um discurso feito pelo general Lemuel Sheperd, do Corpo de Fuzileiros Navais dos Estados Unidos. Depois de alguns meses no seu novo posto, o embaixador Earl Smith ouvira mais sobre "as influências comunistas" no meio dos rebeldes e estava cada vez mais cético quanto a Fidel Castro. Telegrafou ao diretor da CIA, Allen Dulles, sugerindo que enviasse um espião para a Sierra Maestra a fim de precisar a "extensão do controle comunista" no movimento.

Fidel andava em uma corda bamba em sua tentativa de emergir como o líder de fato da oposição política em Cuba. Para ter êxito, precisava adquirir mais poder militar, expandindo a guerra, mas também necessitava de mais apoio político e econômico, e para conseguir esse apoio tinha de apresentar uma fachada adequadamente moderada e não ameaçadora.

Depois de receber a carta de Armando Hart, falando-lhe do iminente pacto de união, Fidel disparou uma carta para seu representante nos Estados Unidos, insistindo para que ele chefiasse uma delegação ao planejado encontro em 1º de novembro, e lhe mandando uma relação dos seus candidatos para os postos-chave da projetada aliança. Sem dúvida confiante de que seus desejos seriam atendidos, Fidel retornou para o assunto de dirigir sua campanha de guerrilha. Daniel, evidentemente enquadrado, regressou a Santiago depois do encontro com Fidel e logo começou a trabalhar arduamente para lhe conseguir munição e outros suprimentos que ele dizia necessitar. Celia Sánchez permanecera em Sierra Maestra. Fidel lhe dissera que queria ter sua "presença feminina" ao seu lado por algum tempo.

Em 1º de novembro, em Miami, foi constituída uma "Junta Cubana de Liberação", com as assinaturas de representantes da maioria dos principais grupos de oposição de Cuba. Os comunistas foram excluídos, mas o 26 de Julho dominava o comitê nacional da nova junta. Sem o consentimento de Fidel, Felipe Pazos atuara como o representante oficial do 26 de Julho, o que foi visto por Fidel como uma manobra para suplantá-lo. Afora as conclamações costumeiras pela renúncia de Batista, pela realização de eleições honestas e um retorno à constitucionalidade, o pacto procurara abertamente ser bem recebido por Washington. Não havia uma única declaração se opondo à intervenção estrangeira nem à ideia de que uma junta militar sucedesse a Batista, algo que Fidel muito temia. O pacto defendia a incorporação "pós-vitória" dos guerrilheiros de Fidel às Forças Armadas cubanas, assegurando dessa forma a dissolução do Exército Rebelde. Analogamente, a questão da injustiça econômica foi tratada superficialmente, com uma tímida cláusula que prometia a criação de mais empregos e a elevação do padrão de vida. Em suma, era um manifesto político composto para agradar ao coração de Washington.

Daniel e Armando Hart afirmaram estar contrariados com os termos do pacto, mas insinuavam que poderiam viver com ele. Raúl estava furioso, acusando Felipe Pazos de traição escancarada e propondo que ele fosse fuzilado. Fidel fez saber que não estava feliz, mas como os dirigentes do *llano* se apressaram por esclarecer suas posições, ele mantinha um silêncio enigmático. Imerso na guerra, Che ficou calado, mas aguardava ansioso um esclarecimento de Fidel. Em 1º de dezembro, depois da batalha de Mar Verde, Che instara diplomaticamente Fidel a emitir uma declaração que ele poderia imprimir no *El Cubano Libre*. No entanto, logo depois viera a retirada de Che de El Hombrito e seu ferimento nos Altos del Conrado. Foi na sua carta de 9 de dezembro, de La Mesa, que Che finalmente desafiou Fidel. Invocando suas desconfianças em relação ao diretório nacional, por ele acusado de intencionalmente "sabotar" Fidel, Che pediu permissão para adotar inespecíficas "severas providências", a fim de corrigir a situação; caso contrário, deveria renunciar. Embora redigido de forma diplomática, era um ultimato ao *jefe*.* Não só o futuro relacionamento

* Che reconheceu seu período de dúvida — em que esse episódio foi um marco importante — em sua carta de despedida para Fidel, escrita quando partiu para o Congo em 1965. "Revendo minha vida passada, acredito que trabalhei com suficiente integridade e dedicação para consolidar o triunfo revolucionário. Minha única falha grave foi não ter tido mais confiança em você desde os primei-

de Che com Fidel Castro dependia da resposta, como também, na realidade, o curso político da luta revolucionária em Cuba.

O conteúdo da carta de resposta de Fidel nunca foi revelado, mas, qualquer que tenha sido, para Che representou a reafirmação da sua confiança. Em 15 de dezembro, escreveu a Fidel: "Neste exato momento, chegou um mensageiro com sua nota de treze. Confesso que [...] ela me encheu de paz e felicidade. Não por qualquer razão pessoal, mas sim pelo que esse passo representa para a revolução. Você bem sabe que eu não confiava de forma alguma no pessoal do diretório nacional, nem como líderes nem como revolucionários. Mas não pensava que chegariam ao extremo de traí-lo de forma tão aberta".

Che seguiu dizendo a Fidel que seu prolongado silêncio era "desaconselhável". Os norte-americanos estavam obviamente "puxando os cordéis por trás dos panos", e chegara a hora de tirar as luvas. "Infelizmente, temos que encarar o Tio Sam antes que a hora esteja madura." Mais uma vez insistiu com Fidel para que assinasse um documento condenando o Pacto de Miami. Ele faria 10 mil cópias e as distribuiria por toda a província de Oriente e em Havana, a ilha toda, se pudesse. "Depois, se ficar mais complicado, com a ajuda de Celia, podemos demitir todo o diretório nacional."

Fidel acabou rompendo seu silêncio. No mesmo dia de sua carta a Che, emitiu uma declaração condenando o Pacto de Miami e remeteu-a a ele, ao diretório nacional e a cada um dos signatários do Pacto, acusando-os de demonstrar "patriotismo morno e covardia". Ele foi muito claro. "A liderança da luta contra a tirania está e continuará em Cuba e nas mãos dos combatentes revolucionários." Quanto ao futuro pós-vitória de suas forças guerrilheiras, proclamou: "O Movimento 26 de Julho reclama para si o papel de manter a ordem pública e reorganizar as Forças Armadas da república". Finalmente, para sabotar o que ele via como uma tentativa de Felipe Pazos de assegurar para si próprio a presidência de um futuro governo de transição, Fidel designou seu próprio candidato: o idoso jurista de Santiago, Manuel Urrutia. Fidel completou seu tour de force declarando: "Estas são as nossas condições. [...] Se forem rejeitadas, então continuaremos a luta por nossa própria conta [...]. Morrer com dignidade não exige companhia".

Era uma condenação vigorosa e efetivamente destruiu a junta recém-criada. Os ortodoxos se retiraram do Pacto, Pazos saiu do Movimento 26 de Julho e Faure Chomón, o novo chefe do Directorio, começou a planejar sua própria invasão de Cuba. Fidel ainda tinha de enfrentar um desenlace com seu diretório no *llano*, mas isso viria mais tarde, dentro de alguns meses. Nesse meio-tempo, Che

---

ros momentos da Sierra Maestra e não ter entendido com a devida rapidez suas qualidades de líder e de revolucionário."

e Daniel duelavam em uma áspera troca de cartas. Proclamando em um tom desafiador suas crenças marxistas e sua restaurada fé em Fidel "como um autêntico líder da burguesia esquerdista", Che atacou Daniel e os "direitistas" do diretório por terem permitido, de forma vergonhosa, que o movimento fosse "enrabado" em Miami. Daniel refutou energicamente as acusações de Che e acusou-o de pensar que Cuba estaria melhor sob uma futura "dominação soviética". Daniel insistiu que ele e seus camaradas do *llano* também tinham reservas a respeito do Pacto de Miami, mas achavam que, antes de romper com ele, o Movimento 26 de Julho devia decidir, "de uma vez por todas", o que defendia e para onde estava indo.*

Mais do que quaisquer outros documentos, a guerra epistolar entre Daniel e Che revela a profundidade das divisões ideológicas no seio do Movimento. Daniel escreveu sua carta de refutação a Che antes de ter conhecimento da ruptura de Fidel com o Pacto de Miami, mas os dados já estavam lançados, os outros grupos de oposição de Cuba estavam sendo informados de que poderiam ter um papel na Revolução Cubana somente depois de reconhecerem Fidel como seu líder supremo e de acordo com suas condições. Em pouco tempo, a notícia da ruptura de Fidel correra por Cuba inteira. Tal como prometera, Che reproduziu a carta de Fidel no seu mimeógrafo e, em 2 de fevereiro, a *Bohemia* a divulgou em uma tiragem especial de 500 mil exemplares. Em 6 de janeiro, enquanto a imprimia, Che escreveu a Fidel para elogiá-lo pelo documento "histórico". "Lênin já dissera que a política dos princípios é a melhor política. O resultado final será magnífico [...]. Agora você enveredou pela estrada grande, como um dos dois ou três [líderes] da América que chegarão ao poder por meio de uma luta armada multitudinária."

Nessa ocasião, apenas algumas pessoas além de Che tinham consciência do passo decisivo que Fidel de fato dera e que acabaria por afetar a vida de milhões de pessoas em Cuba e fora dela. Sua ruptura pública com o Pacto de Miami era a ponta visível de uma decisão política muito maior que, para o momento, devia permanecer um segredo guardado cuidadosamente.

VIII

Fidel sempre soubera que um dia teria de enfrentar os Estados Unidos, mas esperara evitar isso até depois de ter assumido o poder. Os tentáculos deles em

* Ver Notas.

sua pátria iam fundo demais para meias medidas e, se ele fosse mesmo governar como pretendia e conseguir uma autêntica libertação nacional para Cuba, teria de cortar esses tentáculos pelas raízes. No entender de Che, isso significava levar a cabo uma revolução socialista, embora Fidel tivesse evitado cuidadosamente mencionar essa temida palavra em público.

Até então, Fidel mantivera à distância o Partido Comunista de Cuba, o Partido Socialista Popular (PSP). Temperara sua mensagem política de modo que fosse atraente para uma ampla gama de alianças políticas e evitasse antagonizar os norte-americanos. Porém, os sinais inconfundíveis da influência norte-americana no Pacto de Miami e sobre algumas das pessoas do 26 de Julho no *llano* mostraram a Fidel que os dias de contemporização estavam terminados.

Na véspera da partida do *Granma*, o PSP deixara claro a Fidel que apoiava seu objetivo de derrubar Batista, mas discordava de suas táticas. À medida que passava o tempo, o PSP via-se forçado a considerar cada vez mais seu envolvimento na luta armada. Apesar de seu contínuo desconforto com a estratégia de campanha de Fidel, para o partido fazia sentido pôr-se de acordo com ele em alguma forma de aliança para que pudesse ter participação no futuro político do país. Sob pressão norte-americana, Batista começara a perseguir impiedosamente os membros do partido, utilizando-os como bodes expiatórios pela violência política. Tendo em vista as conhecidas afinidades políticas de Che Guevara e seu relacionamento estreito com Fidel, ele era o óbvio líder rebelde a ser contatado pelo partido quando este resolveu perseguir a meta de estabelecer laços mais íntimos com Castro. Esses contatos foram feitos bem no início da luta. Com ordens do partido para assisti-lo, um jovem comunista, Pablo Ribalta, partiu de Havana para se juntar a Che no verão de 1957.

Ribalta, um cubano negro, estudara em Praga, na União Internacional dos Estudantes, e se formara na escola de elite do Partido Comunista para seus quadros políticos. Na ocasião da viagem, era membro do secretariado nacional da Juventude Comunista. Confirmou que fora selecionado pelo partido, em meados de 1957, para se juntar a Che na serra, com a missão específica de implementar a doutrinação política das tropas rebeldes. "Che solicitara uma pessoa com as minhas características: um professor, com bom nível de educação política e alguma experiência de trabalho político."

Ribalta ingressou na serra vindo de Bayamo e chegou à La Mesa quando Che estava fora. Durante sua ausência, Ribalta organizou a incorporação dos comunistas locais às forças guerrilheiras e montou uma escola de doutrinação política. Quando finalmente Che regressou, fez Ribalta sentar-se a sua frente e o interrogou. Aparentemente satisfeito, ordenou a Ribalta que se submetesse a um período de treinamento como guerrilheiro. Alguns meses depois, Che o enviou a Minas del Frío, onde estabelecera uma base recuada permanente, com uma escola de recrutas, uma prisão e outras instalações. Ribalta seria um instrutor e sua tarefa era produzir combatentes "com educação integral". "Tinha instruções precisas de não dizer que era membro do PSP", disse Ribalta, "embora um grupo de líderes, inclusive Fidel, o soubesse. Mas, naquele momento, isso poderia ter criado divisões e eu obedeci ao pé da letra."

O partido também mantivera contatos discretos com Fidel e outros membros do diretório, culminando em um encontro em outubro de 1957 entre Fidel e Ursino Rojas, um dirigente do PSP e ex-presidente do Sindicato de Trabalhadores Açucareiros. Segundo Rojas, os dois debateram a possibilidade de se forjar uma coligação entre suas organizações, bem como exploraram o principal obstáculo para tal plano: o anticomunismo desenfreado de alguns dos dirigentes do Movimento no *llano* e dentro do novo grupo de frente trabalhista do 26 de Julho, o Frente Obrero Nacional. Para Fidel, algum tipo de aliança com o PSP tinha um bom sentido prático. Quaisquer que fossem suas diferenças com o partido, este era a entidade política mais bem organizada do país, com profundos e antigos vínculos com o sindicalismo organizado, o que tornava indispensável sua participação ativa na greve geral que se previa. Contudo, até que Fidel conseguisse impor sua liderança a todo o Movimento 26 de Julho, quaisquer laços estreitos com o PSP teriam de ser, ao mesmo tempo, graduais e discretos.

Sentindo-se mais confiante quanto à orientação política da revolução e com sua fé em Fidel renovada, Che ficou mais aberto a respeito de suas convicções marxistas. Chegou até a se permitir algum proselitismo discreto em meio a seus combatentes, que, na maioria, eram não apenas politicamente ignorantes, mas visceralmente anticomunistas, tal como acontecia com seus vizinhos norte-americanos durante a Guerra Fria. O comunismo era amplamente visto como a "ameaça vermelha", uma espécie de insidiosa infecção estrangeira que devia ao mesmo tempo ser temida e combatida. É interessante o modo como Che lidou com essa mentalidade entre seus próprios homens.

Enrique Acevedo, o garoto de quinze anos que fugira de casa, se juntara ao irmão mais velho e fora designado para integrar os descamisados de Che, recordou mais tarde um incidente em que, estando Che ausente, alguns dos homens discutiam se o *jefe* era ou não um comunista. Um deles, que insistia que Che era um *ñangaro,* um "vermelho", desafiou os demais, dizendo: "Vocês não notaram como, no grupo do comandante, há um grande mistério sobre os livros dele, e eles os leem de noite, em um círculo fechado? É assim que ele trabalha: primeiro recruta os que estão mais perto dele e depois eles vão infiltrando as ideias no meio da tropa".

Che com os homens da Quarta Coluna em El Hombrito, na frente de um banner de "Feliz 1958".

Acevedo tinha admiração demais por Che para abordá-lo sobre esse assunto, mas, gradualmente, ele e outros combatentes da coluna de Che chegaram à conclusão de que seu *comandante* acreditava no socialismo. Os primeiros a saberem disso foram os rebeldes ligados ao seu Estado-Maior. Um deles foi Ramón "Guile" Pardo, um adolescente que se juntara à coluna em agosto de 1957, seguindo os passos de seu irmão mais velho, Israel. Ao longo de vários meses, o Pardo mais moço passou a ser um dos membros do grupo de mascotes dedicados de Che, na sua maioria adolescentes que serviam como seus mensageiros e guarda-costas pessoais.

"Quando estávamos em El Hombrito", recordou Pardo, "ouvi dizer que havia alguns camponeses que pertenciam ao PSP [...]. Nos nossos deslocamentos, Che os visitava e observei que ele tinha afinidade com eles. Ele também discutia muito sobre política com o padre Sardiñas, que ficou durante algum tempo na nossa coluna. Che possuía um livro azul, que continha obras selecionadas de Lênin, e o estudava com frequência. Fiquei curioso, queria saber quem era Lênin e lhe perguntei. Ele me explicou: 'Você sabe de José Martí, Antonio Maceo e Máximo Gómez'." — heróis da guerra pela independência de Cuba, no final do século XIX. "'Lênin foi como eles. Lutou por seu povo.' Essa foi a primeira vez que alguém me falou de Lênin."

Os jovens combatentes eram telas em branco sobre as quais Che deixou uma marca duradoura. Ensinou pessoalmente Israel Pardo e Joel Iglesias, ambos analfabetos, a ler e escrever. E para "Guile" e alguns dos outros, que tinham mais instrução, iniciou círculos de estudo diários. O material de estudo evoluía gradualmente de história de Cuba e doutrina militar para política e marxismo. Quando Joel finalmente aprendeu a ler, Che lhe deu uma biografia de Lênin para estudar.

Assim como era discreto sobre seu papel político durante a campanha, Che, nos seus textos publicados posteriormente, fez apenas referências oblíquas aos laços iniciais entre o PSP e o 26 de Julho. Procurou apresentar a revolução como tendo evoluído *naturalmente* no rumo do socialismo, um resultado orgânico da vida do Exército Rebelde entre os camponeses negligenciados da Sierra Maestra. "Os guerrilheiros e os camponeses começaram a se fundir em uma única massa, sem que pudéssemos dizer em que momento exato na longa estrada revolucionária isso aconteceu, nem em que momento as palavras se tornaram profundamente reais e nos tornamos parte dos camponeses", ele escreveu em um artigo publicado no *Lunes de Revolución*, o suplemento literário do *Revolución*, um jornal criado durante a campanha de guerrilha e dirigido por Carlos Franqui.* Quando descreveu a aceitação gradual da revolução pelos camponeses, Che recorreu ao simbolismo religioso, apresentando suas agruras como uma espécie de romaria de peregrinos, na qual os indivíduos encontravam a redenção mediante o sacrifício, atingindo a clarividência final por meio do aprendizado de viver para o bem comum. "É um novo milagre da revolução que, sob o imperativo da guerra, o mais empedernido individualista, que protegia zelosamente os limites da sua propriedade e de seus próprios direitos, se una ao grande esforço conjunto da luta. Mas há um milagre ainda maior: a redescoberta pelo camponês cubano de sua própria felicidade, dentro das zonas liberadas. Quem quer que tivesse testemunhado os sussurros apreensivos com que nossas forças eram inicialmente recebidas em cada casa de camponês constata com orgulho a barulheira despreocupada, o riso feliz e de coração do novo morador da serra. Isso é reflexo da autoconfiança que a consciência de sua própria força deu ao habitante de nossa área liberada."

Che escreveu esse artigo, "A Guerra e o Campesinato", apenas sete meses depois do término da campanha. Por mais que ele tivesse conscientemente idealizado a vida na serra para o consumo público, sua evocação de uma utopia pas-

* Ver Notas.

toral construída por meio da luta armada foi uma visão que ele buscou depois reproduzir em escala internacional. O mais importante de tudo foi que identificou a guerra como a circunstância ideal para se chegar a uma consciência socialista. Em suma, o socialismo era a ordem natural da humanidade, e a campanha de guerrilhas, o casulo a partir do qual ele surgiria.

18. Ampliando a guerra

I

Em dezembro de 1957, Fidel Castro fizera a campanha descer da Sierra Maestra. Unidades rebeldes começaram a chegar ao *llano* para lançar ataques de perseguição, atirando em soldados aquartelados até em localidades distantes como Manzanillo, queimando caminhões de cana-de-açúcar e ônibus de passageiros na rodovia. A estratégia ampliava a campanha e desviava a atenção da Sierra Maestra, onde os rebeldes consolidaram seu controle. Um impasse tenso perdurou até o início do novo ano, com o Exército se abstendo de novas incursões e os rebeldes deixando de desencadear ataques em grande escala.

Na relativa calma, ninguém estava tão ativo quanto Che Guevara. Em sua nova base de operações em La Mesa, construíram instalações em substituição às que foram destruídas em El Hombrito, dentre elas um açougue, uma oficina para artigos de couro e até mesmo uma fábrica de charutos. (Che ficara viciado no tabaco cubano e, como Fidel, fumava-os sempre que os conseguia.) A oficina de couro destinava-se a fornecer sapatos, sacolas e cartucheiras para a tropa. O primeiro boné militar produzido foi oferecido a Fidel, e ele o recebeu às gargalhadas. Sem saber, Che fabricara um quepe quase idêntico ao que usavam os motoristas de ônibus cubanos. Recordou Che: "O único que me demonstrou alguma comiseração foi um conselheiro municipal de Manzanillo, que estava de visita [...] e que o levou consigo como um suvenir."

Che atribuiu prioridade máxima aos projetos de mídia do Exército Rebelde. *El Cubano Libre* era àquela altura impresso em um mimeógrafo novo, e um pequeno radiotransmissor fora instalado. Em fevereiro, a *Radio Rebelde* estava fazendo suas primeiras transmissões. Che também dedicou grande esforço na melhoria da qualidade e no aumento do volume da produção de material bélico. Tinha especial entusiasmo pelas pequenas bombas M-26, ou "Sputnik". As primeiras foram lançadas por catapultas improvisadas com as faixas elásticas de arpões de caça submarina. Posteriormente foram lançadas por rifles, mas os primeiros modelos eram pouco mais do que atiradeiras explosivas, um pouco de pólvora comprimida dentro de latas de leite condensado. Faziam um barulho enorme e amedrontador, mas causavam poucos estragos e, em pouco tempo, o inimigo aprendeu a colocar redes de malha de arame anti-Sputnik em volta de seus acampamentos. No começo de 1958, ainda não tinham sido testadas em combate, mas Che depositava grandes esperanças no seu desempenho.

Enquanto isso, Fidel fizera uma curiosa proposta a Batista. Se o Exército fosse retirado de Oriente, disse Fidel a um intermediário, ele concordaria com eleições realizadas sob supervisão internacional. Sua proposta coincidiu com um aumento súbito da preocupação do público com as sabotagens dos rebeldes e as atrocidades da polícia nas cidades, e Fidel aparentemente quis dar a impressão de que também ele queria a paz. O suposto mediador levou a proposta a Havana, onde o oferecimento foi rechaçado de modo tão veemente que o mensageiro fugiu para o exílio.

A imprensa internacional estava afluindo para a porta de Fidel. Cuba transformara-se em uma grande história, analisada em editoriais regulares pelo *New York Times* e coberta pelo correspondente do *Chicago Tribune* para a América Latina, Jules Dubois. Em janeiro e fevereiro, inúmeros repórteres subiram à serra para fazer entrevistas, inclusive correspondentes da *Paris Match* e de vários jornais latino-americanos. Andrew St. George voltou, e Fidel lhe fez declarações convenientemente apaziguadoras para o público norte-americano. Chegou mesmo a escrever um artigo para a *Coronet*, um dos órgãos de imprensa para o qual St. George trabalhava, confessando que era a favor da livre empresa, dos investimentos estrangeiros e contra a nacionalização. O governo provisório visualizado por ele para substituir Batista seria composto de membros do Rotary Club e outros balizados profissionais da classe média.

Em janeiro, o Movimento sofreu um revés potencialmente desastroso. Armando Hart e outros dois homens do 26 de Julho foram presos depois de visitarem Fidel. Segundo todos os relatos, seus captores planejavam executá-los, mas o vice-cônsul norte-americano (e agente da CIA) em Santiago, Robert Wiecha, salvou-os ao fazer com que o embaixador Smith indagasse sobre seus destinos. Infelizmente, ao ser capturado, Hart levava consigo um documento bastante comprometedor, um conjunto de críticas que escrevera a Che em resposta à carta inflamada de Che para Daniel. Tratava da questão do marxismo de Che e de Raúl, bem como da discórdia *llano-sierra*. Fidel vira a carta e ordenara a Hart que não a enviasse, temendo que, se a guerra epistolar continuasse, uma das cartas acabasse caindo nas mãos do inimigo e desse a Batista uma nova arma de propaganda para usar contra ele. Esse temor tinha então se materializado. Dias depois da prisão de Hart, o ex-cunhado de Fidel, Rafael Díaz-Balart, que o desprezava violentamente, mencionou a carta em uma transmissão radiofônica como evidência da influência comunista na organização de Fidel. No entanto, alguns dias depois, a campanha de propaganda contra Fidel foi logo desperdiçada, quando o Exército levou 23 suspeitos de serem rebeldes da prisão em Santiago para o sopé da serra e os assassinou, informando depois que os 23 foram mortos em combate, sem quaisquer baixas para o Exército. Che escreveu uma resposta contundente em sua coluna "Tiro Selvagem", no *El Cubano Libre*. Depois de enumerar uma série de outras guerras revolucionárias que se estavam desenrolando pelo mundo, Che assinalou que:

> Todas elas têm características em comum: a) as forças do governo "infligiram numerosas baixas aos rebeldes"; b) não há prisioneiros; c) "nada de novo" [a informar] por parte das forças governistas; d) todos os revolucionários, qualquer que seja o nome do país ou da região, estão recebendo "auxílio clandestino dos comunistas".
>
> Como o mundo nos parece cubano! É tudo a mesma coisa. Um grupo de patriotas é assassinado, quer tenham ou não armas, quer sejam ou não rebeldes, sempre depois de uma "feroz batalha" [...], matam todas as testemunhas, é por isso que não há prisioneiros. O governo nunca sofre uma só baixa, o que às vezes é verdade, porque matar seres humanos indefesos não é muito perigoso, mas às vezes também é uma grande mentira. A Sierra Maestra é nossa incontestável testemunha.
>
> E, finalmente, a mesma acusação conveniente de sempre: "comunistas". Os comunistas são sempre aqueles que pegam em armas, cansados de tanta miséria, onde quer que a ação ocorra no mundo. Os democratas são os que matam as pessoas indignadas, sejam homens, mulheres ou crianças. Como o mundo é cubano! Mas em toda parte, como em Cuba, o povo terá a última palavra, a da vitória, contra a força bruta e a injustiça.

Contudo, se o massacre dos prisioneiros de Santiago distraiu a atenção do público cubano, não desviou a dos Estados Unidos. Para o embaixador Earl Smith, as revelações na carta apreendida com Hart emprestava maior peso às suas suspeitas cada vez maiores de infiltração "vermelha" no Movimento 26 de Julho. Em janeiro, Smith viajou a Washington a fim de fazer lobby em favor de manter o fornecimento de armas para Batista, que prometeu restabelecer as garantias constitucionais e ir adiante com as eleições marcadas para junho se os Estados Unidos mantivessem as entregas. Quanto a Castro, Smith disse a jornalistas que não confiava nele e não achava que o governo norte-americano fosse capaz de "trabalhar" com ele.

No início de fevereiro, o arsenal de Che se apressou em dar os toques finais nos Sputniks que eram produzidos para a primeira grande operação do ano do Exército Rebelde. Fidel resolvera atacar novamente a comunidade madeireira em Pino del Agua, onde uma companhia do Exército tinha se estabelecido permanentemente. Batista acabara de suspender a censura em toda Cuba, exceto em Oriente, e Fidel queria "desfechar um golpe de impacto" a fim de ganhar algumas manchetes.

II

O ataque começou no alvorecer de 16 de fevereiro. O plano de Fidel era cercar o acampamento do Exército, destruir os postos de guarda e depois emboscar os reforços inimigos quando chegassem. Os homens de Che trouxeram seis Sputniks, que seriam disparados no começo do ataque. Outra das criações do seu arsenal, minas terrestres feitas com bombas que não detonaram depois de lançadas de aviões, também teria sua primeira prova; foram colocadas na estrada que se esperava que fosse usada pelo Exército. Os Sputniks foram disparados com êxito, mas causaram poucos danos, enquanto as minas terrestres produziram o que Che denominou de "um resultado lamentável": sua primeira vítima foi um motorista de caminhão, um civil que passou por acaso na hora errada.

O ataque começou bastante bem. A primeira onda de combatentes tomou os postos de guarda, matando meia dúzia de sentinelas e fazendo três prisioneiros, mas o conjunto principal de soldados se reagrupou rapidamente, detendo efetivamente o avanço dos rebeldes. Em poucos minutos, quatro rebeldes foram mortos, e outros dois, feridos mortalmente. Camilo Cienfuegos foi ferido duas vezes ao tentar recuperar uma metralhadora abandonada.

Os rebeldes tiveram mais sorte contra os reforços do Exército. A primeira patrulha caiu direto em uma emboscada e foi aniquilada. Mas Che queria infligir uma derrota total e implorou a Fidel que atacasse novamente o entrincheirado acampamento inimigo, para tomá-lo por completo dessa vez. Ante sua insistência, Fidel enviou dois pelotões para mais uma tentativa, mas também foram repelidos sob fogo cerrado. Che então pediu a Fidel que lhe desse o comando de uma nova força de assalto, com a qual tentaria obrigar os soldados a saírem, ateando fogo ao acampamento. Com relutância, Fidel autorizou-o a ir, advertindo-o para que tivesse muito cuidado.

Então, quando estava preparando o avanço, Che recebeu um bilhete de Fidel: "16 de fevereiro de 1958. CHE: Se tudo depender do ataque por esse lado, sem apoio de Camilo e Guillermo [García], acho que não se deve tentar nada suicida, porque há o risco de muitas baixas e de fracasso em atingir o objetivo. Peço-lhe seriamente que tenha cuidado. Você próprio não participará do combate. Esta é uma ordem expressa. Encarregue-se de liderar bem os homens, isso é o mais importante neste momento. Fidel".

Fidel sabia que Che provavelmente não iria adiante com seu plano se não pudesse ele próprio participar do combate e tinha razão. Como Che escreveu mais tarde: "Com toda essa responsabilidade pesando-me nos ombros, era demais e, cabisbaixo, segui o mesmo caminho de meu antecessor". Ele deu ordem aos seus homens para que recuassem. Posteriormente, falando da imprudência de Che em combate, Fidel disse que, "de uma certa forma, ele até violava as regras de combate, isto é, as normas ideais, os métodos mais perfeitos, arriscando sua vida na batalha devido ao seu temperamento, sua tenacidade, esse espírito que tem [...]. Por isso, tivemos de baixar certas regras e diretrizes para que ele obedecesse".

Na manhã seguinte, enquanto aviões do governo circulavam sobre suas cabeças, os rebeldes retrocederam para as montanhas, levando cinco prisioneiros e quarenta armas novas consigo. Depois de sua retirada, o Exército aparentemente assassinou treze camponeses encontrados escondidos perto das posições dos rebeldes. Ao denunciar essa atrocidade no *El Cubano Libre*, Che calculou que o inimigo perdera de dezoito a 22 homens, mas o Exército produziu estatísticas diferentes. Um comunicado oficial afirmou que "dezesseis insurgentes e cinco soldados" morreram no combate, mas não se podiam confirmar as notícias de que "o conhecido comunista argentino Che Guevara fora ferido". Um jornal de Havana informou que o ataque fora liderado "pelo agente comunista internacional conhecido como 'Che' Guevara".

Nas semanas que se seguiram ao combate em Pino del Agua, aumentaram as ações de sabotagem rebelde em todo o país. Em 23 de fevereiro, em um dos golpes publicitários mais espetaculares realizados pelo Movimento até então, uma unidade do 26 de Julho sequestrou Juan Manuel Fangio, o mundialmente famoso piloto argentino de carros de corrida, que estava em Havana para competir em um campeonato internacional. Posteriormente libertado ileso, Fangio declarou que seu sequestro fora "amistoso" e que o trataram com "afeto e cordialidade".

O Directorio, praticamente incapacitado depois de seu desastroso ataque ao palácio presidencial em março do ano anterior, também se tornava mais ativo. Um pequeno grupo dissidente do Directorio vinha operando havia vários meses nas montanhas da parte central da serra de Escambray, perto de Cienfuegos. Era liderado por Eloy Gutiérrez Menoyo, cujo irmão morrera no ataque ao palácio, com a ajuda de um veterano militar norte-americano chamado William Morgan. Em fevereiro, seus efetivos foram reforçados com a chegada de uma força expedicionária do Directorio, com quinze homens armados, chefiada por Faure Chomón. Temporariamente reunindo suas fileiras, executaram alguns ataques rápidos, depois emitiram uma declaração pretensiosa, conclamando por uma Cuba com amplas oportunidades de ensino e emprego, e pela formação de uma confederação de repúblicas americanas, no estilo bolivariano. Fidel fez o papel de estadista magnânimo, dirigindo uma mensagem de boas-vindas aos guerrilheiros do Directorio à "luta comum" e oferecendo-lhes assistência.

Fidel tomou novas providências para ampliar seu teatro de operações. Em 27 de fevereiro, designou seus três tenentes principais, seu irmão Raúl, Juan Almeida e Camilo Cienfuegos, comandantes de suas próprias colunas. Seguindo seu hábito de exagerar as dimensões de suas forças, Fidel designou a unidade "Frank País", chefiada por Raúl, como Coluna Seis e a "Santiago de Cuba", de Almeida, como Coluna Três. Raúl deveria abrir uma Segunda Frente Oriental na Sierra Cristal, no nordeste de Oriente, adjacente à base naval norte-americana da baía de Guantánamo. Almeida deveria dar início à Terceira Frente Oriental, cobrindo a área que vai da parte oriental da Sierra Maestra até a cidade de Santiago. O cenário de operações de Camilo seria definido depois que ele se recuperasse dos ferimentos que sofrera em Pino del Agua.

Fidel também tratou de consolidar seu poder no âmbito do *territorio libre* da Sierra Maestra. O advogado Humberto Sorí-Marín, que prestara assistência nos "julgamentos dos bandidos" em outubro, redigiu uma legislação a fim de impor a autoridade revolucionária sobre os habitantes do território controlado pelos rebeldes. Sorí-Marín também elaborou o texto de uma lei de reforma agrária que dava base "legal" ao confisco generalizado de rebanhos de gado dos proprietários de terras e sua distribuição entre os combatentes de Fidel e os camponeses da região.* Em março, foi impulsionado um outro projeto, a criação de uma escola de treinamento para recrutas e oficiais em Minas del Frío. Ela ficou sob a direção de Che, com a administração rotineira a cargo de um novo convertido, Evelio Lafferte.

Apenas um mês antes, Lafferte era um tenente do Exército, de 26 anos, combatendo os rebeldes em Pino del Agua e, de todos os líderes rebeldes, o que ele mais temia era Che Guevara. "A propaganda contra ele era intensa", recordou Lafferte. "Dizia-se que ele era um assassino de aluguel, um criminoso patológico [...], um mercenário, que alugava seus serviços ao comunismo internacional, que empregava métodos terroristas e que *socializava* as mulheres [fazia lavagem cerebral] e lhes tomava os filhos [...]. [Dizia-se] que qualquer soldado que ele fizesse prisioneiro era amarrado a uma árvore e ele próprio abria-lhe o ventre com uma baioneta."

Imediatamente depois da emboscada em que foi capturado e muitos de seus soldados foram mortos, Lafferte foi levado diante do temido argentino. "Ele me disse: 'Então você é um desses *oficialitos* que vieram acabar com o Exército Rebelde, é?'", disse Lafferte. "Falou em um tom irônico e me pareceu um indício de que vinham coisas piores." Lafferte estava convencido de que os rebeldes pretendiam matá-lo, mas foi levado para uma prisão improvisada no acampamento de Che, em La Mesa. Os rebeldes perceberam que tinham um homem potencialmente valioso nas mãos. Lafferte era um jovem oficial, inteligente e destacado, o primeiro de sua classe na academia militar de Cuba, e estava cheio de dúvidas sobre a conduta brutal do Exército na campanha. Fidel pessoalmente instou-o a se juntar a ele. Após um mês de "tratamento preferencial", Lafferte aceitou o oferecimento e foi imediatamente feito capitão e enviado para administrar a escola de treinamento de Che em Minas del Frío.

Che era cuidadoso ao lidar com Lafferte. Passava horas com o jovem oficial, falando sobre sua família e sobre literatura e poesia, uma paixão que compartilhavam. Lafferte mostrou-lhe alguns poemas que escrevera, e Che deu-lhe uma cópia de um livro de Pablo Neruda. Ele ouviu as sugestões de Lafferte para a condução da escola e aceitou aquelas que achou convincentes. Uma que não aceitou foi a ideia de Lafferte de que os recrutas deviam "jurar por Deus" no seu juramento de fidelidade. Che lhe disse que, "quando os camaradas vêm para a serra,

* Estimava-se que, ao término da campanha, os rebeldes em Oriente tinham "libertado" dessa forma 10 mil cabeças de gado. Tornar muitos camponeses proprietários de cabeças de gado pela primeira vez na vida foi uma das medidas mais populares do Exército Rebelde e lhe valeu o apoio de numerosos *guajiros*.

não levamos em consideração se eles acreditam em Deus ou não, de modo que não podemos obrigá-los a jurar por Deus. Eu, por exemplo, não acredito e sou um combatente do Exército Rebelde [...]. Você acha que está direito me forçar a fazer um juramento por algo em que não acredito?". Lafferte aceitou a argumentação de Che. "Eu era católico", ele disse, "mas compreendi a correção do que ele estava propondo e retirei Deus do juramento."

Depois que a escola estava em pleno funcionamento, Che levou para lá Pablo Ribalta, o líder da Juventude Comunista, para que se encarregasse da orientação ideológica dos recrutas. Sob o pseudônimo de Moisés Pérez, Ribalta ocultou sua verdadeira identidade. A fim de não assustar seus alunos com textos marxistas, para demonstrar suas teses utilizou as experiências da campanha na serra, a história cubana, os textos e discursos de Fidel e de outros líderes guerrilheiros. Outro líder guerrilheiro era Mao Zedong. Harry Villegas Tamayo, que tinha dezesseis anos quando estava em Minas del Frío, tem a seguinte lembrança: "Para Che, a campanha de guerrilha não era apenas um campo de adestramento militar, mas também cultural e educacional. Ele se preocupava com a formação dos futuros quadros da revolução".

III

Alguns dos jornalistas que conheceram Che na Sierra Maestra saíram de lá como seus admiradores e discípulos.* Um deles foi o uruguaio Carlos María Gutiérrez, que o encontrou pela primeira vez logo depois da batalha de Pino del Agua. Che o bombardeou com perguntas sobre seu equipamento fotográfico. Que fotômetros utilizava? Por quanto tempo expunha seu filme? E uma pergunta que repetia para qualquer visitante do Uruguai e da Argentina, países consumidores de mate: trouxera erva-mate consigo? Durante os dias que se seguiram, enquanto Che lhe mostrava o hospital de base e a fábrica de calçados, Gutiérrez notou o afeto e a camaradagem incomuns entre os homens de Che. "Não havia

* Bob Taber, jornalista da CBS, acabaria atravessando completamente a linha, ajudando a fundar o Fair Play for Cuba Committee e fazendo campanha nos Estados Unidos em favor do governo Castro. O ufanismo romântico inicial de Herbert Matthews em relação a Fidel minou sua credibilidade jornalística, acabando por destruir sua carreira no *New York Times*. O jovem jornalista equatoriano Carlos Bastidas, que foi à serra no início de 1958, estava determinado a defender a causa do movimento junto à Organização dos Estados Americanos em Washington. No entanto, antes que pudesse deixar o país, Bastidas foi assassinado pela polícia secreta de Batista.

ordens nem permissões, nem protocolo militar. Os guerrilheiros de La Mesa refletiam uma disciplina que era mais íntima, derivada da confiança em seus líderes. Fidel, Che e os outros viviam nos mesmos lugares, comiam a mesma coisa e, na hora do combate, atiravam da mesma linha que eles. Guevara não precisava abandonar sua rudez portenha para mostrar que os amava e eles lhe retribuíam com a mesma discrição viril, com um espírito de adesão que era mais profundo do que a mera obediência."

Entre os visitantes da serra na primavera de 1958 estava um jovem jornalista argentino, Jorge Ricardo Masetti. Como alguns dos que o precederam, Masetti, com um passado no grupo jovem peronista de extrema direita, teria sua vida modificada para sempre por essa experiência. Por coincidência, Masetti chegara com uma carta de apresentação do velho conhecido de Ernesto Guevara, Ricardo Rojo, que regressara à Argentina em 1955, depois do golpe militar de direita que derrubou Perón.* No final de 1957, Masetti localizou Rojo no Café La Paz, um local de encontro de escritores e pessoal de teatro no centro de Buenos Aires, e pediu ajuda para um encontro com os rebeldes na Sierra Maestra. Rojo escreveu um curto bilhete para Guevara: "Querido Chancho, o portador é um jornalista e amigo que quer fazer um programa noticioso para a estação de rádio *El Mundo*, de Buenos Aires. Por favor, cuide bem dele, é uma boa pessoa". Rojo assinou o bilhete como *El Francotirador*, o apelido que ele e Che usaram de vez em quando nos seus dias de América Central, mal sabendo que seu amigo o tinha mais uma vez adotado para si próprio.

Masetti era o primeiro visitante argentino às montanhas e alguns dos jovens rebeldes perguntaram, excitados, se era "irmão" de Che. Masetti parecia decidido a não se deixar impressionar no primeiro encontro: "Do seu queixo brotavam alguns fios do que queria ser uma barba [...]. O famoso Che Guevara me pareceu um típico garoto da classe média argentina". Durante um café da manhã juntos, Masetti indagou de Che por que estava lutando em uma terra que não era a sua. Che fumava um cachimbo enquanto falava e Masetti achou que seu sotaque já não parecia argentino, mas uma mistura de cubano e mexicano. Che disse: "Em primeiro lugar, considero que minha pátria não é somente a Argentina, mas

* Rojo tinha ido trabalhar para seu mentor político, Arturo Frondízi, que em 1956 liderou a dissidência liberal do Partido Radical, a União Cívica Radical Intransigente. Quando o general Aramburu concordou em realizar eleições, Rojo desempenhou um papel fundamental no estabelecimento de conversações entre o partido de Frondízi e Perón — ainda poderoso mesmo no exílio — a fim de conquistar para Frondízi os cruciais votos peronistas. A jogada foi bem-sucedida. Frondízi venceu as eleições presidenciais realizadas em fevereiro de 1958 e Rojo foi recompensado por seus esforços com um posto diplomático em Bonn.

toda a América. Tenho antecessores gloriosos como Martí e é precisamente na terra dele que estou aderindo à sua doutrina. Mais do que isso, não posso conceber que se possa chamar de interferência me entregar pessoalmente, me entregar completamente, oferecer meu sangue por uma causa que considero justa e popular, ajudar um povo a se libertar da tirania [...]. Nenhum país até agora condenou a interferência norte-americana nos assuntos cubanos e nenhum jornal acusou os ianques de ajudarem Batista a massacrar seu povo. Porém, muitos estão preocupados comigo. Eu sou o estrangeiro intrometido que ajuda os rebeldes com sua carne e seu sangue. Aqueles que fornecem as armas para uma guerra civil não são intrometidos. Eu sou".

Enquanto Che falava, Masetti se deu conta de que ele o fazia em um modo inteiramente impessoal, embora um sorriso estivesse sempre dançando em seus lábios. Em seguida, Masetti lhe perguntou sobre o comunismo de Fidel Castro. Ao ouvir isso, Che abriu um grande sorriso, mas respondeu com o mesmo distanciamento anterior. "Fidel não é um comunista. Se fosse, nós pelo menos teríamos mais armas. Mas esta revolução é exclusivamente cubana. Ou, melhor dizendo, latino-americana. Politicamente, Fidel e seu movimento podem ser chamados de 'nacio-

Che com o jornalista argentino Jorge Ricardo Masetti, na primavera de 1958. As entrevistas gravadas de Masetti com Che foram transmitidas internacionalmente.

nalistas revolucionários'. É claro que é anti-ianque, na medida em que os ianques são contrarrevolucionários. Porém, na realidade, nós não pregamos o anti-ianquismo. Estamos contra os Estados Unidos porque os Estados Unidos estão contra nosso povo. A pessoa mais atacada com o rótulo de comunista sou eu mesmo."

Quanto às suas razões para se juntar à força cubana no México, Che via nisso uma forte ligação com seus anos de viagens. "A verdade é que, depois das experiências das minhas andanças por toda a América Latina e, para culminar, pela Guatemala, não era preciso muito para me incitar a me juntar a qualquer revolução contra um tirano, mas Fidel me impressionou como um homem extraordinário. Ele enfrentou e superou as coisas mais impossíveis. Tinha uma fé excepcional em que, uma vez que partisse para Cuba, chegaria. E que, uma vez que tivesse chegado, lutaria. E que, lutando, venceria. Eu compartilhei desse otimismo [...]. Estava na hora de parar de chorar e lutar."

Masetti regressou à Argentina com seu furo de reportagem: entrevistara Fidel e Che, que falara pela primeira vez para uma audiência radiofônica internacional. Voltou também com uma saudação gravada de Che para a família Guevara. Durante o ano anterior, as cartas de Ernesto foram raras. Na maioria das vezes, a família sabia sobre ele por meio de revistas e jornais. Ficaram cheios de orgulho com uma fotografia, publicada junto com a famosa entrevista de Herbert Matthews com Fidel, no *New York Times*, em que Ernesto aparecia com uma barba rala e segurando uma arma. Os artigos de Matthews também reduziram as ansiedades dos Guevara a respeito da causa que adotara seu filho. "Soubemos então", escreveu o pai, "que Ernesto lutava por uma causa que era reconhecida como justa." Na primavera de 1958, o pai de Che viu um artigo escrito por Bob Taber sobre Che, intitulado "Será Che capaz de mudar o destino da América?". Para o velho Guevara, isso provava que seu filho era alguém. "Confesso que o que Taber escreveu impressionou a família inteira. Ernesto não era apenas um guerrilheiro a mais, e sim mencionado como um futuro líder de países."

Outras notícias chegavam de Dolores Moyano, a amiga de infância de Ernesto, que morava então em Nova York e remeteu aos Guevara recortes do jornal de Miami em espanhol, *Diario de las Américas*, bem como do comitê do 26 de Julho em Nova York, que lhes mandava exemplares dos comunicados do Exército Rebelde. Dentro de pouco tempo, o velho Ernesto estava recebendo informações regulares do correspondente do *Chicago Tribune* para a América Latina, Jules Dubois. Em uma visita que fizera a Buenos Aires, Dubois o procurara e, desde então, adotaram o hábito de se encontrar para bater um papo, tomando uísque, sempre que Dubois estava na cidade. Em troca de detalhes das mais recentes façanhas de Che, Dubois enchia o velho Guevara de perguntas sobre Che quando jovem. O velho Ernesto acabou ficando desconfiado quando Dubois lhe pediu que escrevesse um resumo do que sabia sobre Fidel Castro. Ele alegou que suas suspeitas de que Dubois era, na verdade, um agente da CIA foram confirmadas por uma "fonte muito boa". (Verdadeira ou não, essa acusação passou a ser dogma em Cuba, onde o velho Guevara estava vivendo quando escreveu suas memórias.)

Quando Carlos María Gutiérrez regressou de Cuba, ele também procurou a família de Che em Buenos Aires, transbordando de admiração pela revolução e por Che. "Quando nos falava sobre Ernesto", recordou o pai de Che, "suas palavras não nos pareciam inteiramente convincentes, porque nos descrevia um herói romântico e boêmio." E também um homem muito ativo. Segundo Gutiérrez, Che "assentou as bases para a reforma agrária na serra, construiu uma fábrica de armamentos, inventou um fuzil-bazuca, inaugurou a primeira fábrica de pão nas montanhas, edificou e equipou um hospital [...], criou a primeira escola [...], instalou um radiotransmissor chamado *Radio Rebelde* [...] e ainda encontrou tempo para fundar um pequeno jornal para as tropas rebeldes".

A visita de Masetti coroou a sensação da família de Guevara de virar celebridade por tabela. Escutaram a gravação trazida pelo mais recente admirador de seu filho, bem como as transmissões das entrevistas de Che pela *Radio El Mundo*. Depois das primeiras vezes, Masetti e Gutiérrez se tornaram visitantes frequentes e amigos da família e, contagiados pelo entusiasmo dos dois, o velho Ernesto logo abraçou a Revolução Cubana com fervor. "A defesa da Revolução Cubana nos cativou a todos", escreveu ele. "Minha casa na calle Araoz se transformou em um centro revolucionário." Ele alugou um outro estúdio perto do seu escritório e transformou-o em uma sucursal do comitê local de apoio ao 26 de Julho e, em um gesto que lembrava seu trabalho durante a Guerra Civil Espanhola e a Segunda Guerra Mundial, fundou um "Comité de Ayuda a Cuba", que realizava bailes e vendia bônus para arrecadar fundos.

No Peru, Hilda tornara-se a representante oficial do Movimento 26 de Julho. Havia sucursais do Movimento pela América Latina afora e nos Estados Unidos, arrecadando fundos, divulgando seus objetivos e difundindo informações para a imprensa. "De acordo com as instruções que me mandara o comitê, eu trabalhava em propaganda e coleta de dinheiro", escreveu Hilda. Com alguns membros da ala esquerdista da Apra, à qual se filiara, fundou um grupo de apoio para ajudar exilados cubanos que se refugiavam no Peru. Contudo, apesar de toda a sua atividade política, as reminiscências de Hilda sobre esse período revelam um certo tom de repreensão. "As cartas de Ernesto chegavam de vez em quando. Das minhas, só algumas conseguiram chegar a ele, embora eu seguisse suas instruções. [...] Quando Hildita completou dois anos, em 15 de fevereiro de 1958, escrevi a Ernesto e lhe pedi que me deixasse ir para as montanhas de Cuba, para estar com ele e ajudá-lo, a criança já tinha idade suficiente para ser cuidada por minha família ou pela dele. Sua resposta levou uns quatro ou cinco meses para chegar. Disse que eu ainda não podia ir, a luta estava em uma etapa perigosa e começaria uma ofensiva na qual ele próprio não ficaria em um mesmo lugar."

Havia outra razão pela qual a presença de Hilda na Sierra Maestra não seria oportuna. Na primavera de 1958, Che passara a ter uma amante, Zoila Rodríguez, uma jovem *guajira*. O adolescente protegido de Che, Joel Iglesias, assistiu ao namoro-relâmpago. "Em Las Vegas de Jibacoa, Che conheceu uma preta, ou melhor, uma mulata, com um corpo realmente lindo, chamada Zoila, e ele gostou muito dela", Iglesias disse. "Uma porção de mulheres ficava doida por ele, mas ele sempre era muito sério e respeitoso nesse sentido [...], mas gostou *daquela* moça. Eles se juntaram e ficaram juntos durante algum tempo."

Zoila era uma mãe solteira de dezoito anos, que ainda vivia na fazenda do pai, onde conheceu Che. "Eram cerca de quatro da tarde, o dia não consigo me lembrar", recordou ela anos depois. "Eu estava pondo umas vacas no curral quando ele chegou. Vinha montado em uma mula [...], vestindo um uniforme verde estranho, com uma boina preta." Fora à procura do pai dela, um colaborador dos rebeldes, para ver se ele podia ferrar a mula. Como o pai não estava, ela se ofereceu para ferrá-la. "Enquanto punha as ferraduras na mula, olhei para ele pelo canto do olho e percebi que me observava, mas daquele jeito que os rapazes olham para as moças, e fiquei muito nervosa. Quando fui até a caixa de ferragens para buscar uma lima, perguntou-me o que ia fazer e expliquei que aparara os cascos e agora tinha de aplainá-los para colocar as ferraduras. Guevara perguntou se era realmente necessário fazê-los ficar tão bonitos assim. Respondi que era assim que tinha de ser. Ele continuou a me olhar daquele jeito [...], um olhar fixo um pouco malandro, como se me quisesse repreender por algo que eu não tinha feito."

Quando terminou de ferrar a mula, Zoila ofereceu-lhe um café. Enquanto bebia, Che fez-lhe perguntas sobre ela. Onde tinha aprendido a ferrar mulas? Era casada ou solteira? "Ele me impressionou muito", Zoila lembrou. "Essa é a verdade e não posso negar. Como mulher, gostei muito dele, sobretudo do seu olhar, tinha os olhos tão bonitos, um sorriso tão calmo que comoveria qualquer coração, podia comover qualquer mulher."

Quando o pai chegou de volta à casa, explicou a ela, em tom de admiração, que Guevara era um homem extraordinário que tinha vindo tirá-los da sua miséria e desgraça. Pouco tempo depois, Zoila começou a fazer pequenos serviços para os rebeldes, encontrando Che de vez em quando, até o dia em que ele finalmente pediu-lhe que ficasse de vez em Minas del Frío. Ela auxiliava na cozinha e no hospital e trabalhava muito. "Ele disse que me admirava por isso e que admirava os camponeses pelo trabalho árduo que faziam", recordou Zoila. "Perguntou-me muitas coisas sobre a Sierra Maestra, como se chamavam as plantas, para que serviam, especialmente as medicinais [...]. Queria saber tudo sobre os animais e os pássaros da mata. Surgiu em mim um amor grande e lindo e me dediquei a ele, não apenas como uma combatente, mas como uma mulher."

Zoila permaneceu ao lado de Che durante os muitos meses que se seguiram. É curioso que ele não parece ter tentado educá-la politicamente. Zoila lembrou-se de um dia em que viu um de seus livros e ficou espantada com as letras douradas. "Perguntei-lhe se elas eram feitas de ouro. Ele achou graça na pergunta. Riu e disse: 'Esse livro é sobre comunismo'. Tive vergonha de perguntar a ele o que significava comunismo, porque nunca ouvira essa palavra antes."

IV

Em março de 1958, Fidel Castro enfrentou uma possível nova barreira no seu caminho rumo ao poder: uma iniciativa de paz. A Igreja católica apelou pelo fim da violência dos rebeldes e pela criação do governo de unidade nacional. Foi feita uma "comissão de harmonia", composta de políticos conservadores e homens de negócios, e um padre foi chamado para mediar. Enquanto Batista deu sinais aparentemente receptivos, Fidel repudiou a comissão, qualificando-a de abertamente pró-Batista. Era uma jogada arriscada, pois havia um crescente apoio da opinião pública por um acordo negociado, e Fidel poderia ser visto como um obstáculo. Porém, no momento crucial, Batista lhe proporcionou uma saída.

A solução surgiu quando um juiz de Havana indiciou por assassinato dois dos carrascos mais notórios de Batista. A reação do ditador foi suspender mais uma vez as garantias constitucionais e declarar nula a sentença, levando o juiz responsável a fugir do país e os Estados Unidos a suspender os embarques de armamentos para Cuba. Diante da desaprovação de Washington, do aumento das sabotagens pelos rebeldes e dos crescentes chamamentos pelas instituições cívicas cubanas para que renunciasse, Batista agravou seus problemas adiando para novembro as eleições marcadas para junho. Fidel a essa altura estava com seu poder de fogo reforçado por um carregamento de armas que encheu um avião de transporte C-47, que voou diretamente da Costa Rica para um ponto predeterminado perto de Estrada Palma. Castro reuniu-se com seu diretório nacional (faltando apenas Armando Hart, que estava preso na Isla de Pinos, onde ficaria até a vitória dos rebeldes).* Em 12 de março, assinaram um manifesto para que fossem iniciados os preparativos para a greve geral, havia muito planejada, e para uma "guerra total" contra o regime.

O objetivo era nada menos do que a paralisação completa do país: a partir de 1º de abril, nenhum imposto deveria ser pago; a partir de 5 de abril, qualquer pessoa que continuasse no setor executivo do governo seria considerada traidora, enquanto quem ingressasse nas Forças Armadas seria considerado criminoso, e os juízes deveriam renunciar a seus cargos. Quando a convocação da greve fosse anunciada pelo rádio, os rebeldes lançariam ataques armados em Havana e pelo país afora. Enquanto Faustino Pérez, recentemente posto em liberdade, organizaria as greves em Havana, Fidel prepararia seu Exército para o que ele esperava ser uma insurreição generalizada.

Ansioso por tomar parte, o Partido Comunista em Cuba, o PSP, ordenou a seus militantes que começassem a se organizar para atuar, porém, mais uma vez, os dirigentes conservadores do diretório nacional no *llano* bloquearam essa participação. O PSP enviou um emissário a Fidel, a fim de argumentar em favor da posição do partido. Em resposta, ele ordenou ao Movimento que permitisse a participação nos comitês grevistas de "todos os trabalhadores cubanos, independentemente de suas filiações políticas ou revolucionárias". Mesmo assim, os dirigentes no *llano* excluíram meticulosamente os comunistas.

A greve convocada para 9 de abril foi uma catástrofe. A Confederación de Trabajadores Cubanos, controlada por Batista, e o banido PSP desrespeitaram a ordem de paralisação. Em Havana, a maioria das lojas e fábricas permaneceu aberta e os setores-chave de eletricidade e transportes não foram afetados. Em Santiago, a greve também fracassou e, ao findar o dia, cerca de trinta pessoas tinham sido mortas pela polícia e pelos esquadrões da morte de Rolando Masferrer. Quanto às outras ordens para renúncias e não pagamento de impostos, foram praticamente ignoradas. No entanto, publicamente Fidel encarou tudo isso de forma positiva e, em uma transmissão radiofônica de 10 de abril, esbravejou

* Com o carregamento de armas, chegou Pedro Miret, que estava preso no México quando o *Granma* zarpou; ele voltou a se juntar a Fidel como membro de seu Estado-Maior. Acompanhava-o Huber Matos, um professor de Manzanillo e produtor de arroz que fora para o exílio depois de ajudar a transportar os primeiros reforços rebeldes para a serra no ano anterior. Matos foi nomeado oficial por Fidel e mais tarde viria a se tornar um comandante, chefiando a Coluna Nove. O piloto do avião — que os rebeldes queimaram após o desembarque da carga — era Pedro Luis Días Lanz, um desertor da Força Aérea de Batista. Antes de terminar a campanha, Días Lanz faria várias entregas de armas aos rebeldes e seria nomeado chefe da Força Aérea da revolução. Mais tarde, se tornaria um dos mais perigosos inimigos do regime Castro.

que "Cuba inteira está queimando e em erupção, em uma explosão de raiva contra os assassinos, os bandidos e gângsteres, os informantes e fura-greves, os malfeitores e militares ainda fiéis a Batista".

Mas, apesar de toda a retórica de Fidel para salvar as aparências, o fracasso da greve fora um golpe duro para a causa rebelde. Fidel escreveu a Celia Sánchez em 16 de abril: "A experiência com a greve representou uma grande derrocada moral para o Movimento, mas espero que sejamos capazes de reconquistar a fé do povo em nós. A revolução está mais uma vez em perigo e sua salvação está nas nossas mãos". Se o orgulho de Fidel fora ferido, seu ego permanecia basicamente ileso: "Não podemos continuar a decepcionar a nação. Há muitas coisas que temos de fazer, da maneira certa e em grande escala. E vamos fazê-las. O tempo um dia me fará justiça".

Fidel culpou a liderança no *llano* pelo fracasso da greve, enquanto os comunistas culparam o Movimento 26 de Julho, de forma geral, por "aventureirismo". Para Batista, o fiasco de 9 de abril foi uma dádiva. Seu velho inimigo na República Dominicana, Rafael Trujillo, mandara-lhe cinco aviões carregados de material bélico. Ante uma visível queda nas atividades rebeldes depois da greve, Batista começou a traçar planos ambiciosos para lançar uma ofensiva de verão a fim de liquidar a insurreição de Fidel de uma vez por todas.

O mal disfarçado apelo de Fidel pela "unidade dos trabalhadores" era uma nova prova de que os comunistas e Castro estavam se chegando. Na realidade, o PSP de repente passara a apoiar o movimento rebelde de modo muito ostensivo. Em fevereiro, o Comitê Nacional do PSP emitira um documento declarando que "a despeito das discrepâncias radicais que tem em relação às táticas do '26 de Julho' no resto do território do país, [o partido] justifica e compreende a ação guerrilheira na Sierra Maestra". Em 12 de março, um artigo intitulado "Por que Nosso Partido Apoia a Sierra Maestra" foi publicado no seu boletim *Carta Semanal*. "Não nos limitamos a ver com simpatia a atuação das Forças Armadas comandadas por Fidel Castro, 'Che' Guevara e outros", o artigo afirmava. "Adotamos a posição de apoiar ativamente, em toda a zona de guerrilha, as tropas que lutam contra a tirania [de Batista] [...]. Além de tentar ajudar as atividades das forças patrióticas que operam na Sierra Maestra, estamos buscando ampliar os laços entre a ação de guerrilha e a luta de classes em toda a zona circunvizinha."

Ainda hoje, a maioria dos ex-funcionários soviéticos daquele período ainda vivos insiste no dogma oficial de que os dirigentes soviéticos não tinham, de forma geral, conhecimento do que estava acontecendo em Cuba e foram apanhados de surpresa pela vitória rebelde de janeiro de 1959. No entanto, essas afirmações não subsistem diante da abundância de indicações em contrário. Em primeiro lugar, os soviéticos já tinham tido contatos diretos com Che e com Raúl Castro no México, onde a União Soviética possuía uma embaixada importante e seus funcionários se mantinham em contato com os líderes dos partidos comunistas da região, inclusive o PSP cubano. Por outro lado, embora os antigos comunistas latino-americanos fiquem indignados com a ideia de que eram lacaios de Moscou, a realidade é que, naquela época, a maioria dos partidos comunistas do continente dependia de Moscou não só em termos de subsídios em dinheiro, como também de diretrizes políticas. Parece improvável, chegando às raias do absurdo, que os soviéticos fossem se manter distanciados das gestões do Partido Cubano no sentido de uma aliança com a revolução de Fidel Castro na primavera de 1958. O certo *é* que, no princípio de 1958, um número maior de comunistas começou a se juntar ao Exército Rebelde, especialmente às colunas de Che e de Raúl. A essa altura, Fidel preparava-se para desferir um golpe de mestre contra o Movimento no *llano*. O fracasso da greve geral expusera, de forma penosa, as debilidades da liderança e dera a Fidel uma nova posição de força, a partir da qual podia impor o controle direto de todo o Movimento. Como disse a Celia Sánchez na ocasião, "ninguém jamais conseguirá me fazer confiar novamente na organização [...]. Sou o suposto líder desse Movimento e, aos olhos da história, tenho que assumir a responsabilidade pela estupidez dos outros [...]. Com a desculpa de estar combatendo o caudilhismo, cada um tenta fazer cada vez mais o que lhe dá na cabeça. Não sou tão bobo a ponto de não me dar conta disso, nem sou homem dado a ter visões ou a ver fantasmas".

Em 16 de abril, depois de uma rápida incursão pela planície, a coluna de Camilo Cienfuegos retornou à serra. Fidel o designou chefe militar do triângulo formado pela área entre Bayamo, Manzanillo e Las Tunas, com ordens para coordenar todas as atividades de guerrilha nessa zona. Ele devia assumir o comando da sabotagem e do suprimento nessas cidades, bem como implementar a reforma agrária e "modificar o Código Civil", estendendo as normas revolucionárias de Fidel da Sierra Maestra para o *llano*. Os rebeldes de Fidel podiam então, teoricamente, atacar em qualquer parte da província de Oriente, mas, antes que seu novo plano pudesse ser de fato posto em funcionamento, precisava se entrincheirar e defender a Sierra Maestra. Estava claro que Batista planejava desencadear uma grande ofensiva com o Exército.

Em meados de abril, Fidel e Che transferiram suas bases de La Plata e La Mesa para os sopés do nordeste. Fidel estabeleceu seu quartel-general operacional em El Jíbaro, enquanto a unidade de Che ficava à distância de um dia de marcha, perto do vilarejo de Minas de Bueycito, onde Sánchez Mosquera aquartelara sua tropas. A missão de Che era defender a linha de frente dos rebeldes contra a penetração do Exército. Confiscou a residência de um proprietário de terras, em um local chamado La Otilia, situado a apenas dois quilômetros da base inimiga, e aí se instalou. Nenhum dos lados parecia ansioso por se arriscar em uma batalha decisiva. À noite, os rebeldes disparavam suas bombas M-26, e suas patrulhas comumente travavam pequenos combates com o Exército, mas a principal atividade de Sánchez Mosquera consistia em represálias contra os moradores da área, queimando e saqueando casas e matando suspeitos de colaborar com os rebeldes. Por alguma razão, La Otilia não foi atacada.

Mais tarde, Che escreveu: "Jamais consegui descobrir por que Sánchez Mosquera deixou que ficássemos confortavelmente acomodados em uma casa, em uma área relativamente plana, com pouca vegetação, sem chamar a Força Aérea inimiga para nos atacar. Nosso palpite era de que ele não estava interessado em combater e não queria deixar que a Força Aérea visse como suas tropas estavam próximas [de nós], pois então ele teria de explicar por que não atacava".

La Otilia pode ter permanecido intocada, mas seus arredores eram uma perigosa zona de fogo livre. Uma noite, regressando de um encontro com Fidel, Che e seu guia se depararam com uma cena horripilante. "Nesse último trecho da viagem, já perto da casa, um espetáculo estranho se apresentou sob o clarão de uma lua cheia, que iluminava nitidamente toda a área. Em um desses campos ondulados, com palmeiras esparsas, surgiu uma fila de mulas mortas, algumas com seus arreios postos. Quando apeamos de nossos cavalos para examinar a primeira mula e vimos os buracos de bala, a expressão do guia, ao olhar para mim, era a imagem de um filme de caubóis. O herói do filme chega com seu companheiro e vê um cavalo morto por uma flecha. Diz alguma coisa, como 'Os Sioux', e faz uma cara especial para esse momento. Foi assim que ficou a cara do homem e talvez a minha também, embora não me tenha dado ao trabalho de me olhar no espelho. Alguns metros adiante estava a segunda, depois a terceira, depois a quarta ou quinta mula morta. Era um comboio de suprimentos destinado a nós, interceptado por uma das patrulhas de Sánchez Mosquera. Creio recordar que também havia um civil morto. O guia se recusou a me acompanhar. Disse que não conhecia o terreno e simplesmente montou no cavalo. Separamo-nos amigavelmente."

Poucas semanas depois de se instalar em La Otilia, Che recebeu novas ordens. Preparando-se para a invasão do Exército, que parecia mais iminente a cada dia, Fidel queria que ele se encarregasse pessoalmente da escola de treinamento de recrutas em Minas del Frío. Havia um grande número de novos voluntários reunidos lá e eles constituiriam a espinha dorsal de um novo comando que deveria empreender a arriscada travessia da ilha logo que estivessem prontos e as condições fossem favoráveis. A coluna de Che na linha de frente diante de Sánchez Mosquera ficaria sob o comando do seu subchefe, Ramiro Valdés.

Por precaução, Fidel também queria consolidar a infraestrutura do Exército Rebelde. A *Radio Rebelde* e *El Cubano Libre* foram transferidos de La Mesa para La Plata, sua sede de comando. La Plata, com hospitais, geradores de eletricidade e depósitos de munição, era um nervo vital que os rebeldes não podiam perder em hipótese alguma e seria sua última linha de defesa. Alimentos e medicamentos tinham sido levados para lá e estocados para o que poderia vir a ser um cerco de longa duração.

Sentindo-se inquieto, Che partiu para assumir suas novas obrigações, acompanhado por apenas um pequeno grupo de combatentes escolhidos a dedo. Seu diário refletia o estado de espírito abatido: "Partimos ao alvorecer, eu desanimado por ter de abandonar uma zona que mantivera sob meu controle por quase um ano e em um momento realmente crítico, pois as tropas de Sánchez Mosquera estão se aproximando com mais entusiasmo".

As novas ordens de Fidel também acabaram com a esperança de Che de se juntar a Camilo Cienfuegos na frente ampliada da campanha no *llano*. Quando soube da nova designação de Che, Camilo escreveu-lhe um bilhete para consolá-lo. "Che. Irmão de alma: Vejo que Fidel colocou-o encarregado da Escola Militar, o que me deixa muito feliz, pois agora podemos contar com que teremos soldados de primeira classe no futuro [...]. Você desempenhou um papel de suma importância nesse desfecho e precisamos de você nessa etapa insurrecional, Cuba precisará ainda mais de você quando a guerra acabar, de modo que o Gigante [Fidel] faz bem em cuidar de você. Gostaria de estar sempre ao seu lado, você foi meu chefe durante um longo tempo e sempre o será. Graças a você, eu tenho agora a oportunidade de ser mais útil. Faria o impossível para não deixá-lo mal. Seu eterno *chicharrón*, Camilo."

V

Durante o resto de abril, Che esteve constantemente se deslocando. Junto com alguns pilotos que então trabalhavam para os rebeldes, procurou uma boa localização para construir uma pista de pouso, encontrando-a perto de La Plata. Deixou alguns homens ali para fazerem o desmatamento e cavarem um túnel no qual poderia esconder os aviões para que não fossem vistos. Inspecionava os trabalhos em andamento na inacabada escola de recrutas em Minas del Frío e encontrava-se com Fidel a intervalos de poucos dias.

Enquanto o domínio de Batista enfraquecia, o jogo bizantino da oposição crescia. Dada a proeminência e a autoridade moral de Fidel, uma série de grupos se engajava para angariar seu favor, enquanto, ao mesmo tempo, tentavam solapar sua posição. Justo Carrillo, o líder exilado de um levante militar fracassado em 1956, que ainda dispunha de profundas ligações no Exército cubano, ofereceu a Fidel apoio militar em troca de um manifesto "louvando" as Forças Armadas. Embora Fidel estivesse interessado em conquistar setores dessas forças, também via o perigo de ser ludibriado. Um golpe organizado por Carrillo, junto com seu parceiro de conspiração, coronel Ramón Barquín, que ainda estava preso, provavelmente agradaria à comunidade empresarial cubana, aos partidos políticos tradicionais e a Washington. Carrillo poderia então simplesmente se voltar contra Fidel.

Contudo, talvez a maior ameaça ao poder de Fidel estivesse dentro do seu próprio Movimento 26 de Julho. Com o vergonhoso fracasso da greve geral, Fidel tinha a munição que lhe faltava para agir contra os dirigentes do diretório nacional no *llano* e os convocou a uma localidade chamada Altos de Mompié. Che desempenhou um papel importante no desenlace espetacular de 3 de maio. "Fiz uma pequena análise da situação", escreveu Che no seu diário, "expondo a realidade de duas políticas antagônicas, a da serra e a do *llano*, a validade das diretrizes da serra e nosso acerto em ter receios quanto ao êxito da greve." Culpou os dirigentes do *llano* de "sectarismo" ao bloquearem a participação do PSP, que fadara a greve ao fracasso antes mesmo de ter começado. "Dei minha opinião de que a responsabilidade maior recaía sobre o chefe dos trabalhadores, o principal dirigente das brigadas da milícia do *llano* e o chefe de Havana, ou seja, Mario [David Salvador], Daniel e Faustino. Então deviam renunciar."

Depois de uma acesa discussão, que se estendeu pela noite, Fidel pôs em votação as propostas de Che, e as medidas foram aprovadas. O resultado foi uma renovação total da liderança do *llano*, com Faustino, Daniel e David Salvador dispensados de seus cargos e transferidos para a Sierra Maestra. A mudança mais importante foi a decisão de que o diretório nacional seria transferido para a Sierra Maestra. Fidel passou então a ser o secretário-geral, com autoridade exclusiva em relações exteriores e suprimento de armas, bem como comandante em chefe da rede nacional de milícias clandestinas do Movimento. Abaixo dele, haveria um secretariado de cinco membros, para tratar de finanças, assuntos políticos e questões dos trabalhadores, e o escritório do 26 de Julho em Santiago, que fora o quartel-general para a província de Oriente, seria agora um mero posto avançado, uma "delegação" subordinada ao secretário-geral.

No artigo "Uma Reunião Decisiva", que Che escreveu no final de 1964 para a revista das Forças Armadas *Verde Olivo*, ele resumiu as conquistas conseguidas nesse dia crucial: "Nessa reunião, foram tomadas decisões que confirmaram a autoridade moral de Fidel, sua indiscutível estatura, e a convicção entre a maioria dos revolucionários presentes de que foram cometidos erros de julgamento [...]. Porém, o mais importante foi que nessa reunião se discutiu e se decidiu sobre duas concepções que se entrechocaram durante toda a etapa anterior quanto à direção a ser dada à campanha. A concepção da guerrilha sairia vitoriosa dessa reunião. A posição e autoridade de Fidel estavam consolidadas [...]. Surgiu então uma única liderança com autoridade, a Sierra, e, de modo concreto, um único líder, um único comandante em chefe, Fidel Castro".*

Se outros estavam preocupados com o caudilhismo de Fidel, isso agora era uma questão ultrapassada. Para Che, nunca fora um problema. Sempre pensara adiante, no dia em que se construiria a *verdadeira* revolução, e achava que só um homem forte poderia fazê-lo. Daquele momento em diante, o caminho a seguir estava desimpedido.

Che teve pouco tempo para saborear a vitória. O Exército já começara seus deslocamentos para a ofensiva de verão, dispondo suas tropas ao longo dos flancos das montanhas e reforçando as guarnições ao longo da costa. Foram selecionadas posições para emboscadas, cavaram-se trincheiras, traçaram-se rotas para suprimentos e para recuos, tudo dentro de um plano de ação coordenada. Para o oeste, nas montanhas em volta do Pico Caracas, Crescencio Pérez teria de manter a linha com seus "grupos pequenos e mal armados", enquanto Ramiro Valdés cuidaria do território em volta de La Botella e de La Mesa, na direção leste. Uma enorme responsabilidade repousava sobre os ombros de Che e ele mantinha um ritmo frenético de atividade a fim de dar conta dela. "Esse pequeno território tinha de ser defendido, com pouco mais do que duzentos fuzis em condições de uso, quando, alguns dias depois, o Exército de Batista começou sua ofensiva de 'cerco e aniquilamento'."

VI

Um ar de crise cobriu a serra, com notícias e boatos diários de que as tropas inimigas fechavam o cerco. Em 6 de maio, o Exército ocupou duas fazendas de arroz nos limites da serra e capturou um rebelde. Em 8 de maio, mais tropas de-

* Ver Notas.

sembarcaram em dois pontos ao longo da costa. Em 10 de maio, La Plata foi bombardeada pelo ar e pelo mar. Che corria de um lugar para outro, movendo ou reforçando as posições rebeldes de acordo com as informações mais recentes. Che também realizava outras missões, não militares, indo adiante com o programa de reforma agrária e a tentativa de coleta de impostos dos proprietários de terras e grandes agricultores da província de Oriente. Fidel queria arrecadar o máximo de dinheiro que pudesse a fim de sustentar o Exército Rebelde durante a ofensiva, mas Che se deparou com uma atitude relutante por parte dos proprietários. "Mais tarde", escreveu no diário, "quando nosso poderio se solidificou, acertamos as contas."

Com recrutas da escola de Minas del Frío, Che formou uma nova coluna, a Número Oito, batizada em honra de seu falecido camarada, Ciro Redondo. Os recrutas foram treinados por um instrutor de armamentos voluntário, um norte-americano veterano da Guerra da Coreia, Herman Marks. Nesse meio-tempo, Fidel estava nitidamente alarmado quanto à capacidade de suas forças de resistir à invasão e começara a urdir esquemas que beiravam o apocalíptico. Em 26 de abril, escrevera a Celia Sánchez: "Preciso de *cianureto*. Você sabe de algum meio de obtê-lo em certa quantidade? Mas também precisamos de *estricnina*, tanta quanto for possível. Precisamos obter esses produtos de forma muito discreta, pois, se a notícia vazar, não vai adiantar. Tenho algumas surpresas de reserva para quando a ofensiva nos atingir". Não se sabe se Fidel conseguiu ou não esses venenos, nem o que pretendia fazer com eles. Presumivelmente, planejava envenenar os suprimentos de água de seus acampamentos, caso fossem invadidos. Possuído por esse espírito de bunker, mandou um bilhete urgente para Che, que estava inspecionando as defesas da linha de frente, e mandou que retornasse ao quartel-general.

Che voltou em um jipe com Oscar "Oscarito" Fernández Mell, um médico de 25 anos que acabara de deixar Havana para se juntar aos rebeldes. Com Che ao volante, viajaram em uma enorme velocidade por uma estrada de terra estreita, que bordeava precipícios íngremes. Oscarito estava visivelmente nervoso e Che lhe disse que não se preocupasse, mas acrescentou: "Quando chegarmos onde estamos indo, quero lhe contar uma coisa". Mais tarde, Che informou a Oscarito que foi a primeira vez que dirigira. Com seu velho amigo Alberto Granado, aprendera a dirigir motocicleta, mas nunca se sentara ao volante de um carro.

Enquanto esperava no quartel-general que Fidel regressasse de uma inspeção da frente costeira, Che despachou sua mensageira mais confiável, Lidia Doce Sánchez, em uma missão para fazer contatos com "amigos" em Havana, Camagüey e Manzanillo. Já com quarenta e tantos anos, Lidia deixara sua panificação em San Pedro de Yao para acompanhar a força rebelde depois que seu único filho se juntara a eles. Ela levava os comunicados e documentos mais comprometedores dos rebeldes dentro e fora da Sierra Maestra e para Havana e Santiago. Eram missões de alto risco, que envolviam atravessar várias vezes as linhas inimigas e, se fosse capturada, significaria tortura e quase certamente a morte. Nessa missão específica, ela teria de sair da serra por um lugar onde a *guardia* estava presente.

Lidia se tornaria uma das personalidades revolucionárias mais reverenciadas por Che, um exemplo de autossacrifício, honestidade e coragem. Ele recompensara sua lealdade deixando-a no comando de um acampamento auxiliar, situado perto das linhas inimigas. O acampamento tornava-se cada vez mais perigoso e várias vezes Che tentara tirá-la de lá, mas Lidia se recusara a sair. Ele escreveu que Lidia dirigira o acampamento "com autoridade e um toque de prepotência, provocando um certo ressentimento entre os cubanos sob seu comando, que não estavam acostumados a receber ordens de uma mulher". Ela concordou em deixar o acampamento apenas quando Che foi transferido, a fim de segui-lo.

Entre 15 e 18 de maio, enquanto esperava que Fidel retornasse, Che recebeu inúmeras visitas. Os registros no diário são vagos, mas indicam que ele lidava com propostas de grupos políticos, inclusive do Partido Comunista. A mais importante foi de alguém que ele descreveu apenas como "Rafael, um velho conhecido", e de um homem do PSP chamado Lino. Em 19 de maio, os outros visitantes já tinham ido embora, mas os homens do PSP ficaram, a fim de se avistar com Fidel. A essa altura, o jornalista José Ricardo Masetti reapareceu de repente no acampamento, tendo regressado à serra para fazer outra entrevista com Fidel. Sua chegada obrigou a adiar um pouco mais o encontro de Fidel com os comunistas, pois, como assinalou Che no diário, "não é conveniente que ele [Masetti] escute alguma coisa".

Em 22 de maio, depois que Masetti finalmente fora embora, realizou-se o encontro de cúpula entre Fidel e o PSP. Rafael e Lino levaram a proposta de uma união de todas as forças revolucionárias, mas também expressaram dúvidas quanto à "atitude negativa" do diretório nacional. "Inicialmente", Fidel aceitou a ideia da união, escreveu Che, "mas levantou algumas reservas quanto às formas, sem concluir o debate." O principal item na agenda de Fidel era repelir a ofensiva inimiga que se desenvolvia e, embora a união das forças no *llano* fosse desejável, naquela altura não era essencial. Ele esperava evitar um desfecho prolongado e sangrento com as Forças Armadas, e a maneira de conseguir isso era quebrando-lhes o moral na serra. Feito isso, então poderia descer para o *llano* e ter as alianças políticas que bem quisesse. Como sempre, o receio de Fidel de uma intervenção norte-americana em favor de Batista o obrigava a continuar com sua política de ser moderado com o Partido Comunista.

Inegavelmente, havia indícios que justificavam esse seu receio. Apesar da suspensão pelo Departamento de Estado dos embarques de armas para Batista, o Departamento de Defesa norte-americano acabara de entregar trezentos foguetes para a Força Aérea cubana, provenientes de seus estoques na base de Guantánamo, alimentando as suspeitas de Fidel de que Trujillo e Somoza atuavam como procuradores dos Estados Unidos para fornecer material bélico a Batista. No início de maio chegara a Cuba um navio da Nicarágua com trinta tanques.

Nos últimos meses, pelo menos a preocupação norte-americana quanto aos verdadeiros sentimentos políticos de Fidel aumentara. Em maio, Jules Dubois, o correspondente do *Chicago Tribune*, utilizou as ligações recentemente melhoradas da *Radio Rebelde* com o exterior a fim de fazer de Caracas uma entrevista com Fidel. A linha predominante de suas perguntas se concentrava nas acusações que o vinculavam ao comunismo. Fidel acusou Batista de espalhar esse boato a fim de conseguir armas dos Estados Unidos e negou qualquer intenção de nacionalizar os setores industriais ou as empresas particulares. Fidel explicou que, conquanto não tivesse pessoalmente quaisquer aspirações presidenciais, o Movimento 26 de Julho se tornaria um partido político depois da revolução, a fim de "lutar com as armas da Constituição e das leis".

Havia um abismo crescente entre as garantias públicas dadas por Fidel e seus pensamentos privados, como revelou em um bilhete que escreveu a Celia Sánchez, em 5 de junho, pouco depois de a Força Aérea de Batista empregar pela primeira vez na Sierra Maestra os foguetes fornecidos pelos norte-americanos, atingindo a casa de um civil. "Quando vi os foguetes que dispararam contra a casa de Mario, jurei que os norte-americanos pagariam caro pelo que estão fazendo. Quando esta guerra terminar, vou começar uma guerra minha, muito mais longa e de maiores proporções: a guerra que vou travar contra eles. Dou-me conta de que esse é o meu verdadeiro destino."

A curto prazo, Fidel empreendia uma campanha para angariar as simpatias de oficiais militares em posições-chave, escrevendo um bilhete elogioso para o general Eulogio Cantillo, comandante do quartel-general militar de Havana. Ao mesmo tempo, tentava minar a confiança das tropas do Exército concentradas na serra. Em uma declaração feita à imprensa venezuelana, Fidel afirmou que "as Forças Armadas enfrentam agora uma tarefa muito difícil. Cada entrada da Sierra Maestra é como o desfiladeiro das Termópilas, e cada passagem estreita se transforma em uma armadilha mortal. Recentemente o Exército cubano começou a perceber que foi levado a uma guerra de verdade, uma guerra absurda, uma guerra sem sentido, que pode lhe custar milhares de vidas, uma guerra que não é sua, porque, afinal de contas, nós não estamos em guerra contra as Forças Armadas, mas sim contra a ditadura. Essas circunstâncias sempre levaram, de forma inevitável, à rebelião militar".

As atividades diárias de Fidel tornavam-se cada vez mais administrativas e sedentárias. "Estou cansado desse papel de supervisor e de andar para cima e para baixo sem um minuto de descanso, de ter de cuidar dos detalhes mais insignificantes, somente porque alguém se esqueceu disso ou deixou de cuidar daquilo", ele escreveu a Celia. "Tenho saudades daqueles dias, no começo, quando eu era realmente um soldado e me sentia muito mais feliz do que agora. Essa luta se tornou para mim uma tarefa miserável e bastante burocrática." Mas, apesar de todas as suas queixas, era da natureza de Fidel assumir o controle e, ao mesmo tempo em que planejava a estratégia global de sua guerra, ficava obcecado com os detalhes mais ínfimos e corriqueiros. Em meio às encomendas de detonadores e graxa para fuzis, ficava em cima de Celia para que lhe providenciasse as comodidades de que sentia falta. "Preciso de uma caneta-tinteiro", escreveu um dia. "Detesto ficar sem uma." Em 8 de maio, lamentou-se: "Estou comendo pessimamente. Minha comida é preparada sem nenhum cuidado [...]. Estou de muito mau humor". Em 17 de maio, a lista de reclamações aumentara: "Não tenho fumo, não tenho vinho, não tenho nada. Deixaram uma garrafa de vinho rosé, doce e espanhol, na casa do Bismarck, na geladeira. Onde está ela?".

Fidel não confiava na capacidade de julgamento e de tomada de decisões de praticamente nenhum de seus subordinados, exceto Che, que se tornara seu principal confidente, além de seu chefe de Estado-Maior de fato. Quando estavam separados, mantinha um fluxo constante de bilhetes para Che, confidenciando-lhe planos militares, assuntos financeiros, maquinações políticas e, como um rapaz entusiasmado, repetindo experiências com novas armas do arsenal. Escreveu a Che no início de maio: "Passaram-se muitos dias desde que conversamos e tem de ser assim entre nós. Sinto falta dos velhos camaradas aqui. Ontem fiz uma experiência com uma granada de latão que deu ótimos resultados. Pendurei-a em uma árvore, a cerca de dois metros do chão, e a detonei. Ela fez chover estilhaços mortais em todas as direções. Ela manda estilhaços para baixo e para todos os lados, como se fosse um borrifador. Acho que, em terreno aberto, ela poderia matar até a uma distância de cinquenta metros".

Durante a terceira semana de maio, as tropas governamentais começaram suas sondagens iniciais em território rebelde. O general Cantillo dispunha de um total de catorze batalhões para seu ataque contra a serra, além de apoio da Força Aérea e de regimentos de artilharia e de tanques. O plano de Cantillo era entrar na serra por vários pontos, cercando gradualmente os rebeldes e reduzindo seu território, até que pudesse atacar e destruir Fidel em sua *comandancia* de La Plata, na cadeia central da Sierra Maestra.

Ao sul, as guarnições costeiras foram reforçadas e havia fragatas prontas para proporcionar apoio de artilharia e impedir qualquer fuga naquela direção. Ao norte, flanqueando os limites ocidental e oriental do território rebelde, Cantillo posicionara dois agrupamentos do Exército compostos de dois batalhões cada um. Alguns quilômetros ao norte de Las Mercedes, defendida pela coluna de Crescencio, uma companhia do Exército comandada pelo major Raúl Corzo Izaguirre concentrava-se no complexo açucareiro de Estrada Palma. A leste, em Bueycito, uma companhia sob o comando de Sánchez Mosquera, agora tenente-coronel, estava pronta para penetrar nas montanhas defendidas pela antiga coluna de Che, que passara a ser chefiada por Ramiro Valdés. Se Cantillo tinha um ponto fraco, era o grau de preparo de seus homens: dos 10 mil soldados, apenas um terço era experiente, sendo o restante constituído por recrutas incorporados recentemente, para essa finalidade específica. Porém, se tudo corresse como planejado, os rebeldes seriam simplesmente espremidos em um círculo que se apertaria progressivamente.

Desde o começo, esse círculo não era muito amplo. Todo o reduto rebelde, com suas preciosas instalações em La Plata, Las Vegas de Jibacoa, Mompié e Minas del Frío, era na realidade apenas uma pequena área de alguns quilômetros quadrados. A distância entre a *comandancia* de Fidel e o vilarejo de Las Mercedes, na linha de frente, era de doze quilômetros, e a escola de recrutas em Minas del Frío localizava-se à meia distância entre esses dois pontos. Para o sul, a menos de oito quilômetros do quartel-general rebelde, estava a costa. E, para defender sua posição nas montanhas, Fidel contava com cerca de 280 combatentes, com aproximadamente cinquenta tiros cada um.

Em 19 de maio, depois de uma barragem aérea para enfraquecer as defesas rebeldes, as tropas de Corzo Izaguirre tentaram avançar sobre Las Mercedes, mas as unidades de Crescencio mantiveram a linha defensiva pouco além dos limites urbanos. As linhas de batalha estavam traçadas, com os dois lados se defrontando a uma distância de cerca de quatrocentos metros. No entanto, embora seus comunicados alardeassem a "firme resistência" demonstrada por seus combatentes e se tivesse estabelecido uma breve pausa na frente de batalha, Fidel estava intimamente preocupado quanto à capacidade de liderança de Crescencio e, alguns dias depois, pediu a Che que fosse para Las Mercedes e assumisse o comando.

Antes de partir, Che foi a uma assembleia quase surrealista convocada por Humberto Sorí-Marín com os camponeses da área, a fim de debater a maneira de efetuar a colheita de café. Surpreendentemente, 350 agricultores compareceram. Embora tivesse passado completamente despercebido pelo mundo exterior, este foi um momento importante: era a primeira medida prática do processo de reforma agrária empreendido pela Revolução Cubana. Che assistiu aos trabalhos com grande interesse. Ele escreveu que "A comissão diretora, que incluía Fidel, propôs adotar as seguintes medidas: criar uma espécie de moeda da serra para pagar os trabalhadores, trazer a palha e as sacas para embalar o produto, fundar uma cooperativa de trabalhadores e de consumidores, nomear uma comissão para supervisionar o trabalho e ceder tropas para auxiliar na colheita do café. Tudo foi aprovado, mas quando Fidel encerraria a reunião com um discurso, a zona de Las Mercedes começou a ser metralhada por aviões e os participantes se desinteressaram". Era 25 de maio. A ofensiva inimiga começara de verdade. Che acorreu a Las Mercedes e, durante os três meses seguintes, raramente ficou no mesmo lugar, reagrupando as defesas rebeldes para resistir ao poder de fogo avassalador e à força do Exército invasor de Batista. Quando Lidia, sua mensageira, chegou e o informou que Faustino Pérez, que estava em Havana com ordens para entregar sua função, estava relutando, Che comentou no diário que "As coisas pioram cada vez mais". Mas ele não podia fazer mais do que registrar a notícia.

Como sempre, havia problemas disciplinares com recrutas que tentavam fugir da rede que o Exército apertava em volta deles. Durante uma visita de Fidel a Las Mercedes, um recruta que fugira fora capturado e trazido de volta. Che escreveu no diário: "Fidel queria fuzilá-lo imediatamente, mas me opus e acabou vencendo a proposta de condená-lo à reclusão por prazo indeterminado em Puerto Malanga [prisão rebelde]". Alguns dias depois, em uma demonstração da natureza muitas vezes arbitrária de aplicar a justiça revolucionária, Fidel absolveu o desertor.

A despeito de toda a retórica de Fidel de que transformaria os passos nas montanhas em armadilhas mortíferas para o Exército, o diário de Che revelou como os rebeldes estavam realmente carentes de efetivos e como seu moral era frágil.* Com tropas inimigas desembarcando na costa, Fidel se encarregou da de-

* Em 8 de junho, em meio ao caos generalizado, um estranho visitante norte-americano apareceu no acampamento rebelde. Che escreveu que era "um gringo suspeito, com mensagens de pessoas em Miami e alguns planos excêntricos". O homem queria ver Fidel, mas foi mantido onde estava. Na manhã seguinte, depois de um intenso bombardeio aéreo na parte oriental do front, em torno do vilarejo de Santo Domingo, Che encontrou Fidel e lhe falou do visitante. "Fidel recebera a in-

fesa de Las Vegas e enviou Che para pôr ordem no comando de Crescencio Pérez, onde se dizia que um dos oficiais agia de forma abusiva com seus homens. Antes de partir, Che presidiu o julgamento sumário de um oficial rebelde acusado de assassinato e sentenciou-o à morte. Che passou seu trigésimo aniversário presidindo o julgamento do oficial de Crescencio e acabou por destituí-lo do comando. Retornou ao front e encontrou tudo em desordem, com as tropas avançando em todas as frentes. Fidel deslocara-se para Mompié, pois Las Vegas fora tomada. Minas del Frío estava então ameaçada, e Che despendeu vários dias consolidando a frente de Fidel com seus próprios homens, estabelecendo novas linhas de defesa, destituindo outro oficial do comando e desarmando outros elementos por insubordinação.

Em 26 de junho, tornou a se encontrar em Mompié com Fidel, que lhe ordenou que permanecesse ao seu lado por algum tempo. As perspectivas eram sombrias. Os rebeldes cediam terreno por toda parte. Fidel ordenou a Camilo e Almeida que trouxessem suas colunas de volta para a serra, a fim de prestar auxílio, mas uma atitude derrotista começava a tomar conta das fileiras rebeldes. No dia seguinte, Che escreveu: "Durante a noite houve três fugas. Uma delas foi dupla: Rosabal, condenado à morte por ser um *chivato*, Pedro Guerra, do grupo de Sorí, e dois prisioneiros militares. Pedro Guerra foi capturado e se viu que roubara um revólver para a fuga. Foi executado imediatamente".

No final de junho, os rebeldes tiveram sua primeira vitória clara. Uma companhia do Exército, comandada por Sánchez Mosquera, fora repelida, e os rebeldes capturaram 22 soldados e apreenderam de cinquenta a sessenta armas. Porém, o Exército deslocava-se em todos os outros setores, com informações de avanços inimigos sobre La Maestra e outras montanhas da área. A segunda onda da ofensiva começara. Sabendo que soldados avançavam para tomar as elevações de Altos de Merino, Che acorreu para lá na manhã de 3 de julho. "Ao chegar, vi que os soldados já avançavam. Houve um pequeno combate e recuamos com muita rapidez. A posição era ruim e eles nos cercavam, mas oferecemos uma pequena resistência. Pessoalmente, notei algo que nunca sentira antes: a necessidade de viver. Isso precisava ser corrigido na próxima oportunidade."

---

formação de que o gringo era do FBI ou alguém que fora contratado para assassiná-lo." Segundo Pedro Álvarez Tabío, diretor do Arquivo Histórico do governo cubano, o visitante era provavelmente Frank Fiorini, um contrabandista de armas. Mais tarde, sob o codinome "Frank Sturgis", Fiorini foi trabalhar para a CIA em suas operações anticastristas e, no final dos anos 1970, ganhou notoriedade por ter sido um dos "ladrões" do Watergate.

É difícil imaginar muitos outros homens na mesma situação fazendo essa espécie de autoavaliação crítica, mas era assim que Ernesto Guevara, na sua nova identidade de Che, a essa altura confrontava a vida. Era uma das facetas do seu caráter que o distinguia da grande maioria de seus camaradas de guerrilha, que, mesmo enquanto lutavam, mantinham a esperança de sobreviver àquela experiência. Na realidade, a maior parte dos problemas que ele encontrava diariamente com seus homens se revelava nessa diferença fundamental. O nervosismo deles, a falta de "combatividade", as deserções, não estar onde deviam na linha de frente, todas as queixas e observações que pontilhavam seu registro diário se resumiam à mesma questão: eles sentiam *a necessidade de viver*.

VII

Na véspera da batalha, Che usara as novas ligações por radiocomunicação a partir da Sierra Maestra para ligar para a mãe, e ela escreveu de volta para lhe desejar um feliz trigésimo aniversário.

> Querido Teté,
>
> Fiquei tão comovida ao ouvir sua voz depois de tanto tempo. Não a reconheci, você parecia ser outra pessoa. Talvez a linha estivesse ruim ou talvez você tenha mudado. Só quando você disse *vieja* foi que pareceu a voz de antigamente. Que notícias maravilhosas você me deu. Que pena que a comunicação foi cortada antes que eu pudesse lhe dar as minhas. E há muito que contar. Ana [María, a irmã mais nova de Che] se casou em 2 de abril com Petít [Fernando Chávez] e foram para Viena [...]. Que coisa, todos os meus filhos indo embora! Ela deixou atrás de si um vazio muito grande na casa [...]. Roberto tem duas lindas filhas louras, que completarão dois anos e meio em 1º de julho, e o herdeiro é esperado para agosto. Ele está trabalhando bem e com afinco para sustentar sua família numerosa [...].
>
> Celia acabou de ganhar um importante prêmio [de arquitetura], junto com Luis [Argañaraz, seu noivo] e Petít. Somando tudo, ganharam 2,5 milhões de pesos. Estou tão orgulhosa de ter filhos tão capazes que nem caibo dentro das roupas. Juan Martín, é claro, [agora] cabe nas roupas que você deixou. Não é que ele seja alto. É tão pequenininho quanto eram seus irmãos e irmãs e ainda é uma criança encantadora. Neste a vida não dará tantos trancos.
>
> María Luisa [tia de Che] continua a mesma. Física e emocionalmente incapacitada e muito triste. Parece que é uma característica de sua doença. Ela sempre pergunta por você [...]. Eu também estou na mesma. Com alguns anos a mais e uma

tristeza que não é mais tão aguda. Transformou-se em uma tristeza crônica, de vez em quando combinada com grandes satisfações. O prêmio que Celia ganhou foi uma delas, a volta do Pequeno será outra, ouvir sua voz foi uma muito grande. Tornei-me muito solitária. Não sei como escrever para você, nem mesmo o que lhe dizer: perdi a noção da medida.

O trabalho de casa me cansa muito. Há muito tempo agora sou minha própria cozinheira e você sabe como detesto as tarefas domésticas. A cozinha é meu quartel-general e passo lá a maior parte do tempo. Houve uma grande briga com o velho [o pai de Che] e ele já não vem aqui. Minhas companhias são Celia, Luis e Juan Martín. São tantas as coisas que queria dizer, meu querido. Tenho medo de botá-las para fora. Deixo-as a sua imaginação.

Um abraço e um beijo demorado de muitos anos, com todo o meu amor,

Celia.

Podemos nos perguntar como Che terá reagido a essa carta pungente, se ele a leu com distanciamento emocional ou se sofreu as dores do anseio nostálgico da vida normal que prosseguia na sua ausência: irmãos e irmãs crescendo, se casando, saindo de casa e tendo filhos; seus pais ficando mais velhos? E quanto à sua própria família, sua mulher, Hilda, e a filha deles, Hildita? No entanto, era mais do que a voz de Teté que mudara. Ele fizera uma escolha consciente de se divorciar da sua vida "exterior". Raramente escrevia para Hilda ou para os pais, embora tivesse oportunidades para isso. No final de abril, Fidel lhe dissera que alguém do Peru, presumivelmente Hilda, tentara chamá-lo pelo rádio. Evidentemente, Che não chamou de volta, pois Hilda não fez qualquer menção disso em suas memórias. Na verdade, um dos aspectos mais notáveis de seu diário nessa época é a falta quase total de detalhes pessoais ou de introspecção, principalmente quando comparado à autoconcentração do Ernesto vagando sem rumo de apenas alguns anos antes.

VIII

O Exército cubano não levara na devida consideração a topografia de seu campo de batalha. Suas unidades rapidamente ficavam empacadas ou perdiam contato umas com as outras nas matas cerradas e ravinas profundas da Sierra Maestra. Os rebeldes cediam terreno quando necessário e, em seguida, cercavam unidades isoladas. Logo, eram os rebeldes que estavam na ofensiva.

Para tirar proveito de sua vantagem, Che e Fidel resolveram novamente dividir suas forças, com Fidel indo atacar as tropas do Exército em Jigüe, enquanto Che ficava para defender Mompié e comandar a resistência em Minas del Frío. Quando Che chegou a Mompié, em 11 de julho, a Força Aérea cubana lançou um bombardeio feroz no lugar, dessa vez jogando bombas de napalm, além das convencionais. A essa altura, receberam notícias inquietantes. Raúl, o irmão de Fidel, liderando forças rebeldes na Sierra Cristal, acabara de tomar como reféns 49 cidadãos norte-americanos. Che registrou que Raúl tinha "redigido um manifesto dirigido ao mundo inteiro e assinado por ele. Era forte demais e, combinado com a detenção dos 49 norte-americanos, parecia uma nota de perigoso 'extremismo'".

Nos quatro meses desde que se deslocara para a Sierra Cristal, Raúl rapidamente aumentara seus efetivos de combate e fizera sentir sua presença em toda a parte leste da província de Oriente. Em julho, dispunha de mais de duzentos homens armados e montara uma infraestrutura de guerrilha completa, com um arsenal, hospitais e escolas, uma unidade para construção de estradas, um serviço de informação e um sistema judiciário revolucionário. No entanto, tudo isso estava então sob ameaça. Embora não estivessem enfrentando o mesmo tipo de assalto terrestre em grande escala como seu irmão na Sierra Maestra, as forças de Raúl eram castigadas pelos aviões de Batista. No final de junho, com suas forças perigosamente dispondo de pouca munição, resolveu empreender uma ação drástica, ordenando a captura de todos os norte-americanos encontrados dentro do seu território.

Em 26 de junho, seus combatentes atacaram a empresa de mineração Moa Bay e levaram consigo doze empregados norte-americanos e canadenses. Outros doze foram apanhados na mina de níquel de Nicaro e no engenho de açúcar da United Fruit Company, em Guaro. Depois, 24 marinheiros e fuzileiros navais norte-americanos foram sequestrados de um ônibus nos arredores da base naval de Guantánamo. Em uma declaração enviada à imprensa, Raúl alegava que empreendera essa ação como protesto contra a entrega de foguetes e bombas de napalm pelos Estados Unidos a Batista, bem como contra o reabastecimento e carregamento de bombas de aviões de guerra cubanos realizados secretamente em Guantánamo. A ação provocou indignação em Washington, com vários senadores exigindo a intervenção militar norte-americana. Park Wollam, o cônsul dos Estados Unidos em Santiago, foi se encontrar com Raúl e começaram as negociações.

Alertado sobre a crise, Fidel ordenara a Raúl, por meio de uma transmissão na *Radio Rebelde*, que libertasse os reféns. Teve o cuidado de equilibrar suas declarações públicas, afirmando que a tomada de reféns não era política do Movimento, mas que tais ações eram compreensíveis diante da entrega de foguetes a Batista. Depois mandou um bilhete particular, no qual parecia advertir o irmão a não tomar qualquer providência drástica com os reféns que pudesse pôr em perigo a imagem dos rebeldes nos Estados Unidos.*

Porém, a espetacular demonstração de força de Raúl rendeu-lhe alguns dividendos imediatos. Provando, afinal de contas, o grau de influência dos Estados Unidos sobre Batista, os ataques aéreos contra as forças rebeldes na Sierra Cristal cessaram repentinamente. Raúl não libertou de imediato todos os reféns, mas fez o processo se arrastar e aproveitou a trégua para reabastecer suas forças. Era 18 de julho quando libertou os últimos reféns, e depois disso os ataques recomeçaram, mas a essa altura a sua Segunda Frente estava reabastecida, capaz de se defender e pronta para entrar em ação. A crise dos reféns ressaltou uma faceta do caráter de Raúl que preocupava alguns dos seus camaradas. Sem controles rigorosos, Raúl era uma espécie de metralhadora giratória, e outros excessos amplamente divulgados valeriam-lhe a reputação de um homem violento, que não se detinha diante de nada.

Che estava perdendo camaradas diariamente. Geonel Rodríguez, que o ajudara a fundar *El Cubano Libre*, nos velhos tempos em que El Hombrito era o primeiro "território livre" da Sierra Maestra, foi mortalmente ferido por uma explosão de granada de morteiro. No diário, Che escreveu que "ele foi um dos colaboradores mais queridos, um verdadeiro revolucionário". Nessa noite, chegou a notícia da morte de Carlitos Más, que Che descreveu como "um velho-jovem combatente, que morreu das queimaduras e fraturas sofridas junto com Geonel". Talvez o mais frustrante fosse que essas mortes não se traduziam em avanços no campo de batalha, pelo menos não no setor de Che. Ele continuou mantendo a linha em Minas del Frío, mas criara-se um impasse, pois os soldados inimigos cavavam trincheiras em vez de avançar ou recuar. Os bombardeios aéreos continuaram. Em 17 de julho, o hospital em Mompié foi atingido, e Che supervisionou a evacuação dos pacientes. No dia seguinte, escreveu: "Nada de novo na zona. O único passatempo dos soldados é matar os porcos que deixamos soltos".

Enquanto Che tentava reorganizar as defesas do seu perímetro em volta de Minas del Frío, Fidel começava a desgastar as tropas inimigas com o sítio que impusera em torno de Jigüe. No começo de julho, em dois dias, fez dezenove prisioneiros e apreendeu dezoito armas, inclusive rojões para bazuca, e achou que a força inimiga, agora sem mantimentos, se renderia dentro de 48 horas. Descobrindo que o comandante inimigo, major José Quevedo, era seu antigo colega da

* Ver Notas.

Faculdade de Direito, Fidel escreveu-lhe um bilhete curioso, datado de 10 de julho: "Muitas vezes me lembro daquele grupo de jovens oficiais que atraiu minha atenção e despertou minhas simpatias por causa de seu grande anseio por cultura e dos esforços que faziam para prosseguir em seus estudos [...]. Que surpresa saber que você está por aqui! E, por mais difíceis que sejam as circunstâncias, fico sempre feliz ao ter notícias de algum de vocês. Escrevo essas linhas em um impulso de momento, sem lhe dizer nada nem pedir-lhe nada, apenas para saudá-lo e desejar-lhe, com toda a sinceridade, boa sorte".

Se Fidel tivera a esperança de abalar a determinação de Quevedo, não deu resultado. Usou então alto-falantes para bombardear a força sitiada com transmissões de propaganda, esperando diminuir seu moral. Em 15 de julho, tornou a escrever a Quevedo, dessa vez apelando diretamente para que se rendesse: "Não será uma rendição a um inimigo da pátria, mas a um revolucionário sincero, a um combatente que luta pelo bem de todos os cubanos".

Quevedo continuou a resistir. Mas depois de um dos homens de Fidel, fingindo ser um operador de comunicações do Exército, dizer à Força Aérea que os rebeldes tomaram o acampamento, os aviões atacaram a força de Quevedo, espalhando o pânico entre os soldados. Em 18 de julho, Fidel tinha 42 prisioneiros, um butim de 66 armas e 18 mil cartuchos de munição. Avisou a Che: "As tropas cercadas estão à beira do colapso".

Jigüe finalmente caiu na noite de 20 de julho. Quevedo saiu do acampamento para se render, sendo seguido por 146 soldados. Para os rebeldes, foi uma vitória decisiva. A ofensiva do Exército fora efetivamente desbaratada e agora seria a sua vez de aproveitar a vantagem.* No mesmo dia, foi divulgado pela *Radio Rebelde* o "Pacto de Caracas", que fora previamente assinado por Fidel, em nome do Movimento 26 de Julho, e reunia oito grupos de oposição, inclusive os autênticos, de Carlos Prío, o Directorio Revolucionario, a facção militar chamada "Barquinista" e o Movimento Montecristi, de Justo Carrillo. Os signatários obrigavam-se a adotar uma estratégia comum para derrubar Batista por meio da insurreição armada e a formar um governo provisório de curta duração. O mais importante foi que o "Manifesto de União da Sierra Maestra" reconheceu a autoridade de Fidel Castro como "comandante em chefe das forças revolucionárias". Como em todos os pactos anteriores, o grupo de oposição mais importante que não foi convidado a assinar foi o PSP, e Che, que obviamente pensara que o seria, observou no diário: "Por fora, a união parece ir bem, mas no anúncio o Partido Socialista

* Fidel convenceu Quevedo a se juntar ao Exército Rebelde. Ele foi um dos vários oficiais do Exército a fazê-lo durante a campanha.

não está incluído, o que acho estranho". (Parece que, na questão dos laços entre o PSP e o 26 de Julho, Fidel estava temporariamente ocultando suas opiniões de Che. Para evitar provocar controvérsias, suas conversações de alto nível mantiveram-se sigilosas.)

Pela Cruz Vermelha, foi finalmente acertada uma trégua de dois dias e, nos dias 23 e 24 de julho, um total de 253 prisioneiros exaustos e famintos foi entregue ao Exército, inclusive 57 feridos. Deixaram para trás, nas mãos dos rebeldes, 161 armas, inclusive dois morteiros, uma bazuca e duas metralhadoras pesadas. Duas horas antes do término do cessar-fogo, Che mobilizou seus homens, alguns deveriam defender La Maestra, enquanto todos os outros sitiariam as tropas em Las Vegas. No espaço de um dia, completaram o cerco do acampamento e, seguindo o exemplo dado por Fidel em Jigüe, Che instou os soldados que lá estavam a se renderem. Na manhã de 28 de julho, Che encontrou-se com dois oficiais do Exército, que lhe ofereceram uma proposta: se Che os deixasse recuar, deixariam todos os mantimentos para trás, mas levariam suas armas consigo. Ele disse que isso era impossível e regressou para sua própria linha. Pouco depois, um sentinela avisou-o que o Exército batia em retirada, afastando-se em caminhões com uma bandeira branca e uma bandeira da Cruz Vermelha. O encontro fora uma manobra diversionária. Che ordenou a seus homens que abrissem fogo, enquanto liderava unidades em perseguição.

"Um espetáculo desolador pôde ser visto", escreveu ele. "Mochilas e capacetes atirados pela estrada, sacolas com cartuchos e todo o tipo de pertences, até mesmo um jipe e um tanque que ainda estavam intactos [...]. Mais tarde começaram a ser feitos os primeiros prisioneiros, dentre eles o médico da companhia." No entanto, à medida que as unidades de Che aceleravam o avanço, começaram a ficar cada vez mais sob o "fogo amigo" dos rebeldes escondidos nas encostas em volta. Um dos prisioneiros de Che foi morto e um oficial rebelde ficou gravemente ferido. "Estava na incômoda situação de estar cercado por nossas forças, que abriam fogo todas as vezes que viam um capacete. Mandei um soldado ir parar o fogo com as mãos para cima e, em um lugar, isso deu resultado, mas no outro continuaram atirando durante algum tempo, ferindo mais dois soldados."

Quando finalmente a situação se normalizou e dezenas de soldados capturados eram levados de volta para Las Vegas, Che, que estava inspecionando um tanque apreendido, recebeu uma mensagem urgente de Fidel. Nesse mesmo dia, o Exército também recuara do setor de Santo Domingo, mas fora um ardil, pois, quando os rebeldes saíram em perseguição às tropas em retirada, Sánchez Mosquera tomara o topo da colina de Arroyones, perto de Las Mercedes, e os contornara pelo flanco. Um dos dois capitães rebeldes que comandavam os combatentes naquela área fora morto e outro, o ex-adversário de Che no *llano*, René Ramos Latour, ou Daniel, sobrevivera e respondia ao combate, mas a batalha era feroz. Na tarde do dia seguinte, Daniel morreu por causa de um ferimento de estilhaço de morteiro no estômago. Nessa noite, Che escreveu no diário: "Divergências ideológicas profundas me separavam de René Ramos e éramos inimigos políticos, mas ele soube como morrer cumprindo com seu dever, na linha de frente. Quem quer que morra assim, o faz porque sente [a existência de] um impulso interior, que eu lhe havia negado e que retifico neste momento".

O tanque do Exército que Che apreendera em Las Mercedes tornou-se então um foco quase cômico da luta. Era um grande prêmio nessa guerra essencialmente em pequena escala, e Fidel queria preservá-lo a qualquer preço. O inimigo, com igual desespero, procurava destruí-lo. Aviões tentavam bombardeá-lo, enquanto os rebeldes tentavam retirá-lo de onde estava parado, atolado na lama de uma estrada. Mas os esforços de ambos os lados se mostraram inúteis. Em 5 de agosto, Fidel encarregou um camponês, com uma junta de bois, de puxá-lo para fora do atoleiro, mas nesse processo seu volante foi partido e não havia muita esperança de consertá-lo. Nessa noite, Fidel escreveu a Che: "As esperanças estão perdidas. Faz muito tempo que não tenho sonhos tão grandiosos".

Dois dias depois, protegido por mortíferos tiros de cobertura, o Exército começou a se deslocar em massa de sua última posição sitiada na Sierra Maestra. A alardeada ofensiva de Batista terminara, mas não o morticínio. Em 9 de agosto, Beto Pesant, um veterano do primeiro grupo de voluntários de Manzanillo, foi morto quando explodiu uma granada de canhão antiaéreo que manipulava. Zoila Rodríguez, a amante de Che, presenciou a cena: "O comandante Guevara, outros rebeldes e eu estávamos em uma missão quando Beto Pesant morreu. Quando ouvi a explosão, vi que o burro de Guevara, Armando, foi ferido e o jogou para o alto. Corri para junto dele, mas já se levantava. Olhei para onde estava Pesant e vi que perdera um braço, a cabeça estava destroçada, e o peito, aberto [...]. Comecei a gritar: 'Beto, não morra, não morra'. Correram rapidamente para ele. O comandante me disse: 'Zoila, ele está morto'". Che mandou que contatassem a esposa do morto em Manzanillo e, quando ela chegou, Zoila recordou que "ela começou a chorar diante de sua sepultura, nós todos choramos. Quando olhei para Guevara, ele também estava com lágrimas nos olhos".

Após a retirada do Exército, Fidel ainda detinha 160 soldados, inclusive feridos, e estava ansioso por livrar-se deles. Depois de muitas negociações, foi combinado um encontro entre ele, Che, comandantes do Exército e representantes da Cruz Vermelha para a manhã de 11 de agosto. Conversaram amavelmente, tomando café. Durante os dois dias seguintes, foi observada uma trégua na Sierra

Maestra, enquanto os homens feridos e seus companheiros sãos eram libertados. Em um certo ponto, Che e Fidel até fizeram um pequeno voo de helicóptero com seus correlativos inimigos. A trégua também permitiu aos rebeldes fazer uma pausa para processos judiciais. Como registrou Che: "Um desertor do Exército que tentara violentar uma moça foi executado".

Durante a trégua, um emissário de alto nível do Exército, que os rebeldes acharam que era um representante pessoal de Batista, instou Fidel a iniciar negociações com o governo. Che observou que, "indiretamente, propôs a substituição dele [Batista] por um magistrado do Supremo [Tribunal] (o mais velho) e uma solução pacífica. [Mas] não se chegou a nada concreto". Fidel não viu razão para se apressar a entrar em negociações, pois planejava ampliar a guerra por toda a ilha e ainda tinha a esperança de atrair para um entendimento o general Cantillo, cuja ofensiva acabara de ser derrotada. Como concluiu Che posteriormente, "o Exército de Batista saiu dessa última ofensiva na Sierra Maestra com a espinha partida, mas ainda não fora derrotado. A luta continuaria". De fato, em 14 de agosto, depois de um raro gesto de civilidade em que o Exército transportou por via aérea plasma sanguíneo para os rebeldes, recomeçaram os bombardeios e as rajadas de metralhadora pela Força Aérea.

Enquanto isso, sem ser percebido pelo inimigo nem pelos supostos aliados de Fidel no Pacto de Caracas, um visitante importante para a Sierra Maestra deixou o território rebelde. O alto funcionário do Comitê Central do Partido Comunista, Carlos Rafael Rodríguez, mantivera conversações secretas com Fidel, depois de visitar a Segunda Frente, de Raúl, na Sierra Cristal. Che registrou a visita de Rodríguez de forma discreta, mencionando-a no diário somente depois da partida do dirigente do PSP. "Carlos Rafael partiu para a zona livre. Sua impressão é positiva, apesar de todas as intrigas internas e externas."*

A visita de Rodríguez ainda é encoberta pelo sigilo, mas evidentemente recebeu a permissão de Fidel para prosseguir com a fusão do PSP com o Movimento 26 de Julho em uma frente trabalhista reconstituída. Outro sinal de cooperação foi a autorização de Fidel para que o partido enviasse um representante perma-

* Rodríguez, morto em 1997, nunca falou muito sobre essa viagem, exceto que na zona de Raúl "encontrara somente compreensão para com os comunistas, mas quando cheguei a Fidel, na Sierra Maestra, a compreensão se transformara em desconfiança". Sem dúvida, Rodríguez se referia ao antagonismo que sua presença tinha provocado por parte de Carlos Franqui, Faustino Pérez e outros homens do *llano* que estavam então na serra. Che pareceu estar aludindo a isso quando observou, poucos dias depois da partida de Rodríguez, "a formação de uma oposição dirigida por Faustino e composta também por Franqui e Aldo Santamaría [irmão de Haydée e do falecido Abel Santamaría] na Sierra Maestra".

nente para a serra. Apenas três semanas depois da partida de Rodríguez, Luis Más Martín, um veterano funcionário do PSP e velho amigo de Castro, chegou e, em setembro, o próprio Rodríguez retornou e ficou com Fidel até o fim da guerra.

Na Sierra Cristal, Raúl Castro e o PSP forjaram muito mais do que um "entendimento". Na mesma época em que Raúl deixou a Sierra Maestra para abrir sua nova frente, José "Pepe" Ramírez, chefe da Associação Nacional de Pequenos Agricultores, controlada pelo PSP, recebeu ordens do partido para se dirigir à Sierra Cristal e "se apresentar a Raúl". Quando Ramírez chegou, Raúl deu-lhe a tarefa de organizar os camponeses que viviam dentro do seu território e preparar um Congresso Camponês, a se realizar no outono. Esse trabalho estava então em pleno andamento, bem como a formação de uma escola para instrutores de tropa administrada pelos comunistas, tendo inclusive aulas de orientação política marxista.

Curiosamente, Raúl também contava com o apoio de um número considerável de católicos militantes da cidade de Santiago. Porém, a influência comunista foi a característica principal de sua Segunda Frente. De fato, a frente de Raúl foi o campo de germinação de muitos dos futuros funcionários do Partido Comunista de Cuba. Embora não fosse formalmente membro do partido desde sua expulsão da Juventude Socialista em função do papel que desempenhara na aventura putschista de Fidel em Moncada, Raúl permanecera fiel e, com um aceno de aprovação de Fidel, passara a cimentar esses vínculos.

Esses acontecimentos podiam não ser muito confortáveis para os norte-americanos, mas, a essa altura, pouco podiam fazer para afastar seus crescentes temores quanto aos verdadeiros objetivos do Exército Rebelde cubano, cada vez mais poderoso. Naquele exato momento, esses objetivos requeriam uma ambiciosa expansão da guerra. Che e Camilo Cienfuegos sairiam da Sierra Maestra e levariam a guerra às regiões central e ocidental de Cuba. A coluna Ciro Redondo, de Che, assumiria a autoridade revolucionária nas montanhas de Escambray, na província central de Las Villas, "atacaria o inimigo incessantemente" e cortaria a ilha ao meio. Enquanto isso, Camilo repetiria o feito do ilustre patrono de sua coluna, um herói da guerra da independência cubana no século XIX, Antonio Maceo, marchando todo o caminho até a província de Pinar del Río, a mais ocidental de Cuba.

Che estava ansioso para se pôr em marcha, mas, em 15 de agosto, queixou-se: "Ainda não pude organizar a coluna devido a um acúmulo de ordens contraditórias quanto à sua composição". Tratava-se de encontrar os homens para irem com ele, mas até então apenas um pequeno punhado de voluntários de diferentes pelotões tinha se apresentado. O próprio Che não ajudou a situação ao dizer aos combatentes que provavelmente só a metade dos que fossem com ele sobreviveria à missão e que eles deviam estar preparados para combater continuamente e passar fome a maior parte do tempo. A missão de Che não era para qualquer um. Fidel chamou-o a Mompié. Organizara um pelotão para ele, chefiado por El Vaquerito, e disse a Che que recrutasse quaisquer outros homens que precisasse dos pelotões que estavam por ali. O comissário político de Che em Minas del Frío, Pablo Ribalta, começou a selecionar homens da escola.

Durante as duas semanas seguintes, debaixo de incessantes bombardeios aéreos, Che foi penosamente compondo sua força expedicionária: uma coluna de 148 homens, com uma meia dúzia de jipes e picapes. Com 82 homens, a força de Camilo era menor e também já estava reunida e pronta para partir. Então, na noite de 29 de agosto, quando Che fazia carregar alguns jipes com munição que acabara de chegar por via aérea de Miami como parte dos preparativos para partir ao amanhecer, o Exército capturou duas de suas picapes, cheias de material e com toda a gasolina para o deslocamento. Assim, suas demais viaturas ficaram inúteis, e ele resolveu partir a pé.

Em 31 de agosto, ao finalmente se preparar para partir, Zoila pediu para acompanhá-lo, mas Che recusou. Despediram-se em El Jíbaro, na última vez em que estariam juntos como amantes. "Ele me deixou encarregada de seu burro, Armando", Zoila recordou. "Cuidei dele como se fosse um verdadeiro cristão."

Che e Camilo Cienfuegos, seu amigo fanfarrão e herói da revolução.

19. O último empurrão

I

Do início de setembro até outubro de 1958, por seis semanas debaixo do aguaceiro incessante da estação das chuvas em Cuba, as colunas de Che e de Camilo seguiram pela lama dos arrozais e pântanos do *llano*, atravessaram o vau de rios caudalosos, esquivaram-se do Exército e sofreram frequentes ataques aéreos. Che escreveu que as marchas exaustivas através de pântanos fedorentos e por trilhas diabólicas foram "verdadeiramente horríveis". O inimigo os detectara logo no começo e, depois de manter tiroteios em 9 e 14 de setembro, o Exército acompanhara de perto sua movimentação.

"Fome, sede, cansaço, a sensação de impotência contra as forças inimigas, que se aproximavam cada vez mais de nós, e, acima de tudo, a terrível doença nos pés, que os camponeses chamam de *mazamorra* e que fazia de cada passo dado por nossos soldados um tormento intolerável, transformaram-nos em um Exército de sombras", Che escreveu. "Era difícil avançar, muito difícil. A condição física das tropas piorava a cada dia e as refeições, dia sim, dia não, no outro talvez, não ajudavam em nada a aliviar o nível de miséria que estávamos padecendo."

Vários homens foram mortos em tiroteios, outros desertaram, e Che permitiu que alguns, desmoralizados ou apavorados, fossem embora. Como sempre, os *chivatos* eram um problema. Che informou a Fidel que "a consciência social dos camponeses de Camagüey é mínima e tivemos de enfrentar as consequências de numerosos informantes". Enquanto isso, a propaganda do governo sobre o comunismo de Che intensificara-se. Em 20 de setembro, o chefe do Estado-Maior de Batista, general Francisco Tabernilla, informou que as tropas do Exército destruíram uma coluna de cem homens liderada por Che Guevara e apreenderam provas de que seus rebeldes "foram treinados por métodos comunistas".

O que era de fato verdade. Mais tarde, Che explicou a Fidel que "o que aconteceu foi que, em uma das mochilas [abandonada durante um tiroteio], encontraram um caderno que continha uma relação com os nomes, endereços, armas e munição de todos os integrantes da coluna, um por um. Além disso, um membro da coluna, que também é membro do PSP [Pablo Ribalta], abandonou sua mochila com documentos dessa organização". O Exército explorava as "provas de comunismo" para inspirar medo e ódio dos rebeldes entre seus soldados. Em um telegrama de 21 de setembro, dirigido às unidades do Exército postadas ao longo da rota de Che para Escambray, o tenente-coronel Suárez Suquet exortou seus oficiais a utilizarem todos os recursos disponíveis e "reunir coragem" para deter o "inimigo guerrilheiro", que estava "assassinando homens independentemente de suas crenças", e ressaltou que "a recente apreensão de documentação comunista do estrangeiro conhecido como 'Che Guevara' e seus carrascos, que sempre viveram fora da lei [...], [mostra que são] todos pagos pelo Kremlin [...]. Avante, Soldado Cubano: não permitiremos que esses ratos, que penetraram sub-repticiamente em nossa província, possam sair dela".

Enquanto Che aproximava-se de Escambray, sabia que rumava para um ninho de vespas de rivalidades e intrigas. Vários grupos armados operavam na área e praticamente todos competiam por influência e controle territorial, e alguns não passavam de ladrões de gado, ou *comevacas*. Che escreveu no diário: "Daqui tenho a impressão de que há muita roupa suja a ser lavada de todos os lados". Fidel ordenara-lhe que unificasse as diversas facções e as pusesse sob seu controle, mas não estava contando muito com a ajuda do Movimento 26 de Julho. Sua experiência no *llano* até então lhe mostrara que seu aliado natural era o PSP.

A chegada de Che deu ao PSP uma oportunidade de ouro para assumir um papel central na luta armada, algo que as outras facções na área negaram-lhe permanentemente. Na localidade rural de Yaguajay, na parte setentrional de Las Villas, o PSP tinha então sua própria frente rebelde, a Máximo Gómez, com 65 homens armados e liderados por Félix Torres, que fora recusado em suas tentativas de estabelecer vínculos com a seção local do Movimento 26 de Julho e o grupo de Eloy Gutíerrez Menoyo, a "Segunda Frente Nacional das Escambray", grupo dissidente do Directorio. Quando Che se aproximava da região, o partido enviou, no começo de outubro, emissários para cumprimentá-lo. Ofereceram-lhe guias e dinheiro e prometeram-lhe um transmissor de rádio e um mimeógrafo para suas atividades de propaganda. Ele aceitou agradecido e pediu uma ligação direta com a direção do PSP em Las Villas.

Depois de outra semana miserável andando pela lama e pelos pântanos e sendo perseguidos por aviões de combate, Che e seus homens chegaram a uma fazenda no sopé das Escambray. Estavam famintos, doentes e exaustos, mas atravessaram mais da metade da extensão de Cuba, uma distância de mais de seiscentos quilômetros, a maior parte a pé. Ovidio Díaz Rodríguez, de 26 anos, secretário da Juventude Socialista do Partido Comunista na província de Las Villas, encontrou-os a cavalo. A incessante propaganda do governo sobre o "comunista argentino" inflamara sua admiração por Che e, ao se aproximar do encontro, Díaz se sentia tomado de emoção. Recordou que "queria abraçá-lo quando o encontrei", porém, quando Che esticou a mão para cumprimentá-lo, Díaz desistiu encabulado. "Vi que ele estava muito magro e imaginei todas as penúrias por que certamente passara desde que saíra da Sierra Maestra. Impressionei-me com sua personalidade e com o respeito que todos mostravam ter por ele. Minha admiração aumentou."

Então, com sua rudeza característica, Che repreendeu Díaz por se aproximar imprudentemente pela frente do seu acampamento. Antes de convidar Díaz a se sentar e conversar, Che lhe disse: "Você devia ter vindo seguindo minha trilha". Segundo relatou Díaz, "ele me pediu que resumisse tudo que eu sabia sobre a situação nas Escambray, os grupos armados, a condição do partido na província e nas montanhas, o apoio com que contava, se as bases socialistas eram fortes. Falou-me com respeito e de um modo afável".

Em 15 de outubro, Che anotou no diário que se encontrara com "um representante do PSP", que lhe dissera que o partido estava "a sua disposição" se conseguisse montar um acordo de união com os diversos grupos armados. Era um bom começo.

Camilo também fizera contato com o PSP. Sua coluna enveredara para o norte, para Yaguajay, onde estava a coluna de Félix Torres. Em 8 de outubro, os dois encontraram-se no campo. Torres ficara feliz em se colocar e a seus homens sob as ordens de Camilo. Os dois grupos mantiveram acampamentos separados, mas coordenavam as ações entre si. Fidel ficou tão satisfeito com esse arranjo que ordenou que Camilo permanecesse em Las Villas e atuasse como reforço das operações de Che, em vez de prosseguir para Pinar del Río.

Durante os dois dias seguintes, enquanto Che e seus homens se moviam nas Escambray propriamente ditas, Díaz o visitou. A cada vez, saía mais impressionado com a capacidade de liderança de Che: "Conhecia seus homens perfeitamente: quem viera das diferentes organizações revolucionárias, quem crescera como trabalhador ou camponês, quem era anticomunista devido à falta de cultura. Avaliava seus homens de acordo com seu espírito de luta, mas sabia distinguir perfeitamente entre os de esquerda e os de direita".

Era um grupo heterogêneo. Além dos formados em Minas del Frío, relativamente inexperientes, Che trouxera seus protegidos. Afora os comunistas, Ribalta e Acosta, havia Ramiro Valdés, seu subcomandante de confiança, que então passara a usar um cavanhaque de aparência sinistra e Che gostava de dizer que ele ficava parecido com Feliks Dzerzhinsky, o fundador da KGB. Também viera com eles o jovem médico Oscarito Fernández Mell, cuja companhia Che apreciava e com quem gostava de implicar chamando-o de *petite bourgeoisie*. Rapazes fiéis como Joel Iglesias, Guile Pardo, El Vaquerito, que chefiava seu próprio grupo audacioso chamado "Esquadrão Suicida", e os irmãos Acevedo também estavam com ele. Havia ainda uns tipos exóticos, como "El Negro" Lázaro, um negro enorme e valente, com um senso de humor também muito grande, que carregou consigo uma sela de montar durante toda a invasão, dizendo que a queria para o dia em que encontrasse um cavalo, que, naturalmente, jamais achou. Por último, havia um grupo de jovens cujos destinos ficariam ligados ao de Che para sempre, muitos dos quais continuaram com ele depois da guerra como seus guarda-costas pessoais. Para a maioria deles, com poucas ideias políticas, mas sedentos por aventura, Che era a chave para futuras vidas gloriosas, nas quais também se tornariam "heróis da libertação"* dos tempos modernos.

O que tinha Che que os magnetizava dessa maneira? Ele não podia ser mais diferente da maioria deles. Era um estrangeiro, um intelectual, um profissional liberal e lia livros que eles não compreendiam. Na condição de seu chefe, era exigente, severo e notoriamente duro nas suas punições, principalmente com aqueles que selecionara para se tornarem "verdadeiros revolucionários". Quando o jovem Harry Villegas e alguns outros rapazes começaram uma greve de fome em Minas del Frío por causa da má qualidade da comida, Che ameaçou fuzilá-los. Finalmente, depois de conferenciar com Fidel, abrandara a punição, fazendo-os ficar sem comida durante cinco dias, "para que pudessem saber o que era fome de verdade". Houve muitas outras ocasiões em que sofreram a severidade de Che por causa de erros que outros comandantes poderiam ter deixado passar ou até cometeriam eles próprios.

* Ver Notas.

Cada punição que Che aplicava ia com uma explicação, um sermão sobre a importância do autossacrifício, do exemplo pessoal e da consciência social. Queria que soubessem por que eram punidos e como podiam se redimir. Naturalmente, sua unidade não era para qualquer um. Muitos ficavam pelo caminho, incapazes de suportar as dificuldades e suas exigências rigorosas, mas, para os que aguentavam, "estar com Che" tornava-se uma fonte de orgulho. Como ele vivia da mesma forma que eles, recusando comodidades extras devido a sua hierarquia e correndo os mesmos riscos que eles nos combates, conquistou seu respeito e sua devoção. Para esses jovens, metade dos quais era de negros, muitos de famílias de agricultores pobres,* Che era um modelo.

Embora tivesse o cuidado de ocultá-lo, Che pagava um alto preço pessoal pela imagem revolucionária austera que formara para si mesmo. Seu relacionamento com Zoila, seu apreço por suas mulas, seu hábito de ter animais de estimação, tudo isso podia ser visto como sinais de que ele necessitava de ternura e consolo para suavizar a vida árdua que adotara. Quando chegou às montanhas Escambray, esperava que sua mensageira pessoal, Lidia, se reunisse a ele. Ela era seu correio para as comunicações com Fidel e com Havana e prometera levar-lhe um cachorrinho, para substituir Hombrito, um cachorro pequeno, batizado com o nome do vale pelo qual ele combatera e que tivera de deixar na Sierra Maestra. Mas Lidia não conseguiu chegar. Ela e sua companheira, Clodomira Acosta Ferrals, de 21 anos, foram traídas, capturadas e depois "desaparecidas" por agentes de Batista. Che sentiu profundamente sua perda. Conforme escreveu alguns meses depois de seu assassinato, "[para mim] pessoalmente, Lidia ocupa um lugar especial. É por isso que ofereço hoje essas reminiscências em homenagem a ela, uma flor modesta depositada sobre a cova comum em que se transformou essa ilha outrora feliz".

* Che tinha muitos bons homens na sua longa marcha às Escambray, mas alguns começaram a sofrer do que ele chamava *apendijitis*, ou medicite. Disse a Fidel que, "em uma tentativa de eliminar a escória da coluna", demitiu sete homens em 7 de outubro. Na noite seguinte, o voluntário norte-americano Herman Marks, que tinha a patente de capitão, também partiu. Embora o gringo, que era veterano da Guerra da Coreia, tivesse sido excelente instrutor militar e desse provas de coragem várias vezes em combate, Che não lamentava vê-lo partir e escreveu no diário: "ele estava ferido e doente, porém, fundamentalmente, não se encaixava na tropa". Enrique Acevedo explicou com mais detalhes: o americano era "valente e louco em combate, tirânico e arbitrário na paz do acampamento". Segundo Acevedo, ele demonstrava em particular uma inquietante predileção por executar homens condenados, muitas vezes se oferecendo para a tarefa com um entusiasmo que era inadequado.

Quando atravessava Camagüey, Che perdeu o boné militar que pertencera a seu amigo Ciro Redondo e que ele usara desde sua morte. Oscarito Fernández Mell raramente vira Che tão perturbado como nesse dia e recordou: "Aquele boné era um desastre. A pala havia caído, estava sujo e asqueroso, mas porque pertencera a Ciro, era o que queria usar. Che era um homem ao mesmo tempo duro e extraordinariamente sentimental". O boné foi substituído pela boina preta que logo se tornaria a marca registrada de Che.

II

Para um crescente segmento da população, quem detinha as chaves para o futuro político de Cuba eram eles, os *barbudos,* como eram então conhecidos os rebeldes de barba e cabelos compridos. Fidel, assim, esperava usar o apoio popular para uma ofensiva em toda a ilha, que sabotaria as eleições previstas para 3 de novembro. Decretou uma proibição de tráfego, um boicote para quem apostava na loteria, bem como a suspensão da compra de jornais e do comparecimento a festas de qualquer espécie. Os cidadãos deviam comprar apenas o mínimo indispensável, de forma a privar o governo de receita. Caso alguém tivesse alguma dúvida quanto a sua oposição às eleições, Fidel ameaçou todos os candidatos com prisão ou morte.

O número limitado de candidatos era um exemplo de política dissociada da realidade. Concorrendo contra o primeiro-ministro, Andrés Rivero Agüero, escolhido por Batista como seu sucessor, estavam o político dissidente do Partido Ortodoxo, Carlos Márquez Sterling, e o desacreditado ex-presidente, Ramón Grau San Martín, que liderava sua própria facção dos autênticos. Não era de surpreender que houvesse pouco entusiasmo entre os cidadãos e se esperava que o comparecimento às urnas fosse mínimo.

Para fazer cumprir seus decretos, Fidel enviou novas colunas para operarem no *llano* de Oriente e Camagüey, e deu a Juan Almeida ordens para que começasse a cercar a cidade de Santiago. Também soltou as amarras dos grupos de ação urbana e, em setembro, eles realizaram alguns ataques espetaculares em Havana, destruindo as instalações de transmissão de duas estações de rádio do governo e ateando fogo a Rancho Boyeros, o principal aeroporto do país.

A repressão política por parte do regime prosseguia inabalável. Vários assassinatos hediondos de civis pela polícia, inclusive de duas jovens irmãs em Havana, deixaram o público horrorizado e indignado. A rotina de torturas de pessoas detidas pelo Buró de Represión a las Actividades Comunistas (Brac), financiado pela CIA, ficou tão notória que até o próprio inspetor-geral da CIA reclamou contra elas. Em setembro, uma das colunas de Che em Camagüey caiu em uma emboscada, e dezoito rebeldes foram mortos e os onze sobreviventes capturados, inclusive homens feridos, foram sumariamente executados.

A revolução em Cuba também estava atraindo participantes de longe de suas costas. Com o Departamento de Estado norte-americano ainda bloqueando os novos embarques de armamentos para o governo cubano, Batista começara a se voltar para fornecedores alternativos de armas. Os intermediários de Fidel apelaram para o primeiro-ministro, Harold Macmillan, a fim de que sustasse a venda de quinze aviões de combate Sea Fury britânicos para Cuba, mas foram desprezados. Fidel reagiu determinando o confisco de todas as propriedades britânicas em Cuba e convocou um boicote de artigos de fabricação britânica.

Em um ensaio geral de seu futuro confronto, Fidel e Washington começaram uma guerra de palavras. A Casa Branca repeliu um apelo dos rebeldes para que a missão militar em Cuba fosse retirada, enquanto um Departamento de Estado mais hostil insinuou que poderia tomar uma "atitude" depois que os rebeldes capturaram em uma emboscada dois norte-americanos, empregados da Texaco. No final de outubro, Batista retirou os soldados que protegiam a mina norte-americana de níquel, em Nicaro. Quando as forças de Raúl se deslocaram para ocupar a mina, a Marinha norte-americana enviou um navio transporte, apoiado por um porta-aviões, para evacuar os 55 civis norte-americanos que lá se encontravam. O Departamento de Estado emitiu uma ameaça velada de ação de represália, caso se voltasse a tomar cidadãos norte-americanos como reféns. Fidel advertiu que, se o Departamento de Estado cometesse o erro de "levar seu país a um ato de agressão contra nossa soberania, pode ter certeza de que saberemos como defendê-la honrosamente".

Havia cada vez mais notícias de descontentamento fermentando no seio das Forças Armadas, e Fidel utilizava todas as oportunidades para exortar os militares a refletir sobre servir nas mãos "da tirania" em vez de servir "à pátria", que *ele* representava. Oficiais ou soldados que desertassem para o "território livre" dos rebeldes seriam bem-vindos, desde que trouxessem suas armas consigo. Os salários que recebiam então continuariam a ser pagos, além de terem a promessa de aposento e comida até o fim da guerra. Fidel tornou a escrever ao general Cantillo, instando-o a liderar uma revolta contra Batista, mas o comandante manteve-se em silêncio. Ao mesmo tempo, um dos agentes de Fidel tentava convencer alguns oficiais dissidentes a desertarem e formarem sua própria coluna rebelde do Exército.

Enquanto Fidel traçava planos e esquemas, uma corrente de visitantes e emissários ia e vinha da Sierra Maestra. Alguns, como o oficial do PSP, Carlos Rafael Rodríguez, ficavam como hóspedes permanentes. Graças a um novo cozinheiro, trazido especialmente de um restaurante no *llano*, Fidel voltara a comer bem e até ganhara peso. Dispunha de seu próprio jipe e de energia elétrica permanente, produzida por um gerador. Tinha tempo para ler e para escutar músicas. Podia falar por telefone com o mundo exterior quando quisesse. Celia Sánchez compartilhava de sua cama de casal. A vida era boa.

Fidel estava confiante no futuro, mas não descansado. Em Oriente, o Exército Rebelde agora totalizava mais de oitocentos homens. Já não faltavam armas e munição, graças ao material bélico apreendido na ofensiva de verão e aos contínuos voos de suprimento do exterior. Também estava tendo êxito em encher seus cofres de guerra. Implantara um imposto de quinze centavos sobre cada saca de 120 quilos de açúcar produzido, e os engenhos de Oriente, inclusive os que pertenciam a norte-americanos, pagavam. Possuía até uma modesta Força Aérea rebelde, sob o comando de Pedro Luis Díaz Lanz.

Divulgou o texto de sua legislação para a reforma agrária, havia muito planejada, intitulada "Lei Número Um da Sierra Maestra". Prometia-se distribuir as terras do Estado e quaisquer terras de propriedade de Batista aos camponeses sem terra, garantindo-se a continuidade da propriedade de terras que não excedessem sessenta hectares, e se prometia indenização àqueles que possuíssem grandes áreas de terras "ociosas", caso elas fossem desapropriadas. O mais importante, pelo menos em termos de futuro, foi o fato de Fidel estar também se chegando cada vez mais a uma aliança ostensiva com o Partido Comunista. No final de outubro, foi anunciada a formação de uma nova organização trabalhista, a Frente Obrera Nacional de Unidad, que incluía o PSP.

Fidel operava em vários níveis. Enquanto apaziguava seus aliados anticomunistas com uma legislação moderada de reforma agrária, reforçava uma aliança operacional com os comunistas, que ia muito além do acordo sobre unidade trabalhista. Os trabalhos práticos de base já eram realizados por Che, por Raúl e por Camilo. Na Segunda Frente, de Raúl, estava em pleno funcionamento uma aliança político-militar entre o PSP e o 26 de Julho. O Congresso Camponês, organizado por Pepe Ramírez, fora realizado em setembro, presidido por Raúl. Logo depois de chegar a Las Villas, Camilo pôs em andamento os planos para uma Conferência Nacional de Trabalhadores do Açúcar. Foram os primeiros passos na fusão gradual do 26 de Julho com o PSP, que praticamente culminou na criação de um novo Partido Comunista Cubano, encabeçado por Fidel.

Che deslocou-se por Oriente e Camagüey com a reforma agrária em mente, mas estivera ocupado demais tratando de sobreviver para fazer muita coisa por ela. Uma semana depois de iniciar seu deslocamento, na região arrozeira do leste de Camagüey, instara os trabalhadores de uma grande fazenda particular a formarem um sindicato e tivera uma reação entusiástica. Mais tarde, contou a Fidel que "uma pessoa com consciência social poderia fazer maravilhas nessa área e há muita mata onde se esconder".

Três semanas depois, na parte ocidental de Camagüey, viu-se em uma grande fazenda de arroz que era propriedade de um elemento vinculado a Batista, e Che deteve-se para conversar com o administrador, um norte-americano. Registrou no diário: "Falei com o administrador para explicar a essência de nossas concepções econômicas e lhe dei nossas garantias para a proteção da indústria do arroz, a fim de que as transmitisse ao seu patrão".

Joel Iglesias recordou o encontro com mais detalhes: "Quando saímos de lá, [Che] me perguntou: 'O que você achou dele?'. Respondi que não gostava desses sujeitos. Ele me disse: 'Eu também não, [e] no final teremos que lutar contra eles', acrescentando que 'morreria com um sorriso nos lábios, na crista de uma montanha, por trás de uma rocha, lutando contra essa gente'".

Porém, antes de lutar contra os ianques, Che tinha de lidar com problemas mais perto de casa. Ele entrou nas montanhas Escambray, em 16 de outubro, e se viu envolto nas intrigas que havia ali. Eloy Gutiérrez Menoyo, líder da "Segunda Frente Nacional das Escambray", capturou por curto período de tempo o comandante do 26 de Julho em Las Villas, Víctor Bordón Machado. Ele também estava em choque com o grupo armado oficial do Directorio Revolucionario, chefiado por Faure Chomón. Uma delegação representando o 26 de Julho na região queixou-se de Bordón, que diziam ter ficado "agressivo" e agir por conta própria. Esperando ajeitar as coisas, Che convocou um conselho, a ser realizado no acampamento principal do Directorio. Nesse meio-tempo, tentou convencer os homens do 26 de Julho da necessidade de um acordo de união local e propôs uma estratégia para levantes urbanos e ataques de guerrilha conjugados nas cidades da província de Las Villas durante as eleições. "Não encontrei muito entusiasmo pela ideia", registrou ele.

Che acabara de estabelecer um acampamento provisório em uma localidade chamada Los Gavilanes, quando foi procurado por um oficial da Segunda Frente, de Gutiérrez Menoyo. Apesar da orientação anticomunista dessa frente e de sua fama de banditismo, Che estava ansioso por ver se era possível forjar algum tipo de coligação anti-Batista. Em meados de outubro, ele e seus homens partiram rumo ao acampamento de um dos mais notórios chefes guerreiros da

Segunda Frente, o comandante Jesús Carreras. Ao chegarem lá, depois de uma marcha de dois dias, constataram que Carreras não estava, mas que lhes deixara um aviso ameaçador. Como Che narrou no diário, o aviso advertia que "nenhuma tropa pode passar através deste território; será alertada da primeira vez, mas da segunda, [será] expulsa ou exterminada".

Quando Carreras voltou, Che viu que "já tinha bebido meia garrafa de uma bebida alcoólica, que era aproximadamente a metade da sua quota diária". Quando Che declarou que não podia permitir que Carreras empregasse a palavra "aviso", o comandante prontamente recuou, explicando que a ameaça visava apenas aos combatentes saqueadores da facção do Directorio. Che partiu achando que tratara das coisas de forma diplomática, mas também sabia que Carreras era "um inimigo".*

No quartel-general do Directorio, em Los Arroyos, Che se encontrou com Faure Chomón e Rolando Cubela. Ambos mostraram-se abertos à ideia de cooperação com o Movimento 26 de Julho, mas rejeitaram quaisquer conversações com a Segunda Frente ou com os comunistas, sublinhando sua falta de disposição para abrir mão de sua condição independente em um pacto de união com Che. Este propôs então, como alternativa, que combinassem "medidas para uma partilha do território e de zonas de influência em que as forças de outras organizações poderiam operar livremente". Pondo de lado os pormenores, sugeriu lançar um ataque conjunto contra Güinía de Miranda, uma cidade onde havia uma guarnição do Exército, no sopé das Escambray, após o qual suas forças e as do Directorio repartiriam as armas que fossem apreendidas. "Aceitaram em princípio, mas sem entusiasmo", anotou ele no diário.

Enrique "Sierra" Oltuski, coordenador do Movimento 26 de Julho em Las Villas, chegou ao acampamento de Che em uma noite de breu. Havia guerrilheiros vagando em torno da fogueira e Oltuski aproximou-se, tentando identificar as fisionomias. "Tinha na cabeça a imagem de Che que vira publicada nos jornais", ele recordou. "Nenhum desses rostos coincidia com ela. Mas havia um homem, de estatura mediana, que usava uma boina por cima de cabelos muito compridos. A barba não era muito espessa. Estava com uma capa preta sobre a camisa aberta. As chamas da fogueira e o bigode, que caía dos dois lados da boca, davam-lhe um aspecto chinês. Pensei em Gengis Khan."

* Depois da revolução, Carreras voltou às Escambray com outros ex-combatentes descontentes e pegou em armas em uma campanha de guerrilhas contra a revolução. Foi capturado e executado em 1961.

Esse primeiro encontro não transcorreu bem. Oltuski, filho de imigrantes poloneses, nascido em Havana, trabalhara como engenheiro, mas abandonara a carreira pela revolução. Ajudara a organizar a *Resistência Cívica* e era membro do diretório nacional do 26 de Julho. Era também anticomunista. Ele e Che imediatamente bateram de frente, tendo o primeiro choque ocorrido em torno da proposta de Che de realizar assaltos a bancos em Las Villas para obter fundos. Oltuski e seus camaradas do *llano* opunham-se a isso de forma veemente. Che escreveu com desprezo no diário: "Quando lhes pedi que nos dessem um relatório sobre todos os bancos nas cidades, para atacá-los e tomar seu dinheiro, eles se desesperaram. [E] com seu silêncio, se opuseram à livre distribuição de terras e demonstraram sua subordinação aos grandes interesses capitalistas, Sierra [Oltuski] mais do que todos".

Nas suas memórias, Oltuski reconstruiu sua própria versão da discussão sobre reforma agrária:

Guevara: Quando tivermos ampliado e consolidado nosso território, implementaremos uma reforma agrária. Dividiremos as terras entre os que nelas trabalham. O que você acha da reforma agrária?

Oltuski: Ela é indispensável. [Os olhos de Che brilharam.] Sem a reforma agrária, não é possível o progresso econômico.

Guevara: Ou o progresso social.

Oltuski: Sim, o progresso social, é claro. Escrevi uma tese agrária para o Movimento.

Guevara: É mesmo? O que dizia ela?

Oltuski: Que todas as terras ociosas deviam ser entregues aos camponeses e que os grandes latifundiários deviam ser pressionados no sentido de permitir aos camponeses comprar as terras com seu próprio dinheiro. Então, as terras seriam vendidas aos camponeses por seu preço de custo, com pagamentos a prazo e financiamentos para a produção.

Guevara: Isso é uma tese reacionária! [Che espumou de indignação.] Como é que vamos cobrar daqueles que trabalham a terra? Você é igual a todos os outros do *llano*.

Oltuski: [Fiquei furioso.] Raios, e o que você acha que devemos fazer?! Simplesmente dá-las para eles? Para que as destruam, como no México? Um homem precisa sentir que o que possui lhe custou esforço.

Guevara: Que diabo, veja só o que você está dizendo! [Che berrou e ficou com as veias do pescoço estufadas.]

Oltuski: Além disso, é preciso disfarçar as coisas. Não pense que os norte-americanos vão ficar sentados, calmos, assistindo enquanto nós fazemos as coisas abertamente. É preciso ser mais discreto.

Guevara: Então você é um desses que acham que podemos fazer uma revolução por trás das costas dos norte-americanos. Você é mesmo um come-bosta! A revolução tem de ser realizada em uma luta de vida ou morte contra o imperialismo desde o primeiro instante. Uma verdadeira revolução não pode ser disfarçada.

Em 22 de outubro, sem que as questões entre Che e seus colegas locais do 26 de Julho estivessem resolvidas, surgiu um novo problema com a Segunda Frente, quando Che recebeu a visita do comandante Peña, "famoso na região por roubar gado dos camponeses". Che escreveu no diário: "Ele começou sendo muito amável, mas depois revelou suas verdadeiras cores. Nos separamos cordialmente, mas como inimigos declarados". Peña advertira-o a não atacar Güinía de Miranda, que estava dentro do território *dele*. "Naturalmente, não lhe demos atenção", Che escreveu. No entanto, antes que pudesse levar avante o ataque, seus homens precisavam de calçados novos, pois estavam com as botas apodrecendo-lhes os pés depois da longa caminhada. Che ficou furioso ao saber que uma remessa de quarenta botas, feita pelo Movimento 26 de Julho para seus homens, fora "apropriada" pela Segunda Frente. Para Che, isso foi quase a última gota. "Armava-se uma tempestade."

Em meio a essa crise, chegou Victor "Diego" Paneque, o chefe das ações do 26 de Julho em Las Villas, trazendo consigo 5 mil pesos e uma carta antiga de Fidel, tudo encaminhado por Oltuski. Che deu a Diego as ordens para a ofensiva que se acercava: "queimar os postos de votação em duas ou três cidades importantes no *llano* e transmitir a Camilo a ordem para atacar Caibarién, Remedios, Yaguajay e Zulueta" [pequenas cidades na parte norte de Las Villas]. Che ainda tinha de definir exatamente qual seria o seu próprio plano de ataque. Tudo dependia da cooperação que recebesse das outras forças rebeldes.

Em 25 de outubro, Víctor Bordón, o chefe local da guerrilha do 26 de Julho, finalmente foi vê-lo, e Che de imediato o repreendeu. Entre outras coisas, considerou que Bordón abusara de sua autoridade e mentira a respeito de um pretenso encontro com Fidel que jamais ocorrera. Che rebaixou-o ao posto de capitão e ordenou que os duzentos homens de Bordón viessem, com suas armas, se colocar sob o seu comando, acrescentando que os que não estivessem de acordo deviam deixar as montanhas.

Nessa mesma noite, os dirigentes do Directorio foram-lhe dizer que "não estavam em condições" de se juntar ao seu ataque contra Güinía de Miranda, planejado para o dia seguinte. Che já desconfiara disso e assegurou que iria em frente sem eles. Na noite seguinte, ele e seus homens se deslocaram até Güinía de Miranda e abriram fogo com a bazuca contra o quartel. No entanto, o primeiro tiro errou o alvo e os soldados responderam ao fogo. Seguiu-se um intenso tiroteio, pontuado por mais três disparos da bazuca, que também erraram o alvo. Os rebeldes começaram a cair. Desesperado, Che agarrou a arma e atingiu o quartel com seu primeiro disparo. Os catorze soldados que estavam lá dentro se renderam imediatamente.

Che não ficou nada satisfeito com o resultado. "Apreendemos muito poucas balas e [apenas] oito fuzis; foi uma perda para nós, devido à quantidade de munição desperdiçada e rojões utilizados." Dois rebeldes morreram e sete ficaram feridos. Ao alvorecer, estavam a salvo, de volta às montanhas. Che propositalmente deixou um jipe apreendido perto do acampamento do Directorio como um "presente" da batalha da qual não participaram.

Com ou sem a ajuda de outras facções, Che resolveu manter a pressão sobre o Exército. Na noite seguinte, partiu para atacar a guarnição em Jíquima, defendida por cinquenta soldados. Mais cauteloso dessa vez, sustou o ataque até pouco antes do raiar do dia, quando Fonso, seu homem da bazuca, lhe disse que não conseguia encontrar uma boa posição de tiro. De volta à Sierra em 30 de outubro, Che recebeu as visitas dos chefes de ação do 26 de Julho das localidades de Sancti Spíritus, Cabaiguán, Fomento e Placetas. Todos eles endossaram seus planos de atacar essas cidadezinhas durante os próximos dias. Anotou no diário: "Também concordaram com os assaltos a bancos e prometeram dar-me sua ajuda".

Depois de mais alguns dias de escaramuças, Che dedicou-se a organizar seus homens para a série de ataques que seriam realizados em 3 de novembro, o dia das eleições, em conjunto com os grupos de ação urbana. Porém, na véspera da batalha, recebeu a visita do chefe de ação em Sancti Spíritus, que estava muito nervoso. Explicou que o coordenador urbano de Sancti Spíritus soubera do esquema de assaltos a bancos e recusara-se a ajudar, tendo feito até ameaças. Pouco tempo depois, Che recebeu uma carta ameaçadora de "Sierra" Oltuski, o coordenador do 26 de Julho para Las Villas, ordenando-lhe que abortasse o plano dos assaltos. Che disparou de volta uma carta fulminante:

> Você diz que nem mesmo o próprio Fidel fez isso quando não tinha o que comer. Isso é verdade. Porém, quando não tinha nada para comer, também não dispunha de força bastante para executar uma ação desse tipo [...]. Segundo a pessoa que me

trouxe a carta, as lideranças locais nas cidades ameaçam pedir demissão. Concordo em que devem fazê-lo. Mais até, agora eu o exijo, pois não se pode permitir que haja um boicote deliberado de uma medida que seria tão benéfica para os interesses da Revolução.

Vejo-me diante da triste necessidade de recordar-lhe que fui nomeado comandante em chefe precisamente para dar unidade de comando ao movimento e para melhorar as coisas. [...] Se eles vão ou não se demitir, pretendo, com a autoridade de que estou investido, varrer com todos os fracos das cidades que rodeiam as montanhas. Nunca imaginei que as coisas chegariam a um boicote por meus próprios camaradas.

Agora me dou conta de que o velho antagonismo que pensávamos ter sido superado é ressuscitado com a palavra *llano*. Você tem dirigentes divorciados das massas afirmando o que eles pensam que o povo acha. Posso lhe perguntar: Por que é que nenhum camponês discorda de nossa tese de que a terra pertence àqueles que a trabalham, enquanto os donos das terras discordam?

Isso não estará relacionado com o fato de que a massa dos combatentes está a favor dos assaltos a bancos quando todos eles estão sem um tostão? Será que você está levando em consideração o respeito para com essas que são as mais arbitrárias das instituições financeiras? Aqueles que ganham dinheiro emprestando dinheiro dos outros e fazendo especulação com ele não têm direito algum a consideração especial [...]. Enquanto isso, o povo sofredor está derramando seu sangue nas montanhas e nas planícies, e sofrendo diariamente por causa da traição dos seus falsos líderes.

Você me adverte de que tenho total responsabilidade pela destruição da organização. Aceito esta responsabilidade e estou preparado para prestar contas da minha conduta perante qualquer tribunal revolucionário e a qualquer momento que seja decidido pelo diretório nacional do movimento. Prestarei contas até do último centavo fornecido aos combatentes da Sierra, qualquer que seja o modo como tenha sido obtido. Mas também pedirei contas de cada um dos 50 mil pesos que você menciona.*

Você me pediu um recibo assinado, algo que não estou acostumado a fazer entre camaradas [...]. Minha palavra vale mais do que todas as assinaturas do mundo [...]. Termino mandando-lhe saudações revolucionárias e aguardo sua chegada, junto com Diego.**

* Oltuski tinha dito que essa quantia fora arrecadada pelo *llano* e que parte dela seria entregue a Che para lhe mostrar que contavam com apoio suficiente para tornar o assalto a bancos desnecessário.

** Oltuski contou a Che que Víctor Paneque — Diego —, chefe de ação em Las Villas, também se opunha aos assaltos a bancos. Mais tarde, em suas memórias desse episódio, Oltuski escreveu que

Uma vez mais, os planos de Che foram frustrados pelo *llano*. No dia mesmo em que deviam travar a guerra juntos contra o governo, seus camaradas baseados nas cidades não fizeram nada, preferindo em vez disso atacá-lo.

Ainda decidido a fazer alguma coisa, Che ordenou um ataque em três pontas contra a cidade de Cabaiguán. Deviam começar com um disparo de bazuca, mas por volta das quatro da manhã, seu capitão, Angel Frías, informou que não podia atirar "porque havia muitos guardas". Furioso, Che escreveu no diário: "A indecisão desse capitão nos custou muito desprestígio, pois todos sabiam que atacaríamos Cabaiguán e tivemos de nos retirar sem disparar um tiro". Na manhã seguinte, chegando de volta às Escambray, Che ordenou um novo ataque contra Jíquima naquela noite, mas este também foi abortado quando Angel Frías não conseguiu encontrar uma "boa posição de tiro".

Sua decepção por essas ineficiências só foi compensada pelas boas notícias que começavam a chegar de toda a província. A combinação das suas ações e dos ataques de Camilo no norte paralisara a maior parte do tráfego em Las Villas no dia das eleições, provocando um nível muito alto de abstenções. No resto do país, os resultados eram semelhantes. Na província de Oriente, os rebeldes acrescentaram à paralisação múltiplos ataques. A estratégia rebelde fora um tremendo sucesso por todo o país, com o comparecimento às urnas de talvez menos de 30% dos eleitores. Como se esperava, Rivero Agüero venceu, graças à maciça fraude eleitoral realizada com a assistência das Forças Armadas, e deveria assumir a presidência em 24 de fevereiro. Os rebeldes estavam decididos a fazer com que sua posse nunca chegasse a acontecer.

Durante alguns dias, Che continuou nas montanhas a fim de supervisionar os trabalhos de construção de sua base permanente de retaguarda, em Caballete de Casas. O trabalho avançava bem e várias casas de alvenaria já estavam concluídas, mas Che, para acelerar as coisas, organizou em equipes de trabalho os aproximadamente duzentos homens que reunira. Montou uma escola de recrutas, calcada na de Minas del Frío, que batizou de Ñico López, em honra de seu camarada falecido, e o funcionário do Partido Comunista, Pablo Ribalta, foi mais uma vez designado comissário político. Em poucos dias, foi instalado um sistema de rádio de campanha, gentileza do PSP. Também recebeu o mimeógrafo e, em meados de novembro, fundou um jornal chamado *El Miliciano*. Logo haveria uma estação de geração de eletricidade, um hospital, uma fábrica de fumo, oficinas de couro e metalúrgicas, e um arsenal.

Diego reagira chocado quando soube dos planos de Che e disse que era "loucura", que afastaria os que apoiavam o 26 de Julho e que tinha "certeza" de que Fidel não aprovaria tais ações.

Várias pessoas que ficariam intimamente ligadas a Che chegaram então às Escambray. O movimento em Santa Clara enviou-lhe Orlando Borrego, um jovem estudante de contabilidade, inteligente e sério. Com o tempo, tornaram-se melhores amigos, mas nesse primeiro encontro Che o saudou de forma altiva. Borrego recordou: "Ele era muito rude, muito frio e desprezava estudantes". Borrego era um de sete filhos criados em uma fazenda pobre em Holguín, província de Oriente. Seu pai era um capataz de fazenda que se transformara em motorista de táxi, e sua mãe era professora da zona rural. Dinheiro sempre fora um problema, e Orlando começara a trabalhar aos catorze anos para ajudar a família. Desde então, o que sabia aprendera em aulas noturnas e agora decidira fugir para se juntar aos rebeldes.

Orlando "Olo" Pantoja, um dos guarda-costas de Che, interveio com Che em nome de Borrego, sugerindo que Che o deixasse ajudar a gerir seus recursos financeiros. Che concordou que Borrego ficasse como seu tesoureiro, mas ordenou-lhe que antes fizesse o curso de treinamento militar em Caballete de Casas. No campo de treinamento, Borrego fez amizade com um jovem e animado guerrilheiro do 26 de Julho, Jesús "El Rubio" Suárez Gayol. Ex-líder estudantil em Camagüey, abandonara o curso de arquitetura para se juntar a uma expedição do 26 de Julho que desembarcara em Pinar del Rio, em abril. Quando Borrego o conheceu, ele se recuperava de ferimentos sofridos durante um ataque em uma estação de rádio naquela cidade. Gayol irrompera no escritório da estação em plena luz do dia, levando um cartucho de dinamite em uma das mãos e uma pistola na outra. Ao acender o estopim, de alguma maneira pôs fogo em sua própria roupa. Só de cuecas e com graves queimaduras nas pernas, correu para a rua, bem no momento em que o prédio explodia, e deu de cara com um policial. Para sua sorte, o policial assustado fugiu. Então, ainda brandindo a pistola, Suárez Gayol correu pela rua abaixo e saltou para dentro da casa de uma velha. Felizmente, a mulher era simpatizante dos rebeldes e escondeu-o, tratando de seus ferimentos, até que pudesse ser retirado clandestinamente da província e conduzido para as Escambray. Suárez Gayol e Borrego continuaram muito amigos depois de terminada a guerra e se tornaram dois dos discípulos de maior confiança de Che.

Um jovem advogado, de uma aristocrática família de Havana, também chegou ao acampamento nas Escambray no começo de novembro. Miguel Ángel Duque de Estrada não era um marxista, mas admirava Che, acompanhara atentamente as notícias sobre sua marcha por Cuba e pedira para ser enviado para a unidade dele nas Escambray. Che precisava de alguém qualificado para aplicar o código legal da guerrilha no território rebelde, e o jovem advogado preenchia os requisitos. Nomeou Duque de Estrada seu *auditor revolucionario*, ou juiz. "Ele tinha uma estratégia política clara montada em sua cabeça", disse Duque de Estrada. "Disse-me que os prisioneiros deviam ser mantidos vivos. Não haveria pelotões de fuzilamento. Isso mudaria depois, mas, àquela altura, não queria execuções passíveis de assustar homens que poderiam se render às suas forças." Tal como Borrego e Suárez Gayol, Duque de Estrada se tornaria um dos quadros selecionados de Che depois da guerra.

Che estava recrutando um conjunto de cérebros de confiança como auxiliares e assessores para ajudar na batalha pós-guerra: a revolução política e econômica que seria necessária para construir o socialismo em Cuba e libertá-la da dominação norte-americana. Ele não estava preocupado com sua ideologia política. Se tivessem uma perspectiva progressista, acabaria por fazê-los acreditar no socialismo. E, sem dúvida, a maioria de seus guerrilheiros protegidos inicialmente não eram marxistas, mas acabaram por adotar como sua a ideologia de Che.

À época em que chegou às Escambray, Che planejava com empenho um papel central para si mesmo na transformação da economia de Cuba no pós-guerra. Em Cuba, foi intencionalmente deixado por esclarecer se isso era resultado de um entendimento estabelecido entre Fidel e o PSP, porém há fortes evidências de que assim foi. Che estudava economia política desde seus tempos no México. A pedido de Fidel, ajudara a pôr em andamento o processo de reforma agrária na Sierra Maestra, fora um participante-chave nas delicadas conversações com o PSP e recebera poderes para realizar a reforma agrária em Las Villas. Este, no entanto, não era espetáculo para um único homem. Tanto para seus projetos presentes como para os futuros, Che confiava no PSP. Além dos comunistas que já trabalhavam com ele nas Escambray, havia um grupo pequeno e bem situado de militantes do partido a sua disposição em Havana. Um deles era Alfredo Menéndez, de 37 anos, especialista em açúcar, empregado no Instituto Cubano de Estabilización del Azúcar, o quartel-general do sindicato da indústria de açúcar em Havana. Menéndez, um veterano comunista, vinha havia anos utilizando sua posição estratégica para fornecer informação econômica para o Politburo do PSP e, com a ajuda de um colega, Juan Borroto, e de dois homens do 26 de Julho no instituto, a essa altura fazendo o mesmo para Che.

Não importava quanto Che dependia do PSP, queria evitar dar a impressão de que o partido o tinha no bolso. Ovidio Díaz Rodríguez, um líder da Juventude Socialista que ajudara a coordenar seus esforços para implementar a reforma agrária em Las Villas, estava presente quando um homem do partido compareceu a uma reunião levando um presente para Che. "Era uma lata de mate argentino e, na frente de todos, disse para Che: 'Olhe, comandante, isto é um presente do Diretório do Partido'. Che aceitou sem dizer nada, mas depois me falou: 'Diga ao partido que não me mandem camaradas assim tão indiscretos'."

III

Simplesmente porque lançara ataques, como poucos dos outros grupos fizeram, Che transformara-se na autoridade de fato nas Escambray, e começaram a chegar pessoas que lhe apresentavam seus respeitos. Em 8 de novembro, dois inspetores de uma empresa de laticínios o visitaram para perguntar se poderiam continuar a recolher leite na área, informando que seu negócio estava quase paralisado devido às atividades rebeldes. "Disse-lhes que sim, mas que cobraríamos um imposto de guerra extraordinário, com o que concordaram." Um dirigente de um sindicato de transportadores de Santa Clara foi propor-lhe ações conjuntas naquela cidade. Che afirmou que se disporia, se o homem pudesse organizar uma reunião do sindicato e todos os dirigentes o solicitassem. Uma delegação de Placetas levou-lhe diagramas da cidade e lhe ofereceu seu apoio caso ele a atacasse.

Os comandantes da Segunda Frente, evidentemente irritados por Che haver assumido a preeminência em "sua" zona de influência, faziam ruídos cada vez mais belicosos. Che recebeu mensagens de William Morgan, o veterano militar norte-americano que ajudava Gutiérrez Menoyo, ordenando-lhe que devolvesse as armas que os homens de Bordón levaram quando se juntaram a ele. Ignorando completamente Morgan, Che escreveu uma carta dura para Gutiérrez Menoyo e ordenou a seus homens que "não entregassem nem uma só arma e repelissem qualquer ataque". Che também escreveu ao dirigente do Directorio, Faure Chomón, para informá-lo dessa "delicada situação" com a Segunda Frente. A situação era da "proporção de uma crise e chegar a um acordo com essa organização era impossível". Também instou Chomón a considerar incluir o PSP na aliança proposta. "Em conversas com membros do Partido Socialista Popular, eles expressaram abertamente uma postura pró-união e colocaram sua organização nas cidades e seus guerrilheiros na frente de Yaguajay a serviço dessa união."

Che soube que soldados leais ao comandante Peña, da Segunda Frente, estavam extorquindo dinheiro de civis locais e enviou homens para deter os culpados. Em poucos dias, duas colunas inteiras da Segunda Frente foram trazidas para o acampamento. Che advertiu a todos que não podiam mais operar na zona e muito menos empregar suas armas para extorsão. Uma das colunas pediu para se juntar a sua força, e Che concordou. Antes de deixar partir os demais, confis-

Che falando aos cidadãos de Cabaiguán durante o incentivo final para a vitória, em dezembro de 1958.

cou os "impostos de guerra" que extorquiram, em um total de 3 mil pesos, e mandou uma mensagem para Peña. Nessa "Ordem Militar Número 1", o primeiro decreto de Che como "comandante em chefe da região de Las Villas pelo Movimento 26 de Julho" deixou claro que a vida na área mudaria. Depois de delinear os termos da reforma agrária, voltou-se, de forma indireta, para seus competidores da Segunda Frente:

"Qualquer membro de uma organização revolucionária independente do Movimento 26 de Julho pode atravessar este território, nele viver e nele operar militarmente. O único requisito será o de acatar as ordens militares que foram ou venham a ser promulgadas.

"Somente os membros de organização revolucionária terão o direito de portar armas neste território. Nenhum membro de qualquer entidade revolucionária pode ingerir bebidas alcoólicas em estabelecimentos públicos [...]. Qualquer derramamento de sangue causado em violação desta ordem ficará incurso no Código Penal do Exército revolucionário [...].

"Todos os crimes militares ou civis cometidos dentro dos limites do território administrativo abrangido por esta ordem ficarão sob a jurisdição de nossos regulamentos pertinentes."

Talvez intimidada por essa demonstração de força, a facção do Directorio aceitou a unificação com o grupo de Che, concordando em impor um imposto único na área e dividir a arrecadação em partes iguais entre as duas organizações. Como primeira providência prática para sua nova aliança, planejaram começar a desfechar ataques conjuntos. O único ponto de desacordo que restou foi a recusa de Chomón em ampliar a aliança a fim de incluir o PSP. Che deixou a questão de lado, mas em 3 de dezembro, menos de três semanas depois do acordo de união entre o Directorio e o Movimento 26 de Julho, ele e o dirigente do PSP, Rolando Cubela, assinaram o "Pacto de Pedrero", proclamando sua aliança na luta como "irmãos".

Contudo, prosseguiam as querelas dentro do Movimento 26 de Julho. Enrique Oltuski, junto com Marcelo Fernández, o novo chefe do 26 de Julho em Havana, e três funcionários do diretório de Las Villas chamaram Che no final de novembro para outra rodada de conversações. Che achou Fernández "cheio de empáfia" e se preparou para o embate. "Discutimos a noite inteira [...]. Nos acusamos mutuamente, me acusaram de ser comunista e os acusei de serem imperialistas. Expus os fatos em que me baseava para emitir essa opinião e fizeram o mesmo em relação a mim. Quando a discussão terminou, estávamos mais distanciados do que quando começamos."

Conforme recordou Oltuski, Che estava ausente quando eles chegaram, foram recebidos por um de seus jovens guarda-costas, Olo Pantoja. Em um gesto de cortesia, Pantoja lhes ofereceu um pouco de carne de cabrito, que notaram já estar verde, estragada. Para não ofendê-lo, cada um tentou dar uma mordida, decisão de que Oltuski imediatamente se arrependeu: tomado de náusea, saiu discretamente e cuspiu o que tinha na boca. Quando Che regressou, à meia-noite, e se sentou para comer, Oltuski ficou olhando, fascinado de horror.

"Enquanto falava", escreveu Oltuski, "pegou os pedaços de carne com os dedos sujos. A julgar pelo prazer com que comia, para ele estava delicioso. Acabou de comer e fomos para o lado de fora [...]. Che distribuiu charutos. Eram fortes, certamente feitos na zona por algum *guajiro*. Aspirei o fumo amargo e forte e senti um calor no corpo e uma ligeira tonteira. Ao meu lado, Che fumava e tossia, uma tosse pegajosa, como se estivesse todo encharcado por dentro. Ele cheirava mal. Fedia a suor azedo. Era um fedor penetrante e me defendi com a fumaça do charuto [...]. Che e Marcelo tiveram algumas batalhas verbais. Entre outras coisas, discutiram por causa do programa do 26 de Julho [...].

"Quando estávamos em nosso caminho de volta, Marcelo me perguntou: 'O que você acha?'.

"'A despeito de tudo, não se pode deixar de admirá-lo. Ele sabe o que quer melhor do que nós. E vive inteiramente para isso.'"

IV

Aleida March conheceu Che no final de novembro. Sua primeira impressão foi a de que parecia velho, para não falar de ser magricela e sujo. Não lhe pareceu muito haver uma perspectiva romântica.* Aleida viajara de Santa Clara até a base de Che em nome de Diego, seu chefe no segmento clandestino rebelde de Las Villas, que lhe confiava as missões mais delicadas. Nos dossiês da polícia secreta de Batista, ela aparecia como "Cara Cortada" e "Teta Manchada". Os apelidos desagradáveis de Aleida derivavam das descrições feitas por *chivatos*, que contaram à polícia que ela tinha uma pequena cicatriz na face direita, consequência de uma mordida de cachorro quando era criança, e uma marca de nascença grande, cor-de-rosa, que se estendia do seio esquerdo até a clavícula. Mas as fichas de informação da polícia eram enganosas, pois, apesar dessas marcas, Aleida March era uma loura bonita, de 24 anos.

A mais moça de seis filhas, Aleida fora criada em uma fazenda arrendada de vinte hectares, na zona rural montanhosa ao sul de Santa Clara. Sua mãe era muito baixa, mal chegava a um metro e meio de altura, enquanto o pai era alto, com cabelos louros e olhos azuis. Ambos provinham de famílias de imigrantes espanhóis que foram prósperas, mas perderam suas fortunas. No entanto, Aleida gostava de dizer que sua família era de "classe média", porque sua casa tinha chão de cimento, enquanto as casas dos vizinhos e a escola primária de uma única sala, que ela frequentou até a sexta série, tinham chão de terra batida.

Sua casa de dois quartos era muito parecida com a de todos os outros, com teto de sapê e paredes de argila caiada, uma sala para a família, uma cozinha e uma sala da frente para receber visitas. O teto era amarelado devido às sacas de arroz que o pai de Aleida armazenava no sótão. Uma viga de madeira que se erguia do chão, entre a sala de visitas e a cozinha, sustentava o telhado e, ao entardecer, seu pai se sentava encostado nessa viga e lia histórias para ela. De noite, Aleida podia ouvir a mãe cantando para o pai no quarto de dormir ao lado do

* Aleida March publicou seu livro de memórias, *Evocação: minha vida ao lado de Che*, em 2008. O livro contém alguns poemas inéditos que Che lhe escreveu, bem como várias de suas cartas para ela.

seu. As terras eram cortadas por um rio, onde sua mãe lavava roupa e onde Aleida e suas irmãs tomavam banho.

A parte de Las Villas onde viviam era habitada por pessoas como eles, fazendeiros brancos, pobres, descendentes de imigrantes vindos das partes também pobres da Espanha, galegos, andaluzes e *isleños* [ilhéus das Canárias]. Na ordem de importância em Santa Clara, estratificada social e racialmente, como em quase toda Cuba, essas famílias vegetavam na camada mais baixa da sociedade branca, embora ainda estivessem bem acima dos mulatos e dos negros. *Los negros*, que deixaram de ser escravos havia apenas três gerações, eram os trabalhadores mais miseráveis, uma espécie de eflúvio desprezível da sociedade cubana. Em 1958, o parque central de Santa Clara ainda era vedado aos negros — havia uma cerca em volta dele e os negros podiam se reunir em torno dela, mas não entrar no parque.

Como muitos brancos pobres, a mãe de Aleida, Eudoxia de la Torre, era racista e esnobe. Gostava de se vangloriar da ilustre linhagem do marido, Juan March, cujos antepassados catalães foram supostamente nobres. Imitando a mãe, quando pequena Aleida costumava dizer às pessoas que era parente dos "duques da Catalunha". Ela nunca soube se o pai realmente descendia de linhagem nobre ou se era um filho ilegítimo, mas *era* verdade que tanto a família dele como a de sua mãe possuíram terras e dinheiro. A de seu pai fora proprietária de grandes canaviais, mas perdera tudo havia anos. As terras que ele então explorava em um regime de arrendamento pertenceram aos avós maternos de Aleida, que também as perderam durante os tempos difíceis dos anos 1920. Quando seus pais se casaram, alugaram a terra e se estabeleceram como arrendatários. O último legado remanescente de seu passado confortável era uma antiga bonbonnière de cristal, que ficava exposta em destaque sobre uma velha escrivaninha de madeira na sala da frente, onde eram recebidas as visitas.

O status da família era reforçado ainda pelo fato de que a professora primária local ficara morando com eles durante a infância de Aleida, pois a sua era a única casa suficientemente "decente" para ela. Mas os March também tinham suas máculas. A mãe, presbiteriana devota e frequentadora da igreja, causou um escândalo por ter tido Aleida aos 42 anos, bem depois da idade "apropriada" para se ter filhos. Isso era fonte de mortificação perpétua para suas outras filhas, pois a mais moça delas era quinze anos mais velha do que Aleida, e elas costumavam dizer que Aleida não era sua irmã, e sim filha da professora primária, muito mais jovem do que a mãe.

A comunidade mais próxima era Seibabo, apenas um lugarejo com poucas casas. Contudo, uma vez por mês, o pai selava o cavalo e ia até a cidade de Santa

Clara, a fim de comprar mantimentos a crédito nas bodegas chinesas. Ele tinha um pomar, plantava legumes e possuía duas vacas leiteiras, mas ainda assim acabava se endividando para alimentar a família. Quando as colheitas não lhe rendiam o suficiente para pagar ao proprietário, tinha de vender pertences.

Ao atingir a sexta série, Aleida foi morar com uma irmã casada, em Santa Clara, e lá fez o curso secundário. Resolveu ser professora e, terminado o segundo grau, ingressou na Universidade de Santa Clara para se formar em pedagogia. Enquanto estava lá, Fidel realizou seu ataque contra Moncada. O fato e o desfecho violento provocaram seu despertar político, como aconteceu com muitos outros jovens cubanos de sua geração. Quando se deu o desembarque do *Granma*, ela já estava formada e era membro ativo do segmento clandestino local do 26 de Julho.

Até chegar aos vinte e poucos anos, Santa Clara era a maior cidade que Aleida conhecera. Fez sua primeira viagem a Havana em uma missão para o Movimento 26 de Julho e só então viu rodovias de quatro pistas. Ouviu pela primeira vez o nome de Che Guevara quando Gino Donne, um marinheiro mercante italiano, o mencionou. Donne estivera a bordo do *Granma*, perdeu-se dos camaradas em Alegría del Pío e, depois de muitas peripécias, acabou chegando a Santa Clara. Coberto de bolhas, faminto e com uma terrível dor de dente, Donne foi acolhido na casa de María Dolores "Lolita" Rossell, uma professora de jardim de infância, bonita, de cabelos castanhos, com quatro filhos. Seu irmão, Allan Rossell, era o coordenador do 26 de Julho na província de Las Villas, e sua casa funcionava como "hotel de trânsito" para os deslocamentos clandestinos dos membros do Movimento.

Foi a chegada de Donne que fez com que Lolita e Aleida se conhecessem, e logo se tornaram amigas íntimas. A essa altura, Aleida era a principal ligação do chefe de ação do 26 de Julho em Santa Clara e adquiria a reputação de ser extremamente audaciosa, transportando clandestinamente armas e bombas pela província sob suas saias compridas. "Ela não tinha medo de nada", recordou Lolita. "Era inteiramente dedicada, muito séria; ficara solteira e não gostava de festas e coisas desse tipo." Aleida foi à casa de Lolita para planejar atos de sabotagem com Donne. Durante algum tempo, os dois executaram missões por toda a cidade. Donne, no entanto, não ficou ali por muito tempo. Decepcionado pelo ambiente festivo que viu no primeiro Natal que passou em Santa Clara, e que considerou como demonstração de falta de espírito revolucionário, encontrou um navio que partia e deixou Cuba.

Aleida participou do levante de setembro de 1957 em Cienfuegos e em ações armadas durante a greve geral de abril de 1958, em Las Villas. Durante a repressão que se seguiu à greve, o diretório de Las Villas organizou uma força guerrilheira para operar nas áreas rurais da província. Aleida ajudou, fazendo fugitivos perseguidos chegarem ao campo, e levou às escondidas alimentos, armas, munição e mensagens para os que lá estavam. Depois da chegada de Che, Aleida fez várias viagens de ida e volta à serra, levando-lhe correspondência e dinheiro e conduzindo visitantes. Em novembro, firmara-se uma parceria eficaz, embora não isenta de asperezas, entre as facções do *llano* e da serra do 26 de Julho na área das Escambray, e Aleida, como a principal mensageira, tornava-se um rosto familiar no acampamento de Che. Um dia ele lhe disse que resolvera aplicar um imposto de guerra sobre os donos de engenhos de açúcar e pediu-lhe que ajudasse na arrecadação. Após regressar de uma dessas missões, em fins de novembro, Aleida soube que sua verdadeira identidade fora descoberta e que a polícia vasculhara sua casa. Voltar para Santa Clara estava então fora de questão, mas, quando ela pediu a Che que consentisse na sua permanência na zona de guerrilha, ele não gostou da ideia. Como regra, não se permitia que houvesse mulheres vivendo nos acampamentos guerrilheiros. No entanto, dada a situação de Aleida, o *comandante* cedeu.

Como a maioria dos seus camaradas do *llano*, Aleida tinha uma impressão negativa do Partido Comunista Cubano. Sua antipatia surgiu nos tempos de universidade, quando teve um professor comunista radicalmente contrário a qualquer atividade insurrecional. Agora, porém, a guerra estava em uma etapa crítica e os esforços de unificação de Che contribuíram para neutralizar as rivalidades sectárias e reanimar os grupos de oposição em Las Villas para agirem. Caso tenha inicialmente desconfiado do *el comunista* Che, Aleida pôs de lado tal sentimento, pois logo começou a se apaixonar por ele. (Possivelmente por causa de Che, ela modificaria sua opinião negativa sobre os "socialistas", mas jamais perderia sua desconfiança dos "velhos comunistas" do PSP.)

No final de novembro, a Força Aérea bombardeava a frente de Che diariamente e o Exército começara a deslocar várias companhias de soldados fortemente armados e com tanques na direção de Pedrero, em uma ofensiva em três pontas. Camilo Cienfuegos foi com algumas de suas unidades para ajudá-lo, e os dois lados lutaram durante seis dias. Em 4 de dezembro, a ofensiva do Exército estava destroçada. Os guerrilheiros detiveram o avanço em todas as frentes, depois perseguiram os soldados por todo o caminho até Fomento, no oeste, e até o vilarejo de Santa Lucia, no leste. Também apreenderam uma boa quantidade de material bélico, inclusive um tanque equipado com um canhão de 37 milímetros. Um dos pelotões de Che destruiu duas pontes estratégicas, isolando as guarnições do Exército em Cabaiguán, Sancti Spíritus e Trinidad, e abrindo uma nova e ampla faixa de território para as forças rebeldes. Agora era a vez de Che ir para a ofensiva.

Antes que Camilo Cienfuegos regressasse para o corpo principal de suas forças, em Yaguajay, ele e Che montaram uma estratégia para uma ofensiva em toda a província. Como um entusiasmado cirurgião particularmente hábil em fazer amputações, Che começou, de modo sistemático, a destruir pontes de estradas e ferrovias, isolando as cidades e guarnições da província, impedindo que recebessem reforços. Em 16 de dezembro, seus homens explodiram a ponte da rodovia Central e a principal ligação ferroviária para o leste de Santa Clara, efetivamente separando Havana e Santa Clara das partes central e oriental de Cuba, e cortando o país ao meio. Essas ações, junto com a ofensiva em andamento em Oriente, onde as guarnições do Exército no *llano* começaram a cair como peças de dominó diante dos guerrilheiros, tornaram claro que o governo de Batista não dispunha de muito tempo.

Durante as últimas duas semanas de dezembro de 1958, Che se deslocou pela província, atacando e capturando uma guarnição depois da outra. Primeiro, sitiou a estratégica cidade de Fomento, com sua guarnição militar, e, apesar de seguidos ataques aéreos do inimigo, obteve sua rendição depois de dois dias de luta. Imediatamente avançou sobre as cidades de Guayos e Cabaiguán. Guayos rendeu-se em 21 de dezembro, e Cabaiguán, dois dias depois. Nesta última, Che caiu de um muro e fraturou o cotovelo direito. O dr. Fernández Mell colocou-lhe uma tala e o engessou, e ele foi em frente. O alvo seguinte foi Placetas, onde suas tropas lutaram junto com as do Directorio pela primeira vez. Depois de um só dia de luta, Placetas se rendeu, em 23 de dezembro. Nesse mesmo dia, Sancti Spíritus se entregou ao capitão Armando Acosta. Enquanto isso, a Segunda Frente finalmente se pusera em ação, juntando-se às forças do Directorio para sitiar Trinidad e outras guarnições no sul. Ao norte, as forças de Camilo aproximavam-se da principal guarnição militar, na cidade de Yaguajay.

Em algum momento em meio ao caos e à euforia das batalhas, Che e Aleida tornaram-se amantes. Talvez o primeiro a notar o romance tenha sido Oscarito Fernández Mell, embora ele próprio não tenha sido capaz de se lembrar onde e quando. "De repente, Aleida estava com Che onde quer que ele fosse, em combate, por toda a parte [...]. Andavam juntos no jipe, ela carregava seus papéis, lavava suas roupas."

Um combatente formado em Minas del Frío, menos observador, Alberto Castellanos, quase meteu os pés pelas mãos. Aos 24 anos, muito cheio de si, Alberto já fora punido por Che em razão de seu comportamento irresponsável. Mesmo assim, caíra nas boas graças do *jefe*, que o transformou em ordenança do Estado-Maior. Alberto considerava-se um grande conquistador e, quando Aleida apareceu, atraiu seus olhares. Resolvendo tentar a sorte, foi até ela e dirigiu-lhe um atrevido *piropo* [galanteio]. Che estava observando, e Castellanos, mal pronunciou as palavras, se deu conta de que Aleida obviamente *não* estava disponível. "Do modo como Che olhou para mim, disse comigo mesmo: 'Cai fora, Alberto, não há nada aqui para ti'."

A própria Aleida lembra-se de como tudo começou. Em uma noite, não conseguindo dormir, ela saiu do seu quarto e foi se sentar na beira da estrada. Eram três ou quatro da manhã e a ofensiva estava a pleno vapor. De repente, um jipe veio em velocidade pela estrada escura e se deteve junto dela. Che estava ao volante e lhe perguntou: "O que você está fazendo aqui?". Ela respondeu: "Não consigo dormir.". Ele disse: "Vou atacar Cabaiguán. Quer vir junto?". "Claro", respondeu ela e saltou no jipe, ao seu lado. "E daquele momento em diante", rememorou Aleida com um sorriso alegre, "jamais saí do seu lado ou deixei-o longe da minha vista."

V

Che e Aleida formavam um par improvável. Ela vinha da facção mais detestada por Che dentro da Revolução Cubana. Era do *llano*, anticomunista e, além de tudo, retinha muitos dos preconceitos sociais com que fora educada. Embora nesse início não fosse um fator a considerar, coisas como roupas eram importantes para ela e tinha os mesmos desprezos raciais da mãe. Che era um comunista radical, o arqui-inimigo da maioria dos companheiros dela, famoso por seu descuido com aparência e higiene pessoal e vivia rodeado por *negros* e *guajiros* ignorantes.

Mas quando se tratava de mulheres, especialmente de mulheres atraentes, Che tendia a pôr suas filosofias políticas de lado, e Aleida March era muito atraente. Ela também merecia respeito, pois era inegavelmente valente, tendo provado repetidas vezes que sabia enfrentar a morte. Possuía ainda uma personalidade paradoxal que nitidamente atraía Che, pois era muito tímida, mas com agudo senso de humor. Quando se manifestava, era inteiramente sincera, sem nenhum tato, bem como o próprio Che.

Depois de ter fraturado o braço, Che designou Alberto Castellanos como seu motorista e, com ele dirigindo, ia de um lado para outro da província no seu jipe, junto com Aleida e os jovens guarda-costas, Harry Villegas, Jesús "Parrita" Parra, José Argudín e Hermes Peña. Logo se espalhou o boato de que Che estava viajando com "três mulheres: uma loura, uma negra e uma *jabao*" — termo cubano para designar mulato ou mulata de pele clara. Aleida era, obviamente, a loura, mas Villegas, de dezesseis anos, que era negro e imberbe, e Parrita, muito branco com cabelos louros, ficaram mortificados ao perceberem que foram confundidos

Che com Aleida March. Eles começaram a namorar nas últimas semanas da guerra.

com moças. Deixando a fofoca de lado, Che não criara um harém, mas sua própria pequena família guerrilheira. Ele e Aleida desempenhavam o papel de pais, e os quatro guerrilheiros eram suas crianças desgarradas.

"Che nos conhecia como os pais conhecem seus filhos", recordou Villegas. "Sabia quando armávamos alguma traquinagem, quando escondíamos algo dele, quando fazíamos alguma coisa errada por acidente ou travessura. Tinha normas estritas, que no princípio não compreendíamos inteiramente. Por exemplo, [...] ele não queria que qualquer pessoa tivesse privilégios especiais. Se via que eu estava com alguma comida extra, me chamava para saber onde a conseguira ou de onde viera e por que a aceitara; então chamava Aleida e a incumbia de impedir que isso se repetisse. Aleida nos ajudava à beça, podia-se dizer que era como nossa madrinha, porque éramos levados, e Che era severo. Em muitas ocasiões, quando avaliava a situação de forma diferente dele, atuava como intermediária, fazendo com que ele visse que estava sendo severo demais conosco."

Após a rendição de Placetas, Che deslocou-se para o norte e, no Dia de Natal, atacou Remedios e o porto de Caibarién. Ambas caíram no dia seguinte. Santa Clara transformara-se em um caos de tropas do Exército derrotadas, civis que aplaudiam e guerrilheiros de cabelos compridos correndo de um lado para o outro, enquanto os aviões do governo continuavam a bombardear e metralhar os rebeldes. Em 27 de dezembro, sobrava apenas uma guarnição, na cidadezinha de Camajuaní, entre as forças de Che e Santa Clara, a capital de Las Villas e a quarta maior cidade de Cuba. Quando essas tropas fugiram sem combater, o caminho estava livre.

Os combatentes ficaram eufóricos. Sabiam que, àquela altura, estavam na iminência de ganhar a guerra; manter a disciplina das tropas e estabelecer alguma forma de ordem estavam entre as principais prioridades de Che. Para impedir a anarquia, nomeara autoridades revolucionárias provisórias em cada cidade que liberara e baixara regras de conduta para seus homens. Era estritamente proibido ir aos bares e bordéis, mas para muitos dos jovens guerrilheiros, que de repente se viam nos vilarejos e nas cidades como heróis vitoriosos, depois de meses de abstinência na selva, a tentação de se divertir era grande demais. A maioria se portou muitíssimo bem, mas, invariavelmente, alguns sucumbiam às delícias que lhes eram oferecidas. No dia em que Remedios caiu, Enrique Acevedo quase perdeu o controle sobre seus homens, quando um dono de bordel levou a eles um caminhão cheio de prostitutas e um caixote de rum como expressão de sua "admiração".

"Assisti a nossa emboscada se desintegrar à medida que casais furtivos começaram a se encaminhar para as moitas. Sem pensar duas vezes, berrei para o homem: 'Se você fez isso para prejudicar nossa emboscada, vai pagar caro. Leve embora imediatamente esse caminhão de putas que despejou aqui!'". Posteriormente, Acevedo fez um exame de situação e viu que reagira bem na hora. "Nem todos tinham 'pecado', mas, de qualquer maneira, manter a ordem diante de tal tentação foi um esforço titânico."

Enquanto planejava sua próxima ação, Che recebeu uma carta que Fidel lhe escrevera à luz de uma lanterna, em frente à guarnição do Exército em Maffo, que suas tropas sitiavam havia seis dias: "A guerra está ganha, o inimigo está desmoronando com um estrondo retumbante, temos 10 mil soldados encurralados em Oriente. Os que estão em Camagüey não têm como escapar. Tudo isso é resultado de uma coisa: nosso esforço determinado [...]. É essencial que você compreenda que o aspecto político da batalha [na província] de Las Villas é fundamental.

"No momento, é sumamente importante que o avanço na direção de Matanzas e Havana seja realizado exclusivamente por forças do 26 de Julho. A coluna de Camilo deve estar na frente, para tomar Havana quando a ditadura cair, se não quisermos que as armas do Campo Columbia [quartel-general do Exército] sejam distribuídas por todos os diversos grupos, o que criaria um problema muito grave no futuro".

Fidel estava decidido a impedir seus rivais de colherem os despojos políticos no último momento. Em Washington, as diferenças do passado entre o Departamento de Estado e a CIA foram postas de lado e havia então um amplo consenso no sentido de que Castro era escorregadio demais para que se permitisse que ele chegasse ao poder. No entanto, diante dos acontecimentos das últimas semanas, desapareceram quaisquer esperanças que o governo Eisenhower pudesse ter de que as eleições de 3 de novembro poderiam de alguma maneira melhorar a crise cubana. Che e Camilo moviam-se na direção de Las Villas, colunas rebeldes deslocavam-se para todos os lados em Oriente e Camagüey, inúmeras guarnições renderam-se às forças de Raúl, os sistemas de abastecimento de água e eletricidade de Holguín foram mandados pelos ares e Santiago estava sob crescente pressão à medida que unidades rebeldes faziam incursões na sua periferia. No final de novembro, depois de um sítio sangrento, as forças de Fidel tomaram a principal guarnição de Guisa, e ele deslocou suas forças das montanhas para o *llano*.

O embaixador Smith fora disciplinadamente a Washington, a fim de buscar apoio para o presidente eleito Rivero Agüero, mas nada conseguira. Estava claro para todos que a situação militar se deteriorava rapidamente e havia receios crescentes de que Batista talvez não durasse até a transmissão do poder, marcada para fevereiro. Smith foi instruído a dizer a Batista que um governo Rivero Agüero não podia esperar o apoio de Washington e que ele devia renunciar imediatamente, em favor de uma junta civil-militar aceita pelos Estados Unidos. Batista recusou-se, evidentemente ainda acreditando que, de algum modo, conseguiria segurar a situação. No início de dezembro, repelira pedidos semelhantes feitos pelo chefe da base da CIA em Havana e por William Pawley, um ex-embaixador em Cuba e fundador da companhia aérea nacional, *Cubana de Aviación*.

Pouco depois, o porto de Nicaro caiu para as forças de Raúl, seguido pelo quartel de La Maya, em Guantánamo, depois que um dos pilotos rebeldes lançou uma bomba de napalm dentro do complexo militar. Raúl também apreendera vastas quantidades de armas e detinha mais de quinhentos prisioneiros. Enquanto Fidel mantinha Maffo sob sítio em meados de dezembro, suas forças controlavam a maior parte do trecho da rodovia Central dentro da província de Oriente e, aparentemente, estavam com o Exército encurralado em todas as partes.

A CIA começara a explorar a possibilidade de apoiar um golpe militar preventivo e seus agentes estavam em busca de candidatos viáveis para uma junta. Uma vez mais, Justo Carrillo propôs o coronel Barquín, ainda preso na Isla de Pinos. Barquín desfrutava da lealdade de muitos nas Forças Armadas e constava das listas da maioria das pessoas como candidato a assumir o controle militar depois que Batista fosse afastado. Dessa vez, a CIA deu seu consentimento e entregou dinheiro a Carrillo com o intuito de subornar funcionários da prisão para que permitissem a fuga de Barquín.

Simultaneamente, percebendo uma abertura para si próprios, os oficiais de altas patentes que formavam o círculo de Batista começaram a conspirar para dar um golpe. O chefe do Estado-Maior do Exército, general Francisco Tabernilla, instruiu o general Cantillo, comandante da província de Oriente, a iniciar negociações com Fidel, propondo-lhe uma aliança entre militares e rebeldes para o último empurrão contra Batista. A junta incluiria Cantillo, outro oficial a ser escolhido, o candidato a presidente Manuel Urrutia e dois civis escolhidos por Fidel. O lema não oficial de todos esses esforços de última hora era, evidentemente, "parar Castro", e Fidel não via razão alguma para concordar com eles. Rejeitou a proposta dos conspiradores e mandou dizer a Cantillo que queria se encontrar cara a cara com ele para apresentar *sua* própria proposta.

Pelo país afora, vilarejos e cidades eram ocupados pelos rebeldes, aclamados por civis entusiasmados, muitos dos quais, seguidores genuínos ou não, usavam a braçadeira vermelha e preta do 26 de Julho. Ao chegar o Natal, as forças de Che e de Camilo já haviam tomado a maioria dos vilarejos e das cidades principais na província de Las Villas, com exceção de Santa Clara, Cienfuegos, Trinidad e Yaguajay. Víctor Bordón conquistara uma fileira de cidadezinhas na direção oeste, isolando Santa Clara de possíveis reforços de Cienfuegos ou Havana. Enquanto isso, em Oriente, as guarnições importantes de Caimanera e Sagua de Támano renderam-se, e um navio de guerra, o *Máximo Gómez*, estava ao largo de Santiago aguardando ordens dos rebeldes para se passar para seu lado.

Depois de uma rápida visita de Natal a sua mãe em Birán, Fidel preparou-se para o encontro com Cantillo. Ainda tinha muitos motivos de preocupação, mas, na noite de 26 de dezembro, sentiu-se confiante o bastante para dar a Che a ordem com que todos no movimento rebelde vinham sonhando havia muito tempo: fazer os preparativos para o ataque contra a própria Havana.

Fidel estava certo na sua análise de final de jogo de que a batalha por Las Villas era crucial, pois a cidade de Santa Clara tornara-se a pedra fundamental da estratégia defensiva de Batista. Sendo o principal entroncamento de transportes e comunicações da parte central de Cuba, com uma população de 150 mil habitantes, ela era o único obstáculo que restava para o ataque rebelde contra a capital. Se Santa Clara caísse, entre os rebeldes e Havana estaria apenas o porto de Matanzas. Batista reforçou a guarnição de Santa Clara com mais de 2 mil novos soldados, elevando seus efetivos para 3500 homens, e enviando para assumir sua defesa o mais capaz de seus oficiais, Joaquín Casillas, a essa altura coronel. Em apoio a Casillas, despachara para lá um trem blindado, carregado de armas, munições e equipamentos de comunicação, que serviria como arsenal de reserva e elo móvel de comunicações com o quartel-general no Campo Columbia.

Batista sabia que lhe sobrava pouco tempo. Já tinha conhecimento das manobras de Tabernilla contra ele e resolvera pôr-se do lado do general Cantillo, dizendo que, em fins de janeiro, transferiria o poder para uma junta por ele encabeçada. Mas Batista não queria correr nenhum risco. Durante a época do Natal, providenciou para que vários aviões ficassem a postos para retirar do país ele próprio, uns poucos oficiais escolhidos, amigos e suas famílias. Alguns dias depois, enviou seus filhos para os Estados Unidos por segurança.

Enquanto isso, Che preparava-se para atacar Santa Clara. Em 27 de dezembro, na recém-liberada Placetas, juntou-se a ele Antonio Nuñez Jiménez, um jovem professor de geografia da Universidade de Santa Clara, que lhe entregou mapas e diagramas para ajudá-lo a planejar seu avanço sobre a cidade. Junto com Ramiro Valdés, traçaram uma rota pelas estradas secundárias, na direção da universidade, que ficava na periferia nordeste da cidade. Partiram nessa noite, com mais ou menos a mesma disparidade de números que marcara quase todos os enfrentamentos entre os rebeldes e o Exército cubano. Com oito de seus próprios pelotões e uma coluna de cem homens do Directorio, liderada por Rolando Cubela, Che dispunha de 340 combatentes para se chocar com uma força inimiga dez vezes maior e apoiada por tanques e aviões.

O comboio de Che chegou à universidade ao amanhecer do dia seguinte e estava lá a sua espera a amiga de Aleida, Lolita Rossell. Ela ficou chocada com a aparência "suja e maltrapilha" dos guerrilheiros. Junto dela, seu pai murmurou incrédulo: "*Esses* caras estão planejando tomar Santa Clara?". Lolita então identificou Che e ficou impressionada por ele parecer tão moço e por seu ar de autoridade. Essa impressão foi reforçada quando um de seus homens, com o rosto expressando o cansaço do combate, perguntou a ela quantos soldados estavam na cidade. Quando ela lhe disse "cerca de 5 mil", ele acenou com a cabeça e disse: "Bom, com nosso *jefe* isso não é problema".

Depois de instalar uma *comandancia* provisória na universidade, escolhendo para isso a Faculdade de Pedagogia em que Aleida estudara, Che e seus homens seguiram para a cidade, andando pelos canais de irrigação ao longo da estrada. Ao parar na estação de rádio CMQ, Che foi ao ar para pedir o apoio dos civis. Pouco depois, aviões de bombardeio B-26 e os novos caças Sea Fury metralharam e bombardearam a periferia da cidade, tentando atingir os combatentes rebeldes.

O inimigo tomara uma série de posições bem fortificadas pela cidade, mas a maior prioridade de Che era o trem blindado, estacionado no início da estrada de Camajuaní, que levava à universidade. No limite oriental da cidade, o Exército ocupara as estratégicas colinas Capiro, que dominavam tanto a estrada para a universidade como a rodovia e a linha férrea que iam para Placetas. Havia mais de mil soldados concentrados na guarnição de Leoncio Vidal, nos subúrbios na zona noroeste, perto do qual ficava o quartel-general da polícia, com quatrocentos homens para defendê-lo. No centro da cidade, o tribunal, o edifício do governo provincial e a prisão foram todos transformados em redutos e, ao sul, o quartel Número 31 e o Los Caballitos guardavam a estrada para Manicaragua. Com a maioria da província então em poder dos rebeldes, a principal preocupação de Che era impedir que chegassem reforços inimigos pela estrada Havana-Matanzas, a oeste, mas a força de Víctor Bordón já cortara a rodovia em diversos pontos e tomara a cidadezinha de Santo Domingo, um ponto estratégico.

Durante essa noite e entrando pela manhã de 29 de dezembro, Che deslocou suas forças da universidade para dentro da cidade, tendo como alvos todas as posições inimigas, mas se concentrou no trem blindado. Transferiu sua *comandancia* para um edifício do Departamento de Obras Públicas, a um quilômetro da cidade, fez remover um trecho dos trilhos com tratores, e então ordenou que seus homens atacassem a sede da polícia, as colinas Capiro e o trem blindado. Ao mesmo tempo, a coluna do Directorio, chefiada por Cubela, que entrara pelo sul no dia anterior, sitiou o quartel 31 e o Los Caballitos.

Nos três dias que se seguiram, à medida que os rebeldes avançavam lentamente pela cidade, Santa Clara transformou-se em um sangrento campo de batalha. Em alguns lugares, os rebeldes avançavam abrindo buracos nas paredes internas das casas, enquanto outros, do lado de fora, travavam combates nas ruas. Inúmeros civis responderam ao apelo de Che e fizeram coquetéis Molotov, providenciaram abrigo e comida e ergueram barricadas nas suas ruas. Os disparos de canhão dos tanques e as bombas e os foguetes lançados pelos aviões causavam muitas baixas de guerrilheiros e civis, que se amontoavam nos hospitais. Che visitava um desses hospitais quando um homem moribundo tocou-lhe o braço e disse: "Lembra-se de mim, comandante? Em Remedios, você me mandou ir procurar uma arma [...] e a ganhei aqui". Che reconheceu-o. Era um jovem combatente que ele desarmara dias antes por ter acidentalmente disparado seu fuzil. Recordou também o que lhe dissera na ocasião: "Respondi com minha frieza habitual", escreveu Che em suas memórias, "Vá conseguir outro fuzil para você indo para a linha de frente desarmado [...] se estiver disposto". O homem se dispusera a isso, e o resultado fora fatal. "Morreu alguns minutos depois e acho que estava contente por ter demonstrado sua coragem. Assim era nosso Exército Rebelde."

Na tarde de 29 de dezembro, a sorte da batalha mudou de modo inexorável. Depois que o esquadrão de El Vaquerito assumiu a estação ferroviária e que outros rebeldes tomaram de assalto as colinas Capiro, os soldados fugiram em busca da proteção do trem blindado. O trem, com seus 22 vagões, tentou então escapar, partindo com velocidade. Quando chegou aos trilhos que foram removidos, a locomotiva e os três primeiros vagões descarrilaram em um cataclismo espetacular de metal retorcido e homens gritando. Che descreveu: "Começou uma batalha muito interessante, na qual os homens eram forçados a sair do trem por nossos coquetéis Molotov [...]. O trem, devido à sua blindagem, transformou-se em um verdadeiro forno para os soldados. Dentro de poucas horas, todos eles se renderam, com os 22 vagões, seus canhões antiaéreos, suas metralhadoras [...], sua fabulosa quantidade de munição (fabulosa, é claro, comparada com o nosso mísero estoque)".

Enquanto ainda prosseguiam os combates pela cidade, as agências internacionais veicularam a notícia falsa de que Che fora morto. No dia seguinte, bem cedo, a *Radio Rebelde* foi ao ar, alardeando a notícia da captura do trem blindado e negando a morte de Che: "Para a tranquilidade dos parentes na América do Sul e da população cubana, lhes garantimos que Ernesto Che Guevara está vivo e na linha de tiro, e [...] muito em breve tomará a cidade de Santa Clara".

Pouco depois, porém, o próprio Che teve de ir ao ar, confirmando a morte de um de seus homens mais queridos, Roberto Rodríguez, também chamado El Vaquerito, líder do Esquadrão Suicida. Isso deu um tom triste a sua transmissão, feita para anunciar a queda iminente da cidade. Nessa tarde, fora atingido

Em 29 de dezembro de 1958, Che e seus guerrilheiros descarrilaram um trem blindado do governo em Santa Clara. Foi o prenúncio de morte do governo de Batista.

por uma bala na cabeça, quando atacava a sede da polícia. Para Che, a perda do Vaquerito foi especialmente penosa, pois o rapaz era a personificação do que ele buscava nos seus combatentes. Vaquerito escolhera o nome "Esquadrão Suicida", mas na verdade era um grupo de ataque de elite, composto de combatentes que pretendiam atingir os mais altos padrões estabelecidos por Che.

"O Esquadrão Suicida era um exemplo de moral revolucionário", Che escreveu, "e apenas voluntários selecionados entravam para ele. Porém, sempre que um homem morria, e isso acontecia em cada combate, e um novo candidato era designado, os que não eram escolhidos ficavam desolados e chegavam até a chorar. Como era curioso ver esses nobres e calejados guerreiros revelando sua mocidade com suas lágrimas de desespero por não terem tido a honra de estar na linha de frente do combate e da morte."

Rodeado pela morte, é uma reação normal do ser humano estender a mão para a vida, e mesmo Che não estava isento desse instinto. Assim foi que, em meio à batalha por Santa Clara, ele se deu conta de que amava Aleida. Como lhe contou particularmente mais tarde, essa percepção ocorreu quando ela saiu do lado dele para cruzar correndo uma rua debaixo de fogo. Durante os poucos instantes em que ela esteve fora do seu campo de visão, Che ficou agoniado, sem saber se ela conseguira chegar a salvo ao outro lado. Quanto a Aleida, ela sabia o que sentia desde aquela noite de insônia, algumas semanas antes, quando o jipe de Che parara na sua frente e ela entrara no carro.

Em 30 de dezembro, a guarnição de Los Caballitos se rendeu aos homens do Directorio e alguns soldados entrincheirados em uma igreja também se entregaram. Santo Domingo, perdida em uma contraofensiva do Exército, fora recapturada pelas forças de Bordón, efetivamente fechando os acessos para Santa Clara. Ao sul, a cidade de Trinidad entregou-se às forças lideradas por Faure Chomón. Percebendo que não ocupara inteiramente Las Villas na parte leste, Che enviou Ramiro Valdés para tomar a cidadezinha de Jatiboníco, sobre a rodovia Central, onde uma coluna de reforços do Exército tentava passar.

Com essa disposição das forças e a captura do trem blindado, Santa Clara estava completamente isolada, e um ar de desespero então tomou conta dos soldados e policiais que ainda resistiam. O alto-comando militar em Havana ordenou mais ataques aéreos sobre a cidade, e a resistência continuou feroz nos quartéis e na sede da polícia. Um grupo de homens se entrincheirou no décimo andar do Gran Hotel e dirigia o fogo de franco-atiradores contra os rebeldes. A essa altura, porém, Che dispunha de considerável poder de fogo adicional e de tropas renovadas. A fartura de armas apreendidas no trem blindado fora realmente impressionante: seiscentos fuzis, 1 milhão de cartuchos, dezenas de metralhadoras, um canhão de vinte milímetros e alguns valiosos morteiros e bazucas. Na véspera do Ano-Novo, os redutos inimigos foram caindo, um a um, em poder dos rebeldes: primeiro a delegacia da polícia, depois a sede do governo provincial, seguida pelo tribunal e pela prisão, de onde os presos fugiram, aumentando a confusão na cidade. No final do dia, só a guarnição do 31, o grupo no Gran Hotel e o quartel principal de Leoncio Vidal ainda resistiam.

Em Oriente, Maffo finalmente rendera-se aos rebeldes de Fidel, depois de um sítio de dez dias, e Fidel imediatamente escolheu Santiago como alvo seguinte. Em 28 de dezembro, ele e o general Cantillo encontraram-se em Oriente, em um engenho de açúcar perto de Palma Soriano, e chegaram a um acordo: Fidel sustaria a ofensiva durante três dias, dando tempo a Cantillo para retornar a Havana e organizar uma rebelião militar para o dia 31 de dezembro. Nesse dia, ele devia prender Batista e colocar o Exército à disposição de Fidel.

Como se veria, Cantillo estava fazendo um jogo duplo. Retornou a Havana, contou a Batista sobre a conspiração e lhe deu até 6 de janeiro para deixar o país. Mandou então uma mensagem a Fidel, pedindo um adiamento até aquela data para desencadear a revolta. Fidel ficou desconfiado, mas, a essa altura, os acontecimentos começaram a se desenrolar com tal rapidez que nem ele nem Cantillo podiam prever o que aconteceria a seguir.

VI

A captura do trem blindado por Che fizera soar alto o alarme no Campo Columbia, o quartel-general militar em Havana, e a rápida sequência de rendições do Exército pelo país afora levara Batista a acelerar seus planos de partida. Na tarde de 31 de dezembro, as últimas esperanças de Batista de ganhar tempo residiam na capacidade de o coronel Casillas resistir em Santa Clara. Porém, às nove horas dessa noite, Casillas chamou o ditador para lhe dizer que não poderia resistir por muito mais tempo sem reforços. Quando, uma hora depois, Cantillo avisou que Santiago também estava prestes a cair, Batista viu que estava na hora de partir.

Em uma festa de Ano-Novo para seus oficiais de maior hierarquia e respectivas famílias no Campo Columbia, Batista levou seus generais para uma sala adjacente ao salão onde a maioria dos convidados se reunira e revelou que transferiria o comando das Forças Armadas para Cantillo. Em seguida, voltou para o salão e anunciou sua decisão de renunciar à presidência. Designou como novo presidente Carlos Manuel Piedra, o mais velho dos juízes da Suprema Corte, e, depois de tomar o juramento formal de Cantillo como novo comandante das Forças Armadas, Batista, sua mulher e um grupo de funcionários, com suas famílias, foram de carro até a pista de aviação militar perto dali e embarcaram em um avião que os aguardava. Às três horas da madrugada, na escuridão que precedia a alvorada de 1º de janeiro de 1959, Batista estava no ar, a caminho da República Dominicana, com quarenta de seus correligionários mais chegados, dentre eles o "presidente eleito", Andrés Rivero Agüero. Antes que amanhecesse, outro avião decolou, levando o irmão de Batista, que era prefeito de Havana, e várias dezenas de funcionários do governo e da polícia. Nesse dia, dois outros personagens notórios também fugiram, separadamente: o chefe paramilitar Rolando Masferrer, e o gângster norte-americano Meyer Lansky.

Quando, em algum momento durante essa noite, o coronel Casillas e seu subcomandante, coronel Fernández Suero, receberam essas notícias em Santa Clara, apressaram-se por se salvar. Depois de dar uma desculpa esfarrapada para o terceiro na linha de comando, o coronel Cándido Hernández, que de nada sabia, se disfarçaram com roupas civis e fugiram.

Ao raiar o dia em Santa Clara, começaram a circular os primeiros boatos da fuga de Batista. A guarnição do 31 se rendeu, os últimos redutos — o Gran Hotel e a guarnição em Leoncio Vidal — estavam cercados, e, no meio da manhã, o coronel Hernández pediu uma trégua. Che disse-lhe que não podia aceitar nada menos do que a rendição incondicional e enviou Nuñez Jiménez e Rodríguez de la Vega para negociar com ele.

Posteriormente, ele escreveu: "As notícias eram contraditórias e extraordinárias. Batista fugira naquele dia, deixando o alto-comando das Forças Armadas em total confusão. Nossos dois delegados [reunidos com Hernández] estabeleceram contato por rádio com Cantillo, transmitindo-lhe a proposta de rendição. Mas este se recusou a aceitá-la, pois constituía um ultimato, e alegou que assumira o comando do Exército estritamente de acordo com as instruções do líder Fidel Castro. Contatamos imediatamente Fidel, contando-lhe o que acontecera, mas demos nossa opinião sobre a traição de Cantillo, opinião com a qual ele concordou inteiramente".

Depois da conversa com Cantillo, Hernández ficou, como era compreensível, confuso, mas Che manteve-se firme, insistindo para que ele se rendesse. Às 11h30 da manhã, suas negociações foram interrompidas por um pronunciamento de Fidel, transmitido pela *Radio Rebelde*. Repudiando a ideia de Cantillo de uma "junta militar" ou qualquer entendimento entre os dois, convocou uma greve geral imediata e a mobilização das forças rebeldes rumo a Santiago e Havana. Deu aos defensores de Santiago até as seis horas da tarde para que se rendessem ou seriam atacados, e terminou com o brado de *Revolución Sí, Golpe Militar No!*.

O panorama estava então mais claro, e Che deu a Hernández uma hora para se decidir. Caso não se rendesse até as 12h30, seria atacado e responsabilizado pelo derramamento de sangue que se seguiria. Hernández regressou ao quartel e a espera começou.

Enquanto Che negociava com Hernández, seus homens finalmente conseguiram desalojar os franco-atiradores do Gran Hotel. No dia anterior, Enrique Acevedo fizera passar carros em alta velocidade na frente do hotel a fim de tentar determinar com precisão de onde vinham os tiros dos franco-atiradores, mas abandonara essa tática depois que um de seus homens fora alvejado na perna. Nessa manhã, porém, os franco-atiradores, com seus companheiros se rendendo por todos os lados e sua munição quase esgotada, também se entregaram. Acevedo ficou olhando-os sair com as mãos para cima. O grupo se compunha de cinco *chivatos* e quatro policiais, alguns deles, nas palavras de Acevedo, com "dívidas a pagar à justiça revolucionária". Essas dívidas foram logo saldadas: às duas da tarde, depois de um julgamento sumário, os cinco *chivatos* foram executados por um pelotão de fuzilamento.

O coronel Casillas não fora muito longe com seu disfarce de civil. Os combatentes de Victor Bordón, na zona oeste da cidade, receberam ordens de deter qualquer soldado que estivesse fugindo na direção de Havana. Casillas, usando um chapéu de palha e uma braçadeira do 26 de Julho, logo caiu nas mãos deles e imediatamente tentou conquistar a simpatia de Bordón, elogiando-o como "um grande estrategista", depois disse que "a única coisa que lamentava era que não

O vitorioso Exército Rebelde passando por Santa Clara a caminho de Havana.

podia ficar mais tempo comigo, pois tinha de seguir para a capital a fim de participar da junta militar, que 'resolveria essa questão entre cubanos'". Bordón o interrompeu. "Disse-lhe que parasse de me elogiar, que não precisávamos de nenhuma junta, porque seria Fidel Castro quem decidiria sobre a vida dos cubanos daí por diante. E que ele ia comigo para Santa Clara, a fim de que Che pudesse vê-lo. Foi aí que ele mudou de cor e me pediu que o levasse perante outro *jefe*. Me lembro de que, quando Che o viu, lhe falou: 'Ah! Então você é o assassino de Jesús Menéndez'."*

Casillas não viu o fim do dia. A versão oficial é de que foi morto a tiros tentando escapar quando estava a caminho para ver Che, mas isso, obviamente, não se encaixa com o relato do próprio Bordón. Dados os antecedentes sinistros de atrocidades passadas perpetradas por Casillas e o hábito de Che de aplicar a justiça revolucionária, é provável que a "tentativa de fuga" fracassada de Casillas tenha ocorrido na frente de um pelotão de fuzilamento reunido às pressas.

Faltando dez minutos para terminar o prazo que recebera de Che, o coronel Hernández concordou em entregar sua guarnição. Seus soldados largaram as

* O líder comunista do sindicato açucareiro assassinado por Casillas em 1948.

armas e correram para as ruas, juntando-se aos rebeldes. Um brado de vitória ecoou pela cidade inteira: Santa Clara caíra. Mas Che ainda não celebrava. Era preciso restabelecer a ordem na cidade, havia carrascos e *chivatos* por julgar, e ele precisava reunir suas forças e dar-lhes instruções.*

O mandato de Cantillo como comandante das Forças Armadas também não durou muito. O coronel Barquín, solto nesse dia da Isla de Pinos, foi levado de avião para Havana, junto com Armando Hart. No início da tarde, Barquín chegou ao Campo Columbia, onde Cantillo, vencido pelos acontecimentos, prontamente entregou-lhe o comando. Em Oriente, Santiago se rendeu e Fidel se preparou para marchar para a cidade naquela noite.

Na manhã seguinte, 2 de janeiro de 1959, Che e Camilo Cienfuegos receberam a ordem de seguir para Havana. Camilo devia tomar o Campo Columbia, enquanto Che ocuparia La Cabaña, a fortaleza da época colonial com vista para Havana, na entrada do porto. A coluna de Camilo se pôs em marcha primeiro, pois Che ainda tinha de cuidar de algumas tarefas de consolidação, incluindo a execução de alguns *chivatos* e a designação de Calixto Morales como governador militar de Las Villas. Posteriormente, Che dirigiu-se ao povo de Santa Clara, agradecendo-lhe pela ajuda na "causa revolucionária". Disse que ele e seus homens estavam partindo "com a sensação de deixar um lugar querido. Peço-lhes que mantenham o mesmo espírito revolucionário, para que, na gigantesca tarefa de reconstrução pela frente, Las Villas possa continuar a estar na vanguarda da revolução".

Por volta das três da tarde, com Aleida ao seu lado, Che e seus homens começaram o deslocamento para Havana. A maioria dos seus camaradas estava eufórica ante a perspectiva de liberar a capital cubana, mas para Che isso era apenas o primeiro passo na luta maior que se avolumava adiante.

* Segundo o historiador Hugh Thomas, um desses fuzilados foi o coronel Cornelio Rojas, comandante da polícia. No momento da execução, Rojas pediu permissão para ele próprio dar a ordem de disparo, o que lhe foi concedido.

PARTE TRÊS

CRIANDO O NOVO HOMEM

Dia de Ano-Novo, Havana, 1959.

20. O promotor supremo

É impossível que as leis revolucionárias sejam cumpridas sem que o próprio governo seja verdadeiramente revolucionário.

Louis-Antoine-Léon de Saint-Just
1793, durante o "Terror" da Revolução Francesa

As execuções por pelotões de fuzilamento são não só uma necessidade para o povo de Cuba, como também uma imposição desse povo.

Che Guevara
5 de fevereiro de 1959

I

Em Buenos Aires, a família Guevara comemorava o Ano-Novo quando ouviu a notícia de que Batista tinha fugido. Diziam que as colunas rebeldes lideradas por Che Guevara e Camilo Cienfuegos avançavam sobre Havana. Mas a alegria da família durou apenas um instante. "Ainda não tínhamos pousado as taças depois de brindar pela queda de Batista quando chegou uma notícia terrível", o pai de Che lembrou. "Ernesto fora mortalmente ferido." Duas agonizantes horas se passaram antes que um representante do 26 de Julho em Buenos Aires telefonasse para dizer que a notícia era falsa. "Nessa noite, celebramos o Ano-Novo felizes por Ernesto estar vivo, e estar comandando a guarnição de La Cabaña, em Havana", escreveu o pai.

Quando a comitiva de Che chegou à enorme fortaleza colonial espanhola, com vista para a cidade, na escuridão antes do amanhecer de 3 de janeiro de 1959, um regimento de 3 mil homens já se rendera e ficara em formação. Che dirigiu-se a eles em tom condescendente, chamando-os de "Exército neocolonial", capaz de ensinar às tropas rebeldes como marchar, enquanto os guerrilheiros lhes podiam mostrar como lutar. Depois, ele e Aleida se instalaram na casa do comandante.

No dia anterior, Camilo aparecera no Campo Columbia, do outro lado da cidade, e tomara o comando do coronel Ramón Barquín. O general Cantillo fora preso. Fidel fizera em Santiago sua entrada triunfal e, falando perante multidões que o aplaudiam, proclamou a cidade como a "capital provisória" de Cuba, e aclamou como novo presidente Manuel Urrutia, que viera de avião da Venezuela.

Carlos Franqui, que estava com Fidel, não conseguia entender por que Che fora designado para La Cabaña. "Lembro-me de ficar especulando durante muito tempo sobre as razões para essa ordem de Fidel", ele disse. "O Campo Columbia era o coração e a alma da tirania e do poder militar [...]. Che tinha tomado o trem blindado e a cidade de Santa Clara, e era a segunda figura em importância da revolução. Quais as razões de Fidel para mandá-lo para La Cabaña?"

Muito provavelmente, Fidel escolhera para Che uma posição sem destaque porque o queria fora dos holofotes. Para o regime derrotado, para seus adeptos e para Washington, Che era o temido comunista internacional, e seria apenas procurar encrenca dar-lhe, tão no começo, um papel destacado. Camilo, ao contrário, além de bonito, de usar chapéu norte-americano, jogar beisebol, ser mulherengo e brincalhão, era cubano e não se sabia que fosse comunista, já se tendo tornado um herói popular. *Ele* poderia ficar no centro do palco. Fidel precisava de Che para a indispensável tarefa de expurgo do antigo Exército, para consolidar a vitória aplicando a justiça revolucionária contra os traidores, os *chivatos* e os criminosos de guerra de Batista. Do mesmo modo que seu irmão Raúl, o outro radical, ficaria em Oriente, onde Fidel o deixara como governador militar, Che era fundamental para o êxito dessa tarefa em Havana.

II

Do promontório verdejante e ondulado pelo qual se esparramavam La Cabaña e o forte adjacente de El Morro, guardando o porto de Havana, o panorama de Che em janeiro de 1959 devia ser muito parecido com o que Graham Greene evocava em *Nosso homem em Havana*, publicado apenas alguns meses antes: "A cidade comprida jazia esparramada ao longo do Atlântico aberto. As ondas se quebravam sobre a avenida de Maceo e lançavam respingos nos para-brisas dos automóveis. As colunas cor-de-rosa, cinzentas e amarelas do que antes tinha sido o bairro aristocrático estavam corroídas pela erosão como se fossem rochas. Sobre o portal de um hotel malcuidado, havia um antigo brasão, coberto de fuligem e ilegível. As persianas de uma casa noturna foram envernizadas em cores básicas e claras para protegê-las da maresia. Do lado oeste, os arranha-céus de aço da cidade nova se erguiam mais alto do que os faróis".

Vista de perto, Havana era uma cidade feia, cheia de cassinos, casas noturnas e prostíbulos. O espetáculo de sexo ao vivo no Teatro Shanghai, em Chinatown, apresentava um artista chamado Superman, por seus vigorosos dotes. Marijuana e cocaína estavam à disposição de quem as quisesse. A sordidez tinha atraído Greene, que fez várias visitas a Cuba. "Nos tempos de Batista, eu gostava da ideia de que se podia obter qualquer coisa, fossem drogas, mulheres ou cabras", ele escreveu. Através dos olhos de Greene, o vendedor de aspiradores de pó que ele criou, Wormold, caminhava pelas ruas da Havana Antiga, absorvendo tudo. "Em cada esquina havia homens que lhe perguntavam 'Táxi?' como se ele fosse um estranho e, pelo Paseo abaixo, com intervalos de poucos metros, os cafetões se aproximavam dele automaticamente sem qualquer esperança real. 'Posso lhe ser útil, senhor?', 'Conheço todas as garotas bonitas', 'O senhor quer uma mulher linda?', 'Cartões-postais?', 'O senhor quer ver um filme pornô?'."

Esse foi o ambiente turbulento no qual Che e seus homens mergulharam depois de dois anos de quase total abstinência nas montanhas. Os resultados eram razoavelmente previsíveis. Che tentou manter seus guarda-costas sob estrito controle, mas, para Alberto Castellanos, a tentação foi demais. "Nunca estivera na capital antes e fiquei em estado de choque", ele disse. "Porque Che me mantinha ocupado até o amanhecer, eu não tinha tempo para ver nada. Algumas noites dei uma escapulida para ver a cidade, especialmente os cabarés. Ficava maravilhado ao ver tantas mulheres bonitas."

O sexo dominava o ambiente. Os guerrilheiros se esgueiravam para fora de La Cabaña para trepadas com as garotas nas moitas, aos pés da enorme estátua branca de Cristo que se ergue sobre o porto. Era uma situação caótica e tinha de ser controlada. Che logo organizou um casamento em massa para todos os combatentes com amantes cujas uniões não tinham sido "oficializadas". O travesso Castellanos, que tinha uma noiva em Oriente, foi um dos que tiveram as asas cortadas, em uma cerimônia em La Cabaña presidida pelo próprio Che.

A guerra cativara o interesse popular, e verdadeiras hordas de jornalistas estrangeiros baixaram sobre Havana para cobrir a instalação do novo regime. "Em Buenos Aires, as pessoas não falavam de outra coisa", escreveu o pai de Che. No entanto, mesmo em Cuba, poucas pessoas compreendiam o que tudo isso significava. Quando ainda estava em Santiago, Fidel empenhara-se em dar ao novo regime uma fachada moderada, mas também estabelecera os termos do seu futuro relacionamento com o presidente Urrutia, deixando-o escolher apenas um nomeado, o ministro da Justiça, enquanto indicava os demais e Urrutia não opôs qualquer resistência. Mesmo assim, apenas alguns dos homens do 26 de Julho, na maioria do *llano*, estavam incluídos na composição inicial do gabinete.

De Santiago, Fidel começou a avançar lentamente, por terra, na direção de Havana, saboreando a vitória diante das multidões em adoração. Os repórteres alcançaram sua caravana e acompanharam seu deslocamento, mandando matérias para o exterior. Às perguntas que lhe faziam, Fidel repetia sempre que não tinha quaisquer ambições políticas. Estava às ordens do presidente Urrutia, dizia ele. A revolução obedeceria à "vontade do povo". Tinha, porém, aceito o pedido de Urrutia de que fosse o comandante em chefe das Forças Armadas.

Multidões de civis aplaudiam os guerrilheiros maltrapilhos onde quer que aparecessem. Um jovem rebelde de Holguín, Reinaldo Arenas, recordou a atmosfera. "Descemos das montanhas e recebemos uma acolhida de heróis", ele escreveu. "No meu bairro, em Holguín, me deram uma bandeira do Movimento 26 de Julho e desfilei por um quarteirão inteiro segurando-a. Sentia-me um pouco ridículo, mas havia uma grande euforia, com hinos e canções, e a cidade inteira estava nas ruas. Os rebeldes continuavam chegando, com crucifixos pendurados em correntes feitas com sementes; esses eram os heróis. Na realidade, alguns juntaram-se aos rebeldes apenas quatro ou cinco meses antes, porém a maioria das mulheres e também muitos homens na cidade ficavam alucinados com esses sujeitos cabeludos. Todos queriam levar os homens de barba para casa. Eu ainda não tinha barba, pois estava com apenas quinze anos." *

Em Havana, a atmosfera era uma mistura de anarquia festiva e incerteza. Centenas de rebeldes armados estavam acampados nos saguões dos hotéis, agindo como se estivessem em acampamentos no interior. A maioria das tropas governamentais rendera-se depois da fuga de Batista e permanecera nos seus quartéis, mas aqui e ali ainda havia alguns franco-atiradores resistindo, enquan-

* Arenas descreveu essa cena em seu livro de memórias, *Antes que anoiteça*. Tornou-se um escritor bastante conhecido, mas sofreu por causa de sua homossexualidade. Anos depois, fugiu de Cuba para Nova York, onde viveu até morrer de aids em 1990.

to se realizavam caçadas humanas em busca de policiais, políticos corruptos e criminosos de guerra foragidos. Em alguns lugares, diversos grupos atacaram cassinos, parquímetros e outros símbolos da corrupção do regime Batista, mas logo foram dominados, à medida que milícias do 26 de Julho se espalhavam pelas ruas. Até mesmo escoteiros atuavam como policiais provisórios. Enquanto isso, as embaixadas ficavam cheias de oficiais militares, membros da polícia e funcionários públicos abandonados à própria sorte pela súbita fuga de Batista.

No dia 4 de janeiro, em Camagüey, Carlos Franqui desligou-se da caravana de Fidel e pegou um avião para Havana. Encontrou a capital transformada. "O soturno Campo Columbia, foco da tirania e do crime, que eu conhecera como prisioneiro, transformara-se quase em um teatro pitoresco, impossível de se imaginar", ele escreveu. "De um lado, os rebeldes barbudos de Camilo, que não passavam de quinhentos, e do outro, 20 mil homens — generais, coronéis, majores, capitães, sargentos, cabos e soldados rasos. Quando nos viam passar, se postavam em posição de sentido. Era de morrer de rir. Camilo estava no gabinete do comandante, com sua barba romântica e cara de Cristo, se divertindo, as botas atiradas no chão e os pés em cima da mesa, recebendo sua excelência, o embaixador dos Estados Unidos."

Posteriormente, chegou Che. Houve dificuldades no palácio presidencial. O Directorio Revolucionario instalara-se lá e parecia não ter intenção de sair. Che tentara falar com os dirigentes, mas eles se recusaram a recebê-lo. Franqui recordou que "Camilo disse, em tom de brincadeira, que deviam disparar umas duas balas de canhão a título de advertência. Eu não era admirador do palácio e disse que me parecia uma boa ideia, mas Che, com seu senso de responsabilidade, nos disse que não era hora de desperdiçar balas de canhão. Retornou pacientemente ao palácio, avistou-se com Faure Chomón e as questões se resolveram. Camilo sempre dava ouvidos a Che".

Quando Fidel chegou, em 8 de janeiro, Urrutia estava instalado no palácio e se restabelecera uma aparência de autoridade governamental. Os rebeldes tinham ocupado os edifícios públicos, as delegacias de polícia, as sedes dos jornais e dos sindicatos, enquanto o Partido Comunista saíra de seus buracos para conclamar demonstrações de massa em apoio aos rebeldes vitoriosos. Os dirigentes do partido que estavam no exílio começaram a regressar e o jornal *Hoy*, que fora banido, entrou de novo em circulação. Até mesmo o ex-presidente, Carlos Prío, retornou de Miami. No exterior, as principais embaixadas cubanas tinham sido ocupadas por representantes do 26 de Julho. A Venezuela reconhecera o novo governo, bem como o fizeram os Estados Unidos, e a União Soviética os acompanhou em 10 de janeiro.

As instituições cívicas e as entidades empresariais declararam seu apoio à revolução, com expressões exageradas de gratidão e lealdade. O "pesadelo" de Batista terminara e começava a lua de mel fidelista. A comunidade de negócios se empenhou ao máximo para pagar os tributos, se ofereceu para pagar impostos atrasados, e algumas empresas de grande porte anunciaram novos investimentos e proclamaram ao mesmo tempo seu otimismo quanto ao promissor futuro de Cuba.

A mídia idolatrava Fidel e seus heroicos barbudos. A revista *Bohemia* tornou-se uma fã despudorada da revolução e publicava matérias elogiosas sobre Fidel. Em uma ilustração, ele chegou a ser retratado com um ar de Cristo, com auréola e tudo. Até as páginas de anúncios foram adaptadas para se ajustarem ao momento. A cervejaria Polar ocupou uma página inteira com a imagem de um camponês robusto cortando cana e com os dizeres: "Sim! É HORA DE COMEÇAR A TRABALHAR. Com a alegria de voltarmos a ser livres e nos sentindo mais orgulhosos do que nunca de sermos cubanos, precisamos abrir uma trilha de trabalho, trabalho construtivo e intenso a fim de atender às exigências da pátria [...]. E, depois do trabalho, É HORA DE POLAR! Não há nada como uma Polar bem gelada para completar a satisfação do dever cumprido".

No jornal *Revolución*, antes clandestino, Carlos Franqui somou saudações a Fidel como o "Herói-Guia" de Cuba à enxurrada de elogios. Encomendado às pressas por cidadãos agradecidos, um busto de bronze de Fidel foi colocado sobre uma coluna de mármore em um cruzamento próximo ao complexo militar de Havana, com uma inscrição que homenageava o homem que havia "partido os grilhões da ditadura com a chama da liberdade".

Che também recebeu seu quinhão de tributos líricos. O mais destacado poeta cubano vivo, o comunista Nicolás Guillén, estava exilado em Buenos Aires quando ocorreu a vitória e, a pedido do editor de um jornal semanal de lá, compôs um poema em honra de Che.

CHE GUEVARA

Como se a mão pura de San Martín,
Tivesse se estendido para seu irmão, Martí,
E o Prata, de margens verdejantes, corresse pelo mar
Para se juntar à embocadura cheia de amor do Cauto.

Assim Guevara, gaúcho de voz forte, agiu para dedicar
Seu sangue guerrilheiro a Fidel,

E sua mão larga teve mais espírito de camaradagem
Quando nossa noite era mais negra, mais obscura.

A morte recuou. De suas sombras impuras,
Do punhal, do veneno e das feras,
Só restam lembranças selvagens.

Fundida a partir dos dois, uma única alma brilha,
Como se a mão pura de San Martín,
Tivesse se estendido para seu irmão, Martí.

Se Che já era uma figura muito conhecida para os leitores no exterior, essa consagração literária por Guillén, colega de Federico García Lorca, Pablo Neruda e Rafael Alberti, projetou-o para o panteão dos mais venerados heróis históricos da América Latina. Ali estava ele, aos trinta anos, sendo comparado ao "Libertador", José de San Martín. A hipérbole teve um efeito retumbante sobre o público cubano, sequioso de heróis. Juan Borroto, o especialista em açúcar que lhe mandava clandestinamente informações econômicas durante o tempo em que estivera operando nas Escambray, ficou extasiado quando Che, alguns dias depois da chegada, mandou chamá-lo. "Ele já era uma lenda", recordou Borroto. "Para muitos cubanos, chegar a vê-lo em pessoa era como se fosse uma visão. Você esfregava os olhos. Além disso, era fisicamente imponente, com uma pele muito branca e cabelos castanhos. Era atraente."

Porém, os funcionários da embaixada norte-americana já encaravam Che como o temível Rasputin do novo regime. Sua influência ideológica sobre Fidel e seu novo papel, por trás das muralhas austeras de La Cabaña, eram temas de muitas especulações preocupadas.

III

Fidel fez sua entrada triunfal em Havana como um grande showman, chegando à frente de uma caravana barulhenta, em cima de um tanque capturado. Depois de apresentar seus respeitos a Urrutia no palácio, foi a bordo do *Granma*, que fora trazido para Havana e estava agora fundeado no porto. Depois, em companhia de Camilo e Raúl, prosseguiu para o Campo Columbia pelas ruas em que se apinhavam milhares de *habaneros* entusiásticos agitando bandeirinhas. Enquanto isso, Che estava discretamente fora de vista, em La Cabaña.

Nessa noite, Fidel fez um longo discurso, transmitido ao vivo pela televisão, em que ressaltou a necessidade de lei, de ordem e de união revolucionária. Na nova Cuba havia lugar para apenas uma força revolucionária, não podendo haver exércitos particulares. Suas palavras eram uma advertência ao Directorio, cujos combatentes tinham saído do palácio presidencial mas ainda ocupavam o campus da universidade e, segundo se dizia, estavam estocando armamento. Aumentando os indícios ameaçadores de uma confrontação iminente, Faure Chomón manifestara-se publicamente sobre as preocupações do Directorio quanto a ser excluído do poder. Mas antes que Fidel tivesse terminado de falar, o Directorio fez correr a notícia de que entregaria suas armas. A demonstração de força de Fidel dera resultado.

Fidel também aproveitou o ensejo para reforçar a natureza nacionalista do novo regime. Indagado por um repórter sobre o que pensava do boato de que o governo norte-americano prontificara-se a retirar sua missão militar, respondeu rapidamente: "Ele *tem* que retirá-la. Em primeiro lugar, o governo dos Estados Unidos não tem direito algum de ter uma missão permanente aqui. Em outras palavras, isso não é prerrogativa do Departamento de Estado, mas do governo revolucionário de Cuba". O que Fidel estava dizendo era que, se Washington queria um bom relacionamento, tinha de reparar alguns danos, e o primeiro passo nesse sentido era tratar Cuba em nível de igualdade. Nesse meio-tempo, disse ele à nação, o Exército seria reorganizado e constituído por homens leais à revolução, que a defenderiam se surgisse a ocasião. Advertiu que a vitória ainda não estava consolidada. Batista fugira, com seus milhões roubados, para a República Dominicana, em busca da proteção daquele outro ditador execrado, general Trujillo, e havia sempre a possibilidade de que os dois lançassem um contra-ataque.

Fidel habilmente preparara os cubanos para o que estava por vir, mas o que a maioria das pessoas recorda dessa noite foi o instante em que várias pombas brancas alçaram voo da plateia e pousaram nos ombros dele. Para muitos, foi uma epifania mística que validou a posição de Fidel como líder máximo da revolução. Para outros, foi um exemplo magistral da capacidade de Fidel de projetar no momento mais adequado uma imagem pública que causava admiração.

Na rápida e atordoante sucessão de acontecimentos que se seguiu, os indícios contraditórios sobre a direção da revolução deixaram os observadores desnorteados. Washington, ao reconhecer prontamente o novo regime, tentara apresentar uma imagem conciliatória. Em um segundo gesto de apaziguamento, Earl Smith renunciou ao cargo de embaixador e saiu do país, deixando a embaixada nas mãos de um *chargé d'affaires*. O governo Eisenhower não poderia se queixar da composição do novo regime. O gabinete de Urrutia estava repleto de políticos veteranos e novatos politicamente seguros, praticamente todos eles de classe média, anticomunistas a favor do livre comércio, inclusive muitos dos antigos rivais de Fidel que, dando-lhes cargos com aparente autoridade no novo governo, rapidamente tranquilizara os políticos conservadores e a comunidade empresarial, cooptando fontes de oposição em potencial.

A maior surpresa foi a designação para primeiro-ministro do dr. José Miró Cardona, eminente advogado e secretário da Frente Cívica de Oposição. Franqui escreveu posteriormente que "a designação de Miró Cardona foi uma bomba. Ele era presidente da Ordem dos Advogados de Havana, representante de grandes empresas capitalistas e um dos políticos mais pró-americanos de Cuba. Anos antes, defendera o maior larápio dentre os presidentes cubanos, Grau San Martín, que roubara 84 milhões de pesos. Defendera o capitão Casillas, assassino do líder negro dos operários da indústria açucareira, Jesús Menéndez. Nós não compreendemos a escolha de Fidel, mas ela foi compreendida por aqueles que Fidel queria que a compreendessem. Na realidade, foi uma jogada inteligente, que confundiu os norte-americanos, a burguesia e os políticos".

Recuperando-se do malfadado Pacto de Miami, o indômito Felipe Pazos foi nomeado presidente do Banco Nacional; Justo Carrillo tornou-se presidente do Banco de Desenvolvimento; e o economista formado em Harvard, Regino Boti, regressou dos Estados Unidos para ser ministro da Economia. Rufo López Fresquet, economista e analista do influente jornal conservador *Diario de La Marina*, foi nomeado ministro das Finanças, enquanto a pasta das Relações Exteriores foi entregue a Roberto Agramonte, político do Partido Ortodoxo. Outros, como Faustino Pérez, designado para dirigir o recém-criado Ministério para a Recuperação de Bens Adquiridos Ilegalmente, provinham da ala direita do Movimento 26 de Julho. O Ministério da Educação foi confiado a Armando Hart, enquanto o inimigo de Che da época da guerra, Enrique Oltuski, tornou-se ministro das Comunicações. O editor e velho amigo de Fidel, Luis Orlando Rodríguez, que ajudara a implantar a *Radio Rebelde* e o *El Cubano Libre*, foi nomeado ministro do Interior. Outro cargo novo, o de ministro para as Leis Revolucionárias, foi entregue a Osvaldo Dorticós Torrado, advogado de Cienfuegos com discretos laços com o PSP. Na época, sua nomeação pareceu bastante inócua, mas Torrado desempenharia um papel-chave nos futuros planos de Fidel.

O gabinete se pôs a trabalhar, realizando maratonas de sessões para reformar a Constituição, para reconstruir a infraestrutura destroçada e para limpar a sociedade corrompida de Cuba. No topo da agenda de Urrutia estava um projeto de lei proscrevendo o jogo e a prostituição. Ao mesmo tempo, os novos ministros começaram a limpar a casa, demitindo funcionários que tinham sido agraciados com benefícios secretos, ou *botellas* [garrafas], pelo governo Batista. Os primeiros decretos tinham um semelhante caráter de expurgo: os partidos políticos foram temporariamente proscritos; os bens e as propriedades de Batista, de seus ministros e dos políticos que participaram das duas últimas eleições da era de Batista foram confiscados.

Fidel começou a discursar perante grandes multidões, em um exercício engenhoso que ele denominou de "democracia direta". Era uma espécie de referendo espontâneo da política revolucionária, no qual ele sondaria a multidão. Empregava esses foros para testar, moldar e radicalizar o espírito do povo e, em última análise, pressionar o governo. Repetia incessantemente que era dever do novo governo obedecer à vontade do povo, porque a luta da revolução fora travada pelo povo.

Fidel também começou a reformar o Exército, sua verdadeira base de poder. Os "antigos" efetivos do Exército e das forças policiais foram depurados, e seus oficiais afastados ou expulsos. O coronel Ramón Barquín foi nomeado comandante das Academias Militares, enquanto o major Quevedo, um dos vários oficiais de carreira que tinham passado para o lado dos rebeldes depois da fracassada ofensiva de verão, foi nomeado diretor de logística do Exército. Outros foram enviados como adidos militares para um "exílio dourado" em diversos países. A nova elite militar era formada por rebeldes leais. Camilo, que já era o governador militar da província de Havana, passou também a ser chefe do Estado-Maior do Exército. Augusto Martínez Sánchez, advogado que atuara como juiz na Segunda Frente, chefiada por Raúl, foi designado ministro da Defesa. Efigenio Ameijeiras, comandante da tropa de choque de elite de Raúl, conhecida como "Mau-Mau", tornou-se chefe de polícia. O piloto Pedro Díaz Lanz, comandante da Força Aérea rebelde de Fidel, agora recebia esse cargo oficialmente. Mais significativo, talvez, era o fato de que homens leais do 26 de Julho foram nomeados governadores militares em todas as províncias de Cuba.

Logo ficou evidente que a verdadeira sede do poder revolucionário não estava no ornamentado palácio presidencial, na Havana Antiga, mas onde quer que Fidel se encontrasse e, a essa altura, ele parecia estar em toda parte. Sua base permanente era uma suíte na cobertura do 23º andar do novo Havana Hilton, no bairro de Vedado, no centro da cidade. Mas ele também dormia e trabalhava no apartamento de Celia Sánchez, perto dali, e em uma mansão no vilarejo de pescadores de Cojímar, a cerca de trinta minutos a leste de Havana. Foi nessa mansão, e não no palácio presidencial, que o futuro de Cuba foi de fato decidido. Durante os meses que se seguiram, ela tornou-se, todas as noites, o palco de reuniões entre Fidel, seus camaradas mais chegados e os dirigentes do Partido Comunista, para forjar uma aliança secreta que fundiria o PSP e o Movimento 26 de Julho em um único partido revolucionário. Fidel, Che, Raúl, Ramiro e Camilo representavam os guerrilheiros, enquanto Carlos Rafael Rodríguez, Aníbal Escalante e Blas Roca, secretário-geral do partido, conduziam as conversações em nome dos comunistas.

IV

Aparentemente, Che e Raúl tinham ficado de fora nas nomeações para os melhores cargos. Raúl foi indicado para governador militar em Oriente, e Che recebeu o título secundário de comandante de La Cabaña. Mas os títulos desses cargos eram enganosos. Enquanto Fidel se concentrava em exibir uma fachada moderada para sua revolução e evitar uma confrontação prematura com os Estados Unidos, Raúl e Che trabalhavam em sigilo para cimentar os vínculos com o PSP e para consolidar a base de poder de Fidel nas Forças Armadas.

Che mantinha um ritmo incrível de atividade. Em 13 de janeiro, inaugurou a Academia Militar-Cultural, em La Cabaña. Eram dadas aulas de civismo, história, geografia, economia cubana, "as características econômicas e sociais das repúblicas latino-americanas", e questões da atualidade. Che procurava reformar os padrões morais de seus alunos. Baniu rinhas de galo e organizou aulas de xadrez, uma equipe de equitação, torneios esportivos, exposições de arte, concertos e produções teatrais. Nos diversos cinemas das fortalezas, havia exibição de filmes todas as noites, e ele fundou um jornal do regimento, o *La Cabaña Libre*, e logo ajudou a dar início à *Verde Olivo*, uma revista destinada às Forças Armadas Revolucionárias. Em meio a todas essas atividades, Che colocou discretamente a escola sob a supervisão de homens do PSP. Armando Acosta, seu comissário político nas Escambray, tornou-se administrador da academia.

No final de janeiro, Che tinha mais um título — era chefe do Departamento de Treinamento das Forças Armadas Revolucionárias —, o que ainda não fornecia uma imagem completa de suas atividades. Por instrução de Fidel, ele se reunia sigilosamente com Raúl, que ia e vinha entre Havana e seu cargo em Santiago, Camilo, Ramiro Valdés, vice de Che na guerra, e Víctor Pina, do PSP, para criar um novo organismo de segurança e inteligência do Estado. O órgão, Seguridad del Estado, ou G-2, foi colocado nas hábeis mãos de Valdés. Abaixo dele na hierarquia de comando estava Osvaldo Sánchez, membro do Politburo do PSP e chefe do seu Comitê Militar.

Enquanto isso, exilados cubanos chegavam de todo o hemisfério. Um avião foi mandado a Buenos Aires para trazer de volta os exilados que estavam morando lá, e a família Guevara foi convidada a viajar no mesmo avião. O convite foi aceito pelos pais de Che, sua irmã, Celia, e o marido, Luis Argañaraz, e Juan Martín, então um adolescente de catorze anos. (Obrigações de trabalho e de família impediram Roberto e Ana María de viajar, e só veriam seu irmão famoso dois anos e meio depois.) Em 9 de janeiro, chegaram a Havana. O velho Ernesto beijou a pista do aeroporto Rancho Boyeros, em Havana. "Fomos imediatamente cercados por soldados barbudos usando uniformes muito sujos e armados com fuzis ou metralhadoras. Depois vieram as continências obrigatórias e, apressadamente, nos levaram para o interior do terminal, onde Ernesto nos esperava. Entendi que queriam lhe fazer uma surpresa e ele só soube de nossa chegada alguns minutos antes. Minha mulher correu para os seus braços e não pôde conter as lágrimas. Uma montanha de fotógrafos e câmeras de televisão registrou a cena. Pouco depois, abracei meu filho com força. Fazia seis anos desde que o vira pela última vez", escreveu o velho Ernesto.

Uma das fotografias tiradas nesse dia mostra Che com uniforme de campanha e boina, barba rala, ladeado pela mãe e pelo pai, espremidos em meio a um tumulto de espectadores curiosos. Há um cano de metralhadora se projetando para cima, por trás das costas de Che. Mas o que é realmente notável é a expressão de orgulho profundo e apaixonado no rosto de Celia e no de Che. Seu pai, vestido de modo conservador, está ao lado deles, sorrindo, intrigado.

Os Guevara ficaram instalados, como hóspedes da revolução, em uma suíte do Havana Hilton. O luxuoso saguão de entrada do hotel transformara-se em um ponto de encontro barulhento de guerrilheiros armados e descabelados jornalistas intrometidos, gente buscando favores e turistas norte-americanos com ar perplexo, cujas férias tinham sido interrompidas pela revolução. Quando chegaram ao seu quarto, apenas alguns andares abaixo de onde Fidel estava hospedado, o velho Ernesto exibiu algumas garrafas de vinho argentino, da marca que fora a preferida do filho quando morava em casa. "A vista delas certamente lhe trouxe de volta recordações alegres de outros tempos felizes, quando a família toda vivia junta em Buenos Aires", ele escreveu. Enquanto festejavam, o velho Ernesto vislumbrou "no físico, nas expressões, na felicidade, o mesmo rapaz que tinha saído de Buenos Aires em uma tarde fria de julho, mais de seis anos antes".

A percepção do velho Ernesto continha muito de anseio otimista. Seu filho tornara-se Che, o homem que ele desejara ser. Mas, se Che estava contente por ver sua família, a verdade era que eles não poderiam ter chegado em um momento mais inconveniente. Enquanto sua família acomodava-se no Hilton, ele

La Cabaña, a fortaleza da época colonial e quartel que tinha vista para o porto e para a cidade de Havana. Che assumiu o comando deste bastião em 3 de janeiro de 1959.

Che com os pais no aeroporto de Havana, em 9 de janeiro de 1959.

teve de voltar correndo para La Cabaña. Havia tribunais revolucionários para serem supervisionados.

Durante todo o mês de janeiro, suspeitos de serem criminosos de guerra foram capturados e trazidos para La Cabaña diariamente. Na maioria dos casos não eram os principais carrascos do antigo regime, que escaparam ou continuavam enfurnados nas embaixadas. Os que foram deixados para trás eram subchefes ou *chivatos* e torturadores da polícia. Porém, as velhas muralhas da fortaleza ecoavam todas as noites com os disparos dos pelotões de fuzilamento. Miguel Ángel Duque de Estrada, encarregado de dirigir a Comissão de Depuração, explicou que "havia mais de mil prisioneiros de guerra. Muitos não tinham dossiê. Nós nem sabíamos o nome de todos. Mas tínhamos um trabalho a fazer, que era o de limpar o Exército derrotado".

Os julgamentos começavam às oito ou nove da noite e, na maioria das vezes, chegava-se a um veredicto por volta das duas ou três da madrugada. Duque de Estrada reunia provas, tomava depoimentos, preparava os julgamentos e se sentava na banca de apelação com Che, o "promotor supremo", que dali tomava a decisão final sobre o destino dos homens. "Che me consultava", disse Duque de Estrada, "mas ele é que decidia e, como chefe militar, sua palavra era definitiva. Ficamos de acordo em quase 100% das decisões. Em cerca de cem dias, realizamos aproximadamente 55 execuções por pelotão de fuzilamento e fomos muito criticados por isso, mas dispensamos a cada caso a devida consideração e justiça, e não chegávamos a nossas decisões de modo leviano."

O contador Orlando Borrego, de 21 anos, que administrava as finanças de La Cabaña, também foi presidente de um tribunal. "Foi muito difícil", recordou Borrego, "porque na maioria não tínhamos qualquer formação judicial. Nossa grande preocupação era assegurar que prevalecessem a moralidade e a justiça revolucionárias. Che era muito cuidadoso. Ninguém era fuzilado por ter batido em um preso, mas se tivesse havido torturas sérias e assassinatos, então sim, eram condenados à morte [...]. O caso era analisado por completo, todas as testemunhas eram ouvidas e os parentes do morto ou da pessoa torturada vinham, ou o próprio torturado vinha em pessoa."

Che disse a alguns entrevistadores hostis da televisão cubana que nunca comparecia aos julgamentos nem se encontrava pessoalmente com os réus. Ele se reunia com os juízes e examinava seus casos baseado apenas nas provas, a fim de chegar aos seus veredictos finais friamente e com imparcialidade. Segundo Borrego, Che tinha muito cuidado em selecionar juízes e promotores. Por exemplo: os rebeldes que tinham sido maltratados não podiam julgar seus antigos torturadores. "Havia vezes em que os promotores eram de extrema esquerda", explicou Borrego. "Era preciso moderar aqueles que sempre pediam a pena de morte." No entanto, quando se tratava das execuções propriamente ditas, obviamente Che superara as restrições que antes fazia ao voluntário norte-americano Herman Marks, que fora um problema em Camagüey, pois ele reapareceu em La Cabaña, onde teve papel ativo nos pelotões de fuzilamento.*

Durante os meses seguintes, várias centenas de pessoas foram oficialmente julgadas e executadas por pelotões de fuzilamento em Cuba. A maioria foi sentenciada nas condições descritas por Borrego: processos claros, ainda que sumários, com advogados de defesa, testemunhas, promotores e público presente. Mas havia também certa quantidade de execuções arbitrárias. Os incidentes mais notórios ocorreram quando, pouco depois de ocupar Santiago, Raúl Castro dirigiu uma execução em massa de mais de setenta soldados capturados, mandando abrir uma trincheira, colocando-os de pé na frente dela e abatendo-os com rajadas de metralhadoras. A reputação de Raúl como violento foi confirmada.

Na ocasião houve pouca oposição pública às atividades da justiça revolucionária. Pelo contrário, como os bandidos de Batista tinham cometido alguns crimes hediondos, o povo cubano estava com espírito de linchamento. Os jornais estavam cheios de revelações mórbidas e fotografias assustadoras dos horrores e brutalidades cometidos sob ordens de Batista. A *Bohemia* publicou falsas entrevistas com suspeitos que estavam aguardando julgamento e forneceu beatíficas legendas para as fotos das execuções. Na edição de 8 de fevereiro de 1959, o momento culminante do julgamento de dois pistoleiros responsáveis por vários assassinatos em Manzanillo, os irmãos Nicolardes Rojas, foi descrito:

> O promotor, dr. Fernando Aragoneses Cruz: "Os irmãos Nicolardes merecem a liberdade?"
>
> Nããããããão! foi o grito retumbante da enorme multidão.
>
> "Merecem a prisão, na esperança de que um dia possam ser úteis à sociedade?"
>
> Nããããããão!
>
> "Devem ser fuzilados, como castigo exemplar para todas as futuras gerações?"
>
> Siiiiim!

* Borrego, que chegou a conhecer Marks em La Cabaña, descreveu-o como um homem estranho, distante e "sádico", que gostava de participar de pelotões de fuzilamento. Tinha cerca de quarenta anos, falava pouco espanhol e havia rumores de que estava foragido da Justiça norte-americana. Depois de vários meses, desapareceu de Cuba.

> O promotor [...] correu os olhos pela multidão enfurecida. E, diante de sua opinião unânime, expressou-se calmamente, enquanto dirigia um olhar que era em parte de raiva e em parte de pena para aqueles que tinham sido condenados pelo povo.
>
> "Esta é, senhoras e senhores, a petição da cidadania, a quem represento nesta sessão."

Os irmãos Nicolardes foram imediatamente levados para fora e fuzilados.

O relato da *Bohemia* parece ter sido uma reprodução razoavelmente fidedigna da atmosfera que prevalecia nos tribunais revolucionários de Cuba. Orlando Borrego comentou que muitas vezes se sentia sob forte pressão do público civil para que fosse severo. "Frequentemente achavam as sentenças muitos leves", disse ele. "Às vezes se pedia uma sentença de dez anos e o povo queria que fosse de vinte." Os tribunais atraíam cada vez mais críticas do exterior, com os congressistas norte-americanos condenando-os como um banho de sangue. Indignado com as acusações, no final de janeiro Fidel resolveu fazer alguns julgamentos públicos de figuras muito conhecidas, como os do major Sosa Blanca e de vários outros oficiais superiores acusados de múltiplos atos de assassinato e tortura, no estádio de esportes de Havana. Porém, o tiro saiu pela culatra. Os repórteres estrangeiros que assistiam estavam nauseados pelo espetáculo de escárnio da multidão e pelos gritos histéricos por sangue. Herbert Matthews, simpatizante da revolução, tentou racionalizar os julgamentos a partir da "perspectiva dos cubanos", em um editorial que o editor-chefe do *New York Times* se recusou a publicar.

Che advertiu os juízes de que fossem escrupulosos ao pesar as provas em cada caso, a fim de não dar aos inimigos da revolução nenhuma munição adicional, porém os julgamentos tinham que prosseguir para que a revolução se consolidasse em Cuba. Ele nunca se cansava de comentar com seus camaradas cubanos que, na Guatemala, Arbenz caíra porque não havia expurgado suas Forças Armadas dos elementos desleais. Cuba não podia se permitir repetir tal erro.

Nas suas memórias, o velho Ernesto evitou a questão do papel proeminente de Che nos tribunais, mas aludiu ao choque que teve quando descobriu que seu filho se transformara em um homem duro. Ele recordou que perguntou a Che o que pretendia fazer com sua carreira médica. Sorrindo, Che respondeu que, como ambos tinham o mesmo nome, o pai poderia substituí-lo se quisesse, pendurar uma plaqueta de médico [na porta] "e começar a matar as pessoas sem qualquer risco". Che riu de sua própria piada, mas o pai insistiu, até que ele lhe deu uma resposta mais séria: "No que se refere à minha carreira de médico, posso dizer-lhe que a abandonei há muito tempo", disse Che. "Agora sou um combatente que está trabalhando para a consolidação de um governo. O que será de mim? Nem sei em que terra deixarei meus ossos." O pai de Che não entendeu o significado dessa observação até muito tempo depois. "Era difícil para mim reconhecer o Ernesto do meu lar, o Ernesto normal", ele escreveu. "Transformara-se em um homem cuja fé no triunfo de seus ideais atingia proporções místicas."

A perplexidade do pai era compartilhada por alguns dos velhos amigos e conhecidos de Che. Tatiana Quiroga e Jimmy Roca, primo de Chichina que fora o companheiro de quarto de Che em Miami, estavam casados e morando em Los Angeles em janeiro de 1959. Tatiana recordou: "Mandei um telegrama para La Cabaña que me custou cinco dólares. Ainda me lembro porque, como estudante, para mim era um bocado de dinheiro, mas gastei os cinco dólares para felicitá-lo. Depois vieram as execuções em La Cabaña e, posso lhe dizer, nunca me senti tão mal como quando gastei cinco dólares naquele telegrama. Tinha vontade de morrer".

V

Os tribunais revolucionários muito contribuíram para polarizar o clima político entre Havana e Washington. Fidel estava irritado com as críticas. Como um país que havia bombardeado Hiroshima podia qualificar o que ele estava fazendo de banho de sangue? Por que os que agora o criticavam não se pronunciaram quando os assassinos de Batista cometiam suas atrocidades? Essas críticas, disse ele, equivaliam a uma intervenção e advertiu que, se os gringos tentassem invadir Cuba, o custo seria 200 mil norte-americanos mortos. Depois, referindo-se aos boatos sobre uma ameaça de assassinato contra ele, avisou que, se *ele* fosse morto, a revolução sobreviveria, pois atrás dele havia outros camaradas que estavam preparados para liderá-la, homens que eram mais radicais do que ele. Se alguém tinha alguma dúvida sobre a quem estava aludindo, Fidel as desfez na frase seguinte, anunciando que seu irmão, Raúl, fora escolhido como seu sucessor. Vindo logo após as cruéis represálias tomadas por Raúl em Santiago, o anúncio de Fidel era ameaçador. Na realidade, embora a designação oficial de Raúl como ministro das Forças Armadas Revolucionárias só fosse ocorrer em outubro de 1959, ele já era o chefe do Estado-Maior de fato das Forças Armadas cubanas. E onde ficava Che em tudo isso? A embaixada dos Estados Unidos acompanhava suas atividades e seus discursos, com atenção e crescente preocupação.

Em 27 de janeiro, Che fez um discurso em um foro em Havana, patrocinado pelo PSP, intitulado: "Ideais Sociais do Exército Rebelde". Esse discurso não deixou muitas dúvidas quanto à sua posição sobre a situação, tendo insinuado que a revolução tinha ambições radicais que iam muito além das que Fidel até então admitira. Para qualquer pessoa que percebesse seu significado, esse foi talvez o mais importante discurso pronunciado por qualquer dos líderes revolucionários, inclusive Fidel, desde que tinham chegado ao poder. Che estava, simplesmente, delineando o futuro.

Um dos "ideais" dos rebeldes já fora alcançado, uma democracia armada, ele disse, mas era preciso fazer muito mais. O decreto revolucionário da reforma agrária, baixado dois meses antes na Sierra Maestra, não seria suficiente para retificar as coisas erradas em Cuba. A revolução tinha uma dívida a saldar com os camponeses, em cujas costas a guerra fora travada. O próprio sistema de propriedade das terras precisava ser reformado, como contemplava a Constituição cubana de 1940. "Será tarefa das massas camponesas organizadas impor a lei que proscreverá o latifúndio", ele disse. Mais do que tudo, era preciso abolir a exigência constitucional de indenização prévia aos proprietários de terras desapropriadas. Era um impedimento para o objetivo de "uma reforma agrária ampla e autêntica". Para livrar-se da economia baseada na exportação do açúcar, Cuba precisava estabelecer um processo de rápida industrialização; só então o país poderia se libertar da dominação do capitalismo norte-americano. "Temos que aumentar a industrialização do país, sem ignorar os muitos problemas que esse processo traz consigo. Porém, uma política de crescimento industrial exige certas medidas tarifárias que protejam a indústria nascente e um mercado interno capaz de absorver novos produtos. Não podemos expandir esse mercado, a menos que demos acesso às grandes massas camponesas, aos *guajiros*, que hoje em dia não dispõem de poder aquisitivo mas têm necessidades a serem satisfeitas."

Che advertiu que os Estados Unidos não gostariam do que ele estava propondo. "Temos de estar preparados para a reação daqueles que atualmente dominam 75% de nosso comércio internacional e nosso mercado. Para enfrentar esse perigo, precisamos preparar-nos com a aplicação de contramedidas, dentre as quais se destacam as tarifas e a diversificação de mercados externos." Para se industrializar, Cuba precisava primeiro recuperar seus recursos naturais, que "a ditadura Batista entregou aos consórcios estrangeiros". A riqueza mineral e a eletricidade da nação deviam estar em mãos de cubanos, e a companhia telefônica, subsidiária da ITT, tinha de ser nacionalizada.

"Quais são os recursos de que dispomos para realizar um programa como esse? Temos o Exército Rebelde e ele deve ser nosso principal instrumento para a luta, a arma mais positiva e vigorosa. Devemos destruir tudo que resta do Exército de Batista. E, entendam bem, essa liquidação não é feita por vingança e nem mesmo simplesmente por espírito de justiça, mas sim devido à necessidade de garantir que todas essas conquistas do povo possam ser concretizadas no mais breve prazo."

Che disse que esperava a resistência de muitos setores: "A recuperação nacional terá de destruir muitos privilégios, e, por isso, temos de estar prontos para defender a nação de seus inimigos declarados e daqueles que estão disfarçados". Aludindo aos rumores de planos de invasão que estariam sendo tramados na República Dominicana, Che invocou o fantasma ameaçador dos Estados Unidos. "Sabemos que, se formos atacados por uma pequena ilha [República Dominicana], será com a ajuda de uma potência que é praticamente um continente, e teremos de suportar uma agressão de imensas proporções em nosso solo. Por essa razão, devemos estar prevenidos para prepararmos nosso avanço com espírito e estratégia de guerrilheiros [...]. A nação cubana inteira precisa tornar-se um Exército guerrilheiro, já que o Exército Rebelde é uma entidade em crescimento, cuja capacidade só está limitada pelo número de 6 milhões de cubanos. Cada cubano precisa aprender como usar armas e quando usá-las na defesa da nação."

O ponto mais espetacular de todos foi quando Che expôs a visão que estava desenvolvendo de uma revolução continental, não só contestando a teoria convencional comunista da luta de classes liderada pelo partido, mas lançando o desafio da confrontação violenta em todo o hemisfério. "O exemplo de nossa revolução e as lições que ela encerra para a América Latina destruíram todas as teorias de mesa de bar: demonstramos que um pequeno grupo de homens, apoiado pelo povo e sem medo de morrer quando for necessário, pode superar um Exército regular disciplinado e derrotá-lo. Esta é a lição fundamental. Há uma outra, para nossos irmãos das Américas situados na mesma categoria agrária em que estamos, e que consiste em fazer revoluções agrárias, combater nos campos, nas montanhas, e de lá para as cidades [...]. Nosso futuro está intimamente ligado ao de todos os países subdesenvolvidos da América Latina. A revolução não está limitada à nação cubana, porque ela tocou a consciência da América Latina e alertou os inimigos de nossos povos [...]. A revolução colocou os tiranos latino-americanos em guarda. Eles são os inimigos dos regimes populares, como o são os monopólios estrangeiros."

A revolução tinha inimigos, mas também tinha amigos. Che concluiu com um chamado à "união espiritual de todos os povos das Américas, uma união que vá além da demagogia e da burocracia, para ser um auxílio efetivo, passando aos nossos irmãos os benefícios de nossa experiência. Hoje em dia, todo o povo de Cuba está em pé de guerra e deve permanecer assim. A vitória contra a ditadura não é passageira, mas sim o primeiro passo rumo à vitória na América Latina".

O discurso de Che era nada menos do que um canto de sereia para todos os revolucionários em potencial do hemisfério e uma implícita declaração de guerra contra os interesses dos Estados Unidos.

VI

Em 2 de fevereiro, Daniel Braddock, o vice-chefe norte-americano da missão em Havana, expediu um telegrama sigiloso para o Departamento de Estado, a CIA, o Exército, a Marinha, a Força Aérea e as embaixadas norte-americanas em Ciudad Trujillo e em Manágua. Seu título era "Cuba como base para operações revolucionárias contra outros governos latino-americanos", e tinha uma advertência específica: "Um grande número de líderes do bem-sucedido movimento revolucionário em Cuba acha que se devem agora empreender esforços para 'libertar' os povos de algumas outras nações latino-americanas de seus governos 'ditatoriais'", escreveu Braddock. "Conquanto Ernesto 'Che' Guevara Serna seja considerado, de forma geral, como a principal força por trás dessa linha de pensamento, e de fato atue no planejamento, está longe de ser o único. Segundo informações recebidas, consta que Fidel Castro fez comentários semelhantes, especialmente durante sua recente visita à Venezuela."*

Dessa vez, a avaliação da Inteligência dos Estados Unidos acertara em cheio. Com o apoio de Fidel, Che convocara revolucionários em potencial de todo o hemisfério que buscavam patrocínio cubano para suas próprias expedições armadas, no estilo da expedição do *Granma*. Durante a guerra contra Batista, um número de nicaraguenses antissomozistas, incluindo um grupo de estudantes liderados por Carlos Fonseca, um intelectual marxista, apoiara a causa revolucionária cubana, com atos de respeito e retórica. Agora, Che lhes oferecia ajuda para organizar um Exército guerrilheiro nicaraguense e um partido revolucionário para liderá-lo. Porém, eles não eram os únicos revolucionários que estavam sendo encorajados, como observava o telegrama de Braddock:

* No final de janeiro, Fidel foi à Venezuela para agradecer ao regime Larrazábal, que concluía seu mandato, o envio de armas no decorrer da campanha. Durante a visita, Fidel fez comentários que foram interpretados como uma ameaça implícita ao ditador da Nicarágua, Anastasio Somoza. Encontrara-se também com o presidente eleito da Venezuela, Rómulo Betancourt, o político de quem Che tanto desconfiara quando o vira na Costa Rica. Segundo revelou posteriormente Betancourt, Fidel lhe perguntou se poderia contar com a Venezuela para suprir Cuba de petróleo, já que planejava "um jogo com os norte-americanos". Betancourt, que era firmemente pró-Estados Unidos, disse a Fidel de forma áspera que ele poderia comprar petróleo como qualquer outro freguês, pagando à vista.

> Os países mencionados com maior frequência [como candidatos a invasões por guerrilheiros patrocinados por Cuba] são a República Dominicana, a Nicarágua, o Paraguai e o Haiti. O Paraguai parece estar muito longe para uma interferência cubana direta, mas está havendo muita conversa e planejamento a respeito dos outros três países. Estão em Cuba uns quantos exilados dominicanos, inclusive o "general" Miguel Ángel RAMÍREZ. Os líderes revolucionários, diferentemente dos membros do governo provisório, parecem achar que têm um negócio por terminar no que se refere à República Dominicana, sob a forma da abortada expedição de Cayo Confites, em 1947, na qual estiveram envolvidos alguns líderes revolucionários, inclusive Fidel Castro.
>
> Louis DEJOIE está atualmente em Havana, esperando poder organizar e obter apoio para um movimento a fim de derrubar o "fraudulento" governo [haitiano] de DUVALIER. Está sendo auxiliado por Pierre ARMAND, que se autointitula "presidente da Frente Revolucionária Haitiana em Havana". Parece que os revolucionários cubanos estão interessados nos planos haitianos, sobretudo como um meio de obter uma base a partir da qual atacariam TRUJILLO. Dariam apoio a Dejoie, em troca da permissão deste para montar no Haiti a base para uma expedição contra Trujillo.
>
> Vários exilados nicaraguenses estão na cidade, inclusive Manuel GÓMEZ Flores. A embaixada recebeu hoje um informe, de uma fonte razoavelmente confiável, de que o grupo nicaraguense pensa que será o primeiro a atacar [...]. Este informe menciona especificamente Guevara como participante ativo e responsável pelo planejamento e treinamento de alguns dos participantes. Foi indicado que o grupo esperava estar em condições de lançar uma invasão dentro de dois meses.

O telegrama de Braddock concluía com uma previsão incrivelmente correta: "O planejamento dessas diversas aventuras parece ser, a essa altura, preliminar e não realista, estando os grupos desunidos. No entanto, tendo em vista os antecedentes de muitos dos principais líderes revolucionários cubanos e o apoio que seu próprio movimento recebeu do exterior, pode-se esperar que Cuba será o centro de planos e atividades revolucionárias durante algum tempo, com as decorrentes preocupações e dificuldades para diversos governos, inclusive o nosso".

No meio de seus homens em La Cabaña, não era segredo que Che se encontrava com revolucionários de outros países, e rumores de conspirações como os que foram detectados pela embaixada dos Estados Unidos circulavam por Cuba afora. Estudantes jovens demais para terem participado da luta contra Batista escreviam a Che pedindo permissão para ir lutar contra Trujillo. Em 5 de fevereiro, Che enviou recusas delicadas a três jovens voluntários que ofereceram seus préstimos. Che respondeu a Juan Hehong Quintana, em Cárdenas: "Aprecio seu gesto. É sempre bom quando os jovens estão dispostos a se sacrificar por uma causa nobre como a de libertar Santo Domingo, mas acho que, neste momento, nosso posto de combate é aqui, em Cuba, onde há enormes dificuldades a serem vencidas. Por enquanto, dedique-se com entusiasmo à nossa revolução, que será a melhor ajuda que você poderá oferecer ao povo dominicano, isto é, o exemplo de nosso triunfo completo".

Na realidade, Che estava ajudando a construir as fundações de um órgão secreto dentro da estrutura de segurança de Estado, dirigido por Ramiro Valdés, que organizaria, treinaria e auxiliaria iniciativas guerrilheiras no exterior. (A unidade clandestina viria a ser conhecida como o Departamento de Libertação, dentro da Dirección General de Inteligencia.) O homem que acabaria por liderar o órgão, Manuel Piñeiro Losada, era ex-estudante da Universidade de Columbia e filho de galegos imigrantes que possuíam uma empresa de importação de vinhos e distribuição de cerveja em Matanzas. Piñeiro, um dos antigos assessores de Raúl na Segunda Frente, disse que a primeira expedição guerrilheira apoiada por Cuba era muito "artesanal" e, no caso dos nicaraguenses e dos guatemaltecos, contava com relações pessoais que Che desenvolvera na América Central e no México. No início de 1959, disse Piñeiro, não havia ainda "estrutura política" em relação a essas missões por parte do governo cubano.

Porém, essa situação logo mudaria. Osvaldo de Cárdenas, um estudante mulato de ensino médio de Matanzas, tinha apenas dezesseis anos em janeiro de 1959, mas em um ano foi recrutado como agente de inteligência especializado em auxiliar guerrilheiros estrangeiros. Cárdenas recordou como ele e seus jovens camaradas estavam convencidos de que a Revolução Cubana era o começo de outras mudanças na América Latina, e que eram iminentes. "E então, mãos à obra! Estávamos todos imbuídos desse espírito", disse Cárdenas. "Todos queriam se juntar a um Exército guerrilheiro em algum lugar. Havia planos de ir para o Paraguai. Não sei como pensávamos que chegaríamos até lá, mas havia planos para derrubar Stroessner. Havia planos de lutar contra Trujillo e alguns foram, uns com autorização e outros sem ela. Havia planos para derrubar Somoza. Onde quer que houvesse um tirano, um ditador latino-americano, ele era automaticamente nosso inimigo."

Orlando Borrego, o diligente jovem protegido de Che, ficou contagiado por essa febre de libertação. Em fevereiro ou março de 1959, espalhou-se entre os oficiais em La Cabaña o boato de que uma força expedicionária composta de revolucionários cubanos estava sendo organizada para apoiar a incipiente guerrilha nicaraguense. "Vários de nós tentaram se alistar para ir para a Nicarágua", recordou Borrego. "Havia um oficial que parecia ser o centro da organização, mas como se viu depois, ele era, como se diz, um 'freelance'. A iniciativa não tinha sido autorizada nem era coordenada por Che, e me lembro de que ele convocou os participantes desse grupo e os repreendeu severamente, porque estavam reunindo armas e planejando essa operação sem permissão, e ela foi sustada. Porém, desse momento em diante, ficou muito claro que coisas desse tipo estavam sendo planejadas."

De fato estavam, embora o planejamento mais sério de guerrilhas fosse mantido em sigilo maior do que a montagem de que Borrego tentara participar. Em março, depois de uma reunião decepcionante com um grupo de esquerdistas da Nicarágua, do Partido Socialista Nicaraguense (PSN), Che se encontrou com um militante daquele país, Rodolfo Romero, a quem pediu que fosse a Havana. Durante a invasão de Castillo Armas na Guatemala, em 1954, quando ambos esperavam combater ativamente em defesa do presidente Arbenz, Romero ensinou a Che como usar uma arma automática. Agora seus papéis estavam invertidos. Após o fracasso na Guatemala, Romero ficara clandestino. Acabara sendo preso e deportado para a Nicarágua, mas foi libertado depois de um curto período na prisão e juntou-se ao grupo estudantil antissomozista de Carlos Fonseca. Che pediu a Romero que lhe fizesse uma avaliação da situação nicaraguense e indicasse o que deveria ser feito para solapar aquele regime. Romero, explicando que o PSN estava politicamente "prostrado", respondeu que só restava um caminho, "o caminho de Cuba". Che então perguntou se ele queria se juntar à coluna de guerrilheiros nicaraguenses que estava sendo treinada na ilha, sob o comando de Rafael Somarriba, um ex-oficial da Guarda Nacional da Nicarágua. Romero aceitou.

VII

Em 7 de fevereiro, o governo de Urrutia aprovou a nova Constituição cubana. Ela continha uma cláusula destinada especificamente a Che, conferindo cidadania cubana a qualquer estrangeiro que tivesse combatido na guerra contra Batista por dois anos ou mais e que tivesse tido a patente de comandante por um ano. Alguns dias depois, Che tornou-se oficialmente um cidadão cubano "nato". A ocasião coincidiu com a primeira crise interna do novo governo. Fidel entrara em choque com o gabinete de Urrutia por causa do decreto que proibia a loteria nacional e por sua recusa em reabrir os prostíbulos e os cassinos, que foram fechados logo após a tomada do poder. Os trabalhadores desempregados fizeram manifestações contra os fechamentos, e o que Fidel menos queria era afastar seu público. O "setor de diversões" de baixo nível, que era uma parte visível da vida cubana, teria de ser reformado, mas de forma gradual, com reciclagem e oferta de novos empregos para aqueles cujas profissões deviam ser expurgadas. Fidel insistiu para que o gabinete revertesse suas decisões e ameaçou encontrar a sua própria solução para o impasse se assim não fosse feito. Percebendo que Fidel estava planejando conduzir as coisas à sua maneira, quer o gabinete estivesse ou não de acordo, o primeiro-ministro Miró Cardona renunciou. Seu substituto seria ninguém menos do que Fidel Castro.

Para "aceitar" o cargo, Fidel insistiu em que Urrutia lhe conferisse poderes especiais para dirigir a política governamental. Uma lei foi promulgada baixando o limite mínimo de idade para altos cargos públicos de 35 para trinta anos. A partir de então, tanto Che como Fidel, que ainda tinham trinta e 32 anos respectivamente, ficaram habilitados a ocupar cargos ministeriais. Em 16 de fevereiro, Fidel foi empossado como o novo primeiro-ministro de Cuba e, no seu discurso de posse, prometeu "mudanças" aos cubanos. No final de fevereiro, o presidente Urrutia era, para todos os efeitos, uma figura decorativa. Fidel era inquestionavelmente o *verdadeiro* dirigente de Cuba.

Che foi mais específico sobre o que queria dizer "mudanças". Em um artigo publicado no *Revolución*, três dias depois da posse de Fidel, e intitulado "O que é um Guerrilheiro?", ele defendeu o direito do Exército Rebelde de determinar o futuro político de Cuba. Exaltou o guerrilheiro como "a escolha do povo, o lutador da vanguarda do povo na sua luta pela libertação", alguém cujo senso de disciplina provém não da obediência cega a uma hierarquia militar, mas sim da "profunda convicção como indivíduo" da sua causa. O guerrilheiro era "física e mentalmente ágil". Ele era "notívago". Em outras palavras, àquela altura, como durante a guerra, os guerrilheiros esperavam nas sombras, vigilantes e prontos para atacar. E sua missão não tinha terminado. "Por que luta o guerrilheiro? [...] O guerrilheiro é um reformador social. O guerrilheiro pega em armas em um protesto irado contra o sistema social que mantém os seus irmãos desarmados no opróbrio e na miséria."

O guerrilheiro tinha certas necessidades táticas, Che escreveu. Precisava de lugares onde pudesse manobrar, se esconder, escapar, e também contar com o apoio do povo. Isso significava o campo, onde, coincidentemente, o principal problema social era a propriedade da terra. "Fundamentalmente e antes de qualquer coisa, o guerrilheiro é um revolucionário agrário. Ele interpreta os desejos das grandes massas camponesas de serem proprietários de terras, donos dos seus próprios meios de produção, de seu gado, de tudo aquilo por que lutaram durante anos, aquilo que constitui sua vida e também será o seu cemitério." Foi por essa razão, disse Che, que o estandarte de batalha do novo Exército cubano, nascido no sertão de Cuba, era a reforma agrária. Essa reforma, que "começou timidamente na Sierra Maestra", fora transposta para as Escambray e, depois de ter sido recentemente "esquecida nos gabinetes ministeriais", agora avançaria graças à "firme decisão de Fidel Castro, que, e vale a pena repetir, será o responsável pela definição histórica do '26 de Julho'. Esse movimento não inventou a reforma agrária, mas a executará. Ele a realizará de forma abrangente, até que não haja um só camponês sem terra, nem terras deixadas ociosas. Nesse momento, talvez o próprio Movimento possa deixar de ter uma razão para existir, mas terá cumprido sua missão histórica. Nossa tarefa é chegar a esse ponto e o futuro dirá se há mais trabalho por fazer".

O comentário final de Che era um sinal prévio para o Movimento 26 de Julho de que ele poderia acabar tendo de ser extinto, em favor da "união" com o Partido Comunista. "União" tornara-se a palavra-chave para a fusão do PSP com o Exército Rebelde, que já era implementada, principalmente sob os auspícios de Che e de Raúl, do lado revolucionário, e de Carlos Rafael Rodríguez, do lado do PSP. Ainda assim, nem tudo estava andando bem entre as duas forças. As opiniões sobre Fidel estavam divididas dentro do PSP. Carlos Rafael foi, desde o princípio, um entusiasta ardoroso, porém o secretário-geral do partido, Blas Roca, evidentemente não o era. Aníbal Escalante acabou por se mostrar vital no processo de reaproximação, mas entre os "comunistas antigos", as reservas quanto à liderança de Fidel persistiram durante muitos anos.

Apesar de toda sua simpatia ostensiva pelo partido, o livre-pensador Che Guevara provocava certa inquietação nos homens da linha ortodoxa moscovita. Sua argumentação em favor de um papel de vanguarda para o Exército Rebelde, aparentemente ignorando os trabalhadores urbanos e a organização tradicional do Partido Comunista, era uma blasfêmia teórica. Ao mesmo tempo, sua defesa vigorosa da campanha de guerrilha rural e da revolução agrária revelava influências maoistas. No entanto, apesar desses sintomas heréticos, Che era evidentemente um amigo e aliado, e o PSP tinha para com ele uma dívida de gratidão por lhe haver proporcionado junto a Fidel uma abertura política que, de outro modo, poderia não ter tido. Suas peculiaridades ideológicas seriam, sem dúvida, superadas.

Os primeiros sintomas da luta pelo poder entre os comunistas e o Movimento 26 de Julho ficaram visíveis em um incidente que passou quase totalmente despercebido em Cuba. Na edição de 8 de fevereiro, a *Bohemia* publicou um pequeno artigo sobre a "primeira crise interna" desde "o Dia da Libertação": a súbita demissão de Calixto Morales, que fora indicado para governador militar de Las Villas e "vinha mostrando uma ligação estreita com elementos comunistas". A raiz do problema estava no ressurgimento da discórdia entre os conservadores do 26 de Julho em Las Villas e os representantes locais do Partido Comunista. No entanto, aparentemente o racismo também influiu na questão. Morales era um radical que foi ofendido pelo sistema de casta racial de Santa Clara e, sentindo seu poder, fora longe e depressa demais. Um de seus primeiros atos foi subir em um trator e derrubar pessoalmente a cerca em volta da praça central da cidade, reservada exclusivamente para brancos. Em pouco tempo, estava brigando abertamente com as autoridades locais e regionais do 26 de Julho. O chefe do PSP em Las Villas, Félix Torres, veio em seu auxílio e, segundo Lolita Rossell, amiga de Aleida March, Calixto logo ficou sob sua influência. Antes que a situação piorasse, Fidel afastou Calixto do cargo.

A atuação agressiva de Torres em favor do Partido Comunista acabou dando resultado e o PSP conquistou o comando em Las Villas, mas afastou muitos *villaclareños* e alimentou um amplo sentimento antigovernista. A própria Aleida March, que ainda detestava os comunistas em Las Villas, na intimidade culpou Che por ter criado toda essa confusão, a começar com a designação de Morales. Dentro de pouco tempo, homens do 26 de Julho, descontentes, começaram a pegar em armas nas Escambray, em uma insurreição contrarrevolucionária que receberia ajuda da CIA e se espalharia por outras regiões. A campanha do governo Castro para sufocá-la passou a ser chamada oficialmente de "Lucha contra bandidos". A insurreição persistiu até 1966, quando as tropas de Fidel finalmente erradicaram os últimos rebeldes e, seguindo as bem-sucedidas táticas de contrainsurgência de Stálin, retiraram à força das Escambray civis suspeitos de colaborarem com eles, transferindo-os para vários "vilarejos estratégicos", construídos especialmente para esse fim, na distante Pinar del Río.

VIII

A vida pessoal de Che nesse período ficara complexa e com gente demais. Apesar de ter pouco tempo a sós com Aleida, hospedou um velho amigo guatemalteco, Julio Roberto "Patojo" (Garoto) Cáceres, quando este apareceu em Havana. Patojo trabalhara com Che em seu período de fotógrafo ambulante, na Cidade do México, e morara com ele e Hilda por períodos intermitentes. Compartilhara dos sonhos de revolução de Che e desejara embarcar no *Granma*, mas Fidel não concordara, alegando que seria um estrangeiro a mais. Agora Patojo estava em Cuba e, sem pensar duas vezes, Che o levou para sua casa.

Che também teve de se defrontar com Hilda, que chegou no final de janeiro, vinda do Peru com Hildita, então com quase três anos. O Che destemido nos combates não era o mesmo em questões matrimoniais. Em vez de ir ao aeroporto, enviou um amigo, dr. Oscar Fernández Mell, para receber sua mulher e filha. Esperando por uma reconciliação, Hilda ficou tristemente decepcionada. Ela registrou a cena do rompimento:

> Com a franqueza que sempre o caracterizara, Ernesto imediatamente me disse que tinha outra mulher, a quem conhecera durante a campanha em Santa Clara. Senti uma mágoa profunda, porém, de acordo com nossas convicções, concordamos em nos divorciarmos.
>
> Ainda me perturba a recordação do momento em que, percebendo meu sofrimento, ele disse: "Teria sido melhor se eu tivesse morrido em combate".
>
> Por um instante, olhei para ele sem dizer nada. Embora eu estivesse perdendo muito naquela ocasião, pensei no fato de que havia tantas coisas mais importantes a serem feitas, para as quais ele era tão vital: ele tinha de ter ficado vivo. Tinha de construir uma nova sociedade. Tinha de trabalhar muito para ajudar Cuba a evitar os erros da Guatemala. Ele tinha de dedicar todos os seus esforços à luta pela libertação da América. Não, eu estava feliz por ele não ter morrido em combate, sinceramente feliz, e tentei explicar-lhe isso dessa forma, terminando por dizer: "Por causa disso tudo, quero você para sempre".
>
> Comovido, ele falou: "Se é assim, então está bem [...] amigos e camaradas?".
>
> "Isso", respondi.

Pode-se discutir se Hilda, de fato, deixou Che sair dessa com tanta facilidade, mas o fato é que o casal separado chegou a uma solução rápida e bastante amigável. Hilda ficaria em Cuba e teria um emprego útil logo que as coisas estivessem organizadas. Ela e Che se divorciariam, e então ele e Aleida se casariam.

Che fez um esforço especial para estabelecer um papel paterno diante da menininha de cabelos escuros, que conhecia apenas por fotografias. Em uma tentativa óbvia de evitar contato direto com Hilda por causa de Aleida, as duas detestaram-se à primeira vista, Che frequentemente mandava buscar Hildita para ficar com ele em La Cabaña. Seus homens muitas vezes encontravam os dois juntos, de mãos dadas, passeando pela fortaleza. Ela brincava no seu escritório enquanto ele trabalhava em seus papéis. Em 15 de fevereiro, Che compareceu à festa de seu terceiro aniversário. Em uma fotografia tirada nessa ocasião, uma Hilda sorridente está sentada à cabeceira da mesa, segurando Hildita bem junto de si. Sentado do outro lado da mesa, usando sua boina e uma jaqueta de couro, Che está com uma expressão dura, contida, como se desejasse estar em outro lugar.

Em 15 de fevereiro de 1959, Che compareceu à festa de aniversário de três anos de sua filha Hildita. A mãe dela, Hilda Gadea, está segurando-a no colo.

Che ainda tinha de dar atenção a sua família, que ficou um mês em Havana. Nos primeiros dias, suas visitas curtas e a agenda agitada de Che mantiveram as coisas em um nível agradável, mas as tensões estavam fermentando entre Che e seu pai. Independentemente de suas opiniões políticas divergentes, Che jamais perdoara o pai pela forma como tratara sua mãe. Como confidenciou a amigos íntimos, o pai tinha "gasto todo o dinheiro da velha e depois a largou". A situação acabou por vir à tona quando o velho Ernesto foi à casa de um radioamador para falar com amigos em Buenos Aires. Seu "Comitê de Apoio a Cuba" na Argentina adquirira um radiotransmissor de ondas curtas a fim de se comunicar com a *Radio Rebelde*, mas tarde demais para poder ser utilizado para essa finalidade. Ele queria finalmente testar o equipamento e passou uma tarde no ar. Nessa noite, foi repreendido pelo filho. "Velho, você é muito imprudente", protestou Che. "Você esteve falando por ondas curtas com Buenos Aires na casa de um radioamador que é um contrarrevolucionário." O pai desculpou-se, insistindo em que não dissera nada de interesse político, e o assunto morreu, mas, posteriormente, refletiu: "Era evidente que os serviços de informações do incipiente governo revolucionário já estavam funcionando".

Os Guevara foram transferidos do Hilton para o elegante Hotel Comodoro, à beira-mar, no subúrbio exclusivo de Miramar, provavelmente para tornar mais difícil que o velho Ernesto fosse ver o filho em La Cabaña em ocasiões inconvenientes, como tinha o hábito de fazer. Daí por diante, Che os visitava de helicóptero, pousando no gramado do hotel. "Ele descia", escreveu Guevara Lynch, "conversava um pouco com sua mãe, Celia, e ia embora de novo." Celia, segundo todos os relatos, ficou fascinada com Cuba e, levada pelo orgulho materno e empolgada com o triunfo do filho, tentava, sem muito senso crítico, compartilhar da vitória que ele ajudara a construir.

Tirando uma folga de seus afazeres revolucionários, Che levou sua família em uma excursão, mostrou-lhe Santa Clara e seus antigos esconderijos nas Escambray, e visitou a casa da família de Aleida e os locais das batalhas que liderara. Em Pedrero, deixou-os para regressar a Havana, incumbindo dois soldados de guiá-los, a cavalo, pelas montanhas, a fim de que visitassem sua antiga *comandancia*. Lá, seu pai provocou outro incidente quando, por curiosidade, pegou o telefone de campanha na sede do antigo quartel-general. Os guias rebeldes disseram-lhe que fora usado para se comunicar com um radiotransmissor perto dali, mas que estava agora desligado, e ele levou um susto quando ouviu uma voz de homem entrar na linha, e perguntou: "Quem é você?". Em resposta, ouviu: "E *você*, quem é?". Ao que retrucou: "Sou o pai de Che". O homem na outra ponta balbuciou de incredulidade, insultou-o em tom ameaçador e desligou.

Os soldados que escoltavam a família se alarmaram. Tentaram fazer contato pelo rádio, mas não houve resposta e entraram pela mata para investigar. Na sua ausência, a vívida imaginação do pai de Che apossou-se dele. "Comecei a ficar preocupado", escreveu. "Quem eram as pessoas no outro lado? Se fossem contrarrevolucionários, poderiam nos capturar facilmente, pois só tínhamos dois soldados como escoltas e estávamos armados apenas com pistolas. Teria sido um golpe magnífico para os contrarrevolucionários capturar, como prisioneiros, o pai, a mãe, o irmão e a irmã de Che."

Guevara Lynch fez a mulher, a filha e o filho mais novo entrarem em uma caverna fortificada. "Se quaisquer estranhos se aproximassem, meu genro, Luis, e eu estávamos prontos para defender a entrada juntos, atirando." Porém, pouco depois, os soldados voltaram sorridentes. No posto do rádio, encontraram alguns milicianos que estavam desmontando o transmissor no momento da chamada. Eles também ficaram assustados, pensando que eram contrarrevolucionários prestes a atacá-los, e assumiram posições defensivas. Mais tarde, quando Celia lhe contou a história, Che deu boas gargalhadas.

A visita da família era embaraçosa para Che. Comparado com muitos de seus camaradas, ele tinha uma preocupação quase obsessiva com a imagem que projetava para o público e não queria dar a impressão de estar abusando do seu poder, distribuindo favores oficiais para a família e os amigos. Camilo providenciara o voo dos Guevara de graça como uma surpresa. Se Che soubesse sobre ele, provavelmente o teria proibido. Mesmo assim, a família Guevara provou diretamente as medidas austeras de Che. Ficaram com um carro e motorista à disposição para se deslocar por Havana, mas tinham de pagar a gasolina. Quando o pai lhe disse que gostaria de explorar os campos de batalha na Sierra Maestra, Che respondeu que lhe arranjaria um jipe e um soldado veterano para guiá-lo, mas que ele teria de pagar a gasolina *e* as refeições. Guevara Lynch não levara dinheiro suficiente e abandonou o projeto.

A partida da família foi abrupta. Como Guevara Lynch narrou, "minhas obrigações em Buenos Aires exigiam minha atenção. De repente, resolvi viajar. Disse a Ernesto por telefone que partiria naquela noite. Ele foi ao aeroporto se despedir de mim, em companhia de Raúl Castro".

Enquanto conversavam junto ao portão de embarque, um homem aproximou-se e dirigiu-se a Che com forte sotaque portenho. Disse que era um compatriota argentino e que queria lhe apertar a mão. Che assentiu calado, mas, quando o homem tirou um caderninho e uma caneta do bolso e lhe pediu um autógrafo, ele virou-lhe as costas e disse: "Não sou estrela de cinema".

No último momento, Che e o pai fizeram as pazes de modo simbólico. Quando chamaram para o embarque, Guevara Lynch tirou o velho relógio de pulso, de ouro, uma relíquia que era da querida avó de Che, Ana Isabel Lynch, e o deu ao filho. Che aceitou-o e então tirou o que estava usando e entregou ao pai. Era, disse ele, o relógio que Fidel lhe dera quando fora promovido a comandante.

IX

Havia algum tempo Che não estava com boa aparência e não vinha se sentindo bem. Estava abatido e com os olhos fundos. A saúde combalida fora uma das razões por que Che não acompanhara Fidel à Venezuela, onde uma associação médica o convidara para fazer uma palestra. No entanto, só em 4 de março concedeu-se uma folga em sua agenda e permitiu que os médicos tirassem umas chapas de raios X. Ele foi diagnosticado com uma infecção pulmonar e lhe ordenaram um período de convalescença. Também lhe mandaram parar de fumar charutos, mas Che, que ficara viciado em fumo durante a guerra, convenceu-os a deixá-lo fumar pelo menos um por dia. O paciente interpretava essa norma livremente, como descobriu Antonio Nuñez Jiménez, agora um faz-tudo de Fidel, quando foi à casa de Che em uma manhã. "Encontrei-o fumando um charuto de uns 45 centímetros de comprimento", Nuñez Jiménez recordou. "Com um sorriso maroto, explicou: 'Não se preocupe com os médicos, estou cumprindo com minha palavra, um charuto por dia e nenhum mais'."

Che e Aleida se mudaram, por ordens médicas, para uma mansão desapropriada na comunidade praieira de Tarará. O novo local permitiu a Che conduzir seus trabalhos revolucionários com maior sigilo. A essa altura, estava profundamente envolvido na preparação da lei de reforma agrária de Cuba e projetava o órgão que a implementaria. O órgão teria o nome inócuo de Instituto Nacional de Reforma Agrária (Inra), porém, na sua essência, seria a gênese da verdadeira Revolução Cubana. O Inra seria uma mistura da ala esquerda do Movimento 26 de Julho, do antigo Exército Rebelde e do Partido Comunista cubano, e gradualmente assumiria as funções do governo encabeçado por Manuel Urrutia.

Logo depois de chegar a La Cabaña, Che convocara para conversas seu novo grupo de assessores não oficiais do instituto do açúcar, inclusive Juan Borroto e Alfredo Menéndez, o homem do PSP. A safra de açúcar de 1959 começara e Che sugeriu reduzir a jornada de trabalho de oito para seis horas, a fim de criar mais empregos. Menéndez salientou que essa decisão poderia desencadear uma onda de reivindicações semelhantes de redução de trabalho em todo o mercado de mão de obra do país, aumentar o custo da produção de açúcar e afetar os lucros de Cuba no mercado internacional.

"Você pode ter razão", retrucou Che, "mas, veja bem, a primeira missão da revolução é resolver o problema do desemprego em Cuba. Se não o resolvermos, não teremos condições de continuar no poder." Insistiu com Menéndez para que lhe fornecesse uma proposta relativa à redução da jornada de trabalho, mas, no final, Fidel suprimiu a ideia, pois desencadearia muitos outros problemas. Além disso, a indústria açucareira permanecia nas mãos de poderosos interesses capitalistas privados, tanto cubanos como norte-americanos, e ele ainda não podia se permitir antagonizá-los. "A visão de Fidel era de prazo mais longo", observou Menéndez. "Estava dizendo aos trabalhadores que não deviam lutar por migalhas, mas sim por poder. Ele já planejava nacionalizar a indústria."

Em fevereiro, o ritmo de consultas aumentou e Menéndez integrou um grupo de alto nível do Partido Comunista, a "Comissão Econômica", que se reunia secretamente toda noite em uma casa em Cojímar, convenientemente perto de La Cabaña. A casa estava alugada em nome de Francisco "Pancho" García Vals, um jovem inteligente, membro do Partido Comunista, que falava inglês e francês. Embora García Vals não tivesse participado da guerra, agradara a Che, que o nomeou tenente e seu assistente executivo. A patente militar e as novas atribuições que Vals recebera podem ter parecido inexplicáveis para pessoas de fora, mas, para Che, desempenhavam uma função vital: as reuniões noturnas em sua casa foram convocadas com o propósito de trabalhar no anteprojeto da lei de reforma agrária.

Che tinha o hábito de passar pela casa em Cojímar durante a tarde. Enquanto García Vals e Menéndez se dedicavam a assuntos econômicos, Che ditava seus pensamentos sobre a campanha de guerrilha para um gravador de fita cassete. Seu novo secretário particular, José Manuel Manresa, sargento e ex-secretário de Batista que ele mantivera em La Cabaña, transcrevia as fitas. De vez em quando, Che chamava Menéndez e lhe pedia que lesse um trecho. O livro que resultou disso, *A guerra de guerrilhas*, era um manual de como adaptar as lições aprendidas em Cuba para outras nações latino-americanas.

Depois que Che se mudou para Tarará, o trabalho no Inra foi intensificado. Fidel, que se mudou para sua mansão em Cojímar mais ou menos na mesma época, designou Antonio Nuñez Jiménez como chefe de uma força-tarefa de reforma agrária, da qual faziam parte Che, Alfredo Guevara, um velho amigo comunista de Fidel, Pedro Miret, Vílma Espín, com quem Raúl se casara em janeiro, e dois assessores de alto nível do PSP. O grupo se reunia todas as noites na casa em Tarará para debater mudanças e acrescentar ideias às propostas elaboradas pela equipe do PSP na casa de García Vals. Alfredo Guevara contou a Tad Szulc, biógrafo de Fidel, que geralmente trabalhavam até o amanhecer, hora em que "Fidel vinha e mudava tudo". Gradualmente, porém, o projeto começou a tomar forma. Durante todo esse tempo, foi mantido o mais estrito sigilo para com os ministros do governo de Urrutia; seu próprio ministro da Agricultura, Humberto Sorí-Marín, certamente não foi convidado a participar. Ao mesmo tempo, Che participava de conversações de longo prazo sobre a união entre o Exército Rebelde e o PSP, na casa de Fidel.

A discrição de que o grupo precisava se cercar explica a reação enérgica de Che ante um artigo de revista mencionando que ele agora estava morando em uma luxuosa mansão confiscada. Ele respondeu com veemência no *Revolución*:

> Preciso esclarecer para os leitores de *Revolución* que estou enfermo, que não contraí minha enfermidade em antros de jogatina nem ficando acordado a noite toda em cabarés, porém trabalhando, mais do que meu corpo era capaz de suportar, pela revolução.

> Os médicos recomendaram uma casa em um lugar calmo, longe de visitas diárias [...]. Fui obrigado a viver em uma casa que pertencia a representantes do antigo regime porque meu salário de $125,00 de oficial do Exército Rebelde não me permite alugar uma casa suficientemente grande para as pessoas que me acompanham.
>
> O fato de ser a casa de um antigo batistiano significa que ela é luxuosa. Escolhi a mais simples, mas, de qualquer maneira, ainda assim ela é um insulto para os sentimentos populares.

Dois meses depois, quando sua saúde melhorou e a lei de reforma agrária foi concluída, Che mudou-se para uma casa muito mais modesta, no campo, perto do vilarejo de Santiago de las Vegas, do outro lado de Havana.

As reuniões secretas coincidiram com a chegada do novo embaixador norte-americano, Philip Bonsal, que fez uma avaliação otimista de que "era possível lidar" com Castro. No entanto, os órgãos militares e de inteligência pensavam o contrário, e em 10 de março o Conselho de Segurança Nacional de Eisenhower debateu a possibilidade de "levar outro governo ao poder em Cuba".

Se Fidel era ou não comunista, a maioria dos analistas políticos norte-americanos concordava em que ele era uma metralhadora giratória, que tinha de ser detida antes que pudesse causar grandes estragos em Cuba e na região. Alguns líderes políticos moderados da América Latina, que o apoiaram anteriormente, emprestaram suas vozes ao crescente consenso. Tanto José Figueres, o presidente da Costa Rica, como Rómulo Betancourt, na Venezuela, confidenciaram aos norte-americanos suas suspeitas de que já se havia estabelecido um firme controle comunista na maioria das áreas vitais de Cuba. Contudo, durante todo esse tempo, Fidel prosseguia negando em público, vigorosamente, quaisquer inclinações comunistas. Ele convidou centenas de repórteres para Havana em uma dispendiosa campanha de relações públicas denominada Operação Verdade, que visava a combater a publicidade negativa.

Havia muita publicidade negativa a ser contida. Fidel tinha feito recentemente uma "intervenção" na sucursal cubana da International Telephone & Telegraph Company [ITT], a fim de "investigar irregularidades em suas operações", como Che propusera em seu discurso de janeiro. Ele ainda criticara publicamente o presidente Figueres, que estava em visita oficial e que fora seu aliado durante a guerra, por ter sugerido que Cuba devia se pôr do lado dos Estados Unidos na "confrontação da Guerra Fria", acusando-o de ter "tendências imperialistas". Fidel fizera previsões que pareciam estapafúrdias sobre a economia cubana, chegando a ponto de afirmar que, dentro de poucos anos, o padrão de vida em Cuba ultrapassaria o dos Estados Unidos. Por outro lado, os tribunais revolucionários seguiram ininterruptamente, tendo provocado um escândalo internacional ao ordenar um novo julgamento para 44 aviadores da época de Batista, acusados de terem bombardeado civis. Os tribunais afastavam a influente comunidade católica cubana, e militantes católicos, que apoiaram ativamente os esforços para derrubar Batista, começavam a se preocupar com o direcionamento da revolução para a esquerda. As universidades estavam alarmadas com a aparente falta de respeito de Fidel pela consagrada tradição de autonomia universitária, e a repressão da liberdade de imprensa parecia provável.

Havia planos em andamento para a criação de uma imprensa "revolucionária", que apresentaria as ações de Fidel sob uma luz mais favorável. Jorge Ricardo Masetti, o jornalista argentino que ficara tão apaixonado pela Revolução Cubana, estava de volta a Havana, junto com seu colega uruguaio, Carlos María Gutiérrez.* Ambos mantiveram conversas com Che sobre a criação de uma agência de notícias cubana, de âmbito internacional e que fosse "independente", tomando como modelo a malfadada Agência Latina, criada por Perón. O objetivo de Che, como fora o de Perón, era livrar-se dos monopólios "capitalistas ianques" de notícias, como a AP e a UPI. Em poucos meses, com 100 mil dólares do dinheiro obtido com os bônus do 26 de Julho durante a guerra, foi fundada a agência cubana Prensa Latina. Masetti tornou-se o primeiro editor-chefe e ela logo conseguiu ter uma lista impressionante de correspondentes pelo mundo afora. Alguns meses depois, outro convertido da serra, o jornalista norte-americano Robert Taber, também ajudou nos esforços de propaganda da revolução por meio do Fair Play for Cuba Committee, um grupo norte-americano que fazia lobby pró-Castro e que era apoiado por intelectuais liberais de esquerda, como Carleton Beals, C. Wright Mills, I. F. Stone e Allen Ginsberg.

Junto com sua maneira prática, e às vezes maquiavélica, de procurar resolver os problemas, Fidel começara a exibir uma inquietante tendência a abraçar esquemas econômicos bizarros que "solucionariam" os problemas de Cuba. Idealizou, por exemplo, um projeto para drenar a Ciénaga de Zapata, um vasto delta pantanoso na costa meridional, a fim de habilitá-la para a plantação de arroz. Mais graves, no entanto, foram seus comentários imprudentes a respeito de aumentar a colheita de açúcar de Cuba como meio de aumentar o nível de emprego. Tais comentários já haviam contribuído para uma queda no preço internacional do açúcar, quando os investidores apostaram em uma iminente saturação do mercado. Na realidade, a safra de 1959 foi maior do que de costume, produzindo 5,8 milhões de toneladas.

* Ao regressar para Buenos Aires, Masetti tinha publicado o livro *Los que luchan y los que lloran*, sobre o tempo que passou na Sierra Maestra, louvando a Revolução Cubana e seus líderes.

Algumas das propostas mais extravagantes de Fidel podem ter surgido do simples desespero. A corrupção da era de Batista, os furtos de última hora e a fuga de capitais rasparam o Tesouro, deixando-o com pouco mais de 1 milhão de dólares em reservas, uma dívida pública de 1,2 bilhão de dólares e um déficit orçamentário de 800 milhões. A Confederación de Trabajadores Cubanos (CTC), com 1 milhão de filiados, fora o principal bastião comunista até ser cooptada por Batista e agora estava na etapa inicial de um expurgo, patrocinado por Fidel, sob a responsabilidade de seu recém-nomeado dirigente, David Salvador. Os constantes sinais de uma reforma agrária iminente estavam alarmando proprietários de terras e investidores agrícolas, fazendo com que os investimentos em bens de capital estivessem praticamente sustados. Em março, Fidel fez ser aprovada uma lei que baixou os aluguéis em 50% e desapropriou terrenos baldios. Foram impostas tarifas sobre uma série de artigos de luxo importados. Trabalhadores despedidos começaram a reivindicar sua recontratação, enquanto outros exigiam aumentos salariais. Cada vez mais incerta quanto ao futuro, uma corrente crescente de cubanos prósperos e de classe média começou a partir, para refazer a vida no exterior. A maioria deles foi para o tradicional refúgio dos exilados cubanos, a apenas 150 quilômetros de distância, Miami.

Em 14 de abril, Daniel Braddock, subchefe da missão dos Estados Unidos em Havana, expediu um telegrama confidencial para Washington, "O crescimento do comunismo em Cuba". Nele Braddock advertia que, desde a queda de Batista, o PSP tinha "emergido da clandestinidade para atingir uma condição semilegal, que provavelmente se transformará em legalidade plena assim que os partidos políticos puderem se registrar. Nos últimos três meses, o partido aumentou seu número de filiados em pelo menos 3 mil e continua crescendo. Foram abertos escritórios em todos os bairros de Havana e na maioria das pequenas cidades do interior". O telegrama prosseguia alertando para o fato de que as Forças Armadas cubanas eram o alvo principal da infiltração comunista:

> La Cabaña parece ser o principal centro comunista, e seu comandante, Che GUEVARA, é a figura mais importante cujo nome está ligado ao comunismo. Guevara é definitivamente marxista, se não mesmo comunista. Foram implantados cursos de doutrinação política para os soldados sob seu comando, em La Cabaña. Os textos utilizados nesses cursos, alguns dos quais a embaixada viu, obedecem claramente à linha comunista. Guevara desfruta de grande influência sobre Fidel CASTRO e maior ainda sobre o comandante em chefe das Forças Armadas, comandante Raúl CASTRO, que se acredita compartilhar das mesmas opiniões políticas de Che Guevara.

Orlando Borrego recorda-se de que ele mesmo era um exemplo típico de muitos dos homens que serviam em La Cabaña na ocasião, jovens ex-rebeldes com pouca formação ideológica. "Durante aqueles primeiros meses, estávamos muito confusos do ponto de vista político. Começaram a circular rumores de que a revolução seria socialista. Isso era comentado entre os soldados e eu fui um dos que disseram: 'Não, não pode ser!'. E, afinal, o que *era* o socialismo? Eu não sabia. A impressão muito difundida era de que o comunismo era mau. Nós queríamos uma revolução que fosse justa, que fosse honrada, que servisse aos interesses da nação e tudo isso, mas que não tivesse nada a ver com o comunismo. No entanto, também dizíamos: 'Bem, se Che e Fidel são comunistas, então nós também somos', mas era por um sentimento de devoção a eles, não por qualquer posição ideológica."

Borrego atuou como juiz no julgamento de um ex-chefe de polícia, general Hernando Hernández. No curso do julgamento, o réu lhe deu um exemplar do livro de Boris Pasternak, *Doutor Jivago*. Borrego não tinha a menor ideia de quem era Pasternak e, com toda a inocência, mostrou o livro a Che. "Che olhou para o livro, exclamou 'Ha!' e começou a rir", recordou Borrego. "'Que ignorante você é!', disse Che. Ele me explicou quem era Pasternak e o que ele revelava sobre a era de Stálin. Aquele homem me dera o livro de presente intencionalmente, para ver se eu compreenderia tudo que havia de negativo sobre a União Soviética."

"Até esse ponto, Che pouco tinha tentado nos dar em termos de orientação política, no sentido socialista do conceito", contou Borrego. "Mas por volta de fevereiro ou março, começou a fazer reuniões conosco, os oficiais, em um pequeno salão em La Cabaña. Eram preleções de orientação política. Ele não as chamava assim, mas era isso que eram." Che dava ênfase especial à ideia de que a tomada do poder não era o objetivo revolucionário mais importante. Borrego recordou: "Che nos disse que a tarefa mais difícil e complexa estava começando naquele momento. Era a etapa em que se tinha de construir uma sociedade diferente. Não falou de comunismo nem de socialismo, mas começou a introduzir, a partir de uma perspectiva histórica, as ideias revolucionárias em uma escala internacional. Um dia, diante de um mapa, ele explicou sobre a União Soviética, os países do bloco socialista, o papel que Lênin tinha desempenhado, e começou a nos transmitir as ideias de Lênin, dizendo que eram lições valiosas, que precisavam ser aprendidas". Borrego lembra-se de que, nesse dia, ele e seus camaradas deixaram o seminário dizendo uns aos outros: "Isso cheira a comunismo". Porém, a essa altura, estavam mais intrigados do que amedrontados pelas novas ideias.

Depois que Che quebrou o gelo entre os seus oficiais subalternos, Armando Acosta, seu subcomandante, assumiu o trabalho da doutrinação. "Ele era muito esperto, muito inteligente na maneira como nos explicava as coisas", recorda Borrego. "Esclarecia aspectos da terminologia revolucionária sem nos falar de comunismo, destacando sobretudo a necessidade da união entre os revolucionários, acentuando que não podia haver nenhuma divisão política." As palestras de Acosta e seu próprio trabalho diário em contato estreito com Che logo lhe deram "uma ideologia". O momento da verdade chegou de fato para ele em abril, quando um homem de negócios cubano, rico, que fora seu último empregador antes de ele entrar na guerra, ofereceu-lhe um emprego bem remunerado na Guatemala. Tentado, Borrego foi contar a Che sobre a oferta e pedir sua opinião. Che disse a Borrego que devia pensar seriamente sobre suas prioridades, porque ele estava desempenhando um papel vital para a revolução. Sugeriu que refletisse sobre o assunto por alguns dias e voltasse a ele quando tivesse chegado a uma decisão. Borrego assim fez e finalmente voltou para dizer a Che que ficaria em Cuba. "Che havia estabelecido rapidamente um grau muito alto de influência sobre mim", disse Borrego.

Orlando Borrego se tornaria um dos protegidos e amigos pessoais de maior confiança de Che. Fazia parte de um grupo fiel de discípulos que eram seguidores de "Che" mais do que de qualquer credo político. Na primavera de 1959, Che tinha começado a reunir vários desses homens ao seu redor. Contudo, longe de ser sectário, em La Cabaña tratava com respeito muitos dos oficiais do antigo Exército derrotado durante o período de transição para o controle do Exército Rebelde, ao mesmo tempo em que enviava outros para a morte diante do pelotão de fuzilamento. Para os norte-americanos, um homem ideologicamente engajado estar tão próximo de Fidel e inspirar tamanho e inusitado grau de lealdade entre seus soldados constituía um efetivo perigo. Era realmente um inimigo perigoso. E, como os telegramas da embaixada em Havana mostravam, no começo de 1959, eles já sabiam disso.

X

Che Guevara também emergira como figura merecedora de atenção especial em Moscou. Em janeiro de 1959, o Comitê Central do Partido Comunista da União Soviética enviara a Havana um agente secreto para efetuar sondagens e explorar a possibilidade de estabelecer relações com o novo regime. Decidiu-se que seu primeiro ponto de contato deveria ser Che Guevara.

O agente chamava-se Alexandr Alexiev. Aos 45 anos, alto, de óculos, sociável, com um rosto forte e anguloso, Alexiev era agente da KGB e trabalhava com cobertura diplomática na embaixada soviética em Buenos Aires, quando foi transferido de volta para Moscou, em agosto de 1958. No início de sua carreira na Inteligência, atuara na Guerra Civil Espanhola e servira na Grande Guerra Patriótica de 1941 a 1945. Desde então, se especializara em América Latina.

Alexiev começara a ouvir falar de Che em 1957, quando ainda estava na Argentina, por meio de amigos na universidade em Buenos Aires. "Eram revolucionários", recordou ele, "e estavam sempre falando com orgulho sobre Che. Seu compatriota estava combatendo junto com Fidel." Alexiev desconfiava das verdadeiras inclinações políticas de Fidel e, como reconheceu posteriormente, não dera muita atenção a Cuba. "Não pensava muito sobre a Revolução Cubana. Achava que ela seria como qualquer outra revolução [burguesa] latino-americana. Não tinha certeza de que era uma coisa séria."

De volta a Moscou, Alexiev foi nomeado chefe do Departamento da América Latina do Comitê para Relações Culturais com Países Estrangeiros. Assumiu sua nova função em dezembro de 1958 e, em algumas semanas, chegou a notícia da vitória da Revolução Cubana, seguida do reconhecimento por Moscou do novo regime. O chefe de Alexiev, Yuri Zhukov, que estava em contato direto com o premier Nikita Kruschev, veio lhe dizer o seguinte: "Alexandr, acho que você devia ir e avaliar que espécie de revolução é essa. Tudo indica que é uma revolução antiamericana, e parece valer a pena que um de vocês vá até lá. Você é o melhor candidato, pois fala espanhol, esteve na Argentina, Che é argentino e há meios de se estabelecer contato".

Yuri Paporov, que trabalhava no mesmo departamento que Alexiev desde que fora transferido de volta do México, um ano antes, recordou a reação do colega. "Ele não queria ir, dizendo que não queria falar com esses revolucionários burgueses." Paporov aconselhou Alexiev a pôr de lado suas restrições porque seria "bom para a sua carreira", um argumento que Alexiev achou mais convincente. Um pedido de visto foi encaminhado por meio da embaixada cubana na Cidade do México. Era um visto de jornalista, pois ainda não tinham sido estabelecidas relações diplomáticas entre Cuba e a União Soviética.

No final de janeiro, chegaram a Moscou alguns funcionários de alto nível do PSP cubano. A delegação, encabeçada por Juan Marinello e Severo Aguirre, fora oficialmente para assistir a um congresso do Partido Comunista, porém sua viagem também tinha outro propósito: tentar convencer o Kremlin de que a Revolução Cubana era uma oportunidade que não se devia perder. No entanto, os elogios exagerados não comoveram Alexiev, que atribuiu sua euforia à liberdade que sentiam depois de anos de opressão sob Batista.

Enquanto esperava pelo visto, Alexiev passava o tempo acompanhando os noticiários cubanos e, para reforçar seu falso currículo, fazendo comentários favoráveis à Revolução Cubana pelo serviço em espanhol para a América Latina da Rádio Moscou. À medida que transcorria o tempo, o ceticismo de Alexiev foi se dissipando, reacendendo o entusiasmo que sentira aos dezoito anos na acossada República Espanhola, havia vinte anos. Mas seu visto para Cuba ainda não chegara. Os meses se arrastavam, a primavera transformou-se em verão, e Alexiev ainda estava esperando.

Giorgi Kornienko, na época alto funcionário soviético do Departamento de Informação do Comitê Central, também se recorda de que os soviéticos tornaram-se entusiastas de Cuba *depois* da vitória de Castro. "Lembro-me de que, quando Castro proclamou um novo regime, em janeiro de 1959, Kruschev perguntou ao departamento: 'Que tipo de gente é essa? Quem são eles?'. Ninguém sabia como responder a essas perguntas [...], nem os serviços de Inteligência, nem o Ministério de Relações Exteriores, nem o Departamento Internacional do Comitê Central", disse Kornienko. "Não sabíamos quem eram esses sujeitos em Havana. Mandamos telegramas para nossas representações no exterior, depois para a Inteligência e outros órgãos. Uns dias depois, recebemos um telegrama de uma das capitais latino-americanas, acho que a do México, com alguns esclarecimentos sobre Castro e sua gente. E havia a informação de que, se não o próprio Fidel, talvez Raúl [...], muito possivelmente Che [...] e algumas outras pessoas chegadas a Fidel tinham opiniões marxistas. Estava presente quando essas informações foram entregues a Kruschev, que disse: 'Se realmente for assim, se esses cubanos forem marxistas e se desenvolverem algum tipo de movimento socialista lá em Cuba, será fantástico! Será o primeiro lugar no hemisfério Ocidental com um governo socialista ou pró-socialista. Isso será muito bom, muito bom para a causa socialista!'".

Porém, outras evidências indicam que o Kremlin não "descobriu" Cuba de repente, depois de ler o noticiário sobre sua revolução. Um jornalista e uma delegação comercial soviéticos visitaram Havana em janeiro de 1959, e foram mantidos contatos entre os dirigentes exilados do PSP e o Kremlin durante os dois anos da guerra civil. A rápida decisão de Moscou de reconhecer o novo regime, a chegada a Moscou de funcionários de alto nível do PSP pouco depois da queda de Batista, os contatos entre funcionários comunistas cubanos e Fidel, Raúl e Che na serra, para não mencionar os contatos anteriores no México com funcionários soviéticos, como Yuri Paporov e Nikolai Leonov, que ressurgiriam dentro em pouco como emissários soviéticos em Cuba, tudo isso indica um interesse soviético pela Revolução Cubana *antes* da vitória rebelde. A política do Kremlin em relação a Cuba parece ter sido ajustada em meados de 1958, depois que a derrota da ofensiva do Exército na Sierra Maestra aumentara as perspectivas de uma vitória rebelde.

Assim, sem dúvida havia um resquício de ceticismo no Kremlin a respeito da revolução de Castro, porque o que ocorrera em Cuba não estava de acordo com a cartilha soviética. A revolução não resultara de uma estratégia do PSP, o partido não estava no controle, Fidel Castro ainda era uma incógnita. Mesmo que os indícios fossem promissores, pois Fidel permitira que o partido desempenhasse um papel e os homens mais chegados a ele, Che e Raúl, eram marxistas, o assunto ainda não estava encerrado.

Enquanto isso, havia boas razões em Havana para a lentidão na concessão do visto a Alexiev. O momento não era oportuno para autorizar um visto suspeito de "jornalista" a um conhecido agente de inteligência soviético. Além disso, a chancelaria cubana ainda estava (embora não por muito tempo) nas mãos de Roberto Agramonte, um ortodoxo anticomunista que dificilmente veria esse pedido com bons olhos. Uma súbita perda de confiança nas simpatias políticas de Fidel por parte dos seus aliados, muitos dos quais ainda acreditavam que ele estava apenas ganhando tempo para agir contra os "Vermelhos" conspiradores e oportunistas, poderia provocar uma cisão violenta que ele não conseguiria impedir.

O mais importante de tudo era que Fidel precisava se preparar para lidar com o elemento mais ameaçador de todos, os Estados Unidos. Por necessidade, seu primeiro objetivo de política externa tinha de ser a obtenção de alguma forma de modus vivendi com Washington. Che, ao contrário, não queria saber dos Estados Unidos e já começara a se preparar para o que considerava um inevitável confronto com Washington. Nisso era acompanhado por Raúl. Ambos eram favoráveis a uma profunda radicalização da política revolucionária, uma consolidação final do poder e uma ruptura com o Ocidente.

Em 15 de abril, Fidel voou para Washington para ser o principal orador na convenção anual da American Society of Newspaper Editors (Sociedade Norte-Americana de Editores de Jornais). Acompanhava-o uma grande comitiva, na qual estavam seus ministros da área econômica e assessores financeiros mais conservadores e pró-americanos. Os radicais, Che e Raúl, foram deixados para trás. Apesar da reiterada insistência de Fidel em que não pediriam ajuda econômica a Washington, como era a tradição dos novos chefes de Estado latinos, seus companheiros acreditavam que esse era um dos principais motivos da viagem. "Deixem que *eles* levantem o assunto e então veremos", dissera Fidel.

Envergando seu uniforme de guerrilheiro, Fidel pronunciou um discurso bem recebido no National Press Club, em Washington, e teve um almoço amistoso com o secretário de Estado interino, Christian Herter. (John Foster Dulles, diagnosticado com câncer, demitiu-se no dia em que Fidel chegou.) Fez também um discurso perante o Comitê de Relações Exteriores do Senado, compareceu ao programa de televisão *Meet the Press* [Encontre a Imprensa] e prestou homenagens diante dos monumentos a Lincoln e a Jefferson.

Fidel comportou-se da melhor forma possível e se empenhou ao máximo para desfazer os receios norte-americanos, reafirmando seu interesse pelos investimentos estrangeiros em Cuba e insistindo em que sua lei de reforma agrária afetaria apenas as terras abandonadas ou ociosas. Instou para que aumentasse o turismo norte-americano e manifestou a esperança de que os Estados Unidos, os maiores compradores do açúcar cubano, aumentassem a cota para o açúcar — a quantidade de açúcar cubano que tinha permissão legal para ser exportada para os Estados Unidos a cada ano. Evidentemente, Cuba honraria seu tratado de defesa recíproca com os Estados Unidos e continuaria a permitir que a Marinha americana utilizasse a base de Guantánamo e, embora pudesse surpreender os que tinham conhecimento dos fatos lá em Havana, afirmou que também se opunha ao comunismo e era favorável à liberdade de imprensa.*

Em todos os lugares em que apareceu, Fidel foi seguido pela imprensa. Com sua barba e seu uniforme, ele apresentava uma mudança exótica para os políticos da época, e seu hábito de sair para "dar uma volta" espontânea, a fim de se encontrar com cidadãos comuns, aumentou seu carisma. Fidel adorava a atenção, mas, nos encontros privados, seu ego era contundente. As figuras poderosas com quem se encontrou portaram-se de forma paternalista, transbordando de conselhos não solicitados e de severas advertências, como se ele fosse um adolescente impulsivo que, por pura sorte, se encontrava em uma posição de poder mais adequada a alguém mais velho e mais sábio. Repetidas vezes viu-se assediado com perguntas sobre seus "julgamentos de expurgo" e execuções, bem como sondado quanto a um calendário para eleições. Em ambas as questões, manteve-se firme. O "povo", disse ele, exigira os tribunais e a punição dos criminosos de guerra. Quanto às eleições, achava que era preciso mais tempo, talvez quatro anos, antes que Cuba estivesse pronta para elas.

O presidente Eisenhower providenciou para estar fora da cidade durante sua estada, indo para a Geórgia, de férias, para jogar golfe, e deixando o vice-presidente Richard Nixon incumbido de representá-lo. Castro e Nixon tiveram uma

* Muito tem sido atribuído às observações pacificadoras de Fidel por historiadores, sugerindo que a administração Eisenhower "perdeu" Cuba devido ao tratamento incompreensivo; mas fatos posteriores reforçam a teoria de que Fidel estava simplesmente dizendo o que sua plateia queria ouvir.

conversa a portas fechadas no Capitólio que durou duas horas e meia. Posteriormente, os dois se mostraram polidos em público, mas o encontro não foi bom, ficando cada qual com uma impressão negativa do outro. Como Nixon relatou depois a Eisenhower, Castro ou era comunista mesmo ou era um tolo, "incrivelmente ingênuo" a respeito da influência comunista em seu governo. Essa avaliação teria sérias consequências para as relações entre os Estados Unidos e Cuba.

Se Fidel estava esperando algum sinal de uma política norte-americana mais esclarecida em relação a Cuba, ficou decepcionado. Se alimentara esperanças autênticas de que lhe oferecessem alguma ajuda econômica, Nixon a desfez ao lhe anunciar que não havia nenhuma ajuda desse tipo sendo considerada. Sem o menor tato, Nixon aconselhou Fidel a seguir o exemplo da política adotada pelo governador de Porto Rico, que encorajara os investimentos privados em seu território a fim de melhorar suas condições econômicas. A ideia de que Cuba poderia aproveitar lições de Porto Rico, um pequeno território norte-americano que recebia enormes subsídios, era ofensiva. Fidel reagiu dizendo a Nixon que os dias da Emenda Platt, quando os Estados Unidos tinham o direito de intervir em Cuba, tinham acabado. Fidel deve ter saído desse encontro convencido de que os norte-americanos só ficariam satisfeitos se ele seguisse a linha por eles traçada, às custas da soberania de Cuba.

Em 21 de abril, depois de fazer uma palestra em Princeton, Fidel concordou em se encontrar, em Nova York, com um funcionário da CIA, que pedira a Rufo López Fresquet que atuasse como intermediário. Conversaram em particular por mais de três horas. O homem da CIA, Gerry Droller, um imigrante de origem alemã que utilizava o nome falso de Frank Bender, disse depois a López Fresquet que estava convencido de que Castro era um "anticomunista" e que tinham concordado em trocar informações sobre as atividades comunistas em Cuba. López Fresquet deveria ser o elemento de ligação.*

O mais provável é que Fidel tenha usado esse encontro para dar à CIA e a seus acompanhantes cubanos a impressão de que estava ganhando tempo até que os comunistas pusessem a cabeça de fora para então cortá-la. De fato, falou para um dos auxiliares que o acompanhavam da necessidade de parar com as

* De volta a Havana um mês depois da visita, López Fresquet foi procurado por um funcionário norte-americano com uma mensagem do "sr. Bender" para Fidel. "Dei a informação a Castro", López Fresquet recordou. "Ele não me respondeu e nunca me deu qualquer informação para passar ao sr. Bender." De qualquer modo, em menos de um ano, o governo Urrutia seria remetido à história, ultrapassado por Fidel e seus camaradas radicais, e López Fresquet, que teria sido o elemento de ligação, pediria demissão e seguiria para o exílio.

execuções e com a infiltração comunista no governo, e, para outro, de seus planos de enviar Che em uma longa viagem pelo exterior.

Em Boston, uns dias depois do encontro com o "sr. Bender", López Fresquet estava presente quando Fidel recebeu um telefonema de Raúl dizendo que, em Cuba, comentava-se que ele "estava se vendendo" aos ianques. Fidel reagiu com indignação e, considerando-se o sacrifício que estava fazendo para se defender perante céticos interlocutores norte-americanos, as palavras de Raúl devem ter sido ainda mais penosas para ele. Esse diálogo foi seguido por um estranho encontro dos dois irmãos, alguns dias depois. Fidel aceitara um convite para uma visita oficial ao presidente Kubitschek, do Brasil, em sua viagem para participar de uma conferência econômica em Buenos Aires, patrocinada pela OEA. Em 27 de abril, a caminho do Brasil, o avião de Fidel fez uma parada para reabastecimento em Houston, onde Raúl e alguns assessores foram encontrá-lo. Depois de uma curta reunião a portas fechadas no aeroporto, Raúl voou de volta para Havana, enquanto Fidel prosseguiu em sua viagem rumo ao Sul.

Foram apresentadas várias razões possíveis para esse encontro. Hugh Thomas escreveu: "Foi dito que o comandante imberbe do Exército, Raúl, implorou ao irmão mais velho que mantivesse sua integridade revolucionária. Parece igualmente provável que o tema principal do debate tenha sido o conteúdo dos discursos que Raúl Castro e Guevara fariam no dia 1º de maio, em Cuba". Por outro lado, Tad Szulc, em sua biografia de Fidel, ligou o encontro a alguns incidentes embaraçosos, que pareciam confirmar as primeiras advertências dos analistas de inteligência norte-americana, sobre cumplicidade cubana em conspirações armadas contra países vizinhos de Cuba. Em 18 de abril, o comandante militar de Pinar del Río, onde estava sendo treinada a maioria dos revolucionários estrangeiros, deteve, com grande estardalhaço público, uma centena de nicaraguenses que recebiam treinamento em ação de guerrilha e apreendeu suas armas. Em seguida, emitiu uma declaração dizendo que Fidel proibira expedições desse tipo a partir de solo cubano. Nesse mesmo dia, em Havana, um panamenho chamado Ruben Miro anunciou que *seu* grupo planejava invadir o Panamá dentro de um mês. Alguns dias depois, enquanto Fidel estava em Boston, as autoridades panamenhas capturaram três rebeldes armados na costa, dois dos quais eram cubanos. Segundo Manuel Piñeiro, essa expedição era *por la libre*, ou seja, uma aventura independente que não tivera prévia aprovação do governo. Porém, aprovados ou não, esses eventos ameaçavam seriamente os esforços de Fidel para construir uma nova imagem pública nos Estados Unidos. Imediatamente após sua parada em Houston, quando estava voando no espaço aéreo cubano, Fidel fez uma transmissão radiofônica condenando os cubanos envolvidos como "irresponsáveis" e repetindo que seu governo "não exportava revolução".

Longe da ilha, Fidel podia negar as ações contra outros governos e atribuir o envolvimento de cubanos à euforia revolucionária da época. Na realidade, a detenção dos nicaraguenses parece ter sido uma manobra de distração, destinada a dar a impressão de que, longe de apoiar tais atividades, Cuba tomava providências para impedi-las. Mas, além dos nicaraguenses, um grupo rebelde dominicano anti-Trujillo recebia treinamento em Cuba, assim como alguns haitianos e outros de várias nacionalidades.

No dia seguinte ao encontro de Raúl e Fidel em Houston, até mesmo Che emitiu uma declaração sobre a excursão panamenha. "A revolução tem de ser honesta a qualquer preço", ele disse na entrevista televisiva na noite de 28 de abril, "e devo admitir que, lamentavelmente, cubanos participaram dessas atividades. O que temos a dizer é que esses cubanos seguiram sem nossa permissão, sem nossa autorização, sem nossos auspícios [...]. Somos exportadores da ideia revolucionária, mas não tentamos ser exportadores de revoluções. A revolução será feita pelo povo no lugar onde o governo [opressor] atua, com o povo que está obrigado a padecer sob ele. Somos apenas o exemplo, o resto é o trabalho do povo."

Como sempre, as palavras de Che foram cuidadosamente examinadas pelos funcionários encarregados dos assuntos políticos na embaixada dos Estados Unidos. E, também como sempre, embora ele tivesse procurado ter tato, sua sinceridade revelou-se no modo pelo qual se esquivou das perguntas mais difíceis, a maioria das quais se vinculava à intrigante questão das suas crenças políticas. À primeira pergunta, "era ele comunista?", Che respondeu que "não acho que essa pergunta tenha de ser respondida de forma direta" por alguém que estava na vida pública. "Os fatos falam por si mesmos", ele disse. "Nossa maneira de pensar é clara, nosso comportamento é transparente. O fato de que não sou um comunista filiado ao Partido Comunista, como não sou, não tem importância. Somos acusados de sermos comunistas pelo que fazemos, não por quem somos ou pelo que dizemos [...]. Se você acredita que o que fazemos é comunismo, então somos comunistas. Se você me perguntar se sou filiado ao Partido Comunista, ou ao Partido Socialista Popular, como é chamado aqui, então tenho que dizer que não sou."

Não é de surpreender que as conclusões da embaixada remetidas para Washington em um telegrama confidencial de 5 de maio fossem: "Declarações de Ernesto 'Che' GUEVARA em televisão mostram orientação comunista e antiamericanista".

Logo depois da sua entrevista na TV, Che foi depressa para uma reunião com Raúl, que acabara de regressar de Houston. Considerando-se o que aconteceu a seguir, parece claro que um dos temas principais das conversas dos irmãos Castro foi a decisão de Fidel de suspender os pelotões de fuzilamento. Desde janeiro, tinham ocorrido umas 550 execuções em Cuba, e a questão fora a maior fonte de irritação para Fidel durante sua viagem aos Estados Unidos. Ele sentiu que precisava fazer um gesto de apaziguamento e ganhar algum crédito junto aos norte-americanos, sustando os fuzilamentos. Che opôs-se firmemente a essa decisão, mas acatou a ordem de Fidel.

"Che não estava de acordo", relatou Orlando Borrego, "mas quando Fidel explicou a providência, demonstrando as vantagens e desvantagens, e que era mais favorável para a revolução sustar o procedimento, Che a aceitou. Aceitou, mas ficou incomodado, tal como o resto de nós, porque havia casos que estavam no meio do processo."

Parar as execuções acabou por valer a Fidel algum crédito em Washington. A essa altura, as principais preocupações norte-americanas eram quanto à infiltração comunista no governo, à amplitude da sua lei de reforma agrária, ainda por ser divulgada, e às crescentes indicações de que os cubanos estavam tentando sublevar os países vizinhos. Para Whiting Willauer, embaixador dos Estados Unidos na Costa Rica, as declarações de Cuba se dissociando do caso no Panamá não passavam de uma cortina de fumaça.

Willauer era um veterano da Guerra Fria e, como embaixador em Honduras, desempenhara um papel-chave nas operações contra Arbenz na Guatemala, em 1954. Ele citava o incidente no Panamá como prova de que não era bom o que os cubanos estavam preparando. Em 30 de abril, quando Fidel ainda estava a caminho de Buenos Aires, Willauer redigiu à máquina, em espaço um, uma carta de sete páginas, classificada como "SECRETO", para Roy Rubottom, secretário de Estado assistente para assuntos latino-americanos. Era a mais recente de uma troca de cartas entre os dois a respeito de Cuba. Willauer não se empenhou muito para disfarçar seu desprezo pela posição pacifista de Rubottom, defendendo um ataque preventivo contra Castro. "A menos que haja alguma excelente explicação em contrário, acho difícil acreditar que esse [incidente panamenho] possa ter acontecido sem a cumplicidade, para não dizer mais, de altas autoridades do governo cubano, especialmente do Exército", Willauer escreveu. "Essa conclusão parece ainda mais plausível em vista do fato de que se sabe que o Exército está cheio de comunistas, e de que é crença generalizada que 'Che' Guevara, dentre outros, ocupa uma posição muito forte de controle."

Para Willauer, "a visita de Castro aos Estados Unidos muito provavelmente foi um dos mais flagrantes lances de adulação na recente história comunista". Acrescentou que se disporia a acreditar nos desmentidos de Castro de laços com os comunistas "somente quando 'Che' Guevarra [*sic*] e outros comunistas proeminentes recebessem passagens só de ida para sair do país [...]. Em suma, enquanto você afirma na sua carta que 'se está conseguindo um considerável avanço no sentido de acalmar essa fase de tensões no Caribe', eu, infelizmente, me vejo em completo desacordo. Acho que a situação no Caribe hoje é pior do que jamais foi e que vai piorar muito, com grande rapidez, a menos que se liquide a cabeça de praia comunista em Cuba". Willauer escreveu que "o cerne da questão" era o crescente volume de evidências de que "os comunistas ocupam uma posição muito forte de comando e controle do Exército. Isso eles jamais conseguiram, de modo eficaz, na situação guatemalteca".

Willauer estava certo. Ernesto Guevara observara e aprendera com os erros cometidos pela pretendida "revolução" socialista na Guatemala e, cinco anos mais tarde, era capaz de ministrar remédios preventivos antes que Washington pudesse atuar. A Revolução Cubana estava um passo à frente dos norte-americanos. As muitas vezes que Che recordara a Fidel as causas para o fracasso de Arbenz produziram frutos: o antigo Exército estava sendo inteiramente expurgado, e o "novo Exército" estava se compondo com homens de confiança, cuja lealdade e orientação política não deixavam dúvidas. Quanto aos soldados em geral, estavam sendo "reeducados" politicamente. Armas e treinamento seriam oferecidos "ao povo", e uma milícia de civis seria organizada em âmbito nacional, para reforçar o Exército regular. Quando Washington chegasse a congregar suas forças, como Che sabia ser inevitável, Cuba estaria armada, pronta e à espera.

XI

Talvez muito mais do que o próprio Fidel, Che rapidamente tornava-se a preocupação número um de Washington na América Latina. Em 4 de maio, J. L. Topping, funcionário encarregado de assuntos políticos na embaixada dos Estados Unidos em Havana, expediu um telegrama confidencial para Washington detalhando o interrogatório, em 29 de abril, do dr. Napoleón Padilla, um especialista cubano na indústria de fumo. Padilla participara pouco tempo antes de reuniões com Che, como membro de El Forum Tabacalera, um comitê estabelecido para explorar as possibilidades de aumentar a produção de fumo e de empregos. Topping descreveu Padilla como "liberal, nacionalista, católico", tendo anteriormente apoiado a revolução contra Batista. "Senti que ele estava profundamente preocupado e era sincero em seus comentários", Topping registrou.

> Padilla disse que Guevara é um "comunista internacional vulgar", nem mesmo inteligente. Acredita que Raúl Castro é ainda pior. Disse que Guevara é antiamericano de um modo violento e irracional, opondo-se duramente à venda de produtos norte-americanos, mesmo se fabricados em Cuba. Mencionou Coca-Cola e Keds, bem como cigarros norte-americanos. Ele acha que Guevara e Raúl Castro querem im-

plantar um sistema "soviético" em Cuba, e que muito em breve mostrarão as garras. Guevara fala com frequência sobre como ele controla Fidel Castro.

Guevara descreve o novo Exército como "um Exército do povo", o "defensor do proletariado", o "principal braço político" da "revolução do povo". Ele diz também que o novo Exército será a principal fonte de "doutrinação" do povo cubano, e que ele se engajará em "trabalhos úteis", aparentemente querendo com isso dizer construção, colheita e assim por diante, mas estará sempre pronto para tomar as armas em defesa da revolução, que será inevitavelmente atacada pelos Estados Unidos [...].

Padilla disse que Guevara falava frequentemente sobre o "incidente guatemalteco". Guevara dissera que a liberdade de imprensa era perigosa. Assinalara que a liberdade de imprensa na Guatemala, sob o governo Arbenz, tinha sido uma das causas da queda do regime. Dissera que essa liberdade precisava ser restringida em Cuba.

Che não era comumente descrito como "vulgar", mas a maioria das outras observações de Padilla parece verdadeira, presumindo-se que Che tivesse se manifestado abertamente para provocar Padilla. Ele jamais perdera seu gosto por chocar as pessoas que ele percebia que podiam ficar chocadas. Por outro lado, a suposta vanglória de Che, a respeito de "controlar Fidel", dá a impressão de ter sido uma especulação de Padilla, pois Che jamais deixou de se mostrar respeitoso para com Fidel, excetuadas as conversas com seus amigos mais íntimos.

Porém, evidentemente, *ocorreu* algo durante a viagem de Fidel pelo exterior que levou Che a perder a paciência com o ritmo dos acontecimentos. Segundo um relato, ele reuniu seu grupo de jovens guarda-costas e lhes disse: "*Yo sigo viaje*". A suposição deles, em vista de todos os rumores, foi de que Che estava planejando liderar uma iminente expedição guerrilheira contra Trujillo, na República Dominicana. No entanto, se essa era uma possibilidade considerada por Che, ele deve ter mudado de ideia. A julgar pelos acontecimentos que se seguiram, sua decisão de ficar deveu-se a uma indicação clara de que Fidel estava pronto para acelerar suas providências para construir uma sociedade socialista em Cuba.

Os dias de contemporização por parte de Fidel estavam chegando ao fim. Na conferência econômica em Buenos Aires, provocara novas manchetes e desconcertara seus colegas latino-americanos ao conclamar Washington a financiar um plano ao estilo MacArthur para corrigir os males socioeconômicos da América Latina. O custo que imaginou para Washington foi de 30 bilhões de dólares em ajuda para o desenvolvimento durante a década seguinte. Os norte-americanos não tinham nenhuma intenção de apoiar um esquema desses, e os ministros latino-americanos rapidamente se alinharam com Washington. Ironicamente, dois anos depois, uma versão revista da ideia de Fidel seria lançada pelo novo presidente dos Estados Unidos, John F. Kennedy: um programa de 20 bilhões de dólares, denominado "Aliança para o Progresso". É claro que o plano de Kennedy pretendia impedir outras revoluções como a de Cuba pelo hemisfério.

Em 7 de maio, poucos dias depois de seu regresso a Havana, Fidel assinou a lei da reforma agrária, e o Inra tornou-se realidade. O ministro da Agricultura, Humberto Sorí-Marín, marginalizado durante todo o debate do projeto, demitiu-se prontamente. A seguir, Fidel confirmou oficialmente a patente de Che como comandante das Forças Armadas Revolucionárias, antes de enviá-lo em uma extensa viagem "de boa vontade" pelo exterior. Oficialmente, a missão de Che era intensificar os laços diplomáticos e comerciais de Cuba com as nações industriais emergentes, como o Japão, e com os novos países não alinhados de África, Ásia e Europa, sobretudo a Índia, o Egito e a Iugoslávia. Não oficialmente, é claro, seu afastamento temporário de Havana ajudava Fidel a criar a impressão de que estava, como havia insinuado nos Estados Unidos, "desligando-se" do comunista argentino que os norte-americanos e seus próprios auxiliares do 26 de Julho achavam tão problemático.

A viagem de Che fora planejada havia algum tempo. Alfredo Menéndez soube pela primeira vez do interesse de Che pelos chamados "países do Terceiro Mundo" ou membros do "Pacto de Bandung", núcleo do futuro movimento dos não alinhados, durante seu período de colaboração, em Cojímar, na redação da lei da reforma agrária. Foi quando Che pediu uma análise econômica do Egito, da Índia, da Indonésia e do Japão. "Ele queria saber quais eram as relações comerciais existentes entre Cuba e esses países, o que importávamos, o que exportávamos e quais as possibilidades que tínhamos de ampliar o comércio com esses países."

Menéndez concluiu o estudo e o entregou a Che, mas só soube da viagem quando foi apresentado a Fidel, como "nosso homem do açúcar", no dia da assinatura da lei da reforma agrária. Com seu exibicionismo característico, Fidel fizera todo o gabinete se deslocar até sua antiga base guerrilheira, em La Plata, para essa cerimônia. Depois de fazer algumas perguntas a Menéndez, Fidel, de repente, disse: "Prepare-se, você vai em uma viagem com Che". Ao regressar a Havana, Menéndez soube do objetivo de sua missão. "As coisas tinham começado a esfriar [com os Estados Unidos], a pressão norte-americana estava aumentando e Cuba queria ampliar seu espaço para respirar", ele recordou. "A estratégia da revolução consistia em estabelecer relações com o maior número possível de países. Esse era o objetivo da viagem. Tinha um objetivo político e econômico, isto é, não permitir que a revolução fosse isolada. Isso era uma constante para Che [...]. Ele sempre me dizia que Arbenz caíra porque se deixara isolar e que a Revolução [Cubana] tinha de sair pelejando na arena internacional."

Che e Aleida March se casaram em 2 de junho de 1959, na casa de seu guarda-costas, Alberto Castellanos, em La Cabaña. A partir da esquerda, Raúl Castro, Vílma Espín, Che, Aleida e Castellanos.

Che e Aleida, no dia de seu casamento, com Harry "Pombo" Villegas e a esposa, Cristina.

Antes de partir, Che pôs a casa em ordem. Em 22 de maio, obteve seu divórcio de Hilda. Em 2 de junho, em uma pequena cerimônia civil, ele e Aleida casaram-se e depois ele ofereceu uma festa na casa em La Cabaña, ocupada pelo mais indisciplinado dos seus guarda-costas, Alberto Castellanos. O novo chefe de polícia de Havana, Efigenio Ameijeiras, estava lá, bem como Harry Villegas, Celia Sánchez e Raúl, com sua nova mulher, Vílma Espín. Camilo irrompeu pela casa com berros alegres, brandindo garrafas de rum. Aleida estava bonita em um vestido branco novo, enquanto Che usava, como sempre, seu uniforme verde-oliva e a boina preta.

Duas semanas antes, escrevera para seu velho amigo Julio "Gaucho" Castro, em Buenos Aires, convidando-o para ir a Cuba:

> *Gaucho,*
> Esta nossa experiência realmente compensa levar um par de tiros. [Se você vier *mesmo*] não pense em voltar, a revolução não vai esperar. Um abraço forte daquele que é chamado e a história chamará de...
>
> *Che.*

21. Meu dever histórico

I

Em 12 de junho de 1959, Che voou para Madri a caminho do Cairo. Fidel insistira para que levasse sua esposa, Aleida, e aproveitasse a ocasião "como uma lua de mel", mas ele a deixou para trás. Segundo Aleida, isso aconteceu devido à sua insistência a respeito da necessidade de que os líderes revolucionários demonstrassem austeridade na vida particular. "Ele era assim", disse ela.

As novas atribuições de Che foram vistas por seus homens em La Cabaña como um *tronazo*, ou rebaixamento, especialmente vindo depois de Fidel ordenar a suspensão dos pelotões de fuzilamento. "Ficamos realmente irritados quando soubemos que ele ia embora", recordou Orlando Borrego. "Tínhamos a impressão de que o haviam destituído do cargo de comandante do regimento." Borrego e alguns companheiros foram ver Camilo Cienfuegos para se queixar, mas Cienfuegos foi antipático. Disse-lhes que eram soldados e tinham de obedecer às ordens, e que Che não aprovaria aquele comportamento. Repreendidos mas ainda insatisfeitos, regressaram a La Cabaña. Então, aparentemente confirmando seus piores receios, lhes disseram que o regimento de La Cabaña seria desmobilizado e enviado para Las Villas. "Foi como se a casa estivesse caindo", disse Borrego.

A "delegação" de Che era diminuta e eclética. Com ele viajavam seu auxiliar do PSP, "Pancho" García Vals, o economista especialista em açúcar, Alfredo

Menéndez, um capitão do Exército Rebelde, Omar Fernández, e o adolescente guarda-costas, tenente José Argudín. O membro mais velho do grupo, com cinquenta anos, era o dr. Salvador Vilaseca, um professor de matemática da Universidade de Havana, que estava então na junta executiva do Banco de Fomento Agrícola e Industrial de Cuba (Banfaic). Os destinos principais eram o Egito, a Índia, a Indonésia e o Ceilão, países-chave do Pacto de Bandung, com os quais Cuba queria estabelecer relações diplomáticas e, mais importante ainda, laços comerciais. O Japão, grande importador de açúcar e país altamente industrializado, também era de alta prioridade em seu itinerário, bem como a Iugoslávia. O projeto de reforma agrária sairia em breve, e tanto Fidel como Che sabiam que ele causaria uma grande reação contrária dos proprietários de terras em Cuba e dos norte-americanos, por isso tinham de encontrar mercados alternativos para o açúcar cubano.

Algumas semanas depois da viagem, por insistência de Fidel, José Pardo Llada, o analista político de direita e comentarista de rádio, juntou-se ao grupo. A decisão de Fidel de acrescentar Pardo Llada à caravana de Che foi curiosa. Encontraram-se apenas uma vez antes, em janeiro, quando Pardo Llada fora a La Cabaña falar com Che para indagar a respeito do destino de Ernesto de la Fé, seu amigo pessoal e ex-ministro de Informação de Batista. Che dissera-lhe secamente que não havia nada que pudesse fazer por ele, pois o caso de De la Fé estava nas mãos dos tribunais revolucionários e havia muitas provas contra ele. Segundo Pardo Llada, Che lhe falou: "Para ser franco, se dependesse de mim eu mandaria que o fuzilassem amanhã". O caso de De la Fé se arrastara, tornando-se uma polêmica na imprensa cubana. Ao comparecer à televisão em 28 de abril, Che fora questionado a respeito dele e aproveitara a ocasião para comprometer De la Fé ainda mais, assinalando que, quando fora preso, o ex-ministro tinha em seu poder dossiês compilados pelo Brac, o notório bureau policial anticomunista criado pela CIA. Orlando Borrego contou que a incapacidade de Che em "fechar" o caso de De la Fé foi uma de suas maiores frustrações, quando Fidel lhe ordenou que acabasse com os tribunais revolucionários.

O próprio Pardo Llada argumentou com Fidel que não via muita razão para que fosse em uma missão comercial, pois era jornalista e não sabia nada de comércio. Fidel retrucou: "Che também não sabe nada sobre isso, é tudo uma questão de bom senso. O que você acha que eu sei sobre governar?". A inclusão de Pardo Llada na comitiva de Che encaixava-se em um padrão estabelecido por Fidel, quando se cercara da "ala direita burguesa" em sua viagem aos Estados Unidos. Não faria mal nenhum ter um anticomunista influente com Che, para dar a impressão de que a missão era inofensiva.

Fidel ainda tinha outro motivo. Pardo Llada era inteligente, muito respeitado como jornalista e como ex-político de oposição, e seu programa diário de rádio atraía uma enorme audiência em Cuba. Em outras palavras, na inevitável ruptura que estava se acercando, Pardo Llada seria um problema e convinha a Fidel encontrar um lugar onde ele não fosse uma ameaça. Pardo Llada desconfiava que tanto ele como Che estavam sendo tirados de cena, e disse mais ou menos isso a Che, que não tentou convencê-lo do contrário. Mas era Pardo, e não Che, que Fidel esperava incitar a se exilar. Ele juntou-se ao grupo em Nova Delhi e, em seu segundo dia na cidade, Che sondou o jornalista a respeito da ideia — proposta, disse ele, por Fidel — de que Pardo permanecesse na Índia como embaixador. Pardo recusou-se de forma categórica a até mesmo considerar a oferta, e Che não tocou mais no assunto.

A contragosto, Pardo Llada continuou com a missão de Che por várias semanas, durante as visitas à Indonésia e ao Japão, e, até onde podia ver, não estavam produzindo quaisquer benefícios: o açúcar cubano não fora vendido, nem nada fora comprado. No começo de agosto, quando a delegação rumou para oeste novamente, dirigindo-se para o Ceilão e depois para a Iugoslávia, Pardo Llada decidiu que já bastava para ele, e disse a Che que voltaria para casa. Che indagou: "Será que é porque você não quer se comprometer visitando um país comunista como a Iugoslávia?". Pardo negou essa interpretação e repetiu sua desconfiança de que Fidel os enviara em uma espécie de excursão de exilados. Che era um oficial do Exército e não tinha outra opção que não fosse a de cumprir ordens. *Ele* era um civil, livre para tomar suas próprias decisões, e sua decisão era ir embora.

Pardo Llada deixou o grupo em Cingapura, assentindo em entregar pessoalmente as cartas que Che escrevera para Aleida e Fidel. Ele deixou a carta para Aleida na casa de Guevara, no campo, fora de Havana, depois foi para o gabinete de Fidel no novo edifício do Inra. Fidel fez algumas perguntas sobre a viagem e a saúde de Che, depois abriu a carta de duas páginas que ele enviara e leu-a lentamente. Quando terminou, sem dizer nada, passou uma das páginas para Pardo, apontando com o dedo um parágrafo. Pardo Llada o leu e depois o releu, a fim de memorizar as palavras de Che:

> Fidel,
>
> [...] Estou aproveitando o regresso rápido e inesperado de seu amigo Pardito para mandar-lhe esta. Falando de Pardo, como você verá, ele não aceitou a embaixada [o posto] na Índia. E agora parece que não está entusiasmado em nos acompanhar à Iugoslávia. Deve ter seus motivos. Discuti muito com ele durante esses dois meses, e posso assegurar-lhe que Pardito não é um dos nós [...].

Pardo achou que Fidel demonstrou uma "satisfação perversa" em deixá-lo ler esse trecho e, quando devolveu a carta, o único comentário de Fidel foi: "Bem. Parece que Che não gosta muito de você".

Pardo Llada voltaria a encontrar Che várias vezes e, de novo, suas negociações teriam a ver com um amigo de Pardo em dificuldades com a revolução. Porém, esse problema e a própria crise de Pardo Llada ainda estavam no futuro e, naquele momento, o jornalista retomou suas atividades como comentarista radiofônico, cada vez mais preocupado com a direção política de Cuba. Enquanto isso, a "missão comercial" de Che prosseguia em suas aparentemente infrutíferas perambulações pela Ásia e pela África do Norte, rumo à Europa.

II

Apesar de sua aparente falta de sentido, a viagem de Che tinha um motivo implícito importante. Fidel queria vender açúcar cubano para os soviéticos, como um prenúncio para o estabelecimento de relações comerciais com Moscou e com o bloco comunista. Por si só, uma transação comercial dessas não deveria causar grandes espantos. A União Soviética tinha sido uma compradora tradicional, embora de pequeno porte, do açúcar cubano, adquirindo em média 500 mil toneladas anuais mesmo depois de Batista romper relações com os soviéticos, em 1952. No entanto, segundo Alfredo Menéndez, o especialista em açúcar do PSP que viajou com Che, a última venda de açúcar para Moscou, em 1956, fora consentida apenas depois de Washington dar sua permissão. Se isso era verdade, o arranjo sublinhava a cruel realidade de Cuba em um papel de potencial vassalo econômico dos Estados Unidos. Como os Estados Unidos eram os maiores consumidores de açúcar do mundo, possuíam enorme influência não apenas sobre a economia cubana, mas também em sua vida política interna e em sua política externa. Dadas as desconfianças norte-americanas quanto à direção política da Revolução Cubana, era importante cercar quaisquer negociações com os soviéticos da maior discrição possível.

Menéndez seria o homem de ponta nas negociações que, ele esperava, concretizariam o que chamava de "uma velha aspiração do Partido Socialista Popular", livrar Cuba de uma vez por todas da dependência dos Estados Unidos. "Em 1959", ele disse, "Cuba tinha a capacidade de produzir 7 milhões de toneladas de açúcar. Os Estados Unidos só compravam pouco menos de 3 milhões de toneladas, embora tivessem capacidade para comprar mais [...]. E então queríamos modificar o mercado. O primeiro objetivo, o de vender açúcar para a União Soviética, visava a expandir nossos mercados. Não só com a União Soviética, mas com os outros países socialistas. Era uma estratégia."

Para perseguir essa estratégia, Fidel primeiro cobriu sua retaguarda com habilidade. Em 13 de junho, um dia depois de a missão de Che ter partido de Havana, Fidel conclamou os Estados Unidos a aumentarem sua cota de importação de açúcar cubano de 3 para 8 milhões de toneladas. A proposta de compra de *todo* o açúcar de Cuba foi imediatamente repelida, como Fidel certamente esperava, mas também fez saber ao resto do mundo que Cuba estava em busca de fregueses. (De fato, quando, um ano depois, Nikita Kruschev concordou em comprar quase todo o açúcar de Cuba a preços acima dos do mercado mundial, Fidel pôde dizer que oferecera primeiro aos ianques.)

Os primeiros contatos de Che com os soviéticos foram feitos no Cairo, antes que Pardo Llada se juntasse ao grupo. Che estava encarregado de fazer a abordagem para a venda do açúcar, ficando Menéndez responsável por cuidar dos detalhes. Esses detalhes foram acertados em segredo durante o mês seguinte da viagem, e Menéndez esteve duas vezes em Havana, a fim de consultar Fidel. No final de julho, os soviéticos concordaram em comprar 500 mil toneladas de açúcar cubano, em uma operação a ser realizada em um ponto neutro, Londres, onde os soviéticos tinham uma grande missão comercial e a transação poderia ser concretizada sob os auspícios de uma grande corretora internacional de açúcar. Menéndez explicou que, ao fazer a transação em Londres, "ela podia ser conduzida sem chamar a atenção e não teria qualquer conotação política".

Embora a venda do açúcar em si se tornasse pública posteriormente, as complexas negociações prévias entre Che e os soviéticos nunca apareceram na cronologia oficial da "missão de boa vontade" de Che em 1959. A razão para essa omissão é bastante óbvia: as negociações sobre o açúcar constituíam um importante primeiro passo nas conversações secretas que conduziam a uma aliança de Cuba com a União Soviética, o que difere totalmente da história oficial cubana, que sustenta que o regime de Castro foi empurrado para o campo soviético devido à hostilidade e à agressão dos Estados Unidos.

O visto de Alexandr Alexiev, o homem da KGB que estava mofando em Moscou desde janeiro, foi então aprovado de repente. "Os cubanos tinham colocado no meu passaporte 'Correspondente da Tass'", disse Alexiev. "Explicaram-me que haviam feito isso porque ainda tinham receio de convidar um funcionário da União Soviética." Alexiev partiu para Cuba em setembro, fazendo um itinerário longo, via Itália e Venezuela, e finalmente chegando a Havana em 1º de outubro. A delicada dança entre cubanos e soviéticos agora aceleraria o ritmo.

III

Che chegara de volta a Cuba apenas três semanas antes. Sua viagem durara quase três meses e o levara a catorze países. Tinha encontrado e conversado com chefes de Estado como Gamal Abdel Nasser, do Egito, Sukarno, da Indonésia, Tito, da Iugoslávia, e Jawaharlal Nehru, da Índia. Fora aclamado por multidões em Gaza e no Paquistão, percorrera fábricas e fazendas cooperativas e vira pessoalmente as condições de vida em uma parte do mundo em que os velhos impérios coloniais estavam se desintegrando. Sua missão, disse ele à imprensa, tinha sido um sucesso, pois ele vira com os próprios olhos que a Revolução Cubana era respeitada e admirada por pessoas pelo mundo afora. Estabelecera relações diplomáticas e comerciais com diversos países e estava confiante em que, muito em breve, os cubanos veriam seus benefícios.

Suas declarações públicas foram acompanhadas por uma série de artigos curtos e informativos, publicados na *Verde Olivo*. De vez em quando, filtravam-se nos textos sinais de ironia e lirismo, mas, em sua maioria, os relatos de viagem de Che eram secos. Seus companheiros, porém, voltaram com histórias floreadas para contar sobre seu *jefe* iconoclasta, a maioria delas destacando seu desrespeito pelo protocolo. Algumas das historietas mais memoráveis foram posteriormente escritas por Pardo Llada.

Em Nova Delhi, o encontro de Che com seu antigo ídolo, Nehru, teve lugar em um luxuoso banquete no palácio do governo. Segundo relatou Pardo, Che comportava-se muito bem, usando uma farda de gala de gabardine para a ocasião, em vez do seu costumeiro uniforme verde-oliva. Contudo, ao entrar no palácio, comentou de modo irreverente com seus companheiros: "Acho que estou muito elegante, o suficiente, pelo menos, para jantar com o senhor primeiro-ministro do país mais subdesenvolvido da Terra".

Estavam presentes, além de Nehru, sua filha, Indira, e os jovens filhos dela, Sanjay e Rajiv. Che sorria polidamente enquanto o respeitável primeiro-ministro indiano explicava cada prato exótico servido. O banquete transcorreu desse modo por mais de duas horas e, finalmente, Che não conseguiu mais suportar e perguntou: "Senhor primeiro-ministro, qual é a sua opinião sobre a China Comunista?". Nehru escutou-o distraidamente e respondeu: "Senhor comandante, o senhor já provou uma dessas deliciosas maçãs?". "Senhor primeiro-ministro, o senhor leu Mao Zedong?" "Ah, senhor comandante, como estou contente de que o senhor tenha gostado das maçãs."

Posteriormente, Che escreveu que Nehru demonstrou "a familiaridade amável de um avô patriarcal" e "um nobre interesse pelas lutas e vicissitudes do povo cubano", mas, na realidade, Che sentiu que havia pouco a se aprender com os "pais fundadores" da Índia moderna. O governo de Nehru não estava disposto a se engajar em um programa de reforma agrária radical ou a romper o poder das instituições religiosas e feudais que Che achava que mantinham o povo indiano atolado na pobreza.

Em Jacarta, Che se deu muito bem com um amável compatriota, o embaixador argentino, que o deleitou com histórias sobre o estilo de vida sibarita de Sukarno — como ele vivia feito um monarca e mantinha um harém de mulheres de diferentes nacionalidades. Sua favorita de então, disse o embaixador a Che, era uma russa, um "presente" de Nikita Kruschev. Quando Che foi ao palácio para o encontro com Sukarno, o embaixador argentino acompanhou-o como seu intérprete. Sukarno insistiu em que visitassem sua coleção particular de quadros, e a visita não acabava mais. Pardo podia ver que Che estava ficando impaciente. Finalmente, ele rompeu o silêncio: "Bem, senhor Sukarno, mas em toda essa visita ainda não vimos a garotinha russa, que dizem que é a melhor coisa da sua coleção". Felizmente, Sukarno não entendia espanhol. O embaixador argentino quase desmaiou de susto e incredulidade, mas se recuperou a tempo de inventar uma pergunta sobre a economia indonésia.

Alfredo Menéndez recordou a reação de Che quando o embaixador cubano em Tóquio lhe disse que ele deveria, no dia seguinte, ir depositar uma coroa de flores no Túmulo do Soldado Desconhecido do Japão, em honra dos mortos da Segunda Guerra Mundial. Che reagiu com violência: "Não vou de jeito nenhum! Era um Exército imperialista, que matou milhões de asiáticos [...]. *Vou* é a Hiroshima, onde os norte-americanos mataram 100 mil japoneses". O diplomata gaguejou e lhe disse que isso era impossível, pois já tinha sido combinado com o chanceler japonês. Che manteve-se inflexível e lhe falou: "O problema é seu, não meu. Você combinou sem a minha autorização e agora você pode ir e descombinar!".

O Japão era uma das paradas mais importantes. Lá, Che passou grande parte do tempo visitando as fábricas de empresas de eletrônicos como a Mitsubishi e a Toshiba. Os japoneses compravam 1 milhão de toneladas de açúcar [por ano] no mercado mundial, um terço proveniente de Cuba. Che esperava conseguir aumentar a participação cubana. Sua ideia era propor que os japoneses pudessem pagar em ienes por qualquer quantidade acima da cota então fixada; o dinheiro permaneceria no Japão e seria gasto por Cuba em produtos japoneses. Che pediu que fosse providenciado um encontro seu com o ministro de Comércio Exterior japonês. "Che fez sua proposta", recordou Menéndez, "mas o homem disse que não poderia concordar com ela, que sua economia era aberta, continuariam a comprar açúcar, mas sem quaisquer obrigações. Che lhe perguntou: 'Vocês estão sob pressão dos nortistas louros, não estão?'. E o japonês respondeu: 'É verdade'. Diante do quê Che lhe disse que não havia problema. Ele compreendia."

Durante toda a viagem, a segurança pessoal de Che foi motivo de preocupação para seus companheiros. Antes de deixar Havana, o líder do PSP, Carlos Rafael Rodríguez, dissera a Alfredo Menéndez que estava preocupado porque Che não levava muitos guarda-costas. Os únicos militares que iam com ele eram José Argudín e Omar Fernández, e ambos viajariam desarmados. "Não temos nenhuma informação de que haja planos para matá-lo", disse Rodríguez, "mas vocês que vão com ele devem ter cuidado e não deixá-lo sozinho nem um minuto. E, no caminho, peguem umas armas na Europa."

Menéndez comprou duas pistolas Colt em Madri. Naquela época, anterior aos sequestros de aviões, Argudín, que nunca saía do lado de Che, carregou-as durante toda a viagem sem qualquer dificuldade. E, como medida adicional de precaução, um dos homens, geralmente Pancho García Vals, sempre dormia no quarto de Che. O esquema funcionou muito bem até que Che e o dr. Vilaseca foram convidados para uma recepção diplomática em Tóquio à qual Argudín não podia comparecer. O venerável professor foi obrigado a assumir a tarefa. As duas pistolas foram colocadas no seu cinto, por baixo do paletó.

A austeridade de Che às vezes era sufocante para seus companheiros. Pardo recordou que, em Osaka, foram convidados pelo cônsul cubano para ir à noite a um famoso cabaré, o Metropole, que disseram empregar seiscentas mulheres. Che disse que não estava interessado e ordenou que os homens fardados não fossem. Apenas os civis, Pardo e Vilaseca, poderiam ir, se quisessem, e se arriscar a "um fotógrafo da *Time* tirar um retrato seu e armar um escândalo, mostrando como os membros da delegação cubana gastavam o dinheiro do povo se divertindo e se embebedando com prostitutas".

Em uma outra noite, Che descobriu que parte de sua comitiva tinha sumido. Quando perguntou onde eles estavam, Menéndez disse a Che que não sabia. "Eu sei onde eles estão", disse Che. "Estão por aí com as putas, não é?" Menéndez insistiu que realmente não sabia, e Che pareceu ceder: "Sei como é isso de putear", ele disse, "eu também andei muito com putas na minha juventude".

Ocasionalmente, Che se descontraía de modo mais público. No Japão, bebeu bastante saquê em uma casa de gueixas tradicional e chegou até a se divertir imitando seus passos de dança. Na sala de visitas da residência do embaixador do Chile em Delhi, surpreendeu seu anfitrião ao plantar uma bananeira de repente, para demonstrar seu conhecimento de ioga. Porém, a pressão de ter de manter uma rígida postura em público gradualmente o desgastava. Durante um voo sobre a Índia, Che escreveu para sua mãe sobre sua frustração com a camisa de força oficial.

> Querida *vieja:*
> Meu velho sonho de visitar esses países ocorre agora de um modo que inibe toda minha felicidade. Falando de problemas políticos e econômicos, dando festas em que a única coisa que falta é eu vestir um smoking, e pondo de lado meus mais puros prazeres, que seriam ir e ficar sonhando à sombra de uma pirâmide ou sobre o sarcófago de Tutancâmon. Ainda por cima, estou sem Aleida, a quem não pude trazer por causa de um desses complicados mecanismos mentais que tenho.
>
> O Egito foi um sucesso diplomático de primeira ordem. As embaixadas de todos os países do mundo vieram à recepção de despedida que demos, e vi de perto como a diplomacia pode ser complicada quando o núncio apostólico apertou a mão do adido russo com um sorriso realmente beatífico.
>
> Agora a Índia, onde novas complicações protocolares produzem em mim o mesmo pânico infantil [para resolver como responder às saudações].

Então, como sempre fazia com sua mãe, ficou introspectivo:

> Algo que realmente se desenvolveu em mim é o senso de coletivo em contraposição ao pessoal. Ainda sou o mesmo solitário que costumava ser, procurando minha trilha sem ajuda pessoal, mas agora possuo uma percepção do meu dever histórico. Não tenho lar, nem mulher, nem filho, nem pais, nem irmãos, nem irmãs; meus amigos são meus amigos apenas enquanto pensarem politicamente como eu. E, no entanto, estou contente. Sinto algo na vida, não apenas uma poderosa força interior, que sempre senti, mas também o poder de influenciar outras pessoas, e um sentimento absolutamente fatalista de minha missão, que me despe de qualquer medo.

Ninguém jamais definiu a essência do que fazia de Che Guevara um ser único melhor do que ele próprio o fez nesse raro e confidencial momento da verdade. Mas então, como de hábito, retraiu-se defensivamente de seus devaneios.

> Não sei por que estou lhe escrevendo isso, talvez sejam apenas saudades de Aleida. Tome-a como é, uma carta escrita em uma noite de tempestade nos céus da Índia, longe de minha pátria e dos meus entes queridos.
>
> Um abraço para todos, Ernesto.

Ele pode ter sentido saudades de Aleida, mas resistia ao desejo de estar com ela. Sua tendência à autoprivação confundia e intrigava Fidel, que repetidas vezes tentou atenuá-la. Aleida recordou que, quando Che estava no Japão, Fidel a chamou ao seu gabinete. Providenciara uma ligação telefônica internacional para Che e, mais uma vez, sugeriu que Aleida fosse encontrá-lo. Che recusou novamente. Fidel tentou inutilmente outra vez quando Che estava no Marrocos.

Em uma noite em Tóquio, Che e outros reuniram-se em um de seus quartos de hotel para conversar, contar histórias e filosofar. Segundo Alfredo Menéndez, Che desviou a conversa para um assunto estranho, de cuja importância Menéndez só se daria conta muito mais tarde. "Che começou a falar sobre seus projetos, mas nunca os associei com planos concretos. Ele disse: 'Há um altiplano na América do Sul, na Bolívia e no Paraguai, em uma área beirando o Brasil, o Uruguai, o Peru e a Argentina, de onde, se inserirmos nela uma força guerrilheira, poderíamos espalhar a revolução por toda a América do Sul'."

IV

Um grande número de mudanças ocorrera em Cuba na ausência de Che. Fidel tinha então mais poder político, porém a atmosfera estava mais tensa e polarizada do que nunca. A lei da reforma agrária começara a ter repercussões pesadas. O primeiro confisco de terra fora feito e o governo estava relutando em pagar as indenizações, oferecendo aos proprietários afetados "títulos" com baixos índices de rendimento em vez de dinheiro vivo. Os Estados Unidos emitiram uma nota de advertência, até então sem resposta de Fidel, de que esperavam que todos os proprietários de terra norte-americanos fossem prontamente compensados. Os ricos criadores de gado de Camagüey, que tinham sido afetados, montaram uma campanha contra as desapropriações, e o popular comandante militar da província, Huber Matos, juntou-se a eles. Ele denunciou a penetração comunista nas Forças Armadas e no Inra. Matos estava surgindo como o principal porta-voz da ala anticomunista do Movimento 26 de Julho, à medida que a disputa com o PSP em ascensão tornava-se cada vez mais azeda.

Após a renúncia do ministro da Agricultura, Sorí-Marín, Fidel prosseguira com a limpeza da casa. No gabinete, os políticos moderados foram afastados e os fidelistas de confiança tomavam seus lugares. Até mesmo o velho amigo de Fidel, Luis Orlando Rodríguez, que ajudara a fundar a *Radio Rebelde* na Sierra Maestra, foi afastado do Ministério do Interior. O ministro do Exterior, Roberto Agramonte, foi demitido e substituído por Raúl Roa, o embaixador da OEA e ex-

-reitor da Faculdade de Ciências Sociais da Universidade de Havana. Roa, com sua postura de esfinge, rompera com o partido quando era jovem, mas agora tornara-se um fidelista ferrenho tanto como um brilhante diplomata.

Em meados de junho, uma expedição guerrilheira cubano-dominicana, com cerca de duzentos combatentes e liderada por Delio Gómez Ochoa, ex-comandante do 26 de Julho, desembarcara na República Dominicana e fora aniquilada pelas forças de Trujillo. Muitos dos rebeldes foram mortos ou aprisionados, e os que sobreviveram tornaram-se fugitivos e foram perseguidos por um exército anticastrista, intitulado "Legião Anticomunista do Caribe". Essa força se compunha de 350 combatentes, dentre os quais havia 150 espanhóis, cem cubanos e uma gama de mercenários estrangeiros de direita, inclusive croatas, alemães e gregos, todos treinados em uma base da Força Aérea dominicana. O velho inimigo de Che, Ángel Sánchez Mosquera, ex-oficiais da polícia de Havana e o piloto pessoal de Batista estavam entre os cubanos da legião. Trujillo ofereceu aos agricultores uma recompensa de mil dólares pela cabeça de cada rebelde capturado, e dentro de pouco tempo os camponeses, tendo interpretado o oferecimento do generalíssimo de forma literal, começaram a aparecer em postos do Exército dominicano com sacos de aniagem contendo cabeças barbudas decepadas e reclamando a recompensa. Os legionários anticomunistas, em tom de brincadeira, queixaram-se de que os camponeses, que acabaram entregando mais cabeças do que o total de invasores, não lhes estavam deixando nenhum cubano para combater.

Duas semanas depois do fiasco da incursão rebelde na República Dominicana, o chefe da Força Aérea de Fidel, Pedro Luis Díaz Lanz, abandonou o cargo. Em 14 de julho, reapareceu em Washington para denunciar, perante uma comissão do Senado, a infiltração comunista nas Forças Armadas cubanas. O presidente Urrutia foi à televisão para refutar essas acusações e, em uma clara tentativa de obrigar Fidel a se pronunciar, declarou sua própria oposição ao comunismo.

Fidel desfechou um inesperado contragolpe, atacando Urrutia por tentar romper a "união revolucionária" e insinuando que ele era cúmplice do traidor Díaz Lanz. Então, simultaneamente à chegada a Havana, em caminhões, de milhares de fidelistas trazidos para comemorar a data de 26 de julho, Fidel renunciou ao cargo de primeiro-ministro e deixou que a multidão fizesse seu trabalho. O clamor popular para que fosse reconduzido foi crescendo. Dando-se conta, tarde demais, de que criara uma armadilha para si próprio, Urrutia renunciou ao cargo e se asilou na embaixada da Venezuela. No dia 26 de julho, Fidel reapareceu diante da multidão e assentiu ao "pedido do povo" de que reassumisse suas funções como primeiro-ministro. No lugar do recalcitrante Urrutia, Fidel rapidamente nomeou Osvaldo Dorticós, seu dócil ministro da Legislação Revolucionária, como o novo presidente.

O termo "contrarrevolução" tornou-se uma palavra-chave para definir o comportamento daqueles que, como Urrutia, procuravam "sabotar" a "união" revolucionária. Na verdade, *começaram* a aparecer as primeiras ameaças de atividade contrarrevolucionária. Além da força que estava sendo treinada na República Dominicana, grupos de exilados organizavam abertamente forças paramilitares em Miami. Depois que explodiram várias bombas em Havana e foi descoberta na capital uma conspiração para assassiná-lo, Fidel fez aprovar uma emenda constitucional tornando a contrarrevolução um crime sujeito à pena de morte.

Em agosto, a Legião Anticomunista de Trujillo estava finalmente mobilizada para invadir Cuba, mas Fidel lhe preparara uma surpresa. Ele orquestrou um ardil esperto com a cumplicidade dos ex-comandantes da Segunda Frente, Eloy Gutiérrez Menoyo e o norte-americano William Morgan, que enganaram Trujillo e o convenceram a acreditar que estavam prontos para liderar um levante anticastrista (dentro de pouco tempo, fariam exatamente isso, mas naquela altura estavam cooperando com Fidel). Gutiérrez Menoyo e Morgan mandaram uma mensagem por rádio para a República Dominicana, dizendo que suas forças tinham tomado a cidade cubana de Trinidad, que era o sinal para a Legião Anticomunista invadir. Quando seu avião de transporte pousou no campo perto de Trinidad, conduzido pelo piloto de Batista, Fidel e seus soldados estavam preparados, à espera.

Um bom número de combatentes da legião anticastrista foi deixado na República Dominicana, inclusive um que mais tarde teria um profundo efeito sobre acontecimentos na América Latina: Félix Rodríguez, um cadete de dezoito anos. Um tio de Rodríguez tinha sido ministro de Obras Públicas de Batista e, quando Castro tomou o poder, toda a sua família fugira para o exílio. Amargurado pelo infortúnio da família, Rodríguez abandonou a escola militar em Perkiomen, na Pensilvânia, e se juntou à legião de Trujillo. Ele sentiu uma intensa frustração pela derrota de seus companheiros e, quando retornou para Perkiomen, a fim de concluir seus estudos, resolveu se dedicar à destruição da Revolução Cubana. A maioria de suas tentativas nesse sentido não teria êxito; porém, ao longo de sua carreira, seria capaz de desferir alguns golpes pesados.

V

No final de setembro de 1959, Fidel se viu diante de um confronto com Huber Matos, comandante militar de Camagüey, que não estava fazendo segredo de seu desagrado com a guinada radicalmente esquerdista da revolução. Matos insistira com Fidel para que convocasse uma reunião do diretório nacional do 26 de Julho, a fim de debater a "infiltração comunista" no Exército e no Inra. Situado como estava no interior rico e conservador de Cuba, Matos representava uma ameaça verdadeira.

Quando Alexandr Alexiev chegou a Havana, em 1º de outubro, repórteres do jornal comunista *Hoy* o receberam no aeroporto e levaram-no para o Hotel Sevilla, barato e discreto, na Havana Antiga. No dia seguinte, encontrou-se com Carlos Rafael Rodríguez e Raúl Valdés Vivo, funcionários do PSP, que lhe fizeram uma exposição sobre a situação política instável e se ofereceram para apresentá-lo a Blas Roca e a outros membros do Politburo, mas ele recusou. Em vez disso, chamou Violeta Casals.

Casals era uma conhecida atriz, comunista e fidelista leal, que trabalhou como uma das locutoras da *Radio Rebelde*, na Sierra Maestra. Alexiev a conhecera em Moscou durante o verão e pediu-lhe auxílio para contatar Che. Casals concordou em providenciar o encontro. Enquanto esperava, Alexiev ficou quieto, mandando algumas matérias para a Tass a fim de manter as aparências.

Che trabalhava então em um edifício inacabado de catorze andares, construído por Batista para abrigar a futura sede municipal de Havana. A vista dava para a grande praça cívica, renomeada de Plaza de la Revolución, dominada pelo imenso obelisco branco e pela estátua de José Martí. Ele estava ali para iniciar o Departamento de Industrialização do Inra. Fidel era o presidente do Inra, Nuñez Jiménez, seu diretor-executivo. Desses escritórios, a verdadeira Revolução Cubana estava sendo lançada. O anúncio oficial do novo cargo de Che só seria feito em 8 de outubro, mas já tinham começado a se espalhar rumores nesse sentido, que foram devidamente captados pela embaixada dos Estados Unidos. Em um telegrama de 16 de setembro, a embaixada informou a Washington: "Estão circulando rumores de que ele [Che] está destinado a uma posição importante no governo. Menciona-se com maior frequência a direção de um instituto de desenvolvimento industrial ou o cargo de ministro do Comércio".

No final de setembro, Che foi até Santa Clara para ver seu antigo regimento de La Cabaña. Reuniu os oficiais na casa de Víctor Bordón e lhes contou sobre suas novas responsabilidades. Não era o que eles estavam esperando ou gostariam de ouvir. Orlando Borrego estava sentado na primeira fila. "Che nos disse que Fidel e a liderança revolucionária tinham resolvido criar um Departamento de Industrialização para desenvolver o país. Explicou-nos a importância disso para a economia e informou que ele tinha sido nomeado para liderar o desenvolvimento. Isso nos surpreendeu, porque nós pensamos que Che voltaria a comandar o regimento [...]. Ouvi-lo dizer que ia para o setor civil foi um verdadeiro golpe."

Pareceu a Borrego que todos os rumores que vinha escutando por meses sobre o rebaixamento de Che eram verdadeiros. "Nós achávamos que Che, que tinha sido o comandante de La Cabaña, o chefe do regimento, era mais importante do que esse emprego sobre o qual nos estava falando [...]. Mas ele nos explicou o que era com entusiasmo, disse que se tratava de um trabalho realmente maravilhoso e que queria realizá-lo."

De repente, Che dirigiu-se diretamente a ele: "Borrego, você quer vir trabalhar comigo nesse projeto?". Borrego respondeu que era um soldado e faria qualquer coisa que Che lhe pedisse. Com uma expressão de satisfação, Che lhe disse: "Bom, esteja na minha casa em Havana na primeira hora da manhã".

Na manhã seguinte, ele e Che percorreram o oitavo andar do edifício do Inra. Nuñez Jiménez já instalara suas salas no quarto andar e Fidel, como presidente do Inra, no alto, no 14º andar. Até então, o famoso Departamento de Industrialização compunha-se apenas de Che, de seu contador de 21 anos, Orlando Borrego, e de paredes nuas de concreto. "Bem", disse ele olhando ao redor, "a primeira coisa que temos de fazer é concluir a construção [...]. Depois quero que você assuma a administração do departamento."

Na realidade, não era assim tão surpreendente que Fidel tivesse escolhido Che para esse trabalho no setor industrial. Na Sierra Maestra, Che fora o principal proponente de indústrias autossuficientes, começando com seus modestos fornos de pão, suas oficinas de conserto de calçados e suas fábricas rústicas de bombas em El Hombrito e La Mesa. Agora ele queria extrapolar as lições da experiência guerrilheira para Cuba como um todo e, se possível, pela América Latina. Desde a vitória rebelde, ele vinha advogando de modo incessante a industrialização do país e, junto com ela, a militarização em massa da sua sociedade. Esperava que os norte-americanos invadissem e, quando isso acontecesse, toda a população cubana teria de abandonar as cidades e lutar como um exército de guerrilheiros. Mesmo que isso não acontecesse, a industrialização acabaria com a dependência de Cuba das exportações agrícolas, que eram controladas pelos mercados capitalistas e, em especial, pelos intrometidos Estados Unidos.

Quando Fidel oficializou a designação de Che para o Inra, também anunciou que ele continuaria com sua patente e responsabilidades militares. Orlando Borrego disse que Che estava empolgado com sua nova posição, mas há relatos de que ele esperava que Fidel o nomeasse ministro das Forças Armadas Revolucionárias, cargo que foi confiado a seu irmão, Raúl. Se Che estava desapontado, escondeu seus sentimentos.

As esperanças de Che de que o apoio de Cuba para a revolução armada em outras partes do hemisfério logo produziriam resultados estavam sendo desfeitas. Não só a expedição à República Dominicana fora esmagada, como a força nicaraguense que ele patrocinara também tinha fracassado de maneira lamentável. Esse grupo, com 54 homens entre cubanos e nicaraguenses, fora liderado por um homem escolhido a dedo por Che, um ex-oficial da Guarda Nacional da Nicarágua, Rafael Somarriba, e dele fazia parte Rodolfo Romero. A partir do início de junho, os membros do grupo tinham começado a sair de Cuba, viajando separadamente para Honduras, onde voltaram a se reunir em uma fazenda perto da fronteira com a Nicarágua. Na noite de 12 para 13 de junho, enquanto Che viajava para a Espanha, na primeira etapa de sua viagem diplomática ao exterior, o piloto pessoal de Che, Eliseo de la Campa, levara-lhes de avião um carregamento de armas. Três semanas depois, partiram para a fronteira, mas deve ter havido um *chivatazo*, pois foram emboscados por uma força militar conjunta hondurenho-nicaraguense. Nove dos expedicionários foram mortos, entre eles um cubano, e Carlos Fonseca, o líder intelectual antissomozista, ficou gravemente ferido. Os sobreviventes foram presos e jogados em uma prisão hondurenha. No entanto, poucas semanas depois, foram postos em liberdade. Segundo Romero, isso aconteceu porque o presidente de Honduras, Ramón Villeda Morales, era um admirador de Che, e seu chefe de segurança, cuja mulher era nicaraguense, era um fervoroso antissomozista. Romero retornou a Havana.

Pouco depois de regressar de sua longa missão pelo exterior, Che convocou Romero para uma reunião particular. "Ele estava realmente zangado", recordou Romero, "e mais ainda quando lhe contei como eles nos ferraram." Romero atribuiu o fiasco à "estupidez" de Somarriba, que os levara por dentro de uma ravina onde foram facilmente emboscados. Che comentou: "A verdade é que todos esses militares de carreira são uns merdas". E pediu a Romero para desenhar diagramas do local da emboscada, a fim de lhe mostrar exatamente o que acontecera. Che comentou: "Você só está vivo por um milagre".

Posteriormente, os contatos de Romero com Che foram esporádicos. Foi decidido que os nicaraguenses precisavam de mais treinamento e experiência no campo antes de tentarem outra expedição guerrilheira, e Romero e seus camaradas foram absorvidos pela nova estrutura de contrainteligência, dirigida por Ramiro Valdés e por "Barbarroja", o subchefe; o barba ruiva era Manuel Piñeiro Losada. Dados os reveses iniciais, tinha ficado claro que o programa cubano de apoio a guerrilhas teria de ser conduzido de maneira mais organizada.

Enquanto isso, Che prosseguiu com o trabalho no Inra. Primeiramente seu gabinete foi construído, com espaços para Aleida e seu secretário particular, José Manresa. Depois foi feito um escritório para Borrego, que ainda não tinha a menor ideia do que faria. Seu grupo foi reforçado por César Rodríguez, um engenheiro, e pelo funcionário do PSP, Pancho García Vals. O Departamento de Industrialização tornou-se formalmente uma realidade, mas nem mesmo Che tinha uma noção exata de como proceder.

Che estava ocupando seu gabinete fazia poucos dias, quando foi procurado por Violeta Casals. Ela lhe disse que um correspondente da Tass estava na cidade e desejava encontrar-se com ele. Che concordou em receber o "jornalista" soviético, e foi dito a Alexiev que deveria estar no gabinete de Che às duas da manhã de 13 de outubro. Ele chegou na hora marcada e encontrou o lugar às escuras, salvo por dois abajures, um sobre a mesa de Che e outro em uma escrivaninha próxima, na qual uma loura bonita trabalhava em silêncio.

"Começamos a conversar", recordou Alexiev. "Ele ficou muito contente quando lhe disse que estivera na Argentina havia apenas alguns meses. Como eu sabia que ele era Vermelho, falei abertamente, pois podia ver que *ele* era muito aberto [...]. Levava comigo um pacote de cigarros que tinha trazido da Argentina e dei-lhe três ou quatro maços dessa marca chamada Tejas [Texas]. Comentei: 'Che, gostaria de lhe dar algo que lhe trará recordações'. Que erro! Ele ficou furioso e disse: 'O que é isso que está me dando? Tejas! O senhor sabe o que é isso? É a metade do México que os bandidos ianques roubaram!'." Che ficou tão furioso que Alexiev não sabia o que fazer e tentou uma saída. "Eu lhe disse: 'Che, peço desculpas por ter lhe dado um presente tão estranho, mas estou contente porque agora sei como o senhor se sente a respeito de nosso inimigo comum'. E demos uma gargalhada juntos."

Depois que passou esse momento "delicado", recordou Alexiev, a conversa entre os dois prosseguiu de modo amistoso e passaram a se tratar informalmente de "tú". Che chamou-o de Alejandro, e ele já não tratava seu anfitrião de comandante, mas de Che.

Notando o avançado da hora e o fato de que a mulher que ele supunha ser a secretária de Che ainda estar trabalhando, Alexiev brincou: "'Che, você é um grande opositor da exploração, mas vejo que explora sua secretária!'. Ele respondeu: 'Ah, é! É verdade, mas ela não é só minha secretária, também é minha mulher'." Era Aleida.

A conversa se estendeu até quase o amanhecer e, perto do final, Che disse a Alexiev: "Nossa revolução é realmente progressista, anti-imperialista e antiamericana, feita pelo povo [...]. Mas não podemos concretizá-la e mantê-la sem a ajuda do movimento revolucionário mundial e, sobretudo, do bloco socialista e da União Soviética". Che enfatizou para Alexiev que este era *seu* ponto de vista pessoal.

Alexiev disse que estava ansioso por saber o que pensavam os outros líderes revolucionários. Será que Che poderia conseguir para ele um encontro com Fidel? Che respondeu: "O problema é que Fidel não gosta de falar com jornalistas". Alexiev lhe disse que a conversa com Fidel não seria para a imprensa, e três dias depois, na tarde de 16 de outubro, Alexiev recebeu uma chamada telefônica no seu quarto, no Hotel Sevilla. Uma voz indagou: "Sr. Alejandro Alexiev, o que o senhor está fazendo no momento?". "Nada", respondeu ele. "Bem. O senhor pediu uma entrevista com o comandante Fidel Castro. Se o senhor está livre, ele o verá agora mesmo. Estamos indo buscá-lo."

Alexiev arrumou-se o mais depressa possível. "Vesti um terno preto, camisa branca, gravata cinza, para apresentar uma imagem diplomática." Pegou vodca e caviar soviéticos, que trouxera para dar de presente nessa ocasião, e desceu para esperar por quem viesse buscá-lo. Dois rapazes de barba, portando metralhadoras, aproximaram-se dele no saguão e o levaram para o mesmo edifício do Inra onde se encontrara com Che, mas, dessa vez, ele foi de elevador até o último andar. Quando saiu, dois outros homens de barba o esperavam: Fidel Castro e Nuñez Jiménez. Fizeram-no entrar no gabinete de Fidel, onde se sentaram em volta de uma grande mesa de madeira e começaram a conversar. Depois de alguns minutos de um educado bate-papo, Fidel perguntou o que havia no embrulho que estava trazendo. Alexiev retirou o caviar e a vodca, e Fidel sugeriu que os provassem. Alguns minutos depois, sentados bebendo vodca e comendo caviar com biscoitos, Fidel, que obviamente estava gostando, voltou-se para Nuñez Jiménez e, como se o pensamento tivesse acabado de lhe ocorrer, disse: "A mercadoria soviética é ótima, não é? Nunca tinha provado antes. Parece-me que valeria a pena restabelecermos relações comerciais com a União Soviética".

Alexiev prontamente retrucou: "Muito bem, Fidel, é como se já estivesse feito. Mas também estou muito interessado em relações culturais e, mais importante ainda, relações diplomáticas". Segundo Alexiev, Fidel respondeu rápido: "Não, acho que não, *ainda* não. As formalidades não são importantes, sou contra os formalismos. Você chegou, você é um emissário do Kremlin e podemos dizer que agora temos relações. Mas ainda não podemos dizer isso para o povo [cubano]. O povo não está preparado, ele foi envenenado pela propaganda burguesa norte-americana para ficar contra o comunismo".

Fidel citou Lênin a respeito da estratégia revolucionária de "preparar as massas", dizendo a Alexiev que acataria esse conselho, erradicaria a campanha anticomunista na imprensa e, gradualmente, os preconceitos do povo, mas precisava de tempo. Até esse ponto, Alexiev mantinha uma opinião cética sobre Fidel, porém a demonstração de que ele lera Lênin ("não em grande profundidade, mas muito bem") deixou-o impressionado. Mesmo assim ainda estava um pouco desconfiado. Olhou fixamente para o medalhão de ouro com a Virgen del

Cobre, a santa católica padroeira de Cuba, ostensivamente pendurado no peito de Fidel, que disse: "Alejandro, não dê importância a isso. Minha mãe mandou-o para mim, quando eu estava na serra".

Alexiev se deu conta de que havia mais por trás disso. Havia em Cuba um movimento católico forte, e não fazia mal nenhum a Fidel manter as aparências usando um medalhão sobre o peito.

Quase sem querer, Alexiev viu que estava gostando de Fidel e assinalou que tinham várias coisas em comum: seu primeiro nome, passado para o espanhol, era o mesmo que o segundo prenome de Fidel, Alejandro. Também estavam ligados pelo número 13: Fidel nascera em 13 de agosto e Alexiev era 13 anos mais velho do que ele. Além disso, Alexiev nascera em 1º de agosto, o que significava que havia 13 dias entre seus respectivos aniversários. Fidel, conhecido por seu fascínio pela numerologia, deliciou-se com o esforço de Alexiev para tentar encontrar suas afinidades.

Alexiev continuou sondando a fim de se certificar em que medida a concepção que Fidel tinha da revolução era coincidente ou diferente da de Che. "É uma revolução autêntica", disse-lhe Fidel, "feita pelo povo e para o povo. Queremos construir uma sociedade justa, sem o homem explorando seu semelhante, e com um povo armado para defender suas conquistas. Se Marx ressuscitasse agora, ficaria feliz de me ver dando armas ao povo." Embora Alexiev notasse que Fidel evitava usar o termo "socialismo", enquanto Che o *usava*, Fidel "deixou claro" que os dois compartilhavam da mesma filosofia.

Quando o encontro terminou, Alexiev recebera uma missão para cumprir. Ela surgiu do mesmo modo aparentemente espontâneo que a decisão de Fidel de restabelecer as relações comerciais soviético-cubanas enquanto bebericava a vodca. Segundo relatou Alexiev, depois da explicação de Fidel sobre a necessidade de "ir devagar" com os cubanos por causa de seu desenfreado anticomunismo, Nuñez Jiménez interrompeu, sugerindo a Fidel que poderia ser uma boa ideia que Alexiev pedisse a seu governo que mandasse a Havana a exposição comercial soviética, que se encontrava então no México. Em uma viagem que fizera em julho a Nova York, Nuñez Jiménez visitara essa mostra e ficara impressionado. Alexiev recordou que Nuñez Jiménez exclamara para Fidel: "Vale a pena, de verdade! Ela abriria os olhos do povo cubano a respeito da União Soviética, mostrando como é falsa a propaganda norte-americana sobre o seu atraso".

Fidel pediu a opinião de Alexiev. Essa exposição era boa mesmo? Alexiev disse que sim, que julgava ser boa, mas achava que seria difícil conseguir. O itinerário da exposição já estava organizado, Cuba não constava da lista de países a serem visitados e, dada a morosidade da burocracia de seu país, seria difícil alterar esse cronograma.

Mas Fidel já se apropriara da ideia de Nuñez e se recusava a aceitar um não. "Ela *tem* de vir!", disse ele a Alexiev enfaticamente. O vice-premier soviético, Anastas Mikoyan, tinha inaugurado a exposição em Nova York e estava então com ela no México. "Mikoyan tem de vir aqui e inaugurá-la", disse Fidel. "Está bem que já estivesse tudo programado, mas ela *tem* de vir! Nós somos revolucionários! Vá ao México e diga a Mikoyan que espécie de revolução é esta, que vale a pena ele vir." Alexiev concordou em tentar, mas preveniu Fidel de que não podia viajar muito livremente com seu passaporte soviético. "Não se preocupe", garantiu-lhe Fidel. "Nosso embaixador no México resolverá tudo."

Dias depois, Alexiev seguia de avião ao encontro de Mikoyan, na Cidade do México. Até então, sua missão em Havana estava rendendo frutos. Com o empurrão de Che, seguido pela aprovação de Fidel, começavam a girar as rodas do destino político que levavam Cuba para a órbita soviética.

22. Somos o futuro, e sabemos disso

I

Quando o vice-premier Anastas Mikoyan chegou a Havana, em 4 de fevereiro de 1960, trazia consigo Sergo, seu filho de trinta anos, o embaixador soviético no México, um assistente pessoal e, como seu guarda-costas e intérprete, o jovem funcionário da KGB Nikolai Leonov. Mikoyan pediu a Leonov, como este lembrou muitos anos depois, que entregasse presentes "aos principais líderes da revolução". Essa incumbência dava-lhe a oportunidade de se encontrar particularmente com seus velhos conhecidos do México, e Che Guevara foi a primeira pessoa que procurou.

Tinha-se passado pouco mais de três anos desde que Leonov dera, na Cidade do México, alguns livros soviéticos ao jovem médico argentino, tão ansioso por aprender a respeito do socialismo, mas seus primeiros contatos impulsivos com o grupo rebelde de Castro já se tinham mostrado acertados: ali estava ele, em Cuba, acompanhando um importante oficial soviético. Quanto a Guevara e os irmãos Castro, já não eram mais exilados políticos perseguindo um plano alucinado, mas os líderes incontestes de uma nova Cuba revolucionária, evidentemente preparados para seguir a "rota socialista" e forjar uma aliança com seu país, com o risco de uma guerra com os Estados Unidos. Dessa vez, "em nome do povo soviético", Leonov trazia como presente para Che uma pistola de fabricação soviética, para tiro de precisão, da melhor qualidade, com um lindo coldre e uma boa quantidade de munição.

Leonov recordou que, em novembro de 1956, por volta da época em que o *Granma* partiu para Cuba, ele voltara a Moscou e fora dispensado do serviço diplomático. Resolveu fazer carreira como historiador especializado em América Latina e começou a trabalhar como tradutor para a Editorial Progreso, uma editora oficial soviética de obras em espanhol. No final do verão de 1958, disse ele, aceitou um convite para entrar para a KGB. Naquele outono, Leonov iniciou um curso de dois anos de treinamento em inteligência, que não completou "devido à Revolução Cubana".*

Em outubro de 1959, os superiores de Leonov na KGB mandaram que ele suspendesse seus estudos e acompanhasse Mikoyan na sua viagem ao México para inaugurar a mostra comercial. Como o vice-premier não fora convidado pelo governo mexicano e sim pelo embaixador soviético, não podia levar consigo o habitual grupo de assistentes. Como alguém que já morara no México, Leonov iria com ele como guarda-costas, intérprete de russo-espanhol e "assessor".

Leonov estava com Mikoyan no México quando Alexandr Alexiev chegou de Cuba na sua missão secreta. Segundo relatou Alexiev, ele foi diretamente ver Mikoyan. "Falei sobre Fidel, Che, Raúl, a revolução, e ele me ouviu com grande interesse. Como Mikoyan tinha participado quando jovem da revolução [bolchevista], isso lhe recordava os tempos da sua mocidade e o romantismo revolucionário daquela época." Alexiev relatou a Mikoyan a proposição de Fidel. "Não querem *apenas* a exposição. *Fidel quer conversar.*" Depois de escutá-lo, Mikoyan comentou que também ele, como Fidel, era avesso a "formalidades", mas, como vice-premier soviético, não podia viajar a um país com o qual Moscou não tinha laços diplomáticos. Expediu um telegrama para o Kremlin e enviou Alexiev a Moscou pa-

* Uma versão alternativa, que parece plausível, foi dada pelo filho de Anastas Mikoyan, Sergo, que acompanhou o pai e Leonov na viagem a Cuba. Sergo Mikoyan me disse em 1994 que tinha conhecido Leonov anos antes da viagem. Eram mais ou menos da mesma idade e tinham ido à escola juntos. Pelo que consta para Mikoyan, Leonov foi enviado ao México pela KGB em meados dos anos 1950, sob o pretexto de trabalhar para uma editora oficial soviética. Foi designado para lá ao mesmo tempo em que um amigo dele foi enviado, em condição análoga, para os Estados Unidos. Esse amigo, disse Sergo, "certamente era da KGB". Sergo confirmou que os primeiros contatos de Leonov com Raúl Castro *foram* casuais, porém seus encontros subsequentes no México foram intencionais. "Ironicamente, ele recebeu ordens da KGB para suspender esses contatos." Sergo acredita que essa ordem se deveu a pressões de comunistas cubanos, que ainda não aceitavam Fidel Castro, achando que ele e seu movimento eram "burgueses e putschistas".

ra explicar a situação. "Moscou concordou em mandar a exposição do México para Cuba", disse Alexiev, "porque a essa altura Kruschev também tinha se apaixonado pela Revolução Cubana. Não sei exatamente por quê, porém acho que ele estava feliz de ter outro peão contra os Estados Unidos." A data original prevista para a abertura da mostra era 28 de novembro de 1959, mas coincidia com um congresso católico em Havana. Fidel não via razão para irritar os conservadores, então adiou-a para fevereiro.

À época em que Leonov chegou a Havana com Mikoyan, Che e Aleida tinham se mudado da afastada casa de campo para a zona mais segura de Ciudad Libertad, a ampla área onde ficava o antigo quartel-general do Exército, nos limites ocidentais de Havana. Moravam agora em uma das casas anteriormente ocupadas por oficiais de Batista, ao lado da pista de aviação militar. Quando o carro de Leonov parou em frente à casa de Che era quase meio-dia, mas ele ainda estava dormindo. "Ele estava exausto", disse Leonov, "mas se levantou e ficou realmente entusiasmado por me ver. '*Hombre*! Que milagre, é como se você tivesse caído do céu!'" Enquanto tomavam café, Leonov lhe entregou a pistola de precisão, que agradou imensamente a Che.

Leonov felicitou-o pela vitória dos rebeldes e, depois, relembrando as conversas que tiveram no passado e os livros soviéticos que Che tinha sido tão ávido por ler no México, perguntou-lhe: "Quer dizer que é verdade, você está mesmo falando sério quanto a construir o socialismo?". Ao que Che respondeu: "É. Vou dedicar minha vida a isso. É por isso que primeiro eu estava lendo, para depois construir".

II

Se Leonov ficou curioso para saber por que Che estava dormindo até tão tarde naquele dia, logo saberia a razão. Junto com seu cargo no Inra, Che tornara-se presidente do Banco Nacional de Cuba. Era uma carga de trabalho extremamente pesada, e seu incomum horário de atividade virara lenda. Em Havana, eram muitas as histórias de dignitários estrangeiros que chegavam ao seu gabinete às três da tarde e eram informados por José Manuel Manresa de que o encontro era às três da madrugada. A audiência que Alexiev tivera com Che, em outubro, depois da meia-noite, era então a regra, não a exceção.

Em uma carta de Natal para os pais, Che tentara dar-lhes uma ideia da sua estranha vida nova:

Queridos *viejos*:

Vocês sabem como é difícil para mim escrever. Estou fazendo uma pausa às seis e meia da manhã, não ao começo mas ao fim do dia, para lhes desejar tudo que se pode desejar. Cuba vive um momento decisivo para as Américas. Houve uma época em que desejei ser um dos soldados de Pizarro, mas isso já não é necessário para satisfazer minha busca por aventuras e minha ânsia por ser uma testemunha ocular da história. Hoje, está tudo aqui, e com um ideal pelo qual lutar, junto com a responsabilidade de criar um legado. Não somos homens, mas máquinas de trabalho, lutando contra o tempo em meio a circunstâncias difíceis e luminosas.

O Departamento Industrial foi minha própria criação. Eu como que o expeli, com o sofrimento de um pai exausto, para mergulhar no meu dom, aparentemente dado por Deus, para as finanças. Também tenho o cargo de chefe de treinamento do E. Rebelde e o comando direto de um regimento em Oriente. Caminhamos na estrada da história pura no mais alto estilo americano: somos o futuro e sabemos disso, construímos com alegria, embora tenhamos esquecido as afeições individuais. Recebam um abraço afetuoso desta máquina que está distribuindo amor calculado a 160 milhões de americanos e, às vezes, o filho pródigo que retorna na lembrança.

Che.

Aleida via Che no trabalho, como sua secretária, mas dispunham de pouca privacidade durante suas horas em casa. O amigo guatemalteco Patojo morara com eles, de modo intermitente, desde o início de 1959, e Oscar Fernández Mell instalou-se no quarto que sobrava na frente da casa, em Ciudad Libertad, pois trabalhava perto dali, no antigo quartel-general da Marinha de Batista, como chefe do serviço médico do novo Exército. Aleida aceitava tudo isso muito bem, mas o que *de fato* a incomodava era a presença invariável de Hilda Gadea no cenário. A ex-mulher de Che trabalhava em outro andar do Inra, em um escritório criado para ajudar camponeses cujas casas tinham sido destruídas durante a guerra. Aleida achava que Hilda não perdera a esperança de reconquistar Che, e parecia fazer sentir sua presença em todas as oportunidades, deixando a filha, Hildita, brincar no gabinete de Che ou levando-a para almoçar lá. Che não se importava. Seus sentimentos para com sua filha única eram complexos, amor paternal misturado com culpa por desfazer seu casamento e por sua longa ausência, e ele tentava compensar isso fazendo com que ela ficasse junto dele o máximo possível. Quando Hilda permitia, a menininha ficava em sua casa nos fins de semana.

Aleida aturava Hildita por causa de Che, mas, quando as visitas ao gabinete se tornaram muito frequentes, com Hilda parecendo usá-las para paquerar e puxar conversa com Che, ela ficou furiosa. Che controlava seu próprio temperamento a fim de não provocar uma cena. Um dia, porém, irrompeu irritado de dentro do gabinete, gritando, alto o suficiente para ser ouvido por uma jovem secretária: "É como se eu não tivesse me divorciado".

Muitas vezes Hilda conversava com a secretária, a fim de confessar seus sentimentos e falar mal de Aleida. Esta, por sua vez, ficou indignada com a secretária por conversar com Hilda e exigiu saber sobre o que falavam. Por fim, depois de alguns meses, a secretária não conseguiu mais suportar se sentir como "presunto no sanduíche", como ela recordou, e pediu transferência para outro departamento.

O país também estava em um clima de crescente divisão, com Fidel impondo políticas cada vez mais radicais. Usando persuasão em particular e elogio em público, Che o incentivara a prosseguir. Observadores começaram a notar um padrão: o que começava como proposições "de aparência radical" feitas por Che eram na verdade importantes sinais de alerta, pois, de maneira quase invariável, em pouco tempo Fidel as transformava em política oficial. Em janeiro de 1959, e novamente em abril, Che falara sobre a necessidade de que Cuba nacionalizasse suas riquezas minerais e petrolíferas. Em setembro de 1959, Fidel disse que isso era uma questão que precisava ser "estudada cuidadosamente". Nove meses depois, ele tomaria as refinarias que pertenciam às norte-americanas Texaco e Esso e à britânica Shell.

Em novembro de 1959, a embaixada dos Estados Unidos notou uma entrevista de Che no *Revolución* que deixava claro que, "independentemente do que possa dizer a lei da reforma agrária a respeito de transformar os camponeses em pequenos proprietários de terras, no que se refere a Guevara a reforma se orientará mais na direção de cooperativas e comunas". Três meses depois da entrevista, em janeiro de 1960, Fidel baixou um decreto confiscando todas as grandes plantações de cana-de-açúcar e as grandes fazendas de criação de gado, transformando-as em cooperativas administradas pelo Estado. Quanto à questão que se transformava na maior reclamação de Washington, "a inadimplência em relação à indenização e os confiscos ilegais" de propriedades de norte-americanos, em violação tanto da Constituição cubana de 1940 como da lei da reforma agrária de 1959, nas primeiras semanas do triunfo da revolução Che dera um aviso prévio conclamando abertamente a que se ignorasse a cláusula constitucional sobre indenização.

O mês de outubro de 1959 foi particularmente importante. Ao seu término, o palco estava preparado para o que Hugh Thomas denominou de o "eclipse dos liberais" e a ascendência definitiva da ala "radical" antiamericana da revolução. O próprio Fidel estava então seguindo, cada vez mais abertamente, o rumo defendido por Che.

Utilizando o argumento altamente deturpado da "união revolucionária", Fidel orquestrara com êxito a tomada da associação estudantil da Universidade de Havana por Rolando Cubela, antigo comandante do Directorio que regressara recentemente de Praga, depois de passar alguns meses como adido militar de Fidel. A vitória eleitoral de Cubela significou, na realidade, a tomada pelo governo do campus, que tradicionalmente gozara de autonomia e fora berço de conspirações antigovernistas. Fidel sabia muito bem disso, pois ali começara sua carreira política.

Che levou a mesma mensagem para a segunda maior universidade de Cuba, em Santiago, ao anunciar bruscamente que acabara a autonomia universitária e que, dali por diante, o Estado definiria os currículos. O planejamento centralizado era necessário. Cuba se industrializaria e necessitava de técnicos qualificados — agrônomos, professores de agricultura e engenheiros químicos — e não de uma nova safra de advogados. Disse Che na ocasião: "Quem tem o direito de dizer que só devem se formar dez advogados por ano e que devem ser formados cem químicos industriais? [...] Alguns diriam que isso é ditadura e, é isso mesmo: é ditadura!". Os estudantes deviam se juntar "ao grande exército daqueles que *fazem*, deixando de lado a pequena patrulha daqueles que simplesmente falam". (Dois meses depois, em dezembro, quando recebeu um título honorário de professor na Universidade de Las Villas, Che declarou ao corpo docente e aos estudantes que se acabaram os tempos em que a educação era um privilégio da classe média branca. "A Universidade", disse ele, "precisa se *pintar* de preto, de mulato, de trabalhador e de camponês". Se ela não o fizer, advertiu, o povo irá derrubar suas portas "e pintá-la das cores que quiser.")

Che falou em um clima de tensão causada pelos primeiros surtos de atividade contrarrevolucionária. Em Pinar del Río, um engenho de açúcar fora bombardeado por um avião não identificado, e um grupo suspeito de ser rebelde, no qual havia dois norte-americanos, foi capturado. Ao mesmo tempo, o caso Huber Matos, que havia muito tempo vinha fermentando, estava a ponto de estourar. Em 20 de outubro, após a promoção de Raúl ao cargo de ministro das Forças Armadas, Matos escreveu de Camagüey a Fidel para lhe apresentar sua renúncia, instando-o a mudar de rumo e acusando-o de estar "sepultando a revolução". Cerca de quinze de seus oficiais pretendiam pedir demissão junto com ele. Fidel imediatamente repeliu as alegações de Matos e acusou-o de deslealdade e "ambição", entre outras transgressões. Ordenou a Camilo que voasse até Camagüey e prendesse Matos e seus oficiais dissidentes. O próprio Fidel então voou a Camagüey, a fim de fazer um discurso acusando Matos de traição, por planejar uma revolta armada. Matos e seus oficiais foram levados para Havana e encarcerados em La Cabaña.

Enquanto Fidel, de volta a Havana, se preparava para discursar em uma convenção de mais de 2 mil agentes de viagem norte-americanos, com o objetivo de incentivar o aumento do turismo dos Estados Unidos para Cuba, o desertor Pedro Luis Díaz Lanz apareceu sobrevoando a capital, pilotando um avião de bombardeio B-26. Díaz Lanz lançou panfletos apelando para que Fidel expulsasse os comunistas de seu governo. Aviões da Força Aérea cubana decolaram às pressas para interceptá-lo, e a equipe do Exército em La Cabaña abriu fogo com baterias antiaéreas, mas Díaz Lanz foi embora ileso.

No edifício do Inra, na Plaza de la Revolución, Che, José Manuel Manresa e uma secretária chamada Cristína ficaram de pé junto de uma janela olhando Díaz Lanz dar um rasante e passar ao lado do edifício, voando tão perto que puderam enxergá-lo dentro da cabina do piloto. Che não disse nada, mas estava gelado de raiva e frustração. Sua escolta pediu permissão para ir ao teto do edifício e derrubar o avião a tiros, mas ele lhes disse que não, que eram capazes de causar mais danos do que o avião. O incidente encerrou-se com um lance cômico. Uma das secretárias, uma moça gorda e nervosa, escondera-se debaixo de uma escrivaninha quando o avião apareceu. Ela ficou presa, e todos riram enquanto vários dos guarda-costas finalmente a puxaram para fora.

O "bombardeio" de Díaz Lanz foi um desastre de relações públicas para Fidel. Os agentes de viagem começaram a deixar a cidade alarmados, enquanto Fidel condenava o ataque. Pelo menos dois civis foram mortos e vários ficaram feridos. De volta são e salvo aos Estados Unidos, Díaz Lanz confirmou que fizera o voo, mas negou que tivesse jogado sobre Havana algo além de panfletos. Ele disse que se houve baixas provavelmente foram consequências dos tiros a esmo dados pelos soldados cubanos ou da precipitação do fogo antiaéreo. Porém, a versão de que ele desfechara um ataque aéreo foi adotada oficialmente. No dia seguinte, uma grande multidão se manifestou diante da embaixada norte-americana, e Fidel apareceu na televisão, acusando Matos de ter tramado uma revolta militar em Camagüey, em cumplicidade com Díaz Lanz. (Houve também um ataque por avião não identificado que lançou bombas sobre um engenho de açúcar em Camagüey.) Fidel acusou os Estados Unidos de estarem acolhendo "criminosos de guerra" e de terem fornecido o avião a Díaz Lanz.

Em 26 de outubro, em um comício na Plaza de la Revolución de que participaram cerca de meio milhão de pessoas, Fidel repetiu suas acusações e jurou que Cuba se defenderia. O povo seria treinado e armado, e Cuba obteria aviões e mais armamentos se fosse preciso. No dia seguinte, o embaixador dos Estados

Unidos, Philip Bonsal, entregou uma nota de protesto ao ministro do Exterior, Raúl Roa. O gabinete de Fidel decidiu restabelecer os tribunais revolucionários.

Em 28 de outubro, depois de reorganizar o comando militar em Camagüey, Camilo Cienfuegos tomou seu avião Cessna de volta para Havana. Jamais chegou. Fidel e Che se juntaram à busca de três dias pelo avião desaparecido, mas não foram encontrados destroços. O que acontecera? O piloto de Camilo era experiente e o tempo estava ótimo. Surgiram muitas teorias: Fidel liquidara Camilo porque ele estava conspirando junto com Matos ou então porque estava se tornando popular demais. Outra explicação era a de que um avião de combate da Força Aérea cubana o derrubara, tomando-o por um intruso inimigo. De qualquer modo, o avião desapareceu para sempre debaixo das águas azuis do Caribe que estavam sob seu itinerário de voo. A revolução perdeu uma de suas figuras mais carismáticas e populares.*

Em novembro, Fidel continuou a consolidar sua base de poder. Conseguiu montar a "união" na confederação sindical (CTC) às custas dos anticomunistas do 26 de Julho, ao impor seu próprio comitê executivo e acabar com o direito dos membros de elegerem delegados, e abrir caminho para que o Partido Comunista Cubano fosse gradualmente tomando a CTC. Foi anunciada a criação das "Milícias Nacionais Revolucionárias", primeiro passo para a concretização do sonho de Che de converter Cuba em uma "sociedade guerrilheira". O ministro do Exterior, Roa, refutou um artigo de Carlos Franqui, no *Revolución*, em que dizia que o vice-premier soviético, Mikoyan, fora convidado a visitar Cuba, como, é claro, tinha sido.

Foi muito bom que a planejada visita de Mikoyan em novembro tivesse sido adiada, pois, quando o congresso de leigos católicos começou, transformou-se em uma demonstração pública de oposição do clero ao comunismo. Embora até então a hierarquia eclesiástica mantivesse em público uma postura de "esperar para ver", a Igreja estava cada vez mais alarmada com a direção da revolução, e seus militantes jovens não tinham nenhuma paciência em se manterem calados. Alguns padres já haviam começado a fugir, reaparecendo em meio a grandes ondas de publicidade em Miami, onde ecoavam as alegações de Díaz Lanz de que

* É possível que a verdade sobre o que aconteceu a Camilo Cienfuegos nunca venha a ser conhecida, mas está claro que Che jamais suspeitou de que Fidel tivesse algo a ver com seu desaparecimento. Che sentia profunda afeição pelo amigo; não apenas deu ao seu primeiro filho o nome dele, como também a única moldura pendurada na parede de seu escritório era a foto de Camilo. Se Che tivesse desconfiado da participação de Fidel na morte de Camilo, parece altamente improvável que se mantivesse fielmente ao seu lado.

Cuba estava ficando "Vermelha". Enquanto isso, em Washington, a CIA começara discretamente a estudar meios e formas de se livrar de Fidel Castro.

III

No final de 1959, a maior parte das indústrias de Cuba, tanto grandes como pequenas, ainda se encontrava em mãos de particulares. As únicas instalações do Inra eram umas poucas fábricas pequenas, abandonadas por seus proprietários ou confiscadas por pertencerem a Batista e seus parceiros. Elas ficaram sob a nova autoridade de Che, que despachou veteranos do Exército Rebelde, escolhidos a dedo, para administrá-las, do mesmo modo como foram encarregados das novas cooperativas agrícolas nos latifúndios desapropriados.

Che dispunha agora de uma pequena equipe de economistas do Chile e do Equador trabalhando para ele. Ingressaram mais cubanos, alguns contadores foram contratados, e foram iniciados planos para o desenvolvimento industrial de Cuba. Nas semanas iniciais de trabalho, Borrego suara em cima de relatórios estatísticos anuais a fim de ter uma noção do panorama industrial cubano, e aos poucos um programa começara a tomar forma. "Logo iniciaram as primeiras intervenções nas fábricas", ele recordou. "Eram intervenções, *não* estatizações. As fábricas estavam com conflitos trabalhistas, ou os capitalistas que as dirigiam estavam com dúvidas sobre o processo revolucionário e não estavam investindo, então interviemos." Uma resolução baixada pelo Ministério do Trabalho, a essa altura nas mãos seguras do ex-auxiliar de Raúl, Augusto Martínez Sánchez, permitia que o departamento de Che interviesse nas fábricas e as administrasse pelo tempo que julgasse necessário. No entanto, Borrego disse, ele nunca imaginou que as intervenções seriam permanentes. "É claro", acrescentou, "que para o modo de pensar de Che elas eram definitivas, mas isso ainda não tinha sido estabelecido legalmente." Competia a Borrego operar as novas propriedades, e sua primeira dor de cabeça foi encontrar pessoas para administrá-las. "Começamos a nomear alguns administradores. Basicamente eram escolhidos dentre os membros do Exército Rebelde, cuja escolaridade não era baixa demais. Quando falo de escolaridade, estou me referindo a homens que completaram a sexta série ou mais."

Che estimava que mais de 80% dos rebeldes de Fidel eram analfabetos. Sua campanha de alfabetização em La Cabaña destinara-se a aliviar o problema, porém, na sua maioria, no final de 1959, a tropa ainda era formada por *guajiros* semianalfabetos ou que tinham acabado de aprender a ler e escrever, muitos deles não passando de adolescentes. Quando foram enviados para dirigir as fábricas, seguiu-se uma série de inevitáveis desastres e implantou-se o caos. Durante esse tempo todo, Che se empenhava em superar a sua própria falta de conhecimento econômico. Estudou economia com Juan Noyola, um economista mexicano. Dr. Vilaseca lhe ensinava matemática avançada. A partir de setembro, Vilaseca começou a ir ao gabinete do Inra todas as terças e sábados, às oito da manhã, para dar uma aula de matemática, de uma hora de duração, a Che, García Vals e Patojo. Para Vilaseca, as aulas eram o início de um dia; para Che, era sua maneira de relaxar antes de ir para casa, depois de ter trabalhado durante a noite. Começaram com álgebra e trigonometria e, em pouco tempo, passaram para geometria analítica.

IV

Che adorava contar uma história sobre como ele tinha recebido o cargo no banco. Ele disse que na reunião do gabinete convocada para decidir sobre um substituto para Felipe Pazos, afastado depois de protestar contra a prisão de Matos, Fidel disse que o que ele precisava era de um bom economista. Para sua surpresa, Che ergueu a mão. "Mas, Che, não sabia que você era economista!", ele disse. Ao que Che retrucou: "Oh, pensei que você tinha dito que precisava de um bom comunista".

A nomeação de Che provocou uma onda de calafrios em toda a comunidade financeira e empresarial, e poucos acreditaram nas garantias fáceis oferecidas por Fidel de que Che seria "tão conservador" quanto seu antecessor. Quando ele assumiu o banco — um edifício de pedra com um pórtico de colunas, em uma rua estreita da Havana Antiga —, encontrou uma porção de mesas vazias: a maioria do pessoal graduado demitira-se junto com Felipe Pazos.* Che chamou o dr. Vilaseca e pediu-lhe que se tornasse o administrador do banco, seu vice, mas Vilaseca relutou. Não só carecia de qualquer experiência em finanças, como era amigo pessoal de Pazos, a quem descreveu como "alguém extraordinariamente competente no setor bancário". Mas Che foi inflexível. Na realidade, não estava propriamente convidando Vilaseca, mas sim dando-lhe uma ordem. "Tam-

* Os ministros que se puseram do lado de Pazos no caso Matos foram demitidos sem qualquer cerimônia. Foram eles: Justo Carrillo, Manuel Ray e o antigo inimigo de Che, Faustino Pérez. O irmão de Camilo, Osmany Cienfuegos, velho membro do PSP, substituiu Ray, e um cunhado da mulher de Raúl, Vílma Espín, assumiu o cargo de Faustino. Pazos, Carrillo e Ray acabaram deixando Cuba, mas Faustino Pérez ficou no país e logo reconquistou as boas graças de Fidel.

bém não entendo nada sobre bancos e sou o presidente", disse-lhe Che. "Quando a revolução o designa para um posto, você tem de aceitá-lo e então fazer tudo corretamente." Vilaseca aceitou o cargo.

Uma das primeiras pessoas que Che chamou ao banco foi Nicolás Quintana, um arquiteto de Havana, com 35 anos, cuja firma recebera de Pazos fundos para construir uma nova sede para o Banco Nacional, um arranha-céu no estilo norte-americano, com vista para o Malecón, no centro de Havana. Era um projeto imenso, o maior programa de edificação em andamento em Cuba, e seu custo estava estimado em 16 milhões de dólares. No final de 1959, as fundações do edifício tinham acabado de ser concluídas e a primeira fase de construção foi iniciada.

Quando Pazos foi demitido e transferido para o posto de embaixador, confidenciou a Quintana que pretendia pedir asilo assim que chegasse à Europa. "O que eles estão fazendo com o país é uma barbaridade", ele disse. "Você vai herdar um novo presidente do banco e seu nome é Che Guevara. Ele não está qualificado para o cargo, e essa é uma das razões pelas quais vou me exilar. Você também vai ter de ir embora, é inevitável." Mas Quintana era jovem, estava envolvido no maior projeto arquitetônico de sua carreira, e achava que o fato de ter ajudado os rebeldes (no final de 1958, lhes forneceu mapas topográficos da área das Escambray) o favoreceria junto a Che.

Quando Quintana foi para o encontro com Che no banco, ficou chocado com a diferença que encontrou. O edifício de finanças que antes era impecavelmente limpo estava "sujo e desorganizado", com papéis espalhados pelo chão. "Em 15 dias, tudo mudara", disse Quintana. A primeira pergunta que Che lhe fez foi: "Você é um pequeno-burguês?". Quintana respondeu: "Não, não sou". "Não? Então você é um revolucionário." "Não, comandante, não disse que sou um revolucionário. Sou um grande burguês. O dono da loja em que faço compras é um burguês." Os olhos de Che se abrandaram e, com ar satisfeito, disse: "Você é a única pessoa honesta da sua classe que conheci até hoje". Quintana achou que tinha conquistado Che e replicou da mesma forma espirituosa: "Não, há muitas, o problema é que você não lhes dá a chance de falar". A fisionomia de Che se contraiu, e ele disse a Quintana que se lembrasse de que estava falando com o comandante Guevara. Quintana se deu conta de que passara dos limites.

Em uma segunda reunião, Quintana e seu sócio principal apresentaram as plantas do edifício e as especificações que exigiam a aprovação de Che. Mostraram-lhe a relação dos materiais que tinham de ser importados e explicaram que o edifício exposto na beira-mar precisaria de janelas à prova de furacão, com esquadrias de aço inoxidável, à prova de ferrugem. Recomendou que os elevadores fossem adquiridos de uma firma norte-americana, Otis, que tinha escritórios em Havana.

Che ouviu as sugestões de Quintana e por fim perguntou: "Elevadores por quê?". Quintana explicou que o edifício teria 32 andares. Che disse que achava que as escadas seriam suficientes. Se *ele*, com sua asma, podia subi-las, por que todas as outras pessoas não poderiam? Diante disso, o sócio de Quintana se levantou e saiu indignado da reunião, mas o jovem arquiteto persistiu. Retomaram a questão das janelas. Che perguntou a Quintana por que tinham de vir dos Estados Unidos ou da Alemanha, por que não se podia conseguir algo mais barato, talvez de plástico, ali mesmo em Havana? A seguir falaram sobre a quantidade de banheiros proposta. Che olhou para as cifras e disse: "Bem, podemos eliminar pelo menos a metade deles".

Quintana argumentou: "Mas, nas revoluções, as pessoas vão ao banheiro do mesmo jeito que antes delas". "Não o *novo homem*", retrucou Che, "ele pode se sacrificar." Quando o arquiteto tentou voltar mais uma vez à questão das janelas à prova de furacão, Che o interrompeu: "Olhe, Quintana, considerando a merda que estará guardada aqui dentro de três anos, é melhor que o vento leve tudo".

Quintana por fim compreendeu. Não era sobre janelas ou banheiros. Che não queria o novo banco de jeito nenhum. "Enviava-me uma mensagem: que o sistema mudaria de modo tão absoluto que tudo sobre o que estávamos falando era desnecessário." O banco nunca foi erguido. Alguns anos mais tarde, em seu lugar foi construído o Hospital Hermanos Ameijeiras.

Dentro de pouco tempo, foram emitidas novas cédulas de dez e vinte pesos. Como presidente do Banco Nacional, era atribuição de Che assiná-las, o que ele fazia escrevendo simplesmente, e com menosprezo, "Che". Para os homens de negócios cubanos, o simbolismo do gesto era logo entendido, e lhes causava profundo ressentimento. Na nova Cuba, dinheiro já não era um bem venerado, mas sim um vestígio oneroso da era da empresa privada capitalista que estava prestes a desaparecer.

23. O individualismo tem de desaparecer

I

O julgamento da "revolta" de Matos foi realizado em dezembro de 1959 e logo ficou azedo e sinistro. Raúl pediu sua execução, como o fez o promotor, major Jorge "Papito" Serguera. Em vez disso, os juízes, todos oficiais do Exército e veteranos revolucionários escolhidos a dedo, condenaram Matos a vinte anos de prisão, e deram sentenças menores aos oficiais de menor hierarquia. Nesse mês, porém, vários outros homens foram julgados, condenados e executados por "contrarrevolução". Rafael del Pino, velho amigo de Fidel, que era suspeito de trair um companheiro rebelde na Cidade do México, um pouco antes de o *Granma* partir para Cuba, foi detido, acusado de ajudar batistianos a fugirem do país e condenado a trinta anos.

Tal como prometera a Alexandr Alexiev enquanto tomavam vodca e comiam caviar, Fidel começou sua batalha contra a imprensa "reacionária" em Cuba. O jornal conservador *Avance* sofreu "intervenção" depois que seu editor fugiu do país. Fidel o acusara de se pôr do lado da contrarrevolução por ter publicado as acusações de Díaz Lanz sobre a infiltração comunista nas Forças Armadas. O segundo canal de televisão de Cuba, Canal 12, também sofreu intervenção. O jornal *El Mundo* foi encampado pelo governo e colocado sob a direção de um jornalista fidelista, Luis Wangüemert. Dentro em breve viriam as ações para fechar o porta-voz da oposição, o *Diario de la Marina*, e o restante da imprensa independente de Cuba. A essa altura, os editores da *Bohemia* e do *Revolución* se mantinham fiéis em público, embora também estivessem ficando inquietos com relação à acomodação de Fidel com os comunistas. A agência internacional de notícias de Cuba, a Prensa Latina, estava então em pleno funcionamento, sob a direção engajada de Jorge Ricardo Masetti, com escritórios sendo abertos em todo o hemisfério. (Nessa época, um jovem escritor colombiano, Gabriel García Márquez, trabalhava ao lado de Masetti em Havana.) A Prensa Latina empenhava-se em combater as notícias disseminadas pela AP e a UPI, as duas agências de notícias norte-americanas que mais irritavam Che e Fidel.

Os confiscos de jornais foram auxiliados pelos sindicatos dos gráficos e dos jornalistas, já nas mãos dos fidelistas e funcionando como forças grevistas pró-governo nos órgãos privados da mídia que ainda sobreviviam. Os expurgos na CTC continuaram, apesar dos protestos de David Salvador, encabeçados pelos comunistas que estavam agora no seu comitê executivo. Até mesmo no Sindicato dos Artistas Gráficos havia expurgos a fazer. A atriz comunista Violeta Casals, o contato inicial de Alexiev com Che, tornou-se a nova presidente do sindicato, depois que seu predecessor foi acusado de ser um contrarrevolucionário e fugiu do país.

A missão de Che ao exterior, no verão anterior, começara a mostrar alguns dividendos. Delegações oficiais, diplomáticas e comerciais passaram a visitar a

Che com a mãe, Celia, que estava visitando Havana durante o Primeiro Torneio "Ernest Hemingway" de Pesca de Marlim, em 1960. Na extremidade direita, está a confidente de Fidel, Celia Sánchez.

ilha, vindas do Japão, da Indonésia e do Egito. Foram assinados alguns acordos comerciais, mais importantes por seu simbolismo do que por seus benefícios econômicos. Che mantinha uma série regular de artigos descaradamente políticos sobre os países que visitara. Em um artigo publicado na edição de setembro-outubro da *Humanismo*, intitulado "A América Vista da Varanda Afro-Asiática", ele escreveu que o vínculo compartilhado entre Cuba e os novos países surgidos recentemente de antigas colônias era o sonho da libertação da exploração econômica. Ele argumentava que a Cuba revolucionária, personificada por Fidel Castro, era não só um modelo para as mudanças na América Latina como também na Ásia e na África, e conclamou a uma aliança internacional anti-imperialista. Ele parecia estar dizendo que Fidel poderia ser o seu líder.

> Nossa fraternidade não será capaz de desafiar a imensidão dos mares, os rigores dos idiomas e a falta de laços culturais, para nos entregarmos ao abraço de um companheiro batalhador? [...]
>
> Cuba foi convidada para a nova Conferência dos Povos Afro-Asiáticos. [E Cuba irá] para dizer que é verdade, que Cuba existe e que Fidel Castro é um homem, um herói popular e não uma abstração mitológica. Mas irá também para explicar que Cuba não é um acontecimento isolado; é apenas o primeiro sinal de que a América está despertando [...].
>
> [E quando perguntarem:] "Vocês são os membros do Exército guerrilheiro que está liderando a luta pela libertação da América? Vocês são, então, nossos aliados do outro lado do oceano?", terei de dizer [para eles] e para todas as centenas de milhões de afro-asiáticos que [...] eu sou um irmão a mais, um a mais entre as multidões de irmãos nesta parte do mundo que esperam, com infinita ansiedade, o momento [em que poderemos] consolidar o bloco que destruirá, de uma vez por todas, a presença anacrônica da dominação colonial.

A partir de 1957, uma dezena de países conquistou sua independência da dominação colonial francesa, britânica e belga. Outros, como a Argélia, estavam sendo obrigados a travar uma guerra para consegui-la, mas a tendência era clara: os dias do regime colonial tinham terminado e o futuro estava nas mãos de homens que encararam os impérios moribundos, homens como Nasser, Sukarno, e por que não o próprio Fidel? Em janeiro, o ministro do Exterior, Roa, voou à Ásia e ao norte da África a fim de transmitir o convite de Cuba para um congresso internacional de países em desenvolvimento a se realizar em Havana.

Os primeiros artigos factuais sobre as experiências de Che na campanha de guerrilhas também começaram a ser publicados. Em novembro, "O Cachorrinho Assassinado" saiu na *Humanismo*. Coincidindo com o ritmo crescente de desapropriações de terras e do restabelecimento dos pelotões de fuzilamento revolucionários, o significado alegórico da história — a necessidade de sacrificar inocentes em uma causa revolucionária — deve ter sido uma leitura inquietante para alguns cubanos.

II

Em janeiro de 1960, o arquiteto Nicolás Quintana chegara à conclusão de que, para ele, o futuro em Cuba parecia sombrio. A revolução dera uma guinada brusca para a esquerda, afastando a ele e a maioria de sua classe social. Seu sonho de construir o Banco Nacional fora destruído, enquanto um amigo íntimo, membro da Juventude Católica, braço jovem do grupo militante anticomunista Ação Católica, acabara de ser executado por um pelotão de fuzilamento por distribuir panfletos anticomunistas.

Quintana foi ver Che para se queixar. Seria um encontro arrasador. "Che me disse: 'Olhe, as revoluções são feias porém necessárias, e parte desse processo revolucionário é a injustiça a serviço da justiça futura'", recordou Quintana. "Jamais conseguirei esquecer essa frase. Repliquei que isso era a *Utopia*, de Thomas More. Disse que nós tínhamos ficado na merda por causa dessa história durante muito tempo, por acreditarmos que conseguiríamos alguma coisa, não *agora*, mas no futuro. Che ficou olhando para mim por um tempo e falou: 'Bem. Você não acredita no futuro da revolução'. Eu lhe disse que não acreditava em nada que fosse baseado na injustiça."

Che então lhe perguntou: "Mesmo que a injustiça seja salutar?".

Ao que Quintana retrucou: "Não creio que, para os que morrem, você possa falar de injustiça salutar".

A resposta de Che foi imediata: "Você tem de deixar Cuba. Tem três opções: vai embora de Cuba e não há problema nenhum comigo, ou trinta anos [na prisão] no futuro próximo, ou o pelotão de fuzilamento".

Atônito e horrorizado, Quintana ficou sentado imóvel na cadeira.

Che acrescentou: "Você anda fazendo coisas muito estranhas".

"Não falei nada", disse Quintana, "mas sabia a que ele estava se referindo. O que me surpreendeu foi que ele já *soubesse*, foi isso que me surpreendeu."

Quintana pertencia a um grupo de profissionais liberais que formaram uma organização batizada de Trabalho Voluntário, ostensivamente dedicada a executar trabalhos cívicos. No entanto, seu verdadeiro objetivo era organizar uma oposição a Castro. "Era um pretexto para nos reunirmos à noite e conversarmos, bem [...] você sabe [...] sobre o que faríamos sobre isso [a revolução]." Depois da advertência de Che, Quintana percebeu que não faria muita coisa e, em poucas semanas, fugiu da ilha.

Mais ou menos na mesma época, José Pardo Llada, o comentarista de rádio que tivera aquela viagem tão incômoda com Che no verão anterior, foi ver o novo presidente do Banco Nacional para tratar do caso de um amigo, o especialista em fumo Napoleón Padilla. Che convidara Padilla para ir trabalhar com ele no Inra, organizando cooperativas de tabaco em Pinar del Río. Padilla aceitou, o que era estranho, à luz do temor e da aversão que ele tinha pelo "comunismo" de Guevara, que até já denunciara à embaixada dos Estados Unidos. Padilla trabalhara no Inra, montando cooperativas, prestando assistência em uma grande venda de tabaco para exportação e, a pedido de Che, ministrando um curso de administração de empresas.

Padilla sentia-se cada vez mais desconfortável com o que via no Inra e discutiu com Nuñez Jiménez e Oscar Pino Santos, do PSP, então alto funcionário do Inra, a respeito da maneira como estavam implementando a reforma agrária. Acabara por explodir, acusando Pino Santos de estar "praticando o comunismo". Daquele dia em diante, Padilla começou a sentir que estava sendo excluído dos negócios. Então, na noite de 26 de janeiro, um telefonema anônimo avisou-o: "Napoleón, esconda-se imediatamente, eles vão prendê-lo". A pessoa na outra ponta desligou e, apavorado, Padilla dirigiu até a embaixada de Honduras para pedir asilo político. O embaixador aconselhou-o a tentar descobrir qual era sua verdadeira situação antes de dar um passo tão extremo. Padilla telefonou a Pardo Llada para pedir ajuda.

No gabinete do Banco Nacional, Pardo perguntou a Guevara se Padilla tinha algum problema com as autoridades. Che lhe mostrou um pedaço de papel. Era uma declaração assinada por um sargento do Exército da cooperativa de tabaco onde Padilla trabalhava, acusando-o de ser contrarrevolucionário e de falar mal da mulher de Che, Aleida.

Pardo manifestou sua surpresa com Che por dar atenção a um fuxico desse tipo, e diante disso ele abriu o jogo. Che disse-lhe que também sabia que Padilla se encontrava frequentemente com o adido agrícola da embaixada dos Estados Unidos, e que ele tinha falado do governo em termos negativos diante de funcionários do Inra. Pardo ainda insistiu que isso não era motivo para perseguirem Padilla. "Está bem", disse-lhe Che. "Ele pode pedir demissão e sair do Inra. E, se quiser sair do país, pode ir se juntar aos seus amigos gringos." Che manteve a palavra. Seis meses depois, "com a expressa permissão de Che", como reconheceu

Pardo, deixaram Padilla sair de Cuba na barca que fazia o trajeto para Miami, levando o carro e a mobília da casa.

III

Fidel designara 1960 como "O Ano da Reforma Agrária", mas rótulo melhor teria sido "O Ano da Confrontação". No mês que antecedeu a visita de Mikoyan, ocorreu uma rápida deterioração do relacionamento Estados Unidos-Cuba, assim como uma aceleração nítida da "socialização" de Cuba. No início de janeiro, começou uma guerra de réplicas, com uma nota de protesto enviada pelo secretário de Estado Herter ao governo cubano, pelos "confiscos ilegais" de propriedades pertencentes a norte-americanos sem que tivesse sido paga qualquer indenização. Cuba respondeu tomando todas as grandes fazendas de criação de gado e todas as plantações de cana-de-açúcar do país, inclusive as de propriedade de norte-americanos. Mais aviões não identificados voaram dos Estados Unidos para lançar bombas incendiárias em canaviais cubanos. Esses voos estavam sendo organizados pela CIA, que planejava então treinar uma força de exilados cubanos para montar uma campanha de guerrilhas contra Castro.

A reação em Washington estava sendo alimentada pela política interna. O presidente Eisenhower estava no último ano do seu segundo mandato, e já se tinha iniciado a disputa para suceder-lhe. O vice-presidente, Richard Nixon, utilizara Cuba como um brado de guerra, advertindo Castro de que poderia ser punido por seus atos, inclusive com a eliminação da sua cota de exportação de açúcar para os Estados Unidos. Fidel respondeu desafiadoramente: em 19 de janeiro, o Inra anunciou o confisco imediato de "todos os latifúndios" do país, tanto cubanos como de propriedade de estrangeiros. Esse decreto colocou nas mãos da revolução todas as propriedades privadas agrárias de grande porte que restavam.

Pouco depois, ocorreu uma bizarra discussão entre o embaixador da Espanha, Juan Pablo de Lojendio, e Fidel diante das câmeras de televisão. Fidel insinuou, durante um discurso transmitido ao vivo, que a embaixada espanhola estava envolvida em um programa clandestino dos Estados Unidos para a saída furtiva de anticastristas da ilha. O embaixador, indignado, irrompeu no estúdio, enquanto Fidel ainda estava no ar, e acusou-o de caluniador. Seguiu-se uma discussão aos berros, até que o embaixador, apoplético, foi arrastado à força para fora. Fidel retomou seu discurso anunciando que Lojendio tinha 24 horas para deixar Cuba, e logo enveredou por um novo discurso contra os Estados Unidos. O secretário de Estado Herter reagiu indo ao Congresso para pedir a aprovação de uma lei que daria a Eisenhower o poder de alterar a cota de açúcar cubano. O embaixador Bonsal foi chamado de volta a Washington.

Houve uma tentativa final de se encontrar uma saída para a crise, que crescia em espiral. Em 21 de janeiro, Eisenhower fez um pronunciamento apelando para negociações visando a sustar a deterioração do relacionamento entre as duas nações. Nesse mesmo dia, em Havana, o vice-chefe da missão, Daniel Braddock, pediu ao embaixador argentino, Julio Amoeda, que atuasse como intermediário entre seu governo e Castro. Amoeda foi ver Fidel com uma proposta norte-americana: se Fidel parasse os ataques contra os Estados Unidos e se encontrasse

Che e seu protegido, Orlando Borrego, fazendo trabalho voluntário em um canteiro de obras em 1960.

com Bonsal, o embaixador em Havana, Washington consideraria estender ajuda econômica a Cuba. Depois de uma primeira recusa, Fidel cedeu, dizendo a Amoeda que cessaria a campanha pela imprensa. O presidente cubano, Osvaldo Dorticós, que era mera figura decorativa, deu seguimento ao gesto no dia seguinte com uma declaração de que Cuba desejava manter e fortalecer sua "tradicional amizade" com os Estados Unidos.

A trégua se manteve. Em seu discurso seguinte, em 28 de janeiro, Fidel não mencionou os Estados Unidos nem uma só vez. O abrandamento temporário lhe deu tempo para respirar antes da próxima rodada que, ele sabia, viria dentro em breve. Em 31 de janeiro, o governo cubano finalmente reconheceu que os rumores que vinham circulando havia muito tempo tinham fundamento e anunciou a chegada iminente do vice-premier soviético, Anastas Mikoyan.

IV

Em fevereiro, a exposição comercial soviética se revelou um grande êxito. Mais de 100 mil cubanos a visitaram em suas três semanas de duração. Viram a réplica do Sputnik, maquetes de casas, fábricas e instalações esportivas soviéticas, equipamentos industriais, tratores e outros implementos agrícolas. Essas eram as conquistas tecnológicas da nação que, como Nikita Kruschev prevenira os norte-americanos, os "enterraria" em um futuro não muito distante. Para o cubano médio do começo dos anos 1960, que nunca tinha viajado, essas afirmações pareciam plausíveis. Afinal de contas, a Rússia não foi o primeiro país a colocar um satélite artificial, e até mesmo um cachorro vivo, em órbita?

Nem todos os cubanos ficaram impressionados. A visita de Mikoyan foi acompanhada por algumas manifestações vociferantes, e a mídia cubana independente moveu uma campanha ferrenha para expor as injustiças e ineficiências do sistema soviético. Ao longo da estada de Mikoyan, continuaram sem interrupção as incursões noturnas de aviões pequenos, a partir do território norte-americano, contra canaviais e engenhos de açúcar em Cuba. No final de fevereiro, um desses aviões hostis caiu em solo cubano, matando seus tripulantes, e os documentos de identidade de um dos mortos revelaram que era um cidadão norte-americano. Fidel apresentou o fato como prova da cumplicidade dos Estados Unidos nos ataques. Quando Dulles, diretor da CIA, admitiu para o presidente Eisenhower que o morto e os pilotos das outras missões de sabotagem eram, na realidade, mercenários contratados pela CIA, Eisenhower instou-o secretamente a montar um plano mais abrangente para derrubar Castro. Apenas recentemente, Eisenhower ordenara ao serviço de alfândega que detivesse e processasse quaisquer voos ilegais a Cuba a partir de território norte-americano.

Em 13 de fevereiro, os soviéticos e os cubanos divulgaram os termos de seu novo acordo comercial. Os soviéticos se comprometiam a comprar quase meio milhão de toneladas de açúcar durante o ano de 1960, e 1 milhão de toneladas por ano durante os quatro anos seguintes, e em troca Cuba não seria paga em dinheiro, mas sim em produtos soviéticos, inclusive petróleo. No quinto e último ano do acordo, Moscou pagaria em dinheiro. Além disso, seria aberta para Cuba, pelo prazo de dez anos, uma linha de crédito no valor de 100 milhões de dólares, à taxa de juros baixíssima de 2,5%, destinada à compra de maquinaria e instalações fabris, em outras palavras, o financiamento do esquema de industrialização de Che. Quanto ao sonho de Fidel de drenar o pântano da Ciénaga de Zapata, que ele mostrou a Mikoyan em um sobrevoo de helicóptero, foi prometida assistência técnica soviética.

Fidel e Che comentavam com entusiasmo sobre o novo acordo, qualificando-o de um passo a mais no rumo da independência econômica de Cuba. As delegações comerciais da Polônia e da Alemanha Oriental chegaram e assinaram seus próprios acordos comerciais com Cuba. Os tchecos e os chineses não estavam muito longe. Em 20 de fevereiro, concretizando outro dos pronunciamentos públicos recentes de Che, foi iniciada a era do planejamento central, no estilo soviético, com a criação da Junta Central de Planificación (Juceplan). Fidel era o presidente e Che, seu principal idealizador, era um dos membros do conselho de administração.

Sergo Mikoyan acompanhou o pai na maioria das suas peregrinações pela ilha e foi capaz de observar de perto os líderes cubanos. Logo de saída, notou a diferença entre Che e Fidel. Lera sobre Che, e recordou que esperara encontrar um "guerrilheiro fanático", uma espécie de bolchevista cospe-fogo latino-americano, mas Che não correspondia a essa imagem. "Vi então um homem muito calado, com olhos muito suaves", recordou Sergo. "Quando você fala com Fidel, sente um certo distanciamento [porque] [...] ele quase nunca o ouve, mas com Che não se sente isso. Embora eu estivesse esperando que ele fosse o mais obstinado, me dei conta de que ele não é teimoso, e sim disposto a conversar, a debater e a escutar."

O ponto alto da visita de Mikoyan foi a ida obrigatória à cidade de Santiago e à antiga *comandancia* de Fidel na Sierra Maestra, em La Plata. A comitiva toda se deslocou até Oriente, mas apenas um grupo seleto subiu até La Plata: Mikoyan, Sergo, Leonov, Fidel, Che e seus guarda-costas. A imprensa foi deixada na cidade.

Fidel tinha planejado passarem a noite em La Plata, mas não encontraram nada preparado para sua chegada. Alguns operários estavam construindo umas cabanas, mas não tinham terminado e só havia algumas tendas. Fidel ficou encabulado e com raiva, mas Mikoyan disse-lhe que não se preocupasse, pois não se importava de dormir em uma tenda. Sergo, porém, resolveu ir embora e aproveitar a oportunidade para ver Santiago. Mais tarde soube pelo pai o que aconteceu naquela noite. Depois de ele ter partido, Fidel e Che falaram abertamente com Mikoyan sobre seu desejo de criar uma revolução socialista, os problemas que enfrentavam para isso e a necessidade que tinham de ajuda soviética para levá-la adiante.

"Foi uma conversa muito esquisita", disse Sergo Mikoyan. "Eles disseram [a meu pai] que só poderiam sobreviver com a ajuda soviética e teriam de ocultá-la dos capitalistas em Cuba [...]. [Então] Fidel disse: 'Teremos de suportar essas condições em Cuba durante mais uns cinco ou dez anos', no que Che o interrompeu dizendo: 'Se você não a fizer em dois ou três anos, você está liquidado'. Havia uma diferença [de percepção] entre os dois."

Fidel lançou-se então em um monólogo sobre como sua vitória rebelde tinha provado que Marx estava errado. "Fidel disse que, segundo Marx, a revolução só poderia ter acontecido seguindo os caminhos propostos por seu Partido Comunista ou pelo nosso Partido Comunista [...]. Luta de massa, greves e assim por diante. 'Porém, nós a fizemos', disse Fidel, 'ultrapassamos Marx, provamos que ele estava errado.' Meu pai o contradisse, argumentando: 'Você pensa desse modo porque os seus comunistas são dogmáticos. Eles pensam que o marxismo é apenas A, B, C e D. Mas o marxismo é um *meio*, não um dogma. De maneira que eu não acho que vocês tenham provado que Marx estava errado, acho que provaram que os *seus* comunistas estavam errados'."

Mikoyan disse que não falaram expressamente de ajuda militar, mas pediram ajuda econômica soviética. "Explicaram que, se não a recebessem, estariam duplamente condenados. Primeiro, o imperialismo norte-americano. Segundo, a luta contra os seus próprios capitalistas."

Depois dessa conversa, todos perceberam que o acordo comercial anunciado alguns dias antes era apenas o primeiro passo no rumo do restabelecimento das relações plenas entre Cuba e a União Soviética. Àquela altura, o acordo era o máximo a que Fidel se aventurava. Contudo, Alexiev, que não fora a La Plata, ficou surpreso ao saber que Che e Fidel não tinham pedido para comprar armas soviéticas. "Eles falaram com Mikoyan de tudo menos de armas [...], o que era um tanto estranho. No México, até Mikoyan disse que achava que Fidel poderia pedir armas."

Era uma suposição lógica. Durante o ano que passara, Fidel enviara emissários a todos os cantos do mundo para comprar aviões e armas, mas só conseguira alguma coisa do que queria na Bélgica e na Itália. Os pedidos de aviões que fizera a Washington tinham sido repelidos, como era de se prever, e a relutância da Grã-Bretanha e de vários outros países em assinar acordos para a venda de armamentos provavelmente se devia à pressão dos Estados Unidos. Nos últimos tempos, nos discursos de Fidel, frases de desafio como "Cuba se reserva o direito de se defender" e "Cuba obterá as armas de que necessita onde quer que tenha de comprá-las" tornaram-se um refrão conhecido.

Porém, em pouco tempo, o assunto veio à tona. Em 4 de março, o cargueiro francês *La Coubre*, que acabara de ser rebocado para um cais no porto de Havana, explodiu com um estrondo horrível, que foi ouvido em toda a parte central da cidade. Quando ocorreu a primeira explosão, Jorge Enrique Mendoza, o chefe do Inra em Camagüey, estava em uma reunião com Fidel e com outros representantes do Inra nas províncias. Foram rapidamente para o porto e seguiam pelo cais onde o *La Coubre* estava atracado, quando Mendoza viu Che passar correndo por ele em direção ao navio em chamas.

Justo quando Che estava perto do navio, e com Mendoza, Fidel e os outros a uns cem metros atrás, houve uma terrível segunda explosão. Mendoza e alguns dos outros homens imediatamente se atiraram por cima de Fidel para protegê-lo. Segundo Mendoza, "Fidel começou a dar pontapés e socos, berrando: 'Porra, vocês estão me sufocando!'. Então começaram a cair coisas do ar". Mendoza voltou-se para Raúl e insistiu para que ele levasse Fidel embora. Raúl teve que praticamente prender Fidel para fazê-lo se afastar. Mendoza então voltou sua atenção para Che, que ainda estava tentando entrar no navio em chamas. "Corri até onde ele estava. Alguém, não lembro quem, estava tentando impedi-lo de subir no navio, e pude ouvir Che dizer: 'Porra, não se meta comigo! Houve duas explosões. Tudo que tinha de explodir já explodiu. Deixe-me subir no navio!'. E subiu."

Foi uma carnificina. Cerca de cem pessoas morreram, a maioria estivadores, marinheiros e soldados, e houve várias centenas de feridos. O *La Coubre* estava carregado com armas belgas e, de algum modo, a carga se incendiara. Fidel acusou a CIA de sabotagem. No dia seguinte, ele e Che foram de braços dados à frente de um cortejo fúnebre que se deslocou lentamente pelo Malecón. Mais tarde, enquanto Fidel fazia um discurso, em que invocou um novo grito de guerra, *Patria o muerte!*, Alberto Korda, um fotógrafo cubano a serviço do *Revolución*, tirou fotos das pessoas no palanque. Inclusive Jean-Paul Sartre e Simone de Beauvoir, que foram convidados a Cuba por Carlos Franqui. Certa hora, Che apareceu e Korda bateu duas fotos dele de perfil contra o céu. Naquela ocasião, as fotografias de Che não foram utilizadas pelo *Revolución*, mas o fotógrafo cortou uma palmeira e uma pessoa que apareciam na foto, imprimiu-a para si mesmo e pendurou-a na parede de seu estúdio. Ele acabou dando cópias para amigos e outros visitantes. (Em abril de 1967, deu duas fotos para o editor italiano da ala esquerda, Giangiacomo Feltrinelli, que reproduziu milhares de cópias de um pôster, o primeiro uso em larga escala do que se tornaria uma das imagens mais famosas do século XX.)*

Pouco tempo depois do incidente com o *La Coubre*, Fidel pediu que Alexandr Alexiev fosse vê-lo na casa de Nuñez Jiménez, em La Cabaña. "Pela primeira vez", disse Alexiev, "Fidel falou em armas. Disse que, depois da explosão, a intervenção norte-americana poderia ser inevitável, iminente. 'Temos de armar o povo', disse ele. Queria que a União Soviética lhe vendesse algumas armas. Mencionou armas como metralhadoras leves. 'Vocês podem mandar essas armas em um submarino', ele disse. 'Temos uma porção de cavernas ao longo da costa e podemos escondê-las onde ninguém saberá delas. Mande uma mensagem para Kruschev'."

A essa altura, uma missão comercial soviética estava instalada em Havana e, entre seus integrantes, havia um criptógrafo que cuidava das comunicações com o Kremlin. Depois desse encontro com Fidel, Alexiev procurou-o imediatamente. "Mandei a mensagem diretamente de Fidel para Kruschev e achei que, devido à nossa burocracia, levaria várias semanas para termos uma resposta. No dia seguinte, a resposta veio: 'Fidel, compartilhamos de suas preocupações quanto à defesa de Cuba e à possibilidade de um ataque', Kruschev disse, 'e lhe forneceremos as armas de que necessita. Mas por que temos de ocultá-las e levá-las em um submarino, se Cuba é uma nação soberana e pode comprar quaisquer armas de que necessite sem ter de esconder esse fato?'. Essa foi sua resposta. E as armas começaram a chegar."

V

Em 8 de maio, Fidel anunciou o restabelecimento de relações diplomáticas com Moscou. O ex-dirigente do Directorio, Faure Chomón, dera uma forte guinada para a esquerda depois da vitória rebelde e voou para Moscou como o novo embaixador de Cuba. Um veterano da KGB que atuava sob disfarce de diplomata, Sergei Kudriatzov, era o enviado soviético. Alexiev, cuja identidade da Tass já não era necessária, foi nomeado primeiro-secretário de Kudriatzov e adido cultural, seu disfarce tradicional na KGB.

Depois de uma troca de mensagens entre Fidel e Kruschev, uma missão mi-

* Ver Notas.

litar soviética chegou discretamente a Havana. "Conversamos imediatamente", disse Alexiev. "Fidel, Raúl, Che, todos participaram. Eles delinearam tudo de que precisavam. Acima de tudo, necessitavam de canhões antiaéreos e aviões, artilharia, tanques T-34, dos velhos, que não tinham mais nenhuma utilidade na União Soviética. Chegou outra delegação e conversaram sobre preços, embora isso não fosse, na verdade, comércio." Em junho ou julho, as armas e os assessores militares soviéticos começaram a chegar clandestinamente a Cuba. Segundo Alexiev, Fidel ainda estava preocupado, bem como os soviéticos, com a reação norte-americana, de modo que alguns desses assessores chegavam com passaportes tchecos.

Com o acordo militar secreto com os soviéticos assinado, Fidel sentia-se forte o bastante para enfrentar os norte-americanos. Na realidade, logo depois de ter assinado, em fevereiro, o acordo comercial com a União Soviética, ele começara a forçar a tentativa de trégua proposta por Washington. Em resposta à proposta de abertura do Departamento de Estado no final de janeiro, que fora deixada no limbo durante a visita de Mikoyan, o ministro do Exterior, Roa, enviou uma nota a Washington fornecendo as "condições" impostas por Cuba para as conversações: enquanto Washington ameaçasse cortar a cota cubana de venda de açúcar não haveria negociação alguma. Na sua resposta, de 29 de fevereiro, o Departamento de Estado se recusou a recuar, insistindo em que os Estados Unidos tinham o direito de tomar quaisquer medidas que julgassem necessárias para proteger os interesses norte-americanos. Quando o *La Coubre* explodiu quatro dias depois, o diálogo voltou a ficar azedo. O secretário de Estado Herter reagiu com raiva às acusações feitas por Fidel de cumplicidade da CIA no incidente, e questionou a "boa-fé" de Cuba quanto ao prosseguimento das negociações.

Washington fez uma última tentativa para estender a mão a Fidel. No começo de março, o ministro das Finanças de Cuba, Rufo López Fresquet, foi procurado por Mario Lazo, assessor jurídico da embaixada dos Estados Unidos, que lhe disse que eles estavam dispostos a oferecer a Cuba aviões de combate e assistência técnica. Fidel pediu dois dias para pensar sobre a oferta. Em 17 de março, o presidente Dorticós disse a López Fresquet, em nome de Fidel, que este resolvera não aceitar o oferecimento. Percebendo o que essa recusa significava, López Fresquet, um dos últimos ministros da escola antiga, imediatamente se demitiu do cargo e partiu para os Estados Unidos. Se Fidel tinha alguma restrição quanto ao rumo no qual estava agora engajado, a rápida resposta de Nikita Kruschev a havia dissipado.

Ao ser notificado da rejeição de Fidel, Eisenhower aprovou o plano da CIA de recrutar e treinar clandestinamente uma força armada de várias centenas de exilados cubanos, a fim de conduzir uma guerra de guerrilhas contra Castro. O diretor da CIA, Dulles, pretendia utilizar como modelo a convenientemente denominada Operação Sucesso, que solapara o regime de Arbenz na Guatemala em 1954. Colocou no comando da força-tarefa de Cuba o vice-diretor de planejamento, Richard Bissell, que fora o idealizador do projeto do avião espião U-2. Dentre outros, estavam na equipe Tracy Barnes, um veterano de operações clandestinas que tivera importante atuação na Operação Sucesso, e Howard Hunt, o entusiasmado chefe da base da CIA em Montevidéu. Um membro cético do grupo era o chefe da divisão do hemisfério Ocidental da CIA, J. C. King, que advertiu que Cuba não era a Guatemala. King preferia uma "guerra suja" para desestabilizar o regime cubano, e era a favor do assassinato das principais figuras como Che, Raúl e Fidel. Dulles, porém, vetara essa opção em favor da montagem de uma força anticastrista, que teria sua ajuda para se firmar em Cuba.

Gerry Droller (que usava o codinome Frank Bender), o agente da CIA que se encontrara com Fidel em Nova York um ano antes, foi enviado a Miami a fim de recrutar combatentes cubanos no seio da comunidade de exilados. Droller logo providenciou para que os combatentes fossem treinados em um local secreto na Guatemala, com a conivência do general Ydigoras Fuentes, presidente guatemalteco.

Alguns dias depois, Che denunciou a cota sobre a exportação de açúcar aos Estados Unidos como a escravidão econômica do povo cubano. Segundo argumentou, ao pagar pelo açúcar cubano um preço acima do mercado internacional, os Estados Unidos obrigavam Cuba a manter sua economia baseada em um só produto primário, em vez de diversificá-la, criando um círculo vicioso que tornava o país dependente das importações norte-americanas. Esse ataque contra o sistema de cotas de importação de açúcar solapava diretamente uma das principais bandeiras de batalha agitadas a essa altura por Fidel. Ele criticava a ameaça de corte da cota como um exemplo da "agressão econômica" norte-americana. No entanto, significativamente, não criticou o comentário de Che.

Enquanto isso, Fidel continuava manobrando contra a mídia. Os donos da estação de televisão CMQ fugiram do país, e sua estação tornou-se propriedade do Estado. Paralelamente, o Ministério do Trabalho começara a usurpar a maior parte das funções da CTC. A essa altura, era o ministério, e não mais os sindicatos, que estabelecia os termos de emprego e as condições de trabalho.

VI

A aparência de Havana modificava-se de forma espetacular. Os dias de privilégios das classes alta e média de Cuba estavam chegando ao fim, e quantidades cada vez maiores de seus integrantes partiam para Miami nas barcas e pela ponte aérea. No final da primavera de 1960, cerca de 60 mil já tinham fugido. Estava desaparecendo a cidade que fora uma área de diversões para os norte-americanos, com seus iates clubes exclusivos, praias particulares, cassinos e prostíbulos, bem como bairros só para brancos. As roletas ainda giravam nos grandes hotéis, mas a maioria das prostitutas não estava mais nas ruas. Negros e *guajiros* vagavam pela cidade, armados e uniformizados, entoando slogans revolucionários.

Em vez de turistas, delegações comerciais e culturais chegavam de países do bloco socialista, juntamente com um fluxo crescente de atuais e futuros líderes do Terceiro Mundo. Intelectuais de esquerda europeus e latino-americanos afluíam para Havana a fim de participar de congressos culturais organizados pela revolução. Quando Simone de Beauvoir e Jean-Paul Sartre visitaram Cuba em fevereiro, o famoso casal francês foi ver Che e conversaram durante várias horas. Para Che deve ter sido uma tarefa muito gratificante servir de anfitrião para o filósofo cujas obras lera durante a juventude. Sartre, por sua vez, saiu do encontro extremamente im-

Che conversando com Simone de Beauvoir e Jean-Paul Sartre, que o visitaram quando estiveram em Cuba em 1960. Antonio Nuñez Jiménez está à esquerda.

pressionado. Quando Che morreu, escreveu que ele era "não apenas um intelectual, mas também o mais completo ser humano de nossa época".

Depois do discurso de duas horas que Fidel proferiu em resposta ao incidente do *La Coubre,* Sartre e Simone de Beauvoir andaram pelas ruas da Havana Antiga, onde viram, já em andamento, a campanha pública para arrecadação de fundos para a compra de novo carregamento de armas. Beauvoir ficou seduzida pelo estado de ânimo sensual e fervilhante. "Moças vendiam sucos de frutas e salgadinhos para levantar dinheiro para o Estado", escreveu ela mais tarde. "Artistas conhecidos dançavam ou cantavam nas praças para aumentar aquele fundo. Garotas bonitas, com suas fantasias vistosas de Carnaval, lideradas por uma banda, iam pelas ruas coletando donativos. 'É a lua de mel da revolução', disse-me Sartre. Nenhuma engrenagem, nenhuma burocracia, mas o contato direto entre dirigentes e povo, e uma massa de esperanças fervilhantes e ligeiramente confusas. Não duraria para sempre, mas era uma visão reconfortante. Pela primeira vez em nossa vida, testemunhávamos a felicidade atingida por meio da violência."

Em 23 de março, Che fez um discurso televisionado, intitulado "Soberania Política e Independência Econômica". Por meio da tomada revolucionária do poder, ele disse, Cuba atingira sua independência política, mas ainda não conquistara sua independência econômica, sem a qual não era na verdade uma nação politicamente soberana. Foram feitos alguns avanços contra os monopólios estrangeiros, na maioria norte-americanos, que antes controlaram a liberdade econômica de Cuba. As tarifas telefônicas e de eletricidade foram reduzidas, os aluguéis, rebaixados, as grandes propriedades de terra, entregues ao povo, mas a riqueza mineral, química e petrolífera da ilha ainda estava nas mãos de norte-americanos.

> É bom falar claro [...]. A fim de conquistar alguma coisa, temos de tirá-la de alguém [...]. Essa alguma coisa que temos de conquistar, a soberania do país, tem de ser tirada desse alguém chamado monopólio [...]. Isso significa que nossa estrada para a libertação será aberta com a vitória sobre os monopólios e, concretamente, sobre os monopólios norte-americanos.

A revolução tinha de ser "radical" e "destruir as raízes do mal que afligia Cuba", a fim de "eliminar a injustiça". Aqueles que se opunham às medidas da revolução, aqueles que resistiam a perder seus privilégios, eram contrarrevolucionários. Os trabalhadores filiados à CTC, então contida, já estavam contribuindo com 4% de seu salário para o programa de "industrialização". Estava na hora de o resto da sociedade carregar sua parcela do sacrifício revolucionário.

Che vinha, havia algum tempo, insistindo em que Cuba já não era apenas Cuba, mas a revolução, e a revolução era o povo; indo um passo mais adiante, o povo, Cuba e a revolução eram Fidel. Estava na hora de subir a bordo da nova nau do Estado, ou desembarcar. Tal como os homens do *Granma* tinham posto de lado sua vida pessoal, prontos para morrer se necessário fosse na guerra contra Batista, assim também todos os cubanos tinham então que se sacrificar pela meta comum da independência total. O inimigo bem que podia retaliar, advertiu ele. E, quando chegassem os soldados contrarrevolucionários, pagos talvez por aqueles mesmos monopólios cujos interesses estavam sendo afetados, Cuba seria defendida não por um punhado de homens, mas por milhões. Cuba inteira seria então uma Sierra Maestra e juntos, disse Che, citando Fidel, "nos salvaremos todos ou afundaremos todos".

Os estudantes universitários "individualistas", com sua mentalidade "de classe média", pareciam irritá-lo em especial. Talvez Che visse nos estudantes sua antiga personalidade egocêntrica, e isso mexia com ele. No começo de março, retornara à Universidade de Havana para recordar aos estudantes que eles tinham um dever a cumprir no desenvolvimento econômico de Cuba. O senso de vocação de um indivíduo não era justificativa para escolher uma carreira, um sentimento de dever revolucionário devia e iria tomar o lugar dessa vocação.

> Não acho que um exemplo individual tenha, estatisticamente falando, qualquer importância, mas comecei minha carreira estudando engenharia, terminei como médico, mais tarde me tornei comandante e agora vocês me veem aqui como um orador [...]. Ou seja, no âmbito das características individuais de uma pessoa, a vocação não desempenha um papel determinante [...]. Acho que as pessoas devem pensar constantemente nas massas e não nos indivíduos [...]. É um crime se pensar em indivíduos, porque suas necessidades passam inteiramente para segundo plano diante das necessidades do conglomerado humano.

Em termos práticos, isso significava que certas faculdades seriam ampliadas, outras reduzidas. Humanidades, por exemplo, era um campo que seria reduzido ao "mínimo necessário para o desenvolvimento cultural do país".

Em abril, o livro de Che, *A guerra de guerrilhas*, foi publicado pelo Departamento de Treinamento Militar do Inra. Ele o dedicou a Camilo Cienfuegos, que aparecia em foto na capa: seu velho camarada estava sentado em um cavalo, segurando um fuzil no alto, o rosto aberto em um sorriso debaixo de um chapéu de palha. "Camilo é a imagem do povo", escreveu Che. Trechos do livro foram amplamente publicados na imprensa cubana e, em pouco tempo, não só os cubanos, como os especialistas norte-americanos e latino-americanos em contrainsurreição, estudariam o manual com profundo interesse. No prólogo, "A essência da luta de guerrilhas", Che delineou o que considerava princípios básicos para outros movimentos revolucionários que buscassem emular o sucesso de Cuba:

1. *As forças populares podem ganhar uma guerra contra um Exército.*
2. *Não é necessário esperar pelas condições certas para começar a revolução; o foco insurrecional [grupo guerrilheiro] pode criá-las.*
3. *Na América Latina subdesenvolvida, a luta armada deve ser travada principalmente no campo.*

A guerra de guerrilhas era o guia completo do próprio Che para pretensos revolucionários na América Latina. Ele deu instruções de como construir armadilhas para tanques e trincheiras contra morteiros, explicou a utilidade das mulas como animais de carga e enfatizou a importância de um suprimento constante de sal. "Se a força estiver próxima do mar, pequenos secadores devem ser montados imediatamente." Escreveu que uma boa relação de trabalho com os camponeses locais era essencial para qualquer força de guerrilha. Os fazendeiros deviam ser encorajados a cultivar alimentos e gado para abastecer os combatentes. O gado "tomado de grandes proprietários de terra" deve ser morto para alimentação, e a pele, usada para fazer botas de couro.

A sabotagem era uma parte importante da guerra de guerrilhas, mas o uso do terrorismo deveria ser seletivo. "Terrorismo é valioso apenas quando usado para provocar a morte de algum notório líder das forças opressoras famoso pela crueldade, eficiência na repressão ou por outras qualidades que façam proveitosa a sua eliminação", escreveu Che. Os prisioneiros feridos devem sempre ser tratados decentemente, a menos que seus antecedentes os façam alvos da justiça revolucionária. Os guerrilheiros tinham de estar dispostos a dar a vida a qualquer momento pela causa. "A essência da guerra de guerrilhas é que cada um dos combatentes guerrilheiros está pronto para morrer, não para defender um ideal, mas, antes, convertê-lo em realidade."

Um pequeno bando de homens e mulheres que vivem no campo e enfrentam todas as adversidades, lutando e morrendo juntos pelos pobres e oprimidos, esse era o idealizado foco de Che. Era quase uma noção bíblica. Durante os anos seguintes, a teoria do foco seria testada repetidas vezes, não apenas pelo próprio Che, e os esforços quase sempre acabavam catastroficamente. O próprio sucesso da experiência revolucionária de Cuba trabalhou contra a maioria das tentativas futuras de repeti-la. Os governos na região foram prevenidos e guarnecidos, e nos anos posteriores, com apoio militar e da Inteligência dos Estados Unidos, demonstraram uma feroz e bem-sucedida determinação em suprimir insurgências no estilo da cubana no embrionário estágio do foco.

Dentro da própria Cuba, a oposição à revolução estava endurecendo. Um movimento clandestino começara a se formar sob a liderança de Manuel Ray, que lecionava na Universidade de Havana desde que fora afastado do governo. Outro setor abertamente dissidente era a militante Juventude Católica, cada vez mais vociferante desde a visita de Mikoyan. No campo, pequenos grupos contrarrevolucionários, inflamados pelas tomadas de terras sem indenização e pelo caos generalizado, tornavam-se ativos. Muitos deles compostos de homens que pertenceram ao Exército Rebelde. Em Oriente, Manuel Beatón, um dos velhos camaradas de Che, pegara em armas contra o Estado, assassinou outro dos ex-combatentes de Che, evidentemente por motivos pessoais, e fugiu para a Sierra Maestra, com vinte seguidores armados. Na antiga área de operações de Raúl, na Sierra Cristal, um de *seus* antigos combatentes, Higinio Díaz, também retornara à guerra, aliando-se a Jorge Sotús, veterano desafeto do 26 de Julho e que, em março de 1957, liderara os primeiros reforços rebeldes de Santiago para as montanhas. Formaram o Movimento de Resgate da Revolução (MRR), organizando-se em torno de Manuel Artime, ex-professor da Escola Naval que vivia no exílio em Miami. Com Artime em Miami, Díaz na serra e uma rede clandestina de apoio em Havana, o MRR tinha rapidamente atraído o olhar benevolente da CIA.

Não demorou muito para que os "ouvintes" de Fidel no meio da enorme comunidade de exilados em Miami captassem rumores sobre a campanha de recrutamento da CIA. No final de abril, Fidel acusou os Estados Unidos de estarem tentando criar uma "frente internacional" contra ele, e advertiu de que Cuba não era outra Guatemala. Na própria Guatemala, o presidente, Ydigoras Fuentes, em seguida acusou Che de tentar organizar uma força de invasão guerrilheira contra seu país. Em 25 de abril, os dois países romperam relações. Implacável, o programa da CIA continuou a se expandir. Propaganda anticastrista era transmitida para Cuba por meio de um radiotransmissor instalado na diminuta ilha Swan, perto das ilhas Cayman. O homem que operava a estação era David Atlee Phillips, que, seis anos antes, na Guatemala, chamara a atenção da agência pela primeira vez para Ernesto Guevara.

Um dos exilados cubanos que se juntaram à campanha de recrutamento da CIA nesse verão foi Félix Rodríguez. Estava então com dezenove anos e, após o fiasco da invasão em Trinidad no ano anterior, regressara para sua academia militar na Pensilvânia. Diplomou-se em junho de 1960 e retornou à casa dos pais em Miami, fugindo em seguida para se engajar no programa da CIA. Em setembro, se juntaria na Guatemala a várias centenas de exilados cubanos, que receberiam treinamento de guerrilha de um filipino, formado na West Point, e que combatera contra os japoneses e os comunistas em seu próprio país. Essa força acabaria sendo chamada de Brigada 2506.

No dia 1º de maio, Fidel falou na Plaza de la Revolución, que estava lotada de cubanos armados marchando diante do pódio. Elogiou as novas milícias e invocou a ameaça de uma invasão iminente. Os cubanos, como os espartanos, fincariam o pé, lutariam e morreriam sem medo. Também aproveitou a oportunidade para deixar claros dois pontos: se *ele* morresse, Raúl assumiria seu lugar como primeiro-ministro e, o que era mais importante, não haveria eleição alguma, pois "o povo" já governava Cuba, não havia necessidade de que se votasse. A multidão aplaudiu, repetindo a frase "*Revolución sí, Elecciones no!*", bem como um novo slogan: "*Cuba sí, Yanqui no!*".

Até então, o governo dos Estados Unidos estimava que as Forças Armadas de Cuba tinham dobrado para 50 mil desde janeiro de 1959, com mais 50 mil civis já incorporados nas novas milícias populares, e não se sabia quando esse processo se encerraria. Se o treinamento e o armamento prosseguissem livremente, Cuba em breve teria o maior Exército da América Latina. Os receios particulares de Washington de que Fidel podia já ter obtido apoio militar soviético tiveram novos fundamentos em 3 de maio, quando o Senado dos Estados Unidos ouviu os depoimentos de dois oficiais da era Batista: o ex-chefe de Estado-Maior, Tabernilla, e um coronel, Ugalde Carrillo. Este último acusou Fidel de construir bases para mísseis soviéticos em Ciénaga de Zapata. O ministro do Exterior cubano, Roa, prontamente repeliu a acusação e poucas pessoas lhe deram crédito na ocasião. Porém, no espaço de um ano, a ideia fantástica tornara-se realidade.

O comício militarista que Fidel organizara no 1º de Maio e sua decisão de restabelecer as relações diplomáticas com os soviéticos na semana seguinte provocaram a rodada decisiva entre seu governo e os órgãos de imprensa independentes que ainda sobreviviam em Cuba. Os editoriais do *Diario de la Marina* compararam Castro ao Anticristo e, poucos dias depois, seus escritórios foram atacados, ocupados pelos "trabalhadores", e suas oficinas gráficas fechadas em caráter definitivo. O editor pediu asilo e fugiu do país. No final do mês, os dois principais jornais independentes que sobravam, *Prensa Libre* e *El Crisol*, também foram postos fora de circulação, destino que logo teriam o *La Calle* e o *Havana Post*, este último publicado em inglês.

Os primeiros navios-tanques soviéticos já estavam cruzando o Atlântico com petróleo para Cuba, cumprindo parte do acordo de permuta assinado com

Mikoyan. As empresas Esso e Texaco, de propriedade norte-americana, e a Shell, britânica, que possuíam refinarias em Cuba, tinham até então suprido a ilha com petróleo proveniente da Venezuela. Mas Cuba havia algum tempo não pagava, e a conta pendente chegava a uns 50 milhões de dólares. Che Guevara, como presidente do Banco Nacional, era o homem a ser procurado a respeito do pagamento dessas faturas. O gerente norte-americano da Esso foi recebido com frieza e não teve nenhuma resposta clara quando perguntou a Che sobre o débito.

Che sentia-se agora confiante o bastante para enfrentar as companhias de petróleo norte-americanas, e contou a Alexiev que seu plano era lhes oferecer uma operação que sabia que não poderiam aceitar, dando-lhe assim o pretexto de que necessitava para tomar suas instalações. Alexiev aconselhou prudência, mas Che foi em frente de qualquer maneira. Em 17 de maio, informou às empresas petrolíferas norte-americanas que, para que ele pagasse o que lhes devia, cada uma delas teria de comprar 300 mil barris do petróleo soviético que estava chegando e processá-lo em suas refinarias. As empresas não responderam imediatamente, mas buscaram orientação em Washington, onde o governo as aconselhou a rejeitar a proposta de Che.

As atividades de oposição continuaram aumentando, bem como a repressão por parte do governo. Os membros de um grupo rebelde nas Escambray, composto sobretudo de estudantes da Universidade de Las Villas, foram capturados e fuzilados. O ex-dirigente da CTC David Salvador passou para a clandestinidade e pouco depois se uniu às forças do Movimiento Revolucionario del Pueblo (MRP), criado por Manuel Ray. O arcebispo de Santiago, Enrique Pérez Serantes, que anteriormente apoiara Fidel, emitiu uma carta pastoral que denunciava os novos laços comunistas de Fidel e parecia abençoar a propagação da violência antigovernamental. "É preferível derramar sangue a perder a liberdade", ele escreveu. Desejando ainda evitar uma confrontação com a Igreja, Fidel se manteve em silêncio. Em Miami, a CIA conseguiu fundir o MRR com um grupo anticastrista liderado por Tony Varona, ex-primeiro-ministro de Prío. O resultado foi a Frente Democrático Revolucionario (FDR), que visava proporcionar o componente político da força militar que era treinada na Guatemala.

Enquanto os dissidentes formavam grupos separados com programas de ação diferentes para se opor a Fidel, sua revolução adquirira um impulso que não podia ser detido. Em junho, ele ordenou a tomada de três hotéis de luxo em Havana, justificando o ato com os mesmos fundamentos das "intervenções" anteriores feitas nas fábricas por Che: seus proprietários estavam intencionalmente deixando de provê-los, tornando-os não lucrativos, e por isso era necessário que o Estado se apossasse deles. Fidel também levou adiante o desafio lançado por Che às empresas petrolíferas norte-americanas. Fariam como Cuba solicitara e processariam o petróleo soviético, declarou ele, ou enfrentariam o confisco de suas propriedades. Dias depois, Cuba expulsou dois diplomatas norte-americanos, acusando-os de espionagem; em resposta, os Estados Unidos expulsaram três diplomatas cubanos.

A guerra de nervos foi rapidamente crescendo de intensidade. Fidel advertiu os Estados Unidos de que estavam correndo o risco de perder todas as suas propriedades em Cuba. Tomaria um engenho de açúcar para cada libra-peso de açúcar que fosse cortada da cota de exportação de Cuba. Em 29 de junho, dia em que dois petroleiros soviéticos atracaram em Cuba, ele ordenou que as instalações cubanas da Texaco fossem tomadas. Depois de 24 horas, tomou as da Esso e da Shell. De um só golpe, Cuba livrara-se de uma dívida de 50 milhões de dólares e ganhara uma indústria de refinamento de petróleo.

Em 3 de julho, o Congresso dos Estados Unidos autorizou o presidente Eisenhower a cortar a cota de açúcar de Cuba. Fidel respondeu legalizando a nacionalização de todas as propriedades norte-americanas em Cuba. Em 6 de julho, Eisenhower cancelou a cota de açúcar de Cuba para o resto do ano, o equivalente a 700 mil toneladas. Qualificando esse ato de "agressão econômica", Fidel então fez claras insinuações sobre seu acordo de armas com os soviéticos, dizendo que logo teria os armamentos de que necessitava para armar suas milícias. De forma preocupante, mandou também que seiscentas empresas de propriedade norte-americana registrassem todos os bens que possuíam em Cuba.

Kruschev então entrou no jogo abertamente. Em 9 de julho, advertiu os Estados Unidos, assinalando que falava de forma figurada, que, "caso surgisse a necessidade, os artilheiros soviéticos poderiam apoiar o povo cubano com disparo de mísseis". Ressaltou que os Estados Unidos estavam então no raio de alcance da nova geração dos mísseis balísticos intercontinentais soviéticos. Eisenhower condenou as ameaças de Kruschev e avisou que os Estados Unidos não permitiriam um regime "dominado pelo comunismo internacional" no hemisfério Ocidental. No dia seguinte, Kruschev anunciou que a União Soviética compraria as 700 mil toneladas de açúcar cortadas da cota de importação norte-americana.

Em Havana, Che brandiu feliz um punho fechado na direção de Washington, dizendo que Cuba estava protegida "pela maior potência militar da Terra; as armas nucleares agora se antepõem ao imperialismo". Nikita Kruschev insistiu em que falara unicamente de forma figurada, mas o mundo logo descobriria que a ameaça era muito verdadeira. E Che fora o primeiro a dizê-lo.

VII

Em julho de 1960, a esposa de Che, Aleida, estava quase no quinto mês de gravidez do primeiro bebê do casal. Sua vida de casado atingira uma paz e normalidade relativas. A transferência de Che para o Banco Nacional colaborara, uma vez que Aleida e Hilda, que então trabalhava na Prensa Latina, não eram mais obrigadas a se verem todos os dias.

Che e Aleida tinham-se mudado de novo, com seu hóspede permanente Fernández Mell a reboque, para uma agradável casa de dois andares, de estilo neocolonial, com jardins, no bairro residencial de Miramar, na esquina da rua 18 com a Sétima Avenida. Do outro lado da rua, morava Regino Boti, economista formado em Harvard, um dos poucos moderados que ainda permaneciam em seus cargos no Ministério da Economia. A um quarteirão e meio de distância, instalado em uma bela mansão de estilo neocolonial na Quinta Avenida, estava o quartel-general da Segurança Nacional Cubana.

Para a alegria de Che, seu velho amigo e companheiro de viagem, Alberto Granado, apareceu a tempo para as comemorações do 26 de Julho. Oito anos tinham-se passado desde que Fuser se despedira de Míal, em Caracas, prometendo voltar depois de terminar seus exames na Faculdade de Medicina. Granado continuara seu trabalho no leprosário e se casara com uma venezuelana. O nascimento de seu primeiro filho coincidira com as manchetes sobre o desembarque do *Granma* e com as notícias falsas sobre a morte de Ernesto Guevara. Granado estava visitando a família na Argentina quando chegou a notícia da fuga de Batista, e celebrou a chegada de Che a Havana com o clã dos Guevara. Quando soube que Che acompanharia Fidel a Caracas, em 1959, Granado aguardou ansiosamente sua chegada e ficou desapontado por ele não ter ido. No entanto, tinham se correspondido, e então, finalmente, Granado e a família conseguiram ir a Cuba.

Granado passava o máximo possível de tempo com Che e foi com ele cumprimentar o capitão de um dos primeiros petroleiros soviéticos que transportaram petróleo russo para Cuba. Com Granado ao seu lado, Che disse ao capitão que estava grato "por ter amigos que davam uma mão na hora em que era preciso". Se as palavras de Che eram uma indireta para Granado, surtiram efeito. Em poucos meses, Granado abandonou seu cargo na faculdade na Venezuela, reuniu a família e se mudou para Cuba, onde também podia dar uma mão. Começaria a ensinar bioquímica na Universidade de Havana.

Dr. David Mitrani, amigo de Che e colega no Hospital Geral da Cidade do México, também foi para as celebrações do 26 de Julho. Mitrani, nascido de imigrantes judeus europeus e sionista, fora para Israel a fim de trabalhar em um kibutz um mês antes de Che embarcar no *Granma*. Embora tivessem discutido por causa de política, pois Che qualificara o sionismo de "reacionário", eram amigos e ambos se consideravam dedicados à causa do socialismo. Depois de conhecer Fidel no México, Che insistira com Mitrani para que se juntasse à aventura revolucionária cubana e ridicularizara seu plano de "ir colher batatas" em Israel. Mitrani dissera na época ao amigo que achava que Fidel estava "cheio de merda" e que seu plano de invadir Cuba era loucura. Ainda que a amizade tivesse permanecido intacta, perderam contato depois de partirem em aventuras separadas. Quando Mitrani regressou de Israel para o México, na véspera da vitória rebelde em Cuba, mandara um telegrama a Che felicitando a ele e a seus camaradas.

Desde então, Mitrani estabelecera uma clínica médica particular na Cidade do México. Mantivera-se a par das notícias de Cuba e ficara chocado ao saber do papel que seu amigo desempenhara nas execuções revolucionárias. Porém, quando recebeu o convite de Che para ir a Cuba em 1960, aceitou. Antes de viajar, encontrou-se com o presidente mexicano, Adolfo López Mateos, que lhe pediu que trouxesse para ele um exemplar com dedicatória do livro de Che, *A guerra de guerrilhas*. O embaixador israelense no México solicitou que ele utilizasse seu contato com Che para ver se as relações com Cuba poderiam ser melhoradas. Por acaso, um parente de Mitrani era o embaixador israelense em Cuba.

Em Havana, Mitrani ficou hospedado no elegante Hotel Nacional e foi chamado por Che para almoçar na sala de jantar privada do Banco Nacional. Che estava com espírito irônico e lhe disse: "Sei que você é um burguês, de modo que preparei uma refeição especial para você, com vinho e tudo". Mitrani achou-o mais cáustico do que se lembrava que fosse, com um senso de humor cortante. Encontraram-se várias vezes, sempre no banco, e nos primeiros encontros sempre havia outras pessoas presentes. Só na terceira ou quarta visita foi que Mitrani achou que podia falar abertamente.

Che perguntou se ele queria ir a Oriente, onde Fidel faria o seu discurso do 26 de Julho, e Mitrani respondeu que não. Explicou que viera a Cuba para ver Che, não Fidel. Não tentou ocultar sua velha antipatia pelo líder cubano. (A época em que Cuba adotaria a posição soviética a favor da OLP ainda estava vários anos para o futuro.) Che acabou falando francamente com Mitrani sobre a revolução. "Nos primeiros dias de agosto, vamos transformar este país em um Estado socialista", disse-lhe. Pelo menos isso era o que desejava e esperava, e explicou que o próprio Fidel ainda não estava inteiramente convencido, porque ele não era um socialista. Che ainda tentava convencê-lo.

Mitrani levantou a questão que mais o incomodava: o papel de Che nas execuções. Mitrani lhe disse que não podia compreender seu envolvimento, já que ele nem mesmo era cubano e não tinha sofrido nas mãos dos batistianos. De onde viera esse ódio, esse desejo de vingança? "Olhe", respondeu-lhe Che, "nessa coisa você tem de matar antes que eles o matem." Mitrani abandonou o assunto, mas continuou perturbado pela lógica do amigo, era algo que ele jamais conseguiria conciliar com o Ernesto Guevara que conhecera.

Antes da partida de Mitrani, Che lhe deu uma das novas cédulas cubanas com sua assinatura e três exemplares com dedicatória do livro *A guerra de guerrilhas*: para ele mesmo; para seu mentor no México, dr. Salazar Mallén; e para o presidente López Mateos. Sua dedicatória para Mitrani dizia: "Para David, na esperança de que volte novamente para o caminho certo".

VIII

Em seu triunfante discurso do 26 de Julho em Oriente, Fidel adotou o que fora até então a visão pessoal de Che, advertindo seus vizinhos latino-americanos de que, a menos que eles melhorassem as condições de vida de seus povos, "o exemplo de Cuba converterá a cordilheira dos Andes na Sierra Maestra do hemisfério". Fidel podia alegar que estava falando apenas metaforicamente, mas é claro que não estava.

A combinação da adoção por Fidel do seu esquema de "guerrilha continental" e a ameaça velada de Kruschev a Washington deixaram Che muito excitado. Dois dias depois, perante os delegados do Primeiro Congresso Latino-Americano da Juventude, ele se mostrou atipicamente emocional.

> Este povo [de Cuba] que vocês veem hoje lhes diz que, mesmo que tenham que desaparecer da face da Terra porque uma guerra atômica foi desfechada em seu nome [...], se sentiria plenamente feliz e realizado se cada um de vocês, ao chegar a suas terras, pudesse dizer:
>
> "Aqui estamos nós. Nossas palavras vêm úmidas das selvas cubanas. Subimos a Sierra Maestra e conhecemos a alvorada, e nossas mentes e nossas mãos estão cheias com a semente da alvorada, e estamos preparados para plantá-la nesta terra e defendê-la para que floresça."
>
> E, de todas as nações irmãs da América e de nossa terra, se ela ainda sobreviver como um exemplo, a voz dos povos lhes responderá, daquele momento em diante, para sempre: "Assim será: que a liberdade seja conquistada em cada canto da América!".

Mais uma vez, Che invocava o espectro da morte, agora visualizado em uma escala realmente imensa, para exaltar a beleza do sacrifício coletivo pela libertação. Falou com a convicção sincera de alguém sem quaisquer dúvidas sobre a pureza de sua causa. Che Guevara, com 32 anos, tornara-se o sumo sacerdote da revolução internacional. Havia muitos ouvintes ansiosos, jovens esquerdistas do Chile até Porto Rico. Ele aplaudiu Jacobo Arbenz, que estava presente, agradecendo-lhe de forma curiosa por seu "valente exemplo" na Guatemala: os cubanos aprenderam com as "fraquezas" de seu governo e foram capazes de "ir às raízes das questões e decapitar de um só golpe os que estavam no poder e os capangas dos que estavam no poder". Em Cuba, disse ele, fizeram o que *tinha* de ser feito: usaram o *paredón*, o pelotão de fuzilamento, e expulsaram os monopólios, a despeito daqueles que pregaram a moderação, os quais, de qualquer modo, disse ele, acabaram se revelando traidores na sua maioria. "Moderação é outro dos termos que os agentes coloniais gostam de usar", ele disse. "Todos aqueles que têm medo ou que consideram alguma forma de traição são moderados [...]. Porém, o povo não é, de forma alguma, moderado."

Logo em seguida, Che atacou o presidente anticomunista da Venezuela, Rómulo Betancourt, por quem sentia desprezo desde seu encontro em 1953, e com quem as relações de Cuba claramente azedaram. Che disse que o governo de Betancourt era "um prisioneiro de seus próprios bandidos". Advertiu que "o povo [venezuelano] não permanecerá por muito tempo prisioneiro de algumas baionetas ou de umas poucas balas, pois as balas e as baionetas podem mudar de mãos, e os assassinos podem acabar mortos". Che estava aludindo ao uso violento que Betancourt fizera de suas forças de segurança para abafar a crescente onda de demonstrações de rua contra suas políticas e o recente surto de oposição política marxista a seu governo. Em maio, a ala jovem de esquerda do próprio Partido de Betancourt separara-se para formar o Movimiento de Izquierda Revolucionaria (MIR), inspirado no exemplo revolucionário de Cuba e, dentro de pouco tempo, os *miristas* lançariam uma insurreição contra Betancourt, com a colaboração do Partido Comunista venezuelano.

Falando, no final de agosto, para um grupo de estudantes de medicina, trabalhadores no setor de saúde pública e milicianos a respeito de "medicina revolucionária", Che preparou-os para a possibilidade de que Cuba estivesse dentro em breve travando uma guerra de guerrilhas "do povo" em grande escala. A nova geração de médicos de Cuba devia juntar-se às milícias revolucionárias, "a maior expressão da solidariedade do povo", e praticar a "medicina social", dar corpos sadios aos cubanos que a revolução libertara. Apresentando a sua própria vida como exemplo, Che disse à multidão que, quando começara a estudar medicina, sonhara em se tornar um pesquisador famoso. "Sonhei trabalhar sem descanso para ajudar a humanidade, mas isso fora concebido como uma conquista pessoal", ele lembrou. Foi apenas depois de se formar e de viajar pela América Latina, cheia de miséria, fome, doenças, que sua consciência política começara a se fazer sentir. Na Guatemala, começou a estudar os meios pelos quais poderia se tornar um médico revolucionário, mas aconteceu a derrocada da experiência socialista naquele país. "Percebi então um fato fundamental: para ser um médico revolucionário ou simplesmente ser revolucionário, é preciso que primeiro haja uma revolução. O esforço isolado de um homem, independentemente da pureza de seus ideais, não tem nenhum valor. Para ser útil, é essencial fazer uma revolução, como fizemos em Cuba, onde toda a população se mobiliza e aprende a usar armas e a combater coesa. Os cubanos aprenderam o valor que existe em uma arma e na união do povo."

Portanto, no coração da revolução estava a eliminação do indivíduo. "O individualismo em si, como a ação isolada de uma pessoa sozinha em um ambiente social, tem de desaparecer em Cuba. O individualismo de amanhã deve ser a utilização adequada do indivíduo por inteiro para o benefício absoluto da comunidade." A revolução não era "uma padronizadora da vontade coletiva"; ao contrário, era "a libertadora da capacidade individual do homem", pois orientava essa capacidade a serviço da revolução.

Na sua fala aos estudantes de medicina, Che experimentou usar uma expressão que cristalizava um conceito que vinha desenvolvendo havia algum tempo, e que logo seria sinônimo dele próprio: o "novo homem".

> Como se pode reconciliar o esforço individual com as necessidades da sociedade? Temos novamente de recordar como foi a vida de cada um de nós, o que cada um de nós fez e pensou, como um médico ou em qualquer outra função no setor de saúde, antes da revolução. Temos de fazer isso com um profundo entusiasmo crítico. E então chegaremos à conclusão de que quase tudo que tínhamos pensado e sentido em épocas anteriores deve ser arquivado e deixado para trás, e um novo tipo de ser humano deve ser criado. E se cada um de nós for o seu próprio arquiteto desse novo tipo humano, então será muito mais fácil criar esse novo tipo de ser humano, que será representativo da nova Cuba.

Poucos dias depois, Che conheceu René Dumont, economista marxista francês que tentava ajudar Cuba na sua difícil conversão ao socialismo. Depois de extensas viagens pelo país, Dumont concluíra que um dos maiores problemas das cooperativas agrícolas recém-implantadas era que seus trabalhadores não se sentiam donos de coisa alguma. Insistiu com Che para que contemplasse um esquema pelo qual os trabalhadores que executassem tarefas adicionais durante a entressafra para manter as cooperativas fossem remunerados, dando-lhes uma sensação de copropriedade.

Segundo Dumont, Che reagiu violentamente à ideia. Che argumentou que os trabalhadores cubanos precisavam não de uma sensação de propriedade, mas sim de um sentimento de responsabilidade, e explicou o que queria dizer com isso. Dumont escreveu que Che tinha "uma espécie de visão ideal do Homem Socialista, que se tornaria um estranho para o lado mercantilista das coisas, trabalhando pela sociedade e não pelo lucro. Ele se mostrou muito crítico do êxito industrial da União Soviética, onde, segundo ele, todos trabalham, se esforçam e tentam ir além da sua cota, mas apenas para ganhar mais dinheiro. Não achava que o Homem Soviético fosse realmente um novo tipo de homem, pois não o considerava, na realidade, em nada diferente de um ianque. Ele se recusava a participar conscientemente da criação em Cuba 'de uma segunda sociedade norte-americana'". Até onde Dumont foi capaz de entender, Che parecia advogar uma tentativa de saltar etapas na transformação socialista da sociedade de Cuba, passando diretamente do capitalismo para o comunismo, muito parecido com o que Mao tentara fazer na China em 1956 com a sua campanha radical do Grande Salto para a Frente, de coletivização forçada. "Em suma, Che estava muito à frente do seu tempo. Em pensamento, já entrara em uma etapa comunista."

Che então admitiu abertamente as influências comunistas na revolução em Cuba, enquanto se empenhava em um certo revisionismo pesado para provar que elas tinham surgido espontaneamente. Afirmava que, só depois de ele e seus camaradas terem lutado contra as táticas de cerco e aniquilamento do Exército de Batista na Sierra Maestra, "um panfleto de Mao caiu em nossas mãos". Foi então que os rebeldes descobriram que vinham combatendo com praticamente as mesmas táticas usadas por Mao contra inimigos afins. Analogamente, foi vendo as necessidades dos camponeses na Sierra Maestra, que levaram os líderes rebeldes ao limiar do esclarecimento político. Perguntara retoricamente: a revolução era comunista? "Caso fosse marxista, e veja bem que eu disse marxista, o seria porque [a revolução] descobriu os caminhos assinalados por Marx por meio de seus próprios métodos." Che estava indo muito mais longe do que Fidel. Ainda transcorreriam nove meses antes de *el jefe máximo* admitir publicamente que sua revolução tinha uma "natureza socialista".

Se havia um crescente desencanto entre alguns dos antigos aliados de Fidel, pois nesse verão outros muitos camaradas em armas se demitiram de seus cargos, o desencanto também se espalhava no PSP. Apesar de todos os ganhos que conseguira desde janeiro de 1959, era evidente que o Partido Comunista estava ficando cada vez mais subordinado a Fidel. Sua preeminência fora abençoada por Kruschev, que, ao que constava, lhe havia mandado um recado particular em maio indicando que o Kremlin "não considera qualquer partido como intermediário" entre Fidel e ele próprio. Comunista ou não, o que se estava erigindo em Cuba era um culto de personalidade à moda antiga.

Miguel Ángel Quevedo, proprietário e editor da *Bohemia*, teve sua fé diminuída depois de comparar Fidel a Cristo no ano anterior. Fechou sua revista e fugiu de Cuba. Antes de partir, acusou Fidel de entregar Cuba a um vergonhoso estado de "vassalagem russa". O ex-primeiro-ministro Miró Cardona também partiu para os Estados Unidos, onde logo se juntou às forças anticastristas. A Juventude Católica realizou um enorme comício anticomunista em Santiago. Um padre e alguns membros do grupo foram presos, após um tiroteio no qual dois policiais foram mortos. O cardeal Arteaga publicou uma carta pastoral que criticava duramente o governo. Dessa vez, Fidel reagiu, queixando-se das "provocações sistemáticas" da Igreja.

Enquanto a eleição presidencial nos Estados Unidos entrava em sua fase final, o combate entre Washington e Havana se acelerara. Cuba tornara-se a questão central da campanha, com cada um dos candidatos, o vice-presidente Nixon e o senador Kennedy, prometendo ser mais duro com Cuba do que o outro. Kennedy ridicularizou a política de "não fazer nada" do governo Eisenhower, que dera origem à crise de então. *Seu* governo, disse ele, adotaria medidas enérgicas para restaurar a "democracia" em Cuba.

As acusações de Kennedy tocaram fundo. A Casa Branca fez aprovar leis para impor sanções aos países que comprassem açúcar cubano com empréstimos norte-americanos e para suspender a ajuda na área de segurança às nações que dessem *qualquer* auxílio a Cuba. Um debate sobre "quem perdeu Cuba?" foi iniciado no Departamento de Estado. A seguir, os Estados Unidos levaram o caso para a Organização dos Estados Americanos e, acenando com a promessa de uma nova ajuda externa em uma conferência de ministros da OEA, na Costa Rica, fizeram aprovar uma declaração unânime condenando qualquer intervenção no hemisfério por "uma potência extracontinental", em uma clara referência à crescente parceria de Cuba com a União Soviética.

Fidel reagiu à "Declaração de San José" com uma indignação apaixonada. Em 2 de setembro, divulgou o que se tornaria conhecida como a Declaração de Havana, delineando a posição de Cuba no hemisfério como um exemplo revolucionário e, sem empregar a palavra "socialista", proclamou a determinação de Cuba de defender os direitos dos oprimidos de lutarem contra a exploração, o capitalismo e o imperialismo. Acrescentou que, se os Estados Unidos ousassem atacar seu país, ele acolheria os mísseis oferecidos por Kruschev. Por último, anunciou ele, seu governo reconheceria oficialmente a China comunista.

Logo depois de sua Declaração de Havana, Fidel fez uma viagem turbulenta a Nova York, para a abertura da sessão da Assembleia Geral das Nações Unidas. Dessa vez ele se empenhou em ser o mais irritante possível. Acampou em um hotel no Harlem, o Theresa, na rua 125, alegando demonstrar solidariedade com os oprimidos negros norte-americanos. Recebeu Kruschev, que lhe deu um enorme abraço, e se encontrou com os "anti-imperialistas", como Kwame Nkrumah, Nasser e Nehru. Os presidentes da Polônia e da Bulgária, do bloco soviético, também lhe fizeram visitas. Na Assembleia Geral, Fidel e Kruschev formaram uma sociedade de elogios mútuos. Fazendo eco um ao outro em discursos que louvavam a Revolução Cubana, acusavam os Estados Unidos de agressão, conclamavam o desarmamento nuclear mundial e advogavam a reforma das Nações Unidas para torná-la mais não alinhada.

A maior crise enfrentada pela ONU naquele momento estava no Congo. A Bélgica concedera a independência a sua ex-colônia no fim de junho, mas no tumulto violento que se seguiu, as tropas belgas ocuparam grande parte do país. Os soviéticos, os norte-americanos e as Nações Unidas intervieram, apoiando diversas facções. Joseph Mobutu, o chefe de Estado do Exército congolês, que era apoiado pela CIA, tomara o poder em um golpe em 14 de setembro e ordenara aos soviéticos que deixassem o país. Kruschev protestou contra o envolvimento da ONU na situação. Basicamente, acusou o secretário-geral, Dag Hammarskjöld, de ser um fantoche do Ocidente. A delegação cubana o aplaudiu. Fidel chamou atenção por pronunciar o mais longo discurso registrado na história das Nações Unidas, com mais de quatro horas de duração. Fidel e sua comitiva espalhafatosa foram apelidados pela imprensa de "o Maior Espetáculo da Terra".

Fidel voltou para Havana a bordo de um avião Ilyushin soviético, emprestado depois que seu próprio avião foi apreendido em consequência de um processo de uma agência de publicidade em Miami por dívidas não pagas. Fidel logo começou a desmantelar os últimos vestígios da influência norte-americana enquanto simultaneamente segurava o controle da revolução. Em 28 de setembro, criou os Comitês para Defesa da Revolução (CDRS), que eram uma rede nacional de organizações cívicas, com os moradores de cada quarteirão, em todas as cidades, grandes ou pequenas, de Cuba, formando um comitê visando assegurar a implementação dos decretos revolucionários e prover uma malha de agentes de base para o aparelho da segurança nacional.

Em Havana, a embaixada dos Estados Unidos começou a aconselhar todos os cidadãos norte-americanos a deixarem a ilha. O recrutamento e o treinamento no uso de armas para a milícia nacional, que, segundo Fidel, já tinha mais de 200 mil homens, tornaram-se a nova prioridade nacional.

Ironicamente, a grande quantidade de exilados cubanos que a essa altura queriam pegar em armas *contra* Fidel estava causando algumas dores de cabeça para a CIA. Em Miami, Justo Carrillo se afastou da aliança anticastrista montada pelos norte-americanos, irritado com a participação crescente de ex-batistianos. Em acampamentos na Guatemala, havia então uns seiscentos homens sendo treinados, com grupos menores recebendo treinamento especializado de guerrilha no Panamá e no estado de Louisiana. Em Havana, o grupo de Manuel Ray realizou um audacioso ataque contra La Cabaña e libertou alguns dos oficiais que tinham sido presos junto com Huber Matos. Posteriormente, Ray conseguiu fugir para os Estados Unidos. O que faltava em todos esses esforços avulsos era algum grau de coesão ou um líder forte o bastante para unir e dobrar os outros à sua vontade. Em suma, os antifidelistas não tinham um Fidel.

No início de outubro, um grupo armado de cubanos e um norte-americano foi capturado em Oriente, depois de um tiroteio com tropas governistas. Alguns dias depois, soldados cubanos apreenderam um depósito de armas e munição lançadas por um avião da CIA nas montanhas Escambray. A essa altura, havia nas Escambray cerca de mil rebeldes, que a CIA abastecia por meio de lançamentos aéreos de armas e suprimentos. Estavam sendo auxiliados na área pelo mercenário norte-americano expatriado William Morgan e um de seus velhos camaradas, o ex-chefe da Segunda Frente, Jesús Carreras. Tendo aprendido bem a lição com suas próprias dificuldades na Sierra Maestra, Fidel ordenou ao Exército e às milícias que fizessem a evacuação em massa de todos os camponeses da área, a fim de isolar os rebeldes de suas fontes de comida e informações. Em pouco tempo, a maioria dos rebeldes, dentre eles Morgan e Carreras, fora dispersa ou capturada e abatida por pelotões de fuzilamento. No entanto, as Escambray ainda continuariam sendo um foco de atividade contrarrevolucionária durante vários anos.

Che, Raúl e Fidel compareceram às comemorações do 11º aniversário da fundação da República Popular da China, organizadas pelo chefe da nova delegação comercial chinesa em Cuba. Foram assinados acordos comerciais com a Hungria e com a Bulgária. Fidel convidou Jean-Paul Sartre e Simone de Beauvoir para visitarem Cuba novamente, e eles foram, mas dessa vez não ficaram maravilhados. "Havana tinha mudado. Não havia mais casas noturnas, não havia mais cassinos, não havia mais turistas norte-americanos. No Hotel Nacional, praticamente vazio, alguns membros muito jovens da milícia, rapazes e moças, estavam realizando uma conferência. Por todos os lados, nas ruas, a milícia estava em treinamento", escreveu Beauvoir. A atmosfera estava tensa com os rumores de invasão, e um notável ar de uniformidade repressiva foi permeando a vida cubana. Quando Sartre e Beauvoir perguntaram aos operários de uma fábrica de tecidos de que modo a vida deles tinha sido beneficiada pela revolução, um dirigente sindical rapidamente tomou a frente do grupo para falar em nome de todos, repetindo os dogmas do governo. Na área cultural, chegara o "realismo socialista" no estilo soviético. Escritores comentaram com o casal de franceses que começaram a praticar a autocensura, e o poeta Nicolás Guillén informou-lhes que considerava "toda a pesquisa sobre técnica e forma como contrarrevolucionária". Foram embora depois de poucos dias, com Simone concluindo que "[em Cuba havia] menos alegria, menos liberdade, porém muitos avanços em certas frentes". Como exemplo destes últimos, ela citou a visita a uma cooperativa agrícola que a deixara impressionada. Mesmo assim, "a 'lua de mel da revolução' tinha acabado".

IX

Em 11 de outubro, Che chamou ao seu gabinete o homem mais rico de Cuba, o magnata do açúcar Julio Lobo. Proprietário de extensas áreas de terras produtivas, a essa altura desapropriadas, e de treze engenhos de açúcar, Lobo era uma força a ser levada em consideração. Era uma incógnita. Um homem culto, famoso por sua coleção de obras de arte e de objetos da era napoleônica, recusara-se a deixar Cuba e a emprestar sua voz à enxurrada de protestos anticastristas. Dentro de poucos dias, Fidel tomaria os engenhos de açúcar e Che queria convencer Lobo a permanecer no país. Alfredo Menéndez, que administrava os engenhos de açúcar do Estado para o Inra, foi avisado com antecedência sobre a oferta que Che faria a Lobo: um salário mensal de 2 mil dólares e o direito de manter qualquer uma das suas residências que mais pareciam palácios. "Nós realmente não queríamos que ele partisse", disse Menéndez. "Todo aquele talento era o que Che queria."

A própria ideia de oferecer um salário desses a um homem cuja fortuna estava avaliada em centenas de milhões de dólares poderia parecer absurda, mas, talvez, mais do que tudo, ela refletisse a singular devoção de Che ao seu ideal, e sua crença de que outras pessoas, inclusive Julio Lobo, poderiam compartilhá-lo. Preocupado pela fuga de cérebros de Cuba, com os técnicos e administradores experientes partindo, tentara muitas vezes convencer pessoal especializado —

homens como Napoleón Padilla, por exemplo — a ficar, prometendo honrar seus salários da era capitalista. Nos termos da "nova Cuba", o salário que ofereceria a Lobo era elevado. O próprio Che tinha recusado um salário mensal de mil dólares, que lhe era devido como presidente do Banco Nacional, por uma questão de princípio, aceitando apenas os 250 dólares que recebia na sua condição de comandante.

Che informou a Lobo que chegara a hora de tomar uma decisão: a revolução era comunista e Lobo, como um capitalista, não podia continuar como estava, e sim ficar e ser parte dela ou tinha de ir embora. Lobo corajosamente lembrou que Kruschev acreditava na "coexistência pacífica" entre os sistemas políticos e econômicos do mundo, ao que Che retrucou que uma proposição dessas "era possível entre nações, mas não *dentro* de uma".

Che expôs então sua oferta. Lobo foi convidado a se tornar administrador da indústria açucareira de Cuba. Perderia suas propriedades, mas teria permissão para ficar com a receita de um de seus engenhos. Ele disse que precisava de tempo para pensar, mas já tomara sua decisão. Foi para casa e dois dias depois voou para Miami. No dia seguinte, o governo nacionalizou todos os bancos e todas as grandes empresas comerciais, industriais e de transportes de Cuba. Todos os engenhos de açúcar e residências de Lobo, com tudo que havia neles, foram tomados; sua coleção de objetos da era napoleônica acabou sendo transformada em um museu do Estado.

Uma segunda lei de reforma urbana proibiu que qualquer cubano fosse dono de mais de uma casa e tomou todos os imóveis alugados, transformando seus moradores em inquilinos do Estado. Em 19 de outubro, Washington reagiu aos últimos confiscos em massa, que tinham afetado muitas companhias norte-americanas, impondo um embargo comercial a Cuba e proibindo todas as exportações para a ilha, exceto de alimentos e medicamentos. Em 25 de outubro, Fidel nacionalizou 166 empresas de propriedade norte-americana, na realidade assinando a certidão de óbito de todos os interesses comerciais norte-americanos que restavam em Cuba. Fidel vangloriava-se de que dispunha tanto das pessoas como das armas de que necessitava para repelir uma invasão. A essa altura, Washington sabia que sua afirmação era verdadeira. Em 28 de outubro, o governo norte-americano apresentou um protesto à OEA acusando Cuba de ter recebido do bloco soviético, a partir do verão, carregamentos "substanciais" de armas. No dia seguinte, o embaixador Bonsal foi chamado de volta a Washington para "consultas demoradas". Ele nunca voltou a Cuba. Nessa época, Che estava em Praga, a caminho de Moscou.

X

No dia 7 de novembro, em Moscou, Che ocupou um lugar de honra, ao lado de Nikita Kruschev, na Praça Vermelha, sob o frio do inverno, assistindo à parada militar anual em comemoração ao 43º aniversário da Revolução de Outubro. Nikolai Leonov, seu intérprete, ficou observando do palanque destinado ao corpo diplomático. Momentos antes, Che estivera a seu lado, tremendo de frio, quando um mensageiro viera informá-lo de que estava sendo convidado para ir se juntar a Kruschev. Leonov recordou que "Che disse que não, pois não se sentia suficientemente importante para estar em um lugar tão sagrado para ele". O mensageiro foi embora, mas voltou pouco depois. O premier soviético insistia. Che virou-se para Leonov e perguntou o que devia fazer. Leonov disse-lhe que fosse. Até onde sabia Leonov, era a primeira vez que uma pessoa que não era chefe de Estado "ou, pelo menos, chefe de um partido" era convidada a ficar na tribuna sagrada do Soviete Supremo, erguida sobre a tumba de mármore vermelho onde o corpo embalsamado de Lênin ficava em exposição.

José Pardo Llada também estava na Praça Vermelha nesse dia, como membro de uma delegação da imprensa cubana convidada pela União dos Jornalistas

Em novembro de 1960, Che viajou para Moscou, onde se encontrou com Nikita Kruschev. Nikolai Leonov, intérprete de Che e funcionário da KGB, está ao seu lado.

Soviéticos. Vendo Guevara no terraço exclusivo do Presidium, com Nikita Kruschev junto dele e rodeado pelos dignitários do mundo comunista, ele observou que "Guevara, em meio à parafernália internacional do comunismo, parecia satisfeito, radiante, feliz".

Che estava em sua primeira excursão pelo bloco comunista, em uma viagem de dois meses que o levou a Praga, Moscou, Leningrado [hoje São Petersburgo], Stalingrado [hoje Volgogrado], Irkutsk, Pequim, Xangai, Pyongyang e Berlim. O objetivo principal da viagem de Che era assegurar a venda daquela parcela da próxima safra de açúcar cubano que ainda não estava comprometida com Moscou, missão que assumira um certo grau de importância após a decisão de Eisenhower de sustar todas as compras de açúcar cubano durante o resto do ano de 1960. Ele sabia que isso era apenas o prelúdio de uma proibição completa de importação de açúcar cubano pelos norte-americanos, mas dificilmente poderia estar infeliz com essa perspectiva. Afinal de contas, era algo por que tinha trabalhado muito para fazer acontecer desde a vitória rebelde.

Che partira de Havana em 22 de outubro, três dias depois do anúncio do embargo norte-americano. Estava acompanhado por Leonardo Tamayo, o guarda-costas de dezoito anos que estava com ele desde a Sierra Maestra; Héctor Rodríguez Llompart, seu mensageiro para as conversas com Mikoyan; e vários economistas cubanos, chilenos e equatorianos que trabalhavam para ele no Inra. Na sua primeira parada, em Praga, Che visitou uma fábrica de tratores, concedeu entrevistas e obteve um crédito de 20 milhões de dólares para instalar uma montadora de automóveis em Cuba. Em Moscou, nos intervalos de conversações com funcionários das áreas econômica, militar e do comércio, com oficiais das Forças Armadas, e de visitas a fábricas, ele fez passeios turísticos. Visitou o Museu Lênin e o Kremlin, depositou uma coroa de flores no mausoléu de Lênin, assistiu a um concerto de Tchaikovsky, e, junto com Mikoyan, assistiu a uma apresentação no Teatro Bolshoi. Leonov foi com ele a todos os lugares.

"Ele era muitíssimo organizado", recordou Leonov. "Nesse sentido, nem parecia ser latino, era mais como um alemão. Pontual, preciso, era um espanto para todos nós que conhecíamos a América Latina. Mas os outros membros de sua delegação eram bastante indisciplinados. Um dia, as negociações [sobre açúcar] estavam programadas para começar às dez da manhã. Che veio até onde os carros estavam esperando, sozinho; nenhum dos outros membros da delegação tinha descido ainda, estavam todos meio dormindo. Perguntei a ele: 'Che, devemos esperar? Não se preocupe, direi ao ministro que espere por nós uns quinze ou vinte minutos'. Ele respondeu: 'Não, vamos apenas nós', e foi para as negociações acompanhado apenas por mim. Quando chegamos, os soviéticos ficaram espantados, porque eles estavam com a delegação toda sentada lá e, do outro lado, estava apenas Che."

A reunião começou e, depois de uns vinte minutos, os demais membros da delegação cubana começaram a chegar, ofegantes e sem gravata. "Che não disse nada, nem uma única palavra de crítica, nem mesmo a menor expressão alterou seu rosto, nada. Mas nessa noite ele me disse: 'Ouça, Nicolás, organize uma visita para nós amanhã ao Museu Lênin e diga ao guia que dê uma ênfase especial à disciplina que Lênin exigia dos membros do Politburo daquela época, diga-lhe que fale sobre tudo isso'."

Leonov providenciou tudo, como Che pedira, e, no dia seguinte, o grupo todo foi para o museu. "A moça que explicava a história começou a falar sobre a disciplina administrativa de Lênin", recordou Leonov. "Ela explicou que, quando alguém chegava atrasado para uma reunião do Conselho de Ministros, a primeira punição era uma advertência muito séria. Na segunda vez em que se atrasava, era uma multa pesada e sua falha era publicada no jornal do partido. Na terceira vez, era demitido." Os camaradas de Che entenderam o recado. Leonov pôde ver o impacto em suas fisionomias, e Che ficou com uma expressão "séria, irônica".

Depois que o exemplo de Lênin foi sugerido no museu, disse Leonov, os problemas com disciplina na comitiva acabaram. Héctor Rodríguez Llompart, porém, foi punido por ter feito um trabalho desleixado na revisão do texto de um acordo comercial que seria assinado com o governo da Romênia. Che viu um erro que Llompart deixara passar e repreendeu-o, furioso. "Ele me disse coisas horríveis. Fiquei arrasado, mas não tinha desculpa. Eu simplesmente não tinha feito o que devia fazer", recordou Llompart. "Inicialmente ele reagiu de modo violento, querendo explicações, mas depois se deu conta da minha humilhação e parou de falar. Ele sabia que eu tinha compreendido meu erro e que estava envergonhado." Mas não acabou aí. Alguns dias depois, Llompart levantou-se cedo para se juntar ao resto da delegação, que estava indo passar o dia em uma excursão por Leningrado. Che o viu e perguntou: "Onde é que você vai?". Llompart respondeu: "Bem, comandante, a Leningrado". "Não", retrucou Che. "Primeiro você precisa aprender a cumprir com o seu dever." O grupo partiu sem Llompart. A sanção contra ele durou vários dias.

Che era mais severo com aqueles que ele achava que tinham a capacidade de se tornarem verdadeiros revolucionários. Se falhassem, ele era capaz de ser implacável; se passassem pelos testes, recompensava-os com sua confiança. Algumas semanas após o incidente da revisão, Che designou Llompart como seu representante para uma visita ao Vietnã. E, ao regressarem a Cuba, nomeou-o para chefiar a delegação enviada aos países do bloco oriental que restavam na sua programação: Polônia, Hungria, Bulgária, Romênia e Albânia.

Muitas vezes Che era franco a ponto de ofender. Quando estavam em Moscou, Leonov resolveu convidá-lo para um jantar privado. Como o apartamento de Leonov era pequeno demais para uma ocasião dessas, ele combinou com a família de Alexiev que o jantar especial fosse feito no seu apartamento, maior e mais confortável. Trabalharam muito preparando esturjão e outras iguarias russas de peixe, mas, ao chegar, Che exclamou: "*Madre mía!* Vou passar fome hoje à noite!". Ele informou aos anfitriões decepcionados que não podia comer peixe por causa de suas alergias, e eles rapidamente lhe fizeram uns ovos. Depois, sentado à mesa magnificamente preparada, Che começou a bater nos pratos, olhando em volta para seus companheiros de jantar. Os Alexiev, que tinham morado em Paris, estavam exibindo sua melhor louça. Erguendo uma sobrancelha, Che comentou: "Então, o proletariado aqui come em porcelana francesa, é?".

Che nunca o disse em público, mas aqueles que o conheceram ouviram-no comentar que voltara de sua primeira viagem à Rússia consternado com o estilo de vida elitista e a evidente predileção por luxos burgueses que vira entre as autoridades do Kremlin. Quatro décadas e meia de socialismo não haviam criado um novo homem socialista, pelo menos não entre a elite do partido.

Nikolai Leonov passou bastante tempo com Che durante a viagem e eles conversaram sobre muitas questões, inclusive sobre a experiência de Che na Guatemala. Ele condenava Jacobo Arbenz por ter "desistido da batalha" sem lutar. A liderança era um dever sagrado conferido a um indivíduo "escolhido" pelo povo com base na confiança. Era um privilégio que vinha com a obrigação de honrar essa confiança com a própria vida, se preciso fosse. "Não sei se a Revolução Cubana sobreviverá", disse a Leonov. "É difícil dizer. Porém, se ela não sobreviver [...], não venha me procurar no meio dos refugiados em embaixadas. Tive essa experiência e jamais irei repeti-la. Sairei com uma metralhadora na mão, rumo às barricadas [...]. Continuarei lutando até o fim."

Leonov esteve presente às conversas de Che com Kruschev. Entre outras coisas, Che queria que Cuba tivesse sua própria usina siderúrgica, a base indispensável da industrialização, com capacidade para 1 milhão de toneladas de aço. Também queria que os soviéticos a custeassem e a construíssem. "Kruschev ouviu-o com ar circunspecto e disse: 'Bem, vamos estudar isso'", recordou Leonov. "E, durante os vários dias em que os especialistas dos ministérios pertinentes estudavam o projeto, Che ficava mais insistente. Todas as vezes que via Kruschev, Che lhe perguntava: 'Então, Nikita, e a usina?'. Por fim, Nikita lhe disse: 'Olhe, Che, se vocês quiserem, podemos construir a usina, mas em Cuba não há carvão nem ferro, não há mão de obra especializada suficiente e não há um mercado consumidor para 1 milhão de toneladas com o nível incipiente da indústria cubana. Não seria melhor se vocês construíssem uma usina pequena para operar com sucata, em vez de gastar tanto dinheiro?'. Mas Che estava intransigente, e disse: 'Se construirmos essa usina, treinaremos os quadros necessários [para operá-la]. Quanto ao minério de ferro, o conseguiremos no México ou em algum outro lugar próximo, e encontraremos o carvão em algum outro lugar também. Poderíamos levá-lo daqui, nos navios que fossem buscar o açúcar em Cuba'."

Mais tarde, quando estavam a sós, Leonov aventou para Che que talvez Kruschev estivesse com a razão, que talvez fosse melhor para os cubanos construir por etapas, de modo mais gradual, e uma usina enorme talvez fosse prematura. "Olhe, Nicolás", Che respondeu, "há outros fatores em jogo aqui, de natureza social e política. A revolução precisa ser algo grande, imponente. Precisamos combater a economia baseada na monocultura açucareira, precisamos nos industrializar e, de qualquer maneira, vocês aqui na União Soviética também começaram seu programa de industrialização sem uma base." No fim, a ideia não prosperou. "A mim pareceu", disse Leonov, "que a concepção de Che era um tanto artificial, com mais fundamentação social e política do que econômica." Depois de consultar Cuba, Che perdeu o entusiasmo. Não falou mais na ideia, e os soviéticos também não a mencionaram mais.

Che levou Leonov consigo na viagem que fez à Coreia do Norte, pensando que ele poderia precisar de um intérprete, mas logo que chegaram a Pyongyang foram separados. A disputa sino-soviética estava em pleno andamento e a Coreia do Norte era aliada de Pequim. "Não me permitiram trabalhar junto com ele", disse Leonov, que ficou alojado na embaixada soviética enquanto Che foi levado para a casa de hóspedes oficial do governo. Leonov permaneceu na embaixada enquanto Che fazia sua viagem à China, reunindo-se a ele para o voo de regresso a Moscou.

Segundo Leonov, Che tinha dois motivos para visitar a Coreia do Norte e a China: "Em primeiro lugar, ele queria ver os exemplos do socialismo asiático e, em segundo, [...] queria conseguir efetuar vendas de açúcar nesses dois países. Atingiu os dois objetivos, pois viu o socialismo, um pouco despótico, um pouco asiático, naquele estilo deles, e garantiu a venda de açúcar para a China, creio que 200 mil toneladas".

Na realidade, a viagem de Che à China fora extremamente bem-sucedida. Obtivera a venda de 1 milhão de toneladas do açúcar da safra cubana de 1961 e conseguiu um crédito de 60 milhões de dólares para a compra de produtos chineses. Encontrara-se com Mao Zedong e fora recepcionado por seu vice, Zhou Enlai. Zhou elogiara a Revolução Cubana e Che, em troca, louvara a Revolução Chinesa como um exemplo para "as Américas". Isso tudo sem dúvida irritou os soviéticos, e seu descontentamento deve ter aumentado quando, ao deixar a China, Che comentou que, "de modo geral, não houve nem uma só discrepância" entre ele e Pequim.

Os comentários fraternais de Che não passaram despercebidos pelos norte-americanos. Em um comunicado secreto da Inteligência norte-americana sobre sua missão, o período que passou na China foi observado com interesse. "Um aspecto digno de nota da visita de Guevara a Pequim foi o fato de ele se ter, aparentemente, alinhado com os chineses a respeito de vários pontos-chave da divergência sino-soviética. Falando em uma recepção em 20 de novembro, Guevara elogiou o movimento de comunas da China Comunista, que vinha sob ataque soviético, e dois dias antes destacara a revolução comunista chinesa como um 'exemplo' que 'revelou uma nova rota para as Américas'. Guevara não fez nenhum comentário desse tipo a respeito do exemplo da União Soviética enquanto esteve em Moscou."

Embora as declarações de Che possam ter mostrado suas simpatias pessoais, ele e Fidel se empenhavam em não tomar partido abertamente no infla-

Che com Mao Zedong durante a visita ao bloco comunista em 1960.

mado conflito. De volta a Pyongyang, Che, diplomaticamente, manifestou a Leonov sua esperança de que "as diferenças [entre as duas nações] poderiam ser resolvidas", mas tanto ele quanto Fidel deviam estar conscientes de que estavam em uma posição muito boa para jogar Pequim e Moscou uma contra a outra. De fato, após sua volta a Moscou, em 19 de dezembro, os soviéticos ampliaram sua generosidade de maneira espetacular, concordando em comprar 2,7 milhões de toneladas de açúcar da próxima safra cubana, a preço superior aos do mercado internacional. O comunicado conjunto cubano-soviético emitido nessa data expressou a gratidão de Cuba pela assistência econômica soviética e ressaltou o "pleno apoio" da União Soviética à decisão de Cuba de preservar sua independência "diante da agressão". Ecoando os aplausos de Che à China, o comunicado de Moscou enalteceu Cuba como "um exemplo para outros povos do continente americano e também da Ásia e da África".

No dia seguinte, Che foi para Cuba, fazendo breves paradas em Praga e em Budapeste. Soubera que seu velho conhecido de infância, o refugiado espanhol republicano Fernando Barral, estava vivendo na Hungria. Fazia dez anos desde que se tinham visto pela última vez, antes de Barral ser preso por "agitação comunista" e expulso da Argentina. Desde então, Barral fizera o curso de medicina na Hungria e se tornara médico. Assistira ao levante húngaro de 1956 e à invasão soviética que o suprimiu. Ao longo dos últimos dois anos, acompanhara com interesse as notícias sobre a Cuba revolucionária. Quanto a esse comandante nascido na Argentina, Ernesto Guevara, chamado "Che", ele se perguntara: "Será possível que seja o mesmo *loco* Guevara que conheci?". Durante sua curta estada em Budapeste, Che pedira ao pessoal da embaixada cubana que encontrasse Barral, mas não tinham conseguido localizá-lo. Che deixou o seguinte bilhete, que mais tarde foi entregue ao destinatário:

> Querido Fernando:
>
> Sei que você estava em dúvida quanto à minha identidade, mas que pensou que eu era eu. De fato, embora não, pois muita água passou por baixo da minha ponte, e do ser asmático, amargurado e individualista que você conheceu, só resta a asma.
>
> Soube que você se casou. Eu também, e tenho duas filhas,* mas ainda sou um aventureiro. Só que agora minhas aventuras têm um propósito justo. Recomendações à sua família deste sobrevivente de uma época passada e um abraço fraterno do Che.
>
> [P.S.] O que você acha do meu novo nome[?]

* Em 24 de novembro, enquanto Che estava em Pequim, Aleida deu à luz uma menina a quem deu seu próprio nome.

Tal como acontecera com Alberto Granado, o contato com Che daria um novo rumo à vida de Barral. O sistema socialista arraigado e burocrático da Hungria não continha mais surpresas para ele, e a oportunidade de ser parte da "nova" revolução em Cuba o atraía enormemente. Escreveu de volta a Che, expressando seu interesse em ir trabalhar em Cuba. Em fevereiro de 1961, Che lhe respondeu, dando-lhe as boas-vindas. "O salário será decente, sem permitir grandes luxos, mas a experiência da Revolução Cubana é algo que, penso eu, será interessante para alguém como você, que tem um dia de começar de novo em seu país de origem." Barral aceitou o oferecimento de Che e emigrou para Cuba em novembro de 1961. Quase imediatamente, Che o enviou para ver o chefe de segurança de Cuba, Ramiro Valdés, que, como um teste para verificar o comprometimento revolucionário de Barral, despachou-o para as Escambray a fim de que participasse da "Lucha contra Bandidos".

Che tinha conhecido uma pessoa nova nessa viagem, alguém que se tornaria uma parte importante de sua vida. Em Berlim, uma jovem de 22 anos, chamada Haydée Tamara Bunke, foi a intérprete em seus encontros com autoridades alemãs. Ela era filha de judeus comunistas que haviam fugido em 1935 da Alemanha de Hitler para a Argentina, onde nascera dois anos depois. Passara sua infância naquele país, regressando com a família para a República Democrática Alemã, governada pelos comunistas, quando tinha catorze anos. Seus pais a tinham educado para ser uma comunista e ela se tornou uma filha fiel do Estado socialista, ingressando na ala jovem do Partido Comunista com dezoito anos. Com seus conhecimentos de espanhol, Tamara logo foi nomeada intérprete oficial, mas, de acordo com uma declaração assinada que entregou ao partido em 1958, seu verdadeiro sonho era regressar para a América Latina, preferencialmente para sua terra natal, a Argentina, e "lá ajudar o partido".

Quando Che a encontrou, a atraente Tamara, de cabelos louros, já era conhecida de alguns de seus camaradas. Seis meses antes, Che enviara Orlando Borrego a Berlim como membro de uma delegação comercial cubana, e Tamara fora sua intérprete. Borrego recordou que ela era avidamente interessada em Cuba e queria ir para lá. Cinco meses depois de ter encontrado Che, seu desejo se tornou realidade e, em maio de 1961, ela voou para Cuba, onde logo recebeu uma função no programa de Che de revolução para a América Latina.

Voando de volta para casa, Che deve ter se sentido satisfeito consigo mesmo. Tinha conhecido os líderes do mundo socialista e obtivera vendas e créditos vitais para Cuba. Durante os dois últimos anos, ele desempenhara um papel importante para firmar a aliança soviético-cubana. Como disse Alexiev, "Che foi praticamente o arquiteto de nossas relações com Cuba".

No dia de Ano-Novo de 1961, Fidel conclamou a uma mobilização militar geral e exibiu os tanques e armamentos soviéticos que Cuba adquirira recentemente, em uma demonstração de força pelas ruas de Havana. No dia seguinte, exigiu que Washington reduzisse o pessoal de sua embaixada em Havana para onze, o mesmo número de funcionários da embaixada de Cuba na capital dos Estados Unidos. Foi a gota d'água para Eisenhower, que tinha apenas mais alguns dias no cargo. Em 3 de janeiro de 1961, em um de seus últimos atos antes de entregar a presidência a John F. Kennedy, ele cortou as relações diplomáticas entre os Estados Unidos e Cuba.

24. Esses tempos atômicos

I

Na manhã de 24 de fevereiro de 1961, Che saiu de sua casa na rua 18, em Miramar. Seu carro dobrou à direita e foi em direção à Sétima Avenida. Normalmente ele dobrava à esquerda, seguindo pelo bulevar arborizado da Quinta Avenida, depois à direita, passando pelo quartel-general da Segurança Nacional, entrando no túnel sob o rio Almendares, depois descendo pelo Malecón até o escritório do Banco Nacional, na Havana Antiga. Nesse dia, porém, Che rumou para a Plaza de la Revolución. Fidel transformara seu departamento no Inra em um ministério completo, e era seu primeiro dia como novo ministro das Indústrias de Cuba. A mudança não anunciada de itinerário pode ter salvado a sua vida.

Alguns instantes depois que saíra, começou um tiroteio bem diante de sua casa. Os guarda-costas de Che entraram no embate, atirando a esmo. Dentro de casa, Aleida jogou-se no chão, junto com o bebê, no vão debaixo da escada que ia para o primeiro andar. Ali se juntou a elas a mais recente aquisição do lar dos Guevara, Sofía Gato, uma jovem de 25 anos oriunda de Camagüey, babá de Aleidita, então com três meses. Posteriormente, Sofía conseguiu reconstituir o que tinha acontecido. Quatro ou cinco homens armados, barbudos, tinham ficado de tocaia por trás de uns arbustos, perto da esquina da rua 18 com a Quinta Avenida. Quando um dos vizinhos, um homem chamado Salinas, passou por ali dirigindo seu carro, abriram fogo com armas automáticas. Pensando que era um ataque contra a casa de Che, seus guarda-costas responderam ao fogo. Alguns minutos depois, Salinas estava morto dentro do carro, e um dos assaltantes, ferido na barriga, se contorcia no chão.

A notícia do tiroteio foi rapidamente abafada, embora muitas pessoas tenham escutado sobre ele. Houve a especulação, oficialmente negada, de que fora uma tentativa de assassinar Che. Mas, segundo Oscar Fernández Mell, que também vivia na casa da rua 18, Salinas era de fato o alvo do ataque, vítima de um "caso de amor" que acabara mal. Como tantas outras coisas que aconteceram em Cuba, o incidente foi envolto em mistério e assim permaneceu ao longo de décadas.

A ideia de que o incidente na rua 18 foi uma tentativa frustrada de assassinar Che é perfeitamente crível, considerando-se o que estava acontecendo em Cuba nessa época. Por todo o país, ex-barbudos, como os que atiraram no carro de Salinas naquela manhã, pegaram em armas contra a revolução, contra o comunismo. Che era amplamente identificado como o principal advogado da "submissão" de Cuba à União Soviética, era a pulga vermelha na orelha de Fidel. Pelo menos um outro plano para matar Che já fora frustrado. Uma noite, no começo de 1960, na época anterior à visita de Mikoyan, Alexiev falava com Che em seu novo gabinete no Banco Nacional quando Che disse de repente: "Olhe, Alejandro, deixe-me mostrar-lhe o lugar de onde os contrarrevolucionários estão planejando atirar em mim". Apontou para uma janela bem em frente de onde estavam sentados, do outro lado da rua estreita. Alexiev ficou alarmado, mas Che assegurou-lhe que os serviços de Inteligência de Cuba já haviam cercado o local e estavam prestes a invadi-lo.

Qualquer que tivesse sido a verdadeira causa do tiroteio na rua 18, Che adotou novas precauções dali por diante. Os visitantes do Ministério das Indústrias eram revistados por guardas, e Che carregava uma caixa de charutos com granadas de mão no assento ao seu lado no carro, tomando a cada dia um caminho diferente para ir ao trabalho.

O último dos diplomatas norte-americanos deixara a embaixada um mês antes do tiroteio, e os cidadãos norte-americanos foram proibidos de visitar Cuba. Os governos do Peru e do Paraguai também romperam relações e retiraram seus diplomatas. Nos meses seguintes, outros vizinhos anticastristas fariam o mesmo. Pelo menos 100 mil cubanos refugiados fugiram para o exílio, a maioria deles para Miami, e o governo dos Estados Unidos havia criado um programa de reassentamento para dar-lhes moradia e conseguir-lhes emprego. Entre aqueles que fugiram estava José Pardo Llada, que fez alguns comentários indiscretos sobre a infiltração do Partido Comunista no governo. O ex-ministro da Agricultura Humberto Sorí-Marín não teve tanta sorte. Capturado por soldados cubanos e acusado de atividades contrarrevolucionárias patrocinadas pela CIA, Sorí-Marín foi morto por um pelotão de fuzilamento.

Chegavam a Havana vários técnicos, professores de russo, economistas e assessores militares soviéticos. A Mongólia, a Albânia, a Hungria, a China e o Vietnã do Norte abriram suas embaixadas. Delegações culturais e comerciais do bloco oriental chegaram e se foram. Em 17 de janeiro, Fidel anunciou que mil jovens cubanos seriam enviados à União Soviética para estudar "coletivismo agrário".

Até cubanos da classe trabalhadora ficaram impressionados com a diferença entre os russos e os norte-americanos que eles tinham substituído. Os norte-americanos eram ricos, espalhafatosos e falavam um espanhol terrível, mas esses recém-chegados pareciam e agiam como camponeses, eram grosseiros e malvestidos. As mulheres eram gordas e usavam vestidos compridos e lenços na cabeça como camponesas, e os homens, ternos mal ajustados e de tecido de má qualidade. Suavam profusamente no calor de Cuba, mas não usavam desodorante e, para os cubanos exigentes, os russos cheiravam mal. Não falavam nada de espanhol e só se juntavam entre si, sendo transportados em caminhões pela cidade para seus novos guetos residenciais como se fossem gado. Olhavam maravilhados para a cidade moderna, com vistosos produtos norte-americanos ainda nas vitrines — televisões, geladeiras e aparelhos de ar condicionado — e para as casas elegantes com piscinas e jardins bem tratados. Os enormes carros norte-americanos, exuberantes com seus cromados e rabos de peixe, os deixavam com os olhos arregalados.

Como representantes da alardeada "superpotência" socialista, os soviéticos não eram inspiradores. Che sabia do ceticismo popular, e tratou disso ao aparecer na televisão cubana em 6 de janeiro para falar sobre sua recente viagem à União Soviética. Depois de fazer referências líricas a todas as nações que visitara, com louvores especiais à Coreia do Norte e à China, voltou-se para o evidente atraso dos soviéticos em áreas que os cubanos havia muito tempo consideravam naturais:

> Tivemos de trazer à tona alguns problemas que, na realidade, nos deixaram um pouco encabulados [...]. Por exemplo, levantamos a questão de que o povo cubano precisava de matérias-primas para fabricar desodorantes e, nesses países, eles não entendem isso, porque são nações que estão desenvolvendo toda a produção para o bem-estar geral do povo e ainda têm de superar enormes atrasos [...]. Não têm tempo a perder com essas coisas. Nós também, agora, temos de nos ocupar com coisas mais importantes.

Che estava falando da forma mais diplomática possível nas circunstâncias. Estava dizendo aos exigentes *habaneros* que ele *compreendia*, mas que os tempos tinham mudado.

A influência econômica do bloco soviético tornara-se mais visível. As desorganizadas cooperativas agrícolas dos primeiros tempos das desapropriações de terras foram substituídas por fazendas do Estado, no estilo soviético, chamadas *granjas del pueblo*.* No ministério de Che havia, a essa altura, assessores tchecos e soviéticos trabalhando junto com a equipe da primeira geração de economistas sul-americanos. Che organizou um círculo de estudos de marxismo, que se reunia semanalmente, para ele próprio e alguns de seus colaboradores, tendo por mestre Anastasio Mansilla, um economista político hispano-soviético. Junto com a maioria das influências norte-americanas, tais como Papai Noel, que tinha sido proibido, o aprendizado do inglês passara a ser desencorajado. O russo era o segundo idioma a ser aprendido na "nova" Cuba. Che começou a ter aulas de russo duas vezes por semana com Yuri Pevtsov, um filólogo enviado da Universidade de Lermonstov para ser seu intérprete e tutor pessoal. Não dispunham de um dicionário russo-espanhol, de modo que os dois se arranjaram com um dicionário básico russo-francês.

Inevitavelmente, apesar do ridículo atribuído em princípio aos *bolos*, como eram chamados os russos, um tipo de sovietização começou a permear a vida cubana, inicialmente de maneira apenas superficial. O governo liderou a transformação. Já havia uma junta central de planejamento, a Juceplan, uma imitação da Gosplan da União Soviética. Ruas, teatros e fábricas foram rebatizados com o nome de heróis e mártires cubanos e estrangeiros, como Camilo Cienfuegos e Patrice Lumumba. O antigo Cinema Chaplin, na Primeira Avenida, tornou-se o Carlos Marx, e, em pouco tempo, surgiriam creches denominadas Heroes de Vietnam e Rosa Luxemburg. Desde a revolução, tinha havido uma onda de bebês cubanos com os nomes de Fidel e Ernesto. Depois, cada vez mais, os cubanos começaram a dar a seus filhos nomes como Alexei e Natasha. A própria filha mais nova de Che logo recebeu um apelido russo, Aliusha.

Na opinião dos analistas de inteligência de Washington, a adoção dramática da ilha pelo bloco socialista se devia sobretudo aos esforços de Che Guevara. Em 23 de março, em uma avaliação secreta da recém-concluída missão de Che no ex-

* Apesar das desapropriações em larga escala, boa parte das terras cultiváveis de Cuba permaneceu nas mãos de pequenos agricultores, que continuaram a cultivar seus lotes sem interferência do Estado. Em 1963, uma nova lei reduziu ainda mais o tamanho das terras de propriedade particular, mas a revolução nunca erradicou completamente seus fazendeiros *guajiros* de espírito independente.

terior, o Serviço de Inteligência e Pesquisa do Departamento de Estado relacionou suas notáveis conquistas: "Ao término da viagem, Cuba havia firmado acordos comerciais e de pagamentos e laços culturais com todos os países do bloco, relações diplomáticas com todos os países, exceto a Alemanha Oriental, e acordos de assistência técnica e científica com todos, salvo a Albânia".

Não se sabia se Che havia ou não, durante sua missão, negociado assistência militar adicional para Cuba, mas o estudo atribuía a isso um alto grau de probabilidade. "Pode-se supor que o assunto foi debatido e acordada a entrega de novas armas. Segundo um informe, Guevara, no começo da viagem, pediu mísseis a Kruschev, e o premier soviético os negou de forma taxativa, prometendo-lhe em vez disso algumas armas automáticas da Segunda Guerra Mundial."

II

Havia algum tempo vinham sendo debatidos na CIA os prós e os contras de se assassinar Che, Raúl e Fidel. Em janeiro de 1960, Allen Dulles rejeitou um programa de assassinato em favor do esquema do "exército de exilados", mas fazer o que fosse preciso para conseguir, da maneira mais eficaz possível, o resultado desejado era melhor. Se matar os principais líderes de Cuba ajudasse a assegurar o êxito do plano de invasão, então seria uma opção que deveria ser adotada. Nos meses de intervenção, ele autorizou seu diretor de operações clandestinas, Richard Bissell, a explorar as possibilidades de assassinato. Alguns planos nesse sentido já tinham sido feitos, inclusive uma tentativa bizarra de envenenar charutos da marca predileta de Fidel. Ao longo dos meses e anos seguintes, muitos outros cenários para matar Fidel e seus principais camaradas seriam planejados ou tentados, incluindo alguns em conivência com a máfia norte-americana.*

O assassinato também era levado em consideração como um remédio para os problemas políticos em outras regiões do mundo. Em agosto de 1960, com a aprovação de Eisenhower, Dulles mandou um telegrama para o chefe da base da CIA em Léopoldville, a capital do Congo, autorizando-o a "remover" o primeiro-ministro Patrice Lumumba "como um objetivo primordial, urgente, [...] de alta prioridade". Lumumba, fundador do Movimento Nacional Congolês, ganhou a

* Em 1960, segundo Evan Thomas, autor de *The Very Best Men: Four Who Dared — The Early Years of the* CIA [Os melhores homens: os quatro que ousaram — Os primeiros anos da CIA], a agência surgiu com nomes em código no estilo James Bond para os alvos pretendidos: Fidel era AMTHUG; Che, um médico, era AMQUACK.

maioria dos votos nas primeiras eleições realizadas após a Bélgica concordar em conceder a independência do Congo, mas ele tinha de formar um governo que incluía seus principais rivais. Joseph Kasavubu tornou-se presidente, e Moise Tshombe foi nomeado chefe de governo da província de Katanga, uma área rica em cobre, urânio e cobalto. Quase imediatamente após a cerimônia de independência, no fim de junho, o Congo se transformou em um caos. O Exército se amotinou, a matança de brancos foi generalizada e Tshombe, apoiado pelos interesses de mineração belgas, declarou a secessão de Katanga e que a tornaria um Estado independente. Lumumba rompeu relações com a Bélgica, que foi com reforços, e a ONU enviou tropas de outros países africanos. A União Soviética respondeu ao apelo de Lumumba por ajuda, incluindo armas e assessores militares.

No início de setembro, Kasavubu demitiu Lumumba do cargo de primeiro-ministro e, uma semana depois, Joseph Mobutu, o chefe do Estado-Maior do Exército, que estava recebendo fundos da CIA, executou o golpe de Estado. Lumumba foi posto em prisão domiciliar, mas Dulles ordenou que ele fosse "afastado de qualquer possibilidade [de] reassumir uma posição governamental". O presidente Eisenhower estava convencido de que Lumumba pretendia transformar o Congo em um [governo] satélite soviético. Em pouco tempo, o chefe da base da CIA em Léopoldville recebeu um visitante vindo do quartel-general, o dr. Sidney Gottlieb, que trouxera uma seringa, luvas de borracha, uma máscara e um frasco de veneno, que foi fabricado para provocar uma doença fatal comum à região. Uma solução prática fora encontrada para "remover" Lumumba. Outra ideia era envenenar sua pasta de dente. No entanto, antes que a CIA pudesse chegar perto de Lumumba, ele escapou da prisão domiciliar e foi capturado por soldados de Mobutu. Com o apoio tácito da CIA, da ONU e dos belgas, Lumumba foi enviado para Katanga, onde enfrentou morte certa nas mãos de Tshombe. Ele foi torturado e assassinado em 17 de janeiro de 1961, mas o fato foi mantido em segredo durante quase um mês.

Quando a morte de Lumumba foi finalmente anunciada, em meados de fevereiro, pouco antes da aparente tentativa fracassada de matar Che em seu caminho para o trabalho, Kruschev acusou o secretário-geral da ONU, Hammarsjköld, de ser cúmplice no assassinato. Cuba enviou uma nota de protesto à ONU e decretou três dias de luto oficial.

Em março, os preparativos da CIA para a força de invasão cubana estavam bem adiantados. Manuel Ray fora absorvido pela aliança de exilados cubanos, e o ex-primeiro-ministro, Miró Cardona, fora nomeado para encabeçar o Conselho Revolucionário Cubano na condição de futuro presidente provisório de

Cuba. Contudo, as atividades anticastristas causaram grandes problemas. No mês de novembro anterior, cerca de seiscentos exilados cubanos, combatentes da Brigada 2506, terminaram seu curso de treinamento de três meses na Guatemala. Porém, a essa altura, sua presença, bem como seu patrocínio pela CIA, foi divulgada por toda a imprensa. O escândalo que se seguiu complicou a vida do presidente guatemalteco, Ydigoras Fuentes. Um grupo considerável de oficiais militares da Guatemala, irritados com a presença de tropas estrangeiras em seu território, protagonizou um levante. Tomaram uma guarnição militar na capital, o quartel de Zacapa, na região leste do país, e o porto caribenho de Puerto Barrios. Mas os oficiais rebeldes não sabiam o que fazer a seguir e, em Zacapa, mandaram embora centenas de camponeses que pediram por armas para se juntar à luta. O governo Eisenhower reagiu com presteza. Uma flotilha da Marinha norte-americana foi enviada para se manter ao largo da costa, e a força de guerrilheiros cubanos da CIA foi deslocada para ajudar a suprimir a revolta. Bombardeiros B-26 fornecidos pela CIA e pilotados por exilados cubanos desalojaram os rebeldes de suas posições. A demonstração de força deu resultado e os sublevados logo se renderam.

O que na época pareceu um espetáculo secundário teria importantes consequências. Marco Aurelio Yon Sosa e Luis Turcios Lima, dois jovens oficiais guatemaltecos que foram treinados pelos Estados Unidos, não retornaram a seus quartéis. Passaram para a clandestinidade, e quinze meses depois estariam fazendo sentir sua presença como líderes de uma insurreição guerrilheira de esquerda. Com o passar do tempo, Turcios Lima se tornaria um dos discípulos revolucionários prediletos de Che.

Nesse mesmo mês de novembro também houve problemas na Venezuela, com miristas pró-Cuba e comunistas venezuelanos lançando uma insurreição violenta em Caracas contra o regime Betancourt. O almirante Wolfgang Larrazábal, ex-presidente da Venezuela, eleito pelo partido URD, de centro-esquerda, e que fizera parte da coligação que estava no poder, abandonou Betancourt para se juntar a uma coalizão com o MIR e os comunistas, formando o Conselho de Libertação Nacional, a fim de derrubar o governo. Houve manifestações estudantis e choques nas ruas com a polícia, mas a revolta acabou sendo debelada. No final do ano, as garantias constitucionais seriam suspensas por tempo indeterminado, as universidades seriam fechadas, os jornais de esquerda proibidos de circular e os campos petrolíferos do país ocupados por tropas. O cenário venezuelano estava se tornando propício para uma campanha de guerrilha e, com apoio cubano, ela começaria dentro de pouco tempo.

A graduação da brigada de exilados cubanos na Guatemala coincidiu com uma mudança na estratégia da CIA com relação a seu futuro papel em Cuba. A ideia inicial da agência, de que a força poderia combater e sobreviver como um exército guerrilheiro, parecia cada vez mais duvidosa. Enquanto a força principal era treinada na Guatemala, a CIA operou um programa clandestino paralelo, enviando a Cuba equipes de rebeldes e sabotadores. A maioria tinha sido rapidamente posta fora de ação pelas forças de Castro. Os lançamentos aéreos da CIA também não tinham conseguido sustentar os rebeldes nas montanhas. Fazia-se necessário um plano mais ambicioso, e Richard Bissell substituiu a instrução de guerrilha na Guatemala por instrução de guerra convencional. Segundo o novo plano, a brigada de exilados anticastrista faria um desembarque anfíbio na costa de Cuba, apoiada por ataques aéreos, estabeleceria um ponto de apoio e proclamaria um governo provisório cubano, que seria imediatamente reconhecido por Washington e por governos amigos latino-americanos. Os Estados Unidos poderiam então, teoricamente, intervir a fim de dar assistência ao novo governo. Esperava-se que, nessa hora, Fidel, Che e Raúl já estivessem mortos, uma vez que a CIA estava examinando vários esquemas para assassinar os líderes cubanos na véspera do desembarque.

Da brigada na Guatemala foram selecionados sete grupos de infiltração, com cinco homens cada um, denominados Times Cinzentos. Eles deviam estabelecer contato com o movimento de resistência clandestina na ilha e ajudar a coordenar os lançamentos de armamento feitos de avião pela CIA. A força invasora principal atacaria alvos específicos e lideraria levantes armados em toda a Cuba. Um jovem de dezenove anos, Félix Rodríguez, estava entre os selecionados para um Time Cinzento. Ele e os outros membros do time foram transferidos para um novo acampamento na selva da Guatemala, onde receberam instrução em técnicas de espionagem ministrada por exilados anticomunistas da Europa Oriental, veteranos de guerra. Dias depois do Natal, o Time Cinzento a que pertencia Rodríguez foi embarcado em um avião de transporte militar norte-americano, com as janelas pintadas de preto, e levado para Fort Clayton, uma das bases militares dos Estados Unidos na Zona do Canal do Panamá. Seu treinamento continuou, mas nessa etapa aprenderam a usar armas sofisticadas de origem soviética e do Leste Europeu.

No início de janeiro de 1961, Rodríguez sugeriu um plano para assassinar Fidel que foi aprovado por seus monitores norte-americanos. Ele e um camarada voaram para Miami, onde ele recebeu um rifle de franco-atirador, de fabricação alemã, equipado com mira telescópica. A CIA selecionou o local do assassinato, uma casa em Havana que se sabia ser frequentada por Fidel. Por três vezes, Rodríguez foi levado em lanchas rápidas até a costa cubana, durante a noite, e nas três vezes não conseguiu se encontrar com seus contatos em terra. Depois do terceiro fracasso, o rifle foi tirado dele e a CIA lhe disse que tinham mudado de ideia quanto à operação.

Os outros Times Cinzentos tinham sido transferidos para um acampamento nos arredores de Miami. Em 14 de fevereiro, o primeiro time de infiltração foi introduzido clandestinamente em Cuba. Uma semana depois, Rodríguez e seus quatro camaradas, com um carregamento de armas, explosivos e munição, foram deixados na costa norte de Cuba, entre o balneário de Varadero e Havana. Foram recolhidos em carros dirigidos por pessoas pertencentes ao clandestino MRR.

Durante o mês seguinte, Rodríguez e seus amigos se encontraram com o pessoal da resistência clandestina em Havana e Camagüey, ficando em casas de apoio e fazendo preparativos para receber um grande lançamento aéreo de armas da CIA. Depois de recolhê-las e distribuí-las, sua missão consistiria em reproduzir basicamente o que Che e Camilo haviam feito na última fase da guerra contra Batista: abrir uma frente de guerrilha na parte norte de Las Villas e tentar cortar a ilha em duas, obrigando o governo a desviar forças da costa meridional, onde devia desembarcar a força invasora. Em meados de março, Rodríguez ajudou o movimento clandestino cubano a transferir algumas armas mantidas em uma casa de apoio ao lado do quartel-general da Segurança Nacional, na Quinta Avenida, entre as ruas 14 e 16. Rodríguez não sabia que Che Guevara morava a menos de dois quarteirões de distância.

Nenhuma dessas atividades teria surpreendido muito Fidel. O presidente Kennedy estava determinado a mostrar sua fibra e, nos dois meses seguintes à sua posse, parecia claro que havia preparativos em andamento para algum tipo de intervenção militar em Cuba. Na realidade, logo que Kennedy ganhou a eleição, em novembro, foi informado sobre a planejada invasão, e deu a Dulles, diretor da CIA, seu "sinal verde". Desde que assumira o cargo, Kennedy estudara os planos ampliados da CIA com olhos mais inquisitivos, expressando receios sobre a viabilidade deles, mas uma combinação eficaz de advertências e garantias vindas da CIA acabara por vencer, apesar da oposição de alguns de seus assessores civis mais íntimos.

Os homens de Dulles disseram a Kennedy que a força de exilados estava bem treinada e ansiosa para lutar. O Dia D teria de vir logo. Tal como a situação estava então, a CIA poderia "destruir" a pequena frota de Sea Furies e B-26s de Cuba antes que a invasão começasse, mas esse período estava se acabando rapidamente. Pilotos cubanos estavam sendo treinados na Tchecoslováquia para operar aviões MiGs soviéticos e, embora ainda não houvesse MiGs em Cuba, alguns provavelmente estariam lá em pouco tempo. A CIA escolhera para o desembarque um ponto na costa sul de Cuba, perto de Trinidad, na província de Las

Villas, mas Kennedy achou que desembarcar ali seria "espetacular" demais. Optou por um ponto menos visível, mais a oeste, em uma praia distante chamada Playa Girón, na baía dos Porcos. Garantiram a Kennedy que, se os rebeldes não conseguissem manter a cabeça de praia, poderiam deslocar-se para as Escambray, "perto dali" e, depois de se reunir com os rebeldes que lá estavam, começar um movimento de resistência guerrilheira.

O plano tinha muitas falhas. As montanhas Escambray estavam na realidade a mais de 160 quilômetros de distância, e o próprio isolamento, que fazia com que a Playa Girón parecesse ideal para um desembarque de surpresa, fazia dela uma armadilha mortífera se as forças de Castro conseguissem chegar ali rapidamente. Só havia duas rotas de fuga: ou por estradas estreitas atravessando o vasto pântano de Zapata ou ao longo da faixa exposta de praias litorâneas. Em qualquer dos casos, poderiam ser facilmente apanhados em emboscadas, imobilizados e massacrados. Evidentemente, os estrategistas da CIA não tinham pensado em nada disso.

A despeito de suas dúvidas, Kennedy concordou com o plano, mas descartou o envolvimento direto de tropas norte-americanas ou qualquer apoio aéreo norte-americano em larga escala depois que o ataque estivesse em andamento. Aparentemente, os homens da CIA achavam que, uma vez iniciada a ação, o presidente cederia. De qualquer modo, essa parte crucial da informação não foi passada para os exilados cubanos envolvidos, que pensavam que contariam com o apoio de todo o peso do poderio militar dos Estados Unidos.

A CIA não tinha a mais leve ideia de até que ponto seu programa "clandestino" já tinha sido infiltrado pelo serviço de Inteligência de Castro. Pelo menos um dos 35 membros dos Times Cinzentos introduzidos em Cuba era agente duplo do governo cubano e, indubitavelmente, havia outros. Em Miami, as linhas gerais dos planos da CIA eram amplamente conhecidas na comunidade de exilados, na qual Fidel tinha uma florescente rede de espiões. Mais ainda, Fidel a essa altura já contava com boa quantidade de blindados a sua disposição. Como Alexandr Alexiev confidenciou alegremente anos depois: "Já tínhamos armamento soviético em Playa Girón. Um bocado de armas soviéticas foi empregado em Playa Girón".

III

Durante esse período tenso causado pelos rumores de invasão, pelos ataques aéreos noturnos e por uma série de bombas colocadas em lojas desapropriadas em Havana, Che continuava fazendo discursos, redigindo artigos e recebendo delegações estrangeiras. Che compareceu às cerimônias de inauguração e encerramento da Exposição de Edificação Econômica Chinesa, no Hotel Habana Libre, cortou a fita simbólica de uma nova fábrica de lápis e visitou a mina de níquel em Nicaro, nacionalizada havia pouco tempo, instando seus operários a "se sacrificar para produzir mais". O trabalho voluntário transformara-se na mais recente causa de Che. Iniciara essa prática em pequena escala, quando voluntários ajudaram a construir uma escola erguida em memória de Camilo, mas foram as brigadas de trabalho voluntário na China de Mao que verdadeiramente o inspiraram. Depois que retornou de sua viagem ao exterior, dedicou seus sábados a ajudar nas linhas de montagem das fábricas, cortando cana-de-açúcar ou carregando tijolos em locais de construção, e insistia com seus colegas no Ministério das Indústrias para darem um exemplo de voluntariado durante a safra do açúcar. Em pouco tempo, todos no ministério que queriam permanecer nas boas graças de Che começaram a abrir mão de seus sábados em casa para se juntar a ele nessas sessões de trabalho. O programa, que veio a ser denominado *emulación comunista*, baseava-se no princípio de que, trabalhando sem pensar na remuneração, o indivíduo dava um passo importante no sentido de construir uma verdadeira consciência comunista.

Um dia, vendo que Che não estava usando relógio, seu amigo Oscar Fernández Mell deu-lhe o seu, um belo relógio com uma pulseira de ouro, que comprara depois da graduação na Faculdade de Medicina. Algum tempo depois, Che lhe entregou um pedaço de papel. Era um recibo do Banco Nacional declarando que Oscar Fernández Mell havia doado sua pulseira de relógio de ouro como contribuição para as reservas de ouro de Cuba. Che ainda estava usando o relógio, mas com uma pulseira de couro.

Che recusara-se a receber o salário a que tinha direito como presidente do Banco Nacional e continuara o trabalho no Ministério das Indústrias, fielmente recebendo apenas seu minúsculo soldo de comandante. Orlando Borrego, a essa altura vice-ministro, sentiu-se obrigado a ficar com uma quantia equivalente ao seu próprio soldo, doando o resto para um fundo de reforma agrária. Teria parecido impróprio que estivesse ganhando mais dinheiro do que seu chefe. Mas a abnegação e o carisma revolucionário particularmente cortaram seus ossos quando Che o forçou a dar o carro dos seus sonhos. Durante uma visita a uma fábrica de cigarros "intervenida", o gerente apontou para um carro esporte Jaguar, novo em folha, que fora abandonado pelo proprietário, um cubano rico que fugira do país. Ele sugeriu que Borrego o levasse, pois ninguém ali sabia dirigi-lo. Borrego apaixonou-se pelo automóvel e o dirigiu orgulhosamente por uma semana, até o dia em que Che o viu na garagem onde estacionavam e gritou: "Você é um *chulo* [cafetão]!". O que ele estava fazendo, dirigindo pela cidade um carro daqueles? Não era o carro para um representante do povo. Borrego ficou com o coração partido e disse a Che que o devolveria. "Bom", disse Che. "Dou-lhe duas horas." De volta ao gabinete, Che disse a Borrego que ele devia estar dirigindo um carro como o dele, um modesto Chevy Impala verde, com um ano de uso. Pouco depois, Borrego recebeu um carro exatamente como o do seu *jefe*, só que o seu era de duas cores. Ele dirigiria esse carro durante os doze anos seguintes. "Che era supersevero", recordou Borrego, "como Jesus Cristo."

A extensão da visão de Che de uma nova sociedade ficou muito clara para Ricardo Rojo, o advogado argentino que lhe foi apresentado por Hilda quando estavam todos vivendo na Guatemala. Rojo agora tinha um cargo diplomático em Bonn, subordinado ao governo argentino de Arturo Frondízi, que tinha tentado, sem êxito, intervir na crescente divergência entre os Estados Unidos e Cuba. Rojo aparecera em Havana, evidentemente esperando usar seu relacionamento com Che para fazer sondagens sobre as intenções de Cuba. Podia ver que Cuba estava se preparando para a guerra. Notou os milicianos abrindo buracos com britadeiras nas ruas de Havana para colocar cargas explosivas e, por todos os lados, havia homens e mulheres fardados e armados. Depois de passar por uma multidão de barbudos armados no saguão de entrada do Ministério das Indústrias, encontrou Che em um escritório semimobiliado. Fazia seis anos desde que se viram pela última vez, no México. Che parecia mais pesado e Rojo assim o disse. Che respondeu que sua cara inchada era consequência dos tratamentos com cortisona por causa da asma. Ele não era gordo.

Provavelmente consciente de que o que quer que mostrasse ou falasse para o bem relacionado Rojo chegaria aos formuladores de políticas ocidentais, Che levou-o para uma visita de trabalhador pelo interior cubano. Foram a fábricas e canaviais, e foram também ao encontro de soldados camponeses que combatiam os contrarrevolucionários nas Escambray. Chegou até a pressionar o visitante a um dia de trabalho voluntário cortando cana. Rojo terminou a excursão convencido de várias coisas: Cuba estava definitivamente no caminho do comunismo; a revolução estava bem armada, desfrutando do amplo apoio dos cubanos, e, por vários comentários feitos por seu velho amigo, Che estava interessado em estender a revolução para a América do Sul.

Perto do fim de março, Che acompanhou Rojo ao aeroporto. "Eles virão", disse ele, referindo-se aos norte-americanos, enquanto passavam por várias baterias de canhões antiaéreos. "Mas lhes daremos uma boa recepção. É uma pena que você esteja indo logo agora, quando a festa está prestes a começar."

Em 3 de abril, a Casa Branca divulgou um relatório governamental sobre Cuba. Era o chamado às armas do governo Kennedy para a expedição militar que logo ficaria conhecida como a invasão da baía dos Porcos. Segundo ele, Cuba representava "um perigo claro e presente" para as Américas.

Cinco dias depois, com o nervosismo da invasão em uma intensidade febril, Che publicou um artigo na *Verde Olivo* intitulado "Cuba: Exceção Histórica ou Vanguarda na Luta Anticolonialista?". Che respondia a sua própria pergunta: Cuba não era uma exceção, mas apenas a primeira nação latino-americana a romper o molde de dependência econômica e dominação pelos imperialistas. Seu exemplo era o caminho a ser seguido por seus vizinhos, rumo à meta da liberdade revolucionária.

> O que fizemos nós para nos livrarmos do vasto sistema imperialista, com sua comitiva de dirigentes-fantoches em cada país e Exércitos mercenários para protegerem os títeres, e todo o complexo sistema social da exploração do homem pelo homem? Aplicamos certas fórmulas, [os resultados] de descobertas de nossa medicina empírica para as grandes enfermidades de nossa amada América Latina, medicina empírica que está rapidamente se tornando parte da verdade científica.

Essa era a descoberta "científica" para a qual Ernesto Guevara estava predestinado, a culminação de um processo de busca que começara com o seu trabalho em medicina. Tratar das doenças individuais nunca fora seu verdadeiro interesse, sua motivação sempre fora a do pesquisador que busca uma cura, ou um meio de prevenir. Tal como se dera com a medicina, da mesma forma se tinha dado com a política. Buscando, fazendo cortes na lista de possibilidades à medida que avançava — reformismo, democracia, eleições —, ele encontrara Marx, depois a Guatemala, então Cuba e se deu conta de que a cura para os males da sociedade era o marxismo-leninismo, e a guerra de guerrilhas era o meio de atingi-la. Antes da revolução em Cuba, explicou ele, "a América Latina carecia de condições subjetivas, a mais importante das quais é a consciência da possibilidade de vitória por meio da luta violenta contra as potências imperialistas e seus aliados internos. Essas condições foram criadas pela luta armada, que clareou a necessidade de mudanças [...] e a derrota e o subsequente aniquilamento do Exército pelas forças populares (uma condição absolutamente necessária para toda revolução autêntica) [...]. A classe camponesa da América Latina, baseando-se na ideologia da classe trabalhadora, cujos grandes pensadores descobriram as leis sociais que nos governam, proporcionará o grande exército libertador do futuro, como já fez em Cuba".

Che trabalhando nas docas em Havana em 1961.

A verdade científica é uma lei natural, não é suscetível de ser alterada por teorias. Basicamente, Che argumentava que sua fórmula para chegar ao socialismo pela luta armada equivalia a uma descoberta científica e que essa descoberta poderia levar ao fim da injustiça e à criação de uma nova forma de homem.

IV

Em 14 de abril, a maior e mais luxuosa loja de departamentos de Havana, El Encanto, foi incendiada por um dos grupos clandestinos apoiados pela CIA. Félix Rodríguez fora prevenido por seus contatos de que "algo grande" estava prestes a acontecer e que ele poderia querer sair da cidade, porque depois disso a situação "esquentaria muito".

Na manhã seguinte, na escuridão antes do amanhecer de 15 de abril, a babá dos Guevara, Sofía, acordou com o barulho amedrontador de rasantes de aviões e de bombas explodindo. Ela correu para o corredor e gritou por Che. Ainda sem camisa, ele saiu do seu quarto e disse: "Os canalhas finalmente nos atacaram".

De uma janela viram os clarões das explosões. Os aviões estavam bombardeando o campo de aviação do Campamento Libertad, que ficava perto dali. A escolta de Che corria loucamente, gritando e brandindo as pistolas no ar. Che berrou da janela: "Matarei o primeiro que der um tiro!", e eles se acalmaram. Poucos minutos depois, Che saiu com eles de carro. Foram para Pinar del Río, seu posto de combate secreto para a invasão. Para ter a extremidade da ilha mais próxima dos Estados Unidos bem coberta, Fidel atribuíra a Che o comando do Exército ocidental de Cuba.

No dia seguinte, no funeral para as vítimas do bombardeio, que destruíra a maior parte da minúscula força aérea de Cuba, Fidel fez um discurso inflamado, culpando os Estados Unidos pelo ataque. Os norte-americanos tinham atacado, ele alegou, porque não podiam perdoar Cuba por haver realizado uma revolução socialista bem debaixo do seu nariz. Pela primeira vez desde que assumira o poder, Fidel pronunciara a palavra temível. Posteriormente, seria colocada nesse local uma placa de bronze consagrando o momento em que Fidel "revelou a natureza socialista da Revolução Cubana".

No meio da multidão que ouvia Fidel nessa tarde histórica estava um jovem artista prematuramente calvo, oriundo da cidade de Mendoza, nas montanhas da Argentina, chamado Ciro Roberto Bustos, e sua mulher. Haviam acabado de chegar a Cuba como voluntários, a fim de participar da experiência revolucionária cubana. Enquanto caminhavam pelas ruas de Havana, absorvendo a atmosfera tropical, o ar estava carregado de augúrios. O futuro parecia promissor e ameaçador ao mesmo tempo, e de fato o era. Em pouco tempo, a vida de Ciro Bustos seria completamente absorvida, e alterada de modo irrevogável, pela visão de Che de uma revolução continental.

Logo depois da meia-noite de 17 de abril, o Exército de Libertação de exilados cubanos, com 1500 homens, desembarcou em Playa Girón, na baía dos Porcos. Dias antes, as unidades baseadas na Guatemala foram transferidas para o porto nicaraguense de Puerto Cabezas, onde receberam as despedidas do ditador da Nicarágua, Luís Somoza, que pediu que lhe trouxessem um fio da barba de Castro. Fizeram a travessia para Cuba em navios emprestados pela United Fruit Company, tal como previra Che, provavelmente brincando. Foram escoltados por destróieres da Marinha dos Estados Unidos. Os integrantes da força não souberam onde desembarcariam até estarem em alto-mar.

Poucas horas depois do desembarque, noticiado com alarde pela Radio Swan, transmissora da CIA, Fidel mobilizara suas forças. Os invasores, em vez de penetrarem terra adentro, se entrincheiraram em suas posições na praia e aguardaram reforços. E eles nunca chegaram. Na metade da manhã, começou o combate. Na madrugada do dia seguinte, Dulles informou a Kennedy que os exilados estavam encurralados e, a menos que os Estados Unidos interviessem, seriam dizimados. Kennedy recusou-se a autorizar mais do que o mínimo apoio aéreo.

Em Havana, Félix Rodríguez soube da invasão pelo rádio. A CIA não ousara avisar a ninguém na resistência dentro de Cuba, por receio de vazamento de informação. Isolado dos outros membros do seu Time Cinzento, ele tentou falar por telefone com seus contatos em Havana. A cada tentativa, ou ninguém atendia ou uma voz estranha dizia-lhe "venha imediatamente para cá". Ele se deu conta de que muitos dos elementos da resistência provavelmente já tinham sido presos e as vozes eram de agentes de segurança. Resolveu ficar onde estava. Durante os três dias seguintes, assistiu ao desenrolar dos acontecimentos pela televisão e chorou de frustração.

Em Pinar del Río, as forças de Che não tiveram nada que fazer, mas o próprio Che quase foi morto por um disparo acidental. Aleida soube disso quando Celia Sánchez telefonou-lhe para dizer que Che fora "ferido" levemente, com um tiro de raspão no rosto e na orelha quando sua pistola caiu do coldre e disparou. Celia mandou um carro levar Aleida até onde ele estava e outro para pegar Aliusha e sua babá, Sofía, para trazê-las ao seu apartamento. O apartamento de Celia transformara-se em um centro de comunicações para a liderança revolucionária. Em um determinado ponto, Fidel, com ar cansado, chegou diretamente do campo de batalha e desabou na cama em que Sofía estava com a filha de Che. Enquanto ele dormia, a bebê brincava com sua barba.

A bala tinha ficado extremamente próxima de penetrar o cérebro de Che. No entanto, o momento de maior perigo não viera da bala, e sim de uma injeção antitetânica que os enfermeiros insistiram em lhe dar e que provocou uma reação de choque tóxico. Como Che depois brincou com Alberto Granado, "meus amigos quase fizeram o que os meus inimigos não conseguiram: eu quase morri!".

Na tarde de 20 de abril, a força de exilados ficou imobilizada e, esgotados os seus suprimentos, rendeu-se. Dos invasores, 114 estavam mortos, e quase 1200 foram feitos prisioneiros. Com as boas notícias, Che regressou de seu posto em Pinar del Río para Havana, pegou Granado, e foi de carro para Playa Girón. O engenho de açúcar Australia Central, posto de comando de Fidel durante a batalha, estava um caos de equipamento militar, soldados e prisioneiros de guerra. Os soldados ainda vasculhavam a área em volta em busca de fugitivos que escaparam para o pântano. Havia jipes correndo em todas as direções.

Che e Granado aproximaram-se de um grupo de prisioneiros. Ao reconhecer Che, um dos prisioneiros de guerra ficou tão aterrorizado que urinou e defecou nas calças. Che tentou interrogar o homem, mas ele não conseguia nem falar direito. Por fim, Che se afastou e disse a um de seus guarda-costas: "Dê um balde d'água para esse pobre infeliz".

Fidel, é claro, estava exultante. Dirigira pessoalmente a batalha em Playa Girón e ele mesmo havia disparado o canhão de um tanque em um dos "navios-mãe" norte-americanos. Posteriormente, seus homens juraram que ele acertara em cheio. Pondo todo o folclore de lado, a batalha tinha sido uma vitória estrondosa para a revolução de Cuba. O "povo" enfrentara Washington e ganhara.

Na manhã de 26 de abril, Félix Rodríguez foi levado de sua casa de apoio em Havana em um Mercedes verde que pertencia ao embaixador da Espanha, dirigido por um motorista, para a embaixada da Venezuela. Quatro meses depois, receberia salvo-conduto diplomático para deixar o país. Logo, porém, estaria de volta a Cuba: nem ele nem a CIA desistiram da batalha.

V

Em agosto, em uma conferência realizada pela Organização dos Estados Americanos (OEA), em Punta del Este, Uruguai, Che dirigiu uma mensagem de agradecimento ao presidente Kennedy por meio de Richard Goodwin, um jovem colaborador da Casa Branca. "Obrigado por Playa Girón", disse ele a Goodwin. "Antes da invasão, a revolução estava abalada. Agora, ela está mais forte do que nunca."

Kennedy sentiu-se moralmente obrigado a assegurar a libertação dos 1200 prisioneiros capturados na baía dos Porcos, e Fidel ficou pensativo com a situação. Ele pediu quinhentas escavadeiras para libertá-los, mas Kennedy estava disposto a dar tratores. Fidel insistiu em escavadeiras, e em seguida pediu dinheiro. Seguiu-se uma sessão de barganha até que as conversações foram interrompidas em junho. Os prisioneiros de guerra permaneceram em prisões cubanas. (Em dezembro de 1962, os prisioneiros foram finalmente libertados em troca de 62 milhões de dólares em suprimentos médicos.)

Cuba era uma ferida aberta na guerra de egos de Kennedy com Kruschev. Em maio, a União Soviética conferiu a Fidel o "prêmio Lênin da Paz", e Kennedy estava preocupado com a possibilidade de os soviéticos consolidarem sua posição em Cuba instalando bases de lançamento de mísseis. Apesar das garantias de Kruschev em contrário, o procurador-geral Robert Kennedy advertiu-o dessa perspectiva, em um memorando datado de abril, e instou-o a tomar providências imediatas. "Está na hora de um desfecho, pois dentro de um ou dois anos a situação estará imensamente pior."

Kruschev parecia se deleitar com a disputa da Guerra Fria. Aproveitava sua vantagem onde quer que fosse possível. Durante anos, Washington e Moscou lutaram para garantir seu poder sobre os vácuos deixados pela retirada dos governos europeus coloniais na África, na Ásia e no Oriente Médio, e Moscou parecia estar na frente. Washington ou seus aliados sofreram derrotas em Suez, no Líbano, na Indonésia e na Hungria. A União Soviética correu com seu programa de armas nucleares, e a controvérsia que se seguiu nos Estados Unidos sobre o "hiato dos mísseis" levara Eisenhower a ordenar sobrevoos na Rússia pelos aviões de espionagem U-2. Gary Powers foi abatido em maio de 1960 e depois foi apresentado na televisão soviética, confessando em um tom arrependido que estava em uma missão de espionagem. (Antes que terminasse o ano de 1961, a Inteligência norte-americana chegaria à conclusão de que os Estados Unidos estavam muito à frente dos soviéticos em capacidade de ataque nuclear, mas o trauma do hiato dos mísseis continuaria a influenciar a política norte-americana por décadas.)

Em 1957, a União Soviética tornara-se a primeira nação a colocar um satélite no espaço e, no começo de abril de 1961, enquanto a invasão da baía dos Porcos estava sendo lançada, o cosmonauta Yuri Gagarin foi posto em órbita. Na véspera da decisão de Kennedy quanto a autorizar ou não o prosseguimento da invasão, um Kruschev triunfante alardeara sua vitória no espaço, desafiando o Ocidente a alcançá-la. JFK resmungava que não gostava de ver os Estados Unidos chegando em segundo lugar.

Novos pontos de combustão continuaram a eclodir pelo mundo. No Congo, as facções rivais apoiadas por leste e oeste lutavam pelo poder. Ruanda, Tanganica e Serra Leoa conseguiram a independência, e em Angola um movimento de resistência armada lutava contra o governo português. Na Argélia, a guerra de independência já custara centenas de milhares de vidas e ameaçava provocar uma guerra civil na própria França. Furiosas com a decisão de De Gaulle de negociar a independência argelina com a Frente de Libertação Nacional (FLN), altas patentes do Exército francês se revoltaram. No Sudeste Asiático, guerrilheiros vietcongues, apoiados pelo governo comunista vietnamita do norte de Ho Chi Minh, em Hanói, acossavam o governo do Vietnã do Sul, apoiado pelos Estados Unidos. No vizinho Laos, guerrilheiros do Pathet Lao, com apoio soviético e chinês, lançaram uma grande ofensiva contra o governo de Vientiane, apoiado pelos Estados Unidos, forçando JFK a considerar uma intervenção militar norte-americana. No fim, um cessar-fogo foi negociado, mas o Laos permaneceu instável e sob tensão.

No Caribe, havia um ditador a menos com o qual se preocupar, depois que, em 30 de maio, a vida do generalíssimo Rafael Trujillo fora encerrada por uma saraivada de balas. As armas da equipe de assassinato tinham sido fornecidas pela CIA, pois Washington vinha sofrendo uma pressão crescente dos governos "reformistas" latino-americanos para que fizesse alguma coisa com Trujillo, como compensação pelo apoio que davam à política anticastrista norte-americana.

Kennedy passou os fins de semana do verão de 1961 lendo os textos de Mao e de Che sobre a guerra de guerrilhas, e instruiu o Exército a ampliar sua capacidade antiguerrilha. Em setembro, uma nova unidade de elite especializada em contrainsurreição, os Boinas Verdes, foi criada.

No começo de junho, Kruschev e Kennedy encontraram-se pela primeira vez, em Viena, para conversas duras ao longo de dois dias. Concordaram com a neutralidade para o Laos, mas suas conversações sobre um tratado de proscrição de testes nucleares e desarmamento ficaram inconclusas. Kruschev aproveitou a ocasião para mover outra peça no tabuleiro. Exigindo a "desmilitarização" de Berlim, ameaçou impedir o acesso à cidade pelas potências ocidentais de ocupação — França, Grã-Bretanha e Estados Unidos. Os governos ocidentais responderam enviando mais tropas para Berlim. Ao invocar o que denominou de "a ameaça soviética", Kennedy pleiteou um enorme aumento do orçamento militar norte-americano. Em agosto, tropas alemãs-orientais e soviéticas ergueram o Muro de Berlim, separando as partes leste e oeste da cidade, e, durante algumas horas de tensão, os tanques soviéticos e norte-americanos ficaram uns diante dos outros no território recém-dividido.

Para garantir a continuação da hegemonia dos Estados Unidos na América Latina, Kennedy montou um pacote ambicioso e sem precedentes de ajuda para o desenvolvimento da região, no valor de 20 bilhões de dólares, no prazo de dez anos. Ele o chamou de "Aliança para o Progresso". Foi anunciado em agosto, na conferência da OEA em Punta del Este, no Uruguai. Kennedy enviou o secretário do Tesouro, Douglas Dillon, para representá-lo. Fidel enviou Che.

Punta del Este é um balneário na costa atlântica. A atmosfera pacata ficou eletrizada com a chegada de Che, que imediatamente roubou o espetáculo dos outros ministros. Fotógrafos e jornalistas, ávidos por fotografias e citações, o seguiam por toda parte. Seu guarda-costas adolescente Leonardo Tamayo dava um toque exótico aos trabalhos. Enquanto todos os outros ministros que participavam da conferência usavam ternos, Che envergava seu uniforme militar verde-oliva. Enquanto os outros ministros fizeram seus discursos sentados, ele pronunciou seu discurso de abertura de pé. Douglas Dillon acintosamente olhou para o teto e bocejou quando Che condenou a Aliança para o Progresso como um plano dos Estados Unidos para isolar Cuba ainda mais e, ao mesmo tempo, ampliar seu controle sobre o resto dos países latino-americanos mediante suborno financeiro. Che argumentou que o exemplo de Cuba de afirmação de independência política e econômica, ao realizar reformas da propriedade de terras e de moradias, expulsar os monopólios e escolher seus próprios parceiros comerciais e credores, proporcionaria um modelo mais conveniente para o resto da América Latina. A estimativa norte-americana era de que a Aliança para o Progresso gerasse uma taxa anual de crescimento econômico na América Latina de 2,5%. Cuba esperava atingir uma taxa de crescimento de 10% dentro de poucos anos.

Para que Cuba não fosse vista como um elemento apenas negativo, Che sugeriu uma série de condições que deveriam ser impostas pelos países que aderissem à aliança proposta: liberdade para exportar suas matérias-primas para onde quisessem; fim dos subsídios protecionistas norte-americanos de seus próprios produtos, que impediam a competição; e ajuda para a industrialização de suas economias, a pedra fundamental da independência e prosperidade econômicas. Então, depois de um longo sumário dos múltiplos atos de agressão dos Estados

O presidente do Uruguai, Víctor Haedo (à direita, de boina branca), está entre os que ouviam Che, extasiados, durante a conferência da OEA em Punta del Este, em agosto 1961.

Unidos contra Cuba, culminando na recente invasão à baía dos Porcos, Che estendeu o ramo de oliveira para os norte-americanos. Cuba não desejava qualquer malefício para seus vizinhos, explicou ele, e queria apenas fazer parte da família de nações americanas. Os cubanos estavam dispostos a se sentar e debater suas diferenças com os Estados Unidos em qualquer momento, desde que não houvesse precondições. Tudo que Cuba pedia era uma garantia de que não seria atacada, e o direito de ser *diferente* dentro de suas próprias fronteiras. "Não podemos parar de exportar um exemplo, como querem os Estados Unidos, porque um exemplo é algo que transcende fronteiras. O que nós efetivamente damos é uma garantia de que não exportaremos revoluções; nós garantimos que nem um só fuzil sairá de Cuba, que nem uma única arma sairá de Cuba para ser usada em combate em qualquer outro país da América." Advertiu, porém, que Cuba não podia garantir que seu exemplo não seria emulado. A menos que os governos vizinhos melhorassem as condições sociais em seus países, o exemplo de Cuba iria inevitavelmente "pegar fogo" e, como Fidel tinha advertido em seu discurso do 26 de Julho, um ano antes, "a cordilheira dos Andes será a Sierra Maestra das Américas".

Quando Che terminou seu discurso de duas horas e quinze minutos, o salão foi perturbado por um grito alto de "*Asesino*!", e em seguida, enquanto guardas de segurança se atracavam com o agitador e arrastavam-no para fora, dois outros estranhos subiram até o pódio onde estava Che e começaram a insultá-lo. Ignorando-os, Che saiu calmamente do salão da conferência. Mais tarde, a polícia informou à imprensa que os agitadores eram exilados cubanos que pertenciam ao Frente Democrático Revolucionario, grupo anticastrista patrocinado pela CIA.

A família de Che viajara ao Uruguai e, pela primeira vez desde que saíra da Argentina, ele viu seu irmão Roberto e sua irmã Ana María. O pai, a mãe, o irmão Juan Martín, a irmã Celia e a tia Beatriz também estavam lá, além de vários amigos: Julio "Gaucho" Castro, que Che tentara convencer a ir para Cuba; Beto Ahumada; Pepe Aguilar; seu velho sócio de negócios "El Gordo" Carlos Figueroa; e o outro gordo, Ricardo Rojo, que renunciara ao cargo em Bonn e voltara para casa depois de ter se encontrado com Che em Cuba.

Che e seu irmão Roberto não podiam ser mais diferentes. Roberto casara-se com uma mulher de uma das famílias aristocráticas da Argentina e, embora apolítico publicamente, era advogado da repartição de assistência social da Marinha argentina, uma das organizações mais conservadoras do país. Uma fotografia da família em Punta del Este mostra Che, com aspecto desalinhado, em um uniforme militar, cercado por seus familiares. Roberto, de pé atrás dele, um pouco para o lado, tem um aspecto bem-arrumado, vestido de forma conservadora, de calças esporte, camisa branca com gravata e um suéter de mangas compridas. Suas mãos estão nos bolsos e ele está olhando fixo para o irmão. Roberto jamais comentou se ele e Che debateram suas diferenças em Punta del Este. Declarou apenas que achara Che "radicalmente diferente" do irmão que vira oito anos antes: austero, compenetrado e evidentemente sem senso de humor. Roberto recordou que, quando comentou essa transformação, Che lhe dissera secamente: "Não estou mais interessado em ditos espirituosos. Agora tenho um senso de humor diferente".

Tamayito, o guarda-costas de Che, afirmou que testemunhou uma discussão entre os dois irmãos. "Che criticou Roberto por servir como um instrumento da repressão", ele disse, "e aproveitou a ocasião para contar como *ele* havia escapado de prestar serviço militar, depois de se formar na Faculdade de Medicina, porque não estava disposto a servir nas Forças Armadas de um regime corrupto que era aliado do imperialismo norte-americano." Embora a lembrança de Tamayito do que foi dito possa não ser precisa, o sermão de Che teria irritado Roberto. Afinal de contas, Ernesto fora rejeitado pelo serviço por causa da asma, não devido a qualquer consciência política mais aguçada.

Roberto Ahumada, que conhecera Che em Córdoba e ainda era ligado à família Guevara, também achou o velho amigo mudado. "Ele sempre fora um homem livre", recordou Ahumada, "e agora ali estava, ligado a um processo com responsabilidades [...], uma posição que implicava perigo constante [...]. Era um homem mais reservado, mais cuidadoso com as coisas que dizia."

Depois de um rápido encontro em público, Che providenciou para passar algum tempo sozinho com seus amigos de mocidade. Distribuiu charutos cubanos, e todos eles fumaram e bateram papo. Segundo Ahumada, todos eles ofereceram seus serviços a Che, caso achasse que suas habilidades poderiam ser úteis para Cuba. Che parecia achar isso divertido. "Ele brincou conosco, nos provocou", recordou Ahumada. "Disse a Carlitos [Figueroa], que era corretor de imóveis, que em Cuba não precisavam de especialistas em imóveis porque o Estado era dono de todas as propriedades e não havia nada à venda. E mexeu comigo, dizendo-me que tampouco precisavam de um advogado, porque em Cuba não havia ações judiciais, então o que eu poderia fazer por lá?"

Carlos Figueroa achou que a provocação de Che foi um sinal de que ele realmente era "o mesmo Ernesto de antes". Parecia tentar impressioná-los com histórias de suas experiências emocionantes. "Você pode acreditar ou não", vangloriou-se, "mas fui caçar montado em um elefante com Nehru." E confessou que, quando o cosmonauta russo Yuri Gagarin estivera pouco antes em Cuba, ele tinha ficado tão entusiasmado por se encontrar com o primeiro homem que tinha ido ao espaço que ficou grudado nele um dia inteiro. Figueroa recordou que, uma noite, em um jantar, sua tia Beatriz inclinou-se para ele e perguntou-lhe sobre sua nova esposa, Aleida. "Ela é uma moça do campo", disse Che, "uma *guajira*." "E o que é isso?", perguntou Beatriz, desorientada. "Uma *hacendada* [fazendeira]?" Che soltou uma estrondosa gargalhada. Sua tia, que vivia dentro de casa, parecia imaginar que ele se casara com a filha de um latifundiário aristocrata cubano.

Che dedicou uma atenção especial ao irmão caçula, Juan Martín, que acabara de completar dezoito anos e ainda vivia em casa com a mãe. Juan Martín estudava jornalismo, sem muito entusiasmo, em Buenos Aires, e começara a sair com uma colega, María Elena Duarte, quatro anos mais velha. Ele andava irritado com as comparações que o pai fazia de sua vida com as conquistas de seus irmãos e irmãs mais velhos. Ao mesmo tempo, idolatrava Che e lia textos marxistas com avidez. Percebendo o problema do irmão, Che procurou dar-lhe alguma orientação durante seu tempo no Uruguai, e o convidou a ir a Cuba e fazer lá sua faculdade. Juan Martín ficou entusiasmado, mas a decisão sobre quando exatamente iria ficou no ar.

Enquanto Che estava hospedado em um hotel comum, com o resto de sua numerosa comitiva, sua família ficou em uma *villa* alugada por uma jornalista esquerdista, Julia Constenla de Giussani, que se tornara amiga da mãe de Che depois de entrevistá-la para uma revista feminina. Nessa época, junto com seu marido, também jornalista, Julia publicava uma revista política pró-Cuba chamada *Che*, e trabalhava próxima a Alfredo Palacios, o venerável líder do Partido Socialista da Argentina. Tinha ido a Punta del Este com uma missão: em nome de uma coligação de socialistas argentinos e peronistas de esquerda, ela foi perguntar se Che se disporia a voltar para sua pátria, pois eles queriam propor seu nome como candidato nas próximas eleições parlamentares.

Quando Julia finalmente encontrou-se a sós com Che, ele imediatamente rejeitou a proposta. Explicou que Cuba ainda precisava dele, tinha uma missão a cumprir e não se via como um político argentino. Depois, olhando bem para ela e com um sorriso irônico, perguntou: "Madame, eu sou um ministro. Você me vê como um deputado parlamentar na Argentina?".

Mas havia um pouco mais na proposta de que Julia era portadora. Ela explicou que queriam que ele encabeçasse uma candidatura "simbólica" pela esquerda. Se uma frente popular ganhasse o poder pelas eleições, então ele teria ajudado esse esforço, mas, se as eleições fossem canceladas e se visse que uma solução pacífica era impossível, poderia se tornar o líder de um movimento guerrilheiro, "o comandante da transformação revolucionária da Argentina". Ela disse que estava nas mãos dele: podia continuar em Cuba, isolado, ou podia ajudar a pôr em andamento o processo de mudanças na América Latina.

Recordou Julia: "Ele me pediu detalhes precisos, descrições de indivíduos dos diferentes grupos políticos, minha análise sobre os líderes sindicais e a política argentina em geral. Era como se estivesse me aplicando um teste. Acho que eu lhe lembrava de sua juventude e o que ele tinha sido no passado, e ele queria saber como aquele mundo do qual fizera parte havia mudado".

Che examinou a proposta de Julia ponto por ponto, até debatendo os méritos relativos da guerra de guerrilha rural em oposição à urbana, mas, em momento algum, ela percebeu qualquer dúvida em sua decisão. Ele pareceu-lhe ser absolutamente pessimista quanto às perspectivas de mudança na Argentina por meio do processo eleitoral e quanto à capacidade dos seus esquerdistas de realizarem a verdadeira transformação social. Perguntou-lhe como achava que os sindicatos reagiriam diante de uma luta armada, quais eram as perspectivas de se mobilizarem as massas urbanas e quais os lugares que, na sua opinião, eram os melhores para a instalação de uma força guerrilheira. Ele mencionou a recente onda de atividades terroristas em pequena escala por parte da esquerda argentina e disse que era contra elas. "Toda a ação deve ser algo que nos leve mais perto da tomada do poder", disse Che, "e, depois de tomar o poder, o objetivo deve ser a conquista do território nacional."

Julia recordou que existia uma lógica em todo aquele interrogatório. Havia argentinos em Cuba recebendo treinamento militar. Ela representava o ponto de vista daqueles que haviam ficado para trás, daqueles que, como admitiu, "não estavam dentro da estrutura burocrática da exportação do modelo cubano".

Para Julia, Che era um homem complexo e fascinante, mas com um traço perverso. Uma noite, jantando com ele e sua família, lembrou-lhe a dedicatória que escrevera no exemplar de *A guerra de guerrilhas* que tinha mandado para Alfredo Palacios. "Para o dr. Palacios, que, quando eu era criança, já falava em revolução." Palacios ficou entusiasmado e lisonjeado, mas Julia entendeu que havia outro sentido, mesquinho, para suas palavras. Palacios apenas *falara*. Ela achou que a observação de Che foi cruel e assim lhe disse. Ele respondeu simplesmente: "Isso foi tudo o que ele fez".

"Com isso encerrou a discussão", disse Julia. "Ele era capaz de ser realmente desrespeitoso com algumas pessoas, e capaz de dizer coisas ofensivas [...]. Era como se achasse que os únicos que mereciam seu respeito fossem os desprovidos, um operário faminto, um camponês malnutrido. Nem mesmo seus pais pareciam merecer o mesmo respeito." (Este era um traço que não passava despercebido pelos outros. Che recusara-se a dar aos parentes qualquer ajuda financeira que lhes permitisse visitá-lo. Sua mãe tinha ido a Cuba para uma segunda visita em 1960 e, então, o velho Ernesto escreveu para Hilda dizendo que estava tentando juntar dinheiro suficiente para ir. Ele e Celia queriam conhecer a neta mais nova, Aleidita, e ver Hildita novamente. Quando Hilda perguntou a Che o motivo de não ajudá-los, ele respondeu bruscamente: "Então, você é uma dessas pessoas que não acreditam que eu tenho um salário fixo e acham que posso usar os fundos públicos como eu quiser?". Hilda negou que quisesse dizer alguma coisa do tipo. "Apenas sugeri que pagasse a passagem do seu pai porque ele quer vir", disse ela. "Você pode pagá-la em prestações." Che se acalmou, mas acabou com a conversa.)

Julia achava que Che era imensamente atraente, apesar das aparentes falhas de caráter. "Como pessoa, possuía um encanto indescritível, que vinha com toda a naturalidade", ela disse. "Quando entrava em uma sala, tudo começava a gravitar em torno dele." Para uma mulher, talvez parte do charme fosse sua vulnerabilidade física. Poucos dias depois de chegar a Punta del Este, ele sofreu uma crise de asma tão grave que teve de passar uma noite em uma tenda de oxigênio. No dia seguinte, ele conseguia andar, mas ainda estava com grande desconforto e respirava com dificuldade. Em um momento, fez um discreto sinal para Julia de que queria se encontrar com ela no saguão do lado de fora. Ela foi na frente e ele apareceu uns dois minutos depois. Não disse nada, mas se inclinou junto dela, de modo que ninguém pudesse ver o que estava fazendo. Ele pegou o inalador e aspirou-o, enfiando-o rapidamente de volta no bolso. Depois disso, sempre que ele lhe fazia o sinal, ela imediatamente ia para o saguão. "Isso aconteceu sete ou oito vezes durante a conferência", ela disse. "Uma vez ele estava tão mal que se encostou na parede e gesticulou lentamente para que eu pegasse o inalador de seu bolso. Ele não tinha força."

Ricardo Rojo, outro argentino presente à conferência de Punta del Este, também levara uma mensagem para Che. Rojo renunciara ao cargo em Bonn por causa de sua oposição à política do presidente Frondízi, especialmente por sua decisão de conceder a companhias petrolíferas norte-americanas direitos de exploração na Argentina, um ato que muitos consideraram uma afronta à soberania nacional. Porém, Rojo não era homem de queimar todas as pontes e agora era portador de uma mensagem de Frondízi, que queria ter um encontro secreto com Che. Rojo ficara estupefato quando um intermediário o procurara para entregar-lhe a mensagem. Frondízi já era extremamente impopular entre as Forças Armadas; tinham ocorrido numerosos complôs e levantes contra ele. Se um encontro desse tipo viesse a público, só poderia piorar o seu tênue controle do poder.

Che concordou com o encontro. Ele já havia aceitado uma iniciativa semelhante para um encontro com o presidente do Brasil, Jânio Quadros. Os dois líderes sul-americanos eram elos vitais na proposta da Aliança para o Progresso do governo Kennedy, e ambos estiveram envolvidos em tentativas anteriores, fracassadas, de mediação entre Cuba e os Estados Unidos. Ficou combinado que Che viajaria para Buenos Aires depois do término da conferência e de lá seguiria para Brasília.

Em 16 de agosto, em seu discurso de encerramento, Che declarou que Cuba não assinaria a resolução de apoio à Aliança para o Progresso. Poucas das sugestões feitas por aquele país tinham sido debatidas com seriedade, ele ressaltou, e poucas mudanças substanciais foram feitas no que ele considerava um documento gravemente defeituoso. Por último, como era, afinal de contas, uma iniciativa destinada a isolar Cuba, seu governo não tinha possibilidade de aprová-la, mas aproveitou a ocasião para reiterar a disposição de seu país para dialogar com os Estados Unidos "sobre qualquer questão, sem precondições".

Na noite seguinte, por solicitação sua e com a conivência de alguns diplomatas da Argentina e do Brasil, Che foi apresentado a Richard Goodwin, assistente pessoal do presidente Kennedy e um dos membros mais importantes da delegação norte-americana. Como Goodwin relatou posteriormente ao presidente, o encontro se deu depois de ele ter rejeitado várias tentativas anteriores feitas por brasileiros e argentinos para reunir os dois. Enquanto jantava com um delegado argentino, dois jornalistas brasileiros "e um par de louras", Goodwin foi convidado para uma festa de aniversário por um dos delegados brasileiros na conferência. No caminho para a festa, Goodwin perguntara ao argentino, de brincadeira: "Você tem certeza de que Che não vai estar lá?", ao que seu amigo protestara com veemência que não faria uma coisa dessas.

"Havia umas trinta pessoas na festa", Goodwin escreveu a Kennedy, "bebendo e dançando ao som de música americana. Conversei com várias pessoas e, cerca de uma hora depois, disseram-me que Che estava vindo. Ele chegou em poucos minutos. Não falei com ele, mas todas as mulheres na festa se juntaram à sua volta. Então, um dos brasileiros disse que Che tinha algo importante para me dizer." Passaram para uma sala adjacente, onde conversaram por cerca de "vinte a quarenta minutos", com interrupções de "garçons e caçadores de autógrafos", até que Goodwin terminou a conversa.

Goodwin achou Che muito diferente da intimidante figura pública que observara à distância. Como descreveu o encontro para Kennedy: "Che estava com um uniforme militar verde e sua costumeira barba comprida e desgrenhada. Por trás da barba, as feições eram bastante suaves, quase femininas, e sua fisionomia estava contraída. Tem um bom senso de humor e houve considerável troca de gracejos de parte a parte durante o encontro. Quando começamos a conversar parecia muito pouco à vontade, mas logo se descontraiu e falou livremente. Embora não deixasse qualquer dúvida quanto à sua intensa dedicação pessoal ao comunismo, suas palavras não continham propaganda nem presunção. Falou calmamente, de um modo direto, aparentando distanciamento e objetividade. Em momento algum deixou qualquer dúvida de que se sentia inteiramente livre para falar por seu governo e raramente fez distinção entre suas observações pessoais e as posições oficiais do governo cubano. Fiquei com a nítida impressão de que ele pensara cuidadosamente nas observações que faria. Elas estavam extremamente bem organizadas".

Goodwin disse a Che que não tinha qualquer autoridade para negociar, mas que reportaria o que ele dissesse aos oficiais pertinentes do governo dos Estados Unidos. "Guevara começou dizendo que eu precisava entender a Revolução Cubana", recordou Goodwin. "Eles pretendem construir um Estado socialista e a revolução que iniciaram é irreversível. Também estão agora fora da esfera de influência dos Estados Unidos, e isso também é irreversível. Estabelecerão um sistema de partido único, com Fidel como seu secretário-geral. Seus laços com o leste provêm de simpatias naturais e crenças comuns quanto à estrutura de poder da ordem social. Sentem que têm o apoio das massas para sua revolução e que esse apoio crescerá à medida que o tempo for passando."

Che advertiu Goodwin de que, se os Estados Unidos pensavam que Fidel podia ser derrubado de dentro, ou achavam que ele era, na realidade, um moderado cercado por fanáticos e que podia ser persuadido pelo Ocidente, eram suposições errôneas. A revolução estava forte e era capaz de resistir a tais ameaças. Falou da atração exercida por Cuba em todo o hemisfério e avisou que em muitos países eclodiriam guerras civis se Cuba fosse atacada. Levantou novamente as contradições que via inerentes na Aliança para o Progresso, que ele achava que poderiam desencadear reações que escapariam à capacidade de controle dos norte-americanos, levando a revoluções no estilo cubano. "Falou com grande ênfase do impacto de Cuba no continente e da força crescente de seu exemplo."

Che falou com franqueza dos problemas de Cuba: os ataques armados contrarrevolucionários; a oposição da pequena burguesia e da Igreja católica; os prejuízos causados pelo embargo norte-americano; a falta de peças sobressalentes ou de meios de substituí-las; a incapacidade de importar bens de consumo; e as reservas insuficientes de divisas. Disse a Goodwin que Cuba "não queria um entendimento com os Estados Unidos" — Cuba sabia que isso seria impossível —, mas um modus vivendi. Em troca, disse Guevara, Cuba poderia concordar em não fazer "qualquer aliança política com o leste". As empresas norte-americanas desapropriadas não poderiam ser devolvidas, mas poder-se-ia encontrar uma forma de indenização por meio do comércio. Convocariam eleições livres uma vez que a revolução estivesse institucionalizada. A base naval norte-americana em Guantánamo, "é claro", não seria atacada, disse Che, e "deu uma gargalhada como se estivesse rindo da natureza óbvia dessa orientação". Também insinuou "indiretamente" que Cuba estaria disposta a "debater as atividades da Revolução Cubana em outros países".

Che não podia deixar passar a oportunidade de dar uma estocada sobre como a invasão fora benéfica para Cuba, dizendo que "se transformara de um pequeno país prejudicado em um país de igual condição". Mas ele não estava ali para provocar Washington, e sim apenas para propor alguma forma de negociação. Antes que terminasse o encontro, disse a Goodwin que transmitiria a essência de sua conversa unicamente a Fidel. Goodwin disse que tampouco ele lhe daria "publicidade".

Goodwin entendeu a iniciativa de Che como um sinal de fraqueza. Ele escreveu para Kennedy que achou que a conversa, "combinada com outras evidências que se vêm acumulando, indica que Cuba está passando por graves dificuldades econômicas, que a União Soviética não está disposta a empreender o grande esforço necessário para colocá-los de pé, e que Cuba deseja um entendimento com os Estados Unidos. Vale a pena recordar que Guevara representa, indubitavelmente, as tendências comunistas mais dedicadas do governo cubano, e se há espaço para qualquer espectro de opiniões em Cuba, é possível que existam outros líderes cubanos ainda mais ansiosos por uma acomodação com os Estados Unidos".

Goodwin delineou uma série de ações a serem tomadas por Kennedy. Dentre elas estavam o aumento da pressão econômica sobre Cuba e a tomada de medidas retaliatórias contra qualquer pessoa que fizesse transações com o regime de Castro, e a intensificação da propaganda anticubana, tentando ao mesmo tempo encontrar "algum meio de dar prosseguimento ao diálogo por debaixo do pano iniciado por Che. Poderemos assim deixar claro que queremos ajudar Cuba, e que a ajudaremos se ela romper os laços comunistas e der início à democratização. Dessa maneira, podemos começar a fazer sondagens em busca da divisão que puder existir no topo do governo".

A proposta de Che era sincera? Talvez. Ele buscou um meio de evitar que Washington avançasse ainda mais na sua política de "contenção regional". Mas a oferta tinha pouco fundamento. A participação no Pacto de Varsóvia era uma formalidade da qual Cuba podia facilmente abrir mão. E se os Estados Unidos aceitassem indenização sob a forma de comércio, dificilmente poderiam fazer valer o embargo comercial relativo a outros países. Quanto a eleições, uma vez que a revolução estivesse institucionalizada, e que os descontentes que restassem tivessem deixado a ilha, seria outro processo que a revolução poderia controlar com facilidade.

Significativamente, Che não disse que sustaria o apoio cubano às insurreições guerrilheiras na região. Prometera que "nem uma só arma" sairia de Cuba para ser usada em outros países, mas não mencionara o treinamento de guerrilheiros nem o fornecimento de fundos ou de combatentes. Quanto às armas, podiam ser obtidas em qualquer lugar, até mesmo nos Estados Unidos.

Em 19 de agosto, dia seguinte ao encontro com Goodwin, Che voou para um campo de pouso nos arredores de Buenos Aires. O oficial que o presidente Frondízi enviara para esperá-lo não tinha conhecimento da identidade da pessoa que devia levar à residência presidencial. Quando viu Che Guevara, ficou abismado.

Che almoçou com Frondízi, que visivelmente queria utilizar o encontro para sondar quais eram as intenções de Cuba. Ele expressou esperanças de coexistência pacífica com Cuba. Che assegurou-lhe que Cuba não tinha qualquer intenção de fazer uma aliança formal com Moscou, a menos que fosse atacada por Washington.

Depois do almoço, Che pediu um favor a Frondízi. Ele poderia visitar sua tia María Luisa, gravemente doente, que morava no bairro de San Isidro? Frondízi concordou e, pela primeira vez depois de oito anos, Che viu novamente as ruas de Buenos Aires, pelas janelas de um carro presidencial, um visitante clandestino em seu próprio país. Após a visita a María Luisa — era a última vez que ele a veria —, foi levado no carro para o campo de pouso e voou por cima do Río de la Plata de volta ao Uruguai. Embarcou no avião da *Cubana*, onde sua comitiva o aguardava, e decolou para Brasília.

A notícia da visita "secreta" de Che espalhou-se rapidamente, provocando grande mal-estar nos círculos militares. Nessa mesma noite, uma bomba explodiu em Buenos Aires, destruindo a porta de entrada do edifício de apartamentos na calle Arenales, onde morava Fernando Guevara Lynch, tio de Che. Fernando disse aos repórteres que não tinha visto o sobrinho e que soubera de sua visita apenas depois de ela ter acabado. "Ele deixou o país em 1953. Teria tido muito prazer em tê-lo encontrado", afirmou Fernando. Então pediu licença e, com autêntica pose de um Guevara, disse aos repórteres que estava indo jantar com amigos e esperava chegar lá "se não colocaram uma bomba debaixo do capô do meu carro".

A bomba não foi a única sequela da visita de Che. Durante os dias que se seguiram, havia histórias nos jornais sobre a "preocupação" das Forças Armadas, juntamente com fotografias de generais de cara fechada, entrando e saindo após reuniões tensas com o presidente. O ministro do Exterior argentino foi obrigado a renunciar e, sete meses depois, quando Frondízi foi deposto por um golpe militar, a maioria dos observadores políticos concordou que seu encontro com Guevara acelerara sua queda.

Onde quer que Che pousasse, aconteciam calamidades. Durante um discurso que fazia na Universidade de Montevidéu, houve protestos e um tiro foi disparado, matando um professor uruguaio na plateia. Tamayito ficou convencido de que fora uma trama para assassinar Che, organizada por exilados anticastristas, conduzidos para lá por um avião da CIA. No seu encontro com Jânio Quadros, o presidente do Brasil, Che foi condecorado com a prestigiosa Ordem do Cruzeiro do Sul. Cinco dias depois, Quadros renunciou, sua carreira política acabou de repente.

VI

Poucas semanas depois da conferência da OEA em Punta del Este, Washington mandou uma mensagem clara de que não tinha interesse na proposta de Che para o presidente Kennedy. O Congresso aprovou uma lei proibindo ajuda norte-americana a qualquer nação que negociasse com Cuba. A Costa Rica rompeu relações com Havana, e o governo de Betancourt, da Venezuela, fez o mesmo. Os Exércitos da América Latina estavam em alerta para qualquer sinal de "subversão" cubana, e os Estados Unidos ofereceram ajuda militar e treinamento especializado para lidar com essa ameaça. Em outubro de 1961, foi iniciado na Escuela Superior de Guerra, da Argentina, o primeiro Curso Interamericano de Guerra Contrarrevolucionária. Na cerimônia de abertura, ecoando a linguagem usada por Che Guevara para unir os latino-americanos na luta comum contra o imperialismo, o general de brigada Carlos Turolo invocou o espírito da "solidariedade internacional com os povos das Américas [...] que estão diante da [...] necessidade imperiosa de coordenar ações, deter e combater o inimigo comum, o comunismo".

Washington estava, na realidade, indo vacinar o hemisfério. A vacina era poderosa: treinamento em contrainsurreição; ação coordenada entre os militares, as polícias e os serviços de Inteligência da região; um papel ampliado para a CIA; programas de desenvolvimento econômico e social por meio da Aliança para o Progresso e projetos de "ação cívica" militar em áreas atrasadas, a fim de conquistar as mentes e os corações dos civis que seriam os alvos da guerrilha.

Allen Dulles fora demitido da CIA depois do desastre da baía dos Porcos, mas o novo diretor, John McCone, tinha mais recursos para jogar. Em novembro de 1961, JFK alocou 50 milhões de dólares para um novo programa de ação clandestina contra Cuba, que recebeu o codinome Operação Mangusto. O ambicioso programa era coordenado de Washington e da base da CIA em Miami e visava a desestabilizar o regime cubano por meio de espionagem, sabotagem, ataques militares e assassinatos seletivos. Com o tempo, ela se tornaria a maior operação velada da CIA.

A rede de resistência clandestina da CIA em Cuba fora devastada na detenção em massa de dissidentes suspeitos pelas forças de segurança cubanas após o episódio da baía dos Porcos. Mas em outubro, apenas algumas semanas depois de ter deixado seu asilo na embaixada venezuelana, Félix Rodríguez estava voltando à ilha. Sua missão: reconstruir as rotas de infiltração da CIA para futuras ações paramilitares.

Ao término do ano, a política de contenção de Kennedy estava tendo algum êxito. Em dezembro, uma resolução da OEA condenando Cuba por seu alinhamento com o bloco soviético foi aprovada quase por unanimidade; apenas o México votou contra. Nesse mesmo mês, Colômbia, Panamá, Nicarágua e El Salvador cortaram suas relações com Cuba. Em Havana, Fidel fez um discurso selando definitivamente o rompimento de seu país com o Ocidente, ao declarar: "Sou marxista-leninista e o serei até morrer". No final de janeiro de 1962, votou-se na OEA a decisão de suspender a participação de Cuba na organização e proibir a venda de armas para a ilha pelos Estados-membros. Foram adotadas medidas para a defesa conjunta contra as ações de Cuba na região. Em fevereiro, Kennedy tornou mais severo o já estrito embargo comercial sobre Cuba, proibindo todas as exportações, exceto de suprimentos médicos.

O diretor da Operação Mangusto, Edward Lansdale, idealizou um cronograma acelerado para um pacote de ações, inclusive ataques contra líderes-chave, a fim de culminar na derrubada de Castro em outubro. Esse plano foi depois reduzido em sua amplitude, mas as diretrizes finais para a Operação Mangusto, embora determinassem que a CIA utilizasse "ao máximo os recursos locais" para produzir a derrubada de Castro, também concluíam que a intervenção militar dos Estados Unidos seria necessária.

Em fevereiro, em Buenos Aires, uma bomba foi descoberta e desativada pela polícia do lado de fora da casa da mãe de Che, na calle Araoz. Uma semana depois, a Argentina rompeu relações diplomáticas com Cuba. Em março, com a produção agrícola de Cuba acusando uma queda aguda e com a escassez de bens de consumo em todas as lojas da ilha, o governo impôs o racionamento compulsório de alimentos e outros artigos essenciais. Daí por diante, os cubanos teriam de fazer fila para comprar comida, com livretos de racionamento usados para anotar suas cotas semanais. Haviam transcorrido apenas sete meses desde que Che predissera confiante que Cuba em breve seria praticamente autossuficiente em alimentos.

De quem era a culpa pela escassez? Fora causada pelo embargo comercial dos Estados Unidos? Em parte, sim. A radicalização da revolução causara o êxodo paralisador de técnicos, gerentes e comerciantes da ilha? Sim. Era a incompetência dos líderes da revolução em sua tentativa de converter uma economia capitalista em uma economia socialista? Sim. Embora nem Che nem Fidel admitissem o fato, o racionamento de alimentos anunciou o fim de suas ilusões de transformar Cuba em um país socialista autossuficiente. Quanto à ilusão de Che de que uma fraternidade mundial entre nações socialistas poderia levar à destruição do capitalismo, ela estava prestes a ser despedaçada.

VII

No final de abril de 1962, Alexandr Alexiev foi chamado com urgência de volta a Moscou por Nikita Kruschev. Nenhuma explicação foi dada e Alexiev ficou alarmado. Filho do stalinismo, ele começou imediatamente a pensar no pior e a se preparar para algum tipo de punição, enquanto quebrava a cabeça tentando descobrir o que poderia ter feito de errado. Procurou ganhar tempo, pedindo para permanecer em Havana para as festividades do 1º de Maio. Esperava-se um milhão de pessoas na Plaza de la Revolución, e a "Internacionale" seria cantada pela primeira vez na Cuba agora abertamente socialista. Recebeu permissão para ficar, mas com ordem para voltar a Moscou imediatamente após o evento.

No dia 3 de maio, Alexiev voou para o México, onde o embaixador soviético lhe disse que tinha instruções para alojá-lo na embaixada, e não em um hotel. O mesmo aconteceu na parada seguinte, Londres. Estava perfeitamente claro que o Kremlin queria manter Alexiev sob estrita vigilância, e ele chegou a Moscou extremamente preocupado. Um chefe de departamento do Ministério do Exterior soviético o estava esperando no aeroporto. A essa altura, Alexiev estava de fato atônito e o funcionário nada esclareceu, limitando-se a lhe dizer que saberia "amanhã" por que havia sido convocado.

Na manhã seguinte, Alexiev foi escoltado até o Kremlin e levado para o gabinete de Mikhail Suslov, vice de Kruschev. Suslov não estava ali, e sim dois secretários do alto escalão do Comitê Central: Yuri Andropov e o chefe da KGB, Alexander Shelepin, que levou Alexiev para sua sala e explicou que ele seria o novo embaixador soviético em Cuba. O próprio Kruschev tomara a decisão. Enquanto conversavam, Kruschev telefonou e pediu que Alexiev fosse para o seu gabinete. Kruschev estava sozinho e os dois conversaram por cerca de uma hora. Alexiev tentou declinar da embaixada. O que Cuba necessitava, ele disse, era de um embaixador que entendesse de economia, e ele era um analfabeto nesse campo. "Isso não tem importância", disse-lhe Kruschev. "O importante é que você tem amizade com Fidel, com a liderança. Eles acreditam em você." Quanto a economistas, ele daria a Fidel quantos especialistas precisasse. Nesse mesmo instante, Kruschev deu um telefonema e ordenou que fosse formada uma equipe de vinte assessores ministeriais de alto nível, de todos os campos econômicos. Eles acompanhariam Alexiev de volta a Cuba. Virou-se então para Alexiev e disse que queria vê-lo em umas duas semanas, para conversarem em termos mais "concretos".

Perto do fim de maio, Kruschev mandou chamar Alexiev de novo. Dessa vez, havia cinco outros altos funcionários: o assistente de Kruschev, Frol Koslov, o vice-premier, Mikoyan, o ministro do Exterior, Andrei Gromyko, o ministro da Defesa, Rodion Malinovski, e um suplente do Politburo, Sharif Rashidov. Alexiev foi convidado a se sentar. Ele recordou que "foi uma conversa muito estranha. Kruschev tornou a me fazer perguntas sobre Cuba, sobre os camaradas cubanos, e falei sobre cada um, e então, quando eu menos esperava, Kruschev disse: 'Camarada Alexiev, a fim de ajudar Cuba, salvar a Revolução Cubana, decidimos colocar foguetes nucleares na ilha. O que você acha? Como Fidel reagirá? Ele aceitará ou não?'".

Alexiev ficou pasmo. Disse a Kruschev que achava que Fidel não aceitaria o oferecimento, porque sua postura pública de longa data era a de que sua revolução fora feita para restabelecer a independência de Cuba. Expulsaram os assessores militares norte-americanos e, se aceitassem foguetes soviéticos em seu território, pareceria que estavam violando seus próprios princípios. Seria também uma grave quebra de confiança aos olhos da opinião pública internacional e, em especial, dos seus vizinhos latino-americanos. "Por essas razões", concluiu Alexiev, "acho que eles não aceitarão."

Malinovski reagiu com raiva. "Ele me atacou", Alexiev recordou. "Que tipo de revolução é essa para você dizer que eles não vão aceitar? Eu lutei na burguesa Espanha Republicana, que aceitou nossa ajuda [...] e a Cuba socialista tem ainda mais razão para fazê-lo!" Alexiev ficou intimidado e se manteve calado, enquanto outro funcionário veio em sua defesa, mas Kruschev nada disse, e a discussão morreu. Começaram a falar sobre outros assuntos e finalmente interromperam a reunião para almoçar na sala de jantar de Kruschev.

Durante o almoço, Kruschev anunciou que mandaria dois oficiais de patente elevada, Sharif Rashidov e o marechal Sergei Biryusov, comandante das Forças de Foguetes Estratégicos, acompanharem Alexiev no retorno a Havana para conversar com Fidel. "Não há qualquer outro modo de defendê-lo", disse Kruschev. "Os norte-americanos só entendem a força. Podemos dar-lhes o mesmo tratamento que nos deram na Turquia. Kennedy é pragmático, é um intelectual, ele vai entender e não irá à guerra, porque guerra é guerra. Nosso gesto visa evitar a guerra. Qualquer idiota pode começar uma guerra, e não estamos fazendo isso, é só para assustá-los um pouco. Eles precisam ter de se sentir do mesmo modo que nós. Eles têm que engolir esse sapo como nós engolimos o turco." (Kruschev referia-se à implantação pelos Estados Unidos de mísseis Júpiter, com ogivas nucleares, que estava sendo feita naquele mesmo mês na Turquia. Era a culminação de um acordo negociado em 1959 pelo governo Eisenhower com seu parceiro da Otan e seguido de forma relutante por Kennedy.)

Kruschev advertiu que a operação de instalação dos mísseis em Cuba teria de ser efetuada com o maior sigilo, a fim de que os norte-americanos não suspeitassem de nada até que as próximas eleições para o Congresso tivessem passado, em novembro. Não se podia permitir que o assunto se transformasse em tema de campanha. Se isso fosse bem-feito, disse ele, estava convencido de que os norte-americanos estariam tão absortos na disputa eleitoral que só se dariam conta quando os mísseis já estivessem instalados.

Um ou dois dias antes de partir para Cuba, Alexiev foi apanhado por funcionários do Kremlin: Nikita Kruschev queria vê-lo de novo. Levaram-no à casa de veraneio de Kruschev, em Peredelkino, uma área de bosques nos arredores de Moscou, onde encontrou o premier reunido com todo o Politburo. Kruschev apresentou-o a todos e depois anunciou: "O Alexiev diz que Fidel não aceitará nossa proposta". No entanto, Kruschev pensara em uma maneira de apresentá-la que talvez desse certo, e a expôs ao grupo. Diria a Fidel que os mísseis seriam instalados apenas como último recurso. Antes, a União Soviética tentaria todos os outros meios de persuasão para dissuadir os norte-americanos de atacar Cuba, mas expressaria sua firme opinião pessoal de que só os mísseis permitiriam obter esse resultado. Esperava que isso convencesse Fidel, disse ele, e instruiu Alexiev a transmitir a proposta.

Alguns dias depois, ainda convicto de que a iniciativa seria repelida, Alexiev voltou a Cuba com sua "delegação agrícola", que incluía Rashidov e o marechal Biryusov, este viajando disfarçado como um mero engenheiro chamado Petrov. Tão logo chegaram, Alexiev foi ver Raúl Castro e contou que seu grupo tinha uma missão confiada por Kruschev, e precisava encontrar-se com Fidel imediatamente. "O engenheiro Petrov não é engenheiro", disse a Raúl, "é um marechal responsável pelo programa soviético de mísseis."

Raúl entendeu e foi para o gabinete do irmão, onde ficou por duas ou três horas. Em seguida, eles se encontraram com Fidel no gabinete de Osvaldo Dorticós. Alexiev recordou que, "pela primeira vez, vi que Raúl estava fazendo anotações em um caderno". Quando os soviéticos terminaram de expor a proposta de Kruschev, Fidel nada comentou, mas deu sinais de aprovação. Pediu aos soviéticos que esperassem até o dia seguinte por sua resposta. Segundo interpretou Alexiev, Fidel queria consultar Che.

No dia seguinte, Alexiev foi chamado por Fidel. Tornaram a se encontrar no gabinete de Dorticós, mas dessa vez várias outras pessoas estavam presentes, entre elas Che, Dorticós, Carlos Rafael Rodríguez e Blas Roca. Tinham examinado a proposta e também achavam que os mísseis poderiam evitar que os norte-americanos invadissem Cuba, estavam dispostos a ir adiante com o projeto. A conversa passou então para a probabilidade de uma invasão norte-americana, e Alexiev recordou que Che era "o mais atuante" no debate que se seguiu, deixando clara sua opinião sobre a questão dos mísseis. "Qualquer coisa que possa deter os norte-americanos vale a pena", disse ele.

Os soviéticos e seus parceiros cubanos começaram imediatamente a tarefa de escolher os locais para os mísseis. Fidel disse a Alexiev que queria um pacto militar para formalizar o assunto, e que enviaria Raúl a Moscou para assiná-lo. Segundo Vitali Korionov, um assessor do Comitê Central, Fidel preparara, para inclusão no texto do pacto, uma lista de objetivos que queria que os soviéticos negociassem com os norte-americanos depois que a presença dos mísseis se tornasse pública. Além de um compromisso de não invadir por parte de Washington, ele queria o desmantelamento da base naval dos Estados Unidos na baía de Guantánamo. Os soviéticos concordaram com o pacto e, durante a semana seguinte, Alexiev e Raúl trabalharam juntos para redigir uma versão em espanhol do texto do acordo. Depois, segundo Alexiev, Raúl e o marechal Malinovski assinaram todas as páginas do documento.

Em 2 de julho de 1962, Raúl estava em Moscou com o projeto do acordo. Pelo relato de Alexiev, durante a semana que se seguiu, Raúl se encontrou duas vezes com Kruschev. Mas Vitali Korionov recorda-se de forma diferente do que aconteceu. Ele disse que quando Raúl e a esposa, Vilma Espín, chegaram, ele e o primeiro-ministro Alexei Kosygin os encontraram no aeroporto. Eles foram levados para uma residência para hóspedes oficiais. Kosygin, Korionov e Raúl foram para a sala de jantar, onde havia um piano de cauda. Eram apenas os três. "Raúl colocou o documento sobre o piano, com os pontos incluídos por Fidel agora traduzidos para o russo", e, ali, sem se sentarem, Kosygin e Raúl assinaram o documento. Posteriormente, Kosygin avisou que ia embora e disse a Korionov que ficasse e acalmasse Raúl, que estava extremamente nervoso. "Ele estava em um estado de tensa expectativa", lembra-se Korionov, "como se pensasse 'o que acontecerá agora?', pois os camaradas cubanos compreenderam como isso poderia terminar." Korionov ficou a noite toda com Raúl, conversando e bebendo conhaque armênio.

Fidel dissera a Raúl que queria que Kruschev respondesse a uma pergunta: o que aconteceria se os norte-americanos descobrissem a operação enquanto ela ainda estivesse em andamento? Alexiev contou que a resposta de Kruschev foi curta e tranquilizadora: "Não se preocupe, nada acontecerá. Se os norte-americanos começarem a ficar nervosos, enviaremos a frota do Báltico em uma demonstração de apoio". Raúl aceitou a resposta de Kruschev como sendo um firme compromisso. Alexiev se lembra de que Raúl comentou com ele: "Isso é ótimo, ótimo mesmo! Fidel aceitará tudo. Ele pode corrigir umas poucas coisas, mas é só. Em princípio, aceitará".

Era um pacote militar temível, de grande envergadura: plataformas de lançamento para 24 mísseis balísticos de médio alcance e dezesseis de longo alcance, cada uma equipada com dois mísseis e uma ogiva nuclear; 24 baterias de mísseis antiaéreos SAM-2 de modelo avançado; 42 aviões MiG de interceptação; 42 bombardeiros IL-28; doze lanchas-patrulha da classe Komar, com mísseis; e mísseis de cruzeiro para defesa da costa. O arsenal seria acompanhado por quatro regimentos soviéticos de elite, em um total de 42 mil homens. O acordo era renovável a cada cinco anos e estipulava que os mísseis ficariam inteiramente sob o comando dos militares soviéticos.

Por volta de 15 de julho, antes mesmo que Raúl deixasse Moscou ou que Fidel visse o acordo, os primeiros mísseis foram secretamente enviados a partir dos portos soviéticos no mar Negro e estavam escondidos em navios de carga. Os soldados também começaram a viajar secretamente para Cuba. Em 17 de julho, Raúl voou de volta para Havana, seguido três semanas depois por Alexiev, já como o novo embaixador soviético. Levou com ele uma via do acordo que fora ratificado por Raúl. Alexiev fora informado por Kruschev de que "já" havia mísseis soviéticos em Cuba e ressaltou mais uma vez a necessidade de que fosse mantido segredo absoluto sobre a operação pelo menos até novembro. Nenhum telegrama deveria ser mandado de Havana. Se tivesse alguma coisa importante a debater, Alexiev deveria ir pessoalmente a Moscou ou enviar um emissário.

Kruschev não tinha assinado o acordo, esperando a aprovação final de Fidel. Seu plano era ir a Cuba em janeiro, para o aniversário da Revolução Cubana, e lá, depois de Fidel e ele terem assinado o acordo, iriam divulgá-lo para o mundo. A essa altura tudo estaria em seus lugares, e o fato consumado daria a Kruschev um tremendo poder de barganha estratégica em relação a Washington.

Porém, as coisas não saíram como foram planejadas. Em primeiro lugar, Fidel não gostou do projeto do acordo, achou que era "muito técnico", recorda-se Alexiev, sem "moldura política" suficiente. Em especial, segundo Alexiev, Fidel questionou o preâmbulo, que originalmente dizia: "No interesse de assegurar sua soberania e manter sua liberdade, Cuba solicita que a União Soviética considere e aceite a possibilidade de instalar mísseis [em seu território]". Como explicou Alexiev, as mudanças feitas por Fidel transferiam o ônus da decisão de instalar os mísseis. Em sua versão, era uma responsabilidade igualmente compartilhada pelas duas nações. Ele queria formalizar o que Kruschev já prometera em termos retóricos: que um ataque contra Cuba seria considerado um ataque contra a União Soviética. Na versão de Fidel, o preâmbulo dizia: "É indispensável e foi decidido tomar as providências necessárias para a defesa conjunta dos direitos legítimos dos povos de Cuba e da União Soviética, levando em conta a necessidade premente de se adotarem medidas que garantam a segurança mútua, diante da possibilidade de um ataque iminente contra a República de Cuba e a União Soviética".

Quando o texto revisto ficou pronto, no final de agosto, Fidel não enviou Raúl de volta à União Soviética. Enviou Che e, com ele, Emilio Aragonés, um velho companheiro do 26 de Julho, na época um de seus assessores mais próximos. Em 30 de agosto, encontraram-se com Kruschev na sua casa de veraneio, na Crimeia. Kruschev concordou em alterar a linguagem do acordo, que tinha o título de "Acordo entre o Governo da República de Cuba e o Governo da União Soviética sobre Cooperação Militar para a Defesa do Território Nacional de Cuba na Eventualidade de uma Agressão". No entanto, protelou sua assinatura, dizendo que o faria quando fosse a Cuba, dentro de poucos meses.

Che, provavelmente preocupado com a possibilidade de que os soviéticos estivessem fazendo jogo duplo, propôs que tornassem o acordo público, mas Kruschev discordou, insistindo em que ele deveria continuar em segredo por enquanto. Che e Aragonés repetiram então o renitente receio de Fidel, que era partilhado por várias autoridades soviéticas de alto nível, inclusive o ministro do Exterior, Andrei Gromyko, de que os norte-americanos descobrissem prematuramente a operação. Segundo o relato posterior de Aragonés, Kruschev não deu importância a esse receio, tal como fizera com Raúl. "Disse a Che e a mim, com Malinovski na sala: 'Vocês não têm por que se preocupar. Os Estados Unidos não nos causarão problemas. E, se houver algum problema, enviaremos a frota do Báltico'." Aragonés lembra-se de que, quando ouviram isso, "Che e eu nos entreolhamos, levantando as sobrancelhas". Nenhum dos dois ficou convencido, embora não houvesse muita escolha a essa altura, a não ser aceitar a sua palavra.

A Inteligência dos Estados Unidos estava examinando com atenção as atividades de Che na Rússia. Em 31 de agosto, a CIA expediu um telegrama assinalando que a "composição" da delegação de Che Guevara na viagem à União Soviética "indica que [ela] pode ter uma missão mais ampla do que a anunciada na programação, que se refere a questões industriais. Guevara está acompanhado por Emilio Aragonés, que aparentemente não tem formação nem experiência em assuntos econômicos ou industriais. A missão de Guevara foi recebida no aeroporto por autoridades econômicas soviéticas e pelo primeiro vice-premier, Kosygin, um membro da Presidência do Soviete Supremo".

Em 6 de setembro, quando Che voltou a Havana, o aumento da presença militar soviética em Cuba já fora detectado. Aviões U-2 norte-americanos, de reconhecimento, descobriram os novos pontos de instalação de mísseis SAM-2 e dos mísseis de cruzeiro para defesa costeira. Os especialistas garantiram a Kennedy que esses armamentos não constituíam uma ameaça para a segurança nacional dos Estados Unidos, mas que sua presença era um sinal de perigo que não podia ser desprezado. Em 4 de setembro, Kennedy enviara seu irmão mais novo, Robert, que era o procurador-geral, para conversar sobre esse assunto com o embaixador soviético para os Estados Unidos, Anatoli Dobrynin. Este reproduzira as garantias dadas por Kruschev de que nenhum armamento "ofensivo" fora instalado em Cuba, afirmando que as novas armas se destinavam unicamente à defesa da ilha.

Mas a Casa Branca continuou desconfiada. Novas fotografias de reconhecimento indicavam que uma base para submarinos soviéticos poderia estar sendo construída. Kennedy emitiu uma declaração pública anunciando que os Estados Unidos detectaram não apenas os SAMS, como também um aumento na quantidade de pessoal militar soviético em Cuba. Admitiu que os Estados Unidos não possuíam evidências da presença de tropas de combate do bloco soviético nem de mísseis de ataque solo a solo, mas advertiu que, se houvesse, isso causaria "as mais graves complicações".

No dia seguinte, Kennedy pediu a aprovação do Congresso para convocar 150 mil militares reservistas. Os Estados Unidos anunciaram planos de realizar um exercício militar no Caribe em meados de outubro, e Cuba denunciou esse plano como prova da intenção de Washington de invadi-la. Mais uma vez, Dobrynin insistiu em que Moscou estava fornecendo à ilha apenas armas defensivas.

A cada dia aumentava o nível de tensão, à medida que novos detalhes sobre a ampliação da presença soviética iam sendo colhidos e se intensificavam as trocas de acusações e de desmentidos entre os Estados Unidos, a União Soviética e Cuba. Então, no dia 9 de setembro, monitores de inteligência norte-americanos registraram algumas observações inquietantes feitas por Che em uma recepção na embaixada brasileira em Havana. Falando com um repórter, Che qualificou o mais recente programa de ajuda militar soviética a Cuba como um "acontecimento histórico", que prenunciava uma inversão no relacionamento de poder entre leste e oeste. Na sua opinião, ele tinha alterado os pratos da balança em favor da União Soviética. Como foi parafraseado em um telegrama sigiloso, Guevara afirmara: "Os Estados Unidos nada podem fazer a não ser ceder".

Che marchando com Raúl e Fidel em 1963 na parada de 1º de Maio em Havana.

25. A vertente guerrilheira

O sangue do povo é nosso tesouro mais sagrado, mas ele precisa ser usado a fim de salvar o sangue de mais pessoas no futuro.

CHE GUEVARA

"Táticas e Estratégia da Revolução Latino-Americana", 1962

Um dia cheguei ao topo de uma montanha com um fuzil na mão e senti algo que nunca sentira antes — senti-me muito forte! Tive a sensação linda de liberdade e disse para mim mesmo: "Podemos fazê-lo!".

HÉCTOR JOUVE

Um dos guerrilheiros de Che na Argentina, 1963-1964

I

Em dezembro de 1961, Julio Roberto Cáceres (Patojo), o jovem guatemalteco amigo e protegido de Che, saiu secretamente de Cuba para sua terra natal determinado a ajudar a desencadear uma luta de guerrilha marxista em seu próprio país. Che fora especialmente fraternal com o introvertido Patojo e alimentara suas aspirações revolucionárias. Ele estava com Che em La Cabaña, no Inra e no Ministério das Indústrias, e, durante a maior parte dos três últimos anos, fizera parte da família de Che, que o ajudou a sair de Cuba em segredo.

A volta de Patojo à Guatemala coincidiu com um clima propício para a revolução. As eleições parlamentares tinham acabado de se realizar em meio a amplas alegações de fraude. Depois, no final de janeiro de 1962, o chefe da polícia secreta do presidente Ydigoras Fuentes foi assassinado, e duas semanas mais tarde os guerrilheiros liderados por Yon Sosa e Turcios Lima realizaram seus primeiros ataques-relâmpago contra postos militares perto de Puerto Barrios, com a imediata retirada dos atacantes. Nomearam o grupo de Movimento Guerrilheiro 13 de Novembro — Alejandro de León, comemorando a data de seu primeiro levante fracassado e honrando um camarada abatido. Em um comunicado, em fevereiro, os rebeldes divulgaram seus objetivos, conclamando uma rebelião pelo restabelecimento do regime democrático do país. O grupo de Patojo, apoiado pelo Partido Comunista da Guatemala, lançou seu movimento separadamente, mais ou menos na mesma época.

Em março de 1962, apenas quatro meses após Patojo sair de Cuba, Che recebeu a notícia de que seu amigo fora morto em ação. Alguns meses depois, Myrna Torres* foi a Havana e levou-lhe um caderno que Patojo deixara com ela no México, a caminho do campo de batalha. Nele havia um poema para a namorada que deixara em Cuba. Che escreveu um tributo a Patojo que foi publicado em agosto na *Verde Olivo*, sob a forma de uma parábola de redenção agridoce dirigida às Forças Armadas Revolucionárias de Cuba. Ele fez um breve relato da vida de Patojo e do relacionamento entre os dois — como tinham vivido e trabalhado juntos, na condição de fotógrafos itinerantes no México; como Patojo também desejara participar da expedição do *Granma* mas fora deixado para trás; como tinha vindo depois ajudar a triunfante revolução de Cuba:

> Depois que ele veio para Cuba, nós quase sempre moramos na mesma casa, como convinha a dois velhos amigos. Mas já não mantínhamos nessa nova vida a intimidade anterior, e só vim a desconfiar das intenções de El Patojo quando, ocasionalmente, o via estudando uma das línguas indígenas nativas de seu país. Um dia me disse que ia embora, que tinha chegado a hora de cumprir com o seu dever [...]. Foi para seu país, a fim de lutar, de arma na mão, para reproduzir de algum modo nossa luta guerrilheira. Foi então que tivemos uma de nossas longas conversas. Limitei-me a recomendar-lhe enfaticamente três coisas: movimentação constante, desconfiança constante e vigilância constante [...].

* Ver Notas.

Essa era a síntese de nossa experiência de guerrilha. Era a única coisa, junto com um cálido aperto de mão, que podia dar a meu amigo. Podia aconselhá-lo a não fazer isso? Com que direito? [...]

El Patojo partiu e, tempos depois, chegou a notícia da sua morte [...]. Não fora somente ele que morrera, mas com ele um grupo de camaradas, todos eles talvez tão valentes, tão desprendidos, tão inteligentes quanto ele, mas que eu não conhecia pessoalmente. Mais uma vez fica o sabor amargo da derrota [...].

Mais uma vez, sangue jovem tinha fertilizado os campos das Américas para tornar possível a liberdade. Outra batalha foi perdida. Temos de encontrar tempo para chorar nossos camaradas caídos enquanto afiamos nossos facões. A partir da valiosa e infeliz experiência de nossos mortos queridos, temos de decidir com firmeza não repetir seus erros, vingar a morte de cada um com muitas batalhas vitoriosas e conseguir a libertação definitiva.

Quando El Patojo saiu de Cuba [...] tinha poucas roupas ou pertences pessoais com que se preocupar. Mas nossos amigos em comum no México me trouxeram alguns poemas que ele escrevera e deixara em um caderno. São os últimos versos de um revolucionário. São, além disso, uma canção de amor à revolução, à pátria e a uma mulher. A essa mulher, que El Patojo conheceu e amou em Cuba, estão dirigidos estes últimos versos, esta injunção:

Toma isto, é apenas o meu coração
Segura-o na sua mão
E, quando chegar a aurora,
Abre a mão
E deixa o sol aquecê-lo [...]

O coração de El Patojo ficou entre nós, nas mãos da sua amada e nas mãos agradecidas de todo um povo, esperando para ser aquecido sob o sol de um novo dia que seguramente se erguerá para a Guatemala e para toda a América.

Em 1962, Cuba passou a operar inteiramente como uma "central guerrilheira", alimentando as distantes subestações da revolução armada através de todo o hemisfério. O sonho de Che de uma revolução continental agora fazia sentido em termos estratégicos. A disseminação da ameaça guerrilheira ajudava a desviar de Cuba a pressão norte-americana e, ao mesmo tempo, fazia Washington pagar um alto preço por sua política de contenção regional. Fidel transformara em política governamental o apoio à atividade guerrilheira. Em resposta à expulsão de Cuba da OEA, em janeiro de 1962, ele emitiu o que denominou de Segunda Declaração de Havana, na qual proclamou a "inevitabilidade" da revolução na América Latina, que foi interpretada por nervosos governos latino-americanos como uma declaração tácita de guerra contra seus países.

Juan Carreterro, que usava o codinome Ariel, era nessa época um funcionário de alto nível do serviço de Inteligência cubano. Contou ele que, em 1962, começou a trabalhar com Che para criar um transcontinental e anti-imperialista "teatro revolucionário na América Latina". Ariel trabalhou diretamente subordinado a Manuel Piñeiro Losada, Barbarroja [Barba Ruiva], que supervisionava os programas de guerrilha na Segurança Nacional, como o vice de Ramiro Valdés.* Naquela primavera, Che dirigia uma campanha para recrutar e organizar treinamentos de guerrilha entre estudantes latino-americanos convidados para Cuba com bolsas de estudo revolucionárias. Entre eles estava Ricardo Gadea, irmão mais novo de sua ex-mulher, Hilda. Ele concluíra o segundo grau no Peru e fora estudar jornalismo na renomada Universidade de La Plata, na Argentina, que atraía estudantes de toda a América Latina. Aderira ao movimento da juventude do Partido Nacionalista Peruano (PNP), de oposição, e, como muitos de seus colegas, logo se entusiasmou com a causa revolucionária cubana, vendo-a como modelo para as mudanças políticas na América Latina. Nas horas vagas, Ricardo colaborava nos escritórios do comitê de apoio ao 26 de Julho, em Buenos Aires, trabalhando com o pai de Che.

Em 1960, Ricardo resolveu ir para Cuba a fim de terminar seus estudos e participar da revolução com a qual tanto simpatizava. Hilda poderia ajudá-lo a se estabelecer. Mas, quando chegou, soube que não poderia prosseguir seus estudos de jornalismo. O processo de reforma da universidade estava em andamento e o jornalismo não era uma profissão prioritária na nova Cuba. A escola de jornalismo da Universidade de Havana estava, nas palavras de Ricardo, um tanto "desorganizada". Começou então a estudar economia. O reitor dessa faculdade era o respeitado líder do Partido Comunista Carlos Rafael Rodríguez. Durante a invasão da baía dos Porcos, Ricardo e muitos dos seus colegas latino-americanos se apresentaram como voluntários para integrar as milícias revolucionárias, esperando serem enviados para o front, mas foram deixados em Havana para fazer a guarda dos edifícios públicos.

No início de 1962, centenas de novos estudantes do continente chegaram a Cuba. Havia bolivianos, venezuelanos, argentinos, uruguaios, nicaraguenses, guatemaltecos, colombianos. Cerca de oitenta vieram do Peru. Porém, dentro de pouco tempo abriu-se uma cisão entre os estudantes que estavam interessados prin-

* Ver Notas.

cipalmente em atividades acadêmicas e aqueles que, como Roberto explicou, "queriam aprender com a experiência revolucionária de Cuba e regressar a seus próprios países para realizar sua própria revolução". Ricardo optou pelo segundo grupo. Sua decisão coincidiu com o golpe militar de março de 1962 no Peru, que anulou os resultados das últimas eleições, suspendeu o Congresso e colocou em dúvida todo o sistema político daquele país. Para os peruanos que estavam procurando aplicar no seu país o modelo cubano, estava na hora de atacar.

Ricardo Gadea e seus compatriotas deixaram a universidade para ir receber treinamento de guerrilha na Sierra Maestra. Seus instrutores eram veteranos da luta cubana. O próprio Fidel lhes fez uma exposição e lhes deu conselhos, mas foi Che, contou Gadea, que se configurou em seu inconteste mentor revolucionário. "De todos os líderes", disse Ricardo, "ele era o mais carismático, mais sensível e mais engajado como latino-americano. Ele nos compreendia, conhecia nossas dificuldades e nos ajudava a superar muitos de nossos problemas."

Outro país cujo progresso revolucionário era importante para o coração de Che era a Nicarágua. Desde sua derrocada na fronteira entre aquele país e Honduras, no verão de 1959, os rebeldes nicaraguenses que lutavam contra a dinastia Somoza estavam indo e vindo entre seu país e Cuba. Carlos Fonseca, o ideólogo do grupo, recuperara-se em Cuba dos ferimentos que sofrera durante a emboscada na fronteira. Retornara à América Central a fim de buscar uma aliança política entre seu grupo, de base universitária, e outros exilados e antissomozistas dentro da própria Nicarágua. Um dos discípulos mais próximos, um ex-estudante de direito, baixinho, atarracado e de lábios grossos, Tomas Borge, viajou para Havana em busca de auxílio para o grupo Juventude Revolucionária Nicaraguense. Ele e outro camarada, Noel Guerrero, foram junto com Rodolfo Romero visitar Che no Banco Nacional.

Borge recordou que começou a fazer uma saudação cheia de floreios, "em nome da juventude da Nicarágua", mas Che o interrompeu secamente: "Esqueçamos as saudações e vamos direto ao assunto". Borge insistiu em que seu discurso não era demagógico, e Che concordou em ouvi-lo. Quando Borge terminou, Che o abraçou. Ele deu a Borge e seus camaradas 20 mil dólares para se organizarem. Rodolfo Romero foi designado chefe militar do grupo, e tinham cerca de trinta nicaraguenses em Cuba, que foram incorporados às milícias revolucionárias e enviados para adquirir experiência de combate na guerra de contrainsurgência nas Escambray. Em 1961, Romero frequentou a escola de contrainteligência cubana. Como recordou com orgulho, "era o único nicaraguense". Posteriormente, Romero se juntou a Borge, Fonseca e aos outros em um curso de treinamento em artilharia, ministrado por assessores tchecos em uma base militar cubana isolada.

No verão de 1962, Carlos Fonseca estava de volta à Nicarágua, supervisionando os esforços do grupamento clandestino urbano antissomozista, realizando assaltos a bancos e ações de propaganda e sabotagem. Tomas Borge e cerca de sessenta outros guerrilheiros, sob o comando de Noel Guerrero, penetraram discretamente pelo território hondurenho na selva do norte da Nicarágua. O grupo que acabaria se chamando Frente Sandinista de Libertação Nacional (FSLN) estava pronto para entrar em ação.*

Naquela primavera, grupos guerrilheiros começaram a operar na Venezuela. Em maio, efetivos de uma base naval perto de Caracas se revoltaram. O Partido Comunista apoiou abertamente o levante, e o presidente Betancourt proscreveu-o e o MIR. Em junho, um segundo levante naval foi debelado, depois de dois dias de combates sangrentos com as tropas legalistas do Exército. Oficiais e soldados dissidentes fugiram para as montanhas, onde muitos deles se juntaram às forças guerrilheiras. Em dezembro, o Partido Comunista endossou a luta armada e, dois meses depois, um novo grupo guerrilheiro coligado, Fuerzas Armadas de Liberación Nacional (FALN), anunciou sua intenção de iniciar a luta contra o regime de Betancourt. Dizendo-se um movimento democrático e nacionalista, as FALN também tinham um segmento político dominado pelos comunistas, a Frente de Liberación Nacional (FLN). Em comunicados que faziam lembrar os que Fidel enviara enquanto lutava contra Batista, a FLN repeliu as acusações do governo de que era comunista ou antiamericana e apelou aos venezuelanos de todos os credos a se juntarem em uma frente unida para tornar a Venezuela "senhora de seu próprio destino e de suas próprias riquezas".

Tal como estava ajudando os movimentos guerrilheiros da Nicarágua, do Peru e da Guatemala, Che auxiliou a nova organização revolucionária venezuelana. Com cada novo fuzil que se erguia ao alto, sua visão de uma luta guerrilheira continental contra o imperialismo norte-americano estava avançando mais um passo para se tornar realidade.

II

A essa altura, Che planejava desencadear uma insurreição na Argentina. Vinha cultivando a ideia havia algum tempo, mas ela assumira maior vigor depois

* Ao contrário de todos os outros grupos guerrilheiros patrocinados por Cuba, a FSLN tomou o poder, derrubando o último ditador do clã Somoza, Anastasio Somoza Debayle, em 1979. No entanto, Carlos Fonseca não viveu para ver a "libertação" da Nicarágua. Ele foi morto em combate em 1976.

que os militares argentinos derrubaram o presidente Frondízi. Escolhera como teatro exploratório de guerra a selva no extremo norte do país, perto de Salta, não muito longe da inóspita fronteira boliviana. Era a mesma área por onde excursionara na sua viagem de motocicleta, em 1950, e onde fizera uma pausa para refletir sobre o significado da vida, da morte e de seu próprio destino.

Che pediu a Alberto Granado que o ajudasse a recrutar argentinos para a aventura guerrilheira. Em outubro de 1961, Granado mudou-se, com sua família, de Havana para Santiago, a fim de instalar uma escola de pesquisas biomédicas na universidade local. Durante o ano de 1962, aproveitou sua posição e nacionalidade para avaliar o potencial de seus compatriotas com vistas ao esquema de Che de uma revolução argentina. Tornou-se amigo do pintor argentino Ciro Roberto Bustos, que chegara a Cuba como voluntário revolucionário mais ou menos na mesma época em que ele. Bustos fundara uma pequena fábrica de cerâmica no interior de Oriente e também ministrava aulas de pintura, duas vezes por semana, na Universidade de Santiago. Granado convidou-o a ficar hospedado em sua casa sempre que estivesse na cidade. Suas conversas logo tocaram no tópico da luta armada. Quando Granado soube que Bustos apoiava a ideia de uma revolução semelhante à cubana na pátria de ambos, transmitiu a Che sua avaliação positiva do pintor. Pouco depois, providenciou para que se encontrassem.

Granado também fez uma viagem à Argentina. Andou pelo país, trabalhando a serviço do Partido Comunista Argentino, a fim de recrutar técnicos e outras pessoas qualificadas para trabalhar em Cuba, uma desculpa plausível para encobrir seu recrutamento de quadros guerrilheiros. Porém, como Granado admitiu anos depois, os serviços de segurança argentinos já estavam desconfiados e evidentemente monitoraram seus deslocamentos, pois várias das pessoas com quem se encontrou foram detidas temporariamente depois de sua visita. Mesmo assim, pôde recrutar dois homens, que logo chegaram a Cuba para receber treinamento de guerrilha.

O plano de Che era para Jorge Ricardo Masetti, o jornalista argentino que o visitara na Sierra Maestra e em seguida, depois da revolução, tornara-se editor da agência internacional de notícias de Cuba, Prensa Latina, liderar o avanço da patrulha. Masetti saíra de circulação depois que conduzira um interrogatório televisionado dos homens que foram feitos prisioneiros na invasão da baía dos Porcos. Sabia-se que Masetti não era comunista e, após um longo impasse com a facção ortodoxa do Partido Comunista na Prensa Latina, fora afastado. Comentou-se posteriormente que ele estaria empregado no Departamento de Propaganda das Forças Armadas de Cuba, mas, na realidade, estava trabalhando para Che.

Depois de sair da Prensa Latina, Masetti fez um curso de treinamento de oficiais a fim de adquirir experiência militar. Formou-se com a patente de capitão e viajou em missões secretas para Che a Praga, um novo ponto de trânsito para as atividades de espionagem de Cuba no exterior, e à Argélia, para onde contrabandeou, através da Tunísia, uma enorme quantidade de armas norte-americanas apreendidas em Playa Girón e destinadas aos insurgentes da FLN. Um dos recrutas de Granado, Federico Méndez, um mecânico argentino de vinte e poucos anos que tinha experiência militar, acompanhou Masetti. Durante vários meses, ficaram no quartel-general do Estado-Maior da FLN, onde Méndez ministrou aos argelinos cursos de treinamento no emprego das armas norte-americanas. Quando regressaram a Cuba, tinham estabelecido vínculos estreitos com os agradecidos dirigentes revolucionários argelinos e seus oficiais de hierarquia superior.

A missão de Masetti na Argentina era se familiarizar com o terreno e discretamente estabelecer uma base de operações. Antes de se defrontar com o inimigo, ele deveria construir uma base entre os camponeses e uma infraestrutura de apoio civil nas cidades. Mais tarde, no momento adequado, Che iria e pessoalmente assumiria o comando da força.

Che buscava fazer sondagens sobre a situação política da Argentina por toda a sua rede. Quando os diplomatas cubanos foram expulsos daquele país em março de 1962 e voaram para casa em um avião do Uruguai, ele mandou um telegrama para Oscar Stemmelin, um amigo radicalista do colégio Dean Funes, convidando-o para aproveitar esse voo de evacuação para ir visitá-lo.* Stemmelin e um outro colega de colégio de Che aceitaram o convite e ficaram em Havana por volta de um mês. Durante sua estada, Stemmelin se encontrou com Che de oito a dez vezes, para conversar sobre os velhos tempos, a Revolução Cubana e a política argentina.

Em 25 de maio, Dia da Independência da Argentina, os 380 membros da comunidade daquele país em Havana se reuniram para celebrar com um tradicional churrasco, com direito a música folclórica, danças tradicionais e trajes típicos argentinos. Che era o convidado de honra e sugeriu aos organizadores que convidassem a jovem germano-argentina Haydée Tamara Bunke. Desde que chegara

* Che também viu o voo como uma oportunidade de fazer com que seu irmão Juan Martín fosse para Cuba. Segundo María Elena, a esposa de Juan Martín na época, ele estava preparado para ir, mas houve algumas dificuldades de última hora. No fim das contas, Juan Martín nunca retornou a Cuba enquanto seu irmão estava vivo; nem o pai de Che ou qualquer outra pessoa da família, exceto sua mãe.

de Berlim, Tamara, como todos a conheciam, vinha trabalhando como tradutora no Ministério da Educação e estava animada com suas perspectivas de vida. Participava de sessões de trabalho voluntário, atuava como instrutora de alfabetização e se inscrevera nas milícias e no comitê de vigilância (CDR) local. Tornara-se presença constante nas reuniões sociais de guerrilheiros latino-americanos em Havana e demonstrava grande simpatia por suas causas.

Ela e o vice de Che, Orlando Borrego, retomaram a amizade que começara em Berlim. Ela não fazia qualquer segredo de seu desejo de se tornar combatente em uma das guerras de guerrilha da América Latina e estava constantemente pedindo a Borrego que a levasse para ver Che. Borrego a embromava. Sempre havia muitas pessoas tentando vê-lo. Tamara finalmente obteve o que queria, conseguindo participar de um dia de trabalho voluntário ao lado de Che em uma escola que estava sendo construída perto da casa dele. "Eu a tinha subestimado", comentou Borrego ironicamente.

No churrasco do Dia da Independência, Che fez seu costumeiro discurso sobre a luta revolucionária na América Latina, com ênfase especial na Argentina. Falou da necessidade de que as forças anti-imperialistas daquele país superassem suas diferenças ideológicas, incluindo especificamente os peronistas nesse apelo. Segundo um cubano que estava presente, em um dado momento durante a refeição, Che rabiscou alguma coisa em uma caixa de fósforos e, sem nada dizer, passou-a a um argentino sentado ao seu lado. Nela estava escrita a palavra *unidad*. À medida que a caixa de fósforos circulava, sua mensagem ficou clara: basta de brigas sectárias.

Foi um momento significativo para o grupo de exilados peronistas ali presentes. Seu líder, John William Cooke, levantou-se para fazer eco ao apelo de Che em prol da unidade revolucionária e louvou Cuba por encabeçar a Segunda Emancipação da América Latina. Ex-líder da Juventude Peronista e representante pessoal de Perón, Cooke vivia em Cuba havia vários anos, mas continuava a se corresponder regularmente com Perón, que morava em Madri. Cooke fora seduzido pela revolução em Cuba e a evocava para Perón em termos lisonjeiros, transmitindo o convite de Fidel para que o ex-presidente fosse visitá-lo, prometendo recebê-lo com "honras de chefe de Estado". Perón nunca aceitou o convite, mas mandou várias respostas elogiosas de volta, de conformidade com seu papel de "grande eleitor" no exílio em relação às diversas facções peronistas, que competiam por seu endosso.

Cooke sonhava com o retorno triunfal de Perón para a Argentina no comando de uma aliança revolucionária apoiada por Cuba. Segundo antigos camaradas de Cooke, Che tornou-se amigo dele e de sua esposa, Alicia Ereguren, apesar do ceticismo persistente de Che com relação a Perón. No decorrer de suas muitas conversações, os argumentos de Cooke davam a Che uma perspectiva mais ampla do potencial do peronismo como uma força revolucionária, enquanto ele, por sua vez, teve influência na assimilação de conceitos marxista-leninistas por Cooke. Isso ajudou a reanimar o grupo revolucionário que Cooke fundou, a Ação Revolucionária Peronista. Naquele verão de 1962, com a aprovação de Che, os homens de Cooke começaram a receber treinamento de guerrilha para prepará-los para uma futura guerra revolucionária na Argentina.

Secretamente, Che estava organizando seu tabuleiro para a guerra de guerrilha continental, cujo prêmio maior seria sua pátria. Estava de fato treinando vários grupos de ação argentinos diferentes entre si, distintos em suas ideologias, porém unidos por um desejo comum de partir para a luta. No momento certo, cada grupo seria mobilizado para assumir sua posição em um exército unido na campanha argentina, sob o seu comando. O destacamento precursor de Masetti era o primeiro lance de Che nesse tabuleiro de xadrez, os outros viriam no momento oportuno.*

Ocorreu uma série de eventos que teriam implicação direta no futuro de Che. No mês de setembro anterior, o secretário-geral das Nações Unidas, Hammarskjöld, morrera em um desastre aéreo suspeito durante uma visita ao Congo. O novo secretário, o diplomata birmanês U Thant, herdara a tarefa de resolver a aparentemente insolúvel crise congolesa. O governo instalado na capital, Léopoldville, continuava a disputar o poder com os seguidores de Patrice Lumumba, que estavam baseados na longínqua cidade de Stanleyville,** no norte do país. A rixa sino-soviética, que estivera latente durante muito tempo, veio finalmente a público em outubro de 1961, quando o premier chinês, Zhou Enlai, se retirou de um congresso do Partido Comunista realizado em Moscou. Ambas as potências aumentaram então sua disputa por influência global, pressionando Cuba e os partidos comunistas latino-americanos para que escolhessem um lado.

Em Cuba, a tentativa dos "velhos comunistas" do PSP de controlar as Organizações Revolucionárias Integradas (ORI), o novo partido oficial, sob a chefia de

* Nem Che nem Masetti nem Cooke viveriam para ver esse dia, mas as forças que ajudaram a pôr em movimento acabariam por gerar um período de violência revolucionária e de dura repressão pelos militares que alterariam drasticamente o panorama político da Argentina moderna nos anos seguintes.

** O Congo tornou-se a República Democrática do Congo em 1964. Posteriormente, foi renomeada de Zaire por Joseph Mobutu. A capital, Léopoldville, tornou-se Kinshasa, e Stanleyville passou a ser Kisangani. Quando Mobutu foi derrubado em 1997, o país voltou a ser a República Democrática do Congo.

Fidel, formado pela junção do Movimento 26 de Julho com o PSP e o Directorio Revolucionario, foi publicamente denunciada por Fidel, em março de 1962. Acusado de favorecer camaradas do partido para o preenchimento de uma ampla variedade de cargos do governo, o secretário de organização das ORI, a ex-eminência do PSP Aníbal Escalante, se tornou a principal vítima do expurgo. Publicamente criticado, foi enviado para o exílio em Moscou. Fidel anunciou depois um novo nome para o partido reformado: Partido Unido de la Revolución Socialista (PURS), que representava o passo seguinte rumo à criação de um novo Partido Comunista Cubano.

Che ficou contentíssimo com o expurgo feito por Fidel. Ele detestava os apparatchiks do partido que se achavam superiores e tentavam impor suas diretrizes ideológicas, e defendeu grande número de pessoas cujas carreiras foram prejudicadas, dando-lhes cargos e proteção. Em maio, proibiu a prática de "investigações ideológicas" no seu ministério.

"O sectarismo", como foi chamado o período de dogmatismo da ideologia do Partido Comunista, afetou até estrangeiros, como Ciro Bustos. Seguindo a orientação chauvinista do PSP, o Partido Comunista Argentino tentara exercer o seu controle sobre todos os argentinos que estavam morando e trabalhando em Cuba. Enquanto estava em Holguín, Bustos fora convocado pelo representante do partido em Cuba e interrogado quanto ao seu passado político e suas afiliações partidárias. Quando explicou que não estava oficialmente filiado ao Partido Comunista, foi advertido de que, se não "regularizasse" sua situação, teria de deixar o país. O expurgo "antissectário" chegou bem a tempo para ele, que estava novamente respirando livre quando, no verão de 1962, Granado providenciou para que se encontrasse com Che.

Seu encontro, que se deu à meia-noite, no gabinete de Che em Havana, foi decisivo. Che explicou a Bustos que um grupo estava sendo preparado para ser enviado à Argentina e perguntou-lhe se queria participar. Bustos respondeu que sim. E foi tudo. Bustos foi instruído a não sair de seu hotel, pois algumas pessoas iriam buscá-lo. Na próxima etapa de sua metamorfose revolucionária, Bustos foi primeiramente levado a uma casa no bairro de Miramar, onde foi saudado por um homem que identificou, pelas fotos dos jornais, como sendo Jorge Ricardo Masetti, cujo livro sobre a guerra revolucionária em Cuba, *Los que luchan y los que lloran*, tinha contribuído para despertar seu interesse por Cuba.

Masetti lhe explicou que isso era projeto de Che, mas que, como o comandante ainda não podia sair de Cuba, Masetti chefiaria a força guerrilheira na sua fase inicial. Depois Che chegaria e a guerra começaria. Perguntou se Bustos estava preparado para abandonar tudo e se integrar ao projeto, e este tornou a responder que sim. Retornaria para Holguín até obter a "bolsa de estudos" do Ministério das Indústrias para que fosse estudar na Tchecoslováquia, o que explicaria seu desaparecimento. Sua mulher teria de ficar em Cuba e manter o segredo. Mais tarde, uma vez que a guerrilha tivesse assegurado um território libertado, ela poderia receber treinamento e se juntar a ele.

Em setembro, Bustos estava escondido em uma casa de apoio com outros três argentinos: um médico judeu de Buenos Aires, Leonardo Julio Werthein; e dois recrutas de Granado, o mecânico Federico Méndez e um homem atlético chamado Miguel, ambos da zona rural no norte da Argentina conhecida como *chaco*. Sua nova casa era uma elegante *villa* nos limites da zona leste de Havana. Abandonado com o êxodo dos ricos de Cuba, o bairro arborizado, com árvores alinhadas e cercado de muros, era então guardado pelas forças de segurança cubanas, oferecendo o máximo de discrição. Os argentinos acamparam em um dos quartos da mansão que tinham ocupado, tratando de se conhecer mutuamente e se preparando para a vida que os esperava. Seu treinamento consistia em caminhadas longas e práticas em um campo de tiro. Para ter o que fazer à noite, saíam em patrulha, tentando, sem sorte, capturar as quadrilhas de ladrões que estavam entrando nas mansões vazias e levando tudo o que podiam encontrar. "Mas eles sempre eram mais espertos do que nós", recordou Bustos. "Fazíamos barulho demais."

Masetti, Che e funcionários do serviço de Inteligência, como Ariel e Piñeiro, iam e vinham. Orlando "Olo" Pantoja Tamayo, que fora um dos oficiais de Che durante a guerra na serra, e Hermes Peña, um dos guarda-costas do comandante, participaram ativamente das sessões de treinamento, e logo descobriram que Peña iria com eles como subcomandante, vice de Masetti.

Outra pessoa que aparecia regularmente na casa de apoio era Abelardo Colomé Ibarra, apelidado de Furry, chefe de polícia de Havana. Ele também se juntaria aos argentinos como comandante da base de retaguarda e ligação para as comunicações com Cuba. O instrutor principal não era cubano nem argentino, mas um general hispano-soviético, um homem que eles conheciam apenas como Angelito. Ciro Bustos e os outros compreenderam que não lhe deviam fazer muitas perguntas. A essa altura, a presença de militares russos em Cuba continuava sendo um tema muito delicado. Na verdade, Angelito, também conhecido como Ángel Martínez, era um general da ativa no Exército Vermelho, herói da Guerra Civil Espanhola, cujo nome verdadeiro era Francisco Ciutat, um dos cinco ou seis exilados espanhóis republicanos enviados a Cuba pelo Partido Comunista Espanhol, baseado em Moscou, para ajudar no treinamento das milícias para a "Luta contra Bandidos". "Era um verdadeiro personagem", recordou Bustos.

"Baixinho, com bastante idade, mas capaz de dar saltos mortais no ar como um ginasta."

Hermes Peña, na condição de adjunto de Angelito, atuava como seu instrutor de tática, reconstituindo batalhas da campanha na serra para que eles as estudassem e as emulassem nos seus exercícios de treinamento. Pouco tempo depois, cada um dos homens na casa de apoio foi incumbido de uma tarefa específica. Leonardo Werthein seria o médico da expedição, Miguel cuidaria da logística e Federico Méndez, descrito por Bustos como um sujeito objetivo e de poucas palavras, ficou encarregado do armamento. Bustos recebeu treinamento em segurança e inteligência. Hermes Peña assumiu a responsabilidade por sua disciplina militar.

O próprio Che sempre chegava à casa de apoio muito tarde, por volta das duas ou três da madrugada. Ciro Bustos recordou: "Praticamente a primeira coisa que nos disse foi: 'Bem, aqui estão vocês. Todos concordaram em entrar e agora temos de preparar as coisas, mas, deste momento em diante, considerem-se mortos. A morte é a única certeza que temos. Alguns de vocês podem sobreviver, mas todos devem considerar que o que lhes restar de sua vida é lucro'". Che estava lançando o desafio para seus futuros guerrilheiros, da mesma forma como fizera durante a luta cubana. Era importante que cada homem se preparasse psicologicamente para o que viria, e Ciro compreendeu a mensagem. "Levaríamos chumbo, sem saber se algum de nós chegaria ao fim, ou quanto tempo isso levaria." Che lhes disse, porém, que não os estava enviando sozinhos para um destino incerto, pois planejava juntar-se a eles assim que pudesse.

III

A crise dos mísseis, em outubro, obrigou Che a acelerar os planos para sua força guerrilheira argentina. Durante a crise, Che comandou o Exército ocidental baseado em Pinar del Río. Seu posto estava situado em cavernas nas montanhas perto de uma das instalações de mísseis soviéticos. Ele levou consigo os argentinos que estavam fazendo treinamento de guerrilha e os colocou em um batalhão sob o comando de oficiais cubanos. Se houvesse luta, eles deviam participar.

No momento de tensão máxima, depois que um míssil russo SAM derrubou um avião espião U-2 norte-americano, matando o piloto, Fidel telegrafou a Kruschev dizendo-lhe esperar que Moscou lançasse seus mísseis em primeiro lugar caso houvesse uma invasão terrestre por parte dos Estados Unidos. Assegurou-lhe que ele e o povo cubano estavam prontos para morrer lutando. Apenas um dia depois, Fidel soube que Kruschev fizera um trato com JFK pelas suas costas, oferecendo retirar os mísseis de Cuba em troca de uma promessa de não invadir a ilha e de retirar os mísseis Júpiter norte-americanos da Turquia. Fidel ficou incrédulo e furioso. Consta que, quando foi informado, quebrou um espelho com um murro. Che ordenou sucintamente a suas tropas que cortassem as linhas de comunicações de seu posto de comando com a base de mísseis soviéticos vizinha e correu para Havana a fim de ver Fidel.

Durante os dias que se seguiram, Castro fez amargas recriminações a Kruschev, e o infeliz Mikoyan foi enviado a Havana para consertar as coisas. Mikoyan fez o que pôde, mas Fidel e Che estavam convencidos de que Kruschev os vendera por seus próprios interesses estratégicos. As conversações arrastaram-se por várias semanas e ficaram por vezes extremamente tensas. Um dia, um erro de tradução cometido pelo intérprete russo provocou uma discussão aos berros. Quando se esclareceu o equívoco, Che retirou calmamente sua pistola Makarov do coldre, entregou-a ao intérprete e disse: "Se eu estivesse no seu lugar, a única coisa a fazer [...]." Segundo Alexandr Alexiev, todos riram, inclusive Mikoyan. O humor ácido de Che tinha desanuviado a atmosfera.

Publicamente, as relações entre Moscou e Havana continuavam "fraternais", mas, sob a superfície, o clima era extremamente tenso e assim permaneceu durante algum tempo. Nas ruas de Havana, cubanos indignados entoavam o refrão "*Nikita, mariquita, lo que se da no se quita!*".

"O destino de Cuba e a manutenção do prestígio soviético naquela parte do mundo me preocupavam", Kruschev reconheceu em suas memórias. "Um pensamento me ficava martelando na cabeça: o que acontecerá se perdermos Cuba? Eu sabia que seria um golpe terrível para o marxismo-leninismo. Reduziria gravemente nossa força pelo mundo afora, mas especialmente na América Latina. Se Cuba caísse, outros países nos repudiariam, afirmando que, apesar de todo o nosso poderio, não fomos capazes de fazer nada por Cuba além de apresentar protestos inócuos nas Nações Unidas."

Em uma entrevista com Che algumas semanas depois da crise, Sam Russell, um correspondente britânico do jornal socialista *Daily Worker*, encontrou-o ainda espumando por causa da traição soviética. Alternando baforadas de charuto com aspirações do seu inalador para asma, ele disse a Russell que, se os mísseis estivessem sob controle cubano, eles os teriam lançado. Russell saiu com ideias confusas a respeito de Che, descrevendo-o como "uma personalidade cativante, com quem simpatizei imediatamente [...], claramente um homem de grande inteligência, embora eu achasse que ele estava louco, porque não parava de falar nos mísseis". Também debateram outro assunto de que Che muito gostava, a estratégia comunista mundial. Che era extremamente crítico em relação aos partidos comunistas do Ocidente por adotarem "uma estratégia parlamentar pacífica de poder". Russell escreveu que Che achava que essa postura "entregaria a classe trabalhadora de mãos e pés atados à classe dominante".

É claro que Che estava decidido a fazer algo a esse respeito. Como recordou Ciro Bustos: "Quando a tensão [da crise dos mísseis] se abrandou, fomos levados de volta para Havana e ele nos disse: 'Vocês vão partir. Quero vocês fora daqui'. Eram tempos difíceis. Eles ainda temiam que pudesse haver uma invasão [norte-americana]. Havia uma atmosfera muito pesada de guerra [...]. Também havia raiva do lado dos soviéticos [...]. Ele estava muito irritado com os soviéticos". Foi dito aos homens que estavam na casa de apoio para deixarem-na como a tinham encontrado, apagando quaisquer indícios de sua presença. Federico Méndez foi enviado para um curso de treinamento com rádio de campanha, e Bustos fez outro intensivo de uma semana para aprender a arte dos códigos secretos e de criptografia. Ensinaram-lhe um sistema soviético de códigos baseado em dez números que nunca eram repetidos. "Era no estilo James Bond", recordou Bustos. "Os papéis eram queimados depois de se usarem os códigos."

Os peritos em passaportes de Piñeiro deram a cada homem do grupo uma nacionalidade diferente. Bustos, que se tornou uruguaio, não gostou quando viu seu passaporte. "Era inacreditável", disse ele. "Deram-me muito pouca idade e cabelos louros. Eu já era então bastante calvo e o pouco cabelo que tinha era preto." Quando se queixou, o perito tranquilizou-o, dizendo que o passaporte só seria utilizado até a Tchecoslováquia, um país amigo onde não seriam feitas perguntas.

A essa altura, os homens sabiam que deviam prosseguir com seu treinamento até que o aparato de segurança cubano pudesse preparar para eles uma base operacional de retaguarda segura na fronteira sul da Bolívia com a Argentina. Também sabiam que seriam denominados de Exército Guerrilheiro do Povo. Todos receberam nomes de guerra: Bustos agora era Laureano, Masetti era o comandante Segundo. O *comandante primero* era, é claro, Che, que por enquanto permaneceria como sua invisível mão orientadora, com o codinome Martín Fierro. A missão em si se chamava Operação Sombra. Tratava-se de duplos sentidos. Seus pseudônimos e o nome da operação correspondiam aos arquétipos gaúchos argentinos, Martín Fierro e Don Segundo Sombra.

Em Praga, o grupo — Masetti, Hermes Peña, Bustos, Leonardo Werthein, Federico Méndez, Miguel e Abelardo Colomé Ibarra — foi recebido pelo major Jorge "Papito" Serguera, que estava operando fora da embaixada cubana. Levou-os de carro até o lago Slapie, a cerca de uma hora de distância da cidade. Ficaram alojados em um hotel de luxo. Era o auge do inverno e não havia outros hóspedes: eram apenas eles e o pessoal do hotel. De acordo com os serviços de Inteligência tchecoslovacos, eles criaram uma história bem simples para encobrir sua presença. "Éramos um grupo de bolsistas cubanos", disse Bustos, "e íamos ficar por uns tempos."

Papito Serguera os visitou uma ou duas vezes, mas, fora isso, os sete candidatos a guerrilheiros estavam por sua própria conta. Não tinham ocupação, de modo que, para se manter em forma, começaram a dar longas caminhadas pelos campos, de vinte a 25 quilômetros, em todas as direções. Finalmente, cada vez mais frustrados à medida que as semanas se arrastavam, contataram Serguera, na embaixada em Praga, para reclamar. Ele pediu que tivessem paciência: a fazenda boliviana que seria sua base ainda não fora comprada e havia outros detalhes a serem resolvidos antes que pudessem viajar. Nesse meio-tempo, disse-lhes, tinham de parar com as caminhadas. Aparentemente, foram vistos vagando por uma zona militar de acesso proibido.

Masetti e seus homens passaram outro mês incomunicáveis no hotel do lago Slapie, até que, finalmente, Serguera deixou-os ir para Praga. A essa altura, era dezembro e os tchecos estavam cada vez mais aborrecidos com a prolongada presença dos cubanos. Finalmente, Masetti não aguentou mais e anunciou que voaria até a Argélia para conseguir que o grupo fosse completar lá seu treinamento. A Frente de Libertação Nacional era agora o governo de uma Argélia independente, e os ex-revolucionários argelinos lhes deviam um favor. Ahmed Ben Bella, o novo premier argelino, estivera em Havana às vésperas da crise dos mísseis, encontrara-se com Che e com Fidel, e, antes de partir, assinara uma declaração de fraternidade revolucionária com Cuba.

"Masetti voou para Argel e voltou dois dias depois", recorda Bustos. "Disse-nos que Ben Bella e [Houari] Boumedienne [o ministro da Defesa argelino] o receberam no aeroporto e concordaram em nos ajudar. Partimos imediatamente." Mas para viajar para Argel tinham de ficar em Paris por vários dias, e para Bustos, que ainda viajava com o seu passaporte de cabelo louro, isso constituía um problema. Ele o resolveu tingindo seus escassos cabelos com água oxigenada. Com um riso moleque, Bustos recordou: "De repente meus cabelos estavam amarelos. Eu parecia um travesti de cabaré". Ficaram durante três ou quatro dias no hotel em cima da estação ferroviária de Orsay, fingindo ser turistas. "Fomos ao Louvre", recordou Bustos, "e passeamos muito."

No dia 4 de janeiro, chegaram à cidade de Argel. Os argelinos ainda estavam engajados no processo de "depuração" pelo qual passara a Cuba revolucionária quatro anos antes contra os seus *chivatos* e criminosos de guerra, e homens armados da FLN cruzavam a cidade em busca de indivíduos suspeitos de terem sido colaboradores ou ex-torturadores. Os civis árabes, desconfiados, olhavam europeus ou estrangeiros com franca hostilidade. Cônscios dos riscos enfrentados pelos guerrilheiros de Che nesse clima de tensão, os dirigentes revolucionários argelinos enviaram dois generais e toda uma comitiva de segurança para recebê-los no aeroporto. Foram levados de automóvel para uma *villa* isolada à beira-mar, nos arredores da cidade, e deixados sob guarda armada para sua própria proteção. Depois de algum tempo, foram transferidos para uma mansão com um jardim cercado de muros, na própria cidade de Argel, mas, devido ao risco de serem confundidos com franceses, raramente saíam. Sempre que o faziam, iam cercados por seguranças argelinos.

Durante os meses que se seguiram, com uma comitiva permanente de veteranos revolucionários argelinos, a equipe argentina praticou tiro, fez ginástica calistênica e cursos militares. Os argelinos levaram eles para visitar sua antiga linha de frente, o engenhoso sistema de cavernas e túneis que tinham usado para ocultar seus combatentes e seus arsenais durante a guerra, e também as antigas linhas francesas. Papito Serguera, que fora convenientemente designado como o novo embaixador cubano, chegou pouco depois e, além de seus outros encargos, era o elemento de ligação para as comunicações entre o grupo e Che.

Os argentinos foram homenageados com um banquete e retribuíram com um churrasco argentino tradicional, ao qual Houari Boumedienne compareceu. No entanto, o tempo passava e Masetti estava ansioso por começar. Em resposta às suas incessantes indagações, Papito Serguera retransmitia o que Bustos chamava de "estranhas e contraditórias" mensagens de Havana, supostamente enviadas por Che. Colomé Ibarra voou de volta a Havana para descobrir o que estava acontecendo e voltou com algumas notícias inquietantes: ele e Che releram juntos as mensagens que o grupo recebera, e Che identificou várias que não tinham sido mandadas por ele. Como todas as suas comunicações eram canalizadas por Barbarroja Piñeiro, eles especularam sobre algum "defeito" no seu dispositivo de segurança. Alguns deles, inclusive Bustos, chegaram a suspeitar de que houvesse mais coisa por trás disso, talvez até mesmo uma sabotagem intencional dos planos de Che. Permaneceria um mistério que Bustos, pelo menos, jamais foi capaz de decifrar.*

* Enquanto deixava sem resposta algumas das reclamações contra ele, Piñeiro refutou a versão de Bustos, indicando que os movimentos de Masetti eram coordenados fora de Havana. "Se Masetti partiu para a Argélia, foi com a aprovação prévia de Che, caso contrário Ben Bella teria nos pedido a aprovação.

Em Cuba, dois dos guarda-costas de Che, Alberto Castellanos e Harry Villegas, que tinham sido mandados para serem treinados como administradores no Ministério das Indústrias, aguardavam ordens para partir. Muitos meses haviam se passado e Che não os convocara. Castellanos reingressara nas Forças Armadas e iniciara um curso de adestramento militar. No final de fevereiro de 1963, chegando à sua casa, em Havana, em uma folga de fim de semana, recebeu de repente uma convocação de Che. Supôs que seria punido. "Todas as vezes que Che mandava chamar alguém, era para dar-lhe um puxão de orelhas por isso ou por aquilo", disse ele. "Disse para mim mesmo: 'Bem, que coincidência! Neste fim de semana eu não fiz nada, nem mesmo fiquei bêbado'. De modo que não podia imaginar a razão pela qual Che queria me ver."

Quando Castellanos entrou no gabinete de Che, este lembrou-o de que vários meses antes ele dissera que, se Che estivesse envolvido em uma missão, ele queria ser parte dela. "Quando é que vamos?", Castellanos perguntou, empolgado. Che disse-lhe que esperasse um minuto e o ouvisse. Lembrando a Castellanos que tinha uma esposa a considerar, preveniu-o de que a missão não era para ser encarada de modo leve. "Esta missão significa vinte anos de luta ou mesmo não voltar", ele avisou. Che recomendou-lhe que pensasse seriamente antes de se decidir. Castellanos contou que ficou ali parado e "pensou" por um ou dois minutos, antes de repetir a pergunta "Quando é que vamos?".

Che disse-lhe: "Está bem. Mas não vá se vestir como um índio, porque você não é um, e diga a Villegas que ele não pode ir com você porque é negro e para onde nós vamos não há negros". Che não foi mais explícito do que isso, a não ser comentando que encontrariam algumas pessoas que ele conhecia pessoalmente quando chegassem ao seu destino. "Você vai me esperar com um grupo de camaradas que estou enviando", ele disse. "Você vai ser o chefe até eu chegar." Informou que pretendia se juntar a eles até o fim do ano. Depois Castellanos foi ver Piñeiro para receber suas instruções, sua nova identidade clandestina e seu itinerário de viagem.

IV

Mais ou menos nessa mesma época, Tamara Bunke começou a receber treinamento em espionagem no departamento de Piñeiro. "Ela nos procurou e pediu que a aceitássemos para alguma missão", disse Ariel, o vice de Piñeiro, acrescentando que os serviços secretos cubanos a verificaram e a liberaram para treinamento. Eles a consideraram uma ótima candidata para futura espionagem na Argentina, "a ser ativada quando surgisse a necessidade".

A menção expressa de Ariel à apuração de segurança de Tamara Bunke é significativa devido ao grande mistério em torno de "Tania", como veio depois a ser conhecida. Segundo arquivos do serviço de segurança de Estado da Alemanha Oriental, Tamara Bunke era uma "IM" (informante informal) da Stasi, ou polícia secreta, antes de ir para Cuba em 1961. Também estava sendo cogitada pelo Departamento de Espionagem no exterior, o HVA, para ser empregada como agente com identidade falsa, sendo inserida primeiramente na Argentina e, depois, nos Estados Unidos.

Considerando-se o rígido controle do sistema de segurança interna da República Democrática Alemã e a formação marxista-leninista de Tamara, não chega a surpreender que ela tivesse se tornado informante dos serviços secretos da Alemanha Oriental. Informar a respeito de seus concidadãos ou visitantes estrangeiros em nome do Estado comunista em que ela fervorosamente acreditava seria um dever patriótico que ela cumpriria, e obviamente cumpriu, sem qualquer constrangimento. Porém, para quem Tamara trabalhava quando estava em Cuba: para os cubanos, para a Inteligência alemã-oriental ou para ambos? Falando com a opacidade habitual de um quadro revolucionário duradouro ainda existente em Cuba, seu amigo Orlando Borrego disse que "não há dúvidas de que ela trabalhava para os serviços alemães", mas que também não teve qualquer dúvida quanto à sua lealdade para com a Revolução Cubana. Quase três décadas depois da morte de Tamara, falando em uma Moscou bastante mudada, o veterano funcionário da KGB Alexandr Alexiev insinuou que ela fora uma agente alemã cedida aos cubanos para que a utilizassem eles próprios. Explicou que "os alemães queriam ajudar. Tentavam ter com a Cuba revolucionária uma amizade tão boa quanto a nossa, e queriam fazer ainda mais do que nós. Por essa razão, atendiam a qualquer desejo ou capricho dos líderes cubanos — mais até do que nós".

Pressionado para fornecer mais detalhes, Alexiev deu a entender que, quando se tratava de prestar assistência a Che em suas aventuras revolucionárias no exterior, a Inteligência da Alemanha e a da União Soviética tinham um acordo para dividir as tarefas. "Os alemães se consideravam mais [...] agressivos, do ponto de vista revolucionário, do que nós. Eles eram mais novos, nós éramos mais velhos, tínhamos mais experiência e maturidade. E se nós [a KGB] nos envolvêssemos, seguramente haveria um risco ainda maior de fracasso. Nossos serviços eram uma grande burocracia, e os alemães eram mais bem equipados tecnicamente. O caso de Tania era provavelmente o mais importante." Quanto a Tamara/Tania, Alexiev concordava com Borrego, dizendo que não tinha dúvida de que sua lealdade era para "com os cubanos, com Fidel e com Che". Ele pressupunha que Che "a conquistara com suas ideias, e sua personalidade tão convincente e atraente".

Tamara Bunke usando óculos de sol e um uniforme militar cubano em 1961. Ela adotou o pseudônimo "Tania" na primavera de 1963, quando começou a receber treinamento de espionagem dos agentes de Barbarroja Piñeiro.

Outro homem, um argentino que trabalhou intimamente com Che e que também a conheceu pessoalmente, disse que sua impressão era de que ela "trabalhava para os serviços alemães e se transferira para o serviço de Inteligência de Che, tendo pedido licença para isso. Nem Che nem os alemães teriam gostado que ela mandasse informes para dois lugares ao mesmo tempo. Che não era idiota. Não permitiria uma lealdade dupla".

Segundo arquivos da Alemanha Oriental, Tamara Bunke fora recrutada como informante por um funcionário da contrainteligência chamado Gunter Mannel, responsável pela divisão do HVA, da Stasi, encarregada dos Estados Unidos. Um mês após a partida de Tamara para Cuba, em 1961, Mannel passou sorrateiramente para Berlim Ocidental e desertou. Pouco tempo depois estava trabalhando para a CIA. Logo revelou as identidades de alguns de seus agentes, que foram presos no Ocidente, e pode-se supor que também tenha informado a CIA sobre Tamara, a jovem agente comunista bem-dotada e ferrenhamente engajada, que acabara de ir para Cuba. Evidentemente, o HVA fez essa suposição. Imediatamente após a deserção de Mannel, segundo um relatório interno do HVA datado de 23 de julho de 1962, foi mandada uma carta para Bunke, em Cuba, alertando-a sobre o perigo e instruindo-a a não tentar "ir para a América do Sul ou do Norte e, em qualquer hipótese, devendo consultar-nos previamente".

Esse relatório afirma que não houve mais contato com ela, mas que Tamara parecia estar "gradualmente se afirmando" em Cuba, trabalhando com toda uma série de instituições governamentais e sempre "importunando" as delegações visitantes da RDA para servir-lhes de intérprete. Acrescentava que "aparentemente abandonou sua determinação de ir para a Argentina [e] pretende ficar em Cuba, bem como adquirir cidadania cubana. Ela também tem íntimas ligações com o serviço de segurança cubano [...] [e] está autorizada a usar uniforme militar, que enverga constantemente".

Os arquivos da Stasi indicam que a agência de contraespionagem alemã-oriental tinha um acordo com Tamara Bunke, mas que ela cortou o contato depois que chegou a Cuba. No entanto, os arquivos suscitam outras perguntas. Quando foi aceita para o serviço de Inteligência cubano, Tamara informou os novos superiores sobre seus laços anteriores com a Inteligência alemã ou o fato de que seu contratante desertara um mês depois de sua chegada? Se ela o fez, por que os cubanos acabaram por utilizá-la na mesma região — Bolívia e Argentina — onde o HVA tinha originariamente pensado em empregá-la? Não há dúvida de que, depois da defecção de Mannel, tinha-se que supor que tanto a identidade de Tamara como sua pretendida função futura de espionagem eram do conhecimento da CIA e dos serviços de Inteligência aliados.

Em resposta a essas indagações, Barbarroja Piñeiro declarou: "Lidei diretamente com 'Tania' e lhe perguntei se fora recrutada pelos serviços [de Inteligência] alemães. Ela disse 'não'". Piñeiro acrescentou que, mesmo que tivesse sabido sobre Mannel e sobre a carta que fora mandada para ela, a teria aprovado, porque ela demonstrava "excelentes qualidades" como agente e porque ele confiava na sua capacidade de organização de montar para si uma nova identidade falsa impossível de ser desmascarada.

V

Um dos meios de Che reunir informações e analisar a situação na Argentina foi chamar amigos e conhecidos argentinos, como fizera com Oscar Stemmelin, para longas conversas, durante as quais testaria suas teorias. Em fevereiro de 1963, mandou chamar Ricardo Rojo. "Quero conversar", Che disse quando Rojo chegou. Eles divergiam politicamente, Rojo era liberal, um "anti-imperialista", mas não um socialista. Porém, os dois se conheciam havia muito tempo e Che sabia que ele era bem relacionado e um astuto analista político. Rojo tinha sido quem primeiro enviara Masetti a Cuba e quem, mais recentemente, se tornara amigo íntimo de sua mãe. Che alojou Rojo em uma casa de hóspedes oficial de primeira categoria, em Miramar, por dois meses. Mais tarde, Rojo escreveu que achara Che deprimido com o crescente isolamento regional de Cuba e ainda irritado com o modo "paternalista" com que os soviéticos trataram a ilha na crise dos mísseis. Che acreditava que Cuba não poderia sair de sua camisa de força regional até que revoluções socialistas tivessem lugar em outros países latino-americanos, e não fez segredo quanto ao fato de que estava estudando intensamente o meio de fazer com que isso acontecesse.

Um dia, Che disse a Rojo que gostaria de debater "de modo sistemático" sobre a Argentina. Enquanto conversavam, Che ia tomando notas. Ele demonstrou especial interesse pelos movimentos trabalhistas e universitários na Argentina e estava ansioso por atualizar seu conhecimento sobre quem era quem na oposição. Também debateram a persistente popularidade de Perón na classe operária argentina, e Che mostrou a Rojo uma carta que recebera de Perón, em que expressava sua admiração pela Revolução Cubana. Rojo teve a impressão de que Che estava pesando os prós e os contras de uma aliança com os peronistas como um meio de deflagrar a revolta. Na Argentina, havia um governo militar impopular e cada vez mais disputas trabalhistas. Che se perguntou em voz alta qual seria "a reação das massas" se Perón fosse morar em Cuba, algo de que o discípulo esquerdista de Perón, John William Cooke, vinha tentando convencê-lo a conseguir havia algum tempo.

No começo de abril de 1963, pouco antes de Rojo partir de Cuba, ocorreu um levante de efetivos da Marinha em Buenos Aires, de curta duração, mas sangrento. Foi rapidamente sufocado pelo Exército, mas Che achava que o incidente revelava que "as condições objetivas para a luta" começavam a aparecer na Argentina. Estava na hora de complementá-las com as "condições subjetivas", a fim de mostrar ao povo que ele podia derrubar seus governantes por meios violentos. Rojo argumentou que a revolução dera certo em Cuba porque os norte-americanos foram apanhados desprevenidos. Esses tempos haviam passado e os Estados Unidos e seus aliados regionais agora estavam em estado de alerta. Che concordou com esse ponto, mas, como sempre, se recusou a aceitar que o êxito de Cuba fosse uma exceção que não se podia repetir em outros lugares.

Che jamais disse explicitamente a Rojo que estava preparando uma insurgência guerrilheira na Argentina, mas havia indícios suficientes para Rojo tirar suas próprias conclusões. Encontrara, no voo para Havana, um guerrilheiro peronista de esquerda, líder de um levante de curta duração em 1959, na província de Tucumán. O homem estava indo se encontrar com Che. Além disso, havia as últimas palavras de Che para Rojo, quando este se preparava para partir de Cuba.

"Você verá", ele disse. "A classe dominante da Argentina nunca aprenderá qualquer coisa. Só uma guerra revolucionária mudará as coisas."*

De volta à Argélia, Masetti soube que o pessoal de Piñeiro tinha, finalmente, comprado uma fazenda na Bolívia, para ser usada por eles, mas ainda não havia sinal de que ele e seus homens estivessem prestes a serem deslocados. Masetti resolveu que não podia esperar mais e pediu aos argelinos que os ajudassem a chegar à Bolívia. "Os argelinos nos deram tudo", recordou Bustos. "Eles nos teriam dado armas, mas, como não podíamos levá-las, pois passaríamos pelos controles de fronteira de vários países, nos deram todo tipo de equipamento militar, passaportes, tudo."

Em maio de 1963, sete meses depois de partir de Havana, o grupo de Masetti finalmente estava a caminho da América do Sul. Mas contava com menos um homem. Miguel, um dos que Alberto Granado recrutara, ficara para trás de um modo bastante assustador. (O verdadeiro nome de "Miguel" está aparentemente esquecido por seus camaradas sobreviventes, mas eles se lembram dele como um bem-educado judeu argentino, um detalhe significativo tendo em conta o que aconteceu dentro do grupo quando chegou à Argentina.)

Miguel tornara-se cada vez mais contestador e desobediente. Uma das regras rígidas que todos tinham cumprido desde que ingressaram na vida clandestina, e que Ciro Bustos tinha de fazer valer, era a de que ninguém poderia escrever cartas para casa, "nem mesmo para as mães", e Miguel violara essa regra. Bustos o surpreendera tentando colocar algumas cartas no correio quando estavam em Paris. Na Argélia, Miguel questionara abertamente a liderança de Masetti. Os dois discutiam o tempo todo e tornaram-se ferozmente competitivos. Um dia, tentando suplantar Miguel nos exercícios de adestramento físico, Masetti torceu as costas abruptamente, uma lesão que lhe causaria grandes dores nos meses seguintes.

Os problemas chegaram ao auge quando se preparavam para partir da Argélia. Miguel anunciou que não queria ir se Masetti fosse o líder, predizendo que os dois acabariam atirando um no outro. Como Bustos recordou, "Masetti, que tinha pertencido à Marinha argentina e que sempre tentara ser 'o machão do filme', não deixou passar em branco". Os dois se puseram a postos para uma luta corporal. Os outros homens intervieram, mas Masetti ainda queria vingança. Insistiu em que se realizasse um julgamento para decidir se Miguel devia permane-

* Em seu livro, *Meu amigo Che*, Rojo afirmou que Masetti estava presente em alguns de seus encontros com Che, mas Ciro Bustos insiste que Masetti nunca deixou o grupo, a não ser quando foi de Praga para a Argélia para uma curta visita.

cer no grupo. Bustos foi designado promotor e Federico atuou como advogado de defesa de Miguel.

Bustos concluiu que Miguel ficou com medo e provocou a briga com Masetti para que pudesse então sair do grupo. Argumentou que a atitude negativa de Miguel representava um risco para a segurança e, como estavam prestes a empreender uma viagem delicada atravessando as fronteiras de diversos países, a solução razoável era que ele fosse deixado para trás. Até mesmo o defensor de Miguel, Federico, não se opôs a essa solução. Mas Masetti argumentou que o desejo de Miguel de se retirar do grupo equivalia a uma deserção, um crime passível de pena de morte. Propôs que Miguel fosse executado por um pelotão de fuzilamento. Poderia conseguir isso com seus amigos militares argelinos.

O grupo votou por unanimidade para que Miguel fosse morto. Masetti, Papito Serguera e Abelardo Colomé conversaram com os argelinos, e um destacamento militar levou o condenado embora. Bustos estava convencido de que a decisão fora correta, mas, mesmo assim, não se sentiu satisfeito com ela. "Uma das coisas que mais nos afetaram", recordou ele, "pois estávamos certos de que o tinham levado para fuzilá-lo, foi que o sujeito se portou [...] como um homem, corretamente, sem quaisquer lamúrias, sem implorar por clemência." Desse momento em diante, Bustos e os demais se referiam a Miguel não pelo nome, mas como El Fusilado, o primeiro sacrificado pela causa da Revolução Argentina.

Viajando em grupos separados, com identidades falsas, usando passaportes diplomáticos argelinos e acompanhados por dois agentes da Argélia, que, nos últimos tempos, tinham sido seus constantes companheiros e carregavam seus equipamentos nas malas diplomáticas lacradas, os homens de Masetti fizeram a viagem para La Paz, onde se comunicaram com seus contatos, todos jovens membros do Partido Comunista Boliviano.

Em seguida, rumaram para a base de operações. O disfarce deles era de que formavam um grupo de sócios argentinos e bolivianos de um novo empreendimento conjunto, que viajavam juntos a fim de montar uma atividade de exploração agrícola e de criação de gado em uma extensão de terra que tinham comprado recentemente. Chegaram à sua "fazenda", em uma área remota onde o rio Bermejo forma a fronteira da Bolívia com a Argentina e descreve uma curva fechada para o sul. Sua propriedade estava estrategicamente situada no meio desse triângulo montanhoso e coberto de matas, com o território argentino em ambos os lados. Havia apenas uma estrada de terra que lhe dava acesso, e estavam a quilômetros de seus vizinhos mais próximos.

Um membro do Partido Comunista Boliviano estava no local, um homem mais velho, que era para atuar como caseiro, mas que passava os dias sem fazer coisa alguma além de preparar uma pasta de amendoim. O pessoal de Piñeiro e os bolivianos que trabalharam com eles compraram alguns equipamentos no local, mas pareciam extremamente inúteis. "Havia uniformes finos feitos de náilon brilhante", disse Bustos. "Camisas comuns de náilon e coldres tipo Tom Mix, com pequenas estrelas de enfeite [...]. Realmente, parecia brincadeira." As mochilas e botas também eram de má qualidade, mas, felizmente, os argelinos lhes haviam dado alguns bons uniformes militares iugoslavos, cartucheiras e binóculos de campanha. E seu arsenal, que de alguma forma fora contrabandeado de Cuba, era vasto e estava em bom estado: bazucas chinesas, pistolas, uma submetralhadora Thompson, fuzis automáticos e muita munição. Ciro Bustos adquiriu uma pistola com silenciador.

Masetti decidiu que estavam prontos para partir. Colomé Ibarra, que por enquanto ficaria para trás, no lado boliviano, levou-os de carro à fronteira e, em 21 de junho, a vanguarda de cinco homens do Ejército Guerrillero del Pueblo entrou na Argentina.

VI

Outra força guerrilheira treinada pelos cubanos tentara cruzar a fronteira boliviana algumas semanas antes. Em maio, o Exército de Libertação Nacional (ELN), com quarenta guerrilheiros liderados por Héctor Béjar, fora detectado e repelido enquanto tentava entrar no Peru. O destino de Béjar era o Valle de la Convención, nos Andes meridionais do Peru, onde as Forças Armadas daquele país estavam tentando encurralar um pequeno bando rebelde chefiado pelo líder camponês trotskista Hugo Blanco. O pequeno bando que Blanco liderava atacara um posto da guarda civil no mês de novembro anterior e Blanco estava em fuga desde então. Os cubanos viram a agitação como uma boa oportunidade para o ELN entrar em ação.

A Bolívia, com suas fronteiras porosas e mal protegidas com Peru, Chile, Argentina, Paraguai e Brasil, era o ponto de entrada mais lógico tanto para Béjar quanto para Masetti. O governo era liderado pelo presidente Víctor Paz Estenssoro, do Movimiento Nacionalista Revolucionario (MNR), de centro-esquerda, e a Bolívia era um dos poucos países latino-americanos que ainda mantinham relações diplomáticas com Havana. O embaixador cubano para a Bolívia, Ramón Aja Castro, era próximo de Che. Ele o acompanhara à conferência em Punta del Este, e Ariel, o homem de Piñeiro, estava em sua equipe. Como o Partido Comunista Boliviano operava na legalidade, podia ajudar os cubanos com contatos, casas de apoio e transporte para os guerrilheiros. Funcionários do partido ajudaram a conduzir a coluna de Béjar até a fronteira com o Peru e a de Masetti até a fronteira com a Argentina.

A decisão do PCB de apoiar os guerrilheiros treinados por Cuba foi de natureza tática, e tomada com relutância. O ex-dirigente do PCB Mario Monje recordou que foi procurado por diplomatas cubanos em La Paz. "Disseram-me que precisavam de ajuda para alguns jovens comunistas peruanos que foram treinados e queriam retornar ao seu país", contou Monje. Ele disse aos cubanos que a experiência cubana era única e não se podia repetir em outros lugares. Como a maioria dos partidos comunistas dos países vizinhos, o PCB esquivava-se do tipo de luta armada defendida por Cuba — e por Che em particular — em favor de ganhar terreno mediante a política eleitoral. O PCB estabelecera um relacionamento amistoso com o governo Paz Estenssoro e esperava preservá-lo.

Quando Monje contou ao Partido Peruano sobre a proposta cubana, deparou-se com sua inflexível oposição. "Não queriam qualquer ligação com a guerrilha", disse ele. Monje tentou convencê-los a não precipitar uma ruptura pública com Havana, instando-os a serem flexíveis e controlar a situação. Caso contrário, preveniu-os de que "esse negócio [a exportação da luta armada por Cuba] bateria no ventilador em todos os lugares e causaria danos aos peruanos e a todos os demais". A essa altura, Monje e seus camaradas tinham começado a ouvir rumores de que Havana queria dar início a uma guerra de guerrilhas também na Bolívia. O Politburo boliviano realizou uma reunião em que se decidiu por unanimidade contra a ideia de uma luta armada em seu país, e Monje viajou para Havana, com um membro do Politburo, Hilario Claure. Sua missão, segundo Monje, era transmitir a diretriz oficial do PCB contrária ao intervencionismo cubano na região de forma geral, ao mesmo tempo em que tentava mediar entre Havana e os indignados peruanos. Reuniu-se com Manuel Piñeiro e lembrou-lhe que, nos anos 1930, sob a direção de Stálin, os soviéticos apoiaram guerrilhas na América Latina e isso não dera certo. "Eles impulsionaram luta armada aqui, guerrilhas ali", disse a Piñeiro. "Tentaram em diferentes países e fracassaram. E agora vocês pretendem repetir o que eles fizeram."

Piñeiro sugeriu que falassem diretamente com Fidel e providenciou o encontro, no qual Monje conta que, mais uma vez, expôs a sua oposição e a do Partido Peruano ao esquema. Fidel disse que não podia nem iria negar essa alternativa a jovens guerrilheiros que queriam emular a luta de Cuba. "Nós vamos ajudá-los", disse Fidel a Monje. "Não estou pedindo a ajuda do Partido Peruano, mas estou pedindo a sua ajuda." Monje disse que ele e Claure assentiram à solicitação de Fidel porque acreditaram que, se eles obtivessem a gratidão de Fidel, ele não autorizaria atividades guerrilheiras na Bolívia pelas costas do partido. Sem informar ao Partido Comunista Peruano, dariam assistência ao grupo de Béjar para ingressar no Peru. Encontraram-se depois com Che, que foi menos amistoso do que Fidel tinha sido. A atmosfera do encontro foi tensa, Monje recordou, e Che expôs sua defesa do projeto de guerrilha "de modo firme e agressivo".

Claure apresentou uma versão sutilmente diferente das conversações em Havana. Confirma que ele e Monje deixaram clara sua oposição a uma guerra de guerrilha patrocinada por Cuba na Bolívia, mas ele achou Fidel "diplomaticamente" evasivo. Che foi "arrogante" e altivo. "Isso foi o que os comunistas aqui nos disseram quando queríamos fazer a Revolução Cubana", disse Che. "Se tivéssemos dado ouvidos a eles, não teria havido nenhuma revolução." Claure conta que ele e Monje regressaram a La Paz com a suspeita de que os cubanos iriam adiante com seus planos, a despeito do Partido Comunista Boliviano, e em pouco tempo perceberam que suas suspeitas tinham fundamento.

Monje recorda que, em uma visita posterior a Havana, ele e Che estavam um dia descansando ao ar livre, deitados na grama e conversando, quando Che lhe perguntou: "Ei, Monje, por que você não começa uma guerra de guerrilhas na Bolívia?". "Por que deveria?", Monje retrucou. "De que nos serviria?" Che o desafiou: "É porque você tem medo, não é?". Monje disse que disparou de volta: "Não, é porque você tem uma metralhadora metida na cabeça e não consegue imaginar nenhuma outra maneira de conduzir uma luta anti-imperialista". Diante dessa resposta, Che deu uma gargalhada e abandonou o assunto. Monje conta que, pouco depois do seu diálogo com Che, um "alto oficial cubano" lhe falou que "seria ótimo" se seu partido começasse uma luta armada na Bolívia "porque desviaria a atenção dos imperialistas e abrandaria a pressão sobre nós".

Temporariamente, Monje manteve suas relações com os cubanos no mais alto nível possível de fraternidade. Chegou até a pedir permissão para enviar alguns jovens quadros do partido a Havana, para "aprender com a experiência revolucionária cubana". Nesse meio-tempo, seu pessoal começou a ajudar os grupos de Béjar e de Masetti, fornecendo-lhes casas de apoio, alimentos, suprimentos e transporte. Enquanto Masetti e seus homens ainda estavam na Argélia, os bolivianos haviam encontrado e comprado a base operacional de retaguarda às margens do rio Bermejo. Depois de algumas demoras e mudanças de itinerário, deslocaram a coluna de Béjar de La Paz, levando-a por um longo trajeto fluvial em direção à fronteira com o Peru.

O grupo de Béjar chegou à fronteira em maio, época em que suas intenções já eram perfeitamente conhecidas das autoridades peruanas. Béjar enviou um destacamento avançado para cruzar a fronteira, que foi descoberto quase imediatamente pela polícia na pequena cidade peruana de Puerto Maldonado. Um dos combatentes, um poeta jovem e talentoso chamado Javier Herauld, foi morto no tiroteio que se seguiu. A maioria dos outros conseguiu escapar de volta para a Bolívia, e uma dezena ou mais dos homens de Béjar foram presos pelas autoridades locais, mas em seguida postos em liberdade, aparentemente em um gesto de boa vontade do governo Paz Estenssoro para com Cuba. No final de maio, Hugo Blanco também tinha sido capturado e preso no Peru. No começo de junho, a junta militar peruana realizou as eleições que tinha prometido depois de tomar o poder no ano anterior. O vencedor foi o candidato de centro-direita, Fernando Belaunde Terry, um engenheiro que tinha estudado nos Estados Unidos. O primeiro empreendimento guerrilheiro peruano tinha fracassado miseravelmente, mas Béjar e seus camaradas começaram a se reorganizar e, pouco tempo depois, tentariam novamente.*

Por que a presença do grupo de Béjar foi detectada tão rapidamente? O próprio Béjar mais tarde acusou o PCB de assentir às exigências do Partido Peruano visando a frustrar seus esforços, e destacou que os bolivianos tinham retardado sua entrada, reformulando o itinerário de sua força para um ponto a centenas de quilômetros da área em que Blanco estava operando. As suspeitas de traição interna persistiram durante anos. Humberto Vázquez-Viaña, na época um jovem militante do PCB, mais tarde satirizou de forma cáustica que o partido esforçara-se para ser "bom com deus e com o diabo".

O ex-cunhado de Che, Ricardo Gadea, tinha escapado do fiasco de Béjar. Depois de uma discórdia de facção, ele e outros candidatos a guerrilheiros formaram o peruano MIR. Eles achavam que deveriam construir uma base social e organizacional no Peru antes de começar a guerra. Os cubanos não aprovaram, e Gadea e seus camaradas foram "mantidos no gelo" em Cuba. Enquanto Béjar e seus seguidores foram embarcados para a Bolívia, o grupo de Gadea foi enviado para as montanhas Escambray, a fim de combater os "bandidos" contrarrevolucionários que estavam operando nelas. Suas solicitações de regressar ao Peru foram repelidas ou ficaram inteiramente sem resposta por vários meses, e foi só depois do fracasso de Béjar e de uma ida especial a Havana do líder do grupo,

* Diante da persistente e comprovada inadequação do aparato de segurança de Cuba em implementar com êxito os programas de guerrilha de Che, vários ex-guerrilheiros, inclusive Ciro Bustos e diversos camaradas seus, lançaram a culpa em Barbarroja Piñeiro. No entanto, Piñeiro tinha uma tarefa ingrata. Além dos grupos de Béjar e de Masetti, seu departamento assistia ao mesmo tempo guerrilheiros guatemaltecos, colombianos, venezuelanos, entre outros. E havia problemas surgindo em todas as frentes, que iam de dificuldades logísticas e de comunicações até cisões entre facções e contratempos militares e políticos.

Luis de la Puente Uceda, que eles finalmente tiveram permissão para partir. Antes de ir embora, Gadea viu Che pela última vez.

Gadea recordou: "Para mim foi uma conversa importante, porque foi a primeira vez que Che me viu não apenas como um estudante ou por uma obrigação de família, mas por causa da decisão que eu tomara com relação à revolução no Peru". Che deixou claro que não havia nenhuma animosidade entre eles e lhe deu seu aval. Ele disse: "Bem, vá ter a sua experiência. Todo mundo tem de se pôr à prova, e é preciso aprender e adquirir conhecimentos por meio de suas próprias experiências". Todos os membros do seu grupo chegaram ao Peru sem ser detidos, começaram seu trabalho de organização clandestina e, dois anos depois, estavam prontos para a guerra.

VII

Aleida não queria que Che fosse à Argentina para lutar, mas sabia que não poderia detê-lo. Desde o princípio, ele deixara claro para ela que um dia levaria a revolução para sua terra natal. Sua partida parecia uma abstração até que o grupo de Masetti foi formado e seu treinamento estava em andamento.

O segundo filho de Che e Aleida, Camilo, nascera em maio de 1962. O novo bebê tinha a pele clara, como a da mãe. Quando crescesse, teria os seus cabelos louros, a testa grande e o olhar intenso do pai. Durante a crise dos mísseis, Aleida tornara a ficar grávida, e eles se mudaram para uma casa maior, na calle 47, em um bairro residencial em Nuevo Vedado, a poucos quarteirões do jardim zoológico e perto do complexo do governo na Plaza de la Revolución. Em 14 de junho de 1963, 35º aniversário de Che, Aleida deu à luz uma segunda filha, a quem deram o nome de Celia, como a mãe de Che. Essa foi uma homenagem particularmente comovente para sua mãe, pois, naquele momento, Celia *madre* estava na prisão. Ela chegou a Cuba em janeiro de 1963, ficou três meses com eles e, ao regressar à Argentina, em abril, foi presa sob as acusações de estar de posse de propaganda subversiva cubana e de ser uma agente de Che.

Em 9 de junho, Celia escreveu a Che da prisão de mulheres de Buenos Aires. "Meu querido", ela começava. "Compartilho meu atual reino com quinze pessoas, quase todas comunistas." Foram boas companheiras, a não ser por sua imposição de uma "disciplina excessivamente férrea e um dogmatismo irreprimível", que ela achava penosos. Não sabia quando seria posta em liberdade, "mas você sabe que se há alguém bem constituída para aguentar a prisão de bom humor, sou eu. Também me servirá para um exercício de humildade [...]. A única coisa que acho incômoda é não ter um só minuto de intimidade o dia inteiro. Comemos, dormimos, lemos e trabalhamos em nossa cela de catorze por seis [metros] e [fazemos exercícios] em uma galeria em que se pode ver o céu por entre as barras, e da qual nos expulsam quando chegam as presas comuns. Parece que poderíamos contaminá-las com uma terrível doença contagiosa". Ela jogava vôlei durante uma hora por dia e também estava aprendendo alguns trabalhos manuais, como fazer bonecas de papel machê. "Elas são horríveis, mas uma boa maneira de passar o tempo."

Salvo pela falta de privacidade, sua maior queixa eram as revistas corporais a que era submetida antes e depois de cada visita, bem como a leitura prévia de todas as suas cartas, o que ela achava especialmente humilhante. "As revistas incluem umas carícias duvidosas: quase todas as presas aqui são lésbicas e desconfio de que as guardas escolheram esse trabalho maravilhoso porque têm as mesmas inclinações [...].

"Não sei, ou melhor, sei sim, por que o governo quis me colocar neste lugar [...]. Como curiosidade, posso lhe contar que uma das perguntas que me fizeram no Dipa [a polícia secreta argentina] foi 'qual é o seu papel no governo de Fidel Castro?'" Ela tranquilizou Che no sentido de que não fora maltratada. No entanto, a prisão era "um deformatório maravilhoso, tanto para os presos comuns como para os políticos: se você é indiferente, torna-se ativa; se é ativa, fica agressiva, e se você é agressiva, fica implacável". Na realidade, desde que seu filho, Ernesto, se transformara em Che, Celia passara por uma significativa radicalização política. Ela afirmava, nessa época, acreditar no "socialismo", embora não fosse comunista e, de acordo com as pessoas que a conheciam bem, realmente não gostava de Fidel nem confiava nele. Ela não gostava particularmente de ver o controle que Fidel exercia sobre seu filho e a subserviência de Che a ele, mas, a despeito de seus receios particulares quanto à desorganização e à incompetência em Cuba, ela defendia vigorosamente a revolução.

Do que quer que desconfiassem as forças de segurança argentinas, havia uma amarga ironia no encarceramento de Celia com membros do Partido Comunista Argentino. Embora ela minimizasse o fato em sua carta, a vida de Celia tornara-se extremamente difícil devido a suas doutrinárias companheiras de cela. Segundo María Elena Duarte, que foi casada com o filho caçula de Celia, Juan Martín, "elas impunham regras que nem mesmo as carcereiras fixavam. Por exemplo, ela gostava de ler, e como se fosse para persegui-la, desligavam as luzes. As luzes tinham de ser apagadas a tais e tais horas. Se ela queria praticar algum esporte no pátio, elas lhe diziam que não, essa não era a hora correta para esse esporte. Era tão cruel [...] e tão obviamente dirigido contra ela".

A líder das comunistas, e pessoa que María Elena Duarte considera a principal responsável pelos maus-tratos a Celia, era Fanie Edelman, uma veterana ativista do partido e fundadora da frente comunista União das Mulheres Argentinas. Muitos anos mais tarde, Edelman confirmou que ela e suas camaradas tinham "organizado a vida na prisão" e imposto "normas de conduta muito rigorosas". Mas ela reagiu com indignação à ideia de que a mãe de Che tivesse sido, de alguma forma, escolhida para ser perseguida. "Éramos um grupo harmônico. Pelo contrário, nós a respeitávamos muito, precisamente porque era a mãe de Che."*

Celia foi solta pouco depois de ter escrito para Che, mas suas amarras foram cortadas. Depois do episódio da bomba no ano anterior, ela e Juan Martín deixaram a casa na calle Araoz aos cuidados da empregada indígena Sabina Portugal e se mudaram para um pequeno apartamento alugado. Juan Martín e María Elena logo se casaram, e enquanto Celia estava na prisão, María Elena dera à luz um menino. Celia deixou-os ficar no apartamento e foi morar com a filha, Celia, na velha casa escura na calle Negro. María Elena e Juan Martín pediram a Celia que ficasse, mas ela recusou. "Temos um excelente relacionamento e não quero estragá-lo morando juntos", ela disse. Viam-se com frequência, reunindo-se quase todos os fins de semana na casa de Roberto, mas Celia tinha uma vida solitária. "Celia tinha seu círculo de amizades, suas atividades políticas, mas havia compartimentado sua vida de uma maneira muito fechada e solitária", disse María Elena. "Acho que, de algum modo, ela gostava da solidão. Lia e pensava muito e estava atravessando um período de reflexão, uma reavaliação de suas opiniões políticas." Mas ser a mãe de Che provocara uma reviravolta em sua vida, assim como alterara a vida de todos os membros da família de um modo ou de outro. Como a revolução e a guerra tornaram-se características da vida de Che, as bombas, o encarceramento e a perseguição política entraram na dela. O vínculo singular entre mãe e filho que Ernesto cortara durante seus anos de busca interior pelas estradas fora estranhamente restabelecido.

* Edelman admitiu que, nessa época, o partido era "dogmático" e reformista, fora de sintonia com o impulso revolucionário, e rejeitava taxativamente a "luta armada" como meio de conquistar o poder. "Foi um período na vida de nosso partido em que todas as guerrilhas e todos os grupos armados eram tabu", disse ela. De fato, apesar de todo o alarde oficial de solidariedade revolucionária com a Cuba socialista, o Partido Comunista Argentino era, em seu país, uma burocracia monolítica e muito inflexível, que buscava respeitabilidade política acima de tudo. Como os partidos congêneres na Bolívia, no Peru e no Chile, o PCA se opunha de forma veemente aos chamamentos, inspirados por Cuba, por luta armada, que tinham começado a emanar das fileiras de seus militantes mais jovens. Che estava consciente disso e, exatamente por essa razão, seu projeto de implantar um foco guerrilheiro estava sendo conduzido não apenas pelas costas do partido, mas contando que dissidentes adeririam e se tornariam seus combatentes.

Na carta que lhe mandara da prisão, Celia havia desejado a Che um feliz aniversário, dizendo que imaginava que ele o passaria "submerso no Ministério e seus problemas" e acrescentando: "Quase ia me esquecendo, você pode me contar do progresso da economia de Cuba?". Ela sem dúvida sabia que não era propriamente uma questão de progresso. A mais recente viagem de Ricardo Rojo à ilha coincidira com a visita dela própria, e ele notara o acentuado declínio desde sua estada anterior. Os letreiros de néon que antigamente iluminavam Havana estavam desligados; os cigarros norte-americanos, que não mais se encontravam, foram substituídos por marcas cubanas como Criollos e Dorados; os carros e ônibus de Cuba tinham uma aparência descuidada devido à falta de peças de reposição e de manutenção; e centenas de tratores de fabricação norte-americana enferrujavam nos campos pelos mesmos motivos.

Os revolucionários cubanos obviamente não tinham pensado em todas as consequências de romper completamente com os Estados Unidos. O sistema antigo fora detido de repente e o novo ainda não atendia às necessidades presentes de Cuba, muito menos seus ambiciosos planos para o futuro. O petróleo soviético tinha um alto teor de enxofre e corroía as tubulações das refinarias fabricadas nos Estados Unidos, e os técnicos do bloco oriental revelaram-se despreparados para assumir a tecnologia moderna, de origem norte-americana, deixada para trás em Cuba. Até mesmo o mais simples detalhe logístico causava enormes dificuldades: por exemplo, as ferramentas soviéticas eram do sistema métrico e não serviam para a maquinaria instalada em Cuba, fabricada nos Estados Unidos.

Houve outras decepções. Grande parte do equipamento industrial adquirido por Cuba no bloco soviético revelou-se de má qualidade e ultrapassado. Oscar Fernández Mell recordou a indignação de Che por causa de fresas de má qualidade que tinha comprado na Rússia. "Che costumava dizer: 'Veja a merda que eles nos venderam!'." Ele foi cercado por uma infinidade de problemas práticos. Che disse a Rojo que, para pôr em andamento a industrialização de Cuba, ele necessitava produzir materiais de construção, mas estava com dois fornos grandes ociosos porque não dispunham de tijolos refratários. "Nós temos que improvisar até parafusos", ele explicou. Fábricas têxteis fecharam porque o fio que estavam produzindo era de qualidade irregular. E assim por diante. "Se eu tivesse que definir o estado de espírito de Guevara durante esses meses", escreveu Rojo, "diria que a luta estava minando seu otimismo. Sua inventividade parecia embotada, seu espírito sufocado sob as montanhas de estatísticas e de métodos de produção."

Para Alberto Granado, a insatisfação de Che também se devia a sua perda de fé no modelo soviético, que abraçara com inocente fervor. Ele dissera a Granado que fora cético sobre o marxismo até descobrir Stálin, quando estava na

Guatemala e no México. Ficara empolgado pelo que lera. "Foi quando ele começou a encontrar um mundo que não era só de slogans e manifestos, um mundo importante, e acho que isso o deixou inebriado e fez com que achasse que na União Soviética estava a solução para a vida, acreditando que o que lá se tinha aplicado foi o que lera. Porém, em 1963 e 1964, quando se deu conta de que o enganaram — você sabe que Che não suportava que mentissem para ele —, uma reação violenta veio em seguida."

Como Sartre tinha observado, a lua de mel revolucionária terminara no final de 1960 e isso, em termos revolucionários, havia sido muito tempo antes. Che era então, no limiar da meia-idade, o pai de quatro filhos e um ministro de Estado no auge de sua carreira na Cuba revolucionária. Era menos descontraído e aparentava sua idade. Cortara os longos cabelos que deixara crescer nas montanhas e mantivera durante o primeiro ano da revolução. Ainda usava a boina, mas seu rosto parecia inchado e flácido. Independentemente do que dissera a Ricardo Rojo a respeito de a cortisona lhe dar uma aparência de estar mais pesado, havia *de fato* engordado. Como Aleida, que engordou por causa de uma gravidez atrás da outra.

Sempre iconoclasta, Che teimosamente usava a blusa do seu uniforme verde-oliva por fora das calças, com o cinto por cima dela. Era o único comandante cubano que se recusava a obedecer ao código de fardamento militar. Na maior parte do tempo, deixava as calças soltas, por fora das botinas, em vez de enfiá-las para dentro do cano. Ninguém se atrevia a censurá-lo, é claro. Os colegas davam de ombros e diziam: "*Che es como es*".

Quando estava em casa, Che passava horas trancafiado no pequeno e austero escritório cheio de livros. Os únicos adornos eram um baixo-relevo de bronze de Lênin, uma estatueta de bronze de Simón Bolívar e uma grande fotografia emoldurada de Camilo Cienfuegos. Quando as pessoas lhe perguntavam por que não tirava uma folga, ele dava o trabalho como desculpa. Nunca tinha muito tempo para ficar com Aleida e as crianças. Frequentemente, o dever o chamava, e suas viagens ao exterior eram invariavelmente demoradas. Inspecionava fábricas, unidades militares, cooperativas e escolas; fazia discursos; recebia dignitários estrangeiros; comparecia a recepções diplomáticas. Sempre que possível, levava Aleida com ele nessas funções em Havana, mas sua semana de trabalho ia de segunda-feira a sábado, incluindo as noites, e, nas manhãs de domingo, fazia trabalho voluntário. As tardes de domingo eram o único tempo que dedicava à família.

Nessas tardes em casa, se atirava no chão da sala de visitas e brincava com as crianças e com seu cachorro, um pastor-alemão chamado Muralla, que também o escoltava até o escritório. A filha mais velha, Hildita, então com quase oito anos, geralmente estava lá nos fins de semana, e assistiam juntos a lutas de boxe e partidas de futebol pela televisão, brincando de fazer apostas. De vez em quando, passava para ver Hilda. Ela observava sua extrema fadiga e recordou como ele costumava pegar a filha nos braços e dizer-lhe que queria levá-la um dia em uma de suas viagens, mas nunca o fez.

Às vezes, Che revelava seu traço disciplinador em casa. Certa vez, quando Aliusha teve um ataque de pirraça, Che se aproximou e deu-lhe uma palmada no traseiro. Seu choro aumentou. Quando a babá, Sofia, tentou pegá-la no colo e consolá-la, Che mandou que a deixasse sozinha, para que aprendesse por que tinha sido castigada. Era especialmente severo com seus guarda-costas, que viviam em um anexo da casa. A noiva de um deles recordou a vez em que Che obrigou Harry Villegas, seu favorito, a se despir e o trancou em um armário como punição por alguma falta leve. A mãe de Che estava de visita, e ela berrou com ele, dizendo-lhe que devia ser mais manso. Ele retrucou que não se metesse, pois sabia o que estava fazendo.

Esse era Che, o Implacável, o anjo vingador e o comissário político por excelência de Cuba, exigindo o impossível dos que o rodeavam, mas estando ele próprio acima de qualquer crítica, porque observava seus ditames severos. "Che possuía em si algo do missionário", disse Manuel Piñeiro. Era respeitado e admirado, odiado e temido, e ninguém era indiferente a ele.

Talvez a mais discutida de suas inovações disciplinares tenha sido Guanacahabibes, um campo de reabilitação na extremidade ocidental de Cuba, uma zona isolada, pedregosa e infernalmente quente, para onde despachava funcionários transgressores do Ministério das Indústrias para se submeterem a períodos de trabalho físico abnegado, a fim de se redimirem antes de retornarem ao ofício. As sanções eram "voluntárias" e podiam durar de um mês a um ano, dependendo da falta, geralmente de caráter ético. Se alguém tivesse praticado nepotismo, houvesse encoberto intencionalmente um erro ou tivesse um caso com a mulher de um camarada, era convocado à presença de Che, que dava aos infratores a oportunidade de aceitar sua punição — uma temporada em Guanacahabibes —, ou sair do ministério. Se cumprissem a pena e demonstrassem que tinham aprendido com o erro, podiam retornar sem nenhuma mácula na sua ficha. Se recusassem, estavam desempregados. Com o passar do tempo, devido aos excessos do comandante do acampamento, Guanacahabibes adquiriu uma reputação sinistra, o equivalente cubano de um gulag siberiano.*

* Guanacahabibes permaneceu controversa e, por volta da época em que Che partiu de Cuba, foi fechada.

Outro dos projetos favoritos de Che era a fazenda experimental Ciro Redondo, na província de Matanzas. A Ciro Redondo era uma cooperativa de produção agrícola onde os *guajiros*, quase analfabetos, de sua antiga coluna da serra viviam e trabalhavam de modo comunitário, de acordo com sua doutrina de incentivos morais. Ele insistia em que eles se aprimorassem também por meio de trabalhos escolares, e designou uma professora para o estabelecimento. Frequentemente voava até lá, a fim de verificar como estava progredindo, no pequeno avião Cessna que aprendera a pilotar com seu piloto pessoal, Eliseo de la Campa. Um dia levou o economista Regino Boti consigo até a fazenda e quis testar o grau de compreensão de leitura de alguns dos homens. Um deles saiu-se muito mal e Che disse: "Bem, se você continuar estudando, talvez você fique tão sabido quanto uma vaca dentro de vinte anos". Virou-lhe então as costas e saiu. O pobre *guajiro* ficou tão humilhado que começou a chorar. Boti conversou com Che, dizendo-lhe que agira mal sendo tão duro assim e que deveria voltar e falar com o homem, para levantar-lhe o moral.

A tendência de Che a ser severo demais muitas vezes tinha de ser temperada por um companheiro ou amigo mais diplomático. Ele parecia ter pouca noção do efeito intimidador que suas palavras podiam ter sobre outras pessoas. No entanto, houve também alguns incidentes cômicos que serviram para fazê-lo se lembrar da sua celebridade pública. Ele era reconhecidamente mau motorista e, um dia, bateu na traseira de outro carro no Malecón, à beira-mar, em Havana. O motorista saiu do automóvel xingando a mãe e o pai de quem batera no seu carro. Quando viu que era Che, começou a desculpar-se acovardado. "Che, comandante!", o homem suspirou. "Que honra para mim ter meu carro batido por você!" Depois, acariciando o amassado, anunciou que nunca mandaria consertar, mas o preservaria como uma recordação orgulhosa do encontro pessoal com Che Guevara.

Histórias como essa permanecem no folclore de Havana. A maioria se refere a suas famosas horas de trabalho, ao seu ódio aos *adulónes* (bajuladores) e à sua austeridade pessoal. As pessoas comentam a vez em que Celia Sánchez, a grande distribuidora de favores de Fidel, mandou para Aleida um par de sapatos italianos. Quando Che soube, fez Aleida devolvê-los. Será que a cubana comum usava sapatos italianos importados? Não. Então, ela tampouco podia usá-los. Quando se mudaram da casa na calle 18, em Miramar, para sua nova residência em Nuevo Vedado, Che encontrou Aleida instalando lâmpadas decorativas. Ela explicou que as havia retirado da casa anterior, e ele teve um rompante e mandou que as levasse de volta. Quando uma das crianças estava doente, Aleida pediu permissão para levá-la ao hospital em seu carro. Ele recusou, mandando-a tomar um ônibus, como todo mundo. A gasolina que ela gastaria "pertencia ao povo" e se destinava ao uso em suas funções públicas, não para motivos pessoais.

Quando começou o racionamento de alimentos e um de seus colegas se queixou, Che disse que sua própria família estava comendo bem com o que o governo lhe atribuía. O colega assinalou que Che tinha um suplemento especial de alimentos. Che investigou, verificou que era verdade e eliminou o benefício. Sua família não receberia favores especiais. Circulavam rumores de que os Guevara muitas vezes não tinham comida suficiente e que Aleida tomava dinheiro emprestado dos guarda-costas para saldar as contas. Timur Gaidar, antigo correspondente do *Pravda* em Cuba, afirmou que um solidário funcionário da embaixada soviética discretamente colocou uns salgadinhos na bolsa de Aleida em uma recepção diplomática, depois de se certificar de que Che não estava olhando.

Para muitos, o relacionamento de Che com Aleida foi uma fonte de curiosidade. Ele era um intelectual, um estudioso e um ávido leitor. Aleida preferia o cinema e as reuniões sociais. Ele era austero e desprezava as coisas boas da vida. Aleida, como a maioria das pessoas, as apreciava e aspirava ter algumas das comodidades de que desfrutava a maioria das mulheres dos comandantes, mesmo na Cuba revolucionária. Era um constante ponto de discórdia entre eles e provocava frequentes discussões. Alguns cubanos chegados ao casal fizeram comparações entre seu relacionamento e o de Karl Marx com sua mulher nada intelectual, Jenny von Westphalen. Enquanto Che vivia com a cabeça nas nuvens com seu trabalho, filosofando, com a sua teoria revolucionária, Aleida mantinha a casa funcionando, as contas pagas e as crianças alimentadas. Ela era profundamente dedicada a ele. E, apesar de suas diferenças, gostavam da companhia um do outro, sentiam uma forte atração física mútua e, segundo todos os depoimentos, eram fiéis. Ambos gostavam de uma conversa aberta e mundana, às vezes a compartilhavam com outras pessoas. Uma vez, em uma visita à casa da sogra, em Santa Clara, a mãe de Aleida perguntou se ele queria tomar um banho. Ele retrucou: "Só se Aleida for comigo".

Eram intimamente românticos, embora Che raramente mostrasse esse seu lado em público. À noite, na privacidade de seu quarto, recitava poemas para Aleida. Isso a deliciava. Seu poeta favorito era Pablo Neruda. Outro aspecto que partilhavam era a maneira franca de falar. Possivelmente, Aleida tinha menos tato e era ainda mais brutalmente sincera do que Che. Se não gostava de alguém, ela o dizia diretamente. Ele costumava dizer que era uma das coisas de que mais gostava nela. Porém, a principal razão pela qual Che amava Aleida, dizem seus amigos mais íntimos, era o fato de que ela lhe proporcionava um lar, que ele na verdade jamais tivera no sentido convencional do termo. Che tinha afeto pelo pai, mas o considerava imaturo. (Aleida nunca teve muita paciência para o velho Ernesto e admitiu que, depois da morte de Che, tiveram uma briga em público quando, em uma reunião com várias pessoas, ela o ouviu dizer que ele fora responsável por inculcar em Che as primeiras tendências socialistas. Ela o contestou, dizendo que estava mentindo. O velho nunca a perdoou por isso.) Porém, por mais que Che amasse a mãe, ela nunca fora uma mulher fisicamente carinhosa. Da mesma maneira como, na adolescência, Che procurava tia Beatriz em busca de cuidados maternais, como adulto ele os buscava em Aleida. Ela reconhecia essa necessidade e reagia a ela da melhor maneira possível, vestindo-o e até dando-lhe banho.

Che era notoriamente descuidado com sua aparência. A razão pela qual ele usava a camisa desabotoada na altura do peito, por fora das calças, com o cinto por cima, no estilo cossaco, Aleida disse, é porque sofria com o alto grau de umidade em Cuba, que agravava sua asma. Também por esse motivo nunca tiveram tapetes em casa ou no seu gabinete. Muitas vezes ele se sentava no chão, onde inúmeros visitantes que foram vê-lo em seu gabinete o encontravam, porque era mais fresco. Como Che não gostava de ar-condicionado, a solução que encontraram no seu gabinete foi vedar bem as janelas.

Tais excentricidades se somaram ao mito popular que se foi formando em Cuba em torno da figura de Che. Ele tinha consciência disso e não parecia se importar. Sem dúvida, contrastava com quase todos ao redor. Não gostava de festas, que era um passatempo nacional cubano, e raramente convidava as pessoas para irem à sua casa ou as visitava. Orlando Borrego, um de seus amigos mais íntimos, disse que Che foi apenas uma vez à sua casa, embora morassem a dois quarteirões um do outro. Em um país onde as pessoas adoravam dançar e a música afro-caribenha, rítmica e sensual, estava no âmago da cultura, Che gostava de ouvir tangos, mas não tinha ouvido musical e não dançava. Em uma ilha do Caribe, com lindas praias, para as quais os cubanos tradicionalmente afluem no calor do verão, Che não nadava. Em um país em que beber rum é uma forma consagrada de se descontrair e passar o tempo com amigos, Che não bebia. Permitia-se vinho tinto, quando havia. A maioria dos cubanos não gosta de vinho. Em uma nação de tomadores de café, em que o cubano comum toma vários cafezinhos com açúcar ao longo do dia, Che preferia de longe sua erva-mate, preparada em casa. Os cubanos adoram porco assado, enquanto Che preferia um bom bife grelhado. Os cubanos têm um senso de humor muito grosseiro ou escatológico; Che era espirituoso, irônico e ácido. O único hábito cubano a que Che se entregou foi o de fumar charutos de Havana, que eram desastrosos, é claro, para sua asma. Porém, até isso ele fazia com determinação singular, fumando os tabacos até o fim para não desperdiçar nada que o trabalho humano ajudara a produzir.

Apesar de sua cidadania cubana honorária e do passar do tempo, Che ainda era culturalmente muito argentino. Propositadamente, gostava de dizer que se considerava um "latino-americano". Isso se encaixava em seu projeto de unir as nações do hemisfério em uma fraternidade socialista. Porém, seus melhores amigos, as pessoas com quem falava com mais liberdade, como Alberto Granado, eram argentinos. Granado era uma das poucas pessoas que podiam criticar Che na sua frente sem que nada acontecesse. Granado o contestava a respeito de muitas coisas que considerava como falta de reflexão ou excesso de rigidez na sua personalidade e, embora o tivesse ajudado a recrutar pessoas para a expedição de Masetti, e, evidentemente, tivesse servido de elemento de ligação com alguns dos guerrilheiros venezuelanos, na realidade, Granado discordava da tese de Che de dar a partida nas revoluções na América Latina por meio da guerra de guerrilhas. Era uma questão sobre a qual discutiam com frequência e nunca conseguiram resolver.

Granado recordou uma conversa com Che em que assinalou o que, na sua opinião, era a diferença fundamental entre os dois. Che era capaz de olhar pela luneta de um fuzil para um soldado e puxar o gatilho, sabendo que, ao matá-lo, estava "salvando 30 mil futuras crianças de viver na fome", enquanto ele, Granado, se olhasse por uma luneta dessas, veria um homem com esposa e filhos.

Com seu gosto pela dança, pela bebida e pela diversão, Granado se entrosou perfeitamente na sociedade cubana, mas Che, de fato, jamais o fez, e mesmo Granado, profundamente leal a Che, reconheceu que a natureza cáustica do amigo irritava muitos cubanos. Para muitos, ele parecia sério demais a respeito da revolução, impiedosamente moralista, e parecia se sentir melhor do que os outros. Embora muitos de seus subordinados tentassem imitá-lo, sem êxito, é preciso que se diga, sua austeridade representava uma repreensão constante a seus colegas revolucionários que levavam uma vida de diversão e aventuras amorosas.

Em um país onde muitos dos homens tinham duas ou três "esposas" simultaneamente com seu primeiro casamento, gerando filhos com várias mulheres, e mantendo casos amorosos de forma muito ostensiva, Che era, segundo todos os relatos, firmemente monógamo em Cuba, apesar de as mulheres o cercarem como se fossem fãs de um pop star. Um de seus colaboradores estava com ele em uma reunião social em que uma jovem bonita começou a flertar abertamente com Che. Em vez de se sentir lisonjeado e corresponder com um galanteio ou uma brincadeira, Che a repreendeu de modo sério, dizendo-lhe para se comportar. Um amigo se lembrou de ter estado com ele em um jantar em uma embaixada estrangeira. Sentaram-se com a bela filha do embaixador, e estava implícito que a moça encontrava-se disponível para Che. O amigo de Che disse que a moça era tão bonita que qualquer homem teria esquecido seus votos matrimoniais ou qualquer comprometimento revolucionário só para dormir com ela. Che estava encontrando dificuldade para resistir, e acabou virando-se para o companheiro e sussurrou: "Arranje uma desculpa para me tirar daqui antes que eu me entregue. Não posso mais suportar".

Che ficava desconfiado de qualquer pessoa que lhe fizesse um favor não solicitado. Ele via isso como condescendência ou, pior, um sintoma de corrupção moral. Um exemplo clássico foi a história em que um novo guarda-costas lhe trouxe as botas recém-engraxadas. Che deu-lhe um pontapé no traseiro e chamou-o de *guataca* (puxa-saco). Depois, quando o soldado humilhado reagiu atirando as botas na rua, Che puniu-o suspendendo seu pagamento durante uma semana. Por outro lado, a dedicação de Che àqueles que conquistavam sua confiança era retribuída por uma lealdade fanática. Conhecidos por todos como *los hombres del Che*, estavam incluídos guarda-costas, contadores, economistas e combatentes revolucionários. Homens como Hermes Peña, Alberto Castellanos e Jorge Ricardo Masetti tinham de bom grado abandonado seus empregos, esposas e filhos para lutar em suas guerras. Para eles, Che personificava a revolução.

VIII

Durante duas semanas, Masetti e seu pequeno bando abriram caminho pelo deserto do norte da Argentina, tentando chegar à área alvo ao sul da cidadezinha de Orán. O caminho os levou até uma grande escarpa coberta de selva, e acabaram tendo que desistir e regressar à fazenda na Bolívia para se recuperar, antes de tentarem uma rota diferente. Quando chegaram de volta, souberam que muita coisa mudara. Os militares argentinos tinham permitido a realização de eleições em 7 de julho, e o maior bloco eleitoral do país, os peronistas, foi impedido de participar. A maioria dos argentinos esperava que ganhasse o candidato das Forças Armadas, o general Aramburu, de direita. Em vez disso, vencera por uma pequena margem de votos o candidato do Partido Radical do Povo, de centro, um respeitado médico de Córdoba, Arturo Illia, com 63 anos.

O resultado das eleições causou uma crise no incipiente Ejército Guerrillero del Pueblo (EGP). Uma coisa era declarar guerra contra um regime militar que tomara ilegalmente o poder, mas outra bem diferente era travar uma guerra contra um presidente civil eleito democraticamente. "Nosso projeto se desintegrou de repente", recordou Ciro Bustos. "Passamos uns dois dias sem fazer nada, com tudo em suspenso." Masetti resolveu cancelar tudo. Colomé Ibarra dirigiu até La Paz a fim de avisar Havana, por meio da embaixada de lá, e Federico Méndez foi enviado à Argentina para se encontrar com Jorge Vázquez-Viaña, um jovem comunista boliviano que estava coordenando as atividades com um grupo dissidente trotskista. Masetti queria suspender tudo.

Enquanto Masetti e seus homens pensavam no que fazer a seguir, Che estava na Argélia para assistir às celebrações do primeiro aniversário da Revolução Argelina. Retornou a Havana a tempo de participar das festividades do 26 de Julho, trazendo consigo o ministro da Defesa, Houari Boumedienne, para uma demonstração pública da aliança entre Argélia e Cuba na luta anti-imperialista afro-asiática e latino-americana. A essa altura, Masetti mudara novamente de ideia. Apenas dois dias depois de ter enviado Colomé Ibarra e Federico com ordens para suspender as operações, reexaminara as eleições argentinas e resolvera ir em frente.

Masetti escreveu o que denominou de "Carta dos Rebeldes" ao presidente eleito, Illia. Depois de elogiá-lo por sua reputação de homem de espírito cívico digno de respeito, Masetti criticou a decisão de Illia de se ter "rebaixado" e feito o jogo dos militares ao se candidatar ao cargo "na mais escandalosa fraude eleitoral da história do país". Instou-o a renunciar, a fim de restabelecer sua reputação, e a se aliar aos argentinos que queriam livrar-se dos militares, esses "pistoleiros chantagistas e guarda-costas do imperialismo e da oligarquia". Anunciou que o EGP, que estava armado e organizado, tinha ido para as montanhas. "Nós somos os únicos homens livres nesta república oprimida [...] e não desceremos, a menos que seja para combater." Assinou a carta: "Segundo comandante, Ejército Guerrillero del Pueblo, 9 de julho de 1963, Campamento Augusto César Sandino [...] *Revolución o Muerte*".

Masetti mandou Ciro Bustos ir atrás de Federico e rescindir a ordem de suspensão. Bustos também devia levar a carta a Illia e fazer com que fosse publicada, depois se dirigir às cidades argentinas onde conhecia pessoas e assentar as bases para a formação de uma rede de apoio urbana para sua força rebelde. Durante as semanas seguintes, Bustos se deslocou por Córdoba, Buenos Aires e Mendoza, sua cidade natal. Conseguiu fazer com que a carta de Masetti fosse publicada, mas apenas na *Compañero*, uma publicação marginal da esquerda peronista, tendo tido pouca repercussão. Teve mais êxito no estabelecimento da rede de apoio. Em Córdoba, contatou um professor esquerdista que conhecia desde a infância, Oscar del Barco, cofundador e editor da revista intelectual marxista *Pasado y Presente*, a quem revelou sua missão e pediu ajuda. Um dia depois, Del Barco havia reunido um grupo de pessoas, na sua maioria intelectuais e dissidentes do Partido Comunista como ele próprio, que trabalhavam na Faculdade de Filosofia e Letras da Universidade de Córdoba. Bustos expôs para elas o plano de ação do

EGP com absoluta franqueza. Contou-lhes que o projeto tinha o apoio de Che, que o núcleo do grupo fora treinado em Cuba e na Argélia, e que não havia problema quanto a fundos. Precisavam era de recrutas, casas de apoio, contatos urbanos e fornecedores, em suma, uma infraestrutura urbana clandestina em âmbito nacional.

Era exatamente o que esses intelectuais vinham defendendo, "ação revolucionária", uma posição que lhes custara a expulsão pela corrente majoritária do Partido Comunista Argentino. Em poucos dias, começaram a se organizar com entusiasmo e logo estava sendo implantada uma rede pequena, mas bem coordenada, em meia dúzia de cidades e cidadezinhas pelo país afora, de Buenos Aires a Salta, com Córdoba como seu centro.

A essa altura um importante novo personagem chegara à base dos guerrilheiros: José María "Papi" Martínez Tamayo, um capitão do Exército cubano que era um dos mais valiosos elementos do dispositivo de inteligência de Piñeiro. Depois de servir com Raúl durante a guerra, Papi permanecera no serviço militar e, desde o final de 1962, passara a ser o emissário de Piñeiro para diversos grupos guerrilheiros latino-americanos. Juntara-se a Turcios Lima na Guatemala, atuara como instrutor em Cuba para o treinamento de Tamara Bunke em operações clandestinas e ajudara a treinar o grupo argentino trotskista de Vasco Bengochea. Bonito, forte e dinâmico, "um conspirador apaixonado", observou Bustos, "e um sujeito estupendo", Papi fora ver o foco nos seus estágios iniciais e ajudar a preparar o caminho para a chegada de Che. Tinha ido também para aliviar um pouco a carga que recaía sobre Colomé Ibarra, que atuava não só como comandante permanente da base do grupo mas também como seu elemento de ligação com a embaixada cubana em La Paz, cuidando de comunicações, logística e suprimento de armas. Com Papi por perto para cuidar de algumas de suas tarefas, Colomé Ibarra podia resguardar seu disfarce como um *finquero* (fazendeiro) desbravador. Durante os meses que se seguiram, Papi ia e vinha constantemente entre Bolívia, Argentina e Cuba.

Em setembro, parecia ser o momento de entrar em ação. Policiais bolivianos curiosos já tinham feito uma visita à fazenda, sem dúvida tendo ouvido comentários dos habitantes da área sobre a movimentação incomum na *finca* comprada havia pouco tempo. Felizmente, havia apenas uma estrada levando à fazenda, e podia-se ouvir o motor de um carro muito antes que ele chegasse. A polícia viera, fuçara um pouco e fora embora, não tendo visto nada suspeito. Para a hipótese de os policiais voltarem, foi montado um acampamento para os combatentes na floresta, a pouca distância dali.

Quando Papi levou Alberto Castellanos à fazenda, em fins de setembro ou começo de outubro, Masetti e seus homens ainda estavam lá. Masetti estivera explorando o terreno na Argentina e retornara à base. Os exploradores tinham de ser extremamente cuidadosos e geralmente viajavam à noite, pois a polícia argentina da Gendarmería Nacional, com postos ao longo de toda a faixa da fronteira, patrulhava constantemente em busca de contrabandistas. Os campos do norte eram esparsamente povoados, e elementos estranhos, especialmente se estivessem armados, com barba e uniforme, logo seriam notados. Castellanos tinha ordens de esperar por Che, porém, vendo que um dos homens de Masetti estava doente, e ele próprio ansioso por entrar em ação, pediu a Masetti que o aceitasse como combatente. Escreveu um bilhete a Che explicando sua decisão e mandou-o por intermédio de Papi.

O grupo ainda era pequeno. Além de Castellanos, jovial e com suas orelhas de abano, que ficou conhecido por todos como El Mono (O Macaco), havia apenas um ou dois recém-chegados. À luz de seu êxito inicial na organização da rede urbana, Masetti pediu a Bustos que assumisse o encargo de ligação externa e começasse a recrutar voluntários. Entre os primeiros recrutados por Bustos estavam os irmãos Jouve, de uma cidadezinha na província de Córdoba. Emilio e Héctor eram filhos de um imigrante basco-francês, construtor de profissão e com tendências anarquistas. Ambos tinham vinte e poucos anos e eram ex-membros da Juventude Comunista; tinham ficado desiludidos com a inatividade do partido e formaram por conta própria um pequeno grupo de ação em Córdoba. Reuniram algumas armas e picharam muros, mas não fizeram muito mais. Aceitaram a oportunidade de ir para as montanhas quando Bustos apareceu em busca de voluntários. Um médico amigo de Bustos, El Petiso (O Pequeno) Canelo, levou os recrutas para o norte. Uma "livraria" foi aberta na cidade de Salta para servir de cobertura ao armazenamento e transporte de suprimentos para os guerrilheiros. Chegaram mais três recrutas de Buenos Aires.

Em outubro, Masetti e seus homens tinham cruzado a fronteira e se instalado em um acampamento na mata acima do rio Pescado, a cerca de quinze quilômetros da cidadezinha fronteiriça argentina de Aguas Blancas. Ficava nas montanhas, ao largo da estrada que vinha de Salta, ao sul de Orán. A pequena força começou a crescer e a fazer excursões mais para o interior das montanhas, procurando camponeses para desenvolver "propaganda armada", que consistia em palestras improvisadas para aumentar a conscientização social, em que eles explicavam que tinham vindo para livrar os camponeses da pobreza e da injustiça. Porém, suas primeiras tentativas foram desanimadoras.

Bustos recordou que "era chocante. Não se podia nem chamar essas pessoas de camponeses. Viviam em pequenas clareiras na mata, cobertos de pulgas e cercados de cães e crianças melequentas, sem quaisquer ligações com o mundo real, nada. Eles nem viviam em condições semelhantes às dos índios, que pelo menos tinham comida, suas tribos e coisas assim. Essas pessoas estavam realmente perdidas, marginalizadas. Dificilmente se poderia considerá-las uma base social para o que estávamos tentando fazer. Estavam enfrentando problemas que eram reais, mas sua miséria era tal que estavam completamente arruinados".

A zona que escolheram era esparsamente povoada, e para chegar aos moradores isolados tinham de caminhar durante horas, subindo e descendo encostas íngremes na selva, atravessando rios a vau entre uma colina e outra. Era a época das chuvas e os rios estavam em cheia, de modo que passavam a maior parte do tempo empapados até os ossos. Os músculos lhes doíam, os pés estavam cheios de bolhas e cobertos de picadas de pulga. Nuvens de mosquitos os flagelavam. Com tão poucos agricultores por perto, a alimentação era um problema, e dependiam inteiramente das provisões que lhes eram trazidas da cidade no caminhão. Era uma tarefa que tinha de ser feita com cuidado, a fim de não despertar suspeitas.

Até então, o EGP dificilmente poderia ser chamado de uma força nativa. Sem a ajuda de um camponês forte, como Crescencio Pérez, que proporcionara à diminuta força rebelde de Fidel seus primeiros guias, mensageiros e combatentes locais, Masetti e seus homens eram estrangeiros em um solo estranho. A maioria dos voluntários era constituída de rapazes das cidades, jovens universitários de classe média, impelidos pela ilusão de se tornarem heroicos guerrilheiros e de criarem uma nova sociedade utópica. Alguns tinham feito serviço militar obrigatório, estavam fisicamente aptos e sabiam manejar armas, enquanto outros ainda se adaptavam. A maioria, porém, estava mal equipada para enfrentar o terreno agreste, as caminhadas exaustivas, a falta de comida e a rígida disciplina militar imposta por Masetti.

O lado perverso da personalidade de Masetti começou a aparecer com frequência cada vez maior. Sua frustração pelo começo demorado, exacerbada pela transformação política na Argentina, tornou-se uma espécie de fúria latente enquanto conduzia seus guerrilheiros novatos, aos trancos e barrancos, através da selva encharcada. Ele canalizou essa fúria sobretudo contra os recém-chegados, que achavam a situação dura demais, chamando-os de forma desdenhosa de *pan blanco* (molenga), e lhes aplicava castigos severos por pequenas falhas — turnos extras de guarda, trabalho de mula carregando suprimentos e, em alguns casos, regimes de fome por dois ou três dias. Hermes Peña, o *guajiro* duro da província cubana de Oriente e veterano da guerra e da disciplina rigorosa de Che, o apoiava.

Masetti tinha seus favoritos, como Héctor "El Cordobés" Jouve, a quem designou seu comissário político ao mesmo tempo em que atribuiu a Bustos a tarefa de prosseguir como coordenador entre o foco e a cidade. Jouve era alto, fisicamente apto e tinha feito serviço militar; adaptou-se facilmente à vida de guerrilheiro. Contudo, os que não se adaptaram logo se viram debaixo da fiscalização brutal de Masetti. Tal como fizera do infeliz Miguel o alvo de sua hostilidade na Argélia, Masetti agora lançava seu olhar sobre os rapazes que haviam se juntado a ele, atento para identificar algum novo desertor em potencial. Não demorou a encontrá-lo.

Adolfo Rotblat era um garoto judeu de vinte anos, de Buenos Aires, a quem apelidaram de Pupi. Sofria de asma e começou a ficar para trás nas caminhadas, queixando-se da dureza da vida de guerrilheiro. Era óbvio que ele não estava apto para isso, porém, em vez de deixá-lo ir embora, Masetti o arrastava com o grupo. A cada dia que passava, o estado mental e físico de Pupi se deteriorava. Em pouco tempo, estava completamente destroçado.

Em outubro, quando se reuniu aos guerrilheiros por algumas semanas, Bustos encontrou Pupi em uma condição lamentável. Vivia em pânico, chorava por qualquer coisa, ficava para trás nas caminhadas e retardava os demais. Homens tinham de ser enviados de volta para arrastá-lo para a frente. Os outros se revoltavam com ele. Bustos recordou que "havia começado um processo de degradação". Um dia levou Pupi com ele para fazer um percurso de reconhecimento e se perderam. Bustos finalmente encontrou o rumo à beira de um rio, mas Pupi se recusou a cruzá-lo. "Queria que eu o matasse ali mesmo", disse Bustos. "Acabei sacando a pistola e colocando o cano contra sua cabeça e o fiz caminhar desse jeito, mais ou menos à força [...], dando-lhe pontapés no rabo. Fiz com que caminhasse até o anoitecer." Como não podiam enxergar o suficiente para prosseguir, dormiram na mata. Bustos tentou consolar Pupi, que estava profundamente deprimido. Na manhã seguinte retomaram a caminhada. A meio caminho para o acampamento, encontraram Hermes, que tinha saído em busca deles. Mais uma vez, por causa de Pupi, o grupo ficara retido.

Alguns dias depois, Masetti disse a Bustos: "Olhe, essa situação está ficando intolerável. Ninguém aguenta mais. Ninguém quer carregá-lo, de modo que tem de ser tomada uma providência que cure o grupo psicologicamente, que o livre dessa coisa que o está corroendo". Masetti tinha resolvido fuzilá-lo.

Masetti decidiu matar Pupi na mesma noite em que chegaram ao acampamento três novos voluntários, e escolheu um deles, Pirincho, um estudante oriundo de uma família rica e aristocrática de Buenos Aires, para executar a tarefa. Na maneira de entender de Bustos, Masetti queria endurecer Pirincho, cuja personalidade gentil e diplomática o incomodava. "Ele queria combatentes duros, sujeitos feitos de aço, que lhe obedecessem", disse Bustos. Sem que o soubesse, Pupi tinha sido preparado para sua execução: deram-lhe um tranquilizante e o amarraram em sua rede, pendurada a pouca distância do acampamento. Os outros se reuniram. Masetti explicou o que tinha de ser feito e ordenou a Pirincho que o fizesse. A expressão de Pirincho disse tudo: ele estava apavorado, mas obedeceu.

"Pirincho foi [...] e ouvimos o tiro", disse Bustos. "Em seguida, ele voltou, dizendo desesperadamente: 'Ele não morre!' [...] e então eu fui lá e vi que ele tinha levado um tiro na cabeça. Estava morto, mas ainda se contorcendo, e resolvi acabar com aquilo."

Bustos sacou sua pistola, deu um tiro nos miolos de Pupi e depois regressou para seus camaradas. A fisionomia de Pirincho mostrava que ele estava arrasado pela experiência, mas todos os demais ficaram muito animados. "De repente, havia uma euforia", disse Bustos. "Me lembrou de quando alguém morre e todo mundo sente necessidade de comer e fazem brindes [...]. Segundo [Masetti] distribuiu algumas promoções e começou a fazer planos para nos mudarmos para outra zona."

Era 5 de novembro de 1963. A lógica do EGP tinha sido consagrada com derramamento de sangue. Mas já era tarde demais. A *gendarmería* tinha captado os rumores que circulavam entre os moradores locais a respeito de um grupo de forasteiros armados nas matas em volta de Orán. Foram feitas indagações junto aos criadores de gado e aos donos de armazéns na zona rural que os tinham visto, e um perfil suspeito começou a se formar. No final do ano, não parecia haver muita dúvida de que os homens na mata eram os mesmos rebeldes que tinham mandado o comunicado a Illia. As forças de segurança começaram a fazer planos para infiltrar-se na área.

Papi dissera a Masetti que achava que estavam ficando muito tempo em uma mesma área e que onde se encontravam não era lugar apropriado para implantar um foco de guerrilha. Ele propôs abrirem uma segunda frente na região do *chaco*, a leste da região da pré-cordilheira andina em que estavam instalados. Federico Méndez tinha vivido ali durante anos e era bem relacionado. Para os combatentes, Papi sugeriu que ativassem o grupo trotskista de Vasco Bengochea, na província de Tucumán, que ele treinara em Cuba. Papi poderia ser o chefe militar e levaria consigo Héctor Jouve como responsável político.

Masetti furiosamente repeliu a ideia e acusou Papi e Jouve de estarem tentando minar sua autoridade. Disse a Jouve: "Você sempre quis ser comandante. Mas não vou permitir. Você fica aqui".

Papi trouxera um dos *hombres de confianza* de Che, Miguel Ángel Duque de Estrada, para o acampamento de base boliviano. Ele fora *auditor revolucionario*, ou juiz, nas Escambray, juiz do tribunal sumário em La Cabaña, e o homem das Operações Especiais no Inra. A missão de Duque era esperar na fazenda até Che chegar e então ir com ele para a zona de combate. Nesse meio-tempo, Alberto Castellanos contraiu uma séria infecção na garganta e, em dezembro, ficou óbvio que ele precisava de uma cirurgia. Seu mensageiro, dr. Canelo, levou-o para Córdoba e providenciou a operação. Para todos os efeitos, Castellanos era Raúl Dávila, um peruano. Passou o Natal e o Ano-Novo em Córdoba, foi operado e ficou convalescendo nessa cidade por todo o mês de janeiro. Durante esse tempo, Papi apareceu em Córdoba para informar a Castellanos que Che ainda não estava podendo vir e que Duque tinha sido retirado da fazenda e retornara a Havana. As ordens de Che para o grupo foram "continuar explorando [...] não recrutar camponeses até que estejamos prontos para combater".

IX

De volta a Havana, o chão estava se movendo sob os pés de Che. Ele tinha novos inimigos em casa e no exterior. A divergência sino-soviética estava nessa época mais acirrada do que nunca, e tanto Pequim como Moscou disputavam a lealdade dos partidos comunistas do mundo. Na América Latina, a competição por influência causara rupturas, com facções pró-chinesas se separando de seus próprios partidos. A maioria dos partidos comunistas latino-americanos dependia de subsídios de Moscou para sobreviver e tinha rapidamente se alinhado com a União Soviética. Pressionado, o governo cubano finalmente havia abandonado sua postura oficialmente imparcial, com o próprio Fidel apoiando implicitamente a posição soviética durante sua viagem àquele país na primavera de 1963. Kruschev o tratara como um herói vitorioso e Fidel deliciara-se com o aplauso. Uma declaração conjunta soviético-cubana louvava Cuba como membro plenamente reconhecido da comunidade socialista. Moscou se comprometeu formalmente a defender "a independência e a liberdade" de Cuba, enquanto Fidel reafirmou o apoio de Cuba à "unidade socialista" e à política de coexistência pacífica de Moscou com o Ocidente capitalista. Foi um voto de apoio retórico, mais fraco do que Kruschev teria querido, mas suficiente para fazer os chineses ficarem nervosos sem aliená-los por completo. Fidel provavelmente achou que era uma troca justa e voltou para casa cheio de novos compromissos econômicos soviéticos com Cuba. Na hora certa, pois a economia cubana estava em sérios apertos. A safra de açúcar de 1963, totalizando menos de 4 milhões de toneladas, fora a menor em muitos anos, e o resto da economia estava desmoronando.

Che pode ter sido o idealizador original do relacionamento soviético-cubano, mas suas convocações à luta armada, sua ênfase na guerra de guerrilha rural e sua teimosa determinação em treinar, armar e financiar dissidentes dos partidos comunistas, até mesmo trotskistas, ignorando os protestos de suas organizações nacionais, levaram a uma crescente suspeita em Moscou de que ele estava fazendo o jogo de Mao. Desde o final de 1962, um agente da KGB, Oleg Darushenkov, fora designado para ficar perto de Che. Seu disfarce oficial em Havana foi como adido cultural da embaixada soviética, mas também atuou como intérprete de russo de Che. Seu antecessor, Yuri Pevtsov, muito propenso a sofrer insolação, tinha sido retirado por motivo de saúde depois de apenas um ano em Cuba, pouco antes da crise dos mísseis. Não há registro de como Che se sentia em relação a Darushenkov, mas várias pessoas que pertenciam ao círculo mais próximo de Che nessa época, em entrevistas concedidas sob condição de anonimato, expressaram sua opinião de que Darushenkov era um "provocador", cuja verdadeira missão era espionar Che.

Havia muitos no Kremlin, principalmente depois da crise dos mísseis, que temiam que o apoio cada vez maior de Cuba às "aventuras" guerrilheiras, que todos sabiam estarem sendo impelidas por Che, pudesse arrastar a União Soviética para uma nova confrontação com os Estados Unidos. "Depois da crise, havia preocupação quanto ao que os cubanos podiam fazer", disse Giorgi Kornienko, o vice do embaixador Anatoli Dobrynin na embaixada soviética em Washington, durante a crise. "Não queríamos que nossas relações com os Estados Unidos fossem ainda mais complicadas devido a tais atividades."

Feder Burlatski, ex-assessor de Kruschev, afirma que, nos níveis mais altos do Comitê Central soviético, as opiniões estavam divididas entre aqueles que apoiavam Che e um grupo predominante dos que desconfiavam dele. Burlatski pertencia a este último grupo. "Não gostávamos da posição de Che. Tornara-se um exemplo para aventureiros, que podia ter provocado uma confrontação entre a União Soviética e os Estados Unidos."

Burlatski contou que a ideia de que Che era um sujeito perigoso adquiriu maior peso devido a seus comentários depois da crise dos mísseis, quando disse aos soviéticos que eles deviam ter usado seus mísseis. Era um sentimento que Fidel também expressara em círculos privados, mas Che o dissera publicamente e, além disso, se Fidel logo modificara sua retórica, poucos duvidavam de que Che estivesse sendo sincero. Che refletia o sentimento de muitos cubanos, mas suas palavras eram embaraçosas, pois vinham de uma figura revolucionária de alto nível. E o que era mais relevante, correspondiam às acusações de Pequim de que os soviéticos tinham capitulado perante Washington.

"Era por isso que Che era visto como perigoso, como contrário à nossa própria estratégia", disse Burlatski. "Porém, ainda havia certa simpatia por ele", reconheceu. "Havia uma aura romântica em torno dele; ele lembrava as pessoas da Revolução Russa [...]. As opiniões estavam divididas [...]. Alguns o comparavam a Trótski ou a alguns dos terroristas bolchevistas. Assessores de Kruschev, como [Mikhail] Suslov, que se descreviam como revolucionários, simpatizavam com Che."

A oposição a Che assumiu real intensidade em consequência de suas expedições guerrilheiras no Peru e na Argentina. Foi liderada pelo poderoso Partido Comunista Argentino, de Victorio Codovilla. Um eminente analista de assuntos latino-americanos do Partido Comunista Soviético, Kiva Maidanik, estava completamente a par do lobby argentino em Moscou contra Che e de suas repercussões. Ele disse que o partido argentino acusou Che de ser um aventureiro, pró-chineses e trotskista. "Isso ofendeu muito o Che", disse Maidanik. "Mas essa opinião adquiriu peso aqui, principalmente na seção latino-americana do Comitê Central. Qualquer coisa à esquerda da linha soviética era considerada pró-China e pró-trotskista. A União Soviética começou a se inclinar para o lado dos partidos comunistas [latino-americanos]. A partir de 1964, a área latino-americana estava sendo vista menos como uma zona de batalha entre os Estados Unidos e a União Soviética e mais como uma guerra de influência entre a China e a União Soviética."

Che continuava a testar os limites da tolerância soviética. Em setembro de 1963, estimulado pela Segunda Declaração de Havana, de Fidel (proclamando a inevitabilidade da revolução na América Latina), que começara a citar como a filosofia orientadora da Revolução Cubana, Che traçou seu chamamento para a guerra de guerrilha continental em uma obra sequencial, ideologicamente refinada, de seu manual prático *A guerra de guerrilhas*. A sequência foi denominada *Guerra de guerrilhas: um método*. Em uma repreensão às reivindicações dos partidos comunistas latino-americanos por um papel de liderança na luta em seus respectivos países, Che escreveu: "Ser a vanguarda do partido significa estar à frente da classe trabalhadora pela luta para conquistar o poder. Significa saber como conduzir essa luta por meio de atalhos, rumo à vitória". Reforçou sua argumentação com uma citação de Fidel: "As condições subjetivas em cada país, os fatores da percepção revolucionária, da organização, da liderança, podem acelerar ou retardar a revolução, dependendo do estágio de seu desenvolvimento. Mais cedo ou mais tarde, em cada etapa histórica, à medida que as condições objetivas amadurecem, a percepção é adquirida, a organização é atingida, a liderança surge e a revolução se produz".

Alguma coisa concretamente nova emergira em seu chamamento às armas: menos confiança no velho eufemismo comunista da "luta armada" em favor do termo mais franco "violência": "A violência não é monopólio dos exploradores e, portanto, os explorados também podem utilizá-la e, o que é mais importante, devem utilizá-la quando chegar o momento [...]. Não devemos temer a violência, a parteira das novas sociedades. Mas a violência deve ser desencadeada no momento preciso em que os líderes encontrarem as circunstâncias mais favoráveis [...]. A guerra de guerrilhas não é a autodefesa passiva, é a defesa pelo ataque [...], tem como objetivo final a conquista do poder político [...]. O equilíbrio entre a ditadura oligárquica e a pressão popular precisa ser modificado. A ditadura tenta operar sem recorrer à força. Assim, temos de tentar obrigar a ditadura a recorrer à violência, desmascarando desse modo sua verdadeira natureza de ditadura das classes sociais reacionárias".

A fim de despistar os ianques, que fariam tudo que pudessem para dividir, conquistar e reprimir os povos rebelados, a revolução na América Latina precisa ser de natureza continental. "A união das forças repressivas precisa ser confrontada pela união das forças populares. Em todos os países em que a opressão atinge proporções intoleráveis, é preciso erguer a bandeira da rebelião; e essa bandeira, de necessidade histórica, terá um caráter continental. Como declarou Fidel, a cordilheira dos Andes será a Sierra Maestra da América Latina, e os imensos territórios que este continente abrange se tornarão o cenário de uma luta de vida ou morte contra o imperialismo [...]. Isso significa que será uma guerra demorada, terá muitas frentes e custará muito sangue e inúmeras vidas por um longo período de tempo [...]. Isto é uma previsão, que fazemos com a convicção de que a história provará que temos razão."

A rica nação da Argentina havia muito tempo era cobiçada pelo Kremlin, e os líderes do seu partido comunista recebiam tratamento preferencial em Moscou e exerciam um grau de influência incomum sobre a política soviética na América Latina. Com poucas exceções, os outros partidos regionais emprestavam suas vozes à posição argentina e, no final de 1963, sua mensagem era a mesma: Che estava intervindo em seus países e tinha de ser contido.

"Havia todo um grupo de camaradas que sustentavam que tínhamos de ajudar os camaradas cubanos a se tornarem marxistas, marxistas verdadeiros, porque não estavam suficientemente preparados em termos teóricos", disse Nikolai Metutsov, vice do secretário-geral do partido, Yuri Andropov, encarregado das relações com os países socialistas não europeus. "Entre alguns dirigentes do Departamento do Comitê Central em que eu trabalhava, havia a opinião de que tínhamos de abraçar nossos amigos cubanos com a maior força possível, apertá-los de tal modo que eles não fossem capazes de respirar." Metutsov, cujo último posto no exterior fora em Pequim, foi enviado para Havana. "Para mim, para Andropov, para Kruschev, é claro, e para outros membros do Politburo, a primeira coisa era esclarecer as posições teóricas e ideológicas dos líderes cubanos", disse Metutsov. Em especial, disse ele, era imperioso determinar suas posições no que chamou de "os problemas teóricos do processo revolucionário mundial", um eufemismo para a rivalidade entre Pequim e Moscou.

Metutsov viajou para Cuba no final de 1963 na delegação soviética liderada por Nikolai Podgorni, presidente do Soviete Supremo. Quando, muitos anos depois, falou de sua missão, deixou claro que nem Fidel nem Raúl eram de fato o problema. "Nós conhecíamos o processo pelo qual eles tinham chegado ao marxismo, qual o grau de sinceridade de sua compreensão do marxismo [...]. Sabíamos que Fidel era, essencialmente, um burguês democrata liberal e sabíamos que seu irmão, Raúl, estava mais perto dos comunistas e pertencia ao partido. Porém, quanto a Che Guevara, ele me parecia o mais preparado teoricamente de todos os membros da liderança política."

Nele, evidentemente, estava o problema. Che tinha sido a mão orientadora que conduzira Fidel para o socialismo, para seu relacionamento com a União Soviética e, àquela altura, se transformara no principal herege revolucionário da revolução, um *enfant terrible* com aspirações internacionais.

Durante sua visita, Metutsov teve várias conversas com Che, mas se recordou em especial dos detalhes de uma que se estendeu por toda uma noite, em janeiro de 1964. Conversaram até o raiar do dia na biblioteca da residência do embaixador soviético e, quando terminaram, nadaram juntos na piscina. "A conversa começou com uma crítica por parte dele", relembrou Metutsov. "Disse que tinha ouvido que na União Soviética, no Comitê Central do partido, Che Guevara era considerado pró-China, isto é, que ele era quem propunha tendências maoistas no núcleo da liderança. E que, obviamente, essa era a questão mais aguda." Metutsov disse que Che começou então a explicar por que não era maoista. "Eu disse: 'Che, acredite em mim, alguém está tecendo uma teia de aranha. Em nosso partido não há tal atitude em relação a você; alguém está tentando semear a discórdia entre nós'."

Metutsov disse que, enquanto falava, tentando tranquilizar o jovem, começou a ter uma sensação estranha. Um homem bochechudo, com sobrancelhas espessas, enormes orelhas e olhos azul-claros, Metutsov se deu conta de que estava "se apaixonando" por Che. "Eu lhe disse: 'Sabe, sou um pouco mais velho do que você, mas gosto de você, gosto sobretudo da sua aparência'. E confessei, confessei meu amor por ele, porque ele era um jovem muito atraente [...]. Conhecia seus defeitos por meio de todos os documentos, de todas as informações que tínhamos, mas quando estava falando com ele, quando lidamos um com o outro, brincamos, rimos e conversamos sobre coisas menos sérias e esqueci seus defeitos [...]. Senti-me atraído por ele, entende? Era como se eu quisesse ir embora, afastar-me, mas ele me atraía, entende? [...] Ele tinha olhos muito bonitos. Olhos magníficos, tão profundos, tão generosos, tão honestos, um olhar que era tão honesto que, de alguma maneira, não se podia deixar de senti-lo [...] e ele falava muito bem, ficou intimamente empolgado e sua fala era assim, com todo esse ímpeto, como se suas palavras o estivessem sufocando."

Saindo de seus devaneios românticos, Metutsov disse que, enquanto Che falava, ficou convencido de sua sinceridade. "Ele disse que, segundo suas convicções ideológicas e teóricas como marxista, estava mais perto de nós do que dos chineses [...] e pediu-me que mantivesse isso em mente, que fizesse saber aos meus camaradas que era um autêntico amigo da União Soviética e do partido leninista."

Mesmo assim, Metutsov foi embora com uma avaliação que fugia a uma definição fácil. "Externamente, podia-se verdadeiramente dizer que sim, Che Guevara estava contaminado pelo maoismo, em função do seu slogan de que o fuzil pode criar o poder. E certamente pode ser considerado um trotskista, porque ele foi para a América Latina a fim de estimular o movimento revolucionário [...], porém, de qualquer modo, acho que esses são sinais exteriores, superficiais, e que, bem no fundo, o que tinha de mais profundo nele era sua aspiração de ajudar o homem com base no marxismo-leninismo."

Metutsov observou que a "peculiaridade" de Che estava em seu engajamento pessoal com a causa revolucionária. "Ele compreendia que seu apelido, 'Che', tinha se tornado a expressão de sua personalidade. Em nossas conversas, fiquei com a impressão de que ele sabia que seu retrato já estava pendurado nas paredes da história, da história do movimento de libertação nacional. Era suficientemente inteligente para compreender isso sem arrogância, permanecendo uma pessoa normal, buscando com seus camaradas os meios de construir o socialismo em Cuba e de tornar aquele seu retrato histórico mais relevante, mais permanente."

A questão do apoio de Che à luta armada pode ter sido fonte de preocupação para alguns dos seus camaradas no Comitê Central, mas Metutsov negou que fosse vista assim pela liderança do Kremlin ou por Kruschev pessoalmente. "A União Soviética estava interessada em desenvolver o movimento revolucionário mundial? Sim. Então, o que havia de errado se Cuba ajudasse nisso e emprestasse sua parcela de apoio? Era tudo água para o mesmo moinho."

Enquanto Metutsov e Che estavam tendo sua conversa noturna, Fidel se preparava para fazer outra visita à União Soviética. Em 2 de janeiro de 1964, quinto aniversário da revolução e véspera de sua viagem, fez um longo discurso dirigido ao povo cubano. Falou com entusiasmo sobre o futuro da economia cubana e louvou a parceria de Cuba com a União Soviética. Reiterou o apoio de Cuba à política de coexistência pacífica e seu desejo de viver em paz com qualquer país, qualquer que fosse seu sistema político, inclusive com os Estados Unidos. Seu discurso estava nitidamente direcionado para os ouvidos norte-americanos. Apenas dois meses antes, ele e o presidente Kennedy começaram a se aproximar lentamente de uma trégua por trás dos bastidores, trocando mensagens exploratórias que visavam normalizar as relações, quando Kennedy foi assassinado em Dallas.* Fidel enviou um sinal claro de que esperava que o novo presidente norte-americano, Lyndon Johnson, retomasse aquela iniciativa abruptamente interrompida.

Fidel regressou de Moscou com um generoso acordo para a compra de 24 milhões de toneladas de açúcar nos seis anos seguintes em uma das mãos e um comunicado conjunto soviético-cubano na outra. Dessa vez ele tinha ido até o fim: Cuba e a União Soviética repeliam "atividades facciosas e sectárias" no movimento comunista mundial, concordavam quanto aos termos de Moscou para a união, e Cuba, de forma marcante, se dizia "pronta para fazer o que for necessário para estabelecer relações de boa vizinhança com os Estados Unidos da América, baseadas nos princípios da coexistência pacífica". Kruschev elogiou essa nova "orientação" cubana, que ajudaria "a consolidar a paz e a desanuviar as tensões internacionais".

Para Maurice Halperin, cientista político e economista norte-americano que nessa época estava, a convite de Che, lecionando em Cuba, o documento que Fidel assinou em Moscou era inequívoco. "O endosso da 'linha' soviética em detrimento da chinesa ficou imensamente reforçado pela assinatura de Fidel em um documento que tinha a importância de um comunicado conjunto", ele disse.

* Evidentemente, Che Guevara continuava sendo um suspeito de praticamente qualquer tipo de maquinação internacional, pois seu nome surgiu em uma quantidade de informes apresentados durante a investigação do assassinato de JFK pela Comissão Warren, inclusive em alguns, muito estranhos, provenientes de agentes de campo do FBI de J. Edgar Hoover. Um em especial informava que Che Guevara e Jack Ruby — o assassino de Lee Harvey Oswald — tinham sido vistos juntos no Panamá.

Ao mesmo tempo, "a mensagem aos Estados Unidos e, aliás, também à América Latina, era clara: Castro se oferecia para negociar uma acomodação com Washington, Kruschev aprovava, e a inevitável inferência para a América Latina era de que Castro estava preparado para abandonar a revolução latino-americana em troca de uma acomodação".

É claro que, como a maioria das "posições" intensamente expostas de Fidel, esta era uma postura pública, que ele reconsideraria dentro de pouco tempo e depois continuaria a reconsiderar em anos futuros. Como sua afirmação de apoio à coexistência pacífica se destinava principalmente a ser uma declaração de intenção, para ser usada como moeda de barganha em uma esperada negociação com Washington. Nessa mesma época, armas e pessoal cubanos estavam diretamente envolvidos em uma série de conflitos na América Latina e em pelo menos um na África. Os homens de Masetti patrulhavam as matas de Orán, a coluna de guerrilheiros de Héctor Béjar estava empenhada em se reinfiltrar no Peru e, apenas dois meses antes, as autoridades venezuelanas tinham apreendido um carregamento de 300 toneladas de armamento, enviado de Cuba, para os guerrilheiros na Venezuela. O ex-chefe da polícia revolucionária de Cuba, Efigenio Ameijeiras, e outros militares cubanos estavam na Argélia, secretamente ajudando o comando de um batalhão de blindados na guerra de fronteira que eclodira com o Marrocos.

Para Che, a expressão "coexistência pacífica" era uma maldição, um mero engodo para o sistema imperialista, camuflado em linguagem diplomática. Naquele momento, mantinha sua boca fechada, mas já não havia nenhuma dúvida de que seu caminho começava a divergir do de Fidel. O objetivo deste era consolidar o bem-estar econômico de Cuba e sua própria sobrevivência política, e para tanto estava disposto a contemporizar. A missão de Che era espalhar a revolução socialista. Sua hora de sair de Cuba estava se aproximando. Depositava grandes esperanças na capacidade de Jorge Ricardo Masetti de lhe dar a oportunidade para isso.

X

Em fevereiro de 1964, Alberto Castellanos regressou de Córdoba para a "zona de guerra". Estava acima do peso e fora de forma depois de um mês na cidade, bebendo cerveja e comendo bem. Desmaiou três vezes durante a caminhada de seis horas até o acampamento guerrilheiro. Quando chegou, soube que Masetti decidira que o EGP entraria em ação. Os guerrilheiros iam *dar un pingazo* (meter o cacete). O momento foi programado para coincidir com o segundo aniversário do golpe militar que derrubara Frondízi: 18 de março.

A essa altura, o traço autoritário de Masetti tornara-se assustador, e sua paranoia sobre desertores em potencial ficara patológica. Começou a perseguir Henry Lerner, um jovem estudante de medicina de Córdoba, que chegara ao acampamento na noite da execução de Pupi Rotblat. Lerner, como Rotblat, era judeu, mas nessa época não achou que houvesse alguma conexão. Filho de um veterano comunista, e um doutrinário que se autointitulava stalinista, Lerner se orgulhava de sua própria firmeza e convicção e esperava disciplina militar. Porém, à medida que os comentários de Masetti a seu respeito ficavam cada vez mais hostis e que ele era escolhido para missões especialmente punitivas, Lerner começou a se dar conta de que Masetti o julgava inadequado como guerrilheiro e estava tentando esmagá-lo. Lerner se desesperou.

No Natal, a rede urbana enviara uma pilha de guloseimas para os guerrilheiros e depois do jantar Lerner estava sentado encostado em uma árvore, fumando um cigarro e se sentindo nostálgico. Seus pensamentos estavam voltados para a família e para sua esposa, que deixara na cidade, quando Masetti veio sorrateiramente por trás dele. "Ei, em que você está pensando?", Masetti perguntou. Quando Lerner respondeu, Masetti retrucou: "Ah, então você está planejando desertar, não é?". Lerner soubera sobre El Fusilado e, é claro, Pupi fora executado na noite em que ele chegara. Na opinião de Masetti, a suspeita de estar apenas pensando em deserção era suficiente para justificar a pena de morte.

Ciro Bustos notou a tensão nas visitas que fazia ao acampamento e ficou alarmado. Podia ver que se desenvolvia uma repetição da "situação Pupi". Lerner conversou a sós com Bustos e pediu-lhe ajuda. Bustos intercedeu, dizendo a Masetti que ele estava errado, que Lerner era um bom *cuadro*, dedicado à causa e, sem sombra de dúvida, não era um desertor em potencial. Insistiu com Masetti para dar a Lerner uma oportunidade de provar seu valor, e Masetti acabou concordando. Disse a Lerner para monitorar o comportamento de dois outros combatentes que ele havia selecionado para serem punidos. Um deles, Nardo, um recém-chegado cujo verdadeiro nome era Bernardo Groswald. Nardo era judeu, bancário, tinha dezenove anos e viera de Córdoba. Quase imediatamente depois de chegar, desmoronara no ambiente duro da selva e estava exibindo os mesmos sintomas de estresse que acabaram com Pupi. Lerner havia guiado Nardo na sua primeira caminhada até o acampamento e se recordava de que o jovem visivelmente não fazia ideia daquilo em que se metera. "Nardo perguntou se nós fazíamos palestras, se tínhamos reuniões [...], como se estivesse indo para algum tipo de exposição de flores", disse Lerner. "Depois de dois dias, estava liquidado. Tinha pés chatos, medo de descer encostas e começou a se portar como um animal. Era realmente repulsivo e, com o passar dos dias, começou fisicamente a se parecer com um animal. Para descer uma colina, deslizava sentado ou ia de quatro [...]. Estava sujo, sem se lavar, e acabou sendo punido, recebendo as tarefas mais duras, esse tipo de coisa."

O outro mantido sob observação foi "Grillo" Frontíni, fotógrafo, filho de um conhecido e abastado advogado portenho. Grillo estivera encarregado de coordenar as atividades para o EGP em Buenos Aires, mas fora descuidado e perdulário com o dinheiro da organização. Masetti ordenara a Bustos que o conduzisse às montanhas para ser julgado. Colocou os dois jovens sob "prisão". Lerner os vigiou em um acampamento temporário na selva durante uma semana. Tinha de observá-los, falar com eles e determinar se eram ou não dignos de confiança. Dependendo do que ele informasse ao voltar, seria realizado um julgamento sumário para decidir sobre o destino dos dois.

Masetti via inimigos por todos os lados. Ficara emocionalmente imprevisível. Em um momento estava eufórico, no seguinte mergulhava em profunda depressão, que podia durar dias. Seu nervo ciático, afetado em suas competições com El Fusilado na Argélia, lhe provocava dores horríveis. Bustos estava particularmente preocupado com o futuro de Nardo e lembra que implorou a Masetti que não fizesse nada até que pudesse tomar as providências para que o rapaz fosse afastado. Ele encontraria algumas pessoas de confiança em uma fazenda, onde Nardo poderia ser mantido em custódia até que não houvesse perigo em soltá-lo. Masetti prometeu esperar.

Nesse meio-tempo, Pirincho partira em uma missão especial. Nunca mais fora o mesmo desde que executara Pupi, mas conseguira ocultar bem sua angústia. Tendo conquistado a confiança de Masetti, o convencera a deixar que ele regressasse a Buenos Aires. Um agente cubano devia chegar ao Uruguai com um carregamento de armas, e Pirincho devia encontrar-se com ele e contrabandear as armas pelo rio da Prata no iate de sua família. Masetti queria as armas para o seu novo plano de ação. A CGT, a imensa confederação de trabalhadores da Argentina, dominada pelos peronistas, estava planejando uma greve geral contra o governo Illia, que menosprezara o movimento sindical trabalhista. A ideia de Masetti era fazer chegar armas ao grupo de Vasco Bengochea e lançar uma série de ataques-relâmpago coordenados contra alvos militares rurais na área em que faziam fronteira as províncias de Salta e Tucumán. O EGP podia dar publicidade à sua presença e, ao mesmo tempo, demonstrar seu apoio aos trabalhadores argentinos. Os guerrilheiros, depois, retrocederiam, deslocando-se por cima da cordilheira andina para uma nova base de operações ao sul. Masetti já havia feito alguma exploração preliminar da rota. Seu desaparecimento confundiria as forças de segurança, criando a impressão de que os guerrilheiros eram uma força muito mais numerosa do que na realidade eram. Era uma tática que Fidel e Che empregaram com sucesso nos primeiros tempos da guerra na serra, e Masetti queria aplicá-la agora.

Ele também estava ansioso para organizarem-se. Em fevereiro, pediu a Bustos que contatasse Pirincho na cidade e descobrisse como estavam os preparativos para a transferência das armas. Bustos foi a Buenos Aires e providenciou um encontro com Pirincho, que não apareceu. Combinaram outro encontro, e novamente ele não foi. Finalmente, Pirincho concordou em encontrar-se com Bustos na estação ferroviária de Belgrano. Quando chegou, Bustos viu que Pirincho tinha tomado precauções, nitidamente temendo que estivesse marcado para uma "medida extrema". Não só escolhera um lugar público para o encontro, como vários amigos dele estavam por perto, vigiando as saídas.

"Pirincho me disse que concordara em encontrar-se comigo a fim de me dar explicações", recordou Bustos. "Queria explicar por que não voltaria, pois sabia que eu compreenderia. Então me contou a história toda, seu colapso nervoso, sobre como perdera a fé por causa do assassinato de Pupi e sobre como sabia que esse negócio da guerrilha ia além da personalidade de Masetti; era isso que ele respeitava e era a isso que se manteria fiel. Ele disse: 'Quero ir embora daqui, vou para a Europa [...]. Dou minha palavra que não direi nada a ninguém'."

Na ausência de Bustos, Masetti quebrou sua promessa quanto a Nardo. Depois de passar sua semana com Nardo e Grillo, Lerner regressara com eles ao acampamento e informara Masetti de seu comportamento: Grillo era "recuperável", mas "nada se podia dizer" quanto a Nardo, cujo comportamento piorara.

"Inteiramente destroçado, ele não falava", recordou Lerner. "Ficava de quatro, se arrastava pelo chão, um pobre-diabo, chorava, se masturbava. Era assim que se limpava, como uma forma primitiva de higiene."

Masetti ordenou um julgamento para Nardo. Federico era o promotor, Héctor era o advogado de defesa e Hermes fez o papel de presidente do tribunal. Lerner recordou que se sentaram todos em círculo, "como um coro". A memória de Lerner bloqueou muita coisa do julgamento, que durou de dez a quinze minutos, mas se lembrou de achar que Nardo "resolvera se inculpar", pois não disse nada para refutar a acusação de que, se fosse solto e a polícia o capturasse, contaria tudo que sabia.

Evidentemente, o veredicto foi uma conclusão inevitável, e rapidamente anunciado. "Ele foi condenado à morte", disse Lerner, "informado de que seria morto por um pelotão de fuzilamento, por não obedecer às leis revolucionárias."

Masetti decidiu que ele seria executado ao amanhecer do dia seguinte, 19 de fevereiro, e que o pelotão de fuzilamento seria composto com os voluntários mais novos, a fim de endurecê-los.

A cova foi cavada e Nardo foi fuzilado ao lado dela. Lerner ficou assistindo. No último instante, quando foi dada a ordem de fogo, viu Nardo estufar o peito. "Olhou firme para a frente, não tremeu, não caiu de joelhos, não pediu nada", recordou Lerner. Depois, ninguém disse uma palavra. "Todos tentamos nos esconder de nós mesmos", disse Lerner. Masetti agiu como se nada tivesse acontecido. "Nardo foi enterrado, sua cova coberta, a vida continuou."

O véu de suspeita que havia sobre Lerner foi retirado, e o tratamento dispensado a Lerner por Masetti melhorou. Só muitos anos depois o próprio Lerner encarou a realidade de que estivera muito perto de se tornar uma das vítimas de Masetti. Ele refletiu sobre o fato de que ele, Miguel, Pupi e Nardo eram todos judeus e se perguntou sobre as origens políticas de Masetti, como um estudante membro da Alianza Libertadora Nacionalista, ultranacionalista e antissemita.

Quando Bustos chegou de volta ao acampamento, ficou contrariado com o que acontecera com Nardo, mas nada podia ser feito sobre isso, e eles tinham problemas maiores. Contou a Masetti sobre a deserção de Pirincho, mas ele não quis acreditar. Pirincho era um de seus rapazes prediletos, não desertaria. Sabia que Pirincho tivera um problema com a namorada, sem dúvida era só isso, e Bustos não entendera direito. Mandou que Bustos regressasse a Buenos Aires e trouxesse Pirincho com ele. Mas era tarde demais. Não só em relação a Pirincho, que já havia, como anunciara, partido para a Europa e sumido. Era muito tarde também para o Ejército Guerrillero del Pueblo. Alguns dias depois de Bustos partir de novo para a cidade, chegaram cinco novos voluntários, enviados por uma célula comunista dissidente do Partido Comunista em Buenos Aires. Dois deles eram agentes disfarçados do Dipa, a polícia secreta argentina. Tinham ordens para se infiltrar no EGP, encontrar sua base e retornar com a informação.

A infiltração dos agentes do Dipa coincidiu com a detecção do local onde estavam os guerrilheiros pela *gendarmería*. O fornecedor e mensageiro do grupo em Salta, o jovem e culto Enrique Bolini-Roca, simplesmente não tinha a aparência genuína de um dono de livraria de província. Havia feito muitas viagens inexplicáveis para fora da cidade com sua caminhonete, e era bonito demais para o seu próprio bem. As mulheres do lugar o perseguiam, ele chamava atenção. Os gendarmes logo montaram uma campana sobre o ponto afastado, na estrada de Salta a Orán, para onde costumava ir. Em seguida enviaram sua primeira patrulha de reconhecimento para dentro da selva.

Os soldados toparam quase imediatamente com um grupo de guerrilheiros no pequeno acampamento de depósito, onde as provisões ficavam estocadas antes de serem encaminhadas para o grupo principal, nas montanhas. Entre os guerrilheiros estavam Castellanos, Lerner, Grillo, Frontíni e um que era conhecido como El Marqués. Alegaram ser caçadores, procurando perus selvagens na mata. Ninguém acreditou nessa história. Os dois agentes do Dipa também foram capturados, mas logo se identificaram para os gendarmes e lhes contaram o que tinham descoberto. Mais patrulhas foram enviadas e o EGP começou a cair gradualmente.

Em 18 de abril, o destacamento avançado de Che tinha sido liquidado. Hermes estava morto, emboscado por uma patrulha na casa de um camponês. Com ele morreram Jorge, um estudante de filosofia, o camponês que os recebera, e um dos soldados da emboscada. O restante dos guerrilheiros se dividiu e tentou encontrar uma saída pelas montanhas. Foram subindo sem parar. Em pouco tempo estavam na floresta coberta de nuvens, no alto das montanhas, a uma altitude de mais de 3 mil metros. Não tinham comida. Mal podiam enxergar dentro da névoa. Três dos novatos morreram dormindo, de inanição.

Masetti, esforçando-se para conseguir andar devido à lesão na coluna, estava em um grupo separado, com Oscar Atilio Altamirano, um dos recrutas argentinos, Héctor Jouve, e Antonio Paul. Enviou Héctor e Antonio de volta para encontrar os outros. Quando estavam descendo a montanha, Antonio caiu de uma escarpa em um rio. Héctor tentou segurá-lo e também caiu. Antonio bateu nas rochas e quebrou o pescoço, enquanto Héctor caiu dentro d'água. Ele arrastou-se até onde estava Antonio, deu-lhe uma injeção de morfina e ficou com ele até morrer.

No espaço de poucos dias, os sobreviventes restantes foram capturados. Bolini-Roca e outros membros da rede urbana clandestina foram presos em Jujuy, Orán e Buenos Aires. Bustos e os membros da rede em Córdoba se esconderam e fugiram para o Uruguai. Abelardo Colomé Ibarra regressou a Cuba sem ser detectado.

Nada mais se soube de Masetti e Atilio. Os gendarmes vasculharam a mata em busca deles, mas voltaram de mãos abanando. No final de abril, havia dezoito homens na prisão de Orán, entre eles Castellanos, Lerner, Frontíni, Federico e Héctor Jouve. O grupo era hermético e impenitente. Confessaram e defenderam seus objetivos revolucionários, mas se mantiveram calados quanto a seus vínculos cubanos e conseguiram até manter em segredo a verdadeira identidade do guarda-costas de Che, Alberto Castellanos.

No entanto, a conexão cubana foi logo descoberta. A polícia encontrou o diário de Hermes e, pelas palavras de gíria empregadas, pôde concluir que o morto era cubano. As forças de segurança argentina investigaram a origem das armas apreendidas e descobriram que os fuzis automáticos belgas FAL pertenciam a um carregamento vendido a Cuba pela Fabrique Nationale. Alguns dólares encontrados com os guerrilheiros também provinham de Cuba. Quanto às armas de fabricação soviética, Cuba era o único país do hemisfério de onde elas podiam ter vindo.

A imprensa especulou. Era Che Guevara a força motriz por trás do EGP? Quando Hermes Peña foi revelado como tendo sido um de seus guarda-costas, as ligações foram facilmente estabelecidas. E, quando o desaparecido comandante Segundo foi identificado como Jorge Ricardo Masetti e Che lhe rendeu homenagens publicamente como "revolucionário heroico", o assunto ficou fora de questão.

Porém, nem Che nem qualquer outro envolvido na aventura confirmou algo além disso. Todo o episódio das "guerrilhas de Salta" continuou sendo uma espécie de enigma, um pequeno incidente que foi logo superado em função de eventos mais espetaculares, de maiores proporções. Apenas um punhado de pessoas soube como o episódio fora importante para Che ou como o fracasso de Masetti tinha alterado o rumo da sua vida e da história.

Masetti jamais foi encontrado, e seus companheiros sobreviventes acham que só há três explicações possíveis para o que lhe terá acontecido. Uma teoria é de que, quando Masetti se deu conta de que estava tudo acabado, ele e Atilio se suicidaram. A segunda é de que morreram de inanição. E a terceira é de que os gendarmes os encontraram, roubaram os 20 mil dólares que se estima que Masetti tivesse consigo e depois mataram os dois homens para preservar seu segredo.

Pouco tempo depois, os guerrilheiros foram submetidos a julgamento. Tinham uma boa equipe de advogados, inclusive o pai de Grillo, Norberto Frontíni; um advogado esquerdista de Córdoba, Horacio Lonatti; Ricardo Rojo; e Gustavo Roca. No entanto, todos foram condenados à prisão, com penas que variaram de quatro a catorze anos. Federico Méndez recebeu a maior sentença por seu papel como promotor na execução de Nardo. Héctor Jouve recebeu doze anos por sua participação no mesmo julgamento. Castellanos e Lerner foram condenados a cinco anos cada um. Seriam interpostos recursos dessas sentenças, mas no momento pouco podia ser feito por eles.

Che ficou perplexo e arrasado com a notícia do colapso trágico do seu foco. Recebeu-a enquanto viajava pela Europa, aonde fora para discursar na Conferência das Nações Unidas sobre Comércio e Desenvolvimento que se realizou em Genebra no final de março de 1964. Tinha depois ido a Paris, onde Gustavo Roca o encontrou e informou-o sobre o desastre que se estava desenrolando.* Após breves paradas em Argel e Praga, retornou a Cuba, onde chegou em 18 de abril, no mesmo dia em que Hermes foi abatido. Enquanto passavam as semanas e Masetti não era encontrado, Che se deu conta de que provavelmente ele estava morto. Era uma tragédia pessoal e um grave revés para seus planos cuidadosamente elaborados de desencadear a luta armada na Argentina. Che não perdera apenas dois de seus mais íntimos discípulos, Hermes e Masetti, mas era óbvio que eles não tinham acatado suas advertências e cometeram uma série de erros que permitiram que fossem descobertos.

Poucas pessoas percebiam como Che sentia saudades de sua terra natal. Uma jornalista argentina, Rosa María Oliver, achou que vislumbrara esses sentimentos durante uma conversa que tiveram em fevereiro de 1963. Estavam tomando erva-mate juntos e falando com nostalgia sobre seu país, quando de repente Che deu um tapa no joelho e exclamou, em um tom quase de súplica: "Chega! Não vamos mais falar de Argentina".

"Por quê, se você a ama tanto?", indagou Oliver.

"Exatamente por isso [...]."

Pouco tempo depois da notícia do desaparecimento de Masetti, Alberto Granado foi ver Che em seu gabinete. Ele parecia deprimido. Tentando animá-lo, Granado falou: "Che, o que é que há? Você está com uma cara de cachorro morto". Che respondeu: "Petiso, você está me vendo aqui, por trás de uma escrivaninha, fodido, enquanto minha gente morre em missões para as quais eu os enviei".

Che continuou a falar, perguntando-se em voz alta por que Hermes, um guerrilheiro experimentado, não tinha seguido as instruções para manter-se em movimento. O erro do grupo fora ficar em um mesmo lugar tempo suficiente para que os gendarmes argentinos os encontrassem. O deslocamento constante era a regra fundamental da guerra de guerrilha e Hermes devia saber disso, mesmo se Masetti não soubesse. Fora por isso que ele o enviara, para proporcionar à missão os instintos e a perícia de um guerrilheiro veterano, e não tinha adiantado.

* Gustavo Roca era marxista, o *enfant terrible* de um eminente clã conservador de Córdoba, primo do antigo amor de Che, Chichina Ferreyra, e amigo de Che desde a adolescência. Nos meses e anos subsequentes, Roca fez o que pôde para denunciar os "abusos de direitos humanos" e anomalias nas sentenças dos guerrilheiros encarcerados. No entanto, seu papel mais importante foi o de mensageiro pessoal entre Che, os prisioneiros e a rede clandestina da guerrilha que ainda sobrevivia na Argentina.

O fracasso dos guerrilheiros em Salta foi um divisor de águas para Che. Mais uma vez, homens "bons" mas inexperientes tinham fracassado tentando pôr à prova suas teorias sobre a guerra de guerrilhas. Estava claro que ele teria de demonstrar pessoalmente que suas ideias podiam dar certo. Tal como a Revolução Cubana pudera contar com Fidel como uma figura em torno da qual congregar e unir forças revolucionárias diversas em uma eficiente máquina de guerra, o sucesso da revolução continental dependia da presença física de um líder reconhecido, e ele era esse líder.

Che e Fidel em 1964.

26. A longa despedida

I

No verão de 1964, Che resolveu deixar Cuba e regressar para o campo de batalha revolucionário. Atingir esse objetivo passou a ser a grande obsessão. Ele já não era indispensável em Cuba. A revolução estava provavelmente tão segura quanto era possível estar. Embora ainda houvesse bastante atividade contrarrevolucionária patrocinada pela CIA e os sobrevoos por aviões espiões U-2 continuassem, parecia improvável que os norte-americanos invadissem no futuro imediato. Em troca da retirada dos mísseis nucleares soviéticos, o presidente Kennedy havia prometido não fazê-lo. Uma promessa sempre podia ser quebrada, mas Lyndon Johnson estava assoberbado com a áspera questão dos direitos civis, a próxima campanha eleitoral e a escalada do conflito no Vietnã.

Nessa época, Kruschev exaltava Cuba como "a filha" da URSS, e ninguém mais cantava *Nikita mariquita* em público em Havana. A ajuda soviética fluía para a ilha mais generosamente do que nunca, o que significava que Cuba estava mais dependente do que nunca de Moscou, e a atmosfera política, do ponto de vista de Che, tornava-se claustrofóbica. Os partidos comunistas latino-americanos tradicionais estavam furiosos com a exportação da luta armada para seus países. O episódio de Salta deixara indignado Victorio Codovilla, o venerável homem forte do

Partido Comunista Argentino, e ele condenara com vigor o foco de Masetti, ressaltando que os comunistas envolvidos eram radicais que tinham sido expulsos do partido. É desnecessário dizer que o Partido Comunista Peruano, Mario Monje e seus camaradas bolivianos compartilhavam dos sentimentos de Codovilla e, como ele, fizeram ser conhecido em Moscou o que pensavam.

Apesar das garantias de Che, o consenso no Kremlin indicava que ele era um maoista, um extremista perigoso, um trotskista. Sergo Mikoyan estivera em Genebra quando Che estava lá para a Conferência das Nações Unidas sobre Comércio e Desenvolvimento, e ele tentou promover um encontro informal entre Che e o ministro de Comércio Exterior soviético, Nikolai Patolichev. Quando foi ao hotel de Che, Mikoyan notou que havia agentes chineses no saguão. Che se mostrou contente por vê-lo e concordou prontamente em se encontrar com Patolichev. Em seguida, perguntou: "Você viu algum chinês lá embaixo?". Quando Mikoyan respondeu que sim, Che assentiu com a cabeça: "Em Moscou vocês acham que eu sou agente dos chineses ou ligado a eles, mas não sou. A verdade é que eles me seguem o tempo todo". Eles estavam observando quem subia e descia pelo elevador que parava no seu andar.

Mas os protestos de inocência de Che pareciam falsos para a maior parte da liderança soviética. Ele não fazia segredo de sua opinião de que os chineses exibiam uma "moralidade" socialista mais autêntica. Sua preferência era bem conhecida de seus colaboradores. Orlando Borrego comentou que os únicos técnicos chineses trabalhando em Cuba estavam associados ao ministério de Che e trabalhavam de graça, enquanto os soviéticos exigiam salário e moradia, pagos com os créditos concedidos por Moscou ao governo de Fidel. Che se alinhara sucessivas vezes com os chineses. Qualquer atenção que recebesse de Pequim só poderia ser vista como tendo sido pedida por ele mesmo.

A suspeita havia lançado uma nuvem sobre seu trabalho em Cuba e sobre suas transações com alguns de seus camaradas mais chegados, até mesmo com Raúl Castro. Depois dos tempos no México e na serra, em que Raúl tinha sido o principal aliado de Che e mostrara deferência para com ele, o relacionamento entre os dois se deteriorou gradualmente a ponto de se tornarem adversários. Alguns dizem que o ponto de inflexão foram as negociações sobre os mísseis soviéticos, no verão de 1962, quando Che fora chamado a participar, a fim de fazer "um trabalho de limpeza" depois da atuação de Raúl. À medida que as relações de Che com Moscou se azedavam, Raúl se tornara cada vez mais pró-soviético e, ao que constava, criara o hábito de fazer piadinhas sobre Che ser "o homem da China" em Cuba.

Che também estava engajado em um debate ideológico feroz, embora fraternal, a respeito da direção e do controle da economia de Cuba. Defendia um "sistema de finanças orçamentárias", pelo qual as empresas estatais partilhavam bens e recursos, de forma comunitária, em vez de competir entre si, como ocorria no sistema do "capitalismo estatal" praticado e advogado na União Soviética. Seus principais adversários eram Carlos Rafael Rodríguez, que Fidel colocara como responsável pela agricultura como chefe do Inra, e Marcelo Fernández, seu velho opositor do 26 de Julho e nessa época ministro de Comércio Exterior.

No centro da disputa ideológica estava a insistência de Che na aplicação de "incentivos morais", além dos "incentivos materiais". O sistema adotado na União Soviética surgira da Nova Política Econômica (NEP) implantada por Lênin em 1924, como um meio de dar a partida na economia soviética, estagnada após a guerra civil. Ela permitia formas capitalistas de competição entre fábricas e trabalhadores individuais como um modo de aumentar a produção. Che achava que esse sistema impedia que os trabalhadores adquirissem uma atitude autenticamente socialista em relação ao seu trabalho, atitude que só os incentivos morais eram capazes de gerar. Esse era o impulso por trás de seu esquema de trabalho voluntário, que foi feito para demonstrar uma disposição para o sacrifício pelo bem comum.

Também estava em questão a direção da economia cubana. O sonho de Che de efetivar a rápida industrialização de Cuba havia empacado logo de saída. Ele aceitava parte da culpa, por ter atuado depressa demais, com uma força de trabalho despreparada e recursos insuficientes, mas havia outros fatores que escapavam ao seu controle: incompetência, falta de habilitação técnica e, frequentemente, a má qualidade dos equipamentos e dos materiais importados do bloco soviético. Em meados de 1964, com o novo acordo soviético-cubano sobre açúcar e a oferta de Kruschev de ajudar a inventar uma máquina para cortar cana, a fim de mecanizar as colheitas cubanas do produto, ficou muito claro que era a agricultura, e não a indústria, o que o futuro reservava para Cuba, e isso solapava o sonho de Che de criar o novo homem socialista.

Por último, Che não era cubano, mas argentino, e embora nunca o tenha dito publicamente, deve ter tido uma sensação de que, afinal de contas, era o país "deles". Ele havia treinado quadros leais, que acreditavam em seus métodos, e que continuariam a batalha em sua ausência; mas era hora de sair de cena. Talvez Che também estivesse começando a sentir a idade. Estava então com quase 36 anos. Ainda era capaz de marchar, combater e liderar homens. Se esperasse muito mais, seria tarde. A questão era: para onde iria?

II

A infraestrutura clandestina das guerrilhas na América do Sul fora abalada mas não destruída pelo fracasso em Salta. Com exceção de Alberto Castellanos, os bolivianos e cubanos envolvidos haviam escapado ilesos, como também os segmentos clandestinos em Córdoba, Buenos Aires e outras cidades argentinas. A maioria dos danos ficara limitada aos próprios guerrilheiros e à sua rede de apoio imediato em Salta. Enquanto a coluna de Masetti se esfacelava, Che implantara um novo recurso importante: Tania, como era então conhecida Tamara Bunke. Ela adotou o codinome quando uma missão lhe foi proposta por Barbarroja Piñeiro na primavera de 1963. Escolheu o nome em homenagem à guerrilheira soviética Zoja Kosmodemjanskaja, cujo apelido era Tania, que foi capturada, torturada e enforcada pelos nazistas em 1941.

Quando Tania concluiu o treinamento em espionagem, em março de 1964, Che a convocou ao seu gabinete no Ministério das Indústrias. Com ele estava um dos principais agentes de Piñeiro, que usava o codinome Renán Montero. Participara de várias missões, inclusive da malfadada expedição guerrilheira nicaraguense, de 1959, com Rodolfo Romero. Che informou a Tania que queria que ela fosse para a Bolívia para ser sua agente secreta. Estabeleceria uma identidade falsa e se relacionaria com o maior número possível de líderes naquele país. Permaneceria por um período indefinido, para ser ativada quando chegasse o momento oportuno. Segundo Piñeiro, Tania havia sido selecionada para a Bolívia porque, entre outras qualidades, falava alemão, o que era útil para penetrar em sua influente comunidade de imigrantes alemães. Disse que ela não foi informada de que Che planejava ir se juntar a ela naquele país.

Tania saiu orgulhosa do encontro. Che havia reconhecido seus méritos e lhe atribuíra um papel vital na revolução continental. Pouco tempo depois, ela partiu de Cuba, disfarçada, a fim de viajar pela Europa Ocidental para se familiarizar com os lugares associados à sua identidade falsa, sua *leyenda*. Por aproximadamente seis meses, Tania viajou com vários passaportes e diferentes identidades, criadas por seus treinadores cubanos. Viajou para a Alemanha Ocidental e para a Itália, mas passou a maior parte do tempo em várias casas de apoio na Tchecoslováquia. Finalmente, foi decidido que ela se "tornaria" Laura Gutiérrez Bauer, uma argentina que vivera por muitos anos na Alemanha.

Após o encontro com Tania, Che chamou Ciro Bustos a Havana para que lhe fizesse um relatório e para lhe dar novas instruções. Desde o desastre de Masetti, Bustos estivera engajado em tarefas de limpeza, enquanto aguardava por suas ordens de marcha. Com a ajuda de professores em Córdoba, compusera a equipe de defensores dos prisioneiros e fizera Abelardo Colomé Ibarra e dois outros conspiradores, "Petíso" Bellomo e Emilio, irmão de Héctor Jouve, saírem clandestinamente do país e irem para Montevidéu, no Uruguai, onde alugara uma casa de apoio.

Mais importante ainda, Bustos tinha orquestrado a transferência, para dois grupos independentes, das armas que estavam em depósitos secretos e que se destinavam ao foco de Salta. Um dos grupos era a facção dissidente trotskista argentina de Vasco Bengochea, que pretendia abrir um novo foco na província de Tucumán, e o outro era um incipiente movimento esquerdista de cortadores de cana-de-açúcar, liderado por Raúl Sendíc, líder dos *cañeros* uruguaios. O encontro de Bustos com Raúl foi cercado de uma atmosfera clandestina. "Sendíc solicitou um encontro comigo por meio de alguns contatos de Petíso Bellomo", recordou Bustos. "O encontro aconteceu em uma tarde de domingo, em uma praia de El Cerro, na periferia industrial de Montevidéu. Ele estava disfarçado de pescador velho e pobre, e eu me fazia passar por um andarilho solitário. A uma distância não muito grande, alguns rapazes — seus homens — estavam jogando futebol na areia. Um pouco mais perto estava *el gordo* Emilio, irmão de Héctor, disfarçado de pescador, como meu elemento de apoio. Sendíc me fez muitas perguntas sobre as causas do fracasso de Salta e me pediu duas coisas: um curso de treinamento em segurança e alguns 'ferros' [armas]."

Bustos concordou em treinar um dos homens de Sendíc nos aspectos básicos de segurança e de espionagem. (Três décadas mais tarde, Bustos comentou, com um pouco de ironia, que seu aluno se tornara um conhecido e respeitado economista que trabalhava para o governo uruguaio.) Também autorizou Emilio a transferir parte das armas do depósito secreto do EGP para o Uruguai, para o grupo de Sendíc. A decisão de Bustos de ajudar os uruguaios foi muito mais significativa do que ele percebeu na ocasião. Desse humilde começo, a organização de Sendíc logo se tornou conhecida como o sofisticado movimento de guerrilha urbana dos Tupamaro, cujas ações abalariam profundamente a sociedade uruguaia.

Para seu encontro com Che em Havana, Bustos viajou com Pancho Aricó, editor da *Pasado y Presente* e mentor ideológico do grupo de apoio em Córdoba. Ele era o único membro do grupo de apoio que tinha ido às montanhas ver Masetti. Ficara convencido desde então, tal como seus colegas Oscar del Barco e Héctor "Toto" Schmucler, de que a teoria do foco advogada por Che não daria certo na Argentina. "Pancho foi a Cuba para ver Che, levando nossas opiniões críticas no sentido de que essa coisa da guerrilha rural não funcionaria taticamente", disse Toto Schmucler. "Porém, quando chegou lá, não conseguiu abrir a boca. Che falou por duas ou três horas e Pancho não disse nada." Mais tarde, Pancho contou a seus amigos que, ao se sentar diante de Che, se sentiu dominado pela força de sua presença e de seus argumentos, ficando intimidado demais para contradizê-lo. "Era *Che*", ele disse.

O mesmo aconteceu com Bustos, que se encontrou com Che várias vezes para rever o que teria acontecido em Salta e decidir sobre um novo plano de ação. Che disse que não conseguia entender por que alguns dos homens tinham morrido de fome. Bustos tentou explicar as condições da selva em volta de Orán, uma área praticamente sem nenhum camponês e sem alimentos, e as dificuldades para caçar, como em um certo dia em que os guerrilheiros tinham abatido uma anta, mas se viram impossibilitados de comer a carne porque ela simplesmente se decompunha. "Quando falei isso, Che disse que não, que eles deviam tê-la fervido por mais tempo, a fim de que os ácidos se convertessem, ou algo assim, e então ela ficaria boa."

Che acreditava firmemente que a criação de um foco de guerrilha rural era possível se as coisas fossem feitas corretamente. Bustos tinha suas dúvidas, porém, ao contrário de Aricó, não perdera totalmente a esperança. Achava que qualquer nova tentativa devia se concentrar em desenvolver sua infraestrutura, estendendo-a por várias zonas, para fins de sobrevivência. Não se podia esperar que os guerrilheiros vivessem da selva, caçando, nem podiam depender, como fizera o grupo de Masetti, de um fluxo de comida enlatada proveniente da cidade, com caminhonetes indo e vindo, de modo suspeito, que acabariam alertando a polícia. Eles deviam se encaixar em uma área e ser o mais autossuficientes possível, sem levantar suspeitas. Segundo Bustos, Che concordou com ele. "Ele me disse: 'Amarre bem as coisas aqui, depois volte e ponha o seu plano em ação. Comece a trabalhar com o povo. Utilize os grupos dissidentes [comunistas e peronistas], e vamos ver o que acontece'." Bustos entendeu que deveria trabalhar com qualquer grupo que estivesse disposto a enveredar pela luta armada e, ao mesmo tempo, tentar montar uma frente guerrilheira nacional coordenada. Por enquanto não seria designado nenhum comandante político-militar, não haveria nenhum chamamento iminente para as montanhas. O trabalho preparatório era de duração indefinida.

Um grande obstáculo para tudo isso seria o dinheiro. Bustos recorda que Che não lhe atribuiu propriamente um orçamento para trabalhar, mas lhe proporcionou "algum auxílio". Debateram sobre levantamento de fundos, e Bustos mencionou uma estratégia de "desapropriações" advogada por alguns de seus camaradas mais inclinados para a ação: assaltar bancos. Era a mesma proposta que Che fizera quando chegou para assumir o comando das forças revolucionárias em Las Villas, no final de 1958, mas a situação então era diferente: Cuba estava em plena guerra civil e Che estava pessoalmente no comando. As condições não eram as mesmas na Argentina, e ele não queria que as coisas ficassem fora de controle antes que a insurreição tivesse assentado raízes. Che vetou o esquema de assalto a bancos. "Não nesta etapa", disse a Bustos. "Se você começa assaltando bancos, acaba como ladrão de bancos."

Antes de partir, Bustos encontrou-se com Colomé Ibarra, Ariel e Papi, e acertaram a logística: os itinerários de ingresso e os pontos de contato para receber e mandar mensagens, pessoas e dinheiro entre Havana e ele próprio. No momento, o Uruguai, um dos últimos países da América Latina que ainda mantinham relações diplomáticas com Cuba, continuaria sendo seu ponto de trânsito.

Em 20 de maio, estando ainda em Cuba, Bustos recebeu um telegrama informando-o de uma explosão na calle Posadas, no centro de Buenos Aires. Vasco Bengochea e quatro de seus homens estavam montando bombas no sexto andar de um edifício residencial e causaram acidentalmente uma explosão que os fez em pedaços. Isso foi o fim do grupo Tucumán. Era outro revés, mas, segundo recordou Bustos, Che não pareceu nada perturbado por esse incidente.

Depois da partida de Bustos, Che e Fidel tiveram um desentendimento momentâneo por questões de estratégia. Em meio a um acirramento por parte do governo Johnson, que aumentou as sanções comerciais e renovou medidas para isolar Cuba por meio da OEA, Fidel embarcou em uma ofensiva de apaziguamento. Em julho, concedeu uma série de entrevistas ao correspondente do *New York Times*, Richard Eder, em que indiretamente se ofereceu para cessar o apoio cubano aos movimentos revolucionários latino-americanos se as hostilidades contra Cuba terminassem. Para Fidel, era uma questão de realpolitik. Aprendera duramente a lição do *quid pro quo* observando Kruschev durante e após a crise dos mísseis. (Kruschev buscara conversações com Washington e assinara um tratado de proscrição de testes nucleares, em agosto de 1963.) Fidel insinuou de maneira firme a Eder que seu gesto estava sendo feito por recomendação soviética e deixou clara sua esperança de que Johnson venceria as eleições presidenciais, derrotando o rival, o conservador republicano, senador Barry Goldwater, e de que retomaria com Johnson as conversações exploratórias sobre uma distensão, que foram começadas com John Kennedy.

No dia seguinte à publicação desses comentários de Fidel, o Departamento de Estado emitiu uma declaração rejeitando taxativamente sua bandeira branca: não poderia haver negociações com Cuba enquanto ela continuasse vinculada à União Soviética e insistisse em "promover a subversão na América Latina". Fidel manteve um inusitado silêncio diplomático apesar do repúdio que recebera.

Chegou até a evitar uma provocação quando, em 9 de julho, um soldado cubano foi morto por um disparo feito por um norte-americano de dentro da base de Guantánamo. Raúl discursou no enorme funeral em honra do morto e deixou claro que estava seguindo a orientação de seu irmão. O tiro disparado, disse ele, destinava-se a Cuba e ao presidente Johnson, e era contra a causa da paz. Se Goldwater fosse eleito, haveria guerra.

Porém, poucos dias depois, Che tornou pública sua opinião intransigente. Em 24 de julho, discursando em uma fábrica em Santa Clara, lembrou aos ouvintes que era seu dever comum combater o imperialismo "onde quer que ele apareça e com todas as armas de que dispomos". Não importava, disse ele, quem os norte-americanos elegeriam como seu presidente, o inimigo era o mesmo. Foi o mais perto que Che chegou de uma refutação pública da doutrina esposada pelo *jefe* máximo e, se Fidel lhe chamou a atenção, o fez a portas fechadas. Dois dias depois, a OEA aprovou uma resolução impondo sanções compulsórias contra Cuba e ordenou a todos os países-membros que ainda não tinham rompido relações com Cuba que o fizessem. Um dos países que resistiram, o Brasil, já havia rompido relações em maio e, desse momento em diante, os retardatários o seguiram: em agosto, a Bolívia e o Chile romperam relações, seguidos em setembro pelo Uruguai. O México foi o único país que se recusou a acatar essa decisão.

Em 26 de julho, enquanto Washington cantava vitória, Fidel reiterou seu oferecimento de distensão. Em troca da normalização das relações com seus vizinhos, Cuba estava disposta a viver dentro das "normas do Direito Internacional". Se para conseguir a paz era preciso abrir mão da "ajuda material a outros revolucionários" prestada por Cuba, que assim fosse, desde que esse gesto obtivesse reciprocidade. Não deixando dúvida de que sua abertura estava dentro da moldura da política externa soviética de coexistência pacífica, Fidel concluiu: "Nossa posição é de que estamos dispostos a viver em paz com todos os países, todos os Estados deste continente, independentemente de sistemas sociais. Estamos dispostos a viver sob um sistema de normas internacionais a serem observadas nas mesmas bases por todos os países".

Essa era a promessa de Fidel para os norte-americanos, e depois veio a ameaça para salvar as aparências: "O povo de Cuba adverte que, se não cessarem os ataques piratas provenientes do território norte-americano e de outros países da bacia do Caribe, [...] bem como o envio de agentes, armas e explosivos para o território cubano, o povo de Cuba considerará que tem o mesmo direito de ajudar, com todos os recursos ao seu dispor, os movimentos revolucionários em todos aqueles países que se engajam em intervenção semelhante nos assuntos internos de nossa pátria". Não havia dúvida de que Fidel estava cuidadosamente oferecendo termos de paz, porém, como aconteceu com a abertura de Che em 1961, em Punta del Este, esse gesto foi interpretado pelos formuladores de política norte-americanos como um sinal de fraqueza e, mais uma vez, o repudiaram. O discurso apaziguador de Fidel e a decisão da OEA criaram nos norte-americanos um espírito triunfalista. A pressão sobre Cuba estava dando resultado e, persistindo nela, poderiam finalmente acabar com Castro.

Estavam, é claro, inteiramente enganados. Fidel retornou para o caminho da confrontação, defendido de modo ininterrupto por Che. Acontecimentos externos muito ajudaram essa guinada. Em 5 de agosto, aviões norte-americanos começaram a bombardear o Vietnã do Norte em retaliação a alegados ataques por navios-patrulha de Hanói contra unidades navais dos Estados Unidos no golfo de Tonkin. Dois dias depois, o Congresso deu carta branca a Johnson para acelerar o envolvimento militar norte-americano no Vietnã. A Guerra do Vietnã, como viria a ser conhecida pelos norte-americanos, tinha começado para valer. Cuba emitiu uma condenação eloquente do bombardeio norte-americano, em que conclamava a união do campo socialista mundial para defender o Vietnã contra a "agressão imperialista ianque". A crise do Vietnã oferecia uma excelente oportunidade para reparar a fraternidade socialista, prejudicada pelo conflito entre a China e a União Soviética.

Em 15 de agosto, em uma cerimônia de premiação a trabalhadores comunistas que haviam se destacado por terem estabelecido recordes de trabalho voluntário, Che tranquilizou os cubanos dizendo que, apesar do maior isolamento, eles faziam parte, àquela altura, de uma crescente comunidade internacional de países revolucionários. E, naquelas nações latino-americanas que tinham se alinhado com a política de contenção de Washington, lutas armadas revolucionárias triunfariam e ampliariam ainda mais a aliança socialista. "Não importa que esses sejam os tempos em que sopram os maus ventos", explicou Che, "quando as ameaças crescem dia a dia, quando ataques piratas são lançados contra nós e contra outros países do mundo. Não importa se somos ameaçados por Johnson ou Goldwater [...], não importa se, a cada dia, o imperialismo está mais agressivo. O povo decidiu lutar por sua liberdade e por manter a liberdade conquistada. Nada o intimidará. E juntos construiremos uma nova vida, juntos, porque estamos juntos, nós aqui em Cuba, na União Soviética, ou lá na República Popular da China, ou no Vietnã, combatendo no Sudeste Asiático."

Recordou ao público que o ouvia que, na América Latina, havia duas lutas revolucionárias, na Guatemala e na Venezuela, que estavam fazendo progresso, "infligindo ao imperialismo uma derrota após a outra". Por toda a África, os movimentos de libertação estavam em ascensão. No antigo Congo Belga, os herdeiros do exemplo revolucionário de Patrice Lumumba ainda lutavam e acabariam inevitavelmente por vencer. Na colônia portuguesa de Guiné, o Exército de Libertação, liderado por Amilcar Cabral, já controlava metade do território nacional; em breve, também seria livre, como o seria Angola. Zanzibar conquistara recentemente sua independência e Che reconheceu, sem arrependimento, que Cuba tivera uma participação nesse feliz desenlace. "Zanzibar é amiga nossa e nós lhe demos uma pequena parcela de assistência, nossa assistência fraternal, nossa assistência revolucionária no momento em que era necessária."

Mas nesse momento Che estava pronto para ir mais longe do que jamais fora em público. Invocou o fantasma do apocalipse atômico. Disse que era uma perspectiva real, dada a inevitabilidade da confrontação entre os "movimentos de libertação" e as "forças do imperialismo", podendo desencadear uma guerra nuclear por um "erro de cálculo"."Milhares de pessoas morrerão por toda parte, mas a responsabilidade será deles [dos imperialistas], e seus povos também sofrerão [...]. Mas isso não deve nos preocupar [...]. Nós, como uma nação, sabemos que podemos contar com a grande força de todos os países do mundo que formam o bloco socialista, e dos povos que lutam por sua libertação, e com a força e coesão de nosso povo, com a decisão de lutar até o último homem, até a última mulher, até o último ser humano capaz de segurar uma arma."

Se alguém não tinha entendido sua posição, reiterada e aprimorada ao longo do tempo, Che a repetira, só que dessa vez em termos mais crus. A batalha global contra o imperialismo era uma luta entre duas forças históricas diametralmente opostas, e não havia razão para se prolongar a agonia do povo por meio de tentativas de forjar alianças táticas de curto prazo com o inimigo. As causas profundas dos problemas persistiriam e levariam inevitavelmente ao conflito. A moderação gerava o risco de dar ao inimigo uma abertura através da qual ele podia obter vantagem. A história, a ciência e a justiça estavam do lado do socialismo. Portanto, ele precisava travar a guerra necessária para vencer, quaisquer que fossem as consequências, até mesmo a guerra nuclear. Che não se furtava desse desfecho, e disse aos demais que eles também não deviam se esquivar dele. Muitos morreriam no processo revolucionário, mas os sobreviventes se ergueriam das cinzas da destruição para criar uma ordem mundial nova e justa.

Para que tudo isso acontecesse, era essencial o surgimento do "novo homem socialista". Uma verdadeira consciência revolucionária era o ingrediente crucial para se produzir uma nova sociedade. Começara seu discurso fazendo uma citação de um poema do espanhol León Felipe, que descrevia a tragédia da labuta humana. "Ninguém foi capaz de perceber o ritmo do sol, [...] ninguém ainda cortou um pé de milho com amor e graça":

Cito essas palavras porque hoje podemos dizer a esse grande poeta desesperado que venha a Cuba para ver como o homem, depois de passar por todas as etapas da alienação capitalista, e depois de ser considerado como um animal de carga preso ao jugo do explorador, tem redescoberto sua trilha e encontrado seu caminho de volta ao jogo. Hoje, na nossa Cuba, o trabalho de cada dia assume um novo significado. Ele é realizado com uma nova felicidade.

E poderíamos convidá-lo a ir aos nossos canaviais, para que pudesse ver nossas mulheres cortando a cana com amor e graça, para que pudesse ver a força viril de nossos trabalhadores, cortando a cana com amor, para que pudesse ver uma nova atitude para com o trabalho, para que pudesse ver que o que escraviza o homem não é o trabalho e sim sua impossibilidade de possuir os meios de produção.

Quando a sociedade chega a certo estágio de desenvolvimento e é capaz de iniciar a dura luta de destruir o poder opressor, de destruir seu braço forte, o Exército, e de tomar o poder, então o homem recupera uma vez mais a antiga sensação de felicidade no trabalho, a felicidade de cumprir com um dever, de se sentir importante dentro do mecanismo social.

Torna-se feliz por se sentir um dente na engrenagem, um dente que tem suas próprias características e é necessário, embora não indispensável, para o processo produtivo, um dente consciente, um dente que tem seu motor próprio, e que tenta conscientemente esforçar-se mais e mais a fim de levar a um feliz desfecho uma das premissas da construção do socialismo: a criação de uma quantidade suficiente de bens de consumo para toda a população.

O hábito de Che de se referir ao povo, aos trabalhadores, como peças de maquinaria permite vislumbrar seu distanciamento emocional da realidade individual. Ele tinha a mentalidade friamente analítica do pesquisador médico e do jogador de xadrez. Os termos que empregava para os indivíduos eram redutores, enquanto o valor do seu trabalho no contexto social era idealizado, apresentado liricamente. Era um modo conceitual que tinha paralelos em sua vida. Che encontrara um significado na sua identidade como revolucionário dentro da grande família do socialismo. A vida fraternal de guerrilheiro foi o berço de sua própria transformação. A consciência comunista que ele havia atingido era um estado de espírito fugidio, abstrato, e até mesmo indesejado, para muitas pessoas, inclusive para aqueles que se acreditavam socialistas e alegremente ecoavam seu brado de "Liberdade ou Morte". A disposição para sacrificar confortos materiais e a própria vida pela causa era um estado de espírito que a maioria dos homens e mulheres não atingira e, provavelmente, não estava muito interessada em tentar atingir. Por último, a feliz fraternidade socialista mundial de que ele falava era, na realidade, uma casa amargamente dividida.

Na própria Cuba, os ressentimentos causados pelo expurgo do "sectarismo" foram oficialmente superados desde a reaproximação de Fidel com a União Soviética, mas não desapareceram. Aníbal Escalante amargava seu exílio em Moscou, mas alguns de seus camaradas ainda tinham influência junto a Fidel. No mês de março anterior, enquanto Che estava em Genebra, um antigo homem do PSP, chamado Marcos Rodríguez, foi a julgamento depois de ser acusado de ter traído alguns de seus camaradas para a polícia de Batista, em 1957. Em função dos laços de Rodríguez com figurões "velhos comunistas", o fato assumiu a aparência de um julgamento de expurgo. Fidel interveio, e um novo julgamento foi realizado. A honra dos comunistas foi restaurada, e Marcos Rodríguez, apresentado dessa vez como um solitário, ressentido e complicado, foi executado por um pelotão de fuzilamento.

Che conseguira evitar qualquer vinculação com esse desagradável processo. Sua repulsa pelo sectarismo do Partido Comunista era bem conhecida, e fizera do Ministério das Indústrias um abrigo consistente para revolucionários expurgados ou que tivessem caído em desgraça, fosse como vítimas do chauvinismo dos velhos comunistas ou em consequência dos expurgos de elementos de valor feitos pelo próprio Fidel. Ajudara Enrique Oltuski, seu antigo rival do 26 de Julho, depois que foi deposto do cargo de ministro das Comunicações por pressão comunista, em 1961. Afastara Jorge Masetti do perigo depois que ele se indispusera com a facção do PSP na Prensa Latina. Alberto Mora, filho de um dos mártires do ataque do Directorio contra o palácio presidencial: quando Fidel o demitiu do cargo de ministro de Comércio Exterior, em meados de 1964, foi levado por Che para seu ministério como assessor, muito embora ele fosse um dos seus mais severos críticos no campo econômico.

Outro beneficiado pela assistência de Che foi o poeta e escritor Heberto Padilla, um velho amigo de Alberto Mora. Padilla trabalhara em Nova York e em Londres nas sucursais da Prensa Latina. Em Havana, trabalhara para o *Revolución*, sob a direção de Carlos Franqui, e para seu suplemento literário, que já não existe, *Lunes de Revolución*, editado pelo romancista Guillermo Cabrera Infante. Vistos como inconformados problemáticos na atmosfera intelectual cada vez mais repressora de Cuba, Franqui e Cabrera Infante tinham sido enviados para um exílio diplomático na Europa. Padilla acabara de passar um período trabalhando na edição em espanhol da revista soviética *Moscow News*, e estava bem a par das intrigas e do autoritarismo que começaram a sufocar as liberdades culturais em Cuba. A despeito de suas próprias dúvidas e dos avisos de Franqui, Padilla resolveu voltar para casa. Mora conseguiu que ele fosse recebido por Che, admirador de seus poemas. Mora ainda era ministro de Comércio Exterior e estava então engajado em uma polêmica acadêmica com Che a propósito da economia. Desde que Padilla regressara com uma visão cética do que observara na União Soviética, Mora queria que ele falasse com Che.

Padilla e Mora encontraram-se com Che em meio a um ataque de asma. Ele estava sem camisa e prostrado no chão do gabinete, tentando normalizar a respiração, e ali ficou enquanto os visitantes começaram a falar. Che logo interrompeu a avaliação crítica que Padilha fazia da União Soviética, dizendo: "Devo lhe dizer que não preciso ouvir o que você tem para dizer, pois já sei que tudo isso é um chiqueiro. Vi pessoalmente". Che disse que a China, e não a União Soviética, era o modelo a ser estudado. Os chineses estavam fazendo um esforço genuíno a caminho da realização do comunismo. "Muitas pessoas me criticam achando que ponho demasiada ênfase no sacrifício, mas o sacrifício é fundamental para uma educação comunista", afirmou. "Os chineses entendem isso muito bem, muito melhor do que os russos."

No final da conversa, Che insistiu com Mora para dar a Padilla um emprego no Ministério de Comércio Exterior, observando laconicamente: "Os tempos atuais não são bons para o jornalismo". Padilla se tornou o diretor-geral de um departamento que tratava de produtos culturais. Quando Mora foi demitido e conseguiu sair de Cuba com uma bolsa para estudar economia política com o economista marxista francês Charles Bettelheim (com quem Che também estava debatendo teoria econômica), Padilla também conseguiu ir embora, obtendo um cargo de representante itinerante do ministério, com base em Praga.

Antes de partirem, ele e Mora foram ver Che pela última vez. Mora estava infeliz e não conseguiu ocultar esse sentimento de Che. Explicou que se sentia deprimido quando acordava a cada manhã. "Che foi caminhando devagar para Alberto", recordou Padilla, "pôs as mãos nos seus ombros e sacudiu-o, olhando-o bem nos olhos, e disse: 'Vivo como alguém partido em dois, 24 horas por dia, completamente partido em dois, e não tenho ninguém a quem dizer isso. Mesmo que dissesse, não acreditariam em mim'."*

Foi um momento comovente de revelação pessoal de Che, uma rara expressão da tensão incrível a que se submetia para manter sua imagem de um

* Tanto Padilla como Mora tiveram destinos infelizes. Mora jamais se recuperou de sua queda em desgraça e se suicidou com um tiro na cabeça em 1972. Naquele mesmo ano, depois de sua prisão pela *Seguridad del Estado*, Padilla foi submetido ao ritual humilhante de uma "confissão" pública pelo Sindicato dos Escritores Cubanos por seus alegados crimes como um "autor contrarrevolucionário". Teve de enfrentar encarceramento, prisão domiciliar e anos de perseguição oficial e ostracismo, antes de finalmente conseguir permissão para partir de Cuba. Ele morreu no Alabama, onde dava aulas na Universidade de Auburn, em 2000.

comunista revolucionário exemplar. Seu pai, geralmente tão míope em relação ao filho, mesmo assim percebeu isso, ao escrever que "Ernesto tinha brutalizado sua própria sensibilidade" para se tornar um revolucionário. Sua mãe uma vez dissera ao jornalista uruguaio Eduardo Galeano que, desde os tempos de sua infância asmática, o filho "sempre vivera tentando provar a si próprio que conseguia fazer tudo que não podia fazer, e desse modo aperfeiçoou sua extraordinária força de vontade". Celia contou a Galeano que implicava com Che por ele ser "intolerante e fanático", e explicou que seus atos eram "motivados por uma tremenda necessidade de totalidade e pureza". "Desse modo", escreveu Galeano, "transformara-se no mais puritano dos líderes revolucionários ocidentais. Em Cuba, era o jacobino da revolução. 'Cuidado, aí vem Che!', avisavam os cubanos, brincando e falando sério ao mesmo tempo. Tudo ou nada: esse intelectual refinado deve ter travado exaustivas batalhas contra sua própria consciência, atormentada pelas dúvidas."

Galeano se encontrou com Che em agosto de 1964 e notou sintomas de impaciência. "Che não era um homem de escritório", ele disse. "Era um criador de revoluções. Não era, ou o era apesar de si mesmo, um administrador. De algum modo, essa tensão de leão enjaulado, que sua calma aparente ocultava, tinha de estourar. Ele precisava da serra." Galeano pode ter escrito essa avaliação com a vantagem de estar escrevendo sobre o passado, mas de qualquer maneira ela estava correta. Conforme falaram, Che estava buscando um caminho de volta para o campo de batalha, mesmo enquanto se extenuava de trabalhar na economia industrial de Cuba.

Várias possibilidades existiam. Além dos grupos insurgentes na Guatemala, na Venezuela e na Nicarágua, havia então uma organização de guerrilheiros, apoiada por Cuba, na Colômbia, o Exército de Libertação Nacional, formado em julho. No Peru, a força de guerrilheiros de Héctor Béjar e o MIR, de Luis de la Puente Uceda, preparavam-se para ações revolucionárias. Mas Che tinha seu coração preso ao Cone Sul e à sua terra natal, a Argentina. Isso constituía um problema, porque Ciro Bustos e seus camaradas tinham muito que fazer antes que se criassem as condições para uma nova tentativa insurrecional na região, e Tania ainda estava viajando pela Europa, a caminho de seu posto na Bolívia.

Provavelmente, os campos de batalha em potencial mais promissores para o futuro imediato se encontravam na África. No continente inteiro se haviam formado movimentos rebeldes para combater os últimos redutos coloniais: nas colônias portuguesas de Angola e Moçambique, na África do Sul dominada pelos brancos e no ex-Congo Belga. Em outubro de 1963, uma coalizão antigovernamental, autointitulada Conselho de Libertação Nacional, fora constituída por uma variedade de ex-oficiais lumumbistas e de homens fortes descontentes em diversas regiões, frequentemente com bases de poder tribais. O conselho mantinha representações por toda a margem do rio Congo a partir de Léopoldville, na cidade de Brazzaville, capital da República do Congo, ex-África Equatorial Francesa. Os rebeldes tinham conseguido ajuda da China e, em menor grau, da União Soviética, e deflagraram revoltas nas regiões sul, leste, central e norte, capturando cidadezinhas provincianas e grandes extensões do território nacional mal protegido. Em agosto de 1964, uma coluna rebelde, apoiada pelos chineses, tomara a longínqua cidade de Stanleyville, no norte do país, e proclamara a República Popular do Congo. Em setembro, o cenário estava montado para uma nova escalada da crise congolesa, enquanto o governo se esforçava para reagir à rebelião. O trio ambicioso que governava o Congo — Moises Tshombe, o presidente Joseph Kasavubu e o comandante em chefe das Forças Armadas Joseph Mobutu — tomou medidas para aumentar a força de combate de seu exército maltrapilho, chamando o comandante mercenário sul-africano Mike Hoare e pedindo-lhe que recrutasse mil combatentes brancos na África do Sul e na Rodésia.

As lutas de resistência africana, e especialmente o conflito congolês, começaram a aparecer com destaque cada vez maior na imprensa cubana e nos discursos de Che. Na realidade, ele começara a contemplar seriamente a transferência temporária de seu programa de revolução continental para o continente africano. A agência de Barbarroja Piñeiro recebeu a tarefa de preparar o caminho. Embora Che se reservasse a tomar sua decisão final quanto à melhor base para uma luta de guerrilhas pan-africana depois que tivesse podido percorrer a área e se encontrar pessoalmente com os diversos líderes guerrilheiros, o imenso Congo, no centro do continente, parecia oferecer o local e as condições ideais para uma guerra de guerrilhas de base rural, que pudesse se "irradiar" para seus vizinhos.

O combate na África oferecia outras vantagens. Os soviéticos estavam menos preocupados com um envolvimento direto lá do que no "quintal" de Washington, na América Latina. Além disso, a natureza das campanhas, contra regimes coloniais estrangeiros, de brancos, ou, no caso do Congo, contra um ditador apoiado pelo Ocidente, com pequena legitimidade política, fazia com que tivessem amplo apoio popular. Finalmente, o continente já estava em plena conflagração, não se tratando de uma situação que tinha de ser "criada", como fora o caso da malfadada missão de Masetti na Argentina. Os soviéticos, os chineses, os norte-americanos e seus aliados ocidentais estavam todos envolvidos na África, provendo com dinheiro, armas e assessores. Havia também uma quantidade de líderes nacionais anti-imperialistas, simpatizantes de Cuba, cujos territórios, estrategicamente situados, poderiam oferecer inestimáveis bases de retaguarda, pontos de transbordo e de acesso às zonas de conflito. Além dos regimes no poder em Mali e em Brazzaville, havia Ben Bella, na Argélia, Sekou Touré, na Guiné, Kwame Nkrumah, em Gana, Julius Nyerere, na Tanzânia, e Gamal Abdel Nasser, no Egito. Esses Estados "radicais" estavam indignados ante o fantasma de mercenários brancos e potências ocidentais "neocolonialistas" intervindo em nome do governo de Léopoldville, e apoiavam abertamente o governo rebelde, em Stanleyville.

Che viu a oportunidade de levar adiante seu sonho de muito tempo: formar uma aliança internacional anti-imperialista, liderada por Cuba, para substituir a ineficaz Organização de Solidariedade dos Povos Afro-Asiáticos, com sede no Cairo. Essa aliança daria uma dimensão global ao seu esquema para a próxima revolução continental, na América Latina. Em um mundo ideal, a aliança ficaria sob a direção política de Fidel, e seria financiada e armada pelas duas superpotências socialistas: China e União Soviética. Che visualizava solucionar a discórdia sino-soviética mediante a carga compartilhada de empreender a guerra.

Durante o outono de 1964, Che aperfeiçoou essa ideia e obteve a autorização de Fidel para viajar ao exterior e fazer sondagens. O plano de se projetar internacionalmente sempre agradou a Fidel e, depois de ser repudiado pelos norte-americanos, passara a ficar receptivo à posição de Che. Enquanto tentava não aparentar estar ficando do lado de Pequim, ele mais uma vez questionou as vantagens de seguir a linha do Kremlin da coexistência pacífica, que até então lhe rendera muito pouco.

Em setembro, a OEA aprovara mais uma resolução, reforçando ainda mais as sanções comerciais contra Cuba. Os ataques por exilados cubanos, apoiados pela CIA, também haviam aumentado de intensidade: sequestros de aviões, sabotagens e ataques por comandos armados contra navios mercantes cubanos estavam a essa altura ocorrendo com uma frequência alarmante. Em 24 de setembro, uma equipe de ação marítima da CIA, baseada na Nicarágua, atacou o cargueiro espanhol *Sierra de Aranzazu* quando este navegava para Cuba com um carregamento de equipamento industrial. Nesse ataque foram mortos o capitão e dois tripulantes, e o navio foi incendiado e paralisado. O incidente causou protesto internacional e recriminações dentro da CIA, especialmente quando se soube que o grupo atacara o cargueiro por engano, pensando que se tratava do navio mercante cubano *Sierra Maestra*. O agente de cuja base partira o grupo que autorizara o ataque tinha sido Félix Rodríguez.

Desde o final de 1963, Rodríguez estava encarregado das comunicações para uma brigada de comandos anticastristas baseada na Nicarágua, chefiada por Manuel Artime e financiada pela CIA. O grupo contava com mais de trezentos membros ativos, espalhados por Nicarágua, Miami e Costa Rica. Era uma operação bem abastecida. Os exilados dispunham de dois navios-mãe de oitenta metros de comprimento, duas lanchas rápidas de vinte metros de comprimento e outras embarcações, além de um avião de transporte C-47, vários Cessnas e um hidroavião Beaver. Contavam com uma instalação para reabastecimento e suprimento na República Dominicana e, quanto a armamento, podiam levar o que precisassem de um depósito na Costa Rica com um estoque de duzentas toneladas, que compreendia canhões antiaéreos de vinte milímetros, canhões sem recuo de cinquenta milímetros e de 75 milímetros e metralhadoras de calibre ponto cinquenta. Rodríguez afirmou mais tarde que, em dois anos, os comandos gastaram cerca de 6 milhões de dólares de fundos da CIA e realizaram catorze ataques contra alvos cubanos, dos quais um dos mais bem-sucedidos fora um ataque de comandos contra a refinaria de açúcar de Cabo Cruz, não muito longe de onde fora feito o desembarque do *Granma*, infligindo graves danos.

Porém, no final de 1964, o orçamento operacional fora reduzido, quando as prioridades do governo Johnson se desviaram de Cuba para o Vietnã. O toque final veio depois do embaraçoso ataque contra o *Sierra de Aranzazu*. "Descobrimos depois que o navio estava transportando uma caldeira para um engenho de açúcar cubano e comestíveis típicos de Natal", escreveu Rodríguez. "Sentimo-nos muito mal. Logo depois do incidente, nossas operações foram encerradas. Nossas lanchas rápidas foram tomadas pela agência e enviadas para a África, onde foram empregadas no Congo. Algumas das pessoas que serviam comigo na Nicarágua também se ofereceram como voluntários para combater na África." Rodríguez regressou a Miami, onde retomou seu trabalho para a CIA.

III

Quando Che voou de Havana para Moscou, em 4 de novembro de 1964, Raúl Castro, o ministro do Exterior, Raúl Roa, e Emilio Aragonés foram despedir-se dele no aeroporto. A presença do chefe das Forças Armadas de Cuba, do ministro do Exterior e do secretário de organização do partido no poder, o Partido Unido da Revolução Socialista, tinha um grande significado simbólico. Mais uma vez, Che seria o emissário ungido da revolução à *madre patria* do socialismo mundial, encabeçando uma delegação cubana para a celebração do 47º aniversário da revolução bolchevista, em Moscou, e a inauguração da nova Casa da Amizade Soviético-Cubana. Aleida também foi ao aeroporto para se despedir, junto com duas de suas crianças. Estava visivelmente inchada, aos seis meses de sua quarta gravidez.

A última visita de Che a Moscou se deu exatamente três anos depois da primeira. Novamente ficou na Praça Vermelha, no frio de novembro, mas dessa vez as coisas foram diferentes. Ele não era o mesmo Che de 1961, que não fazia críticas, cheio de esperanças quanto ao futuro cor-de-rosa do relacionamento soviético-cubano. Muita água poluída havia passado por baixo da ponte. Muita coisa também havia mudado na União Soviética. Nikita Kruschev, desacreditado pelos fracassos econômicos no âmbito interno e pelo que se via como aventureirismo irresponsável no exterior, sobretudo a crise dos mísseis de Cuba, fora afastado do poder algumas semanas antes, e Leonid Brejnev era o novo premier soviético.

Havia outra razão para a visita de Che. Ao que constava, por solicitação do líder do Partido Comunista Argentino, Victorio Codovilla, que ainda estava irritado com a incursão de Masetti, o Kremlin pressionara para que se realizasse, pela primeira vez, uma conferência dos partidos comunistas latino-americanos. Ela teria lugar em Havana, mais para o final daquele mês. A decisão soviética de apoiar a conferência tinha um duplo significado. De um lado, era uma deferência para com Fidel, indicando que o Kremlin reconhecia sua estatura regional. De outro, o gesto vinha com uma expectativa implícita de que Fidel montaria uma aliança pró-soviética dos partidos da região e isolaria ainda mais Pequim. Nos últimos tempos, os chineses haviam levado sua disputa com Moscou a novos patamares, buscando de forma agressiva adeptos para a linha maoista. Em janeiro de 1964, o Partido Comunista Peruano ficara gravemente debilitado quando membros da facção pró-Pequim se retiraram para fundar um partido rival. Cisões semelhantes estavam se esboçando na Bolívia e na Colômbia, e na Guatemala estava surgindo uma facção trotskista que logo romperia a coalizão apoiada por Cuba.

Era uma boa ocasião para que Che testasse as intenções da nova liderança soviética. Ele e Fidel tinham, ambos, uma postura desafiadora. Em outubro, o porta-voz de Fidel, presidente Dorticós, em uma conferência da nova entidade dos países não alinhados, realizada no Cairo, disse que, embora Cuba apoiasse a política de coexistência pacífica da União Soviética como forma de reduzir o risco de uma "conflagração nuclear mundial", a política era inútil enquanto ocorresse a "agressão imperialista contra países pequenos". Dada a escalada da intervenção dos Estados Unidos e de seus aliados ocidentais no Sudeste Asiático, no Congo e nas campanhas contrainsurgentes na América Latina, precisava-se de uma demonstração de maior solidariedade do Kremlin para com seus parceiros do Terceiro Mundo.

Em Moscou, Che manteve a presença de forma protocolar na Praça Vermelha e participou como coanfitrião, junto com o cosmonauta Yuri Gagarin, da inauguração da nova Casa da Amizade. Também teve uma série de encontros secretos com oficiais do Kremlin. Dessa vez, Che não contou com Nikolai Leonov como intérprete. A KGB designara Leonov para servir no México, onde estava envolvido, entre outras tarefas,* na ajuda aos guerrilheiros na Guatemala. Oleg Darushenkov, tradutor de Che em Cuba, e outro funcionário da Inteligência soviética, Rudolf Petrovich Shlyapnikov, se alternaram como intérpretes durante sua estada. Shlyapnikov trabalhava sob as ordens de Yuri Andropov, na seção de Cuba do Departamento Internacional do Comitê Central, e era especialista em grupos latino-americanos da Juventude Comunista. Estivera em Cuba em várias missões e havia encontrado Che anteriormente. Shlyapnikov disse que, durante a permanência de Che em Moscou, os dois sentavam-se na escada da casa de hóspedes oficial onde Che estava instalado, jogavam xadrez e conversavam pela madrugada adentro. Che bebia leite e Shlyapnikov tomava conhaque.** Segundo Shlyapnikov, Che se encontrou com Andropov e Vitali Korionov, o vice-chefe do Departamento das Américas do Comitê Central. A atribuição de Korionov era tratar das relações com os partidos comunistas nos países capitalistas, o que incluía todos os partidos latino-americanos, com exceção de Cuba.

Korionov recebera amargas queixas, especificamente de Mario Monje, da Bolívia, e de Jesús Faria, da Venezuela, sobre a pressão que o regime cubano estava exercendo em seus partidos para que adotassem o esquema cubano de guerra de guerrilhas em uma "revolução continental". Os bolivianos haviam formalmente votado contra essa ideia, e o Partido Comunista Venezuelano estava reconsiderando seu envolvimento na coalizão guerrilheira Faln, apoiada por Cuba.*** Korionov entendeu que Che e Fidel estavam propondo nada menos do que uma versão moderna das épicas guerras de libertação travadas por José de San Martín e Simón Bolívar mais de um século antes. Exércitos marxistas dos países do norte — Venezuela, Colômbia e Equador — desciam para o sul como as tropas de Bolívar, enquanto os provenientes dos países do sul — Chile, Peru, Argentina e Uruguai — marchariam para o norte, como as de San Martín. A Bolívia seria o ponto de encontro.

Segundo Korionov, Che queria saber a opinião de Moscou sobre as políticas dos partidos latino-americanos, e lhe foi dito sem rodeios que a posição oficial do

* Ver Notas.

** Ver Notas.

*** Poucos meses mais tarde, em abril de 1965, o plenário do Partido Venezuelano votou a favor de atribuir "prioridade" às formas legais de mudança política, o que acabaria por levar a uma amarga cisão entre o partido e os guerrilheiros apoiados por Cuba e liderados por Douglas Bravo.

Kremlin era de "respeitar" os partidos comunistas regionais, ou seja, ele era contrário à iniciativa cubana com relação à luta armada. No entanto, Korionov concluiu que Che estava decidido a avançar com seus planos e que desconfiava da política de coexistência pacífica do Kremlin, e na cisão sino-soviética estava do lado chinês.

Um mês depois, em Havana, a resposta de Che para com o Congresso dos Partidos Comunistas não poderia ter sido animadora, quer para os partidos latino-americanos quer para a liderança soviética. Ele se manteve visivelmente ausente do fórum por uma semana, viajando para Oriente. Mas não se manteve calado. Em 30 de novembro, fez um discurso em Santiago, atacando os partidos comunistas latino-americanos por sua relutância em seguir o caminho para a conquista do poder.

O Congo também figurou com destaque em seu discurso. Apenas alguns dias antes, os revolucionários lumumbistas tinham sido expulsos de sua fortaleza em Stanleyville por paraquedistas belgas, lançados de aviões norte-americanos. Che qualificou os "massacres" cometidos em Stanleyville como um exemplo da "bestialidade imperialista [...], uma bestialidade que não conhece fronteiras e não pertence a nenhum país determinado. Tal como as hordas hitleristas eram animais, os paraquedistas belgas e norte-americanos também são animais atualmente, como foram ontem os animais imperialistas franceses na Argélia, porque é a própria natureza do imperialismo que bestializa os homens, que os converte em animais selvagens, sedentos por sangue, dispostos a degolar, cometer assassinatos e destruir por completo a imagem de um revolucionário ou de um aliado de um regime que caiu sob seu tacão ou luta por sua liberdade".

Após o discurso, Che levou Aleida para ver Alberto Granado e sua esposa, Delia, e foram todos comer pizza no restaurante Fontana di Trevi. Foi a última vez em que os dois velhos amigos, Míal e Fuser, se viram. Granado percebeu depois que a visita tinha sido o seu "adeus silencioso". De fato, embora poucos em Cuba o percebessem nessa época, a ausência de Che na conferência em Havana fora o primeiro sinal de que alguma coisa fundamental se modificara. Para quem quisesse notar, Che já estava no processo de se retirar do governo revolucionário de Cuba. Dissera a Fidel que queria partir. A viagem a Moscou o convenceu de que a pressão soviética sobre Cuba para aceitar o modelo socialista do Kremlin era esmagadora. No congresso do partido, em Havana, Fidel aprovou uma resolução que se inclinava fortemente para a política externa de Moscou, embora os movimentos guerrilheiros devessem ser apoiados em países onde nem os partidos comunistas nem Moscou viam oportunidade de envolvimento político ostensivo "legal".

Um pequeno círculo de camaradas estava a par da decisão de Che de partir, e pediram-lhe que ficasse pelo menos mais dois anos, para dar tempo de "provar" que seu modelo econômico era melhor para Cuba do que o que os soviéticos estavam tentando persuadir Fidel a adotar. Che recusou, respondendo que mais dois anos não eram necessários. Seu ministério estava instalado e funcionava de acordo com suas teorias, então já se provara.

Uma semana depois de regressar de Oriente para Havana, Che viajou de novo, voando dessa vez a Nova York, a cidade que ele um dia dissera à sua tia Beatriz que desejava ver pessoalmente, apesar de sua aversão visceral pelos Estados Unidos. Mas nessa ocasião ia como porta-voz oficial da Cuba revolucionária. Sua escolha como representante de Cuba perante a Assembleia Geral das Nações Unidas foi um testemunho do fato de que ele continuava tendo o apoio de Fidel. Fazia frio quando ele chegou a Nova York, em 9 de dezembro, e as fotografias de sua chegada o mostram trajando um sobretudo, sua boina e com a expressão séria e distante de alguém que sabe que acaba de pisar em território inimigo. Seria sua segunda e última incursão na terra dos ianques.

IV

Che teve o cuidado de se preparar para seu comparecimento à 19ª Assembleia Geral das Nações Unidas, em 11 de dezembro de 1964. Suas botas estavam engraxadas, seu uniforme verde-oliva passado e os cabelos e a barba cuidadosamente arrumados. No entanto, sua aparência contrastava totalmente com os diplomatas sobriamente vestidos que lotaram a sala, e seu discurso provocador não decepcionou aqueles que antecipavam um discurso longo, digno do famoso apóstolo do socialismo revolucionário.

Che fora para proclamar a morte do colonialismo, para condenar o intervencionismo norte-americano e para aplaudir as "guerras de libertação" que estavam se desenvolvendo na América Latina, na África e na Ásia. Em uma referência amarga ao conflito congolês, criticou as Nações Unidas por terem permitido ser envolvidas e usadas lá como um instrumento do imperialismo ocidental, "um animal carnívoro que se alimenta dos desvalidos". Quanto à mais recente operação belgo-norte-americana em Stanleyville, que restituíra a cidade às tropas de Moishe Tshombe ao custo de centenas de mortos, declarou ele: "Todos os homens livres, em todo o mundo, precisam estar prontos para vingar o crime no Congo". Passou então a vincular a ação "imperialista branca" no Congo à indiferença ocidental pelo regime do apartheid na África do Sul e às desigualdades raciais nos Estados Unidos. "Como pode o país que assassina seus próprios filhos e

Che discursando na ONU, em 11 de dezembro de 1964.

os discrimina diariamente por causa da cor de suas peles, um país que permite que os assassinos de negros fiquem em liberdade, que de fato protege esses assassinos e pune os negros por exigirem o respeito de seus legítimos direitos como seres humanos livres, se dizer guardião da liberdade?"

Tratando de um dos temas principais da assembleia — um debate sobre o desarmamento nuclear mundial —, Che expressou o apoio de Cuba a esse princípio, mas sublinhou sua recusa em ratificar qualquer acordo nesse sentido antes que os Estados Unidos desmantelassem suas bases militares em Porto Rico e no Panamá. Che também reiterou a determinação de Cuba de seguir um rumo independente nas questões mundiais. Embora Cuba estivesse "construindo o socialismo", era um país não alinhado, porque se identificava com essa nova comunidade de países da África, da Ásia e do Oriente Médio que estavam lutando contra o imperialismo. Nessas circunstâncias, isso podia ser interpretado como uma estocada implícita pela inação soviética em favor dessas lutas. Em referências separadas às divergentes superpotências socialistas, Che disse que Cuba apoiava firmemente a postura soviética em relação ao Congo, enquanto, em favor da China, defendeu sua inclusão nas Nações Unidas e a expulsão do governo chinês nacionalista de Chiang Kai-shek, apoiado pelos Estados Unidos.

Não surpreendeu que as palavras de Che fossem severamente criticadas pelo embaixador norte-americano Adlai Stevenson e por alguns dos representantes latino-americanos presentes. Alguns foram bem mais longe. Vários *gusanos* [cubanos anticastristas] foram detidos depois de fazerem disparos de bazuca da margem oposta do East River contra o edifício das Nações Unidas, e uma mulher foi impedida de tentar esfaquear Che. Durante o alvoroço, Che manteve sua compostura e parecia se divertir com a fúria que despertava. Diante de insultos gritados por manifestantes *gusanos*, ele ergueu a mão no gesto conhecido universalmente como significando "Fodam-se".

A presença de Che não era desagradável a todos. Malcolm X, que deixara a Nação do Islã meses antes e acabara de viajar pela África e pelo Oriente Médio, também estava inflamado com o conflito congolês e, de modo similar, associava a intervenção branca na África ao racismo nos Estados Unidos. Ele e Che encontraram uma causa comum. Ao que constava, durante uma parada em Gana, Malcolm X conversara com o embaixador cubano em Accra sobre a ideia de recrutar negros norte-americanos para ajudar nas guerras na África.

Em 13 de dezembro, em um comício no salão de baile Audubon, no Harlem, Malcolm X apresentou um convidado especial: Abdul Rahman Muhammad Babu, cujo movimento político, treinado por cubanos, havia ajudado na tomada do poder na ilha de Zanzibar, no leste africano. O antigo sultanato foi fundido depois com Tanganica, no território continental, para formar um novo país: a Tanzânia. Imediatamente antes de Babu aparecer no palco, Malcolm X leu uma mensagem de Che. "Adoro um revolucionário", ele disse. "E um dos homens mais revolucionários neste país viria aqui com nosso amigo Sheikh Babu, mas achou melhor não. No entanto, ele mandou esta mensagem. Ela diz: 'Queridos irmãos e irmãs do Harlem: Gostaria de estar com vocês e com o Irmão Babu, mas as condições atuais não são boas para esse encontro.* Recebam as saudações calorosas do povo cubano e especialmente as de Fidel, que se lembra com entusiasmo de sua visita ao Harlem alguns anos atrás. Unidos venceremos'. Isso vem de Che Guevara. Estou feliz por ouvir suas palmas fortes, porque elas fazem o homem [branco] saber que ele simplesmente não está em posição de nos dizer quem devemos aplaudir e quem não devemos aplaudir. E vocês não veem nenhum cubano anticastrista por aqui, nós os devoramos."**

* Segundo Pedro Álvarez Tabío, historiador oficial de Castro, que acompanhava a comitiva de Che na jornada à ONU, Che não compareceu porque quis evitar que o governo norte-americano pudesse alegar que era uma interferência em seus assuntos internos.

** Dois meses depois, em 21 de fevereiro de 1965, Malcolm X foi morto a tiros por assassinos da rival organização Nação do Islã, quando fazia um discurso em Nova York. Ele tinha 39 anos.

De Nova York, Che não regressou a Cuba. Em 17 de dezembro, depois de dar algumas entrevistas divertidamente provocadoras a jornalistas norte-americanos, voou para Argel. Era o começo de uma odisseia de três meses pela África, até a China, e depois de volta à África, com paradas em Paris, Irlanda e Praga. Oficialmente, Che estava atuando como o embaixador itinerante de boa vontade que Fidel enviara às novas nações africanas, mas ele também estava se familiarizando com o continente que seria o cenário de sua aventura seguinte. Che decidira que a África seria o campo de provas para seu sonho de uma aliança "tricontinental" contra o Ocidente. Entre o Natal de 1964 e o começo de fevereiro de 1965, Che se deslocou da Argélia a Mali, Congo-Brazzaville, Guiné, Gana, Daomé, depois de volta para Gana e, finalmente, para a Argélia. Encontrou-se com Ben Bella, da Argélia, com Kwame Nkrumah, de Gana, com o líder do Congo-Brazzaville, Alphonse Massamba-Débat, e com o chefe do movimento de independência angolano antiportuguês, Agostinho Neto. A este último prometeu instrutores militares cubanos para seus guerrilheiros do MPLA, que estavam operando a partir do enclave de Cabinda, contíguo a Angola. (Esses instrutores logo chegaram, marcando o início de mais de duas décadas de participação militar cubana em Angola.)

Em todos os lugares aonde foi, a mensagem de Che era a mesma: Cuba se identificava com as lutas de libertação na África; devia haver uma união entre todos os movimentos anticolonialistas e anti-imperialistas do mundo, e deveria haver uma causa comum entre eles e a comunidade socialista. Nos seus pronunciamentos à imprensa, a luta no Congo aparecia com destaque, do mesmo modo que o longínquo Vietnã, aquele outro antigo domínio colonial cujo povo estava então combatendo tropas norte-americanas.

Che deu uma entrevista, publicada na revista *Révolution Africaine*, a Josie Fanon, viúva do falecido revolucionário de Martinica, Frantz Fanon, autor do inflamado manifesto anticolonialista *Os condenados da terra*. Che lhe disse que a África representava um dos "mais importantes campos de luta contra todas as formas de exploração que existiam no mundo, contra o imperialismo, o colonialismo e o neocolonialismo". Ele achava que havia "grandes possibilidades de êxito devido à agitação existente", mas também havia muitos perigos, inclusive o de divisões entre os africanos, deixadas pelo colonialismo.

Quando Josie lhe perguntou sobre as perspectivas de revolução na América Latina, Che admitiu que ela havia tocado em um assunto que lhe era "muito querido", na realidade o seu "interesse principal". Ele achava que a luta ali seria longa e dura, devido às atividades de contrainsurgência dos Estados Unidos. "É

Che com o presidente Ben Bella em Argel, 1964.

por isso", disse ele, "que nós antevemos o estabelecimento de uma frente continental de luta contra o imperialismo e seus aliados internos. Essa frente demorará a ser organizada, mas, quando estiver formada, representará um golpe muito duro contra o imperialismo. Não sei se será um golpe definitivo, mas será um golpe muito grave."

No começo de fevereiro, Che voou à China. Acompanhavam-no o ministro de Construção de Cuba, Osmany Cienfuegos, irmão mais velho de Camilo, e Emilio Aragonés, que o acompanhara à União Soviética durante as negociações secretas sobre os mísseis nucleares, em 1962, e se despedira dele no aeroporto quando ele foi para Moscou, em novembro. Cienfuegos e Aragonés ficariam profundamente envolvidos na operação secreta cubana na África, e sua presença junto a Che nessa ocasião indica que eles também estiveram envolvidos em sua etapa de planejamento.

Fidel já autorizara uma missão militar secreta cubana no Congo. Faltava apenas Che definir para onde os serviços de Cuba poderiam ser mais bem direcionados e a qual das facções rebeldes a missão deveria se juntar. No mês anterior, janeiro de 1965, um grupo de cubanos negros, escolhidos a dedo, teve a honra de ser voluntário para uma "missão internacionalista" não especificada, e estavam então sendo treinados em três campos separados em Cuba. Um outro sinal da operação prestes a ser iniciada foi a designação de Pablo Ribalta, membro do PSP e velho amigo de Che desde Sierra Maestra, como embaixador de Cuba na Tanzânia, que fazia fronteira com o Congo.

O governo cubano jamais revelou o que se passou a portas fechadas durante a viagem de Che. Porém, segundo Humberto Vásquez-Viaña, um bem informado ex-membro do Partido Comunista Boliviano, o grupo de Che se encontrou com Zhou Enlai e outros altos oficiais da República Popular, mas não com o próprio Mao.* Nos seus planos para o Congo, Che deve ter visto o potencial para inverter a posição desfavorável em que Cuba ficara aos olhos da China. Richard Gott, o historiador britânico dos movimentos revolucionários latino-americanos, que como jornalista cobriu a campanha de guerrilha de Che na Bolívia e trabalhou na Tanzânia no começo dos anos 1970, acredita que a missão de Che na China era conversar com os principais patrocinadores dos revolucionários congoleses. Gott argumenta que "os chineses estavam sem dúvida interessados na África. Zhou Enlai faria duas visitas naquele ano ao continente, e o governo endossava as concepções estratégicas de Lin Pao, ministro da Defesa chinês. Ele fizera um famoso discurso defendendo o cerco de cidades degeneradas por camponeses revolucionários radicais. Isso, naturalmente, soava como música aos ouvidos de Guevara".

Da China, Che fez uma parada em Paris, onde tirou algumas horas para visitar o Louvre. Depois retornou à África. Durante o mês seguinte, na Argélia, na Tanzânia e no Egito, ele tornou a se encontrar com Ben Bella, Julius Nyerere e Gamal Abdel Nasser, e começou a fazer sondagens para o seu ambicioso plano de revolução pan-africana. A parada crucial nesse itinerário era Dar es Salaam, onde o regime colonial branco ainda estava muito fresco na memória. Construída nas margens de uma laguna junto ao oceano Índico, por volta de 1860, no local escolhido para o palácio de verão do sultão árabe de Zanzibar, Dar es Salaam fora a capital da colônia da África Oriental Alemã até o fim da Primeira Guerra Mundial. Os britânicos se apossaram do território e o governaram, como colônia de Tanganica, até lhe concederem a independência, em 1961. Desde então, sob o

* Segundo um funcionário chinês, a desfeita não foi dirigida a Che, de quem foi dito que "se portou corretamente", mas a Osmany Cienfuegos, que ofendeu os chineses por "berrar" e "falar demais" e os levou a temer que provocaria um incidente embaraçoso na presença venerável de Mao.

presidente esquerdista Julius Nyerere, "Dar" se tornara o quartel-general de numerosos movimentos guerrilheiros africanos. Era um promissor posto avançado revolucionário. A embaixada dos Estados Unidos fora fechada com o rompimento de relações diplomáticas entre os dois países no ano anterior, e os cubanos tinham aberto a embaixada deles.

Contudo, os primeiros encontros de Che com revolucionários africanos foram decepcionantes. No que ele intitulou de "o primeiro ato" de um livro, *Pasajes de la Guerra Revolucionaria* (*Congo*),* que escreveu sobre sua experiência congolesa, Che rememorou seus primeiros encontros com os homens que ele chamava pejorativamente, em inglês, de *freedom fighters*. Esses homens, observou, tinham um "leitmotiv" comum: quase todos viviam confortavelmente em hotéis em Dar es Salaam e todos, invariavelmente, queriam dele as mesmas coisas, "treinamento militar em Cuba e ajuda monetária".

A primeira coisa que chamou a atenção de Che a respeito dos líderes rebeldes congoleses foi sua "extraordinária quantidade de tendências e de opiniões diversas". Gaston Soumaliot, o autointitulado "presidente do Congo Nor-oriental", cujas forças haviam libertado uma faixa de território no Congo Oriental, ao qual tinham acesso do território tanzaniano através do lago Tanganica, era vago e impenetrável. Che o descreveu como "pouco desenvolvido politicamente" e, sem dúvida, não era um "líder de nações". Também percebeu a rivalidade de Soumaliot com alguns de seus camaradas do Conselho Nacional de Libertação, especialmente Christophe Gbenye, cujos combatentes haviam tomado Stanleyville.

Um líder rebelde que impressionou Che foi Laurent Kabila, congolês educado pelos franceses, então com vinte e tantos anos, comandante-geral da frente militar oriental de Soumaliot. Che achou que a exposição que lhe fez Kabila de sua luta fora "clara, concreta e firme", embora falasse mal de seus colegas dirigentes do conselho, como Gbenye e o próprio Soumaliot. Posteriormente, Che notou que Kabila mentira para ele no seu primeiro encontro. Anunciara que acabava de chegar "do interior" do Congo, porém, como Che descobriu depois, Kabila simplesmente estivera no porto decadente de Kigoma, repleto de bares e bordéis, na margem tanzaniana do lago Tanganica. No entanto, Che preferiu ignorar a presunção de Kabila à luz de sua declarada visão esquerdista do mundo. "Kabila entendeu perfeitamente que o inimigo principal era o imperialismo norte-americano", escreveu Che, "e dis-

* O original desse livro, do qual, ao que consta, foram feitas apenas cinco cópias datilografadas, ficou guardado a sete chaves nos mais altos níveis do governo revolucionário cubano durante quase três décadas, até que algumas cópias vazaram e começaram a circular entre uns poucos pesquisadores, incluindo a mim. Em 1999, foi publicado em espanhol.

se que estava, por conseguinte, pronto para lutar até o fim contra ele. Suas declarações e sua autoconfiança me deram [...] muito boa impressão." Encontrando ouvidos receptivos para sua concepção, na qual se apoiava todo o seu plano africano, Che falou a Kabila da sua tristeza ante a resistência míope por parte de muitos dos países africanos ao envolvimento externo na rebelião congolesa, e acrescentou: "Nossa opinião é que o problema do Congo é um problema do mundo". Quando Kabila concordou com ele, Che prontamente lhe ofereceu a ajuda de Cuba. "Em nome do governo [cubano], ofereci uns trinta instrutores e as armas de que pudéssemos dispor, e ele aceitou com prazer. Recomendou rapidez na concretização de ambas as coisas, tal como Soumaliot já fizera em uma outra conversa, sendo que este último aconselhou que os instrutores fossem negros."

Che resolveu tomar o pulso dos outros *freedom fighters* na cidade. Havia planejado encontrar-se com eles em grupos separados, para conversas informais, porém, "por engano", escreveu ele, a embaixada cubana organizou uma "reunião barulhenta [...] de cinquenta ou mais pessoas, representantes dos movimentos de dez países ou mais, cada um dividido em duas ou mais tendências". Che se viu em uma sala cheia de guerrilheiros que, quase unanimemente, pediram apoio financeiro cubano e o treinamento de seus combatentes em Cuba. Para sua exasperação, Che respondeu negativamente, argumentando que treinar seus homens em Cuba seria dispendioso e um desperdício, e que os verdadeiros combatentes de guerrilhas se forjavam no campo de batalha, não em "academias" militares. "Por esse motivo, propus que o treinamento se realizasse, não na nossa longínqua Cuba, mas no vizinho Congo, onde a luta era não apenas contra um fantoche vulgar como Tshombe, mas contra o imperialismo norte-americano."

Che insistiu em que a luta congolesa era extremamente importante, sua vitória teria "repercussões continentais", do mesmo modo que seu fracasso. O que Che visualizava era um "foco grandioso", liderado por cubanos, no Congo Oriental, aonde os guerrilheiros dos países vizinhos poderiam ir e, ao ajudar na guerra para "libertar" o Congo, adquirir experiência de combate e de organização para empreender a luta em seu próprio país. Che admitiu que "a reação foi mais do que fria. Embora a maioria se abstivesse de fazer qualquer tipo de comentário, houve aqueles que pediram a palavra para me criticar de forma violenta por meus conselhos. Disseram que seu povo, maltratado e brutalizado pelo imperialismo, exigiria explicações se seus homens morressem [...] em guerras para libertar outros países. Tentei fazer com que vissem que não estávamos lidando com uma guerra travada dentro de fronteiras nacionais, mas com uma guerra continental contra o senhor comum, tão onipresente em Moçambique como no Malaui, na Rodésia ou na África do Sul, no Congo ou em Angola".* Che registrou que ninguém na sala concordou com ele. "De maneira fria e cortês, se despediram." Ele ficou com a nítida impressão de que a África tinha um longo caminho pela frente antes de conseguir chegar a uma verdadeira direção revolucionária. O que lhe restava, então, era "a tarefa de selecionar um grupo de cubanos negros, voluntários evidentemente, para reforçar a luta congolesa".

V

No Cairo, Che revelou seus planos para o Congo, segundo relatou o assessor pessoal de Nasser, Muhammad Heikal, mas, quando Che mencionou que estava pensando em liderar pessoalmente a expedição militar cubana, Nasser disse a Che que seria um erro ele se envolver diretamente no conflito, que, se estava pensando que podia ser como "Tarzã, um homem branco entre os negros, liderando-os e protegendo-os", estava enganado. Nasser achou que era uma proposição que só podia acabar mal.

Apesar de tais advertências, da má receptividade que sua estratégia encontrara em Dar es Salaam, de suas próprias dúvidas quanto aos líderes rebeldes congoleses que conhecera, e da sua falta de informações concretas sobre a verdadeira situação dentro do Congo, Che insistiu em ir em frente. O último discurso de Che no continente africano foi também seu canto do cisne como figura pública, ou, como às vezes era discretamente mencionado em Cuba, *su último cartucho*. Em 25 de fevereiro, em Argel, falando perante o II Seminário Econômico da Solidariedade Afro-Asiática, Che abandonou quaisquer ambiguidades e conclamou as superpotências socialistas a apoiar os movimentos de libertação do Terceiro Mundo e a arcar com os custos de transformar suas nações subdesenvolvidas em sociedades socialistas.

Che chamou de "irmãos" os membros das cerca de quarenta delegações africanas e asiáticas que representavam uma faixa diversificada de países do Terceiro Mundo, de países recém-independentes e de movimentos guerrilheiros em atividade. Então, "em nome dos povos da América", Che definiu a causa que unia sua parte do mundo com a deles como sendo "a aspiração comum de derrotar o imperialismo". Muitos dos presentes vinham de nações que estavam lutando contra o imperialismo da velha escola colonialista ou recentemente se haviam libertado dele, ele notou, enquanto Cuba havia triunfado sobre a outra

* Ver Notas.

Durante sua viagem ao exterior em 1964, Che encontrou-se com o presidente egípcio Gamal Abdel Nasser, um líder anti-imperialista. Anwar al-Sadat está ao lado de Che.

forma de imperialismo que dominava as Américas, o neocolonialismo, a cooptação e a exploração de países subdesenvolvidos por meio do "capital monopolista". Para impedir que isso acontecesse nas novas sociedades que estavam sendo forjadas, ele declarou, era "imperativo que se chegasse ao poder político e se liquidassem as classes opressoras".

"Não há fronteiras nessa luta até a morte", ele disse. "Não podemos ficar indiferentes diante do que ocorre em qualquer parte do mundo. Uma vitória de qualquer país contra o imperialismo é vitória nossa, do mesmo modo que a derrota de qualquer país é uma derrota para todos nós. A prática do internacionalismo proletário não é apenas um dever para os povos que lutam por um futuro melhor, é também uma necessidade inescapável [...]. Se não houvesse nenhuma outra base para a união, o inimigo comum devia constituir uma."

Não só era do seu interesse vital, como também era um "dever" dos países socialistas desenvolvidos ajudar a efetivar a separação entre as novas nações subdesenvolvidas e o mundo capitalista. "De tudo isso", disse Che, "deve-se tirar uma conclusão: o desenvolvimento dos países que agora entram no caminho da libertação precisa ser avalizado pelos países socialistas. Dizemos isso sem a menor intenção de chantagear quem quer que seja ou de chamar atenção [...]. É uma convicção profunda. Só pode existir socialismo se houver uma mudança na consciência do homem capaz de gerar uma nova atitude fraternal para com a humanidade, no plano individual, na sociedade que constrói ou construiu o socialismo, bem como no plano mundial, em relação a todos os povos que sofrem a opressão imperialista."

Então, Che criticou os países socialistas desenvolvidos por seus discursos de acordos comerciais "mutuamente benéficos" com os países mais pobres. "Como é que 'benefício mútuo' pode significar vender a preços do mercado mundial matérias-primas que custam aos países atrasados suor e sofrimento, e comprar a preços do mercado mundial as máquinas produzidas nas grandes fábricas automatizadas da atualidade? Se estabelecermos esse tipo de relacionamento entre os dois grupos de países, teremos de reconhecer que os países socialistas são, até certo ponto, cúmplices da exploração imperialista. Pode-se argumentar que o volume de comércio com os países subdesenvolvidos constitui uma insignificante parte do comércio exterior dos países socialistas. É uma grande verdade, mas ela não elimina a natureza imoral do intercâmbio. Os países socialistas têm o dever moral de acabar com sua cumplicidade tácita com o Ocidente."

Che estava fazendo seu ataque diretamente à URSS, que, junto com a China, enviara observadores ao fórum. Embora tivesse o cuidado de dar crédito a ambos os países por terem dado a Cuba acordos comerciais vantajosos para as exportações de açúcar, acentuou que isso era apenas um primeiro passo. Os preços tinham de ser fixados a fim de permitir o real desenvolvimento das nações pobres, e essa nova concepção fraternal de comércio exterior devia ser estendida pelas potências socialistas a todas as nações subdesenvolvidas no seu caminho rumo ao socialismo.

Não era a primeira vez que Che criticava o que via como sendo "exploração", no estilo capitalista, dos soviéticos em seu comércio com Cuba ou em suas relações com outras nações em desenvolvimento, suas opiniões eram amplamente conhecidas no seio da elite revolucionária em Havana, mas foi a primeira vez que fez tal crítica em um foro internacional. Ao fazê-lo, estava consciente e deliberadamente forçando os limites, obviamente esperava "constranger" Moscou para que agisse. E ele ainda não havia terminado. Conclamou à formação de um "grande bloco compacto" de nações para ajudar outras a se libertarem do imperialismo e das estruturas econômicas que este lhes impusera. Isso significava que as armas dos países socialistas fabricantes de armamentos deveriam ser dadas, "sem custos de qualquer espécie e na quantidade determinada por sua necessidade e disponibilidade, àqueles povos que as solicitassem".

Mais uma vez, Che fez uma pausa para creditar à URSS e à China o fato de terem seguido esse princípio ao proporcionar ajuda militar a Cuba, mas logo voltou a criticá-los. "Nós somos socialistas e isso constitui a garantia da utilização correta dessas armas, mas não somos os únicos e todos devem ter o mesmo tratamento." Citou os acossados norte-vietnamitas, cujo país, havia duas semanas, passara a ser submetido a bombardeios sistemáticos por aviões norte-americanos, e os congoleses, como dignos de receberem a "solidariedade incondicional" que ele estava exigindo.

Não foi surpresa que os soviéticos ficassem indignados com o discurso de Che. Chamar o Kremlin de "cúmplice do imperialismo" constituía uma surpreendente quebra de protocolo dentro do bloco socialista e, considerando-se o volume do financiamento de Moscou para Cuba, o discurso de Che não era menos do que uma ingrata bofetada.

Enquanto Che ia encerrando sua longa peregrinação, de Argel voltou para o Egito, antes de seguir para Praga em 12 de março, novos acontecimentos no Congo pareciam justificar os pedidos de Soumaliot e Kabila de que se apressasse a chegada dos instrutores cubanos e das armas que ele prometera. Os mercenários brancos reunidos por Mike Hoare haviam entrado em ação contra os rebeldes, liderando as tropas do governo em ataques por terra e realizando missões de bombardeio aéreo. Haviam capturado vários postos avançados importantes e estavam rapidamente criando uma ameaça para o "território libertado" ao longo da margem oriental do lago Tanganica. Se Cuba se lançaria no conflito congolês, o momento de agir chegaria muito em breve.

VI

Do mesmo modo que os "kremlinólogos", que buscavam identificar sinais de mudanças de poder, observavam cuidadosamente a colocação dos membros do Politburo durante as celebrações na Praça Vermelha, a recepção de Che em Havana após seu provocador discurso em Argel foi minuciosamente examinada para se descobrirem indícios de camaradagem ou conflito entre ele e Fidel.

Quando Che chegou, em 15 de março, ao aeroporto de Rancho Boyeros, Aleida estava à sua espera, junto com Fidel, o presidente Dorticós e, talvez mais importante ainda, o velho comunista Carlos Rafael Rodríguez. Aleida se recusou a falar sobre o que aconteceu então, nem Castro o revelou, mas parece que Che foi diretamente do aeroporto para um encontro a portas fechadas com Fidel, que durou muitas horas. Alguns observadores interpretaram o encontro como sen-

Em 15 de março de 1965, pouco mais de duas semanas após pronunciar um inflamado discurso em Argel, criticando a União Soviética, Che foi recebido no aeroporto em Havana por Fidel, sua esposa, Aleida, o velho comunista Carlos Rafael Rodríguez (de cavanhaque) e o presidente cubano Osvaldo Dorticós.

do o ponto crucial para as tensões que supostamente se criaram entre os dois. Uma bem informada fonte do governo cubano disse, de forma elíptica, que "provavelmente" Fidel teria dito algumas "palavras duras", mas que isso ocorrera menos por diferenças de opinião fundamentais do que pela "falta de tato" de Che no seu discurso em Argel. Nesse contexto, a presença de Carlos Rafael Rodríguez no aeroporto pode possivelmente ser interpretada como sendo uma representação do Kremlin contrafeito.

Maurice Halperin avaliou essa situação de maneira diferente. "Fiquei espantado quando li o discurso alguns dias depois", escreveu ele. "Quando perguntei a um alto funcionário do Ministério de Comércio Exterior qual era o significado da explosão de Che, ele respondeu com um largo sorriso: 'Ela representa o ponto de vista cubano'." Halperin concluiu que isso era muito provável. E achou que a presença de Fidel no aeroporto para acolher pessoalmente Che de volta a Cuba fora sua maneira de demonstrar sua aprovação. De fato, o discurso de Che em Argel foi depois publicado na *Política Internacional*, revista oficial trimestral, o que parecia afastar quaisquer dúvidas sobre a posição de Fidel.

A maioria dos indícios sugere que Che e Fidel estavam atuando de comum acordo, até mesmo coordenando suas observações públicas. No seu discurso de 2 de janeiro, na comemoração do sexto aniversário da revolução, Fidel fizera uma dura crítica ao modelo socialista soviético, embora sem mencionar seu nome, e, pela primeira vez, falou ao povo cubano sobre "problemas" que existiam dentro da fraternidade socialista de nações. Disse que o povo de Cuba tinha o direito de falar com sua própria voz e de interpretar as ideias de Marx, Engels e Lênin de acordo com suas próprias percepções e condições, e que eles deviam estar preparados para sobreviver por conta própria se a ajuda que recebiam do exterior fosse subitamente suspensa. Era uma mensagem inequívoca para Moscou de que Fidel não aceitaria os esforços soviéticos para imporem a Cuba seu modelo político.

Em 13 de março, dois dias antes do retorno de Che, Fidel falou na Universidade de Havana, criticando a China e a URSS por sua rivalidade e sua hipocrisia no que se referia ao apoio à "libertação dos povos", enquanto nada faziam para ajudar os vietnamitas diante da escalada dos ataques militares norte-americanos. "Propomos que se dê ao Vietnã toda a ajuda que possa ser necessária! Ajuda em armas e em homens! Nossa posição é de que o campo socialista [deve] correr quaisquer riscos que sejam necessários!" Recordou para sua plateia que houve um precedente recente do tipo de solidariedade a que se estava referindo: a própria Cuba. Durante a crise dos mísseis, Cuba fora voluntária para enfrentar a ameaça de uma "guerra termonuclear" por ter aceitado os mísseis soviéticos em seu solo, com a finalidade de fortalecer o campo socialista. Fidel afirmou que Cuba continuava acreditando que era seu dever histórico lutar contra o imperialismo ianque, e os cubanos sentiam-se ligados aos esforços desenvolvidos em outras partes do mundo.*

Porém, em Argel, Che fora ainda mais longe do que Fidel, dizendo tudo que sentia e achava, e as consequências que se danassem. Lançara seu desafio e não re-

* Fidel também aludiu à sua irritação pelo fato de os chineses e os soviéticos terem trazido suas rivalidades para sua ilha. Mais uma vez, sem mencionar país algum — embora estivesse se referindo à China —, criticou os esforços que estavam sendo feitos para fazer circular propaganda política não autorizada em solo cubano. Disse que só o partido do governo de Cuba tinha o direito de distribuir material de propaganda e advertiu que não toleraria mais isso. Entretanto, apesar de seu aviso, o problema ainda não chegara ao auge.

trocederia. Seus comentários tornaram ainda mais difícil defendê-lo junto aos soviéticos. Então Fidel "sugeriu" que ele deixasse Cuba imediatamente e retornasse à África para chefiar o contingente guerrilheiro cubano já em treinamento para a missão no Congo. Não era onde o coração de Che estava, mas as condições na América do Sul ainda não se encontravam no ponto, enquanto, àquela altura, a África parecia oferecer reais possibilidades revolucionárias. Ele concordou em ir.

Juan Carreterro — Ariel — disse que Manuel Piñeiro e o próprio Fidel tinham instado Che a ir para o Congo. Seria apenas por uns dois anos e, nesse meio-tempo, prometeram que o pessoal de Piñeiro continuaria a montar a infraestrutura de guerrilha na América Latina. A guerra no Congo seria um inestimável exercício de enrijecimento para os combatentes de Che e proporcionaria um útil processo de triagem daqueles que iriam depois com ele para a América do Sul. Segundo recorda Piñeiro, Che não precisou de muita persuasão. "Che voltou realmente entusiasmado com seus contatos com os africanos, de modo que Fidel lhe disse: 'Por que você não vai para a África?'."

Em 22 de março, Che discursou no Ministério das Indústrias, fazendo para seus colegas uma exposição sobre sua viagem à África, mas sem anunciar que estava partindo. Uma semana depois, visitou os veteranos *guajiros* de sua antiga coluna na serra, que trabalhavam na fazenda experimental Ciro Redondo, em Matanzas, e lhes disse que iria "cortar cana" durante algum tempo. De volta a Havana, reuniu alguns de seus camaradas mais próximos no ministério e lhes contou a mesma história. Muito poucas pessoas sabiam que Che estava se preparando para partir definitivamente de Cuba, mas esta era sua intenção. Seu regresso a Havana se resumiu em um esquema de quinze dias de desaparecimento, em que ele foi gradualmente se retirando de cena, evitando contatos públicos e se despedindo de um punhado de pessoas que ele sabia que guardariam o segredo. Para o povo cubano em geral, a chegada amplamente noticiada de Che ao aeroporto no dia 15 de março, voltando da África, seria a última vez em que o veriam.

Seria também a última vez em que seus filhos o veriam como seu pai, e o caçula não guardaria nenhuma recordação dele. Che estivera ausente durante o nascimento de seu último filho, em 24 de fevereiro, um menino a quem Aleida deu o nome de Ernesto.

Ela estava inquieta. Pediu a Che que não fosse, mas sua decisão estava tomada. Prometeu a ela que, quando a revolução estivesse em um "estágio mais avançado", poderia ir juntar-se a ele. Pouco antes de sua partida, estavam almoçando com a babá, Sofía, e ele perguntou a esta o que acontecera com as viúvas dos cubanos que tinham morrido na revolução. Elas tornaram a se casar? Sim, respondeu-lhe Sofía, muitas delas se casaram. Che se virou para Aleida e, apontando para sua xícara de café, disse: "Nesse caso, esse café que você serve para mim, pode servir para outro".

Na madrugada de 1º de abril, Che deixou a casa em que passara oito anos disfarçado de Ramón Benítez, um homem bem barbeado, de aparência sóbria, usando óculos.

A última foto de família de Guevara, em março de 1965. Che está segurando Ernesto, seu filho recém-nascido. Ele está com o braço em torno de Camilo, que está ao lado de Aliusha. Aleida está com Celia no colo.

27. A história de um fracasso

I

"Um belo dia, apareci em Dar es Salaam", escreveu Che em seu *Pasajes*, sobre o Congo. "Ninguém me reconheceu, nem mesmo o embaixador [Pablo Ribalta], velho camarada de armas, [...] foi capaz de me identificar quando cheguei." Fizera um trajeto sinuoso, via Moscou e Cairo, acompanhado por José María "Papi" Martínez Tamayo, seu emissário itinerante para as guerrilhas. Papi fora envolvido em missões na Guatemala e na Argentina, e tinha ajudado no treinamento clandestino de Tania. Eles viajaram com Víctor Dreke, um funcionário cubano, convenientemente negro, escolhido para ser o comandante oficial da brigada internacionalista cubana. Che estava cheio de grandes expectativas. "A África para aventuras, e então terão terminado as andanças pelo mundo", escrevera ele à mãe uma década antes. Desde então, Che tinha visto grande parte do mundo, porém, na maioria das vezes, dentro das restrições impostas por seu papel de ministro de governo e de sua condição de figura internacional. A essa altura, estava de novo livre para ser ele mesmo.

"Deixei para trás quase onze anos de trabalho pela Revolução Cubana, ao lado de Fidel, um lar feliz, na medida em que se pode chamar assim a casa em que vive um revolucionário dedicado ao seu trabalho, e um bando de crianças que mal sabiam do meu amor", ele escreveu. "O ciclo estava recomeçando."

II

Che e seus companheiros chegaram a Dar es Salaam em 19 de abril de 1965. Enquanto aguardavam por mais membros da brigada cubana, que estavam viajando em grupos seguindo itinerários diferentes, alojaram-se em uma pequena fazenda que Ribalta alugara nos arredores da cidade. De um dicionário de suaíli, Che escolheu novos nomes para eles três: Dreke passou a ser Moja, que quer dizer "Um", Papi virou Mbili, ou seja, "Dois", e o próprio Che era Tatu, isto é, "Três".

Laurent Kabila e os outros líderes rebeldes congoleses estavam longe, no Cairo, para uma reunião da cúpula. Um representante político congolês em Dar es Salaam, de nível médio, um jovem chamado Godefroi Chamaleso, que foi contatado e apresentado aos três homens, que lhe contaram apenas que eram um grupo avançado cubano. A explicação para a inesperada presença de dois brancos no grupo foi que Tatu era médico, falava francês e tinha experiência como guerrilheiro. Mbili estava ali por sua vasta e inestimável experiência em guerrilhas. Che disse a Chamaleso que a quantidade de cubanos que estava por vir seria maior do que o planejado inicialmente, totalizando 130 homens, e que desejavam ingressar em território congolês o mais cedo possível. Chamaleso seguiu para o Cairo, a fim de informar Kabila da chegada do grupo, ainda sem saber que o homem que tinha conhecido era Che.

Quando revelar a verdadeira identidade de Tatu, e para quem, tornou-se uma difícil decisão. "Eu não tinha falado a nenhum dos congoleses da minha decisão de combater ali", escreveu Che. "Na minha primeira conversa com Kabila não podia falar porque nada estava decidido ainda e, depois que o plano foi aprovado [por Fidel], seria perigoso para o meu projeto ser conhecido antes de minha chegada ao meu destino, havia muitos territórios hostis a atravessar. Assim sendo, resolvi apresentar-lhes um fato consumado e atuar conforme eles reagissem à minha presença. Não ignorava o fato de que uma reação negativa me colocaria em uma posição difícil, porque àquela altura não podia voltar, mas calculei que seria difícil para eles me recusarem. Basicamente, eu estava fazendo uma chantagem por meio da minha presença física."

Ele teve o mesmo compromisso que exigiu dos seguidores de Masetti quando se preparavam para partir rumo à Argentina. Disse-lhes que, daquele momento em diante, deviam se considerar mortos; se sobrevivessem, o que era duvidoso para a maioria, provavelmente passariam combatendo os próximos dez a vinte anos da vida deles. Essa era a natureza da obrigação que Che assumira para si mesmo. Ele não tinha apenas "partido de Cuba", mas, na verdade, destruíra as pontes. Escrevera uma mensagem para Fidel que era, ao mesmo tempo, uma carta de despedida, uma declaração eximindo o governo cubano de qualquer responsabilidade por suas ações e uma última vontade e testamento:

"Fidel", começava ele:

> Neste momento lembro-me de muitas coisas, de quando o conheci na [Cidade do México] casa de María Antonia, quando me propôs juntar-me a você, de todas as tensões que envolviam os preparativos. Um dia vieram me perguntar quem devia ser notificado em caso de morte, e a possibilidade real desse fato atingiu a todos nós. Mais tarde, soubemos que era verdade, que em uma revolução se vence ou se morre (se ela for autêntica).
>
> Atualmente, tudo tem um tom menos dramático, porque somos mais maduros. Mas o fato se repete. Sinto que cumpri com a parte do meu dever que me prendia à Revolução Cubana em seu território e me despeço de você, dos camaradas, do seu povo, que agora é meu.
>
> Renuncio formalmente a meus cargos na liderança do partido, a meu posto de ministro, à minha patente de comandante e à minha cidadania cubana. Legalmente, nada me vincula a Cuba [...].
>
> Recordando minha vida pregressa, acredito que eu tenha trabalhado com suficiente integridade e dedicação para consolidar o triunfo revolucionário. Minha única deficiência grave foi não ter tido mais confiança em você desde os primeiros momentos na Sierra Maestra e não ter percebido com a devida rapidez suas qualidades de líder e de revolucionário.*
>
> Vivi dias magníficos e, ao seu lado, senti o orgulho de pertencer ao nosso povo nos dias brilhantes, embora tristes, da crise [dos mísseis] caribenha. Dificilmente um estadista foi mais brilhante do que você naqueles dias [...].
>
> Outras nações do mundo requerem meus modestos esforços. Posso fazer aquilo que lhe é vedado devido à sua responsabilidade à frente de Cuba, e chegou a hora de nos separarmos.
>
> Quero que se saiba que o faço com uma mistura de alegria e pena. Deixo aqui minhas mais puras esperanças de construtor e os meus entes mais queridos. E deixo um povo que me recebeu como um filho. Isso fere uma parte do meu espírito. Carrego para novas frentes de batalha a fé que você me ensinou, o espírito revolucionário do meu povo, a sensação de estar cumprindo com o mais sagrado dos deveres: lutar contra o imperialismo onde quer que seja. Isso me conforta e mais do que cura as feridas mais profundas.

* Che estava, evidentemente, se referindo à breve perda de confiança em Fidel após o Pacto de Miami durante a guerra revolucionária.

Declaro uma vez mais que eximo Cuba de qualquer responsabilidade, a não ser aquela que provém do seu exemplo. Se minha hora final me encontrar debaixo de outros céus, meu último pensamento será para o povo e especialmente para você [...]. Não lamento por não deixar nada material para minha mulher e meus filhos. Estou feliz que seja assim. Nada peço para eles, pois o Estado os proverá com o suficiente para viver e para ter instrução [...].

Hasta la victoria siempre! Patria o muerte! Abraço-o com todo o meu fervor revolucionário.

Che.

Che também deixara uma carta para que fosse encaminhada a seus pais:

Queridos *viejos*:

Uma vez mais sinto sob os calcanhares as costelas de Rocinante.* Retorno para a estrada com o escudo no braço. Nada de essencial mudou, exceto que estou mais cônscio, meu marxismo está mais arraigado e mais cristalizado. Creio na luta armada como a única solução para os povos que lutam para se libertarem e sou coerente com minhas crenças. Muitos me chamarão de aventureiro, e o sou, mas de um tipo diferente, sou daqueles que colocam a vida em jogo para demonstrar as suas verdades.

É possível que esta seja a definitiva. Não estou buscando por ela, mas está dentro dos cálculos lógicos das probabilidades. Se tiver que ser, então este é o meu último abraço.

Amei-os muito, apenas não soube como mostrar o meu amor. Sou extremamente rígido em meus atos e creio que houve ocasiões em que vocês não me entenderam. Por outro lado, não era fácil entender-me [...]. Agora, a força de vontade que aprimorei com o deleite de um artista levará adiante minhas pernas fracas e meus pulmões cansados. Vou conseguir.

Lembrem-se de vez em quando deste pequeno *condottiere* do século XX [...]. Para vocês, um grande abraço de um recalcitrante filho pródigo.

Ernesto.

Deixou para Aleida uma gravação em fita de sua voz, recitando para ela seus poemas de amor favoritos, inclusive vários de Pablo Neruda. Para seus cinco filhos, em uma carta para ser lida por eles somente depois da sua morte, escreveu:

* Rocinante era o cavalo de Dom Quixote.

Se um dia vocês tiverem de ler esta carta, será porque não estou mais entre vocês. Vocês quase não se lembrarão de mim, e os menores não se lembrarão de nada em absoluto. Seu pai foi um homem que agiu de acordo com suas crenças e sem dúvida foi fiel às suas convicções.

Cresçam como bons revolucionários. Estudem muito para serem capazes de conhecer as técnicas que permitem dominar a natureza. Lembrem-se de que a Revolução é que é importante e que cada um de nós, sozinho, não vale nada.

Acima de tudo, tentem sempre sentir profundamente qualquer injustiça cometida contra qualquer pessoa em qualquer parte do mundo. É a mais bela qualidade de um revolucionário.

Até sempre, filhinhos. Ainda espero vê-los de novo. Um beijo grande de verdade e um abraço apertado do Papa.*

A essa altura, o contato de Che com sua primeira esposa, Hilda, tornou-se formal, limitando-se, na maioria das vezes, às visitas para ver sua filha. Hilda falou com ele pessoalmente pela última vez na véspera de sua viagem para discursar perante as Nações Unidas, em novembro de 1964. Quando ela lhe mostrou uma carta que recebera de seu pai, avisando-a de que estava planejando ir a Havana em breve, Che pareceu surpreso. Segundo Hilda, ele deixou escapar: "Por que ele não veio [...]! Que pena! *Agora não dá mais tempo*". Ela não entendeu a que Che estava se referindo até mais tarde, ao perceber que ele já devia estar com o projeto africano em mente. Quando ele regressou de Argel, em 15 de março, Hildita, então com oito anos, estava no aeroporto para recebê-lo, e ele a levou para casa antes de ir se encontrar com Fidel. Não houve tempo para falar com Hilda, mas disse à menina que voltaria depois. Telefonou para Hilda, dois ou três dias mais tarde, e disse que iria para o interior para cortar cana.** Tanto ela quanto a filha nunca mais o viram.

Para alguns de seus amigos mais chegados, Che selecionou livros da biblioteca de seu gabinete e escreveu dedicatórias pessoais para cada um deles. Deixou-os na prateleira, sem dizer nada, para que fossem sendo descobertos. Para seu velho amigo Alberto Granado, deixou um livro sobre a história do açúcar cubano,

* Ver Notas.

** Havia uma boa razão pela qual Che não podia contar a Hilda seu plano secreto. Segundo um dos mais íntimos amigos dele, que tinha conhecimento de seus planos, Hilda tinha passado a ser um risco de segurança devido à sua tendência de fazer o papel de "fada-madrinha" de qualquer guerrilheiro latino-americano que aparecesse em Havana. Alguns eram genuínos, outros eram aspirantes a guerrilheiros, e pelo menos um, mexicano, foi preso e desmascarado pelos serviços de segurança cubanos como agente da CIA.

El ingenio. Nele escreveu: "Não sei o que lhe deixar como recordação. Obrigo-o, então, a mergulhar na cana-de-açúcar. Minha casa sobre rodas terá dois pés novamente e meus sonhos nenhuma fronteira, pelo menos até que as balas tenham a sua vez. Espero-o, cigano sedentário, quando o cheiro da pólvora se dissipar".

Orlando Borrego perguntou se podia ir com Che para a África, mas ele disse não. Borrego tinha então um cargo importante como o ministro do Açúcar, e Che lhe disse que seus serviços eram valiosos demais. Para ele, Che deixou *Das Kapital*, em três volumes. "Borrego", ele escreveu na folha de rosto, "esta é a fonte, aqui todos aprendemos, por tentativa e erro, buscando o que ainda é apenas uma intuição. Agora que parto para cumprir meu dever e minha vontade, e você fica para trás para cumprir seu dever contra a sua vontade, deixo-lhe uma prova da minha amizade, que raramente expressei em palavras. Obrigado por sua constância e lealdade. Que nada o afaste do seu caminho. Um grande abraço, Che."

Além do discurso feito em Argel, Che deixara para trás um manifesto final, que pode ser visto como a cristalização de sua doutrina. *Socialismo y el hombre nuevo en Cuba* foi escrito durante sua jornada de três meses pela África e enviado sob a forma de carta ao editor do *Marcha*, um semanário uruguaio. Fora publicado em março e começara a provocar agitação nos círculos de esquerda pelo hemisfério afora. Em Cuba, foi publicado na *Verde Olivo*, em 11 de abril, época em que Che estava no caminho de volta à Tanzânia. No ensaio, ele reafirma o direito de Cuba a um papel à frente da revolução latino-americana e lança uma contundente dissertação contestando a dócil aplicação de dogmas soviéticos por companheiros socialistas. Em uma crítica adicional ao modelo soviético, Che reitera seu argumento em favor de incentivos "morais" em contraposição a incentivos materiais.

Che negava que a construção do socialismo significava "a abolição do indivíduo". Ao contrário, o indivíduo era a essência da revolução: a luta cubana dependera daqueles indivíduos que combateram e ofereceram a vida por ela. No entanto, uma nova noção do ser emergira no vórtice dessa luta, o "estágio heroico" que fora atingido quando esses mesmos indivíduos "competiam para lograr um lugar de maior responsabilidade, de maior perigo, e sem qualquer outra satisfação além do cumprimento do dever [...]. Na atitude de nossos combatentes, podíamos vislumbrar o homem do futuro".

É difícil não sentir que Che estava expressando um relato da sua própria transformação revolucionária. Ele tinha sublimado seu ser anterior, o indivíduo, e chegara a um estado mental por meio do qual podia conscientemente se sacrificar pela sociedade e por seus ideais. Se ele era capaz de fazê-lo, outros também o eram.

Por fim, Che escreveu:

É preciso que se diga, com toda a sinceridade, que, na revolução verdadeira, à qual alguém se dedica por completo, da qual não se espera nenhuma compensação material, a tarefa da vanguarda revolucionária é, ao mesmo tempo, magnífica e angustiante.

Deixem-me dizer, correndo o risco de parecer ridículo, que o verdadeiro revolucionário é guiado por fortes sentimentos de amor. É impossível pensar em um revolucionário autêntico sem essa característica. Este é, talvez, um dos maiores dramas de um líder: ele precisa combinar um espírito apaixonado com uma mente fria, e tomar decisões dolorosas sem mexer um músculo. Nossos revolucionários de vanguarda precisam idealizar seu amor pelo povo, pelas causas mais sagradas, e torná-lo uno e indivisível. Eles não podem se rebaixar, com pequenas doses de afeto diário, aos lugares onde os homens comuns põem seu amor em prática.

Os líderes da revolução têm filhos que não aprendem a chamar seus pais com suas primeiras palavras balbuciadas; têm mulheres que precisam participar do sacrifício geral de suas vidas para conduzir a revolução ao seu destino; suas amizades ficam estritamente limitadas aos seus camaradas na revolução. Não há vida fora dela.

Nessas condições, é preciso que se tenha uma grande dose de humanidade, uma grande dose de sentido de justiça e verdade, para evitar cair nos extremos, na escolástica fria, no isolamento em relação às massas. Precisamos lutar todos os dias para que esse amor pela humanidade seja transformado em fatos concretos, em atos que servirão de exemplo, como um fator mobilizador.

Sabemos que há sacrifícios à nossa frente e que temos de pagar um preço pelo ato heroico de constituir, como nação, uma vanguarda. Nós, os líderes, sabemos que temos de pagar um preço por ter o direito de dizer que estamos na dianteira dos povos da América.

Pontualmente, todos nós e cada um de nós pagamos nossa cota de sacrifício, cientes de estarmos recebendo nossa recompensa pela satisfação de cumprir nosso dever, cônscios de estarmos avançando com todos na direção do novo homem que se vislumbra no horizonte.

III

Em 20 de abril, em meio a crescentes especulações de que algo "acontecera" com Che, Fidel anunciou misteriosamente que Che estava bem, que estava "onde seria de utilidade maior para a revolução". Era tudo o que diria.

Nesse mesmo dia, Hildita recebeu uma carta de aniversário atrasada de seu pai. Ela fizera nove anos em 15 de fevereiro. Dizia-lhe que ele estava "um pouco longe", fazendo um certo trabalho que lhe havia sido encomendado, e iria "demorar um pouco" até que pudesse regressar. Disse-lhe que tomasse conta de seus "outros" irmãos e irmãs, e se certificasse de que estavam fazendo seus deveres de casa, e garantiu que estava "sempre pensando" nela.

Mais ou menos na mesma época, Che mandara uma pista de que estava bem para seu pai, dando uma forte insinuação da parte do mundo em que se encontrava. Era um cartão-postal, expedido depois de sua partida de Cuba, que dizia simplesmente: "*Viejo*: do sol do Saara para seu nevoeiro [argentino]. Ernesto se renova e vai para o terceiro [round]. Um abraço apertado do seu filho".

Apesar das garantias de Fidel, continuavam a correr rumores sobre o destino de Che. Algumas das especulações iniciais eram de que ele estava na República Dominicana, onde eclodira uma crise dias depois de ele ter sumido. O presidente Johnson, que derrotara Goldwater nas eleições em novembro, enviara fuzileiros navais para sufocar um levante armado de esquerda naquele país. Foi a primeira invasão militar norte-americana no hemisfério Ocidental em décadas, e as ruas de São Domingos se transformaram em um campo de batalha entre os legalistas rebeldes do presidente civil deposto, o esquerdista Juan Bosch, e as Forças Armadas dominicanas.*

Como insinuaram membros dos serviços secretos de Cuba, o rumor sobre "Che em São Domingos" pode ter sido gerado em Havana. Enquanto ele estivesse a caminho do Congo e exposto a ser detectado ou capturado, era de extrema importância manter seu paradeiro em segredo. À medida que foi passando o tempo, novas notícias surgiriam para insinuar que ele estava no Vietnã ou em outros lugares exóticos. Algumas eram fruto de desinformação plantada pelo serviço de Inteligência cubano, outras provavelmente espalhadas pela CIA para lançar dúvidas a respeito do regime de Castro. Uma das notícias mais sensacionalistas que logo começaram a circular tinha um nítido aroma soviético. Um suposto memorando secreto informava que Che sofrera um colapso nervoso e fora internado em uma clínica psiquiátrica, onde passava o tempo lendo Trótski e escrevendo cartas a Fidel, advogando suas ideias para criar uma revolução per-

* As lutas acabaram cessando, e as tropas dos Estados Unidos e de aliados latino-americanos foram retiradas após um acordo de cessar-fogo obtido por mediação da OEA. Novas eleições foram convocadas e realizadas no ano seguinte. Bosch perdeu para o rival de direita, Joaquín Balaguer, que dominou a política de seu país em mandatos presidenciais alternados durante os trinta anos subsequentes.

manente. (O "Memorando R", como ficou conhecido, apontava com proximidade alarmante para o verdadeiro lugar onde se encontrava Che, dizendo que, entre os lugares que ele mencionava em suas cartas, estava Zanzibar, onde era possível "que estivesse trabalhando com os chineses".)

Como recordou Sergo Mikoyan, os primeiros relatos que circularam em Moscou se referiam a um confronto entre Fidel e Che, dizendo que ele tinha sido exilado ou punido. "Entre os apparatchiks a opinião geral era que tinha havido uma briga entre Fidel e Che", ele disse. "Ou, talvez, não uma briga, mas que Fidel não queria Che em Cuba, pois ele queria ser o único líder e Che estava competindo com ele." Mikoyan ressaltou que ele nunca dera crédito a essa versão. "Eu conhecia os dois e sabia que Che era completamente destituído de ambição [...]. Ele não seria capaz nem de imaginar competir com Fidel. Essa hipótese parecia ridícula e não acreditei nela. Mas nossa gente pensava em Stálin e Trótski, depois Kruschev e Brejnev, que estavam sempre brigando, e achavam que era a mesma coisa em Cuba."

Alexandr Alexiev, que ainda era o embaixador soviético em Havana, também ouvira esses boatos, mas, a essa altura, sabia que não tinham fundamento. Em março, Fidel o convidara para um evento especial: lideraria uma brigada de trabalho voluntário composta de revolucionários para cortar cana-de-açúcar em Camagüey. Quando Alexiev soube que Che não faria parte do evento, começou a se perguntar se os rumores de uma ruptura eram verdadeiros. Mas, quando chegou a hora, Fidel levou Alexiev para dar uma volta em Camagüey e lhe contou a verdade. "Você provavelmente notou a ausência de Che", disse Fidel. "Ele está na África. Foi para lá a fim de organizar um movimento. Mas estou dizendo isso só para o seu conhecimento. Você não deve em hipótese alguma transmitir isso por telegrama."

Alexiev interpretou a advertência de Fidel como querendo dizer que ele não devia colocar *por escrito* nada que pudesse ser visto por terceiros e, de algum modo, ser divulgado, mas ele tinha a obrigação de informar ao seu governo e assim o fez. Trinta anos depois dos acontecimentos, ele teve dificuldade para se lembrar exatamente como transmitira a informação. Achou que foi por meio de "alguém de grande confiança" que fora a Havana em uma delegação soviética. Assinalou que não colocara nada por escrito. Posteriormente, durante uma ida a Moscou, Alexiev complementou aquela providência informando pessoalmente a Leonid Brejnev.*

* Alexiev disse que Brejnev "não pareceu muito interessado" no que ele disse. Alexiev acrescentou alguns detalhes sobre esse encontro, mas insinuou que Brejnev não teria permitido que o assunto

A confidência sussurrada por Fidel a Alexiev sobre a missão de Che foi sem dúvida uma discreta insinuação para Moscou de que ele continuava leal, a despeito de suas provocações públicas ao urso soviético. Che podia estar no Congo auxiliando uma facção revolucionária, apoiada predominantemente pelos chineses, porém isso não devia afetar o relacionamento entre o Kremlin e Havana. Na realidade, Fidel pode ter tido a esperança de que o novo Politburo do Kremlin, que já estava dando alguma ajuda aos rebeldes congoleses, pudesse reagir com um apoio direto ao programa cubano de guerrilhas na África.

Mais ou menos na mesma época em que Fidel revelou o segredo a Alexiev, a coluna avançada da força cubana, liderada por Che, estava se preparando para entrar em ação.

IV

Ao amanhecer o dia 24 de abril de 1965, Che e treze cubanos pisaram na margem congolesa do lago Tanganica. Uma extensão de cinquenta quilômetros de água os separava da segurança da Tanzânia e de sua vasta savana que se estendia até o oceano Índico, que eles tinham atravessado em dois dias e duas noites, de carro, partindo de Dar es Salaam, e em seguida de barco para a vila de Kibamba, à beira do lago. Acima deles se elevava a borda ocidental do vale da Grande Fratura, uma escarpa coberta de selva verde que se erguia íngreme da margem do lago. Adiante ficava o território "liberado" controlado pelos rebeldes. Sua linha de frente setentrional começava a cerca de 160 quilômetros de distância, na cidade de Uvira, na margem norte do lago Tanganica. Uvira tornara-se a posição de recuo dos rebeldes, depois de terem perdido a cidadezinha de Bukavu, mais acima pelo vale, onde se encontram as fronteiras do Congo, de Ruanda e do Burundi. Para o interior, o território se estendia para oeste através da selva por cerca de 270 quilômetros, até Kasongo, no rio Lualaba, nos limites setentrionais da província de Katanga. Ao todo, era um domínio que o líder mercenário Mike Hoare descrevia como tendo o dobro do tamanho do País de Gales. Tinha uma região de planícies descampadas e montanhas cobertas de florestas, cortada por rios velozes. Manadas de elefantes ainda vagavam por ali, e um complexo mosaico de povos tribais vivia do que plantava e do que colhia. O território possuía

---

se tornasse uma questão capaz de afetar suas relações com Cuba. "[Brejnev] estava *com* Fidel", disse ele. "Ele estava tentando capitalizar sobre a amizade de Fidel com Kruschev e ter o mesmo tipo de relacionamento."

poucas estradas ou cidadezinhas, e os raros pontos habitados no mapa representavam aldeias indígenas, ex-guarnições coloniais belgas, missões e entrepostos comerciais isolados.

Godefroi Chamaleso, o comissário político em Dar es Salaam, fora até ali para preparar o terreno para os cubanos. Até então, ele era o único vínculo oficial de Che com os revolucionários, a quem ele devia pôr em condições de agir de modo eficiente. Kabila não apareceu, tendo ficado no Cairo, de onde mandara avisar que regressaria dentro de quinze dias. Na sua ausência, Che foi obrigado a permanecer incógnito. "Para ser sincero", confessaria mais tarde, "não fiquei aborrecido, porque estava muito interessado na guerra no Congo e temia que minha aparição pudesse provocar reações excessivamente duras e que alguns dos congoleses, ou mesmo o governo amigo [da Tanzânia], me pedissem para não participar da luta."

Até então, tudo bem. Porém, em Kigoma, o porto tanzaniano na margem oriental do lago, Che já tivera as primeiras indicações de que os homens aos quais se estava juntando eram indisciplinados e mal comandados. Um funcionário tanzaniano se queixara a ele dos rebeldes congoleses, que atravessavam o lago regularmente para descansar e se divertir nos bares e bordéis. E Che tivera de esperar um dia e uma noite enquanto o barco em que fariam a travessia estava sendo preparado — nada tinha sido previsto para ele, apesar dos esforços de seu elemento avançado. Em seguida, após atravessar o lago para Kibamba, ele descobriu que o quartel-general do Estado-Maior dos rebeldes estava, subindo a encosta, a pouquíssima distância — na sua opinião, convenientemente perto demais do vilarejo e da válvula de escape da Tanzânia.

Na ausência de Kabila, Che se viu lidando com um grupo de comandantes de campanha, os homens que mandavam nas diversas "brigadas de exército" que estavam alocadas pela zona rebelde afora. Felizmente, alguns deles falavam francês. Che logo foi capaz de perceber que havia sérias divisões entre eles. Na sua primeira reunião com os comandantes rebeldes, Chamaleso tentou entusiasticamente ajudar a estabelecer o relacionamento entre seus compatriotas e os recém-chegados, propondo que Víctor Dreke, junto com outro cubano de sua escolha, tivesse permissão para participar de todas as reuniões e decisões do Estado-Maior. Mas os oficiais congoleses foram eloquentemente evasivos. "Observei o rosto dos participantes", registrou Che secamente, "e não consegui ver aprovação para a proposta; parecia que [Chamaleso] não gozava da simpatia dos chefes."

O desagrado dos comandantes com Chamaleso provinha do fato de que só ocasionalmente ele se deslocava de Dar es Salaam para visitar o front. Os militares se sentiam negligenciados pela direção principal. Havia ainda uma animosidade entre os comandantes que permaneciam no campo e os que estavam constantemente deixando-o, em missões a Kigoma e seus vários inferninhos. Na sua maioria, os combatentes comuns eram camponeses humildes, que só falavam seus próprios dialetos tribais ou, em alguns casos, suaíli, e que deram a Che a impressão de viver em um mundo completamente separado daquele dos comandantes.

Uma outra surpresa desagradável para Che foi a descoberta da crença dos rebeldes em feitiçaria, ou *dawa*. Acreditavam que uma poção mágica os protegia de seus ferimentos. Che soube dessa mágica logo no seu primeiro encontro com o comando congolês. Um oficial de aspecto simpático se apresentou como tenente-coronel Lambert e alegremente explicou "que, para eles, os aviões [inimigos] não tinham muita importância porque eles possuíam a *dawa*, uma substância que os tornava invulneráveis às balas". Lambert garantiu a Che que havia sido atingido por balas várias vezes, mas, graças à *dawa*, as balas tinham caído no chão sem lhe fazer mal. "Ele explicou isso entre sorrisos", escreveu Che, "e me senti obrigado a aceitar a piada, que eu pensei que fosse sua maneira de demonstrar a pouca importância que atribuíam aos armamentos do inimigo. Depois de um certo tempo, percebi que a coisa era séria e que o protetor mágico era uma das grandes armas da vitória do Exército congolês."

Depois da inconclusa reunião inicial com os comandantes, Che puxou Chamaleso para um lado e lhe revelou sua verdadeira identidade. "Expliquei quem eu era", escreveu Che. "A reação foi devastadora. Ele repetia frases como 'escândalo internacional' e 'ninguém pode saber, por favor, ninguém pode saber'. A informação caíra como um raio em um dia sereno, e temi pelas consequências, mas minha identidade não podia continuar em segredo por muito mais tempo se eu quisesse tirar vantagem da influência que minha atividade ali poderia ter."

Depois que o abalado Chamaleso partiu, rumando de volta para Dar es Salaam e em seguida para o Cairo, dessa vez para informar Kabila da presença de Che, "Tatu" tentou pôr em funcionamento o seu programa de treinamento. Tentou convencer os *jefes* congoleses a permitir que ele e seus homens estabelecessem uma base permanente mais adequada para sua missão na serra de Luluabourg, cerca de cinco quilômetros acima de onde se encontravam, mas os comandantes ficaram postergando, dizendo-lhe que o comandante da base, Leonard Mitoudidi, estava distante, em Kigoma, e que nada podia ser feito até que ele retornasse. Em vez disso, sugeriram que ele começasse um programa provisório de treinamento ali no quartel-general de Kibamba. Che contrapropôs treinar uma coluna de cem homens, dividida em grupos de vinte, durante um

Che, como comandante Tatu, na "zona liberada" do ex-Congo Belga, em 1965.

período de cinco a seis semanas, depois mandá-la em uma patrulha com Mbili (Papi) a fim de realizar algumas ações militares. Enquanto eles estivessem fora, ele poderia treinar uma segunda coluna, que passaria para o campo quando a primeira regressasse. Depois de cada expedição, ele poderia selecionar os quadros realmente úteis para montar uma força guerrilheira eficaz. Essa proposta também foi recebida com evasivas.

Os dias começaram a passar. Os barcos iam e vinham atravessando o lago, levando rebeldes de folga até Kigoma, mas o comandante Mitoudidi não regressava. Por falta de algo melhor para fazer, Che começou a ajudar na clínica dos rebeldes, onde um dos cubanos, um médico rebatizado de "Kumi", começara a trabalhar. Che ficou espantado com a quantidade de casos de doenças venéreas entre os rebeldes, o que ele atribuiu às visitas a Kigoma. Uns poucos feridos foram trazidos de diversas frentes, mas eram vítimas de acidentes, não de ferimentos de combate. "Quase ninguém tinha a menor ideia do que era uma arma de fogo", escreveu Che. "Eles davam tiros uns nos outros ao brincar com as armas ou por falta de cuidado." Os rebeldes também tomavam uma bebida local, feita de milho e mandioca fermentados, chamada *pombe*, e era aflitivamente comum o espetáculo de homens cambaleando, brigando ou desobedecendo às ordens.

Tendo sabido da presença de "médicos" na área, os camponeses locais começaram a aparecer em bandos no ambulatório. Os estoques que estavam se esgotando receberam um reforço com a chegada de um carregamento de medicamentos soviéticos, atirados de qualquer jeito na praia, junto com uma grande pilha de munição e armamentos. Quando Che pediu permissão para organizar o depósito dos rebeldes, seu pedido também caiu no vazio. Nesse meio-tempo, a praia assumiu o aspecto de um mercado cigano, escreveu Che, com os comandantes rebeldes começando a chegar e a exigir quantidades dos novos medicamentos para "quantidades fabulosas de homens". Um oficial alegou que tinha 4 mil soldados, outro disse 2 mil, e assim por diante, mas eram "todos números inventados".

No início de maio, Che recebeu a informação de que a reunião de cúpula do conselho rebelde, no Cairo, tinha sido um sucesso, mas que Kabila ainda não regressaria, pois precisava se operar de um cisto e só voltaria dentro de várias semanas. Os cubanos estavam começando a sentir os primeiros sintomas de mal-estar produzido por sua inatividade, e, para mantê-los ocupados, Che começou a dar aulas diárias de francês, suaíli e de "cultura geral". "Nosso moral ainda estava alto", recordou, "porém os camaradas já começavam a resmungar que os dias estavam passando de forma infrutífera." As aflições seguintes que os atingiram foram a malária e outras infecções tropicais. Che distribuía regularmente pastilhas contra a malária, mas observou que seus efeitos colaterais causavam fraqueza, apatia, falta de apetite e, posteriormente, atribuiu a eles a exacerbação do sentimento de "pessimismo incipiente" entre os cubanos, inclusive ele próprio, embora relutasse em admiti-lo.

Che estava recebendo de um informante chamado Kiwe um balanço particular contínuo sobre a situação dentro do movimento rebelde. Kiwe era um dos mais volúveis dos oficiais do Estado-Maior, "um falastrão compulsivo, que falava francês em uma velocidade quase supersônica" e que tinha muito a confidenciar. Como era seu antigo costume, Che redigia com pequenos perfis resumidos, entremeados com seus próprios comentários, baseados nas informações dadas por Kiwe. Ele alegava que o general Nicholas Olenga, o "libertador" de Stanleyville, fora um soldado que ele próprio enviara para fazer alguns reconhecimentos no norte. Olenga então começara a lançar ataques, se atribuindo uma nova patente militar a cada cidadezinha que tomava. O presidente do conselho rebelde nessa época, Christophe Gbenye, era o líder político para quem o general Olenga tinha libertado Stanleyville, mas para Kiwe era um personagem imoral e perigoso, a quem responsabilizava por uma tentativa de assassinato contra o comandante Mitoudidi, chefe do Estado-Maior militar do conselho. Quanto a Antoine Gizenga, uma das primeiras figuras revolucionárias que emergiram após a morte de Lumumba, Kiwe o considerava um oportunista de esquerda, que estava mais interessado em aproveitar o esforço rebelde para formar o seu próprio partido político. Como Che escreveu depois, as conversas com Kiwe foram esclarecedoras, dando-lhe uma ideia das complexas rivalidades internas no não muito revolucionário Conselho Congolês de Libertação.

Em 8 de maio, Leonard Mitoudidi finalmente chegou, trazendo consigo dezoito novos cubanos e o recado de Kabila de que, por enquanto, a identidade de Che deveria ser mantida em segredo. Mitoudidi foi embora quase em seguida, mas, pela primeira vez desde que conhecera Kabila, Che ficou bem impressionado com um oficial congolês, achando-o "seguro, sério e dotado de um espírito organizacional". Melhor ainda, Mitoudidi aprovou a transferência de Che para a base superior, na montanha de Luluabourg.

Che levou seus homens encosta acima, para o imenso planalto coberto de capim que começava no topo da escarpa. Foram quatro árduas horas de caminhada íngreme até um ponto frio e úmido a 2400 metros de altitude, porém, quando olhou em volta e avaliou o panorama, Che sentiu o otimismo renovado. A planície era pontilhada de rebanhos de gado e de pequenas aldeias de etnia tútsi ruandense. Como bom argentino, Che escreveu que, durante sua permanência ali, a disponibilidade de "magnífica carne de vaca era quase uma cura para a nostalgia".

Che começou rapidamente a se organizar, supervisionando a construção de choupanas para alojar seus combatentes, junto com cerca de vinte congoleses entediados e solitários. Fez recomeçarem as aulas diárias para cortar a apatia e o desânimo crescentes que ameaçavam consumi-los, mas logo percebeu que ainda havia outros problemas a enfrentar. Soube que, além dos pastores civis que viviam em torno de Luluabourg, havia vários milhares de tútsis vivendo na área, que estavam armados e tinham se aliado aos rebeldes congoleses. Haviam fugido de Ruanda, depois da independência da até então colônia francesa, poucos anos antes, quando seus rivais tradicionais, os hútus, começaram a massacrá-los. Após ajudar os congoleses a vencer, esperavam levar em seguida a revolução para Ruanda, mas, a despeito de sua aliança de conveniência, os ruandenses e os congoleses não se davam bem. Essa inimizade, tal como a *dawa*, causaria graves problemas nos meses seguintes.

Depois de apenas alguns dias, Che desenvolveu uma febre extremamente alta e começou a delirar. Levou mais de um mês para recuperar as forças e o apetite. Ele não foi o único a adoecer; dez dos trinta cubanos caíram com uma febre ou outra. "Durante o primeiro mês, pelo menos uma dezena de camaradas pagou por sua iniciação nesse território hostil com essas febres violentas", Che escreveu, "os efeitos posteriores eram muito desagradáveis."

Coincidindo com o restabelecimento de Che, Leonard Mitoudidi chegou de volta com ordens ambiciosas para que ele liderasse uma força de duas colunas rebeldes em um ataque ao bastião inimigo, em Albertville. "A ordem é absurda", escreveu Che na ocasião. "Há apenas trinta de nós, dos quais dez estão doentes ou em convalescença." Porém, apesar de seus fortes receios, Che não queria começar com o pé esquerdo e então disse a seus homens que se preparassem para a batalha.

Em 22 de maio, quando estavam se preparando, chegou ao acampamento um mensageiro congolês anunciando de forma exaltada que havia chegado um "ministro cubano". A essa altura, Che se habituara a ouvir todo tipo de rumores alucinados, os congoleses tinham um telégrafo da selva, uma *Radio Bemba*, tão imaginosa quanto as de Cuba, mas logo depois se espantou ao ver nada menos que Osmany Cienfuegos aparecer diante dele, à frente de um novo contingente de dezessete cubanos. Outros dezessete haviam ficado para trás em Kigoma, aguardando transporte para atravessar o lago. Isso elevava para mais de sessenta o número de guerrilheiros cubanos à sua disposição.

"De forma geral, as notícias que [Osmany] me trouxe eram muito boas", escreveu Che no *Pasajes* congolês. "Porém, me trouxe, pessoalmente, a notícia mais triste da guerra. Chamadas telefônicas de Buenos Aires revelaram que minha mãe estava muito doente. A implicação era de que isso era apenas um aviso preparatório [...]. Tive de passar um mês nessa incerteza triste, aguardando o resultado de algo que eu podia imaginar, mas com a esperança de que a informação tivesse sido um equívoco. Até que chegou a notícia da morte de minha mãe [...]. Ela não chegara a ver a carta de despedida que eu deixei em Havana para meus pais."*

O fato de que Che incluiu algo tão pessoal nos seus escritos demonstra com que profundidade esse episódio o afetou, mas "incerteza triste" foi um eufemismo. Entre os pertences pessoais de Che que depois ficaram em poder de Aleida havia três textos, como se fossem contos, todos muito sombrios e angustiados, escritos com o mesmo simbolismo torturado de alguns de seus textos literários da juventude, incluindo um que expressava sua tristeza pela perda de sua mãe.**

Celia morreu em 19 de maio, três dias antes de Osmany chegar ao acampamento principal de Che. Com 58 anos, sucumbira ao câncer. Perto do fim, ela estava morando sozinha, no seu pequeno apartamento ao lado do da filha, Celia, encontrando-se com seu pequeno círculo de amigos durante a semana e vendo os filhos e netos nos fins de semana. Poucas pessoas ao seu redor perceberam que ela estava doente. Segundo sua nora, María Elena Duarte, ela tinha intencionalmente ocultado a doença até o fim, quando caiu de cama e nada restou além de esperar a morte.

Em 10 de maio, Celia foi levada para a exclusiva Clínica Stapler, em Buenos Aires, onde ficou em um quarto particular, com uma grande janela panorâmica. María Elena a encontrava olhando pela janela com um olhar de súplica arrebatador. "Tudo que peço", dizia Celia, "é mais um dia." Amigos como Ricardo Rojo e Julia Constenla visitavam-na e se revezavam em turnos ao lado de seu leito. Desesperado por ajudar, apesar de sua longa separação, seu ex-marido corria para todos os lados tentando achar um meio de salvá-la. Chegou até a ir à embaixada soviética depois de ouvir que os russos haviam descoberto uma cura para o câncer. Sua presença deve ter sido um conforto para Celia durante esses dias finais. Ela confidenciou a María Elena que ele fora o primeiro e único homem da sua vida e, apesar de tudo, ainda o amava. Mas o espectro de Che interferiu mesmo então. Quando a direção da clínica deixou claro seu desprazer por ter a mãe de um destacado comunista em suas instalações, a família a transferiu para outra clínica.

* Che registrou que a carta para seus pais foi entregue em outubro de 1965, quando Fidel finalmente quebrou o silêncio e divulgou a carta de despedida de Che para ele.

** Ver Notas para mais detalhes.

Celia implorou a Ricardo e a Julia que telefonassem a Havana e perguntassem a Aleida onde ele estava. Em março, o amigo de infância de Che, Gustavo Roca, estivera em Havana e trouxera uma carta dele para Celia em que lhe dizia que estava prestes a se demitir de todos os cargos, ir cortar cana durante um mês e depois trabalhar em uma das fábricas do Ministério das Indústrias para estudar as coisas em um nível mais básico. Mas Celia só recebeu essa carta em 13 de abril, quando Che já havia desaparecido e começavam a circular os rumores mais diversos. Celia ficara inquieta, e a carta a deixou ainda mais preocupada. Ela escreveu uma resposta para Che, que Ricardo Rojo concordou em mandar a Havana por meio de um amigo de confiança, mas o amigo teve seu visto negado.

Em 16 de maio, ante a iminência da morte de Celia e sua ansiedade quanto a Che não resolvida, Rojo telefonou para Aleida, que não podia dizer nada além de que Che não estava lá, nem em um lugar onde ela pudesse contatá-lo rapidamente. Em 18 de maio, Aleida telefonou de volta e falou com Celia. Rojo estava presente e escreveu: "Celia estava quase em coma, mas se sentou na cama como se tivesse recebido um choque elétrico. Foi uma conversa frustrante, com muitos berros e uma sensação de impotência". Celia não soube nada de novo por essa conversa e, em um último e inútil esforço, Rojo mandou o seguinte telegrama: "Major Ernesto Guevara, Ministério das Indústrias, Havana. Sua mãe muito doente quer vê-lo. Seu amigo o abraça. Ricardo Rojo". Nenhuma resposta chegou e, no dia seguinte, Celia faleceu.

A última carta de Celia para o filho, que nunca foi enviada, foi publicada no livro de Rojo. Nela, Celia expressava sua inquietação quanto ao destino do filho, evidentemente supondo que havia, afinal de contas, algum fundamento para os rumores de que ele e Fidel haviam se desentendido.

> Meu querido:
> Minhas cartas lhe soam estranhas? Não sei se perdemos a naturalidade com que costumávamos falar um com o outro, ou se nunca a tivemos e sempre falávamos naquele tom ligeiramente irônico usado por nós das margens do [rio da] Prata, exagerado pelo nosso próprio código de família [...].
>
> Desde que adotamos esse tom diplomático em nossa correspondência, eu [...] tenho de encontrar os significados ocultos nas entrelinhas e tentar interpretá-los. Li sua última carta do modo como leio os jornais [...] decifrando, ou tentando decifrar, os verdadeiros significados e toda a implicação de cada frase. O resultado tem sido um mar de confusão e ainda maiores ansiedade e preocupação.
>
> Não vou usar linguagem diplomática. Vou direto ao ponto. Parece-me uma verdadeira loucura que, com tão poucas cabeças em Cuba com capacidade de orga-

nização, vocês devam ir todos cortar cana durante um mês [...], quando há tantos e tão bons cortadores de cana entre o povo [...]. Um mês é muito tempo. Deve haver razões que eu ignoro. Falando agora do seu próprio caso, se, depois desse mês, você vai se dedicar à administração de uma fábrica, uma tarefa realizada com êxito por [Alberto] Castellanos e [Harry] Villegas, me parece que a loucura se transformou em absurdo [...].

E não é uma mãe quem está falando. É uma velha que espera ver o mundo inteiro convertido ao socialismo. Acho que, se você for adiante com isso, não estará prestando seu melhor serviço à causa do socialismo mundial.

Se todos os caminhos em Cuba lhe foram fechados, por qualquer motivo, em Argel há um sr. Ben Bella que gostaria que você organizasse sua economia, ou o assessorasse nisso; ou um sr. Nkrumah, em Gana, que acolheria contente a mesma ajuda. É, você sempre será um estrangeiro. Esse parece ser o seu destino permanente.

No velório de Celia, a fotografia emoldurada de Che estava colocada em destaque sobre seu caixão. María Elena recordou como se sentiu mal pelos outros filhos de Celia. "Era como se eles não estivessem ali. Era como se Celia só tivesse um filho, Che." De certa forma, por mais penoso que isso possa ter sido para os outros, essa era a verdade. O elo especial que sempre ligara Celia e seu primeiro filho tinha, até certo ponto, excluído os outros. E ele tinha resistido, como foi óbvio para todos, até o fim.

V

No Congo, Che sentou-se com Leonard Mitoudidi a fim de debater seus planos militares. Conseguiu convencer Mitoudidi de que um ataque contra Albertville era prematuro. Não sabia qual era a verdadeira situação, nem o Estado-Maior, pois dependia de informações não confiáveis de seus comandantes de campo dispersos. Mitoudidi finalmente concordou com a proposta de Che de enviar quatro grupos de guerrilheiros às diversas linhas de frente e, em poucos dias, começou a receber os primeiros relatórios. Em duas frentes, os homens pareciam estar bem armados e dispostos para o combate, mas por toda parte havia passividade e caos generalizado. Frequentemente, os *jefes* eram vistos bebendo até cair, desmaiando na frente de seus soldados. Os rebeldes iam e vinham correndo em jipes, mas pouco faziam em relação ao esforço de guerra. Mantinham-se em posições fixas e treinavam, não realizavam patrulhas nem colhiam informações. Forçavam os camponeses locais, intimidados e maltratados, a dar-lhes comida. "A principal característica do Exército Popular de Libertação", concluiu Che, "era a de ser um exército parasita."

Che constatou que os congoleses eram indolentes. Durante as marchas, não carregavam nada além de seu armamento individual, cartuchos e mantas e, quando se lhes pedia que ajudassem a carregar alguma coisa mais, fosse comida ou algum outro item, eles se recusavam, dizendo: "*Mimi hapana Motocar*" (Não sou caminhão). Com o passar do tempo, começaram a dizer: "*Mimi hapana Cuban*" (Não sou cubano). Víctor Dreke viu que os rebeldes no front de Lulimba estavam ocupando uma posição a sete quilômetros do posto inimigo, no topo de uma colina do qual não desciam havia meses. Em vez de lançar ataques, passavam os dias disparando um enorme canhão sem recuo de 75 milímetros, vagamente na direção do inimigo, mas inteiramente fora de alcance. O chefe dessa frente, que se autointitulava general Mayo, tinha manifestado franca hostilidade a Kabila e Mitoudidi, que considerava "estrangeiros". Mitoudidi tinha ordenado a Mayo que fosse vê-lo, mas o homem se recusara. Em Luluabourg, Mitoudidi fazia o máximo possível para colocar seus homens em forma, e punia os bebedores de *pombe* fazendo-os serem enterrados até o pescoço, suspendendo a distribuição de armas e pronunciando palestras.

Che disse a Mitoudidi que se sentia isolado da tropa congolesa devido à barreira do idioma, e Mitoudidi cedeu-lhe um de seus assistentes, um adolescente chamado Ernesto Ilanga, para que lhe desse aulas diárias de suaíli. Apesar disso, no começo de junho, Che se sentia cada vez mais enclausurado. Enviou mais grupos exploratórios; porém, sem a aprovação de Laurent Kabila, oficial superior de Mitoudidi, não podiam realizar nenhuma ação. Havia um fluxo irregular de notícias de Kabila, dizendo que ele estava prestes a vir, que fora retido, que chegaria no dia seguinte sem falta, ou dentro de mais um dia. "E os barcos continuavam chegando, com boas quantidades de armas de ótima qualidade", escreveu Che. "Era realmente patético observar como eles desperdiçavam os recursos dos países amigos, principalmente a China e a União Soviética, os esforços da Tanzânia, a vida de alguns combatentes e civis, fazendo muito pouco com tudo isso."

No dia 7 de junho, como Mitoudidi estava pronto para inspecionar um local, a uma pequena distância descendo a margem do lago, para onde o Estado-Maior seria transferido, ele e Che conversaram. Che perguntou-lhe qual era a verdade por trás do fato de Kabila não aparecer, e Mitoudidi confessou que o comandante provavelmente não viria tão cedo. Zhou Enlai, o premier chinês, estava indo a Dar es Salaam, e Kabila tinha de se encontrar com ele para conversar sobre os pedidos de ajuda. Che regressou para a montanha, mas antes que chegasse ao topo um mensageiro o alcançou para informá-lo que Mitoudidi se afogara. Foi um duro golpe, pois Che passara a ver Mitoudidi como sua melhor esperança de conseguir alguma coisa no Congo. Em *Pasajes*, Che intitulou o capítulo que escreveu sobre sua morte de "Morre uma Esperança". De fato, as circunstâncias obscuras do fim de Leonard Mitoudidi pareciam sintetizar tudo que havia de errado com essa "revolução" a que Che fora dar assistência.

Segundo dois cubanos que estavam no barco com Mitoudidi, o lago estava agitado, com um vento forte soprando, e, ao que parecia, ele caíra dentro d'água acidentalmente. Che, no entanto, tinha suas suspeitas. "Daquele momento em diante ocorreu uma série de acontecimentos estranhos, que não sei se devo atribuir à imbecilidade, ao grau extraordinário de superstição, pois o lago está povoado por espíritos de todo tipo, ou a algo mais grave." Mitoudidi ficara flutuando, chamando por socorro durante dez ou quinze minutos, mas dois homens que saltaram na água para salvá-lo se afogaram. Enquanto isso, os homens no barco desligaram o motor e, quando tornaram a ligá-lo, "pareceu que alguma força mágica não lhes permitia chegar aonde estava Mitoudidi. No fim, enquanto ele ainda gritava por socorro, o barco foi dirigido para a margem e os camaradas o viram desaparecer pouco depois".

No final de junho, depois de dois meses sem fazer "absolutamente nada", a guerra dos cubanos no Congo finalmente teve início. Mudandi, um comandante rebelde tútsi ruandense, treinado pelos chineses, chegou de Dar es Salaam trazendo ordens de Kabila. O plano de atacar Albertville tinha sido abandonado e, em vez disso, Che devia então lançar um ataque contra a guarnição militar e a usina hidrelétrica em Fort Bendera. Kabila queria que os ruandenses e os cubanos liderassem o grupo de ataque, que deveria ser desfechado dentro de uma semana. Che não se entusiasmou com o plano. Soubera, por meio dos tútsis de Mudandi, que a guarnição de Bendera estava bem entrincheirada, com cerca de trezentos soldados e cem mercenários brancos. Parecia um alvo excessivamente grande para sua força mal preparada e mais ainda para os congoleses. Propôs um objetivo menor, mas no final resolveu ir em frente com o plano de Kabila, depois de concluir que qualquer ação era melhor do que nenhuma. Após enviar a Kabila reiterados pedidos de permissão para acompanhar pessoalmente a força de ataque e não receber resposta, Che foi obrigado a ficar para trás. No final de junho, a coluna de quarenta cubanos e 160 congoleses e tútsis ruandenses partiu para Bendera.

O ataque, que começou em 29 de junho, foi uma catástrofe. O líder do assalto, Víctor Dreke, informou que, nos primeiros instantes do combate, muitos dos tútsis fugiram, abandonando suas armas, enquanto muitos dos congoleses simplesmente se recusavam a lutar. Mais de um terço dos homens desertou antes mesmo de a batalha começar. Quatro cubanos morreram e um de seus diários caiu nas mãos do inimigo, o que significava que os mercenários e a CIA — que enviara exilados cubanos anticastristas para realizar voos em missões de reconhecimento e de bombardeio para as forças do governo — sabiam a essa altura que os cubanos estavam prestando assistência direta aos rebeldes. De fato, como escreveu mais tarde o comandante mercenário Mike Hoare, o ataque rebelde, inusitadamente audacioso, o levara a desconfiar que os rebeldes estavam recebendo ajuda de fora. O diário apreendido, que, entre outras coisas, mencionava o itinerário de viagem Havana, Praga e Pequim, era a primeira prova conclusiva de uma presença guerrilheira cubana na região.

Os africanos atribuíram sua derrota a uma *dawa* ruim, e disseram que o feiticeiro que a tinha ministrado aos combatentes fora inadequado. Escreveu Che: "[O feiticeiro] tentou se defender, pondo a culpa em mulheres e no medo, mas lá não havia mulheres [...] e nem todos os homens estavam dispostos a confessar suas fraquezas. As coisas não estavam boas para o feiticeiro e ele acabou sendo rebaixado". Os congoleses e ruandenses que participaram da derrocada foram humilhados e desmoralizados, e os cubanos estavam furiosos. Se os congoleses não lutavam por si mesmos, por que deveriam eles lutar? O espírito do "internacionalismo proletário" era algo que Che tomara a sério, com profunda convicção pessoal, mas estava claro que, sob essas circunstâncias, nem todos os seus camaradas cubanos tinham o mesmo grau de comprometimento. Ouviram-se muitos deles falando que queriam voltar para casa.

"Eram palpáveis os sintomas de decomposição no meio de nossas tropas", admitiu Che. "Uma das minhas principais preocupações era manter o moral." Esperando conseguir alguma ação, disparou uma carta para os oficiais do Estado-Maior, em Kibamba, manifestando sua irritação pelo desempenho em Bendera e querendo saber o que deveria fazer com os novos cubanos que estavam chegando. Escreveu também a Kabila, argumentando que era preciso que fosse autorizado a participar pessoalmente das futuras operações militares.

Enquanto os feridos chegavam em um fluxo constante, tendo sido retirados do campo de batalha, um quarto grupo de cubanos chegou à base em Kibamba, às margens do lago. Entre eles estava o antigo guarda-costas de Che, Harry Villegas, que fora deixado de fora da missão de Masetti porque era negro. Fidel havia escolhido a dedo Villegas para prestar segurança pessoal a Che e para garantir que nada de mal lhe acontecesse no Congo. Villegas se casara recentemente com uma das secretárias de Che, uma moça bonita, mistura de chinesa com mulata, chamada Cristina Campuzano, mas a deixara, com seu filho recém-nascido, para ficar com seu *jefe* e mestre. Villegas foi então rebatizado como Pombo, um codinome que, com o tempo, se tornaria famoso.

Che aproveitou a ocasião da chegada dos novos elementos para fazer um discurso de estímulo e de advertência, ao mesmo tempo, apelando para o espírito de *combatividad* dos cubanos, para tentar desfazer as crescentes dissensões. "Enfatizei a necessidade de se manter uma disciplina rígida", escreveu ele. Continuou criticando em público um dos cubanos por ter feito "comentários derrotistas". "Fui muito explícito quanto àquilo com que nos defrontávamos: não só fome, balas, sofrimentos de todos os tipos, mas também a possibilidade de ser morto por nossos próprios camaradas [africanos] que não tinham a menor ideia de como atirar direito. A luta seria longa e difícil. Fiz esse aviso porque, naquele momento, estava disposto a aceitar que qualquer dos recém-chegados manifestasse suas dúvidas e retornasse [para Cuba], se assim o desejasse, porque depois isso não seria possível." Nenhum dos recém-chegados deu quaisquer "sinais de fraqueza", mas sim, para surpresa de Che, três dos homens que haviam participado do ataque a Bendera. "Eu os recriminei por sua atitude e os adverti que pediria as mais severas sanções contra eles."

A indignação de Che se transformou em uma sensação de traição pessoal quando um de seus guarda-costas, Sitaini, um homem que estivera com ele desde a serra, também pediu permissão para partir. Escreveu Che: "O que fez com que isso fosse ainda mais penoso foi o fato de que ele invocou falsos argumentos sobre não ter ouvido minha advertência a todos de que a guerra duraria, na melhor das hipóteses, três anos e, na pior, cinco. A duração e a severidade da guerra haviam sido uma de minhas constantes ladainhas, e Sitaini sabia disso melhor que qualquer outro porque estava sempre comigo. Disse-lhe que não podia partir porque isso seria um descrédito para nós dois. Ele tinha a obrigação de ficar". Che escreveu que, desse momento em diante, Sitaini era como um "homem morto". Uns dois meses mais tarde, Che o deixou partir, mas, obviamente, não lhe dirigiu mais a palavra, e as pessoas em Cuba que conhecem Sitaini disseram que ele nunca mais se recuperou de sua queda em desgraça, súbita e humilhante.

Outras notícias ruins chegaram de mais longe. Em 19 de junho, seu amigo Ben Bella, presidente da Argélia, fora deposto por um golpe, liderado por seu próprio ministro da Defesa, Houari Boumedienne. Isso era um mau presságio para as operações cubanas na África. A Argélia era um parceiro essencial no esforço multilateral de apoio aos rebeldes congoleses contra o regime em Léopoldville. Fidel imediatamente condenou o golpe e sua nova liderança, de modo que a "união" conseguida entre os dois países revolucionários parecia ter-se desfeito em uma só tacada.

Antes mesmo que Che tivesse podido organizar uma força combatente eficaz, tudo parecia estar se despedaçando. Com Mitoudidi morto, ele foi obrigado a lidar com homens que tinham pouca formação política ou noção de missão, e ainda menos espírito de luta. Além disso, após três meses no campo, Kabila ainda não tinha aparecido. Ele começara a mandar pequenos bilhetes desagradáveis, instando Che a ficar quieto, a "ter coragem e paciência", e, em um tom condescendente, lembrando-o de que ele era "um revolucionário e tinha de suportar tais dificuldades", além de, obviamente, repetir a mensagem de que ele estaria chegando em breve.

Che deve ter ficado furioso, mas foi perfeitamente diplomático em suas respostas, reiterando seu respeito e lealdade, tanto em relação à causa congolesa quanto a Kabila como seu comandante, simplesmente assinalando que precisava conversar com ele, bem como lhe apresentar desculpas pela maneira clandestina como chegara ao país. Che acrescentou esse trecho apaziguador porque, a essa altura, tinha fortes desconfianças de que Kabila se ressentia de sua presença e esse poderia ser o motivo pelo qual até então não fora à frente de batalha. "Há sérias indicações de que minha presença não lhe agrada em absoluto", observou Che. "Ainda é preciso saber se isso se deve a medo, ciúmes ou orgulho ferido."

Nesse meio-tempo, as tropas governamentais e mercenárias começaram a fazer sondagens em profundidade no território rebelde, enviando aviões de reconhecimento sobre o lago e efetuando ataques aéreos, metralhando barcos e a base de Kibamba, na margem do lago. Isso causara preocupação na sede do Estado-Maior e, em resposta ao seu pedido de socorro, Che, com relutância, enviou alguns dos seus cubanos para guarnecer as metralhadoras pesadas de modo a proporcionar-lhe defesa antiaérea. "Nessa época, meu estado de espírito estava muito pessimista", confessou Che, "mas desci a montanha com alguma alegria no dia 7 de julho, quando foi anunciado que Kabila tinha chegado. Por fim, o *jefe* estava na área de operações!"

Kabila de fato chegara, trazendo consigo um comandante para substituir Mitoudidi, Ildefonse Masengo. Porém, dando mais uma indicação de que nem tudo estava bem dentro da liderança rebelde, Kabila foi ainda mais crítico a respeito de Gaston Soumaliot, seu líder político, do que tinha sido quando Che o encontrou pela primeira vez, em Dar es Salaam. Chamou Soumaliot de demagogo, entre outras coisas. Kabila retornou para a Tanzânia depois de apenas cinco dias em Kibamba, explicando que era importante que ele fosse ter um encontro com Soumaliot, a fim de resolver os problemas entre os dois. Ele reanimara a tropa enquanto esteve ali, e eles se puseram a trabalhar, cavando trincheiras antiaéreas e construindo uma nova clínica, mas quando ele partiu — alguns cuba-

Che instruindo os combatentes.

nos veteranos fizeram apostas sobre quanto tempo ele ficaria — tudo desmoronou novamente. Os congoleses largaram suas pás e se recusaram a trabalhar.

Uma luta pelo poder estava sendo travada entre os líderes políticos que compunham o Conselho de Libertação Nacional, cada um deles extraía sua força do poderio que alegavam ter no campo de batalha militar e de uma série de alianças instáveis com diversos comandantes regionais de guerrilhas. Esses homens eram os rostos visíveis da rebelião congolesa para o mundo exterior, realizando reuniões de cúpula, encontrando-se com chefes de Estado como Nasser, Nyerere e Zhou Enlai, e transformando-se nos recipientes privilegiados de uma imensa quantidade de auxílio externo. Os chineses continuavam sendo os principais fornecedores de armas para os rebeldes e, em algumas áreas, até de assessores militares, mas os soviéticos e os búlgaros também estavam canalizando ajuda, como os medicamentos que Che vira empilhados na margem do lago. Todas as três nações ofereciam cursos de treinamento político e militar para os combatentes congoleses em seus respectivos países.

As relações entre os tútsis ruandenses e os congoleses enfrentavam a sua maior crise. O comandante tútsi, Mudandi, a quem Che responsabilizava pelo desempenho deplorável de seus homens em Bendera, tinha começado a manifestar suas queixas. Disse que seus homens não haviam lutado porque os congoleses não lutaram, e era o país *deles* e a guerra *deles*. Nas semanas seguintes, o rancor de Mudandi foi se acentuando e se estendendo em hostilidade aberta contra Kabila e a liderança do conselho, a quem acusava de negligenciar deliberadamente os homens na frente de batalha.

As coisas foram de mal a pior. Pouco depois, chegou a notícia de que Mudandi havia matado a tiros seu subcomandante, aparentemente acusando-o de ser o responsável pela *dawa* ruim em Bendera. Um oficial rebelde congolês foi ao acampamento de Mudandi para investigar e foi expulso sem qualquer cerimônia. Esse oficial passou então a ameaçar deixar o Congo, a menos que Mudandi fosse fuzilado. Mudandi continuou em uma postura de desafio e, de sua zona de operações, deixou claro que estava em um estado de virtual rebelião contra Kabila e o Conselho de Libertação Nacional, declarando que seus homens não mais lutariam a menos que os congoleses lutassem.

A situação não se beneficiou do fato de que, além dos maus-tratos infligidos aos camponeses e os ocasionais ajustes de contas entre os rebeldes, tanto os tútsis como os congoleses demonstravam um grau extraordinário de crueldade para com os prisioneiros. A certa altura, Che soube que um mercenário francês fora capturado no lago e levado para um acampamento rebelde, onde, segundo o costume local, foi enterrado na lama até o pescoço. Quando Che enviou alguns homens para tentar conseguir a libertação do prisioneiro a fim de obter informações, o comandante do acampamento respondeu de forma evasiva, e um dia depois contaram-lhe que o prisioneiro tinha morrido.

As dissensões nas fileiras cubanas continuaram a aumentar. Mais quatro homens, inclusive dois médicos, pediram a Che permissão para ir embora. "Fui muito menos violento, porém mais contundente, com os médicos do que com os soldados rasos, que reagiam às situações de um modo mais ou menos primitivo", recordou ele. Mas o crescente fantasma de uma deserção em massa de seus próprios camaradas levou-o a uma reflexão mais profunda. "A realidade é que, diante do primeiro revés sério, [...] vários camaradas perderam a fibra e resolveram se retirar da luta na qual tinham jurado se engajar até a morte, se preciso fosse (mais ainda, voluntariamente), cercados por uma aura de bravura, sacrifício, entusiasmo, em suma, de invencibilidade", ele escreveu. "Qual é o significado da frase 'Até a morte, se preciso for'? Na resposta a esta pergunta se encontra a solução dos graves problemas com que nos defrontamos para criar nossos novos homens de amanhã."

No que se referia à situação militar, Che estava em uma encruzilhada. Até então ele se agarrara teimosamente à esperança de que poderia, de alguma forma, fazer com que os rebeldes congoleses se mexessem, e assim reverter a situação de deterioração. No entanto, depois de Bendera, ele sabia que, a menos que algo espetacular fosse feito dentro de pouco tempo para melhorar a capacidade de luta dos rebeldes, estavam condenados. No final de julho, Che se deu conta de que sua cronologia inicial para levar a Revolução Congolesa à vitória não era realista e previu que "cinco anos [pareciam agora] uma meta muito otimista".

Che tentara manter a pressão sobre o inimigo por meio do envio de patrulhas, chefiadas por cubanos, para fazer emboscadas em estradas. Essas patrulhas também tinham a missão de colher informações sobre as posições inimigas, pois ele a essa altura sabia que a rede de inteligência dos rebeldes era inútil. Esses esforços produziram alguns resultados tragicômicos. Um grupo, chefiado por um cubano chamado Aly, atacou uma unidade policial, mas, como registrou Che melancolicamente, "dos vinte congoleses que foram com ele [...], dezesseis fugiram". Em um outro ataque, de mais sucesso, Papi Martínez Tamayo chefiou um contingente de cubanos e congoleses para sitiar a estrada entre os fortes ocupados pelo inimigo em Albertville e Bendera. Conseguiu dar um golpe respeitável ao destruir dois carros blindados e um jipe que iam em comboio, dirigidos por mercenários brancos, matando sete homens. Porém, em uma outra emboscada conjunta, de cubanos e ruandenses, atacaram um caminhão do Exército e os ruandenses fugiram, disparando as armas a esmo, e um dos cubanos perdeu um dedo por causa de fogo amigo. A título de reparação, o comandante ruandense sacou uma faca e propôs decepar os dedos do culpado, mas Papi conseguiu convencê-lo a não fazer isso. Então, o comandante e seus homens começaram a beber as garrafas de uísque e cerveja que encontraram no caminhão capturado na emboscada, ficando completamente bêbados e acabando por matar a tiros um camponês que passava, acusando-o de ser espião.

Em 12 de agosto, Che dirigiu uma mensagem franca a seus combatentes cubanos, reconhecendo que sua situação era ruim, e fazendo uma avaliação bastante honesta das debilidades da organização rebelde que pretendiam ajudar. Seus líderes, disse ele, não iam à frente de batalha, os próprios combatentes não lutavam e não tinham nenhuma noção de disciplina ou de sacrifício. "Ganhar uma guerra com essas tropas", ele confessou, "está fora de questão." Quanto ao seu plano inicial de trazer guerrilheiros de outros países para serem treinados na "escola" congolesa de guerrilhas, reconheceu que era impensável naquela altura. Alguns dias depois, quando Pablo Ribalta mandou avisá-lo de que estava enviando um grupo de cubanos para assumir a tarefa de organizar uma base de treinamento para guerrilheiros moçambicanos e de outras nações africanas, Che lhe escreveu recomendando que não o fizesse, mencionando a "indisciplina, desorganização e desmoralização completa" que encontrariam.

Desde a derrota em Fort Bendera, Che redobrara seus esforços para convencer os congoleses a adotar suas proposições. Delineou um plano para um novo comando militar central unificado, um programa rigoroso de treinamento, um sistema simples e disciplinado de suprimento de alimentos e uma rede de comunicações. Propôs que se formasse um contingente rebelde para sair em perseguição aos desertores, que estavam então espalhados por toda a região, a fim de desarmá-los, tanto para restabelecer a ordem como para recuperar armas valiosas. Mantivera uma torrente de solicitações a Kabila, que, como de hábito, dera respostas oblíquas ou evasivas, e perseguiu seus objetivos em frequentes reuniões com Masengo. O novo chefe de Estado-Maior congolês aparentava receptividade, mas lhe faltava autoridade para tomar decisões e a situação se arrastava sem solução.

Che pediu novamente permissão para ir pessoalmente ao campo de batalha, mas a solicitação, feita a Masengo, foi recebida com alarme, supostamente pela preocupação com a "segurança pessoal" de Che. Este se recusou a aceitar essa explicação e exigiu saber se o verdadeiro problema era falta de confiança. Masengo se empenhou em negar que esse fosse o motivo, e cedeu, concordando em levar Che para visitar alguns de seus comandos regionais. Escrevendo depois sobre o tema, Che chegou à conclusão de que Masengo e Kabila estavam perfeitamente conscientes do mal-estar que a ausência de ambos nas frentes de luta causava entre seus combatentes, receando por isso serem expostos caso Che inspecionasse frentes em que eles jamais haviam estado.

Como prometido, Masengo levou Che em uma curta viagem de inspeção a bases próximas, mas logo chegou uma mensagem de Kabila, pedindo ao seu chefe de Estado-Maior que fosse a Kigoma. A disputa pelo poder dentro da liderança rebelde tinha finalmente chegado ao auge. No começo de agosto, Gaston Soumaliot expulsou Christophe Gbenye do cargo de líder do Conselho Nacional Revolucionário Congolês, sob a acusação de ter traído seus camaradas ao entrar em negociações secretas com o regime do Congo. Masengo prometera a Che que estaria de volta em um dia. Passada uma semana sem que ele tivesse voltado, Che partiu para a linha de frente rebelde, perto de Fort Bendera, decidido a ver a situação com seus próprios olhos. Era 18 de agosto.

VI

Com o entusiasmo de um jogador de xadrez que vislumbra a vitória, Fidel continuava a enviar uma sucessão de combatentes cubanos para a Tanzânia. No início de setembro de 1965 chegou um quinto grupo. Nele estavam o corpulento secretário do PURS, Emilio Aragonés, logo apelidado de Tembo (Elefante), e o antigo companheiro de Che na campanha da serra e que morara em sua casa, a essa altura chefe de Estado-Maior do Exército do oeste de Cuba, dr. Oscar Fernández Mell, renomeado de Siki (Vinagre), devido ao seu temperamento azedo.

Fernández Mell estava de férias no balneário de Varadero quando foi surpreendido por um telefonema de Havana. Embora tivesse conhecimento do desaparecimento de Che, havendo inclusive tirado moldes de suas arcadas dentárias para que pudesse ser feita uma dentadura postiça como parte do seu disfarce para sair de Cuba, ele não sabia, nem tinha perguntado, qual era seu destino, supondo que fosse a América do Sul. "Era algo de que me falara e que propusera ainda nos tempos da Sierra Maestra", disse Fernández Mell. "Ele havia comentado que, depois de libertar Cuba, libertaria seu próprio país. Esse era o seu objetivo final, esta é que é a grande verdade [...]. Quando me chamaram, pensei que era para *isso*, mas quando me disseram que era a África, nem titubeei e falei: 'Bem, se ele está lá, é para lá que vamos'."

Segundo Fernández Mell, em Cuba o sentimento geral em relação à missão africana de Che era de euforia. "Diziam que tudo estava muito bem, que tudo estava indo bem e que haviam tido algumas batalhas vitoriosas etc. E que nossa missão era dar uma mão a Che e ajudar em tudo, servindo como uma espécie de reserva." Ele e Aragonés partiram com entusiasmo, embora Fidel tivesse expressado a preocupação de que Che parecia "excessivamente pessimista" quanto às perspectivas. Não demoraram muito para perceber que as coisas não eram como haviam sido pintadas.

Em Dar es Salaam, encontraram-se com Kabila, que andava pela cidade em um Mercedes-Benz. Depois, em Kigoma, os homens de Kabila se recusaram a permitir que eles atravessassem o lago no que chamavam de "a lancha de Kabila", uma lancha rápida, nova, fornecida pelos cubanos e soviéticos. Tiveram de fazer a travessia em um barco muito maior e mais lento. Ao chegarem a Kibamba, Kumi, o médico cubano no dispensário da base, lhes disse: "Vocês vão ver o que é isto aqui: um pedaço de merda". Pombo desceu do topo da montanha para encontrá-los em meio à sua árdua subida. Por ele tiveram mais detalhes de como as coisas estavam realmente mal e souberam que Che, farto de ser "retido" na base, havia partido. Conhecendo bem Che, Mell não se surpreendeu. "Debaixo da aparência calma que tinha, sempre escrevendo, lendo e pensando, Che era um homem de imensa atividade", ele disse. "Era um vulcão em erupção, que queria fazer coisas, e, no Congo, ele queria que fosse como na Sierra Maestra, queria lutar, queria ir aonde estavam os mercenários."

Che retornou à base quando soube que Fernández Mell e Aragonés tinham chegado. Che estava preocupado que eles tivessem ordens de levá-lo de volta para Cuba e ficou aliviado e contente ao saber que estava enganado. Ambos se apresentaram como voluntários, desejando participar da sua missão.

A curta viagem também tinha reanimado Che. Pela primeira vez estabelecera algum contato amistoso com os camponeses e havia se deliciado com isso. "Como os camponeses em qualquer parte do mundo, eram receptivos a qualquer interesse humano demonstrado por eles", escreveu. Empreendera um pouco de "ação social", distribuindo sementes de legumes para serem plantadas e prometendo enviar médicos em visitas regulares à área. Por um curto período, até retomou sua velha profissão de medicar, dando injeções de penicilina contra a doença "tradicional" que encontrou, a gonorreia, e distribuindo pastilhas contra a malária. Em uma aldeia, habitantes se fantasiaram de demônios da mata, dançaram em volta de um ídolo de pedra e sacrificaram uma ovelha. "O ritual parece complicado, mas se resume em algo muito simples: um sacrifício é feito ao deus, o ídolo de pedra, e depois o animal sacrificado é comido, e todos comem e bebem em profusão."

Por onde foi, Che se empenhou em fazer com que os comandantes concordassem em enviar seus homens à sua base para receberem treinamento, mas invariavelmente constatou que queriam que os instrutores cubanos *lhes* fossem enviados. Sua presença era vista como um sinal de prestígio. Ainda assim, Che chegou a preparar algumas emboscadas, nas quais, pela primeira vez, alguns dos ruandenses não fugiram, e sim participaram ativamente. Havia um mínimo de razão para otimismo, e, depois de tantos meses de melancolia e inação, Che sentia que tinha feito algum progresso.

Setembro o trouxe de volta à realidade. O governo da Tanzânia estava criando obstáculos para os congoleses e tornou-se difícil para eles movimentar homens e suprimentos por Kigoma. No próprio Congo, uma facção pró-Gbenye começara a causar problemas em algumas das áreas rebeldes mais distantes, e ocorreram alguns confrontos armados entre facções pró e contra o conselho. Em duas aldeias pró-Gbenye, atiraram em Masengo e ele teve que bater em retirada. A situação estava ficando perigosa para os cubanos, que já não sabiam quem era amigo ou inimigo. Mesmo assim, Che estava ansioso por lançar algumas ações coordenadas contra os mercenários antes que estes tomassem a iniciativa. Depois de enviar unidades para reforçar as defesas rebeldes, foi à cidadezinha de Fizi, domínio de um homem forte rebelde, o general Moulana, onde descobriu que a defesa antiaérea do general consistia em uma única metralhadora operada por um mercenário grego que havia sido aprisionado. Che tentou convencer Moulana a enviar seus homens até o lago para receberem treinamento, mas o general se recusou. A viagem, porém, não foi totalmente desperdiçada, pois Moulana proporcionou a Che um dos espetáculos mais exóticos de sua época no Congo. Levando seu ilustre visitante até sua aldeia natal, Baraka, Moulana colocou uma roupa especial. "Ela consistia de um capacete de motociclista, com uma pele de leopardo por cima, que lhe dava um aspecto realmente ridículo", observou Che. Seu guarda-costas, Carlos Coello, que passara a ser Tumaini, ou Tuma, apelidou Moulana de "Cosmonauta". Em Baraka os cubanos tiveram de aturar uma cerimônia de desfile "chapliniano". Che observou posteriormente que o mais triste era que os combatentes congoleses pareciam gostar mais de desfilar do que de aprender a lutar de verdade.

A seguir, Che foi à casa do general Lambert, rival de Moulana e o homem que fora o primeiro a lhe falar sobre a *dawa*. Lambert logo se embebedou com *pombe*, mas ficou tão engraçado bêbado que Che nem se deu ao trabalho de lhe fazer um sermão. Foi embora depois de assegurar a promessa de Lambert de fornecer 350 homens para uma ação contra a guarnição em Lulimba. (Como era de esperar, Lambert jamais enviou esse contingente.)

No início de outubro, Che se deu conta de que seria impossível montar um ataque bem-sucedido, a menos que alterasse radicalmente sua abordagem. Quando Masengo finalmente regressou, ele tinha um plano. A fim de evitar ter de lidar com os rebeldes existentes, a seu ver completamente incorrigíveis, Che queria recrutar combatentes entre os camponeses da região, com os quais formaria uma coluna combatente independente, que ele comandaria. "Criaríamos uma espécie de escola de combate", escreveu Che mais tarde. "Além disso, organizaríamos um novo Estado-Maior, mais racional, que dirigiria as operações em todas as frentes."

Enquanto Che se encontrava no meio da sua reunião com Masengo, nas suas palavras "tentando erguer o Exército de Libertação das cinzas", um dos cubanos que estavam no acampamento deixou cair um isqueiro aceso e, de repente, começou um incêndio. As choças de palha foram ficando em chamas uma atrás da outra. Pombo conseguiu salvar o diário de Che e alguns outros objetos de sua choça, mas todos fugiram quando as granadas deixadas nas choupanas começaram a explodir. Che puniu o infeliz responsável, que afora isso era um bom quadro, com três dias sem comida.

"Em meio a esse festival de balas e de granadas explodindo", escreveu ele, "chegou Machadito, nosso ministro da Saúde Pública, com algumas cartas e uma mensagem de Fidel."

José Ramón Machado Ventura, ou Machadito, o médico que extraíra a bala de M-1 do pé de Che na serra, chegara para avaliar as necessidades de saúde no território rebelde, em função de uma solicitação extraordinária, feita por Gaston Soumaliot, de cinquenta médicos cubanos. Algumas semanas antes, quando Che soubera que Fidel estava pretendendo receber Soumaliot em uma visita a Havana, despachou uma mensagem para Fidel aconselhando-o a não receber o líder rebelde e a não lhe dar de jeito nenhum qualquer assistência material. Porém, a mensagem de Che chegou tarde ou então foi ignorada, pois Fidel recepcionou Soumaliot, que lhe pintara um quadro idílico da Revolução Congolesa. Quando ele pediu por médicos cubanos, Fidel concordou prontamente. Depois de ouvir as firmes objeções de Che e de ver pessoalmente a situação, Machadito prometeu transmitir a Fidel os sentimentos de Che.

"Já soubera por intermédio de Tembo que a impressão em Cuba era de que minha atitude era muito pessimista", escreveu Che. "Isso foi então reforçado por uma mensagem pessoal de Fidel, na qual me aconselhava a não me desesperar, recordava-me o estágio inicial da luta [cubana] e me lembrava que esses percalços sempre acontecem."

Aproveitando o fato de que Machadito regressaria imediatamente, Che escreveu uma longa carta para o *jefe*. "Querido Fidel: Recebi sua carta, que produziu em mim sentimentos contraditórios, pois, em nome do internacionalismo proletário, cometemos erros que podem ser muito custosos. Além disso, pessoalmente fico preocupado que, por minha falta de seriedade ao escrever ou porque você não me compreenda totalmente, se possa pensar que estou padecendo da terrível enfermidade do pessimismo [...]. Limito-me a lhe dizer que, segundo os que me cercam, já perdi minha reputação de observador objetivo, como consequência de manter um otimismo sem nenhum fundamento diante da situação existente. Posso assegurar-lhe que, se eu não estivesse aqui, esse lindo sonho se teria dissolvido há muito tempo em um caos generalizado."

Che prosseguiu dando a Fidel um quadro duramente realista da forma como a ajuda externa estava sendo desperdiçada pelos congoleses: "Há pouco mais de um mês chegaram três lanchas soviéticas novas em folha; duas estão atualmente inutilizadas e a terceira, na qual seu emissário fez a travessia, faz água por todos os lados", ele escreveu. Tudo que ele queria era mais cem cubanos, "eles não precisam ser todos negros", e algumas bazucas, detonadores para as minas e explosivos R-4. Quanto ao pedido de médicos, Che lhe disse: "Com cinquenta médicos, a zona liberada do Congo teria a invejável proporção de um para cada mil habitantes, um nível que ultrapassa o da URSS, dos Estados Unidos e de duas ou três das nações mais avançadas do mundo [...]."

"Tenha um pouco de confiança nos meus critérios e não julgue pelas aparências", concluiu Che, acrescentando que Fidel devia "dar uma sacudida" nas pessoas que lhe estavam prestando informações e que, segundo ele, "apresentam imagens utópicas que nada têm a ver com a verdade. Tentei ser explícito e objetivo, conciso e sincero. Você acredita em mim?"

De fato, os esforços de Cuba e de outros países para ajudar os rebeldes congoleses estavam sendo desperdiçados. Um grupo de combatentes congoleses havia chegado pouco tempo antes ao lago, recém-saído de seis meses de treinamento na Bulgária e na China, mas Che anotou, com sarcasmo, que a primeira preocupação deles foi solicitar quinze dias de licença para visitarem suas famílias. "Depois, eles a esticaram, porque havia sido curta demais. De qualquer modo, eles eram quadros revolucionários treinados, não podiam se arriscar em combate, isso seria uma irresponsabilidade. Tinham vindo a fim de inundar seus camaradas com uma avalanche de conhecimento teórico, que haviam acumulado durante seis meses, mas a revolução não deveria cometer o crime de forçá-los a combater."

Che voltou-se para a tarefa mais imediata: criar sua imaginada "academia de combate", que, na sua concepção mais recente, seria composta de 210 homens, inclusive camponeses e rebeldes das três frentes principais. Depois do que vira lá, também estava preocupado com a capacidade ou disposição do general Moulana de defender a estratégica planície de Fizi, uma indubitável rota de ataque no caso de uma ofensiva do governo. Enviou Fernández Mell com alguns ho-

Che, José Ramón Machado Ventura, o ministro da Saúde de Cuba, Emilio Aragonés ("Tembo"), secretário de organização do Partido Unido da Revolução Socialista, e o amigo de Che, Oscar Fernández Mell.

mens para tentar "induzir bom senso" no general-cosmonauta, com ordens para fazer o que pudesse a fim de organizar a defesa de Fizi.

Che precisou mais uma vez fazer um sermão para seus soldados cubanos queixosos. "Disse-lhes que a situação era difícil", ele escreveu. "O Exército de Libertação estava desmoronando e nós tínhamos de lutar para salvá-lo da ruína. Nossa tarefa seria muito dura e desagradável, e eu não podia pedir-lhes que tivessem fé na vitória. Pessoalmente, eu acreditava que as coisas podiam ser consertadas, embora à custa de muito trabalho e de uma infinidade de fracassos parciais. Tampouco podia pedir-lhes que confiassem na minha capacidade de liderança, porém, como um revolucionário, podia exigir que respeitassem minha honestidade. Fidel estava ciente do essencial, e os incidentes que haviam ocorrido não foram ocultados dele. Eu não viera para o Congo a fim de conquistar glória pessoal, nem sacrificaria qualquer pessoa pela minha honra pessoal." O importante então era que os homens obedecessem a ele, mas Che percebeu que suas palavras não eram convincentes. "Haviam acabado os tempos românticos em que os ameaçava dizendo que mandaria os indisciplinados de volta para Cuba; se fizesse isso àquela altura, teria sorte se ficasse com metade da tropa."

Para agravar a situação, a malária continuava a atormentar os cubanos, bem como a gastrenterite. Che também sucumbira a esta, como descreveu com humor ácido: "No meu diário de campanha, registrei as estatísticas, no meu caso, de mais de trinta deposições [defecações] em 24 horas, até que a severidade de minha diarreia venceu meu espírito científico. Quantas mais houve, só o mato sabe".

Paralelamente, ele parecia não estar conseguindo fazer qualquer progresso em sensibilizar os combatentes congoleses. Um dia, quando estes se recusaram a fazer um determinado trabalho que ele mandara, Che estourou. "Furioso, falei com eles em francês, lhes disse as coisas mais terríveis que pude encontrar em meu vocabulário pobre e, no auge da minha fúria, disse que os colocaria em vestidos e os faria carregar mandioca em um cesto (uma ocupação feminina) porque eram uns inúteis e piores do que mulheres. Eu preferiria formar um exército com mulheres a ter indivíduos da sua categoria. À medida que o intérprete traduzia meu estouro para suaíli, todos os homens me olhavam e davam risinhos com uma ingenuidade desconcertante."

Havia algumas outras barreiras culturais que simplesmente nunca foram superadas. Uma delas era a *dawa*, e Che finalmente optou por uma atitude pragmática e contratou um feiticeiro para seus soldados congoleses. "Ele assumiu seu lugar no acampamento e imediatamente tomou conta da situação", anotou Che.

Em meados de outubro, que era o começo da estação chuvosa, teve início a tão esperada ofensiva do governo. Che e seus homens ainda estavam despreparados. Apoiados por uma flotilha de canhoneiras e lanchas rápidas e um pequeno esquadrão de bombardeiros, helicópteros e aviões de reconhecimento, os mercenários de Mike Hoare começaram a avançar pelos domínios rebeldes, em uma manobra de cerco com três pontas. Tomaram facilmente o front do general Lambert em Baraka e Fizi, depois Lubonja. As defesas do general Lambert desmoronaram, e seus homens e os cubanos que estavam com eles fugiram apressados na direção do lago. Che enviou Mell e Aragonés com Masengo para o lago a fim de assumir o comando lá, enquanto ele se entrincheirava em um novo acampamento no sopé da montanha.

VII

O cerco estava apertando em volta de Che e logo se fechou ainda mais, não pelos mercenários de Hoare, mas por um acordo político entre o governo congolês em Léopoldville e os que apoiavam o Exército Congolês de Libertação na Organização da União Africana (OUA), inclusive a Tanzânia.

A OUA condenara o regime congolês do primeiro-ministro Moise Tshombe devido à sua aliança espúria com os belgas e com as forças mercenárias brancas. Em 13 de outubro, o presidente Kasavubu destituiu Tshombe e, em um encontro de presidentes africanos em Accra, dez dias depois, anunciou que os mercenários brancos seriam mandados embora. No entanto, isso seria uma troca. Se os mercenários fossem embora, os países que estavam ajudando os rebeldes suspenderiam seu apoio. Cessariam todas as intervenções estrangeiras no Congo, e isso abrangia também os cubanos.

Mike Hoare não gostou quando recebeu a notícia e, em uma reunião com o chefe do Exército congolês, Joseph Mobutu, insistiu em que fossem honrados os contratos com seus homens. Mobutu convenceu Kasavubu a deixar que os mercenários ficassem até que a rebelião tivesse sido inteiramente esmagada.

Che fora prevenido quanto às crescentes pressões externas por uma solução negociada e sabia, por intermédio de Masengo e de outros, que os tanzanianos estavam cada vez menos cooperativos. Enquanto isso, no campo de batalha, os acontecimentos se sucediam com enorme rapidez, depressa demais para que Che pudesse reagir de forma eficaz e mesmo se concentrar nas maquinações políticas que estavam ocorrendo. Na manhã de 24 de outubro, quando se completou o sexto mês da sua chegada ao Congo, seu acampamento de base foi invadido por tropas governamentais. Che teve tempo de mandar incendiar as choças, porém, na confusão da retirada, seus homens deixaram para trás grandes quantidades de armas e munição, equipamento de comunicações, mantimentos, documentos e dois macacos de estimação que Che mantinha.

Durante a retirada, Che se criticou por ter sido apanhado desprevenido. Ele não havia postado sentinelas na rota que o inimigo tomara, não acreditando que pudessem vir por ali. Ficou ainda mais amargurado quando descobriu que as primeiras informações de que a vanguarda do inimigo estava se aproximando tinham sido um equívoco. Na realidade, eram camponeses que estavam fugindo na frente dos soldados do governo. Se tivesse esperado e descoberto a verdade, Che poderia ter montado uma boa emboscada e desferido um golpe importante contra o inimigo. Àquela altura, era tarde demais.

"Pessoalmente, meu moral estava terrivelmente baixo. Sentia-me responsável por esse desastre em função da fraqueza e da falta de previsão", ele escreveu. Enquanto Che e os cubanos batiam em retirada, os congoleses fugiram tratando de salvar sua própria pele, e quando Che chegou ao topo, onde mandara alguns cubanos que haviam ido na frente esperarem por ele, constatou que eles haviam seguido adiante. Che olhou em volta, para o pequeno grupo de homens que ainda estava com ele: incluía Víctor Dreke, Papi, seus guarda-costas Pombo e Tumaini e Chamaleso, seu primeiro elemento de contato congolês. "Pensei com amargura no fato de que éramos treze", escreveu Che. "Era um a mais do que Fidel tivera em um certo momento [depois do desembarque do *Granma*], mas eu não era o mesmo líder."

Che e seus homens marcharam por um cenário desolador de aldeias abandonadas por seus habitantes, camponeses que se juntaram à fuga dos rebeldes em direção ao lago. Caminharam durante toda a noite e, ao amanhecer, chegaram a uma aldeia onde encontraram um dos cubanos, Bahaza, gravemente ferido, com uma bala no pulmão.

Depois de fazer o que pôde para aliviar o sofrimento de Bahaza, Che ordenou que a coluna prosseguisse, saindo do vale em busca de um refúgio mais seguro nas montanhas. Debaixo de uma chuva forte, subindo por uma trilha íngreme e de lama escorregadia, com os homens se revezando para carregar Bahaza, as seis horas seguintes foram uma tortura para todos. Do alto, podiam ver um espetáculo terrível: nas montanhas adjacentes havia camponeses em fuga, enquanto no vale lá embaixo erguiam-se colunas de fumaça das suas choças incendiadas pelas tropas do governo, que avançavam queimando tudo que encontravam pela frente. Quando chegaram a uma pequena aldeia cheia de refugiados famintos, Che foi repreendido por camponeses indignados, que diziam que os soldados haviam levado suas esposas, mas que eles nada puderam fazer para salvá-las porque tinham apenas lanças; os rebeldes não lhes haviam dado armas para se defenderem.

Bahaza morreu no alvorecer do dia seguinte. Che registrou: "Bahaza foi o sexto homem que perdemos e o primeiro cujo corpo nós pudemos honrar. E esse corpo, bem como sua conduta desde o momento em que fora ferido, eram uma acusação muda e viril contra a minha [...] estupidez". Che reuniu os homens em um círculo e proferiu o que ele próprio descreveu como "um solilóquio carregado de autorrecriminação".

"Reconheci os erros que eu tinha cometido e disse, o que era uma grande verdade, que, de todas as mortes que tinham ocorrido no Congo, a de Bahaza era para mim a mais penosa, porque ele era o camarada a quem eu havia repreendido* severamente por sua fraqueza e porque ele reagira como um autêntico comunista [reconhecendo sua falta] [...], mas que eu não arcara com as minhas responsabilidades e era culpado por sua morte. De minha parte, tentaria

* Che repreendeu Bahaza apenas alguns dias antes por ter abandonado uma arma durante a fuga da frente de Lambert.

fazer tudo que pudesse para apagar esse erro, por meio de mais trabalho e mais empenho do que nunca."

Mas não seria assim. Enquanto Che se entrincheirava em sua nova posição, começaram as recriminações. Chegou a notícia de que comandantes congoleses, como Lambert, estavam dizendo que a derrota era culpa de Che, que os cubanos eram covardes e os tinham traído. Fernández Mell e Aragonés mantinham um fluxo de mensagens para Che, desde a base de Kibamba, na margem do lago, insistindo para que ele abandonasse seu acampamento, pois podia-se esperar um ataque inimigo a qualquer momento e ele teria facilmente cortada sua rota de fuga para o lago.

O governo congolês estava então tentando aproveitar sua vantagem formando alianças com alguns dos líderes rebeldes. Masengo informara a Fernández Mell e Aragonés que o presidente Kasavubu lhe havia mandado uma mensagem secreta, oferecendo-lhe um ministério governamental caso ele abandonasse a luta. Os dois alertaram Che: "Se eles abordaram Masengo, devem também estar trabalhando em cima de Soumaliot e Kabila".

Em 30 de outubro, mandaram uma nova mensagem urgente para Che, implorando que se reunisse a eles no lago. Os aviões tinham começado a lançar bombas incendiárias sobre posições em torno de Kibamba, e eles temiam que isso fosse apenas o prelúdio de um ataque final. A base tornara-se caótica, um refúgio de todo tipo de "desertores, criminosos e traidores", e não havia nenhum controle. Os dois ressaltaram que "a coisa é realmente alarmante. Achamos que temos escrito bastante a você e o mantivemos a par da situação internacional, bem como da situação aqui. Nós quase parecemos uma dupla de velhas fofoqueiras. Imploramos a você que faça o mesmo conosco, pois estamos sempre ansiosos por notícias (então poderemos ser três fofoqueiros)".

Che, por fim, resolveu considerar o conselho. Deixando Papi com um grupo de congoleses na sua nova aldeia de base, com ordens para continuar com as sessões de treinamento militar, desceu para Kibamba. Embora praticamente todos à sua volta achassem que a chamada Revolução Congolesa estava agonizante, Che se recusava a abandonar a esperança e, mesmo a essa altura, estava tentando reforçar as frentes distantes que ainda não tinham sido tomadas. No seu costumeiro resumo de fim de mês, concluiu que outubro fora um "mês de desastres sem qualificativos [...]. Em suma, entramos em um mês [novembro] que pode ser definitivo".

Porém, enquanto Che escrevia, estavam puxando o tapete sob seus pés. Em 1º de novembro, o embaixador Ribalta foi convocado pelo governo tanzaniano e informado de que, em consequência dos acordos celebrados em Accra, a Tanzânia havia decidido encerrar "a natureza de sua assistência" ao Movimento Nacional Congolês de Libertação. Uma mensagem urgente foi enviada a Che, informando-o da notícia.

"Era o golpe de misericórdia para uma revolução moribunda", escreveu Che. Dado o caráter sensível da informação, resolveu não contar nada a Masengo e basear qualquer decisão na forma pela qual as coisas se desenvolvessem nos dias subsequentes. Então, em 4 de novembro, Che recebeu um telegrama da embaixada dando-lhe um resumo antecipado de uma carta de Fidel, cujo texto integral lhe estava sendo levado por um mensageiro. Era a resposta de Fidel à carta que Che mandara por meio de Machadito um mês antes. O resumo dos pontos apresentados por Fidel é o seguinte:

1. Precisamos fazer tudo que pudermos que não chegue a ser um absurdo.
2. Se, na avaliação de Tatu [de Che], nossa presença está se tornando injustificável e inútil, devemos pensar em retirada. Você deve agir de acordo com a situação objetiva e com o ânimo de nossos homens.
3. Se você achar que deve ficar, tentaremos enviar os recursos humanos e materiais que você julgar necessários.
4. Estamos preocupados com que você possa, erroneamente, recear que sua atitude tenha sido considerada derrotista ou pessimista.
5. Se resolver ficar, Tatu pode manter o status quo regressando para cá ou ficando em outro lugar.
6. Apoiamos qualquer decisão que você tomar.
7. Evite o aniquilamento.

Utilizando o rádio de campanha, Che ditou uma mensagem para Dar es Salaam, a fim de ser retransmitida para Fidel, pondo-o a par da situação àquela altura. Disse a Fidel que, alguns dias antes, quando começaram a se alastrar os rumores de uma fuga em massa dos líderes rebeldes congoleses para a Tanzânia, ele resolvera ficar para trás, com vinte homens escolhidos a dedo. Continuariam tentando reunir uma força guerrilheira. Se fracassassem, iria por terra para outra frente, ou pediria asilo político na Tanzânia. No entanto, esta opção deixara de existir com a decisão tanzaniana de suspender o apoio que vinha prestando.

Che propôs que uma delegação cubana de alto nível fosse enviada à Tanzânia a fim de conversar com Nyerere e expor a posição cubana, que deveria ser a seguinte: "Cuba ofereceu sua ajuda sujeita à aprovação da Tanzânia. Ela foi aceita e a ajuda se efetivou. Compreendemos as atuais dificuldades da Tanzânia, mas não estamos de acordo com suas proposições. Cuba não recua de suas promessas, nem aceitará uma fuga vergonhosa, deixando seus irmãos [congoleses] na desgraça, à disposição dos mercenários. Só abandonaremos a luta se houver razões bem fundamentadas ou de força maior, os próprios congoleses nos pedindo que o façamos, mas continuaremos a lutar para que isso não chegue a acontecer".

Che também pediu a Fidel que solicitasse um mínimo de apoio a ser mantido pela Tanzânia: que lhes permitisse manter aberta sua comunicação com Dar es Salaam e continuar usando o lago para seus percursos de abastecimento de armas e mantimentos. Finalmente, aconselhou Fidel a passar cópia de sua carta para os chineses e os soviéticos, "para impedir qualquer manobra de descrédito".*

Em 10 de novembro, a situação continuava a se desdobrar ao longo do perímetro do reduzido território rebelde. Uma das posições dos tútsis ruandenses foi tomada, e o inimigo avançava sem interrupção em direção ao lago. Com os estoques de mantimentos e medicamentos se esgotando em Kibamba, Che despachou um telegrama para os postos cubanos em Kigoma e Dar es Salaam: "Pressão inimiga aumenta e o bloqueio [tanzaniano] do lago se mantém. Necessitamos com urgência de grande quantidade de dinheiro congolês para a eventualidade de isolamento. Têm de agir depressa. Estamos nos preparando para defender a base".

Em 14 de novembro, Changa, o capitão cubano da lancha de Che, atravessou o lago trazendo de Kigoma mantimentos e um funcionário da Inteligência cubana, lotado em Dar es Salaam, que trazia outra mensagem de Fidel. Ele informou a Che que o governo da Tanzânia não dava sinais de abrandar sua posição, e perguntou se devia começar a preparar uma "base clandestina" para Che na Tanzânia, tendo em vista a postura oficial do governo, e Che lhe respondeu afirmativamente.

Em um ridículo espetáculo, o capitão da embarcação transportara também outros quarenta rebeldes congoleses "formados" recentemente em um curso de treinamento na União Soviética. Tal como seus antecessores, treinados na Bulgá-

* Um funcionário da Inteligência cubana, que esteve diretamente envolvido no nível administrativo da operação cubana no Congo, me contou que a rivalidade dos soviéticos com os chineses teve uma influência direta sobre o desfecho congolês. Ele disse: "Eu acho que os soviéticos queriam se livrar de Che". Ele assinalou que os soviéticos, embora cooperassem com a aliança rebelde apoiada por cubanos e africanos, o tinham feito para competir em uma área em que os chineses haviam reservado para si. Porém, quando os ventos mudaram, Moscou jogara seu peso em favor de um acordo negociado, assim condenando a causa revolucionária congolesa — e o esforço pessoal de Che. Reforçando essa análise, um alto funcionário cubano se lembrava de ter visto algo nas anotações de Che (presumivelmente o diário original do Congo, não publicado) que fazia alusão às suas suspeitas de que os soviéticos tinham "pressionado" o presidente Nyerere, da Tanzânia, para que solicitasse a retirada dos cubanos.

ria e na China, imediatamente solicitaram duas semanas de férias, ao mesmo tempo reclamando que não tinham onde deixar sua bagagem. Che escreveu: "Teria sido um pouco engraçado, se não fosse tão triste, ver a disposição desses rapazes em quem a revolução depositara sua confiança".

Apesar dos esforços dos comandantes cubanos no campo de batalha, as defesas rebeldes continuavam a desmoronar. Em 16 de novembro, Che mandou um sos para a embaixada cubana em Dar es Salaam solicitando suprimento de armas do depósito em Kigoma. Acusou as autoridades tanzanianas de estarem deliberadamente bloqueando seus canais logísticos e pediu à embaixada que exigisse uma resposta inequívoca sobre quais eram as suas intenções. Havia canhoneiras inimigas patrulhando o lago e ele precisava de ações imediatas.

Nesse mesmo dia, Papi, ainda nas montanhas, mandou avisar que necessitava de reforços com urgência. Naquela manhã, os ruandenses que estavam com ele desertaram em massa, levando as armas, e agora os congoleses também estavam indo embora. Era uma notícia devastadora: sem uma quantidade suficiente de homens no front, não havia como conter o avanço inimigo.

Che convocou uma reunião para debater a estratégia com os líderes congoleses disponíveis: Masengo, Chamaleso e uns dois outros (a despeito de reiterados pedidos, Kabila ainda não atravessara o lago). Na opinião deles, só havia duas alternativas: lutar até o fim nas posições em que estavam ou tentar romper o cerco, cortando as linhas inimigas e fugindo para o norte ou para o sul. A primeira opção foi descartada devido à falta de confiabilidade de seus combatentes, e resolveram provisoriamente tentar romper para o sul, através de uma área chamada Bondo. Che ordenou a Dreke e a outro de seus oficiais, Aly, que fizessem uma rápida viagem de reconhecimento para ver quais eram as possibilidades.

Como Che registrou, Aly enfureceu-se, dizendo que já era hora de parar de "correr pelas montanhas sem ter a cooperação dessa gente". "Respondi-lhe de modo cortante que organizaríamos a evacuação através de Bondo, e que ele podia partir com o grupo que abandonara a luta. Ele retrucou imediatamente que ficaria até o fim."*

Resolvendo que não era justo continuar a manter segredo, Che contou então a Masengo sobre a decisão da Tanzânia de retirar seu apoio, e disse que tirasse suas próprias conclusões. Evidentemente, essa notícia era decisiva para Masengo e seus camaradas. Nessa noite, Chamaleso comunicou a Che que todos os oficiais rebeldes no acampamento haviam resolvido pôr fim à campanha. Che recebeu mal a notícia, dizendo a Chamaleso que, se assim era, queria essa decisão por escrito. "Disse a ele que havia uma certa coisa chamada história, que é constituída

* Ver Notas.

por muitos dados fragmentários, que podem ser deturpados." Che queria documentação para a hipótese de os congoleses afirmarem mais tarde que a decisão de se retirar fora iniciativa cubana. Chamaleso disse que achava difícil que Masengo concordasse em assinar uma declaração assim, mas saiu para conversar com ele.

Logo em seguida, uma chamada pelo telefone de campanha informou a Che que sua base na parte superior acabara de ser capturada. Seus homens haviam se retirado sem combater, e o inimigo estava avançando em grande número. Che reagiu rapidamente, propondo um recuo imediato, que Masengo logo aceitou. Chamaleso aproveitou a ocasião para dizer a Che que voltara a falar com os oficiais e que eles eram unânimes em seu desejo de se retirar "de forma definitiva" do campo de batalha. Como comentou Che, isso agora era irrelevante: "Em cinco minutos, os telefonistas tinham sumido, todos os elementos da polícia militar tinham fugido e o caos se apossou da base".

VIII

Quando Che decidiu bater em retirada, em 18 de novembro, a noite já tinha caído no acampamento. Che comunicou-se por rádio com Kigoma para que preparassem os barcos para uma evacuação. Ordenou aos seus homens que queimassem as choças e ocultassem o que pudessem do equipamento, e trouxessem o armamento pesado, para o caso de terem de oferecer uma última resistência. Ao alvorecer começaram a caminhar lentamente para a margem do lago, arrastando-se sob o peso de suas cargas e abandonando parte delas nos lados da trilha. Che observou que a fisionomia de seus homens exibia um "cansaço de séculos" e tentou apressá-los. Atrás deles, as explosões lançavam fogo e fumaça para os céus: alguém tinha posto fogo nos seus depósitos de pólvora. A maioria dos congoleses havia fugido e Che os deixara ir, sabendo que, quando chegassem ao lago, não haveria barcos suficientes para transportar a todos.

Haviam combinado um ponto de encontro, na margem do lago, cerca de dez quilômetros ao sul de Kibamba, e durante a marcha Che expediu novas mensagens pelo rádio, para Kigoma, solicitando que as lanchas os encontrassem lá nessa noite. Chegaram ao ponto de evacuação à tarde. Che tornou a se comunicar por rádio, dizendo que ele e seus homens estavam no local, que a guerra terminara e que era urgente que eles se retirassem. Suas comunicações finalmente tiveram uma resposta: "Copiado". Che escreveu: "Quando ouviram o 'copiado' do lago, a expressão de todos os camaradas mudou, como se uma vara de condão tivesse tocado seus rostos".

Mas os barcos não chegaram nessa noite, nem no dia seguinte. Enquanto esperavam com crescente ansiedade, Che montou emboscadas para proteger seu perímetro e enviou homens de volta para procurar os que estavam perdidos. Na manhã seguinte, apareceu um deles, mancando com uma torção de tornozelo, mas ainda havia dois cubanos desaparecidos. Nessa tarde, dia 20 de novembro, Che se comunicou pelo rádio com o capitão da lancha, Changa, que estava em Kigoma, dizendo que tinha de evacuar duzentos homens. Changa respondeu que fora detido pelas autoridades tanzanianas, mas que faria a travessia naquela noite.

Ao saber disso, escreveu Che, "as pessoas ficaram eufóricas". Ele já havia falado com Masengo e seu Estado-Maior e acordara que um dos comandantes congoleses ficaria para trás com seus homens, enquanto Masengo e os demais seriam retirados junto com os cubanos. Porém, para que o plano funcionasse, os que estariam escapando teriam de enganar os combatentes congoleses, e Che e Masengo resolveram utilizar diversos "pretextos" para embarcar os combatentes que ficariam em um barco que os levaria para uma aldeia próxima. Depois que estivessem fora de vista, seria feita a "verdadeira" evacuação.

As coisas não saíram tão facilmente. Embora tivessem conseguido persuadir uma boa parte dos congoleses a entrar no primeiro barco que chegou, os que sobraram "sentiram o cheiro de algo", recordou Che, e anunciaram que queriam ficar onde estavam. Ali mesmo, Che mandou que seus homens selecionassem aqueles congoleses que tinham revelado o "melhor comportamento", para que fossem levados com eles "como cubanos".

Enquanto ficava de pé na margem do lago, supervisionando a evacuação final da missão cubana no Congo, Che continuou a refletir sobre a possibilidade de permanecer a fim de dar prosseguimento à luta. "A situação era crítica. Dois homens que eu mandara em uma missão seriam abandonados, a menos que chegassem dentro de poucas horas. Assim que nós partíssemos, todo o peso das calúnias cairia sobre nós, dentro e fora do Congo. De acordo com meu levantamento, poderia conseguir até vinte homens que me seguiriam, embora, a essa altura, ressabiados. E depois, o que eu faria? Os chefes estavam todos em retirada, os camponeses estavam exibindo cada vez mais hostilidade para conosco. Porém, era profundamente dolorosa a ideia de evacuação completa e deixar para trás camponeses indefesos e homens armados praticamente indefesos, derrotados e com a sensação de terem sido traídos."

Uma das opções com que Che estava trabalhando nos últimos dias era a possibilidade de atravessar o Congo e tentar se juntar a uma força rebelde liderada por Pierre Mulele. No entanto, o território de Mulele estava a centenas de quilômetros de distância, através da selva, e seria um feito simplesmente sobreviver a essa odisseia, quanto mais organizar uma força guerrilheira eficaz.

Enquanto eles aguardavam os barcos, Che continuou a sopesar suas opções, nenhuma delas boa. "Na realidade", confessou ele, "a ideia de permanecer ali continuou a girar na minha cabeça até a madrugada." Ele estava perturbado pela maneira humilhante de sua retirada e pelos pensamentos de como ele e seus camaradas seriam lembrados pelos combatentes congoleses deixados para trás. "Passei as últimas horas solitário e perplexo", ele escreveu, "até que, às duas da manhã, chegaram os barcos." Primeiro foram embarcados os enfermos e feridos, depois Masengo, seu Estado-Maior, e cerca de quarenta congoleses selecionados para irem com eles. Por último, Che e os cubanos subiram a bordo.

"Foi um espetáculo grave, desolador e inglório", Che escreveu. "Tive de repelir homens que imploravam para serem levados. Nessa retirada não houve um só traço de grandeza, nem gesto de rebelião. As metralhadoras estavam preparadas e eu tinha os homens a postos, caso os [combatentes abandonados] tentassem nos intimidar com um ataque de terra, mas não aconteceu nada disso. Houve apenas alguns soluços, enquanto eu, o líder dos fugitivos, disse ao homem que segurava a amarra que a soltasse."

28. Sem possibilidade de volta

I

Dois dias depois do desastre no Congo, Che estava a salvo, escondido em um pequeno apartamento na residência da embaixada de Cuba nos arredores de Dar es Salaam. O embaixador Ribalta evacuou todos os funcionários, com exceção de seu criptógrafo-telegrafista, um secretário e um cozinheiro, que não sabiam que havia um estranho morando no andar superior.

Os outros cubanos da malfadada expedição foram levados de caminhão até Dar es Salaam, de onde foram transportados em avião próprio para Moscou e de lá para Havana. Fernández Mell fora deixado em Kigoma a fim de organizar uma missão de busca e salvamento dos dois cubanos que estavam desaparecidos, bem como providenciar a evacuação dos congoleses deixados para trás. Passariam-se quatro meses antes de encontrar os dois cubanos, em uma odisseia que quase o faria chegar até Ruanda.

Che e seus homens atravessaram o lago Tanganica em segurança, apesar de um barco-patrulha armado do governo congolês ter chegado muito perto deles. Em um blefe, Che mandara que seus homens montassem seus canhões de 75 milímetros sem recuo na proa dos barcos, a fim de dar a impressão de que estavam bem armados e preparados para combater. Foi um gesto audacioso, pois se as armas fossem disparadas, só o deslocamento de ar teria matado muitos dos que estavam a bordo. De qualquer maneira, a canhoneira não chegou mais perto.

Quando se aproximaram da margem em frente a Kigoma, encontraram uma pequena lancha, tripulada por cubanos, à espera de Che. Para garantir sua segurança, ele foi separado dos outros e transportado secretamente para Dar es Salaam.

Levando consigo Papi, Pombo e Carlos Coello, Che passou para a pequena embarcação. Despediu-se do resto dos combatentes, dizendo-lhes que esperava vê-los de novo, e que alguns deles fossem combater em outras terras. Foi um momento embaraçoso e cheio de emoção. Os cubanos, embora felizes por estarem voltando para casa, tinham sentimentos confusos a respeito de sua experiência.

Uma vez em terra, segundo Pombo, Che virou-se para seus três jovens companheiros e disse: "Bem, nós vamos em frente. Vocês estão prontos para continuar?". Eles compreenderam então que Che não voltaria para Cuba. "Onde?", perguntou Pombo. "Qualquer lugar", respondeu Che.

Pombo tinha 25 anos e Tuma era só um ano mais velho, e ambos acompanhavam Che desde 1957, quando eram adolescentes e se haviam unido a ele na Sierra Maestra. Papi estava com 29 anos e fora o elemento de ponta de Piñeiro nos programas de guerrilhas de Che desde 1962. Esses estavam entre a meia dúzia de homens que Che acreditava que podia convocar para segui-lo "sem susto", e eles não o decepcionaram: todos responderam sim à sua pergunta na margem tanzaniana.*

"Ele não podia regressar a Cuba sem ter conseguido um êxito", explicou Pombo. "Ele achava que a melhor coisa era prosseguir. Por seu próprio esforço, com quaisquer possibilidades, ele tinha de continuar a luta."

Che planejara combater durante cinco anos, mas depois de apenas seis meses estava tudo acabado. Fidel divulgara sua carta de despedida um mês antes, na cerimônia de lançamento do Partido Comunista Cubano. (O novo partido substituiu o Partido Unido da Revolução Socialista — PURS — como o único partido completo existente no país, com um novo Comitê Central oficial e o Politburo, no estilo soviético.) Em sua carta de despedida, Che se comprometera perante o mundo a dar sua ajuda em "novas frentes de batalha", e por uma questão de orgulho, achava que não podia voltar. Sair do Congo, no entanto, foi uma boa ideia por várias razões. Mesmo que a CIA não soubesse onde Che estava, presumivelmente incluíra o Congo em sua curta lista de possibilidades depois da apreensão do diário de um guerrilheiro cubano em Bendera, em junho. Che presumia que estariam procurando por ele. No final de novembro de 1965, ele provavelmente era o revolucionário marxista mais conhecido do mundo, um homem pa-

* Ver Notas.

ra quem o objetivo do "internacionalismo proletário" não conhecia fronteiras. Mas, por enquanto, ele não tinha para onde ir. Era verdadeiramente um homem sem país.

II

Em 25 de novembro, quatro dias depois de Che e seus homens deixarem o Congo, o chefe das Forças Armadas, Joseph Mobutu, depôs o presidente Kasavubu. O regime despótico de Mobutu, apoiado pelo Ocidente, duraria mais de três décadas. A Revolução Congolesa tinha terminado.

Depois de alguns dias em Dar es Salaam, Tuma e Pombo voaram para Paris, e em seguida para Moscou e Praga, onde ficaram alojados em uma casa de apoio fornecida pelo serviço de Inteligência tcheco. Trancado em seu pequeno quarto na capital da Tanzânia, visitado apenas por Pablo Ribalta e pelo telegrafista cubano que o auxiliava, Che começou a trabalhar nas suas memórias congolesas. Do mesmo modo como havia avaliado suas últimas ações no Congo, com um olho para a história, Che se dedicou a escrever seu relato com a intenção de publicá-lo — "no momento adequado" — como sua contribuição para os anais da revolução socialista mundial. O título que escolheu, *Pasajes de la Guerra Revolucionaria* (*Congo*), era o mesmo que adotara para seu livro sobre a guerra revolucionária em Cuba, e Che deixava implícita a ideia de que o Congo era apenas mais uma etapa da luta histórica que tinha como meta final a libertação dos oprimidos do mundo.

Havia uma acentuada diferença entre os dois relatos. O livro sobre a guerra cubana continha muitas recordações francas dos erros e sacrifícios, era acima de tudo uma elegia ao heroísmo dos guerrilheiros cubanos, uma exaltação da certeira liderança de Fidel, que os havia levado à vitória, e uma narrativa moral. O segundo livro de memórias era um reflexo nitidamente negativo do primeiro, como Che deixou claro nas páginas de abertura, quando escreveu: "Esta é a história de um fracasso". A dedicatória, "Para Bahaza e seus camaradas, procurando um sentido para o sacrifício", indicava que Che estava determinado a expiar seus pecados em uma clássica autocrítica marxista. No final do livro, ele relacionou suas próprias falhas. "Durante muito tempo, mantive uma atitude que poderia ser descrita como excessivamente complacente", ele disse, "e, em outras ocasiões, talvez devido a uma característica inerente a mim, explodi de muitas formas que eram contundentes e muito penosas para os outros."

Che escreveu que achava que o único grupo com o qual mantivera um bom relacionamento tinha sido o dos "camponeses", mas criticou a si mesmo por sua falta de força de vontade para aprender bem o suaíli. Ao se apoiar no seu francês, ele podia conversar com os oficiais, mas não com os soldados rasos.

> No contato com meus homens, acho que demonstrei engajamento suficiente para impedir que alguém me criticasse nos aspectos pessoal e físico [...]. Para mim não é um sacrifício ter um par de botas danificadas ou apenas uma muda suja de roupa, ou comer o mesmo grude da tropa e viver nas mesmas condições. Porém, meu hábito de me afastar para ler, fugindo dos problemas cotidianos, tendia de fato a me distanciar dos homens, sem mencionar que há aspectos de meu temperamento que não facilitam um relacionamento mais íntimo.
>
> Eu era duro, mas não creio que o fosse de modo excessivo ou que fosse injusto. Empreguei métodos que um Exército regular não aplica, como o de obrigar homens a ficarem sem comer — é o único método eficaz de punição que conheço em uma campanha de guerrilhas. No início, tentei empregar a coerção moral e fracassei. Procurei fazer com que minha tropa tivesse o mesmo ponto de vista que eu em relação à situação e fracassei; eles não estavam preparados para olhar de forma otimista para um futuro que tinha de ser encarado por meio de um presente sombrio.
>
> Por último, outra coisa que pesou nas minhas relações com os outros [...] foi a carta de despedida para Fidel. Ela levou meus camaradas a me verem, como tinham feito muitos anos antes, quando comecei na serra, como um estrangeiro [...]. Havia certas coisas em comum que já não compartilhávamos, certos anseios comuns a que eu tinha, tácita ou explicitamente, renunciado e que são as coisas mais sagradas para todos os homens individualmente: sua família, sua nação, seu habitat. A carta, que provocou tantos comentários elogiosos dentro e fora de Cuba, me separou dos combatentes.
>
> Talvez essas reflexões psicológicas pareçam sem cabimento na análise de uma luta que tem uma amplitude quase continental. Continuo fiel à minha concepção do núcleo; eu era o líder de um grupo de cubanos, não mais do que uma companhia, e minha função era a de ser seu verdadeiro líder, seu guia para uma vitória que impeliria o desenvolvimento de um exército popular autêntico. Porém, ao mesmo tempo, meu status peculiar me transformava em um soldado representando uma potência estrangeira, em um instrutor de cubanos e congoleses, um estrategista, um político de alto nível em um cenário desconhecido, e um censor do tipo de Catão, repetitivo e cansativo [...]. Com tantas vertentes com que lidar, formou-se um nó górdio que eu não sabia como desatar [...].

> Aprendi, no Congo. Há erros que não voltarei a cometer. Talvez haja outros que repetirei e novos que cometerei. Saí com mais fé do que nunca na luta de guerrilhas, mas nós fracassamos. Minha responsabilidade é grande. Não esquecerei a derrota, nem suas mais valiosas lições.

III

Desde o momento em que deixou o Congo, Che ficou inteiramente dependente dos serviços secretos de Cuba para sua proteção e sobrevivência. Pela primeira vez em sua vida adulta, não era o senhor de seu próprio destino.

A rede de inteligência e de apoio às guerrilhas, dirigida por Barbarroja Piñeiro, agora operava por toda a África, do mesmo modo que o fazia na América Latina e em outras partes do mundo, frequentemente sob o manto da cobertura diplomática. O encarregado de negócios cubano no Cairo, José Antonio Arbesú, era um dos operadores de Piñeiro, como também o era Ulíses Estrada, chefe da sua divisão de África e Ásia. Ulíses era um negro alto e magro, que fora amante de Tania em Cuba, bem como o "controlador" de Masetti antes que este partisse para a Argentina. Durante todo o tempo em que Che esteve no Congo, Ulíses fora seu principal elemento de ligação, viajando constantemente entre Cuba e Tanzânia, a fim de coordenar o fluxo de armas, homens e informações. Depois do desastre, Ulíses ficou responsável por fazer voltar para Havana os combatentes cubanos e por coordenar os futuros deslocamentos de Che. Fidel queria que Che regressasse a Cuba, mas ele se recusara, dizendo que queria ir diretamente para a América do Sul. O vice de Piñeiro, Juan Carretero, ou Ariel, que havia ajudado a implementar as expedições de Béjar e Masetti no Peru e na Argentina, foi posto diante desse dilema e descobriu que Che não era uma pessoa fácil de lidar. "Era muito difícil argumentar com ele", disse Ariel. "Ele tinha uma mentalidade muito ascética. Não queria voltar publicamente para Cuba, depois da sua carta [de despedida], devido à sua obrigação para com a causa revolucionária. Isso simplesmente não era possível."

Natal e Ano-Novo vieram e passaram, e Che continuava em reclusão. No começo de janeiro de 1966, mediante um pedido de Che, Aleida foi levada à Tanzânia. Ela foi conduzida diretamente para a embaixada em Dar es Salaam, tirada rapidamente do carro para o prédio, e, assim que entrou, a conduziram depressa para o andar superior. Ela e Che partilharam dois aposentos. Um era uma pequena câmara escura para revelação de fotografias, com uma cama na qual dormiam, e o outro uma pequena sala de estar onde passavam o dia. Durante as seis semanas seguintes, nem ela nem Che saíram desses aposentos, e as cortinas das janelas estavam sempre fechadas. Só uma vez Aleida ousou dar uma olhadela para fora: viu um bosque e nenhuma outra casa à vista. Apenas Pablo Ribalta os visitava, trazendo suas refeições diariamente. No mesmo andar ficava a sala de comunicações, onde trabalhava o criptógrafo e datilógrafo de Che, um cubano chamado Coleman Ferrer. Ninguém mais sabia quem eles eram nem jamais os viu.

Segundo Aleida, Che não parecia se importar com seu confinamento, pois tinha muito que fazer. Quando ela chegou, ele já terminara suas memórias do Congo e começara dois outros projetos: *Apuntes filosóficos** e *Notas económicas*, baseado em sua visão crítica do *Manual of Political Economy* [Manual de economia política] soviético, que era a bíblia socialista padrão desde os tempos de Stálin. Quando não estava escrevendo, Che passava o tempo lendo, inclusive poesia e ficção por puro prazer. Quando Aleida chegou, fez para ela uma relação de livros que ela deveria ler, como dever de casa, e que debateriam no final de cada dia. Nitidamente aproveitaram o tempo juntos. Che tirou algumas fotografias extravagantes e românticas dos dois, em que ele parece mais jovem, mais magro e mais bonito do que estivera em vários anos. Seus cabelos escuros e ondulados cresceram novamente e ele estava com um bigode fino. Em algumas fotografias ele está sem camisa. Em uma delas, Aleida está lendo uma obra de Strindberg, enquanto Che olha com uma expressão divertida. Em outra, ele veste um terno escuro e está ajoelhado segurando a mão dela.

Aleida recordou que seu interlúdio tanzaniano mais se pareceu com uma lua de mel. Foi a primeira vez que estiveram juntos sozinhos. Em uma alusão, entremeada de risinhos, à sua cama na câmara escura, Aleida insinuou que recuperaram o tempo perdido. Ela disse que, anteriormente, tinham falado muitas vezes de um dia visitarem juntos o México e a Argentina, porém "não havia tempo e não iria haver tempo algum". No final de fevereiro, quando Aleida retornou a Cuba, ela partiu da mesma maneira como chegara: desceu as escadas, saiu pela porta da frente, entrou em um carro que a esperava e seguiu direto para o aeroporto. Ela lamentou o fato de que estivera na África Oriental e não vira nada, nem mesmo os famosos parques de animais selvagens. "Mais tarde vi o que tinha perdido", disse ela, "em um filme com Yves Montand e Candice Bergen."**

* Che deixou o esboço de um manual sobre filosofia para Armando Hart, o então ministro da Educação de Cuba, que tinha se mudado politicamente de forma radical para a esquerda desde a vitória rebelde. A carta de Che para Hart e o esboço apareceram em uma revista cubana, *Contracorriente*, em 1997.

** *Vivre pour vivre*, de Claude Lelouch, de 1967.

IV

Quando Aleida partiu, Ariel convencera Che a ir para Praga, onde estaria mais seguro e poderia esperar as coisas.* Mas durante o mês de março, antes que ele deixasse a Tanzânia, Fernández Mell foi vê-lo. Ele havia finalmente localizado os cubanos desaparecidos, transportara os combatentes congoleses abandonados através do lago e ajudara a encerrar a operação cubana em Kigoma. Che mostrou a seu amigo as passagens de suas memórias em que se referia a ele de forma crítica e disse: "Está vendo como eu caio em cima de você?". Fernández Mell retrucou que qualquer coisa que Che criticasse nele recairia diretamente sobre si próprio, pois ele se limitara a seguir as ordens de Che.

A experiência no Congo os distanciara. Ainda eram amigos, mas já não acreditavam nas mesmas coisas. Fernández Mell pensara muito sobre as ideias de Che de guerra de guerrilhas continental e começara a duvidar da sabedoria dessa estratégia, pelo menos em relação à África. Achava que, na sua teimosia, Che se iludira. "No Congo, Che nos dissera coisas que, estou convencido, ele sabia que não eram realistas", explicou Fernández Mell, "embora ele não fosse homem de dizer coisas que não pensava [...]. Ele tinha entranhado no fundo da cabeça que encontrara o caminho para libertar o povo e que tudo seria bem-sucedido, e ele expunha isso como uma verdade absoluta. Por isso não podia aceitar que a tentativa no Congo destroçasse aquela estratégia que ele havia idealizado tão bem."

Fernández Mell sabia que Che provavelmente iria para a América do Sul e, finalmente, para a Argentina. Sempre ficara entendido que Fernández Mell se juntaria a ele lá, mas a essa altura o assunto não foi abordado. Ele não perguntou sobre os planos de Che nem se ofereceu para tomar parte neles. Seu silêncio mútuo disse tudo: eram dois amigos enveredando por caminhos separados. Alguns dias depois, Fernández Mell regressou para Havana, levando consigo o mais recente texto do *Pasajes de la Guerra Revolucionaria* para entregar a Fidel. Nunca mais voltaria a ver Che.

V

Che chegou a Praga acompanhado por Papi. Encontraram Pombo e Tuma na casa de apoio, que era uma casa grande e imponente nos arredores de Praga,

* Ver Notas.

discretamente cercada por uma fileira de pinheiros altos. Os tchecos haviam cedido umas quantas casas de apoio em Praga para Cuba, para que as utilizasse como quisesse. Segundo Ariel, essas casas de apoio eram administradas pelos cubanos independentemente dos tchecos. "Che foi trazido como qualquer outro revolucionário latino-americano, com uma identidade falsa", ele disse. "Os tchecos nunca souberam que ele estava lá." Pombo recordou que ficaram vivendo pacatamente na mansão, passando o tempo e aperfeiçoando as habilidades com prática de tiro. Aleida voltou a se reunir a Che por algumas semanas. O agente de Piñeiro, Ulíses Estrada, ia e vinha entre Havana e Praga, levando mensagens. (Ulíses acabou sendo substituído por Ariel a pedido de Che, pois era negro e chamava muita atenção em Praga.)

De acordo com Ariel e Pombo, Fidel continuou tentando convencer Che a regressar para Cuba, mas ele se mantinha irredutível. "Che não queria voltar em nenhuma circunstância", disse Pombo. Aqueles que eram chegados a Che aventam que, além de seu próprio orgulho, um fator decisivo foi seu reconhecimento de que se tornara um inconveniente político para Fidel perante os soviéticos, que estavam a essa altura financiando o Estado cubano. Che era mais útil a Fidel no exterior, onde podia levar avante a política externa revolucionária de Cuba, com Fidel apoiando-o discretamente com o argumento de que estava ajudando um velho camarada.

A partida de Che de Cuba coincidira com a guinada de Fidel de volta para uma postura agressivamente internacionalista. Tornara-se explícita no seu discurso do 1º de Maio de 1965, quando condenou o conceito de coexistência pacífica. Em janeiro de 1966, realizou-se a I Conferência Tricontinental, um desdobramento, promovido por Cuba, da Organização de Solidariedade dos Povos Afro-Asiáticos, com sede no Cairo. Compareceram centenas de delegados de mais de oitenta países latino-americanos, asiáticos e africanos, vários movimentos de libertação nacional armados, bem como soviéticos e chineses. Mais uma vez, Fidel jogou as duas superpotências socialistas rivais uma contra a outra. Aborrecera Moscou ao forçar a aprovação de uma resolução incitando os movimentos guerrilheiros em ação na Venezuela, na Guatemala, na Colômbia e no Peru, ao mesmo tempo em que incomodou os chineses, ao mencionar os "desentendimentos" entre Havana e Pequim em função da decisão da China de reduzir as importações de arroz de que Cuba muito necessitava. (Em fevereiro, Fidel abandonaria sua linguagem diplomática e viria a público com sua lista de queixas contra a China, acusando-a de tentar interferir na política cubana e de tentar usar o arroz como arma para conseguir subserviência política.)

A Conferência Tricontinental proporcionou uma plataforma para neutralizar os renitentes rumores de uma rixa entre Fidel e Che e, ao mesmo tempo, criar uma abertura para que Che entrasse em uma nova frente de batalha. Fidel proclamou 1966 como o Ano da Solidariedade, e se comprometeu a fazer causa comum com as lutas guerrilheiras que estavam se desenrolando contra o imperialismo pelo mundo. E ordenou a Piñeiro que encontrasse um lugar para onde Che pudesse ir.

No início de 1966, o panorama revolucionário latino-americano era vibrante, e em um violento estado de fluxo. A essa altura havia facções pró-chinesas dos partidos comunistas na Bolívia, no Peru e na Colômbia, e grupos guerrilheiros pipocavam por toda parte. Havia alguns agentes cubanos experientes com os guerrilheiros na Venezuela e na Colômbia, mas a situação nesses países era tênue, pois, junto com o surto guerrilheiro, surgira uma maior presença militar norte-americana e da CIA.

Na Guatemala, a coalizão rebelde apoiada por Cuba estava em vias de se cindir em duas por um movimento dissidente trotskista, mas, a despeito de suas divisões internas, os guerrilheiros haviam realizado alguns ataques espetaculares, inclusive o assassinato do chefe da missão militar dos Estados Unidos e, alguns meses depois, do vice-ministro da Defesa da Guatemala. Em seguida, em março de 1966, quando Che estava em Praga, as forças de segurança da Guatemala fizeram uma investida em uma reunião secreta da liderança do Partido Comunista Guatemalteco, matando os 26 oficiais de alto nível que capturaram. Suas mortes decapitaram temporariamente a liderança guerrilheira apoiada por cubanos e soviéticos.

Em junho de 1965, depois de dois anos de organização clandestina, os guerrilheiros do MIR peruano, liderados por Luis de la Puente Uceda e Guillermo Lobatón, tinham finalmente entrado em ação. Em setembro, o ELN, apoiado por Cuba e liderado por Héctor Béjar, também começou a combater. O governo do Peru havia suspendido as garantias constitucionais, e as tropas peruanas, com assistência norte-americana, lançaram uma feroz luta contrainsurgente. Em outubro de 1965 mataram Luis de la Puente Uceda e, apenas três meses depois, Lobatón, deixando o MIR sem liderança e obrigando seus combatentes a fugirem. Em dezembro, o ELN estava em uma situação parecida. Em pouco tempo, o próprio Béjar foi capturado e preso.

Na Colômbia, o quadro era similar. Em maio de 1965 entrou em vigor o estado de sítio, imposto pelo governo após o surgimento, no começo do ano, de uma guerrilha colombiana iniciada pelo ELN, com o apoio de Cuba. Em dezembro, Camilo Torres, um extrovertido padre católico revolucionário, se juntara ao colombiano ELN, emprestando-lhe uma mistura carismática de visão social, com um alcance potencialmente mais amplo. Em fevereiro de 1966, Torres estava morto, mas a insurgência colombiana prosseguiria, com o surgimento de novos desdobramentos e mutações por muitos anos subsequentes.

Os problemas fermentavam na organização guerrilheira venezuelana Faln. O Partido Comunista, que inicialmente apoiara a luta armada, estava então recuando dessa postura, após a prisão de muitos de seus dirigentes. Em abril de 1965, em um gesto criticado abertamente por Fidel, o plenário do partido Venezuelano decidira em uma votação alterar sua orientação, adotando a "luta legal", e um ano depois os líderes do partido foram libertados da prisão. Os guerrilheiros, apoiados por Cuba, repudiaram o partido e prosseguiram na luta.

Em novembro de 1964, uma junta militar na Bolívia depusera o presidente civil, Víctor Paz Estenssoro, e o carismático presidente do poderoso sindicato dos trabalhadores bolivianos, Juan Lechín, liderara uma campanha vociferante contra a junta. Em maio de 1965, Lechín foi exilado, uma greve geral foi convocada em protesto e o estado de sítio decretado. Mesmo assim, o Partido Comunista Boliviano, pró-Moscou e liderado por Mario Monje, estava hesitante quanto ao lançamento da luta armada. Uma facção dissidente pró-chinesa do partido, formada em abril de 1965 em um movimento encabeçado por Oscar Zamora, líder estudantil, já tinha buscado o apoio de Che para desencadear uma campanha de guerrilha e recebera sinal verde. Porém, durante o tempo em que Che estava longe, no Congo, as relações cubano-chinesas azedaram, e pouco fora feito para impulsionar essa opção, quer pela agência de Piñeiro, quer por Zamora.

Segundo Pombo, a primeira possibilidade aventada por Che como seu destino seguinte era o Peru, mas para isso precisariam do auxílio dos bolivianos. Em abril, Che enviou Papi à Bolívia, e planejou segui-lo se ele desse o sinal de que estava tudo em ordem. "A primeira coisa", explicou Pombo, "era estabelecer contato com os peruanos, verificar qual era o estado em que realmente se encontrava seu movimento e [conseguir] o apoio do Partido Comunista Boliviano. O Partido Boliviano nos tinha ajudado com a questão de Masetti e no negócio de Puerto Maldonado [com o grupo do ELN de Héctor Béjar]. Havia pessoas que eram leais às ideias da revolução, que trabalharam conosco antes, e, o que era mais importante, tinham sido treinadas em Cuba."

Os quadros bolivianos leais a que se referia Pombo eram um grupo de jovens membros do Partido Comunista Boliviano. Entre eles estavam os irmãos Peredo, Roberto, que era conhecido como Coco, e Guido, que era chamado de Inti. Provinham de uma família grande e destacada da província do Beni, no nordeste boliviano. Um irmão mais jovem, Osvaldo, ou Chato, estava estudando em

Moscou. Havia também os irmãos Vázquez-Viaña, Humberto e Jorge, filhos de um conhecido historiador boliviano, educados na Europa. Jorge, ou Loro (Papagaio), trabalhara intimamente com Abelardo Colomé Ibarra e Masetti na campanha de 1963-4, em Salta. Outro elemento era Rodolfo Saldaña, ex-mineiro e sindicalista, que ajudara a esconder Ciro Bustos e seus companheiros em sua casa em La Paz, quando eles chegaram da Argélia. Loyola Guzmán, uma jovem de sangue predominantemente indígena quíchua, era filha de um professor comunista que trabalhava nas comunidades mineiras. Ela se formara na escola de elite para treinamento de quadros políticos do Partido Comunista, em Moscou, e também colaborara com as guerrilhas na Argentina e no Peru. Estes, e um punhado de outros bolivianos que já estavam sendo treinados em Cuba, formavam o núcleo central de ativistas com que os cubanos podiam contar para apoiar uma guerra no Peru ou para iniciar uma guerrilha na própria Bolívia.

Há uma controvérsia interminável quanto ao verdadeiro alvo da seguinte — e última — tentativa de lançamento de uma guerrilha por Che. Pombo disse que os planos relativos ao Peru só foram modificados depois que ele e Tuma chegaram à Bolívia e esta passou a ser contemplada. Ariel tinha uma história diferente. Disse que ele, Piñeiro e Fidel tinham a Bolívia em mente quando conseguiram convencer Che a deixar seu confinamento na Tanzânia.* "Uma das maneiras de convencê-lo a ir para Praga foi fazer com que se entusiasmasse com as possibilidades na Bolívia, onde se tinham feito alguns acordos e as condições estavam sendo preparadas", disse Ariel. "A Venezuela e a Guatemala tinham sido contempladas antes, mas a Bolívia oferecia muitas vantagens. Em primeiro lugar, por sua proximidade da Argentina, que era muito importante para Che. Depois, devido aos acordos, à experiência anterior naquele país, aos recursos humanos e às tradições militantes do partido. E, finalmente, em função de sua localização geográfica, que oferecia boas possibilidades para uma 'irradiação' posterior dos guerrilheiros treinados na frente guerrilheira boliviana para os países vizinhos:

* Pombo me contou que Papi foi enviado de Praga à Bolívia para conversar com Monje sobre este facilitar o ingresso deles no Peru e para pôr em andamento as providências para a chegada de Che. Ele (Pombo) e Tuma foram então enviados para a Bolívia a fim de auxiliar Papi. Pombo disse que foi só depois de eles estarem na Bolívia que a guerrilha peruana começou a se esfacelar, surgindo a suspeita de que tinha sido "penetrada", momento em que se debateu a ideia de começar uma guerrilha na própria Bolívia. Um problema que surge com essa versão, além de ela ser contradita por Ariel, está em que Pombo só chegou à Bolívia em julho de 1966, e a desintegração dos rebeldes peruanos começara meses antes, com a morte dos líderes do MIR, Luis de La Puente Uceda e Guillermo Lobatón, seguida da prisão de Ricardo Gadea. E o líder do ELN, Héctor Béjar, que estava alinhado com Havana, fora preso em março.

Argentina, Peru, Brasil e Chile. Ele ficou entusiasmado com essa possibilidade e concordou em ir a Praga."

Esta talvez seja a mais crucial pergunta sobre a vida de Ernesto Che Guevara que ainda continua insatisfatoriamente respondida: *quem* resolveu que ele deveria ir para a Bolívia; e quando e por que foi tomada essa decisão? Fidel sempre disse que a escolha da Bolívia foi feita pelo próprio Che e que tentara retê-lo, instando-o a esperar até que as condições fossem mais "adequadas". Manuel Piñeiro confirmou. Ele disse que Fidel convenceu Che a retornar a Cuba depois que souberam, por meio de Papi, que ele estava pronto para seguir diretamente para a Bolívia, sem que nada lá estivesse preparado para sua chegada. Fidel lhe oferecera ajuda cubana para selecionar e treinar seus homens, bem como para implantar os alicerces de um foco guerrilheiro boliviano. As versões de Piñeiro e Fidel não coincidem exatamente com os relatos feitos por Ariel e Pombo, cujas versões tampouco se harmonizam. Como explicar as contradições entre as versões de Ariel e Pombo — o primeiro um alto funcionário do serviço de Inteligência cubano e diplomata, o segundo um destacado general e reconhecido oficialmente como "Herói da Revolução" — e, mais ainda, entre eles e a versão oferecida por Piñeiro e o *jefe máximo*? A verdadeira resposta talvez resida no preâmbulo, nunca divulgado antes, do diário de Pombo, iniciado em Praga e desenvolvido mais tarde, com base em suas anotações:

> Sete meses após o término das operações de guerrilha em território africano e em meio a um intenso período de preparativos e organização para nossa próxima aventura, concebida para se desenvolver em território peruano [...], Ramón [Che]* reuniu Pacho [Alberto Fernández Montes de Oca], Tuma e eu, e leu para nós uma carta que recebera recentemente, na qual Fidel analisava [a situação] e insistia com ele para que reconsiderasse friamente sua decisão. Em consequência dessa análise, ele propôs: o retorno [de Che] para Cuba, por um curto período, e, ao mesmo tempo, assinalava as perspectivas para a luta na Bolívia, os acordos celebrados com Estanislao (Mario Monje) para o lançamento da luta armada.
>
> [Che] nos disse que, confrontado com o acerto dessas proposições, decidira enviar Francisco** a La Paz, a fim de explorar as possibilidades da luta [...]. Ficamos es-

* Che tornou a mudar de nome, de Tatu, na África, para Ramón, em Praga. Este foi um de vários, inclusive Mongo e Fernando, que usaria na Bolívia.

** A identidade de Francisco jamais foi revelada. Na versão publicada do diário de Pombo, ele é mencionado como "um elemento de ligação cubano" que resolvera não continuar na aventura. Piñeiro disse que Francisco era um homem corajoso, veterano da luta urbana, mas que havia "razões psicológicas" inexplicadas por trás de sua decisão de se retirar.

perando ansiosamente pelo regresso de Francisco, que se deu nos primeiros dias de junho. Seu relato era de que os resultados tinham sido positivos. Papi afirmou que as condições eram propícias, inclusive para nossa chegada lá [na Bolívia]. Apesar disso, Francisco disse a Ramón que queria abandonar o barco, pedindo-lhe que não nos contasse, pois sentia vergonha. Como razão, mencionou o que sentia ante a ideia de morrer longe de Cuba.*

Assim sendo, parece que foi o próprio Fidel que persuadiu Che a começar a luta na Bolívia, em algum momento durante a primavera de 1966, e que esse plano foi posto em andamento pouco depois de Francisco retornar de La Paz e da avaliação positiva dele e de Papi sobre a situação.

Che enviou Pombo e Tuma na frente a La Paz, enquanto ele e Pacho voltavam a Cuba, aonde chegaram por volta de 21 de julho. Che estivera ausente durante mais de um ano, mas não estava voltando "para casa". Ficou alojado em uma casa de apoio na zona rural da periferia leste de Havana, e poucas pessoas sabiam de sua presença ali.

VI

Um aspecto do planejamento secreto da missão de Che na Bolívia sobre o qual concorda a maioria das partes nele envolvidas é o de que, em um determinado momento, fora feito um "acordo" entre Cuba e o líder comunista boliviano, Mario Monje. A maioria, com exceção do próprio Mario Monje. Quase três décadas mais tarde, em sua casa no frio invernal de Moscou, onde vivia em um exílio voluntário, Mario Monje discorreu longamente sobre o assunto, dando uma explicação comprida e franca de seus acordos, e, muitas vezes, negócios dúplices, com Piñeiro, Fidel e Che.

O relacionamento de Monje com a Revolução Cubana se estendia aos seus primeiros tempos e, como contou, aprovara a ajuda do seu partido aos grupos guerrilheiros de Béjar e Masetti na esperança de que Cuba não tentaria iniciar uma guerra de guerrilha em seu próprio país. Porém, mesmo depois dos episódios de Masetti e Béjar, Monje continuou desconfiando das intenções cubanas,

* Obtive uma cópia parcial do diário original manuscrito de Pombo, o original completo datilografado escrito posteriormente e uma cópia das correções tipográficas que fizera. O trecho acima foi retirado do original datilografado. Em 1996, depois de ter ficado vedado por três décadas, a versão *editada* do diário de Pombo foi publicada em Cuba e na Argentina com a aprovação do governo cubano, sem esse trecho-chave.

mantendo um olhar vigilante sobre suas atividades e, muito especialmente, sobre Che Guevara.

Quando Che sumiu de Cuba em 1965 e começaram a circular rumores sobre o seu paradeiro, Monje ficou atento. Jamais acreditou nas histórias de uma rixa entre Fidel e Che. Sabia que partilhavam o objetivo da expansão revolucionária e suspeitava que Che estava provavelmente em algum lugar na África. Então, em setembro de 1965, o Partido Boliviano recebeu um convite do governo cubano para que três de seus membros comparecessem à Conferência Tricontinental, que se realizaria em Havana, em janeiro de 1966. No entanto, Monje logo soube que Oscar Zamora, líder do seu rival maoista, o Partido Comunista da Bolívia, também tinha sido convidado e fora autorizado a encabeçar uma delegação mais numerosa. Para Monje e seus camaradas do Politburo parecia evidente que, por algum motivo, os cubanos estavam favorecendo o partido pró-chinês. Em novembro, os camaradas de Monje insistiram para que ele fosse a Havana antes da época e esclarecesse o mistério.

A abertura de Cuba para o grupo de Zamora suscitava no espírito de Monje a possibilidade inquietante de que os cubanos ainda estavam planejando uma insurreição na Bolívia. Zamora era conhecido por oferecer suas forças aos cubanos para tal finalidade e, significativamente, ele tinha um relacionamento amistoso com Che. Monje disse que a essa altura começou a se perguntar: "Onde está Che? Qual é o seu papel nisso?". Monje recordou que, daí por diante, passou a examinar atentamente o noticiário da imprensa, buscando pistas sobre o paradeiro de Che. Enquanto isso, disse a seus camaradas que, quando fosse a Havana, se mostraria o mais conciliador possível, tratando de ficar nas boas graças dos cubanos, a fim de descobrir o que estavam tramando. Sua ideia era dizer aos cubanos que os membros do seu partido não se opunham a "se preparar" para uma eventual luta armada, com a ajuda de Cuba, e chegaria até a se oferecer, bem como a outros membros do seu partido, para receber treinamento militar dos cubanos.

Sentindo-se "um tanto cauteloso", Monje partiu em dezembro de 1965 para Praga, onde muitas das delegações estrangeiras à Conferência Tricontinental estavam se congregando para o voo para Havana. No avião para Cuba reconheceu Régis Debray, o jovem teórico marxista francês que ele sabia estar intimamente ligado a Fidel e ao dispositivo de segurança de Cuba, e que visitara a Bolívia no ano anterior. A essa altura, Debray era conhecido como um ativo pregador do modelo revolucionário cubano para a América Latina, em função sobretudo de uma série de artigos que escrevera.*

* Ver Notas.

Ao chegar a Havana, Monje comunicou ao serviço de segurança cubano que não estava ali apenas para participar da Conferência Tricontinental, mas para debater "outro assunto". Ele foi prontamente transferido do seu hotel para uma casa de apoio administrada pelo serviço de Inteligência de Cuba. Ali se juntaram a ele dois camaradas do Partido Boliviano, previamente escolhidos para acompanhá-lo. Mais tarde se reuniriam a eles os outros dois membros da delegação à Tricontinental que ainda estavam a caminho.

Monje entrou em contato com o círculo de jovens "estudantes" bolivianos em Havana, todos eles membros da Juventude Comunista boliviana, e descobriu que muitos vinham recebendo treinamento militar sem autorização do partido. Em vez de confrontá-los, "juntou-se" a eles. Ao se encontrar com funcionários do Ministério do Interior cubano — gente de Piñeiro —, Monje lhes falou do seu interesse em receber treinamento militar, juntamente com alguns outros camaradas. "Eles ficaram muito contentes", recordou Monje. Na realidade, tão contentes que Monje foi capaz de ultrapassar por completo o grupo de Zamora. No que ele descreveu orgulhosamente como uma jogada de alto risco, Monje exigiu que os cubanos escolhessem entre conferir um status oficial na conferência ao seu grupo — disposto então a pegar em armas — ou ao grupo de Zamora. Sua delegação foi aceita como a representação oficial, enquanto a de Zamora foi, segundo as palavras de Monje, enviada para fazer uma "excursão" pelo interior de Cuba.

Na conferência, Monje logo percebeu que o mais importante não eram os discursos pronunciados, mas sim o que estava acontecendo nos bastidores. "Os cubanos começaram a buscar contatos com esse e aquele grupo", recordou ele, "mas sempre com a intenção de tratar da criação de novos focos guerrilheiros na América Latina. Davam maior atenção aos grupos mais radicais, aos mais desafiadores, àqueles que, em certa medida, estavam em contradição com os comunistas mais tradicionais."

Monje sabia que os soviéticos estavam contrariados com essa campanha cubana de recrutamento de guerrilheiros e, quando a Tricontinental terminou, decidiu realizar uma rápida viagem a Moscou para "fazer umas sondagens". Para sua surpresa, foi imediatamente levado a Boris Ponomoriov, o chefe supremo do Departamento Internacional do Comitê Central. "Começamos a falar sobre a Bolívia", disse Monje, "e ele me perguntou sobre a Tricontinental e sobre qual era o pensamento do Partido Comunista [Boliviano] a respeito do que [Cuba] estava preparando. Disse-lhe mais ou menos o que eu pensava e contei-lhe o que estávamos pretendendo fazer. Ele então me perguntou se eu sabia onde estava Che. Disse-lhe que sabia que ele estivera na África, mas que já tinha partido." Monje comentou ter a nítida impressão de que isso era novidade para Ponomoriov.*

Monje disse que os soviéticos queriam saber que papel Che desempenhara na conferência, em que os cubanos haviam encorajado "os grupos mais radicais". Eles haviam chegado à mesma conclusão de Monje: a força propulsora por trás da Conferência Tricontinental era também sua ausência mais notável — Che Guevara.

Depois de seu encontro no Kremlin, Monje retornou a Cuba a fim de começar seu treinamento militar. Decidira pedir aos estudantes bolivianos que já haviam sido treinados que esperassem ali até que ele e os outros recém-chegados tivessem terminado seu treinamento militar, momento em que tentaria enviá-los todos a Moscou para receberem "treinamento teórico". Assim, ele argumentou, poderia impedir qualquer plano sub-reptício cubano de pôr os jovens em campo pelas costas do seu partido, como suspeitava que os cubanos estavam ansiosos por fazer. Monje sabia que seu treinamento levaria de três a quatro meses para ser concluído, dando-lhe tempo para alertar seus camaradas do partido na Bolívia sobre o que estava acontecendo.

Quando estava prestes a começar seu treinamento, no final de janeiro de 1966, Monje foi convocado para uma reunião com Fidel. Estavam presentes várias outras pessoas, inclusive Piñeiro e alguns de seus agentes. Segundo Monje, Fidel lhe perguntou quais eram suas intenções em relação aos seus quadros bolivianos em Cuba. A resposta de Monje não foi inteiramente sincera, mas parecia crível. Lembrando-lhe que a Bolívia tinha uma história de levantes populares, ele disse a Fidel que a situação de então, com a nação novamente sob uma ditadura militar, indicava a possibilidade de outra insurreição. "Se ocorrer uma insurreição", disse ele, "poderemos assumir o controle da situação." Explicou que, com o apoio ativo de seus quadros treinados em Cuba, poderia pressionar por eleições, das quais os comunistas sairiam em uma posição fortalecida.

Não era a resposta que Fidel queria escutar. E quanto às possibilidades de uma luta de guerrilha? Monje explicou que não a via como uma possibilidade realista na Bolívia. Ao ouvir isso, vários dos agentes de Piñeiro se intrometeram para expressar suas próprias opiniões. Pelo que eles disseram, Monje percebeu que eles haviam estado na Bolívia e a tinham estudado de perto. Depois do encontro, Monje recordou, Piñeiro o deteve. "Fidel não gostou da entrevista", disse Piñeiro. "Ele não gosta do seu plano, porque você não está pensando na luta

* Monje se atribuía mais crédito do que merecia. Alexiev informou a Brejnev onde Che estava, e os soviéticos tinham ajudado recentemente a evacuar os combatentes cubanos da Tanzânia.

de guerrilha, e essas pessoas que estão sendo treinadas estão destinadas para a luta de guerrilha. Você tem de dois a três meses. Reveja seus pontos de vista e então comece uma guerra de guerrilha."

Com a desculpa de que não se dera conta de que estaria afastado por tanto tempo e que deixara alguns problemas pendentes na Bolívia, Monje pediu que Piñeiro mandasse chamar Ramiro Otero, o representante do Partido Comunista Boliviano em Praga. "Fiz esse jogo", explicou Monje, "porque sabia que não podiam me deixar partir." Quando Otero chegou, em fevereiro, Monje levou-o para o jardim da casa de apoio e lhe deu instruções expressas: "Vá à Bolívia, peça uma reunião com o Politburo e diga a eles que os cubanos estão se preparando para uma guerra de guerrilha na Bolívia".

Com Otero correndo de volta para La Paz, o treinamento de Monje começou. Aos 35 anos, era o mais velho do grupo — a maioria dos outros tinha entre 25 e trinta anos —, mas tentou acompanhar. Então, Otero voltou com más notícias. Não conseguira falar no Comitê Central, somente com membros do secretariado, de nível mais baixo, e estes não tinham acreditado na história de Monje. Também mandaram dizer que o treinamento militar teria de ser suspenso e Monje deveria regressar imediatamente, pois, na sua ausência, foram levantadas sérias dúvidas sobre suas atividades e ele corria o risco de perder o cargo.

Monje sentiu-se encurralado. Segundo sua própria explicação, ligeiramente confusa, ele acompanhara o plano cubano de uma guerra na Bolívia apenas como meio de impedi-la, mas agora seus compatriotas do partido estavam totalmente alarmados. Precisava regressar à Bolívia a fim de explicar às pessoas certas no seu partido o que estava acontecendo e esclarecer os mal-entendidos, mas os cubanos ficariam muito desconfiados se ele partisse. Também era tarde demais para seu plano inicial de manter os quadros longe da Bolívia, enviando-os todos para a União Soviética, pois seu próprio treinamento estava quase concluído e agora os quadros estavam ansiosos por voltar para casa. Desesperado, Monje conseguiu se reunir com Fidel, junto com um visitante, membro do Politburo boliviano, Humberto Ramírez, a fim de definir a situação. Em maio, voaram até Santiago para poderem conversar com Fidel em seu carro durante o trajeto de volta para Havana.

Monje disse que, no carro, Fidel falou de tudo menos da Bolívia. "Ele fazia parar o carro e nos explicava como tinha feito emboscadas [...]. Ele estava interessado em nos mostrar como se conduz uma luta de guerrilha. Até paramos na estrada para dar uns tiros, fazendo tiro ao alvo, testando nossas armas."

O trajeto de carro terminou em Camagüey, onde passaram a noite. Ainda não haviam falado sobre a Bolívia. No dia seguinte, tomaram um avião para Havana. Monje, que estava sentado com Ramírez, começou a recear que sua missão fracassasse. Papi então veio pelo corredor para dizer a Monje que Fidel queria falar com ele a sós.

Sentou-se ao lado de Fidel, que lhe perguntou como ele "via as coisas". No entanto, antes que Monje pudesse responder, Fidel recomeçou a falar: "Sabe, você tem sido um bom amigo nosso. Você desenvolveu conosco uma política internacionalista. Sinceramente, quero lhe agradecer toda a ajuda que nos deu, e agora acontece que um amigo comum quer regressar para seu país, alguém cujo calibre revolucionário ninguém pode questionar. E ninguém pode negar-lhe o direito de regressar para seu país. E ele acha que o melhor lugar para passar [para chegar lá] é a Bolívia. Peço-lhe que o ajude a passar por seu país".

Monje não precisava perguntar quem era o "amigo comum" e, prontamente, concordou em ajudar. Diante disso, Fidel acrescentou: "Olhe, quanto aos seus próprios planos, simplesmente continue a desenvolvê-los como achar melhor. Se quiser que ajudemos a treinar mais gente, mande-nos mais [...]. Nós não vamos interferir nos seus assuntos". Monje disse que agradeceu a Fidel e repetiu sua disposição de ajudar no "trânsito" do amigo comum.

Então, usando sua típica combinação de elogio e linguagem enigmática, Fidel disse: "Você sempre foi bom para selecionar pessoas. Gostaria que você escolhesse aquelas que o [Che] receberão e o acompanharão no país, e que irão escoltá-lo até a fronteira. Se você e seu partido estiverem de acordo, elas poderiam acompanhá-lo dentro do país, para adquirir experiência, ou simplesmente ir até a fronteira e parar por aí".

Pediu então a Monje que lhe fornecesse alguns nomes. Monje nomeou quatro quadros que ele autorizara a ter treinamento em Cuba: Coco Peredo, Loro Vázquez-Viaña, Julio "Ñato" Mendez e Rodolfo Saldaña. Papi, que estava escutando, comentou: "Excelente". Fidel anotou os nomes e disse a Monje: "Então é isso". O assunto estava encerrado. Monje sentiu-se muito aliviado e disse a Humberto Ramírez que não precisavam se preocupar, pois o plano dos cubanos era diferente do que haviam suspeitado, mas que ainda precisavam informar ao partido.

Em junho, Monje terminou seu treinamento. Enviou seus quatro camaradas escolhidos a dedo de volta à Bolívia, mas disse ao grupo inicial de estudantes que ficasse e continuasse seus estudos em Cuba até que o partido decidisse o que tinha de ser feito com eles. Escreveu uma carta para Jorge Kolle Cueto, seu substituto em La Paz, explicando sua promessa a Fidel de que o partido daria assistência ao seu "amigo comum" na sua passagem pelo país. Antes de regressar à Bolívia, Monje resolveu seguir em rápida viagem a Moscou. Os cubanos lhe sugeriram fazer uma parada em Praga, onde "alguém" poderia procurá-lo. Mas Monje decidiu evitar Praga, temendo que os cubanos preparassem uma armadilha para ele. "Eles estavam me esperando em Praga. Para quê?" Monje supôs que os cubanos estavam planejando confrontá-lo com um fato consumado, dizendo-lhe que, por ter feito o treinamento, ele tinha de fato aprovado a opção da luta armada para seu país e que não tinha escolha senão ir adiante com ela.

Monje não revelou por que fez essa viagem a Moscou, nem com quem se encontrou lá; porém, a julgar por suas declarações anteriores, é razoável supor que falou no Kremlin sobre o pedido de Fidel e revelou o destino seguinte de Che. Dada a crescente impaciência do Kremlin com os "incendiários" em Cuba, também se pode imaginar sua reação. Sem dúvida, Monje foi aconselhado a defender seus direitos como chefe do Partido Boliviano e não se deixar empurrar por Che ou por Fidel. Da forma como se desenrolaram os acontecimentos, foi exatamente isso que Monje tentou fazer.

VII

Com a ajuda de Fidel, Che estava movimentando suas peças de xadrez. Ele queria, evidentemente, ir para a Argentina, mas ela ainda não estava pronta. As condições teriam de ser preparadas na Bolívia. Che imaginava que guerrilheiros de países vizinhos se juntariam à luta, e depois se espalhariam para formar exércitos guerrilheiros aliados em seu próprio país. Quando a rebelião argentina estivesse em andamento, Che deixaria a Bolívia e assumiria o comando.

Os cubanos disseram que foi com esse objetivo em mente que Che havia colocado Tania em La Paz. Ela lhes podia proporcionar valiosas informações sobre o regime e a situação política na Bolívia, mas também seria utilizada como elemento de ligação com as insurgências em evolução nos países vizinhos, especialmente na Argentina. Até esse ponto, sua seleção como agente parecia estar dando excelentes resultados. Como Laura Gutiérrez Bauer, etnóloga argentina de posses, Tania pôde rapidamente abrir caminho no meio social de La Paz, pequeno e estratificado racialmente. Ela era uma mulher branca, solteira e atraente, e em dois meses estabelecera um círculo de contatos valiosos na comunidade política e diplomática, obtivera seu visto de residente e licença de trabalho na Bolívia, chegando até a conseguir um trabalho voluntário no Comitê de Pesquisas Folclóricas do Ministério da Educação. Paralelamente, ensinava alemão para um pequeno grupo de estudantes.

Um de seus melhores contatos era Gonzalo López Muñoz, secretário de imprensa do presidente Barrientos, que lhe deu documentos no papel timbrado de seu órgão e uma credencial como representante de vendas de um semanário editado por ele.* No final de 1965, Tania conseguiu um marido adequado, um jovem boliviano, estudante de engenharia. O casamento com ele a ajudaria a obter a cidadania boliviana, e poderia livrar-se dele enviando-o para o exterior com uma bolsa de estudos, uma ideia que já plantara na cabeça do seu marido ingênuo.

Em janeiro de 1966, ela foi visitada por um dos homens de Piñeiro, Carlos Conrado de Jesús Alvarado Marin, um guatemalteco que trabalhava com o serviço de Inteligência cubano desde 1960. Seu codinome era Mercy, e ele se passava por homem de negócios.** Trouxera-lhe correspondência escondida dentro do salto oco de um sapato e a notícia de que fora honrada com a admissão como membro do novo Partido Comunista Cubano. Explicando-lhe que recebera o oferecimento de um trabalho de intérprete, ela saiu discretamente de La Paz para tornar a se encontrar com esse agente no Brasil, onde ele lhe deu um curso de atualização de contrainteligência. Em abril, ela viajou para o México. Outro agente cubano lhe entregou um novo passaporte argentino e recebeu dela uma exposição sobre a situação político-militar na Bolívia. Ela retornou a La Paz no começo de maio, com instruções para ficar quieta até que voltasse a ser contatada.

Enquanto isso, Mercy escreveu um longo e detalhado relatório do tempo que passou com ela. Avaliou que estava profundamente dedicada à causa e ao trabalho que realizava, porém sob extrema tensão nervosa e estresse emocional, tendo ataques de nervos em várias ocasiões. Concluíra que seu comportamento era causado pela pressão de estar havia tanto tempo sozinha em um país capitalista, mas encerrou o relatório com uma observação positiva, em tom propagandístico: "Acho que ela tem consciência da honra de ser um elo em uma corrente que, no futuro não muito distante, estrangulará o imperialismo, e sente orgulho de ter sido escolhida para um trabalho especial para ajudar a revolução latino-americana".

No entanto, como revelou uma poesia que ela escreveu em abril, Tania estava em um estado de espírito melancólico. O poema, intitulado *To Leave a Memory* (Para deixar uma lembrança), parece questionar o custo de sua existência clandestina e a eliminação de sua verdadeira identidade.

* Posteriormente, depois que os guerrilheiros foram descobertos, López Muñoz foi preso e acusado de ajudá-los. Ele alegou que tinha sido ludibriado e foi libertado, mas, na realidade, ele participou conscientemente do plano da guerrilha, recrutado por Inti Peredo, cuja esposa era prima da esposa dele.

** A identidade de Mercy não foi conhecida por muitos anos, nem mesmo depois que ele morreu, em 1997. Foi revelada no livro de Ulíses Estrada, *Tania la Guerrillera*, publicado em 2005.

Então, tenho de partir, como as flores que definham?
Será meu nome esquecido um dia (um dia meu nome será esquecido)
E nada de mim restará sobre a terra?
Pelo menos, flores e canção.
Como, então, deve se portar meu coração?
É em vão que vivemos, que aparecemos sobre a Terra?

Para proteger a identidade falsa de Tania, Che dera ordens para que Papi minimizasse seus contatos com ela. Ele não queria que Papi comprometesse o disfarce dela passando muito tempo juntos. Também dera ordens para que Tania não fosse utilizada na fase de instalação da guerra de guerrilha. Ela era valiosa demais como uma agente disfarçada ativa para ser posta em risco. Che precisava dela como uma mensageira que pudesse ir e vir sem ser detectada pela Argentina, pelo Peru e por outros países em que ele pretendia recrutar combatentes. No entanto, quando Pombo e Tuma chegaram com as ordens de Che, em fins de julho, Papi vinha mantendo contatos regulares com Tania desde maio. Ele lhe havia não apenas exposto os planos da guerrilha, como a apresentara ao homem enviado para ser o elemento de ligação permanente da missão com Havana, Renán Montero, também conhecido como Iván. Tania o reconheceu de um encontro em Havana, dois anos antes, quando Che lhe dissera qual seria sua missão.

Como sempre, a Argentina ocupava uma posição de destaque no espírito de Che, e, faltando apenas alguns meses para sua chegada à Bolívia, ele tentou pôr as coisas em andamento naquela frente. Em maio de 1966, ainda em Praga, Ciro Bustos, seu tenente argentino, foi convocado a Havana por Piñeiro. Bustos vira Che pela última vez no verão de 1964, seis meses antes que ele partisse para sua volta pelo mundo e depois sumisse. Che mandara que Bustos regressasse à Argentina e continuasse seu trabalho de organização, que, nas suas palavras, "se apoiasse nas dissensões" — ou seja, que evitasse o Partido Comunista Argentino e recrutasse quadros entre as facções dissidentes. Bustos passara os dois anos seguintes fazendo exatamente isso. Sem um cronograma de ação definido nas mãos de Che, com o qual formar potenciais recrutas, no entanto, não foi uma tarefa fácil, mas Bustos tivera alguns êxitos. Quando Che sumiu, em abril de 1965, Bustos não se perturbou, sabendo que ele estava envolvido em atividades revolucionárias em algum lugar e que reapareceria um dia para assumir o controle da rede de guerrilha que estava montando para ele.

Quando Bustos chegou a Cuba, supôs que se encontraria com Che, mas em vez disso foi instalado em uma casa de apoio, uma mansão, no bairro de Marianao, em Havana. Um caminhão especial de mantimentos passava regularmente para lhe deixar comida e caixas de cerveja. Ele passou várias semanas nessa casa, esperando, sem que lhe dessem qualquer explicação sobre quanto tempo devia ficar aguardando ou exatamente por que estava ali. Finalmente, fervilhando de impaciência e sabendo que seu amigo Abelardo Colomé Ibarra era, a essa altura, o comandante do Exército em Oriente, Bustos voou até Santiago. Encontrou Colomé Ibarra em uma base militar em Mayarí.

Bustos deu vazão à sua ladainha de lamentações, e Colomé Ibarra prontamente pegou o radiotelefone em seu gabinete e teve uma longa conversa, entremeada de palavrões, com alguém — que Bustos achou ser Piñeiro —, exigindo que tratasse "adequadamente" de Bustos e que providenciasse um encontro dele com "o homem", presumivelmente se referindo a Che. Foi uma cena estranha, de que Bustos se recorda vivamente. Enquanto Colomé Ibarra fazia a chamada, "do lado de fora, oficiais soviéticos passavam nervosamente de um lado para o outro, em meio à neblina das cinco da manhã".

Quando voltou para a casa de apoio em Havana, disse Bustos, "tudo mudou". Apareceu uma secretária taquígrafa para atendê-lo, e Bustos foi informado de que Che queria que ele lhe enviasse um relatório urgentemente. "Ditei um relatório falando sobre nosso trabalho e sobre a situação política nacional [argentina], prevendo um golpe militar, que de fato ocorreu antes que eu regressasse ao país." Finalmente, Bustos foi informado de que não veria Che durante essa visita e que devia aguardar um "contato" em Córdoba, mas sem que lhe dissessem quando nem quem seria.

Antes de retornar para a Argentina, Bustos foi envolvido em uma odisseia muito estranha. Por causa de um convite do governo de Mao, ele voou para a China, onde passou três semanas sendo largamente festejado como tenente-chefe de Che na guerrilha argentina. Ao longo de uma série de reuniões, oficiais do governo chinês ofereceram dar treinamento militar aos "homens de Che" e fornecer-lhes material, não especificado, e suporte financeiro. No entanto, a oferta tentadora vinha com uma armadilha, como Bustos descobriu durante uma reunião com o vice-presidente do Congresso Nacional do Povo, em Pequim, quando lhe pediram que denunciasse publicamente Fidel Castro por ter "se aliado com o imperialismo". Bustos, atordoado, rapidamente recusou a oferta, e sua "viagem de boa vontade" terminou pouco depois.*

* Quando se encontraram mais tarde na Bolívia, Bustos contou a Che sobre esse desagradável encontro. Che deu uma gargalhada e disse: "Você teve sorte. A revolução cultural estava começando, e isso poderia ter-lhe custado as bolas". Che nunca esclareceu a Bustos se *ele* é que tinha engendrado essa viagem ou quais eram seus próprios entendimentos com os chineses. Devido à rápida se-

De volta a Córdoba, Bustos usou uma peruca como disfarce e entrou na penitenciária de Salta, onde ele e seus camaradas presos realizaram um "conselho de Estado-Maior" aos sussurros. Todos os seus processos estavam na instância de recursos, mas ainda demoraria para serem concluídos e, sob o novo regime militar que tomara o poder durante a ausência de Bustos, suas perspectivas pareciam sombrias. Em Cuba, Bustos explorara a possibilidade de organizar uma fuga para libertá-los, e o vice de Piñeiro, Ariel, prometera examinar o assunto.* Temporariamente, tudo que Bustos podia fazer era voltar para casa, para sua família, retomar a rotina da "vida normal" e esperar o prometido contato que o levaria a Che.

VIII

No final do verão, os soldados para a missão boliviana de Che já haviam sido selecionados, e foram reunidos em um acampamento secreto de treinamento na província de Pinar del Río, na parte leste de Cuba. Era em uma área chamada de Viñales, que se distinguia por formações geológicas peculiares, denominadas *mogotes,* uma série de colinas grandes e arredondadas, cobertas de matas, separadas umas das outras e que se erguem como grandes bulbos verdes dos campos de plantação de fumo e dos vales dos rios. Situada no topo de um dos *mogotes*, havia uma luxuosa casa de campo com uma piscina alimentada por um riacho, que pertencera a um norte-americano acusado de ser agente da CIA. Fora desapropriada e servia então de plataforma de lançamento para a próxima expedição anti-ianque de Che.

Ele escolhera um grupo eclético, inclusive uns poucos homens que haviam estado com ele no Congo, outros que estiveram com ele na serra, além de membros do seu corpo de guarda-costas. De diferentes partes de Cuba, tinham sido postos em aviões para Havana, onde foram conduzidos ao gabinete de Raúl Castro. Ali encontraram velhos amigos que não viam havia algum tempo. Ninguém sabia por que estava ali. Por fim, Raúl lhes disse que eles tinham a honra de terem sido selecionados para uma "missão internacionalista". Para a maioria deles, era

---

quência de eventos que se seguiu a essa conversa, acabou sendo a única ocasião em que falaram sobre o assunto.

* Ariel me disse que falou com vários grupos clandestinos de esquerda argentinos, inclusive com os líderes de um pequeno "grupo bastante terrorista", sobre a ideia da fuga. No final, pareceu muito difícil montar essa fuga e eles voltaram para a "opção legal", apoiando os esforços de Gustavo Roca e de outros advogados para conseguir a redução das sentenças dos prisioneiros.

um sonho que virava realidade — ser um revolucionário internacionalista se tornara uma das mais altas aspirações dos cubanos que serviam nas Forças Armadas.

Dariel Alarcón Ramírez (Benigno) era um *guajiro* magro e rijo, com vinte e muitos anos, que mostrara seu valor como um combatente destemido na serra e como membro da coluna invasora de Camilo, e, mais recentemente, estivera no Congo com Che. Outro era Eliseo Reyes (Rolando), também veterano da serra, com 26 anos, que participara da longa marcha de Che até as Escambray. Esperto e leal, servira durante algum tempo como chefe do serviço de Inteligência da polícia, depois combatera os contrarrevolucionários em Pinar del Río. Antonio "Olo" Pantoja, de 33 anos, fora um dos oficiais rebeldes de Che na serra e um instrutor para o grupo de Masetti. O irmão mais novo de Papi Martínez Tamayo, René, ou Arturo, era um veterano das atividades clandestinas a serviço da Segurança Nacional e das Forças Armadas. Gustavo Machín de Hoed (Alejandro), com 29 anos, saíra do Directorio Revolucionario e se juntara a Che nas Escambray; mais tarde, veio a ser um dos vice-ministros de Che no Ministério das Indústrias. "Manuel", ou Miguel Hernández Osorio, tinha 35 anos e comandara o destacamento da vanguarda de Che na marcha para as Escambray.

Alberto Fernández Montes de Oca viajara com Che de Praga e era seu correio pessoal com La Paz. Também chamado de Pacho e Pachungo, com 31 anos, Montes de Oca fora professor antes de entrar para o segmento clandestino urbano do 26 de Julho durante a guerra. Além de Pombo, havia três outros negros. Octavio de la Concepción de la Pedraja, chamado de Morogoro no Congo, era um médico de 31 anos, veterano da campanha contra Batista e oficial de carreira das Forças Armadas de Cuba. Israel Reyes Zayas (Bráulio), de 33 anos, um dos veteranos de Raúl, também era oficial de carreira e estivera no Congo com Che, sob o nome de Azi. Leonardo "Tamayito" Tamayo, ou Urbano, como era então chamado, estava com Che desde 1957 como membro do seu corpo de guarda-costas.

Juan "Joaquín" Vitalio Acuña, corpulento e o mais velho de todos, com 41 anos, estivera na coluna de Che durante a guerra e se tornara comandante na etapa final da tomada do poder. Outro homem do Comitê Central e oficial de carreira era Antonio Sánchez Díaz, também chamado de Marcos ou Pinares. Ele fora um dos oficiais de Camilo Cienfuegos e tinha sido promovido a comandante depois da vitória rebelde. Por último, Jesús Suárez Gayol, ou Rubio, de trinta anos, extrovertido, amigo de Orlando Borrego desde a campanha nas Escambray e a essa época seu vice no Ministério do Açúcar.

Nenhum deles sabia onde lutariam ou quem seria seu comandante, até o dia em que um desconhecido, em trajes civis, careca e de meia-idade, apareceu no acampamento. "Ramón" começou a caminhar de um lado para o outro diante dos homens reunidos, insultando-os de modo cáustico. Apenas depois de ir muito longe com a brincadeira com Eliseo Reyes, que se sentiu ofendido, que Ramón revelou sua verdadeira identidade: Che. Daí por diante, Che ficou vivendo com seus homens, supervisionando seu treinamento físico, prática de tiro e, como sempre, dando aulas diárias, desta vez de "educação cultural", francês e um novo idioma: quíchua.

Em agosto, foi encontrado um local para a base de operações na Bolívia. Era uma área remota de 1500 hectares de terra não desbravada, na atrasada região do sudeste, cortada por um rio sazonal, o Ñancahuazú. A área era montanhosa, coberta de florestas, adjacente ao sopé oriental da cordilheira dos Andes e na extremidade do vasto deserto tropical do Chaco, que se espalha para o leste, até o Paraguai, a fronteira mais próxima. Estava a cerca de 250 quilômetros de Santa Cruz, por uma estrada de terra, e a uma distância parecida da fronteira argentina. A cidadezinha mais próxima, um antigo posto avançado colonial chamado Lagunillas, ficava a vinte quilômetros. A poucas horas de carro para o sul estava a cidadezinha de Camiri, onde havia prospecção de petróleo e uma guarnição do Exército.

Desde seu regresso de Cuba, Mario Monje mantivera sua promessa a Fidel, designando seus quadros do partido, treinados em Cuba, para auxiliar nas providências para a chegada de Che, comprando equipamento e armas, alugando casas de apoio e organizando o transporte. Papi, que fora para a Bolívia sem instruções claras sobre onde devia estabelecer uma base, efetuara a compra de Ñancahuazú baseado na recomendação de Monje.

Anos depois, Monje confessou que tinha sido uma escolha quase arbitrária e, sem dúvida, não fora estratégica. Enviou Coco, Loro e Saldaña em busca de uma boa base perto da fronteira argentina — presumindo que era para lá que Che estaria rumando — e, duas semanas depois, Loro retornou, tendo localizado Ñancahuazú. Monje disse que olhou em um mapa, achou que parecia estar próximo o bastante da Argentina, e deu sinal verde. Em 26 de agosto, Loro e Coco, passando-se por potenciais criadores de porcos, compraram a terra.

Em fins de julho, quando Pombo e Tuma chegaram e disseram a Monje que seus planos tinham mudado, que as operações da guerrilha "continental" começariam na Bolívia e não no Peru, Monje disse-lhes que estava de acordo. Quando os cubanos o sondaram sobre a possibilidade de que Che estivesse envolvido pessoalmente, Monje manifestou sua disposição de ir ele próprio para o campo de luta e aceitou dar-lhes mais homens para montarem uma frente de guerrilha rural, embora ainda afirmasse sua preferência por um levante popular.

Alguns dias depois, Monje mudou novamente de postura, dizendo que não se lembrava de ter prometido mais homens aos cubanos e recordando-lhes que ele podia até mesmo retirar por completo a ajuda do partido. Disse que tinha de estar no controle do que estivesse acontecendo em seu país e não gostava do modo como os cubanos estavam tentando ditar os termos para os bolivianos. Em uma tentativa de invocar força, aludiu às conversas que tivera em Moscou, delineando seus planos, e disse que solicitaria ajuda da União Soviética no momento adequado. Admitiu que concordara em proporcionar ajuda do seu partido para fazer com que Che chegasse à Argentina, bem como para os esforços guerrilheiros no Brasil e no Peru, mas a Bolívia mesmo nunca estivera em pauta. A equipe avançada cubana discutiu com ele, e Monje recuou, mas daí por diante a atmosfera passou a ser de desconfianças mútuas.

Uma das razões para as objeções de Monje era o resultado das eleições gerais da Bolívia, em julho. O Partido Comunista teve permissão para apresentar candidatos, e Monje e seus colegas apparatchiks do Politburo optaram por participar, ao mesmo tempo em que diziam aos seus "jovens turcos" treinados em Cuba, como Coco Peredo, que estavam apenas retardando, e não abandonado a opção da luta armada. O partido conquistara alguns votos, uma pequena fração do total, mas ainda assim a maior votação que já obtivera. Para os moderados do partido, era um forte argumento para continuar trabalhando dentro do sistema.

No começo de setembro, enquanto Monje continuava a vacilar e a emitir sinais confusos, Che enviou Pacho a La Paz a fim de avaliar a situação. Os cubanos começaram a fazer sondagens entre os quadros do Partido Boliviano para determinar suas simpatias. Se fosse lançada uma guerra de guerrilhas independentemente do partido, juntar-se-iam a eles? Coco Peredo, por exemplo, garantiu que lutaria com eles até a morte, mas com alguns dos outros, leais à hierarquia do partido, evidentemente não se podia contar. Enquanto isso, Che mandou dizer que queria que a base de guerrilha estivesse no Alto Beni, uma região tropical de propriedades agrícolas na parte superior da bacia amazônica, a nordeste de La Paz e na extremidade oposta do país em relação a Ñancahuazú. Instruiu seus homens a comprarem terras nessa região e depois transferirem para lá as armas que estavam estocadas em Santa Cruz.

Nesse meio-tempo, Monje soube por informantes do partido que Régis Debray fora visto deslocando-se pelo interior da Bolívia — em Cochabamba, no Chaparé e no Alto Beni —, todas as regiões que foram contempladas pelos cubanos como possíveis locais para guerrilhas. Soube também que Debray se encontrara com Moisés Guevara, líder dos mineiros dissidentes, com espírito de ação, que se separara da facção pró-chinesa do Partido Comunista liderada por Oscar

Zamora. Monje acusou os cubanos de estarem atuando pelas suas costas e exigiu saber se estavam tendo quaisquer conversações com o *fraccionalista* Guevara. A equipe avançada cubana negou ter qualquer conhecimento da presença de Debray e garantiu a Monje que não houvera nenhum contato com Moisés Guevara. Essas afirmações eram, evidentemente, falsas. Na realidade, Che mandara uma mensagem para os cubanos explicando a missão de Debray: recrutar a força de Guevara e fazer uma avaliação da área do Alto Beni, que ele escolhera para ser o ponto de desencadeamento da guerra.

Pombo, Papi e Tuma ficaram no meio disso tudo. Já tinham uma base para a guerrilha, mas estava no sudeste. Contavam com o apoio do Partido Comunista Boliviano e toda uma rede implantada. Tudo isso fora feito mediante seus acordos com Monje, disseram a Che, e, por mais que fosse difícil decifrar o líder do partido, ele era tudo de que dispunham naquele momento. Quanto a Moisés Guevara, ele prometera se juntar à luta armada, mas até então não apresentara seus homens e estava exigindo dinheiro. Insistiram com Che para que reconsiderasse suas escolhas.

Para complicar ainda mais a situação, também estavam lidando com os guerrilheiros peruanos, que esperavam ser o primeiro foco guerrilheiro na área a receber os esforços de assistência de Cuba. Eram liderados por um peruano com ascendência chinesa que se parecia com Mao, Juan Pablo Chang, um velho amigo de Hilda Gadea, que nessa época estava tentando reconstruir a infraestrutura clandestina destroçada depois das mortes de Lobatón e de Uceda e pela prisão de Ricardo Gadea e Héctor Béjar. Chang tinha um homem com os cubanos em La Paz, Julio Danigno Pacheco — de codinome Sánchez —, mas ele e seus camaradas estavam irritados porque os cubanos mudaram o foco para a Bolívia. Os cubanos realizaram um encontro com Sánchez a fim de acalmá-lo e de explicar a nova estratégia.

Os colaboradores de Che estavam tendo dificuldades em cumprir suas ordens quanto a um local no Alto Beni. Mandaram-lhe um longo relatório argumentando em favor da propriedade em Ñancahuazú, que já fora comprada, e assinalaram que o Beni era densamente povoado. Não havia disponível nenhuma grande extensão de terras como aquela de que precisariam e, se instalassem o acampamento em uma fazenda menor, correriam o risco de serem logo detectados. Che por fim cedeu, mandando dizer que a propriedade de que dispunham serviria no momento.

Já era outubro, mas muitas questões indefinidas ainda estavam no ar. Em uma nova guinada, Monje anunciou que seu Comitê Central votara a favor da luta armada, porém, como de hábito, enfatizara que ela teria de ser liderada por bolivianos. Ele pretendia ir a Havana para explicar essa diretriz. No entanto, apesar da evidente necessidade de urgência, Monje visitaria primeiro a Bulgária, não chegando a Havana até o fim de novembro. Lá descobriria que o homem que estava se tornando seu rival não se encontrava em lugar algum. Na realidade, Che já havia partido para a Bolívia, decidido a chegar sem ser anunciado, exceto para o círculo mais íntimo de seus camaradas cubanos.

Monje recordou que Fidel não confirmou nem negou que tivesse havido uma mudança de planos. Deixou que Monje expusesse sua opinião de que, na Bolívia, a revolução deveria ser dirigida por bolivianos, mas adiou a questão, dizendo que ele e Che "se reuniriam e conversariam". Fidel lhe perguntou onde ele estaria por volta do Natal. Na Bolívia, respondeu Monje. Fidel anunciou que seria providenciado um encontro naquela época, em algum lugar "fora" da Bolívia, mas perto da fronteira. Então, Monje disse, sabia qual seria esse lugar — não fora da Bolívia, mas sim em Ñancahuazú. Regressou para a Bolívia em meados de dezembro, mais certo do que nunca de que os cubanos o tinham enganado.*

IX

Che se manteve escondido até seus últimos dias em Cuba. Além de Fidel, os homens no seu campo de treinamento e um punhado de altos líderes revolucionários, Orlando Borrego era um dos poucos que sabiam da sua presença. Ainda com menos de trinta anos, Borrego fazia questão de acompanhá-lo à frente de batalha, como também quisera ir para a África, mesmo tendo responsabilidades como ministro do Açúcar de Cuba. Quando Che mandou dizer que tinha escolhido o vice de Borrego, Jesús Suárez Gayol, para acompanhá-lo à Bolívia, Borrego pediu para ir também. Che recusou, mas prometeu que ele poderia ir em uma etapa futura, quando a revolução estivesse mais assegurada.

Havia uma razão pela qual Che queria que seu protegido ficasse em Cuba. Depois de um dos últimos encontros clandestinos de Aleida com Che no exterior, ela voltou com um presente especial para Borrego. Era o exemplar de Che, cheio de anotações, do *Manual of Political Economy* soviético, que começara a trabalhar em Dar es Salaam. O manual fornecera por anos a "correta" interpretação e aplicação dos ensinamentos de Marx, Engels e Lênin para a construção de uma

* Embora Monje não confirmasse o que fizera, em Cuba se acredita que, na volta para a Bolívia, ele passou por Moscou com o propósito expresso de se queixar a seus controladores no Kremlin dos planos cubanos em relação a seu país.

economia socialista. O livro chegou com um grande volume de anotações e comentários, muitos deles altamente críticos, nos quais ele questionava alguns dos princípios básicos do socialismo científico tal como codificado na URSS. Che mandara também o esboço de sua teoria sobre o "sistema de finanças orçamentárias", que ele preferia em lugar das teorias da linha moscovita. Che tinha em vista um novo manual de economia política, mais bem aplicado aos tempos modernos, para uso pelas nações em desenvolvimento e pelas sociedades revolucionárias do Terceiro Mundo. Quanto à sua teoria econômica, ele a queria expandida na forma de um livro. Sabia que não teria tempo para terminar nenhum dos dois projetos e estava confiando a Borrego a conclusão dessas tarefas por ele. Na carta anexada ao material, dirigida a Borrego por seu apelido Vinagreta (Vinagre), Che brincava que a enviara via Tormenta, que significava Aleida. Ele instou Borrego a fazer o seu melhor com o material e lhe pediu que tivesse paciência quanto à Bolívia, mas para estar pronto para a "segunda fase".

Na sua crítica do manual stalinista, Che ressaltava que, desde os escritos de Lênin, pouco fora acrescentado para atualizar as avaliações do marxismo, exceto por algumas coisas escritas por Stálin e Mao. Condenava Lênin — que havia introduzido na União Soviética algumas formas capitalistas de competição para dar a partida na sua economia nos anos 1920 — como o "culpado" de muitos dos erros da URSS e, enquanto reiterava sua admiração e respeito por aquele culpado, advertia, em letras maiúsculas, que a URSS e o bloco soviético estavam fadados a "retornar ao capitalismo". Borrego ficou estupefato ao ler isso e disse para si mesmo: "Che é mesmo audacioso, esse texto é uma heresia!". Ele achou que Che tinha ido longe demais. O passar do tempo, é claro, provaria que Che estava certo.

Em suas anotações, Che suavizou as críticas a Lênin pontuando que seus erros não o faziam um "inimigo", e que suas próprias críticas "se destinavam, dentro do espírito crítico do marxismo revolucionário", ao objetivo de "modernizar o marxismo" e corrigir seus "passos equivocados" para ajudar os países subdesenvolvidos que estavam lutando pela liberdade. Che antecipou ataques contra ele a partir de colegas socialistas. "Alguns tomarão esta escrita como contrarrevolucionária ou reformista", disse ele, e ressaltou que por essas razões os argumentos precisavam ser bem elaborados e baseados em uma linha hermética. Algumas das observações que ele descreveu em detrimento do manual soviético, no entanto, eram muito irreverentes. Quanto a uma passagem que dizia: "O socialismo não precisa vir à tona com violência, como comprovado pelos Estados socialistas da Europa Oriental, onde a mudança veio por meios pacíficos", ele brincou: "O que o Exército soviético fica fazendo, coçando o saco?". Borrego entendeu que Che pretendia que seu trabalho fosse a público de uma forma ou de outra. "Mesmo que ele se desse conta de que o novo caminho que estava propondo não podia ser implantado aqui, por uma infinidade de razões", disse Borrego, "provavelmente tinha a esperança de que podia pôr algo em andamento e tentar ele próprio, se conseguisse, tomar a Bolívia ou um desses países."*

Enquanto Che esteve no Congo e em Praga, Borrego e Enrique Oltuski trabalharam todos os dias, durante meses, nas suas "obras reunidas". No final, foi produzido um conjunto de sete volumes, *El Che en la Revolución Cubana*, compilando tudo, desde *Guerra de Guerrillas* e *Pasajes de la Guerra Revolucionaria* até os discursos de Che e algumas de suas cartas e artigos, inclusive alguns que ainda não tinham sido publicados. Quando Borrego lhe mostrou o resultado final, Che ficou surpreso e contente, mas, com sua timidez característica, folheou os volumes e brincou: "Você fez uma verdadeiro pot-pourri".

Borrego fez imprimir duzentos exemplares do conjunto e entregou o primeiro a Fidel, mas o público cubano jamais os veria. Os livros foram mandados para os dirigentes revolucionários e para indivíduos que constavam de uma lista especial elaborada por Che, uma das últimas coisas que fez antes de partir de Cuba. No final, apenas cem conjuntos foram expedidos; os demais ficaram guardados em um depósito onde provavelmente permanecem, se não tiverem sucumbido aos danos causados pela água e pelas traças.**

X

A iminente partida de Che era difícil para Borrego, e ele tentou passar o máximo de tempo possível com Che nos seus últimos dias. Fez frequentes viagens à casa em Pinar del Río, tal como fez Aleida, que passava lá os fins de semana e cozinhava para todo mundo. Borrego também acompanhou Che à sessão com o "especialista em fisionomia" da Inteligência cubana, que arrancou, um a um, os

* Na Cuba cada vez mais sovietizada dos anos seguintes, Borrego tinha dificuldade de encontrar o "momento certo" para pressionar a publicação dos escritos de Che. Supostamente, Fidel os considerou muito delicados para se tornarem públicos. Borrego finalmente recebeu autorização para publicar fragmentos da crítica econômica de Che em um livro de memórias que escreveu, *Che: El camino del fuego*, em 2001. Uma versão completa dos artigos críticos de Che, *Apuntes criticos a la Economica*, foi publicada em 2006.

** Em 1997, em comemoração ao trigésimo aniversário da morte de Che, uma versão "resumida" da edição especial de seus trabalhos preparada por Borrego foi finalmente aprovada pelo governo cubano para publicação.

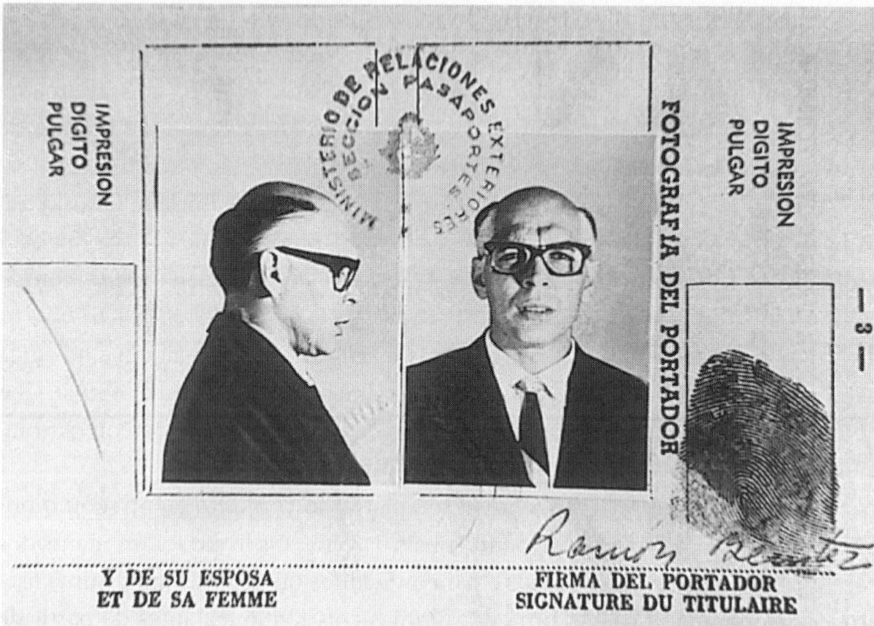

Um dos passaportes que Che usou para viajar clandestinamente.

Fidel com Che disfarçado, antes de partir para a Bolívia.

cabelos no topo da cabeça de Che para lhe dar um aspecto de calvície avançada de um homem de uns cinquenta anos. Quando Che estava com seu disfarce completo, Fidel o apresentou a alguns dos principais ministros de Cuba como um amigo, visitante estrangeiro, e ninguém, segundo Fidel, o reconheceu. "Era realmente perfeito", Fidel recordou mais tarde.

Um dia, no final de outubro, pouco antes da data prevista para a partida de Che, Borrego comprou quatro galões de seu sorvete de morango preferido para levar aos homens que estavam fazendo o treinamento. Fora preparada uma festa especial e todos estavam sentados diante de uma mesa comprida de piquenique. Quando Borrego levantou-se, com a intenção de repetir uma segunda porção do sorvete, Che falou para ele, em voz alta: "Ei, Borrego! Você não está indo para a Bolívia, então por que se servirá de novo? Por que você não deixa para os homens que *estão* indo?".

Ouvida por todos, a crítica de Che dilacerou Borrego. As lágrimas começaram a escorrer pelo seu rosto. Sem dizer uma palavra, ele se afastou, queimando de vergonha e de indignação. Ficou sentado em um tronco ouvindo os guerrilheiros, prontos para entrar em ação, cochicharem e caírem na gargalhada às suas costas. Alguns instantes depois, ouviu passos. Uma mão pousou de leve na sua cabeça e remexeu-lhe o cabelo. "Peço desculpas pelo que falei", sussurrou Che. "Vamos, não foi nada de mais. Volte para lá." Sem erguer os olhos, Borrego retrucou: "Foi uma grosseria", e ficou onde estava durante muito tempo. "Foi a pior coisa que Che já me fez", recordou.

Os últimos dias foram emocionantes para todos, mas os momentos mais pungentes foram os encontros finais de Che com Aleida e seus filhos, que foram levados até a *finca* para vê-lo. Che não se identificou como seu pai. Era "Tio Ramón". Disse-lhes que tinha visto seu pai recentemente e estava ali para lhes transmitir seu amor e alguns pequenos conselhos para cada um deles. Almoçaram juntos, com o *tío* Ramón sentado à cabeceira da mesa, exatamente como o *Papá* Che costumava fazer.

Sua filha Celia, de três anos, foi levada separadamente para vê-lo. Borrego descreveu a visita como devastadora. Ali estava Che, com sua filha, sem poder dizer-lhe quem era, nem tocá-la e segurá-la como faria um pai, pois não se podia ter certeza de que ela guardaria o segredo. E, evidentemente, esta era a melhor prova de seu disfarce: se seus próprios filhos não o reconheciam, ninguém o reconheceria.* Em uma outra visita, Aliusha veio até ele para lhe dar uma beijoca

* Hildita foi a única dos filhos que Che não viu. Ela tinha dez anos, idade suficiente para perceber o disfarce.

no rosto e depois correu de volta para Aleida e exclamou em um sussurro alto: "*Mama*, acho que esse velho está apaixonado por mim". Che escutou o comentário e as lágrimas brotaram de seus olhos. Aleida ficou arrasada, mas conseguiu conter suas próprias lágrimas até estar fora da vista das crianças.

Chegara finalmente a hora. A operação para libertar a América do Sul estava começando. Todos os homens presentes ao banquete de despedida de Che na noite anterior à partida sentiram a importância da ocasião. Tinham sido preparados pratos especiais, pois Che quisera que fosse uma refeição argentino-cubana: carne de vaca em uma espécie de churrasco, com vinho tinto, e um porco assado e cerveja. Mas enquanto Fidel falava sem parar, dando conselhos e estimulando Che, relembrando épocas e momentos passados na serra, todos se esqueceram da comida e ficaram ouvindo embevecidos. Benigno, um dos guerrilheiros presentes, recordou que, desse modo, as horas se passaram. Por fim, percebendo que era hora de ir para o aeroporto, Che levantou-se em um salto.

Che e Fidel abraçaram-se rapidamente, depois ficaram se olhando fixamente, os braços esticados, com as mãos de um nos ombros do outro por um longo tempo. Fidel descreveu sua despedida de Che como tendo sido um abraço másculo, digno de dois velhos camaradas de armas. Como os dois eram reservados quando se tratava de demonstrações públicas de sentimentos, ele recordou que o abraço não foi muito efusivo. Mas Benigno lembrou-se da cena como um momento de profunda emoção.

Depois Che entrou no carro e disse para o motorista: "Ande, porra!" e foi embora. Benigno recordou que, posteriormente, um silêncio melancólico caiu sobre o acampamento. Fidel se afastou dos homens e ficou sentado sozinho. Ele foi visto com a cabeça caída sobre o peito, e ficou assim durante muito tempo. Os homens se perguntaram se ele estava chorando, mas ninguém ousou se aproximar dele. Ao amanhecer, ouviram-no berrar e viram que Fidel estava apontando para o céu. O avião de Che estava indo embora de Cuba.

Um autorretrato tirado por Che usando o espelho da porta do seu quarto no Hotel Copacabana, em La Paz, na Bolívia, em novembro de 1966. Ele estava disfarçado de um economista uruguaio de meia-idade, Adolfo Mena González.

29. Sacrifício necessário

A Bolívia precisa ser sacrificada para que possam começar as revoluções nos países vizinhos.

Che

Dezembro de 1966, falando a seus guerrilheiros na Bolívia

Onde quer que a morte possa nos surpreender, que ela seja bem-vinda.

Che

Abril de 1967, na sua "Mensagem para a Tricontinental"

I

Na análise que fez posteriormente do desastre no Congo, Che reconheceu que um dos seus maiores erros fora tentar uma *chantaje de cuerpo presente*. Impusera sua presença sem aviso prévio aos rebeldes congoleses, causando animosidade e desconfiança entre os líderes. Foi um dos erros com os quais prometeu aprender. No entanto, quando foi para a Bolívia, no início de novembro de 1966, reproduziu exatamente sua *chantaje* do Congo, mais uma vez aparecendo em território estrangeiro sem ser convidado, convencido de que os líderes do Partido

Comunista Boliviano não recuariam da guerra de guerrilhas iminente quando se vissem diante do fato consumado da sua presença.*

Tudo começou muito bem. Quando Che, ou melhor, Adolfo Mena González, um economista uruguaio de meia-idade, em uma missão de levantamento de dados econômicos para a Organização dos Estados Americanos, chegou com Pacho a La Paz, em 3 de novembro, foi recebido por seus colaboradores mais íntimos: Papi, Pombo, Tuma e Renan Montero. Hospedou-se em uma suíte do terceiro andar do Hotel Copacabana, situado no gracioso e arborizado bulevar Prado, no centro da cidade. Sua montanha favorita, o Illimani, azul e encimado de neve, se sobrepunha ao cenário. Tirou uma fotografia de si mesmo no espelho da porta do quarto. Sentado na poltrona, o homem de aparência atarracada olha para trás, para o espectador, com uma expressão intensa e insondável.

O interlúdio de reflexão foi curto, pois Che não estava disposto a perder tempo. Tania lhe dera as cartas de apresentação que havia pedido que conseguisse para ele. Usando suas novas amizades dentro do governo boliviano, ela assegurou um documento oficial, assinado por ninguém menos que o chefe de Informação do presidente, Gonzalo López Muñoz. O documento identificava Adolfo Mena como um enviado especial da OEA e solicitava "toda a cooperação possível" das "autoridades nacionais", bem como das "instituições privadas".

Dois dias depois, Che desceu do frio luminoso do planalto para a poeira e o calor da estação seca do *chaco*. Em companhia de Pombo, Tuma, Papi, Pacho e do boliviano Loro Vázquez-Viaña, partiu de carro para o trajeto de três dias até Ñancahuazú. Em uma parada na estrada para almoçar, Che finalmente revelou sua verdadeira identidade a Loro, pedindo-lhe que não deixasse o partido saber que estava no país até que ele tivesse falado com Monje. Segundo Pombo, "ele contou a Loro que sua decisão de vir para a Bolívia se devia a que esse era o país com as melhores condições para uma base guerrilheira no continente". Che ainda acrescentou: "Vim para ficar e só sairei daqui morto, ou atravessando a fronteira, atirando enquanto avanço".

II

Ao chegar o Ano-Novo, os cabelos de Che começaram a crescer de novo e ele tinha uma barba rala. Seus camaradas cubanos e um guerrilheiro peruano, Eustaquio, chegaram a Ñancahuazú, juntando-se aos bolivianos que estavam em

* Ver Notas.

treinamento ali. Ele tinha uma tropa de 24 homens; apenas nove eram bolivianos. Dois deles, o irmão mais velho de Coco Peredo, Inti, e Freddy Maymura, um ex-estudante de medicina, boliviano de ascendência japonesa. Os dois tinham acabado de receber treinamento em Cuba. Os homens haviam construído um acampamento de base e um acampamento secundário, oculto na floresta que ficava acima de um cânion íngreme de pedra avermelhada, a várias horas de caminhada, subindo pela margem do rio a partir do lugar que denominaram Casa de Calamina — uma casa de tijolos, com teto de zinco, que era sua "fachada" legal para a futura fazenda de criação de porcos e madeireira de Ñancahuazú. Dispunham de um forno de barro para assar pão, uma choupana para secar carne e um dispensário médico rústico, e ainda mesas e bancos toscos de troncos de madeira para as refeições. Cavaram uma latrina e túneis e cavernas para estocar mantimentos, munição e os documentos mais comprometedores. Em uma das cavernas, instalaram seu radiotransmissor, para enviar e receber comunicações em código de Havana, ou "Manila", como passou a ser chamada.

A rede clandestina urbana estava em funcionamento em La Paz. Bolivianos, como Rodolfo Saldaña, Coco Peredo e Loro Vázquez-Viaña — o "proprietário" da fazenda —, iam e vinham para comprar suprimentos, carregar mensagens, trazer novos membros e transportar armamento. Mas Che já se preocupava com o predomínio de estrangeiros no seu "exército boliviano".* Os sinais de discórdia competitiva surgiam entre cubanos e bolivianos. Che tentou remediar a situação com palestras sobre disciplina e o anúncio de que, temporariamente, os cubanos seriam os oficiais da pequena tropa, até que os bolivianos tivessem adquirido mais experiência. Evidentemente, essa medida não foi bem recebida pelos bolivianos. Quando Juan Pablo Chang mandou dizer que queria enviar vinte combatentes peruanos para o acampamento, Che o reteve, preocupado com a "internacionalização" da luta antes que Monje estivesse envolvido. Che precisava de uma base sólida de apoio boliviano e queria ter pelo menos vinte bolivianos consigo antes de iniciar as operações. Para isso, precisava de Monje.

Apesar das precauções, a presença de forasteiros logo despertou o interesse dos poucos vizinhos nessa região remota, tal como acontecera com a base de Masetti, perto da região do rio Bermejo, mais para o sul. Na realidade, antes mesmo da chegada de Che, seus homens do escalão avançado souberam que Ciro Algarañaz, seu único vizinho de cerca, estava espalhando o comentário de que

* No final, a composição por nacionalidades da força guerrilheira de Che — excluindo-se os membros de sua rede urbana — seria a seguinte: um argentino (Che), uma alemã (Tania), três peruanos, dezesseis cubanos e um total de vinte bolivianos.

suspeitava que os recém-chegados fossem traficantes de cocaína, uma atividade promissora nesse país produtor de coca. A casa e a criação de porcos de Algarañaz ficavam à beira da estrada que conduzia à sua própria *finca*, e tinham de passar por ela para ir à Casa de Calamina. Embora Algarañaz vivesse em Camiri durante a semana, seu capataz morava permanentemente na propriedade.

No final de dezembro, Monje era esperado no acampamento e, antes que ele chegasse, Che conversou com seus homens sobre as proposições que ele faria. Em primeiro lugar, insistiria em que ele próprio deveria ser o comandante militar e encarregado das finanças, no entanto não tinha nenhum interesse em ser o chefe político. Quanto a apoio externo, proporia solicitar ajuda tanto à União Soviética como à China, sugerindo que Moisés Guevara poderia ir a Pequim, com uma carta sua para Chou Enlai, para pedir ajuda "sem amarras", enquanto Monje poderia ir a Moscou, "junto com um camarada que poderia pelo menos dizer quanto lhe tinha sido dado". As propostas de Che mostram que, mesmo a essa altura, ele achava que poderia acertar as diferenças entre os comunistas pró-chineses e pró-soviéticos na Bolívia. Se conseguisse alcançar uma paz local na América do Sul, então talvez ainda houvesse esperança de uma união socialista em uma escala maior.

De seu rústico acampamento no sertão boliviano, Che antevia uma surpreendente, fantástica mesmo, sucessão de acontecimentos. "A Bolívia será sacrificada para que as revoluções nos países vizinhos possam começar", ele disse. "Temos de criar outro Vietnã nas Américas, com seu centro na Bolívia." Começar a guerra e espalhá-la para os países vizinhos eram as duas etapas iniciais de seu plano. Na terceira etapa, as guerras na América do Sul atrairiam os norte-americanos. Isso beneficiaria os guerrilheiros, dando às suas campanhas um tom nacionalista. Tal como no Vietnã, estariam lutando contra um invasor estrangeiro. E pelo envio de forças à América Latina, os Estados Unidos ficariam mais dispersos e acabariam por ficar mais fracos em todas as frentes, na Bolívia e no Vietnã. Finalmente, a ampliação dessas conflagrações levaria a China e a União Soviética a acabar com sua controvérsia e alinhar suas forças com os revolucionários em todo o mundo, a fim de derrotar de uma vez por todas o imperialismo norte-americano. Para Che, o que acontecesse na Bolívia seria nada menos do que o tiro inicial de uma nova guerra mundial que acabaria por determinar se o planeta seria socialista ou capitalista. Antes, porém, ele tinha de lidar com Mario Monje.

Em 31 de dezembro, Tania acompanhou Monje a Ñancahuazú e os dois rivais finalmente chegaram ao desfecho. Sentaram-se na mata para conversar. Duas fotografias de qualidade ruim sobreviveram como prova desse encontro. Em uma, Che está no chão, olhando com ar de superioridade para Monje, que está falando, com as pernas encolhidas, em uma posição defensiva.

Monje exigiu para si a liderança integral da luta armada na Bolívia. Também exigiu que não fosse formada nenhuma aliança com os *pro-chinos*. Che lhe disse que poderia abrir mão de uma aliança com os comunistas pró-chineses, mas manteve-se irredutível quanto à questão do comando. Ele seria o comandante militar porque era mais bem qualificado. Também achava que era mais capaz do que Monje para tratar das decisões políticas; no entanto, se ofereceu para fazer de Monje o "chefe nominal" da operação de guerrilha, se isso o ajudava a "manter as aparências".

Posteriormente, Monje disse aos homens no acampamento que renunciaria ao cargo de chefe do partido e viria para, orgulhosamente, lutar junto a Che, não como secretário-geral do partido, mas como "Estanislao", um simples combatente. Regressaria então a La Paz e informaria o partido sobre a guerra de guerrilhas iminente, a fim de que seus membros pudessem tomar medidas de precaução. Voltaria para se juntar ao bando dentro de dez dias.

Ou isso era um blefe para induzir Che a lhe oferecer um gesto adicional para manter as aparências ou, simplesmente, Monje estava mentindo. Antes de partir na manhã seguinte, reuniu os bolivianos e lhes disse que o partido não apoiava a luta armada, que seriam expulsos se permanecessem ali, e que os soldos pagos às suas famílias seriam suspensos. Apenas quatro homens — Coco, Saldaña, Ñato e Loro — tinham permissão do partido para estar ali, e essa autorização seria mantida; para os demais, porém, a opção era entre o partido e a guerra. Eles escolheram a última. Monje partiu e não retornou.

Rafael Segarra, funcionário do Partido Comunista em Santa Cruz de la Sierra, conta que Monje parou para vê-lo na viagem de regresso de Ñancahuazú. "A merda vai bater no ventilador", Monje advertiu. "Essa coisa vai seguir em frente e, ou bem nós a enterramos, ou ela nos enterrará a todos." Instou Segarra a ficar quieto ou sumir. Nos dias que se seguiram, Monje deu o mesmo conselho a elementos do partido por toda parte.

Os atos de Monje continuam encobertos pela teia de intriga e desconfiança que ele ajudou a criar. Pombo insiste em afirmar que o que Monje perpetrou foi um ato de "traição consciente". Trinta anos depois do evento, a viúva de Che, Aleida, ainda considera Monje — *"ese índio feo"* — o homem que traiu seu marido.

O encontro entre Che e Monje culminara em um desastre, e a falta de tato de Che influíra em grande parte para o desenlace infeliz tanto quanto a duplicidade e indecisão de Monje. A sorte foi lançada. A partir de 1º de janeiro de 1967, Che e seus vinte e poucos combatentes estavam, para todos os efeitos, por conta própria.

III

Che recusou-se a permitir que a ruptura com Monje afetasse sua visão do futuro, satisfeito pelos jovens comunistas bolivianos terem se mantido leais a ele, e confiando que os poderes maiores de persuasão de Fidel dariam um jeito nas coisas junto à hierarquia do partido. Em uma mensagem em código para Fidel, que passara a ser designado como *Leche*, Che contou-lhe o que tinha ocorrido em um tom tranquilo.*

De fato, parecia que as coisas estavam avançando de forma leve para Che. Ele enviara Tania a Buenos Aires a fim de convocar Ciro Bustos e Eduardo Jozami, um jovem jornalista, estudante de direito e líder de uma facção dissidente do Partido Comunista Argentino, com a intenção de pôr em funcionamento o movimento guerrilheiro argentino. Enquanto isso, seu pessoal estava ocupado organizando sua rede clandestina pela Bolívia afora. Quando Moisés Guevara chegou, convocado por ele, Che lhe disse que ele teria de dissolver seu grupo e se juntar a ele como um simples soldado, que não poderia mais haver atividades faccionais. Inicialmente surpreso, Moisés concordou. Ele voltaria para as montanhas bolivianas e recrutaria alguns homens antes de regressar.

Os homens de Che estavam a essa altura fazendo o patrulhamento da área ao redor de Ñancahuazú, e conseguiu-se chegar a uma espécie de disciplina militar. Os combatentes faziam sentinela, buscavam água e lenha, revezavam-se cozinhando e lavando roupa. Foi organizado um serviço regular de carregadores, ou *gondolas*, para o transporte de suprimentos até o acampamento. Alguns homens caçavam, trazendo perus e tatus para serem cozidos, e foram reiniciadas as aulas de quíchua. Havia, é claro, os desconfortos da vida no mato — insetos nocivos, cortes e esfoladuras, homens que caíam com malária —, mas Che encarava tudo com calma. Em 11 de janeiro, escreveu: "Dia do Boro. Larvas de moscas removidas de Marcos, Carlos, Pombo, Antonio, Moro e Joaquín".

Havia também os costumeiros problemas de comportamento, e Che voltou para sua antiga maneira estrita de aplicar as normas. Loro estava agindo de forma livre demais, encontrando tempo para seduzir mulheres em suas viagens para comprar suprimentos, e Papi andava zanzando ao seu redor, achando que caíra em desgraça com Che. Depois de xingar Papi pelo que chamou de "muitos erros" nas atividades da equipe avançada boliviana, inclusive fazendo avanços in-

* Pouco tempo depois, Fidel escreveu-lhe de volta dizendo que o líder sindical Simón Reyes estava em Cuba e que Jorge Kolle Cueto, o número dois do Partido Comunista Boliviano, estava a caminho para conversarem a fim de solucionar a crise.

desejados para o lado de Tania, Che ordenou-lhe que ficasse com ele no campo. O homem que designara como seu vice, Marcos, portara-se de maneira abusiva com os bolivianos, e Che o repreendeu publicamente e o rebaixou, nomeando para substituí-lo o homem mais velho, Joaquín.

Seu vizinho, Ciro Algarañaz, continuava a ser fonte de irritação. Ele e outro homem estiveram fuçando em torno da propriedade, até que um dia Algarañaz abordou Loro, dizendo-lhe que era um amigo e que podiam confiar nele. Queria saber o que Loro e seus companheiros estavam fazendo. Loro desconversou, mas alguns dias depois chegaram alguns soldados no acampamento avançado, fizeram perguntas a Loro e tomaram sua pistola, advertindo-o de que ele e seus amigos estavam sob observação. Era óbvio que os moradores da área achavam que os guerrilheiros eram contrabandistas e queriam participar do negócio. Depois desse incidente, Che postou vigias para ficarem de olho na casa de Algarañaz.

Em 1º de fevereiro, Che deixou uns poucos homens no acampamento e levou os outros no que ele pretendia que fossem duas semanas de caminhadas de condicionamento pelo *chaco*. Entretanto, os quinze dias previstos se transformaram em um extenuante sacrifício de 45 dias, pois o grupo se perdeu e teve de aguentar chuvas torrenciais, fome, sede e exaustivas maratonas de caminhada. Limitaram-se a comer palmito, macacos, gaviões e papagaios, e com os homens cansados e desmoralizados, houve várias brigas. Também ocorreram tragédias. Dois dos jovens bolivianos morreram afogados em rios muito cheios, coincidência que fizera Pombo lembrar-se de como começara sua permanência no Congo, com a morte por afogamento de Leonard Mitoudidi. Por seu lado, Che lamentou as mortes, mas também a perda de seis boas armas no segundo incidente de afogamento.

Mesmo antes de retornar ao acampamento, em 20 de março, Che sabia que alguma coisa dera errado durante sua ausência. Um pequeno avião estava voando em círculos nas proximidades de Ñancahuazú. Um destacamento avançado saíra ao seu encontro, e por ele Che logo soube o que acontecera. Enquanto estava fora, alguns dos recrutas bolivianos de Moisés Guevara haviam chegado e logo ficaram desiludidos com a vida no acampamento e com o fato de serem relegados a tarefas subalternas pelos cubanos que ficaram encarregados da base. Dois desertaram, foram capturados pelo Exército e confessaram tudo que sabiam, inclusive histórias sobre cubanos e um comandante chamado Ramón. Alguns dias antes, as forças de segurança bolivianas tinham vasculhado a Casa de Calamina. Não havia ninguém lá na ocasião, mas dizia-se que o Exército estava se deslocando pela área. O avião que Che vira sobrevoando a região era uma aeronave de reconhecimento. Estivera por ali nos últimos três dias.

Seguindo em frente, Che topou com mensageiros que traziam outras más notícias. O Exército acabara de retornar à fazenda e confiscar uma de suas mulas e o jipe, e capturou um mensageiro rebelde, um dos homens de Moisés Guevara. Che apertou o passo para chegar ao acampamento. Quando chegou, observou um estado de espírito de derrota, alguns novos combatentes e um completo caos e indecisão entre seus homens. Além de tudo, Che tinha de atender aos visitantes. Régis Debray, Ciro Bustos, Tania e Juan Pablo Chang estavam todos lá para vê-lo. Depois de levar Monje ao acampamento, na véspera de Ano-Novo, Tania estivera ocupada. Viajara para a Argentina sob ordens de Che e embarcara Chang e dois camaradas peruanos para Ñancahuazú, e voltara a La Paz para pegar Debray e Bustos e levá-los para o acampamento.

Che cuidou primeiro de Chang, que estivera em Cuba e pedira ajuda a Fidel para organizar uma nova coluna guerrilheira peruana. Fidel lhe disse que obtivesse a aprovação de Che. "Ele quer 5 mil dólares por mês, durante dez meses", escreveu Che. "Disse-lhe que concordava, desde que eles fossem para as montanhas dentro de seis meses." O plano de Chang era liderar um bando de quinze homens e começar as operações na região de Ayacucho, na parte sudeste dos Andes peruanos. Che também concordou em enviar-lhe alguns cubanos e armas, e traçaram planos para manter contato pelo rádio.

Enquanto conversavam, Loro chegou. Estivera em um turno de sentinela, perto do rio, abaixo do acampamento, e matara um soldado que apanhara de surpresa. Obviamente, a guerra estava prestes a começar, quisesse ou não Che. Apressou-se em acertar os detalhes com Chang, depois conversou com Debray, que lhe disse que queria ficar e lutar, mas Che argumentou que seria melhor que ele trabalhasse de fora, promovendo sua causa com uma campanha de solidariedade europeia. Che o mandaria embora com notícias para Cuba e escreveria uma carta para Bertrand Russell, pedindo seu auxílio para a organização de um fundo internacional em apoio do Movimento de Libertação Boliviano.

Era a vez de Ciro Bustos. Bustos ficara aguardando seu "contato" na Argentina e, depois de cinco meses, o contato surgiu na pessoa de Tania. Ela dissera a Bustos que fosse a La Paz, o que lhe deu o primeiro indício de que Che estava na Bolívia. Bustos começara a questionar sobre o acerto da teoria de Che de uma guerra de guerrilhas com base rural e buscou o conselho de seus camaradas de maior confiança em Córdoba, que o instaram a expor suas dúvidas, das quais compartilhavam, quando visse Che. Usando um passaporte falso, feito às pressas, voou até La Paz no final de fevereiro. Foi instruído a tomar um determinado ônibus até a cidade de Sucre, e quando entrou no ônibus viu um outro homem de aparência europeia — Régis Debray, como logo iria saber. Quando o ônibus estava deixando a cidade, um táxi veio correndo, uma mulher desceu dele e entrou no ônibus. Era Tania. Bustos considerou suas ações e sua forma de transporte uma exibição pública irresponsável que não podia deixar de chamar atenção. "Lá estávamos, os três únicos estrangeiros no ônibus, como três moscas, olhando para todos os lados, sem nos falarmos", ele recordou. "Eu não estava muito satisfeito com as coisas."

De acordo com Bustos, o resto da viagem foi caracterizado pelo comportamento amador por parte de Tania. Ela falava em voz alta e usava gírias cubanas nos restaurantes de estrada em que paravam. Alugou um carro em Sucre e dirigiu bebendo e correndo demais. Ela achava isso engraçado, mas deixava loucos Debray e Bustos. Quando chegaram ao acampamento, Che e a maioria dos cubanos estavam fora, ainda não haviam voltado de sua excursão. Quase imediatamente, Bustos disse, Tania pegou algumas fotografias que ela tirara na sua vinda anterior e que trouxera para mostrar a todos. Lá estavam eles, praticamente todos eles, posando com seus fuzis, fazendo palhaçadas, cozinhando, lendo ou de pé, sem fazer nada ou conversando. Bustos ficou incrédulo. Falou com Olo Pantoja, o cubano que ficara responsável pelo acampamento, que prontamente mandou que as fotos fossem recolhidas.

Durante a ausência prolongada de Che, as coisas fugiram do controle de Olo. No dia seguinte em que chegaram ao acampamento, dois dos homens de Moisés Guevara saíram com suas armas para caçar e não regressaram. Soou o alarme. Os dois tinham visto todas as fotografias e ouviram todo mundo falando abertamente sobre Cuba e outros tópicos delicados. Quando um grupo de busca não conseguiu localizar os homens, Olo deu ordens para que o acampamento fosse evacuado. Eles foram para um esconderijo mais acima, nas montanhas. Dois dias mais tarde, quando o avião começou a sobrevoar a área do acampamento, ficou claro que seus piores receios tinham se materializado: os desertores haviam sido capturados pelo Exército. Foi então que os primeiros homens da expedição de Che começaram a chegar de volta.

Bustos ficou espantado quando viu Che. "Ele estava em farrapos", disse. "A camisa estava em tiras, os joelhos apareciam fora da calça e parecia muito magro. Porém, imperturbável. Deu-me um *abrazo*, que me emocionou muito; não houve palavras, nem nada." Bustos recuou, observando enquanto Che comia e, ao mesmo tempo, assumia o comando da situação. Repreendeu Olo e os outros homens que deixara encarregados do acampamento, empregando um nível de violência verbal que surpreendeu Bustos. Posteriormente, veria que isso era característico do comportamento de Che. "Depois, [Che] se acalmaria e iria ler, serenamente, enquanto os caras que ele tinha punido ficavam zanzando, se sentindo uns merdas."

Che e alguns combatentes no acampamento em Ñancahuazú. A partir da esquerda, Alejandro, Pombo, Urbano, Rolando, Che, Tuma, Arturo e Moro.

A partir da esquerda, o emissário argentino de Che, Ciro Bustos, o peruano Juan Pablo Chang, Che e o escritor francês Régis Debray, cujo codinome era "Dantón".

Quando chegou a hora de Bustos e Che conversarem, a primeira coisa que Che quis saber foi por que ele não tinha vindo antes. Bustos alegou que Tania não havia lhe dado um prazo específico. Chamando Tania, Che lhe falou com muita dureza por ter deturpado suas instruções. "Droga, Tania, o que foi que eu lhe disse para dizer a El Pelao [Bustos]?", perguntou. "Pra que merda eu lhe digo as coisas!"

"Não consigo me lembrar exatamente o que falou para ela, mas eram coisas duras e violentas, e ela começou a tremer", recordou Bustos. "Ela foi embora chorando." Mais tarde, penalizado, Che pediu a Bustos que tentasse consolá-la. Mas Che já estava insatisfeito com Tania por ter se arriscado a ser descoberta vindo novamente ao acampamento. Depois de sua primeira visita, com Monje, no fim de dezembro, ele lhe dissera que não devia voltar.* Além disso, Eduardo Jozami, o jovem dissidente argentino com quem Che queria se encontrar, tinha ido à Bolívia e voltado para casa porque ela não apareceu no ponto de encontro que combinara com ele.

Voltando aos seus assuntos com Bustos, Che lhe disse o que tinha em mente para a Argentina: "Meu objetivo estratégico é a tomada do poder político", ele disse. "Para isso quero formar um grupo de argentinos, preparar umas duas colunas, temperá-las na guerra durante um ou dois anos por aqui, e depois entrar. Quero que essa seja sua missão. E quero que você fique por lá o máximo que puder, até que tenha de se juntar a nós [nas montanhas]. Quero que você seja o coordenador que me enviará gente." Che acrescentou que o trabalho tinha de ser bem-feito, "não como esta merda aqui, em que cada um faz o que quer". Disse que ele deveria providenciar junto com Papi os meios de transportar as pessoas, e com Pombo a questão das provisões, e recitou os nomes dos outros com quem ele devia estabelecer ligação para questões específicas. Che revelou sua intenção de formar um comando central, dividido em duas colunas, totalizando cerca de quinhentos homens, incluindo bolivianos, argentinos e peruanos, que depois se separariam para levar a guerra a outras áreas.

Enquanto Che falava, Bustos se perguntava como montaria uma linha de suprimento de alimentos entre Ñancahuazú e a Argentina. E como deveria coordenar com Pombo, se ele estava na selva com Che? Esses detalhes não estavam sendo examinados, mas isso não soava realista para Bustos. "Era como algo mágico", disse ele. "Fora deste mundo." Che disse a Bustos que sua prioridade era vê-lo em

* Loyola Guzmán, a nova "secretária de finanças nacionais" de Che e membro de sua rede urbana em La Paz, explicou que a segunda viagem de Tania, com os peruanos, foi realmente uma falha do grupo dela, que decidiu enviá-la como acompanhante porque os outros estavam todos muito ocupados para ir.

segurança fora das montanhas, para que pudesse começar a trabalhar na Argentina, mas havia um ar de tensão e incerteza pairando sobre todos. A presença dos guerrilheiros fora detectada. Um soldado fora morto. Era apenas questão de tempo até que uma patrulha do Exército viesse à procura deles.

IV

Aconteceu dois dias depois, em 23 de março, um dia que Che registrou no seu diário como de "acontecimentos bélicos". Che enviara homens para montar emboscadas, estabelecendo um perímetro defensivo, e às oito da manhã Coco veio correndo para informar que haviam surpreendido um destacamento do Exército, matando sete soldados e capturando 21, quatro deles feridos. Também apreenderam uma boa quantidade de armamento, inclusive três morteiros, dezesseis carabinas, duas bazucas e três submetralhadoras Uzi. E apreenderam um documento que continha os planos operacionais do Exército. Vendo que neles se previa um avanço por dois pontos, Che prontamente enviou alguns homens para a extremidade oposta do cânion, para montar outra emboscada. Paralelamente, mandou Inti Peredo, que o impressionara e que estava se preparando como líder dos bolivianos, interrogar os dois oficiais capturados, um major e um capitão. Che declarou depois que "eles falaram como papagaios".

Che registrou a vitória secamente. Preocupava-se com o suprimento de mantimentos, pois os acessos a Ñancahuazú estavam cortados e eles tinham sido obrigados a abandonar o acampamento onde estavam seus depósitos. Outro problema, sério, aliás, era que seu radiotransmissor estava com defeito: podiam receber transmissões de estações comerciais e as mensagens de "Manila", mas não conseguiam transmitir nada.

No dia seguinte, não apareceram novas tropas por terra, mas um avião sobrevoou e jogou bombas ao redor da Casa de Calamina. Che mandou Inti voltar a interrogar os oficiais, depois ordenou que os prisioneiros fossem soltos: os soldados tiveram de se despir e deixar seus uniformes para trás, mas os oficiais receberam permissão para continuar fardados. Ao major foi dito que ele tinha até o meio-dia do dia 27 de março para voltar e recolher seus mortos.

Depois da partida dos prisioneiros, Che voltou sua atenção para seus homens. Marcos fora repetidas vezes insubordinado e continuava tratando mal alguns dos bolivianos. Ele já tinha sido advertido de que corria risco de expulsão, então Che voltou a destituí-lo, designando Miguel para sua função como chefe da vanguarda. As tensões entre os bolivianos e os cubanos aumentaram desde as deserções. Questionava-se abertamente a firmeza revolucionária dos quatro bolivianos restantes, recrutados por Moisés Guevara — Paco, Pepe, Chingolo e Eusebio —, e eles se sentiram tratados com menosprezo e desconfiança. Em 25 de março, Che lhes disse que, se não trabalhassem, não teriam comida. Suspendeu suas cotas de tabaco e deu seus pertences pessoais para "outros camaradas, mais necessitados". Criticou um outro boliviano, Walter, por ter sido "fraco" durante a caminhada e pelo "medo" que revelara durante o bombardeio aéreo do dia anterior. Dirigiu palavras de estímulo a dois outros homens, que se haviam desempenhado bem nos dias anteriores. Por último, Che escolheu esse dia para batizar seu pequeno exército: o Exército de Libertação Nacional (ELN), adicionando às fileiras dos focos apoiados pelos cubanos, nomeados de forma similar, no Peru e na Bolívia.

Durante os dias que se seguiram, os guerrilheiros se concentraram em procurar comida, mas os batedores regressaram depois de avistarem grupos de soldados não muito longe de onde estavam, enquanto outros observaram um grupo de uns sessenta homens e um helicóptero pousado junto da casa de Algarañaz. Em 27 de março, Che escreveu: "As notícias explodiram, monopolizando todo o espaço das estações de rádio e produzindo uma enxurrada de comunicados, inclusive uma entrevista coletiva à imprensa do [presidente] Barrientos". Registrou que o Exército estava fazendo afirmações absurdas de ter matado quinze guerrilheiros e capturado quatro, inclusive dois "estrangeiros". Resolveu redigir o primeiro comunicado da guerrilha, para desmentir as afirmações do Exército e, ao mesmo tempo, anunciar a presença dos guerrilheiros. "Obviamente, os desertores ou prisioneiros haviam falado", escreveu Che. "Mas não sabemos exatamente quanto contaram e como contaram. Tudo parece indicar que Tania foi detectada, com o que se perdem dois anos de trabalho bom e paciente [...]. Veremos o que vai acontecer."

V

O que aconteceu foi um turbilhão de atividade bélica que jogou todos os planos de Che pela janela e obrigou-o a prosseguir na guerra que começara, quase de forma inadvertida, por uma sucessão cumulativa de erros e percalços. Poucos dias depois da emboscada, as notícias ficaram cada vez mais exageradas, enquanto o governo mobilizava as tropas de que dispunha. Após duvidar inicialmente da existência de guerrilheiros, o presidente Barrientos baseou-se nas evidências encontradas no acampamento, inclusive em fotografias, para denunciar os invasores estrangeiros como agentes do "castro-comunismo" e apelar para o patriotismo de seus concidadãos para resistir aos forasteiros. Nesse país intensamente nacionalista, o apelo à xenofobia era um meio eficaz de separar os civis dos guerrilheiros. A natureza estrangeira dos "vermelhos" foi algo que, a partir de então, Barrientos acentuou sem parar. Não havia muito que Che pudesse fazer para combater a propaganda, exceto redigir comunicados. O plano mais imediato era evitar ser dizimado. Che deduziu, pelo noticiário das estações de rádio, que o Exército sabia exatamente onde se encontrava seu bando. Deu ordens para que os homens cavassem novas cavernas para estocar as armas em um acampamento menor, que denominaram *El Oso*, desde que um tamanduá, ou *oso hormiguero*, fora abatido ali.

Em Cuba, os guerrilheiros que estavam se preparando para a "segunda fase", totalizando mais de vinte homens, não incluíam Borrego, mas ele e seu cunhado, Enrique Acevedo, imploraram a Fidel que lhes permitisse seguir para a Bolívia. Seu pedido fora negado. Fidel contou-lhes que os guerrilheiros tinham sido descobertos prematuramente e a situação era muito instável. Além disso, perdera contato direto com Che, de modo que não havia mais como introduzi-los no campo de forma segura. Enquanto se passavam os meses, Borrego e seus camaradas liam as notícias da Bolívia com ansiedade cada vez maior. A situação de Che e de seu grupo parecia deslizar irremediavelmente para o desastre.

No seu resumo do final do mês de março, Che escreveu laconicamente: "Este mês foi cheio de eventos". Depois de uma análise de sua tropa e da situação em que se encontrava, observou: "Evidentemente, teremos de entrar em ação antes do que eu imaginei [...]. A situação não é boa, mas hoje começa uma nova fase para testar os guerrilheiros, que lhes deverá fazer muito bem depois que superarem tudo isso".

Estavam passando os dias em movimento, ora à procura, ora se escondendo do Exército, que parecia estar, em grande quantidade, por todos os lados, em volta deles. Em 10 de abril, abriram fogo contra um pelotão de soldados que vinha descendo pela margem do rio. Che, que ficara no seu posto de comando, registrou: "Logo chegaram as primeiras notícias, que foram desagradáveis: Rubio, Jesús Suárez Gayol, fora mortalmente ferido. Já estava morto quando chegou ao nosso acampamento, com uma bala na cabeça". Che perdera seu primeiro homem em ação, um cubano, mas três soldados tinham sido mortos e vários outros feridos e capturados. Depois de interrogar os prisioneiros e concluir que havia mais tropas inimigas a caminho, Che resolveu deixar sua emboscada no mesmo lugar. De tarde, mais soldados apareceram e também caíram na armadilha. "Dessa vez", escreveu ele, "houve sete mortos, cinco feridos e 22 prisioneiros."

Bustos recordou que, nessa noite, Che fez algo que ele achou muito estranho. O corpo de Rubio foi posto no chão, no meio do acampamento, e ficou ali a noite inteira. Foi uma espécie de velório, lembrou Bustos. Ninguém se referiu ao corpo, mas estava bem ali, inevitável, uma recordação soturna do que podia estar à espera de cada um deles. No dia seguinte, depois de Che ter feito alguns comentários sobre a bravura de Suárez Gayol — e sua imprudência —, Rubio foi enterrado em uma cova rasa e os prisioneiros foram soltos. O oficial inimigo capturado foi mandado embora com o "Comunicado Nº 1" de Che, anunciando o início das hostilidades por parte do ELN. Che observou a diversidade na composição das tropas enviadas contra ele: "Há *rangers,* paraquedistas e soldados da região, quase crianças".

Com relutância, Che foi forçado a admitir que poderia ser verdade o que a mídia estava noticiando: que o Exército encontrara seu acampamento original e descobrira fotografias e outras evidências da presença deles. Um grupo de jornalistas foi levado até lá e, em 11 de abril, Che ouviu um repórter descrever pelo rádio uma fotografia, que vira no acampamento, de um homem sem barba e com um cachimbo. Soava como uma foto de Che, embora ele não tenha sido identificado. Dois dias depois chegou a notícia de que os Estados Unidos estavam enviando assessores militares à Bolívia, em uma ação que, segundo diziam, nada tinha a ver com as guerrilhas; era apenas parte de um antigo programa de assistência militar entre os dois países. Che não acreditou nisso nem por um segundo e fez uma anotação esperançosa: "Podemos estar testemunhando o primeiro episódio de um novo Vietnã". Em parte, estava certo. Os Estados Unidos *estavam,* é claro, enviando assessores para ajudar os bolivianos a debelar a ameaça guerrilheira, mas, se Che pensava que isso desencadearia uma campanha de resistência nacional como no Vietnã, estava enganado.

A questão de o que fazer com Bustos e Debray permanecera sem solução, enquanto o bando de Che reagia diante da emergência que se configurara. Já havia sido resolvido que Juan Pablo Chang ficaria ali por enquanto, do mesmo modo que Tania, cujo disfarce fora exposto desde que seu jipe, deixado em Camiri, fora encontrado, junto com seus documentos de identidade como Laura Gutiérrez Bauer. Nesse meio-tempo, Debray fora ficando cada vez mais nervoso. Che observou em 28 de março: "O francês afirmou com muita veemência como ele podia ser útil do lado de fora". Alguns dias depois, quando Che tentava retirar seu grupo do cerco que se fechava ao seu redor, conversou com Bustos e Debray, delineando suas opções: ficar com eles, tentar sair por conta própria ou seguir com eles até que chegassem a uma cidade onde pudessem ser deixados em segurança. Preferiram esta última opção. Três semanas dramáticas se passaram desde então, com mais choques e seguidos deslocamentos. O governo tornou o Partido Comunista ilegal e decretou estado de emergência na região sudeste do país.

Aplicando as táticas que ele e Fidel tinham empregado nos primeiros dias da guerra na serra, Che resolvera surpreender o inimigo empreendendo operações em uma nova área, em torno do vilarejo de Muyupampa. Se fosse possível, Bustos e Debray partiriam dali. Então, ele e seus homens se deslocariam para o norte, para o sopé dos Andes orientais. Che preparou o seu "Comunicado Nº 2", que Debray levaria consigo, bem como uma mensagem em código para Fidel, informando-o de sua situação naquela altura. Segundo Bustos, Che ressaltou para ele a importância de que fossem mandadas notícias para a ilha sobre as circunstâncias atuais dos guerrilheiros. Precisava urgentemente de um rádio novo, e Fidel devia enviar os homens que estavam sendo treinados em Cuba para abrir uma nova frente, mais ao norte, a fim de desviar a atenção de seu grupo.*

Ao se aproximarem de Muyupampa, Che se juntara à coluna de vanguarda, deixando Joaquín no ponto em que haviam atravessado o rio, para que esperasse por ele. A fim de avançar mais depressa, Che resolvera dividir a coluna em duas, ficando Joaquín encarregado da coluna da retaguarda, composta dos que estavam doentes — Tania e Alejandro tinham febre alta — ou dos que faziam corpo mole, como os *resacas* bolivianos. Joaquín recebeu ordem para fazer notar sua presença, mas evitar qualquer combate frontal e aguardar o regresso de Che, previsto para dentro de três dias. Che, Bustos, Debray e os demais seguiram em frente, atravessando uma área habitada por camponeses que estavam visivelmente aterrorizados por sua chegada. Quando se aproximaram de Muyupampa, em 20 de abril, viram que o Exército assumira posições ali e enviara espiões civis para procurar por eles. Os homens avançados de Che capturaram os civis que estavam acompanhados de uma figura suspeita — um jornalista chileno, descendente de ingleses, chamado George Andrew Roth. Ele disse ter vindo para uma entrevista com o líder rebelde.

* Fidel mandou avisar-lhe que estava fazendo o possível para ajudá-lo. Ele se encontrara com o líder sindical Juan Lechín, que prometera apoio e homens para a causa. Lechín estaria regressando secretamente para a Bolívia em poucas semanas. Mas Lechín teve de enfrentar seus próprios problemas, e tal como acontecera com muitos bolivianos que, em um ou em outro momento tinham prometido auxílio, no final pouco fez para ajudar. Anteriormente, Fidel mandara uma mensagem para Che dizendo-lhe que seus encontros com Kolle Cueto e Simón Reyes, do Partido Comunista Boliviano, correram bem. Segundo ele, os dois estavam "compreendendo" e prometeram ajudar. Supostamente, Kolle visitaria Che, mas, a essa altura, isso estava fora de questão. O Exército dominara a área, detendo qualquer civil que desconfiasse estar envolvido com eles. Além disso, desde que Barrientos proibira as atividades do Partido Comunista, seus dirigentes haviam passado para a clandestinidade.

Inti Peredo deu uma entrevista a Roth, e depois Bustos e Debray decidiram usá-lo como cobertura para sua fuga. Tentariam enganar os soldados separando-se dos guerrilheiros e entrando no vilarejo como se fossem jornalistas. Mas o ardil falhou e eles foram imediatamente presos. Quando Che soube do que acontecera, calmamente calculou as chances de sobreviverem. Bustos e Debray estavam com documentos falsos. Che acreditava que as coisas "não estavam boas" para Bustos, mas especulou que Debray "devia sair dessa".*

Che concentrou então seus esforços para se reunir a Joaquín e sua coluna de retaguarda, fazendo um levantamento da rota que teriam de tomar para chegar ao rio Grande, além do qual ficavam as montanhas da região central da Bolívia, sua porta de entrada nos Andes e, esperava ele, a fuga do cerco do Exército. No entanto, durante os dias que se seguiram, encontraram mais patrulhas do Exército e sofreram mais baixas. Em um choque, Loro desapareceu. Em outra emboscada, Eliseo Reyes (Rolando), um camarada de Che desde a época em que era adolescente, servindo como mensageiro de sua coluna na serra, ficou mortalmente ferido. Faleceu enquanto Che tentava salvá-lo, e, pela primeira vez desde sua chegada à Bolívia, o diário de Che refletiu um verdadeiro sentimento de perda: "Perdemos o melhor homem do bando guerrilheiro", ele escreveu. "De sua morte desconhecida e não proclamada para um futuro hipotético que pode se materializar, só se pode dizer: 'Seu corpo valente, capitão, estendeu para a imensidão em sua forma metálica'." (Uma linha de "Canto para Bolívar", de Neruda.)

Os batedores que Che enviou para buscar o grupo de Joaquín regressaram com novas más notícias. Tinham esbarrado com o Exército, perderam suas mochilas em um tiroteio, e ainda não tinham nenhuma ideia de onde estava a coluna da retaguarda. A julgar pelo local em que ocorrera o combate, perto de Ñancahuazú, Che concluiu que suas duas únicas saídas na direção do rio Grande estavam então bloqueadas. Teriam de ir através das montanhas.

Ainda desesperado por encontrar o grupo de Joaquín, Che e seu bando começaram a se deslocar para o norte, abrindo caminho com facões pela mata cerrada das montanhas. No fim de abril, seu resumo apresentava um panorama predominantemente sombrio. Depois de descrever a morte de Rubio e a de Rolando,

* Quando, no dia seguinte, o rádio noticiou de maneira preocupante que "três mercenários estrangeiros" tinham sido "mortos em combate", Che fez uma anotação no diário comprometendo-se a realizar um ataque de vingança se eles de fato foram assassinados pelo Exército. No entanto, para sorte dos três, o fotógrafo de um jornal local tirara fotografias deles vivos, depois de presos. A publicação dessas fotos pode ter-lhes salvado a vida, pois, no final do mês, foi noticiado que eles estavam em uma prisão em Camiri.

bem como o desaparecimento* de Loro, ainda inexplicado, concluiu: "[Nosso] isolamento parece completo, as doenças minaram a saúde de alguns camaradas, nos obrigando a dividir nossas forças, o que reduziu em muito nossa eficácia. Até agora não conseguimos estabelecer contato com Joaquín. A base camponesa ainda não foi desenvolvida, embora pareça que, por meio do terror planejado, podemos neutralizar alguns deles; o apoio virá depois. Não se conseguiu um único recrutamento [boliviano]".

O intransigente uso da força para obter apoio civil sempre fizera parte da guerra de guerrilhas, e Che e Fidel o empregaram na serra, embora em seus textos publicados a respeito da luta cubana Che jamais tenha usado a palavra "terror". A aliança entre guerrilheiros e camponeses fora apresentada como um tipo de idílico casamento em massa, uma simbiose orgânica. Mas, àquela altura, se tratava de sobrevivência pura e simples e não havia tempo para ser poético. Che teria de empregar quaisquer táticas que parecessem necessárias a fim de sobreviver. Do lado positivo, ele registrou que o "clamor" público contra as atividades dos guerrilheiros estava sendo contrabalançado por esforços de propaganda em Cuba. Antes de partir de Cuba para a Bolívia, Che escrevera um chamamento às armas, não datado, dirigido à organização formada na sequência da Conferência Tricontinental. Fora publicado em 16 de abril, em uma edição especial do que se tornaria a revista *Tricontinental*. "Depois da publicação do meu artigo em Havana, não deve haver nenhuma dúvida sobre minha presença aqui", ele escreveu. "Parece certo que os norte-americanos intervirão fortemente." (Sua referência no artigo para onde "a luta estava indo" teria dado pistas de onde ele estava.) Che também assinalou em seu diário que, embora o Exército estivesse tendo melhor desempenho contra eles no campo, até então não tinha mobilizado os camponeses, apenas alguns espiões, que eram "incômodos", mas podiam ser "neutralizados".

A captura de Debray e de Bustos fora um duro golpe. Eles eram sua única chance de fazer chegar alguma mensagem ao mundo exterior e agora não tinha qualquer meio de contato com La Paz ou com Cuba. "Dantón [Debray] e Carlos [Bustos] foram vítimas de sua própria pressa, de seu quase desespero para ir embora", escreveu ele. "E da minha própria falta de energia para detê-los, de modo que a comunicação com Cuba (Dantón) foi cortada e o plano de ação na Argentina (Carlos) está perdido." Che e seus homens estavam de fato sozinhos. O ini-

* Segundo foi informado, Jorge Vázquez-Viaña foi ferido e capturado, mas posteriormente o Exército declarou que ele "fugiu". Na realidade, ele foi retirado de uma cama de hospital e executado, e seu corpo foi posto em um helicóptero, de onde foi lançado nas montanhas cobertas de mata perto de Lagunillas.

migo estava alerta, as forças de Che encontravam-se divididas em dois grupos e em fuga, ele não tinha nenhum reforço de Cuba nem das cidades da Bolívia, muito menos o apoio camponês. As coisas não podiam estar piores. E, no entanto, confrontado com essa dura realidade, Che encerrou seu resumo de abril com uma conclusão estranhamente otimista. "Em suma: um mês em que tudo se resolveu de forma normal, considerando-se os riscos necessários da guerra de guerrilhas. O moral está bom entre todos os combatentes que passaram em seu primeiro teste como guerrilheiros."

VI

Segundo os que o interrogaram, foi Régis Debray quem deu a confirmação final da presença de Che Guevara na Bolívia.* Inicialmente, Debray alegou que era um jornalista francês e não tinha nada a ver com as guerrilhas, porém, depois que seu interrogatório ficou mais duro, ele sucumbiu, confirmando que o comandante guerrilheiro conhecido como Ramón era de fato Che. Debray não poderia ter resistido por muito tempo, pois seus vínculos com Cuba já eram bem conhecidos. Apenas alguns meses antes, seu livro *Revolução na revolução?* fora publicado em Cuba e estava circulando na América Latina, causando uma tempestade de controvérsias nos círculos de esquerda. *Revolução na revolução?* — com base em notas de seus diálogos com Fidel, em textos e discursos de Che, e em suas próprias observações dos campos de batalha das guerrilhas na região — buscava dar uma fundamentação teórica ao argumento de Cuba para a "opção pela guerrilha". A posição de Debray, mais explícita do que a de Che ou a de Fidel, era de que o foco da guerrilha rural devia ser a vanguarda de elite da luta revolucionária, da qual nasceria a futura liderança. (Debray levara para Che um exemplar do livro, e ele lera de uma só vez, condensando-o em suas anotações, que foram utilizadas para ministrar algumas aulas aos seus combatentes.)

Bustos, porém, fingia ser um caixeiro-viajante com tendências esquerdistas, que de algum modo ficara envolvido na situação, mas que sabia muito pouco sobre o que estava acontecendo. No entanto, sua verdadeira identidade foi descoberta várias semanas depois, quando peritos forenses da polícia argentina chega-

* No final de junho, o general Ovando Candía confirmou publicamente que Che estava na Bolívia. Escrevendo em seu diário, em 30 de junho, Che comentou: "A declaração de Ovando baseia-se nos depoimentos de Debray. Parece que este último disse mais do que era necessário, embora não possamos saber as implicações que isso pode ter, nem as circunstâncias em que ele disse o que disse".

ram para tomar suas impressões digitais e compará-las com as que estavam nos arquivos em Buenos Aires. Quando o resultado chegou de volta e Bustos foi confrontado com sua mentira, ele confessou. Sabendo que era um artista profissional, os interrogadores lhe pediram que desenhasse perfis dos membros do bando guerrilheiro. Ele assim fez, bem como desenhou mapas dos acampamentos em Ñancahuazú e dos complexos de cavernas. Felizmente, contudo, sua função de elemento de ligação de Che com as guerrilhas argentinas nunca foi revelada, de modo que os componentes de sua rede clandestina na Argentina ficaram a salvo da prisão.

Naquele momento, os norte-americanos estavam envolvidos diretamente na Bolívia. O ministro do Interior, Antonio Arguedas, já estava na folha de pagamento da CIA.* Trabalhava intimamente com ele um agente cubano-norte-americano que atuava sob o nome de Gabriel García García e que esteve presente durante alguns dos interrogatórios de Debray e de Bustos. Depois que eclodiu a notícia da presença de Che na Bolívia, um grupo de norte-americanos das Forças Especiais Boinas Verdes chegou à Bolívia a fim de criar um Batalhão de *Rangers* contrainsurgência, e a CIA começou a entrevistar homens que estavam a seu serviço para uma nova missão: encontrar Che e impedi-lo de se firmar na Bolívia.

Um desses entrevistados foi Félix Rodríguez, o jovem cubano-norte-americano que era um operador paramilitar da CIA e que integrara o programa secreto anticastrista desde o princípio. Vinha trabalhando para sua base em Miami desde sua retirada da Nicarágua, em 1964. Até o verão de 1967, uma das questões que atormentavam a agência se referia ao paradeiro de Che. "Segundo me recordo", disse Rodríguez, "havia alguns figurões da agência que informaram que Che havia sido morto na África e, assim sendo, [...] quando outras pessoas começaram a dizer que ele estava na Bolívia, bem [...] [houve quem] dissesse 'não, ele não está lá'. Quando Debray confirmou os indícios de que ele *estava* lá, foi então que eles realmente resolveram se mexer e desenvolver um esforço máximo na Bolívia." (Segundo Rodríguez, a CIA teria agido com mais rapidez se não tivesse acreditado na teoria do "Congo", e ele atribuiu isso ao fato de que o homem que a sustentava era um alto funcionário da CIA, que arriscara sua reputação em favor daquela tese.)

* O enigmático Arguedas não só estava trabalhando para a CIA, como era também um ex-membro do Partido Comunista Boliviano e amigo de Mario Monje. Durante vários anos, Arguedas atuou como um agente triplo, trabalhando para a CIA, para o Partido Comunista Boliviano e, ocasionalmente, para os cubanos. Trinta anos mais tarde, nenhum de seus ex-colegas nessas diversas entidades é capaz de dizer com certeza quais eram suas verdadeiras fidelidades em qualquer momento dado. (Ver Notas para mais detalhes.)

Em junho de 1967, Rodríguez recebeu um telefonema do seu controlador da CIA. Quando chegou a seu escritório, Rodríguez foi apresentado a um chefe de divisão da CIA, que lhe expôs um projeto para encontrar Che. Estaria Rodríguez disposto a participar dessa missão? Ele imediatamente respondeu que sim. Era a missão da sua vida e Rodríguez o sabia. Também sabia que a agência atribuíra a isso alta prioridade. "Ela temia [o que poderia acontecer no caso] que Che pegasse a Bolívia", recordou ele. "Com uma base cubana segura ali, poderiam facilmente expandir a revolução para países importantes como o Brasil, a Argentina." Somando-se a esses receios, ele disse, estava a nítida impressão de que a operação de Che estava sendo dirigida de Havana, e de lá chegava a orientação de que criassem "diversos Vietnãs" na América Latina.

De fato, a "Mensagem à Tricontinental" de Che causara um grande impacto. Conclamava os revolucionários por toda parte a criar "dois, três, muitos Vietnãs". Abrindo com uma citação de José Martí, "agora chegou a hora das fornalhas e só a luz deve ser vista", Che questionava a validade da chamada paz do mundo pós-guerra e exigia uma confrontação global, "longa e cruel", para produzir a destruição do imperialismo e uma nova ordem socialista mundial. No elenco das qualidades que seriam necessárias para essa luta, citava o ódio como um elemento primordial: "um ódio implacável do inimigo, impelindo-nos além e acima das limitações naturais do homem e transformando-o em uma máquina de matar eficaz, violenta, sedutora e fria. Nossos soldados precisam ser assim. Um povo sem ódio não é capaz de derrotar um inimigo brutal".

Seria uma "guerra total" a ser empreendida contra os ianques, primeiro em seus postos avançados imperialistas, e acabando por ser travada em seu próprio território. A guerra teria de ser travada no "seu lar", nos "centros de divertimento". O inimigo deveria ser obrigado a se sentir como uma "fera acuada", até que "sua fibra moral comece a declinar", e esse seria o primeiro sintoma de sua "decadência" e da vitória das forças populares. Che instara os homens pelo mundo afora a assumirem as causas justas dos seus irmãos, como parte da guerra mundial contra os Estados Unidos. "Cada gota de sangue derramada, em qualquer país sob cuja bandeira não se nasceu, é uma experiência transmitida aos que sobreviverem, a ser acrescentada depois à luta de libertação de seu próprio país."

> Não podemos fugir do chamado desta hora. O Vietnã o está apontando com sua inesgotável lição de heroísmo, sua trágica e cotidiana lição de luta e morte para a obtenção da vitória final [...]. Poderemos ver de perto um futuro radioso se dois, três, muitos Vietnãs florescerem pelo mundo, com sua cota de mortes e suas imensas tragédias, seu heroísmo de todos os dias e seus repetidos golpes contra o imperialismo,

obrigado a dispersar suas forças diante do ataque súbito e do ódio crescente de todos os povos do mundo!

Se nós, em algum pequeno ponto do mapa do mundo, formos capazes de cumprir nosso dever e colocarmos ao dispor dessa luta o pouco de nós que pudermos dar — nossas vidas, nosso sacrifício — e se, algum dia, tivermos de dar o último suspiro em qualquer terra, já nossa, salpicada com nosso sangue, que se saiba que calculamos o alcance de nossos atos [...]. Nossa própria atuação é um brado de guerra contra o imperialismo e um hino de batalha pela união dos povos contra o grande inimigo da humanidade: os Estados Unidos da América. Onde quer que a morte possa nos surpreender, que ela seja bem-vinda, desde que esse nosso brado de guerra possa ter atingido alguns ouvidos receptivos e outra mão possa se estender para segurar nossa arma, e outros homens possam estar prontos para entoar o canto fúnebre com a música do matraquear das metralhadoras e novos brados de guerra e de vitória.

A linguagem apocalíptica estivera presente em manifestos anteriores de Che, mas esse, que sintetizava suas verdadeiras convicções implacavelmente, foi o mais assustador e dramático pelo fato de que todos sabiam que Che estava, em algum lugar, no campo de batalha, tentando fazer exatamente o que propunha: desencadear outra guerra mundial, que ele esperava ser decisiva.

Durante uma reunião de instruções em Washington, uma pilha de evidências de que Che estava na Bolívia foi mostrada à Félix Rodríguez, inclusive as "confissões" de Debray e de Bustos, bem como os desenhos feitos por este último. Rodríguez partiu para La Paz, viajando disfarçado como um homem de negócios, Félix Ramos. Chegou em 1º de agosto e juntou-se a outro agente cubano-norte-americano, Gustavo Villoldo Sampera (que foi chamado de Eduardo González), um veterano da recente operação antiguerrilha da CIA no Congo, que estava na Bolívia desde março.*

VII

Em agosto, Che estava doente e exausto, tal como muitos dos vinte e poucos homens que ainda estavam com ele. Em 7 de agosto, quando se completaram nove meses do nascimento do Exército guerrilheiro, ele registrou: "Dos seis homens [iniciais], dois estão mortos, um desapareceu, dois estão feridos e eu es-

* Ver Notas.

tou com um ataque de asma que não consigo controlar". Desde a captura de Debray e Bustos, três meses antes, Che e seus homens haviam aberto caminho com seus facões pela inóspita mata espinhenta do sudeste, suportando chuvas e ventos cortantes de frio, que se alternavam com um calor abrasador, na sua vã tentativa de fazer contato com a coluna da retaguarda, chefiada por Joaquín. Eles se perderam muitas vezes e tiveram choques ocasionais com patrulhas do Exército. Seu único contato com o mundo exterior era a Rádio Havana.

Quando estavam acampados, Che passava boa parte do tempo lendo, escrevendo no diário e enchendo seus cadernos de notas com pensamentos sobre a economia socialista, como se estivesse divorciado da realidade à sua volta. Um novo fatalismo cheio de humor ácido apareceu em muitas das anotações cotidianas de seu diário. Observou, com um distanciamento curioso, a disputa constante e os pequenos furtos de alimentos entre seus homens. De vez em quando, assumia sua função e fazia advertências ou dava sermões. Na maior parte do tempo, porém, estava simplesmente muito debilitado para ser mais severo. Um dia, no começo de junho, chegara a deixar passar um caminhão do Exército que levava "dois soldadinhos, enrolados em mantas", sem abrir fogo contra ele. "Não tive vontade de atirar neles e meu cérebro não funcionou com rapidez suficiente para capturá-los." Em uma outra ocasião, depois de prender um policial que se fazia passar por comerciante e que fora enviado para espioná-los, Che pensou em matá-lo, mas o deixou ir embora com uma "severa advertência". Em 14 de junho, oficialmente seu 39º aniversário, Che refletiu: "Estou me aproximando inevitavelmente da idade em que meu futuro como guerrilheiro tem de ser revisto. Por enquanto, ainda estou inteiro".

Uma tentativa de enviar um jovem camponês amigo como correio, com mensagens para conseguir ajuda, terminou em fracasso. Em um pequeno combate, Che perdeu seu gravador, o que significava que ele já não poderia decodificar as mensagens recebidas via Rádio Havana. Também perdeu suas anotações sobre o livro de Debray e um volume de Trótski que ele estava lendo, fazendo com que lamentasse por ter dado ao Exército outro elemento de propaganda para ser usado contra ele.

O que restava da rede de apoio de Che esfacelara-se. Em março, Piñeiro fizera evacuar Renán Montero, a partir de La Paz, porque expirara a validade de seu passaporte, e ninguém fora enviado para substituí-lo.* Isso deixou a minús-

* Segundo Manuel Piñeiro, era importante fazer Renán regressar para Cuba a fim de lhe dar novos documentos e ouvi-lo para avaliar se ele havia ou não sido "detectado". Ariel disse que Renán fora retirado porque estava muito doente, com um "caso agudo de parasitose". Qualquer que te-

cula célula urbana, que incluía Loyola Guzmán, Rodolfo Saldaña e Humberto Vázquez-Viaña, sem meios de comunicação com Havana, ou com os guerrilheiros no campo. Eles não sabiam o que deviam fazer e tinham passado a escutar as transmissões de rádios comerciais na vã esperança de captar alguma mensagem de Che. Tinham até considerado a hipótese de se fazer passar por comerciantes itinerantes e ir à área de guerra, na esperança de topar com os guerrilheiros, mas desistiram dessa ideia. Por pressão de Fidel, os camaradas de Monje no Partido Comunista adotaram uma atitude mais conciliadora para com os quadros que haviam aderido aos esforços de Che, mas sua ajuda pouco significava além de expressões retóricas de solidariedade e oferecimentos para ajudar a célula urbana a imprimir folhetos de propaganda.

Em Cuba havia um segundo grupo, de várias dezenas de guerrilheiros, recebendo treinamento, mas sem contato com Che não fazia sentido enviá-lo. Piñeiro disse que "depois que perdemos contato com Che, ficamos em uma tremenda incerteza, mas, ao mesmo tempo, nos sentíamos confiantes de que ele sairia dessa". A confiança foi indevida. No verão de 1967, a operação guerrilheira de Che na Bolívia estava fragmentada em quatro grupos, todos incomunicáveis: o grupo de Che, isolado e em fuga, fora de contato com Havana e com a cidade; o grupo de Joaquín, perambulando separado da coluna de Che e igualmente sem contato com o mundo exterior; o grupo urbano, que não tinha qualquer ideia do que estava acontecendo em qualquer lugar; e, finalmente, Cuba, onde o dispositivo de segurança estava limitado à monitoração de eventos na Bolívia por meio de reportagens.*

Sempre que possível, Che viajava montado em mulas ou cavalos, que os guerrilheiros tomavam do Exército ou compravam dos camponeses, mas a maior parte dos campesinos continuava tendo medo deles. No final de junho, já doente e enfraquecido, Che começou a sucumbir à asma, sem dispor de medicamentos para se tratar. Certa ocasião, passou tão mal, com vômitos e diarreia, que desmaiou e teve de ser carregado em uma rede durante um dia inteiro. Quando acordou, viu que tinha defecado na rede. "Emprestaram-me um par de calças, mas, sem água, o fedor se espalhava por uma légua", ele escreveu. Apesar do mau cheiro, Che voltara aos seus dias de Chancho, de não se banhar. Em 10 de setembro, registrou um momento histórico: "Quase me esqueci de mencionar

---

nha sido a razão, Piñeiro não permitiu que Renán retornasse à Bolívia receando por sua segurança. Piñeiro reconhece que sua decisão não foi bem recebida. Até hoje, disse ele, "Renán me culpa por lhe ter negado a oportunidade de ter participado de uma missão histórica". (Ver Notas)

* Ver Notas.

que hoje tomei um banho, o primeiro em seis meses. É um recorde que muitos outros estão atingindo".

A fadiga, a fome e as deficiências de vitaminas haviam debilitado a todos, e as preocupações prementes com comida e saúde começaram gradualmente a dominar os pensamentos dos homens e os registros no diário de Che. Certa vez, depois de terem comido um pouco de carne de porco que compraram de um camponês, escreveu: "Ficamos completamente imobilizados, tentando digerir a carne de porco. Bebemos duas latas de água. Fiquei muito enjoado, até que vomitei e então me senti melhor". No dia seguinte, convocou uma reunião para debater a "situação alimentar": "Critiquei Benigno por ter comido uma lata de alimento e depois negar que fizera isso, e Urbano por ter comido charque às escondidas".

Eles abateram e comeram até as próprias mulas e os cavalos. A certa altura, os homens estavam tão famintos que começaram a cobiçar a montaria de Che, mas ele se recusou a matá-la. Suas esperanças foram reanimadas no dia em que o animal rolou de forma espetacular por uma encosta íngreme. Os homens prenderam a respiração, esperando que ele quebrasse o pescoço na queda, mas, para sua decepção e alívio de Che, ele sobreviveu.

Durante a campanha boliviana, Che estava muito doente para andar na maior parte do tempo. Sempre que possível, ia montado em mulas ou cavalos.

A tensão do comando e as debilidades de Che se revelaram de forma dramática no dia em que ele esfaqueou a égua em que montava porque ela estava andando muito devagar. Ele fez um corte grande em seu flanco. Mais tarde, Che reuniu os homens e falou sobre o incidente. "Estamos em uma situação difícil", disse-lhes. "[...] estou em um estado lastimável e o incidente da égua mostra que há momentos em que perco o controle de mim mesmo. Isso vai mudar, mas precisamos todos compartilhar por igual a carga da situação, e se alguém achar que não suporta isso, deve se pronunciar. Este é um desses momentos em que é preciso tomar grandes decisões, porque uma luta desse tipo nos dá a oportunidade de nos tornarmos revolucionários, o degrau mais alto da escada humana, e também nos permite darmos prova de nós mesmos como homens." Embora alguns guerrilheiros se mantivessem calados, a maioria anunciou sua disposição de prosseguir.

Não se havia estabelecido nenhuma ligação com os habitantes locais e a "falta de alistamento" era um problema. Para se expandirem, precisavam tornar sua presença sentida em uma área mais populosa, mas, para fazer isso, precisavam de mais homens. Naquele momento, ele mal tinha homens suficientes para atravessar cada dia, muito menos para se engajar em tarefas políticas de conscientização e de recrutamento. Os civis muitas vezes reagiam à sua chegada com medo e pânico, e, para obter comida e informações, frequentemente tinham de recorrer à coação, adotando a prática de reter pessoas como reféns enquanto um parente ou amigo era enviado para executar tarefas para eles. Umas duas ou três vezes, sequestraram caminhões que pertenciam à companhia estatal de petróleo, baseada em Camiri, e assim conseguiram desfrutar do raro luxo de cobrir boas distâncias rapidamente, até que acabasse a gasolina ou os motores enguiçassem.

Em 6 de julho, seis dos homens de Che sequestraram um caminhão na estrada principal entre Santa Cruz e Cochabamba, e entraram na cidade de Samaipata. Local de um antigo templo inca, era também um ponto de parada para viajantes, grande o suficiente para ter um hospital e uma pequena guarnição do Exército. Paradoxalmente, a missão mais audaciosa até essa data não tinha um objetivo militar, mas o de garantir os remédios extremamente necessários para a asma de Che, para os outros homens doentes e alguma comida e outros suprimentos. Depois de um breve fogo cruzado, no qual um soldado morreu, tomaram a guarnição e então, diante dos espectadores civis espantados, foram a uma farmácia comprar remédios. Deixaram a cidade levando dez soldados como reféns e, depois de despi-los inteiramente, os abandonaram na beira da estrada.

A ação em Samaipata constituiu uma vitória de propaganda para o Exército de Libertação Nacional, mas foi um fracasso do ponto de vista de Che. Os guerrilheiros não encontraram nenhum remédio para asma. Alguns dias depois, ele registrou que se havia aplicado "várias injeções a fim de prosseguir", mas estava preocupado com a possibilidade de terem de retornar a Ñancahuazú para recuperar sua medicação de asma que estava escondida lá. Até mesmo essa possibilidade foi afastada em meados de agosto, quando as estações de rádio transmitiram a notícia de que o Exército descobrira os depósitos de suprimentos que restavam em Ñancahuazú. "Agora estou condenado a padecer com a asma por um tempo indefinido", escreveu ele. "Também apreenderam documentos e fotografias de todo tipo. É o pior golpe que nos deram. Alguém falou. Quem? Isso é o que não sabemos."

Inevitavelmente, mais homens morreram. Em 26 de junho, Carlos "Tuma" Coello, apanhado em um fogo cruzado, foi baleado no estômago. Che tentou desesperadamente salvá-lo, mas Tuma tivera o fígado destroçado e os intestinos perfurados. Morreu nos braços de Che. "Perdi um companheiro inseparável de muitos anos, cuja lealdade sobreviveu a todas as provas e cuja ausência já sinto quase como a de um filho", escreveu Che. Ele tomou o relógio de Tuma e colocou-o no seu próprio pulso, planejando entregá-lo em Cuba ao filho recém-nascido de Tuma, que este não chegara a conhecer.

Em 30 de julho, José María Martínez Tamayo, Papi, foi morto quando uma patrulha do Exército pegou-os de surpresa, praticamente entrando por seu acampamento antes do alvorecer. No tiroteio que se seguiu, um dos homens de Moisés Guevara, Raúl, também foi morto, com um tiro na boca. Pacho escapou com um arranhão de bala nos testículos. No seu diário, Che recordou Papi como "o mais indisciplinado" dos seus cubanos, porém "um combatente extraordinário e um velho camarada de aventuras". Quanto aos bolivianos, escreveu: "Raúl mal precisa ser comentado. Era um introvertido, não valia muito nem como trabalhador nem como combatente".

No final de julho, as novas baixas reduziram a força de Che a 22 homens, entre os quais dois estavam feridos. A asma de Che estava "a pleno vapor", ele anotou. Mas também observou com satisfação que tinha conseguido internacionalizar o conflito boliviano. O presidente militar da Argentina, general Juan Carlos Onganía, fechara a fronteira com a Bolívia como medida de segurança e constava que o Peru tomara a mesma medida ao longo de suas fronteiras. No seu resumo de final de mês relativo a julho, Che registrou: "A lenda das guerrilhas está adquirindo dimensões continentais". Por outro lado, Che observou que algumas coisas não tinham mudado. A Rádio Havana transmitiu a notícia de que a Tchecoslováquia criticara sua mensagem Tricontinental. "Os amigos [tchecos] me chamam de novo Bakunin e deploram o sangue que foi derramado e que será derramado se houver três ou quatro Vietnãs."

Sempre alerta por notícias de Joaquín, Che escutava o rádio com atenção, esperando relatos sobre combates ou atividades rebeldes em outras áreas. Estivera procurando a coluna perdida ao norte do rio Grande, pressupondo que Joaquín rumara naquela direção, mas, na realidade, ele ficara ao sul do rio. Por fim, em meados de agosto, o rádio informou um confronto perto de Muyupampa, no qual um guerrilheiro fora morto e seu nome divulgado: era um homem do grupo de Joaquín. Alguns dias depois, dois bolivianos que tinham desertado da coluna de Joaquín e que levaram o Exército ao acampamento de Ñancahuazú, Eusebio e Chingolo, foram apresentados em público por seus captores do governo, e Che percebeu que Joaquín se mantivera ao sul. Começou a rumar naquela direção, a fim de encontrá-lo. Coincidentemente, Joaquín começou a rumar para o norte, em busca de Che.

No final da tarde de 31 de agosto, depois de chegar à casa de Honorato Rojas, um dos poucos camponeses que eram colaboradores seus, o grupo de dez homens de Joaquín, inclusive Tania, adoentada, entrou no rio Grande, não muito longe de sua confluência com o rio Masicuri, perto de um lugar chamado Vado Del Yeso. O que Joaquín não sabia era que Honorato Rojas tinha sido preso, pressionado e "passara" para o lado do Exército. O homem que naquele momento contava com sua lealdade era o capitão Mario Vargas Salinas, da Oitava Divisão de Exército. Enquanto Rojas conduzia os guerrilheiros, que de nada suspeitavam, rio abaixo, Vargas Salinas esperou até que estivessem bem perto, então deu o sinal para que seus homens abrissem fogo.

Foi um massacre. Ao custo de um soldado morto, a coluna de Joaquín foi destruída. Entre os mortos estavam Tania, Gustavo Machín, antigo vice-ministro das Indústrias, Moisés Guevara e o próprio Joaquín. Os corpos foram recolhidos e levados para o quartel-general de campanha do Exército, na cidade de Vallegrande, para exibição pública. O corpo de Tania foi encontrado alguns dias depois, mais abaixo no rio, enegrecido e desfigurado. Os únicos sobreviventes visíveis eram um boliviano, José Castillo Chávez — Paco —, e Freddy Maymura, o estudante de medicina boliviano de ascendência japonesa treinado em Cuba. Porém, dentro de poucas horas, Maymura foi assassinado pelos soldados.* Um ter-

* Segundo Vargas Salinas, Maymura concordara com sua execução quando os soldados exigiram que fosse tirada a vida de um dos dois prisioneiros como vingança pela morte de seu colega. De acordo com o relato, Maymura assumiu uma "atitude desafiadora", e Paco estava apavorado. Enquanto ele pensava sobre a questão, sentiu que Paco, que estava sentado ao seu lado, se enfiara sob suas pernas, buscando proteção. Vargas Salinas disse que, nesse momento, fez um gesto com a cabeça na direção de Maymura, que foi imediatamente fuzilado por seus homens. A vida de Paco foi poupada.

ceiro sobrevivente, o médico peruano José "El Negro" Cabrera foi capturado e morto quatro dias depois.

Che se recusou a acreditar quando soube que uma coluna inteira de guerrilheiros tinha sido "liquidada" nas proximidades, desconfiando que fosse uma manobra de desinformação do Exército. No entanto, durante os dias que se seguiram, à medida que começaram a ser divulgados os nomes e as descrições dos membros do grupo de Joaquín, viu que era verdade. Surpreendentemente, os dois grupos quase se encontraram. Em 1º de setembro, o dia seguinte ao massacre, o grupo de Che atravessou o rio, chegou à casa do traidor, Honorato Rojas, e seguiu em frente ao encontrar indícios da presença recente do Exército. Honorato e sua família tinham ido embora.

A emboscada significava a perda de um terço da força de combate de Che. Mas ele estava agora livre da obrigação moral de procurar por Joaquín. Podia se concentrar em salvar a si próprio e ao resto dos seus homens fugindo para uma área mais populosa e fazendo contato com sua rede de apoio em La Paz e com Cuba. Para os militares bolivianos, por seu lado, o chamado massacre de Vado del Yeso foi um triunfo que lhes elevou o moral, celebrado com desfiles militares e com uma visita do presidente Barrientos e seus principais generais, junto com suas esposas, a Vallegrande. Barrientos promoveu a major o capitão Vargas Salinas, o herói do dia, e felicitou publicamente o "herói civil" do episódio, Honorato Rojas — um gesto imprudente, pelo qual o camponês pagaria caro mais tarde.*

Depois de ficarem grotescamente expostos na lavanderia do Hospital Nuestro Señor de Malta, os corpos inchados e mutilados dos guerrilheiros foram enterrados secretamente, à noite, nos arredores de Vallegrande, sob a direção do tenente-coronel Andrés Selich, um homem alto, magro e de bigode, descendente de iugoslavos, que era um dedicado anticomunista e ocupava o cargo de subcomandante do Regimento Pando, de engenharia militar, baseado em Vallegrande.

Quando o corpo irreconhecível de Tania foi encontrado, em 8 de setembro, o presidente Barrientos ordenou pessoalmente que, sendo mulher, fosse honrada com rito religioso e tivesse sepultamento cristão. Para a devota comunista Tamara Bunke, a "honra" outorgada por Barrientos foi irônica ao extremo. Seu corpo foi colocado em um caixão e um capelão do Exército celebrou uma missa no quartel em frente ao cemitério. Mas Tania não foi enterrada ali, e é praticamente seguro assumir que Barrientos nunca teve intenção de que fosse, apesar de seu galante gesto público. Às onze da noite, Selich se encarregou da operação

* Mais tarde, em 1969, Honorato Rojas foi executado por um grupo de bolivianos treinados pelos cubanos que voltou ao país para continuar a guerra de guerrilha de Che.

de sepultá-la em segredo, como fizera com os outros, obedecendo à decisão secreta dos militares de "desaparecer" com os guerrilheiros mortos, uma política mórbida que duraria até o final da campanha antiguerrilha.

Os militares gostavam de retirar recordações dos guerrilheiros mortos para guardar como talismãs pessoais. Embora a maioria dos documentos, cadernetas de endereços e cartas apreendidos fossem encaminhados para o serviço de Inteligência do Exército e para o ministro do Interior, Arguedas, e para seu assessor da CIA, Gabriel García García, muitos outros objetos ficavam nas mãos de oficiais militares. Entre os que ficaram com o tenente-coronel Selich, junto com fotografias dos corpos crivados de balas dos guerrilheiros e fotos dele próprio fazendo pose ao lado dos prisioneiros, havia um pedaço de papel com a letra manuscrita de "Guitarrero" (guitarrista), uma melancólica balada argentina:

> *Não vá embora,* guitarrero,
> *Pois a luz em minh'alma se apaga.*
> *Quero ver outra alvorada,*
> *Morrer nas* cacharpayas.*

O jovem boliviano Paco, em farrapos, imundo e com uma longa barba emaranhada, fora levado para Vallegrande junto com os corpos de seus camaradas. Lá exibiram-no como um troféu. Oficiais se fizeram fotografar junto com ele, que parecia um selvagem da floresta. Apavorado e completamente derrotado psicologicamente, Paco começou a falar.

Os agentes cubanos norte-americanos Félix Rodríguez e Gustavo Villoldo estavam trabalhando intimamente com a operação antiguerrilha no campo. (Na verdade, segundo Villoldo, ele e Rodríguez tinham participado da emboscada contra a coluna de Joaquín com os soldados de Vargas Salinas, camuflados em uniformes do Exército boliviano.) Félix Rodríguez disse que percebeu imediatamente a utilidade em potencial de Paco. Ele disse que, contra a opinião do primeiro interrogador de Paco, o tenente-coronel Selich, que queria executá-lo, conseguiu a custódia do prisioneiro. Durante as semanas que se seguiram, Rodríguez atuou sobre Paco diariamente, obtendo aos poucos uma visão mais nítida da vida nas fileiras guerrilheiras. A partir dessas informações, disse Rodríguez, ele pôde saber quem tinha morrido e quem provavelmente ainda estava vivo no campo, bem como quais eram seus pontos fortes e fracos e seu relacionamento com Che.

* *Cacharpaya* é uma festa de despedida andina, com canto, dança e bebidas. Esse poema foi confiscado por Selich, e sua viúva mostrou-o para mim.

Depois de tentarem durante alguns dias descobrir o que de fato acontecera com a coluna de Joaquín, Che e seus homens resolveram seguir de volta para o norte. Em 6 de setembro, deixaram o rio Grande e começaram a subir para as montanhas, para fora da região que fora seu lar e seu cemitério durante os últimos dez meses.

VIII

Ao norte do rio Grande, a terra coberta de matas se ergue de forma maciça para o céu, subindo em rodamoinhos azuis montanhosos na direção da paisagem lunar marrom do distante altiplano andino. Acima da linha de árvores, as grandes encostas despidas e os platôs gélidos cedem lugar a amplas ravinas, pontilhadas de maneira esparsa de vilarejos rústicos, ligados uns aos outros por trilhas e, ocasionalmente, por uma estrada de terra. Os habitantes, em sua maioria indígenas e mestiços, vivem criando porcos ou vacas, com suas roças de milho e hortas de legumes formando padrões geométricos nas encostas em torno de suas casas de barro. Há pouca vegetação e os nativos podem ver um estranho se aproximando a quilômetros de distância.

Durante duas semanas, o bando de Che continuou subindo de modo sistemático, atravessando rios a vau, escalando penhascos, esbarrando uma ou duas vezes com patrulhas do Exército dotadas de cães farejadores. A essa altura, todos os homens estavam mostrando sintomas de esgotamento de um ou outro tipo. Discutiam por coisas como quem tinha comido mais, acusavam-se mutuamente de proferirem insultos e, como crianças, iam contar a Che suas queixas e acusações. O mais alarmante de todos os sintomas foi o mostrado por Antonio, Olo Pantoja, que um dia afirmou ter visto cinco soldados se aproximando, e logo se constatou que fora uma alucinação. Nessa noite, Che fez uma anotação preocupada a respeito do risco que essa inquietante manifestação de psicose de guerra poderia ter sobre o moral de seus homens.

Che continuou a escutar atentamente as transmissões radiofônicas. Barrientos tinha a essa altura oferecido uma recompensa por sua cabeça — meros 4200 dólares —, ao mesmo tempo em que apregoava sua crença de que Che estava morto. O julgamento de Debray, que estava atraindo a atenção da mídia internacional, fora suspenso até 17 de setembro. "Um jornal de Budapeste critica Che Guevara, uma figura patética e aparentemente irresponsável, e louva a atitude marxista do Partido Chileno por adotar posturas de natureza prática", Che registrou. "Como gostaria de tomar o poder só para desmascarar esses covardes e lacaios de todo tipo e esfregar seus focinhos em sua própria sujeira."

Talvez devido à sua impotência para alterar o curso dos acontecimentos, seu humor ácido voltou. A Rádio Havana noticiou que, na conferência da Organización Latinoamericana de Solidaridad, realizada pouco antes, "uma mensagem de apoio fora recebida do ELN", uma mensagem, Che assinalou, que deve ter sido recebida por meio de "um milagre de telepatia". Na conferência, a fisionomia emblemática de Che dominou os trabalhos, reproduzida em enormes pôsteres e faixas, e ele foi saudado como um herói por Fidel.

Em meados de setembro, chegou a notícia da prisão e tentativa de suicídio em La Paz de Loyola Guzmán. Durante uma pausa em seu interrogatório, no terceiro andar do edifício do Ministério do Interior, Guzmán se atirara por uma janela para evitar ser obrigada a trair seus camaradas. Ficou muito ferida, mas sobreviveu.

Em 21 de setembro, o grupo atingiu uma altitude de 1800 metros, a maior a que jamais haviam chegado. Caminhando por uma estrada de terra sob um luar brilhante, rumaram para Alto Seco, um vilarejo isolado de cinquenta casas, no cume de uma grande cúpula rochosa de uma montanha. No dia seguinte, enquanto caminhavam na sua direção, Che notou que "as pessoas estão com medo e tentam sair do nosso caminho". Quando chegaram a Alto Seco nessa tarde, foram recebidos com "um misto de medo e curiosidade", e descobriram que o prefeito local, ou *corregidor*, tinha na véspera ido avisar o Exército que eles estavam se aproximando. Em represália, Che confiscou os estoques de mantimentos no pequeno armazém de sua propriedade e se fez de surdo ante as súplicas da mulher, aos prantos, de que lhe pagassem algo por isso.

Em vez de partir imediatamente, Che e seus homens passaram essa noite em Alto Seco, organizando uma reunião na pequena escola, ocasião em que Inti fez um discurso explicando sua revolução para um "grupo de quinze camponeses oprimidos e calados". Só um homem, o professor, falou, fazendo perguntas provocadoras sobre o socialismo. Che descreveu-o como "uma mistura de raposa e camponês, analfabeto e ingênuo como uma criança".

Para essas pessoas, que viviam isoladas, os homens barbudos, sujos e armados que apareceram no meio delas eram desconcertantes. Algumas até pensaram que eram criaturas sobrenaturais. Depois de uma visita de guerrilheiros, que estavam procurando por comida, uma camponesa, vizinha de Honorato Rojas, disse ao Exército que achava que eles eram *brujos*, porque pareciam saber tudo sobre todos os moradores da área. Quando lhe pagaram pela comida com cédulas, ela pensou que o dinheiro estava encantado e que perderia o valor em suas mãos.

O governo vinha fazendo um bom trabalho de guerra psicológica. Além de seu programa de "ação cívica" em grande escala, que consistia na construção de estradas, divulgação de propaganda antiguerrilha, cessão de títulos de propriedade de terras a camponeses e distribuição de material escolar nas zonas rurais, o Exército e a polícia vinham, havia meses, extraindo informações das comunidades camponesas. Antes mesmo que os guerrilheiros se afastassem de Ñancahuazú e começassem a operar ao norte do rio, a cidade de Vallegrande, com sua população civil de 6 mil habitantes e uma guarnição militar, fora posta em pé de guerra. Em abril, os militares decretaram que toda a província era uma zona de emergência, impuseram a lei marcial e avisaram à população que "grupos de tendência castro-comunista, compostos majoritariamente de estrangeiros, se infiltraram em nosso país, com o único objetivo de semear o caos e deter o progresso da Nação, perpetrando atos de bandoleirismo, pilhagens e assaltos contra a propriedade privada, principalmente no meio dos camponeses [...]. As Forças Armadas, conscientes de suas obrigações específicas, foram mobilizadas para deter e destruir a invasão estrangeira, tão malévola quanto vândala".

Desde o final do verão, Vallegrande fora transformada na principal base para as operações de contrainsurgência do Exército, e uma atmosfera de histeria de guerra tomou a cidade. Um megafone público berrava informações antiguerrilha na praça da cidade, um punhado de estudantes esquerdistas locais foi preso, e forasteiros que observavam foram detidos e interrogados. Em 23 de agosto, segundo o registro diário do tenente-coronel Selich, toda a população de Vallegrande fora "mobilizada diante de um possível ataque vermelho".

Em 1º de setembro, quando o comando do Exército em Vallegrande estabeleceu contato por rádio com o capitão Vargas Salinas depois da emboscada à coluna de Joaquín, na noite anterior, houve euforia — e confusão — ante a primeira relação de exterminados, pois dela constava o nome "Guevara". Os chefes de Estado-Maior das Forças Armadas ficaram ouvindo em La Paz, enquanto o comandante em chefe do Exército, general David La Fuente, com a voz cheia de entusiasmo, insistia com Vallegrande por mais esclarecimentos: "Ele quer dizer *Che* Guevara?". Logo descobriram que o morto em questão era Moisés Guevara, e não o lendário *comandante guerrillero*.

A essa altura, sabiam que Che estava faminto e doente, com efetivos muito reduzidos. Um soldado, Anselmo Mejía Cuellar, um dos três que foram feitos prisioneiros pelos guerrilheiros durante cinco dias, em agosto, contou a Selich que eles caminhavam pouco e se deslocavam lentamente, abrindo caminho pela mata com facões — e que estavam "muito sujos". Descreveu suas armas e os deveres de cada um dos guerrilheiros, e fez algumas observações interessantes sobre Che. "O *jefe* viaja a cavalo [...] e os outros o servem como a um deus, fazem sua cama e lhe levam erva-mate. Ele fuma um cachimbo, de prata [...] e viaja no centro da coluna, com o homem ferido [Pombo, que estava se recuperando de um ferimento em uma perna]; usa calças verdes, uma camisa camuflada e uma boina cor de café [...] e usa dois relógios de pulso, um deles muito grande." O colega de Cuellar, que também estivera preso, Valerio Gutiérrez Padilla, disse que, embora Che nunca se queixasse, obviamente ele estava "mal", porque seus homens tinham que apeá-lo do cavalo.

Quando os guerrilheiros chegaram a Alto Seco, o Exército já sabia que eles estavam vindo e começara a se mobilizar para ir atrás deles. Em 24 de setembro, a guarnição de Vallegrande enviou um regimento para instalar uma base avançada de operações no vilarejo de Pucará, uns dezesseis quilômetros a noroeste dos guerrilheiros que avançavam.

De Alto Seco, os guerrilheiros prosseguiram, ziguezagueando durante os dois dias seguintes pelo terreno aberto em um passo vagaroso. Che, prostrado com o que denominou um "ataque de fígado", parecia estar quase em um devaneio quando observou um "lindo laranjal" onde tinham parado para descansar. Aproximando-se do vilarejo seguinte, Pujío, ele anotou de forma casual que havia comprado um porco para comerem "do único camponês que ficou em sua casa [...]. Os demais fugiram assim que nos viram".

Lendo esses trechos, não se pode deixar de concluir que Che tornara-se estranhamente distanciado de sua própria sina, uma testemunha interessada de sua própria marcha inexorável para a morte. Ele estava violando todas as regras sagradas da guerra de guerrilhas: deslocava-se em campo aberto, sem informações precisas sobre o que havia à frente, sem o apoio dos camponeses e sabendo que o Exército tinha conhecimento de sua aproximação.*

Algo que Che escreveu durante sua odisseia sugere que ele sabia que seu tempo estava acabando. Foi um poema escrito para Aleida, sob a forma de um testamento, e que intitulara "Contra o vento e a maré":

Este poema (contra o vento e a maré) levará minha assinatura.
Deixo-lhe seis sílabas sonoras,
um olhar que sempre traz (como um pássaro ferido) ternura,
um anseio de profundas águas mornas,
um escritório escuro em que a única luz são esses versos meus,
um dedal muito usado para suas noites de tédio,
um retrato de nossos filhos.
A mais linda bala desta pistola que sempre me acompanha,

* Ver Notas.

a memória indelével (sempre latente e profunda) das crianças
que, um dia, você e eu concebemos,
e o pedaço de vida que resta em mim.
Isso eu dou (convicto e feliz) à revolução.
Nada que nos pode unir terá força maior.

À medida que os camponeses espalhavam a notícia de sua lenta aproximação, os *corregidores* dos vilarejos iam na frente para avisar o Exército. Em 26 de setembro, chegando ao pequeno e miserável vilarejo de La Higuera, em uma bacia de terra entre duas serras, só encontraram mulheres e crianças. Todos os homens tinham ido embora, inclusive o *corregidor* e o telegrafista. Che enviou sua vanguarda à frente, a fim de explorar o caminho até o vilarejo seguinte, Jagüey, mas quando ela chegou à primeira elevação do terreno saindo de La Higuera, caiu direto em uma emboscada do Exército. Dois bolivianos, Coco Peredo e Mario "Julio" Gutiérrez, bem como o cubano Miguel Hernández, foram mortos instantaneamente. Dois outros bolivianos, Camba e León, aproveitaram a ocasião para desertar. Benigno, Pablo e Aniceto Reinaga sobreviveram e voltaram para La Higuera, mas Benigno estava ferido e Pablo tinha um pé muito machucado.

Foram os soldados de Vallegrande que atingiram esse golpe devastador. De sua base naquele local, o tenente-coronel Selich relacionou os três guerrilheiros mortos e depois se vangloriou que seus homens "não sofreram nem uma só morte, nenhum ferimento, nem mesmo um arranhão. Uma vitória estupenda, conquistada pelo Terceiro Grupo Tático para o Exército boliviano". Com o cheiro de vitória no ar, as diferentes unidades do Exército começaram então a competir para ver qual obteria o prêmio maior. O coronel Joaquín Zenteno Anaya, comandante da Oitava Divisão de Exército, o coronel Arnaldo Saucedo, seu chefe de inteligência, e o assessor da CIA, Félix Rodríguez, chegaram a Vallegrande. Diversas unidades do Exército patrulhavam a partir de bases tanto à frente como à retaguarda do bando guerrilheiro, em Alto Seco e em Pucará. Recém-egressos de suas semanas de treinamento com os norte-americanos, os novos *rangers* do Exército boliviano entraram então no campo de batalha.

Após a emboscada na saída de La Higuera, Che e os sobreviventes trocaram tiros com soldados postados nas elevações acima deles, depois recuaram, fugindo por um cânion. No dia seguinte, tentaram encontrar uma saída para sua situação muito difícil, subindo para um ponto mais elevado, onde encontraram um pequeno bosque no qual podiam se esconder. Ficaram ali durante os três dias subsequentes, observando ansiosamente as tropas passarem para um lado e para o outro por uma estrada que cortava a colina bem em frente a eles. Havia outros soldados postados em uma casa próxima. Quando não havia soldados à vista, Che enviava batedores para buscar água, obter uma ideia dos deslocamentos do inimigo e encontrar um caminho de fuga de volta para o rio Grande. Por enquanto, porém, estavam cercados.

Em Vallegrande, os três últimos guerrilheiros mortos foram levados em lombo de mula e de jipe, e colocados em uma fila sangrenta no Hospital Nuestro Señor de Malta. Em 27 de setembro, Selich notou que "as pessoas espantadas de Vallegrande só ousavam olhar para eles de longe". Na noite seguinte, as tropas que tinham realizado a emboscada regressaram à base e foram "homenageadas" com uma festa especial organizada pelo coronel Zenteno Anaya. Depois que chegou de La Paz uma comissão do governo enviada para identificar os mortos, Selich realizou mais uma vez sua tarefa de enterrá-los. Às onze da noite de 29 de setembro, ele registrou: "Em segredo absoluto e em algum lugar, foram enterrados os restos dos mercenários vermelhos mortos em ação em [La] Higuera".

Em 30 de setembro, fazendo-se acompanhar de um séquito numeroso de funcionários e jornalistas, o presidente Barrientos voltou a Vallegrande para compartilhar esse mais recente triunfo. Nessa mesma noite, a apenas cinquenta quilômetros de distância, um Che exausto e seus homens saíram de onde estavam escondidos e começaram a se deslocar com cautela para o cânion abaixo deles, tendo o cuidado de evitar contato com qualquer dos camponeses cujas fazendolas pontilhavam a área. O rádio informava que estava sendo realizada uma grande mobilização militar. Uma notícia falava de 1800 soldados na região, outra que "Che Guevara foi cercado em um cânion", uma terceira dizia que, quando Che fosse capturado, seria "levado para ser julgado em Santa Cruz". Então foi noticiada a captura de Camba e de León. Os dois homens obviamente tinham falado, contando para seus captores até mesmo que Che estava doente. "Assim acaba a história de dois heroicos guerrilheiros", comentou Che, com asco, em seu diário.

Em 7 de outubro, os guerrilheiros estavam em um barranco íngreme perto de La Higuera, onde há uma passagem natural estreita que desce para o rio Grande. Seu deslocamento fora lento porque Juan Pablo Chang, cujos óculos se tinham quebrado, ficava quase cego à noite e os retardara de forma considerável. Mesmo assim, Che estava razoavelmente otimista, começando o registro dessa data no diário com uma ironia aparentemente intencional para a situação em que se encontrava, a essa altura, verdadeiramente desesperadora: "Completamos o 11º mês de nossa operação de guerrilha sem complicações, em um estado de espírito bucólico".

Ao meio-dia, avistaram uma velha cuidando de cabras que pastavam e a capturaram como precaução. Ela disse que nada sabia sobre os soldados, ou sobre qualquer outra coisa, aliás. Che desconfiou e enviou Inti, Aniceto e Pablo com ela até a fazendola miserável, onde viram que ela tinha uma filha jovem com nanismo. Deram cinquenta pesos para a mulher e lhe disseram que não falasse a ninguém sobre a presença deles, embora fizessem isso, como anotou Che, "com pouca esperança de que ela mantivesse sua palavra".

Nesse momento, havia dezessete deles. Era, coincidentemente, o mesmo número de homens para o qual foi reduzido o bando de guerrilheiros que ele e Fidel tinham dias depois do desembarque catastrófico do *Granma*, um pouco menos de doze anos antes. Nessa noite, tornaram a descer as montanhas, sob "uma lua muito pequena", caminhando por uma garganta estreita de um riacho, em cujas margens havia pequenas plantações de batata. Às duas da madrugada, pararam por causa de Chang, que não conseguia ver o suficiente para continuar caminhando. Che escutou no rádio uma notícia "inusitada" do Exército, dizendo que suas tropas tinham cercado os guerrilheiros em um local entre os rios "Acero" e "Oro". "A notícia parece ser manobra diversionária", observou ele. Escreveu a altitude em que se encontravam então: "2 mil metros". Foi o último registro no seu diário.

IX

Bem cedo na manhã seguinte, dia 8 de outubro, uma companhia dos recém--treinados *rangers* do Exército boliviano, comandada por um capitão jovem e alto, chamado Gary Prado Salmon, assumiu posições acima de Che e seus homens. Um camponês da região avisara a tropa da presença dos guerrilheiros. Quando raiou o sol, os guerrilheiros viram os soldados nas cristas despidas, enquadrando-os pelos dois lados. Estavam presos em uma garganta com vegetação de arbustos, chamada Quebrada del Churo, com cerca de trezentos metros de comprimento e não mais do que sessenta metros de largura, em alguns pontos mais estreita ainda. A única maneira que tinham para sair dali era abrir caminho à bala. Che ordenou que seus homens tomassem posições, dividindo-os em três grupos. Passaram-se várias horas de tensão. A batalha começou às 13h10, quando uns dois guerrilheiros foram detectados pelos soldados ao se deslocarem de um ponto para outro. Os soldados abriram fogo sobre os homens abaixo deles, com morteiros e metralhadoras, e o boliviano Aniceto Reinaga foi morto.

No prolongado tiroteio que se seguiu, Arturo Tamayo e Olo Pantoja foram mortos, e os guerrilheiros perderam contato entre si. Parcialmente oculto por trás de uma grande rocha no meio de uma plantação de batatas, Che disparava sua carabina M-2, mas ela foi atingida por uma bala no cano, ficando inutilizável. Aparentemente, o pente de balas de sua pistola já havia sido perdido. Logo, a essa altura, estava desarmado. Uma segunda bala atingiu-o na panturrilha esquerda, uma terceira perfurou sua boina. Auxiliado pelo boliviano Simón Cuba — Willy —, Che procurou subir pela margem do barranco, em uma tentativa de fuga. Alguns soldados observaram os dois se aproximarem. Quando estavam a poucos metros de distância, o sargento Bernardino Huanca, um indígena das montanhas, baixo e forte, saiu dentre as moitas e apontou sua arma para eles.

Instantes depois, alertado pelos berros de Huanca de que tinha capturado dois guerrilheiros, chegou o capitão Prado. Sem rodeios, pediu a Che que se identificasse. Também de forma direta, Che respondeu. Prado pegou um dos desenhos feitos por Ciro Bustos e identificou-o positivamente por sua fronte proeminente e pela cicatriz de bala perto da orelha, do acidente que quase o matara na ocasião da invasão da baía dos Porcos. Em seguida, amarrou as mãos de Che com seu próprio cinto. Após mandar uma mensagem por rádio para Vallegrande, disse a seus homens que vigiassem Che e Willy de perto, e voltou para o combate.

Às 15h15, o tenente-coronel Selich foi informado pelo rádio do "combate sangrento" que os *rangers* estavam travando com "o grupo de vermelhos comandados por *Che Guevara*!". Ao saber que o próprio Guevara estava entre as baixas, Selich, excitado, embarcou em um helicóptero e voou para La Higuera. Quando chegou, rumou direto para o campo de batalha.

Levando o prestimoso *corregidor* de La Higuera consigo, Selich desceu para o fundo do cânion onde Che estava sendo mantido, enquanto a luta continuava, em diferentes pontos da *quebrada*, entre os soldados e o restante dos homens de Che. Enquanto desciam, encontraram soldados que estavam subindo com um companheiro mortalmente ferido, e Selich foi informado de que ainda havia outros dois soldados mortos lá embaixo. Quando chegou ao local onde Che estava preso, Selich manteve com ele um breve diálogo, que depois transcreveria em um relatório confidencial. "Eu lhe disse que nosso Exército não era o que ele tinha imaginado", escreveu Selich, "e ele retrucou que tinha sido ferido e que uma bala destruíra o cano de sua carabina, e que, nessas circunstâncias, não tivera alternativa senão se render."

Com a noite chegando e o combate prosseguindo na *quebrada*, Selich levou seus dois prisioneiros, Che e Willy, para La Higuera. A essa altura se haviam juntado a ele o capitão Prado e seu comandante, o major Miguel Ayoroa. Para a subida íngreme da encosta da ravina, Che teve de ser auxiliado por dois soldados, porque só podia se apoiar na perna direita. No final da fila, alguns camponeses seguiam carregando os corpos de Arturo Tamayo e Olo Pantoja.

Mais tarde naquela noite, Che estava no chão de terra batida de uma sala da escola de paredes de barro de La Higuera, com as mãos e os pés atados. Ao seu lado estavam os corpos de Arturo e Olo. Willy fora preso na outra sala, ainda vivo e ileso. Devido à escuridão, a perseguição pelo Exército dos guerrilheiros em fuga foi suspensa até as quatro da manhã, mas Selich tomou medidas de precaução em La Higuera, postando sentinelas para a hipótese de os camaradas de Che tentarem resgatá-lo. Às 19h30, Selich se comunicou por rádio com Vallegrande, perguntando o que deveria fazer com Che. Foi-lhe dito que o mantivesse "em custódia até novas ordens". Então ele, Prado e Ayoroa entraram na escola para falar com Che. Selich registrou seu diálogo de 45 minutos em algumas anotações particulares, feitas de forma abreviada.

"Comandante, acho que você está um tanto deprimido", disse Selich a Che, segundo suas anotações. "Será que você pode me explicar por que estou com esta impressão?"

"Eu fracassei", respondeu Che. "Está tudo terminado e é por essa razão que me vê neste estado."

Selich perguntou então a Che por que havia escolhido lutar na Bolívia, e não no seu "próprio país". Che se esquivou da pergunta, mas reconheceu que "talvez tivesse sido melhor". Quando Che passou a elogiar o socialismo como a melhor forma de governo para os países latino-americanos, Selich o interrompeu. "Preferiria que não nos referíssemos a esse tópico", ele disse, afirmando que, de qualquer maneira, a Bolívia estava "vacinada contra o comunismo". Acusou Che de ter "invadido" a Bolívia e assinalou que a maioria dos seus guerrilheiros era de "estrangeiros". Segundo Selich, Che então olhou para os corpos de Arturo e Olo.

"Coronel, olhe para eles. Esses rapazes tinham tudo que poderiam querer em Cuba, e, no entanto, vieram até aqui para morrer como cachorros."

Selich tentou extrair de Che alguma informação sobre os guerrilheiros que ainda estavam em fuga. "Calculo que Benigno esteja gravemente ferido desde a batalha de La Higuera [em 26 de setembro], na qual morreram Coco e outros. Você pode me dizer, comandante, se ele ainda está vivo?"

"Coronel, tenho memória muito ruim. Não me lembro e nem sei como responder à sua pergunta."

"Você é cubano ou argentino?", perguntou Selich.

"Sou cubano, argentino, boliviano, peruano, equatoriano etc. [...]. O senhor entende."

"O que o levou a resolver operar em nosso país?"

"O senhor não vê o estado em que vivem os camponeses?", perguntou Che. "São quase como selvagens, vivendo em um estado de pobreza que deprime o

Fotografia do tenente-coronel Selich da escola em La Higuera onde Che ficou detido e depois foi executado.

coração, tendo apenas um aposento no qual dormem e comem, sem roupas para vestir, abandonados como animais [...]."

"Mas o mesmo acontece em Cuba", replicou Selich.

"Não, isso não é verdade", retrucou Che. "Não nego que ainda exista pobreza em Cuba, mas lá os camponeses têm uma ideia de progresso, enquanto o boliviano vive sem esperança. Tal como nasce, morre, sem jamais ver melhoras em sua condição humana."*

Os oficiais começaram a examinar os documentos apreendidos de Che e, encontrando os dois volumes de seus diários da campanha boliviana, ficaram lendo-os até o amanhecer.

* Em 1996, a viúva de Selich, Socorro, me permitiu examinar e copiar documentos de seu falecido marido que não tinham sido vistos por qualquer outra pessoa. Entre eles havia fotografias, telegramas e memorandos internos do Exército, o registro diário de atividades militares de Selich relativo a 1967, as anotações incompletas de sua conversa com Che Guevara e um relatório secreto que ele dirigiu ao general La Fuente sobre os acontecimentos e as circunstâncias que cercaram a execução de Che Guevara. (Ver Notas para mais detalhes.)

Às 6h15 de 9 de outubro, um helicóptero chegou a La Higuera, levando o coronel Joaquín Zenteno Anaya e o agente da CIA Félix Rodríguez. Sem dúvida devido ao choque anterior que haviam tido por causa da custódia do prisioneiro Paco, Selich não gostou de ver chegar o homem da CIA e ficou observando-o de perto, notando que Rodríguez, que estava vestido com um uniforme do Exército boliviano e era chamado de capitão Ramos, trazia consigo um potente rádio portátil de campanha e uma câmera com lente especial para fotografar documentos. O grupo foi para a escola, onde Selich notou que Zenteno Anaya "conversou com o *jefe guerrillero* por aproximadamente trinta minutos".

Rodríguez registrou em detalhes o encontro sinistro com seu arqui-inimigo. Che estava deitado de lado no chão, seus braços ainda amarrados atrás das costas e seus pés atados juntos, ao lado dos corpos de seus amigos. O ferimento na sua perna estava sangrando, e a Rodríguez pareceu "como um pedaço de lixo".

"Ele estava uma sujeira", escreveu Rodríguez. "O cabelo grudado, as roupas inteiramente esfarrapadas." Ele nem mais tinha botas, com os pés cobertos de barro endurecido metidos em uma espécie de chinelas de couro cru, como os que usaria um camponês medieval. Enquanto Rodríguez ficou parado, olhando, "absorto pelo momento", Zenteno Anaya perguntou a Che por que trouxera a guerra para o seu país. Não teve resposta. "O único som era o da respiração de Che."

Logo a seguir, enquanto Selich observava desconfiado, "*mister* Félix Ramos [Rodríguez] [...] armou seu rádio portátil e transmitiu uma mensagem em código [...] para um local desconhecido". Depois Rodríguez começou a fotografar os diários de Che e os outros documentos apreendidos, em uma mesa do lado de fora. Levando Ayoroa consigo, Zenteno Anaya rumou então para a *quebrada*, onde tinham recomeçado as operações militares, deixando Selich encarregado de La Higuera. Quando regressaram, por volta das dez da manhã, Félix Rodríguez ainda estava tirando fotografias. Às onze, terminara sua tarefa e pediu a Zenteno Anaya permissão para falar com o "*señor* Guevara". Selich estava desconfiado e, "considerando minha presença necessária durante essa conversa", entrou na escola com Rodríguez. As anotações de Selich revelam apenas que a conversa tratou de "diversos temas da Revolução Boliviana, bem como da Revolução Cubana".

Em suas memórias do encontro, Rodríguez não menciona que Selich estava na sala com ele, porém, tal como Selich, notou a orgulhosa atitude de desafio de Che. Quando ele entrou, Che advertiu Rodríguez de que não seria interrogado e só cedeu quando o homem da CIA disse que queria simplesmente trocar ideias. Segundo Rodríguez, Che reconheceu sua derrota, culpando por ela a mentalidade "provinciana" dos comunistas bolivianos, que o haviam isolado. No entanto, sempre que Rodríguez tentava extrair dele informações sobre operações específicas, Che se recusava a responder. Ele se negou especialmente a "falar mal de Fidel", embora Rodríguez tivesse tentado induzi-lo nesse sentido.

Finalmente, Che fez uma pergunta a Rodríguez. Obviamente Rodríguez não era boliviano, ele observou, e, a julgar por seu conhecimento de Cuba, calculava que era um cubano ou um porto-riquenho trabalhando para os serviços de Inteligência dos Estados Unidos. Rodríguez confirmou que nascera em Cuba e que fora membro da Brigada 2506, anticastrista, treinada pela CIA. A única reação de Che foi: "Ha".

Às 12h30, chegou pelo rádio uma mensagem para o coronel Zenteno Anaya, expedida pelo alto-comando boliviano em La Paz, e ele transmitiu a ordem para Selich. Segundo as anotações de Selich, a mensagem era de "proceder à eliminação do *señor* Guevara". Assinalou para Zenteno que quem tinha o dever de se encarregar da execução era o tenente-coronel Ayoroa, já que ele era o comandante da unidade que capturara Guevara. Nas palavras de Selich: "Ayoroa então ordenou o cumprimento da ordem".

Imediatamente depois, deixando Ayoroa e Rodríguez ali, Selich e Zenteno Anaya embarcaram no helicóptero para voar de volta a Vallegrande com os documentos e as armas apreendidos. Ao chegarem, por volta das 13h30, informaram de La Higuera que a execução de Che Guevara fora efetuada.*

Na sua versão, Félix Rodríguez afirmou que fora ele, não Zenteno Anaya, que recebera a mensagem em código ordenando a morte de Che, e que levara Zenteno Anaya para fora a fim de dissuadi-lo. Alegou que o governo dos Estados Unidos queria "manter o líder guerrilheiro vivo sob quaisquer circunstâncias", e que havia aviões norte-americanos prontos para levar Che ao Panamá a fim de ser interrogado. Segundo Rodríguez, Zenteno Anaya disse que não podia desobedecer à ordem, que viera diretamente do presidente Barrientos e de seus chefes de Estado-Maior. Disse que mandaria um helicóptero de volta às duas da tarde e queria sua palavra de honra de que, a essa altura, Che estaria morto, pois ele levaria pessoalmente o corpo para Vallegrande.

Depois que Zenteno e Selich foram embora, Rodríguez ponderou suas opções. Nessa manhã, havia transmitido à CIA a informação de que identificara posi-

* Segundo o relatório de Selich, nenhum dos oficiais em La Higuera — incluindo ele próprio e Félix Rodríguez — estava de acordo com a decisão de executar Guevara. "Achávamos que teria sido melhor manter o *señor* Guevara vivo, pois, na nossa opinião, seria mais vantajoso apresentá-lo ao mundo derrotado, ferido e doente, e tentar então obter [de Cuba] uma indenização para cobrir os gastos acarretados pelo combate aos guerrilheiros e para compensar as famílias dos soldados assassinados pelo bando guerrilheiro."

tivamente Guevara, pedindo instruções, mas não obtivera qualquer resposta, e agora era tarde demais. Ele poderia desobedecer a Zenteno e retirar Che dali, mas percebeu que, se o fizesse, poderia estar cometendo um erro histórico de enormes proporções. Em um dado momento, Fidel Castro fora aprisionado por Batista, e isso obviamente não o deteve. No final, escreveu ele: "Era meu destino. E meu destino era deixar isso nas mãos dos bolivianos". Enquanto ainda refletia, Rodríguez ouviu um disparo proveniente da escola. Correu primeiro para a sala de Che. Ele estava vivo e olhou-o de onde estava deitado no chão. Rodríguez passou para a outra sala e viu um soldado, sua arma fumegante e, atrás dele, Willy "desabando sobre uma mesinha". "Pude literalmente ouvir a vida saindo dele." O soldado disse a Rodríguez que Willy tinha "tentado fugir".

Rodríguez então foi falar novamente com Che e, em um certo momento, levou-o para o lado de fora para fotografá-lo. Essas fotografias, mantidas em segredo pela CIA durante anos, ainda existem. Em uma delas, um Rodríguez de aparência jovial e de rosto redondo está de pé, com o braço nos ombros de Che, que parece uma fera selvagem subjugada, o rosto magro voltado sombriamente para baixo, os cabelos compridos emaranhados, os braços amarrados na frente do corpo.

Rodríguez levou Che de volta para dentro da escola e retomaram a conversa, mas foram interrompidos por mais disparos. Dessa vez o executado foi, ao que consta, Juan Pablo Chang,* que fora capturado, ferido, e trazido com vida naquela manhã. A essa altura, os corpos de Aniceto e de Pacho, que tinham sido abatidos na ravina, também estavam ali. "Che parou de falar", recordou Rodríguez. "Não disse nada sobre os tiros, mas seu rosto espelhava tristeza e ele sacudiu a cabeça várias vezes, lentamente, de um lado para o outro. Talvez tenha sido nesse instante que se deu conta de que ele também estava condenado, embora eu não lhe tenha dito nada até pouco antes da uma da tarde."

De acordo com a sua cronologia dos eventos, Rodríguez em seguida saiu da escola. Ele foi remexendo documentos e "postergando o inevitável", quando a professora do vilarejo veio até ele para perguntar quando ia matar Che. Pergun-

* O relato de Rodríguez contém certas afirmações que são contraditas pelos oficiais bolivianos que também se encontravam em La Higuera, do mesmo modo que há numerosas discrepâncias entre os relatos deles próprios. Segundo Miguel Ayoroa, por exemplo, Willy e Juan Pablo Chang ficaram presos juntos na segunda sala da escola e foram executados ao mesmo tempo. Este testemunho coincide com a versão mais amplamente aceita dos eventos, que é a que diz que a sessão de fotos de Che com Rodríguez ocorreu *antes* da execução de Willy, e que depois ele, Willy e Juan Pablo Chang foram executados quase simultaneamente por "voluntários do Exército boliviano".

O agente cubano-norte-americano da CIA, *Félix Rodríguez, ficou ao lado de Che na parte externa da escola em La Higuera para que esta foto fosse tirada. Pouco depois, Rodríguez informou a Che que ele estava prestes a morrer.*

tou a ela por que queria saber, e ela explicou que o rádio estava transmitindo a notícia de que Che tinha morrido de ferimentos recebidos em combate.*

Rodríguez viu que não podia retardar mais e voltou para dentro da escola. Entrou na sala de Che e disse que estava triste, que fizera tudo que podia, mas as

* Embora sua versão tenha sido desmentida por oficiais que estavam presentes, uma mulher que tinha então 22 anos, Julia Cortéz, alega que Che pedira para vê-la e deixaram-na entrar onde ele estava detido. Ela estava nervosa e, quando entrou, Che a fitou com um olhar penetrante, que ela achou impossível encarar. Ele fez um gesto na direção do quadro-negro e apontou para um erro gramatical no que ela tinha escrito, depois lhe disse que o aspecto esquálido da escola era uma vergonha e que, em Cuba, seria chamada de prisão. Depois de uma breve conversa, Julia saiu, mas, segundo ela, Che tornou a chamá-la pouco antes da execução, mas ela estava com medo demais para ir.

ordens tinham vindo do alto-comando boliviano. Ele não terminou a frase, mas Che entendeu. Segundo Rodríguez, o rosto de Che ficou momentaneamente pálido, e ele disse: "É melhor assim [...]. Eu nunca deveria ter sido capturado vivo".

Rodríguez perguntou se ele tinha alguma mensagem para sua família, e Che lhe pediu para "dizer a Fidel que ele logo verá uma revolução triunfante na América. [...] E diga à minha mulher que se case de novo e tente ser feliz".

Diante disso, Rodríguez contou, ele deu um passo à frente para abraçar Che. "Foi um momento tremendamente emocionante para mim. Não o odiava mais. Sua hora da verdade tinha chegado e ele estava se portando como homem. Estava encarando sua morte com coragem e elegância."

Rodríguez então saiu da sala. Um homem já tinha se oferecido para o pedido do major por um executor; era um sargento baixo, com ar de durão, chamado Mario Terán, que estava esperando ansioso do lado de fora. Rodríguez olhou para ele e viu que seu rosto brilhava como se tivesse bebido. Terán participara do tiroteio com o bando de Che no dia anterior e estava ansioso por vingar a morte de três de seus companheiros, abatidos no combate.

"Disse a ele que não alvejasse Che no rosto, e sim do pescoço para baixo", contou Rodríguez. Os ferimentos de Che tinham de parecer terem sido infligidos em combate. Não houve evidência de uma execução quando o corpo foi exibido à imprensa. "Caminhei para a colina e comecei a fazer anotações", recordou Rodríguez. "Quando ouvi os disparos, olhei meu relógio. Era 13h10."

Há diferentes versões, mas, segundo a lenda, as últimas palavras de Che, quando Terán entrou pela porta, foram: "Sei que você veio para me matar. Atire, covarde, você só vai matar um homem". Terán hesitou, depois apontou seu fuzil semiautomático e puxou o gatilho, atingindo Che nos braços e nas pernas. À medida que Che se contorcia no chão, mordendo um dos pulsos em uma tentativa de evitar chorar, Terán disparou outra rajada. A bala fatal penetrou no tórax de Che, enchendo seus pulmões de sangue.

Em 9 de outubro de 1967, aos 39 anos, Che Guevara foi morto.

Epílogo: sonhos e maldições

I

Durante a noite de 8 de outubro de 1967, enquanto Che permanecia amarrado no chão da escola em La Higuera, Aleida despertara subitamente com uma sensação de que seu marido estava correndo grave perigo. Ao longo dos meses, as notícias sobre a Bolívia tinham-na deixado ansiosa. Em 8 de outubro ela estava nas montanhas Escambray, onde ela e Che haviam se encontrado pela primeira vez a fim de fazer pesquisas de campo para um projeto de história social. Depois que Che partiu para a Bolívia, Aleida tinha voltado para a escola, tendo ido estudar na Universidade de Havana. Era algo que Che insistira para que ela fizesse, a fim de "se manter ocupada". Fidel ia vê-la com regularidade para atualizá-la sobre a situação de Che, que ela sabia que estava mal. Então, quando os homens apareceram em sua porta, no dia 9 de outubro, ela já estava praticamente esperando por eles. Fidel os enviou.

Por semanas Fidel estivera reexaminando as notícias de imprensa provenientes da Bolívia com desconfiança e com uma preocupação crescente. Em 9 de outubro, foi noticiado que Che havia sido capturado, e depois que "morrera devido aos ferimentos". Quando foi transmitida a primeira fotografia do corpo que se dizia ser o dele, havia algumas semelhanças, mas foi difícil para Fidel imaginar que o cadáver emaciado fosse do homem que ele vira pela última vez onze meses antes. Depois que Aleida chegou a Havana, ela e Fidel ficaram examinando as notícias e as novas fotografias que chegavam. A princípio, nenhum dos dois queria acreditar no pior, mas logo já não havia qualquer dúvida.

II

Na tarde de 9 de outubro, o corpo ensanguentado de Che fora colocado em uma padiola, atada às barras de pouso de um helicóptero, e transportado por sobre as colinas sombrias para Vallegrande. Félix Rodríguez, usando seu uniforme de capitão do Exército boliviano, foi junto com ele. Logo depois de pousarem, ele se misturou com a multidão que estava à espera e desapareceu. Poucos dias depois, Rodríguez estava de volta aos Estados Unidos para fazer seu relatório aos seus chefes da CIA. Levava consigo algumas relíquias da viagem, entre elas um dos vários relógios Rolex encontrados em poder de Che e sua última bolsa de fumo de cachimbo, metade vazia, que embrulhara em papel. Mais tarde, ele colocaria o fumo dentro de uma cápsula de vidro e mandaria embuti-la na coronha do seu revólver favorito. Porém, o legado mais estranho de todos foi a respiração entrecortada que adquiriu pouco depois de chegar a Vallegrande. "Quando caminhava no ar fresco da montanha, dei-me conta de que estava ofegante e com dificuldade para respirar", escreveu Rodríguez 25 anos depois. "Che podia estar morto, mas, de alguma maneira, sua asma — moléstia que nunca tive na vida — tinha passado para mim. Desde este dia, minha respiração cronicamente curta é uma recordação constante de Che e de suas últimas horas de vida na cidadezinha de La Higuera."

Jogado sobre o tanque de concreto da lavanderia, no quintal dos fundos do Hospital Nuestro Señor de Malta, em Vallegrande, o corpo de Che ficou exposto naquela noite e durante todo o dia seguinte. Sua cabeça estava apoiada e seus olhos castanhos abertos. Para evitar a decomposição do cadáver, um médico fizera um corte no pescoço e o enchera de formol. Enquanto desfilava em frente ao corpo uma procissão de pessoas, inclusive soldados, moradores curiosos, fotógrafos e jornalistas, Che tinha uma lúgubre aparência de estar vivo. Algumas das freiras do hospital, a enfermeira que lavara seu corpo e uma quantidade de mulheres de Vallegrande cortavam às escondidas tufos de seus cabelos e os guardavam para dar "boa sorte". Mais tarde, os militares mandaram um médico do hospital realizar uma autópsia em Che. O relatório do médico detalhava os nove ferimentos à bala sofridos por Che "em combate" — na área da clavícula, no tórax e nas costelas, nas duas pernas e em seu braço direito — e indicava que a causa da morte eram "os ferimentos no tórax e o sangramento resultante".

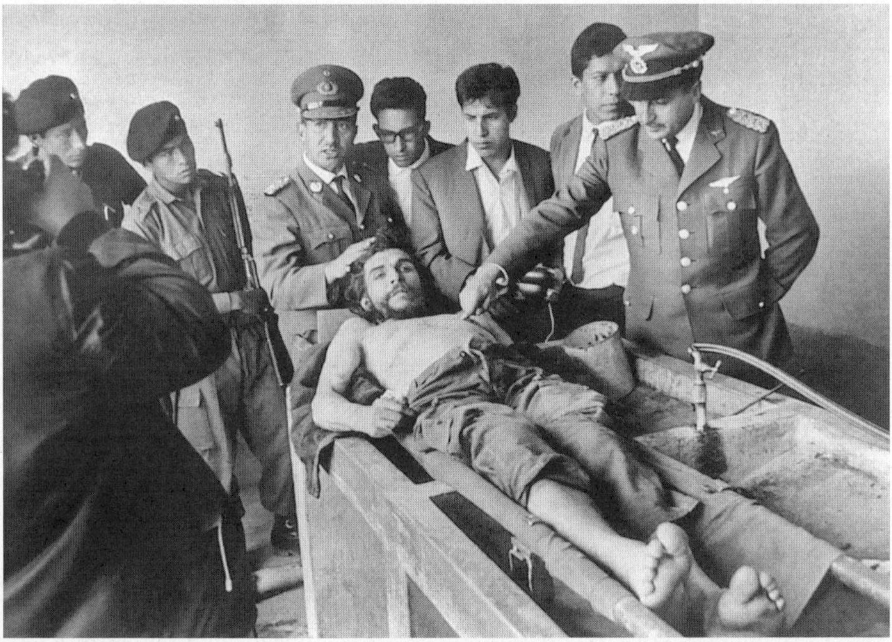

O corpo de Che exposto ao público na lavanderia do Hospital Nuestro Señor de Malta, em Vallegrande.

O tenente-coronel Andrés Selich e o major Mario Vargas Salinas posaram para fotografias ao lado do corpo. Junto com a carteira de couro de Che, Selich ficou com um de seus relógios, assim como o capitão Gary Prado.* O carrasco, Mario Terán, ficou com seu cachimbo. O coronel Zenteno Anaya guardou a carabina M-2 danificada de Che como troféu pessoal. Ele permitiu que Prado distribuísse o dinheiro encontrado com Che — vários milhares de dólares norte-americanos e uma grande quantidade de pesos bolivianos — entre os seus oficiais subalternos e soldados.

Nesse momento, a decisão de negar a Che um local de sepultamento já fora tomada. Seu corpo, como os dos camaradas que haviam morrido anteriormente, ficaria "desaparecido". Para neutralizar as primeiras reações de descrença de Havana, o general Alfredo Ovando Candía queria decapitar Che e conservar

* Fidel deu um Rolex a cada um dos cubanos quando eles partiram para o campo de batalha. Se um combatente morresse, um dos camaradas frequentemente guardava o relógio em sua honra. Che guardou o de Tuma, pretendendo entregá-lo à sua viúva, mas, nesse meio-tempo, usava-o como uma estimada lembrança.

a cabeça como prova. Félix Rodríguez, que ainda estava em Vallegrande quando isso foi proposto, afirmou ter argumentado que essa solução era "demasiado bárbara", e sugeriu que eles apenas cortassem fora um dedo. Ovando Candía adotou uma solução intermediária: amputariam as mãos de Che. Na noite de 10 de outubro, foram feitas duas máscaras mortuárias de cera do seu rosto e tomadas suas impressões digitais. As mãos foram decepadas e colocadas em um vidro cheio de formol. Chegaram dois legistas da polícia argentina para comparar as impressões digitais com as que estavam na ficha de Ernesto Guevara de la Serna em Buenos Aires. A identificação foi positiva. Nas primeiras horas da manhã de 11 de outubro, o corpo de Che foi descartado pelo tenente-coronel Selich, tendo dois outros oficiais atuado como testemunhas, inclusive — segundo ele — o major Vargas Salinas.

O irmão de Che, Roberto, chegou à cidade no final dessa manhã, com a esperança de identificar o corpo e receber seus restos, mas já era tarde. O general Ovando Candía lhe disse que lamentava: o corpo de Che fora "cremado". Essa foi apenas uma das várias versões da história de seus restos que circulariam nos dias subsequentes, com os generais bolivianos se contradizendo uns aos outros. O exato paradeiro do corpo de Che continuaria sendo um mistério sem solução pelos trinta anos seguintes.

Para Roberto, com a fisionomia grave, vestindo um terno escuro — parecendo-se muito com seu famoso irmão e, no entanto, tão diferente —, não havia mais nada a fazer senão voltar para Buenos Aires, onde era aguardado pelo pai, os irmãos e as irmãs. Eles aceitaram então a triste notícia, mas a tia de Che, Beatriz, se recusou para sempre a admitir que seu sobrinho favorito morrera e jamais conversou sobre o assunto.

Em 15 de outubro, com Cuba inundada de rumores, Fidel dirigiu-se à nação pela televisão. Confirmou que as notícias da morte de Che eram "dolorosamente verdadeiras", decretou três dias de luto oficial e anunciou que, daí por diante, o dia 8 de outubro, data da última batalha de Che, seria conhecido como o Dia do Guerrilheiro Heroico.*

Aleida teve um colapso emocional. Fidel levou-a, junto com os filhos, para sua casa, e durante a semana seguinte a confortou. Depois a transferiu para outra casa, onde ela e as crianças ficaram vivendo isoladas, longe dos olhos do público. Enquanto Aleida se recuperava, Fidel ia vê-la todos os dias.

* A data da morte de Che, 9 de outubro, foi ignorada de forma persistente, e as fotografias de seu corpo não foram autorizadas a circular em Cuba nas décadas seguintes.

Um pôster com a imagem de Che que logo seria famosa feita por Alberto Korda foi pendurado na Plaza de La Revolución, em Havana, no velório de Che na noite de 18 de outubro de 1967.

Orlando Borrego também passou por uma crise emocional que durou vários meses. Ele disse que a morte de Che o afetara mais do que a de seu próprio pai. Sua dor ficara inicialmente em suspenso, quando ele reuniu forças para consolar Aleida e as crianças, mas finalmente ela se apossou dele. "Foi como se meu equilíbrio tivesse acabado", relembrou. "Não conseguia aceitar a ideia de que Che estava morto, e tinha sonhos recorrentes nos quais ele me aparecia vivo."

Na noite de 18 de outubro, na Plaza de la Revolución, em Havana, Fidel falou para uma de suas maiores plateias. Quase 1 milhão de pessoas estavam reunidas para um velório nacional de Che. Com a voz rouca de emoção, Fidel fez um tributo apaixonado ao velho camarada, exaltando-o como a encarnação da virtude revolucionária. "Se quisermos o [...] modelo de um ser humano, que não pertence ao nosso tempo, mas ao futuro, digo do fundo do meu coração que esse modelo, sem uma única mácula na sua conduta, sem uma única mácula em seu comportamento, é Che! Se quisermos expressar como queremos que sejam nossos filhos, devemos dizer, de dentro de nossos corações de ardentes revolucionários: queremos que sejam como Che!"

III

Durante os dias que se seguiram, outros quatro guerrilheiros foragidos — Moro, Pablo, Eustaquio e Chapaco — foram encontrados e mortos. Seus corpos também foram sepultados em uma cova secreta nos arredores de Vallegrande. Inacreditavelmente, três cubanos (Pombo, Benigno e Urbano) e três bolivianos (Inti Peredo, Darío e Ñato)* conseguiram escapar da ravina. O Exército continuou a procurá-los e, em 15 de novembro, foram apanhados em um tiroteio com suas tropas. Ñato foi gravemente ferido e pediu aos camaradas que o matassem. Benigno disse que foi ele quem deu o tiro de misericórdia. Os cinco restantes escaparam do cerco e, três meses depois, com o auxílio de membros do Partido Comunista Boliviano, que, com atraso, criaram coragem para salvar os sobreviventes da insurreição de Che, eles acabaram aparecendo no Chile, do outro lado dos Andes nevados. Ali, sob a proteção dos partidos Comunista e Socialista chilenos, os cubanos foram salvos. O senador socialista Salvador Allende voou com eles para a ilha de Páscoa, no oceano Pacífico, e de lá viajaram para casa via Taiti, Etiópia, Paris e Moscou.

* Moro e Morogoro foram nomes de guerra do médico cubano Octavio de la Concepción de la Pedraja; Pablo e Chapaco, ambos bolivianos, eram Francisco Huanca Flores e Jaime Arana Campero. O verdadeiro nome de Eustaquio era Lucio Edilberto Galván Hidalgo. Ele era um cidadão peruano. Darío e Ñato eram David Adriazola Viezaga e Julio Méndez Korne.

Benigno e outros afirmaram que Fidel "abandonou" Che e seus guerrilheiros na Bolívia, mas as evidências sugerem que Fidel fez o que pôde, embora não tenha sido muito. Depois da descoberta da presença de Che e da vigorosa chegada dos norte-americanos, os agentes de Cuba na Bolívia ficaram quase sem margem de manobra. Com as fronteiras da Bolívia fechadas ou debaixo de estrita vigilância, e com o Partido Comunista proscrito, se uma nova guerrilha tentasse chegar para reforçar o grupo de Che seria facilmente detectada. Na realidade, os militares bolivianos detinham qualquer estrangeiro suspeito que viam.

O apoio de Cuba à guerra de guerrilhas na Bolívia não acabou com a morte de Che. Inti Peredo e Darío, os bolivianos que sobreviveram ao desastre e foram para Cuba, retornaram para casa em 1969 com um novo contingente de voluntários bolivianos. Mais tarde nesse ano, Inti foi abatido a tiros em uma casa de apoio em La Paz. Pouco tempo depois, Darío foi capturado e assassinado. O irmão mais novo de Inti, Chato, tornou-se o novo líder, levando cerca de setenta jovens estudantes bolivianos, na maioria sem qualquer treinamento, para desencadear uma guerra de guerrilhas perto da localidade mineira de Teoponte, ao norte de La Paz, nas cabeceiras do rio Beni. Depois de alguns meses na área, desorganizado e faminto, o ELN foi cercado pelo Exército. A segunda tentativa do grupo de montar um foco guerrilheiro terminou em uma mistura de sangue e vidas desperdiçadas.*

Depois de assistir impassível ao desenlace fatal da tentativa guerrilheira de Che, o ministro do Interior boliviano Antonio Arguedas, inexplicavelmente, redescobriu suas tendências marxistas. Em 1968, com a ajuda de vários amigos comunistas bolivianos, fez sair clandestinamente do país para Cuba uma cópia microfilmada do diário de Che, e lá o material foi logo publicado. Depois, conseguiu que as mãos amputadas e uma máscara mortuária de Che fossem enviadas para a ilha. Quando ele se tornou o suspeito de ser a pessoa que deixara vazar o diário, Arguedas fugiu da Bolívia, acabando por reaparecer em Cuba e se apresentando como uma espécie de herói secreto de todo o episódio. Em uma espantosa série de meias-voltas, ele depois deixou Cuba, reiniciou seus contatos com a CIA e regressou para a Bolívia, onde escapou por pouco de um tentativa de assas-

* Chato Peredo me disse que no verão de 1967, enquanto Che e seus irmãos, Coco e Inti Peredo, ainda estavam vivos e em ação, e ele estudava em Moscou, pediu aos soviéticos que ministrassem treinamento militar a ele e a outros estudantes bolivianos, para que pudessem ir para a Bolívia a fim de ajudar na luta. Os soviéticos recusaram, dizendo-lhe que um pedido desses só poderia ser encaminhado — ou aprovado — por meio do Partido Comunista Boliviano. Chato sobreviveu ao massacre do ELN e se tornou um bem-sucedido psicoterapeuta na cidade de Santa Cruz. Especializou-se em levar seus pacientes "de volta ao útero".

sinato. Nos anos 1980, Arguedas foi acusado de pertencer a uma quadrilha de sequestradores e passou três anos na prisão. No final dos anos 1990, levou uma vida semiclandestina em La Paz, onde estava, supostamente, envolvido no tráfico de drogas. Morreu em fevereiro de 2000. Segundo a polícia boliviana, uma bomba que estava em seu poder explodiu acidentalmente. Como muito da vida de Arguedas, as circunstâncias de sua morte permanecem misteriosas.

Mario Monje perdeu sua posição como líder do Partido Comunista Boliviano e foi para o exílio em Moscou. Anos depois, ele disse que, quando chegou lá, foi instruído por funcionários do serviço de Inteligência soviético a não falar, e ele não falou até os anos 1990, quando a União Soviética deixou de existir. Durante várias décadas, foi subsidiado pelo Instituto para a América Latina, uma entidade de pesquisa política dirigida pelo partido. Porém, depois do colapso da URSS, Monje tornou-se um homem sem uma pátria ou um grande irmão que cuidasse dele.*

A maioria dos sobreviventes da guerrilha de Masetti que estavam na prisão de Salta foi libertada em 1968 graças aos esforços de seu advogado, Gustavo Roca. Durante o tempo na prisão, alguns levaram o maior susto de suas vidas quando El Fusilado, o homem que Masetti condenara à morte na Argélia, apareceu um dia como visitante. Segundo ele, os argelinos tinham-lhe poupado a vida e, em vez de fuzilá-lo, o meteram em uma cela. Lá ficou, isolado do mundo exterior, durante um ou dois anos, até que um dia, inexplicavelmente, foi libertado e enviado para Cuba. Ele achava que sua situação pode ter sido levada ao conhecimento de Che, durante suas visitas àquele país em 1965, e que ele teria ordenado que fosse posto em liberdade. De volta a Cuba, foi enviado para combater os contrarrevolucionários nas Escambray e depois, considerado reabilitado, mandado à Argentina para explorar as possibilidades de organizar uma fuga para seus antigos camaradas. Disse-lhes que não guardava rancor algum deles pelo que acontecera e que simplesmente estava grato por estar vivo. Segundo Henry Lerner, que o encontrou pela primeira vez, El Fusilado era judeu como ele.

Depois de passar três anos e oito meses na prisão, o guarda-costas de Che, Alberto Castellanos, foi retirado do país e retornou a Cuba. Os recursos impetrados em favor de Héctor Jouve e Federico Méndez foram indeferidos, e suas sentenças de catorze e dezesseis anos de prisão, respectivamente, foram ampliadas para prisão perpétua. No entanto, quando Juan Perón voltou à Argentina, em 1973, eles foram anistiados. Perón morreu no ano seguinte, e sua segunda espo-

* Durante um encontro que tivemos, Monje mencionou interesse no comércio de pedras preciosas como um possível meio de vida.

sa, Isabela, tornou-se presidente. Ela foi deposta por uma junta militar em 1976, iniciando uma onda de repressão anticomunista que ficou conhecida como a Guerra Suja na Argentina, e Méndez e Jouve logo fugiram do país. Voltaram para casa quando o governo civil foi restaurado, no início dos anos 1980. Jouve viveu com a família em Córdoba, onde trabalhou como psicoterapeuta. Federico Méndez morreu de câncer.

Henry Lerner, que quase morreu nas mãos de Masetti, foi capturado pelos militares argentinos. Foi dito que ele estava "desaparecido", mas na realidade ele foi marcado para ser executado. Depois de ser encarcerado por três anos, foi salvo graças a um acordo inusitado feito pela Igreja católica, pelo qual a vida de cem pessoas que estavam detidas pelo governo foi poupada. Em seguida, elas foram expulsas da Argentina. Lerner foi aceito como asilado em Israel. Mais tarde, emigrou para Madri, onde, como seu antigo camarada Héctor Jouve, tornou-se psicoterapeuta.

Harry Villegas continuou nas Forças Armadas revolucionárias de Cuba e chegou a comandante da força expedicionária em Angola. Promovido a general, foi premiado com a rara distinção oficial de Herói da Revolução. Continuou morando em um modesto apartamento, não muito longe da antiga casa de Che em Havana. Leonardo "Urbano" Tamayo permaneceu nas Forças Armadas cubanas, com a patente de coronel; aparentemente, teve um colapso nervoso depois de voltar para Cuba, mas se recuperou e passou a viver discretamente em Havana. Dariel Alarcón Ramírez — Benigno, o competente *machetero* de Che na Bolívia — passou a trabalhar no sistema penitenciário cubano e, no final dos anos 1980, como treinador de guerrilheiros para uma variedade de países latino-americanos. Ao longo do tempo, porém, desiludiu-se com a revolução. Em 1994, durante uma viagem para a França, pediu asilo. Em 1997, publicou um livro criticando duramente o regime de Fidel. Sabendo que se tornara um traidor oficial da revolução e que provavelmente enfrentaria uma execução por fuzilamento se voltasse para casa, Benigno tornou-se um exilado permanente em Paris.

Durante a Guerra Suja contra a esquerda na Argentina, a família Guevara logo se viu como alvo. O pai de Che fugiu para Cuba com sua nova esposa, Ana María Erra, uma pintora trinta anos mais jovem. Constituíram uma família em Havana e deram a um de seus filhos o nome de Ramón, o codinome boliviano de Che. Depois da morte do irmão, Roberto radicalizou e, junto com Juan Martín, passou a atuar em um movimento guerrilheiro "guevarista" argentino. Roberto se deslocava entre Cuba e a Europa, mas Juan Martín cometeu o erro de voltar para a Argentina, esperando lutar na guerrilha clandestina em sua pátria. Fora preso em menos de um mês e passou nove anos na prisão. Sua irmã, Celia, passou a maior parte desse tempo em Londres, trabalhando por meio da Anistia Internacional para conseguir sua libertação. Com o fim do *Proceso*, como a Guerra Suja se tornou conhecida, os irmãos de Che gradualmente regressaram à Argentina, onde Roberto passou a trabalhar como advogado para sindicatos esquerdistas. Juan Martín dirigiu uma livraria em Buenos Aires e acabou abrindo um restaurante. A irmã mais nova de Che, Ana María, morreu em 1990. Celia Guevara também retornou do exílio e viveu uma vida tranquila em Buenos Aires. O pai morreu em Havana, em 1987, aos 87 anos. Passou seus últimos anos produzindo livros baseados em cartas e diários de Che. Sua esposa, Ana María, e seus filhos — os meios-irmãos e meias-irmãs de Che — continuaram em Cuba.

Em 1970, transcorridos quase três dos trinta anos de prisão a que tinham sido condenados em seus julgamentos, Ciro Bustos e Régis Debray foram postos em liberdade por ordem do novo dirigente militar da Bolívia, um general reformista chamado Juan José Torres. Foram levados de avião para o Chile, onde Salvador Allende era então presidente. Debray, cuja celebridade aumentou durante seu julgamento público na Bolívia, continuou sendo voz atuante nos círculos intelectuais europeus de esquerda. Em 1980, tornou-se assessor para política em relação à América Latina do presidente francês François Mitterrand. Gradualmente, porém, sua paixão pela Revolução Cubana azedou. Em 1996, publicou um livro de memórias criticando severamente Fidel Castro, a quem chamou de "megalomaníaco", e Che Guevara, a quem descreveu como "mais admirável", porém menos "amável" do que Castro, acusando-o de ser duro e sem sentimentos para com seus homens na Bolívia.

Dos que sobreviveram ao episódio boliviano, talvez nenhum tenha sofrido mais angústia do que Ciro Bustos. Ele carregou o fardo da culpa de ter "delatado" a presença de Che na Bolívia. Desenhar os retratos de Che e de outros membros de seu bando guerrilheiro foi um ato de deslealdade que atormentaria Bustos pelo resto da vida. Vilipendiado por Debray e ignorado pelos antigos camaradas em Cuba, Bustos trabalhou por algum tempo no Chile, antes de fugir durante o golpe do general Augusto Pinochet, apoiado pela CIA, em 1973. Voltou para casa, a Argentina, e retomou a pintura, apenas para fugir mais uma vez, para a Suécia, quando começou a Guerra Suja. Quando ela terminou, Bustos não voltou para casa, mas permaneceu vivendo em um tipo de exílio autoimposto, na cidade portuária sulista de Malmö, onde pintou quadros de pessoas sem rosto.

Loyola Guzmán, a boliviana "secretária nacional de finanças" de Che, foi solta da prisão em 1970, depois que seus camaradas do ELN sequestraram dois engenheiros alemães para forçar sua libertação. Ela seguiu para Cuba, onde conheceu a viúva de Che, Aleida, que a tomou sob suas asas, pois ninguém nos serviços secretos de Cuba parecia querer vê-la ou dar-lhe explicações do que dera errado em 1967. Nessa época, Che se tornara quase impronunciável em Cuba. Os soviéticos finalmente envolveram Fidel em um abraço de urso. Esse abraço apertado se manteria pelos dezessete anos seguintes, e o "aventureirismo" de Che foi desacreditado, pelo menos durante esse período.

Guzmán e alguns camaradas regressaram, sem ajuda alguma, para a Bolívia, com a intenção de prosseguir com o esforço guerrilheiro, porém, em 1972, ela, seu marido e alguns outros guerrilheiros foram rastreados e cercados pelos militares em uma casa de apoio em La Paz. Seu marido e os outros escaparam, apenas para depois serem mortos e "desaparecidos". Loyola, que estava grávida, foi capturada e passou os dois anos seguintes na prisão, onde deu à luz seu primeiro filho, ao qual deu o nome de Ernesto em homenagem a Che. Os exércitos latino-americanos, com o apoio dos Estados Unidos, ficaram ainda mais brutais em seus esforços para debelar a propagação das insurreições marxistas que Che ajudara a inspirar. Loyola tornou-se porta-voz das famílias dos desaparecidos. Ela permaneceu em La Paz, uma propugnadora incansável de esforços para localizar os corpos de Che e dos outros guerrilheiros que foram mortos em 1967, bem como de aproximadamente 150 pessoas que desapareceram sob os regimes militares bolivianos dos anos 1970 e 1980.

Muitos dos homens que tiveram alguma relação com a morte de Che na Bolívia foram mortos de forma violenta, levando algumas pessoas a acreditar na "maldição de Che". O primeiro a morrer foi o presidente da Bolívia, general René Barrientos, cujo helicóptero em que estava caiu em circunstâncias inexplicadas, em abril de 1969. Em 1971, o coronel Roberto Quintanilla, chefe de inteligência de Antonio Arguedas no Ministério do Interior, o homem que tirara as impressões digitais de Che, foi assassinado na Alemanha. O presidente populista, general Juan José Torres, que, como membro da junta de chefes de Estado-Maior de Barrientos, dera seu voto a favor da execução de Che em 1967, foi assassinado por um esquadrão da morte argentino em 1976. Apenas duas semanas antes, o coronel Joaquín Zenteno Anaya havia sido abatido a tiros em Paris, em uma ação reivindicada pela obscura "Brigada Internacional Che Guevara". O capitão Gary Prado ascendeu rapidamente dentro das Forças Armadas, acabando por chegar ao posto de coronel. Porém, durante uma operação para debelar uma revolta armada em Santa Cruz, em 1981, recebeu um tiro e ficou paralisado da cintura para baixo. Depois de se reformar do Exército como general, ingressou na política, alinhando-se com a ala centro-esquerda, e serviu durante algum tempo como embaixador da Bolívia em Londres. Mario Vargas Salinas também se tornou um general e um ministro de governo para o ditador general Hugo Banzer Suárez, nos anos 1970.

O tenente-coronel Andrés Selich foi o que teve o pior destino entre todos os que estiveram diretamente envolvidos na captura e execução de Che Guevara. Em 1971, Selich liderou uma rebelião militar que depôs o presidente Juan José Torres e levou ao poder Hugo Banzer. Depois de servir como ministro do Interior de Banzer por apenas seis meses, Selich foi afastado e enviado para um exílio diplomático, como embaixador no Paraguai. Logo começou a conspirar contra Banzer e, depois de reingressar secretamente na Bolívia em 1973, preparando-se para uma nova rebelião, foi capturado e espancado até a morte por facínoras do Exército, por ordem de Banzer.

Após ser reformado do serviço militar com a patente de coronel, Miguel Ayoroa viveu discretamente em Santa Cruz e negou ter tido qualquer coisa a ver com a morte de Che, jogando toda a culpa sobre os ombros de Selich.

O carrasco Mario Terán tornou-se uma figura patética, um homem que viveu às escondidas por muitos anos, às vezes usando perucas e outros disfarces, temendo por sua vida, convencido de que há muito tempo foi marcado para ser assassinado por Cuba ou por seus aliados. Embora o Exército tenha lhe dado uma série de empregos, inclusive um como barman no clube dos oficiais do quartel-general da Oitava Divisão de Exército, em Santa Cruz, Terán tornou-se profundamente amargurado. Ressentia-se dos seus oficiais superiores, que escreveram livros e ganharam glória por sua participação na derrota de Che. Ele periodicamente se oferece (como fez comigo) para falar sobre os eventos que aconteceram em La Higuera em 9 de outubro de 1967, mas quer ser pago por isso. (Eu recusei.) Robusto e amarrotado, com um rosto marcado por uma cicatriz em curva que passa sobre seu lábio superior, Terán explodiu de raiva quando lhe perguntei se ele se arrependia de ter matado Che. "O que você acha?", disse ele. "Pensa que eu simplesmente entrei naquele quarto e puxei o gatilho? Eu estava embaixo na *quebrada*, no dia anterior. Eu estava lá! Eu vi três dos meus amigos morrerem naquele dia."

Félix Rodríguez também acreditava que foi marcado pelos cubanos para ser assassinado e fala de um incidente, nos anos 1970, em que foi avisado pela Inteligência norte-americana de um plano para sequestrar um avião em que pretendia viajar. Sua carreira na CIA continuou no Vietnã, em El Salvador e em outros países devastados pela guerra, mas sua identidade foi finalmente exposta no final da década de 1980, quando teve de comparecer perante uma comissão do Senado que estava investigando o caso Irã-Contras. Rodríguez trabalhara como agente avançado de Oliver North para o fornecimento ilegal de ajuda aos contras nicaraguenses, e em operações contra os guerrilheiros salvadorenhos do movimento Farabundo Martí. Em seus últimos anos, Rodríguez era um homem corpulento que parecia viver intensamente no passado. A sala de estar de sua casa em um subúrbio de Miami era cheia de enfeites e talismãs necromânticos de sua longa carreira como mercenário da CIA: o sutiã que ele confiscou ao capturar uma comandante guerrilheira salvadorenha emoldurado em vidro, granadas, fuzis, placas e diplomas honorários de uma infinidade de forças contrainsurgentes, bem como uma carta do presidente Bush agradecendo-lhe os serviços prestados. O maior espaço na parede lotada de Rodríguez era ocupado por um retrato emoldurado dele, de pé, ao lado de Che Guevara, ferido e condenado. Também me mostrou um álbum com fotografias horríveis de cadáveres, inclusive os de Che e de Tania.

Um curioso laço unia os que conheceram Che, quer lutassem por ele ou contra ele. Ao longo dos anos, a maioria deles se deu conta de que, se seus obituários tivessem de ser escritos, seria em função de seu relacionamento com Che.

Ricardo Rojo, o esporádico companheiro e debatedor político de Che, escreveu um livro que se tornou best-seller, *Meu amigo Che*, imediatamente após sua morte. O livro, se lhe valeu fama e bastante dinheiro de um lado, do outro lhe custou a amarga condenação por Cuba e por alguns dos camaradas de Che, pois Rojo perpetuou a história de que Che se desentendera com Fidel. Rojo fugiu da Argentina nos anos 1970, voltando para casa apenas depois do restabelecimento do poder civil, em 1983. Praticou o direito e manteve-se atuante em círculos políticos e na mídia. Bom conversador, encantador e com a língua afiada, morreu de câncer em Buenos Aires, em 1996.

Alberto Granado, amigo de Che, continuou em Cuba, constituiu família e trabalhou na indústria de pesquisas bioquímicas. Em 1980, publicou seu relato da viagem de estrada que fez com o jovem Ernesto Guevara, mas teve pouca atenção. No entanto, depois de *Diários de motocicleta*, de Che, ser publicado, em meados da década de 1990, Granado se tornou bastante famoso. Até então, com setenta e poucos anos, adorou os holofotes, assumindo seu papel como o velho companheiro de estrada de Che com amável petulância, dando entrevistas e viajando pelo exterior para falar em eventos em que Che era o tema.

Os filhos de Che cresceram sob o olhar protetor do *tío* Fidel e do *tío* Ramiro Valdés. Os dois filhos, Ernesto e Camilo, passaram cinco anos em Moscou, que incluiu uma passagem pela academia de treinamento da KGB. Por um tempo, Camilo trabalhou no Ministério da Pesca, subordinado ao velho amigo de Che, Enrique Oltuski. Ernesto trabalhou para Ramiro Valdés em uma empresa estatal de eletrônica, mas acabou abandonando esse trabalho e foi se dedicar a consertar e montar motocicletas Harley-Davidson antigas. Aliusha tornou-se médica com especialidade em alergias. Contra o desejo da mãe, apresentou-se como voluntária para trabalhar na Nicarágua e em Angola nos anos 1980, no auge do envolvimento militar cubano nesses países. Durante algum tempo, esteve casada com um filho de Gustavo Machín de Hoed, um dos homens que morreram com Che na Bolívia. A outra filha de Che, Celia, tornou-se bióloga marinha e trabalhou com golfinhos e leões-marinhos no Seaquarium de Havana. Aliusha, que guarda grande semelhança com o pai — com olhos penetrantes e língua ferina, embora sem sua sagacidade ou seu senso de humor —, passou a ser a porta-voz da família e defensora do legado do pai em Cuba, um papel que se acelerou devido à retirada da mãe da vida pública. Seu irmão, Camilo, acabou por se juntar a ela nessa tarefa, e os dois viajaram muitas vezes ao exterior para eventos públicos, onde eram esperados para falar sobre o pai.

Poucos anos depois da morte de Che, Aleida tornou a se casar, como Che dissera que desejava que ela fizesse. Ela se mudou da casa na calle 47 para uma nova em Miramar, na mesma rua de Alberto Granado, e bem em frente à da viúva do pai de Che, Ana María. O novo marido de Aleida era um funcionário do Ministério das Relações Exteriores. Ele provou ser extremamente ciumento em relação a Che, e seus maus-tratos periódicos a Aleida e às crianças os levaram a várias separações, mas Aleida sempre voltava para ele. Seu exemplo de viuvez pouco nobre foi desaprovado pelos círculos dirigentes de Cuba, mas não era discutido abertamente. Ela atuou durante anos no Congresso do Partido Comunista Cubano, como deputada, e na Federação Cubana de Mulheres, liderada pela esposa de Raúl, Vilma Espín. Mas Aleida abandonou gradualmente suas atividades públicas para se dedicar à família e à perpetuação do legado de Che, abrindo um centro de pesquisas em sua antiga casa.

La Casa del Che, como é chamada, está pintada de azul-água. O terraço ajardinado e o caminho de acesso são cobertos com buganvílias vermelhas e roxas. Nos anos 1990, quando morava em Havana e visitava a casa frequentemente, retratos pintados de Che adornavam as paredes da sala de espera, mas estavam ameaçados por danos causados por um vazamento de água contínuo no teto. No andar de cima, o pequeno escritório de Che continuava como ele o deixou quando partiu de Cuba, com sua pequena escrivaninha de madeira compensada polida e envernizada, com tampo de fórmica branca, e sua cadeira de rodinhas, com encosto forrado com vinil. As janelas duplas nas extremidades do aposento davam para a mesma paisagem do bairro que Che tinha visto. Seus livros ainda estavam lá: as obras de Marx, Engels e Lênin, as margens rabiscadas com suas anotações; biografias de Joseph Fouché, um dos mais sanguinários jacobinos, que se tornou ministro de polícia de Napoleão, e de Maria Antonieta, por Stefan Zweig. Em um pequeno desnível sob a escrivaninha havia os livros que estava lendo por último: vários sobre a Bolívia, a África e a Revolução Argelina, muitos deles em francês, e um sobre o assassinato de John F. Kennedy. Um retrato de Camilo Cienfuegos estava pendurado por trás da escrivaninha, e no topo da estante de livros que se estendia a sua frente estavam um busto de Simón Bolívar e um baixo-relevo de bronze de Lênin. Uma cuia de chimarrão, com sua bomba de prata, de enfeite, estava em uma prateleira lateral e, sobre o piso, havia uma estátua de bronze simbolizando o "novo homem soviético", acumulando poeira. Na prateleira de um armário estreito estavam alguns dos pertences que Che deixou para trás: uma mochila verde-oliva do Exército, um cinturão-cartucheira e outras peças de vestuário militar, todas desintegrando devido à umidade de Cuba.

Quando a primeira mulher de Che, Hilda, morreu de câncer em 1974, sua filha, Hildita, foi para a Europa. Foi um tipo de fuga: ela não tinha um relacionamento bom ou próximo com a madrasta, Aleida. Trabalhou fazendo biscates e levou a vida de uma hippie na Itália e em outros países europeus. Posteriormente, viveu no México e casou-se com um guerrilheiro mexicano chamado Alberto. Foram viver em Cuba, mas as atividades conspiratórias de Alberto contra o mais firme aliado de Cuba contrariavam o regime de Fidel e ele foi convidado a deixar o país. Hildita foi com ele, mas acabaram se divorciando. Regressando a Cuba em meados da década de 1980, com dois filhos pequenos, trabalhou na Casa de las Américas como arquivista e pesquisadora, e começou a compilar uma bibliografia dos textos de seu pai.

Fiel à revolução de Cuba, mas muito franca sobre o que via como seus defeitos, Hildita provocou o desagrado silencioso do regime por suas opiniões e conduta pessoal. Quando seu filho mais velho, Canek, então um adolescente, fez comentários críticos ao governo de Fidel para a imprensa estrangeira, o manto da vergonha caiu com mais peso sobre o seu pequeno clã. Em 1995, Hildita morreu de câncer, aos 39 anos, a mesma idade que seu pai tinha ao ser morto. Nem Fidel nem Raúl compareceram ao velório, embora tenham enviado grandes coroas de flores. Foi sepultada no Panteão das Forças Armadas Revolucionárias, no vasto Cementerio Colón; no funeral, no entanto, não houve nenhum discurso.

IV

A fé inabalável de Che em suas convicções tornou-se ainda mais poderosa por sua incomum combinação de paixão romântica com pensamento friamente analítico. Essa mistura paradoxal foi provavelmente o segredo da importância quase mística que adquiriu, mas parece ter sido também a fonte de suas fraquezas inerentes: arrogância e ingenuidade. Com o dom de perceber e calcular estratégias em grande escala, parecia, no entanto, incapaz de avaliar o detalhe no que se referia aos elementos humanos que formavam o quadro maior, como ficou evidenciado na sua desastrosa escolha de Masetti para liderar o foco argentino. Na Argentina, em Cuba, no Congo e na Bolívia, os homens em quem ele acreditava falharam sistematicamente, e ele, também sistematicamente, deixava de entender como poderia alterar a natureza fundamental dos outros para fazer com que se tornassem "comunistas desprendidos". Porém, junto com seus erros, aquilo que é mais lembrado a respeito de Che é seu exemplo pessoal, incorporando fé, força de vontade e espírito de sacrifício.

Como um veterano funcionário da Inteligência em Havana observou: "Próximo do fim, Che sabia o que estava vindo e se preparou para uma morte exemplar. Teríamos preferido que tivesse continuado vivo, conosco aqui em Cuba, mas a verdade é que sua morte nos ajudou imensamente. É pouco provável que tivéssemos toda a solidariedade revolucionária que temos tido ao longo dos anos se não fosse pelo modo como Che morreu".

A ilha passou por muitas mudanças em sua posição política durante o longo mandato de Fidel como *jefe máximo*. Imediatamente após a morte de Che, as relações com a União Soviética ficaram profundamente congeladas. Furioso com o apoio implícito de Moscou à orientação do Partido Comunista Boliviano e com os artigos duramente críticos a Che e à "exportação" da revolução publicados no *Pravda,* Fidel passou a ignorar o Kremlin. Como uma expressão de seu descontentamento, enviou apenas seu ministro da Saúde para participar das festividades anuais na Praça Vermelha, em novembro de 1967. O embaixador Alexandr Alexiev, muito próximo de Fidel, foi retirado do posto em 1968 e enviado para nada menos do que Madagascar. Fidel desencadeou um novo expurgo dos "velhos comunistas" pró-soviéticos, depois de ter supostamente descoberto uma facção dissidente que estava engajada em conversas contra ele com membros do pessoal da embaixada soviética. Como o expurgo dos acusados de "sectarismo" em 1962, essa trama destacava o indomável Aníbal Escalante, que dessa vez não foi mandado para Moscou, e sim condenado a quinze anos de prisão. Entre os crimes de Escalante e de seus companheiros conspiradores gravados em fita estava o de ter criticado Che.

Invocando o espírito de Che, Fidel fez uma tentativa desesperada para deslanchar a autossuficiência da economia cubana. Depois de proclamar que o país produziria o total sem precedentes de 10 milhões de toneladas de açúcar em

1970, ele direcionou todos os parcos recursos de Cuba para alcançar esse objetivo. Quando Orlando Borrego, o ministro do Açúcar, avisou a Fidel que isso não poderia ser feito, foi demitido. O objetivo *não* foi atingido e a economia cubana foi deixada em um colapso quase total. Para todos os efeitos, a desastrosa *zafra de los diez milliones*, como ficou conhecida, representou o fim de qualquer esperança de autonomia cubana, e os soviéticos, que já estavam animados com a declaração de Fidel apoiando sua invasão da Tchecoslováquia, rapidamente se impuseram. O Ministério das Indústrias de Che foi segmentado em vários menores, esvaziado dos elementos fiéis a Che; logo, muitos dos estrangeiros que tinham ido trabalhar para ele deixaram Cuba. O acampamento de reabilitação de Guanacahabibes e a fazenda experimental Ciro Redondo foram fechados. Seu departamento de controle, com mais de 40 mil fichas de indivíduos, catalogando suas aptidões revolucionárias e os registros de trabalho, foi destruído. Orlando Borrego permaneceu leal a Fidel e à revolução, porém nunca mais deteve uma alta posição no governo. Trabalhou por anos como assessor do Ministério dos Transportes e, depois que foi inaugurada, em 1995, para a Faculdade Che Guevara, na Universidade de Havana.

A "hibernação" de Che, induzida oficialmente, durou uma década e meia. Ele ressurgiu como um marco revolucionário em Cuba apenas depois que a própria União Soviética começou a mudar, no final dos anos 1980, sob o governo de Mikhail Gorbachev. Fidel se opôs às reformas liberais da glasnost e da perestroika com o que denominou de processo de "retificação", reinstituindo as ideias de Che Guevara como as corretas a serem seguidas pelos comunistas cubanos. Esse processo coincidiu com o colapso do bloco soviético e com o fim do fluxo de subsídios de Moscou para Cuba. Forçado a permitir investimentos de capital estrangeiro e outras "reformas de mercado" para resgatar a destroçada economia de Cuba, enquanto instituía medidas austeras, Fidel conseguiu tirar Cuba da beira do precipício. Ao longo do difícil "Período Especial", como Fidel definiu o momento após a era soviética, ele encorajou a ressurreição de Che como um herói popular e que melhor representava os ideais da Cuba revolucionária.

O levante zapatista que eclodiu em 1994, em Chiapas, no sul do México, demonstrou que Che e a guerra de guerrilhas não perderam seu fascínio como modelos para ação política. As táticas militares pouco agressivas dos zapatistas e seus objetivos políticos declarados — conseguir autonomia para os povos indígenas de Chiapas — são muito mais modestos do que os que tinha Che, mas seu legado foi visível no repúdio desses guerrilheiros à subserviência do México aos interesses do capital norte-americano e nos seus apelos por amplas reformas sociais, políticas e econômicas. A figura carismática de seu líder, o subcomandante Marcos, de arma na mão, fumando cachimbo, pensativo, irônico e lírico, cativou a imaginação popular como o fez um dia Che. De fato, é difícil não ver Marcos como um Che Guevara renascido, adaptado aos tempos modernos — menos utópico, mas ainda idealista, disposto a lutar por suas convicções —, talvez tendo aprendido com os erros de seu predecessor, mas mesmo assim tendo-o por modelo. Até certo ponto, os zapatistas representaram um êxito na implementação da teoria do foco. Marcos passou anos sem ser detectado entre as comunidades nas florestas de Chiapas, organizando e treinando seus quadros, antes de ir a público com a insurgência.*

V

A reabilitação de Che como uma presença santificada em Cuba atingiu sua apoteose com o retorno de seus restos mortais para o solo cubano. Eu estava com a equipe forense conjunta, de cubanos e argentinos, em novembro e dezembro de 1995, durante as primeiras semanas de busca pelo corpo de Che na pista de pouso em Vallegrande. A equipe fora reunida depois que Mario Vargas Salinas quebrou o longo silêncio e me contou o que tinha acontecido na noite em que Che desapareceu. Descobriram rapidamente os corpos de Octavio de la Concepcíon, dos dois bolivianos, Pablo e Chapaco, e do peruano Eustaquio. Mas em seguida o rastro esfriou, e eu fui embora para passar o Natal em casa. Fiquei em contato com os pesquisadores por telefone durante todo o ano seguinte.

Em junho de 1996, o chefe da equipe forense, Alejandro Inchaurregui, me encontrou no Paraguai, onde entrevistei Socorro Selich, a viúva do tenente-coronel Andrés Selich. Ela e o marido mudaram-se para Assunção no início dos anos 1970, quando ele foi embaixador boliviano lá. Sua família ficara quando ele voltou para a Bolívia a fim de fomentar um golpe e foi assassinado. Selich foi uma figura misteriosa. Sabia-se muito pouco sobre seu papel na morte de Che, embora houvesse alguma coisa vaga e sinistra em histórias sobre sua presença em La Higuera e Vallegrande durante o período em que os corpos desapareceram. Socorro ficou viúva por 23 anos e estava profundamente imersa na cultura de Alfredo Stroessner, no Paraguai. O ditador protegeu a ela e a várias filhas dela, uma das quais namorou um filho de Stroessner. Ela estava mais ou menos apolítica, mas acho que depois que conversamos por alguns dias ela sentiu que o nome de seu marido seria limpo se ela contasse o que sabia e compartilhasse os documentos e lembranças que tinha guardado.

* Ver Notas.

Socorro confirmou a história de Mario Vargas Salinas sobre o enterro de Che. Disse que o corpo fora abandonado em um túmulo secreto cavado por uma escavadeira em algum lugar no terreno com arbustos próximo à pista de pouso de Vallegrande e que uma vala comum foi cavada perto para enterrar seis camaradas de Che. O marido havia lhe mostrado as coordenadas dos locais das sepulturas no mapa. As coordenadas tinham desaparecido, mas ela tinha certeza de que Che fora enterrado separadamente. (Vargas Salinas, por outro lado, contara que Che e seus camaradas foram enterrados juntos, em uma única vala comum.) Curiosamente, o diário de bordo em que Selich normalmente registrava seus serviços funerários estava em branco de 15h45 de 9 de outubro até nove horas da manhã de 11 de outubro, omitindo qualquer menção a Che Guevara ou ao que foi feito com seus restos.* Socorro me permitiu examinar as anotações de seu falecido marido, entre outras coisas, incluindo transcrições que ele colecionava de interrogatórios militares dos camponeses das áreas em que Che e seus guerrilheiros perambulavam. Antes de deixar Assunção, Socorro prometeu cooperar pessoalmente com a busca do corpo de Che fazendo uma viagem a Vallegrande, incógnita, para ver se poderia identificar o local de sua sepultura a partir de sua memória das coordenadas. Mais tarde ela foi até lá, mas não conseguiu localizar um ponto exato.

Alejandro Inchaurregui tinha prometido me avisar imediatamente quando o corpo de Che fosse encontrado, e ele cumpriu com sua palavra. No início de julho de 1997, eu estava em Miami, coincidentemente falando sobre Che e dando entrevistas a jornalistas, quando Alejandro me telefonou. Com uma voz tranquila que foi ficando tensa de excitação, ele disse: "Nós o encontramos. Venha".

Voei para Santa Cruz no dia seguinte e em seguida fui de carro para Vallegrande. Nada havia aparecido na imprensa ainda, mas os rumores de uma descoberta começaram a circular. Os corpos foram encontrados por uma equipe de especialistas forenses cubanos e bolivianos. Eles, por sua vez, convocaram discretamente os argentinos. Alejandro e dois colegas voaram para lá dois dias antes. Alguns jornalistas também chegaram, mas estavam sendo mantidos à distância, e no escuro. Fora da pista, a meros quatro e meio metros do último dos buracos cavados ali em novembro de 1995, estava outra cova. A área ao redor estava cercada com cordas, e alguns soldados bolivianos guardavam os acessos.

* Para aumentar as contradições, poucos dias após a repatriação dos restos mortais de Che para Cuba, em julho de 1997, o ex-agente cubano-norte-americano Gustavo Villoldo emergiu de anos de obscuridade para me chamar para um encontro em Miami, onde insistiu que tinha dirigido o enterro de Che com vários homens, mas negou que Selich ou Vargas Salinas estivessem presentes.

Alejandro me levou sobre a borda mais distante da cova. Estava a cerca de dois metros de profundidade. No fundo, o esqueleto estava deitado de costas. O corpo fora trazido para fora, aparentemente com algum respeito, a poucos metros de distância de uma pilha emaranhada de outros seis cadáveres. Mais tarde, foram identificados como Pacho, Aniceto, Willy, Juan Pablo Chang, Arturo e Olo.

O crânio do corpo de Che, que tinha sido colocado para fora de modo organizado, foi coberto por uma jaqueta militar verde-oliva. Um dos braços, erguido a partir do cotovelo, apontava para o céu. A mão fora amputada na altura do pulso; os ossos pareciam ter sido cortados com precisão cirúrgica. Alejandro e outros especialistas tinham algumas dúvidas de que o corpo era de Che. Encontraram gesso de paris em um bolso da jaqueta — vestígios da máscara mortuária que foi feita quando as mãos de Che foram amputadas. Alejandro também encontrou algum fumo de tabaco, que era sabido que Che havia recebido para fumar na noite antes de sua execução. Tudo que restava fazer, ele disse, era checar os registros dentários.

As coisas aconteceram rapidamente depois disso. Em poucos dias, a notícia vazou e começou um frenesi da mídia. Temerosos de que uma ordem para cancelar os procedimentos fosse dada pelo ex-ditador militar Hugo Banzer (que ganhara as eleições presidenciais da Bolívia e estava para tomar posse em algumas semanas), os cubanos e os parceiros bolivianos decidiram não perder tempo. Na noite de 5 de julho, retiraram os corpos de Che e de seus camaradas de Vallegrande em uma operação-relâmpago que envolveu um comboio de veículos. Os corpos foram levados para um hospital em Santa Cruz, onde foram mantidos sob vigilância e mais bem examinados. Os dentes de Che foram comparados ao molde de gesso que os cubanos fizeram antes de ele partir para o Congo. Alguns dias depois, os restos foram postos em um avião e levados para Cuba. De acordo com a tradição revolucionária de dar a cada ano um título oficial, 1997 foi consagrado como "O Ano do Trigésimo Aniversário da Morte em Combate do Guerrilheiro Heroico e de Seus Camaradas".

VI

Manuel Barbarroja Piñeiro morreu em 1998, aos 68 anos, depois de perder o controle do carro enquanto voltava para casa de uma recepção diplomática em Havana. Barbarroja, que alguns anos antes tinha se aposentado do cargo de chefe do Departamento das Américas, permaneceu leal a Fidel. Um homem afável e um grande contador de histórias que ainda usava uma barba comprida, sua marca registrada, e gostava de passar longas noites junto com amigos na cozinha de sua casa repleta de livros em Miramar, fumando, bebendo uísque e discutindo assuntos internacionais. Apesar de amar uma conversa, Barbarroja guardou muitos segredos, e a maioria foi com ele para o túmulo.

Aleida finalmente publicou suas memórias. Seu livro, *Evocação*, contém algumas cartas particulares de Che e poemas dedicados a ela. Até o quadragésimo aniversário da morte de Che, em 2007, Aleida gradualmente liberou a maior parte dos diários e textos de Che para publicação. Morando na Europa, profundamente afastado de Cuba, o filho de Hildita Guevara, Canek, por enquanto, escreveu um blog reflexivo e melancólico chamado *Diaries without a Motorcycle* [Diários sem motocicleta].

Na América Latina, a história parece ter chegado a um grande labirinto circular. Em janeiro de 2009, enquanto Barack Obama substituiu George W. Bush como presidente dos Estados Unidos, mais de uma dezena de países latino-americanos obtiveram governos de esquerda. A maioria deles estava exigindo um novo relacionamento com os Estados Unidos, e vários se mostraram francamente hostis. Recentemente, três deles depuseram seus embaixadores norte-americanos e um, a Venezuela, foi anfitrião da Rússia em treinamentos navais no Caribe. As coisas começaram a mudar uma década antes, em 1999, com a vitória eleitoral de Hugo Chávez na Venezuela, um ex-paraquedista do Exército cujo chamado para uma "revolução bolivariana" e a vontade de confrontar "o Império", como ele chama os Estados Unidos, ajudaram a acelerar a deteriorização da influência norte-americana na região. Chávez considera Fidel como seu mentor político e Che Guevara como um de seus maiores heróis. Usando os vastos recursos de petróleo venezuelano, Chávez se tornou o principal patrocinador econômico para Cuba, e para a Bolívia. Em 2006, um de seus protegidos políticos, Evo Morales, um indígena aimará, foi empossado como o presidente da Bolívia. Para alguns, a aliança entre Chávez, Fidel e Evo Morales representou uma ressurreição do sonho de Che de uma revolução continental — mas, dessa vez, realizada sem armas. Essa foi certamente a aspiração de Chávez.

Evo Morales participou de uma cerimônia realizada em La Higuera, em 14 de junho de 2006, para comemorar o aniversário de 78 anos de Che. Junto com ele estavam o filho de Che, Camilo, e os embaixadores de Cuba e da Venezuela. Depois de pedir um momento de silêncio em memória de Che, Morales disse: "Nunca trairemos a luta de Che Guevara, de Fidel ou de Chávez, e dizemos isso no local onde nosso irmão mais velho perdeu sua vida". Dois meses depois, Chávez e Fidel fizeram uma visita conjunta à casa da infância de Che, em Alta Gracia, na Argentina. Foram festejados pela população e visitaram a recém-inaugurada Casa-Museo Del Che, na antiga casa da família Guevara, na Villa Nydia. Calica Ferrer e Carlos Figueroa estavam lá. No voo de volta para Havana, Fidel adoeceu e desapareceu da vista do público durante um longo período. Foi substituído no cargo por seu irmão, Raúl, que lhe sucedeu formalmente como presidente de Cuba em fevereiro de 2008. A doença de Fidel não o impediu de receber alguns dignitários estrangeiros e de aparecer em pequenos vídeos periodicamente liberados ao público. Ele podia ser visto falando e, muitas vezes, sorrindo, com seu mais frequente visitante, Hugo Chávez.

Por volta da época em que o corpo de Che foi exumado, um rabisco de grafite em espanhol apareceu no muro do escritório de telefonia pública de Vallegrande. Dizia: "Che — Vivo como nunca quiseram que você fosse".

Notas

Capítulo 1, p. 25: Segundo Julia Constela de Giussani, que era amiga da mãe de Che e da astróloga que elaborou seu mapa astral, Celia disse que ele nasceu em 14 de maio de 1928, no mesmo dia e à mesma hora em que um imponente estivador, chamado "Diente de Oro", morreu de ferimentos à bala. Os arquivos amarelados do jornal diário de Rosário, *La Capital*, confirmam a história. Em maio de 1928, em uma greve de estivadores, houve uma escalada para a violência. Saques e tiroteios aconteciam quase diariamente, a maioria deles realizados por grupos "fura-greves" armados que trabalhavam para a agência de contratação de estivadores, a Sociedade Patronal. Às 17h30 de terça-feira, 13 de maio de 1928, um estivador de 28 anos chamado Ramón Romero, vulgo "Diente de Oro", foi baleado na cabeça durante uma briga em Puerto San Martín. Na madrugada do dia seguinte, 14 de maio, ele morreu no hospital Granaderos a Caballo, em San Lorenzo, cerca de trinta quilômetros ao norte de Rosário.

Capítulo 7, p. 124: Em 1968, Rojo escreveu um livro, *Meu amigo Che*, no qual fez um relato da vida de Guevara e da amizade dos dois. Talvez por ter sido escrito às pressas para ser publicado logo após a amplamente divulgada morte de Che, o livro tem uma série de imprecisões. Rojo também tentou dar ao seu relacionamento uma dimensão maior do que a que efetivamente tivera, mas não foi o único a buscar uma projeção por tabela no meio da horda póstuma de antigos amigos e conhecidos de Guevara. O fato é que eles se conheciam, tinham amizade mútua e, por conseguinte, o livro de Rojo tem alguns aspectos historicamente válidos. Em seu livro, Rojo afirmou que, depois de se encontrarem pela primeira vez, ele viajou com Calica e Ernesto durante a maior parte de sua jornada para o norte, partindo de La Paz. Isso não é verdade. Eles se reencontraram em Lima, em Guayaquil, na Costa Rica, na Guatemala e no México, mas sempre viajaram separadamente. Posteriormente, visitou Che umas duas vezes, em Cuba.

Capítulo 8, p. 144: *"Nota al margen"* foi publicada como parte do *Notas de viaje* pela viúva de Guevara, Aleida March, embora ele a tivesse instruído a queimar este e outros de seus textos antigos após a sua morte. Felizmente ela resolveu não fazê-lo. Aleida acredita que a pessoa enigmática que ele descreveu pode ser uma figura composta de diversas pessoas que encontrou ao longo da viagem, ou um recurso literário que empregou para evocar a cena de autorrevelação.

Alberto Granado não conseguiu se recordar de ter encontrado qualquer pessoa com essa descrição durante a viagem. Ele ficou perplexo com o fato de que Ernesto tivesse esses pensamentos tanto tempo antes de que sua família e seus amigos soubessem da sua adoção do marxismo.

Capítulo 9, p. 166: Uma quantidade de homens cujas carreiras se tornaram enredadas com a de Ernesto Guevara emergiu da Operação Sucesso. Entre eles estava Daniel James. Como editor e principal correspondente para a América Latina do semanário anticomunista *New Leader*, James esteve envolvido na campanha da mídia norte-americana contra Arbenz. Em meados de 1954, escreveu *Red Design for the Americas* [O projeto vermelho para as Américas], um livro que advogava a derrubada do governo Arbenz. Segundo os autores de *Bitter Fruit: The Untold Story of the American Coup in Guatemala* [Fruta amarga: a história desconhecida do golpe norte-americano na Guatemala], os vigorosos argumentos de James de que os comunistas estavam controlando a situàção na Guatemala eram "tão convincentes" que a CIA comprou centenas de exemplares do livro e os distribuiu a jornalistas norte-americanos e a outros "formadores de opinião". Em 1968, James recebeu exclusividade de acesso para publicar os documentos apreendidos pela CIA que pertenciam aos guerrilheiros de Che na Bolívia, inclusive o diário de Che. Depois desse livro, publicou um ano depois uma biografia altamente cáustica de Guevara. O diário original de Che está no Banco Central da Bolívia, em La Paz.

Capítulo 13, p. 212: Mais tarde, Miguel Sánchez voltou-se contra Castro. Eu o conheci em 1997, quando estava promovendo a primeira edição deste livro. Sánchez apareceu em uma livraria e se identificou. Ele carregava uma bolsa de pano, de onde retirou uma grande fotografia emoldurada, em preto e branco, das mãos amputadas de Che. As pontas dos dedos estavam pretas de tinta. Explicou que a fotografia lhe fora dada por seu "bom amigo" Félix Rodríguez, o antigo agente cubano-americano da CIA que estava presente à execução na Bolívia, em 1967. Rodríguez autografou a foto e acrescentou uma nota pessoal a Sánchez.

Capítulo 15, p. 261: Che examinou um documento levado pelos visitantes do diretório nacional em que se delineava a plataforma ideológica do Movimento 26 de Julho. Ele ficou impressionado, mas de forma reservada. "Nele, uma série de decretos revolucionários bastante avançados era proposta", ele escreveu, "embora alguns fossem muito líricos, como o anúncio de que não seriam estabelecidas relações diplomáticas com as ditaduras [latino-]americanas." Provavelmente, Che estava se referindo à mais recente edição de *Revolución*, o novo jornal clandestino publicado por Carlos Franqui, um ex-comunista que trabalhava como jornalista em Havana e secretamente cuidava da propaganda clandestina do Movimento 26 de Julho. A edição de fevereiro de 1957 de *Revolución* continha um artigo, "Necessidade de Revolução", extraído de um esboço de panfleto intitulado *Nuestra Razón*. Franqui encomendara o texto original a Mario Llerena, escritor de assuntos políticos, com a intenção de que ele se tornasse "O manifesto-programa" do Movimento 26 de Julho. No artigo, a "Revolução" era descrita como "um processo histórico contínuo [...]. A Revolução está lutando pela completa transformação da vida cubana, por profundas modificações no sistema da propriedade e por uma mudança nas instituições [...]. De acordo com esses objetivos, e como uma consequência da realidade histórica, geográfica e sociológica de Cuba, a Revolução é democrática, nacionalista e socialista".

Quando *Nuestra Razón* foi publicado alguns meses depois, Fidel se distanciou dele, evidentemente empenhado em evitar quaisquer pronunciamentos ideológicos que pudessem afastar adeptos em potencial do 26 de Julho.

Capítulo 17, p. 320: Em sua carta a Daniel (publicada no *Diário da Revolução Cubana*, de Carlos Franqui), Che escreveu: "Por causa dos meus antecedentes ideológicos, sou daqueles que acreditam que a solução dos problemas do mundo está por trás da chamada Cortina de Ferro, e vejo esse Movimento como um dos muitos inspirados pelo desejo da burguesia de se libertar dos grilhões econômicos do imperialismo. Sempre pensei em Fidel como um líder autêntico da burguesia esquerdista, embora essa imagem seja realçada por qualidades pessoais de brilho extraordinário, que o colocam acima de sua classe. Comecei a luta com esse espírito: honestamente sem qualquer esperança de ir mais longe do que a libertação do país, e inteiramente preparado para partir quando as condições dessa última luta desviassem todas as ações do Movimento no rumo da direita (na direção do que vocês todos representam). Jamais contei foi com a mudança radical nas suas ideias básicas para que pudesse aceitar o Pacto de Miami. Parecera impossível e depois descobri que era [...]. Felizmente, a carta de Fidel chegou nesse meio-tempo [...] e explicou como tinha acontecido o que denominamos de traição".

Quanto à questão de suprimentos, disse, nem ele nem Fidel estavam recebendo o que precisavam com a rapidez suficiente, de modo que ele continuaria a tomar suas próprias providências. Seu principal fornecedor podia ser "um personagem duvidoso", mas considerava-se capaz de lidar com ele sem perigo algum. Disse expressamente a Daniel que *ele* não comprometeria seus valores, ao contrário daqueles que tinham assentido ao Pacto de Miami, no qual "a coisa se resumiu naquilo que constituiu provavelmente o ato de 'sodomia' mais odioso da história de Cuba. Meu nome na história (que pretendo conquistar por minha conduta) não pode ser vinculado a esse crime, e aqui faço registro disso [...]. Se essa carta o fere, porque a considera injusta ou por se considerar inocente do crime e quer me dizer isso, ótimo. E se lhe dói tanto que você corta as relações com esta parte das forças revolucionárias, tanto pior".

Quatro dias depois, Daniel respondeu com uma refutação eloquente. Ele também estava escrevendo para deixar "prova de sua integridade revolucionária". Quanto a manter a carta de Che como privada entre os dois, como solicitara Che, Daniel o informou de que a havia partilhado com o resto do diretório e, por conseguinte, Che podia considerar que sua resposta provinha de todos eles. "Não estou minimamente interessado em onde você me situa, nem vou sequer tentar fazer com que você mude sua opinião pessoal de nós [...]. Esta não é a hora para se debater 'onde está a salvação do mundo' [...]. Nossas diferenças fundamentais estão em que nós estamos preocupados em dar aos povos oprimidos de 'nossa América' governos que respondam aos seus anseios de Liberdade e Progresso [...]. Queremos uma América forte, senhora de seu próprio destino, uma América que possa enfrentar orgulhosamente os Estados Unidos, a Rússia, a China, ou qualquer outra potência que tente solapar sua independência política e econômica. Por outro lado, os que têm os antecedentes ideológicos deles pensam que a solução para nossos males é nos libertarmos da odiosa dominação 'ianque' por meio de uma não menos odiosa dominação 'soviética'."

Capítulo 17, p. 324: Depois da vitória rebelde em 1959, *Revolución* tornou-se um jornal diário e *Lunes de Revolución* foi editado pelo romancista Guillermo Cabrera Infante. Tanto Cabrera Infante quanto Carlos Franqui acabaram por se desentender com Castro e foram para o exílio. *Revolución* foi fechado.

Capítulo 18, p. 346: Ao divulgar os detalhes da disputa entre a serra e o *llano* em seu artigo, publicado pouco antes de partir de Cuba, Che rompeu o silêncio sobre um tópico que tinha sido tabu oficial desde o triunfo da revolução. Ao fazê-lo, Che optou por passar por cima da discordância de Faustino Pérez em relação às decisões tomadas na reunião de cúpula de maio, e dar a impressão de que a rixa tinha sido resolvida definitivamente.

É preciso lembrar que, na ocasião em que Che escreveu seu artigo, não apenas Faustino estava "do mesmo lado" que ele, como também era um membro destacado da liderança revolucionária de Cuba, e as diferenças entre os dois no passado tinham se tornado irrelevantes, além de ser inconveniente revê-las em profundidade, em público.

A carreira posterior de Faustino Pérez mostrou que, além de suas outras virtudes, enumeradas por Che, ele era um sobrevivente inveterado. O ex-opositor do caudilhismo de Fidel tornou-se um dos grão-vizires do fidelismo; o antigo anticomunista tornou-se membro do Comitê Central do Partido Comunista Cubano reconstituído, quando foi oficialmente instaurado por Fidel em 1965, e continuou a ser um líder apparatchik até sua morte, em 1993.

Capítulo 18, p. 357: Na sua carta, Fidel advertiu Raúl: "Precisamos considerar a possibilidade de que elementos da ditadura, explorando esse incidente, estejam preparando um plano de agressão física contra cidadãos norte-americanos. Dada a situação desesperada de Batista, isso voltaria a opinião pública contra nós, pois ela reagiria com indignação à notícia, por exemplo, de que vários desses norte-americanos tinham sido assassinados pelos rebeldes. É indispensável declararmos de forma categórica que não empregamos o sistema de reféns, por mais justificada que seja nossa indignação contra as atitudes políticas de qualquer governo [...]. Você precisa ter em mente que, em questões que possam ter consequências sérias para o Movimento, você não pode agir por sua própria iniciativa, nem ir além de certos limites sem qualquer consulta. Além do mais, isso daria a falsa impressão de completa anarquia nos círculos internos de nosso Exército". (Do *Diário da Revolução Cubana*, de Franqui)

Capítulo 19, p. 367: No final de 1958, Che já tinha recrutado ou conhecia a maioria de seus futuros camaradas guerrilheiros. Eliseo Reyes, depois chamado de "Rolando"; Carlos Coello, apelidado de "Tuma"; Orlando "Olo" Pantoja, com o codinome "Antonio"; e Manuel Hernández Osorio, ou "Miguel", estavam todos com ele na marcha para Las Villas. Além desses, Harry Villegas, "Pombo", um de seus guarda-costas, e Leonardo Tamayo, "Urbano", estavam no "Esquadrão Suicida" de El Vaquerito. O terceiro sobrevivente cubano da campanha na Bolívia, Dariel "Benigno" Alarcón Ramírez, estava na coluna invasora de Camilo, como também estava Antonio "Pinares" Sánchez. José María "Papi" Martínez e Octavio de la Concepción de la Pedraja, "El Moro", estavam com Raúl em Oriente. Juan Vitalio Acuña, também conhecido na Bolívia como "Joaquín", permanecera na Sierra Maestra e fora feito comandante por Fidel. Três outros futuros combatentes logo se juntariam a Che nas Escambray: Alberto Fernández Montes de Oca, "Pachungo"; Gustavo "Alejandro" Machín de Hoed; e Jesús "Rubio" Suárez Gayol.

Capítulo 23, p. 497: A história de como a fotografia de Che, tirada por Korda, foi tão amplamente divulgada é complicada. Ela não foi utilizada no *Revolución* para ilustrar o artigo sobre a cerimônia do La Coubre, mas apareceu meses depois impressa em tamanho muito pequeno, em um anúncio para uma conferência em que Che discursaria. Korda certamente deu uma cópia da fotografia a Feltrinelli, em 1967, antes de Che morrer, e Feltrinelli a reproduziu como um pôster em preto e branco para a Feira do Livro de Frankfurt. Feltrinelli disse ter tentado chamar atenção para a situação de Che (ele estava então lutando uma batalha perdida na Bolívia) e, assim, salvar sua vida, mas de fato Che foi morto naquele mês, três dias antes da abertura da Feira do Livro.

No entanto, parece que as reproduções da fotografia tirada por Korda começaram a aparecer em várias versões alguns meses antes do outono de 1967. Aparentemente foi usada em cartazes em Havana em maio de 1967, no Salão de Maio, que contou com a presença de muitos artistas franceses, e também em julho, para uma conferência da Organização Latino-Americana de Solidariedade. Na Europa, apareceu em 19 de agosto de 1967, na edição de *Paris Match*, ilustrando uma história de Jean Lartéguy sobre Che que fazia a pergunta: "Onde ele está agora?".

A versão da fotografia que se tornou mais divulgada está baseada em um desenho em vermelho sobre preto de um artista irlandês, Jim Fitzpatrick, que disse que conseguiu a própria fotografia de uns ativistas holandeses que podem ou não tê-la conseguido de Jean-Paul Sartre. Fitzpatrick disse que também viu a fotografia em *Stern*. Ele fez muitas versões da foto, primeiro em 1967, aparentemente de forma completamente independente do pôster de Feltrinelli. Foi uma versão da versão de Fitzpatrick que se tornou a bandeira para as manifestações estudantis, e depois foi adotada por inúmeros fabricantes de camisetas. A versão de Fitzpatrick também foi o modelo para o "Warhol Che", um painel de nove telas que não era de Warhol. O autor dessa versão permanece desconhecido. Em fevereiro de 1968, a revista norte-americana *Evergreen* publicou em sua capa uma pintura de Paul Davis baseada nas versões de desenhos pop art da fotografia de Korda. Essa imagem foi utilizada na capa da primeira edição deste livro e em muitas edições posteriores.

Os relatos mais completos da jornada da imagem de Korda estão em *Che Guevara: Revolutionary and Icon*, de Trisha Ziff (Abrams, 2006), e em *Che's Afterlife: The Legacy of an Image*, de Michael Casey (Vintage, 2009).

Capítulo 25, p. 568: Myrna Torres, a amiga de Ernesto e Hilda Gadea durante os tempos na Guatemala, mudou-se para Cuba no início da década de 1960. Sua casa em Havana tornou-se um santuário para toda a geração de revolucionários da América Central. Humberto Pineda, seu primeiro marido e pai de seus dois filhos — um dos dois irmãos que descreveu no diário que manteve na Guatemala como tendo "realmente um par de bolas" —, foi um dos fundadores do movimento guerrilheiro guatemalteco. Foi capturado, torturado e assassinado em 1966, e em 1975, seu irmão, Luis Arturo, estava "desaparecido". Myrna voltou para a Nicarágua em 1979, depois que os guerrilheiros sandinistas depuseram Anastasio Somoza, e trabalhou para o novo governo em sua imprensa oficial. Quando os sandinistas perderam o poder, em 1990, ela voltou a viver em Havana. Uma mulher elegante e vivaz, Myrna manteve grande interesse na política regional. Entre viagens ao México e à Costa Rica, onde vivem seus filhos, ela afirmou estar escrevendo suas memórias.

Capítulo 25, p. 570: No princípio, os programas de guerrilha latino-americanas tiveram o apoio de Fidel. A agência secreta conhecida como Departamento de Libertação foi criada sob a chefia de Manuel Piñeiro como vice-ministro — o Viceministerio Técnico —, dentro do órgão de Segurança Nacional, confiado a Ramiro Valdés. Piñeiro explicou: "Eu era responsável pelas organizações de inteligência e pela Dirección Nacional de Liberación, que tratava da América Latina e da África". Nessa competência, disse ele, mantinha "um relacionamento ativo e intenso com Che", participando de muitas de suas reuniões de madrugada, com revolucionários de todas as partes do mundo. Consta que Valdés se concentrava mais na contraespionagem dirigida contra os Estados Unidos, embora também tivesse "algum envolvimento" na implementação dos programas de guerrilhas. Evidentemente, o papel de Raúl era menos direto. Em um esquema estabelecido bem no começo por Fidel, ele tinha a prerrogativa de selecionar seus próprios quadros, dentro do Exército, para participar das operações. Mas o verdadeiro supervisor era Che. "Desde o primeiro dia, Che estava encarregado do movimento de libertação armada apoiado por Cuba", explicou uma fonte governamental cubana, que tem acesso aos arquivos pertinentes.

Capítulo 26, p. 646, acima: Em novembro de 1962, Leonov encontrou-se pessoalmente com Lee Harvey Oswald, que tinha chegado à embaixada soviética na Cidade do México e pedira para falar com um funcionário. Segundo Leonov, ele foi chamado para atendê-lo. Mas Oswald estava armado e agitado e, por esses motivos, Leonov rapidamente chamou outras pessoas da embaixada para o ajudarem a retirá-lo de lá. Leonov disse que ficou espantado quando, pouco depois, percebeu que era o homem "psicótico e perigoso" que fora detido em Dallas e acusado de ter assassinado o presidente dos Estados Unidos. Em uma conversa a respeito das diversas teorias sobre o assassinato de JFK, Leonov descartou a ideia de que Oswald pudesse ter agido por ordem da KGB, citando o comportamento "psicótico" que constatara pessoalmente. Disse que, falando de maneira teórica, mesmo que a KGB *tivesse* querido matar JFK, jamais teria utilizado alguém tão desequilibrado e difícil de controlar.

Ao longo de três diferentes conversas com Leonov, em Moscou, durante 1993, falamos sobre sua carreira na Inteligência e seu relacionamento com Che Guevara e outros personagens. Em uma das sessões, ele falou de modo apaixonado sobre a causa revolucionária guatemalteca, em especial sobre os assassinatos de "amigos" seus do Partido Comunista da Guatemala pelos esquadrões da morte militares. Não entrou em detalhes sobre o tipo de relacionamento que haviam tido, além de dizer que apoiaria sua causa. Porém, em seu livro, *El Oro de Moscú*, publicado em 1995, o bem informado argentino Isidoro Gilbert, ex-correspondente da Tass, disse que Leonov tinha assistido de forma direta a causa revolucionária guatemalteca e sugeriu que o fez como parte de um programa da KGB que, embora clandestino, tinha sido aprovado oficialmente. De forma mais elíptica, Manuel Piñeiro me disse que Leonov "sempre demonstrara solidariedade para com os combatentes revolucionários latino-americanos e a Revolução Cubana".

A julgar por um memorando tornado público, que o chefe da KGB, Alexander Shelepin, dirigiu a Kruschev em 29 de julho de 1961, os soviéticos não tinham problemas com guerras de guerrilhas em países nos quais o Partido Comunista local estivesse proscrito e, às vezes, apoiavam esse tipo de ação. De acordo com trechos extraídos do livro *Inside the Kremlin's Cold War: From Stalin to Kruschev* [Dentro da guerra fria do Kremlin: De Stálin a Kruschev], de Vladislav Zubok e Konstantin Pleshakov, o memorando de Shelepin propunha uma série de atividades clandestinas pelo mundo afora a fim de desviar os Estados Unidos de uma confrontação em Berlim. "Shelepin advogava medidas 'para ativar, pelos meios de que dispunha a KGB, levantes armados contra governos reacionários pró-ocidentais'. As atividades subversivas começaram na Nicarágua, onde a KGB orquestrou uma rebelião armada por intermédio de uma 'frente interna de resistência', em coordenação com os cubanos de Castro e com a 'Frente Revolucionária Sandino'. Shelepin propôs distribuir 'verbas com os fundos da KGB, além da assistência prestada anteriormente de 10 mil dólares norte-americanos para a compra de armas'. O plano também contemplava instigar um levante armado em El Salvador, e uma rebelião na Guatemala, onde as forças guerrilheiras receberiam 15 mil dólares para comprar armas." (Kruschev aprovou esse plano, e ele passou pelo Comitê Central Soviético em 1º de agosto de 1961.)

Capítulo 26, p. 646, abaixo: Pouco depois da visita de Che a Moscou, Rudolf Shlyapnikov viajou a Cuba para assumir um cargo na embaixada soviética, ficando encarregado dos milhares de "voluntários" do Komsomol soviético que estavam trabalhando em Cuba. Em fevereiro de 1968, acusado de estar em conluio com o renitente Aníbal Escalante e outros "velhos comunistas" descontentes em uma conspiração para enfraquecer a autoridade revolucionária de Fidel, Shlyapnikov e vários outros agentes soviéticos foram expulsos de Cuba. Escalante foi condenado a quinze anos de prisão. De seu cargo na embaixada em Havana, Oleg Darushenkov ascendeu rapidamente nas fileiras do partido e se tornou chefe do departamento de Cuba do Comitê Central. Nos anos 1980, foi nomeado embaixador soviético no México e, depois da queda do comunismo na URSS, renunciou ao cargo e continuou no México, trabalhando como executivo para o conglomerado mexicano de televisão Televisa. (O último posto diplomático de Shlyapnikov, como cônsul soviético em Veracruz, no México, também coincidiu com o período em que Darushenkov foi embaixador naquele país.)

Considera-se que esses homens representavam a linha soviética antiguevarista. A viúva de Che, Aleida March, acha que Oleg Darushenkov era um "provocador". Ela ficou irritada pelo fato de que, depois da morte de Che, quando foi à sua casa para apresentar suas condolências, sem qualquer tato diplomático, Darushenkov lhe perguntou: "Por que Che foi para a Bolívia, sendo um estrangeiro?". Ela se ofendeu e disse que citou o precedente do general dominicano Máximo Gómez, que ajudou na guerra de independência de Cuba contra a Espanha. Por último, ela perguntou como ele ousava fazer tal pergunta na casa de Che.

Orlando Borrego concorda com a avaliação que Aleida fez de Darushenkov, a quem conheceu bem, e descreveu-o como extremamente inteligente, capaz e altamente ambicioso, mas também "perverso", com uma propensão a falar mal das pessoas e fazer comentários provocadores de uma maneira que parecia indicar segundas intenções.

Capítulo 26, p. 656: Segundo a viúva de Che, Aleida, entre os que estavam na sala se encontrava o jovem líder da resistência angolana, Jonas Savimbi, que mais tarde fundaria o movimento guerrilheiro Unita. Na batalha multifacetada contra os portugueses, que finalmente culminou com a independência de Angola em 1975, as forças de Savimbi perderam para o rival, MPLA, apoiado pelos cubanos e pelos soviéticos, que tomou o poder e instalou um regime marxista. Savimbi voltou-se para o Ocidente e continuou lutando, com apoio militar da CIA e da África do Sul. Durante a década de 1980, a Unita de Savimbi possuía escritórios luxuosas em Washington, D.C., e foi saudado pelo presidente Ronald Reagan como um *freedom fighter* anticomunista, na melhor tradição ocidental. Porém, depois de participar e ser derrotado nas eleições nacionais realizadas após um acordo de cessar-fogo negociado com mediação internacional em 1992, Savimbi retomou a guerra. Nas lutas recentes, milhares de angolanos morreram e grande parte de Angola foi destruída. Em 1996, esteve brevemente envolvido em negociações para compartilhar o poder com o regime. Em 2002, Savimbi foi, enfim, cercado e morto em batalha. Com sua morte, a longa guerra de Angola finalmente terminou.

Capítulo 27, p. 668: Aleida me contou que, além dos poemas gravados em fita, Che lhe escreveu um poema especial, que, até o momento em que conversamos, ela não tornou público. "O mundo poderá lê-lo depois que eu morrer", ela disse. Aleida sempre protegeu os detalhes de sua vida com Che com um zelo quase obsessivo. Aliusha, sua filha mais velha, disse que somente quando já tinha vinte e poucos anos e estava se preparando para seguir os passos do pai, indo à Nicarágua para servir como médica, que o medo de perdê-la fez com que a mãe se abrisse. A essa altura, Aleida leu para ela uma carta de amor que Che lhe escrevera, mantida fechada a sete chaves em uma mesa especial em sua casa. E, enquanto Aliusha estava na Nicarágua, Aleida lhe mandou uma cópia dos poemas de amor gravados em fita que Che lhe deixara. (Em seu livro de memórias, *Evocação*, que foi publicado em 2008, Aleida reproduziu um poema de Che escrito para ela que pode ser aquele sobre o qual me falou.)

Além da carta de despedida "pública" dirigida aos filhos, Che mandara da África alguns cartões-postais para eles, bem como uma gravação de sua voz contando-lhes como se sentia por ser seu pai. "Che era um machista, como a maioria dos latinos", disse Aleida, em um tom carinhosamente recriminatório, explicando que, em uma carta para seus dois filhos, Camilo e Ernesto, excluindo as filhas, disse-lhes que, no final do século, se ainda estivesse vivo e se o imperialismo ainda existisse, teriam de combatê-lo juntos e, caso contrário, iriam "juntos para a Lua, em uma espaçonave". Em uma carta para as filhas, disse-lhes que tomassem conta dos irmãos, principalmente de Camilo. Elas deviam fazê-lo parar de dizer palavrões.

Capítulo 27, p. 680: Por muitos anos, Aleida se recusou a publicar as três histórias obscuras que Che escreveu, argumentando que eram muito íntimas para serem compartilhadas com o público. No entanto, finalmente cedeu, e duas delas, "La Duda" (A dúvida) e "La Piedra" (A pedra), apareceram. "La Duda" é uma reflexão não datada das crenças congolesas em *dawa*, ou bruxaria. "La Piedra" também não foi datada, mas nitidamente foi escrita depois que Osmany Cienfuegos lhe deu a notícia de que Celia [sua mãe] estava morrendo. "Ele me contou como se falasse para um homem forte, para alguém com autoridade", a história começa, "e lhe agradeci. Ele não simulou angústia e também não tentou mostrá-la. Foi tão fácil. A confirmação que me permitiria ficar oficialmente triste ainda não tinha chegado. Perguntei-me se poderia chorar um pouco. Não, não poderia, porque o *jefe* supostamente é indiferente. Não é que a ele não devesse ser permitido o direito de sentir, mas o que ele não deveria é mostrar isso, exceto, talvez, em nome de seus soldados."

O resto da história gira em torno de coisas pequenas e indispensáveis que Che sempre levou com ele: o cachimbo para fumar tabaco, o isqueiro, o caderno e as canetas, o inalador para asma. O título tem a ver com uma pequena pedra anexada ao chaveiro que sua mãe lhe dera. A pedra se separara da corrente do chaveiro e Che a carregava no bolso. Ele também fala sobre um lenço de linho que Aleida lhe dera antes de ele partir de casa. "Ela me deu para o caso de eu ser ferido no braço", ele escreveu. "Seria uma tipoia amorosa." Em seguida, ele especula sobre o que podia acontecer se algo mais drástico ocorresse — se sua cabeça fosse partida ao meio e ele fosse morto. Ele imagina o lenço amarrado no queixo. Devaneia que "poderiam me exibir e talvez eu aparecesse na *Life* com uma aparência de agonia e desespero, congelado no momento de máximo terror. Porque as pessoas sentem isso. Por que mentir sobre isso?".

Capítulo 27, p. 704: Em anotações não publicadas do diário de Harry "Pombo" Villegas, datadas de 21 de novembro de 1965, que obtive em Cuba, Villegas escreveu sobre problemas que Che omitira em seu próprio relato:

"Depois de tomar a decisão de se retirar desse lugar e voltar para o país vizinho da Tanzânia, começaram a surgir abertamente divergências entre Tatu (Che) e outros líderes de alto nível do partido, que tinham sido designados para colaborar com ele no exercício de tão difícil tarefa (Tembo, Siki, Uta, Karim).

"A causa fundamental das divergências anteriormente mencionadas reside na atitude dos *compañeros* em relação à realidade em que nos encontramos, sua falta de compreensão da atitude tomada por Tatu diante da situação no terreno, devido ao fato de que [eles] [...] não confiavam nele como líder nacional de nossa revolução e como líder de nosso destacamento enviado para combater nessas terras distantes.

"Acharam que Tatu estava sendo obstinado em sua determinação de permanecer lá e que não fora capaz de perceber o fato de que não existiam as condições subjetivas para realizar a revolução, e que, mesmo que a insurreição fosse vitoriosa, a Revolução [Congolesa] não tinha líderes para levá-la adiante, porque eles eram todos pseudorrevolucionários, sem princípios, e podia-se até dizer que tinham muito pouca moral.

"Mas a realidade é que Tatu tinha consciência disso, tinha consciência da impossibilidade de levar a cabo uma revolução social. Disse isso a todos nós, com exceção de Siki [Fernández Mell] e Tembo [Aragonés], que não estavam presentes porque tinham permanecido na base, para onde ela não fora enviada." (Pombo estava se referindo à "Mensagem aos combatentes" de Che, de 12 de agosto.)

"Pessoalmente, eu disse que sua posição de sacrifício se devia à sua convicção de que a retirada dos cubanos devia ser uma decisão a ser tomada pelo governo cubano [...] [e] que nós não devíamos jamais [implorar ou] gritar pedindo para sermos autorizados a partir [...]."

Capítulo 28, p. 709: Quando partiu para se juntar a Che no Congo, Pombo deixou em Cuba a mulher com quem se casara havia menos de três anos. Tinham um filho ainda bebê, Harry Jr. Sua esposa, Cristina Campuzano, fora secretária de Che no período inicial no Departamento de Industrialização do Inra. Ela era amiga tanto de Hilda Gadea como de Aleida. Nessa época, as famílias dos homens de Che eram extremamente próximas. Tuma fora o padrinho de casamento de Pombo e Cristina.

Cristina disse que era "terrivelmente duro" para as esposas, pois raramente viam seus maridos. "Quando estavam em Cuba, ficavam acordados até as tantas com Che, depois foram para o Congo e em seguida para a Bolívia." Quando os homens partiam em uma missão com Che, suas famílias eram "retiradas" de circulação por motivos de segurança. Um grupo delas vivia em um edifício semicomunitário de apartamentos em Miramar. A certa altura, Cristina ia se encontrar com Pombo e recebeu uma *leyenda* ("história de cobertura") para estudar a fim de poder viajar ao seu encontro. Ela diz que, nessa época, Pombo estava vivendo recluso na embaixada de Cuba em Paris.

Depois que Pombo partiu para a Bolívia, foi dito a Cristina que ela poderia ir se juntar a ele quando "as condições fossem adequadas". Pombo argumentou que seu filho, Harry, era muito novo para ser deixado e que ela não poderia ir até que "o terreno esteja seguro".

Papi também deixou para trás a esposa e um filho pequeno. Somente Tuma não tinha filhos, mas, depois de voltar de Praga para Cuba, engravidou sua esposa. Seu filho, que nunca chegaria a conhecer, nasceu depois de ele ter partido para a Bolívia.

Capítulo 28, p. 714: Uma vez que jamais houve amplo esclarecimento documentado que revelasse com exatidão os deslocamentos, as reuniões e os paradeiros de Che entre os momentos em que saiu do Congo e reapareceu em Cuba, baseio meu relato nas fontes mais confiáveis de que dispus: Aleida March; general Harry Villegas (Pombo); Manuel "Barbarroja" Piñeiro; Juan Carretero, o veterano diplomata e funcionário da Inteligência cubana, codinome Ariel; e Oscar de Cárdenas, que era o vice de Ulíses Estrada, encarregado do departamento da África da Inteligência cubana na época em que Che saiu do Congo. Todos eles dizem que Che foi da Tanzânia para Praga, e de lá voltou para Havana.

Porém, há outras versões. Mario Monje, o antigo secretário-geral do Partido Comunista Boliviano, me disse que soubera, sem revelar suas fontes de informação, que Che, depois de deixar a Tanzânia, fora para a República Democrática Alemã (RDA), onde viveu "sob a proteção dos serviços de Inteligência alemães [-orientais]". Outra fonte cubana bem informada indicou a possibilidade de que Che tenha passado "algum tempo" na RDA durante o período em que esteve escondido, mas em seguida ao seu retorno secreto a Cuba, isto é, quando estava a caminho da Bolívia, no outono de 1966. Essa fonte acrescentou que Aleida "pode" tê-lo visitado lá. O próprio Che forneceu uma evidência circunstancial que reforça a possibilidade de sua estada na RDA: iniciado em novembro de 1966, o primeiro dos dois diários bolivianos encontrados em poder de Che ao ser capturado fora fabricado na Alemanha Oriental. Aleida March me disse que se reunira com Che no exterior, clandestinamente, em três ocasiões. A primeira, em janeiro-fevereiro de 1966, na Tanzânia; a segunda, em Praga, antes de sua volta para Cuba em meados de 1966; e uma terceira vez que ela não especificou. Em seu livro de memórias, *Evocação*, ela menciona duas: a visita da Tanzânia e a de Praga.

A esse mosaico bastante complexo de cronologias se soma o relato fornecido pelos biógrafos cubanos "oficiais" de Che, o ex-agente do Ministério do Interior, Froilán González, e sua esposa, Adys Cupull. O Ministério do Interior lhes permitiu acesso aos passaportes falsos que, supostamente, foram utilizados por Che nas viagens após seu desaparecimento das vistas do público em abril de 1965. Segundo eles, Che partiu da Tanzânia em 28 de dezembro de 1965 para um país não especificado da Europa Oriental, onde ficou até 14 de julho de 1966, quando viajou para Praga. Entre 19 e 20 de julho, viajou de Praga para Viena, Genebra, Zurique e Moscou, de onde seguiu imediatamente para Havana.

Mas Ariel, o vice de Manuel Piñeiro, me disse que "os diversos passaportes guardados pela Inteligência cubana com diferentes carimbos, mostrando diferentes países, não querem dizer nada. Várias *leyendas* [histórias de coberturas] teriam sido preparadas para ele, e os carimbos teriam sido apostos por nós, aqui em Cuba". Também lembrou que, na época em que Che partiu da Tanzânia para Praga, ele próprio esteve pessoalmente envolvido em espalhar "desinformação" sobre Che, a fim de confundir as agências de inteligência ocidentais e ajudar a mantê-las distantes do seu rastro.

Manuel Piñeiro confirmou que Che não ficou enfurnado em Praga. A certa altura, admitiu ele, Che fez uma viagem a Paris, para pôr à prova a última *leyenda*.

Capítulo 28, p. 721: De acordo com minhas fontes em Cuba, Régis Debray, tal como Tania, fazia parte da rede de inteligência dirigida por Barbarroja Piñeiro. Ele era controlado diretamente por Ulíses Estrada e por Juan Carretero, ou Ariel, que implementavam os programas cubanos de guerrilhas. Essas fontes dizem que o envolvimento de Debray no programa começou quando ele fora a Havana como estudante de filosofia, em 1961. Sua cobertura pública para a viagem à Bolívia, como um jornalista francês, era autêntica e útil ao mesmo tempo, pois ele, efetivamente, escreveu sobre a América Latina para a editora francesa Maspéro. Mas ele também era um mensageiro clandestino para Barbarroja. Foi dito que os cubanos consideravam Debray muito mais útil nessa última condição — mensageiro e agente de propaganda da causa — do que como teórico e aliado em nível de comando.

Capítulo 29, p. 743: Falando sobre a expedição boliviana, uma fonte do governo cubano admitiu que "Che não estava no comando da situação em que foi inserido. Era o Departamento das Américas [nome escolhido para o Departamento de Libertação de Piñeiro depois de sua reestruturação] que estudava as condições para revolução em outros países e fazia as recomendações a Fidel".

O pessoal de Piñeiro parece ter errado a mão ao assegurar a Fidel que as condições foram dadas para que Che fosse para a Bolívia. Pessoas próximas a Che em Cuba ainda culpam, em nível privado, Piñeiro e seus homens por "ferrarem com as coisas". Poucos insinuam que houve algum tipo de traição, mas sim trabalho malfeito e *guaperia* — um termo cubano para designar a bravata arrogante —, que levaram à série de múltiplos erros que caracterizou a operação boliviana.

Capítulo 29, p. 761: O nome de Arguedas foi levantado em uma reunião em La Paz entre Pombo, Papi e Mario Monje, na noite de 8 de agosto de 1966. No diário publicado de Pombo, ele registrou a reunião e a vanglória de Monje por ter aliados-chave colocados dentro do governo da Bolívia, mas omitiu seus nomes por motivos de segurança. Em algumas anotações não publicadas, no entanto, Pombo rabiscou: "Ele nos falou de Arguedas, que fora nomeado ministro [do Interior] [...]. Explicou que, como um membro, ele [Arguedas] fora autorizado a ocupar o referido posto pelo Partido [Comunista Boliviano], que estava em um posto-chave, [para o qual] expressamos nossas preocupações em relação ao método aplicado e nossa crença de que era uma faca de dois gumes. Ele ressaltou que [Arguedas] era um colega fácil de dominar (mas ele estava muito errado)".

Capítulo 29, p. 763: Em julho de 1997, Gustavo Villoldo Sampera — que anteriormente não viera a público — disse que a CIA tinha fontes adicionais de inteligência na Bolívia, a mais importante era um membro ativo do Partido Comunista Boliviano. Villoldo não revelaria a identidade do traidor, a quem descreveu como sendo "alguém próximo aos irmãos Peredo". Disse que essa pessoa ainda estava viva. Villoldo também disse que Mario Monje informava regularmente ao coronel Roberto Quintanilla, o chefe da Inteligência do Ministério do Interior de Arguedas. Ele disse que Quintanilla passava as informações de Monje para a CIA.

Quanto a Bustos e Debray, Villoldo disse que ambos foram torturados durante os primeiros dias no cativeiro e contaram o que sabiam. Acrescentou que qualquer um teria feito o mesmo em sua situação. Disse que eles foram ameaçados de morte e, de fato, seriam mortos pelos militares bolivianos, mas que ele e seus colegas da CIA os salvaram a fim de obter suas informações.

Capítulo 29, p. 765: A maioria dos sobreviventes do episódio boliviano concorda em que a retirada de Renán de La Paz foi um erro. Por que ele foi retirado em um momento tão crucial? Piñeiro disse que era para renovar sua documentação e fazer uma verificação de sua identidade de cobertura. Mas Loyola Guzmán, que se encontrou com Renán várias vezes em 1967, ficou com a nítida impressão, no seu último encontro, de que ele estava "apavorado", que tinha medo de ser capturado. Ariel disse que Renán estava "extremamente doente". Disse que estavam preparando outro homem para substituí-lo, mas os acontecimentos na Bolívia atrapalharam esse plano. Quando o outro agente estava pronto para ir, já era tarde demais. Mas Loyola ficou intrigada. Por mensageiros, ela mandara duas cartas a Havana acentuando a necessidade de um substituto para Renán e, posteriormente, depois que o diário de Che foi apreendido e divulgado, ela constatou que as mensagens tinham chegado, porque, em agosto, ele registrou o fato de que havia recebido uma mensagem em código de Havana, basicamente retransmitindo suas observações e informando-o de que um substituto estava a caminho. Ela indagou: "Como é possível que eles tivessem recebido minha carta, retransmitida para Che, e ainda assim não tivessem tomado nenhuma providência?".

No final de agosto, Loyola Guzmán e seus companheiros na cidade tinham resolvido que ela iria a Havana a fim de explicar a urgência da situação. Primeiro, porém, ela queria tratar de uma mensagem que dizia que o partido estava reconsiderando sua posição e estava disposto a encontrá-la na cidade de Cochabamba. Antes de partir, ela começou a sentir que estava sendo seguida. Contou a Humberto Vásquez-Viaña, que fez um teste para verificar se suas suspeitas tinham fundamento. Ela passou um dia se deslocando pela cidade, subindo e descendo de ônibus, com Humberto acompanhando-a a uma distância discreta, observando. No final do dia, ele confirmou: ela estava sendo seguida.

Uns dois dias depois, ela foi presa.

Ante as acusações lançadas na sua direção e na de seus agentes, Piñeiro foi taxativo em afirmar que a sobrevivência de Che e seu sucesso final eram sua principal preocupação. Ele rejeita como sendo "repugnantes" quaisquer insinuações em contrário.

Capítulo 29, p. 765: Na primavera de 1967, Régis Debray clandestinamente enviara notícias sobre a situação de Che por meio de sua namorada venezuelana, Elizabeth Burgos, que foi autorizada a visitá-lo na prisão, em Camiri. Ciro Bustos também pediu à sua esposa, Ana María, para levar a Havana a notícia de que Che precisava desesperadamente de um novo equipamento de rádio, e acrescentou sua recomendação para que um segundo foco guerrilheiro fosse iniciado a fim de desviar a atenção para longe de Che. Ana María escreveu uma carta, mas, devido a uma série de problemas, ela não chegou a Havana até a véspera da captura de Che. Em setembro de 1967, agentes da Inteligência cubana em Paris pediram ao amigo de Bustos, Hector Schmucler, para viajar para a Argentina e depois para a Bolívia, para descobrir o que fosse possível sobre a situação de Che. Schmucler disse que teve a impressão de que os cubanos estavam muito preocupados. Ele concordou em ir, mas quando chegou à Argentina, no início de outubro, era tarde demais. (Schmucler estudou semiótica com Roland Barthes em Paris e na década de 1970 foi cofundador, com Ariel Dorfman, da revista chilena *Communicación y cultura*. Teve uma carreira acadêmica longa e distinta. Seu filho, Pablo, que foi um guerrilheiro Montonero, desapareceu na Argentina em 1977. Em 2005, quando Schmucler ainda era professor na Universidade de Córdoba, ele e seu velho amigo Oscar del Barco fizeram uma troca de cartas públicas em que repudiaram a violência que endossavam quando eram jovens.)

Capítulo 29, p.775: Entre alguns dos amigos e companheiros de Che em Cuba, admite-se "por baixo do pano" que a operação na Bolívia foi uma catástrofe do começo ao fim. Citam o fato de que Che jamais teve o apoio dos camponeses na Bolívia, que os guerrilheiros cubanos e bolivianos jamais estabeleceram um bom relacionamento entre si, e que Che, mais velho e mais fraco do que era nos tempos da serra, relutava em agir contra os indolentes em suas fileiras. Um funcionário cubano disse: "Essa compaixão lhe saiu cara no final, porque um homem menor teria feito algumas execuções, mas Che não fez; não queria assustar as pessoas; queria que as pessoas se juntassem a ele e sabia que era, afinal de contas, um estrangeiro".

Manuel Piñeiro defende os esforços de Che na Bolívia e no Congo, chamando-os de "façanhas heroicas" e citando Fidel sobre a questão de se as batalhas finais de Che tinham ou não sido um fracasso: "Eu sempre digo que o triunfo ou o fracasso não determina o acerto de uma diretriz".

Capítulo 29, p. 781: Em minha versão do encontro, usei trechos das anotações de Selich em sua conversa com Che. O diálogo a seguir não foi incluído:

> SELICH: O que o senhor acha que foi a razão do seu fracasso? Acho que foi a falta de apoio dos camponeses.
>
> CHE: Pode haver algo de verdade [nisso], mas a verdade é que se deveu à eficaz organização do partido político de Barrientos, isto é, seus *corregidores* e prefeitos políticos, que se encarregaram de avisar o Exército sobre nossos movimentos.

Inexplicavelmente, as anotações de Selich se encerram com uma pergunta sem resposta que ele fez a Guevara: "Por que o senhor não conseguiu recrutar mais elementos nacionais [bolivianos], tais como os camponeses da região?".

Epílogo, p. 804: O fantasma de Che reaparece periodicamente nos conflitos não resolvidos que persistem depois de sua morte. Em dezembro de 1996, a tomada de reféns na embaixada do Japão em Lima, no Peru, por um grupo guerrilheiro "guevarista", o Movimento Revolucionário Tupac Amaru, concentrou a atenção do mundo em uma causa até então obscura e abalou a confiança de um regime que se pensava seguro. Apenas algumas semanas antes, na distante África, com as tensões regionais crescendo com a presença de vários milhões de refugiados hútus ruandenses e as milícias armadas se ocultando em seu seio no leste do Zaire, um movimento rebelde zairense até então desconhecido fez sua aparição espetacular, forçando os refugiados de volta para Ruanda, tomando cidades zairenses e pondo em fuga as milícias hútus. O homem que liderava essa rebelião logo se apresentou. Era Laurent Kabila, o líder rebelde que Che tentara, sem sucesso, ajudar no Congo três décadas antes. Em um extraordinário retorno, Kabila ressurgiu da obscuridade para novamente erguer o pavilhão de batalha. Em maio de 1997, após uma campanha militar surpreendentemente rápida, ele derrubou a ditadura de 31 anos de Mobutu, assumiu o poder e renomeou o país de República Democrática Popular do Congo. Kabila se mostrou um sobrevivente sagaz, mas provou ser pouco melhor que seu corrupto antecessor. Em pouco tempo, mergulhou o país em uma guerra que custou mais de 4 milhões de vidas. Kabila foi assassinado em 2001 por um de seus guarda-costas, mas isso, infelizmente, não foi o fim do derramamento de sangue no Congo. Foi um lembrete de que algumas das batalhas que começaram quando Che estava vivo ainda não tinham seu desfecho.

Fontes

PARTE UM: JUVENTUDE AGITADA

Pesquisas de campo e entrevistas

Para pesquisar a infância e a história da família de Che, passei três meses na Argentina, em 1994. Durante grande parte do tempo, viajei em companhia de seu amigo Alberto Granado. Roberto e Celia Guevara foram extremamente úteis com esclarecimentos sobre a história da família, bem como em suas reflexões sobre seu irmão. Julia Constenla de Giussani, uma amiga da mãe de Che, forneceu-me o relato da história da data do nascimento de Che. Ana María Erra, a segunda mulher de Ernesto Guevara Lynch, também ajudou com detalhes da história da família Guevara.

Alberto Granado e eu viajamos juntos a Misiones e encontramos a antiga propriedade dos Guevara, em Puerto Caraguataí. Entrevistamos algumas pessoas que se lembravam dos pais de Che, inclusive Gertrudis Kraft e Johann Fahraven. Outros que ajudaram na história local foram Emiliano Rejala, dr. Oscar Darú, e Leonor e Epifanio Acosta.

Junto com Alberto Granado e "Calica" Ferrer, fui a Alta Gracia e a Córdoba. Carlos Figueroa nos permitiu ficar na velha casa de sua família, na calle Avellaneda, em Alta Gracia, logo adiante, na mesma rua, de onde ficavam as antigas casas dos Guevara, Villa Chichita e Villa Nydia. Com esses dois homens, consegui vislumbrar o passado de modo privilegiado, enquanto eles trocavam reminiscências e me levavam para conhecer outros amigos e conhecidos da infância de Guevara. Entre eles estavam Rodolfo Ruarte, Sarah Muñoz, Enrique Martín, Paco Fernández, Carlos Barceló, Mario e Chicho Salduna, Blanca de Alboñoroz, Juan e Nelly Bustos, José Manuel Peña, Alberto Ferrer e Ofelia Moyano. Também conheci Rosario López, a antiga caseira dos Guevara, e Elba Rossi, professora de Ernesto na terceira série na Escuela Liniers.

Em Córdoba e em Buenos Aires, entrevistei vários de seus colegas do Dean Funes, entre os quais Raúl Melivosky, Oscar Stemmelin, Roberto "Beto" Ahumada, Osvaldo Bidinost, Carlos López Villagra, Jorge Iskaro e José María Roque. Entre seus conhecidos da adolescência estavam Miriam Urrutia, Nora Feigin, Betty Feigin (viúva de Gustavo Roca), Tatiana Quiroga de Roca, Jaime "Jimmy" Roca, Carlos Lino e "Chacho" Ferrer. Na Espanha, entrevistei Carmen González-Aguilar e seu irmão, "Pepe". Em Cuba, Fernando Barral expôs-me suas próprias lembranças. Troquei e-mails com Chichina Ferreyra em maio de 2009.

Em Rosário, Alberto Granado e eu fomos assistidos pelo jornalista Reynaldo Sietecase, da *Pagina 12*, fã de Che. Juntos exploramos a cidade onde Che passou seu primeiro mês de vida. O primo de Granado, Naty López, relembrou para nós o dia, há muito tempo, em que, como "Míal" e "Fuser", Alberto e Che passaram a toda pela cidade montados em *La Poderosa*, na sua "fuga para o Norte".

A respeito dos anos de Che em Buenos Aires e na estrada, falei com Ricardo Rojo, Carlos Infante, dr. Emilio Levine, Fernando Chávez, Adalberto Bengolea, Nelly Benbibre de Castro, Andro Herrero, Anita García (viúva de Gualo García) e Mario Saravia. Alberto Granado e Calica Ferrer compartilharam comigo suas recordações das viagens que fizeram com Ernesto.

Com relação ao período de Che na Guatemala e no México, tive grande assistência do jornalista Phil Gunson, que providenciou todas as minhas entrevistas e conduziu uma quantidade delas ele próprio, em meu nome. Entre os entrevistados, estiveram Ricardo Romero, Edelberto Torres Jr., Antonio del Conde ("El Cuate"), Yuri Paporov, Alfonso Bauer Paiz, Fernando Gutiérrez Barrios, dr. David Mitrani, dr. José Montes Montes, dr. Baltazar Rodríguez, entre outros. Em 1994, em três ocasiões distintas, entrevistei Nikolai Leonov, em Moscou. Myrna Torres também me ajudou com detalhes da vida de Che na Guatemala.

Fontes documentais

A respeito da infância e juventude de Che, me reportei a *Mi hijo el Che*, o livro de memórias escrito por seu pai, Ernesto Guevara Lynch. Os trechos relativos à primeira viagem de Che pela Argentina, em 1950, foram extraídos desse livro. A tradução é minha. O conto *Angustia*, que Che escreveu em 1951, enquanto estava em alto-mar, foi publicado no jornal argentino *Primer Plano*, em 1992.

A propósito de suas viagens em 1951-2, com Alberto Granado, me reportei ao livro de Granado, *Con el Che por Sudamérica*, e ao *Notas de viaje*, do próprio Che, publicados em inglês como *The Motorcycle Diaries*, primeiro pela Verso, em 1995, e depois pela Ocean Press, em 2004. Utilizei extensivamente o livro *Ernestito: Vivo y presente*, coletânea de depoimentos orais que abrangem a vida de Che de 1928 a 1953, compilados pelos historiadores cubanos de Guevara, Froilán González e Adys Cupull. A cronologia da vida de Che, *Un hombre bravo*, foi uma referência útil para esse período e para outros subsequentes. Também recorri a *El Che y los argentinos*, de Claudia Korol, e *Testimonios sobre el Che*, editado por Mírta Rodríguez. As citações de Dolores Moyano foram retiradas de um artigo que ela escreveu para a *New York Times Magazine*, em 1968.

A viúva de Che, Aleida March, compartilhou comigo toda a coletânea do *Diccionario filosófico* de Che, que reflete suas leituras de filosofia, religião, mitologia e psicologia, entre as idades de dezessete e 28 anos, bem como o *Indice literario*, sua lista de leituras cobrindo o mesmo período.

Com referência à vida de Che a partir de meados de 1953, quando ele deixou a Argentina, até seu encontro com Fidel Castro no México, baseei muito da minha narrativa no seu diário, *Outra vez*, que não tinha sido publicado quando trabalhava sobre esse livro mas que me foi proporcionado por Aleida March. As traduções aqui são minhas. Depois de meu livro ser lançado, Aleida March autorizou a publicação do diário sob seu título original. Em 2001, *Back on the Road* foi publicado em inglês junto com uma seleção de cartas de Che para casa. Em 2005, Calica Ferrer publicou sua própria versão da viagem, *De Ernesto al Che: El segundo y último viaje de Guevara por Latinoamérica*. Desde então, *Becoming Che* foi publicado em inglês. Fernando Barral me deu um manuscrito original de *Aquí va un soldado de América*, compilação em forma de livro das cartas que Che escreveu para casa, feita por seu pai. O manuscrito contém cartas não incluídas na versão publicada.

Calica Ferrer me cedeu cópias de suas cartas para casa quando estava viajando com Che em 1953. Anita de García também compartilhou as cartas de seu falecido marido, "Gualo" García, e Andro Herrero deu-me trechos de seu próprio diário, bem como cartas que recebeu de Che, Gualo García, Oscar Valdovinos e Ricardo Rojo depois que eles o deixaram em Guayaquil e foram para o norte, para a Guatemala.

Pedro Álvarez Tabío, diretor dos Arquivos Históricos do Conselho de Estado de Cuba, me autorizou a reexaminar textos originais que cobrem a vida de Che desde sua infância até o período na Cidade do México, inclusive algumas cartas familiares e textos antigos não publicados anteriormente. Heberto Norman Acosta, especialista no período de "exílio" pré-*Granma* do Movimento 26 de Julho, permitiu que eu examinasse o depoimento censurado de Che durante o interrogatório a que foi submetido pela polícia mexicana, além de outros textos. Lionel Martin emprestou-me o exemplar pertencente ao falecido Harold White da antologia marxista que o jovem Ernesto Guevara o ajudou a traduzir na Guatemala.

Utilizei o livro de Hilda Gadea, *Ernesto: A Memoir of Che Guevara* [Ernesto: uma memória de Che Guevara], para ter sua versão do relacionamento dos dois. Nele estão incluídas várias reminiscências curtas de outras pessoas, inclusive de Myrna Torres, Harold White, Lucila Velásquez, Juan Juarbe y Juarbe e Laura Meneses de Albizu Campos.

A obra *Pasajes de la Guerra Revolucionaria* [Reminiscências da guerra revolucionária cubana], do próprio Che, também se refere à época na estrada, no México e na Guatemala. Em 17 de outubro de 1967, o jornal oficial do Partido Comunista Cubano, *Granma*, dedicou uma edição especial a Che. Extraí dela uma quantidade de citações, inclusive as recordações de Mario Dalmau e de outras pessoas. A casa de cultura cubana, Casa de las Américas, também publicou várias edições especiais dedicadas a Che. As citações de Alfonso Bauer Paiz, referindo-se ao período Guatemala-México, foram extraídas delas. Phil Gunson obteve os artigos publicados em 1956-7 sobre os revolucionários cubanos nos arquivos da imprensa mexicana relativos a esse período.

A biografia feita por Tad Szulc, *Fidel: A Critical Portrait* [Fidel: um retrato crítico], e o livro de Hugh Thomas, *Cuba: The Pursuit of Freedom* [Cuba: a busca da liberdade], foram recursos inestimáveis para esse período. Lionel Martin me proporcionou um verdadeiro tesouro de fichas remissivas de seu arquivo pessoal, inclusive citações de muitas entrevistas originais que realizou nos anos 1960, quando estava planejando escrever uma biografia de Che Guevara.

PARTE DOIS: TORNANDO-SE CHE

Pesquisas de campo e entrevistas

Em Cuba, entrevistei muitas pessoas que haviam lutado com Che na Sierra Maestra, entre elas Harry Villegas (Pombo), Ricardo Martínez, Jorge Enrique Mendoza, Dariel Alarcón Ramírez (Benigno) e Oscar Fernández Mell.

Aleida March, Lolita Rossell, Miguel Ángel Duque de Estrada e Orlando Borrego também me forneceram detalhes sobre o período de Che nas Escambray, a batalha de Santa Clara e a marcha sobre Havana.

Fontes documentais

Baseei a maior parte da minha narrativa da Parte Dois no *Diario de un combatiente*, de Che, seu diário particular de 1957 a 1959, não publicado. Uma cópia datilografada do manuscrito me foi dada por Aleida March, que disse que a única outra cópia existente pertencia a Fidel. Nessa época, o diário estava sendo filtrado, com o objetivo de sua publicação em Cuba. Isto é, os nomes de alguns funcionários do governo cubano que foram mencionados criticamente, ou antagonicamente, estavam sendo removidos. O diário engloba quase toda a extensão da guerra de guerrilha cubana (dois anos), mas no meio um período de oito meses inexplicavelmente desapareceu. A primeira parte do texto que me foi dada começa em 2 de dezembro de 1956 e termina em 12 de agosto de 1957. A parte do meio, de 13 de agosto de 1957 a 17 de abril de 1958, estava faltando. A segunda parte começa em 18 de abril e vai até 3 de dezembro de 1959, um mês antes do fim da guerra. Para obter informações sobre os meses que faltavam, me baseei em entrevistas e outras publicações, inclusive nos próprios textos de Guevara que tratavam desses respectivos períodos. Utilizei seu relato publicado sobre a guerra, *Pasajes de la Guerra Revolucionaria*, tanto a edição em espanhol como a em inglês. Uma versão fora publicada em inglês, em 1968, como *Reminiscences of the Cuban Revolutionary War*, e depois, em 1996, como *Episodes of the Cuban Revolutionary War*. O Centro de Estudos Che Guevara, em Havana, anunciou que publicaria o diário completo como *Diarios de la Sierra*.

Cuba, de Hugh Thomas, *Fidel: A Critical Portrait*, de Tad Szulc, *The Early Fidel*, de Lionel Martin, *Diário da Revolução Cubana*, de Carlos Franqui, e *Fidel Castro*, de Robert Quirk, foram todos instrumentos inestimáveis de referência que empreguei amplamente. Também utilizei *Los que luchan y los que lloran*, de Jorge Ricardo Masetti, *M-26: Biography of Revolution*, de Robert Taber, *The Cuba Story*, de Herbert Matthews, e *Diarios inéditos de la guerrilla cubana*, de Heinz Dietrich. No que se refere à correspondência interna dos rebeldes e às cartas de Che escritas nesse período, baseei-me no *Diario*, de Franqui, no *Mi hijo el Che*, de Guevara Lynch, e na compilação comemorativa de relatórios, memorandos e telegramas do Exército cubano e do 26 de Julho feita pela Casa de las Américas. Também usei o *Descamisado*, de Enrique Acevedo, e a série de livros autobiográficos sobre a guerra na serra do comandante cubano Juan Almeida.

O historiador cubano Andrés Castillo Bernal me proporcionou a leitura de seu próprio manuscrito sobre a guerra, não publicado, baseado em ampla pesquisa. Também recorri às histórias cubanas, transmitidas oralmente, *Ellos lucharon con el Che*, *Los doce*, *Testimonios sobre el Che* e *Entre nosotros*.

PARTE TRÊS: CRIANDO O NOVO HOMEM

Pesquisas de campo e entrevistas

Realizei entrevistas com Orlando Borrego, Alfredo Menéndez e Oscar Fernández Mell para o período em La Cabaña, após o triunfo da revolução e o início do período revolucionário. Aleida March, Alberto Castellanos, Enrique Viltres, coronel Ricardo Martínez e Nicolás Quintana também lançaram luzes sobre essa época.

Dr. Salvador Vilaseca e Alfredo Menéndez partilharam comigo seus relatos da viagem de Che, em 1959, aos países não alinhados. Com relação ao trabalho de Che no Banco Nacional, no Ministério das Indústrias e na Junta Central de Planejamento, fui auxiliado por Aleida March, Orlando Borrego, dr. Salvador Vilaseca, Regino Boti, Nicolás Quintana, Nestor Laverne, Tirso Saenz, Juan Gravalosa, Cristina Campuzano, Ángel Arcos Vergnes e outros que me deram suas versões. Quanto à viagem de Che a Punta del Este, em 1961, Julia Constenla, Ricardo Rojo, Roberto Guevara e Carlos Figueroa partilharam suas recordações comigo.

Em três visitas a Moscou, entrevistei alguns ex-oficiais soviéticos que me falaram sobre as relações entre Cuba e a URSS e sobre as negociações de Che com Moscou. O papel de Che como pivô da ligação de Cuba com a URSS foi-me explicado em detalhe por Alexandr Alexiev, Giorgi Kornienko, Sergo Mikoyan, Nikolai Leonov, Yuri Paporov, entre outros.

Entrevistei ainda Yuri Pevtsov, Vladimir Bondarchuk, Timur Gaidar, Feder Burlatksi, Nikolai Metutsov, Kiva Maidanek, Yuri Krasin, Yvgeni Kosarev, Marat Muknachov, Vitali Korionov, Rudolf Shlyapnikov, e os ex-generais soviéticos Gribkov e Garbus.

O mais completo relato sobre a vida de Che durante sua permanência em Cuba, tanto em seus aspectos públicos como particulares, veio de sua viúva, Aleida March, e de seu amigo Orlando Borrego. Obtive outros detalhes com Lolita Rossell, Sofia Gato e com as filhas de Che, Hilda Guevara e Aliusha Guevara. Também colaboraram Alberto Granado, Fernando Barral, Pepe Aguilar, Harry

Villegas e Alberto Castellanos. Por seu relacionamento com a família de Che na Argentina, as informações de Aleida March, Ana María Erra e María Elena Duarte foram especialmente importantes.

Para documentar as atividades guerrilheiras de Che, entrevistei pessoas em Moscou, Havana, Argentina, Paraguai, Bolívia, Espanha e Suécia. Entre elas, estão: Aleida March, Orlando Borrego, Manuel Piñeiro, Juan Carreterro (Ariel), Oscar de Cárdenas, Regino Boti, general Harry Villegas (Pombo), Dariel Alarcón Ramírez (Benigno), Alberto Castellanos, Ricardo Gadea, Rodolfo Saldaña, Ciro Roberto Bustos, Héctor Jouve, Henry Lerner, Alberto Granado, Oscar del Barco, Hector Schmucler, Alberto Coría, Alberto Korn, Nestor Lavene, Loyola Guzmán, Marlene Lorjiovaca, Humberto Vázquez-Viaña, Ana Urquieta, Chato Peredo, Antonio Peredo, José Castillo (Paco), Oscar Zalas, Jorge Kolle Cueto, Simón Reyes, Juan Lechín, Gustavo Sánchez e outros. Entrevistei também Mario Monje por duas vezes, em Moscou.

Entre os inimigos de Che, me reuni com os ex-agentes da CIA Félix Rodríguez e Gustavo Villoldo; com os ex-generais bolivianos Reque Terán, Gary Prado Salmon e Mario Vargas Salinas; o ex-sargento Mario Terán, e os ex-majores do Exército boliviano Rubén Sánchez e Miguel Ayoroa. O ex-chefe da CIA em La Paz John Tilton conversou comigo por telefone de sua casa na Georgia. Em Assunção, no Paraguai, a viúva do coronel Andrés Selich, Socorro Selich, relatou-me a atuação de seu marido na campanha contra Che.

Fontes documentais

Muitos livros já foram escritos sobre a Revolução Cubana e tive acesso à maioria deles. Entre eles, os que achei mais úteis foram: *Cuba*, de Hugh Thomas; *Fidel: a Critical Portrait*, de Tad Szulc; *Rural Guerrillas in Latin America*, de Richard Gott; *Diary of the Cuban Revolution* e *Family Portrait of Fidel*, de Carlos Franqui; *Fidel Castro*, de Robert Quirk; *Guerrillas in Power*, de K.S. Karol; *The Taming of Fidel Castro*, de Maurice Halperin; *Ernesto: a Memoir of Che Guevara*, de Hilda Gadea; *My Friend Che*, de Ricardo Rojo; *Mi hijo el Che*, de Ernesto Guevara Lynch; e *El "Che" que yo conocí*, de José Pardo Llada.

Outras fontes foram: *Revolution in the Revolution?*, *Castroism: The Long March in Latin American* e *La guerrilla del Che en Bolivia*, de Régis Debray; *El Che y los argentinos*, de Claudia Korol; *Tania: Misión Guerrillera en Bolivia*, de Marta Rojas e Mírta Rodríguez; *All Said and Done*, memórias de Simone de Beauvoir; *A Thousand Days*, de Arthur Schlesinger Jr.; *Diario del Che en Bolivia*, do próprio Che; os sete volumes das obras reunidas de Che, editados por Orlando Borrego, *El Che en la Revolución Cubana; El Che Guevara: Obras 1957-1967*, dois volumes de textos selecionados pela Casa de las Américas; *An Encounter with Fidel*, de Gianni Miná; *Un hombre de la guerrilla del Che*, memórias de Harry Villegas; *Antecedentes de la guerrilla del Che en Bolivia*, monografia de Humberto Vázquez-Viaña; os cinco volumes da coleção de documentos e entrevistas intitulado *El Che en Bolivia*, editados por Carlos Soria Galvarro. *El año que estuvimos en ninguna parte*, de Paco Ignacio Taibo II, Félix Guerra e Froilán Escobar, é o primeiro livro escrito sobre o período que Che passou no Congo. *La guerrilla inmolada*, de Gary Prado, *No disparen... soy el Che*, do general Arnaldo Saucedo Parada, e *La campaña de Ñancahuazú*, do general Reque Terán, foram importantes relatos sobre o ponto de vista dos militares bolivianos sobre a campanha de Che no país, como também foi extensamente pesquisado o documentário do cineasta Richard Dindo, *The Diary of Che in Bolivia*.

Além de entrevistas e das fontes bibliográficas, tive acesso a muitos documentos inéditos, incluindo a revisão de *Notas económicas*, o texto crítico de Che sobre o *Manual of Political Economy* soviético; trechos não filtrados do diário de Pombo de 1966-7, em Praga-Bolívia; rascunhos manuscritos do original do livro de Inti Peredo, *Mi campaña junto al Che*, escrito em Cuba, após a fuga da Bolívia; transcrição de interrogatórios, fotografias e propaganda militar dos arquivos do general Reque Terán; vários documentos e fotografias do arquivo pessoal do falecido coronel Andrés Selich, incluindo seu diário de campo escrito durante a campanha antiguerrilha em 1967, seu diálogo com Guevara após sua captura e o relato particular que fez da captura e execução de Che Guevara ao general boliviano David La Fuente.

Bibliografia selecionada

Desde a primeira edição deste livro, em 1997, foi publicada uma grande quantidade de material novo sobre Che, e mais de seus próprios textos vieram a público. Mais significativamente, parte do material inédito ao qual me foi dado acesso pela viúva de Che, Aleida March, já fora publicado — embora muitas vezes no formato *filtrado* — em espanhol, e algumas vezes também em inglês. Isso inclui o diário de Che, *Outra vez*, detalhando seus movimentos a partir do momento em que deixou a Argentina, em 1953, até seu encontro com Fidel Castro, no México, em 1956; seu diário do Congo; e sua polêmica crítica do manual soviético de economia política. Sem dúvida, o derramamento de obras sobre Che continuará. Portanto, esta bibliografia não pretende ser exaustiva ou definitiva. Inclui as obras citadas na primeira edição de meu livro, além de novas traduções, novas edições e novos livros que me pareceram ter algum significado ou interesse especial.

POR E SOBRE ERNESTO CHE GUEVARA

ADAMS, Jerome R. *Latin american heroes: Liberators and patriots from 1500 to the present*. Nova York: Ballantine, 1991.

ALEXANDRE, Marianne (Org.). *Viva Che*. Londres: Lorrimer, 1968.

ÁLVAREZ BATISTA, Gerónimo. *Che: Una nueva batalla*. Havana: Pablo de la Torriente, 1994.

ANDERSON, Jon Lee. "Where is Che Guevara buried? A bolivian tells". *The New York Times*, 21 nov. 1995.

________. "Bones now seem to prove that Che is dead". *The New York Times*, 5 jul. 1997.

ARIET, María del Carmen. *El pensamiento del Che*. Havana: Editorial Capitán San Luis, 1992.

________. *Che: Pensamiento político*. Havana: Editora Política, 1993.

BORREGO, Orlando. *Che: El camino del fuego*. Havana: Ediciones Imagen Contemporanea, 2001.

BORREGO, Orlando. *Che, recuerdos en ráfaga*. Havana: Ciencias Sociales, 2004.

BOURNE, Richard. *Political leaders of Latin America*. Londres: Pelican, 1969.

BRUSCHTEIN, Luis. "Che Guevara: Los hombres de la historia". *Pagina/12*, Buenos Aires: Centro Editor de América Latina, 1994.

BUSTOS, Ciro. *El Che quiere verte: La historia jamas contada del Che*. Buenos Aires: Vergara Grupo Zeta, 2007.

CANDÍA, Gen. Alfredo G. "La muerte del Che Guevara". *La Liga Anticomunista de los Pueblos Asiáticos*, República de China, La Paz: 1971.

CASEY, Michael. *Che's afterlife: The legacy of an image*. Nova York: Vintage, 2009.

CASTRO, Fidel. *Che: A memoir by Fidel Castro*. Melbourne: Ocean Press, 1994.

CENTRO DE ESTUDIOS SOBRE AMÉRICA LATINA. *Pensar al Che, tomos 1 e 2*. Havana: Editorial José Martí, 1989.

"CHE". *Revista Casa de las Américas*, Havana, n. 43, jan.-fev. 1968.

CHE. Havana: Moncada, 1987.

CONSTENLA, Julia. *Celia, la madre del Che*. Buenos Aires: Editorial Sudamericana, 2004.

CUPULL, Adys; FROILÁN, González. *El diario del Che en Bolivia*. Havana: Editora Política, 1988.

________. *De Ñancahuazú a La Higuera*. Havana: Editora Política, 1989.

________. *Ernestito: Vivo y presente*. Havana: Editora Política, 1989.

________. *Entre nosotros*. Havana: Ediciones Abril, 1992.

________. *La CIA contra el Che*. Havana: Editora Política, 1992.

________.*Cálida presencia: Su amistad con Tita Infante*. Santiago de Cuba: Editorial Oriente, 1995.

________. *Un hombre bravo*. Havana: Editorial Capitán San Luis, 1995.

________. *Canto inconcluso: Una vida dedicada al Che*. Havana: Editora Política, 1998.

DEBRAY, Régis. *La Guerrilla de Che*. Barcelona: Siglo Veintiun Editores, 1975. [Ed. orig.: Paris: Maspéro, 1974.]

DEUTSCHMANN, David (Org.). *Che Guevara reader*. Melbourne e Nova York: Ocean Press, 2003.

DOLOROSAMENTE Cierta La Muerte del Comandante Ernesto Guevara. *Granma: Edición Especial*. Havana: Comité Central del Partido Comunista de Cuba, 17 out. 1967.

ELIZUNDIA, Alicia. *Bajo la piel del Che*. Havana: Ediciones la Memoria, Centro Cultural Pablo de la Torriente Brau, 2005.

ESCOBAR, Froilán; GUERRA, Félix. *Che: Sierra adentro*. Havana: Editora Política, 1988.

ESTRADA, Ulises. *Tania la guerrillera*. Melbourne e Nova York: Ocean Press, 2005.

________. *Tania: Undercover with Che Guevara in Bolivia*. Melbourne e Nova York: Ocean Press, 2005.

FERRER, Carlos "Calica". *De Ernesto al Che: El segundo y ultimo viaje de Guevara por Latinoamérica*. Buenos Aires: Marea Editorial, 2005.

GADEA, Hilda. *Ernesto: A memoir of Che Guevara: an intimate account of the making of a revolutionary by his first wife, Hilda Gadea*. Londres e Nova York: W. H. Allen, 1973.

GALVARRO, Carlos Soria. *El Che en Bolivia: Documentos y Testimonio*. La Paz: Lá Razon, 2005, v. 1 e 2.

GAMBINI, Hugo. *El Che Guevara: La biografía*. Buenos Aires: Grupo Planeta, 1968. [Ed. rev., 1996.]

GARCÉS, María. *Materiales sobre la guerrilla de Ñancahuazú: La campaña del Che en Bolivia (1967) a través del la prensa*. Quito: Editorial La Mañana, 1987.

GARCÍA-CARRANZA, Araceli; GARCÍA-CARRANZA, Josefina (Eds.). *Bibliografía cubana del comandante Ernesto Che Guevara*. Havana: Ministerio de Cultura, Departamento de Investigaciones Bibliográficas, 1987.

GOITIZOLO, Reinaldo Espinoza; GUERDARRAMA, Guillermo Grau. *Atlas Ernesto Che Guevara: Histórico biográfico y militar*. Havana: Editorial Pueblo y Educación, Ministerio de las Fuerzas Armadas Revolucionarias, 1991.

GONZÁLEZ, Luis J.; SALAZÁR, Gustavo A. Sánchez. *The Great Rebel: Che Guevara in Bolivia*. Nova York: Grove Press, 1969.

GRANADO, Alberto. *Con el Che por Sudamérica*. Havana: Editorial Letras Cubanas, 1980.

________. *Con el Che Guevara de Córdoba a la Habana*. Córdoba: Opoloop Ediciones, 1995.

________. *Traveling with Che Guevara: The making of a revolutionary*. Trad. De Lucía Alvarez de Toledo. Nova York: Newmarket, 2004.

GUEVARA, Ernesto Che. *La guerra de guerrillas*. Havana: Talleres de Inra, 1961.

________. *Pasajes de la Guerra Revolucionaria*. Havana: Unión de Escritores y Artistas de Cuba, 1963.

________. *Che: Reminiscences of the Cuban Revolutionary War.* Trad. Victoria Ortíz. Nova York: Monthly Review Press, 1968.

________. *Bolivian diary*. Trad. de Carlos P. Hansen e Andrew Sinclair. Londres: Jonathan Cape/ Lorrimer, 1968.

________. *El Che Guevara en la Revolución Cubana*. Org. de Orlando Borrego. Havana: Ministerio de Azúcar, 1969.

________. *Che: Selected works of Ernesto Guevara*. Org. de Rolando Bonachea e Nelson Valdes. Massachusetts: MIT Press, 1969.

________. *Obras, 1957-1967*. Havana: Casa de las Américas, 1970.

________. *Ernesto Che Guevara (Obras)*. Havana: Editorial de Ciencias Sociales del Instituto Cubano del Libro, 1972.

________; GERASSI, John. *Venceremos: The speeches and writings of Che Guevara*. Londres: Panther Modern Society, 1972. [Ed. orig. Londres: Weidenfeld & Nicolson, 1968.]

________. *Guerrilla Warfare*. Lincoln e Londres: University of Nebraska Press, 1985.

________. *Che Guevara and the Cuban Revolution: Writings and speeches of Ernesto Che Guevara*. Nova York: Pathfindera, 1987.

________. *Che Guevara speaks*. Havana: Pathfinder, 1988.

________. *Che periodista*. Havana: Editorial Pablo de la Torriente, Unión de Periodistas de Cuba, 1988.

________. *Ernesto Che Guevara: Temas económicos*. Havana: Editorial de Ciencias Sociales, 1988.

________. *Ideario político y filosófico del Che*. Havana: Editora Política, 1991. (Colección Olivo).

________. *A new society: Reflections for today's world*. Melbourne: Ocean Press, 1991.

________. *Notas de viaje*. Havana: Editorial Abril, 1992.

________. MASSARI, Roberto. *Ernesto Che Guevara: Scritti scelti*. Roma: Erre Emme, 1993, v. 1 e 2.

________. *Diario del Che en Bolivia*. Buenos Aires: Editorial Lagasa, 1994.

________. *Bolivian diary*. Nova York: Pathfinder, 1994.

________. *The motorcycle diaries*. Trad. de Ann Wright. Londres: Verso, 1994.

________; CASTRO, Raúl. *Diarios inéditos de la Guerrilla Cubana*. Org. de Heinz Dieterich e Paco Ignacio Taibo II. México: Editorial Joaquín Mortiz/ Grupo Editorial Planeta, 1995.

________. *Episodes of the Cuban Revolutionary War*. Nova York: Pathfinder, 1996.

________. *Pasajes de la Guerra Revolucionaria: Congo*. Milan: Sperling e Kupfer Editori, 1999.

GUEVARA, Ernesto Che. *The african dream: The diaries of the revolutionary war in the congo*. Trad. de Patrick Camiller. Nova York: Grove Press, 2000.

_______. *Back on the road: A journey to Latin America*. Trad. de Patrick Camiller. Nova York: Groove Press, 2001.

_______. *América Latina: Despertar de un continente*. Org. de María del Carmen Ariet e Javier Salgado. Havana: Centro de Estudios Che Guevara, Ocean Press, 2003.

_______. *Punta del Este: Proyecto alternativo de desarrollo para América Latina*. Org de Maria del Carmen Ariet e Javier Salado. Melbourne: Ocean Press, 2003.

_______. *Outra vez*. Rio de Janeiro: Ediouro, 2003.

_______. *El gran debate sobre la economia en Cuba, 1963-1964*. Havana: Editorial de Ciencias Sociales, 2004.

_______. *Self-portrait Che Guevara*. Org. de Victor Casaus. Melbourne e Nova York: Ocean Press, 2004.

_______. *The motorcycle diaries: Notes on a Latin American journey*. Trad. De Alexandra Keeble. Melbourne e Nova York: Ocean Press, 2004.

_______. *Apuntes criticos a la economia política*. Havana: Centro de Estudios Che Guevara, 2006.

_______. *The bolivian diary: Authorized edition*. Melbourne e Nova York: Ocean Press, 2006.

_______. *Reminiscences of the Cuban Revolutionary War*. Melbourne e Nova York: Ocean Press, 2006.

_______. *Diario de Bolivia: Edición anotada*. Org. de Canek Sánchez e Radamés Molina Montes. Barcelona: Linkgua Ediciónes, 2008.

GUEVARA LYNCH, Ernesto. *Aquí va un soldado de América*. Buenos Aires: Sudamericana Planeta, 1987.

_______. *Mi hijo el Che*. Havana: Editorial Arte, 1988.

_______. *Young Che: Memories of Che Guevara by his father*. Trad. Lucía Alvarez de Toledo. Nova York: Vintage, 2008.

HARRIS, Richard L. *Death of a revolutionary: Che Guevara's last mission*. Nova York: Norton, 2007.

HART, Joseph (Org.). *Che: The life, death, and afterlife of a revolutionary*. Nova York: Thunder's Mouth, 2003.

HODGES, Donald C. *The legacy of Che Guevara: A documentary study*. Londres: Thames & Hudson, 1977.

JAMES, Daniel. *The complete bolivian diaries of the Che Guevara and other captured documents*. Nova York: Stein and Day, 1968.

_______. *Che Guevara: A biography*. Nova York: Stein and Day, 1969.

KOROL, Claudia. *El Che y los argentinos*. Buenos Aires: Ediciones Dialéctica, 1988. (Colección Testimonial).

LARTÉGUY, Jean. *Los guerrilleros*. México: Editorial Diana, 1979.

LAVRETSKY, I. *Ernesto Che Guevara*. Moscou: Progress Publishers, 1977.

LOPEZ, Coco. *Mate y Ron (de Rosario a la Habana): El Che em la vision de argentinos e cubanos*. Rosário: Ameghino Editora, 1997.

MAESTRE ALFONSO, Juan. *Ernesto Che Guevara: Antología del pensamiento político, social y económico de América Latina*. Madri: Ediciones de Cultura Hispánica, 1988.

MARCH, Aleida. *Evocação, minha vida ao lado de Che*. Rio de Janeiro: Record, 2009.

MARTÍNEZ ESTÉVEZ, Diego. *Ñancahuazú: Apuntes para la historia militar de Bolivia*. La Paz: Colón, 1989.

MARTÍNEZ HEREDIA, Fernando. *Che, el Socialismo y el Comunismo*. Havana: Ediciones Casa de las Américas, 1989.

MASSARI, Roberto et al. *Che Guevara: Grandeza y riesgo de la utopia*. Tokelau: Txalaparta, 1993.

_______. *Che Guevara: Pensiero e politica dell'utopia*. Roma: Erre Emme, 1993.

_______. *Guevara para hoy*. Roma: Erre Emme Edizioni, 1994.

_______. *Otros documentos del Che en Bolivia*. La Paz: Ediciones Katari, [19--].

MOYANO MARTIN, Dolores. "The making of a revolutionary: A memoir of young Guevara". *The New York Times Magazine*, New York, 18 ago. 1968.

PARDO LLADA, José. *El "Che" que yo conocí*. Medellín: Editorial Bedout, 1969.

PEREDO, Inti. *Mi campaña con el Che*. México: Editorial Diogenes S / A, 1972.

PÉREZ GALDOS, Víctor. *Un hombre que actúa como piensa*. Havana: Editora Política, 1988.

PRADO SALMON, Gen. Gary. *La guerrilla inmolada: Testimonio y análisis de un protagonista*. Santa Cruz de la Sierra: Co-Edición Grupo Editorial Punto y Coma, 1987. [Ed. Ing.: *The defeat of the Che Guevara*. Connecticut: Greenwood Press, 1990.]

RAY, Michèle. "In cold blood: How the CIA executed Che Guevara". *Ramparts*, California, 5 fev. 1968.

RODRÍGUEZ, Spain. *Che: A graphic biography*. Londres: Verso, 2008.

RODRÍGUEZ HERRERA, Mariano. *Ellos lucharon con el Che*. Havana: Ediciones Políticas, 1989.

_______. *Con la adaga al brazo*. Havana: Editorial Política, 1988.

ROJAS, Marta et al. *Testimonios sobre el Che*. Havana: Colección Pablo de la Torriente, 1990.

ROJO, Ricardo. *My friend Che*. Nova York: Grove Press, 1969 [Ed. orig.: New York: Dial Press, 1968).

RYAN, Henry Butterfield. *The fall of Che Guevara: A story of soldiers, spies, and diplomats*. Nova York: Oxford University Press, 1998.

SÁENZ, Tirso W. *El Che: ministro, testimonio de un colaborador*. Havana: Editorial de Ciencias Sociales, 2005.

SÁNCHEZ OTERO, Germán. *Los enigmas del Che*. Caracas: Ediciónes Ko'eyu, 1997.

SAUCEDO PARADA, Gen. Arnaldo. *No disparen soy el Che*. Santa Cruz de la Sierra: Talleres Gráficos de Editorial Oriente, 1988.

SINCLAIR, Andrew. *Guevara*. Londres: Fontana/ Collins, 1970.

SORIA GALVARRO, Carlos. "Tras las huellas del Che en Bolivia". *La Razon*, La Paz, 9 out. 1996.

THE Spirit of Che. *Evergreen Review*, Nova York, n. 51, fev. 1968.

TABLADA, Carlos et al. *Che Guevara: Cuba and the road to Socialism*. Nova York: New International, 1991.

TABLADA Pérez, Carlos. *El pensamiento económico de Ernesto Che Guevara*. Havana: Ediciones Casa de las Américas, 1987.

TAIBO, Paco Ignacio II. *Ernesto Guevara: También conocido como El Che*. México: Grupo Editorial Planeta, 1996.

TERÁN, Gen. Reque. *La campaña de Ñancahuazú: La guerrilla del "Che" vista por el comandante de la IV División del Ejército Boliviano*. La Paz: [s.n.], 1987.

VARGAS SALINAS, Gen. Mario. *El Che: Mito y realidad*. Cochabamba: Los Amigos del Libro, 1988.

VÁZQUEZ-VIANA, Humberto. *Antecedentes de la Guerrilla del Che en Bolivia*. Research Paper Series, n. 46. Estocolmo: Instituto de Estudos Latino-Americanos, setembro de 1987.

_______; SARAVIA, Ramiro Aliaga. *Bolivia: Ensayo de Revolución Continental*. Bolívia: [s.n.], [19--].

VICIOSO, Chiqui. *Le decian lolo: Presencia del Che en las mujeres guerrilleras*. República Dominicana: Editora de Colores, 1999.

VILLEGAS, Harry (Pombo). *Un hombre de la guerrilla del Che*. Buenos Aires: Ediciones Colihüe; Havana: Editora Política, 1996.

VICENT MONZO, Josep (Org.). *Che fotógrafo*. Valencia: Centro de Estudios Che Guevara, 2007.

ZIFF, Trisha (Org.). *Che Guevara: Revolutionary and icon*. Nova York: Abrams, 2006.

SOBRE CUBA, FIDEL CASTRO E CHE

ACEVEDO, Enrique. *Descamisado*. Havana: Editorial Cultura Popular, International Network Group, 1993.

ALMEIDA Bosque, Juan. *Atención, recuento!* Havana: Editora Política, 1988.

_______. *La Sierra*. Havana: Editora Política, 1989.

_______. *Por las Faldas del Turquino*. Havana: Editora Política, 1992.

ARENAS, Reinaldo. *Before night falls: A memoir*. Nova York: Viking Penguin, 1993.

BESCHLOSS, Michael R. *The crisis years: Kennedy and Kruschev, 1960-1963*. Nova York: HarperCollins, 1991.

BORGE, Tomás. *Fidel Castro: Un grano de maíz: Conversación con Tomás Borge*. Havana: Oficina de Publicaciones del Consejo de Estado, 1992.

BLIGHT, James G.; ALLYN, Bruce J.; WELCH, David A. *Cuba on the brink*. Nova York: Pantheon, 1993.

BLIGHT, James G; BRENNER, Philip. *Sad and luminous days: Cuba's struggle with the superpowers after the missile crisis*. Oxford: Rowman & Littlefield, 2002.

BRUGIONI, Dino A. *Eyeball to eyeball: The inside story of The Cuban Missile Crisis*. Nova York: Random House, 1991.

CABRERA INFANTE, Guillermo. *Vista del amanecer en el trópico*. Barcelona: Seix Barral, 1974.

_______. *Mea Cuba*. Nova York: Farrar, Strauss & Giroux, 1994.

CASTRO, Fidel. *La historia me absolverá*. Havana: Oficina de Publicaciones del Consejo de Estado, 1993.

CASTRO, Fidel; RAMONET, Ignacio. *My life: A spoken autobiography*. Trad. Andrew Hurley. Londres: Allen Lane, 2007.

CASTRO, Fidel; GUEVARA, Che. *To speak the truth*. Nova York: Pathfinder, 1992.

CHANG, Lawrence; KORNBLUTH, Pete Kornbluth (Orgs.). *The Cuban Missile Crisis - 1962*. Nova York: New Press, 1992.

CHAVIANO, Julio O. *La lucha en Las Villas*. Havana: Editorial de Ciencias Sociales, 1990.

CHOMSKY, Aviva; CARR, Barry; SMORKALLOFF, Pamela Maria (Orgs.). *The Cuba reader: History, culture, politics*. Londres: Duke University Press, 2003.

CUERVO CERULIA, Georgina (Org.). *Granma: Rumbo a la libertad*. Havana: Editorial Gente Nueva, 1983.

DARUSHENKOV, Oleg. *Cuba: El camino de la revolución*. Moscou: Editorial Progreso, 1979.

DEBRAY, Régis. *Revolution in the Revolution?* Londres: Pelican Latin America Library, Penguin, 1968 [Ed. orig.: Paris: Maspéro, 1967.]

_______. *Prison writings*. Londres: Pelican Latin America Library, Penguin, 1973.

_______. *Strategy for revolution*. Londres: Penguin, 1973.

DEPALMA, Anthony. *The man who invented Fidel: Castro, Cuba, and Herbert L. Matthews of New York Times*. Nova York: Public Affairs, 2006.

DRAPER, Theodore. *Castroism: Theory and practice*. Nova York: Frederick Praeger, 1965.

DUMONT, René. *Cuba: Socialism and development*. Nova York: Grove Press, 1970.

EDICIONES POLÍTICAS. *Cinco Documentos*. Havana: Editorial de Ciencias Sociales, Instituto Cubano del Libro, 1971.

EDWARDS, Jorge. *Persona non grata: An envoy in Castro's Cuba*. Londres: The Bodley Head, 1977.

ENGLISH, T. J. *Havana nocturne: How the mob owned Cuba... and then lost it to the Revolution*. Nova York: William Morrow, 2007.

FRANQUI, Carlos. *The twelve*. Nova York: Lyle Stuart, 1968.

________. *Diary of the Cuban Revolution*. Nova York: A Seaver Book, Viking, 1980.

________. *Family portrait with fidel*. Nova York: Vintage, 1985.

GALEANO, Eduardo. *El tigre azul y otros relatos*. Havana: Editorial de Ciencias Sociales, Editora Política, 1991.

GEYER, Georgie Anne. *Prince: The untold story of Fidel Castro*. Nova York: Little, Brown, 1991.

GOSSE, Van. *Where the boys are: Cuba, cold war and the making of a New Left*. Nova York: Verso, 1993.

GOTT, Richard. *Cuba: A new history*. New Haven: Yale University Press, 2004.

HABEL, Janette. *Cuba: The revolution in peril*. Londres: Verso, 1991.

HALPERIN, Maurice. *The taming of Fidel Castro*. Berkeley: University of California Press, 1979.

HINCKLE, Warren; TURNER, William. *The fish is red: The story of the Secret War against Castro*. Nova York: Harper & Row, 1981.

IGLESIAS, Joel. *De la Sierra Maestra al Escambray*. Havana: Letras Cubanas, 1979.

JENKS, L. H. *Nuestra colonia de Cuba*. Havana: La Empresa Consolidada de Artes Gráficas [Ed. Orig.: [s.n], 1928.]

KAROL, K. S. *Guerrilhas in power*. Nova York: Hill & Wang, 1970.

KENNEDY, Robert F. *Thirteen days: A memoir of the Cuban Missile Crisis*. Nova York: Penguin, 1969.

LARA, Jesús. *Guerrillero inti Peredo*. Cochabamba: Edición del Autor, 1980.

LAZO, Mario. *Dagger in the heart: American policy failures in Cuba*. Nova York: Funk and Wagnall, 1968.

LLOVIÓ-MENÉNDEZ, José Luis. *Insider: My life as a hidden revolutionary in Cuba*. Nova York: Bantam, 1988.

LOCKWOOD, Lee. *Castro's Cuba, Cuba's Fidel*. Nova York: Westview Press, 1990.

MALLIN, Jay. *Covering Castro: The rise and decline of Cuba's communist dictator*. Nova Jersey: Transaction Publishers, 1994.

MARTIN, Lionel. *The early Fidel: Roots of Castro's communism*. Nova York: Lyle Stuart, 1977.

MARTÍNEZ VÍCTORES, Ricardo. *RR: La historia de Radio Rebelde*. Havana: Editorial de Ciencias Sociales, 1978.

MASETTI, Jorge Ricardo. *Los que luchan y los que lloran*. Buenos Aires: Puntosur, 1987.

MATTHEWS, Herbert L. *The Cuban Story*. Nova York: George Braziller, 1961.

________. *Castro: A Political Biography*. Londres: Pelican, 1970.

MENESES, Enrique. *Hasta aqui hemos llegado*. La Coruña: Ediciones del Viento, 2006.

MINÀ, Gianni. *An encounter with Fidel*. Australia: Ocean Press, 1991.

NUÑEZ JIMÉNEZ, Antonio. *Patria o muerte*. Havana: Inra, 1961.

________. *En marcha con Fidel*. Havana: Editorial Letras Cubanas, 1982.

PADILLA, Heberto. *Self-portrait of the other: A memoir*. Nova York: Farrar, Strauss & Giroux, 1990.

PÉREZ, Louis A. *Cuba: Between reform and revolution*. Nova York: Oxford University Press, 1988.

QUIRK, Robert E. *Fidel Castro*. Nova York: Norton, 1993.

REID-HENRY, Simon. *Fidel and Che: A revolutionary friendship*. Londres: Sceptre, 2008.

ROBBINS, Carla Anne. *The cuban threat*. Nova York: : McGraw-Hill, 1985.

ROJAS, Marta; RODRÍGUEZ, Mirta. *Tania, la guerrillera inolvidable*. Havana: Instituto del Libro, 1970. [Ed. Ing.: *Tania: The unforgettable guerrilla*. Nova York: Random House, 1971.]

RODRÍGUEZ, Félix I; WEISMAN, John. *Shadow warrior: The CIA hero of a hundred unknown battles*. Nova York: Simon & Schuster, 1989.

SALKEY, Andrew. *Havana Journal*. Londres: Penguin, 1971.

SARABIA, Nydia. *Médicos de la Revolución: Apuntes biográficos*. Havana: Editorial Gente Nueva, 1983.

STUBBS, Jean. *Cuba: The test of time*. Londres: Latin America Books, 1989.

SWEIG, Julia E. *Inside the Cuban Revolution: Fidel Castro and the urban underground*. Cambridge: Harvard University Press, 2002.

SYMMES, Patrick. *The boys from Dolores: Fidel Castro and his generation, from revolution to exile*. Londres: Robinson, 2007. [Ed. bras.: *Os meninos de Dolores*. Rio de Janeiro: Record, 2009.]

SZULC, Tad. *Fidel: A critical portrait*. Nova York: William Morrow, 1986.

TABER, Robert. *M-26: The biography of a revolution*. Nova York: Lyle Stuart, 1961.

THOMAS, Hugh. *Cuba or the pursuit of freedom*. Londres: Eyre & Spottiswoode, 1971.

TIMOSSI, Jorge. *Los cuentos de Barbarroja: testimonio de la vida de su protagonista*. Madri: Ediciones Libertarias, 1999.

TIMMERMAN, Jacobo. *Cuba*. Nova York: Vintage, 1992.

RUEDA, Mario; ERGUETA, Luis Antezana. "Una Leyenda llamada Tania". *La Razón*, La Paz, 15 out. 1995.

WELCH, Richard E. Jr. *Response to revolution: The United States and the Cuban Revolution, 1959-1961*. Chapel Hill: The University of North Carolina Press, 1985.

WYDEN, Peter. *Bay of pigs*. Nova York: Simon & Schuster, 1979.

SOBRE A ARGENTINA

BARNES, John. *Evita: First lady: A biography of Evita Perón*. Nova York: Grove Press, 1978.

BASCHETTI, Roberto (Org.). *Documentos 1970-1973: De la Guerrilla Peronista al Gobierno popular*. Buenos Aires: Editorial de la Campana, Colección Campana de Palo, 1995.

CRASWELLER, Robert. *Perón and the enigmas of Argentina*. Nova York: Norton, 1987.

GILBERT, Isidoro. *El oro de Moscú: La historia secreta de las relaciones argentino-soviéticas*. Buenos Aires: Planeta de Libros, 1994.

LUNA, Felix. *La Argentina: De Perón a Lanusse, 1943-1973*. Buenos Aires: Planeta de Libros, 1993.

MAIN, Mary. *Evita: The woman with the whip*. Londres: Corgi, 1978.

ROCK, David. *Authoritarian Argentina: The Nationalist Movement, its history and its impact*. Berkeley: University of California Press, 1993.

SCOBIE, James R. *Argentina: A city and a nation*. Nova York: Oxford University Press, 1971.

TULCHIN, Joseph S. *Argentina and the United States: A conflicted relationship*. Nova York: Macmillan, 1990.

SOBRE A AMÉRICA LATINA

AGUILAR, Luis E. (Org.). *Marxism in Latin America: A Borzoi Book on Latin America*. Nova York: Alfred A. Knopf, 1968.

BORGE, Tomás. *The patient impatience*. Nova York: Curbstone, 1992.

BROWN, Michael F.; FERNÁNDEZ, Eduardo. *War of shadows: The struggle for utopia in the Peruvian Amazon*. Berkeley: University of California Press, 1991.

CAJÍAS, Lupe de. *Juan Lechín: Historia de una leyenda*. La Paz: Los Amigos del Libro, 1994.

CASTAÑEDA, Jorge G. *Utopia unarmed: The Latin American left after the Cold War*. Nova York: Knopf, 1994.

DUNKERLEY, James. *Rebellion in the veins: Political Struggle in Bolivia 1952-1982*. Londres: Verso Editions, 1984.

GERASSI, John. *The Great Fear in Latin America*. Nova York: Collier, 1963.

GOTT, Richard. *Guerrilla Movements in Latin America*. Londres: Thomas Nelson, 1970. [Ed. Atual.: *Rural Guerrillas in Latin America*. Londres: Pelican Latin America Library, Penguin, 1973.]

________. *Land without evil: Utopian journeys across the South American watershed*. Londres: Verso, 1993.

GUNSON, Phil; CHAMBERLAIN, Greg; THOMPSON, Andrew. *The dictionary of contemporary politics of Central America and the Caribbean*. Nova York: Simon & Schuster, 1991.

HERRERA, Hayden. *Frida: A biography of Frida Kahlo*. Nova York: HarperCollins, 1984.

LINDQVIST, Sven. *The shadow: Latin Americas faces the seventies*. Londres: Penguin, 1969.

MINÁ, Gianni. *Un continente desaparecido*. Barcelona: Ediciones Península, 1996.

PENDLE, George. *History of Latin America*. Londres: Penguin, 1990.

SCHLESINGER, Stephen; KINZER, Stephen. *Bitter Fruit: The untold story of the American Coup in Guatemala*. Nova York: Anchor Books, 1983.

SZULC, Tad. *Twilight of the tyrants*. Nova York: Holt, 1959.

YDIGORAS FUENTES, Miguel. *My war with communism*. Nova York: Prentice-Hall, 1963.

SOBRE CUBA E A ÁFRICA

BARRETO, José. "Comrade Tato". *Prensa Latina*, Havana, jun. 1993.

BRIDGLAND, Fred. *Jonas Savimbi: A key to Africa*. Nova York: Paragon House, 1987.

CARRASCO, Juana. "Tatu: Un guerrillero africano". *Verde Olivo*, Havana, jun. 1988.

GALVEZ, William. *Che in Africa: Che Guevara's Congo diary*. Nova York: Ocean Press, 1999.

GARCÍA MÁRQUEZ, Gabriel; RISQUÉT, Jorge. *Fidel Castro: Changing the history of Africa, Angola and Namibia*. Austrália: Ocean Press, 1989.

GLEIJESES, Piero. *Misiones en conflict: La Habana, Washington y Africa, 1959-1976*. Havana: Editorial de Ciencias Sociales, 2002.

GOTT, Richard. "Che's missing year: Che Guevara and the Congo". *New Left Review*, Londres, n. 220, 1996.

HEIKAL, Mohammed Hassanein. *The Cairo documents*. Nova York: Doubleday, 1971.

JIMÉNEZ RODRÍGUEZ, Limbania. *Heroinas de Angola*. Havana: Editorial de Ciencias Sociales, 1985.

MOORE, Juan Carlos. *Castro: the Blacks and Africa*. Berkeley: University of California Press, 1988.

RISQUET VALDÉS, Jorge. *El segundo frente del Che en el Congo: Historia del Batallón Patricio Lumumba*. Havana: Casa Editora, 2000.

TAIBO II, Paco Ignacio; ESCOBAR, Froilán Escobar; GUERRA, Félix Guerra. *El año que estuvimos en ninguna parte*. México: Grupo Planeta, 1994.

SOBRE A GUERRA FRIA

ANDREW, Christopher; GORDIÆEVSKY, Oleg. *KGB: The inside Story*. Londres: HarperCollins, 1990.

FRANKLAND, Mark. *Kruschev*. Lanham: Madison Books, 1969.

GOODWIN, Richard. *Remembering America: A voice from the sixties*. Boston: Little, Brown and Company, 1988.

GROSE, Peter. *Gentleman Spy: The Life of Allen Dulles*. Nova York: Houghton Mifflin, 1994.

KWITNY, Jonathon. *Endless enemies: The making of an unfriendly world*. Nova York: Viking Penguin, 1986.

SCHLESINGER, Arthur Jr. *A thousand days: John Kennedy in the White House*. Nova York: Houghton Mifflin, 1965.

STEELE, Jonathon. *World power: Soviet foreign policy under Brezhnev and Andropov*. Londres: Michael Joseph, 1983.

RANELAGH, John. *The agency: The rise and decline of the CIA*. Londres: Weidenfeld & Nicolson, 1986.

THOMAS, Evan. *The very best men: Four who dared — the early years of the CIA*. Nova York: Simon & Schuster, 1995.

WEINER, Tim. *Legacy of ashes: The history of the CIA*. Nova York: Doubleday, 2007.

WICKHAN-CROWLEY, Timothy P. *Guerrillas and revolution in Latin America: A comparative study of insurgents and regimes since 1956*. Princeton: Princeton University Press, 1993.

ZUBOK, Vladislav; PLESHAKOV, Constantine. *Inside the Kremlin's Cold War: from Stalin to Kruschev*. Cambridge: Harvard University Press, 1996.

DIVERSOS

ALLAINE, Marie-Françoise. *Conversations with Graham Greene*. Londres: Penguin, 1991.

ANDERSON, Benedict. *Imagined communities*. Londres: Verso, 1991 [Ed. orig.: [s.n.], 1983.]

ARMIÑO, Mauro (Org.). *Lucha de guerrillas: Según los clásicos de Marxismo-Leninismo*. Madri: Biblioteca Jucar, 1980.

BOTTOMORE, Tom (Org.). *A dictionary of marxist thought*. Oxford: Blackwell's, 1991.

BREITMAN, George (Org.). *Malcolm X Speaks*. Nova York: Grove Weidenfeld, 1990 [Ed. orig.: [s.n.] 1965.]

CANTOR, Jay. *The death of Che Guevara*. Nova York: Knopf, 1983.

DE BEAUVOIR, Simone. *The force of circumstance*. Londres: Penguin, 1968 [Ed. orig.: Paris: Gallimard, 1963.]

________. *All said and done*. Londres: Penguin, 1977 [Ed. orig.: Paris: Gallimard, 1972.]

DEBRAY, Régis. *Loués Soient nos seigneurs: Une education politique*. Paris: Gallimard, 1996.

DESMOND, Adrian; MOORE, James. *Darwin*. Nova York: Warner, 1992.

FANON, Frantz. *The wretched of the earth*. Nova York: Grove Press, 1982 [Ed. Orig.: Paris: Maspéro, 1963.]

GREENE, Graham. *Fragments of Autobiography*. Londres: Penguin, 1991.

________. *Our man in Havana*. Londres: Heinemann, 1958.

HARRIS, Nigel. *National liberation*. Londres: Penguin, 1990.

MAO ZEDONG. *Mao Tse-Tung on Guerrilla Warfare*. Trad. Samuel B. Griffith. Nova York: Praeger, 1961.

NEHRU, Jawaharlal. *The discovery of India*. Oxford University, 1985 [Ed. orig.: Calcutá: Signet, 1946.]

NERUDA, Pablo. *Five decades: A selection (poems 1925-1970)*. Ed. e trad. De Ben Bellit. Nova York: Grove, 1974.

PAYNE, Robert. *The life and death of Lenin*. Nova York: Simon & Schuster, 1964.

SALISBURY, Harrison. *The new emperors: China in the era of Mao and Deng*. Nova York: Avon, 1992.

SCHAMA, Simon. *Citizens: A chronicle of the French Revolution*. Londres: Penguin, 1989.

SNOW, Edgar. *Red Star over China*. Nova York: Grove Weidenfeld, 1973 [Ed. orig.: Nova York: Random House, 1938.]

TABER, Robert. *War of the Flea: The classic study of Guerrilla Warfare*. Nova York: Lyle Stuart, 1965.

VIVES, Cristina; SAUNDERS, Mark (Orgs.). *Korda: A Revolutionary Lens*. Göttingen: Steidl, 2008.

WESTOBY, Adam. *The evolution of communism*. Nova York: Free Press, Macmillan, 1989.

Mapas

Preparado por Matthew Ericson

A viagem do "Diários de motocicleta", 1952
Miami
CUBA
Oceano Atlântico
Caracas
VENEZUELA
Bogotá
COLÔMBIA
RIO AMAZONAS
Quito
EQUADOR
Manaus
Leticia
San Pablo
PERU
Pucallpa
BRASIL
Lima
Macchu Picchu
Cuzco
La Paz
Lago Titicaca
BOLIVIA
Chuquicamata
Antofagasta
PARAGUAY
Salta
Assunção
Rio de Janeiro
São Paulo
DE BARCO
ARGENTINA
Córdoba
Oceano Pacífico
Alta Gracia
Rosário
Valparaíso
Santiago
URUGUAI
Buenos Aires
Montevidéu
Miramar
Valdivia
Bahía Blanca
San Carlos de Bariloche
CHILE
1.000 MILHAS

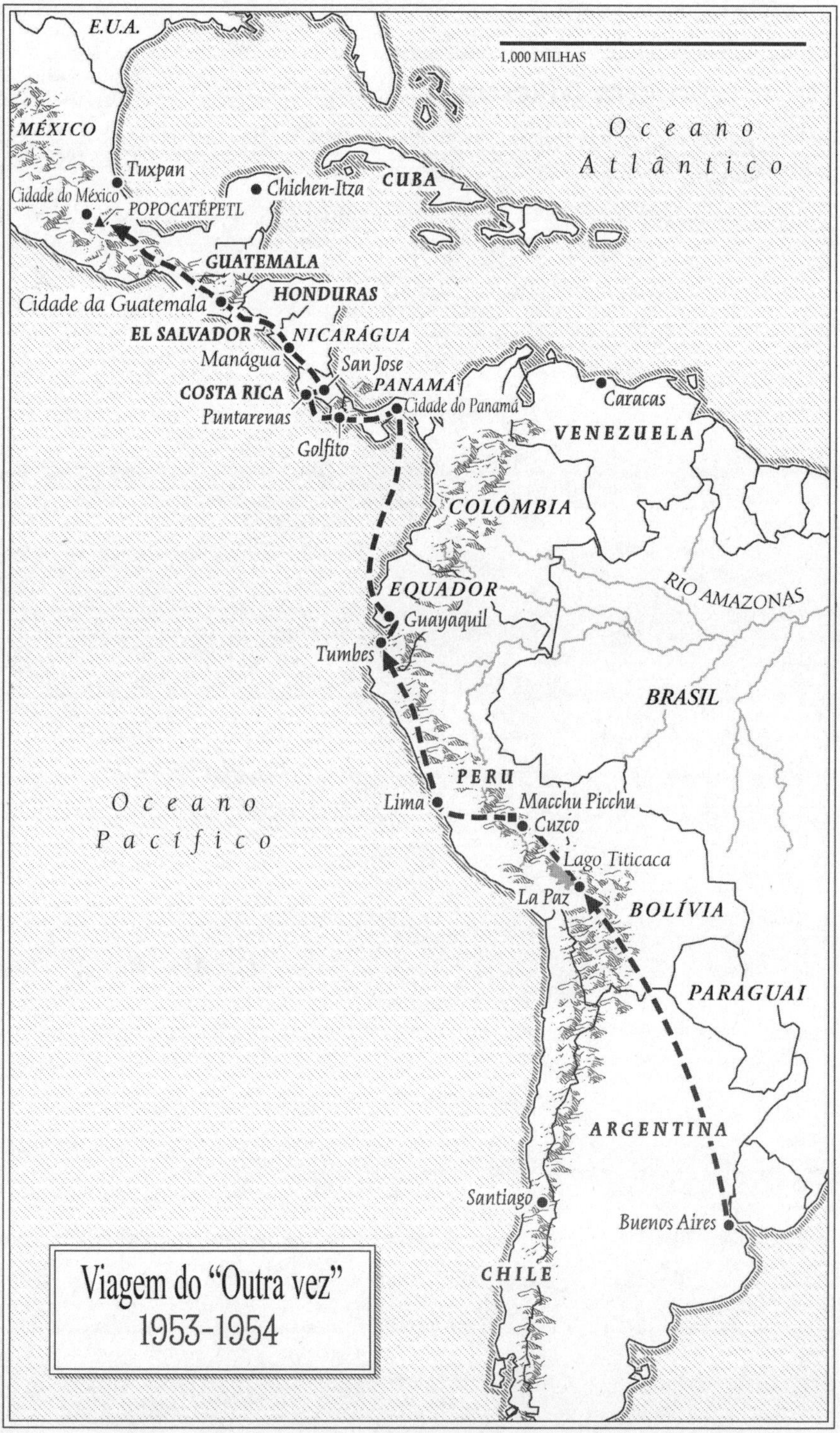

E.U.A.
1,000 MILHAS
MÉXICO
Tuxpan
Cidade do México
POPOCATÉPETL
Chichen-Itza
CUBA
Oceano Atlântico
GUATEMALA
Cidade da Guatemala
HONDURAS
EL SALVADOR
NICARÁGUA
Manágua
San Jose
COSTA RICA
Puntarenas
PANAMÁ
Cidade do Panamá
Golfito
Caracas
VENEZUELA
COLÔMBIA
EQUADOR
Guayaquil
Tumbes
RIO AMAZONAS
BRASIL
PERU
Lima
Macchu Picchu
Cuzco
Lago Titicaca
La Paz
BOLÍVIA
PARAGUAI
Oceano Pacífico
ARGENTINA
Santiago
Buenos Aires
CHILE
Viagem do "Outra vez"
1953-1954

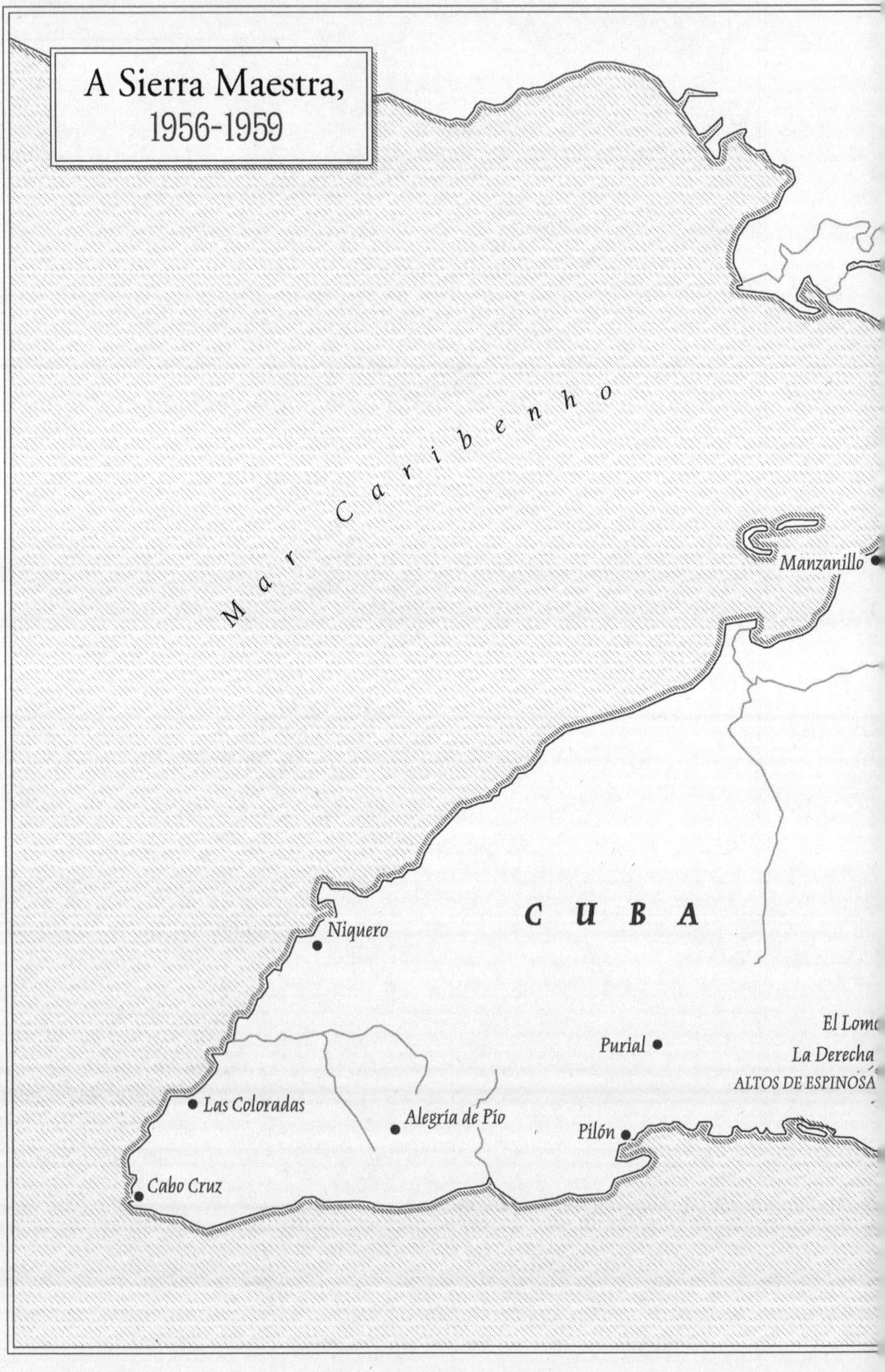

A Sierra Maestra,
1956-1959
Mar Caribenho
Manzanillo
CUBA
Niquero
El Lomo
La Derecha
Purial
ALTOS DE ESPINOSA
Las Coloradas
Alegría de Pío
Pilón
Cabo Cruz

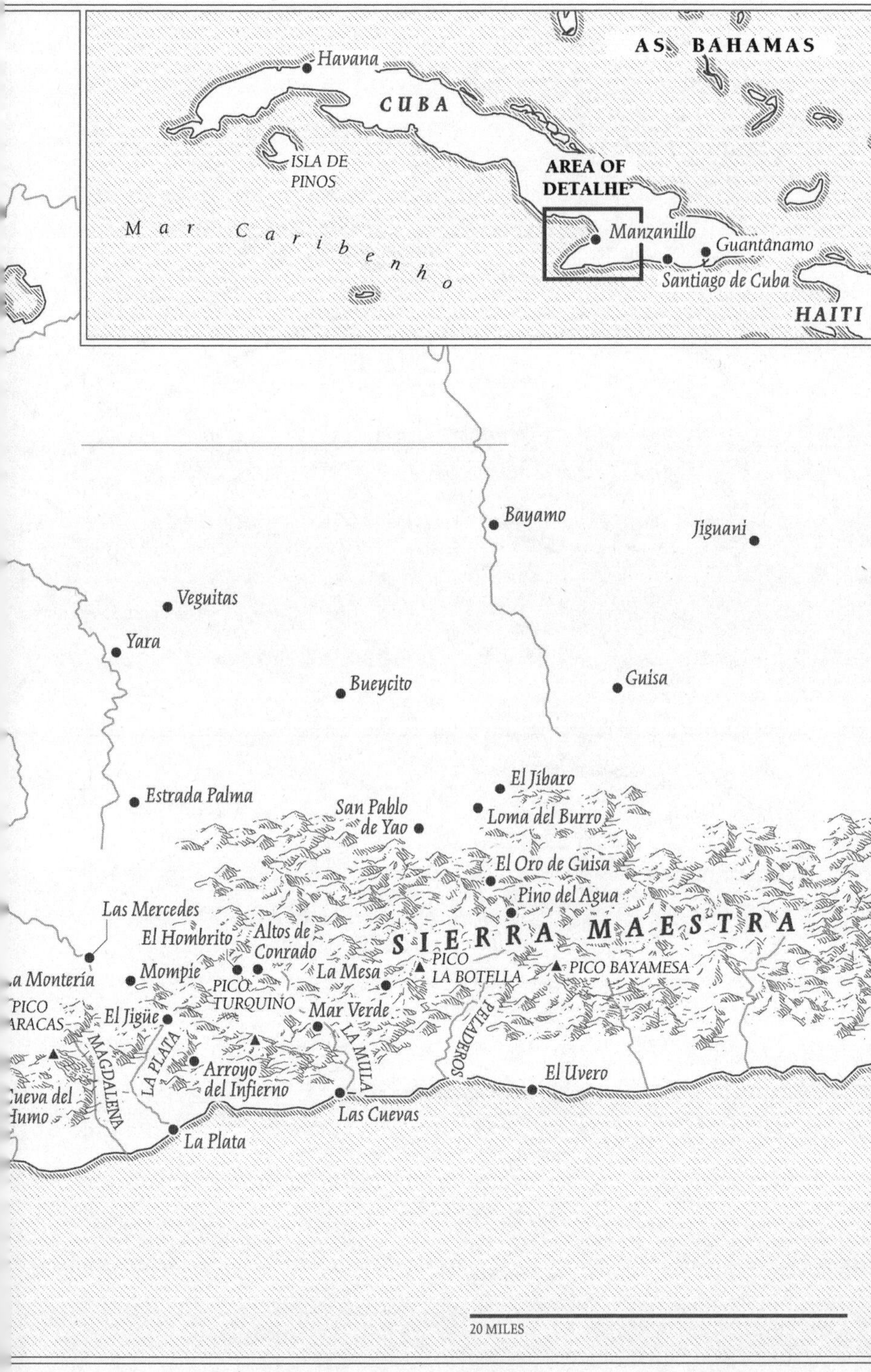
AS. BAHAMAS
Havana
CUBA
ISLA DE PINOS
AREA OF DETALHE
Mar Caribenho
Manzanillo
Guantânamo
Santiago de Cuba
HAITI
Bayamo
Jiguani
Veguitas
Yara
Bueycito
Guisa
El Jíbaro
Estrada Palma
San Pablo de Yao
Loma del Burro
El Oro de Guisa
Pino del Agua
Las Mercedes
El Hombrito
Altos de Conrado
SIERRA MAESTRA
PICO LA BOTELLA
PICO BAYAMESA
Mompie
PICO TURQUINO
La Mesa
El Jigüe
Mar Verde
MAGDALENA
LA PLATA
LA MULA
PELADEROS
Arroyo del Infierno
El Uvero
Las Cuevas
La Plata
20 MILES

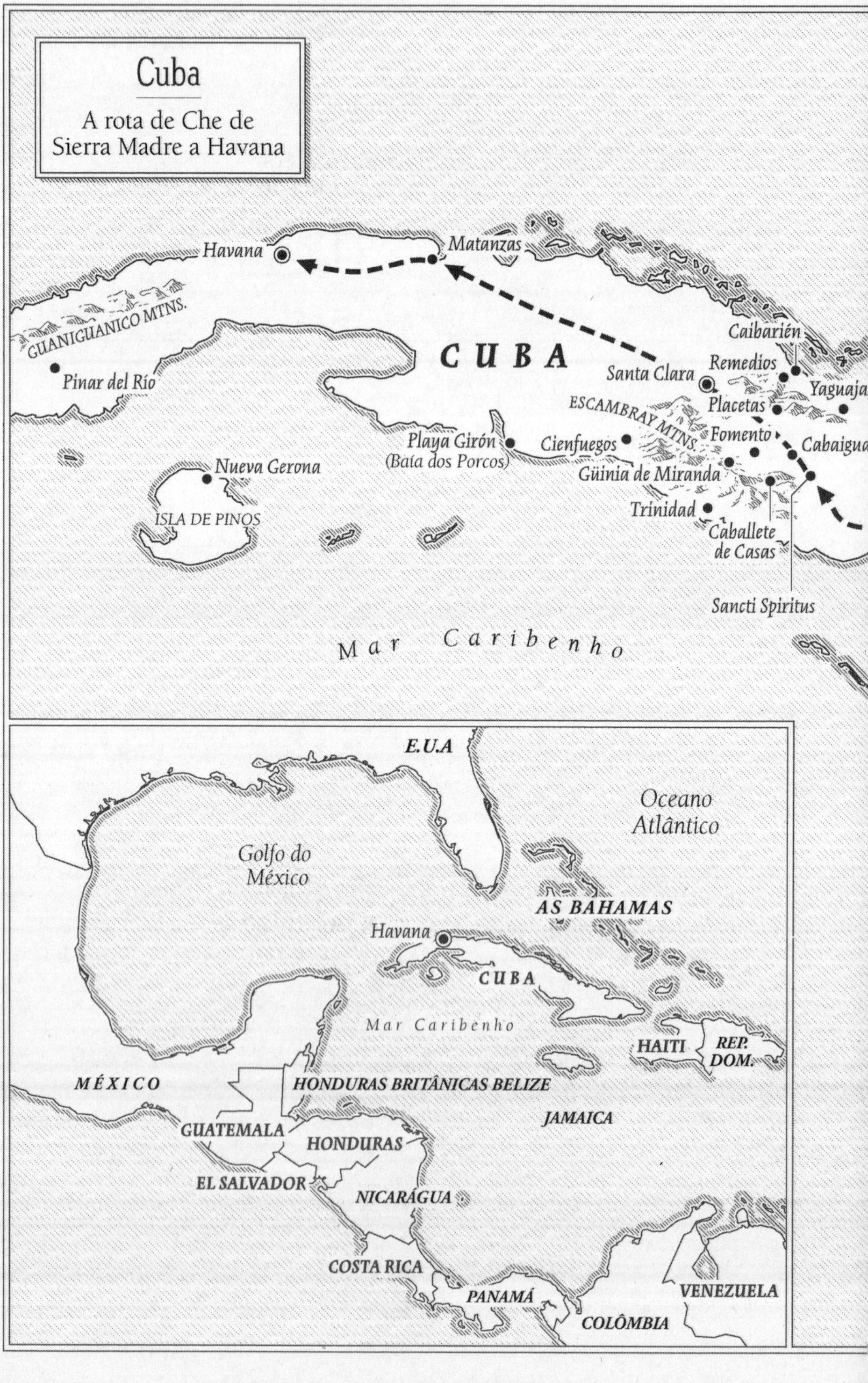
Cuba
A rota de Che de Sierra Madre a Havana
Havana
Matanzas
GUANIGUANICO MTNS.
Pinar del Río
CUBA
Caibarién
Remedios
Santa Clara
Yaguajay
Placetas
ESCAMBRAY MTNS.
Fomento
Cabaiguán
Playa Girón
(Baía dos Porcos)
Cienfuegos
Nueva Gerona
Güinia de Miranda
Trinidad
ISLA DE PINOS
Caballete
de Casas
Sancti Spiritus
Mar Caribenho
E.U.A
Oceano
Atlântico
Golfo do
México
AS BAHAMAS
Havana
CUBA
Mar Caribenho
HAITI
REP.
DOM.
MÉXICO
HONDURAS BRITÂNICAS BELIZE
JAMAICA
GUATEMALA
HONDURAS
EL SALVADOR
NICARÁGUA
COSTA RICA
PANAMÁ
VENEZUELA
COLÔMBIA

THE BAHAMAS
Oceano Atlântico
Camagüey
Las Tunas
Holguín
Mayarí
SIERRA DEL CRISTAL
SAGUA BARACOA MTNS.
Bayamo
Manzanillo
Santiago de Cuba
SIERRA MAESTRA
Las Coloradas
Guantânamo
La Plata
El Uvero
Base Naval Estadunidense
Alegría de Pío
Baía de Montego
JAMAICA
Kingston
100 MILHAS

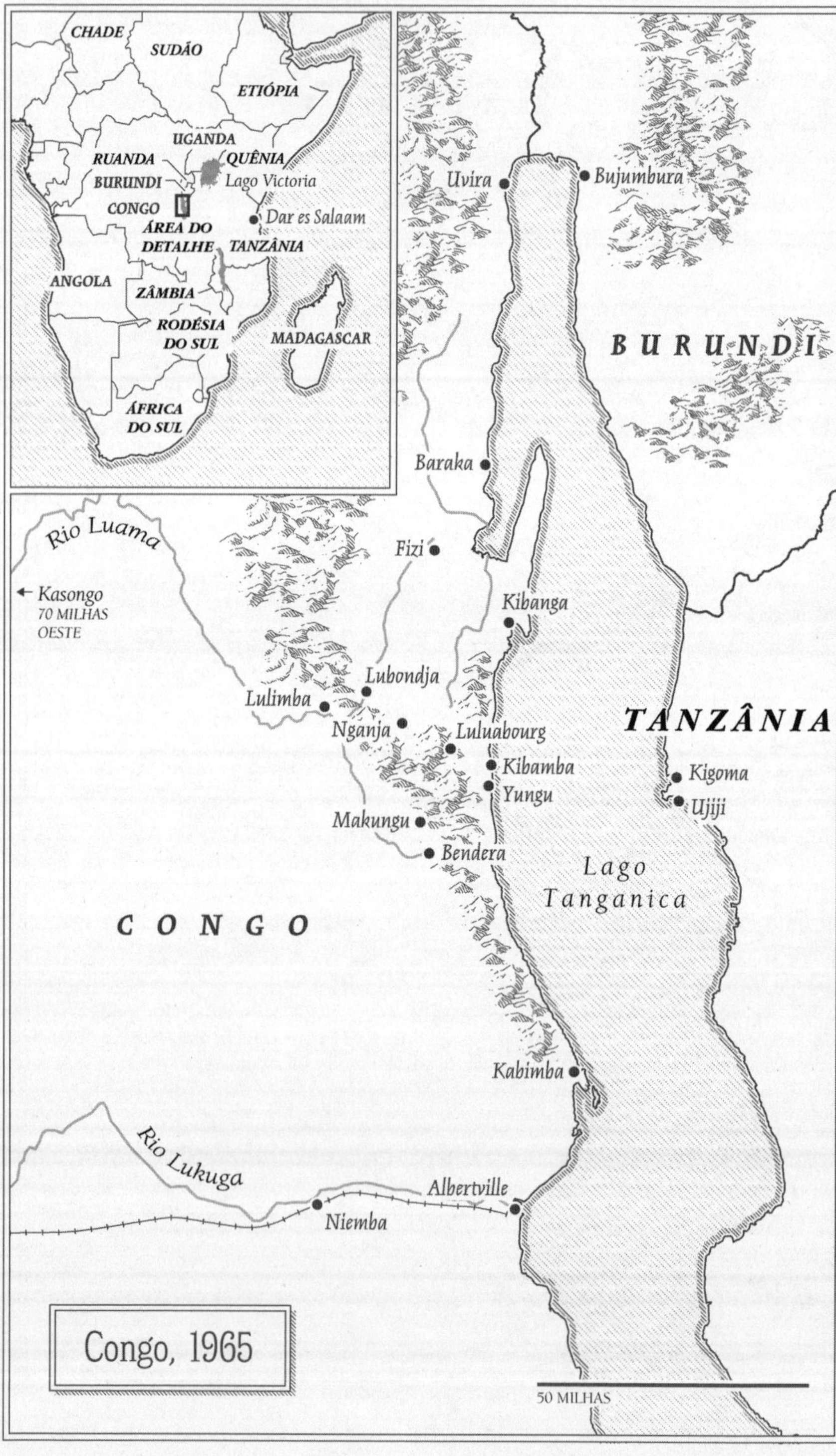
CHADE
SUDÃO
ETIÓPIA
UGANDA
RUANDA
QUÊNIA
BURUNDI
Lago Victoria
CONGO
Dar es Salaam
ÁREA DO DETALHE
TANZÂNIA
ANGOLA
ZÂMBIA
RODÉSIA DO SUL
MADAGASCAR
ÁFRICA DO SUL
Uvira
Bujumbura
BURUNDI
Baraka
Rio Luama
Fizi
Kasongo 70 MILHAS OESTE
Kibanga
Lubondja
Lulimba
TANZÂNIA
Nganja
Luluabourg
Kibamba
Kigoma
Yungu
Ujiji
Makungu
Bendera
Lago Tanganica
CONGO
Kabimba
Rio Lukuga
Albertville
Niemba
Congo, 1965
50 MILHAS

A Odisseia Boliviana,
1966-1967
BRASIL
PERU
BOLÍVIA
ÁREA DO DETALHE
La Paz
Santa Cruz
Sucre
Camiri
PARAGUAI
CHILE
ARGENTINA
Salta
Santa Cruz
Samaipata
Peña Colorado
BOLÍVIA
MIZQUE
Vallegrande
Florida
Quebrada del Churo
Morocos
Pucará
Jagüey
La Higuera
MASICURI
ROSITA
Alto Seco
Puerto Camacho
Vado del Yeso
Muchiri
RÍO GRANDE
ÑANCAHUAZÚ
El Espino
Caraguatarenda
acampamento base de Nancahuazú
IQUÍRA
Ticucha
Lagunillas
ACERO
Monteagudo
Muyupampa
25 MILHAS

Cronologia

14 de maio de 1928 Ernesto Guevara de la Serna nasce em Rosário, Argentina, filho de Ernesto Guevara Lynch e Celia de la Serna. (A certidão de nascimento é falsificada indicando a data de nascimento em 14 de junho.)

1932 A família se muda para Alta Gracia.

1943 A família se muda para Córdoba.

1946 Ernesto se forma no Colégio Nacional Dean Fuentes, em Córdoba.

Março de 1947 A família se muda para Buenos Aires.

1947 Ernesto ingressa na Faculdade de Medicina da Universidade de Buenos Aires.

1º de janeiro de 1950 Ernesto faz sua primeira viagem, sozinho pela Argentina, em uma bicicleta motorizada.

9 de fevereiro de 1951 Ernesto embarca em um navio-petroleiro.

4 de janeiro de 1952 Ernesto e Alberto Granado começam a viagem de *Diários de motocicleta*.

10 de março de 1952 Fulgencio Batista toma posse como presidente de Cuba por meio de um golpe de Estado.

1º de agosto de 1952 Ernesto retorna a Buenos Aires.

Abril de 1953 Ganha seu diploma de médico.

7 de julho de 1953 Ernesto e Calica Ferrer partem de Buenos Aires para a Bolívia. Viagem narrada em *Outra vez*.

26 de julho de 1953 Fidel Castro lidera um assalto ao quartel do Exército de Moncada, em Santiago de Cuba. É capturado, julgado e preso.

Dezembro de 1953 Ernesto chega à Cidade da Guatemala. Conhece Hilda Gadea.

18 a 27 de junho de 1954 Os Estados Unidos patrocinam o golpe na Guatemala.

Setembro de 1954 Ernesto chega ao México.

Maio de 1955 Fidel é libertado da prisão da Isla de Pinos em uma anistia assinada por Batista.

Julho de 1955 Ernesto conhece Fidel na Cidade do México.

18 de agosto de 1955 Casa-se com Hilda Gadea.

15 de fevereiro de 1956 Nasce sua primeira filha, Hilda Beatriz Guevara.

24 de junho de 1956 Ernesto, que começara o treinamento para a revolução com o grupo de exilados cubanos de Fidel, é detido pela polícia mexicana. É preso por quase dois meses.

25 de novembro de 1956 O *Granma* parte do México para Cuba.

2 de dezembro de 1956 O *Granma* chega à Playa las Coloradas, na costa sudeste de Cuba.

5 de dezembro de 1956 Os rebeldes são atacados e ficam dispersos em Alegría de Pío.

17 de janeiro de 1957 Ocorre o bem-sucedido ataque ao quartel do Exército de La Plata.

17 de fevereiro de 1957 Herbert Matthews, do *New York Times*, entrevista Fidel na Sierra Maestra.

17 de fevereiro de 1957 Che executa o traidor Eutimio Guerra.

28 de maio de 1957 Ocorre o ataque rebelde à guarnição do Exército em El Uvero.

22 de julho de 1957 Che é nomeado comandante.

31 de agosto de 1958 Che leva a coluna do Exército Rebelde em direção às montanhas Escambray, na província de Las Villas.

16 de outubro de 1958 A coluna do Exército Rebelde liderada por Che chega às Escambray.

28 de dezembro de 1958 A coluna do Exército Rebelde liderada por Che inicia a batalha de Santa Clara.

1º de janeiro de 1959 Batista foge de Cuba. Santa Clara é rendida.

2 de janeiro de 1959 Che e Camilo Cienfuegos avançam sobre Havana. Quando Che chega à cidade, ocupa a fortaleza de La Cabaña, onde, como promotor supremo, supervisionará inúmeros julgamentos e execuções.

8 de janeiro de 1959 Fidel chega a Havana.

9 de fevereiro de 1959 Che se torna um cidadão cubano.

16 de fevereiro de 1959 Fidel se torna o primeiro-ministro.

22 de maio de 1959 Che e Hilda se divorciam.

2 de junho de 1959 Che se casa com Aleida March.

12 de junho a 8 de setembro de 1959 Che viaja pela Europa, Ásia e África.

8 de outubro de 1959 Che é nomeado diretor do novo Departamento de Industrialização no Instituto Nacional de Reforma Agrária (Inra).

Novembro de 1959 Che se torna presidente do Banco Nacional de Cuba.

5 de março de 1960 No funeral para as vítimas da explosão do navio *La Coubre*, no porto de Havana, Alberto Korda fotografa Che no palanque.

Abril de 1960 O manual de Che, *A guerra de guerrilhas*, é publicado pelo Departamento de Treinamento Militar do Inra.

19 de outubro de 1960 Os Estados Unidos impõem um embargo comercial sobre Cuba proibindo todas as exportações, exceto as de alimentos e de remédios.

22 de outubro de 1960 Che parte de Havana para visitar a União Soviética, a República Democrática Alemã, a Tchecoslováquia, a China e a Coreia do Norte.

24 de novembro de 1960 Nasce Aleida (Aliusha), a primeira filha de Che e Aleida.

3 de janeiro de 1961 Eisenhower rompe as relações diplomáticas entre Cuba e os Estados Unidos.

23 de fevereiro de 1961 Che se torna ministro das Indústrias.

17 a 20 de abril de 1961 Ocorre a invasão à baía dos Porcos.

Agosto de 1961 Che representa Cuba na conferência econômica da OEA, em Punta del Este, no Uruguai. Reúne-se secretamente com o assessor do presidente Kennedy, Richard Goodwin.

Fevereiro de 1962 O presidente Kennedy aperta o embargo comercial.

20 de março de 1962 Nasce o primeiro filho de Che e Aleida, Camilo.

27 de agosto a 7 de setembro de 1962 Che visita a União Soviética.

Outubro de 1962 Ocorre a Crise dos Mísseis cubana.

14 de junho de 1963 Nasce a terceira criança de Che e Aleida, Celia.

Março de 1964 Tamara Bunke ("Tania") é enviada de Havana para a Europa a fim de estabelecer uma falsa identidade antes de se infiltrar na Bolívia como uma agente para a tentativa guerrilheira de fomentar a revolução.

Abril de 1964 O bando guerrilheiro enviado por Che para desencadear uma luta armada na Argentina é aniquilado na região montanhosa de Salta, no nordeste do país. Seu líder, Jorge Ricardo Masetti, desaparece. A maioria dos sobreviventes é detida ou presa.

26 de julho de 1964 A OEA impõe sanções a Cuba. O México é o único Estado-membro que não corta as relações com a ilha.

5 de agosto de 1964 Os Estados Unidos começam a bombardear o Vietnã do Norte.

4 a 9 de novembro de 1964 Che visita a União Soviética.

9 de dezembro de 1964 Che inicia uma viagem para visitar Estados Unidos, Argélia, Mali, Congo, Guiné, Gana, Tanzânia, China, França, Irlanda, Tchecoslováquia e Egito. Ficaria afastado por três meses.

11 de dezembro de 1964 Che discursa na Assembleia Geral das Nações Unidas, na cidade de Nova York.

24 de fevereiro de 1965 Nasce o quarto bebê de Che e Aleida, Ernesto.

25 de fevereiro de 1965 Che discursa no II Seminário Econômico de Solidariedade Afro-Asiática, em Argel.

15 de março de 1965 Che retorna a Cuba, mas logo sai da vista do público.

1º de abril de 1965 Disfarçado, Che deixa Havana com destino à África.

19 de abril de 1965 Che chega a Dar es Salaam, na Tanzânia, a caminho do Congo, para liderar uma brigada cubana de apoio aos rebeldes congoleses.

19 de maio de 1965 A mãe de Che, Celia, morre em Buenos Aires.

3 de outubro de 1965 Fidel lê publicamente a "Carta de despedida" de Che.

21 de novembro de 1965 Che e seus homens fogem do Congo.

Novembro de 1965 a março de 1966 Che vive escondido na embaixada cubana em Dar es Salaam, onde Aleida o visita.

Março a julho de 1966 Che se muda para Praga, onde fica alternadamente em casas de apoio na cidade e no campo. Aleida o visita novamente.

Julho de 1966 Che retorna a Cuba secretamente e se prepara para a expedição boliviana.

Novembro de 1966 Che chega à Bolívia disfarçado como um homem de negócios uruguaio, de meia-idade. Em poucos dias, parte de La Paz para um acampamento estabelecido para seus guerrilheiros em uma área distante e deserta, no sudeste do país.

16 de abril de 1967 Ocorre a publicação de *Mensagem à Tricontinental*, que conclamava por "dois, três, muitos vietnãs".

31 de agosto de 1967 Uma coluna de guerrilheiros de retaguarda, inclusive Tania Bunke, é interceptada e massacrada pelas forças bolivianas em um ponto do rio Masicuri conhecido como Vado del Yeso.

8 de outubro de 1967 Última batalha de Che. É ferido e capturado pelos soldados bolivianos.

9 de outubro de 1967 Che é executado no vilarejo de La Higuera, depois de passar a noite em cativeiro. Seu corpo é transferido de helicóptero para a cidade de Vallegrande, onde uma autópsia é realizada. O corpo é exibido ao público durante as 24 horas seguintes.

10 de outubro de 1967 São feitas máscaras mortuárias do rosto de Che. Suas mãos são amputadas.

11 de outubro de 1967 O corpo de Che é sepultado secretamente nas primeiras horas da manhã.

Julho de 1997 O corpo de Che é descoberto no local de sepultamento, no aeroporto em Vallegrande, na Bolívia.

17 de outubro de 1997 Che é enterrado em um mausoléu em Santa Clara, em Cuba. Um memorial foi construído ali para honrá-lo como o Guerrilheiro Heroico.

Agradecimentos

Uma biografia é realizada com a colaboração de muitas pessoas e, em um projeto como este, que se estendeu por cinco anos, tenho de agradecer a uma enorme quantidade de pessoas. Algumas delas podem não gostar do resultado final. A estas, posso dizer apenas o que sempre disse: minha única lealdade neste livro foi escrever a verdade, como a percebi, da vida de Che Guevara; sua verdade, não a de qualquer outra pessoa.

Em Cuba, onde passei a maior parte do meu tempo e onde realizei pesquisas, tenho uma dívida de gratidão para com a viúva de Che Guevara, Aleida March, que emergiu de três décadas de hibernação para se abrir com um norte-americano curioso e impertinente. Sei que houve muitos que a aconselharam a não fazê-lo. Aprecio sua confiança. Ela me permitiu tirar minhas próprias conclusões sobre o que soube. Devo muito a María del Carmen Ariet, a brilhante assistente e confidente de Aleida e provavelmente a maior autoridade do mundo em Che Guevara. Orlando Borrego, o protegido de Che, compartilhou comigo seu vasto conhecimento e seus arquivos, e também me tratou como amigo, e por isso lhe fico eternamente grato. O falecido Manuel Piñeiro Losada, conhecido como "Barbarroja", ex-chefe dos espiões de Cuba, ajudou a esclarecer as atividades clandestinas de Che. Muito obrigado também a Aleida Piedra, minha assistente e amiga fiel, que se tornou praticamente um membro da nossa família.

Agradeço a Denís Guzmán, funcionário do Comitê Central que canalizou meu pedido inicial para trabalhar em Cuba e que tentou resolver os problemas iniciais de nossa estada; María Flores, Roberto de Armas, o falecido Jorge Enrique Mendoza; Julie Martin e seu pai, Lionel Martin, homem maravilhoso e bom amigo, que partilhou comigo seus pensamentos, anos de experiência e arquivos pessoais; Manuel, Alejandro, Katia *y toda la familia gato*; Lorna Burdsall, Pascal e Isis Fletcher, Lisette, Ron Ridenour, Veronica Spasskaya, Roberto Salas, Encarna, Fernando e Laly Barral, Leo e Michi Acosta, Micaela e Fernando, Miguel e Tanja, Julio e Olivia, Marta e Carmen, Isaac e Ana, Dinos e Maribel Philippos, Ángel Arcos Vergnes, Juan Gravalosa, Tirso Saenz, Cristina Campuzano, Alberto Castellanos, Alberto Granado, Osvaldo de Cárdenas, Ana María Erra, María Elena Duarte, Estela e Ernesto Bravo, Mariano, Gustavo Sánchez, Jesús del Valle, Paco Usallan, Marta Vitorte, Cari e Margarita, *la profe*. No Conselho de Estado de Cuba, ao falecido Pedro Álvarez Tabío, que me deu acesso aos arquivos de Che, onde fui ajudado por Efraín González; também Heberto Norman Acosta. Andrés Castillo Bernal me proporcionou uma cópia de seu manuscrito, com amplas pesquisas, sobre a guerra revolucionária cubana e outros documentos.

Na Argentina, devo agradecer a Calica Ferrer, ao falecido Carlos Figueroa, Chicho e Mario Salduna, Pepe e Chuchi Tisera, Roberto e Celia Guevara, Julia Constenla, Rogelio García Lupo, Reynaldo Sietecase, Hector Jouve, Alberto Korn, Héctor "Toto" Schmucler, Oscar del Barco, Benjamín e Elsa Elkin, Nelly Benbibre de Castro, Emiliano Acosta, Tatiana e Jaime Roca, e todos do Equipo Argentino de Antropología Forense — Anahi, Patricia, Darío e Mako — e especialmente Alejandro Inchaurregui, um bom amigo e um homem admirável. Também Roberto Baschetti, Julio Villalonga, María Laura Avignolo e Claudia Korol.

Na Bolívia, meus agradecimentos especiais a Loyola Guzmán e Humberto Vásquez-Viaña. Também a Rosa e Natalí Alcoba, Martín e Matilde; Ana Urquieta, Juan Ignacio Siles, Chato Peredo, Rene Rocabado, Carlos Soria, Clovis Díaz, Miguel Ángel Quintanilla, e Tania, do Hotel Copacabana. O general reformado Reque Terán partilhou seu tempo, documentos e coleção de fotografias apreendidas.

No Paraguai, Socorro Selich e suas filhas, especialmente Zorka, me acolheram com toda a confiança, revelando-me os segredos do falecido coronel Andrés Selich, figura-chave nas horas finais da vida de Che Guevara. Agradeço-lhes por sua confiança e hospitalidade e também a Tilín, pela ajuda que me deu para fazer as cópias de fitas e fotografias com trinta anos de existência.

No México, minha pesquisa foi coordenada ou realizada por Phil Gunson, excelente jornalista, veterano em assuntos latino-americanos, e bom amigo de muitos anos. Tenho para com ele uma especial dívida de gratidão, por sua paciência e ajuda incansável em descobrir pessoas e arquivos no México, na Guatemala, na Nicarágua e no Panamá.

No Reino Unido, Richard Gott e John Rettie deram-me estímulo, informações e contatos, todos inestimáveis. Agradeço também a Duncan Green e Raquel, do LAB, Pedro Sarduy e Jean Stubbs; Noll Scott, Landon Temple, Muhammad, Helena Poldervaart, Carlos Carrasco, Ashok Prasad e Peter Molloy.

Em Moscou: Irina Kalinina, Anatoli, Esperanza, Volodya, Mario Monje e Alexandr Alexiev. Na Espanha, Henry Lerner, Carmen González-Aguilar e seu falecido irmão, Pepe, que me deu seu tempo em seu leito de morte. Na Suécia, Ciro Bustos, que me abriu seu lar e seu coração em nossas longas conversas. No Cairo, Carol Berger, que gentil e desinteressadamente localizou pessoas para mim. Na Alemanha, Peter Müller me ajudou com os arquivos da Stasi e também demonstrou seu apoio de outras maneiras. O cineasta suíço Richard Dindo generosamente me forneceu contatos e dicas para a Bolívia, além de algumas fotografias para este livro.

Em Washington, agradeço a Peter Kornbluh, do National Security Archive, Scott Armstrong, David Corn, Sergo Mikoyan e Phil Brenner. Em Miami, muitos agradecimentos aos meus amigos e anfitriões de mais de uma vez — Rex e Gabriela Henderson, David e Inés Adams, e José e Gina de Córdoba.

Esses e outros amigos e parentes, espalhados pelo mundo, fizeram deste empreendimento uma experiência muito mais calorosa. Entre eles se incluem Vanadia Sandon-Humphries, Doris Coonrad, o falecido David Humphries, Jonathon Glancey, Michelle, Tina, Meim, Nohad Al-Turki, Nick Richards, Christopher e Monique Maxwell-Libby, Colin Pease, David Ridd, Simon Tucker, Rosalind Bain, Laurie Johnston, Cathy Booth, Tim Golden, Jeff Russell, Chuck e Bex, Michelle Labrut, Bertha Thayer, Mike e Joan Carabini-Parker, Janet e Terry Parker, Maria Elena, a falecida Matilde Stone, Martin e Eva Barrat, Ingrid Vavere, Colin Lizieri, e Jos e Kien Schreurs-Timmermans. Jan Hartman tem sido um sábio conselheiro e generoso amigo.

Minha mãe, Barbara Joy Anderson, que foi minha primeira mentora e querida amiga, faleceu subitamente enquanto eu estava em Cuba. Ainda sinto falta dela. Sofia Gato, que ajudou a criar os filhos de Che e depois fez o mesmo por nós, morreu enquanto eu ainda estava escrevendo este livro. Será sempre lembrada com muito carinho.

É justo que este livro seja publicado [nos Estados Unidos] pela Grove Press, que foi a primeira editora a apresentar textos de Che Guevara aos leitores nos Estados Unidos. Os escritórios da Grove foram bombardeados nos anos 1960, depois que sua revista "radical", *Evergreen*, foi publicada exibindo na capa o mesmo retrato pintado de Che que agora ornamenta a capa deste livro. O editor da Grove, Morgan Entrekin, deu-me seu apoio ao longo dos anos. Agradeço também a

Carla Lalli e Elisabeth Schmitz, Anton Mueller, Kenn Russell, Muriel Jorgensen, Miwa, Judy, e todos os outros da Grove Press que me ajudaram a sentir-me em casa; Joan, Eric, Jim, Scott, Lissa, Kirsten, Tom, Lea e Ben — muito obrigado. Agradeço especialmente a Amy Hundley, Lauren Wein e Andrew Robinton. Patty O'Connell deslindou minha sintaxe emaranhada e minhas escorregadelas em espanglês. Meus agradecimentos também a Deborah Schneider; Ursula Mackenzie, da Transworld; Robert Feith, da Objetiva; e Jorge Herralde, da Anagrama. Na Wylie Agency, meu obrigado a Sarah Chalfant, Andrew Wylie e Edward Orloff.

Poucos escritores têm a sorte de ter um irmão e um amigo íntimo, que também sejam escritores, como seus editores, e, no entanto, tive o privilégio singular de ter Scott Anderson e Francisco Goldman como ceifadores do meu volume, que tinha ficado impossivelmente gigantesco. Sharon DeLano supervisionou a revisão e a atualização desta edição, um trabalho que a melhorou imensamente e, espero, também estendeu sua vida útil. Serei eternamente grato a seu espírito dedicado e à sua incomparável habilidade editorial.

Minha mulher, Erica, tem sido minha companheira incansável e encorajadora ao longo de toda a odisseia do *Che*. Com autêntica serenidade britânica, aceitou nossa mudança de Oxford para Havana, em 1993, e tratou de montar um lar naquela cidade, enquanto a sociedade local parecia desmoronar ao nosso redor. Suportou sem se queixar minhas muitas viagens ao exterior, a maioria delas se estendendo por vários meses, e sempre me deu uma família sadia e animada para a qual voltar. Para nossos filhos, Bella, Rosie e Máximo, este livro se tornou parte inextricável da vida deles. O primeiro idioma de Rosie e Máximo foi o espanhol, enquanto Bella começava suas aulas pela manhã com a canção *Seremos como el Che*.

Índice remissivo

Créditos das imagens

pp. 10, 417 (acima), 492, 566, 627, 791: Salas

pp. 31, 35, 37 (acima e abaixo), 60, 66, 75, 80, 87, 192, 196, 208, 219, 221, 227, 234, 259, 275, 323, 335, 363, 382, 390, 397, 417 (abaixo), 432, 453 (acima), 487, 500, 663, 676, 688, 697, 738 (abaixo): Arquivos Históricos do Conselho de Estado de Cuba

p. 43: Cortesia de Carlos Barceló

pp. 130, 147: Cortesia de Carlos "Calica" Ferrer

pp. 401, 404: Burt Glinn, Magnum Photos

p. 453 (abaixo): Agenzia Contrasto

p. 519: TASS/ Prensa Latina

pp. 524, 660: Prensa Latina

p. 541: Liborio Noval

pp. 547, 652: AP/ Wide World Photos

p. 586: Cortesia de Thomas Billhardt

pp. 649, 657: UPI/ Corbis-Bettmann

pp. 738 (acima), 741, 751 (acima), 766: Cortesia de Richard Dindo

p. 751 (abaixo): Filme confiscado de Che Guevara, cortesia do general Luis Reque Terán

p. 781: Cortesia de Socorro Selich

p. 785: Cortesia de Félix Rodríguez

p. 789: Freddy Alborta

ESTA OBRA FOI COMPOSTA PELO ACQUA ESTÚDIO EM DANTE
E IMPRESSA EM OFSETE PELA LIS GRÁFICA SOBRE PAPEL PÓLEN NATURAL
DA SUZANO S.A. PARA A EDITORA SCHWARCZ EM SETEMBRO DE 2023